ARCHITECTURE & MATERIALS

ARCHITEKTUR & MATERIALIEN

ARCHITECTUUR & MATERIALEN

LA BIBLIA DE LOS MATERIALES DE ARQUITECTURA

ARCHITECTURE & MATERIALS
ARCHITEKTUR & MATERIALIEN
ARCHITECTUUR & MATERIALEN
LA BIBLIA DE LOS MATERIALES DE ARQUITECTURA

Cristina Paredes Benítez

FKG

Editorial project:
2011 © LOFT Publications
Via Laietana, 32, 4º, of. 92
08003 Barcelona, Spain
Tel.: +34 932 688 088
Fax: +34 932 687 073
loft@loftpublications.com
www.loftpublications.com

Created and distributed in cooperation
with Frechmann Kolón GmbH
www.frechmann.com

Editorial coordinator:
Simone K. Schleifer

Assistant to editorial coordination:
Aitana Lleonart Triquell

Editor:
Cristina Paredes Benítez

Art director:
Mireia Casanovas Soley

Design and layout coordination:
Claudia Martínez Alonso

Cover layout:
María Eugenia Castell Carballo

Layout:
Cristina Simó Perales

Translations:
Cillero & de Motta
Mengès (FR)

ISBN 978-84-9936-767-5 (GB)
ISBN 978-84-9936-765-1 (D)
ISBN 978-84-9936-768-2 (NL)
ISBN 978-84-9936-766-8 (E)

Printed in China

LOFT affirms that it possesses all the necessary rights for the publication of this material and has duly paid all royalties related to the authors'
and photographers' rights. LOFT also affirms that it has violated no property rights and has respected common law, all authors' rights and other rights
that could be relevant. Finally, LOFT affirms that this book contains no obscene nor slanderous material.
The total or partial reproduction of this book without the authorization of the publishers violates the two rights reserved; any use must be requested
in advance.
If you would like to propose works to include in our upcoming books, please email us at loft@loftpublications.com.
In some cases it has been impossible to locate copyright owners of the images published in this book. Please contact the publisher if you are the copyright
owner of any of the images published here.

Introduction	6
GLASS / GLAS / VERRE / GLAS / VETRO / VIDRIO	12
Magdalena Fountain	14
Glass House	20
20 × 20 House	28
MC1 House	36
Glossary / Glossaire	46
METAL / METALL / MÉTAL / METAAL / METALLO / METAL	52
Cultural Center in an Old Slaughterhouse – Nave 17C	54
Vícar Theater	60
Health Center in A Parda	68
Indra Offices	78
La Mola Hotel and Conference Centre	86
Cocoon	94
Kindergarten Jiading	102
Wolf Andalue House	110
Glossary / Glossaire	118
CONCRETE / BETON / BÉTON / BETON / CALCESTRUZZO / HORMIGÓN	130
Concrete Slit House	132
Jiading Gas Administration Building	140
Zierbena Sports Center	146
Sohlbergplassen Viewpoint	152
Green Axis 13	158
Drassanes Metro Station	164
Glossary / Glossaire	172
WOOD / HOLZ / BOIS / HOUT / LEGNO / MADERA	178
Kitchel Residence	180
Berkshire House	188
Sebastopol Residence	196
Palmyra House	204
Glossary / Glossaire	212
STONE / STEIN / PIERRE / STEEN / ROCCE / PIEDRA	224
House of Meditation	226
House for an Artist in Oaxaca	232
Secano House	240
Church in Seveso	246
Malvern Square	254
Glossary / Glossaire	260
EARTH / ERDE / TERRE / AARDE / TERRA / TIERRA	272
Plastic Arts School	274
Redding Residence	282
Rauch Residence	290
Koudougou Central Market	298
School in Rudrapur	304
Adobe Museum: Buddha Repository	312
Villa Yasmin	316
Conversion of Jahili Fort in Al Ain	324
Brunsell-Sharples Remodel	334
Glossary / Glossaire	340
CERAMICS / KERAMIK / TERRE CUITE ET CÉRAMIQUE / KERAMIEK / CERAMICA / CERÁMICA	346
Ceramic Oasis for ASCER	348
Spain Pavilion in Aichi Expo	354
Ceramics in Motion for ASCER	364
Spanish Pavilion in Zaragoza Expo 2008	370
Aragon Convention Center	378
Cultural Center in an Old Slaughterhouse – Nave 8B	386
House in IJburg	394
Glossary / Glossaire	402
HERBACEOUS MATERIALS / PFLANZLICHE MATERIALIEN / MATÉRIAUX HERBACÉS / GRASACHTIGE MATERIALEN / MATERIALI ERBACEI / MATERIALES HERBÁCEOS	408
Spanish Pavilion in Shanghai Expo 2010	410
House in Guilford	420
Ecological Children Activity and Education Center at Six Senses	428
wNw Bar	438
Green School	446
Steigereiland Residence	452
Barn in Alkmaar	458
Glossary / Glossaire	464
PLASTICS / KUNSTSTOFFE / PLASTIQUE / KUNSTSTOFFEN / PLASTICA / PLÁSTICOS	470
Remodeling in Chamberí	472
Parking in Linz	478
D197 Offices	486
The Amazing Whale Jaw	496
Celulosas Vascas Headquarters	504
Tea-House in Jishan	510
Clarke Quay Redevelopment	516
Norway Pavilion in Shanghai Expo 2010	524
Feyen Residence	532
Glossary / Glossaire	538
MISCELLANEOUS / VERSCHIEDENE MATERIALIEN / LES INCLASSABLES / DIVERS / VARIE / VARIOS	550
Finland Pavilion in Shanghai Expo 2010	552
Cardboard Cabinet	564
Kvadrat Showroom	570
Germany Pavilion in Shanghai Expo 2010	576
Uboot.com	586
Glossary / Glossaire	592
Directory and acknowledgments / Répertoire et remerciements	598

The use of a certain material in architecture is determined by the characteristics, needs and type of building, by the climate and even the durability. The choice of one material or the other is a public exhibition of the type of architecture, the philosophy and objectives that the architect wants to carry out. The needs of a corporate building are not the same as those of a temporary pavilion for exhibitions or a prefabricated home and this is evident in the selected materials.

The choice of materials should take into account the special features of each project, including the construction system, the location, the climate of the area or the building program. For example, fiber cement panels may be suitable for prefabricated buildings while local materials may be suitable for buildings in remote locations or for aid development projects. Currently, two important trends regarding the use of building materials coexist. On the one hand, advances in the research and development of the materials sector are launching fabulous products in the market such as plastics or ceramics, which have superior characteristics in terms of energy efficiency, strength, durability, application, etc. On the other hand, the use of natural materials and materials which do not require sophisticated manufacturing is gaining ground in the recovery of a simpler architecture that is adapted to the environment.

Progress in the development of construction materials have succeeded in creating new products, reducing prices and improving performance. The combination of different materials in rolled products or advances in the plastics sector, which have given rise to a myriad of compositions and products, has allowed the emergence of hybrid materials with excellent properties. Some, such as ETFE, have been used in projects known as the Water Cube, built for the 2008 Beijing Olympic Games. Other materials such as ceramics are also undergoing a technical revolution that multiplies the variety of products and their possible applications.

After decades in which architects have taken advantage of the opportunities provided by new materials such as reinforced concrete, to expand their creative and constructive possibilities, a more rational use of natural resources is now being demanded. The years of defying physics in which impossible and luxuriant buildings were constructed are giving way to the use of natural materials, typical of a simple, primitive architecture. Using natural materials such as earth or straw, to give two examples, signifies commitment to the recovery of the origins of architecture that is a sustainable and bioclimatic architecture. Straw, for example, is a highly insulating material and compacted soil produces high-strength walls. Currently some construction techniques are being recovered, for example, facilitating cross ventilation or thermal mass and eliminating the need for artificial air conditioning. If we add the recovery of natural materials to this and, in most cases, local materials, the result is green architecture. This is the trend being developed in architectural projects, such as the construction of markets, schools or health centers. These projects allow us to re-learn traditional architecture, using local labor and contributing to the economic and social development of disadvantaged areas.

Der Gebrauch eines bestimmten Materials in der Architektur ergibt sich durch die Eigenschaften, Anforderungen und die Typologie des Gebäudes, so wie durch das Klima an dem Ort, an dem es errichtet wird und sogar durch seine Lebensdauer. Die Wahl des einen oder anderen Materials legt die Art der gewünschten Architektur, die Philosophie und die Ziele des Architekten offen. Die Erfordernisse eines Körperschaftsgebäudes sind nicht dieselben wie die eines zeitlich begrenzten Ausstellungspavillons oder eines Fertighauses, und dies lässt sich aus den gewählten Materialien erschließen.

Bei der Wahl der Materialien muss man die Besonderheiten jedes Projektes berücksichtigen, wie die Bauweise, den Standort, das Klima des Gebietes oder den Zweck des Gebäudes. So können zum Beispiel Faserzement-Paneele für vorgefertigte Gebäude geeignet sein, während Materialien lokalen Ursprungs für Gebäude in abgelegenen Gegenden oder für Entwicklungshilfe-Projekte ideal sein können. Zur Zeit gibt es zwei wichtige Tendenzen in Bezug auf den Gebrauch von Baumaterialien. Auf der einen Seite bringen die Fortschritte in der Forschung und Entwicklung auf dem Materialsektor großartige Produkte wie Kunststoffe oder Keramikmaterialien, die ausgezeichnete Eigenschaften, bezüglich der Energieeffizienz, Festigkeit, Beständigkeit, Anwendbarkeit usw. aufweisen, auf den Markt. Auf der anderen Seite gewinnt der Gebrauch von natürlichen und wenig bearbeiteten Materialien immer mehr Befürworter innerhalb einer Strömung, die sich für das Wiederaufleben einer einfacheren, der Umwelt angepassten Architektur einsetzt.

Die Fortschritte in der Entwicklung von Konstruktionsmaterialien haben dazu geführt, neue Produkte zu schaffen, Preise zu senken und bessere Leistungen zu erbringen. Die Kombination von verschiedenen Materialien bei Laminaten oder die Fortschritte auf dem Kunststoffsektor, ergaben eine unendliche Zahl von Kombinationen und Produkten, was zu Mischmaterialien von unübertroffenen Eigenschaften führte. Manche, wie ETFE (Ethylen-Tetrafluorethylen), wurden bei so bekannten Projekten wie dem für die Olympischen Spiele 2008 in Peking gebauten Water Cube verwendet. Andere Materialien, wie keramische Oberflächen, untergehen eine technische Revolution, die zu einer Vervielfältigung von Produkten und deren Anwendungsmöglichkeiten führt.

Nach Jahrzehnten, in denen die Architekten die Möglichkeiten, die einige neue Materialien wie Stahlbeton boten, nutzten, um ihre kreativen und baulichen Möglichkeiten zu erweitern, setzt sich allmählich ein vernünftigerer Gebrauch der natürlichen Ressourcen durch. Die Jahre der physikalischen Herausforderung, in denen unmögliche und überschwängliche Gebäude errichtet wurden, geben jetzt den Weg für natürliche Materialien frei. Diese sind typisch für eine einfachere und ursprüngliche Architektur. In dem man die Verwendung von Naturmaterialien wie Erde oder Stroh, um zwei Beispiele zu nennen, wieder aufnimmt, setzt man auf die Wiederbelebung der Ursprünge der Architektur, das heißt, auf eine nachhaltige und bioklimatologische Architektur. Stroh, z.B. ist ein hoch isolierendes Material, und mit verdichteter Erde werden sehr widerstandsfähige Mauern hergestellt. Zur Zeit werden Konstruktionstechniken wiederentdeckt, die z.B. Querlüftung oder die Wärmespeicherkapazität erleichtern und künstliche Klimatisierung überflüssig machen. Wenn wir die Wiederverwendung von natürlichen, und, in den meisten Fällen, örtlichen Materialien hinzufügen, erhalten wir eine ökologische Architektur. Diese Tendenz wird in architektonischen Architekturprojekten für Entwicklungsländer weiterentwickelt, wo Märkte, Schulen und Gesundheitszentren errichtet werden. Diese Projekte ermöglichen es, die traditionelle Architektur wieder zu erlernen, wobei örtliche Arbeitskräfte eingesetzt, werden und ein Beitrag zur wirtschaftlichen und gesellschaftliche Entwicklung von benachteiligten Gebieten geleistet wird.

En architecture, le choix d'un matériau est avant tout déterminé par les caractéristiques et les impératifs d'un bâtiment, la longévité escomptée, ainsi que le climat local. Ce choix manifeste aux yeux du public le projet de construction de l'architecte. Il expose des objectifs et exprime sa philosophie sur l'œuvre qu'il souhaite laisser derrière lui. Un bâtiment industriel ou de bureaux ne se conçoit ni comme un pavillon temporaire construite pour durer le temps d'une exposition, ni comme une maison préfabriquée, comme le montrent les matériaux utilisés pour les uns et les autres.

La sélection des matériaux s'effectue en fonction du cahier des charges de chaque projet. Elle dépend de la méthode de construction, de la situation, du climat de la zone et de la destination du bâtiment. Ainsi, très logiquement, les panneaux de fibrociment s'imposent pour les constructions préfabriquées tandis que les matériaux d'origine locale conviennent aux chantiers des zones éloignées de tout et aux projets d'aide au développement. On constate aujourd'hui deux grandes tendances dans l'utilisation des matériaux de construction. D'un côté, les progrès de la recherche dans ce domaine ont permis de mettre sur le marché des produits innovants comme les plastiques et la terre cuite. Leurs performances énergétiques, leur résistance et leur durabilité remarquables les destinent à des applications multiples. D'un autre côté, l'emploi de matériaux naturels demandant peu de transformations emporte l'adhésion des partisans d'un retour à une architecture plus simple, en symbiose avec le milieu.

Les progrès réalisés dans ce domaine ont permis la création de nouveaux produits, la réduction des prix et une amélioration des prestations. L'association de plusieurs matériaux se présentant sous forme de feuilles ainsi que les avancées de la plasturgie, signalées par le lancement d'une infinité de produits de composition différente, a favorisé l'avènement de matériaux hybrides qui offrent des caractéristiques incomparables. Certains, comme l'ETFE, ont été utilisés pour des projets aussi connus que le Water Cube, construit pour les jeux Olympiques de Pékin en 2008. D'autres matériaux, comme la céramique et la terre cuite, connaissent également une véritable révolution technique qui multiplie le nombre de produits disponibles et leurs possibles applications.

Pendant des décennies, les architectes ont exploité le potentiel des nouveaux matériaux, comme le béton armé, élargissant ses possibilités pour le mettre au service de constructions toujours plus imaginatives. Ils ont ainsi défié les lois de la physique en construisant des bâtiments relevant d'improbables prouesses. Le XXIe siècle est celui du retour à l'emploi plus rationnel des ressources naturelles, avec des matériaux appropriés à une architecture plus sobre et spontanée. En retrouvant les applications des matières naturelles comme la terre ou la paille, pour ne citer que ces deux exemples, on mise sur un retour vers les origines, et donc vers une architecture bioclimatique compatible avec le développement durable. On sait que la paille est un matériau très isolant et que la terre compactée donne des murs d'une grande résistance. Des techniques comme la ventilation croisée ou la circulation des masses thermiques, qui suppriment la nécessité d'une climatisation artificielle, reviennent en force. Si l'on ajoute à cela la récupération de matériaux naturels, d'origine locale pour la plupart, on obtient une architecture écologique. Cette tendance se développe dans les programmes de construction inscrits dans une perspective de développement, qu'il s'agisse de marchés, d'écoles ou de dispensaires. Ces projets offrent une nouvelle dynamique à l'architecture vernaculaire qui, en utilisant une main-d'œuvre locale, contribue au développement économique et social des régions défavorisées.

Het gebruik van een zeker materiaal in de architectuur wordt bepaald door de eigenschappen, behoeften en het type gebouw, door het klimaat op de plaats waar wordt gebouwd en zelfs door de duurzaamheid van dat materiaal. De keuze van het ene of het andere materiaal is de openbaring van het soort architectuur dat men wil uitvoeren, van de filosofie en de doelstellingen van de architect. De behoeften van een bedrijfsgebouw zijn niet dezelfde als die van een tijdelijk tentoonstellingspaviljoen of een prefab huis. De geselecteerde materialen laten hiervan een glimp zien.

Bij het kiezen van de materialen dient rekening te worden gehouden met de bijzonderheden van elk project, zoals het bouwsysteem, de ligging, de klimatologie van de omgeving of het doel van het gebouw. Zo kunnen bijvoorbeeld vezelcementplaten geschikt zijn voor prefab constructies terwijl materialen van plaatselijke oorsprong ideaal kunnen zijn voor constructies op afgelegen plekken of voor ontwikkelingshulpprojecten. Tegenwoordig zijn er twee belangrijke tendensen op het gebied van het gebruik van bouwmaterialen waar te nemen. Enerzijds worden er dankzij de vorderingen op het gebied van onderzoek en ontwikkeling van de materialensector prachtige producten op de markt gebracht, zoals kunststoffen en keramische materialen die superieure eigenschappen hebben wat betreft energie-efficiëntie, weerstand, duurzaamheid, toepassingen, enz. Anderzijds wint het gebruik van natuurlijke en weinig industrieel bewerkte materialen steeds meer verdedigers binnen de stroom die pleit voor het herstel van een eenvoudige en milieuvriendelijke architectuur.

Dankzij de vorderingen in de ontwikkeling van bouwmaterialen worden nieuwe producten gecreëerd, prijzen verlaagd en prestaties verbeterd. De combinatie van verschillende materialen in gelamineerde producten of de vorderingen in de kunststofsector, die oneindig veel samenstellingen en producten tot gevolg hebben gehad, hebben ervoor gezorgd dat er hybridische materialen met onverbeterlijke eigenschappen zijn ontstaan. Sommige, zoals EFTE, is gebruikt in bekende projecten zoals de Water Cube, gebouwd voor de Olympische Spelen van Peking 2008. Andere materialen, zoals keramiek, hebben ook een technische revolutie ondergaan die de producten en mogelijke toepassingen daarvan heeft vermenigvuldigd.

Nadat architecten decennia lang de voordelen van sommige nieuwe materialen, zoals bewapend beton, hebben benut om hun creatieve en constructieve mogelijkheden uit te breiden, begint nu een redelijker gebruik van de natuurlijke rijkdommen de overhand te krijgen. De jaren van de uitdaging van de fysica waarin onmogelijke en overdadige gebouwen werden gebouwd maakt plaats voor de terugkeer van natuurlijke materialen, die bij een simpelere en oorspronkelijke architectuur horen. Door weer natuurlijke stoffen te gebruiken zoals aarde of stro, om maar een paar voorbeelden te noemen, wordt gekozen voor het herstel van de oorsprong van de architectuur, d.w.z. een duurzame en bioklimatische architectuur. Stro is bijvoorbeeld een hoog isolerend materiaal en met gestampte aarde worden zeer stevige muren gebouwd. Tegenwoordig worden bouwtechnieken in ere hersteld die bijvoorbeeld kruisventilatie of de warmtemassa vereenvoudigen waardoor kunstmatige klimaatregeling niet meer nodig is. Als we hierbij het herstel van natuurlijke, in de meeste gevallen plaatselijke materialen optellen dan krijgen we een ecologische architectuur. Deze trend wordt momenteel tot ontwikkeling gebracht in architectuurprojecten voor ontwikkelingshulp, waar markten, scholen en gezondheidscentra worden gebouwd. Met deze projecten is het met behulp van plaatselijke mankracht mogelijk om opnieuw de traditionele architectuur te leren en wordt bijgedragen aan de economische en sociale ontwikkeling van minder welvarende gebieden.

L'uso di un dato materiale in architettura è dovuto alle caratteristiche, alle necessità e alla tipologia dell'edificio, al clima del luogo in cui viene realizzato il progetto e persino alla sua durata. La scelta di un dato materiale illustra pubblicamente le scelte architettoniche, la filosofia e gli obiettivi dell'architetto. Le necessità associate a un edificio aziendale non sono le stesse di un padiglione temporaneo per esposizioni o una casa prefabbricata e questo emerge dai materiali scelti.

La scelta dei materiali deve avvenire tenendo conto delle specificità di ciascun progetto come il sistema costruttivo, l'ubicazione, la climatologia della zona o il programma d'uso dell'edificio. Così, per esempio, i pannelli in fibrocemento possono essere adatti per prefabbricati mentre i materiali di origine locale possono soddisfare le necessità degli edifici situati in posti remoti o di progetti di sviluppo. Attualmente convivono due tendenze principali per quanto riguarda l'utilizzo dei materiali da costruzione. Da una parte i progressi fatti nel campo della ricerca e dello sviluppo dei materiali stanno lanciando sul mercato prodotti magnifici come i materiali plastici o ceramici con caratteristiche superiori in termini di efficienza energetica, resistenza, durata, applicazioni, ecc. Dall'altra l'uso di materiali naturali e poco lavorati sta acquisendo sostenitori nella corrente che promuove il recupero di un'architettura più semplice e armonizzata con l'ambiente.

I progressi nello sviluppo di materiali da costruzione hanno portato alla creazione di nuovi prodotti, alla riduzione dei prezzi e al miglioramento delle prestazioni. La combinazione di materiali diversi nei prodotti laminati e i progressi nel settore dei materiali plastici che hanno portato alla nascita di infinite composizione e tipologie di prodotti, ha consentito di sviluppare soluzioni ibride con ottime caratteristiche. Alcune di queste, come l'EFTE, sono state utilizzate in progetti molto noti come il Water Cube, realizzato per i Giochi Olimpici di Pechino 2008. Altri materiali come quelli ceramici stanno vivendo una rivoluzione tecnica che moltiplica i prodotti e le loro possibili applicazioni.

Dopo decenni in cui gli architetti hanno sfruttato le possibilità offerte da alcuni nuovi materiali come il cemento armato per allargare le proprie possibilità creative e costruttive, si sta attualmente imponendo un uso più razionale delle risorse naturali. Gli anni di sfida alle leggi della fisica in cui si costruivano edifici impossibili ed eccentrici stanno lasciando spazio a un ritorno ai materiali naturali, propri di un'architettura più semplice e primigenia. Con il recupero di materiali naturali come la terra o la paglia, per citare qualche esempio, si scommette sul recupero delle origini dell'architettura, ovvero su un'architettura sostenibile e bioclimatica. La paglia ad esempio è un materiale altamente isolante mentre la terra battuta consente di realizzare pareti molto resistenti. Attualmente si stanno recuperando alcune tecniche costruttive che, ad esempio, facilitano la ventilazione incrociata o la massa termica eliminando la necessità di impianti di condizionamento artificiali. Se a questo sommiamo il recupero di materiali naturali – e nella maggior parte dei casi locali – si ottiene un'architettura ecologica. Si tratta di una tendenza che sta prendendo piede nei progetti architettonici di supporto allo sviluppo, per la realizzazione di mercati, scuole o centri di assistenza sanitaria. Questi progetti consentono di «imparare nuovamente» dall'architettura tradizionale utilizzando manodopera locale e contribuendo allo sviluppo economico e sociale delle zone più povere.

El uso de un determinado material en la arquitectura viene dado por las características, necesidades y tipología del edificio, por el clima del lugar donde se construye, e incluso por su durabilidad. La elección de un material u otro es una exhibición pública del tipo de arquitectura que se quiere realizar, de la filosofía y los objetivos del arquitecto. Las necesidades de un edifico corporativo no son las mismas que las de un pabellón temporal para exposiciones o una casa prefabricada, y esto se entrevé en los materiales seleccionados.

La elección de los materiales debe hacerse teniendo en cuenta las particularidades de cada proyecto, como el sistema constructivo, la ubicación, la climatología de la zona o el programa del edificio. Así, los paneles de fibrocemento pueden ser adecuados para construcciones prefabricadas mientras que los materiales de origen local pueden ser los idóneos para construcciones situadas en lugares remotos o para proyectos de ayuda para el desarrollo. En la actualidad, conviven dos tendencias importantes en cuanto a la utilización de los materiales de construcción. Por un lado, los avances en investigación y desarrollo del sector de los materiales están lanzando al mercado magníficos productos, como los plásticos o los materiales cerámicos, que presentan características superiores en cuanto a eficiencia energética, resistencia, durabilidad, aplicaciones, etc. Por el otro, el uso de materiales naturales y poco manufacturados está ganando defensores dentro de la corriente que aboga por la recuperación de una arquitectura más sencilla y adaptada al medio.

Los progresos en el desarrollo de materiales de construcción han conseguido crear nuevos productos, reducir precios y mejorar prestaciones. La combinación de materiales en productos laminados o los avances en el sector de los plásticos, que han dado lugar a infinidad de composiciones y productos, ha permitido la aparición de materiales híbridos con inmejorables características. Algunos, como el EFTE, se han utilizado en proyectos tan conocidos el Water Cube, construido para los Juegos Olímpicos de Pekín de 2008. Otros materiales, como los cerámicos, también están sufriendo una revolución técnica que multiplica los productos y sus posibles aplicaciones.

Después de décadas en las que los arquitectos han aprovechado las posibilidades que daban algunos materiales nuevos, como el hormigón armado, para expandir sus posibilidades creativas y constructivas, se está imponiendo un uso más racional de los recursos naturales. Los años de desafío a la física en los que se construían edificios imposibles y exuberantes están dando paso a un regreso a los materiales naturales, propios de una arquitectura más simple y primigenia. Al retomar la aplicación de materias naturales como la tierra o la paja, por citar dos ejemplos, se apuesta por la recuperación de los orígenes de la arquitectura, es decir, por una arquitectura sostenible y bioclimática. La paja es un material altamente aislante y la tierra compactada produce unos muros de gran resistencia. Actualmente se están recuperando unas técnicas constructivas que, por ejemplo, facilitan la ventilación cruzada o la masa térmica y que eliminan la necesidad de climatización artificial. Si a esto le sumamos la recuperación de materiales naturales y, en la mayoría de los casos, locales, se obtiene una arquitectura ecológica. Esta tendencia es la que se está instaurando en proyectos de arquitectura para el desarrollo, donde se construyen mercados, escuelas o centros de salud. Estos proyectos permiten reaprender de la arquitectura tradicional, utilizando mano de obra local y contribuyendo al crecimiento económico y social de áreas desfavorecidas.

GLASS
GLAS
VERRE
GLAS
VETRO
VIDRIO

MAGDALENA FOUNTAIN

CUAC
Jaén, Spain
© Javier Castellano Pulido

Glass / Glas / Verre / Glas / Vetro / Cristal

The fountain project, which dates back to Roman times and was part of a hydraulic infrastructure, sought to recover its identity. The glass construction showcases the space as being flooded, but in fact the glass floor becomes a staircase and leads the viewer into a sort of well located under water.

Exploitée depuis l'époque romaine, cette source faisait partie d'une vaste infrastructure hydraulique. Le projet d'aménagement visait à restituer le souvenir de cette vocation première. La construction en verre montre un espace semblant inondé, mais en réalité le sol de verre se mue en escalier pour guider le visiteur vers une sorte de citerne immergée.

Il progetto della fonte, il cui utilizzo risale all'epoca romana e che faceva parte di un'infrastruttura idraulica, mirava al recupero della sua identità. La struttura in vetro mostra lo spazio come se fosse inondato, ma in realtà il pavimento di vetro si trasforma in scala e guida lo spettatore verso una sorta di pozzo sommerso.

Das Projekt für diesen Brunnen, der bereits in der Römerzeit genutzt wurde und Teil eines Wasserleitungsnetzes war, hatte zum Ziel, die eigentliche Identität dieses Elements wiederherzustellen. Durch die Verwendung von Glas wirkt der Raum geflutet, doch in Wirklichkeit wird der gläserne Boden zu einer Treppe, die den Besucher zu einer Art unterirdischen Zisterne führt.

Met het ontwerp van de fontein, die uit het Romeinse tijdperk dateert en deel uitmaakte van een hydraulische infrastructuur, werd gezocht naar het herstel van de identiteit ervan. Door de glazen opbouw lijkt het of de ruimte overstroomd is, maar in werkelijkheid verandert de glazen vloer in een trap en wordt de toeschouwer naar een soort reservoir onder water geleid.

El proyecto de la fuente, cuya explotación data de la época romana y que formaba parte de una infraestructura hidráulica, buscaba recuperar su identidad. La construcción en vidrio muestra el espacio como inundado, pero en realidad el suelo de cristal se convierte en escalera y conduce al espectador a una especie de aljibe situado bajo el agua.

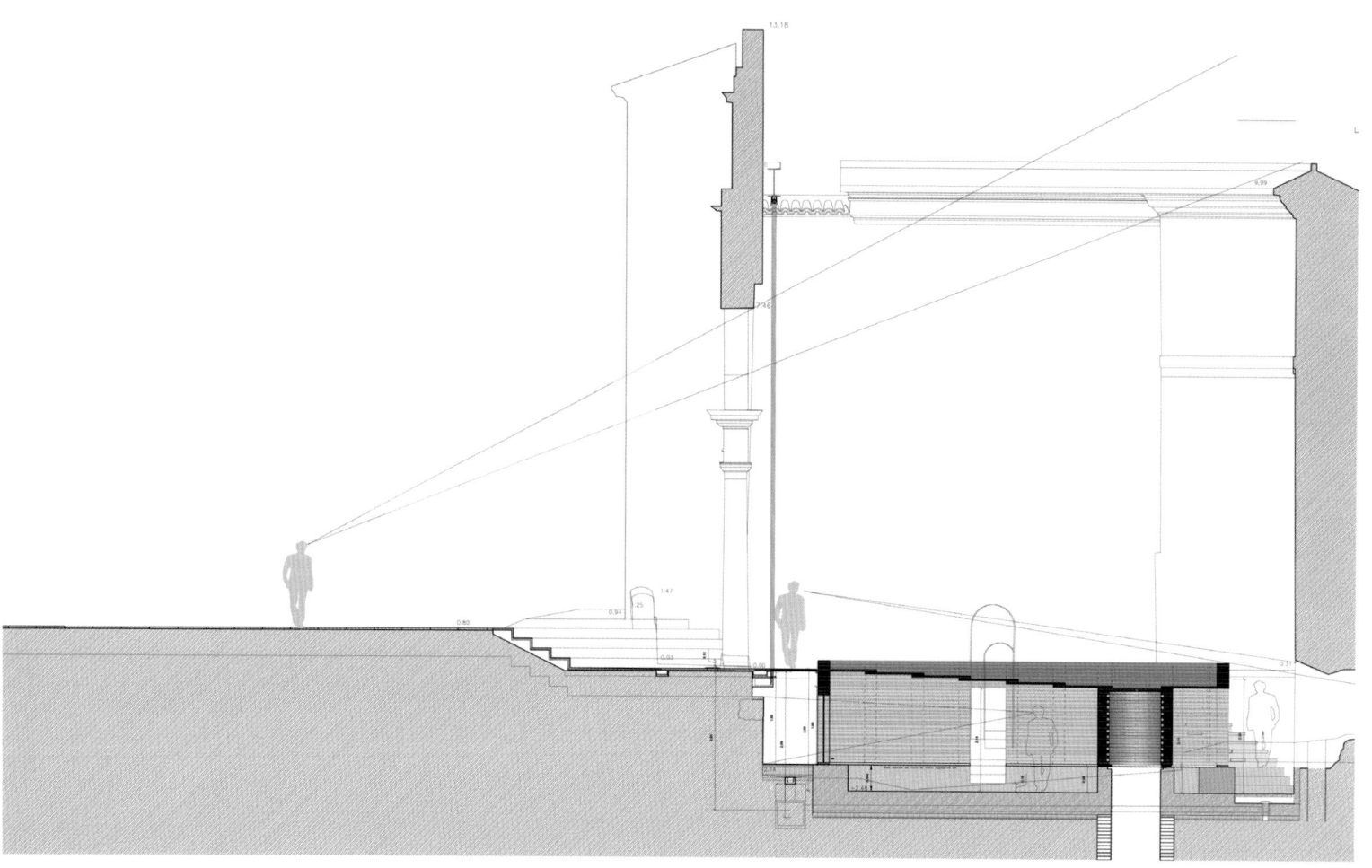

Section / Schnitt
Coupe / Doorsnede
Sezione / Sección

17

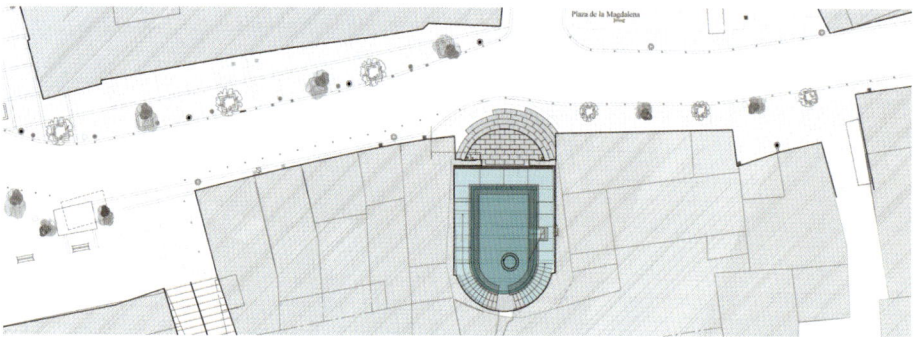

Level 0 / Ebene 0
Niveau 0 / Niveau 0
Livello 0 / Nivel 0

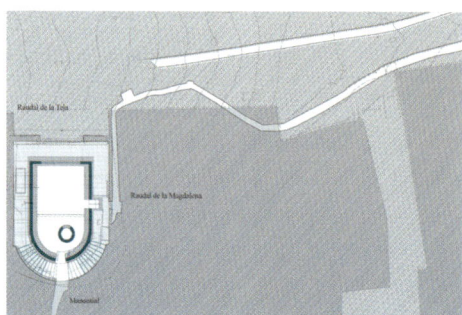

Level −1 / Ebene −1
Niveau −1 / Niveau −1
Livello −1 / Nivel −1

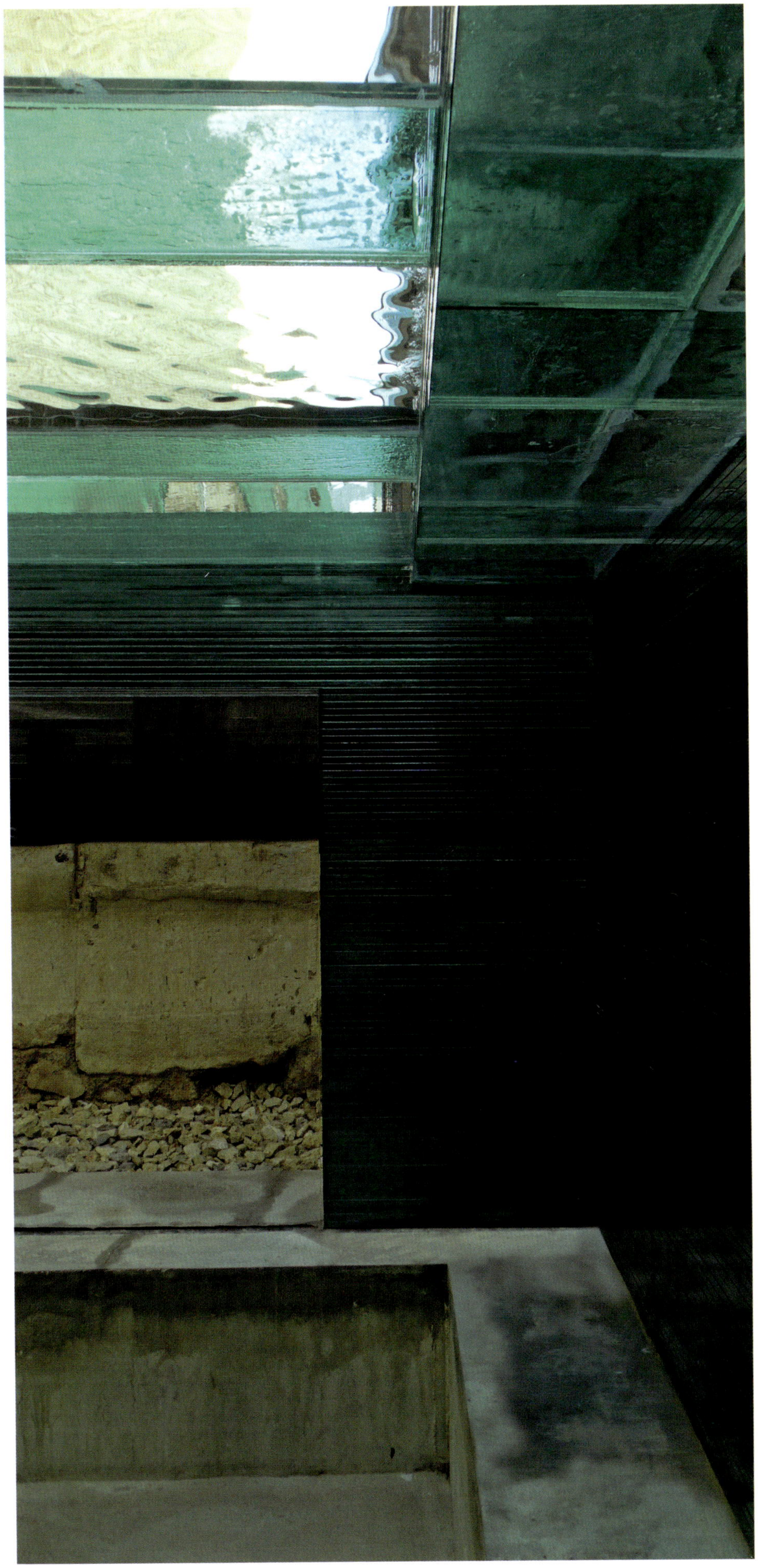

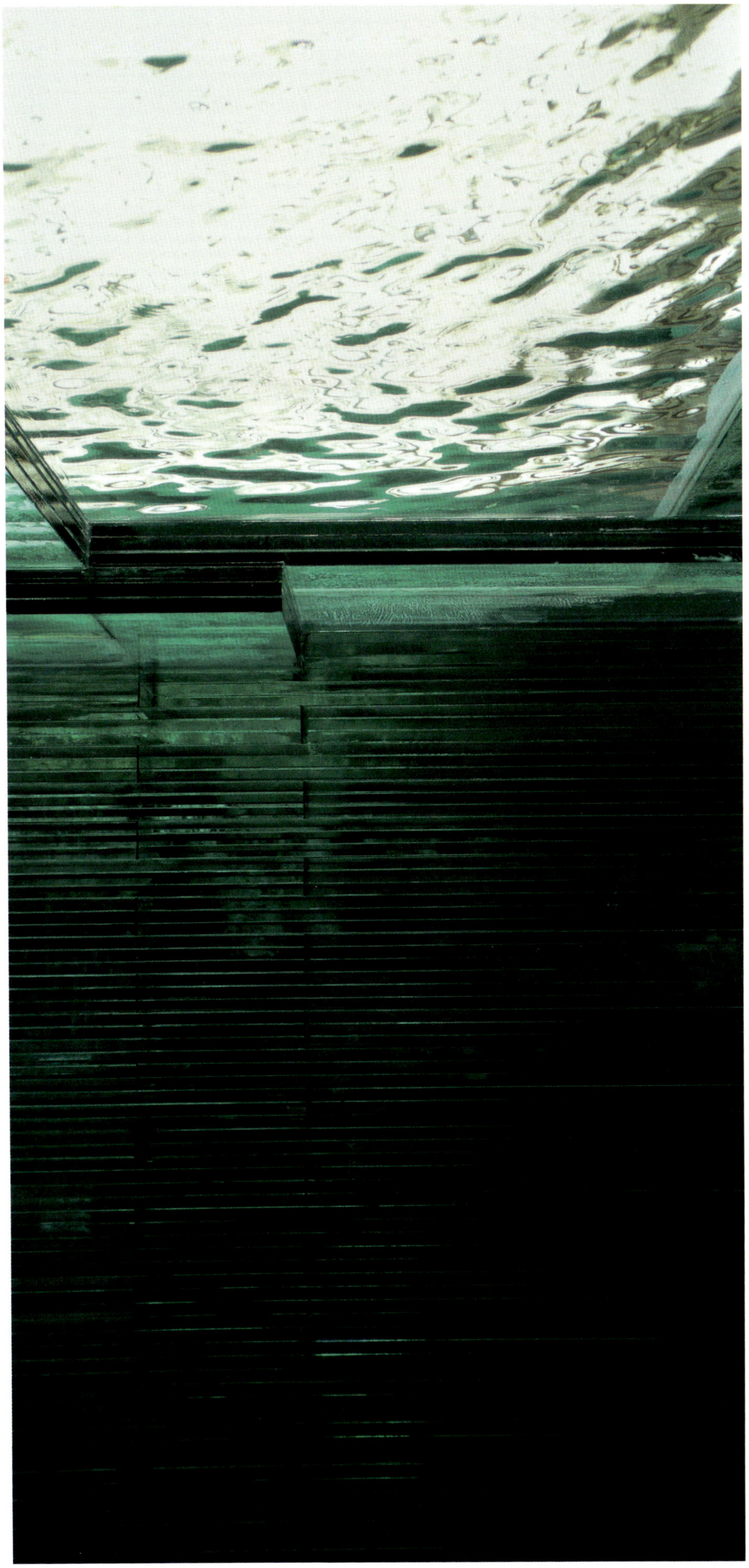

GLASS HOUSE

GH3
Stoney Lake, Canada
© Larry Williams

Glass / Glas / Verre / Glas / Vetro / Cristal

The glass façade of this home is the highlight of the project. Smoked and transparent glass is combined to maintain privacy and the desired views in each area. The floor granite heats the house thanks to the thermal mass. The sliding glass panels 3 and 1.5 m (9.8 ft and 4.9 ft) create natural ventilation.

La façade de verre de cette résidence est l'élément phare de ce projet. Verres fumé et transparent s'associent pour ménager l'intimité tout en offrant de beaux panoramas sur l'extérieur. Le granit au sol chauffe la maison grâce à la masse thermique. Les panneaux coulissants en verre, de 3 et 1,5 m de large, génèrent une ventilation naturelle.

La facciata in vetro di questa abitazione costituisce la peculiarità del progetto. Vengono combinati vetri fumé con altri trasparenti per ottenere la privacy e la vista desiderata in ogni zona. Il granito dei pavimenti riscalda la casa grazie alla massa termica. I pannelli scorrevoli di vetro, larghi 3 e 1,5 m, consentono una ventilazione naturale.

Die Glasfassade dieses Wohnhauses ist das herausragendste Element des Bauprojekts. Rauchglas und durchsichtiges Glas wurden kombiniert, um für ausreichend Privatsphäre zu sorgen und in den einzelnen Bereichen die gewünschten Aussichten zu ermöglichen. Der Granit des Fußbodens erwärmt das Haus dank seiner Wärmeträgheit. Die 3 und 1,5 m breiten Schiebetüren aus Glas sorgen für eine natürliche Belüftung.

De glasgevel van deze woning is het opvallende element van het project. Gerookt glas wordt gecombineerd met doorzichtig glas om privacy en het in elke zone gewenste uitzicht te verkrijgen. Het graniet van de vloer verwarmt het huis dankzij de thermische massa. De glazen schuifpanelen, van 3 en 1,5 m breed, zorgen voor natuurlijke ventilatie.

La fachada de cristal de esta residencia es el elemento destacado del proyecto. Se combina el cristal ahumado y el transparente para conseguir la privacidad y las vistas deseadas en cada zona. El granito del suelo calienta la casa gracias a la masa térmica. Los paneles deslizantes de cristal, de 3 y 1,5 m de ancho, generan ventilación natural.

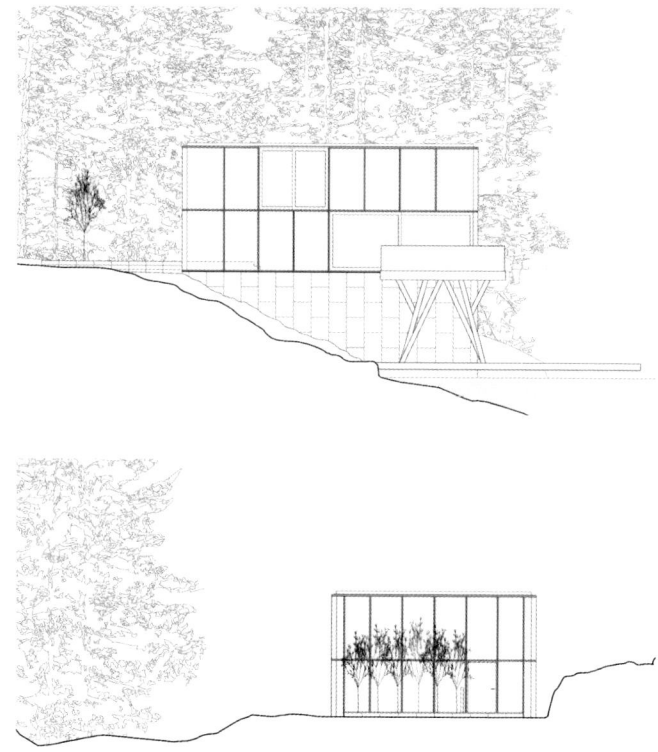
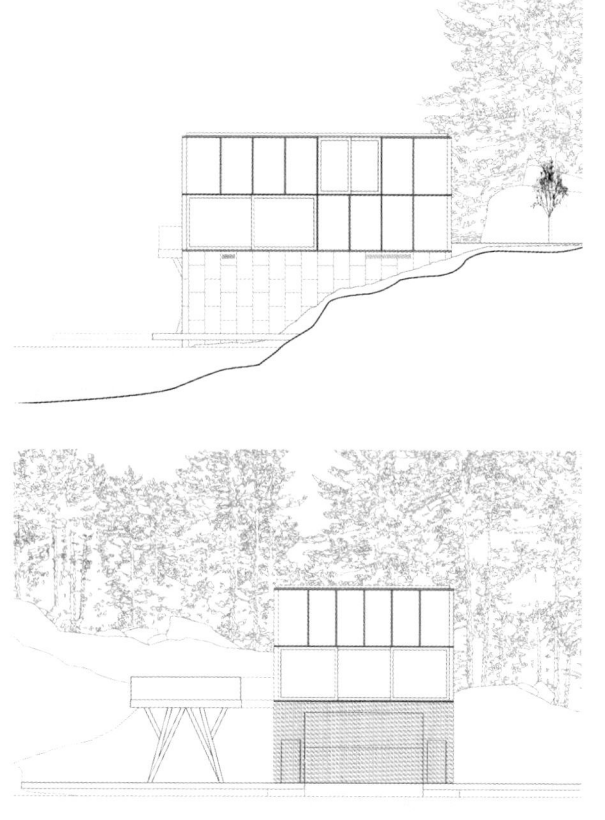

Elevations / Aufrisse
Élévations / Verhogingen
Prospetti / Alzados

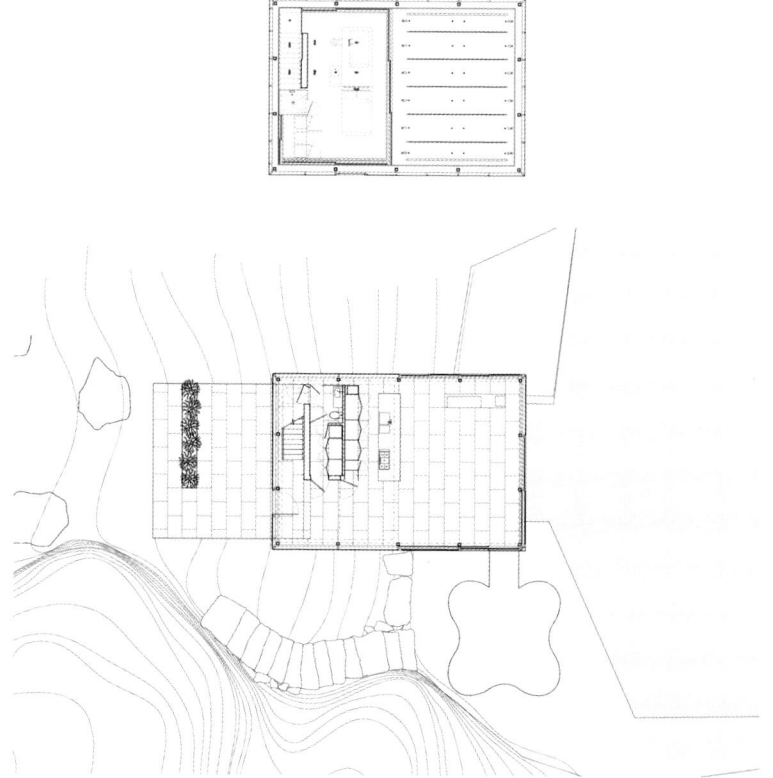
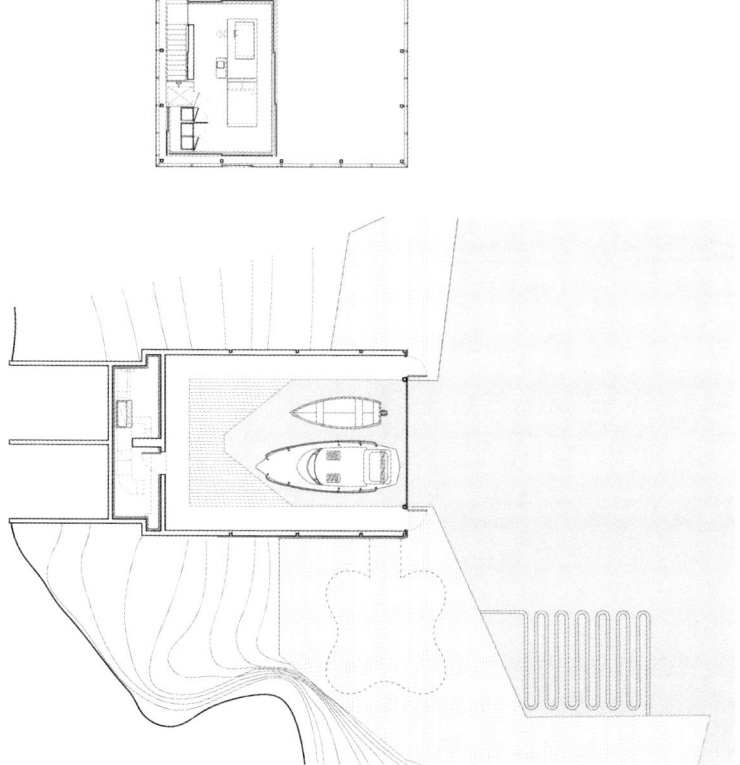

Plans / Grundisse
Plans / Plattegronden
Piante / Plantas

20 × 20 HOUSE

Felipe Assadi
Calera de Tango, Chile
© Guy Wenborne

Glass / Glas / Verre / Glas / Vetro / Cristal

The construction of this guest house was based on several premises: it should be small, easy to maintain and resistant to the inclemencies of the weather. For this reason, glass was chosen as one of the main materials. The transparency of glass allows you to enjoy the sunrise from inside without the house obstructing the view.

La conception de cette maison destinée à loger les invités répond à plusieurs consignes directives : elle devait être petite, facile d'entretien et à l'épreuve des plus violents caprices du climat. C'est la raison pour laquelle le verre s'est imposé comme l'un des matériaux principaux. Sa transparence permet de profiter des alentours depuis l'intérieur et la maison ne bloque pas la vue.

La realizzazione di questa casa per gli ospiti partiva da varie premesse: doveva essere piccola, di facile manutenzione e resistente alle inclemenze del tempo. Per questo è stato scelto il vetro come uno dei materiali principali. La trasparenza di questo materiale consente di godersi l'alba dall'interno senza che la casa causi intralcio alla vista del panorama esterno.

Beim Bau dieses Gästehauses wurde von mehreren Vorhaben ausgegangen: das Haus sollte klein, einfach instand zu halten und wetterbeständig sein. Aus diesem Grund entschied man sich für Glas als eines der vorherrschenden Baumaterialien, dank dessen Transparenz man im Inneren des Hauses den Sonnenaufgang genießen kann, ohne dass die Sicht vom Gebäude versperrt wird.

De bouw van dit logeerhuis ging uit van diverse veronderstellingen: het moest klein, gemakkelijk te onderhouden en weerbestendig zijn. Daarom werd glas gekozen als een van de hoofdmaterialen. Door de doorzichtigheid van het glas kan men van binnenuit van het ochtendgloren genieten zonder dat het uitzicht wordt versperd.

La construcción de esta casa de invitados partía de varias premisas: debía ser pequeña, de fácil mantenimiento y resistente a las inclemencias del tiempo. Por eso se escogió el cristal como uno de los materiales principales. La transparencia del cristal permite disfrutar de los amaneceres desde el interior sin que la casa entorpezca las vistas.

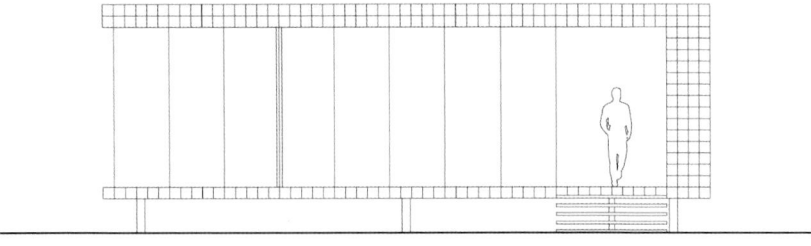
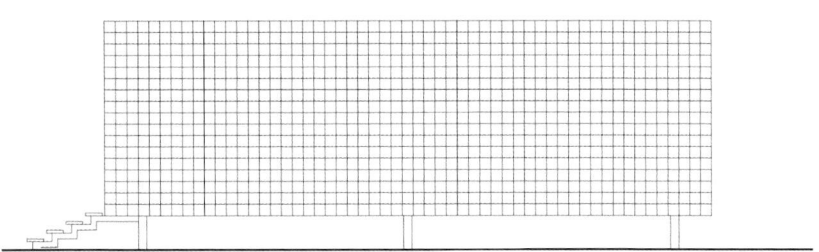
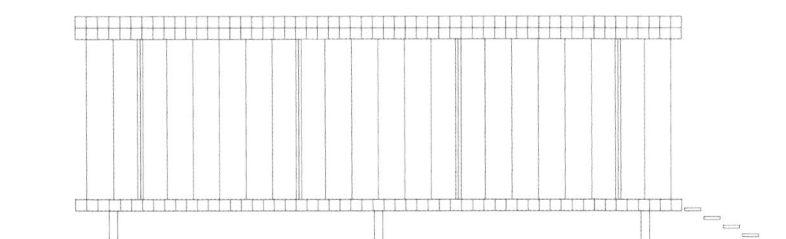
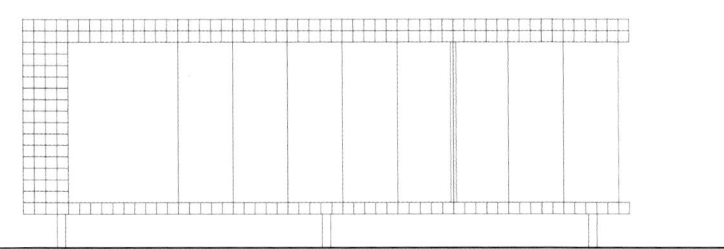

Elevations / Aufrisse
Élévations / Verhogingen
Prospetti / Alzados

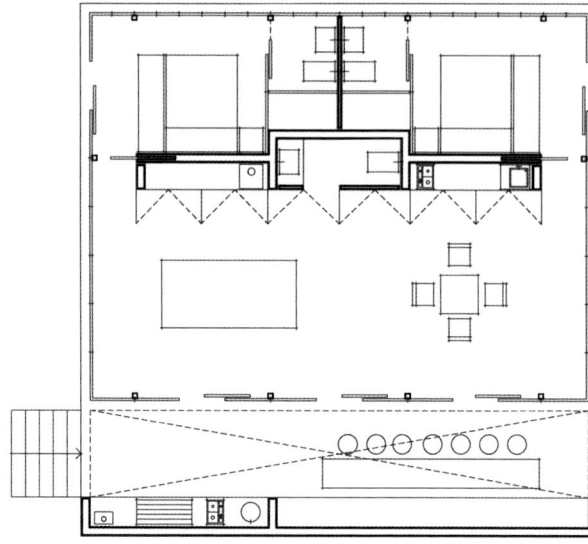
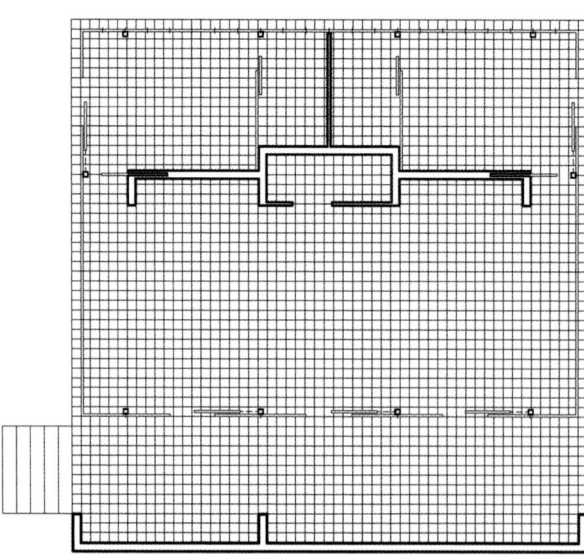

Ground floor and floor structure plan / Erdgeschoss und Aufbereitungsanlage
Rez-de-chaussée et vue du plancher / Begane grond en verdieping van het latwerk
Piano terra e piano del solaio / Planta baja y planta de la estructura

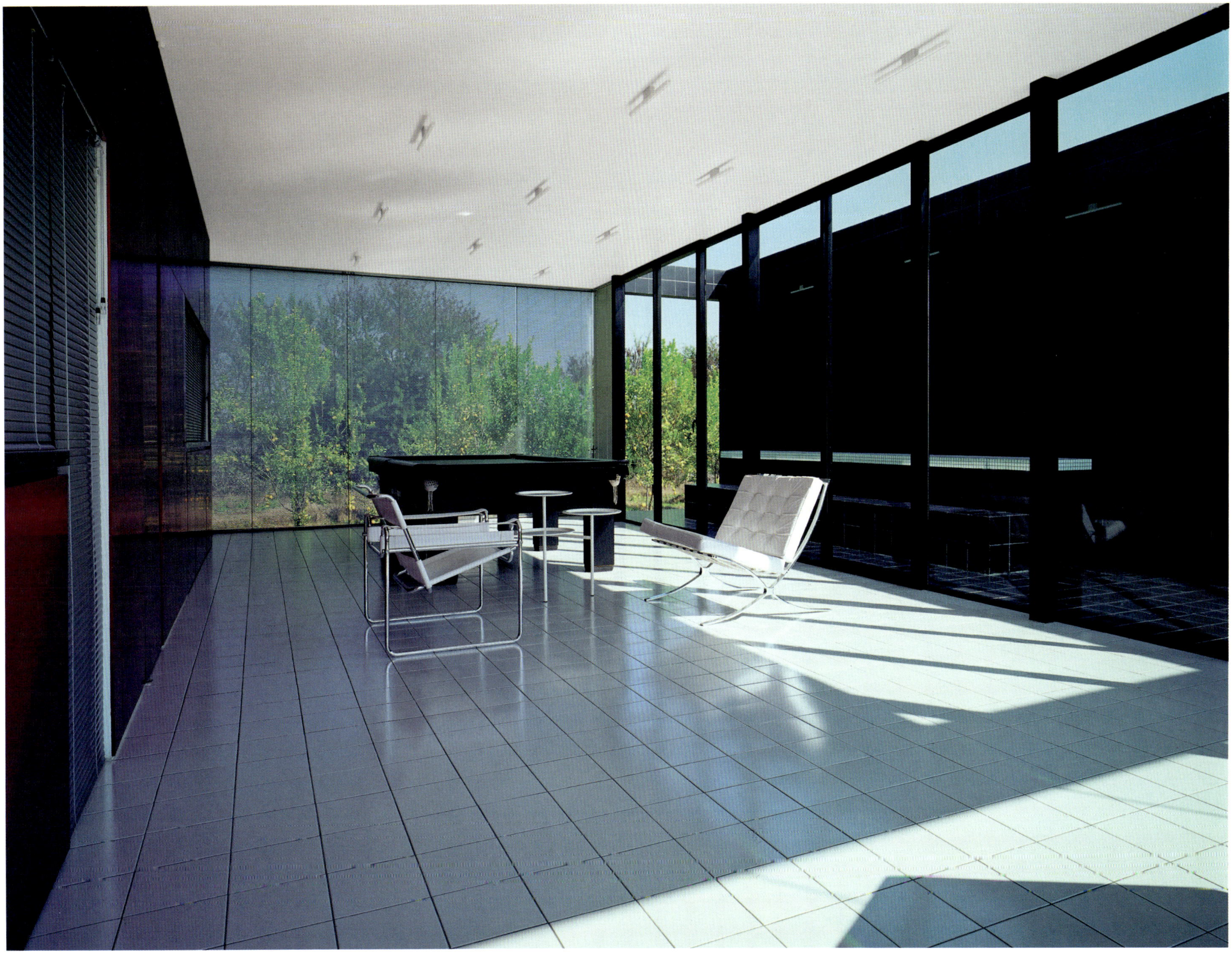

MC1 HOUSE

Juan Robles, Andrea Solano, Emilio Quirós/Robles Arquitectos
Manuel Antonio, Costa Rica
© Robles Arquitectos

Glass / Glas / Verre / Glas / Vetro / Cristal

This contemporary tropical style project was based on the concepts of integration in the environment and bioclimatic architecture. Achieving natural light was an essential aspect, and for this reason glass was used for most of the walls. The use of artificial light during the day is avoided and the designed openings promote cross ventilation.

Ce projet de style tropical contemporain mise sur l'intégration dans le milieu naturel et fait le pari d'une architecture bioclimatique. La priorité était de capter la lumière naturelle, d'où le choix du verre pour la majeure partie des murs. L'usage de lumière artificielle ne s'impose pas dans la journée et les ouvertures favorisent la ventilation croisée.

Questo progetto in stile tropicale contemporaneo si è basato sui concetti di integrazione ambientale e di architettura bioclimatica. Nel progetto era fondamentale il recupero della luce naturale; a tal fine è stato utilizzato il vetro nella maggior parte dei rivestimenti. Durante il giorno si evita così l'uso della luce artificiale e le aperture favoriscono la ventilazione incrociata.

Dieses Projekt im zeitgenössischen tropischen Stil basiert auf den Konzepten der Integration in die Umgebung und der bioklimatischen Architektur. Eine wesentliche Zielsetzung bestand darin, im Inneren über ausreichend Tageslicht zu verfügen. Daher wurde Glas als Baustoff für den Großteil der Wände und Decken benutzt. Tagsüber wird so der Einsatz von künstlichem Licht vermieden und die speziell angeordneten Fenster und Türen begünstigen die Kreuzlüftung.

Dit project in hedendaagse tropische stijl is gebaseerd op de concepten van integratie in de omgeving en bioklimatische architectuur. Natuurlijk licht was een fundamenteel aspect. Daarom werd voor het grootste deel van de afsluiting glas gebruikt. Overdag hoeft zo geen kunstlicht te worden gebruikt en door de ontworpen openingen wordt kruisventilatie bevorderd.

Este proyecto de estilo tropical contemporáneo se basó en los conceptos de integración en el ambiente y arquitectura bioclimática. Conseguir luz natural era un aspecto primordial, por lo que se utilizó el cristal para la mayoría del cerramiento. Se evita utilizar luz artificial durante el día y las aberturas diseñadas favorecen la ventilación cruzada.

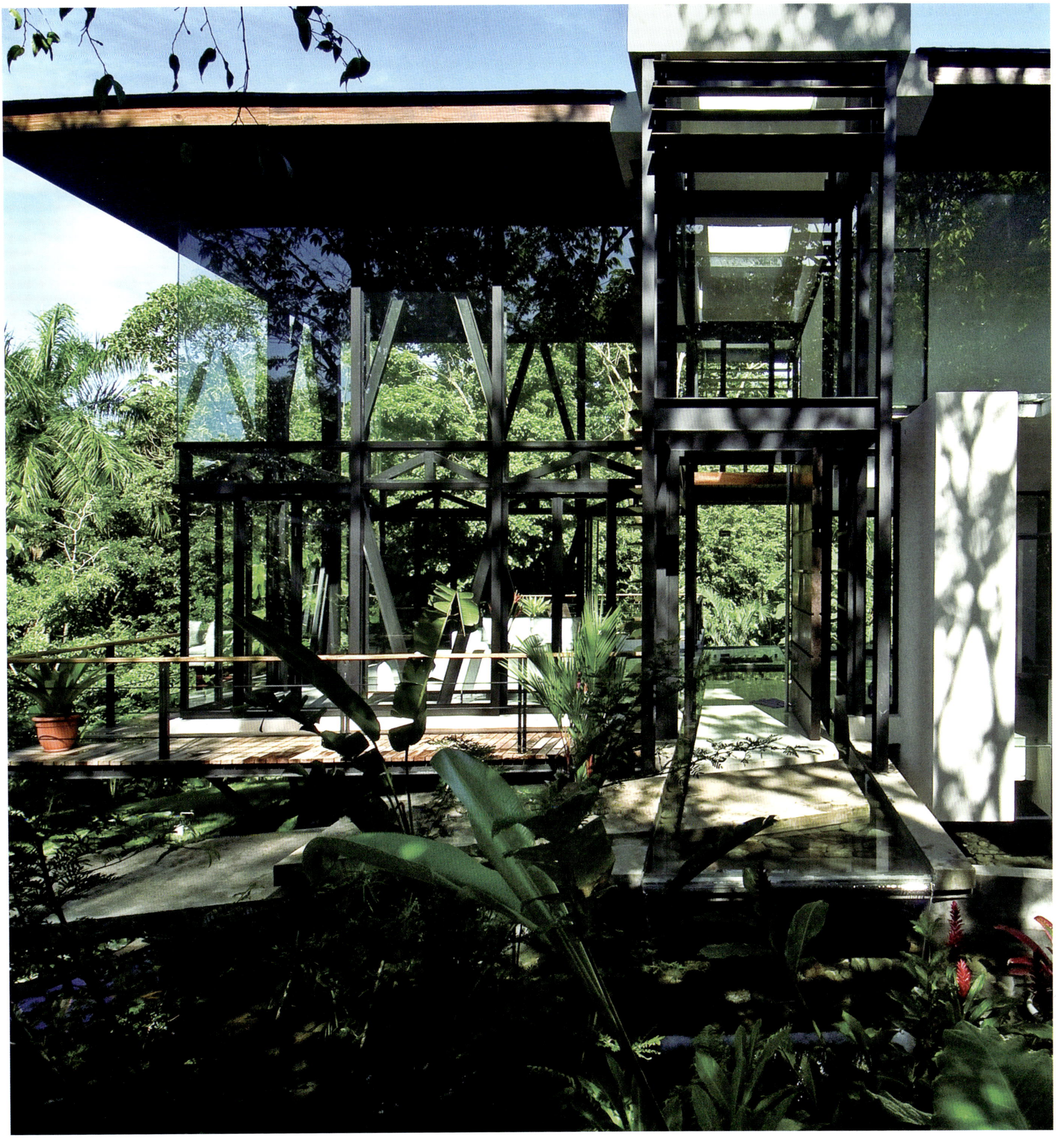

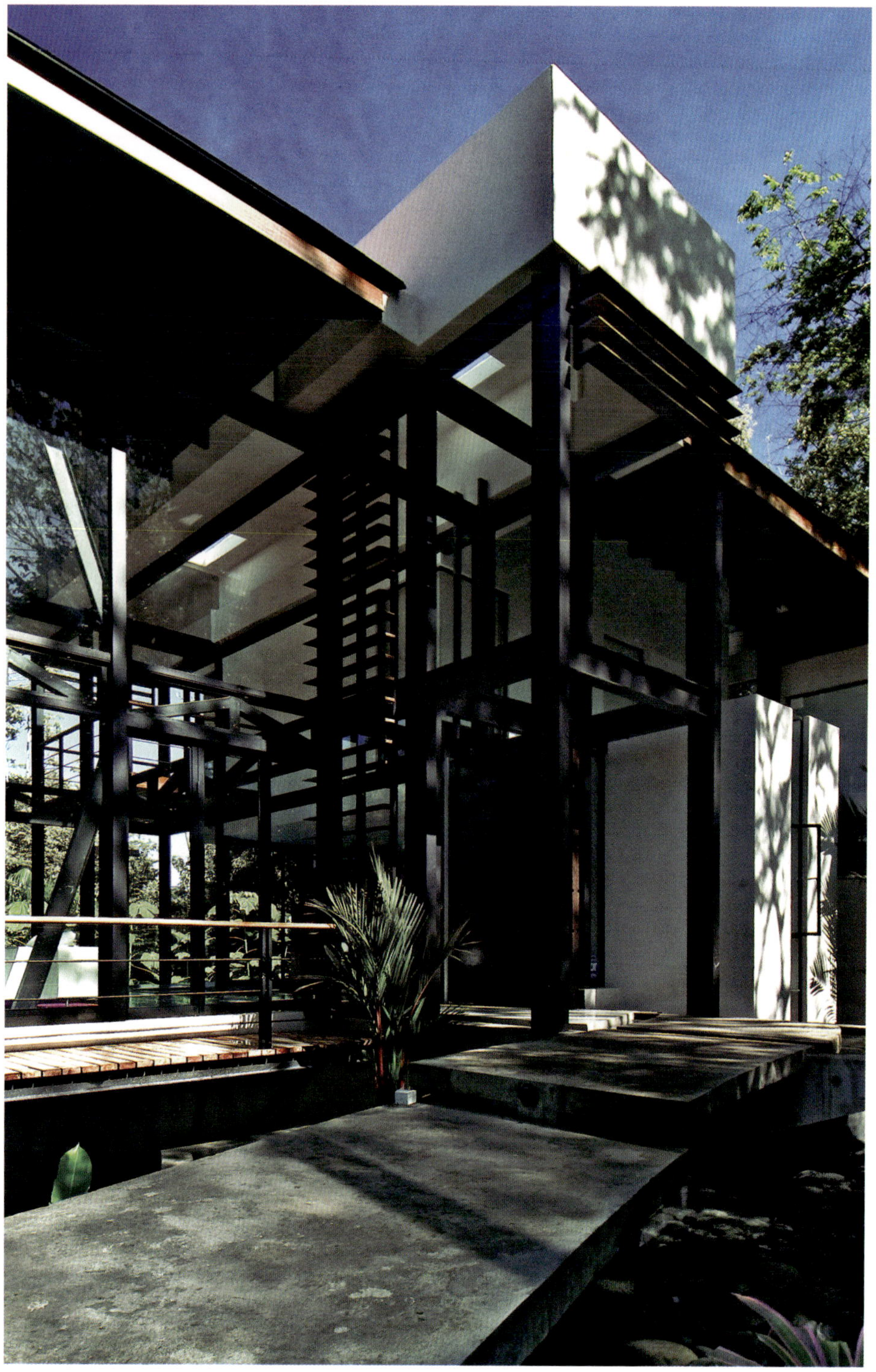

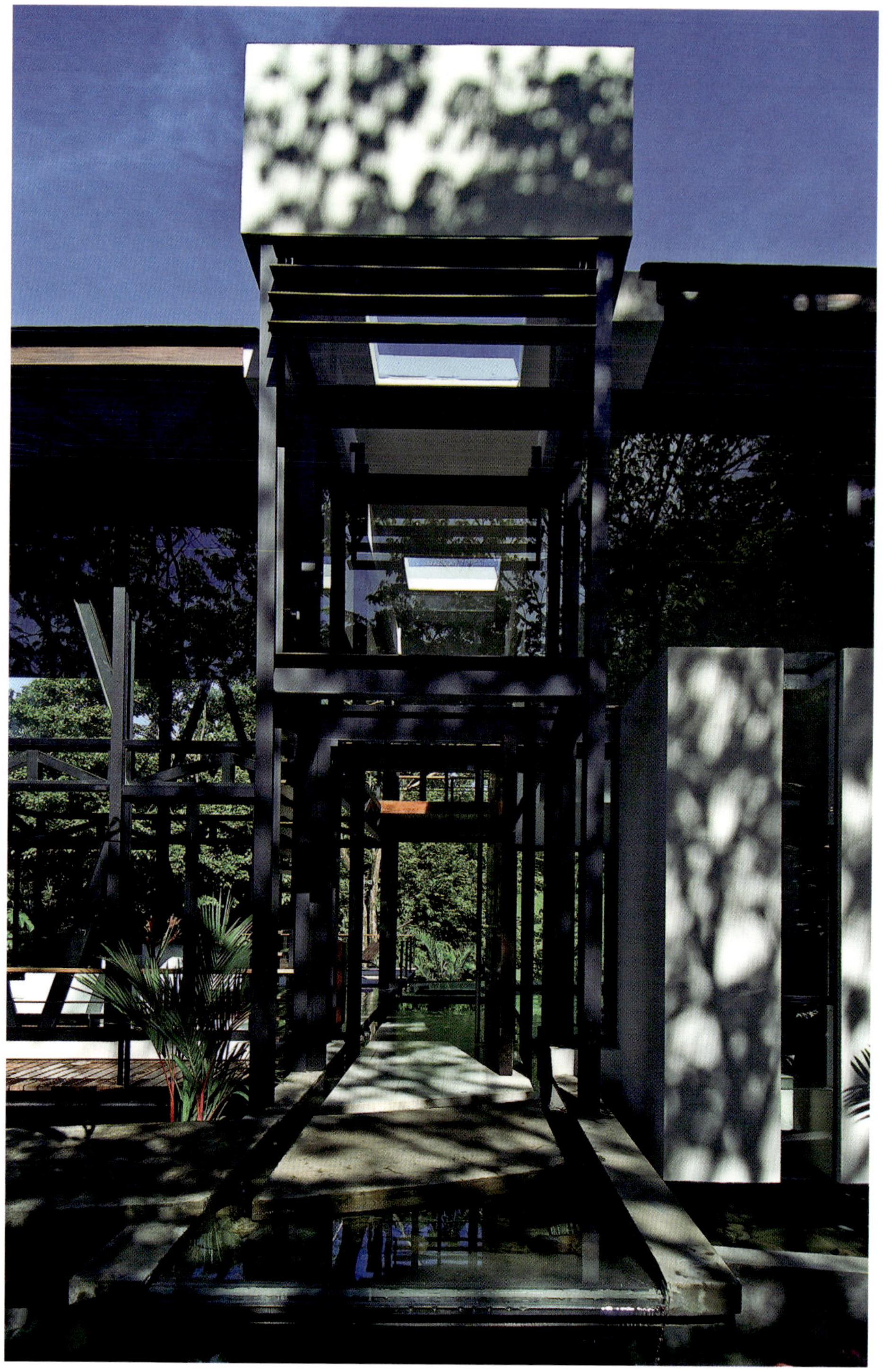

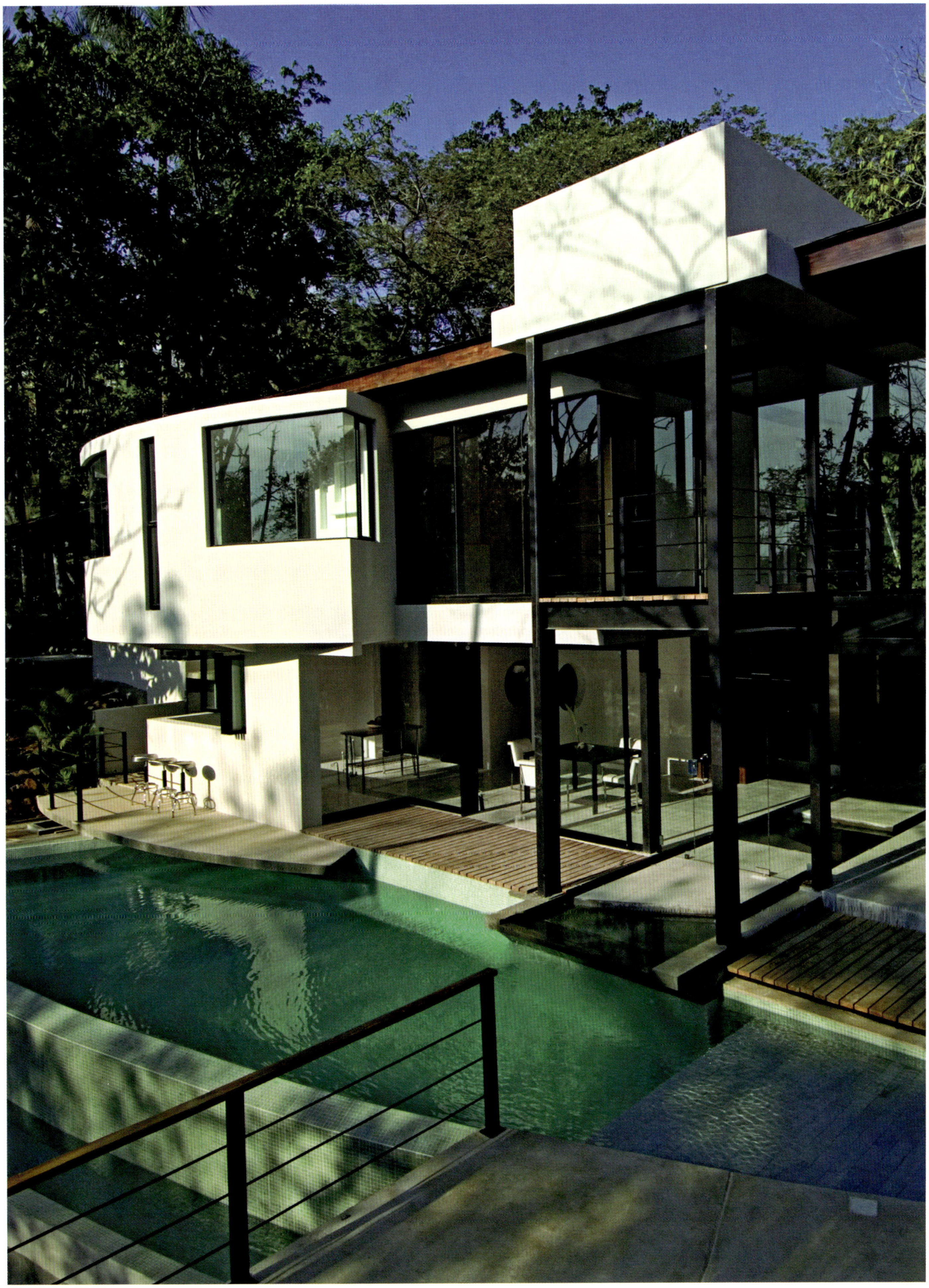

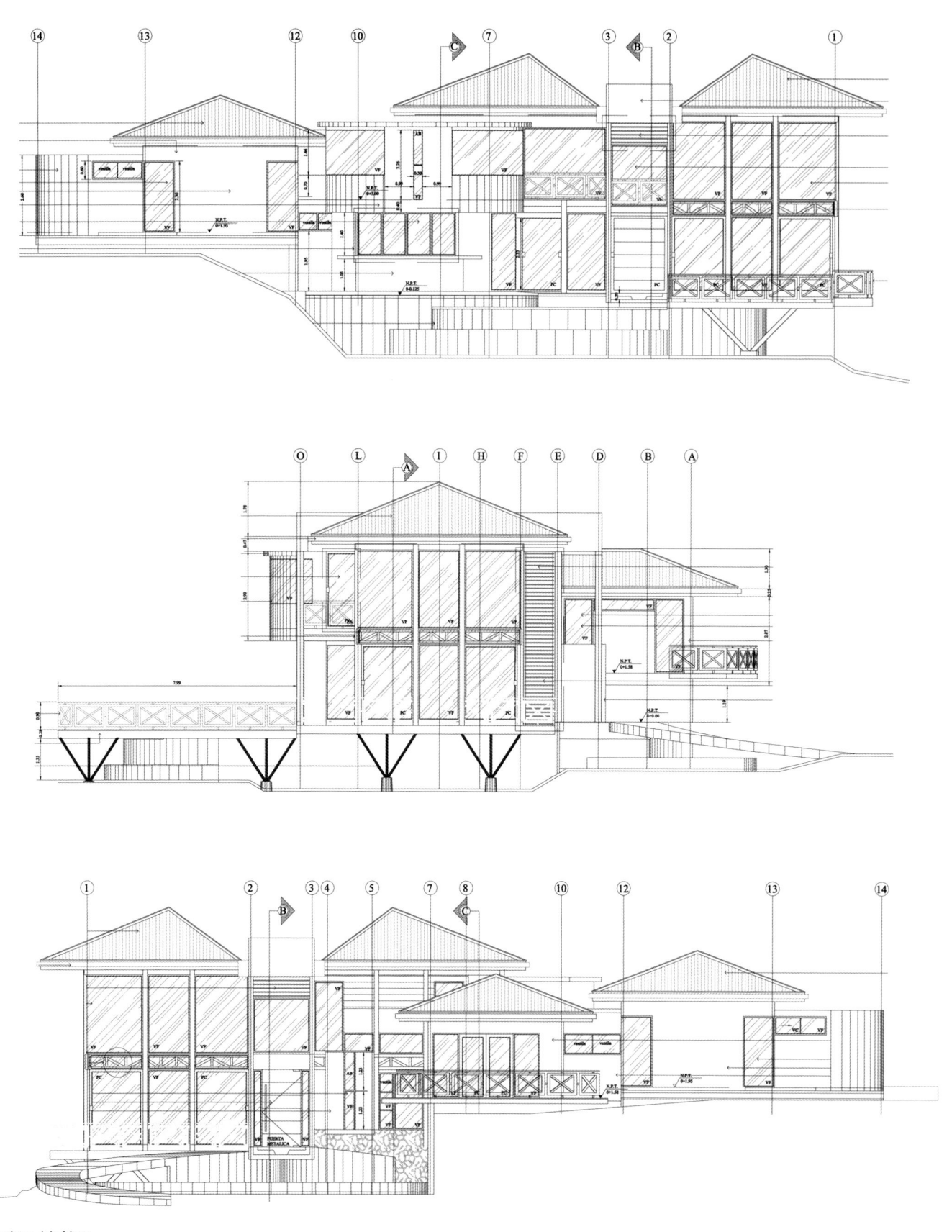

Elevations / Aufrisse
Élévations / Verhogingen
Prospetti / Alzados

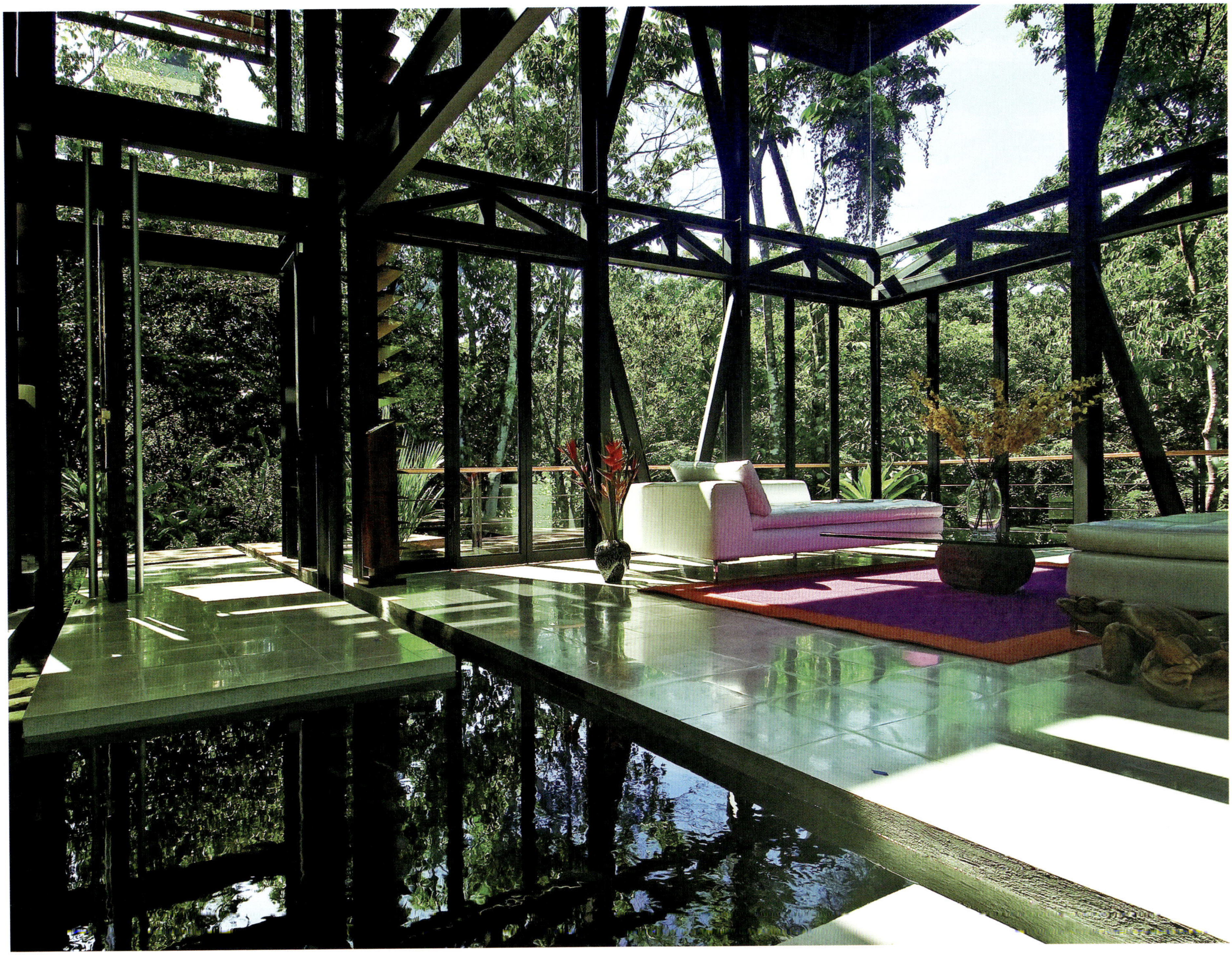

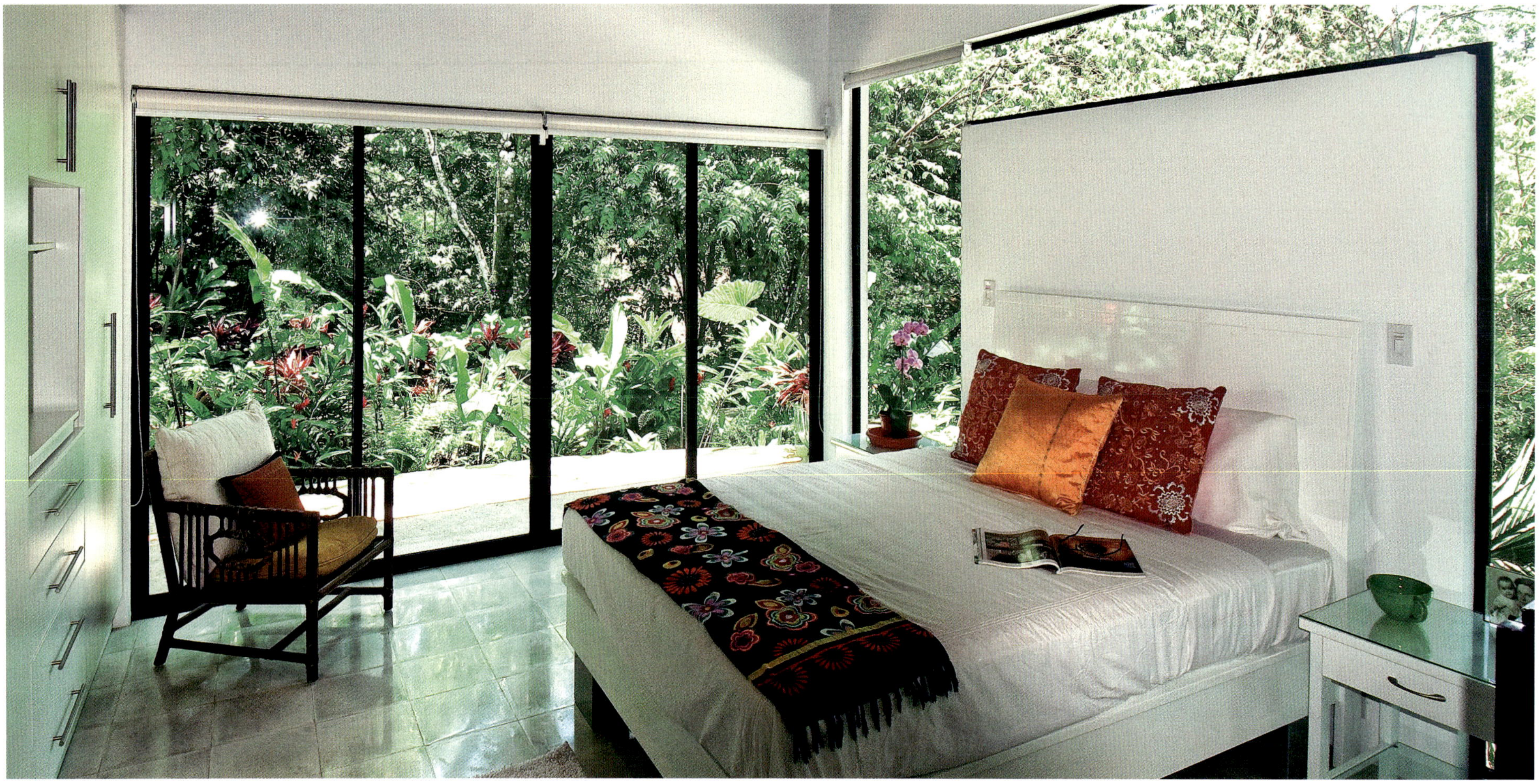

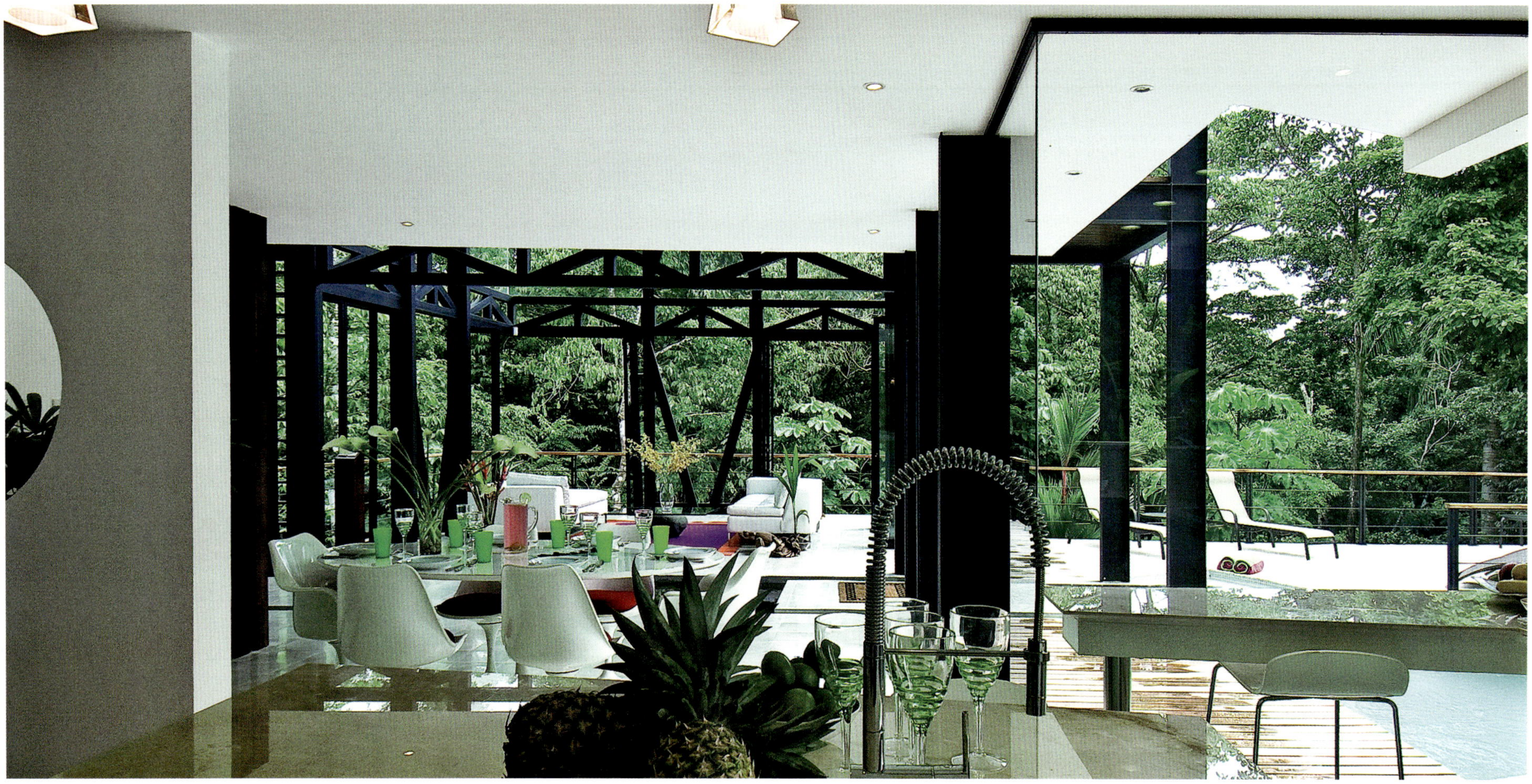

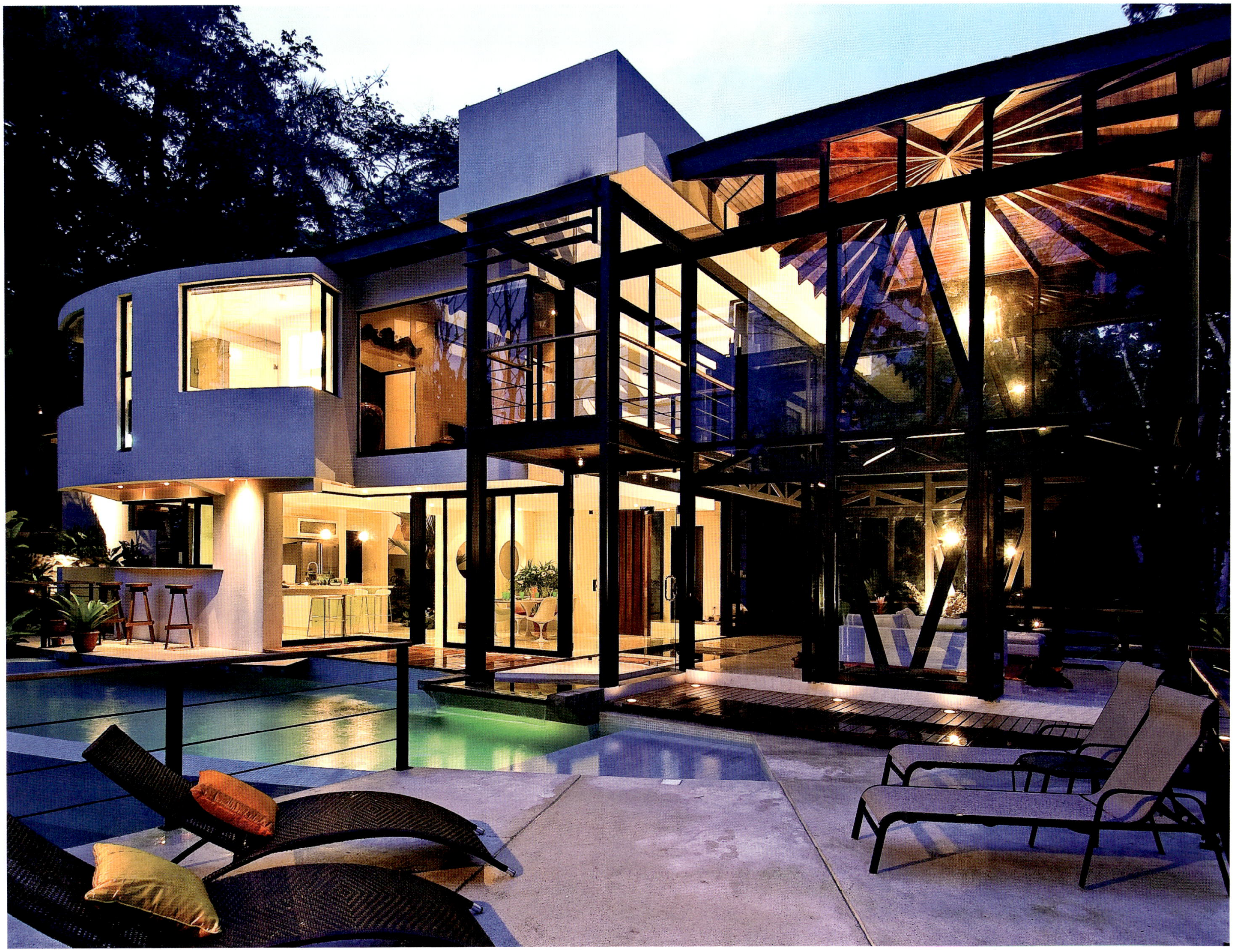

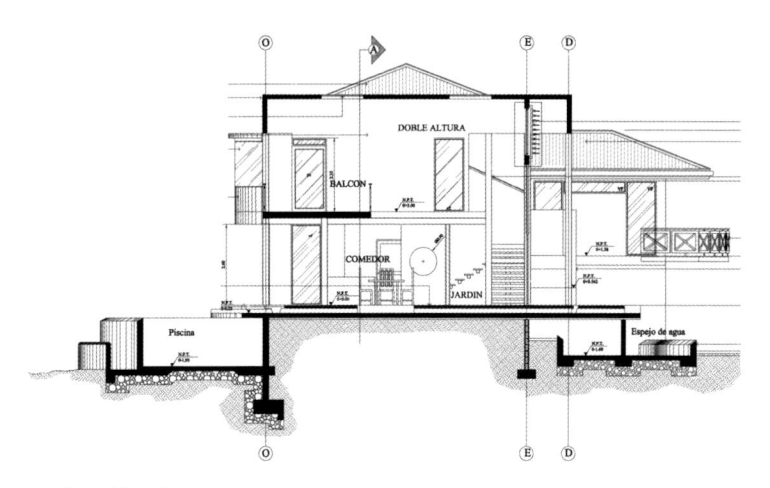

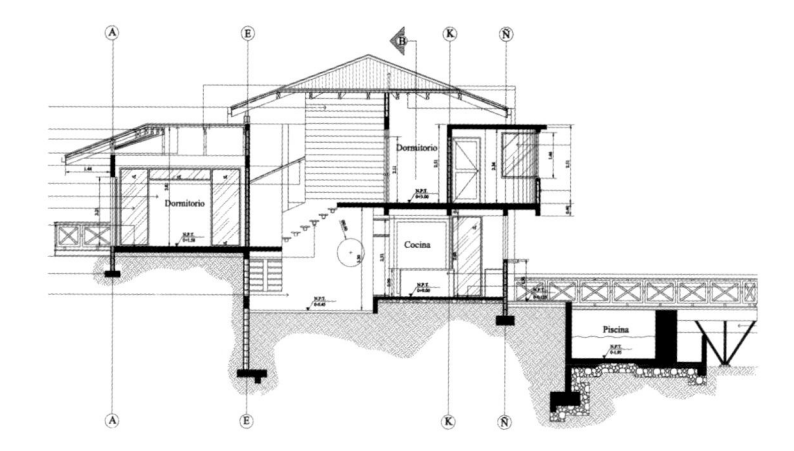

Sections / Schnitte
Coupes / Doorsneden
Sezioni / Secciones

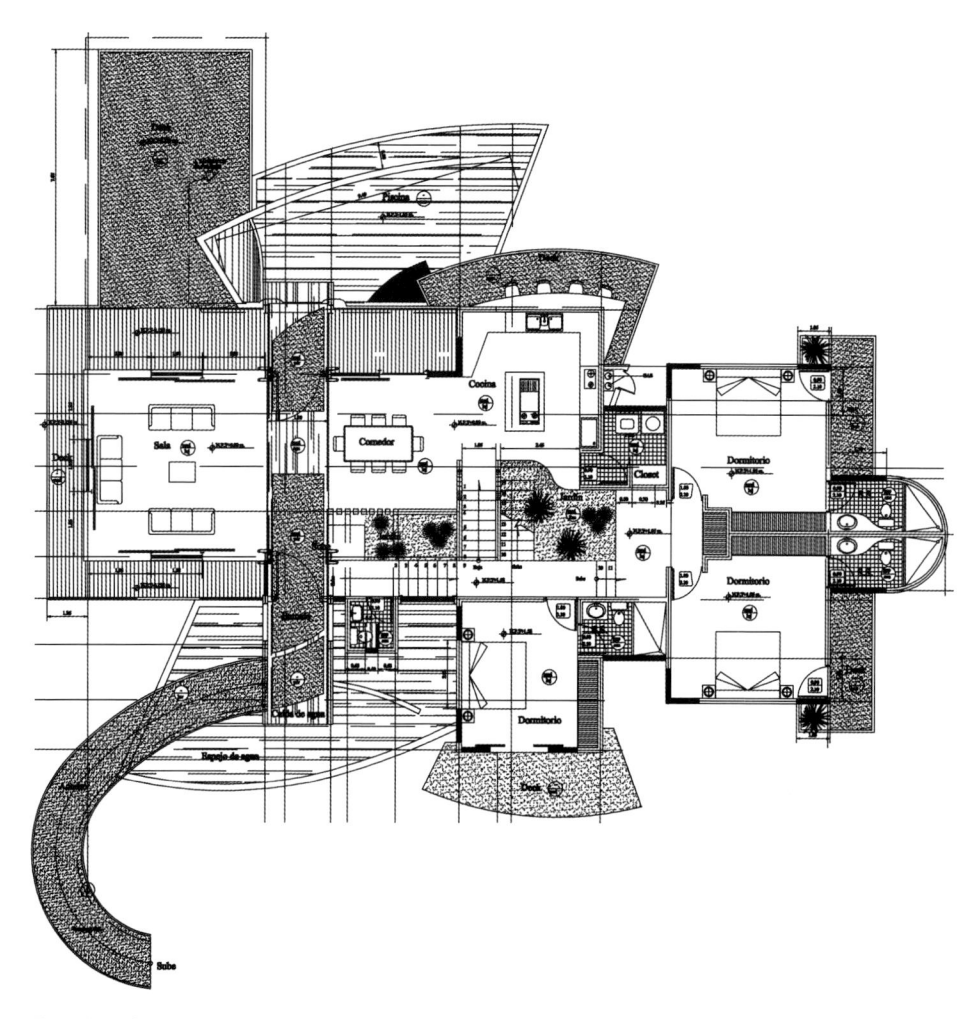

Floor plan / Geschossplan
Plan / Plattegrond
Pianta / Planta

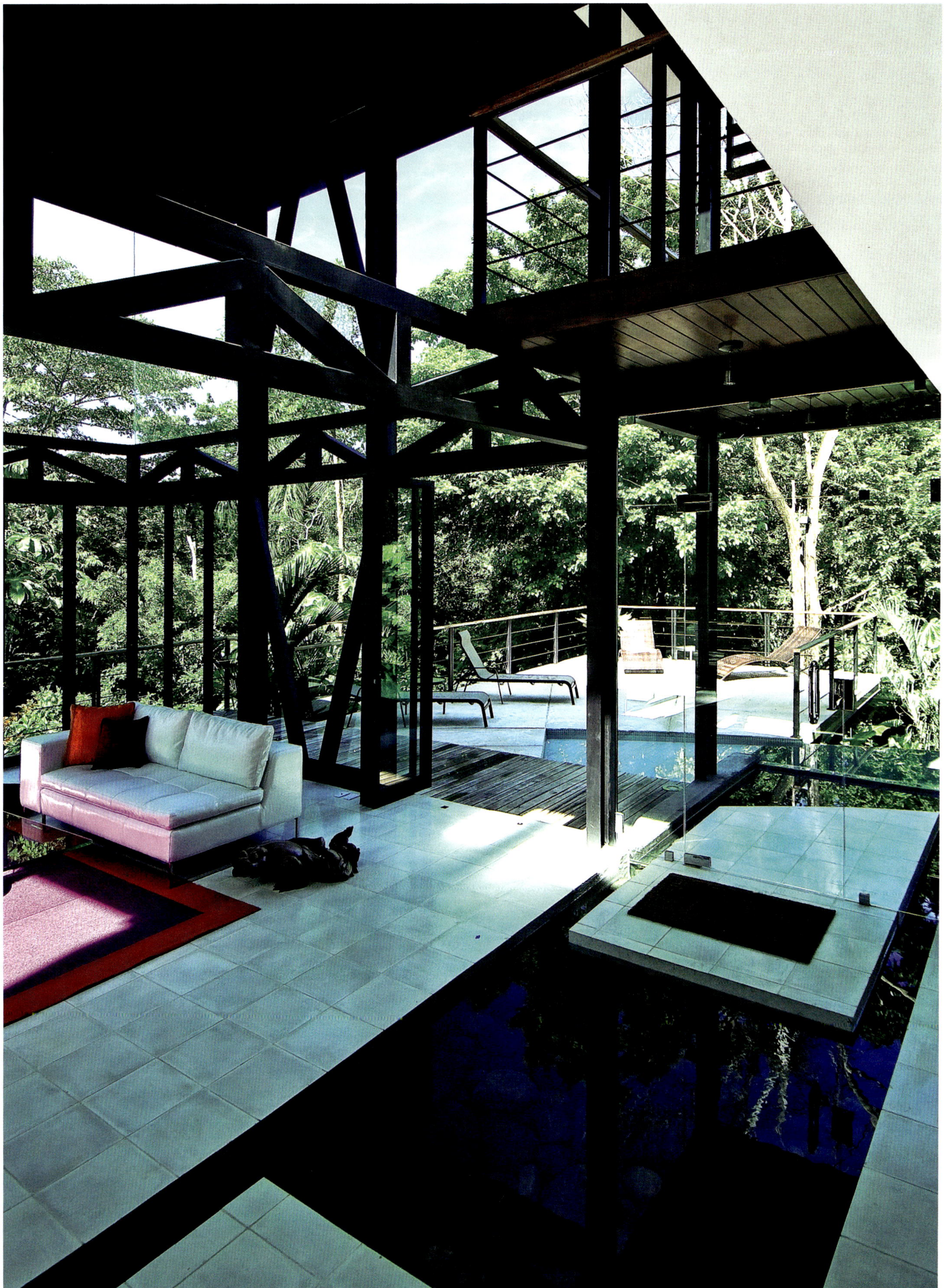

GLASS

Glass is an inorganic material that is made from silica, fluxes, and stabilizers. The manufacturing process begins by mixing raw materials. The glass mass is moved for molding, which takes place at lower temperatures and following techniques such as blowing, rolling, pressing and floating. Then the mass is chilled and annealed. The final step is the surface grinding and polishing.

Raw glass has a greenish or caramel color. Transparency is achieved by adding other substances. Glass does not provide good acoustic or thermal insulation because it is quite thin. To achieve these properties double glazing must be installed. Glass resists well to temperature changes if they are gradual. Its density can be compared to that of stone and it is durable, waterproof and hygienic. Fragility is another of its characteristics, although this has improved with technical progress.

90% of flat glass worldwide is manufactured through the float glass process. Molten glass is poured into one end of a bath of liquid tin, where it floats and is leveled. The glass cools and solidifies. Eventually it is hardened in a lehr oven.

The term «architectural glass» is used to describe the glass used in construction, both on the exterior and interior of the buildings, including windows and walls. This concept covers reinforced, toughened and laminated glass, which are all safe types.

INSULATING GLASS

Insulating glass is glazing that consists of at least two pieces of glass separated by a dehydrated air chamber. They form what is called an «insulating glass unit» (IGU). Insulating glass units may contain more than two panes of glass and more than one air chamber. This type of glazing in windows and doors has taken over from monolithic glazing in cold climates because of its insulating properties. To improve the insulation properties of the chamber, it is filled with noble gases such as argon or krypton.

REINFORCED GLASS

Reinforced glass is produced by a casting process and embedded within a recticle-shaped metal mesh. If the glass breaks, pieces of glass are joined to the wire and prevent the fragments from causing injury. This makes it an extra safe type of glass.

This type of glass should not be used in locations with extreme temperatures. The performance and dilatation to heat or cold are not the same in the glass and metal, and the tensions would cause breakage.

LAMINATED GLASS

Laminated glass is a type of safety glass that does not shatter when broken. It consists of the union of several layers of glass with plastic film inbetween. This film holds the glass layers together even when it is broken and prevents the glass from breaking into large, sharp pieces. This produces the characteristic spider's web shape.

The middle sheet can be transparent, translucent or colored and may include: paper with drawings, LEDs, cloth, etc. They can also be treated for acoustic and solar insulation. This flexibility makes laminated glass an essential element in contemporary architecture and design. Laminated glass is normally used when there is the potential for impact against persons or if the glass could fall and break. In addition, it blocks 99% of UV rays.

TOUGHENED GLASS

Toughened glass is glass used in the automotive and construction industry that is achieved by subjecting the glass to two procedures: chemical and thermal tempering. It provides outstanding resistance to impact up to six times higher than normal glass. The resistance to bending of toughened glass is four or five times the normal strength.

To produce heat-toughened glass, the most common process involves float glass being heated to be subjected to a thermal shock in a cooling chamber. This shock gives the glass more structural strength and impact. In case of breakage, the glass shatters into small harmless pieces. Therefore, this glass can be seen in handrails, ventilated façades, staircases and in applications for open and public spaces. It is also used in ovens doors and lamps.

GLASS BLOCK

The glass brick, also known as glass block, is an architectural element used in areas where privacy or visual distortion is sought while allowing light to enter, as in underground car parks, toilets, swimming pools, etc. Glass blocks were first produced in the early 1990s to allow entry of light into industrial buildings, although their use is now common in the interiors of homes and offices.

Glass / Glas / Verre
Glas / Vetro / Vidrio

GLAS

Glas ist ein anorganisches Material, das aus Silika, Flussmittel und Stabilisatoren hergestellt wird. Der Herstellungsprozess beginnt mit der Mischung der Rohstoffe. Die Glasmasse wird gegossen. Dies erfolgt bei niedrigeren Temperaturen, wobei Techniken wie Blasen, Ziehen, Pressen oder das Floatverfahren angewandt werden. Danach wird das Glas gekühlt und nachgeglüht. Die Endphase besteht aus der Rohbearbeitung und dem Feinschliff.

Das Rohglas hat eine grünliche oder Karamellfarbe. Durch die Zugabe weiterer Substanzen wird die Transparenz erreicht. Es bietet keine gute Schall-oder Wärmedämmung, da es in geringer Dicke verwendet wird, deshalb wird Doppelglas eingebaut, um diese Eigenschaften zu erreichen. Glas verhält sich gut gegenüber Temperaturschwankungen, solange diese allmählich erfolgen. Seine Dichte ist der von Stein vergleichbar, es ist beständig, wasserdicht und hygienisch. Zerbrechlichkeit ist eine weitere seiner Eigenschaften, obwohl es durch die technischen Fortschritte möglich geworden ist, in Bezug auf diesen Aspekt bessere Gläser zu entwickeln.

90% des Flachglases wird weltweit durch Float-Verfahren hergestellt. Das geschmolzene Glas wird in eines der Enden einer Wanne mit flüssigem Zinn gegossen, auf dem es schwimmt und eine plane Oberfläche bildet. Das Glas kühlt ab und verfestigt sich. Schließlich wird es in einem Lehr-Ofen gehärtet. Der Begriff Architektonisches Glas bezeichnet Glas, das beim Bauen sowohl im Außen- als auch im Innenbereich einschließlich der Fenster und Wände der Gebäude verwendet wird. Zu diesem Konzept gehören verstärktes Glas, Temperglas und Laminatglas, alle vom Typ Sicherheitsglas.

ISOLIERGLAS

Isolierglas nennt man die Verglasung, die aus mindestens zwei Glasscheiben besteht, zwischen denen sich eine dehydrierte Luftkammer befindet. Die beiden Scheiben bilden eine *insulating glass unit* (Isolierglas-Einheit) genannte Einheit. Die Isolierglas-Einheiten können mehr als zwei Gläser und mehr als eine Luftkammer enthalten. Dieser Verglasungstyp bei Fenstern und Türen hat die monolithische Verglasung in kalten Klimazonen wegen seiner isolierenden Eigenschaften ersetzt. Um die Isoliereigenschaften der Kammer zu verbessern, wird diese mit Edelgasen wie Argon und Krypton gefüllt.

DRAHTGLAS

Drahtglas wird durch ein Gussverfahren hergestellt. In seinem Inneren wird ein rasterförmiges Drahtgeflecht eingebettet. Wenn das Glas bricht, bleiben die Glasscherben am Draht hängen. Damit wird vermieden, dass die Splitter Verletzungen verursachen. Dies macht es zu einem Glas mit zusätzlicher Sicherheit.

Von dieser Art von Glas wird abgeraten, wenn es extremen Temperaturen ausgesetzt werden soll. Das Verhalten und die Ausdehnung bei Hitze oder Kälte sind bei Glas und Metall unterschiedlich, und durch die Spannung würde es zerbrechen.

VERBUNDGLAS

Verbundglas ist ein Sicherheitsglas, das nicht zersplittert, wenn es bricht. Es besteht aus mehreren Glasschichten, die durch eine plastische Folie zwischen den Scheiben verbunden sind. Diese Folie hält die Glaschichten zusammen, auch wenn sie brechen, und durch ihre Festigkeit wird vermieden, dass das Glas in große und scharfe Scherben auseinander bricht. Dies führt zu der charakteristischen Spinnennetzform.

Die zwischenliegende Folie kann durchsichtig, lichtdurchlässig oder farbig sein und alles beinhalten: Papier mit Zeichnungen, LED-Dioden, Stoffe, usw. Sie können auch eine akustische Behandlung und eine Behandlung zur Solarkontrolle bekommen. Diese Flexibilität macht das Verbundglas zu einem unverzichtbaren Element in der modernen Architektur und im zeitgenössischen Design. Verbundglas wird normalerweise verwendet, wenn die Möglichkeit eines Zusammenstoßes mit Personen besteht, oder wenn das Glas fallen und brechen könnte. Außerdem blockiert es 99% der UV-Strahlen.

TEMPERGLAS

Temperglas wird in der Motoren- und in der Bauindustrie verwendet. Es wird durch zwei Verfahren hergestellt: Chemisches Tempern und thermisches Tempern. Es bietet eine außerordentliche Stoßfestigkeit, die bis zu sechsmal höher ist als bei normalem Glas. Der Widerstand gegen Biegespannung des getemperten Glases ist bis zu 4 oder 5 mal höher als der normale Widerstand.

Um Temperglas thermisch herzustellen, ist es am gebräuchlichsten, das Glas im Float-Verfahren zu erhitzen, und es dann in einer Kältekammer einem thermischen Schock auszusetzen. Dieser Schock verleiht dem Glas eine höhere strukturelle Resistenz und Stoßfestigkeit. Wenn es bricht, zerspringt das Glas in kleine, ungefährliche Stücke. Deshalb ist dieses Glas für Geländer, belüftete Fassaden, Treppen und für offene und öffentliche Räume geeignet. Es wird auch für Ofentüren und Lampen verwendet.

GLASBAUSTEIN

Der Glasbaustein, auch Glasstein oder Glasziegel genannt, ist ein architektonisches Element, das in Bereichen verwendet wird, in denen Privatheit oder Sichtbehinderung erwünscht ist, und das gleichzeitig das Licht einlässt, wie in unterirdischen Parkplätzen, Badezimmern, öffentlichen Schwimmbädern, usw. Die Produktion von Glasbausteinen begann Anfang der neunziger Jahre, um den Lichteinfall in Fabrikhallen zu ermöglichen, aber ihr Einbau weitete sich auch auf Wohnungen und Büros aus.

Translucent glass / Durchscheinendes Glas
Verre translucide / Doorschijnend glas
Vetro traslucido / Vidrio translúcido

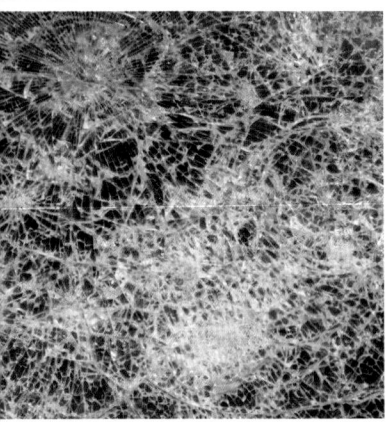

Laminated glass
Verbundglas
Verre laminé ou feuilleté
Gelaagd glas
Vetro laminato o stratificato
Vidrio laminado

VERRE

Le verre minéral est un matériau inorganique fabriqué à partir de silice, fondants et agents stabilisateurs. La première phase du processus de fabrication est le mélange des matières premières. La masse vitreuse est ensuite prête à être modelée. Cette seconde phase se réalise à des températures inférieures et peut faire appel à diverses techniques : le verre peut-être soufflé, étiré, pressé ou flotté. Il est ensuite refroidi et recuit. Les dernières phases sont celles du dégrossissage et du polissage.

Le verre brut est verdâtre ou ambré. Il devient transparent grâce à l'ajout d'autres substances. Ce n'est pas un bon isolant acoustique ou thermique quand on utilise des verres de faibles épaisseurs. C'est pourquoi on préfère aujourd'hui les doubles vitrages. Le verre résiste bien aux changements de température à condition qu'ils soient progressifs. Sa densité est comparable à celle de la pierre. C'est un matériau durable, imperméable et hygiénique. Sa relative fragilité reste un inconvénient mais les progrès techniques ont permis la mise au point de verres très résistants comme par exemple la qualité anti-effraction.

Le verre plat fabriqué dans le monde est à 90 % issu du processus du verre flotté. Le verre en fusion est versé dans une cuve d'étain liquide sur lequel il flotte et se nivelle. Le verre se solidifie en refroidissant. Il est finalement durci par une cuisson dans un Lehr.

Le terme « verre architectural » désigne tous les verres utilisés dans la construction, autant à l'extérieur qu'à l'intérieur des bâtiments, qu'il s'agisse du verre des fenêtres ou de cloisons. On trouve sous cette appellation les verres renforcés, trempés et feuilletés, et tous les verres dits Securit.

VERRE ISOLANT

Les verres dits isolants sont formés de deux épaisseurs de verre séparées par un vide d'air déshydraté. L'ensemble constitue ce qu'on appelle le « vitrage » (UVA). Les vitrages isolants peuvent avoir plus de deux ou trois épaisseurs de verre séparées par une ou deux lames d'air. Ils sont en passe de remplacer, pour les portes et les fenêtres, les anciennes huisseries autrefois utilisées dans les régions froides en raison de leurs propriétés isolantes. Pour les améliorer, on utilise maintenant des gaz nobles comme l'argon ou le krypton, qui sont injectés dans le vide d'air.

VERRE ARMÉ

Le verre armé est obtenu grâce à un processus de collage pendant lequel on place à l'intérieur une fine trame métallique. Si le verre casse, les fragments restent collés sur la trame métallique, ce qui évite que les morceaux ne provoquent des lésions. Ce traitement en fait, par la même occasion, un verre anti-effraction.

L'usage de ce verre est déconseillé si la paroi doit être soumise à des températures extrêmes. Les réactions du verre et du métal et leur taux de dilatation et de contraction à la chaleur et au froid ne sont pas les mêmes. Les tensions résultantes le font éclater.

VERRE LAMINÉ OU FEUILLETÉ

Le verre laminé ne casse pas quand il se brise parce qu'il est composé de plusieurs minces feuilles de verre solidarisées par un film de plastique placé entre elles. Le film empêche que les feuilles se séparent, même quand le verre se brise. Au lieu d'éclater et de se casser en gros morceaux pointus, le verre s'étoile. En cas de choc, on voit apparaître des lignes de fractures qui forment un motif caractéristique en toile d'araignée.

L'intercalaire entre les feuilles de verre peut être transparent, translucide, coloré ou encore enrichi d'incrustations diverses : papiers imprimés, diodes LED, toiles, etc. Il peut aussi recevoir un traitement acoustique ou être traité anti-UV. Leur polyvalence rend les verres feuilletés indispensables pour l'architecture et le design contemporains. On les utilise dans tous les cas où il y a risque d'impact avec les personnes ou quand le verre est susceptible de tomber et de se casser. Ils bloquent également 99 % des rayons UV.

VERRE TREMPÉ

Le verre trempé est le verre employé dans l'industrie automobile et dans la construction. Il s'obtient par un procédé chimique ou thermique. Sa résistance aux impacts est jusqu'à six fois supérieure à celle du verre ordinaire. Sa résistance à la flexion est jusqu'à quatre ou cinq fois celle du verre non traité. Pour produire du verre trempé selon le procédé dit thermique, le plus courant, après avoir chauffé le verre, on le refroidit rapidement en surface pour le soumettre à un choc thermique. Il est plongé dans un bain à basse température. Ce procédé accroît sa résistance structurelle et celle aux chocs. Quand il se casse, ce verre éclate en minuscules fragments non coupants. C'est la raison pour laquelle on l'utilise pour les balustrades, les façades ventilées, les escaliers et dans les espaces ouverts et publics. C'est le verre des portes de four et des luminaires.

BRIQUE DE VERRE

La brique de verre, parfois appelé bloc ou pavé, est un élément architectural utilisé dans les zones où l'on souhaite à la fois laisser la lumière pénétrer tout en préservant l'intimité comme les salles de bains ou les piscines municipales ainsi que les parkings souterrains. Les briques de verre ont fait leur apparition dans les années 90 où elles ont d'abord été utilisées pour les bâtiments industriels avant d'entrer dans la construction des intérieurs pour les logements et les bureaux.

GLAS

Glas is een anorganisch materiaal dat wordt gemaakt van kiezel, smelt- en stabilisatiemiddelen. Het fabricageproces wordt aangevangen met het mengen van de grondstoffen. De glaspasta wordt daarna op zeer lage temperaturen volgens de blaas-, trek-, pers- of floattechniek gefabriceerd. Daarna wordt het glas gekoeld en uitgegloeid. De eindfase bestaat uit het snijden en polijsten.

Onbewerkt glas heeft een groenige of karamelkleur. Door andere stoffen toe te voegen krijgt het zijn transparantie. Glas zorgt niet voor een goede warmte- of geluidsisolatie, omdat het in dunne uitvoeringen wordt gebruikt. Gezien deze eigenschappen wordt dubbele beglazing toegepast. Glas heeft goede prestaties ten aanzien van temperatuursveranderingen mits deze geleidelijk zijn. De dichtheid van glas is te vergelijken met die van steen en het is een duurzaam, waterdicht en hygiënisch materiaal. Breekbaarheid is een andere eigenschap, hoewel er dankzij de technische vooruitgang glas wordt ontwikkeld dat dit aspect verbetert.

90% van het vlakke glas in de wereld wordt vervaardigd door het floatglasproces. Het gesmolten glas wordt bovenop een bad van gesmolten tin gegoten. Het glas blijft op het tin drijven. Het koelt af en wordt hard. Tenslotte wordt het in een koeloven gehard. De term architectonisch glas wordt gebruikt om te verwijzen naar glas dat in de bouw, zowel aan de buitenkant als de binnenkant van gebouwen, wordt gebruikt met inbegrip van ramen en wanden. Binnen dit concept vinden we gewapend, gehard en gelaagd glas. Het zijn allemaal veilige glassoorten.

ISOLEREND GLAS

Beglazing gevormd door ten minste twee door een gedroogde luchtkamer gescheiden glasplaten wordt isolerend glas genoemd. De eenheid die zij vormen wordt "isolerende glaseenheid" genoemd. Isolerende glaseenheden kunnen meer dan twee glasplaten en meer dan één luchtkamer bevatten. Dit type beglazing in ramen en deuren heeft de plaats ingenomen van monolithische beglazing in gebieden met een koud klimaat vanwege de isolerende kenmerken ervan. Om de isolatie-eigenschappen van de luchtkamer te verbeteren, wordt deze gevuld met argon en krypton edelgassen.

GEWAPEND GLAS

Gewapend glas is glas dat wordt verkregen door een gietproces waarbij een metalen gaas in rastervorm wordt ingelegd. Als het glas breekt, blijven de glasscherven aan het ijzerdraad vastzitten en wordt voorkomen dat de scherven verwondingen veroorzaken. Daardoor is dit glas extra veilig.
Dit type glas wordt afgeraden als het aan hoge temperaturen wordt blootgesteld. Het gedrag en de uitzetting bij warmte of kou zijn niet hetzelfde als bij glas en bij metaal en het zou door de spanningen breken.

GELAAGD GLAS

Gelaagd glas is een soort veiligheidsglas dat niet versplintert als het breekt. Het bestaat uit de verbinding van diverse glasplaten met daartussen een plastic film. Deze film houdt de glaslagen bij elkaar zelfs wanneer het breekt. De weerstand ervan voorkomt dat het glas in grote en scherpe stukken afbreekt. Hierdoor ontstaat de kenmerkende vorm van een spinnenweb.
De tussenlaag kan transparant, doorschijnend of gekleurd zijn en van alles bevatten: papier met tekeningen, ledlampen, stof, etc. Ook kan dit glas een geluidsbehandeling of zonnescherm hebben. Deze flexibiliteit maakt dat gelaagd glas niet weg te denken is uit de moderne architectuur en design. Gelaagd glas wordt gewoonlijk gebruikt wanneer de kans bestaat dat er mensen tegenaan stoten of wanneer het glas zou kunnen vallen en breken. Bovendien blokkeert het 99% van de ultraviolette stralen.

GEHARD GLAS

Gehard glas is een glassoort dat wordt gebruikt in de motor- en bouwindustrie en wordt verkregen door het glas met twee procedures te bewerken: het chemisch harden en het thermisch harden. Het is tot zes keer slagvaster dan gewoon glas. De buigvastheid van gehard glas is vier of vijf keer zo hoog als de normale bestendigheid.
Om thermisch gehard glas te produceren, wordt het floatglas meestal verhit om het aan een thermische schok bloot te stellen in een koelkamer. Deze schok verschaft het glas een hogere structurele weerstand en slagvastheid. Wanneer het glas kapot gaat, breekt het in kleine ongevaarlijke stukjes. Vandaar dat dit glas geschikt is voor balustrades, geventileerde gevels, trappen en voor toepassingen in open en publieke ruimten. Ook wordt dit glassoort voor ovendeuren en lampen gebruikt.

GLASBLOK

De glazen bouwsteen, ook wel glasblok of glasdal genoemd, is een architectonisch element dat wordt gebruikt in ruimten waar men op zoek is naar privacy of visuele vertekening, maar tevens naar lichtinval, zoals in ondergrondse parkeergarages, badkamers, gemeentelijke zwembaden, enz. Aan het begin van de jaren negentig van de vorige eeuw werd begonnen met het produceren van glasblokken voor gebruik in fabrieken, zodat hier licht naar binnen kon schijnen, maar later werd de toepassing ervan uitgebreid tot het interieur van woningen en kantoren.

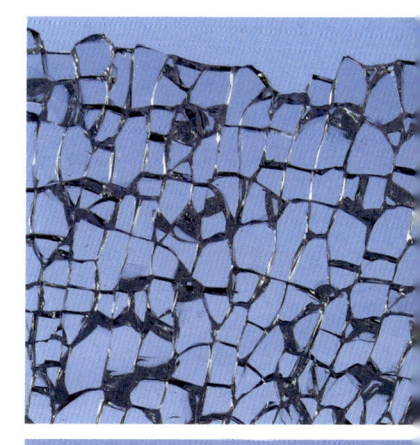

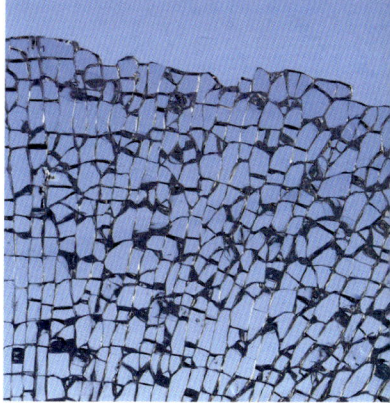

Toughened glass / Temperglas
Verre trempé / Gehard glas
Vetro temperato / Vidrio templado

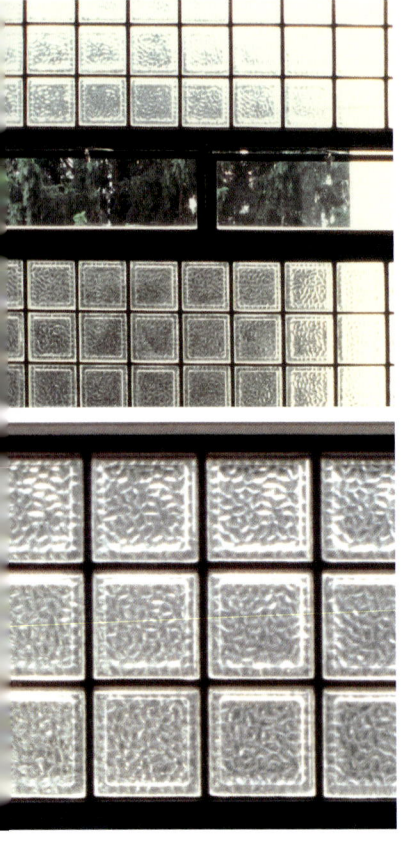

Glass block / Glasbaustein
Brique de verre / Glasblock
Mattone di vetro / Bloque de vidrio

VETRO

Il vetro è un materiale inorganico a base di silice, componenti fondenti e stabilizzanti. Il processo di produzione parte dalla miscelazione delle materie prime. L'impasto vitreo viene trasferito per la fase di stampaggio, che avviene a temperature più basse e adottando tecniche quali la soffiatura, la stiratura, la pressione o il cosiddetto flottage. Quindi si procede al raffredamento e alla nuova cottura. La fase finale consiste nella molatura e lucidatura.

Il vetro grezzo ha un colore verdognolo-caramello. Aggiungendo altre sostanze si ottiene l'effetto trasparente. Non offre un buon isolamento acustico né termico dato che viene utilizzato in spessori ridotti; per ottenere tali proprietà viene dunque installato un doppio strato di materiale. Il vetro ha un buon comportamento in presenza di alterazioni di temperatura, a condizione che siano graduali. La sua densità è comparabile a quella della pietra, dura a lungo, è impermeabile e igienico. La fragilità è un'altra delle sue caratteristiche, anche se i progressi tecnologici hanno consentito di sviluppare vetri che migliorano questo aspetto.

Il 90% del vetro piatto mondiale viene prodotto tramite il processo float. Il vetro fuso viene versato su un'estremità di un vascone di stagno liquido, dove galleggia e si livella. Il vetro si raffredda per poi solidificarsi. Infine viene indurito in un forno lehr.

Il termine vetro architettonico è impiegato per definire il vetro usato in edilizia, sia all'esterno che all'interno degli edifici, comprese finestre e pareti. Questa categoria comprende il vetro rinforzato, temperato e laminato, tutti antinfortunio.

VETRO ISOLANTE

Si chiama «vetro isolante» quello costituito da almeno due pezzi di vetro separati da una camera d'aria disidratata. Questi formano un'unità chiamata «unità di vetro isolante». Le unità di vetro isolante possono contenere più di due vetri e più di una camera d'aria. Questo tipo di infissi per porte e finestre ha sostituito l'infisso monolitico nelle zone climatiche fredde, date le sue proprietà isolanti. Per migliorare le proprietà di isolamento della camera, questa viene riempita con gas nobili, l'argon o il kripton.

VETRO ARMATO

Il vetro armato nasce da un processo di incollaggio in cui viene inserito al suo interno una maglia metallica a forma di rete. Se il vetro si rompe, i frammenti restano attaccati alla maglia evitando possibili lesioni. Si tratta quindi di un vetro più sicuro. Questo prodotto non è la soluzione giusta in caso di esposizione a temperature estreme. Il comportamento e la dilatazione in presenza di freddo o calore non sono uguali nel vetro e nel metallo, e le tensioni potrebbero provocarne la rottura.

VETRO LAMINATO O STRATIFICATO

Il vetro laminato o stratificato è un tipo di vetro antinfortunio che non si frammenta in caso di rottura. È costituito da vari strati di vetro uniti da una pellicola plastica intermedia. Questa pellicola tiene insieme gli strati di vetro, anche in caso di rottura, e la sua resistenza evita che il vetro si frammenti in pezzi grandi e filiformi. Viene così prodotto il classico effetto a «tela di ragno». Lo strato intermedio può essere trasparente, traslucido o colorato e integrato con: carta con motivi decorativi, diodi LED, tessuti, ecc... I pannelli possono essere sottoposti anche a trattamento di isolamento acustico e filtraggio solare. Questa flessibilità fa sì che i vetri laminati siano diventati un elemento imprescindibile nell'architettura e nel design attuali. Il vetro stratificato normalmente è utilizzato quando sussistono rischi di impatto da parte di persone o rischi di caduta e rottura. Blocca inoltre il 99% dei raggi UV.

VETRO TEMPERATO

Il vetro temperato o temprato è un vetro utilizzato nell'industria automobilistica e in edilizia, ottenuto sottoponendo il vetro a due processi: temperaggio chimico e temperaggio termico. Offre una straordinaria resistenza agli urti, fino a sei volte superiore rispetto al vetro normale. Anche la resistenza alla flessione aumenta fino a quattro o cinque volte rispetto ai valori normali. Per produrre un vetro temperato termicamente – la tipologia più comune – il vetro float viene scaldato e sottoposto a uno choc termico in una camera di raffreddamento. Questo sbalzo di temperatura conferisce al vetro maggiore resistenza strutturale e agli urti. In caso di rottura, il vetro si frammenta in piccoli pezzi inoffensivi. Per questo si tratta di un vetro indicato per protezioni, facciate ventilate, scale, spazi aperti e pubblici. Lo si usa anche per gli sportelli dei forni e le lampade.

MATTONE DI VETRO

Il mattone di vetro è un elemento architettonico usato negli ambienti in cui si desidera privacy o creare un effetto di distorsione visiva e nello stesso tempo si vuole mantenere il passaggio di luce, come nei parcheggi sotterranei, nei bagni, nelle piscine comunali, ecc... La produzione di blocchi o mattoni di vetro è iniziata nei primi anni '90 per l'applicazione nelle strutture industriali dove era necessario consentire il passaggio della luce, anche se poi il loro uso si è esteso agli ambienti interni di abitazioni e uffici.

VIDRIO

El vidrio es un material inorgánico que se fabrica a partir de sílice, fundentes y estabilizantes. El proceso se inicia con la mezcla de las materias primas. La masa vítrea se traslada para su moldeado, que se realiza a temperaturas más bajas y siguiendo técnicas como el soplado, el estirado, el prensado o el flotado. Después se procede al enfriado y al recocido. La fase final consiste en el desbastado y el pulido.
El vidrio en bruto tiene un color verdoso o acaramelado. Al añadir otras sustancias se consigue la transparencia. No proporciona un buen aislamiento acústico ni térmico porque se usa en espesores pequeños, así que para conseguir estas propiedades se instalan dobles acristalamientos. El cristal tiene un buen comportamiento frente a los cambios de temperatura siempre que sean graduales. Su densidad es comparable a la de la piedra y es duradero, impermeable e higiénico. La fragilidad es otra de sus características, aunque los avances técnicos han permitido desarrollar cristales que mejoran este aspecto.
El 90% del vidrio plano mundial se fabrica por medio del proceso de vidrio flotado. El vidrio fundido se vierte en uno de los extremos de una tina de estaño líquido, donde flota y se nivela. El vidrio se enfría y se va solidificando. Finalmente se endurece en un horno lehr.
El término «vidrio arquitectónico» se emplea para designar el cristal usado en la construcción, tanto en el exterior como en el interior de los edificios, incluidas ventanas y paredes. Dentro de este concepto se encuentran el vidrio reforzado, el templado y el laminado, todos de tipo seguro.

VIDRIO AISLANTE

Se llama «vidrio aislante» al acristalamiento formado por al menos dos piezas de vidrio separadas por una cámara de aire deshidratado. Éstas forman una unidad denominada «unidad de vidrio aislante» (UVA). Las unidades de vidrio aislante pueden contener más de dos vidrios y más de una cámara de aire. Este tipo de acristalamiento en ventanas y puertas ha desplazado al acristalamiento monolítico en zonas climáticas frías, debido a sus propiedades aislantes. Para mejorar las propiedades de aislamiento de la cámara, se rellena con los gases nobles argón o kriptón.

VIDRIO ARMADO

El vidrio armado es el que se obtiene mediante un proceso de colado y al que se le incrusta en el interior una malla metálica en forma de retícula. Si el cristal se rompe, los pedazos de vidrio quedan unidos al alambre y se evita que los fragmentos produzcan lesiones. Esto lo convierte en un vidrio de seguridad añadida.
Se desaconseja este tipo de vidrio si se va a exponer a temperaturas extremas. El comportamiento y la dilatación ante el calor o el frío no son los mismos en el vidrio y en el metal, y las tensiones provocarían su rotura.

VIDRIO LAMINADO

El vidrio laminado es un tipo de vidrio de seguridad que no se fragmenta cuando se rompe. Consiste en la unión de varias láminas de vidrio mediante una película plástica intermedia. Esta película mantiene las capas de vidrio unidas incluso cuando se fractura y su resistencia evita que el vidrio se rompa en pedazos grandes y filosos. Esto produce la característica forma de tela de araña.
La lámina intermedia puede ser transparente, translúcida o de colores e incluir papel con dibujos, diodos LED, telas, etc. También puede recibir un tratamiento acústico y de control solar. Esta flexibilidad hace de los vidrios laminados un elemento indispensable en la arquitectura y el diseño contemporáneos. El vidrio laminado se utiliza normalmente cuando hay posibilidades de impacto contra personas o cuando el vidrio podría caer y romperse. Además, bloquea un 99% de los rayos UV.

VIDRIO TEMPLADO

El vidrio templado es un vidrio utilizado en la industria del motor y de la construcción que se obtiene sometiendo el vidrio a dos procedimientos: el templado químico y el templado térmico. Ofrece una extraordinaria resistencia al impacto, hasta seis veces superior a la del vidrio normal. La resistencia a la flexión del vidrio templado aumenta hasta cuatro o cinco veces la resistencia normal.
Para producir vidrio templado térmicamente, el más habitual, se calienta el vidrio flotado para someterlo a un choque térmico en una cámara de enfriamiento. Este choque dota al vidrio de mayor resistencia estructural y al impacto. En caso de rotura, el vidrio se fragmenta en pequeños trozos inofensivos. Por ello, este vidrio está indicado en barandillas, fachadas ventiladas, escaleras y aplicaciones de espacios abiertos y públicos. También se aplica en puertas de hornos y lámparas.

BLOQUE DE VIDRIO

El ladrillo de vidrio, también conocido como «bloque de vidrio» o «pavés», es un elemento arquitectónico usado en áreas donde se busca privacidad o distorsión visual y al mismo tiempo la entrada de luz, como aparcamientos subterráneos, baños, piscinas municipales, etc. Los bloques de vidrio se empezaron a producir a principios de los años noventa para permitir la entrada de luz en naves industriales, aunque su instalación se extendió también a los interiores de viviendas y oficinas.

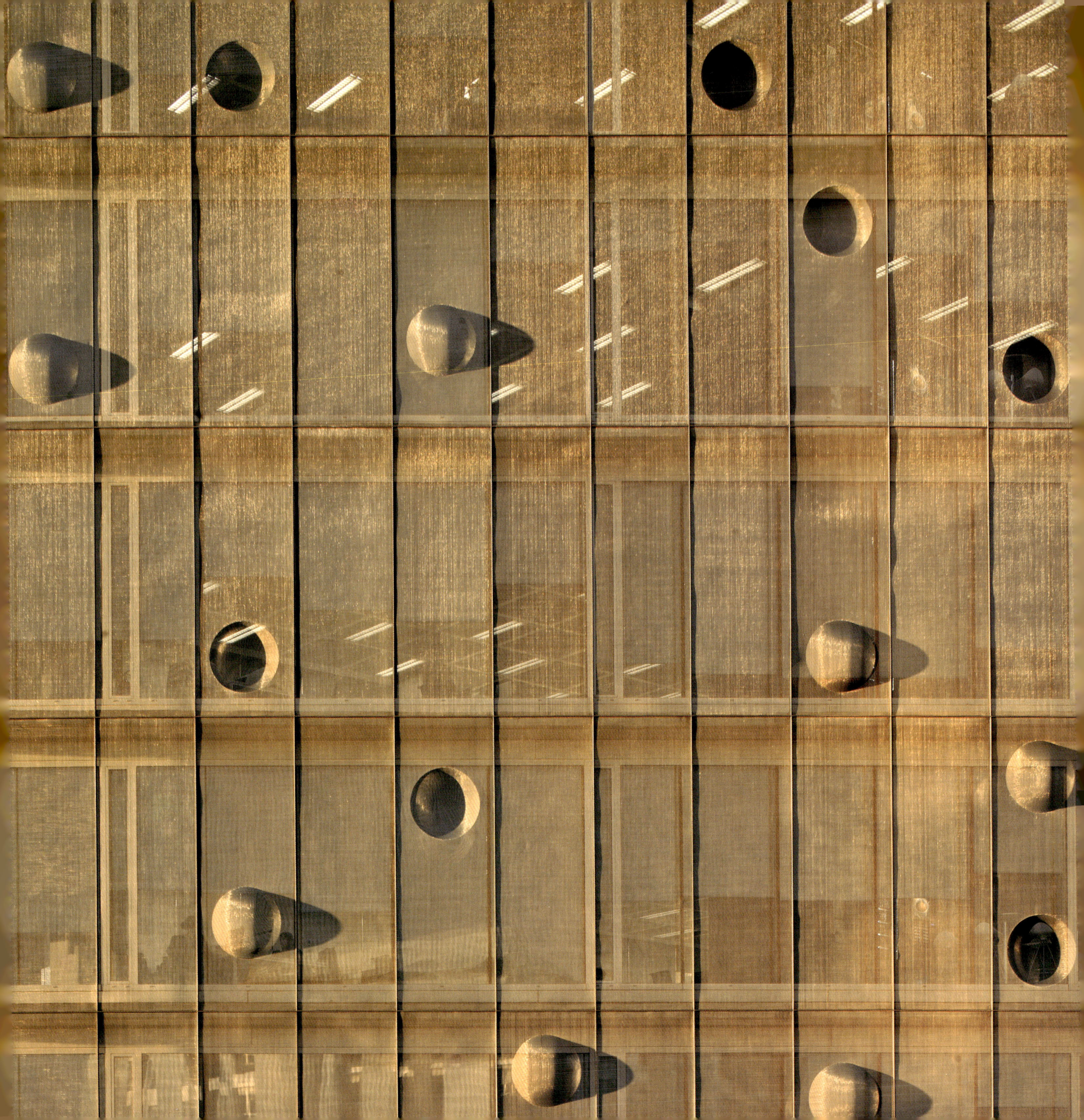

METAL
METALL
MÉTAL
METAAL
METALLO
METAL

CULTURAL CENTER IN AN OLD SLAUGHTERHOUSE – NAVE 17C

Arturo Franco. Collaborators: Diego Castellanos (interior architect), Yolanda Ferrero (architect)
Legazpi, Spain
© Carlos Fernández Piñar

Iron and steel / Eisen und Stahl / Fer et acier / IJzer en staal / Ferro e acciaio / Hierro y acero

This old space has been transformed into a new cultural center. The original idea was to maintain the original space and minimize the architectural intervention. Thus, industrial materials have been used such as carbon iron parquet, iron sheets and steel profiles so that it integrates with the old elements.

Ce lieu ancien s'est métamorphosé en un centre culturel moderne. L'idée de départ était de préserver autant que possible l'existant et de limiter au maximum l'intervention des architectes. L'utilisation de matériaux industriels – parquets de fer au carbone, plaques de fer et profilés en acier – assure la communication avec les éléments anciens.

Questo vecchio spazio è stato trasformato in un nuovo centro culturale. L'idea originaria consisteva nel mantenere lo spazio originario e ridurre al massimo l'intervento architettonico. Così sono stati usati materiali industriali – parquè di ferro al carbonio, lastre di ferro e profili d'acciaio – per definire un collegamento con gli elementi preesistenti.

Diese alten Räumlichkeiten wurden zu einem neuen Kulturzentrum umgebaut. Die ursprüngliche Idee bestand darin, den bestehenden Raum zu erhalten und den architektonischen Eingriff zu minimieren. Daher wurden industrielle Materialien – Parkett aus Karbon-Eisen, Eisenplatten und Stahlprofile – eingesetzt, um eine Verbindung zu den bestehenden alten Elementen herzustellen.

Deze oude ruimte is omgebouwd tot een nieuw cultureel centrum. Aanvankelijk was het de bedoeling om de oorspronkelijke ruimte te handhaven en zo min mogelijk architectonisch werk te verrichten. Zo zijn industriële materialen, parket van ijzerkoolstof, ijzerplaten en stalen profielen gebruikt om een verbinding met de oude elementen te creëren.

Este antiguo espacio se ha transformado en un nuevo centro cultural. La idea original consistía en mantener el espacio original y reducir al máximo la intervención arquitectónica. Así, se han usado materiales industriales –parqué de hierro al carbono, planchas de hierro y perfiles de acero– para establecer una comunicación con los viejos elementos.

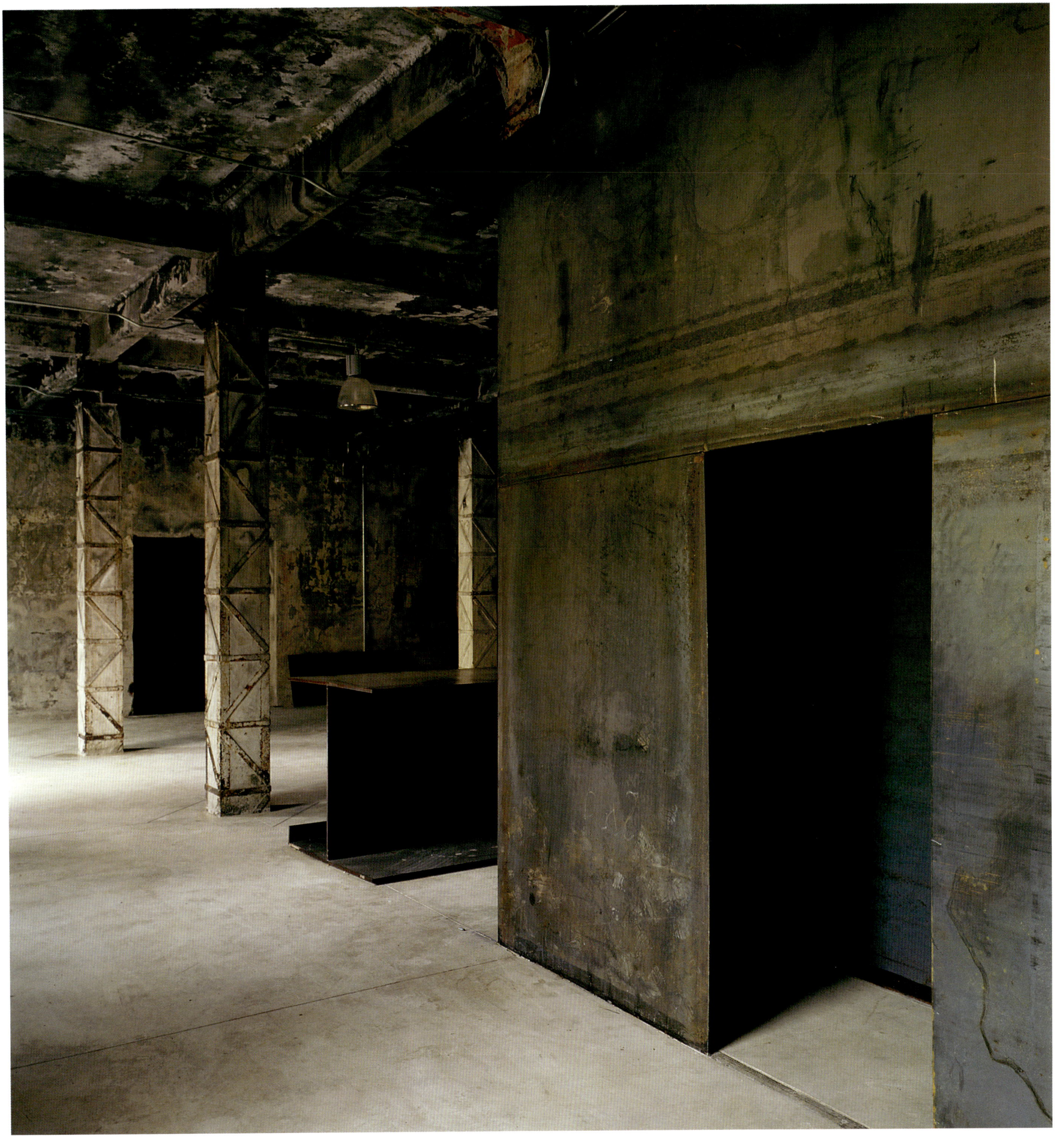

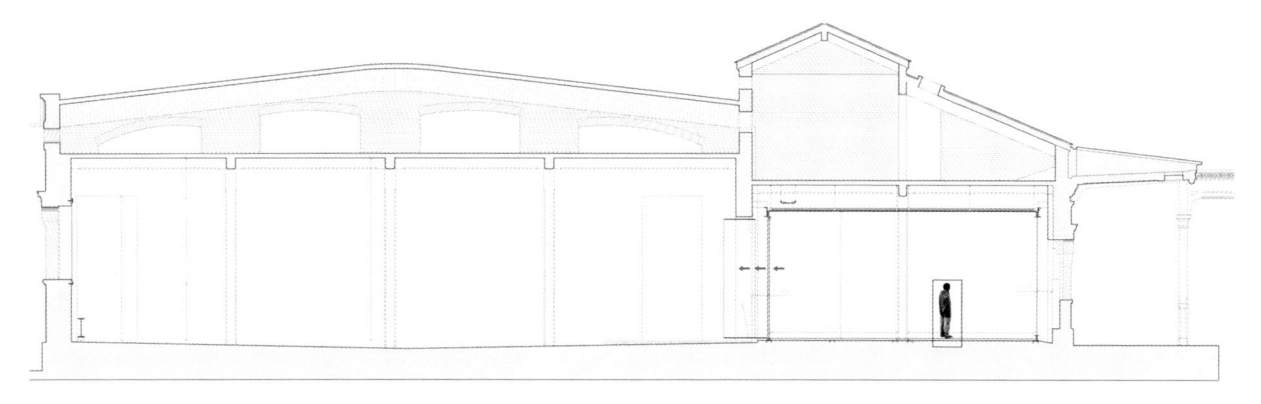

Section / Schnitt
Coupe / Doorsnede
Sezione / Sección

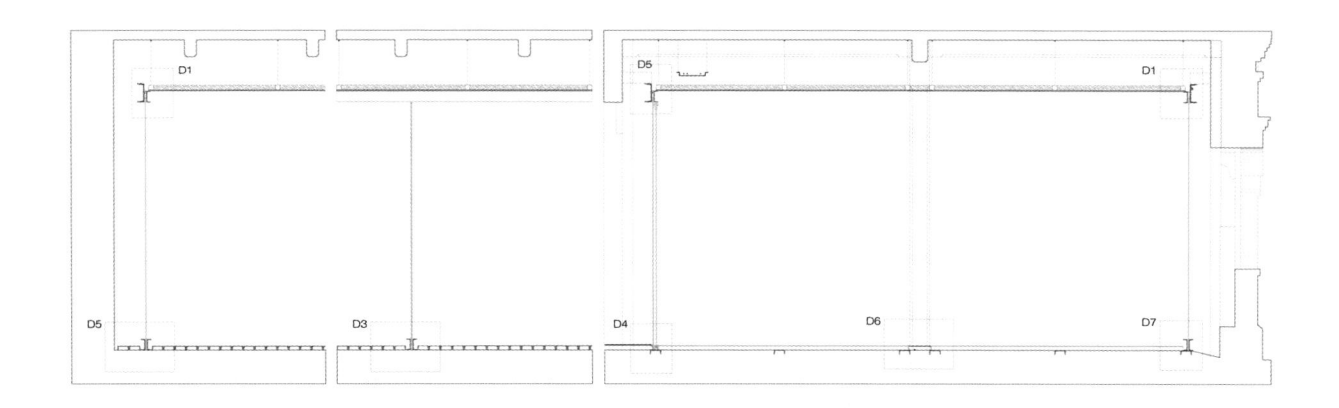

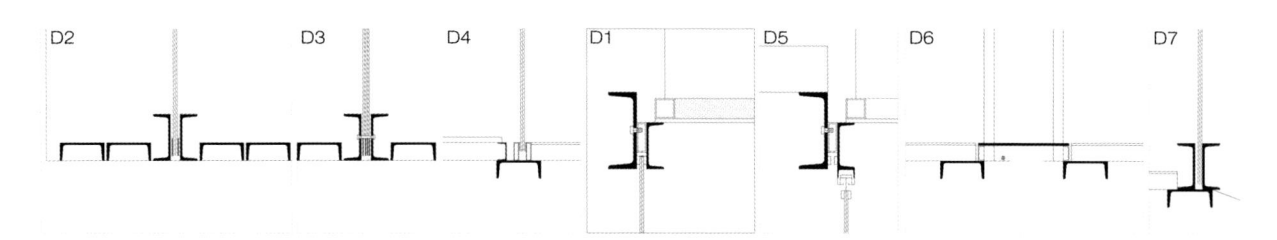

Construction details / Konstruktive Einzelheiten
Détails de construction / Details bouwconstructie
Dettagli costruttivi / Detalles constructivos

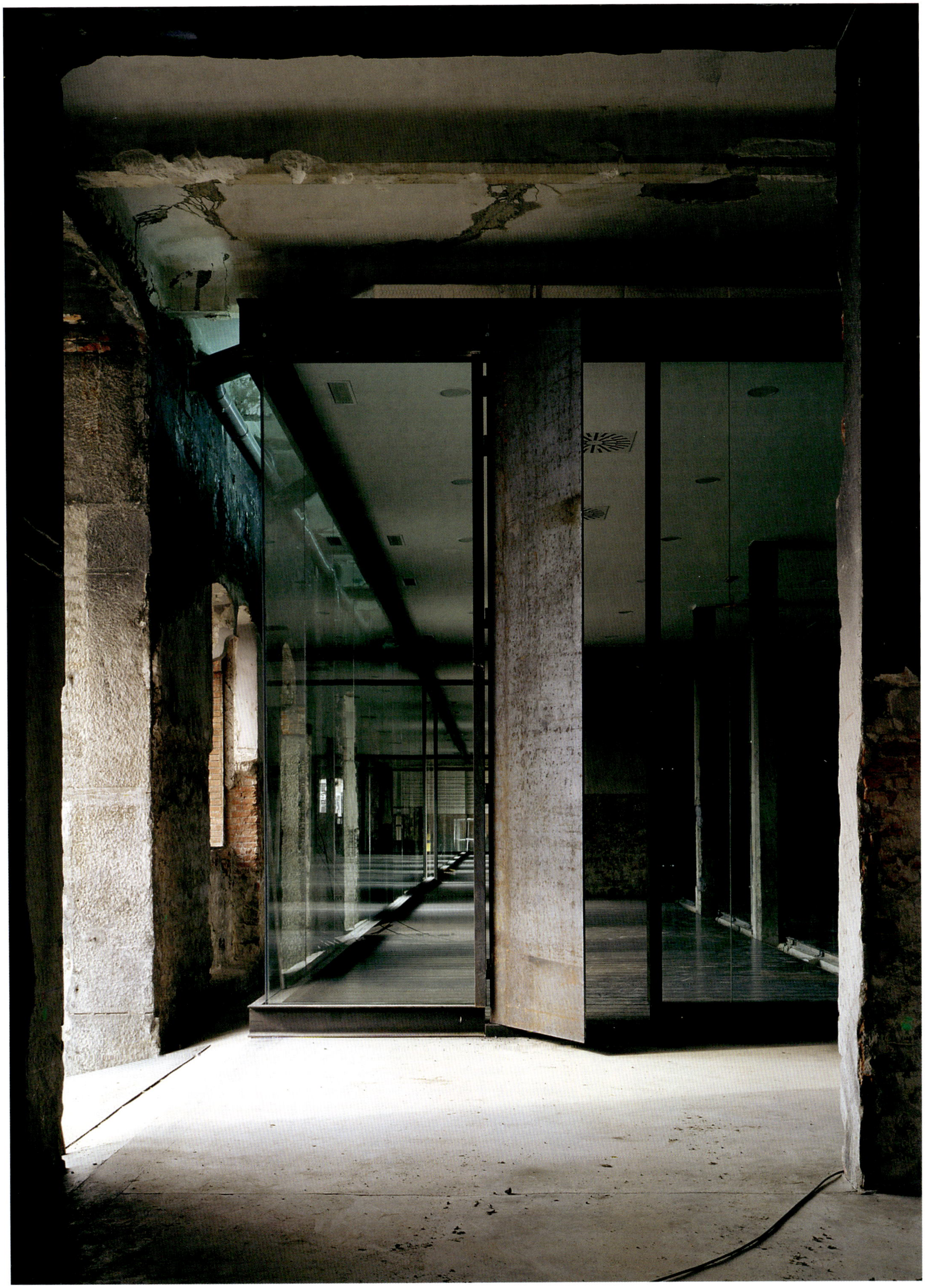

58

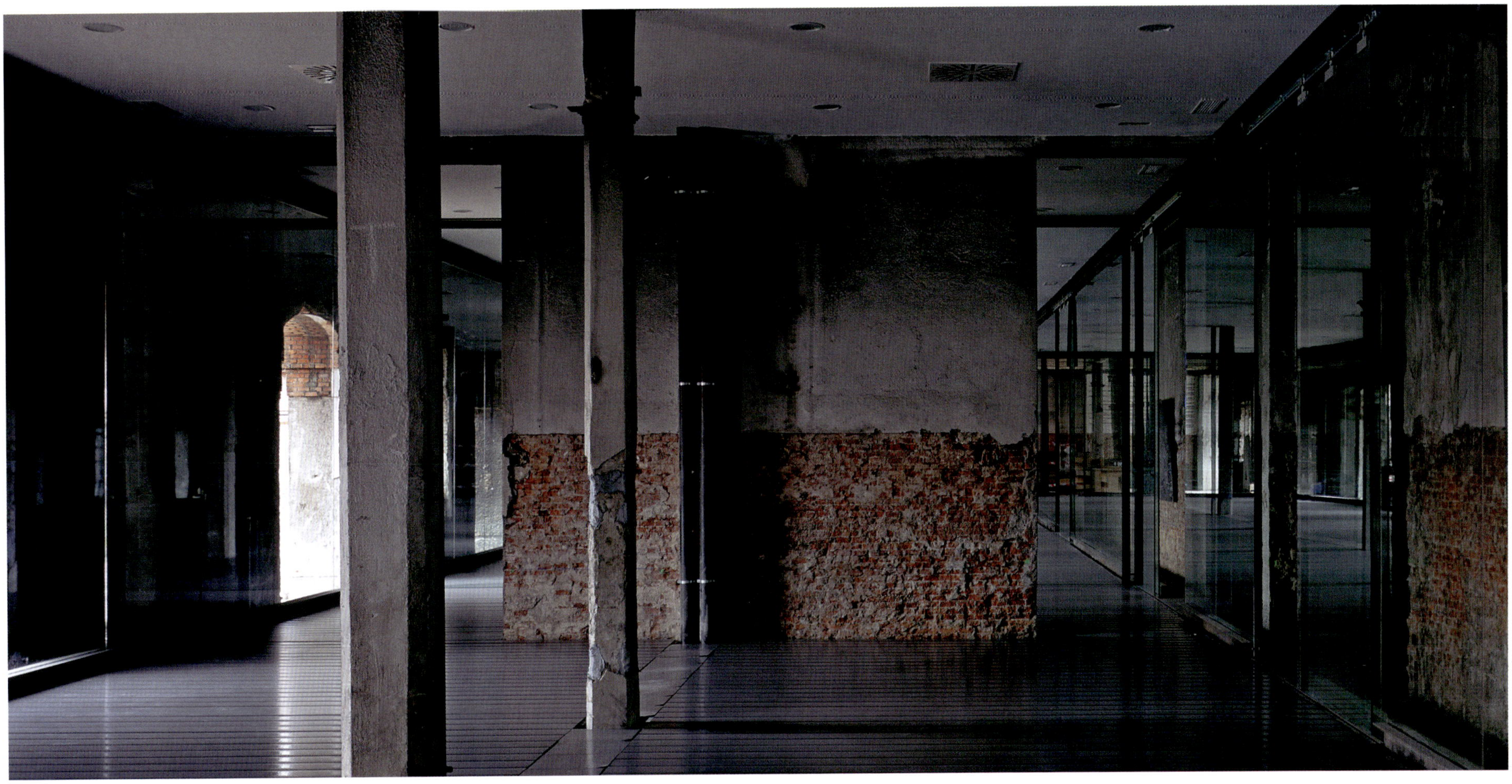

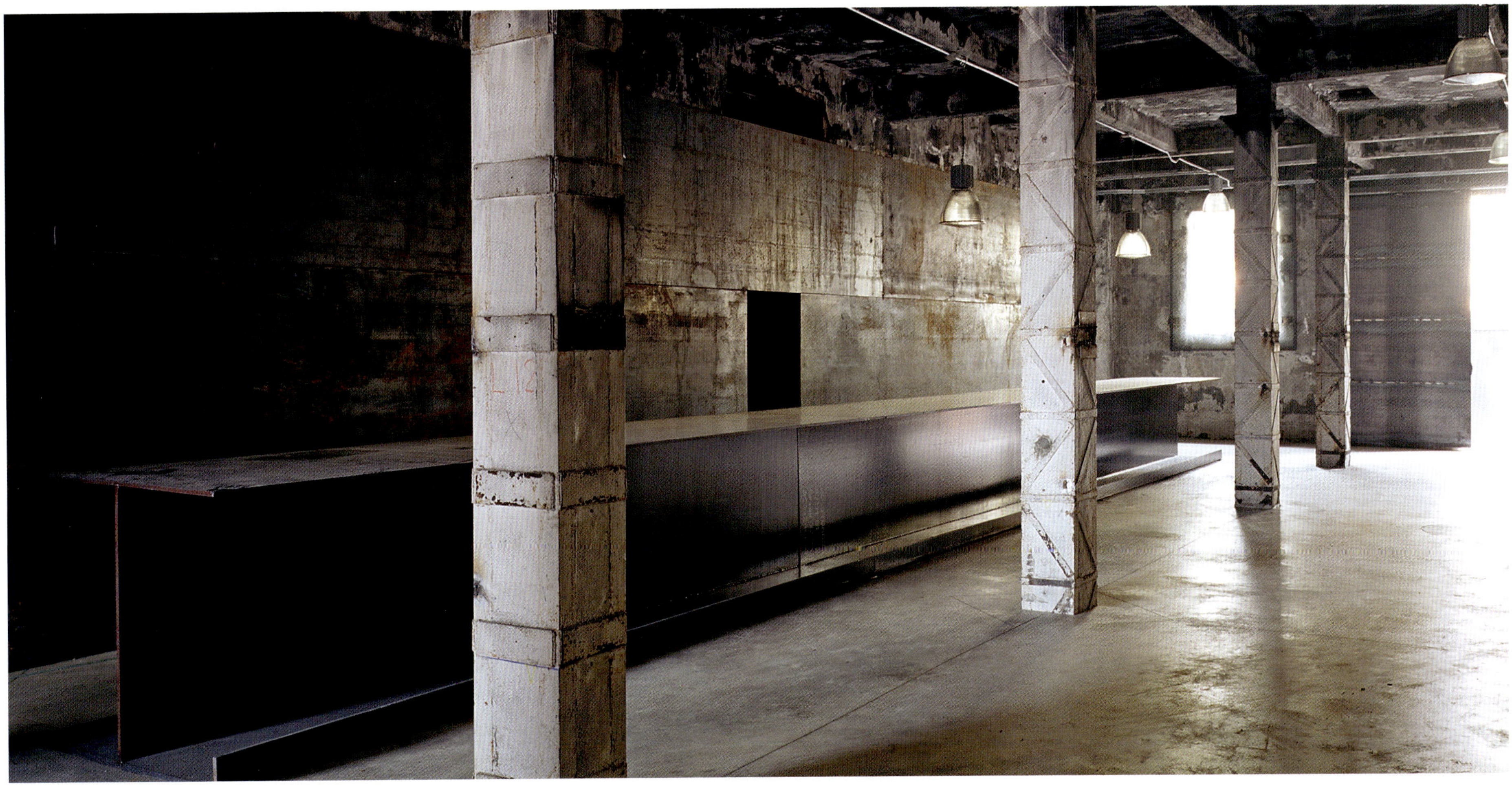

VÍCAR THEATER

Solinas Verd Arquitectos, KME Europe Metal
Almería, Spain
© Hisao Suzuki, Carl Lang/KME Germany

Copper / Kupfer / Cuivre / Koper / Rame / Cobre

A second lighter skin of copper sheets has been superimposed on the Vícar Theater's structure of slurry walls and concrete slabs. Their size, texture, shine and rust were analyzed. Two alloys along with natural copper have been used to achieve a changeable appearance due to the effects of light and the passage of time.

Une seconde peau, plus légère, en plaque de cuivre est venue se superposer à la structure en murs rideaux et dalles de béton du théâtre de Vícar. Tout a été analysé : dimensions, texture, brillance et oxydation. Deux alliages s'ajoutent au cuivre pur pour obtenir les variations d'aspect dues aux différences de lumière et au passage du temps.

Sopra la struttura di pareti-schermo e lastre di cemento del teatro di Vícar è stato applicato un secondo strato più leggero di lastre di rame delle quali sono state analizzate dimensioni, consistenza, brillantezza e ossidazione. Il rame naturale è stato combinato con due leghe per ottenere un effetto cangiante grazie alla luce e al trascorrere del tempo.

Die aus Schlitzwänden und Betonplatten bestehende Struktur des Theaters von Vícar wurde mit einer zweiten, leichteren Hülle aus Kupferblechen versehen, deren Größe, Textur, Glanz und Oxidationsgrad genau aufeinander abgestimmt wurden. Neben reinem Kupfer wurden zwei weitere Legierungen verwendet, um durch Lichteinfall und Alterung ein sich veränderndes Aussehen zu erzielen.

Op de draagconstructie van diepwanden en betonplaten van het Vícar-theater is een tweede, lichtere huid van koperplaten aangebracht, waarvan de grootte, textuur, glans en oxidatie nauwkeurig zijn bestudeerd. Naast het gewone koper zijn twee legeringen gebruikt, zodat het er dankzij de invloed van het licht en het verstrijken van de jaren anders uit gaat zien.

Sobre la estructura de muros pantalla y losas de hormigón del teatro de Vícar, se ha superpuesto una segunda piel más ligera de planchas de cobre, de las que se analizó tamaño, textura, brillo y oxidación. Se han usado dos aleaciones junto al cobre natural para conseguir un aspecto cambiante gracias a la incidencia de la luz y del paso del tiempo.

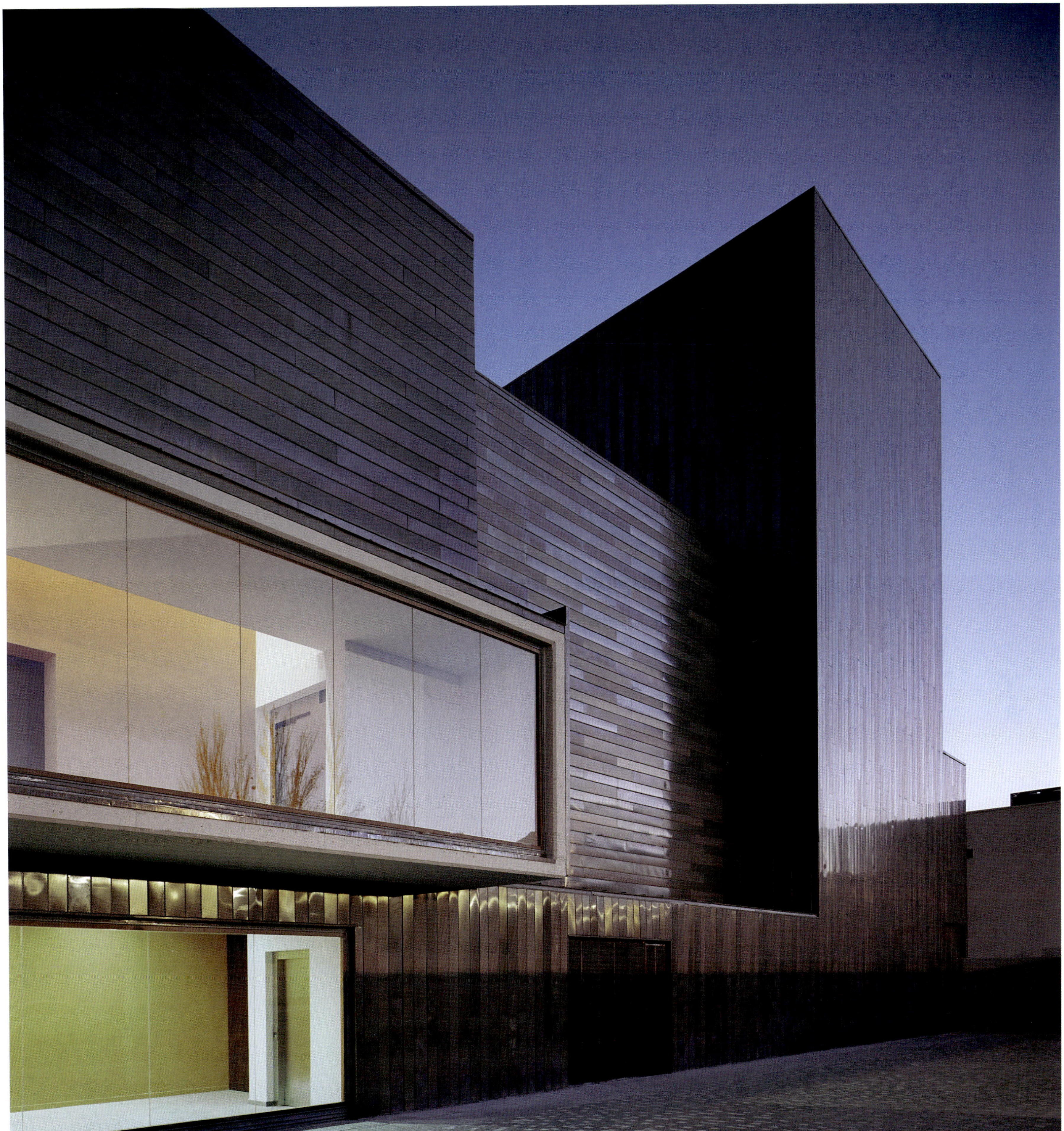

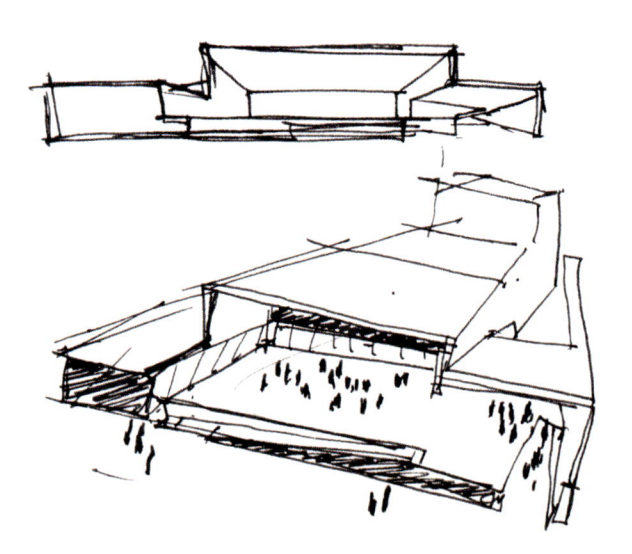

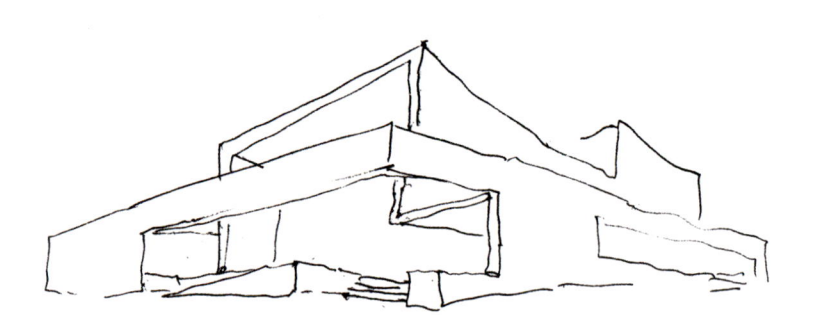

Sketches / Skizzen
Esquisses / Schetsen
Schizzi / Bocetos

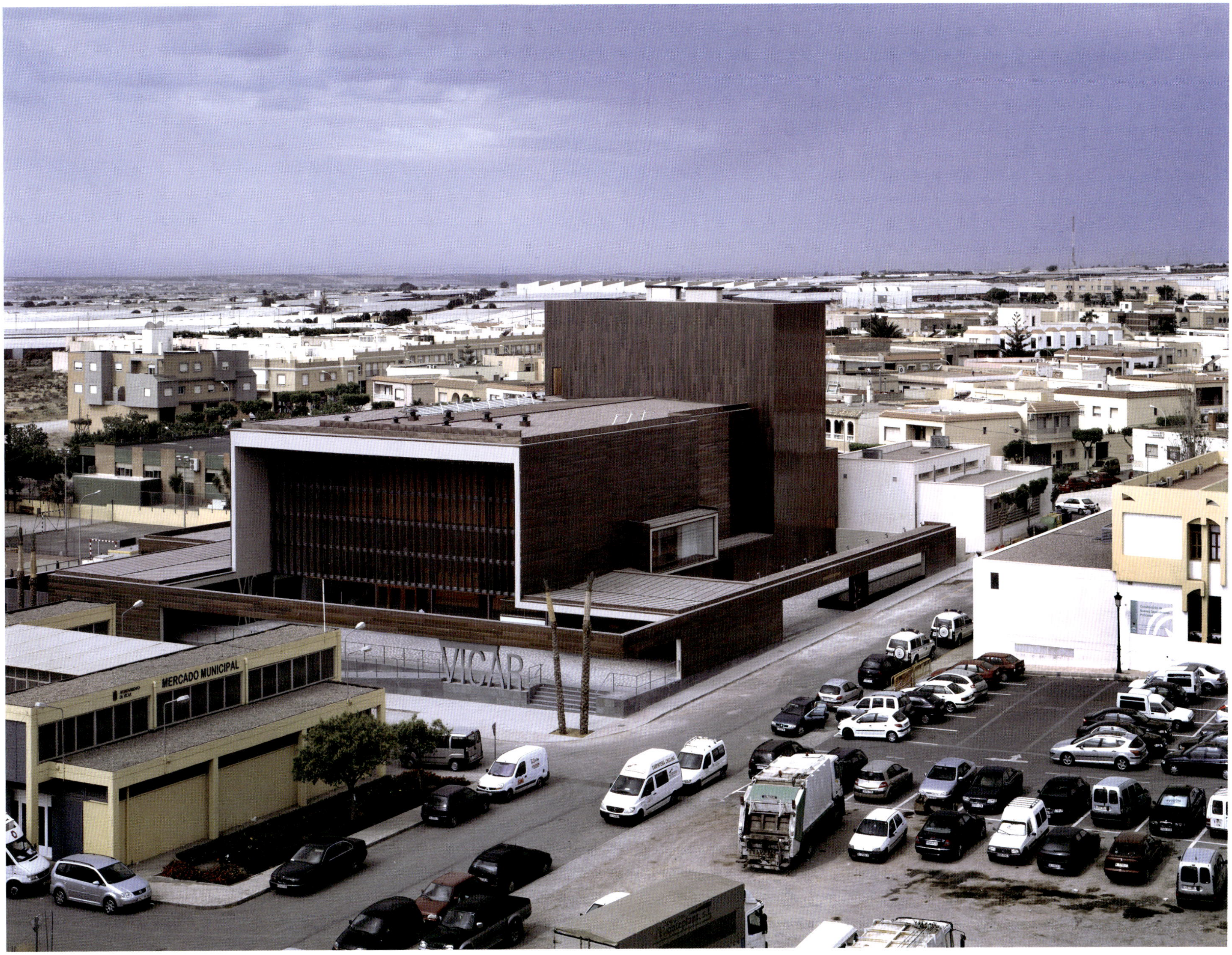
MERCADO MUNICIPAL
VICAR

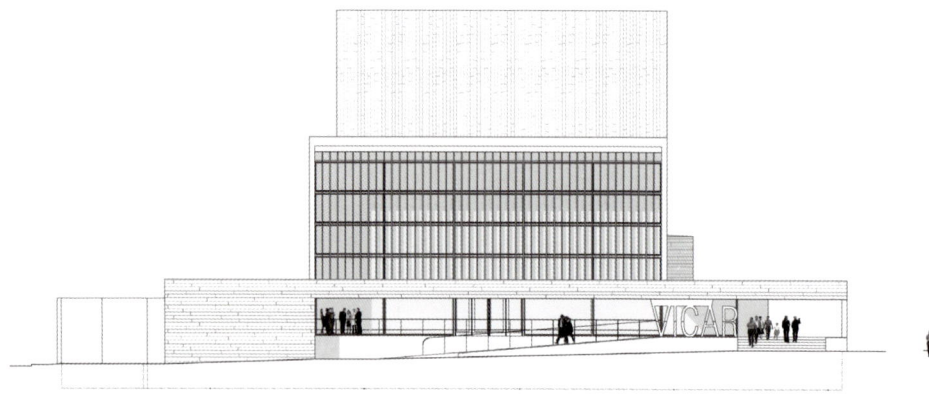

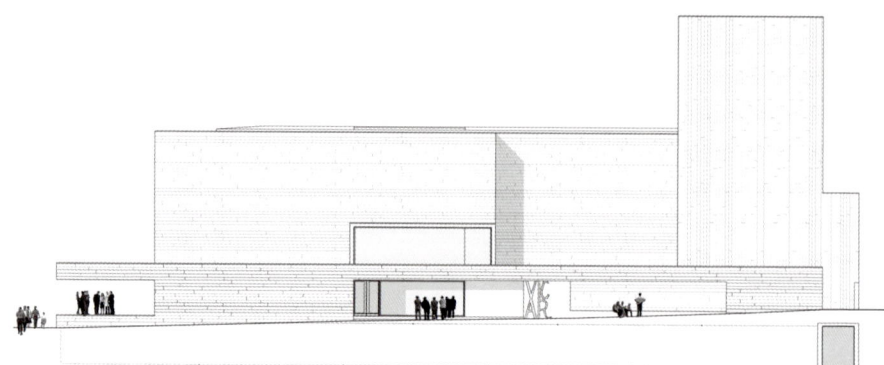

Elevations / Aufrisse
Élévations / Verhogingen
Prospetti / Alzados

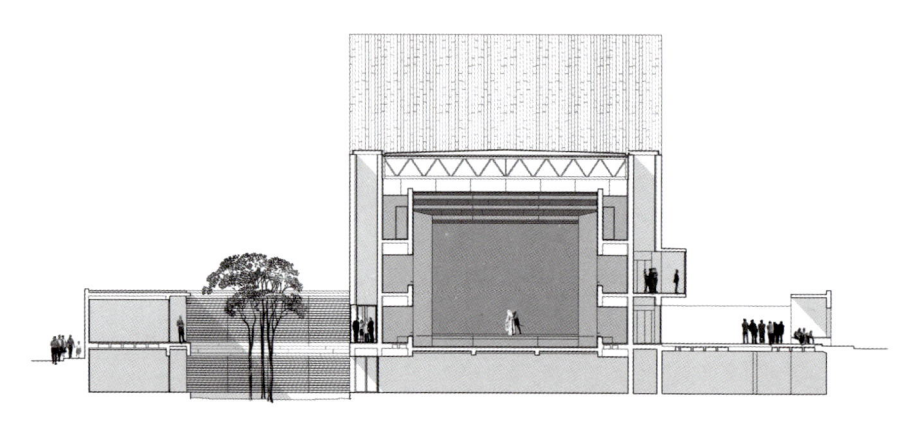

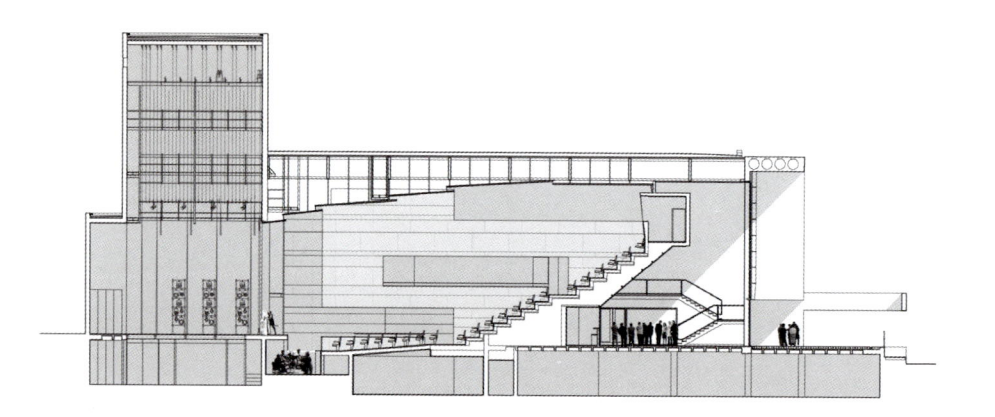

Sections / Schnitte
Coupes / Doorsneden
Sezioni / Secciones

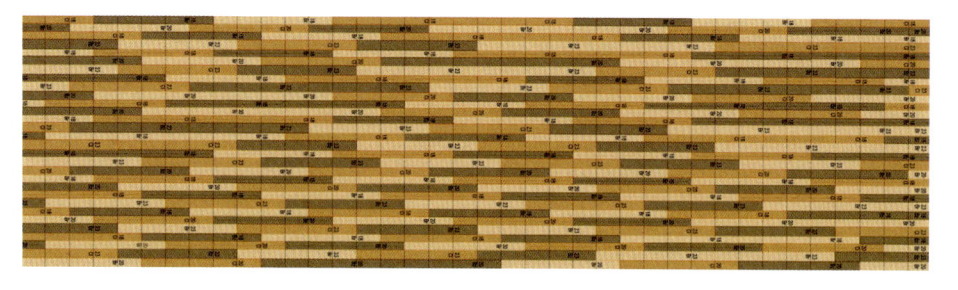

Copper quartering pattern / Planzeichnung der Kupferleitungen
Patron du cuivre en éclaté / Patroon van de detailtekening van het koper
Modello di sezionamento del rame / Patrón de despiece del cobre

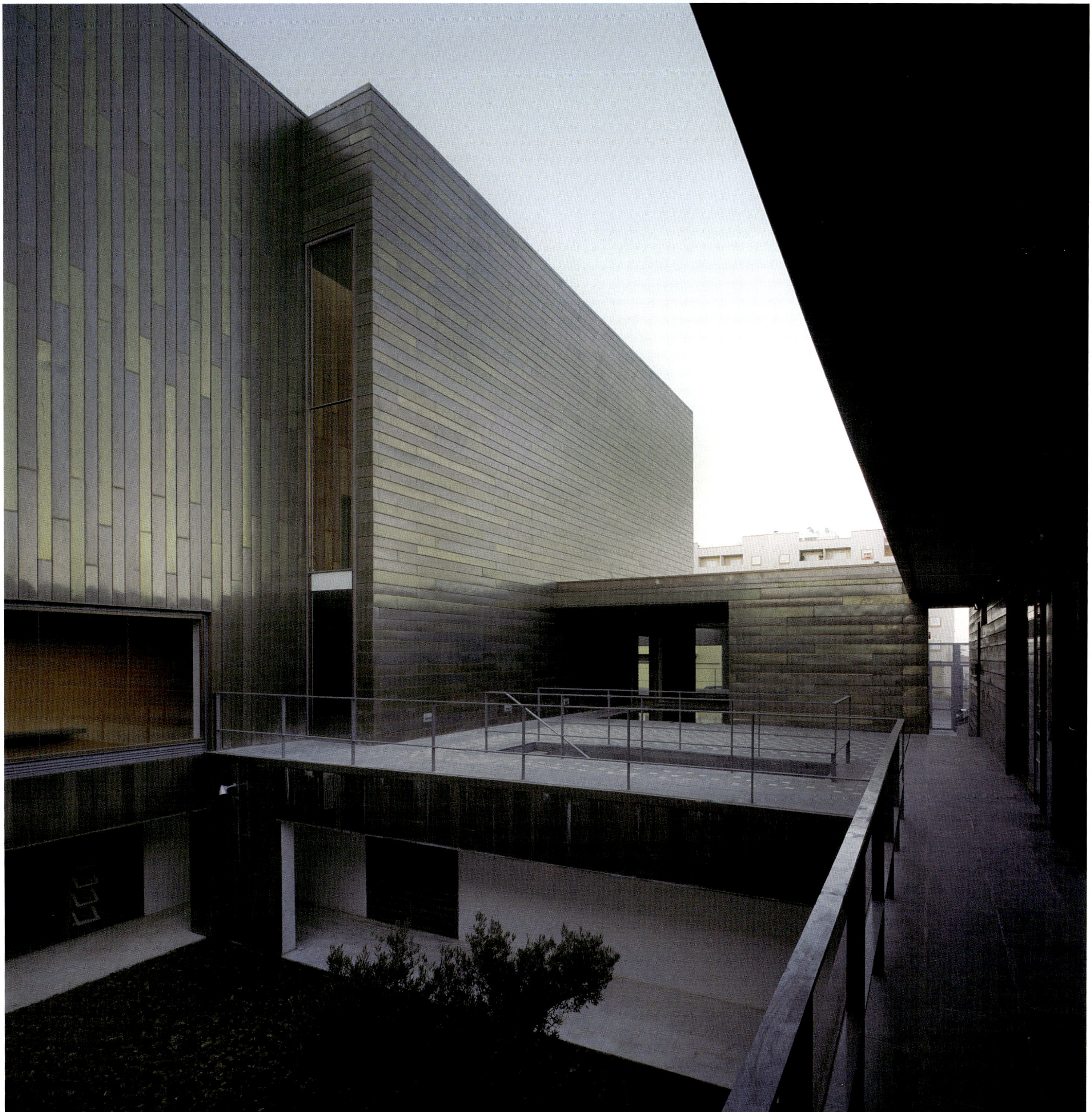

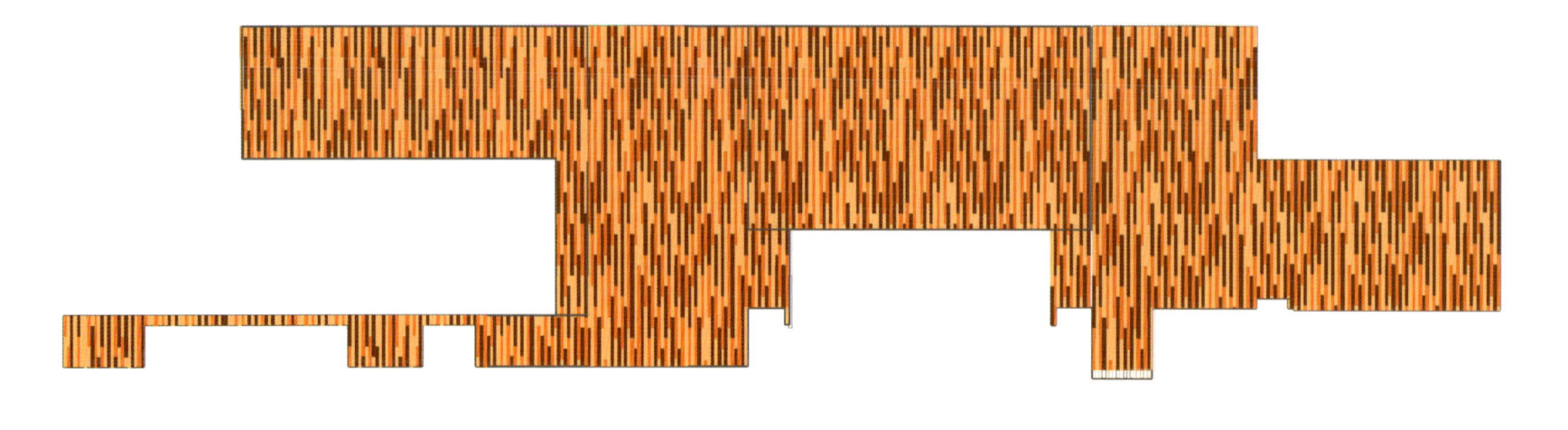

Façade exploded view / Explosionsdarstellung der Fassade
Éclaté de la façade / Detailtekening van de gevel
Vista esplosa della facciata / Despiece de la fachada

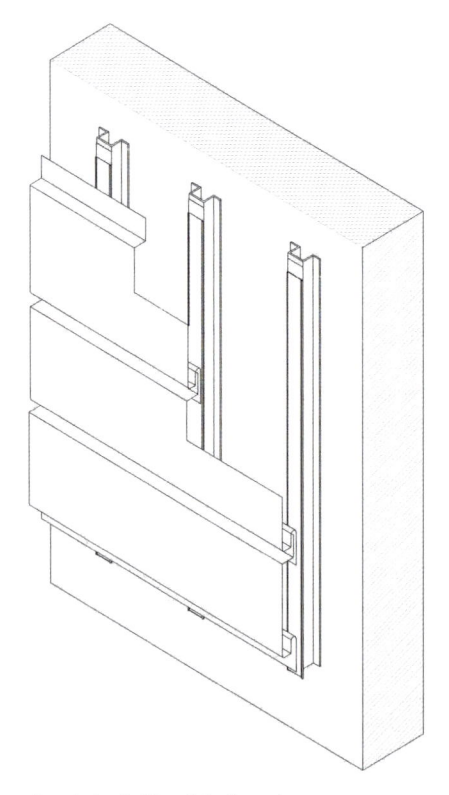

Façade detail / Detail der Fassade
Détail de la façade / Detail van de gevel
Dettaglio della facciata / Detalle de la fachada

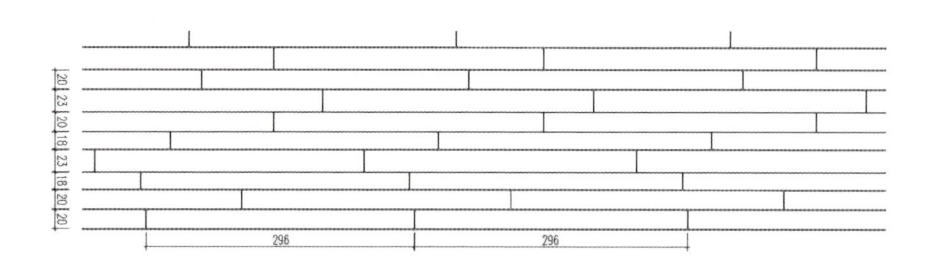

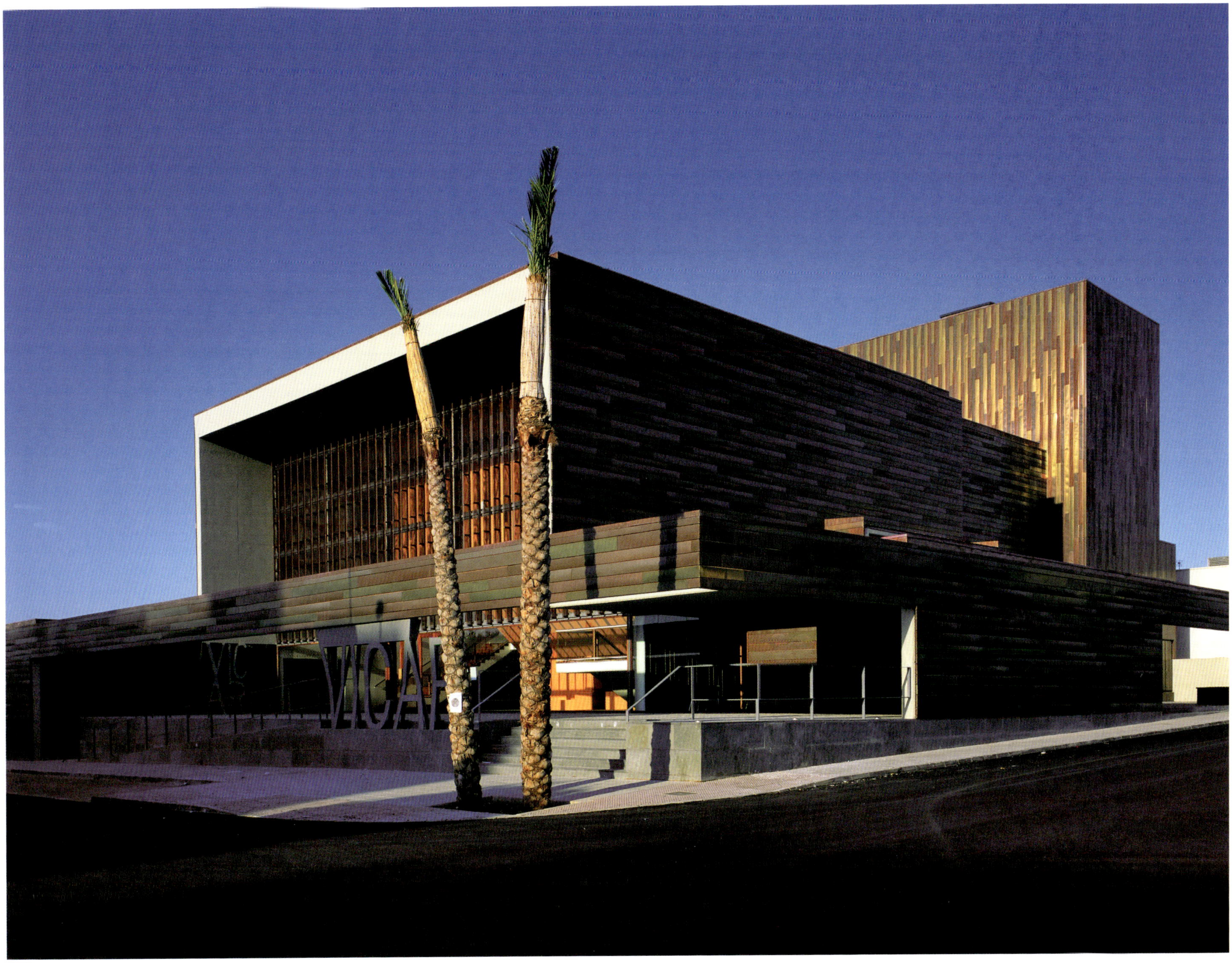

HEALTH CENTER IN A PARDA

Vier Arquitectos
Pontevedra, Spain
© Héctor Fernández Santos-Díez

Perforated aluminum / Gelochtes Aluminium / Aluminium perforé / Geperforeerd aluminium / Alluminio perforato / Aluminio perforado

The façade of this solid building combines two main materials: concrete and perforated aluminum. The unit that creates the two tones of gray contrasts with the different textures that refers to the two uses of the building: emergency unit and health center. The aluminum screens also can be used to provide shade on the interior glass façades and improve the thermal performance of the building.

Ce bâtiment d'allure massive associe principalement deux matériaux en façade : le béton et l'aluminium perforé. L'unité engendrée par le rapprochement des deux tonalités de gris contraste avec les différences de textures évocatrices de la double fonction du bâtiment, puisqu'il regroupe un centre de santé et un service d'urgence. Les murs écran en aluminium projettent leur ombre sur les façades intérieures en verre et améliorent les performances thermiques du bâtiment.

Questo edificio dall'aspetto solido combina due materiali principali sulla facciata: cemento e alluminio perforato. Il senso di unità prodotto dai toni del grigio contrasta con i materiali diversi che richiamano il duplice uso dell'edificio: pronto soccorso e istituto sanitario. I pannelli di alluminio hanno inoltre la funzione di proiettare l'ombra sulle facciate interne di vetro e migliorano il comportamento termico dell'edificio.

Dieses besonders solide wirkende Gebäude vereint an seiner Fassade zwei unterschiedliche Materialien: Beton und gelochtes Aluminium. Die von den zwei Grautönen erzeugte Einheit kontrastiert mit den unterschiedlichen Texturen, die auf die beiden zwei Funktionen des Gebäudes anspielen (notärztlicher Dienst und Gesundheitszentrum). Die Aluminiumpaneele werfen Schatten auf die inneren Glasfassaden und verbessern das thermische Verhalten des Gebäudes.

In de gevel van dit stevig uitziende gebouw zijn twee hoofdmaterialen gecombineerd: beton en geperforeerd aluminium. De eenheid die de twee grijze tinten uitstralen contrasteert met de verschillende texturen die zinspelen op de twee functies van het gebouw: spoedeisende hulp en gezondheidscentrum. De aluminium schermen dienen er eveneens voor om schaduw te laten vallen op de glazen binnengevels en het thermisch gedrag van het gebouw te verbeteren.

Este edificio de apariencia sólida combina dos materiales principales en su fachada: hormigón y aluminio perforado. La unidad que generan los dos tonos de gris contrasta con las diferencias de texturas que hacen alusión a los dos usos del edificio: unidad de urgencias y centro de salud. Las pantallas de aluminio también cumplen la función de proyectar sombra sobre las fachadas interiores de vidrio y mejoran el comportamiento térmico del edificio.

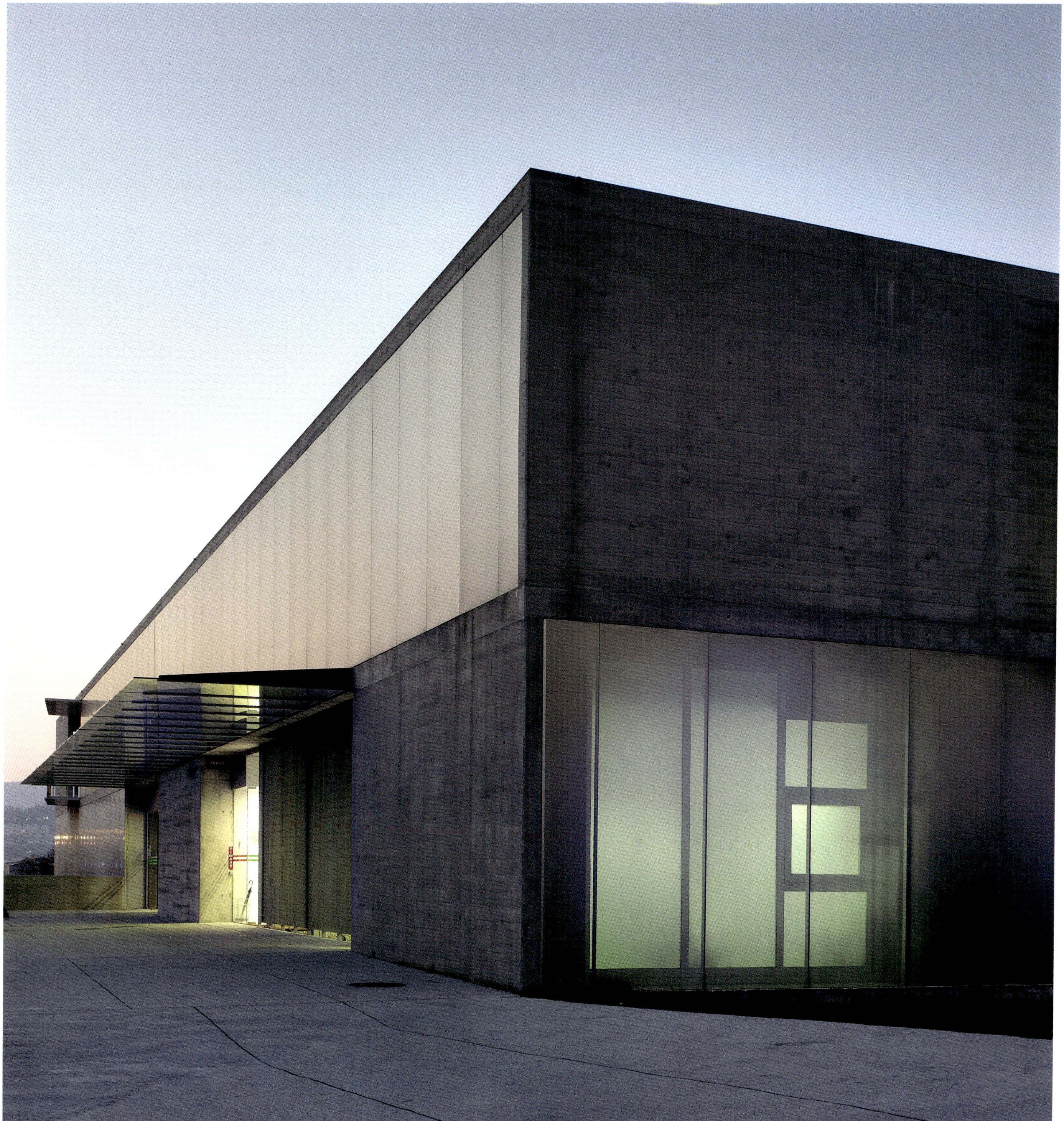

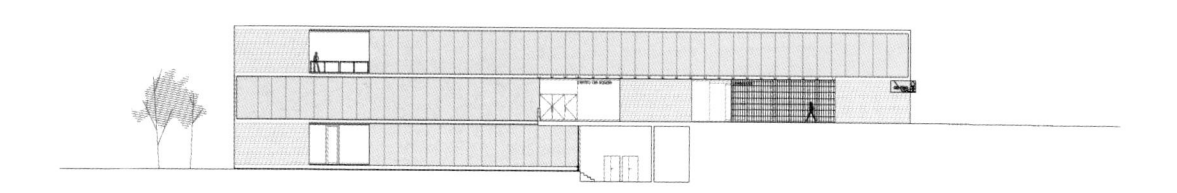

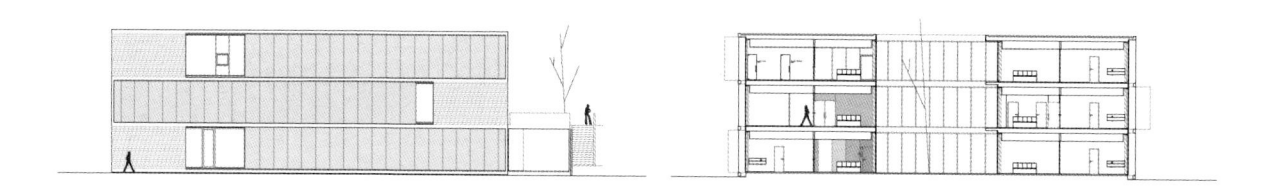

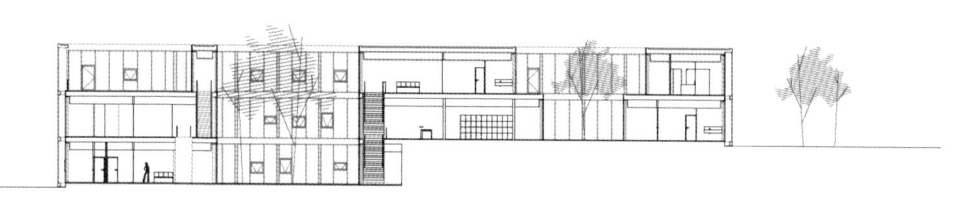

Elevations and sections / Aufrisse und Sections
Élévations et coupes / Verhogingen en doorsneden
Prospetti e sezioni / Alzados y secciones

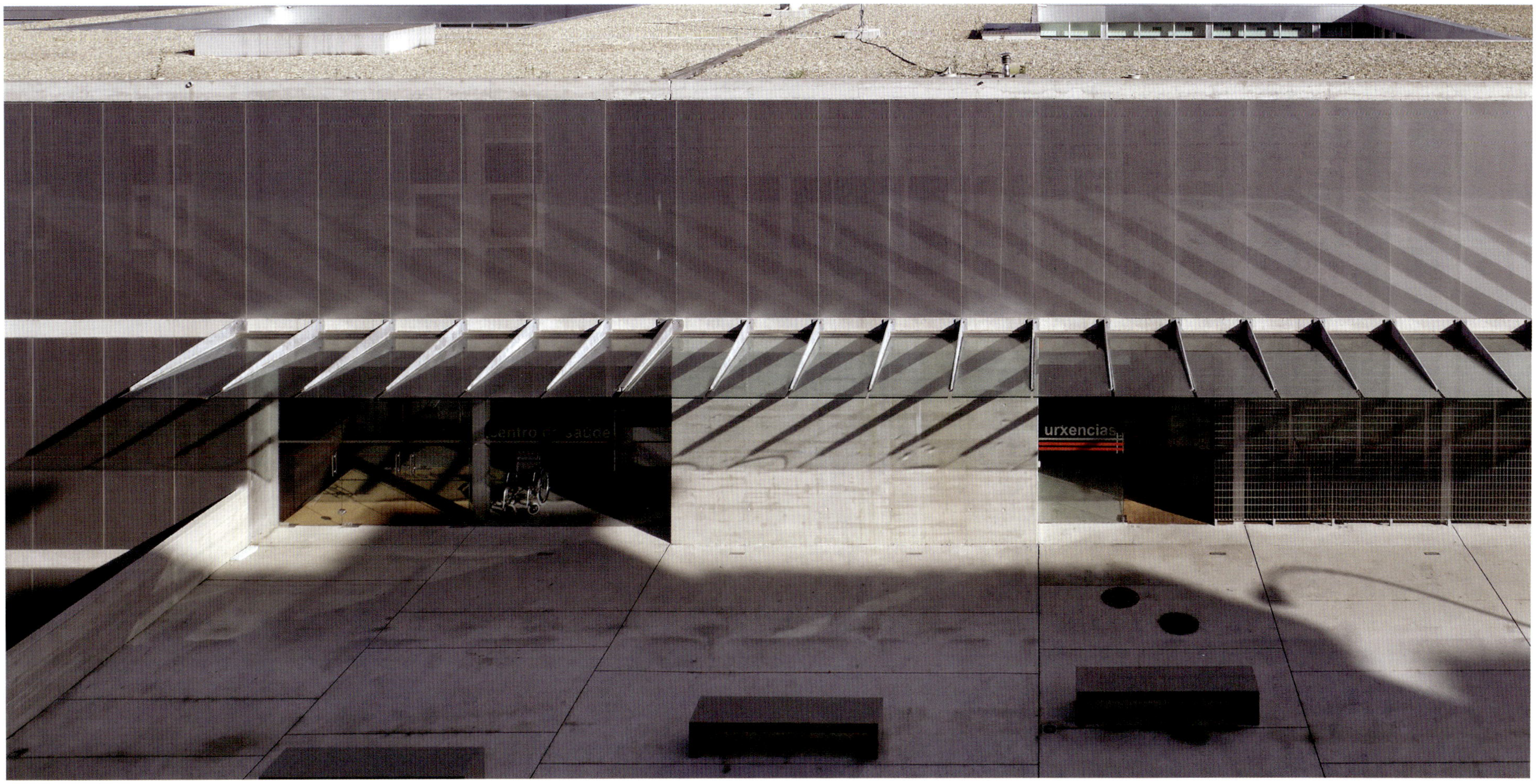
urxencias

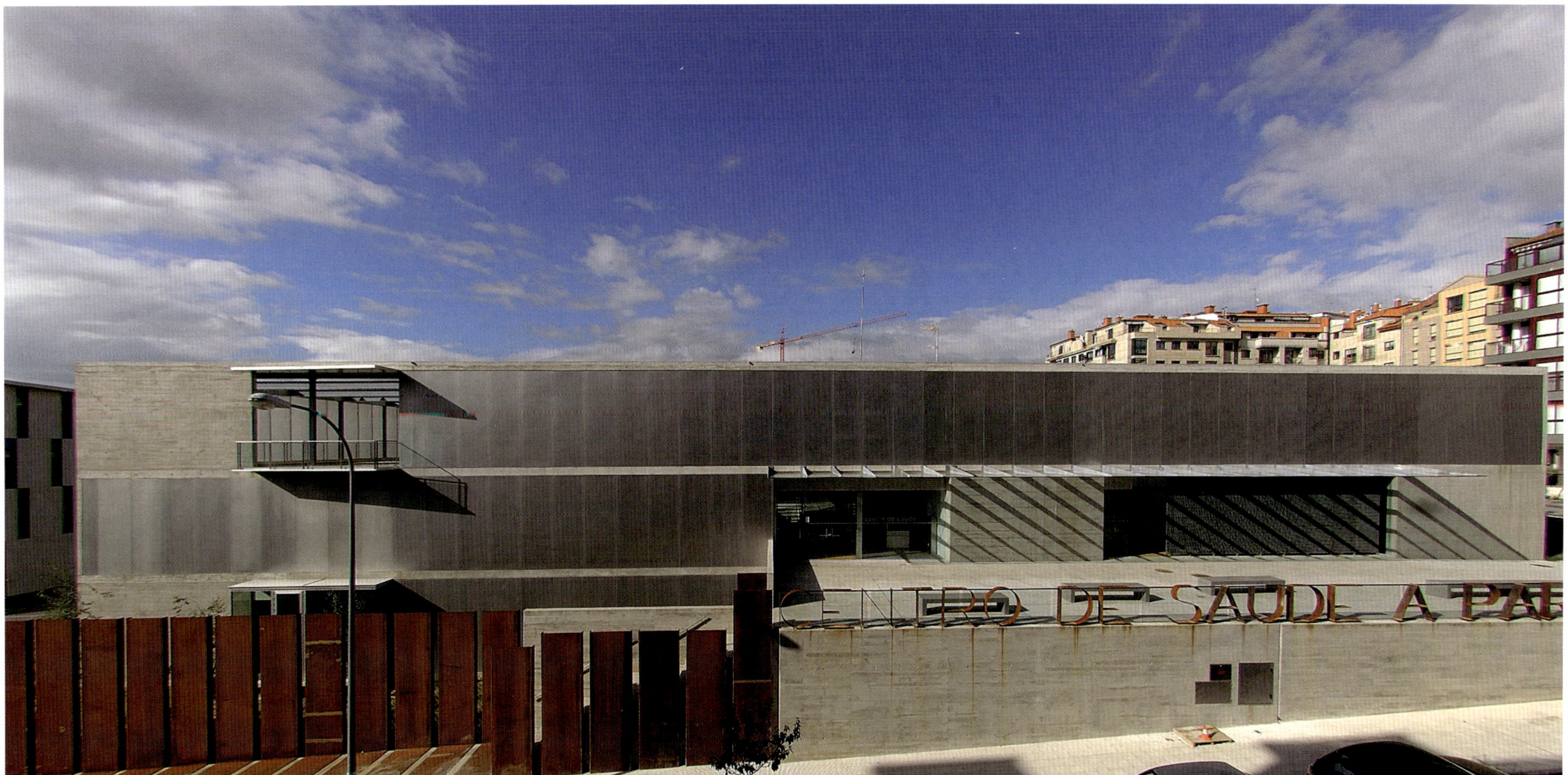

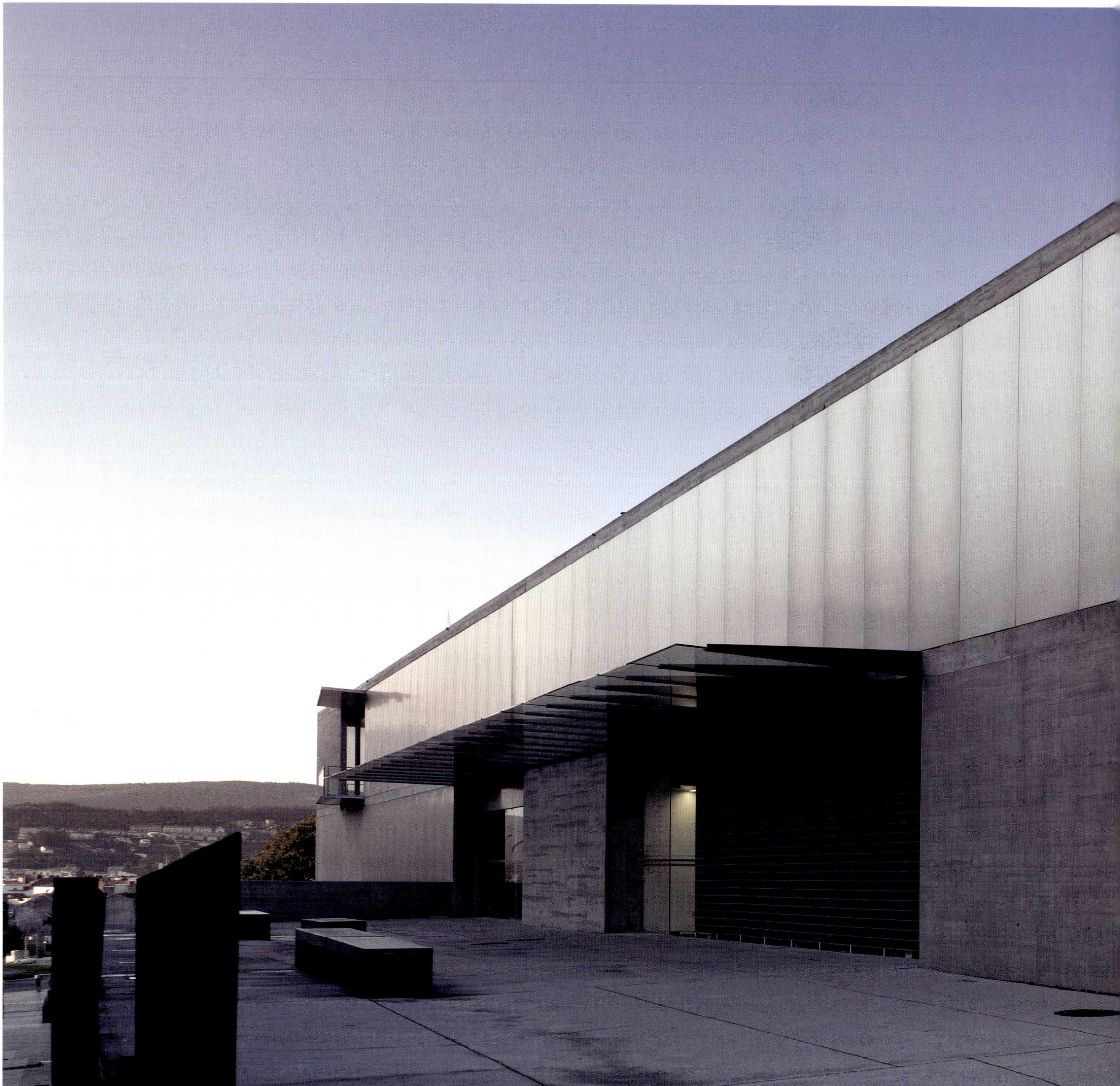

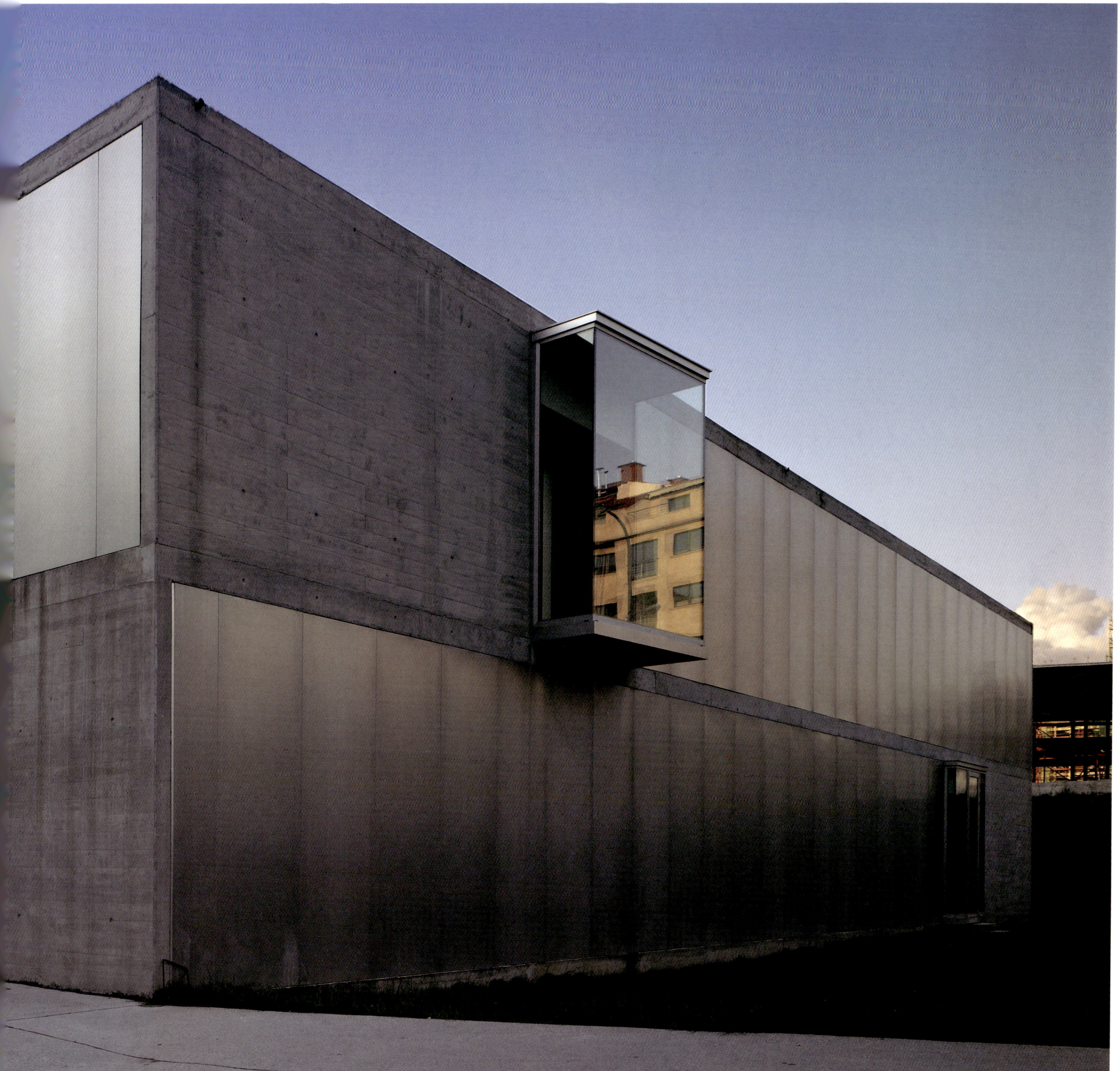

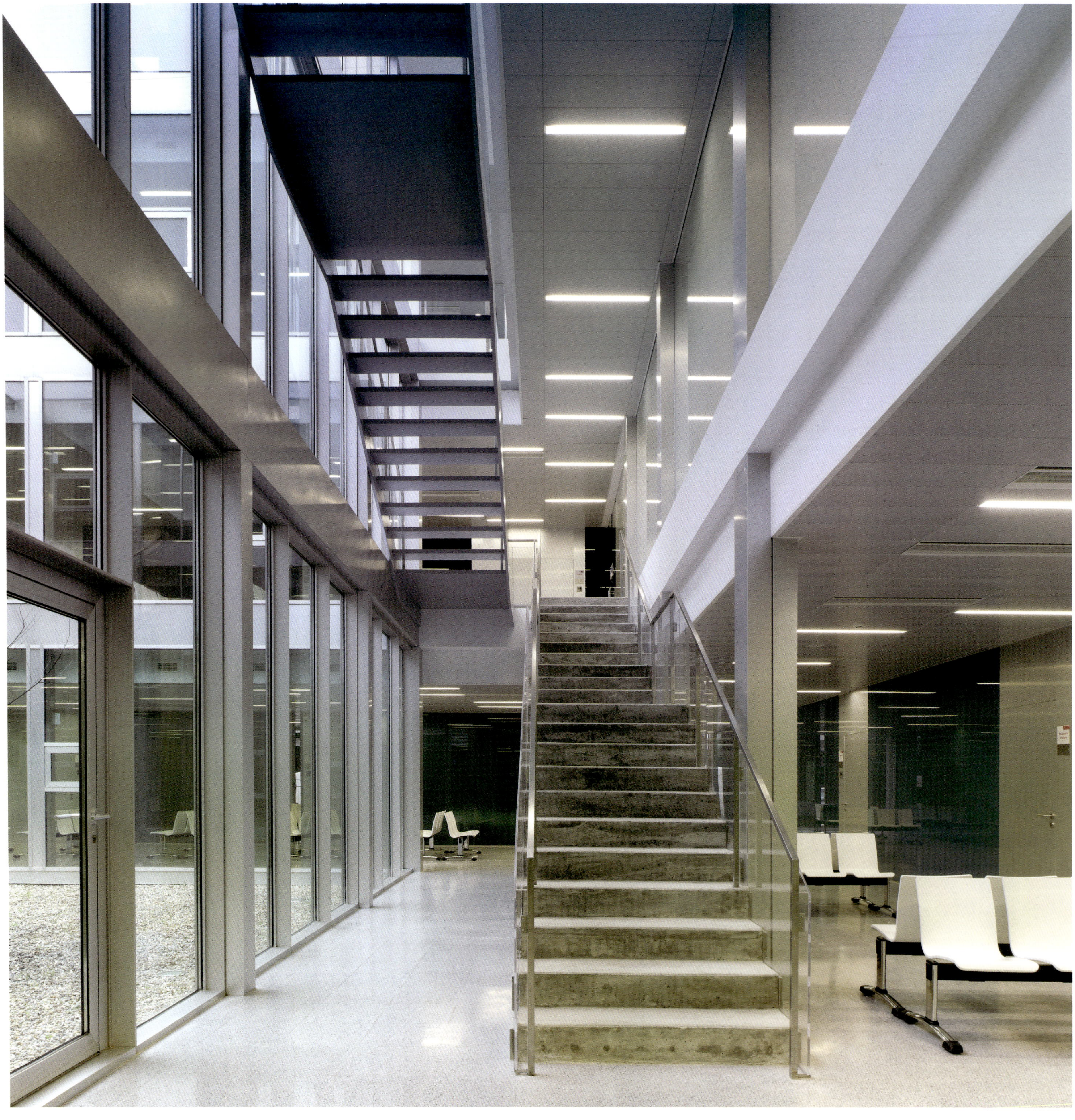

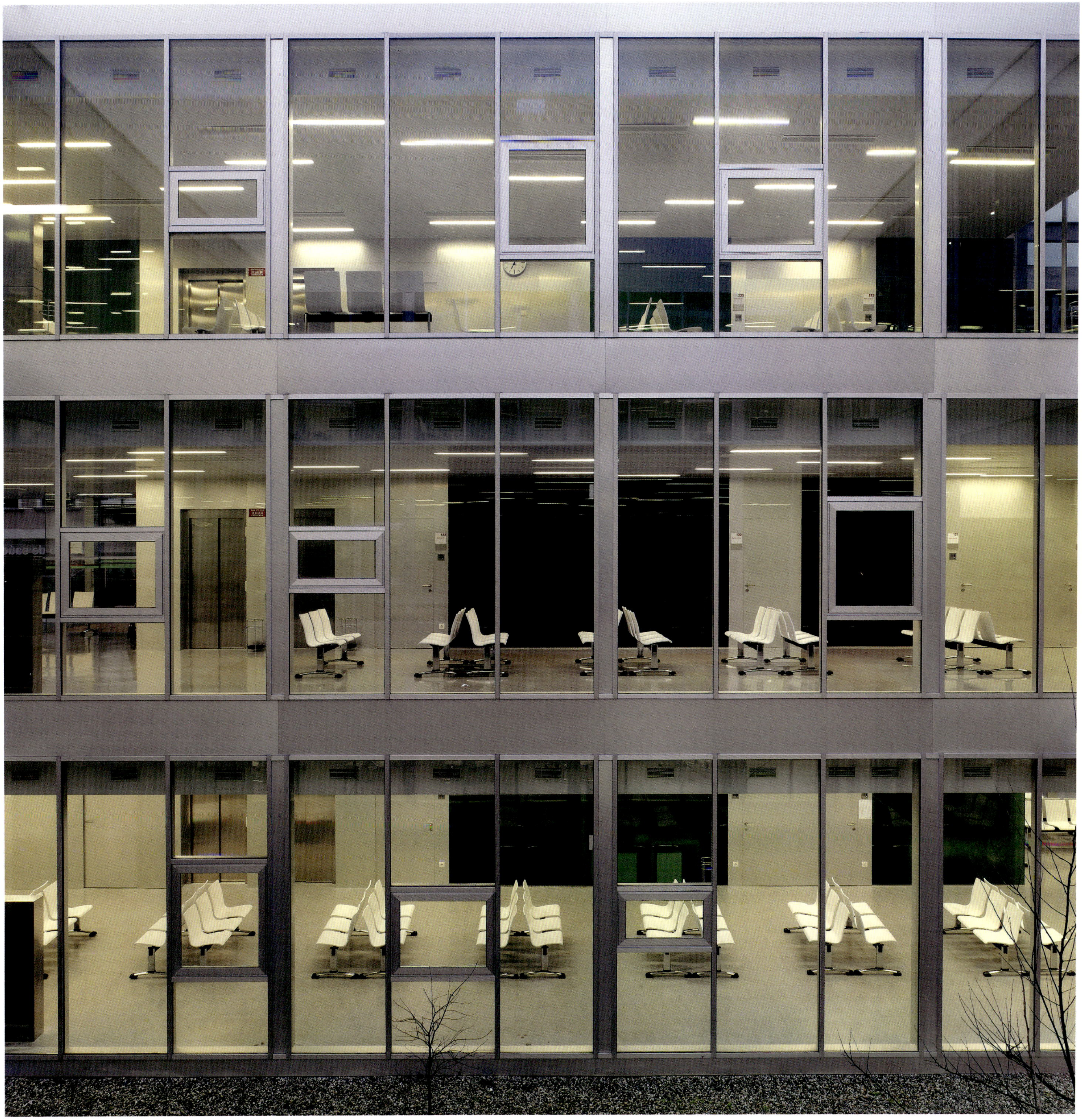

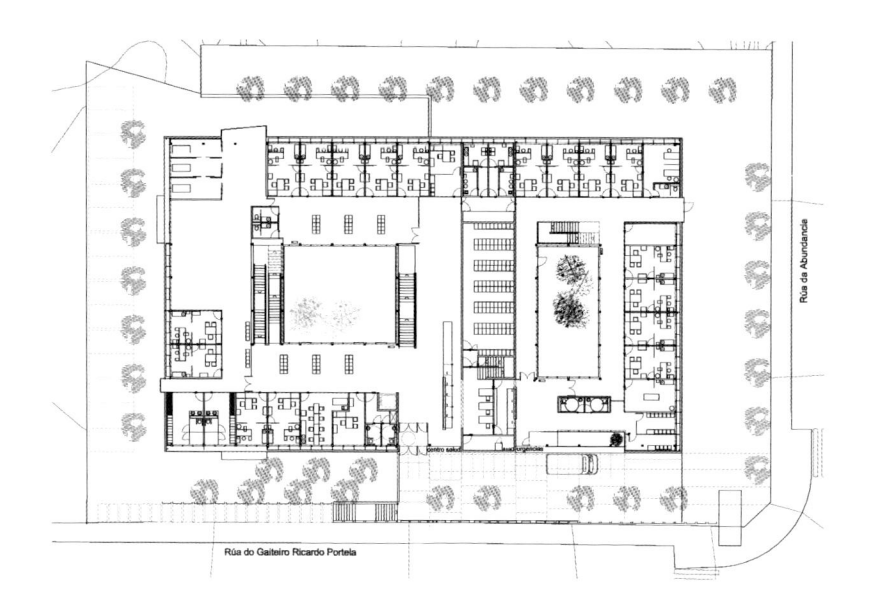

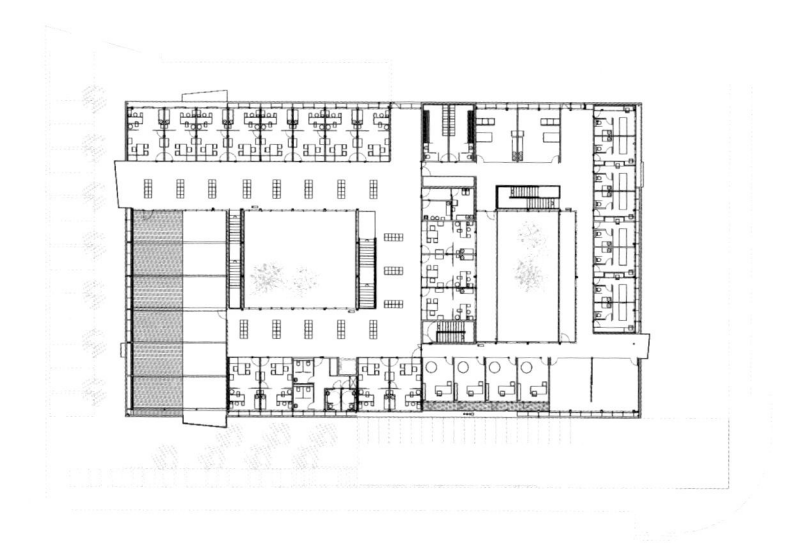

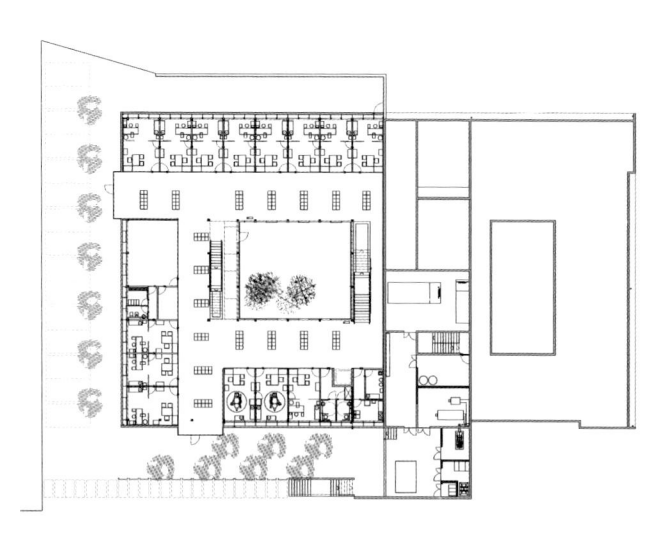

Ground floor, second floor and basement / Erdgeschoss, Erstes Obergeschoss und Kellergeschoss
Rez-de-chaussée, premier étage et sous-sol / Begane grand, eerste verdieping en souterrain
Piano terra, primo piano e seminterrato / Planta baja, primera planta y sótano

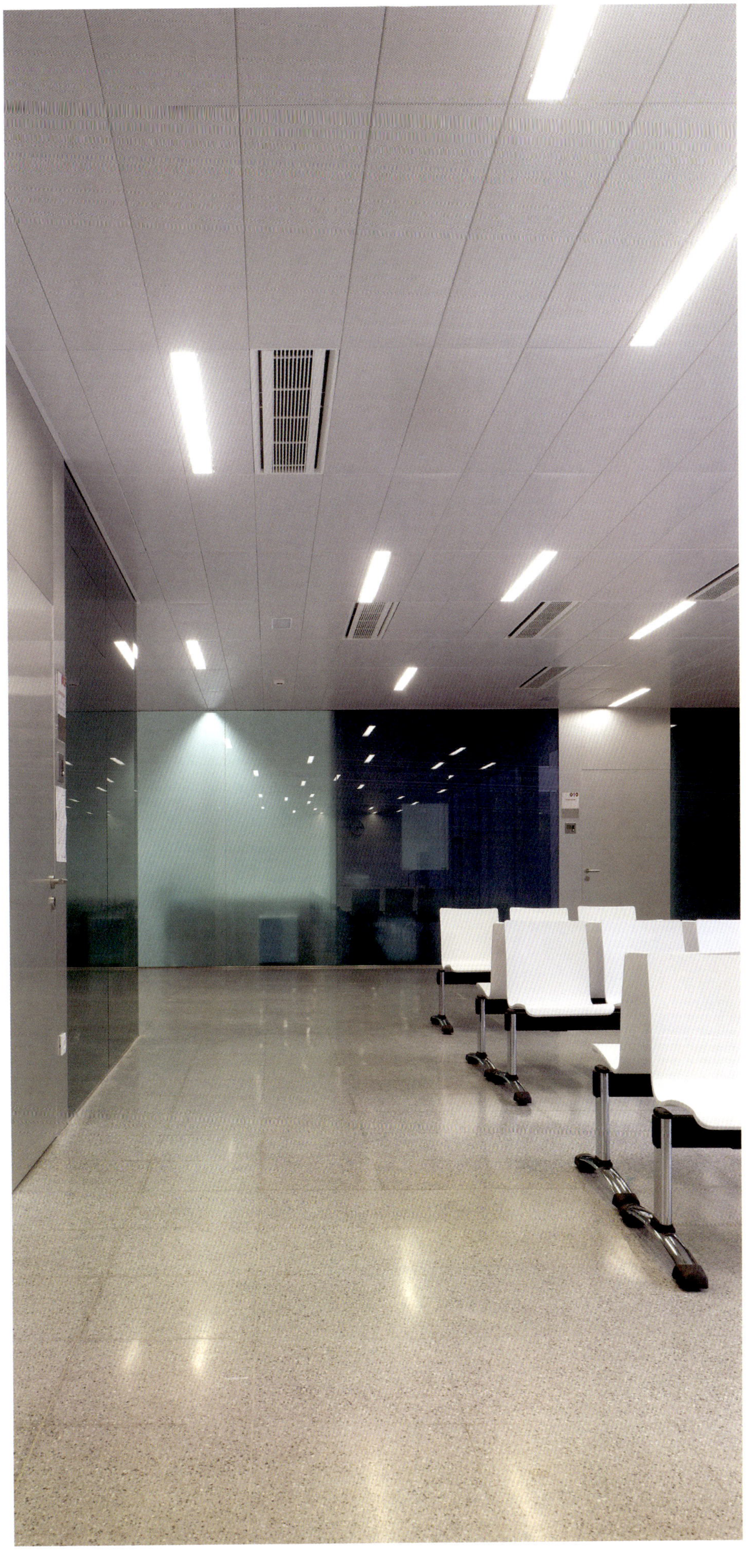

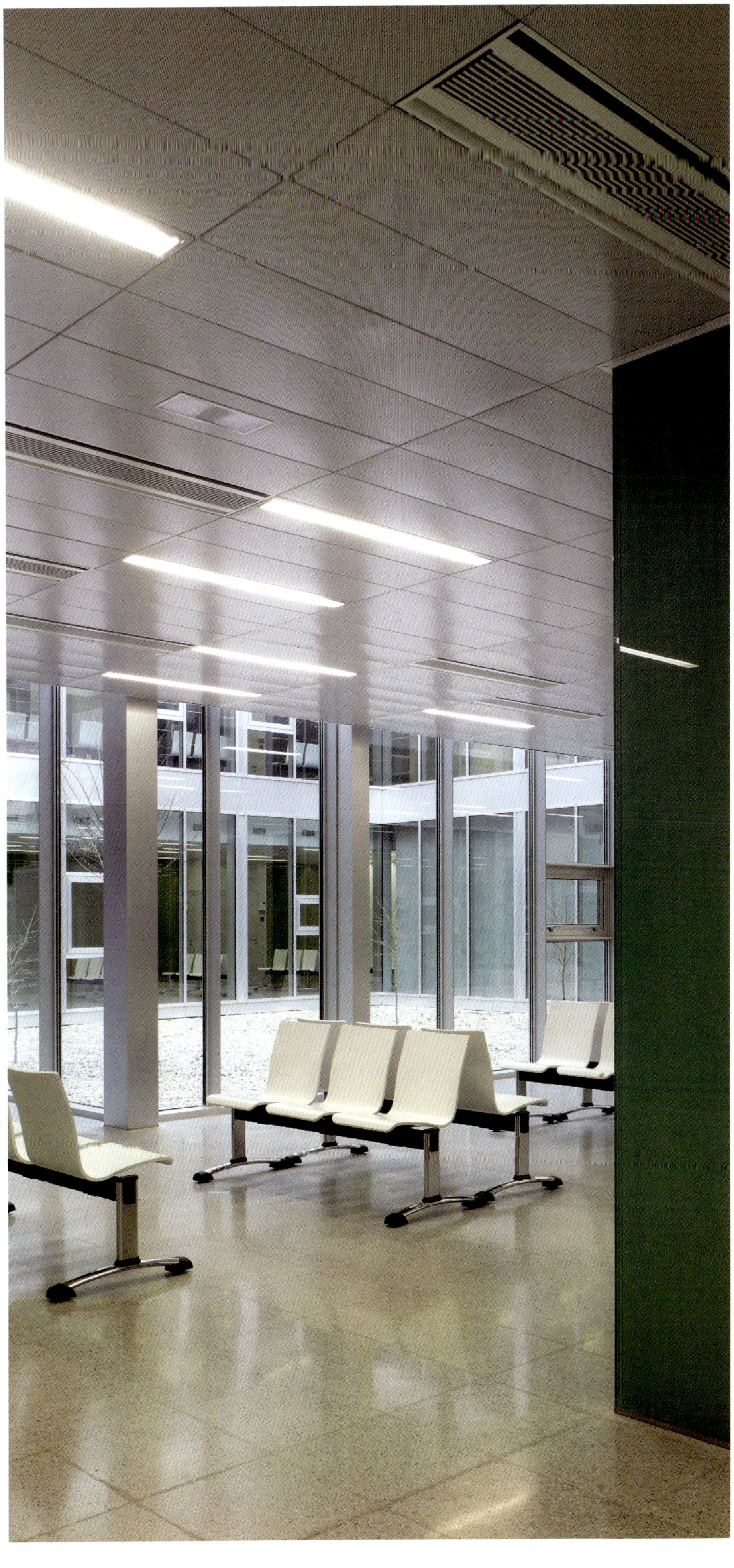

INDRA OFFICES

b720 Fermín Vázquez Arquitectos
Barcelona, Spain
© Adrià Goula, Rafael Vargas

Stainless steel wire mesh / Edelstahlgitter / Maillage métallique en acier inoxydable / Metalen netwerk van roestvrij staal / Rete metallica in acciaio inossidabile / Malla metálica de acero inoxidable

The double façade of this building combines the interior glass with a lightweight stainless steel wire mesh that forms the second skin. These act as sun protection for the interior spaces with a 50% shade coefficient. It is an inexpensive way to reduce solar radiation without sacrificing large glass façades.

La double façade de cet édifice associe le verre à l'intérieur avec des panneaux légers formant un tissu métallique en acier inoxydable qui joue le rôle d'une seconde peau. Ils protègent les espaces intérieurs du soleil puisqu'ils ont un coefficient d'ombre de 50 %. Leur utilisation est une manière économique de réduire la pénétration des rayons du soleil sans renoncer aux grandes façades vitrées.

La doppia facciata di questo edificio combina il vetro interno con dei pannelli di un leggero tessuto metallico in acciaio inossidabile che vanno a formare la «seconda pelle» della struttura. Questa funge da protezione solare per gli spazi interni, con un coefficiente di ombra del 50%. Si tratta di una soluzione economica per ridurre l'irraggiamento solare senza rinunciare a grandi pareti a vetri.

Die doppelte Fassade dieses Gebäudes verbindet innen liegende Glasflächen mit Paneelen aus einem leichten Edelstahlgewebe, die die äußere Umhüllung bilden. Diese Paneele dienen als Sonnenschutz für die Innenräume und bieten einen mittleren Durchlassfaktor b von 50%. Auf diese Weise kann die Sonneneinstrahlung kostengünstig reduziert werden, ohne dass auf große Glasfassaden verzichtet werden muss.

De dubbele gevel van dit gebouw combineert het binnenglas met panelen van een lichte metalen stof van roestvrij staal die de tweede huid vormt. Deze stof fungeert als zonnescherm voor de binnenruimtes met een schaduwcoëfficiënt van 50%. Het is een goedkope manier om zonnestraling te reduceren zonder af te zien van grote glasgevels.

La doble fachada de este edificio combina el vidrio interior con unos paneles de un ligero tejido metálico de acero inoxidable que forman la segunda piel y actúan como protección solar para los espacios interiores, con un coeficiente de sombra del 50%. Es una manera económica de reducir la radiación solar sin renunciar a grandes fachadas acristaladas.

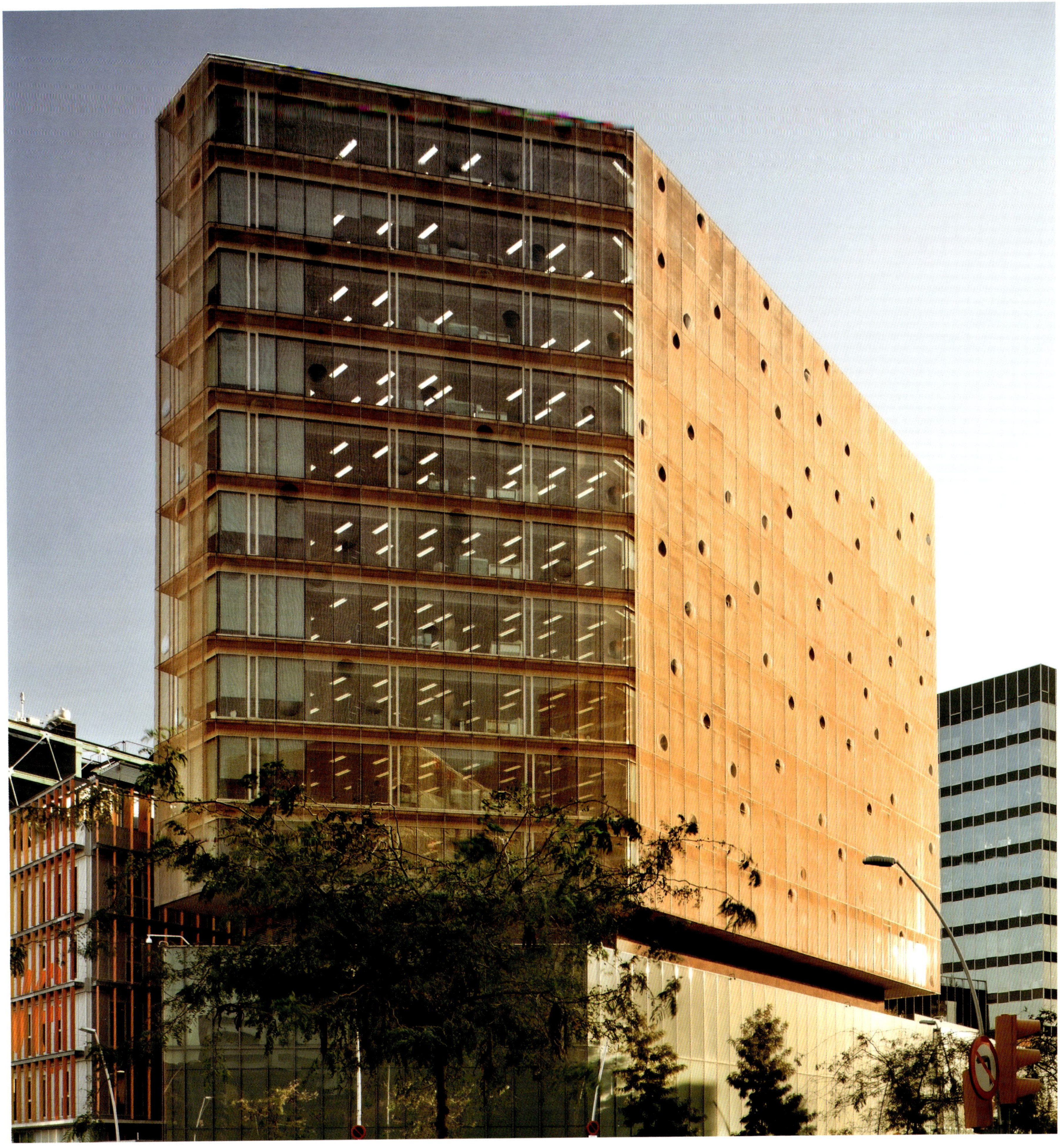

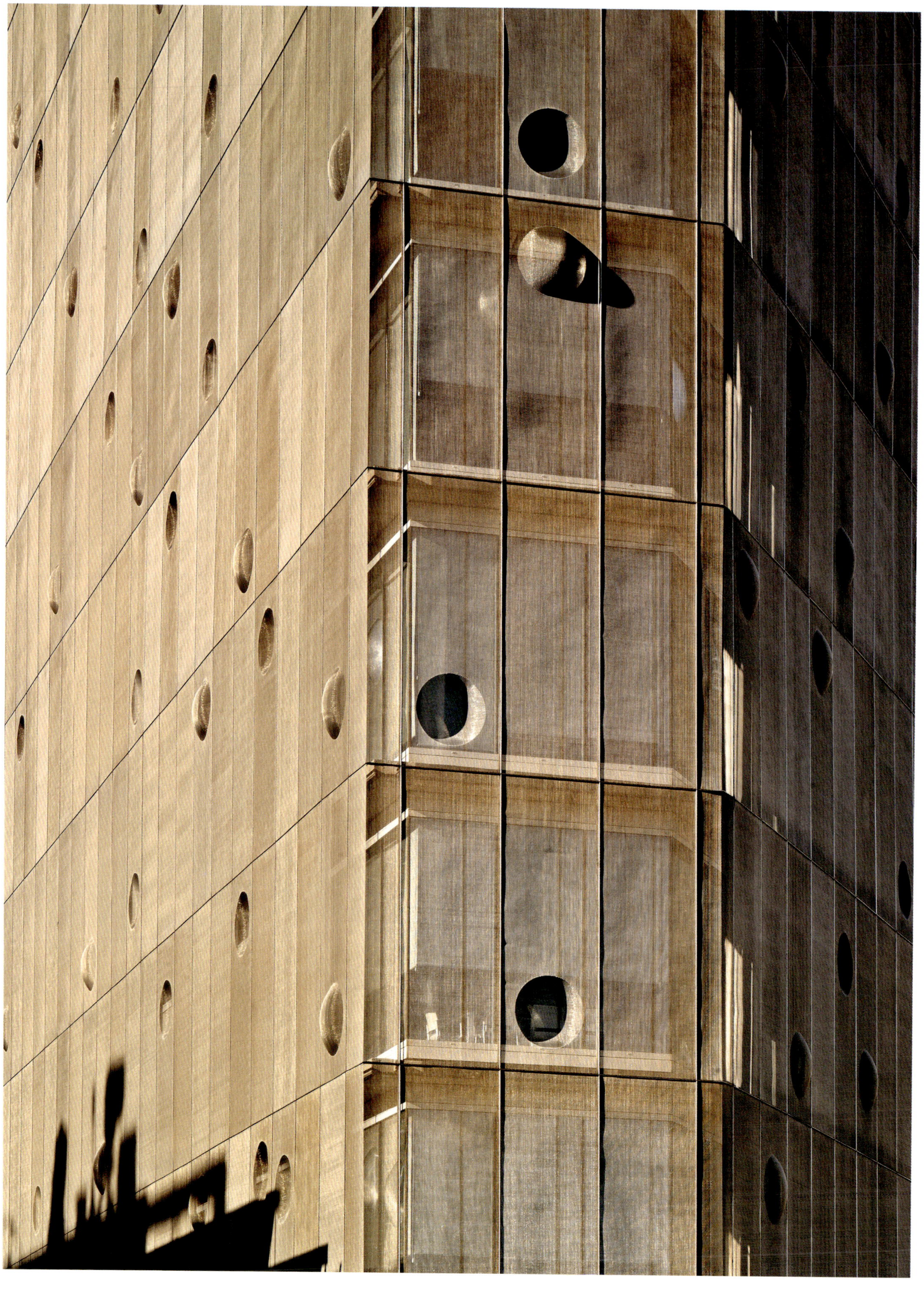

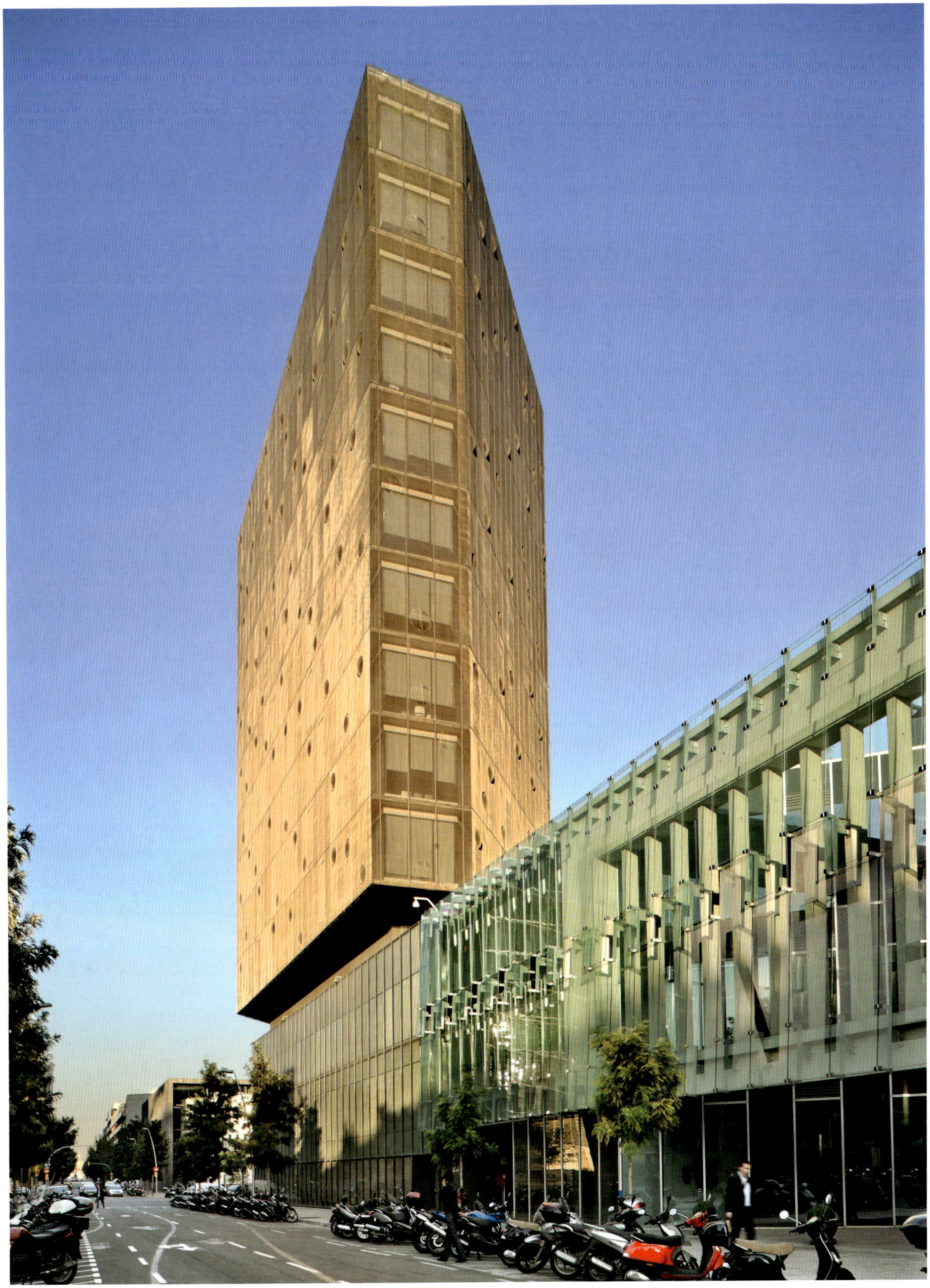

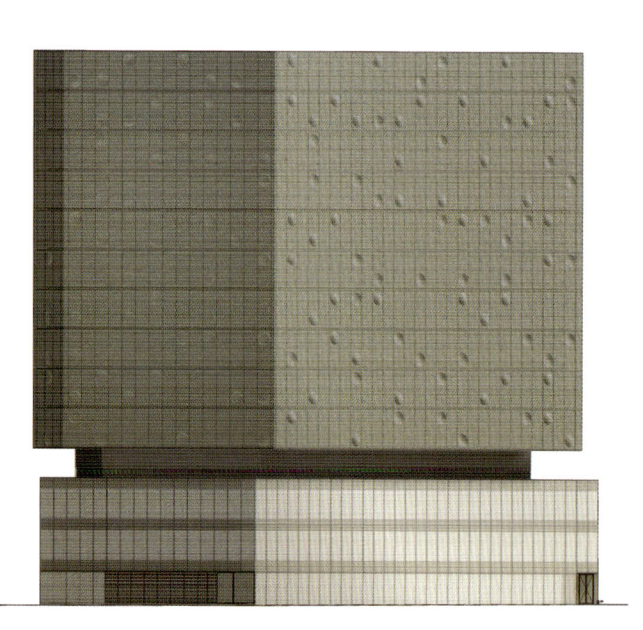

North elevation / Nördlicher Aufriss
Élévation nord / Verhoging noordzijde
Prospetto nord / Alzado norte

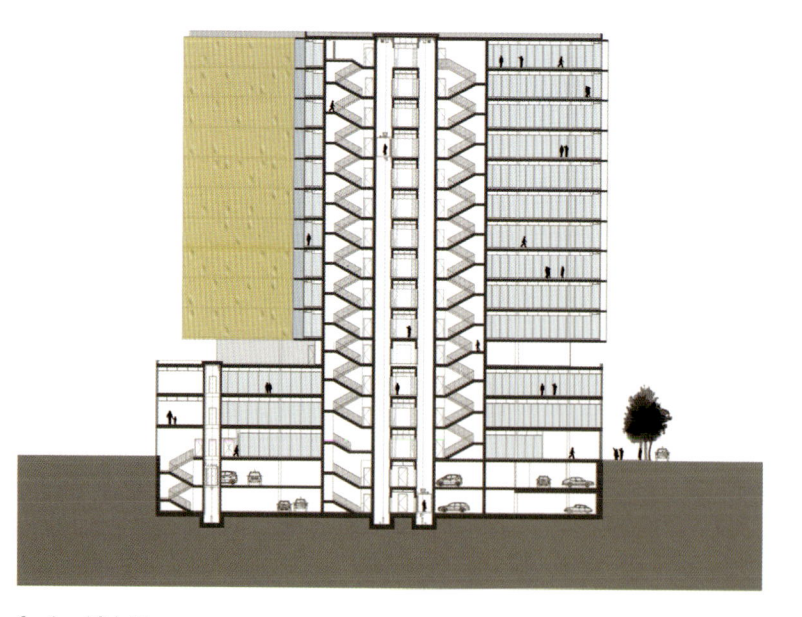

Section / Schnitt
Coupe / Doorsnede
Sezione / Sección

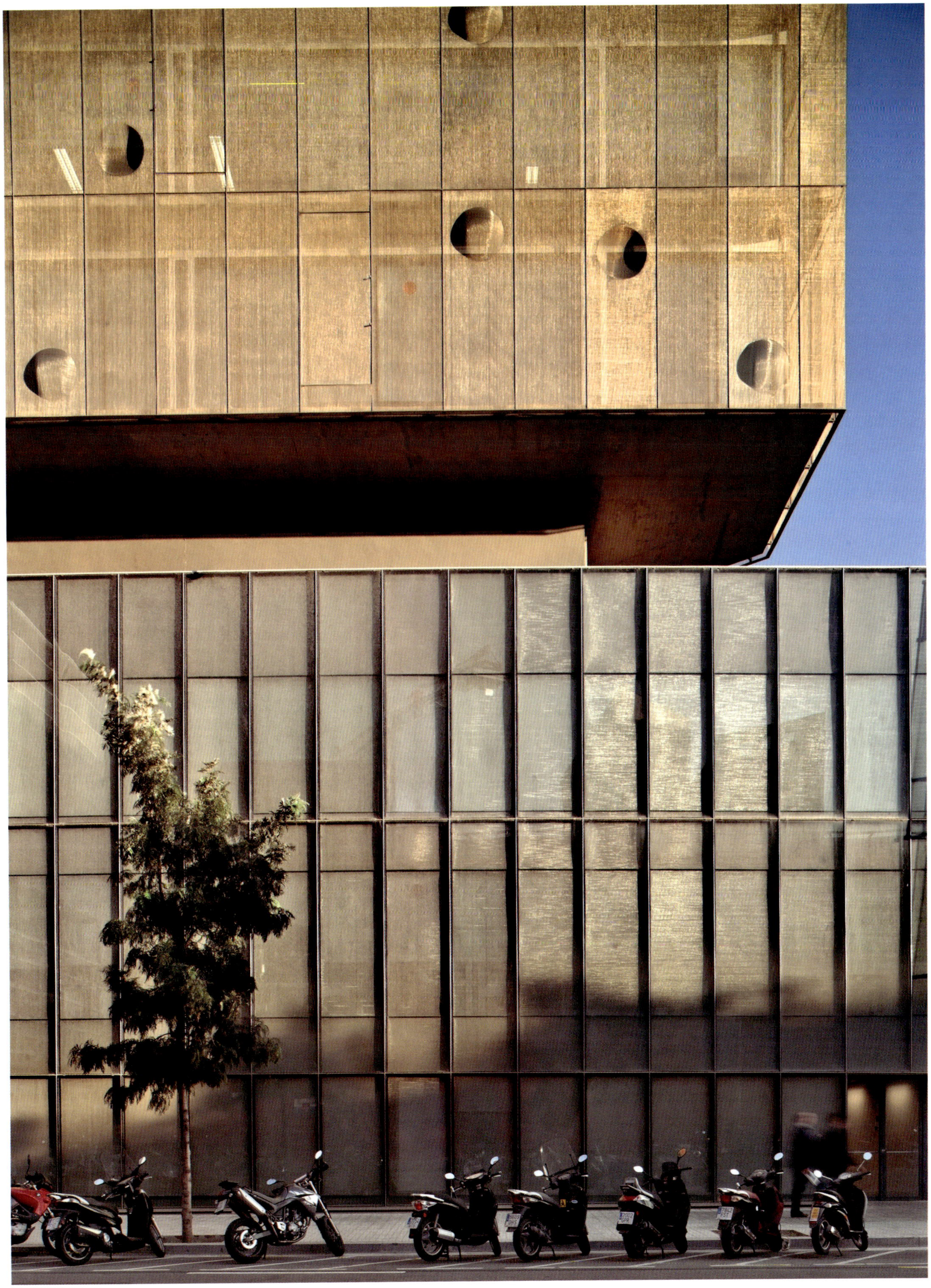

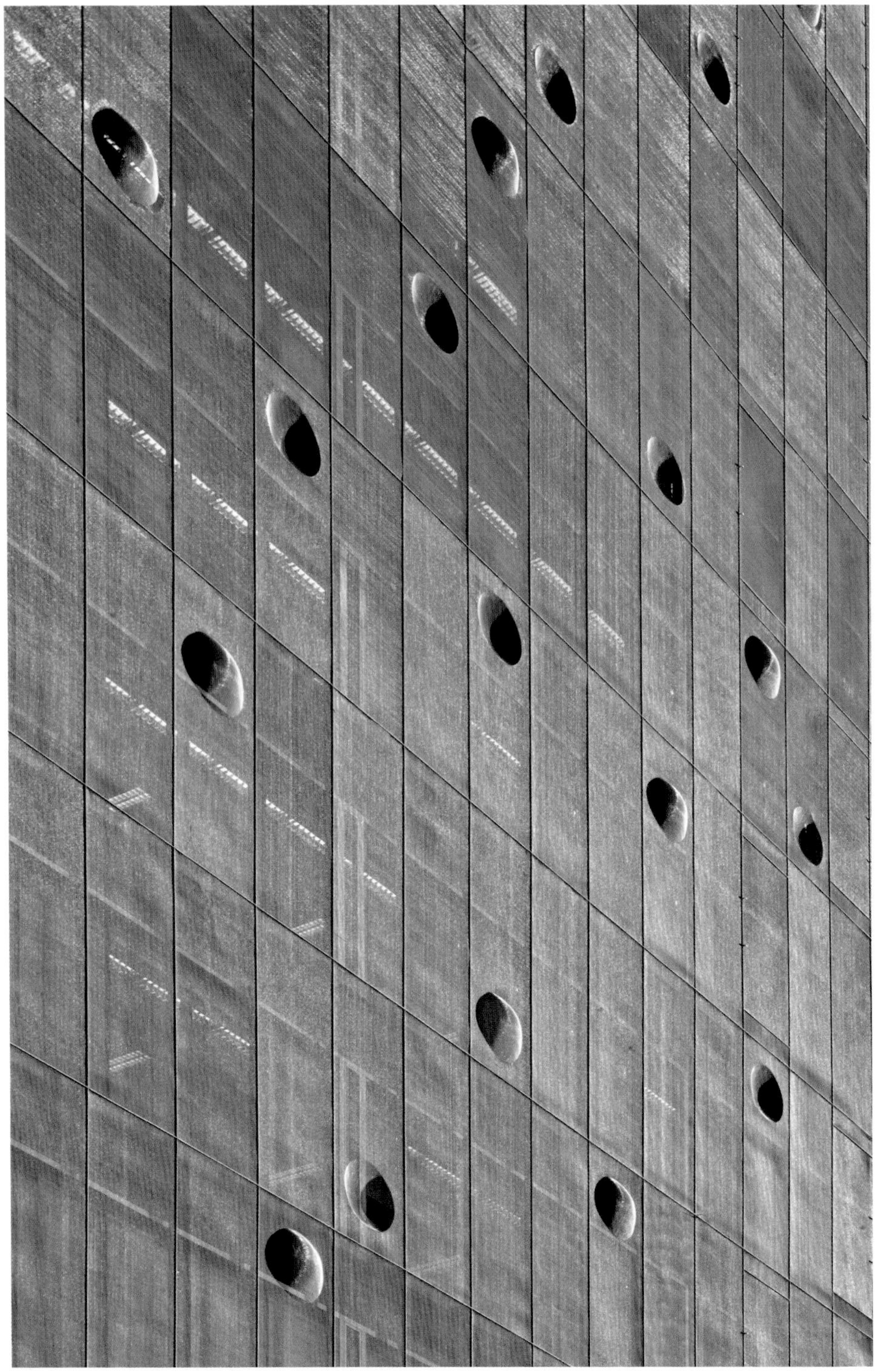

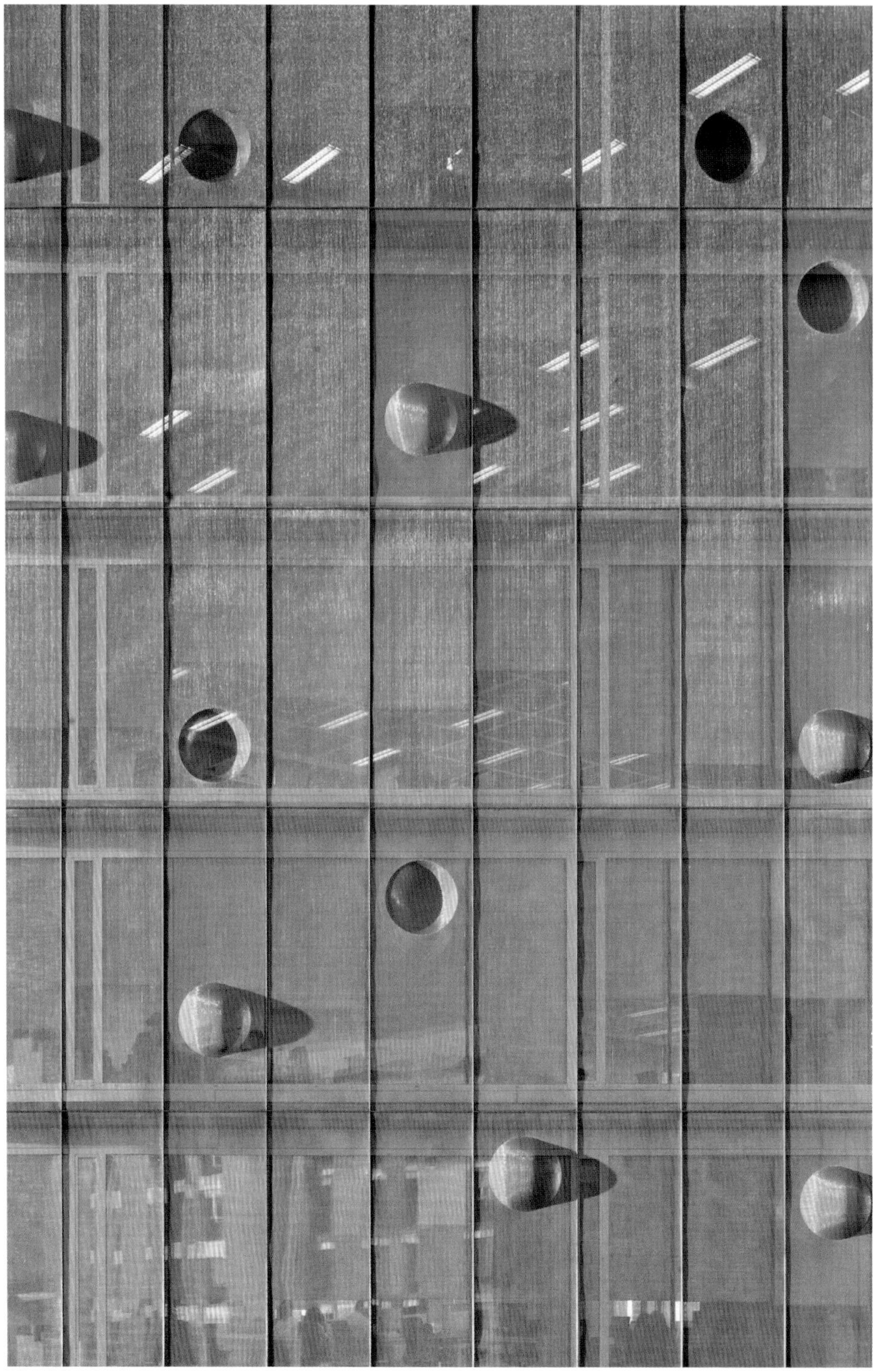

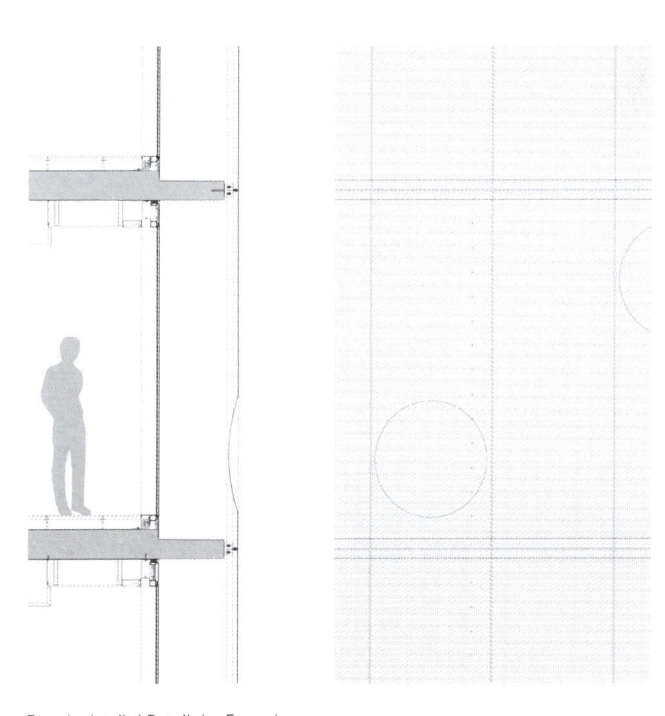

Façade detail / Detail der Fassade
Détail de la façade / Detail van de gevel
Dettaglio della facciata / Detalle de la fachada

LA MOLA HOTEL AND CONFERENCE CENTRE

b720 Fermín Vázquez Arquitectos
Terrassa, Spain
© Adrià Goula

Aluminum and Corten steel / Aluminium und COR-TEN-Stahl / Aluminium et acier rouillé
Aluminium en cortenstaal / Alluminio e acciaio corten / Aluminio y acero corten

This hotel and conference and business center is known for its sustainability. The use of metal on the walls is a prominent feature. On the south façade a sunscreen with a mobile sliding perforated door has been installed. On the other hand, a Corten steel parasol provides protection and privacy for the large glass façade.

Cet hôtel, également centre d'affaires et de conférences, est un bâtiment durable, au sens écologique du terme. On remarque l'emploi du métal en façade. La façade sud est protégée par un système de protection contre le soleil consistant en panneaux coulissants faits de plaques perforées. De l'autre côté, c'est un parasol en acier rouillé qui protège la grande façade en verre et préserve l'intimité des occupants.

Questo hotel e centro affari/conferenze si impone per la sua sostenibilità. Degno di nota è anche l'uso del metallo sulle facciate. Nella facciata sud è stato installato un sistema di protezione dai raggi solari con elementi scorrevoli in lamiera perforata. Dall'altra parte, un parasole in acciaio corten garantisce protezione e privacy alla grande facciata a vetri.

Dieses Hotel mit Business- und Konferenzzentrum zeichnet sich durch seine Nachhaltigkeit und den Einsatz von Metall an den Fassaden aus. An der Südfassade wurde ein Sonnenschutzsystem mit beweglichen gelochten Alublechen installiert. Ferner schützt eine Sonnenblende aus COR-TEN-Stahl die große verglaste Fassade und sorgt für Privatsphäre.

Dit hotel en business- en congrescentrum onderscheidt zich door zijn duurzaamheid. Ook is het gebruik van metaal op de gevels opmerkzaam. Op de zuidgevel is een zonnebeschermingssysteem geïnstalleerd met schuifpanelen van geperforeerde platen. Daarnaast verschaft de zonnekap van cortenstaal bescherming en privacy aan de grote glasgevel.

Este hotel y centro de negocios y conferencias se distingue por su sostenibilidad. También destaca el uso de metal en las fachadas. En la fachada sur se ha instalado un sistema de protección solar con unas correderas móviles de chapa perforada. Por otro lado, un parasol de acero corten proporciona protección e intimidad a la gran fachada acristalada.

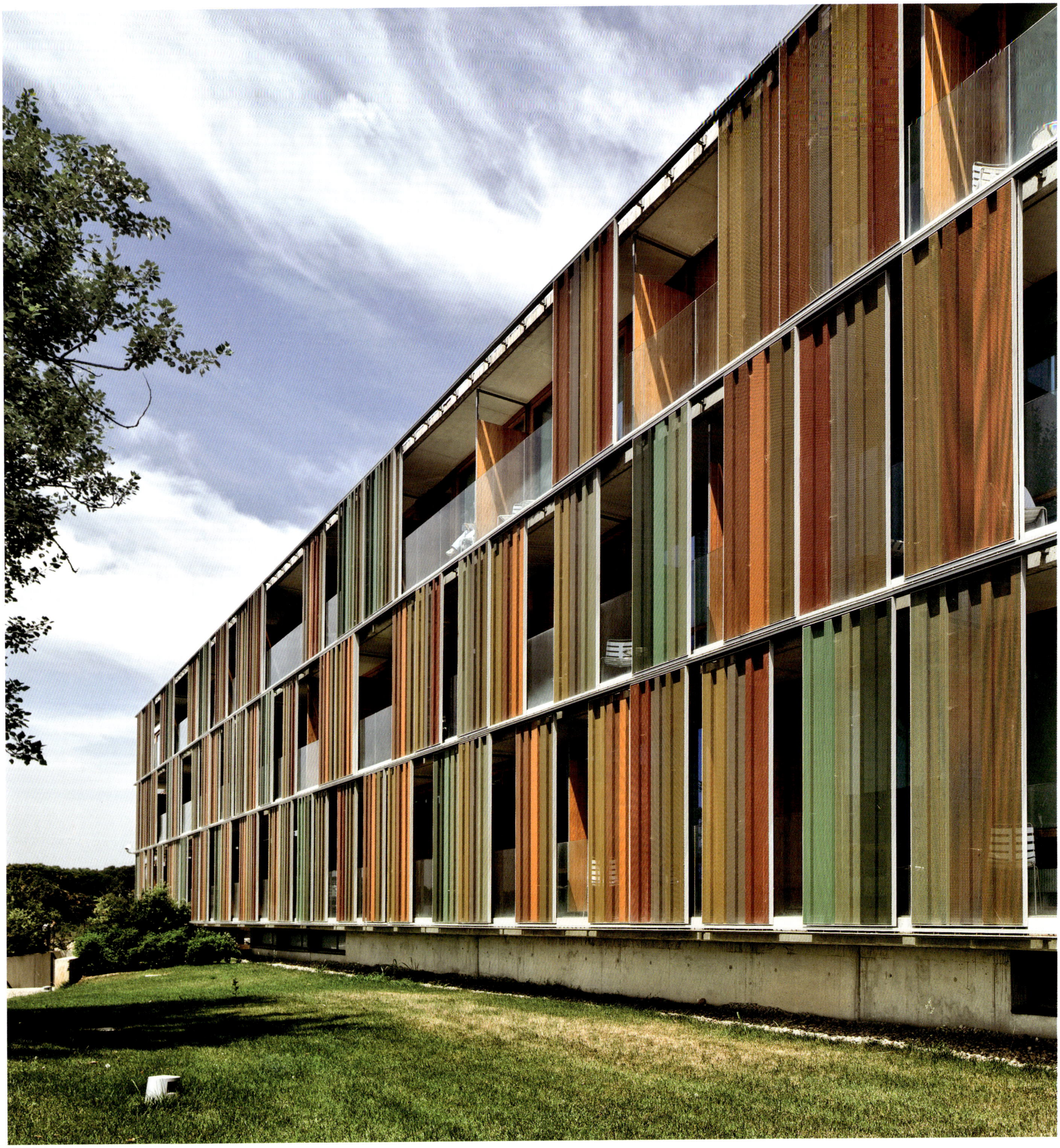

Location plan / Umgebungsplan
Plan de situation / Omgenigsplattegrond
Planimetria di localizzazione / Plano de situación

Elevation / Aufriss
Élévation / Verhoging
Prospetto / Alzado

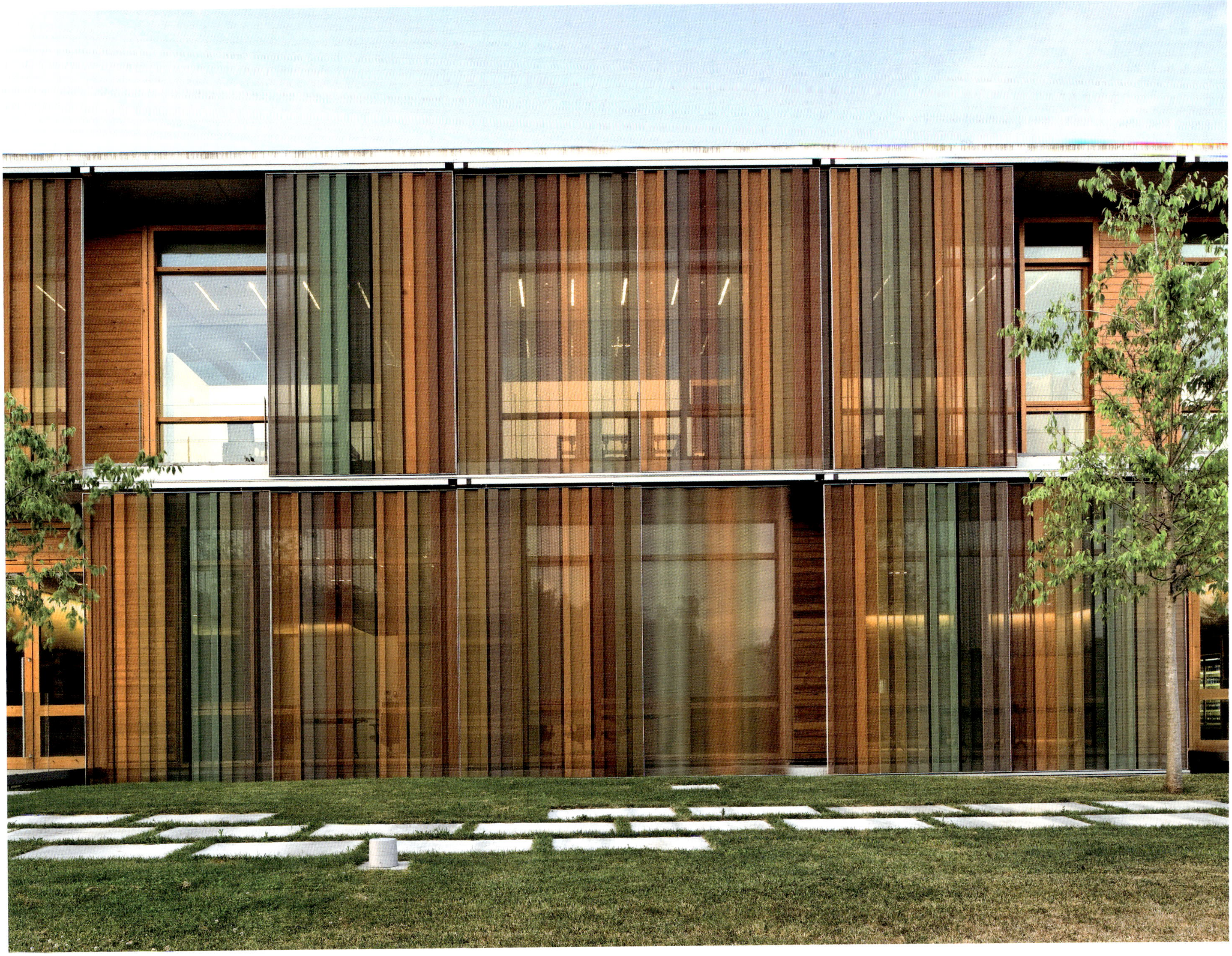

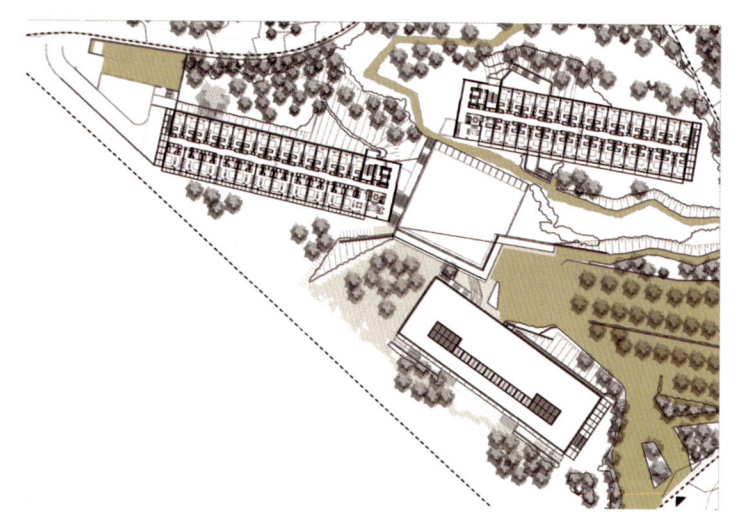

Level 2 / Ebene 2
Niveau 2 / Niveau 2
Livello 2 / Nivel 2

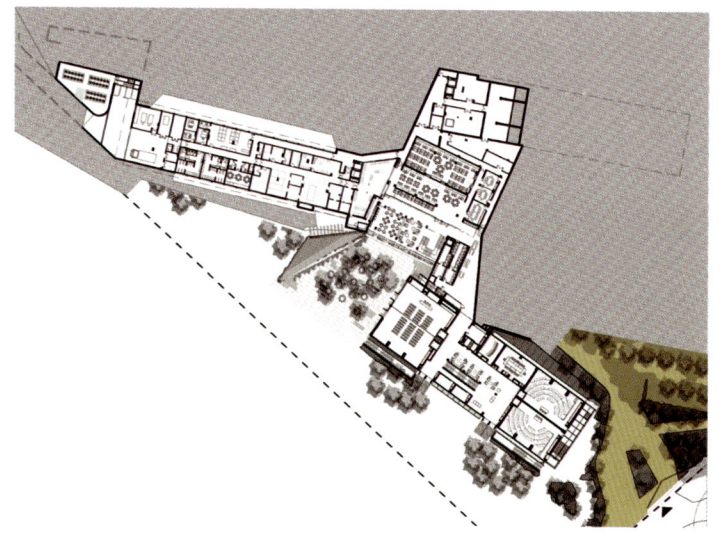

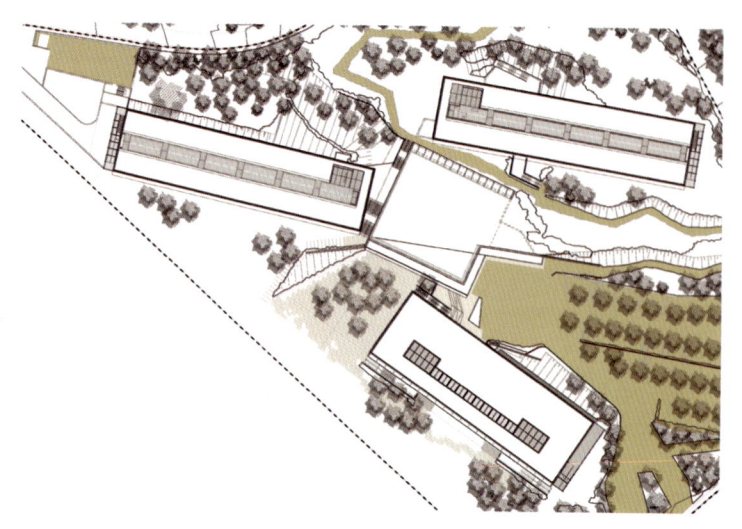

Level 5 / Ebene 5
Niveau 5 / Niveau 5
Livello 5 / Nivel 5

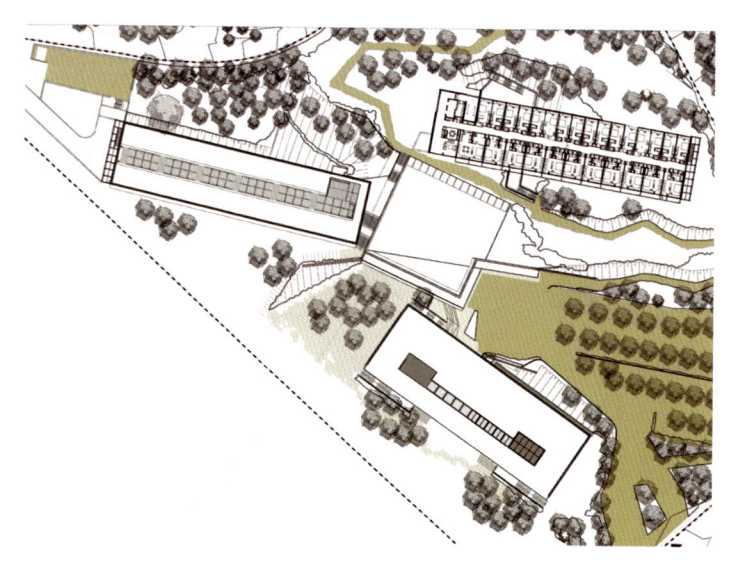

Level 1 / Ebene 1
Niveau 1 / Niveau 1
Livello 1 / Nivel 1

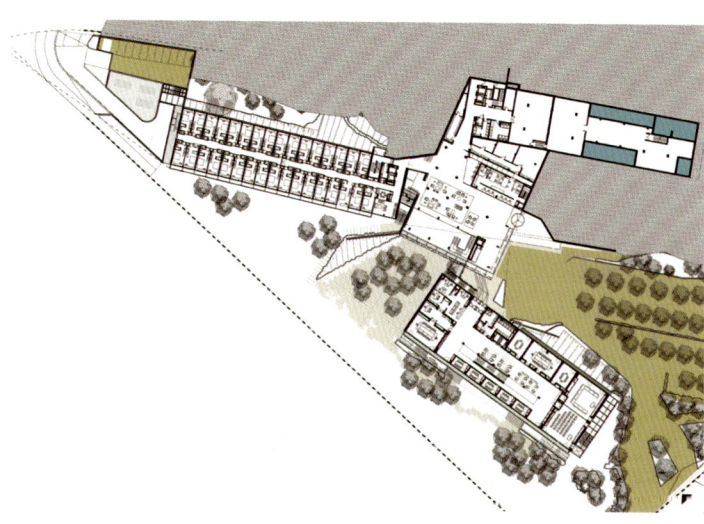

Level 4 / Ebene 4
Niveau 4 / Niveau 4
Livello 4 / Nivel 4

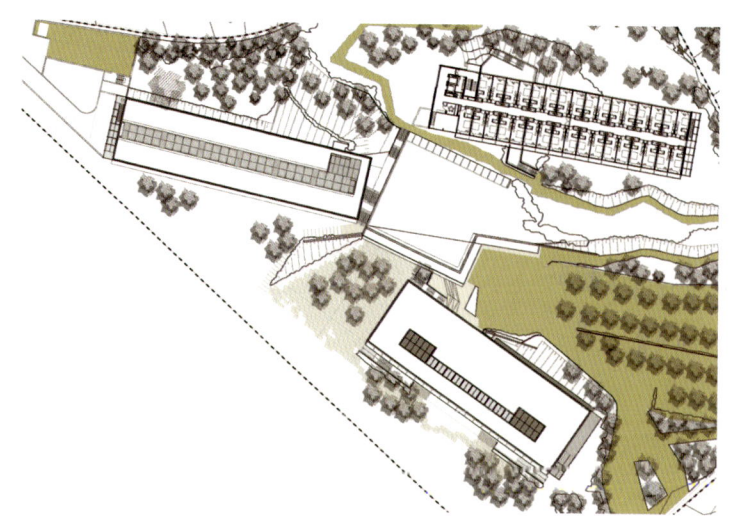

Level 0 / Ebene 0
Niveau 0 / Niveau 0
Livello 0 / Nivel 0

Level 3 / Ebene 3
Niveau 3 / Niveau 3
Livello 3 / Nivel 3

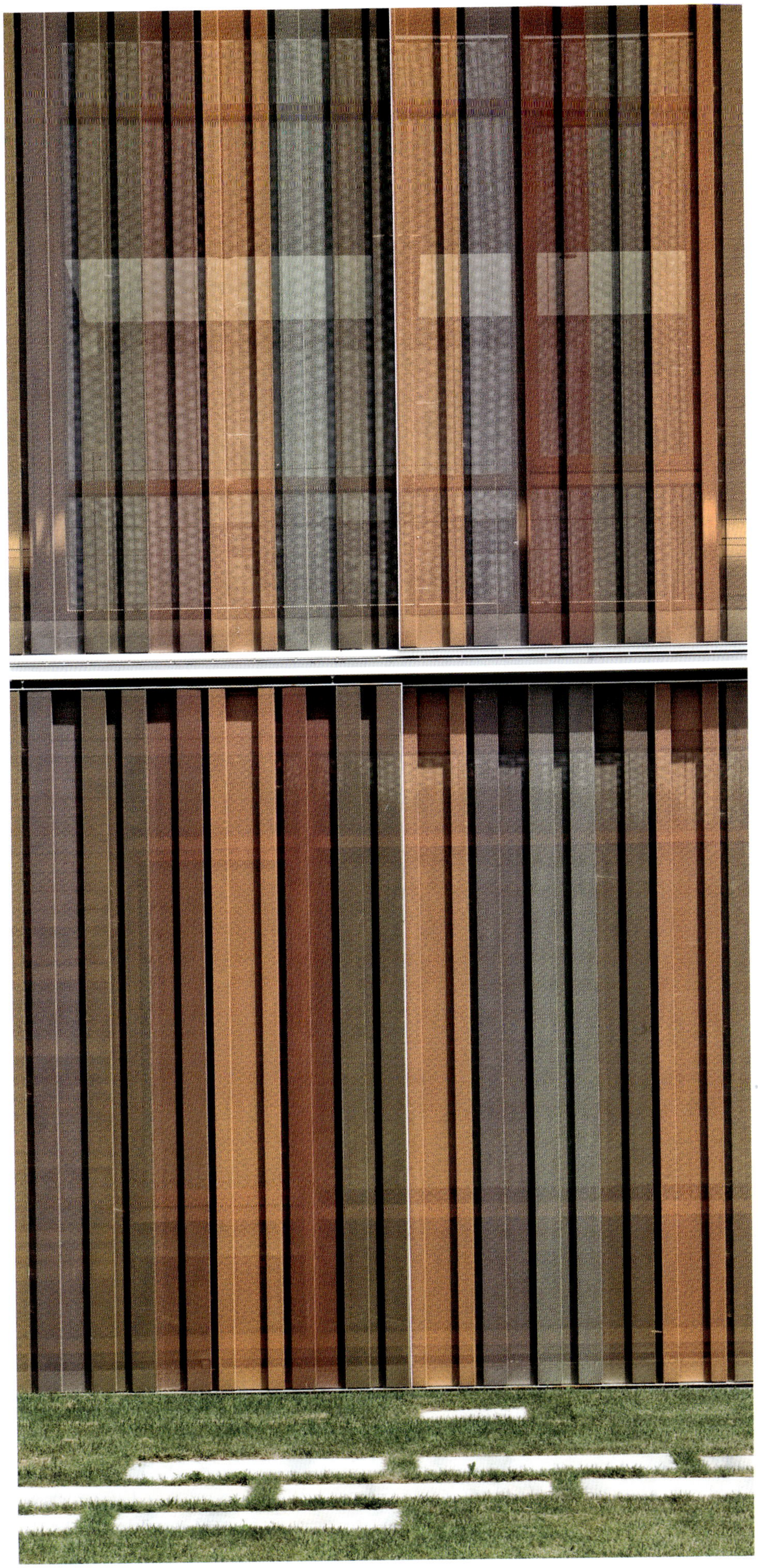

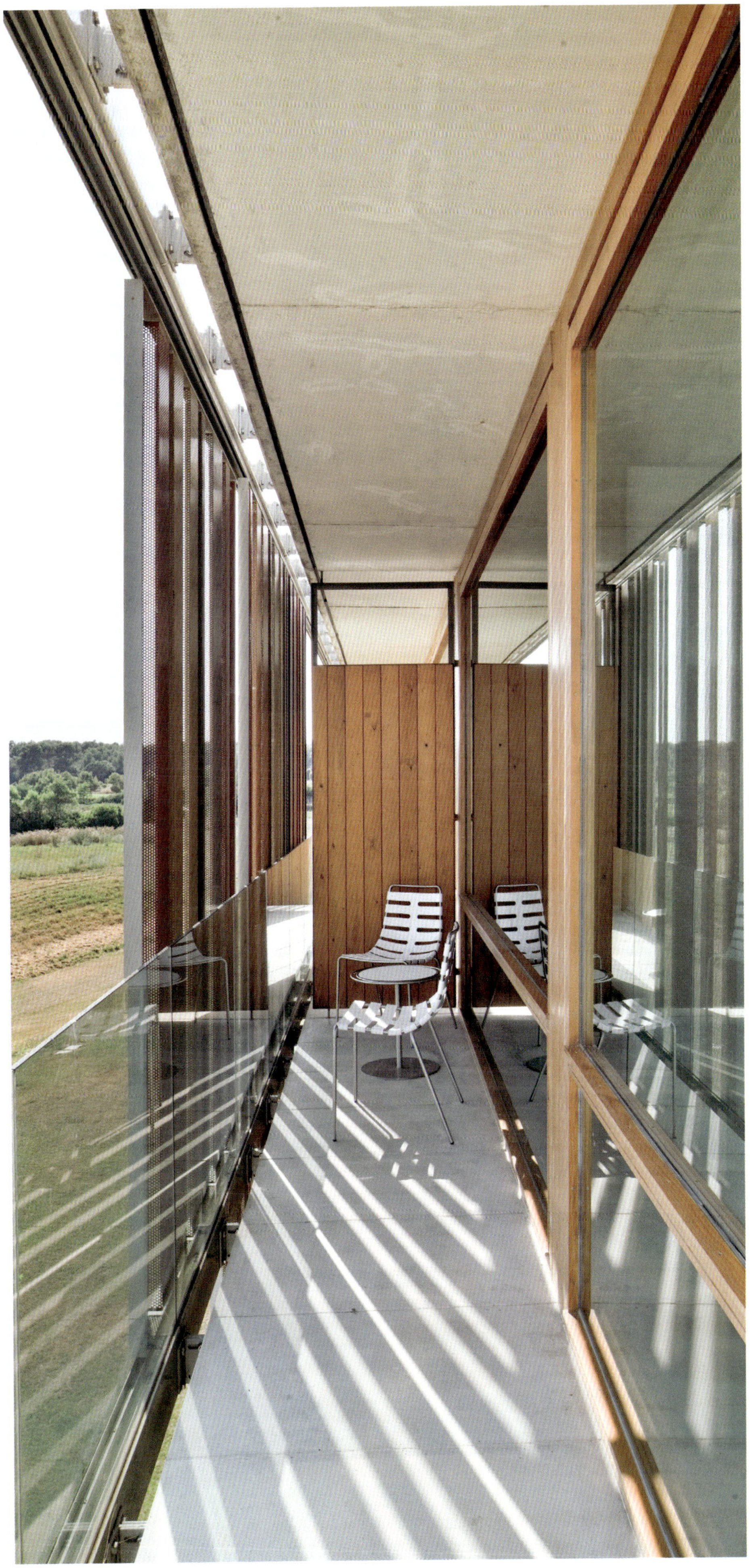

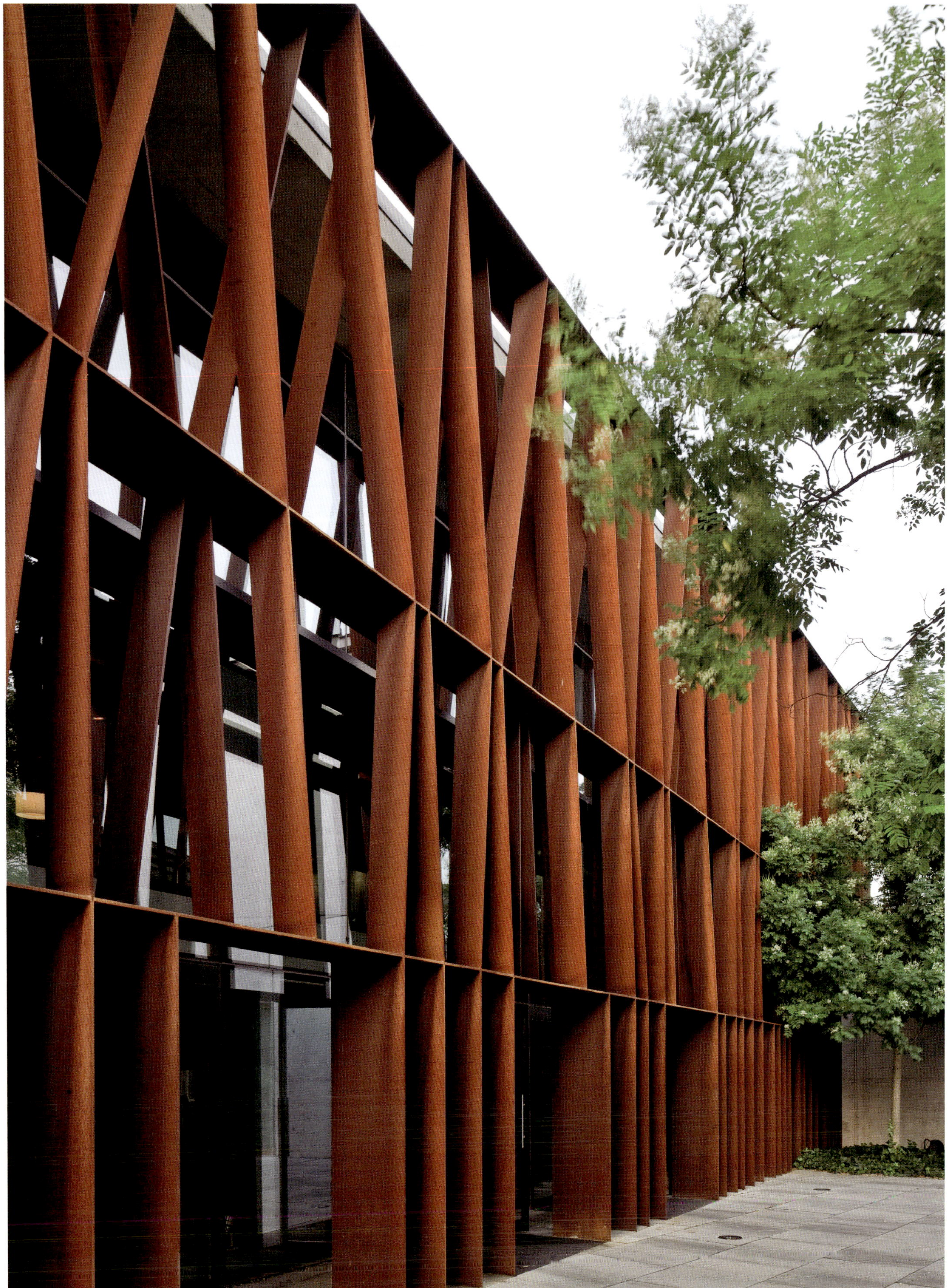

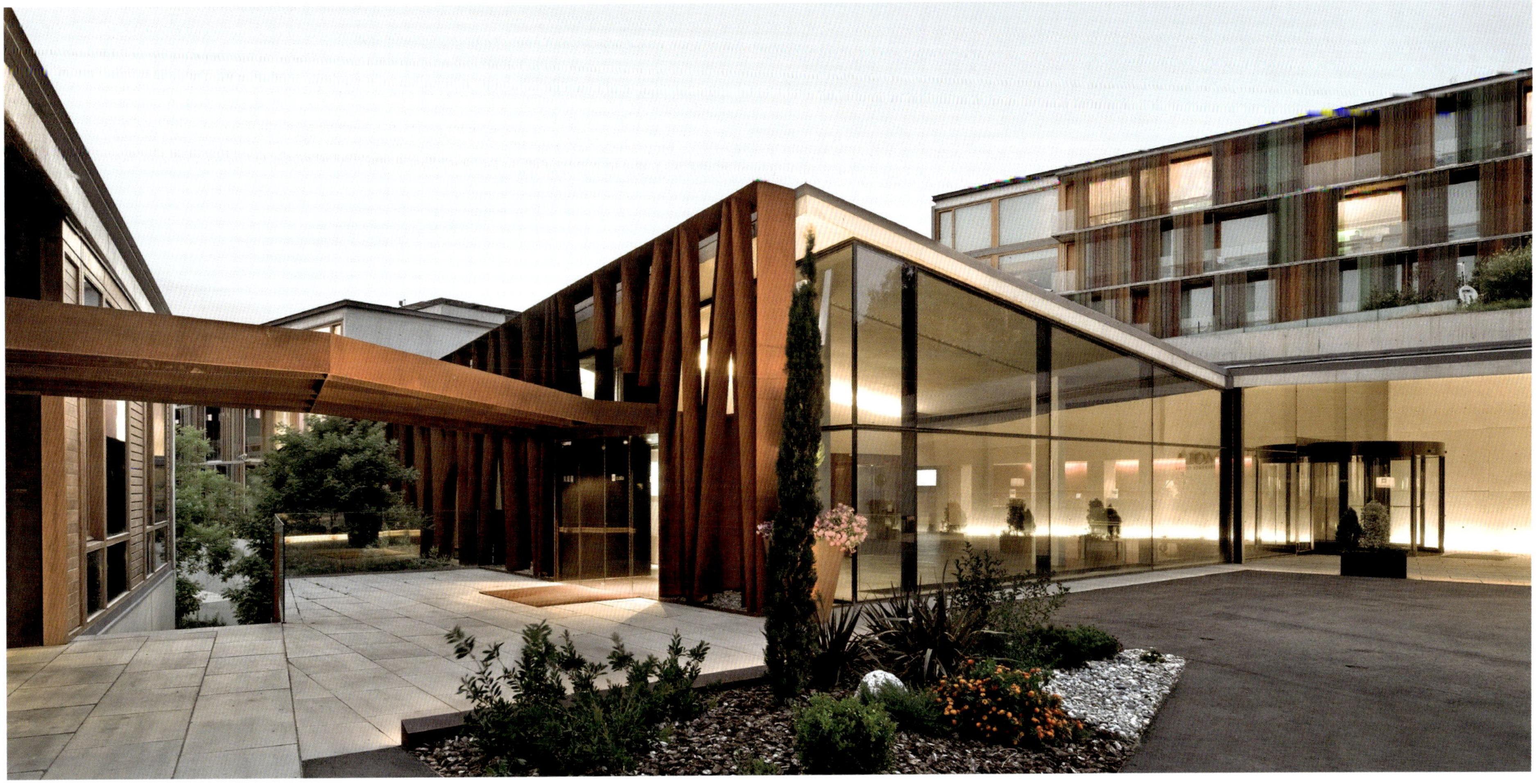

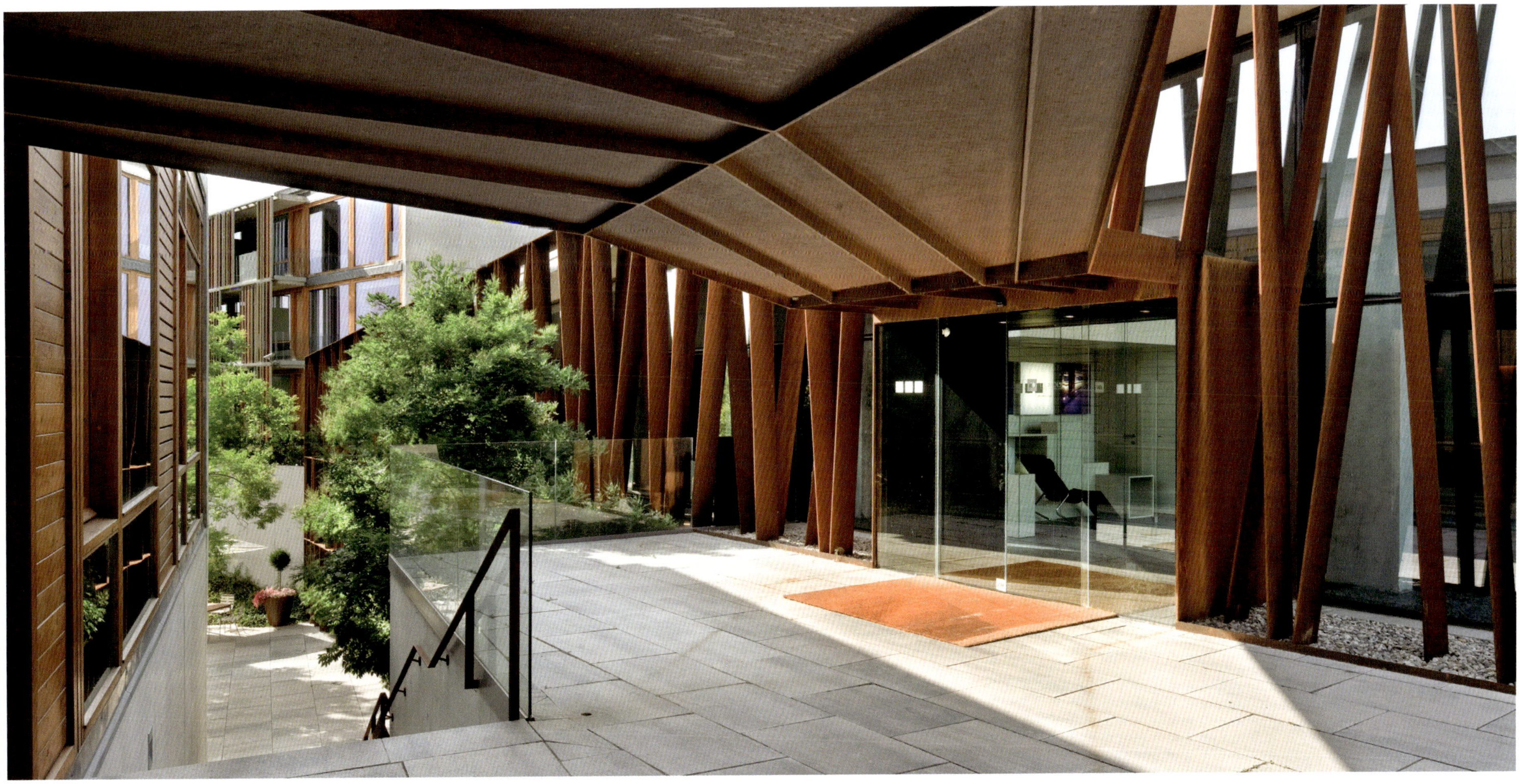

COCOON

Camenzind Evolution
Zurich, Switzerland
© Camenzind Evolution

Stainless Steel / Edelstahl / Acier inoxydable / Roestvrij staal / Acciaio inossidabile / Acero inoxidable

The headquarters building has superb views of the lake and mountains. The architects designed an elliptical shape that from the exterior is perceived as a sculpture and shed light about the shape of the interior spaces, laid out in a spiral. The coating, an original stainless steel mesh, provides privacy.

Dieses Firmengebäude bietet einen herrlichen Blick auf den See und die Berge. Die Architekten entwarfen einen ellipsenförmigen Bau, der von außen wie eine Skulptur wahrgenommen wird und Hinweise auf die Form der Innenräume gibt, die wie eine Spirale angeordnet sind. Die Verkleidung mit einem originellen Edelstahlgitter garantiert ausreichend Privatsphäre.

Les bâtiments de cette société jouissent d'une belle vue sur le lac et les montagnes. Les architectes ont projeté une ellipse qui, de l'extérieur, semble être une sculpture. Elle suggère l'agencement des espaces intérieurs, disposés en spirale. Le revêtement, un maillage d'acier inoxydable original, préserve l'intimité.

Dit bedrijfsgebouw heeft een mooi uitzicht op het meer en op de bergen. De architecten ontwerpen een elliptische vorm die er van buitenaf uitziet als een sculptuur en die een hint geeft ten aanzien van de vorm van de binnenruimtes, die spiraalsgewijs zijn ingedeeld. De bekleding, een origineel netwerk van roestvrij staal, zorgt voor privacy.

Questo edificio aziendale vanta un ottimo panorama sul lago e sulle montagne. Gli architetti hanno progettato una forma ellittica che dall'esterno è percepita come una scultura e che offre degli indizi sulla forma degli spazi interni, disposti a spirale. Il rivestimento, un'originale maglia di acciaio inossidabile, garantisce la privacy.

Este edificio corporativo disfruta de buenas vistas al lago y a las montañas. Los arquitectos proyectaron una forma elíptica que desde el exterior se percibe como una escultura y que da pistas sobre la forma de los espacios interiores, dispuestos en una espiral. El revestimiento, una original malla de acero inoxidable, proporciona privacidad.

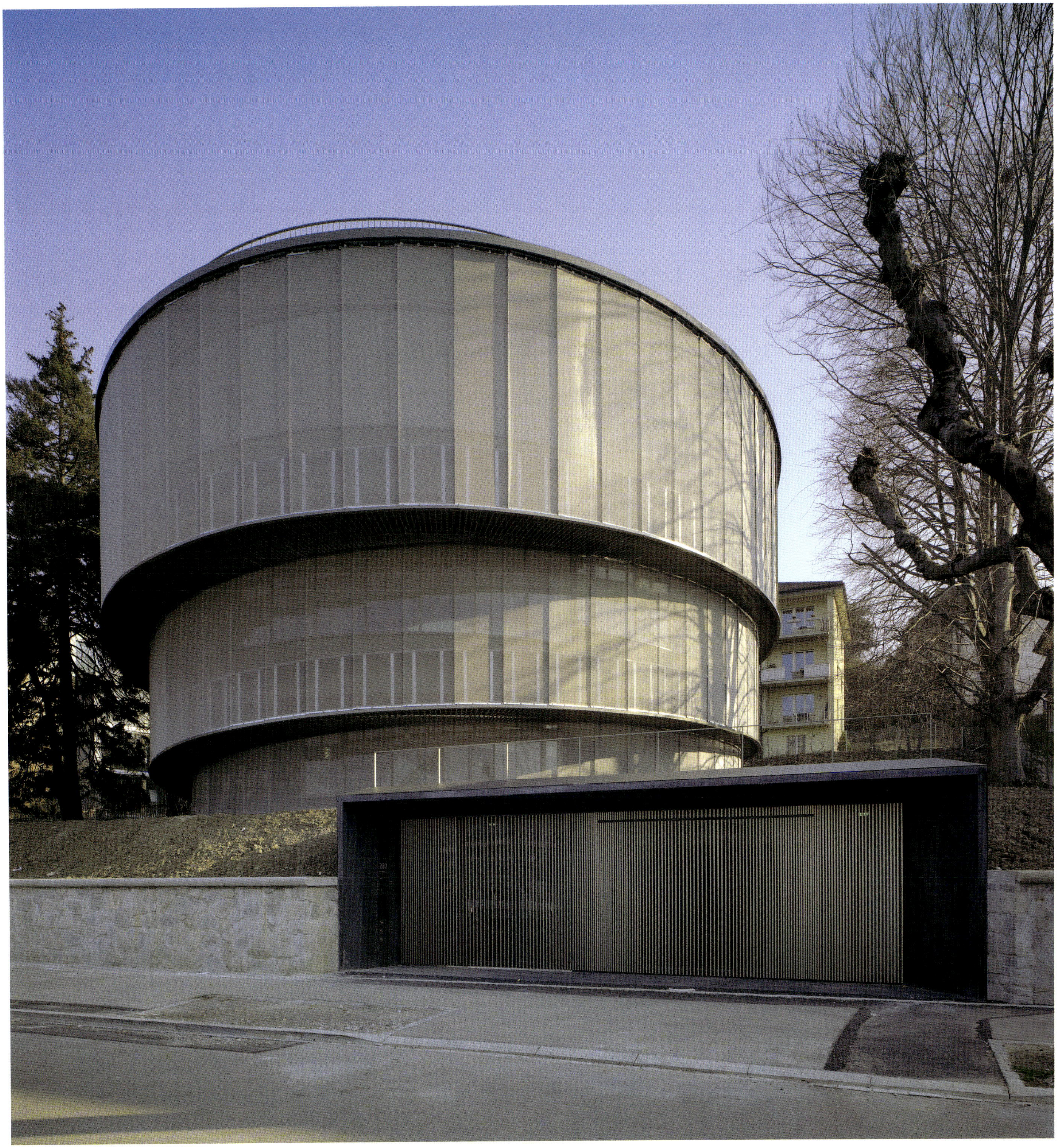

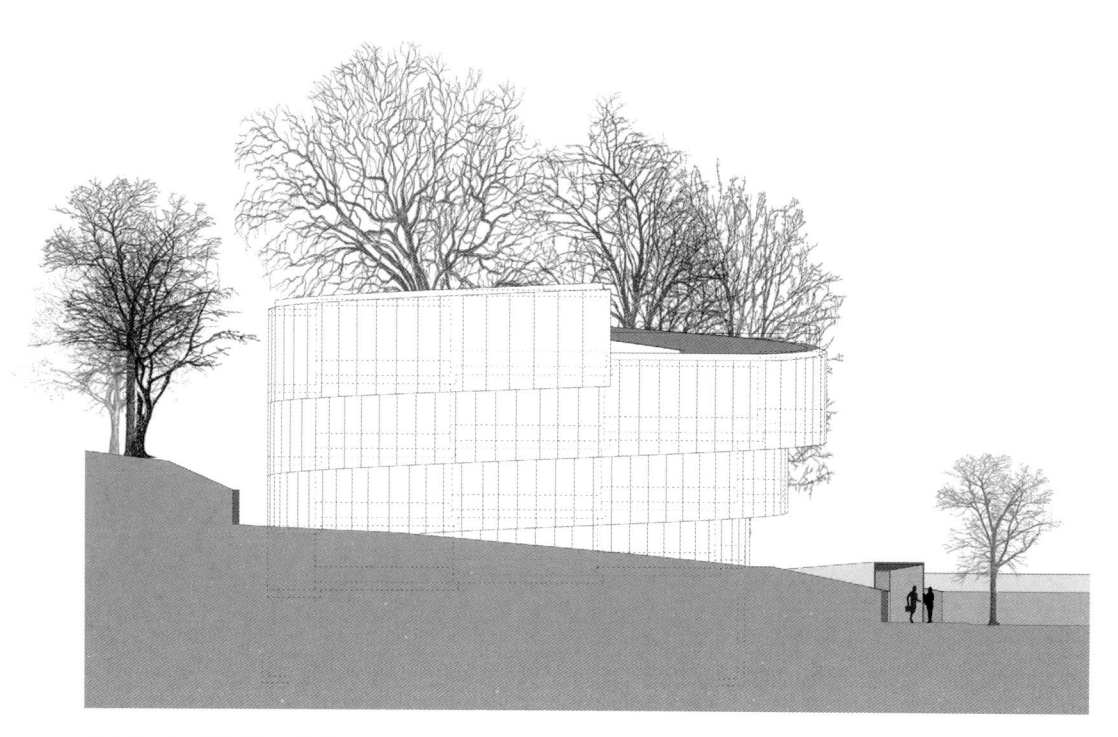

West elevation / Westlicher Aufriss
Élévation ouest / Verhoging westzijde
Prospetto ovest / Alzado oeste

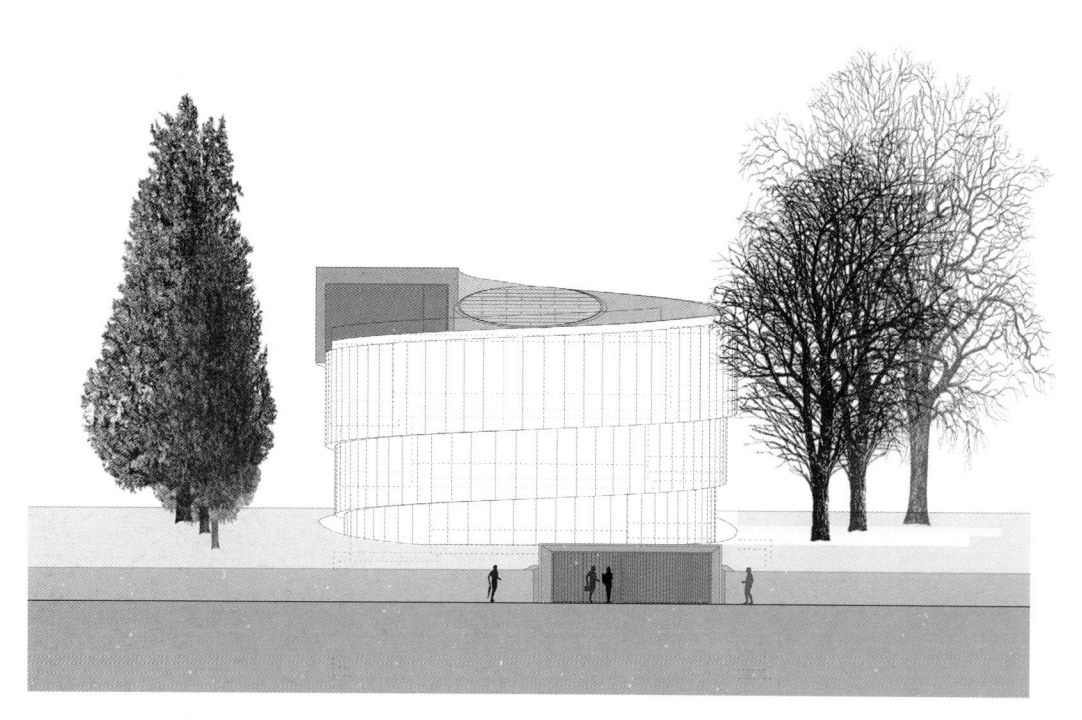

South elevation / Südlicher Aufriss
Élévation sud / Verhoging zuidzijde
Prospetto sud / Alzado sur

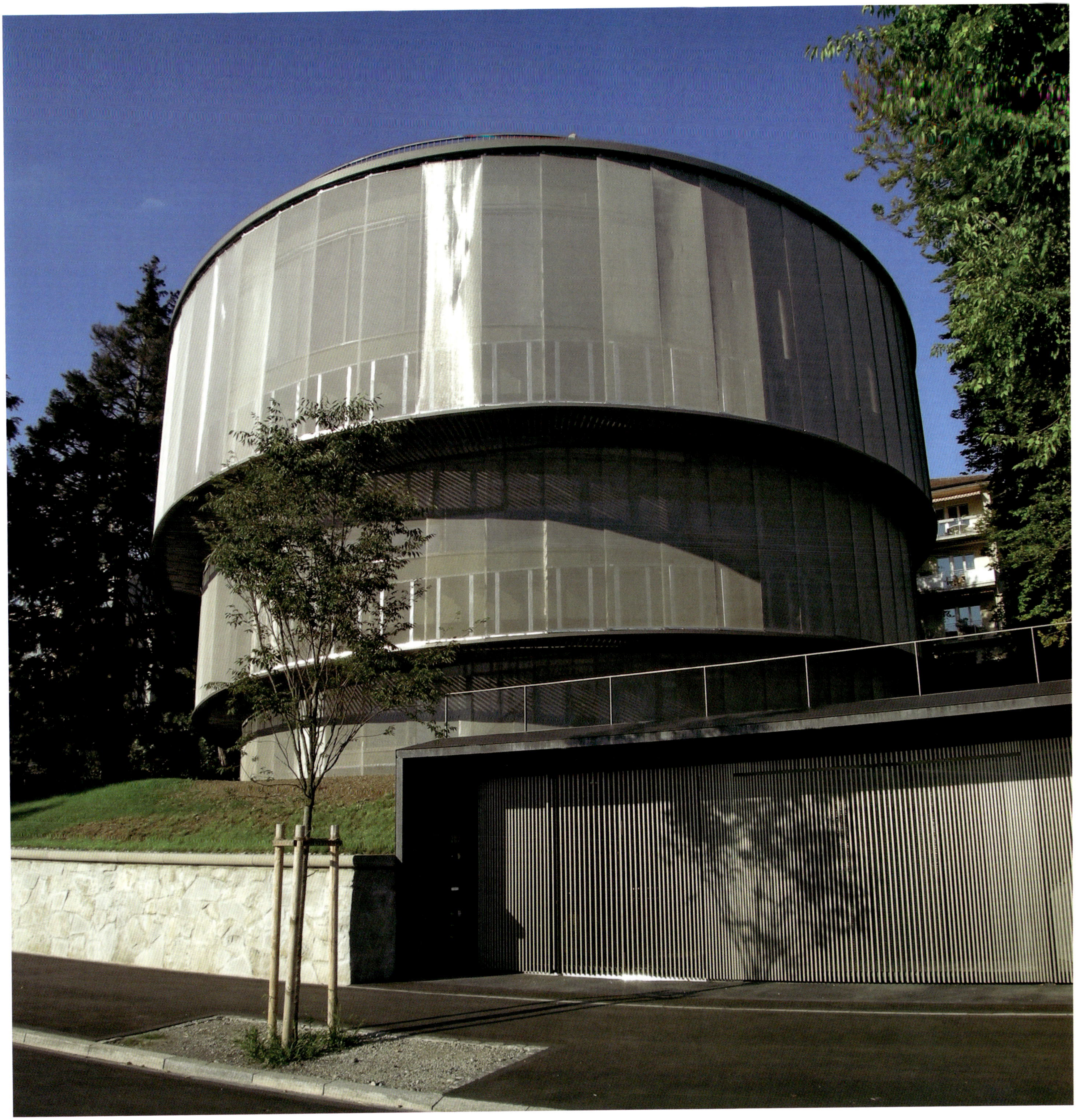

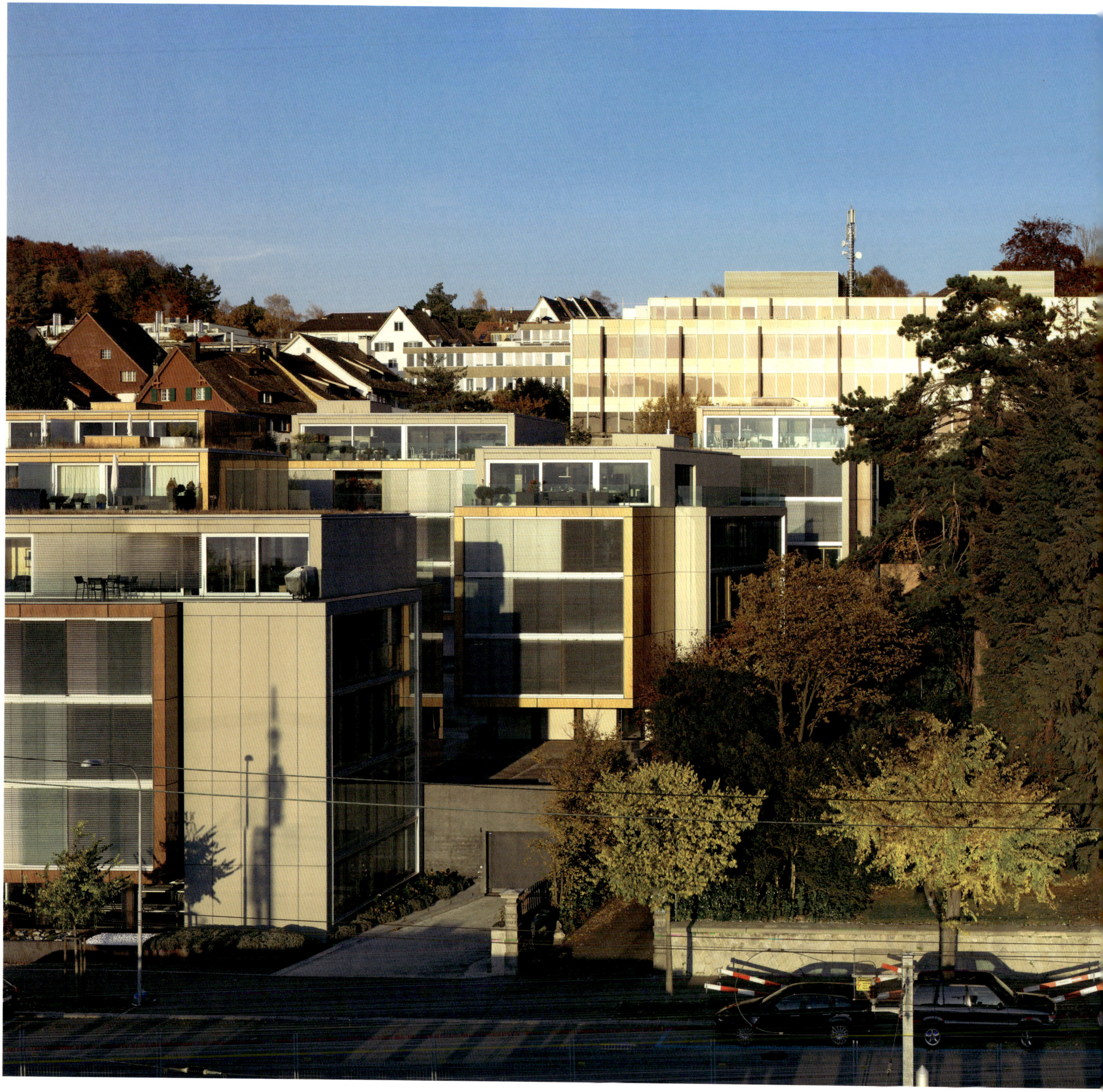

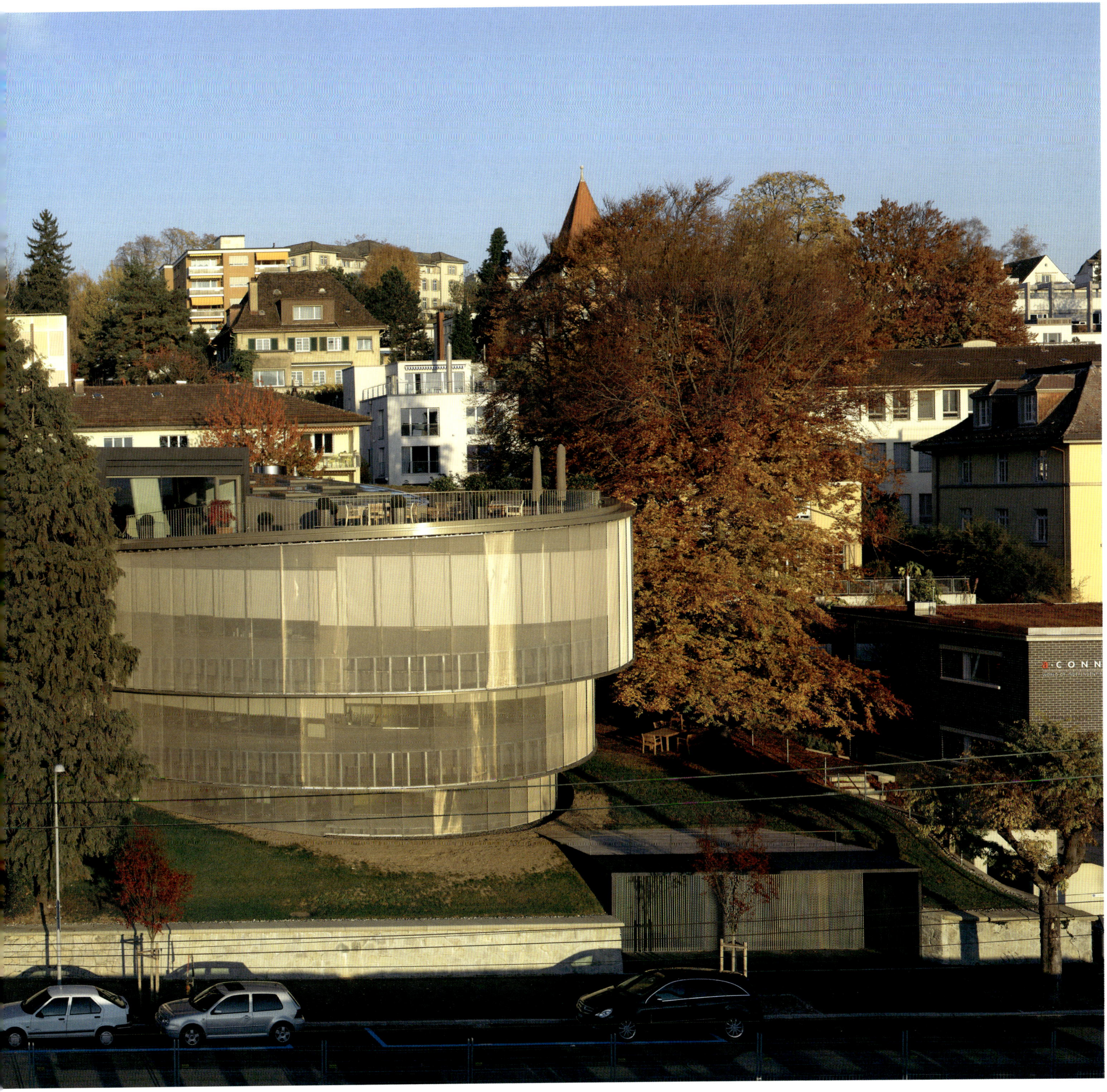

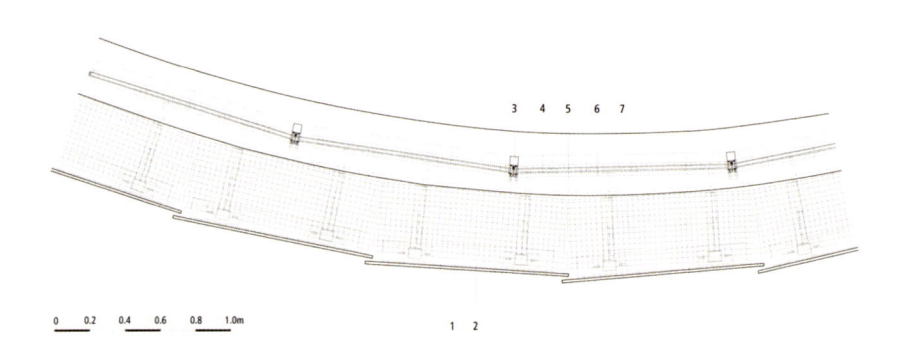

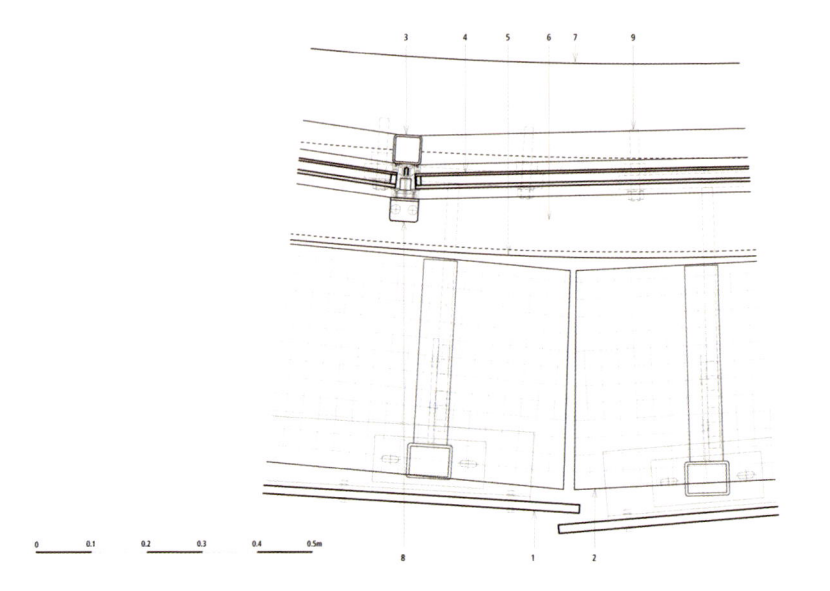

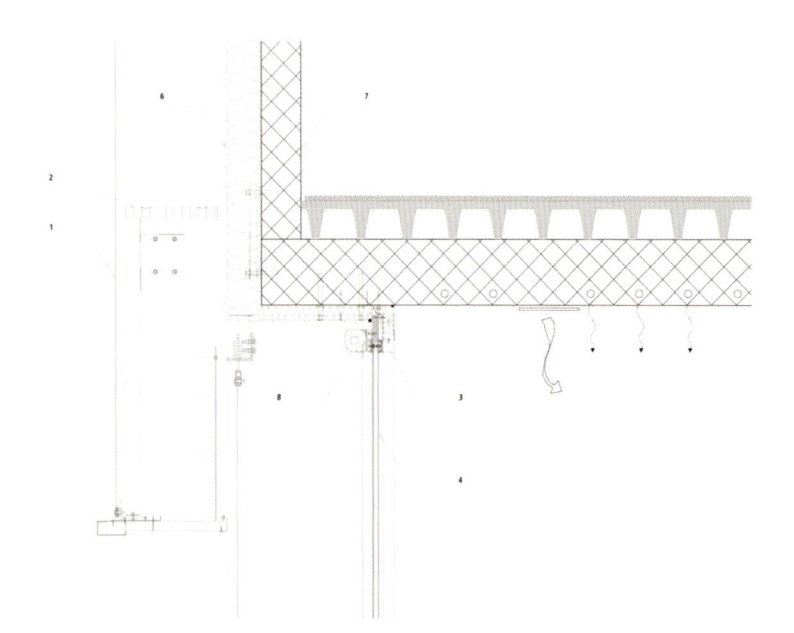

Construction details / Konstruktive Einzelheiten
Détails de construction / Details bouwconstructie
Dettagli costruttivi / Detalles constructivos

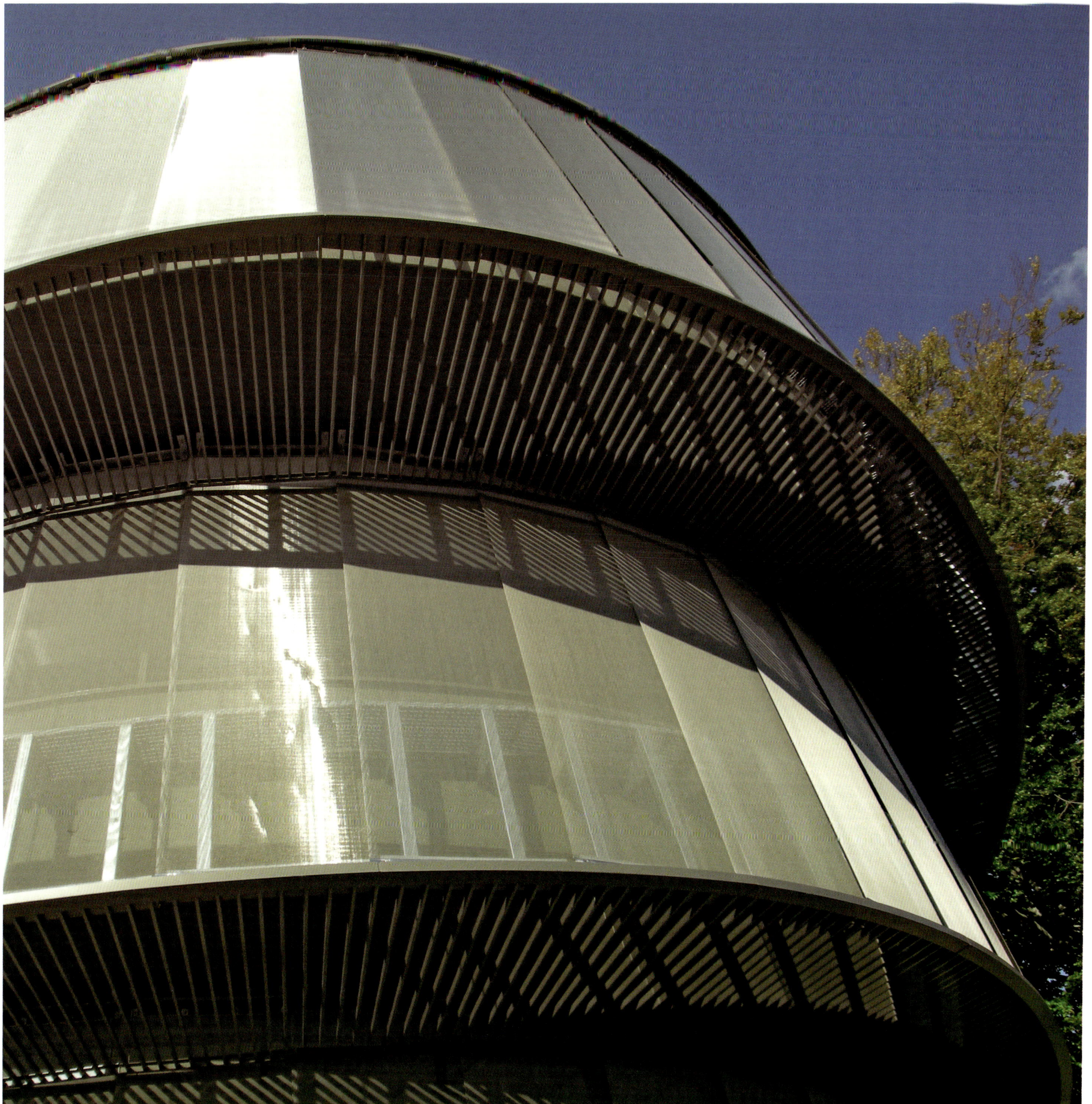

KINDERGARTEN JIADING

Chen Yifeng, Liu Yichun, Wang Shuyi, Liu Qian, Gao Lin/Atelier Deshaus
Jiading, China
© Shu He (render), Hu Wenjie

Corrugated perforated aluminum / Gelochtes Aluminium-Wellblech / Aluminium ondulé perforé /
Geperforeerd, gegolfd aluminium / Alluminio corrugato perforato / Aluminio corrugado perforado

All façades of the building except the north are covered with perforated corrugated aluminum plates. This lightweight material creates a translucent screen that improves the thermal inertia of the building. The transparency of the material allows light to enter through openings in the south elevation and protects the terraces on both sides.

À l'exception de celle au nord, toutes les façades de cet édifice sont revêtues de plaques d'aluminium ondulé perforé. Ce matériau léger crée un écran translucide qui améliore l'inertie thermique du bâtiment. Sa transparence laisse pénétrer la lumière qui entre par les ouvertures de l'élévation sud tout en abritant les terrasses latérales.

Tutte le facciate di questo edificio, a eccezione del lato nord, sono rivestite con lastre di alluminio corrugato perforato. Questo materiale leggero crea uno schermo traslucido che migliora l'inerzia termica dell'edificio. La trasparenza del materiale consente l'ingresso di luce attraverso le aperture del prospetto sud e protegge le terrazze laterali.

Alle Fassaden dieses Gebäudes mit Ausnahme der Nordfassade wurden mit gelochtem Aluminium-Wellblech verkleidet. Dieses leichte Material bildet einen lichtdurchlässigen Schirm, der die Wärmeträgheit des Gebäudes verbessert. Die Transparenz des Materials ermöglicht den Einfall von Licht durch die Öffnungen an der Südseite und schützt die seitlich gelegenen Terrassen.

Alle gevels van dit gebouw, behalve de noordgevel, zijn bekleed met geperforeerde, gegolfde aluminiumplaten. Dit lichte materiaal creëert een doorschijnend scherm dat de thermische inertie van het gebouw verbetert. De transparantie van het materiaal laat licht door via de openingen van de zuidelijke opstand en beschermt de terrassen van de zijkanten.

Todas las fachadas de este edificio, excepto la norte, están revestidas de planchas de aluminio corrugado perforado. Este material ligero crea una pantalla traslúcida que mejora la inercia térmica del edificio. La transparencia del material permite la entrada de luz a través de las aberturas del alzado sur y protege las terrazas de los laterales.

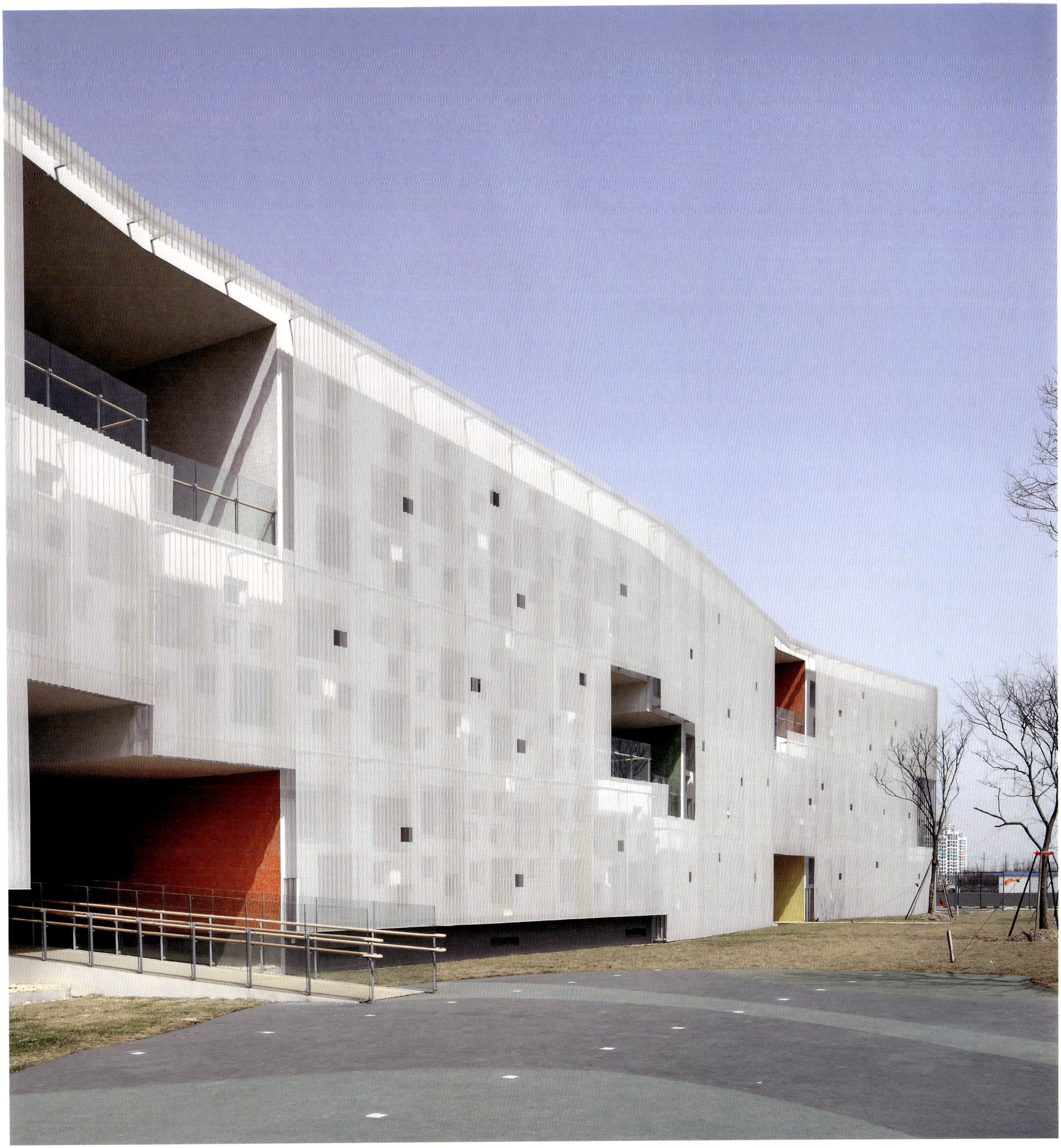

Model / Modell
Maquette / Maquette
Modello / Maqueta

Location plan / Umgebungsplan
Plan de situation / Omgenigsplattegrond
Planimetria di localizzazione / Plano de situación

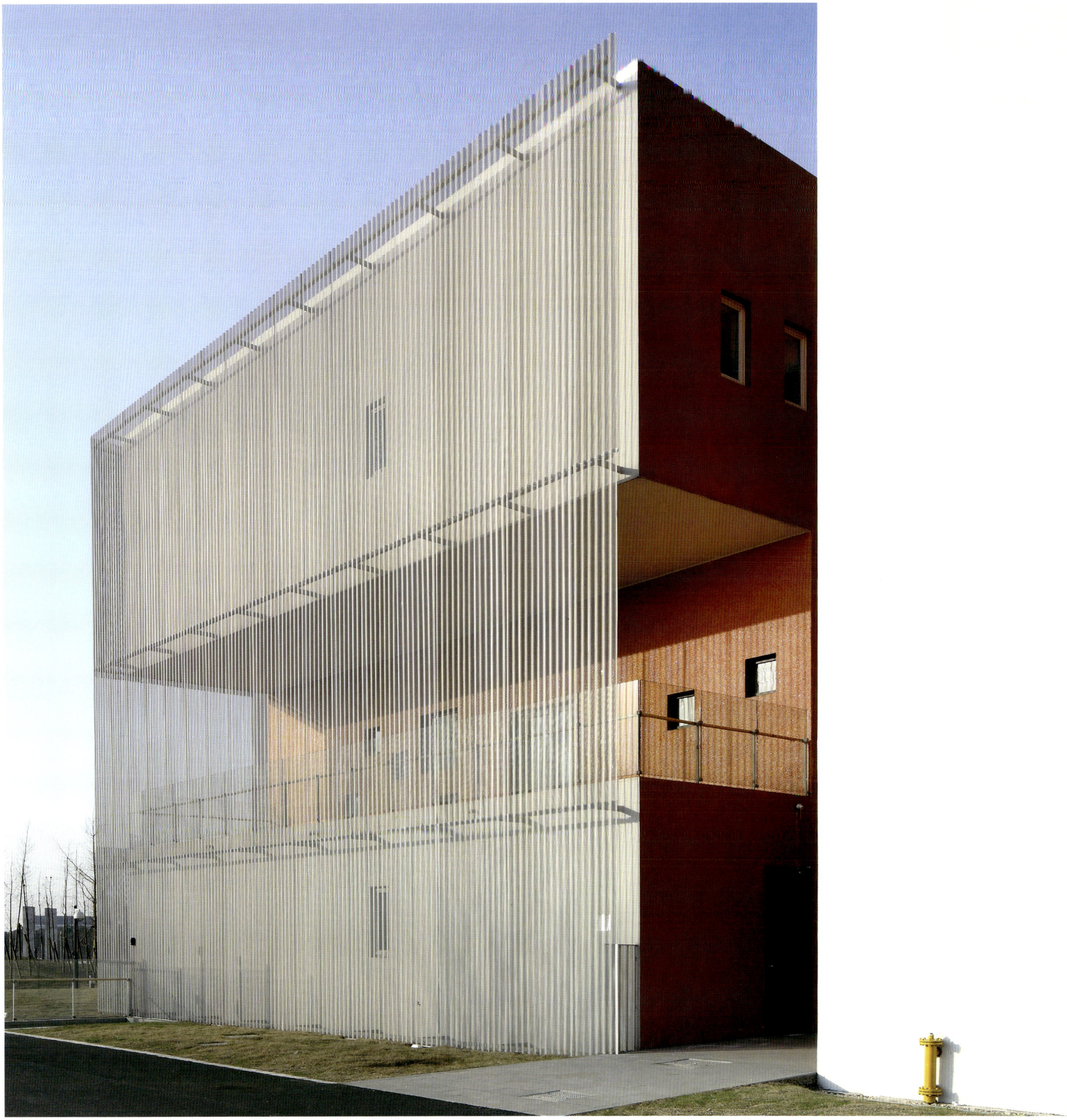

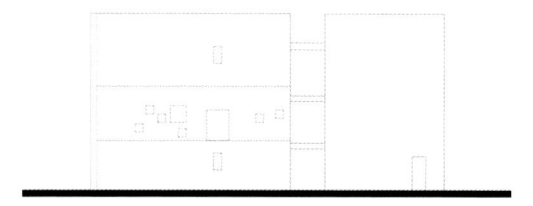

East elevation / Östlicher Aufriss
Élévation est / Verhoging oostzijde
Prospetto est / Alzado este

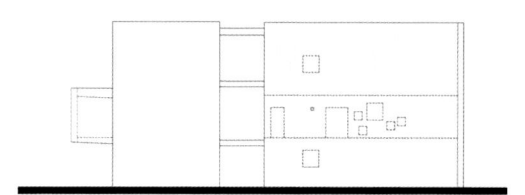

West elevation / Westlicher Aufriss
Élévation ouest / Verhoging westzijde
Prospetto ovest / Alzado oeste

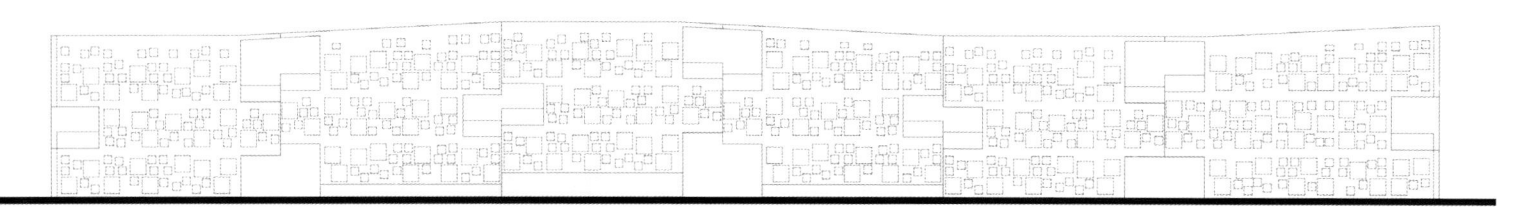

South elevation / Südlicher Aufriss
Élévation sud / Verhoging zuidzijde
Prospetto sud / Alzado sur

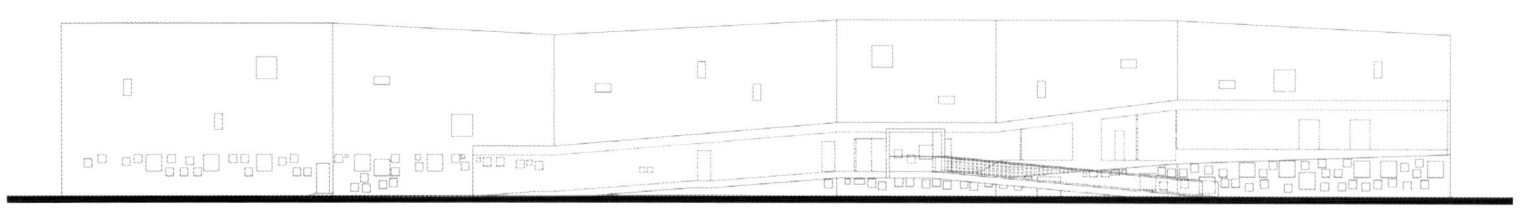

North elevation / Nördlicher Aufriss
Élévation nord / Verhoging noordzijde
Prospetto nord / Alzado norte

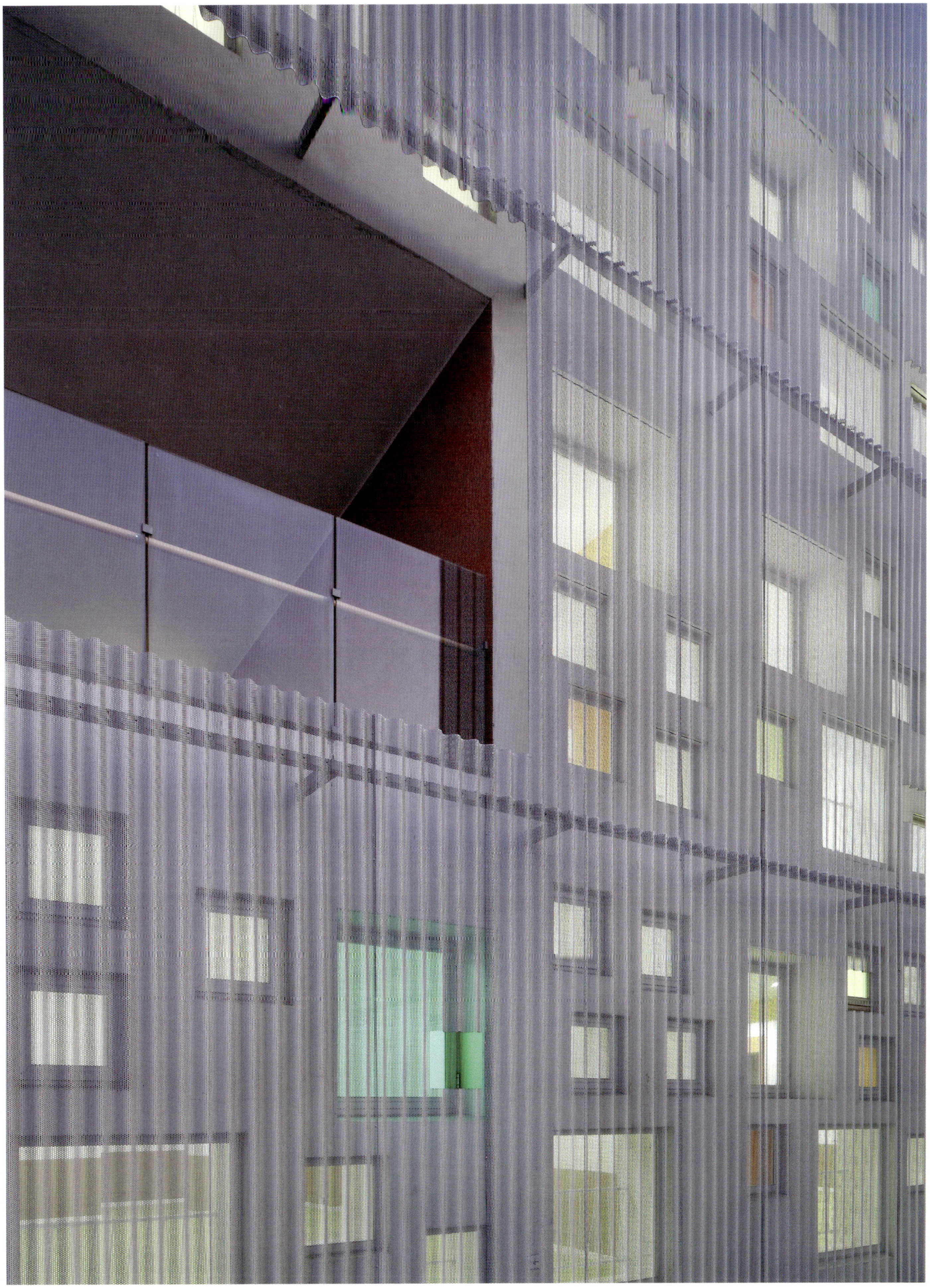

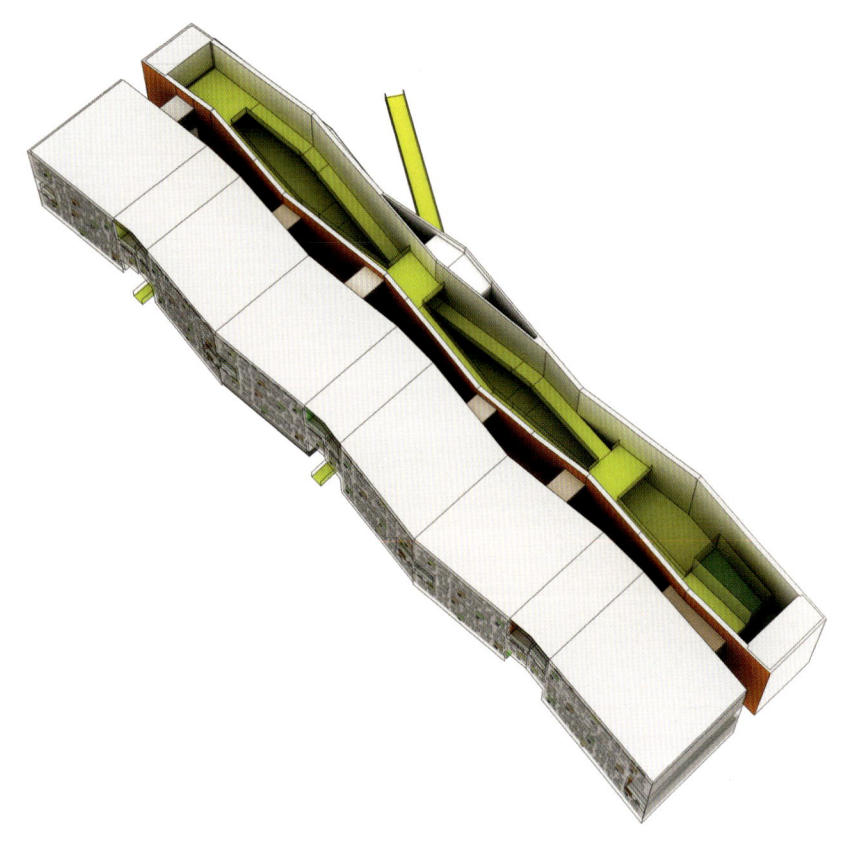

3-D representation / 3D - Darstellung
Représentation en 3D / 3D-representatie
Rappresentazione in 3D / Representación en 3D

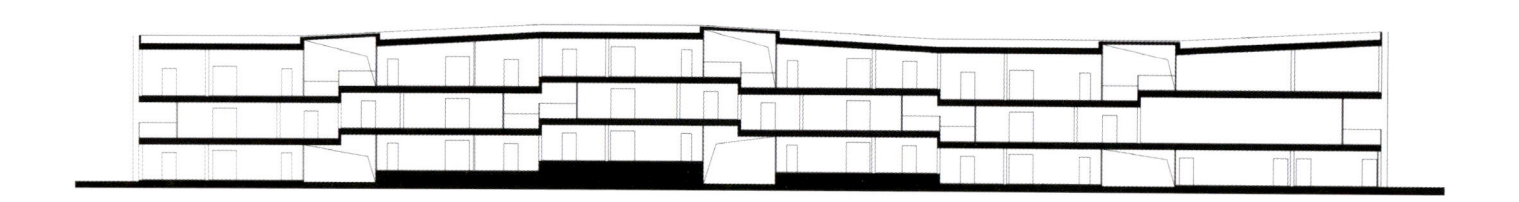

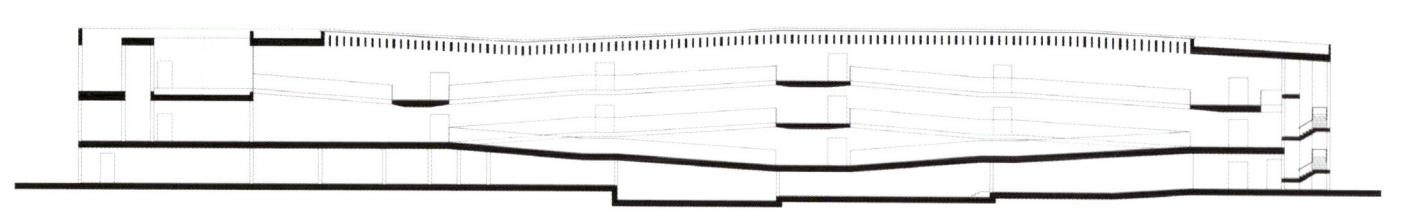

Sections / Schnitte
Coupes / Doorsneden
Sezioni / Secciones

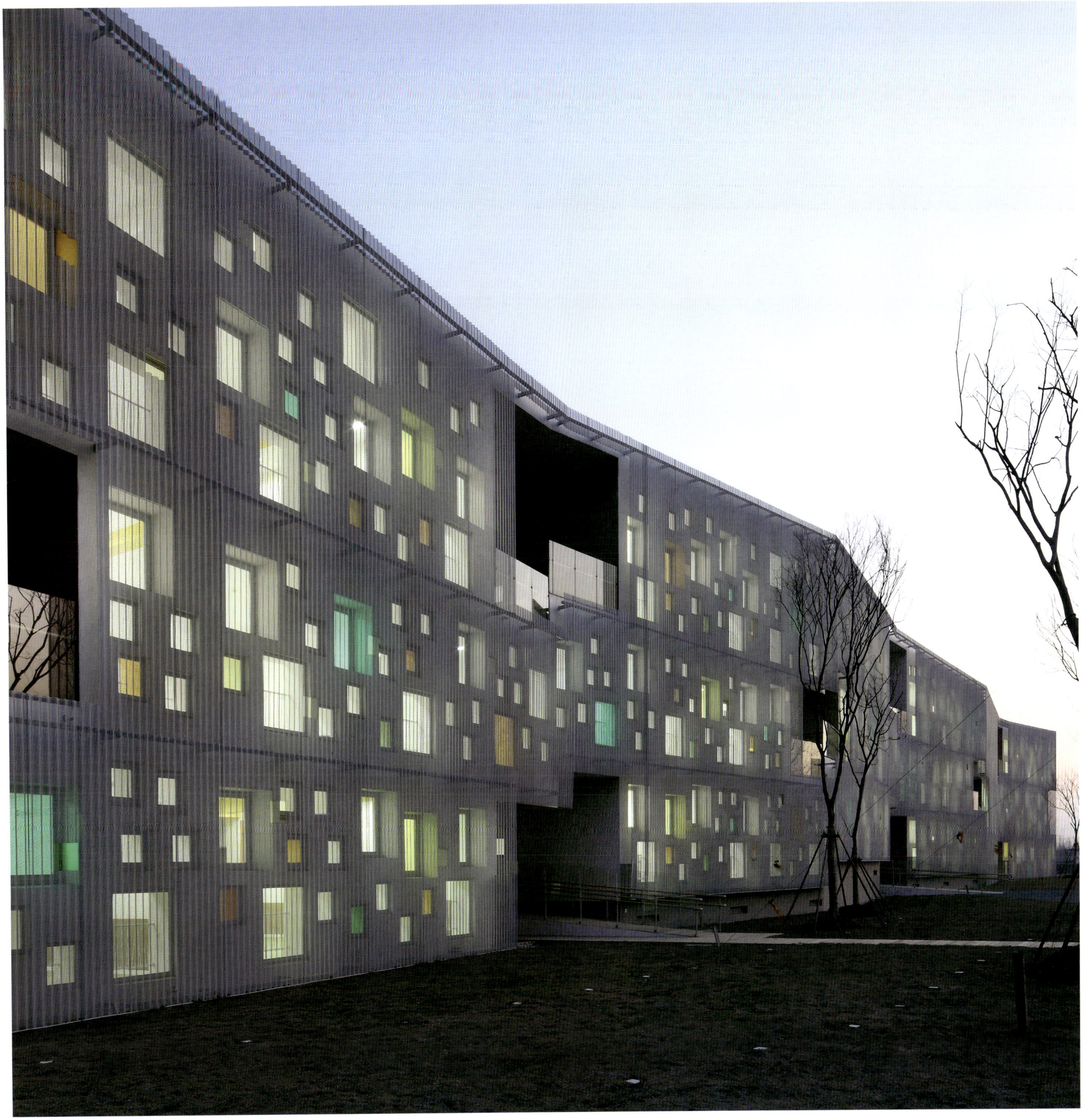

WOLF ANDALUE HOUSE

Pezo Von Ellrichshausen Architects
San Pedro, Chile
© Cristóbal Palma

Aluzinc / Aluzinc / Aluzinc / Aluzinc / Aluzinc / Aluzinc

The design of this house wants to break away from the conventional residential architecture in the area. The vertical body is defined by the diagonal deviations seeking privacy and expanding the exterior spaces. The bronze micro-undulated Aluzinc lining of the façades stand out. Smooth lock seam Aluzinc was used for the roof.

Les plans de cette maison se démarquent résolument de l'architecture résidentielle conventionnelle dans ce quartier. Le corps vertical est défini par les tracés en diagonale faits pour ménager l'intimité et agrandir les espaces extérieurs. On remarque sur le revêtement des façades l'Aluzinc micro-ondulé d'une belle couleur bronze. La toiture est en Aluzinc lisse.

Il progetto di questa casa mira a evitare l'architettura residenziale tipica della zona. Il corpo verticale è definito da deviazioni diagonali che creano ambiti di privacy e ampliano gli spazi esterni. Del rivestimento delle facciate si nota l'Aluzinc micro-ondulato in una tonalità bronzo. Per il tetto è stato impiegato l'Aluzinc liscio ribattuto.

Das Design dieses Hauses sollte sich von der herkömmlichen Wohnarchitektur der Gegend abheben. Der senkrecht stehende Baukörper wird von diagonalen Abweichungen definiert, die für Privatsphäre sorgen und die Außenbereiche vergrößern sollen. An der Fassadenverkleidung sticht das Aluzinc-Wellblech in einem Bronzeton hervor. Für das Dach wurde glattes gefalztes Aluzinc verwendet.

Het ontwerp van dit huis wil breken met de conventionele woningarchitectuur uit de streek. De verticale romp wordt gedefinieerd door diagonale afwijkingen die voor privacy en de verruiming van de buitenruimten moeten zorgen. Van de gevelbekleding valt het microgeribde Aluzinc in een bronzen kleur op. Op het dak is glad gefelst Aluzinc gebruikt.

El diseño de esta casa quiere evitar la arquitectura residencial convencional de la zona. El cuerpo vertical queda definido por desviaciones diagonales que buscan privacidad y ampliar los espacios exteriores. Del revestimiento de las fachadas destaca el Aluzinc microndulado de un tono bronce. En la cubierta se ha utilizado Aluzinc liso emballetado.

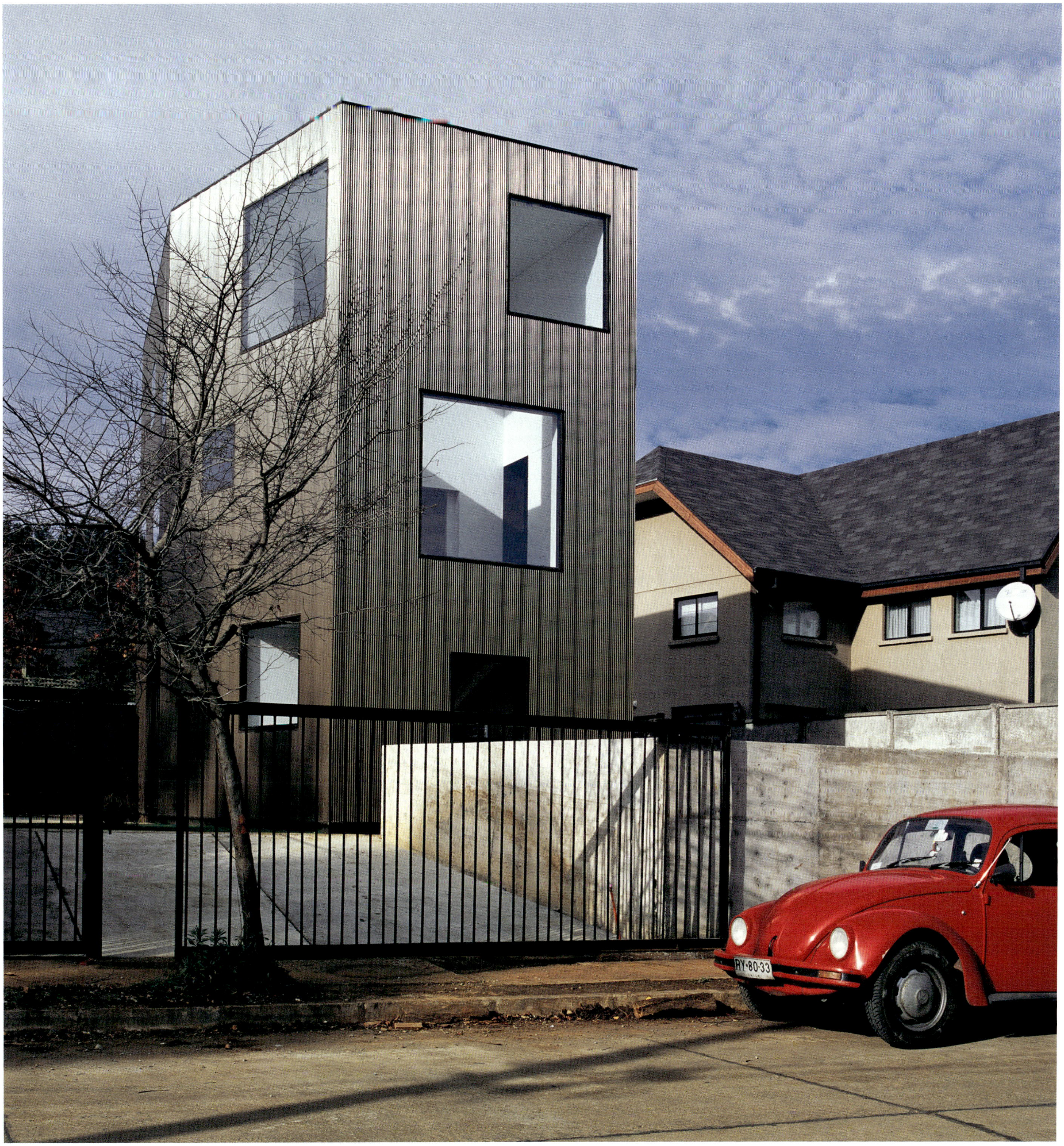
RY·80·33

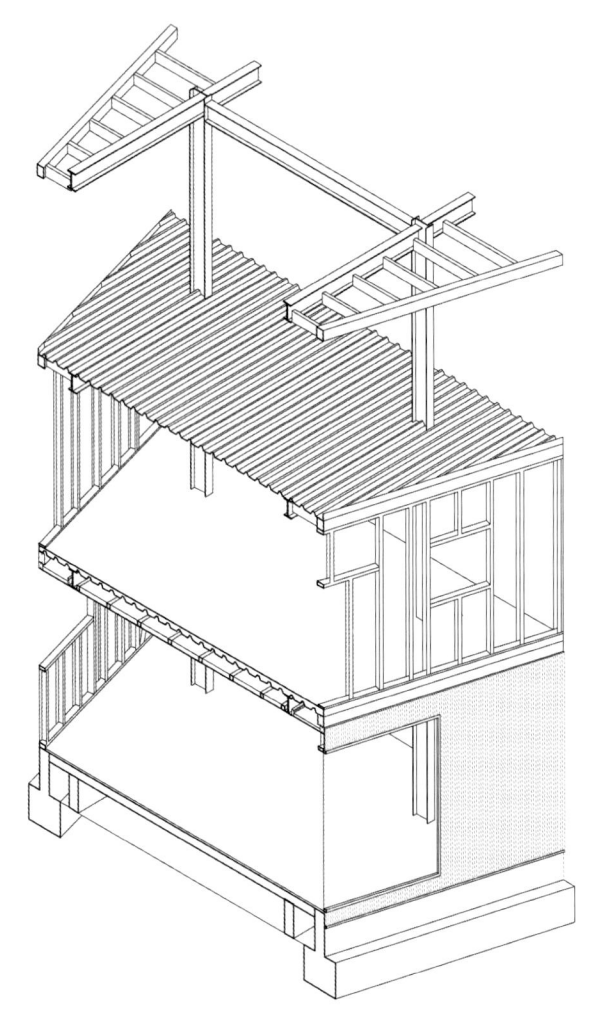

Axonometric detail / Details der Axonometrie
Détail de l'axonométrie / Detail van de axonometrie
Dettaglio dell'assonometria / Detalle de la axonometría

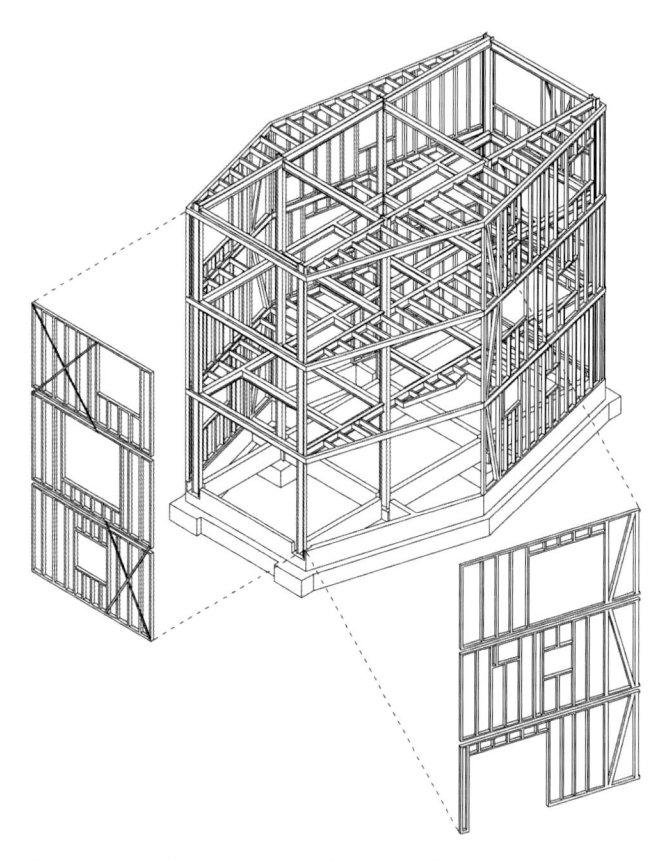

Axonometrics of the façade covering / Axonometrie der Fassadenverkleidung
Axonométrie du revêtement des façades / Axonometrie van de gevels
Assonometria del rivestimento delle facciate / Axonometría del revestimiento de las fachadas

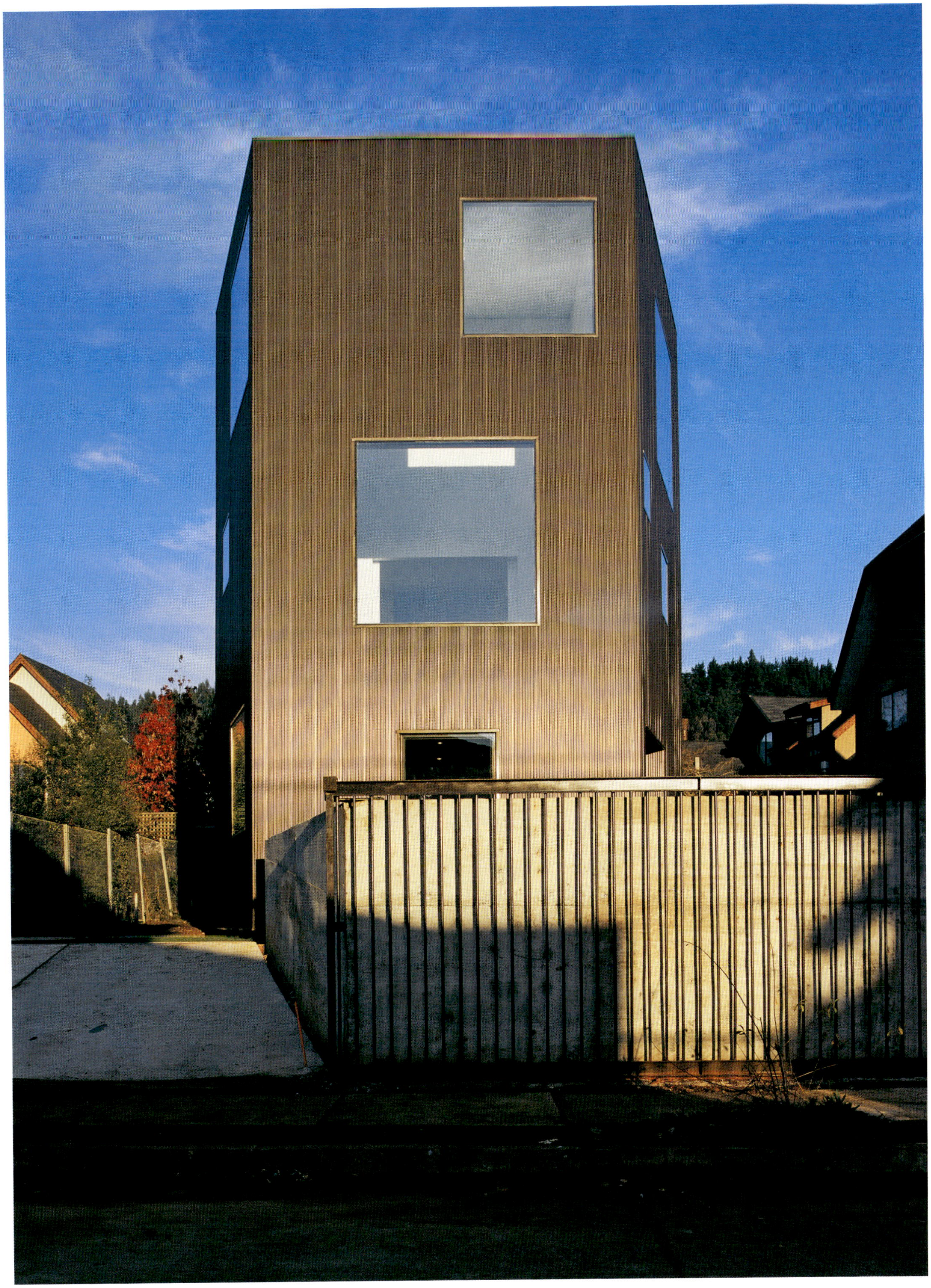

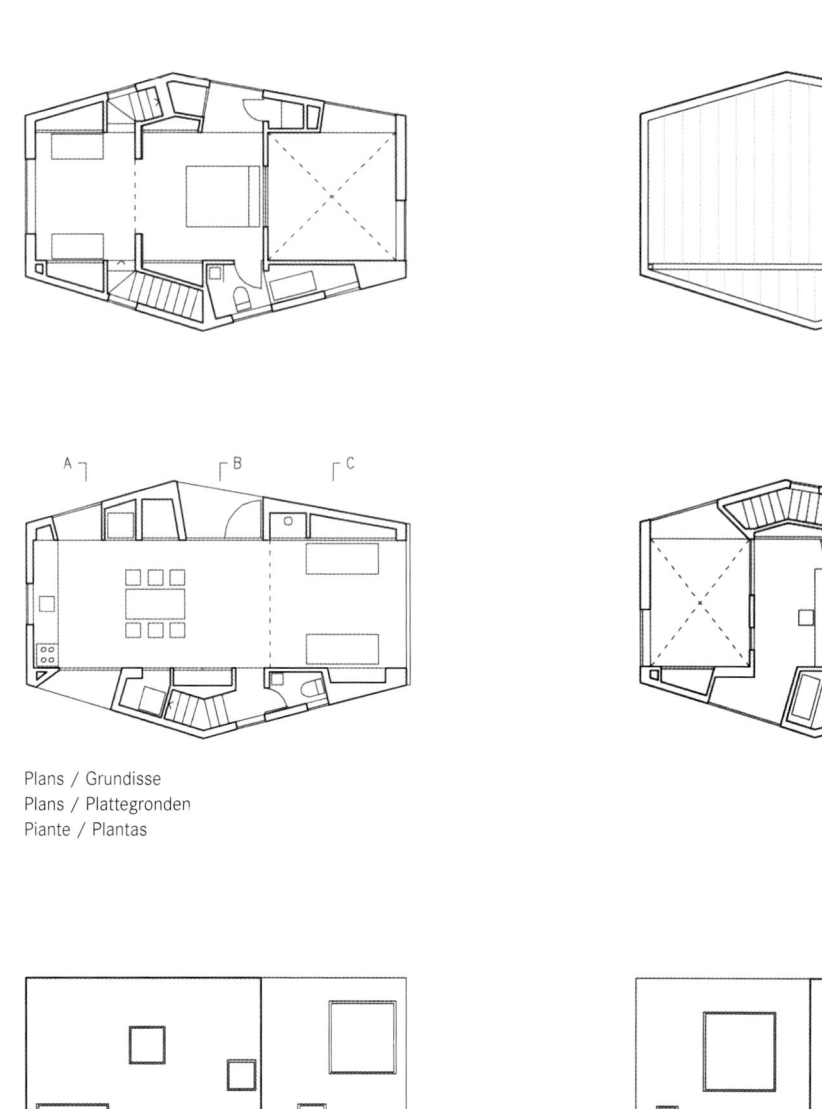

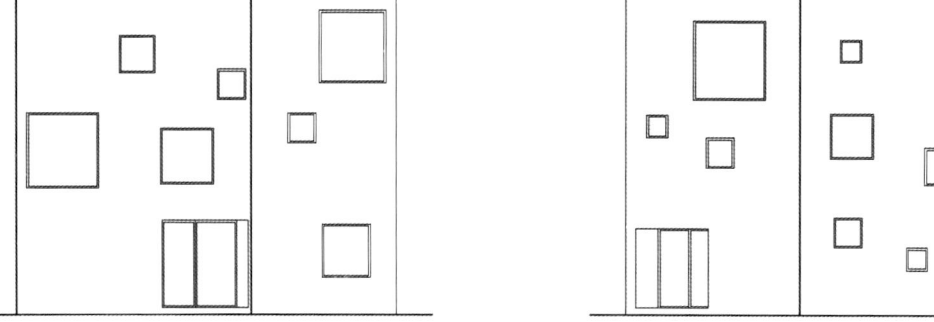

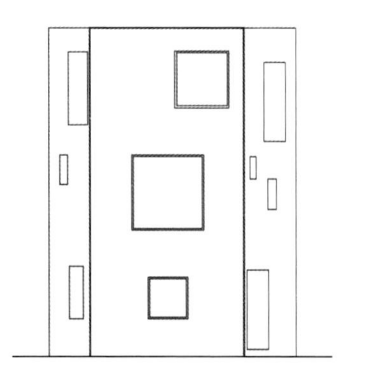

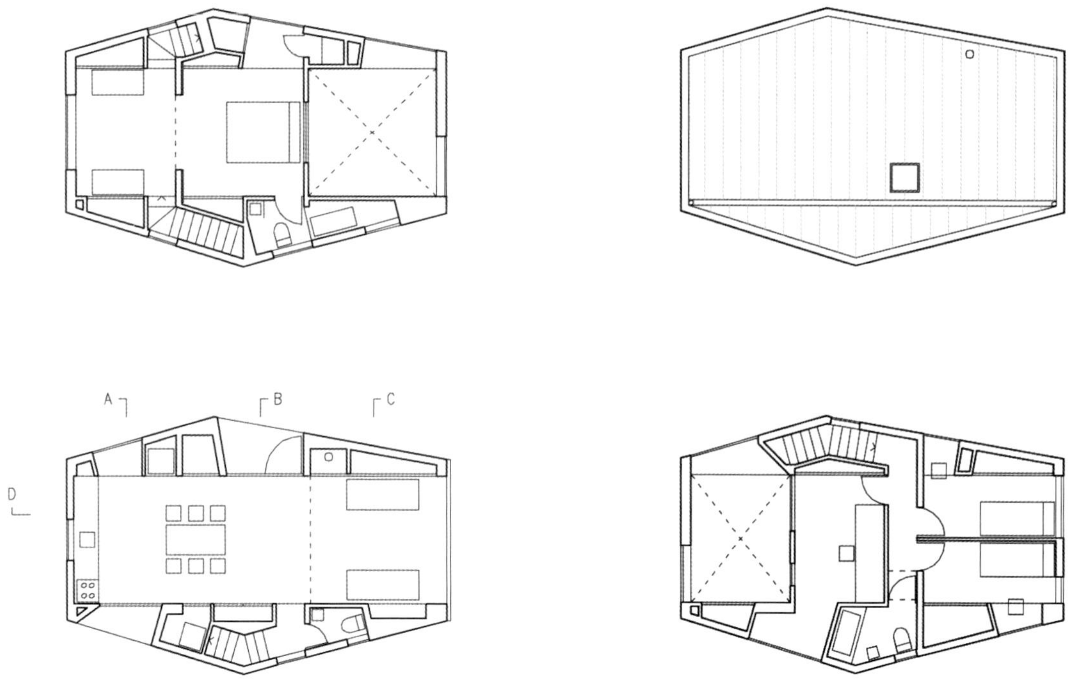

Plans / Grundisse
Plans / Plattegronden
Piante / Plantas

Elevations / Aufrisse
Elévations / Verhogingen
Prospetti / Alzados

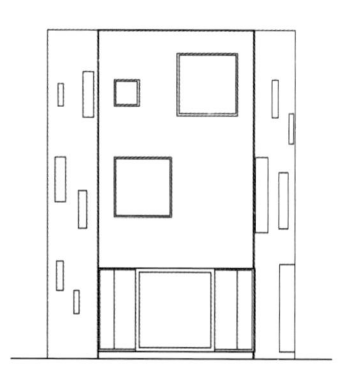

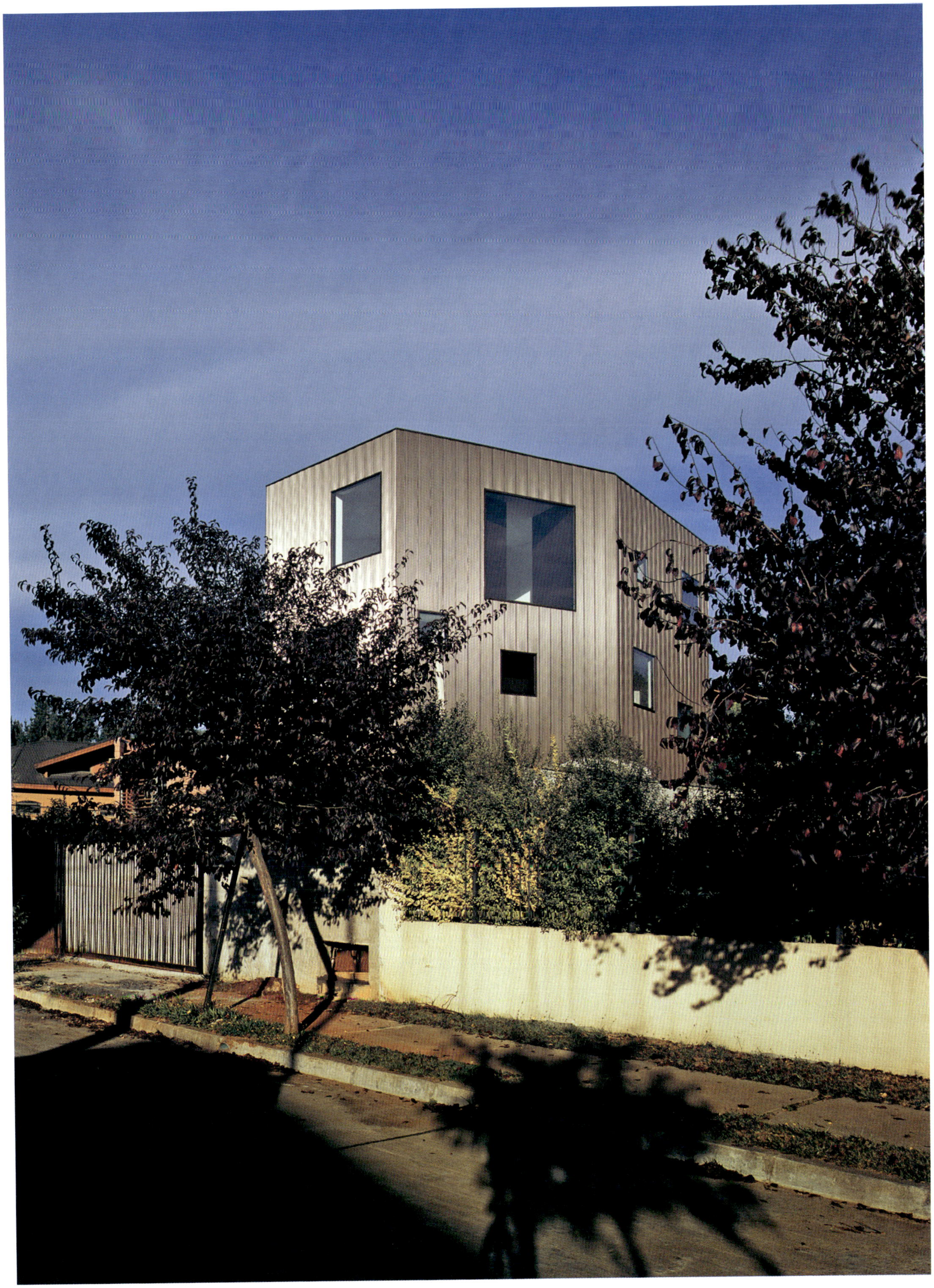

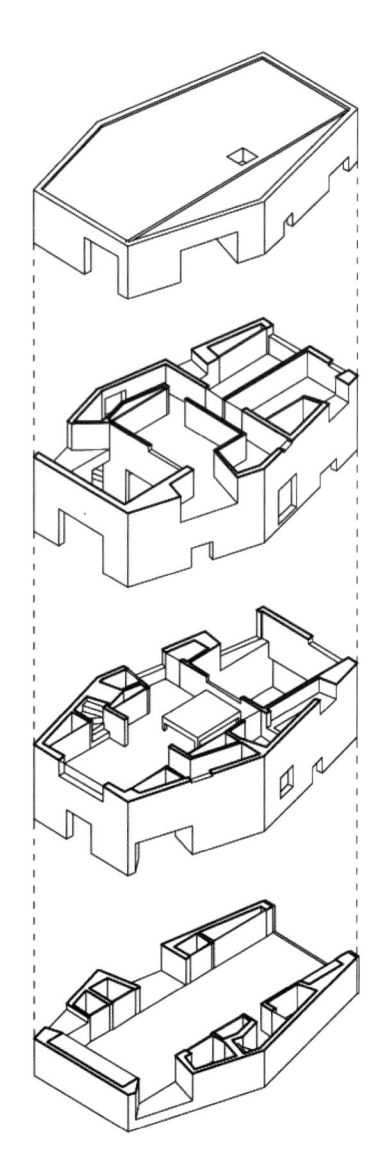

Axonometric sections / Axonometrische Abschnitte
Coupes axonométriques / Perspectivische dwarsdoorsnedes
Sezioni assonometriche / Secciones axonométricas

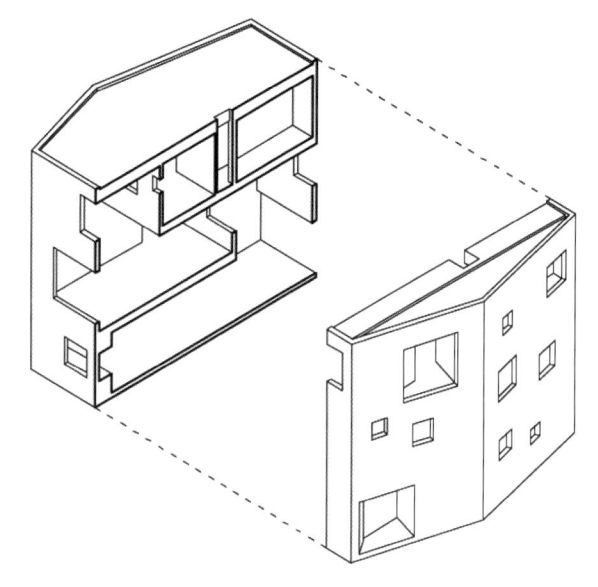

Axonometric section / Axonometrischer Abschnitt
Coupe axonométrique / Perspectivische dwarsdoorsnede
Sezione assonometrica / Sección axonométrica

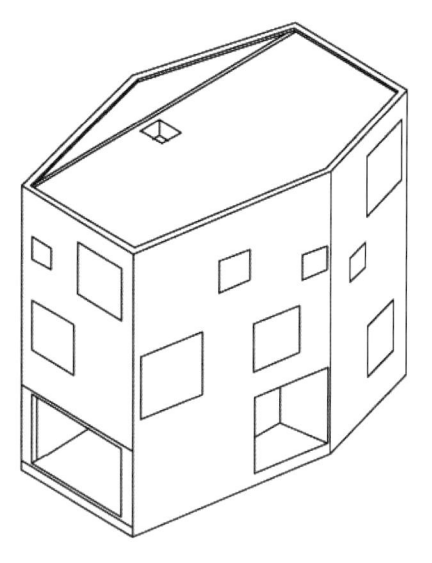

Axonometry / Axonometrische Ansicht
Axonométrie / Axonometrie
Assonometria / Axonometría

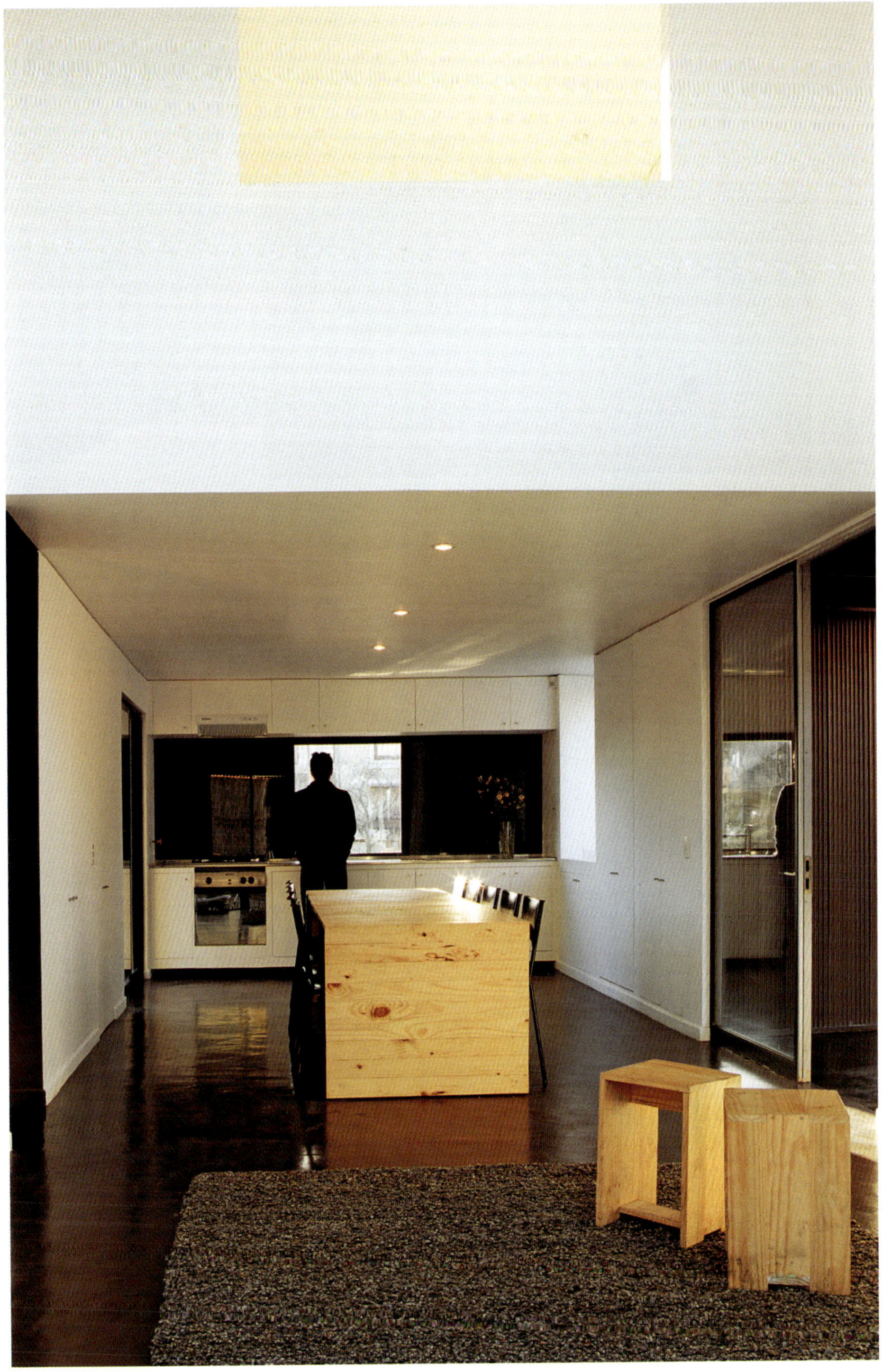

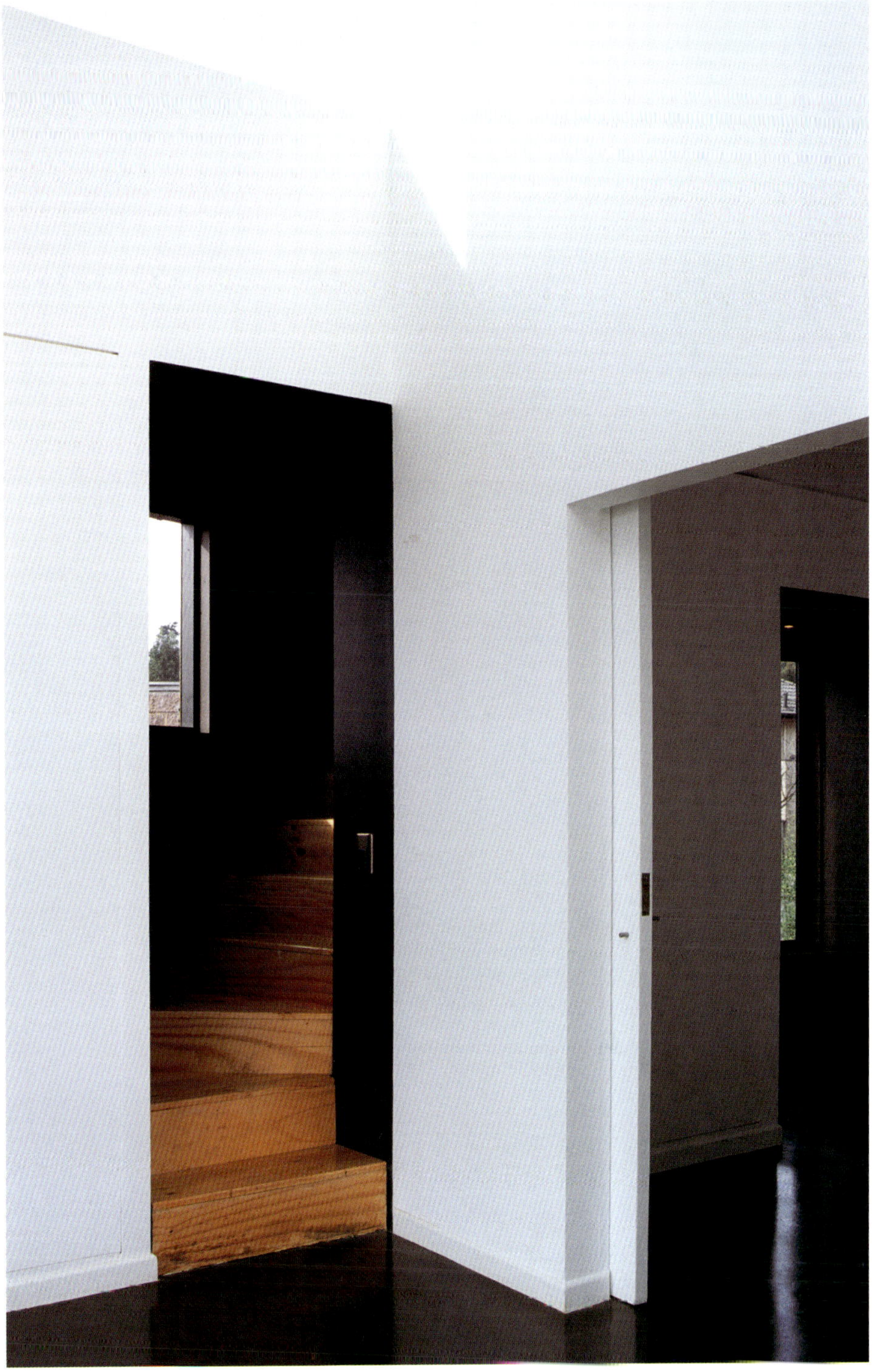

METAL

Metals are found in nature but rarely in their pure form. They are chemically combined forming minerals compounds such as oxides, sulfides or carbonates. These minerals are found in sites forming what we call ore, which is the matter from which metals are extracted.

We can distinguish between alkali metals and alkaline earth metals, according to their position in the periodic table, although another historical classification is used to differentiate between ferrous and nonferrous metals. Among the former are the wrought or cast iron-and steel, among the latter, aluminum, zinc, lead and copper, along with their alloys. For practical purposes, a distinction is made between metal and alloy, which is a uniform solid mixture of two or more metals or one or more metals with non-metallic elements.

General characteristics
- **Density:** ultralight (density in g/cm^3 less than 2), light (density in g/cm^3 less than 4.5) and heavy (density in g/cm^3 than 4.5).
- **Shine:** the shine characteristic of metals is due to the fact that they reflect a greater number of photons.

Physical characteristics
The physical properties depend on the alloy.
- **Specific weight:** it can be absolute or relative. The relative weight is the relationship between body weight and the weight of a reference substance of equal volume. For solids and liquids, distilled water at 4°C is taken as a reference.
- **Melting point:** the temperature at which a material changes from solid to liquid. The freezing point is the temperature at which it passes to a solid state. These two points do not always coincide.
- **Oxidation:** metals are oxidized by atmospheric oxygen. There are metals in which the thin surface layer of oxide protects the rest of the metal, such as copper, aluminum and lead. Other metals such as iron are permeable and oxidation penetrates the metal, destroying it.

Mechanical characteristics
- **Mechanical strength:** ability to resist tensile tresses, compression, torsion and bending without buckling or breaking.
- **Hardness:** property that expresses the degree of permanent distortion which a metal suffers under the direct action of a load.
- **Elasticity:** the property that enables a metal to return to its original shape when the weight that causes the change of shape is removed.
- **Breakability:** the ability of a metal to break on account of a sudden impact or temperature change.
- **Fatigue:** if a piece is exposed to repeated loads, it may eventually break with a lighter load that should cause distortion.

Technological characteristics
- **Malleability:** ability of metals to be hammered into thin sheets.
- **Ductility:** property of the metals to be molded into wire and threads.
- **Forgeability:** property where you can change the form of a metal by temperature.
- **Weldability:** the ability of a metal to be welded to another identical one under heated pressure.
- **Fusibility:** the property that allows it to obtain molten or cast pieces.

Thermal characteristics
- **Thermal conductivity:** measures the ability to transfer heat through a material.
- **Expansion:** is measured linearly and establishes the unit of length for the variation of 1°C (33.8 °F) of temperature.

Electrical characteristics
- **Electrical conductivity:** the ability of a material to conduct electrical current. Metals allow the passage of electric current easily; they are therefore good conductors of electricity.
- **Magnetism and ferromagnetism:** there are some metals whose atoms can sporadically act as magnets. When this occurs happens they are magnetized, becoming a temporary or permanent magnet.

IRON (FE)

This metal is the fourth most abundant element, representing 5% of the Earth's crust. It can be achieved easily and with commercial grade. It can form very useful alloys. It is an extremely ductile, tenacious and pliable metal, but it is not elastic. It can be easily shaped and can be welded with itself.

The two most important alloys of iron are steel, which will be discussed later, along with the forging.

Properties
Density: 7,874 kg/m³
Melting point: 1,259 °C (1,520 °K)
Ductility: very good
Malleability: very good
Mohs hardness: 4
Expansion coefficient: 1.2×10^{-5}
Oxidation resistance: poor (in pure form)
Oxidation state: 2,3
Electrical conductivity: 9.93×10^6 S/m

STEEL

When you add carbon to iron, steel is obtained, the most used alloy around the world. This alloy has the metallic properties of iron, but with notably better properties thanks to the addition of carbon and other metallic and non-metallic elements. It is difficult to establish the physical and mechanical properties of steel, as they vary according to its composition and thermal, chemical and mechanical treatments, however we can name a few. Its average density is 7,850 kg/m³ and the melting point depends on the alloy and the percentages of each of the alloying elements. It is also a very tough, relatively ductile and malleable material.

Corrosion is the biggest disadvantage of steel because iron rusts very easily. Steels have been protected by surface treatments, although there are alloys with improved corrosion resistance, such as Corten steels suitable for outdoor or stainless steels, which are explained later. Finally, we should point out that steel gives a false sense of security of being fireproof, but its mechanical properties are affected by high temperatures.

Properties
Density: 7,850 kg/m³
Melting point: 1,375 °C (2,507 °K)
Ductility: good
Malleability: good
Expansion coefficient: 1.2×10^{-5}
Mechanical resistance: very good (as treatment)
Oxidation resistance: poor (no specific treatments)
Electrical conductivity: approx. 3×10^6 S/m

Copper / Kupfer
Cuivre / Koper
Rame / Cobre

STAINLESS STEEL

Stainless steel is an alloy of iron with a minimum of 10% chromium. It is a type of corrosion-resistant steel given that chromium reacts with oxygen to form a passive layer that prevents corrosion. The use of stainless steel in architecture in developed countries is consolidated; the main applications include interior cladding panels and façades, staircases and railings. It is important to consider the corrosive power of the weather on metallic surfaces. In Japan, for example, cold laminated profiles are used because the marine air conditions make the structural use of stainless steel in construction suitable.

COPPER (CU)

It is one of the most important metals from an industrial point of view. It is a reddish transition metal, which has very high thermal and electrical conductivity. It is the third most used metal in the world after iron and aluminum. It has several physical properties that make it appropriate for industrial use: high electrical conductivity, ductility and malleability. It is also a very durable metal that can be recycled an almost unlimited number of times without losing its properties.

Copper is suitable for manufacturing processes, deformation processes such as rolling or forging, and welding. It is a metal that in alloy has better mechanical properties. The most important alloys are bronze and brass, but there are others such as alpaca. As a building material, it is usually used for roofs and cladding, but it can also be used to cover interior walls and ceilings or as ornamentation.

One of the main advantages of copper is its durability: it remains unchanged over time, retaining its original quality. It is also resistant to atmospheric corrosion. It is a lightweight, weighs half that of other alternative metal. Its airtightness provides total waterproofing. No maintenance is required, making it suitable for areas difficult to access, and it is resistant to biological agents. Its mechanical strength is high enough to withstand the force of the folding and handling process. Its high melting temperature makes it fire resistant.

Properties
Density: 8,960 kg/m^3
Melting point: 1,083 °C (1,357 °K)
Ductility: very good
Malleability: very good
Mohs hardness: 3
Expansion coefficient: 1.7×10^{-5}
Mechanical resistance: good
Oxidation resistance: good
Oxidation state: 1,2
Electrical conductivity: 58.108×10^6 S/m

TITANIUM (TI)

Titanium is a silver transition metal that can form alloys with other elements such as iron and aluminum. It is much lighter than steel, although it has similar mechanical properties. It is corrosion-resistant and has a high mechanical strength, but it is more expensive than steel, which limits its use. It is a metal abundant in nature, although not in a pure form but in the form of oxides, in the slag of certain iron minerals and in the ashes of plants and animals.

It has a low coefficient of thermal expansion, thus it has been certified as a fireproof material suitable for roofs and walls by the Japanese Ministry of Construction. Another benefit for architecture is the length of the sheets, reducing installation costs. Its performance is very good in unusual conditions such as volcanic ash or geothermal environments with high heat and humidity. It does not decompose and is 100% recyclable.

Properties
Density: 4,507 kg/m^3
Melting point: 1,667 °C (1,941 °K)
Ductility: good
Malleability: good
Mohs hardness: 6
Expansion coefficient: between 2.8 and 3.5×10^{-6}
Mechanical resistance: very good
Oxidation resistance: very good
Oxidation state: 4
Electrical conductivity: 2.38×10^6 S/m

ALUMINUM (AL)

Aluminum is one of the most abundant elements on earth, making up 7.3% of its mass. It is obtained by the electrolysis of bauxite in molten croylite. Is very ductile and malleable, it is available in wires or sheets. This metal is resistant to air because it is covered with an invisible oxide layer, but it is affected by alkalines, natural acids and almost all aluminum products can be recycled to produce new ones. The increasing use of recycled metals in various applications has granted it the "green metal" recognition.

To use it as a structural material it is necessary to alloy it with other metals and apply thermal treatment that improves its mechanical properties. It is a weldable material and allows the manufacture of parts by casting, forging and extrusion. In construction, it is used in the manufacture of metalwork for doors and windows and other structural elements such as curtain walls. Another notable application is its use in wall coverings, thanks to its lightness and prefabrication possibilities.

Properties
Density: 2,700 kg/m^3
Melting point: 660 °C (933.47 °K)
Ductility: good
Malleability: very good
Mohs hardness: 2.75
Expansion coefficient: 2.4×10^{-5}
Mechanical resistance: bad (not alloyed)
Oxidation resistance: very good (after forming a layer of aluminum oxide)
Oxidation state: 3
Electrical conductivity: 37.7×10^6 S/m

ANODIZED ALUMINUM

It is an aluminum protected by an oxide layer obtained by anodization, which is an artificial form of aluminum oxide layer on the surface of the metal. This oxide is characterized by its resistance to chemical agents, due to its hardness and its low electrical conductivity. In addition, it can be colored. It has a number of advantages, as the anodized layer is harder than the paint that typically protects the metal. The metallic appearance stands out more than in other metals and sunlight does not affect the anodized layer, but the coating may be damaged by ultraviolet rays.

Perforated aluminum
Gelochtes Aluminium
Aluminium perforé
Geperforeerd aluminium
Alluminio perforato
Aluminio perforado

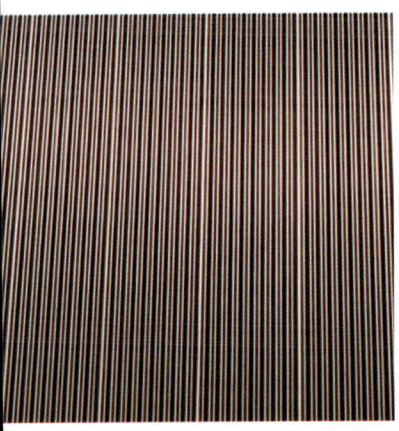

Aluzinc / Aluzinc
Aluzinc (aluminium et zinc) / Aluzinc
Aluzinc / Aluzinc

METALL

Metalle finden sich in der Natur, jedoch selten in Reinzustand. Sie sind chemisch zusammengesetzt und bilden mineralische Verbindungen, wie Oxide, Sulfide oder Carbonate. Diese befinden sich in Lagerstätten, die wir Erz nennen. Das ist die Materie, aus der die Metalle extrahiert werden.
Man unterscheidet zwischen alkalischen und erdalkalischen Metallen, entsprechend ihrer Anordnung im Periodensystem, obwohl auch andere historische Klassifikationen benutzt werden, die zwischen eisenhaltigen und nicht eisenhaltigen unterscheiden. Unter den ersten befindet sich Eisen – geschmiedet oder gegossen – und Stahl; unter den zweiten Aluminium, Zink, Blei und Kupfer, zusammen mit ihren Legierungen. Für praktische Zwecke werden die Metalle in Metall oder Legierung unterschieden, die aus einer festen homogenen Mischung von zwei oder mehr Metallen oder von einem oder zwei Metallen mit nicht metallischen Elementen besteht.

Allgemeine Eigenschaften
– **Dichte:** Ultraleicht (Dichte in g/cm^3 unter 2), leicht (Dichte en g/cm^3 unter 4,5) und schwer (Dichte in g/cm^3 über 4,5)
– **Glanz:** Der charakteristische Glanz der Metalle kommt daher, dass sie eine größere Menge von Photonen reflektieren.

Physikalische Eigenschaften
Die physikalischen Eigenschaften hängen von der Legierung ab.
– **Spezifisches Gewicht:** Es kann absolut oder relativ sein. Das relative Gewicht ist die Relation zwischen dem Gewicht eines Körpers und dem Gewicht einer Referenz-Substanz von gleichem Volumen. Für feste und flüssige Stoffe wird als Referenz destilliertes Wasser von 4 °C genommen.
– **Schmelzpunkt:** Das ist die Temperatur bei der ein Material von festem in flüssigen Zustand übergeht. Der Erstarrungspunkt ist die Temperatur, bei der er es in den festen Zustand übergeht. Diese beiden Punkte stimmen nicht immer überein.
– **Oxidierung:** Die Materialien oxidieren auf Grund der Aktion des Sauerstoffs in der Luft. Es gibt Metalle, in denen die dünne Oxidschicht, die sich auf der Oberfläche bildet, den Rest des Metalls schützt, wie es bei Kupfer, Aluminium und Blei der Fall ist. Andere Metalle, wie Eisen, sind durchlässig und die Oxidierung dringt in das Metall ein, bis sie es zerstört.

Mechanische Eigenschaften
– **Mechanische Festigkeit:** Fähigkeit, Zug-, Druck-, Torsions- und Biegekräften standzuhalten, ohne sich zu verformen noch zu zerbrechen.
– **Härte:** Eigenschaft, die den Grad der dauerhaften Verformung, die ein Metall unter der unmittelbaren Belastung erleidet, ausdrückt.
– **Elastizität:** Das ist die Eigenschaft, die die Metalle haben, ihre Ursprungsform wiederzuerlangen, wenn die Belastung, die sie deformiert, aufhört.
– **Sprödigkeit:** Das ist die Möglichkeit eines Metalls, auf Grund eines Stoßes oder wegen plötzlicher Temperaturänderungen zu zerbrechen.
– **Ermüdung:** Wenn man ein Teil in regelmäßigen Abständen einer Belastung aussetzt, kann es mit Belastungen, die geringer sind, als diejenigen, die Deformierungen hervorrufen würden, zum Bruch kommen.

Technologische Eigenschaften
– **Maleabilidad:** Walzbarkeit der Metalle.
– **Ductilidad:** Formbarkeit der Metalle zu Draht.
– **Schmiedbarkeit:** Das ist die Eigenschaft, durch die man die Form eines Metalls durch die Temperatur verändern kann.
– **Schweißbarkeit:** Das ist die Eignung eines Metalls mit einem anderen identischen unter Druck, der auf beide Metalle unter Hitze ausgeübt wird, verschweißt zu werden.
– **Schmelzbarkeit:** Das ist die Eigenschaft, durch die man geschmolzene oder gegossene Teile erhalten kann.

Thermische Eigenschaften
– **Wärmeleitfähigkeit:** bezeichnet die Fähigkeit Wärme durch ein Material zu leiten.
– **Ausdehnung:** wird linear gemessen und es wird die Längeneinheit für die Variation der Temperatur von 1 °C festgelegt.

Elektrische Eigenschaften
– **Elektrische Leitfähigkeit:** Das ist die Fähigkeit eines Materials elektrischen Strom zu leiten. Die Metalle erlauben den leichten Durchfluss von elektrischem Strom; sie sind daher gute Elektroleiter.
– **Magnetismus und Ferromagnetismus:** Es gibt einige Metalle, deren Atome sich sporadisch wie Magnete verhalten. Wenn dies geschieht, werden si magnetisiert und verwandeln sich in einen zeitweisen oder ständigen Magnet.

EISEN (FE)

Dieses Metall ist das Element, das an vierter Stelle des Häufigkeitsvorkommens in der Erdkruste steht – das bedeutet 5%. Es ist leicht und rein für den Handel zu gewinnen, und man kann sehr nützliche Legierungen bilden. Es ist ein sehr anpassungsfähiges, ausdauerndes und formbares Metall, aber ohne Elastizität. Es kann leicht geschmiedet werden, und man kann es mit sich selbst zusammenschweißen. Die beiden wichtigsten Legierungen des Eisens sind Stahl, von dem wir später sprechen und das Schmiedeeisen.

Eigenschaften
Dichte: 7874 kg/m^3
Schmelzpunkt: 1259 °C (1520 °K)
Duktilität: Sehr gut
Formbarkeit: Sehr gut
Härte nach Mohs: 4
Ausdehnungskoeffizient: $1,2 \times 10^{-5}$
Oxidationswiderstand: Schlecht (in Reinzustand)
Oxidationszahl: 2,3
Elektrische Leitfähigkeit: $9,93 \times 10^6$ S/m

STAHL

Wenn man dem Eisen Kohlenstoff beigibt, erhält man Stahl, die meist gebrauchte Legierung der Welt. Diese Legierung bewahrt die metallischen Charakteristiken des Eisens, aber mit beträchtlich verbesserten Eigenschaften dank der Zufügung von Kohlenstoff und weiteren metallischen und nicht metallischen Elementen. Es ist schwierig, die physikalischen und mechanischen Eigenschaften von Stahl festzulegen, da diese je nach ihrer Zusammensetzung und thermischen, chemischen oder mechanischen Behandlung variieren, aber man kann einige anführen. Sie haben eine mittlere Dichte von 7850 kg/m^3, und der Schmelzpunkt hängt von der Art der Legierung und dem prozentualen Anteil jedes einzelnen Legierungselemtes ab. Es ist auch ein sehr dauerhaftes, relativ anpassungsfähiges und schmiedbares Material.
Die Korrosion ist der größte Nachteil der Stähle, da Eisen sehr leicht rostet. Die Stähle wurden durch Oberflächenbehandlungen geschützt, obwohl es auch Legierungen mit verbesserter Widerstandsfähigkeit gegen die Korrosion gibt, wie COR-TEN Baustähle, die für Wind und Wetter geeignet sind, oder rostfreie Stähle, die weiter unten erläutert werden. Zuletzt ist hervorzuheben, dass Stahl ein falsches Sicherheitsgefühl vermittelt, weil er nichtbrennbar ist, aber seine mechanischen Eigenschaften werden durch hohe Temperaturen in Mitleidenschaft gezogen.

Eigenschaften
Dichte: 7850 kg/m^3
Schmelzpunkt: 1375 °C (2507 °K)
Duktilität: gut
Formbarkeit: gut
Ausdehnungskoeffizient: $1,2 \times 10^{-5}$
Mechanische Festigkeit: Sehr gut (gemäß Behandlung)
Oxidationswiderstand: Schlecht (ohne spezielle Behandlungen)
Elektrische Leitfähigkeit: Ungefähr: 3×10^6 S/m

ROSTFREIER STAHL

Rostfreier Stahl ist eine Legierung aus Eisen mit mindestens 10% Chrom. Es handelt sich um einen korrosionsbeständigen Stahltyp, da Chrom mit dem Sauerstoff reagiert und eine passivierende Schicht, die Korrosion verhindert. Der Gebrauch von rostfreiem Stahl in der Architektur entwickelter Länder verbreitet; er wird hauptsächlich für Paneele für Innenverkleidungen und Fassaden, Treppen und Geländer eingesetzt. Es ist wichtig, den Einfluss des Klimas auf die Korrosionsfähigkeit der Oberflächen aus Metall zu beachten. In Japan benutzt man zum Beispiel kaltgewalzte Platten, weil die Bedingungen des Meeresklimas die Verwendung von rostfreiem Stahl bei Gebäuden nahelegen.

KUPFER (CU)

Aus industrieller Sicht ist es eines der wichtigsten Metalle. Es ist ein rötliches Übergangsmetall von sehr hoher elektrischer und Wärmeleitfähigkeit. Es steht in der Häufigkeit des Verbrauchs auf der Welt an dritter Stelle nach Eisen und Aluminium. Es besitzt verschiedene physikalische Eigenschaften, die seinen industriellen Gebrauch fördern: Hohe elektrische Leitfähigkeit und Formbarkeit. Außerdem ist es ein sehr haltbares Material, das sehr oft, fast unbegrenzt wiederverwendet werden kann, ohne dass es seine Eigenschaften verliert.

Kupfer ist für Fabrikationsverfahren wie Verformen, Schmieden und Löten geeignet. Es ist ein Metall, das in Legierung verbesserte mechanische Eigenschaften aufweist. Die wichtigsten Legierungen sind Bronze und Messing, es gibt aber auch andere, wie Alpaka. Als Baumaterial wird es normalerweise in Dächern und in Fassadenverkleidungen benutzt, es kann sich aber auch in Innenräumen als Wand- oder Deckenverkleidung oder als Verzierung befinden.

Einer der Hauptvorteile des Kupfers ist seine Haltbarkeit: es bleibt im Lauf der Zeit unverändert und erhält seine anfänglichen Eigenschaften bei. Es ist auch korrosionsbeständig. Es handelt sich um ein leichtes Material, das halb so viel wie andere Metalle wiegt. Auf Grund seiner Dichtigkeit ist es vollkommen wasserdicht. Es erfordert keine Wartung, daher ist es für schwer zugängliche Oberflächen geeignet, und es ist widerstandsfähig gegen biologische Substanzen. Es hat eine genügend hohe mechanische Festigkeit, um den Kräften der Biege- und Verarbeitungsverfahren zu widerstehen. Seine hohe Schmelztemperatur macht es feuerfest.

Eigenschaften
Dichte: 8960 kg/m³
Schmelzpunkt: 1083 °C (1357 °K)
Duktilität: Sehr gut
Formbarkeit: Sehr gut
Härte nach Mohs: 3
Ausdehnungskoeffizient: $1,7 \times 10^{-5}$
Mechanische Festigkeit: gut
Oxidationswiderstand: gut
Oxidationszahl: 1,2
Elektrische Leitfähigkeit: $58,100 \times 10^6$ S/m

TITAN (TI)

Es ist ein Übergangsmetall von silbergrauer Farbe, das Legierungen mit anderen Elementen wie Eisen und Aluminium bilden kann. Es ist viel leichter als Stahl, obwohl es ähnliche mechanische Eigenschaften besitzt. Es hat eine erhöhte Korrosionsbeständigkeit und hohe mechanische Festigkeit, ist aber teurer als Stahl, was seinen Gebrauch einschränkt. Es ist ein Metall, das in der Natur reichlich vorhanden ist, aber man findet es nicht in Reinzustand, sondern in Form von Oxiden, in der Schlacke von bestimmten Eisenmineralen und in der Asche von Tieren und Pflanzen.

Es hat einen niedrigen thermischen Expansionskoeffizienten, weshalb es von dem japanischen Bauministerium als nichtbrennbares Material klassifiziert wurde, das für Dächer und Verkleidungen geeignet ist. Ein weiterer Vorteil für die Architektur ist die Länge, die die Blätter erreichen können, was die Installationskosten reduziert. Es verhält sich sehr gut gegenüber ungewöhnlichen Bedingungen wie Vulkanasche oder geothermische Umgebungen von erhöhter Feuchtigkeit und Wärme. Es altert nicht und ist 100% recycelbar.

Eigenschaften
Dichte: 4507 kg/m³
Schmelzpunkt: 1667 °C (1941 °K)
Duktilität: gut
Formbarkeit: gut
Härte nach Mohs: 6
Ausdehnungskoeffizient: zwischen 2,8 und $3,5 \times 10^{-6}$
Mechanische Festigkeit: Sehr gut
Oxidationswiderstand: Sehr gut
Oxidationszahl: 4
Elektrische Leitfähigkeit: $2,38 \times 10^6$ S/m

ALUMINIUM (AL)

Aluminium ist eines der am reichlichsten vorkommenden Elemente auf der Erde; es bildet 7,3% ihrer Masse. Es wird durch Elektrolyse der bauxita durch Kryolithschmelze gewonnen. Es ist sehr duktil und formbar, in Drähten oder Blättern erhältlich. Dieses Metall ist luftbeständig weil es von einer unsichtbaren Oxidschicht bedeckt ist, aber es wird durch Salzwasser und Säuren beeinträchtigt. Fast alle Produkte aus Aluminium können für die Herstellung weiterer neuer Produkte wiederverarbeitet werden. Der nachhaltige Gebrauch dieses wiederverarbeiteten Metalls zu verschiedenen Verwendungszwecken führte zu seiner Anerkennung als *grünes Metall*.

Um es als Baumaterial einzusetzen ist es nötig, es mit anderen Metallen zu legieren und es thermischen Behandlungen zu unterziehen, die seine mechanischen Eigenschaften verbessern. Es ist ein schweißbares Material, und man kann damit Teile durch Schmelzen, Schmieden und Extrusion herstellen. In der Konstruktion wird es bei der Metalltischlerei von Türen und Fenstern und anderen Konstruktionselementen wie der vorgehängten Wand verwendet. Eine weitere hervorzuhebende Anwendung ist sein Gebrauch bei der Fassadenverkleidung, dank seiner Leichtigkeit und den Vorfertigungsmöglichkeiten.

Eigenschaften
Dichte: 2700 kg/m³
Schmelzpunkt: 660 °C (933,47 °K)
Duktilität: gut
Formbarkeit: Sehr gut
Härte nach Mohs: 2,75
Ausdehnungskoeffizient: $2,4 \times 10^{-5}$
Mechanische Festigkeit: Schlecht (ohne Legierung)
Oxidationswiderstand: Sehr gut (nach der Bildung einer Aluminiumoxid-Schicht)
Oxidationszahl: 3
Elektrische Leitfähigkeit: $37,7 \times 10^6$ S/m

ELOXIERTES ALUMINIUM

Es handelt sich um ein Aluminium, das durch eine Oxidschicht geschützt ist, die durch Eloxierung erreicht wird. Diese besteht darin, auf der Oberfläche des Metalls künstlich eine Oxidaluminium-Schicht zu bilden. Dieses Oxid zeichnet sich durch seine Beständigkeit gegenüber chemischen Stoffen, durch seine Härte und durch seine niedrige elektrische Leitfähigkeit aus. Außerdem kann es gefärbt werden. Es hat eine Reihe von Vorteilen, da die eloxierte Schicht härter als die Farbe ist, mit der normalerweise das Metall geschützt wird. Das metallische Aussehen fällt mehr auf als bei anderen Metallen und das Sonnenlicht schädigt die Eloxierung nicht, auch wenn die Beschichtung durch ultraviolette Strahlen beschädigt werden kann.

Stainless steel wire mesh
Edelstahlgitter
Maillage métallique en acier inoxydable
Metalen netwerk van roestvrij staal
Rete metallica in acciaio inossidabile
Malla metálica de acero inoxidable

Corten steel / COR-TEN Stahl
Acier rouillé / Cortenstaal
Acciaio corten / Acero corten

MÉTAL

Les métaux sont partout dans la nature, mais rarement à l'état pur, ils sont associés à divers éléments chimiques, comme les oxydes, les sulfures ou les composés carbonés. Ces ensembles composites forment les gisements où se trouve le minerai dont on extrait les métaux.

Il faut faire la distinction entre métaux alcalins et alcalino-terreux, selon leur emplacement sur la table périodique, mais une autre classification historique distingue les métaux ferreux des non ferreux. Les premiers réunissant le fer – forgé ou fondu – et l'acier ; les seconds, l'aluminium, le zinc, le plomb et le cuivre, ainsi que leurs alliages. Ces derniers réunissent en un mélange solide homogène au minimum deux métaux, voire un ou plusieurs métaux avec des éléments non métalliques.

Caractéristiques générales
– **Densité** : ultra léger (densité en g/cm^3 inférieure à 2), léger (densité en g/cm^3 inférieure à 4,5) et lourd (densité en g/cm^3 supérieure à 4,5).
– **Brillance** : les métaux doivent leur brillance caractéristique à la plus ou moins grande quantité de photons qu'ils réflètent.

Caractéristiques physiques
Les propriétés physiques dépendent de l'alliage.
– **Poids spécifique** : il peut être absolu ou relatif. Le poids relatif est la relation entre le poids d'un corps et le poids d'une substance de référence de même volume. Pour les solides et les liquides, on utilise l'eau distillée à 4 °C.
– **Point de fusion** : c'est la température à laquelle un matériau passe de l'état solide à l'état liquide. Le point de solidification, c'est la température à laquelle il passe à l'état solide. Ces deux points ne coïncident pas toujours.
– **Oxydation** : les métaux s'oxydent sous l'action de l'oxygène de l'air. Certains, comme par exemple le cuivre, l'aluminium et le plomb, sont toutefois protégés en profondeur par la fine couche d'oxyde qui se forme à leur surface. D'autres, comme le fer, sont perméables et l'oxydation qui pénètre dans le métal finit par le détruire.

Caractéristiques mécaniques
– **Résistance mécanique** : elle indique l'aptitude d'un matériau à résister à la traction, la compression, la torsion et à la flexion sans se déformer ni se casser.
– **Dureté** : propriété qui exprime le taux de déformation permanent dont souffre un métal sous l'action directe d'une charge.
– **Élasticité** : c'est la propriété qu'ont les métaux à reprendre leur forme initiale quand ils cessent d'être soumis à la charge qui les déformait.

– **Fragilité** : c'est la faculté qu'a un métal à se casser en réaction à un choc ou à de brusques changements de température.
– **Fatigabilité** : si on soumet un morceau de métal à l'action de charges périodiques, il peut finir par se rompre sous l'action de charges inférieures à celles qui produiraient des déformations.

Caractéristiques technologiques
– **Malléabilité** : c'est l'aptitude des métaux à être transformés en feuilles ou plaques.
– **Ductilité** : c'est la propriété permettant d'étirer les métaux en grillages et fils très fins.
– **Forgeabilité** : c'est la propriété grâce à laquelle, on peut modifier la forme d'un métal en le fondant.
– **Aptitude au soudage** : c'est l'aptitude d'un métal à être soudé avec un autre lorsqu'on exerce une pression sur les deux avec de la chaleur.
– **Fusibilité** : c'est la qualité d'un alliage dont le point de fusion est relativement bas, permettant d'obtenir des pièces fondues ou coulées.

Caractéristiques thermiques
– **Conductivité thermique** : elle mesure l'aptitude à transférer la chaleur à travers un matériau.
– **Dilatation** : elle se mesure de manière linéaire. C'est l'unité de longueur mesurée pour une variation de 1 °C de la température.

Caractéristiques électriques
– **Conductivité électrique** : elle indique l'aptitude d'un matériau à transmettre le courant électrique. Les métaux laissent passer le courant, ce sont de bons conducteurs pour l'électricité.
– **Magnétisme et ferromagnétisme** : certains métaux présentent ces propriétés parce que leurs atomes peuvent occasionnellement agir comme des aimants. Lorsque cela se produit, les métaux se magnétisent et deviennent aimantés, de façon permanente ou temporaire.

FER (FE)

Ce métal est le quatrième élément le plus présent dans l'écorce terrestre puisqu'il représente 5 % de sa surface. Facile à extraire, il entre dans la composition d'alliages très utiles. C'est un métal extrêmement ductile, résistant et malléable mais n'offrant aucune élasticité. Il est facile à fondre et il est possible de souder deux morceaux de fer. Les deux alliages les plus importants obtenus à partir du fer sont l'acier (voir ci-dessous) et la fonte.

Propriétés
Densité : 7 874 kg/m^3
Point de fusion : 1 259 °C (1 520 °K)
Ductilité : très bonne
Malléabilité : très bonne
Dureté Mohs : 4
Coefficient de dilatation : $1,2 \times 10^{-5}$
Résistance à l'oxydation : faible (à l'état pur)
État d'oxydation : 2,3
Conductivité électrique : $9,93 \times 10^6$ S/m

ACIER

Quand on ajoute du carbone au fer, on obtient de l'acier. C'est l'alliage le plus employé dans le monde entier. Il conserve les caractéristiques du fer, mais ses propriétés sont considérablement améliorées par l'ajout de carbone et d'autres éléments métalliques et non métalliques. Il est difficile d'établir les propriétés physiques et mécaniques de l'acier, car elles varient selon sa composition et les traitements thermiques, chimiques ou mécaniques dont il fait l'objet. On peut toutefois en indiquer quelques-unes. Sa densité moyenne est de 7 850 kg/m^3 et son point de fusion dépend du type d'alliage et des pourcentages de chacun des éléments entrant dans sa composition. C'est aussi un matériau très résistant, relativement ductile et malléable. La corrosion est le principal inconvénient des aciers, car le fer s'oxyde très facilement. On les protège par des traitements de surface. Il existe aussi des alliages offrant une meilleure résistance à la corrosion, comme les aciers de construction rouillés qui résistent aux intempéries ou les aciers inoxydables. Il faut également signaler que l'acier donne une fausse sensation de sécurité car s'il ne brûle pas, ses propriétés mécaniques se modifient quand il est soumis à des températures élevées.

Propriétés
Densité : 7 850 kg/m^3
Point de fusion : 1 375 °C (2 507 °K)
Ductilité : bonne
Malléabilité : bonne
Coefficient de dilatation : $1,2 \times 10^{-5}$
Résistance mécanique : très bonne (selon les traitements)
Résistance à l'oxydation : faible (sans traitement particulier)
Conductivité électrique : env. 3×10^6 S/m

ACIER INOXYDABLE

L'acier inoxydable est un alliage de fer contenant au minimum 10 % de chrome. C'est un type d'acier résistant à la corrosion parce qu'au contact de l'oxygène, le chrome forme une couche passive qui empêche la corrosion. Dans les pays développés, l'acier inoxydable est couramment utilisé en architecture. Ses principales applications sont les panneaux de revêtement intérieurs et de façades, les escaliers et les balustrades. Il est crucial de ne pas négliger le pouvoir corrosif des intempéries sur les surfaces métalliques. Au Japon, par exemple, on utilise les profils laminés à froid parce que l'acier inoxydable convient aux éléments structurels dans les constructions civiles exposées à l'air marin sous ce climat.

CUIVRE (CU)

C'est un des métaux les plus importants pour l'industrie. C'est un métal de transition rougeâtre, qui a une conductivité électrique et thermique exceptionnelle. C'est le troisième métal le plus utilisé dans le monde après le fer et l'aluminium. Ses propriétés physiques le désignent pour un usage industriel : conductivité électrique élevée, ductilité et malléabilité. De plus, c'est un métal très durable qui se recycle presque indéfiniment sans perdre ses propriétés.
Le cuivre se travaille avec tous les processus de fabrication usuels comme le laminage, la fonte et la soudure. C'est en alliage qu'il offre les meilleures propriétés mécaniques. Les plus courants sont le bronze et le laiton, mais il en existe d'autres comme par exemple l'alpaca. Comme matériau de construction, il s'emploie généralement en couverture et pour les revêtements de façades. Il est également utilisé pour l'habillage des murs intérieurs, pour les toitures ou comme ornement.
Un des principaux avantages du cuivre est sa durabilité : il reste inaltérable au passage du temps, conservant toutes ses qualités initiales. Il est résistant à la corrosion atmosphérique. C'est un matériau léger puisqu'il pèse moitié moins que les autres métaux susceptibles d'avoir les mêmes applications. Son étanchéité permet une imperméabilisation totale. Il ne demande aucun entretien et convient donc à la réalisation de surfaces peu accessibles. Il est résistant aux agents biologiques. Sa résistance mécanique est assez élevée pour ne pas céder aux efforts du processus de doublage et aux manipulations. Sa haute température de fusion le rend résistant au feu.

Propriétés
Densité : 8 960 kg/m^3
Point de fusion : 1 083 °C (1 357 °K)
Ductilité : très bonne
Malléabilité : très bonne
Dureté Mohs : 3
Coefficient de dilatation : $1,7 \times 10^{-5}$
Résistance mécanique : bonne
Résistance à l'oxydation : bonne
État d'oxydation : 1,2
Conductivité électrique : $59,100 \times 10^6$ S/m

TITANE (TI)

Le titane est un métal de transition de couleur gris argent qui entre dans la composition d'alliages avec d'autres éléments comme le fer et l'aluminium. Beaucoup plus léger que l'acier, il offre des propriétés mécaniques comparables. Il présente une résistance élevée à la corrosion et une grande résistance mécanique, mais est plus onéreux que l'acier, ce qui limite ses utilisations. C'est un métal abondant dans la nature, mais pas à l'état pur. On le trouve sous forme d'oxydes, dans les scories de certains minéraux de fer et dans les cendres d'animaux et de plantes.
Son faible coefficient d'expansion thermique lui a valu d'être certifié comme matériau ininflammable convenant pour les toits et revêtements par le ministère de la Construction japonais. La grande longueur des feuilles est avantageuse pour l'architecture puisqu'elle réduit les coûts d'installation. Son comportement est excellent, même soumis à des agressions inhabituelles comme les pluies de cendres volcaniques ou les ambiances géothermiques où chaleur et humidité sont élevées. Il ne se dégrade pas et est 100 % recyclable.

Propriétés
Densité : 4 507 kg/m^3
Point de fusion : 1 667 °C (1 941 °K)
Ductilité : bonne
Malléabilité : bonne
Dureté Mohs : 6
Coefficient de dilatation : entre 2,8 et $3,5 \times 10^{-6}$
Résistance mécanique : très bonne
Résistance à l'oxydation : très bonne
État d'oxydation : 4
Conductivité électrique : $2,38 \times 10^6$ S/m

ALUMINIUM (AL)

L'aluminium est un des éléments les plus abondants sur la terre puisqu'il représente 7,3 % de sa masse. On commence par extraire l'alumine de la bauxite, puis on la traite par électrolyse pour obtenir l'aluminium en ajoutant plusieurs additifs dans les sels. À partir de l'aluminium fondu, il est très ductile et malléable, et peut être étiré en fil ou en bandes. C'est un métal résistant à l'air car il se couvre d'une couche d'oxyde invisible mais sensible à l'action de l'eau et des acides. Presque tous les produits en aluminium sont recyclables et peuvent avoir une seconde vie. L'usage croissant de ce métal recyclé dans différentes applications lui a valu d'être surnommé « métal vert ».
Pour l'employer comme matériau structural, il faut l'utiliser en alliage avec d'autres métaux et lui faire subir des traitements thermiques pour améliorer ses propriétés mécaniques. Il peut être soudé ou fondu pour la fabrication de pièces forgées et extrudées. Dans la construction, on l'utilise pour faire des charpentes métalliques, des portes et fenêtres et d'autres éléments structurels, comme les murs rideaux. Ses autres applications à signaler sont les revêtements des façades, grâce à sa légèreté. Il existe également des éléments préfabriqués en aluminium.

Propriétés
Densité : 2 700 kg/m^3
Point de fusion : 660 °C (933,47 °K)
Ductilité : bonne
Malléabilité : très bonne
Dureté Mohs : 2,75
Coefficient de dilatation : $2,4 \times 10^{-5}$
Résistance mécanique : faible (sauf en alliage)
Résistance à l'oxydation : très bonne (après formation d'une couche d'oxyde d'aluminium)
État d'oxydation : 3
Conductivité électrique : $37,7 \times 10^6$ S/m

ALUMINIUM ANODISÉ

C'est un aluminium protégé par une couche d'oxyde obtenue au moyen d'un traitement par anodisation : une couche d'oxyde d'aluminium artificiel se forme à la surface du métal. Cet oxyde se caractérise par sa résistance aux agents chimiques, sa dureté et sa faible conductivité électrique. De plus, il est possible de le teinter. Il offre plusieurs avantages car la couche anodisée est plus dure que la peinture habituellement utilisée pour protéger le métal. L'apparence métallique ressort davantage que sur d'autres métaux. La lumière du jour n'agit pas sur l'anodisé, qui toutefois peut s'altérer sous l'action des rayons ultraviolets.

Corten steel / COR-TEN Stahl
Acier rouillé / Cortenstaal
Acciaio corten / Acero corten

Stainless steel / Rostfreier stahl
Acier inoxydable / Roestvrij staal
Acciaio inossidabile / Acero inoxidable

METAAL

Metalen zijn in de natuur terug te vinden, maar bijna nooit in pure staat. Het gaat om chemische mengsels ontstaan uit minerale verbindingen, zoals oxiden, zwavelverbindingen of carbonaten. Deze worden gedolven in vindplaatsen en worden erts genoemd. Erts is de stof waaruit metalen worden gehaald. Er wordt een onderscheid gemaakt tussen alkali- en aardalkalimetalen, in overeenstemming met hun positie in het periodiek systeem, hoewel er ook een andere historische classificatie wordt gebruikt die verschil maakt tussen ferro- en non-ferrometalen. Onder de eerste vallen ijzer – giet- of smeedijzer – en staal; onder de tweede groep vallen aluminium, zink, lood en koper, samen met hun legeringen. Om praktische redenen wordt een onderscheid gemaakt tussen metaal en legering. Dit laatste is een homogeen, solide mengsel van twee of meer metalen, of van een of meer metalen met niet-metalen elementen.

Algemene eigenschappen
- **Dichtheid:** ultralicht (dichtheid in g/cm^3 lager dan 2), licht (dichtheid in g/cm^3 lager dan 4,5) en zwaar (dichtheid in g/cm^3 hoger dan 4,5).
- **Glans:** de kenmerkende glans van metalen is te danken aan het feit dat zij een grote hoeveelheid fotonen weerkaatsen.

Fysieke eigenschappen
De fysieke eigenschappen zijn afhankelijk van de legering.
- **Soortelijk gewicht:** dit kan absoluut of relatief zijn. Het relatieve gewicht is de verhouding tussen het gewicht van een lichaam en het gewicht van een referentiestof van hetzelfde volume. Voor solide en vloeibare stoffen wordt als referentie gedistilleerd water met een temperatuur van 4 °C gebruikt.
- **Smeltpunt:** dit is de temperatuur waarbij een materiaal van een vaste in vloeibare vorm overgaat. Het stolpunt is de temperatuur waarbij het materiaal een vaste vorm krijgt. Deze twee punten komen niet altijd overeen.
- **Oxidatie:** metalen oxideren (roesten) door de verbinding met zuurstof uit de lucht. Er zijn metalen waarbij de dunne roestlaag die zich op het oppervlak vormt de rest van het metaal beschermt, zoals het geval is bij koper, aluminium en lood. Andere metalen, zoals ijzer, zijn permeabel en de oxidatie trekt in het metaal totdat het wordt verwoest.

Mechanische eigenschappen
- **Mechanische sterkte:** vermogen om trekkrachten, compressie-, torsie- en buigbelasting te weerstaan zonder te vervormen of kapot te gaan.
- **Hardheid:** eigenschap die de mate waarin een metaal permanent vervormd onder directe invloed van een belasting uitdrukt.
- **Elasticiteit:** dit is de eigenschap van metalen om hun oorspronkelijk vorm terug te krijgen wanneer de belasting die ze vervormt wordt onderbroken.
- **Broosheid:** is het vermogen van een metaal om kapot te gaan door de werking van een botsing of bruuske temperatuursveranderingen.
- **Moeheid:** als een voorwerp wordt onderworpen aan periodieke belastingen dan kan het met mindere belastingen dan die vervormingen zouden produceren kapot gaan.

Technologische eigenschappen
- **Smeedbaarheid:** vermogen van metalen om in platen te worden omgezet.
- **Ductiliteit:** eigenschap van metalen om te worden omgevormd tot draad.
- **Warmvervormbaarheid:** eigenschap waarmee de vorm van een metaal door middel van de temperatuur kan worden gewijzigd.
- **Lasbaarheid:** dit is het vermogen van een metaal om aan een ander identiek metaal te worden gelast, waarbij op beide warme druk wordt uitgeoefend.
- **Smeltbaarheid:** dit is de eigenschap waarmee gesmolten of gegoten stukken kunnen worden verkregen.

Thermische eigenschappen
- **Warmtegeleidingsvermogen:** meet het vermogen om warmte via een materiaal over te brengen.
- **Uitzetting:** deze wordt lineair gemeten en bepaalt de lengte-eenheid voor de temperatuursverandering van 1 °C.

Elektrische eigenschappen
- **Elektrisch geleidingsvermogen:** dit is het vermogen van een materiaal om elektrische stroom te geleiden. Metalen laten met gemak de elektrische stroom door. Het zijn dan ook goede geleiders van elektriciteit.
- **Magnetisme en ferromagnetisme:** de atomen van sommige metalen kunnen sporadisch als magneten werken. Wanneer dit gebeurt magnetiseren ze en veranderen ze in een tijdelijke of permanente magneet.

IJZER (FE)

Dit metaal is het vierde element dat het meest voorkomt in de aardkorst, het vertegenwoordigt 5%. Het is gemakkelijk te delven, heeft een commerciële zuiverheid en er kunnen zeer nuttige legeringen mee gemaakt worden. Het is een uitermate rekbaar, taai en pletbaar metaal, maar het is niet elastisch. IJzer kan gemakkelijk worden gesmeed en twee stukken ijzer kunnen aan elkaar gelast worden. De twee belangrijkste ijzerlegeringen zijn staal, waarover we het later zullen hebben, en smeedijzer.

Eigenschappen
Dichtheid: 7.874 kg/m^3
Smeltpunt: 1.259 °C (1.520 °K)
Ductiliteit: zeer goed
Smeedbaarheid: zeer goed
Hardheid Moh: 4
Uitzettingscoëfficiënt: $1,2 \times 10^{-5}$
Corrosievastheid: slecht (in pure staat)
Oxidatiestaat: 2,3
Elektrisch geleidingsvermogen: $9,93 \times 10^6$ S/m

STAAL

Wanneer koolstof aan ijzer wordt toegevoegd, wordt staal verkregen, de meest gebruikte legering op de wereld. Deze legering behoudt de metalen kenmerken van ijzer, maar met aanzienlijk verbeterde eigenschappen dankzij de toevoeging van koolstof en van andere metalen en niet-metalen elementen. Het is moeilijk de fysieke en mechanische eigenschappen van staal te bepalen, want deze variëren al naargelang de samenstelling en de thermische, chemische of mechanische behandelingen, maar een aantal kunnen wel opgesomd worden. De gemiddelde dichtheid is 7.850 kg/m^3 en het smeltpunt hangt af van het soort legering en van de percentages van elk van de gelegerde elementen. Ook is het een zeer taai, behoorlijk rekbaar en pletbaar materiaal.
Corrosie is het grootste nadeel van staal, aangezien ijzer heel gemakkelijk roest. Staal wordt beschermd door middel van oppervlaktebehandelingen, maar er bestaan legeringen die een verbeterde corrosievastheid hebben, zoals *cortenstaal*, dat geschikt is om aan weer en wind te worden blootgesteld, of roestvrij staal, waarover hierna wordt gesproken.
Tenslotte vestigen we er de aandacht op dat staal een vals gevoel van veiligheid geeft omdat het onbrandbaar is, maar de mechanische eigenschappen worden door de hoge temperaturen wel aangetast.

Eigenschappen
Dichtheid: 7.850 kg/m^3
Smeltpunt: 1.375 °C (2.507 °K)
Ductiliteit: goed
Smeedbaarheid: goed
Uitzettingscoëfficiënt: $1,2 \times 10^{-5}$
Mechanische sterkte: zeer goed (al naargelang de behandeling)

Corrosievastheid: slecht (zonder specifieke behandeling)
Elektrisch geleidingsvermogen: 1,45 × 10⁷ S/m

ROESTVRIJ STAAL

Roestvrij staal is een ijzerlegering met minimaal 10% chroom. Het is een corrosiebestendig staaltype, aangezien chroom met zuurstof reageert en een passiverende laag vormt die de corrosie tegengaat. Het gebruik van roestvrij staal in de architectuur in ontwikkelde landen is wijd verspreid. De belangrijkste toepassingen zijn bekledingen van interieurs en van gevels, trappen en balustrades. Het is belangrijk om rekening te houden met de corrosieve kracht van het weer op metalen oppervlakken. In Japan worden bijvoorbeeld koude laminaire profielen gebruikt omdat de omstandigheden van de zeelucht het structurele gebruik van roestvrij staal in de civiele bouw geschikt maakt.

KOPER (CU)

Dit is een van de belangrijkste metalen vanuit industrieel oogpunt. Het is een roodachtig overgangsmetaal met een zeer hoog elektrisch en warmtegeleidingsvermogen. Het is na ijzer en aluminium het meest verbruikte metaal ter wereld. Het heeft verschillende fysieke eigenschappen die het industriële gebruik ervan bevorderen: een hoog elektrisch geleidingsvermogen, ductiliteit en smeedbaarheid. Bovendien is het een zeer duurzaam metaal dat bijna onbeperkt kan worden hergebruikt zonder dat zijn eigenschappen verloren gaan.
Koper is geschikt voor fabricage- en vervormingsprocessen, zoals lamineren of smeden, en voor lasprocessen. Het is een metaal dat, in legering, de beste mechanische eigenschappen vertoont. De belangrijkste legeringen zijn brons en messing, hoewel er ook andere bestaan zoals argentaan. Als bouwmateriaal wordt het over het algemeen gebruikt op daken en in de gevelbekleding, hoewel koper ook te vinden is in de bekleding van binnenwanden en plafonds of als versiering.
Een van de belangrijkste voordelen van koper is de duurzaamheid: het blijft in de loop van de tijd onveranderlijk en behoudt zijn aanvankelijke kwaliteitsstaat. Ook is het corrosiebestendig. Het is een licht materiaal en weegt de helft van andere metalen. De dichtheid verschaft volledige ondoordringbaarheid. Koper vereist geen onderhoud, waardoor het geschikt is voor moeilijk toegankelijke oppervlakken en het is bestand tegen biologische agentia. Koper bezit een mechanische weerstand die hoog genoeg is om de krachten van het buig- en manipulatieproces te weerstaan. De hoge smelttemperatuur maakt het vuurbestendig.

Eigenschappen
Dichtheid: 8.960 kg/m³
Smeltpunt: 1.083 °C (1.767 °K)
Ductiliteit: zeer goed
Smeedbaarheid: zeer goed
Hardheid Moh: 3
Uitzettingscoëfficiënt: 1,7 × 10⁻⁵
Mechanische sterkte: goed
Corrosievastheid: goed
Oxidatiestaat: 1,2
Elektrisch geleidingsvermogen: 58,108 × 10⁶ S/m

TITANIUM (TI)

Titanium is een zilvergrijs overgangsmetaal dat legeringen met andere stoffen zoals ijzer en aluminium kan vormen. Het is veel lichter dan staal, hoewel zijn mechanische eigenschappen er op lijken. Titanium heeft een hoge corrosiebestendigheid en mechanische weerstand, maar is veel prijziger dan staal. Daarom wordt het minder gebruikt. Het is een metaal dat veel voorkomt in de natuur, niet in zuivere staat maar in de vorm van oxiden, in het slak van sommige ijzermineralen en in het as van dieren en planten.
Titanium heeft een lage thermische uitzettingscoëfficiënt. Daarom wordt het als onbrandbaar materiaal geschikt voor plafonds en bekledingen gecertificeerd door het Japanse Ministerie van de Bouw. Een ander voordeel voor de architectuur is de lengte die de titaniumplaten kunnen bereiken, waardoor de installatiekosten worden verlaagd. De prestaties ten aanzien van ongebruikelijke omstandigheden zoals vulkanische of geothermische sferen met een hoge vochtigheid en hitte zijn zeer goed. Het degradeert niet en is 100% recyclebaar.

Eigenschappen
Dichtheid: 4.507 kg/m³
Smeltpunt: 1.667 °C (1.941 °K)
Ductiliteit: goed
Smeedbaarheid: goed
Hardheid Moh: 6
Uitzettingscoëfficiënt: tussen 2,8 en 3,5 × 10⁻⁶
Mechanische sterkte: zeer goed
Corrosievastheid: zeer goed
Oxidatiestaat: 4
Elektrisch geleidingsvermogen: 2,38 × 10⁶ S/m

ALUMINIUM (AL)

Aluminium is een van de meest voorkomende stoffen op aarde; het neemt 7,3% van de aardmassa in beslag. Het wordt verkregen uit de elektrolyse van bauxiet in gesmolten cryoliet. Het is zeer rekbaar en flexibel en er kunnen draden of platen van gemaakt worden. Dit metaal is luchtbestendig, maar in natuurlijke omstandigheden wordt het langzaam met een aluminiumoxidelaag bedekt. Het wordt door drinkwater en zuren aangetast. Bijna alle producten van aluminium kunnen worden gerecycled voor de vervaardiging van andere nieuwe producten. Dankzij het toenemende gebruik van dit gerecyclede metaal in verschillende toepassingen heeft het de bijnaam *groen metaal* gekregen.
Om het als structureel materiaal te gebruiken moet het met andere metalen worden gelegerd en thermische behandelingen ondergaan die zijn mechanische eigenschappen verbeteren. Het is een soldeerbaar materiaal en er kunnen door smelten, smeden en extrusie stukken worden gemaakt. In de bouw wordt het gebruikt voor de metalen kozijnen van deuren en ramen en andere structurele elementen, zoals de gordijnwand. Een andere opvallende toepassing is het gebruik in bekledingen van gevels, dankzij de lichtheid en prefab mogelijkheden die dit metaal biedt.

Eigenschappen
Dichtheid: 2.700 kg/m³
Smeltpunt: 660 °C (933,47 °K)
Ductiliteit: goed
Smeedbaarheid: zeer goed
Hardheid Moh: 2,75
Uitzettingscoëfficiënt: 2,4 × 10⁻⁵
Mechanische sterkte: slecht (ongelegerd)
Corrosievastheid: zeer goed (na het vormen van een aluminiumoxidelaag)
Oxidatiestaat: 3
Elektrisch geleidingsvermogen: 37,7 × 10⁶ S/m

GEANODISEERD ALUMINIUM

Dit is aluminium dat is beschermd met een laag oxide verkregen door een anodiseringsbehandeling die bestaat uit het kunstmatig vormen van een aluminiumoxidelaag op het oppervlak van het metaal. Dit oxide onderscheidt zich vanwege zijn bestendigheid tegen chemische agentia, zijn hardheid en laag elektrisch geleidingsvermogen. Daarnaast kan het gekleurd worden. Het heeft een serie voordelen, want de geanodiseerde laag is harder dan de lak waarmee het metaal meestal wordt beschermd. Het metalen voorkomen valt meer op dan bij andere metalen en het zonlicht tast de anodisering niet aan, hoewel de coating door de inwerking van ultraviolette stralen kan worden beschadigd.

Aluminium and Corten steel
Aluminium und COR-TEN Stahl
Aluminium et acier rouillé
Aluminium en Cortenstaal
Alluminio e acciaio corten
Aluminio y acero corten

Iron and steel / Eisen und Stahl
Fer et acier / IJzer en staal
Ferro e acciaio / Hierro y acero

METALLO

I metalli sono presenti in natura, ma raramente allo stato puro. Si combinano chimicamente dando vita a composti minerali come gli ossidi, i sulfuri o i carbonati. Questi si trovano in giacimenti e costituiscono il materiale grezzo, da cui vengono poi estratti i metalli.
Esistono i metalli alcalini e alcalini-terrosi in base alla loro disposizione nella tavola periodica; c'è anche un'altra classificazione storica che differenzia i metalli ferrosi da quelli non ferrosi. Tra i primi troviamo il ferro – fucinato o fuso - e l'acciaio; tra i secondi l'alluminio, lo zinco, il piombo e il rame con le rispettive leghe. A fini pratici, i metalli si distinguono tra metalli o leghe, ovvero una miscela solida omogenea di due o più metalli o di uno o più metalli con elementi non metallici.

Caratteristiche generali
- **Densità:** ultraleggeri (densità in g/cm^3 inferiore a 2), leggeri (densità in g/cm^3 inferiore a 4,5) e pesanti (densità in g/cm^3 superiore a 4,5).
- **Brillantezza:** la brillantezza caratteristica dei metalli è dovuta al fatto che riflettono una maggiore quantità di fotoni.

Caratteristiche fisiche
Le proprietà fisiche dipendono dal tipo di lega.
- **Peso specifico:** può essere assoluto o relativo. Il peso relativo è il rapporto tra il peso di un corpo e il peso di una sostanza di riferimento di pari volume. Per i solidi e i liquidi, viene presa come riferimento l'acqua distillata a 4 °C.
- **Punto di fusione:** è la temperatura alla quale un materiale passa dallo stato solido a quello liquido. Il punto di solidificazione è la temperatura alla quale passa allo stato solido. Questi due punti non sempre coincidono.
- **Ossidazione:** i metalli si ossidano per l'azione dell'ossigeno presente nell'aria. Vi sono metalli in cui il sottile strato di ossido che si forma sulla superficie protegge il resto del metallo, come nel caso del rame, dell'alluminio e del piombo. Altri metalli, come il ferro, sono permeabili e l'ossidazione penetra nel metallo fino a distruggerlo.

Caratteristiche meccaniche
- **Resistenza meccanica:** capacità di resistere alle forze di trazione, compressione, torsione e flessione senza deformazioni né rotture.
- **Durezza:** proprietà che esprime il grado deformazione permanente cui è sottoposto un metallo sotto l'azione diretta di un carico.
- **Elasticità:** è la proprietà dei metalli di recuperare la propria forma originaria quando cessa il carico che li deformava.
- **Fragilità:** è la possibilità che un metallo si rompa per l'azione di un urto o per bruschi cambiamenti di temperatura.
- **Fatica:** se si sottopone un pezzo all'azione di cariche periodiche si può arrivare alla rottura con carichi minori rispetto a quelli che produrrebbero deformazioni.

Caratteristiche tecnologiche
- **Malleabilità:** capacità dei metalli di essere trasformati in lastre o lamine.
- **Duttilità:** proprietà dei metalli di essere trasformati in cavi e fili.
- **Forgiabilità:** è la proprietà con la quale è possibile modificare la forma di un metallo tramite la temperatura.
- **Saldabilità:** è la capacità di un metallo di saldarsi con un altro identico sottoponendo entrambi a pressione, a caldo.
- **Fusibilità:** è la proprietà che consente di ottenere pezzi fusi o colati.

Caratteristiche termiche
- **Conduttività termica:** misura la capacità di trasferire calore attraverso un materiale.
- **Dilatazione:** viene misurata linearmente e consente di definire l'unità per la variazione di 1 °C di temperatura.

Caratteristiche elettriche
- **Conduttività elettrica:** è la capacità di un materiale di condurre la corrente elettrica. I metalli consentono facilmente il passaggio di corrente elettrica; sono quindi dei buoni conduttori di elettricità.
- **Magnetismo e ferromagnetismo:** esistono dei materiali i cui atomi possono talvolta agire come delle calamite. Quando questo avviene, si magnetizzano trasformandosi in una calamita temporanea o permanente.

FERRO (FE)

Questo metallo è il quarto elemento più presente sulla crosta terrestre, con un 5%. È facilmente reperibile in commercio e può essere usato per creare leghe molto utili. Si tratta di un metallo estremamente duttile, resistente e malleabile, ma non ha elasticità. Può essere facilmente lavorato e saldato con altri pezzi dello stesso materiale. Le due leghe più importanti del ferro sono l'acciaio, di cui parleremo più avanti, e la ghisa.

Proprietà
Densità: 7874 kg/m^3
Punto di fusione: 1259 °C (1520 °K)
Duttilità: ottima
Malleabilità: ottima
Durezza Mohs: 4
Coefficiente di dilatazione: $1,2 \times 10^{-5}$
Resistenza all'ossidazione: scarsa (allo stato puro)
Stato di ossidazione: 2,3
Conduttività elettrica: $9,93 \times 10^6$ S/m

ACCIAIO

Quando il carbonio viene aggiunto al ferro, si ottiene l'acciaio, la lega più utilizzata nel mondo. Questa lega conserva le caratteristiche metalliche del ferro, ma con proprietà notevolmente migliorate grazie all'aggiunta del carbonio e di altri elementi metallici e non metallici. È difficile definire le proprietà fisiche e meccaniche dell'acciaio dato che queste variano in base alla sua composizione e ai trattamenti termici, chimici o meccanici; tuttavia possiamo citarne alcune. La sua densità media è di 7850 kg/m^3 e il punto di fusione dipenderà dal tipo di lega e dalle percentuali di ciascun elemento legante. Si tratta di un materiale molto resistente, relativamente duttile e malleabile.
La corrosione è il principale punto debole degli acciai, dato che il ferro si ossida con estrema facilità. Gli acciai vengono protetti tramite trattamenti superficiali, anche se esistono leghe con una maggiore resistenza alla corrosione come gli acciai da costruzione corten, adatti a essere esposti alle intemperie o gli acciai inossidabili, di cui parleremo più avanti. Infine si noti che l'acciaio dà una falsa sensazione di sicurezza per via della sua incombustibilità, ma le sue proprietà meccaniche risentono fortemente delle alte temperature.

Proprietà
Densità: 7850 kg/m^3
Punto di fusione: 1375 °C (2507 °K)
Duttilità: buona
Malleabilità: buona
Coefficiente di dilatazione: $1,2 \times 10^{-5}$
Resistenza meccanica: molto buona (in base al trattamento)
Resistenza all'ossidazione: scarsa (senza trattamenti specifici)
Conduttività elettrica: circa 3×10^6 S/m

ACCIAIO INOSSIDABILE

L'acciaio inossidabile è una lega di ferro contenente almeno il 10% di cromo. È un tipo di acciaio che resiste alla corrosione dato che il cromo reagisce con l'ossigeno formando uno strato passivante che evita la corrosione. L'uso dell'acciaio inossidabile in architettura nei paesi sviluppati è ormai consolidato; le principali applicazioni sono i pannelli per rivestimenti di interni e facciate, scale e protezioni/ringhiere. È importante tenere conto del potere corrosivo degli agenti atmosferici sulle superfici metalliche. In Giappone ad esempio vengono usati profili laminati a freddo poiché le condizioni dell'atmosfera marina rendono adeguato l'uso strutturale dell'acciaio inossidabile nell'edilizia civile.

RAME (CU)

È uno dei metalli più importanti dal punto di vista industriale. Si tratta di un metallo di transizione di colore rossiccio, con una conducibilità elettrica e termica molto elevata. È il terzo metallo più usato nel mondo dopo il ferro e l'alluminio. Possiede varie proprietà fisiche che ne consentono l'uso nell'industria: alta conducibilità elettrica, duttilità e malleabilità. Inoltre si tratta di un metallo che dura a lungo nel tempo e può essere riciclato in modo praticamente illimitato senza che perda le sue proprietà. Il rame è adatto nei processi di fabbricazione, deformazione come la laminazione o la forgiatura e la saldatura. In lega, presenta proprietà meccaniche migliorate. Le leghe più importanti sono il bronzo e l'ottone, anche se ne esistono altre come l'argentana. Come materiale da costruzione è generalmente utilizzato per tetti e coperture per facciate, anche se lo si trova in rivestimenti interni di pareti e soffitti o come elemento ornamentale.

Uno dei principali vantaggi del rame è la sua durata: resta inalterato nel tempo conservando le proprie qualità iniziali. Resiste inoltre alla corrosione atmosferica. È un materiale leggero, pesa la metà di altri prodotti metallici alternativi. La sua tenuta garantisce un'impermeabilizzazione totale. Non richiede manutenzione ed è quindi adatto alle superfici difficilmente accessibili, oltre a resistere agli agenti biologici. Ha una resistenza meccanica sufficientemente alta da resistere ai processi di piegatura e lavorazione. La sua elevata temperatura di fusione lo rende ignifugo.

Proprietà
Densità: 8960 kg/m^3
Punto di fusione: 1083 °C (1357 °K)
Duttilità: ottima
Malleabilità: ottima
Durezza Mohs: 3
Coefficiente di dilatazione: $1,7 \times 10$
Resistenza meccanica: buona
Resistenza all'ossidazione: buona
Stato di ossidazione: 1,2
Conduttività elettrica: $50,100 \times 10^6$ S/m

TITANIO (TI)

Il titanio è un metallo di transizione di colore grigio argento che può formare leghe con altri elementi come il ferro e l'alluminio. È molto più leggero dell'acciaio, anche se possiede proprietà meccaniche simili. Presenta un'elevata resistenza alla corrosione e un'ottima resistenza meccanica, ma è più costoso dell'acciaio, aspetto che ne limita l'utilizzo. È naturalmente presente in abbondanza, anche se non lo si trova allo stato puro ma sotto forma di ossidi, nelle scorie di alcuni minerali di ferro e nelle ceneri di animali e piante.

Ha un basso coefficiente di espansione termica; è stato infatti certificato come materiale incombustibile adatto per tetti e rivestimenti dal Ministero dell'edilizia giapponese. Un altro vantaggio per l'architettura è la lunghezza che possono avere le lastre, che riduce i costi di installazione. Ha un ottimo comportamento in presenza di condizioni inconsuete come la cenere vulcanica o gli ambienti geotermici di umidità e calore elevati. Non si degrada ed è riciclabile al 100%.

Proprietà
Densità: 4507 kg/m^3
Punto di fusione: 1667 °C (1941 °K)
Duttilità: buona
Malleabilità: buona
Durezza Mohs: 6
Coefficiente di dilatazione: tra 2,8 e $3,5 \times 10^{-6}$
Resistenza meccanica: ottima
Resistenza all'ossidazione: ottima
Stato di ossidazione: 4
Conduttività elettrica: $2,38 \times 10^6$ S/m

ALLUMINIO (AL)

L'alluminio è uno degli elementi più abbondanti sul nostro pianeta; costituisce infatti il 7,3% della sua massa. È ottenuto tramite elettrolisi della bauxite in criolite fusa. È molto duttile e malleabile, può essere trasformato in fili o lastre/fogli. Si tratta di un metallo resistente all'aria perché viene ricoperto da uno strato di ossido invisibile, mentre risente della presenza di acqua potabile e acidi. Quasi tutti i prodotti in alluminio possono essere riciclati per ottimizzare ancora di più la presenza di questo metallo riciclato in diversi appuntamenti ci è valso l'appellativo di metallo verde.

Per usarlo come materiale strutturale occorre legarlo con altri metalli e applicare dei trattamenti termici che ne migliorino le proprietà meccaniche. Si tratta di un materiale saldabile che consente la produzione di pezzi per fusione, fucinatura ed estrusione. In edilizia è usato per la realizzazione di infissi metallici per porte e finestre, oltre ad altri elementi strutturali come i tramezzi. Un'altra importante applicazione è l'uso nei rivestimenti delle facciate, grazie alla sua leggerezza e alle possibilità di creare elementi prefabbricati.

Proprietà
Densità: 2700 kg/m^3
Punto di fusione: 660 °C (933,47 °K)
Duttilità: buona
Malleabilità: ottima
Durezza Mohs: 2,75
Coefficiente di dilatazione: $2,4 \times 10^{-5}$
Resistenza meccanica: scarsa (senza lega)
Resistenza all'ossidazione: ottima (dopo la formazione di uno strato di ossido di alluminio)
Stato di ossidazione: 3
Conduttività elettrica: $37,7 \times 10^6$ S/m

ALLUMINIO ANODIZZATO

Questo tipo di alluminio è protetto da uno strato di ossido ottenuto tramite un trattamento di anodizzazione che consiste nel formare artificialmente uno strato di ossido di alluminio sulla superficie del metallo. Questo ossido ha la caratteristica di resistere agli agenti chimici grazie alla sua durezza e alla bassa conduttività elettrica. Può inoltre essere colorato. Presenta una serie di vantaggi dato che lo strato anodizzato è più duro rispetto alle vernici con cui solitamente viene protetto il metallo. L'apparenza metallica emerge maggiormente rispetto ad altri metalli e la luce solare non ha conseguenze sulla parte anodizzata, anche se il rivestimento potrebbe danneggiarsi per l'azione dei raggi ultravioletti.

Corrugated perforated aluminum
Gelochtes Aluminium-Wellblech
Aluminium ondulé perforé
Geperforeerd, gegolfd aluminium
Alluminio corrugato perforato
Aluminio corrugado perforado

METAL

Los metales se encuentran en la naturaleza pero raramente en estado puro. Están combinados químicamente formando compuestos minerales, como los óxidos, los sulfuros o los carbonatos. Éstos se hallan en yacimientos formando lo que denominamos «mena», que es aquella materia de la que se extraen los metales.

Se distingue entre metales alcalinos y alcalinotérreos, de acuerdo con su disposición en la tabla periódica, aunque también se utiliza otra clasificación histórica que diferencia entre metales ferrosos y no ferrosos. Entre los primeros se encuentran el hierro –forjado o fundido– y el acero; entre los segundos, el aluminio, el zinc, el plomo y el cobre, junto con sus aleaciones. A efectos prácticos, los metales se distinguen entre metales o aleaciones, que son una mezcla sólida homogénea de dos o más metales, o de uno o más metales con elementos no metálicos.

Características generales
– **Densidad:** ultraligeros (densidad en g/cm^3 inferior a 2), ligeros (densidad en g/cm^3 inferior a 4,5) y pesados (densidad en g/cm^3 superior a 4,5).
– **Brillo:** el brillo característico de los metales se debe a que reflejan una mayor cantidad de fotones.

Características físicas
Las propiedades físicas dependen de la aleación.
– **Peso específico:** puede ser absoluto o relativo. El peso relativo es la relación entre el peso de un cuerpo y el peso de una sustancia de referencia de igual volumen. Para los sólidos y los líquidos se toma como referencia el agua destilada a 4 °C.
– **Punto de fusión:** es la temperatura a la cual un material pasa del estado sólido al líquido. El punto de solidificación es la temperatura a la cual pasa al estado sólido. Estos dos puntos no siempre coinciden.
– **Oxidación:** los metales se oxidan por la acción del oxígeno del aire. Hay metales en los que la pequeña capa de óxido que se forma en la superficie protege el resto de metal, como es el caso del cobre, el aluminio y el plomo. Otros metales, como el hierro, son permeables y la oxidación penetra el metal hasta destruirlo.

Características mecánicas
– **Resistencia mecánica:** capacidad para resistir los esfuerzos de tracción, compresión, torsión y flexión sin deformarse ni romperse.
– **Dureza:** propiedad que expresa el grado de deformación permanente que sufre un metal bajo la acción directa de una carga.
– **Elasticidad:** es la propiedad que tienen los metales de recuperar su forma primitiva cuando cesa la carga que los deformaba.
– **Fragilidad:** es la facultad de un metal de romperse por la acción del choque o por cambios bruscos de temperatura.
– **Fatiga:** si se somete una pieza a la acción de cargas periódicas se puede llegar a producir su rotura con cargas menores a las que producirían deformaciones.

Características tecnológicas
– **Maleabilidad:** capacidad de los metales para hacerse láminas.
– **Ductilidad:** propiedad de los metales para moldearse en alambre e hilos.
– **Forjabilidad:** es la propiedad mediante la cual puede modificarse la forma de un metal a través de la temperatura.
– **Soldabilidad:** es la aptitud de un metal para soldarse con otro idéntico bajo presión ejercida sobre ambos en caliente.
– **Fusibilidad:** es la propiedad que permite obtener piezas fundidas o coladas.

Características térmicas
– **Conductividad térmica:** mide la capacidad de transferir calor a través de un material.
– **Dilatación:** se mide linealmente y se fija la unidad de longitud para la variación de 1 °C de temperatura.

Características eléctricas
– **Conductividad eléctrica:** es la capacidad de un material para conducir la corriente eléctrica. Los metales permiten el paso de la corriente eléctrica con facilidad; son, por tanto, buenos conductores de la electricidad.
– **Magnetismo y ferromagnetismo:** existen algunos metales cuyos átomos pueden actuar esporádicamente como imanes. Cuando eso ocurre se magnetizan, y se convierten en un imán temporal o permanente.

HIERRO (FE)

Este metal es el cuarto elemento más abundante en la corteza terrestre (representa un 5%). Se puede conseguir con facilidad y con pureza comercial y puede formar aleaciones muy útiles. Es un metal extremadamente dúctil, tenaz y maleable pero sin elasticidad. Se puede forjar fácilmente y se puede soldar consigo mismo. Las dos aleaciones más importantes del hierro son el acero, del que hablaremos más adelante, y la forja.

Propiedades
Densidad: 7.874 kg/m^3
Punto de fusión: 1.259 °C (1.520 °K)
Ductilidad: muy buena
Maleabilidad: muy buena
Dureza Mohs: 4
Coeficiente de dilatación: $1,2 \times 10^{-5}$
Resistencia a la oxidación: mala (en estado puro)
Estado de oxidación: 2, 3
Conductividad eléctrica: $9,93 \times 10^6$ S/m

ACERO

Cuando se agrega el carbono al hierro, se obtiene acero, la aleación más utilizada en todo el mundo. Esta aleación conserva las características metálicas del hierro, pero con propiedades notablemente mejoradas gracias a la adición del carbono y de otros elementos metálicos y no metálicos. Es difícil establecer las propiedades físicas y mecánicas del acero, ya que varían según su composición y los tratamientos térmicos, químicos o mecánicos, pero se pueden citar algunas. Su densidad media es de 7.850 kg/m^3 y el punto de fusión dependerá del tipo de aleación y de los porcentajes de cada uno de los elementos aleantes. También es un material muy tenaz, relativamente dúctil y maleable.

La corrosión es la mayor desventaja de los aceros, ya que el hierro se oxida con suma facilidad. Los aceros se han protegido mediante tratamientos superficiales, aunque existen aleaciones con resistencia mejorada a la corrosión, como los aceros de construcción corten aptos para la intemperie o los aceros inoxidables, que se explican más adelante. Por último destacaremos que el acero da una falsa sensación de seguridad al ser incombustible, pero sus propiedades mecánicas quedan afectadas por las altas temperaturas.

Propiedades
Densidad: 7.850 kg/m^3
Punto de fusión: 1.375 °C (2507 °K)
Ductilidad: buena
Maleabilidad: buena
Coeficiente de dilatación: $1,2 \times 10^{-5}$
Resistencia mecánica: muy buena (según tratamiento)
Resistencia a la oxidación: mala (sin tratamientos específicos)
Conductividad eléctrica: aprox. 3×10^6 S/m

ACERO INOXIDABLE

El acero inoxidable es una aleación de hierro con un mínimo de 10% de cromo. Es un tipo de acero resistente a la corrosión, dado que el cromo reacciona con el oxígeno y forma una capa pasivadora que evita la corrosión. El uso del acero inoxidable en la arquitectura de los países desarrollados está afianzado; las principales aplicaciones con posible mantenimiento en interiores y de fachadas, escaleras y barandas. Es importante tener en cuenta el poder corrosivo de la meteorología sobre las superficies metálicas. En Japón, por ejemplo, se utilizan perfiles laminares en frío porque las condiciones de la atmósfera marina hacen adecuado el uso estructural del acero inoxidable en la construcción civil.

COBRE (CU)

Es uno de los metales más importantes desde un punto de vista industrial. Es un metal de transición rojizo, que presenta una conductividad eléctrica y térmica muy alta. Es el tercer metal más consumido en el mundo, después del hierro y del aluminio. Posee varias propiedades físicas que propician su uso industrial: alta conductividad eléctrica, ductilidad y maleabilidad. Además, es un metal muy duradero que se puede reciclar un número de veces casi ilimitado sin que pierda sus propiedades.
El cobre es apto para los procesos de fabricación, de deformación, como la laminación o la forja, y de soldadura. Es un metal que, en aleación, presenta mejores propiedades mecánicas. Las aleaciones más importantes son el bronce y el latón, aunque existen otras como la alpaca. Como material de construcción se utiliza generalmente en cubiertas y en el revestimiento de fachadas, aunque también se puede encontrar en revestimientos interiores de paredes y techos o como ornamentación.
Una de las principales ventajas del cobre es su durabilidad: se mantiene inalterable al paso del tiempo, conservando sus condiciones iniciales de calidad. También es resistente a la corrosión atmosférica. Es un material liviano, pesa la mitad que otras alternativas metálicas. Su estanqueidad proporciona una impermeabilización total. No requiere mantenimiento, por lo que es adecuado para superficies de difícil acceso, y es resistente a los agentes biológicos. Posee una resistencia mecánica suficientemente alta para resistir los esfuerzos del proceso de doblado y la manipulación. Su alta temperatura de fusión lo hace resistente al fuego.

Propiedades
Densidad: 8.960 kg/m^3
Punto de fusión: 1.083 °C (1357 °K)
Ductilidad: muy buena
Maleabilidad: muy buena
Dureza Mohs: 3
Coeficiente de dilatación: $1,7 \times 10^{-5}$
Resistencia mecánica: buena
Resistencia a la oxidación: buena
Estado de oxidación: 1, 2
Conductividad eléctrica: $58,108 \times 10^6$ S/m

TITANIO (TI)

El titanio es un metal de transición de color gris plata que puede formar aleaciones con otros elementos como el hierro y el aluminio. Es mucho más ligero que el acero, aunque posee propiedades mecánicas parecidas. Presenta una elevada resistencia a la corrosión y una gran resistencia mecánica, pero es más costoso que el acero, lo que limita su uso. Es un metal abundante en la naturaleza, aunque no se encuentra en estado puro sino en forma de óxidos, en la escoria de ciertos minerales de hierro y en las cenizas de animales y plantas.
Posee un bajo coeficiente de expansión térmica, por lo que ha sido certificado como material incombustible adecuado para techos y revestimientos por el Ministerio de Construcción japonés. Otra de sus ventajas para la arquitectura es la longitud que pueden alcanzar las hojas, lo que reduce el coste de instalación. Su comportamiento es muy bueno frente a condiciones inusuales como la ceniza volcánica o los ambientes geotérmicos de humedad y calor elevados. No se degrada y es 100% reciclable.

Propiedades
Densidad: 4.507 kg/m^3
Punto de fusión: 1.667 °C (1941 °K)
Ductilidad: buena
Maleabilidad: buena
Dureza Mohs: 6
Coeficiente de dilatación: entre 2,8 y $3,5 \times 10^{-6}$
Resistencia mecánica: muy buena
Resistencia a la oxidación: muy buena
Estado de oxidación: 4
Conductividad eléctrica: $2,38 \times 10^6$ S/m

ALUMINIO (AL)

El aluminio es uno de los elementos más abundantes en la tierra; constituye el 7,3% de su masa. Se obtiene por electrólisis de la bauxita en criolita fundida. Es muy dúctil y maleable, puede obtenerse en hilos o en hojas. Este metal es resistente al aire porque se recubre de una capa de óxido invisible, pero se ve afectado por el agua potable y los ácidos. Casi todos los productos de aluminio se pueden reciclar para producir otros nuevos. El uso creciente de este metal reciclado en diferentes aplicaciones le ha otorgado el reconocimiento de «metal verde». Para emplearlo como material estructural es necesario alearlo con otros metales y aplicarle tratamientos térmicos que mejoren sus propiedades mecánicas. Es un material soldable y permite la fabricación de piezas por fundición, forja y extrusión. En la construcción se utiliza en la fabricación de carpintería metálica de puertas y ventanas y otros elementos estructurales, como el muro cortina. Otra aplicación destacable es su uso en los revestimientos de las fachadas, gracias a su ligereza y a las posibilidades de prefabricación.

Propiedades
Densidad: 2.700 kg/m^3
Punto de fusión: 660 °C (933,47 °K)
Ductilidad: buena
Maleabilidad: muy buena
Dureza Mohs: 2,75
Coeficiente de dilatación: $2,4 \times 10^{-5}$
Resistencia mecánica: mala (sin alear)
Resistencia a la oxidación: muy buena
(tras formar una capa de óxido de aluminio)
Estado de oxidación: 3
Conductividad eléctrica: $37,7 \times 10^6$ S/m

ALUMINIO ANODIZADO

Es un aluminio protegido por una capa de óxido obtenida mediante un tratamiento de anodización, que consiste en formar artificialmente una capa de óxido de aluminio en la superficie del metal. Este óxido se caracteriza por su resistencia a los agentes químicos, por su dureza y por su baja conductividad eléctrica. Además, se puede colorear. Presenta una serie de ventajas, pues la capa de anodizado es más dura que la pintura con la que se suele proteger el metal. La apariencia metálica destaca más que en otros metales y la luz solar no afecta al anodizado, aunque el recubrimiento podría estropearse por la acción de los rayos UV.

CONCRETE
BETON
BÉTON
BETON
CALCESTRUZZO
HORMIGÓN

CONCRETE SLIT HOUSE

Zhang Lei/AZL Architects
Nanjing, China
© Nacasa & Partners, LU Hengzhong

Concrete / Beton / Béton / Beton / Calcestruzzo / Hormigón

According to the architects, the construction boom in China has caused the country to consume nearly half of the world's concrete. Despite this, the Slit residence is the first building really constructed with concrete in the city of Nanjing. The images show that both the façade and the structure have been erected with this material.

Selon les statistiques, du fait de l'essor de la construction en Chine, le pays consomme pratiquement la moitié du béton mondial. Mais la résidence Slit est le premier bâtiment vraiment tout en béton de la ville de Nanjing. Comme le montrent les photos, la façade et la structure sont conçues dans ce matériau.

Secondo gli architetti, il boom edilizio cinese ha fatto sì che questo paese utilizzi quasi la metà del calcestruzzo mondiale. Nonostante questo, la residenza Slit è il primo edificio realizzato realmente in calcestruzzo nella città di Nanchino. Le immagini mostrano che sia la facciata, sia la struttura sono state realizzate con questo materiale.

Nach Aussage der Architekten hat der Aufschwung der Bauindustrie in China bewirkt, dass in diesem Land nahezu die Hälfte des weltweit verwendeten Betons verbaut wird. Trotzdem ist das Wohngebäude Slit das erste Haus in der Stadt Nanjing, das tatsächlich aus Beton gefertigt wurde. Die Bilder zeigen, dass sowohl die Fassade als auch die Struktur vollständig aus diesem Material bestehen.

Volgens de architecten heeft de bloei van de bouw in China ervoor gezorgd dat in dit land bijna de helft van het beton op de wereld wordt gebruikt. Desondanks is de Slit woning in de stad Nanjing het eerste gebouw dat werkelijk van beton is gemaakt. De foto's laten zien dat zowel de gevel als de draagconstructie uit dit materiaal zijn opgetrokken.

Según los arquitectos, el auge de la construcción en China ha provocado que en este país se utilice casi la mitad del hormigón mundial. A pesar de esto, la residencia Slit es el primer edificio construido realmente con hormigón en la ciudad de Nanjing. Las imágenes muestran que tanto la fachada como la estructura se han levantado con este material.

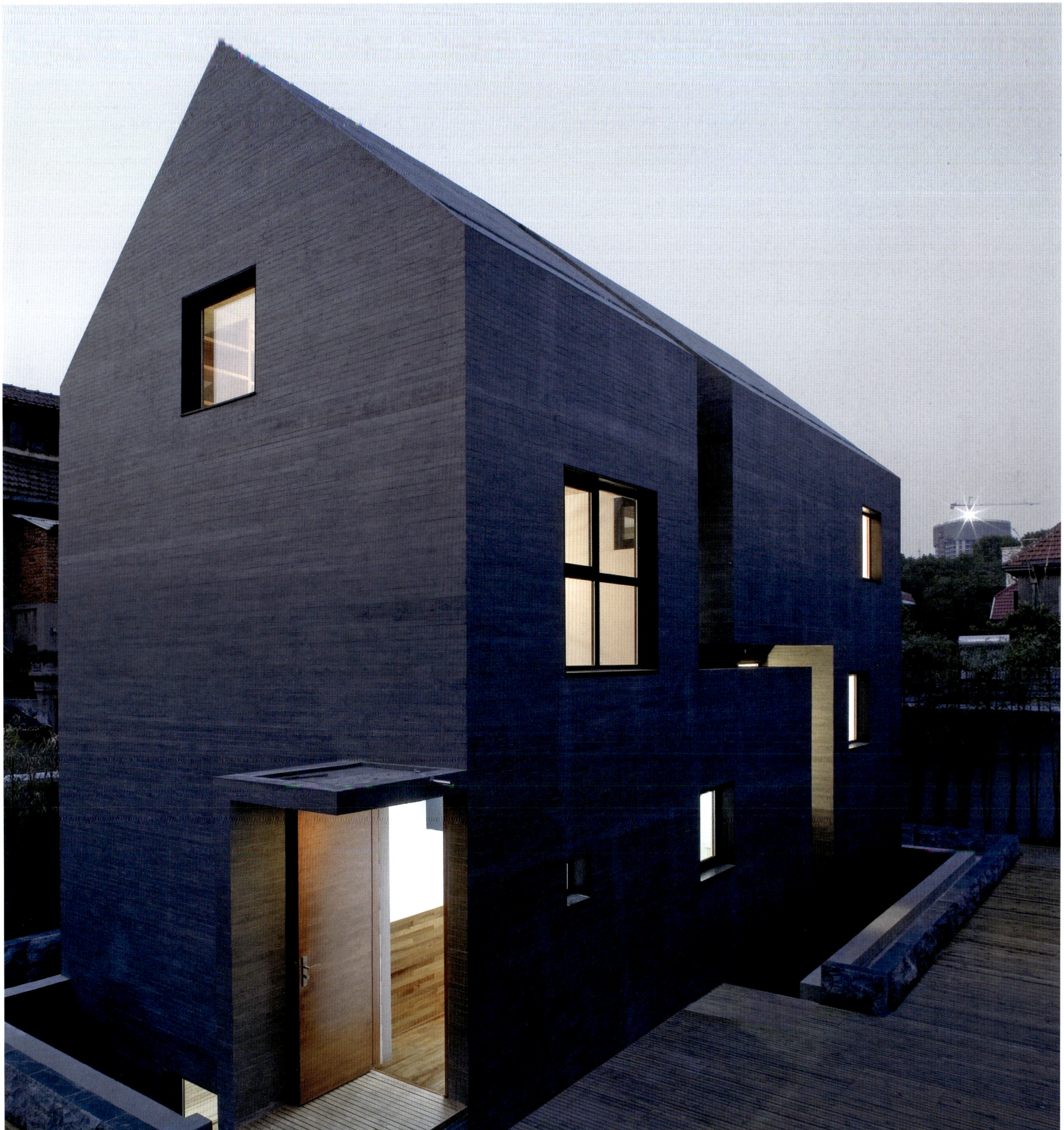

Location plan / Umgebungsplan
Plan de situation / Omgenigsplattegrond
Planimetria di localizzazione / Plano de situación

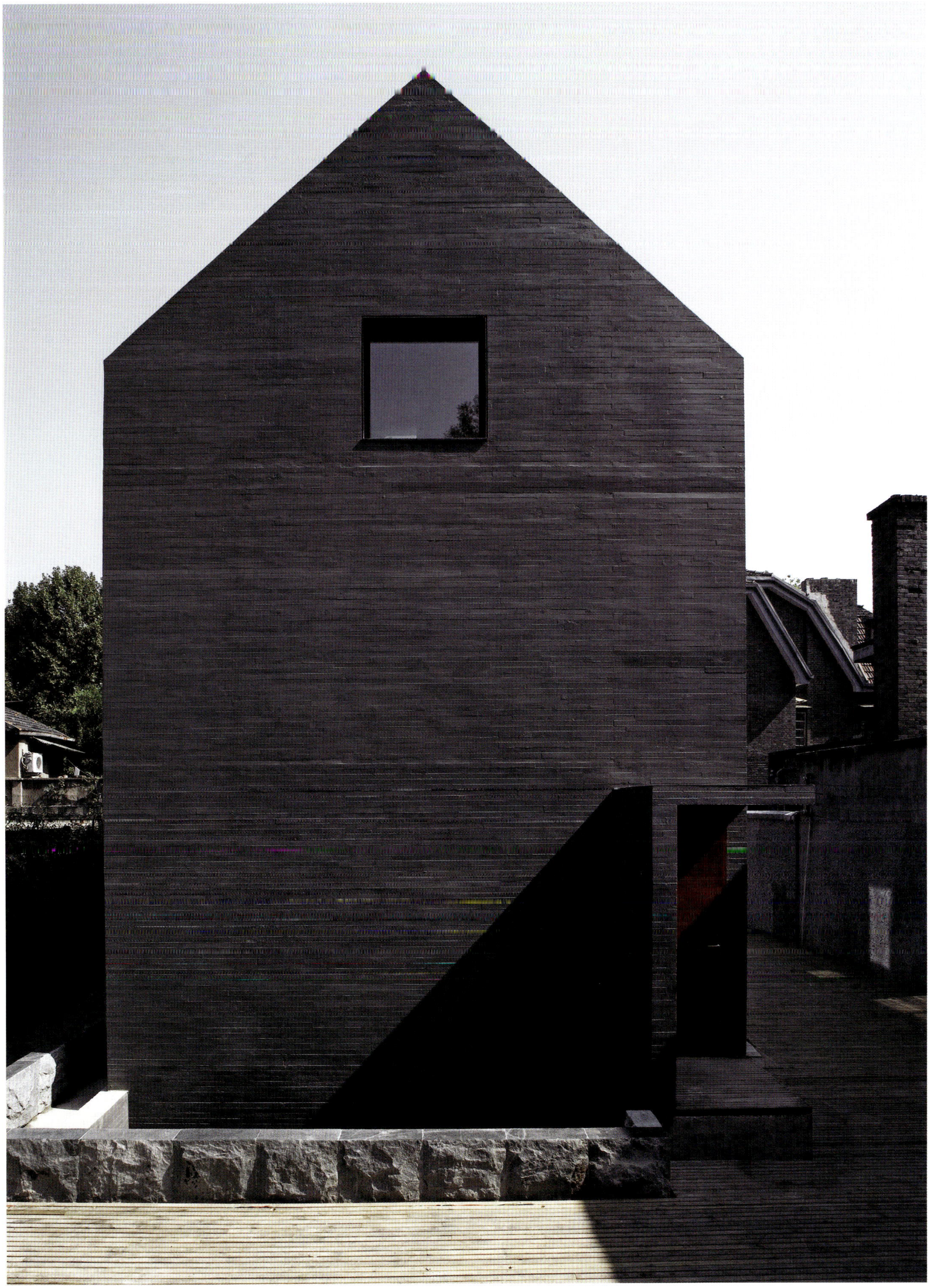

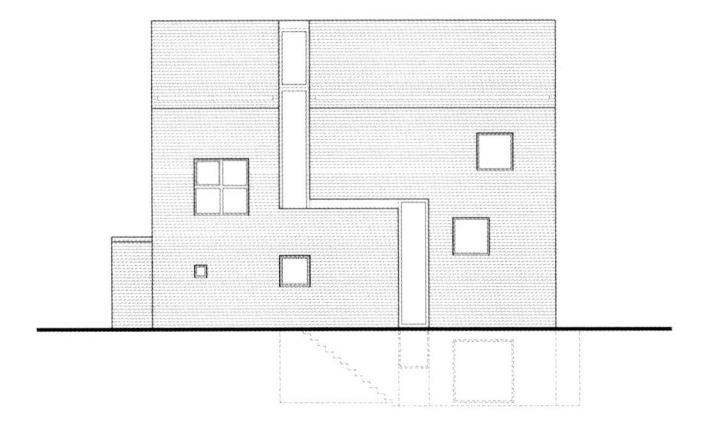

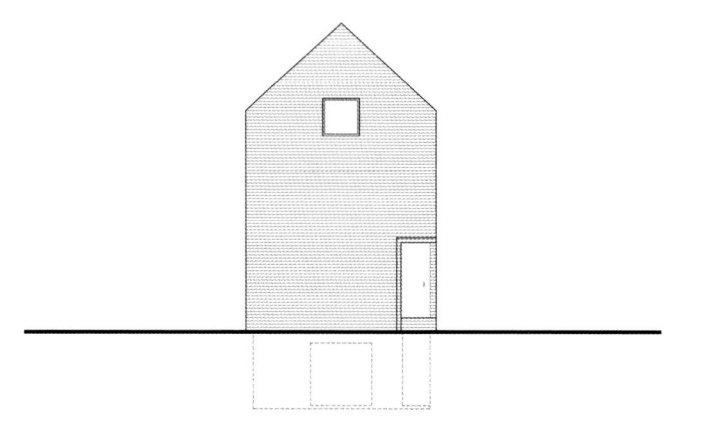

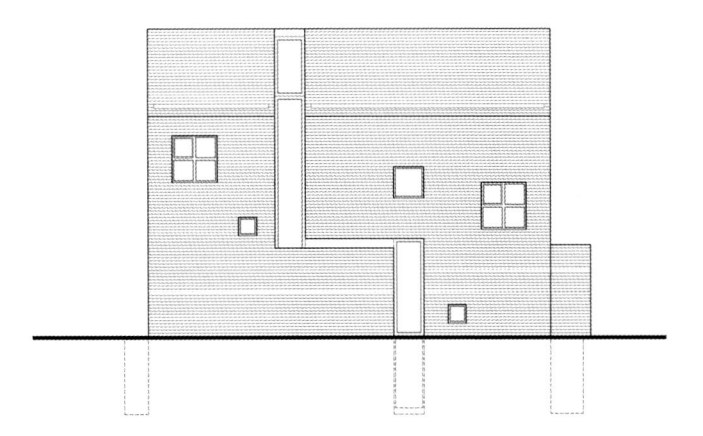

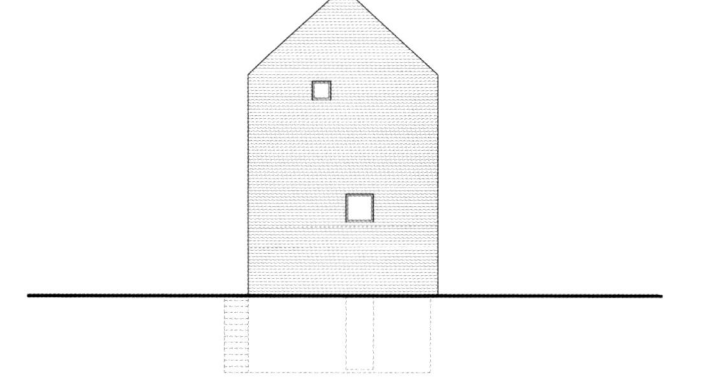

Elevations / Aufrisse
Élévations / Verhogingen
Prospetti / Alzados

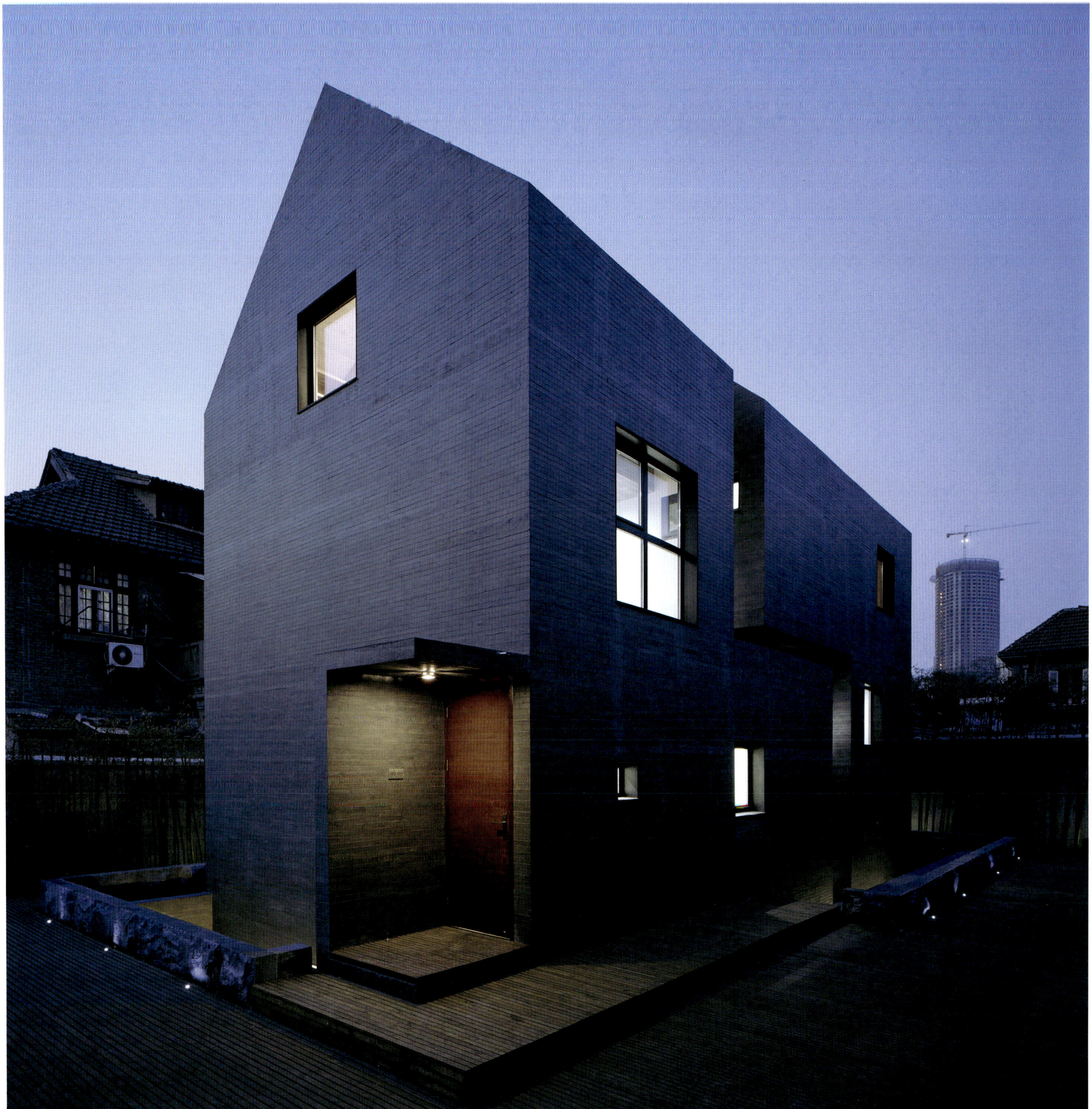

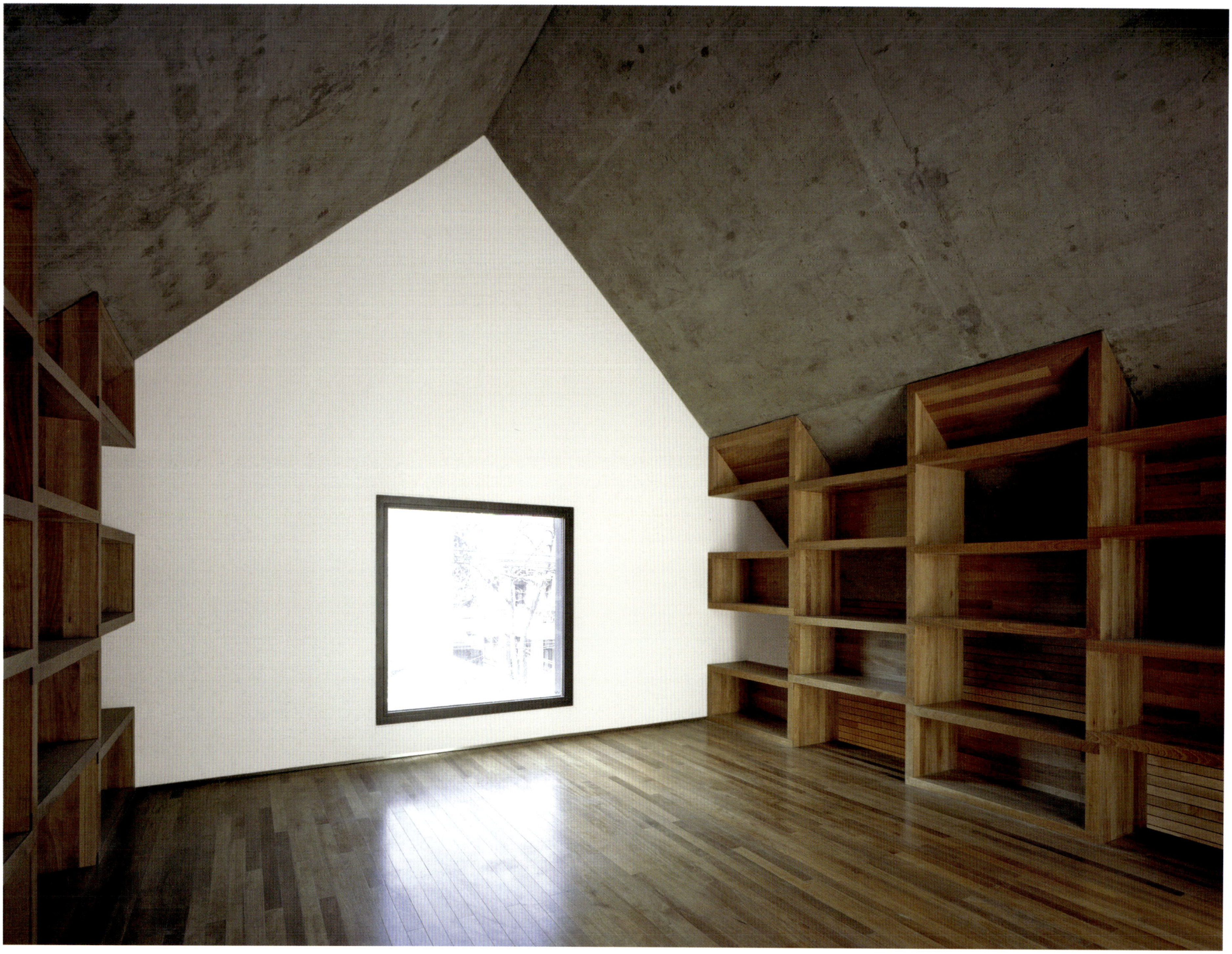

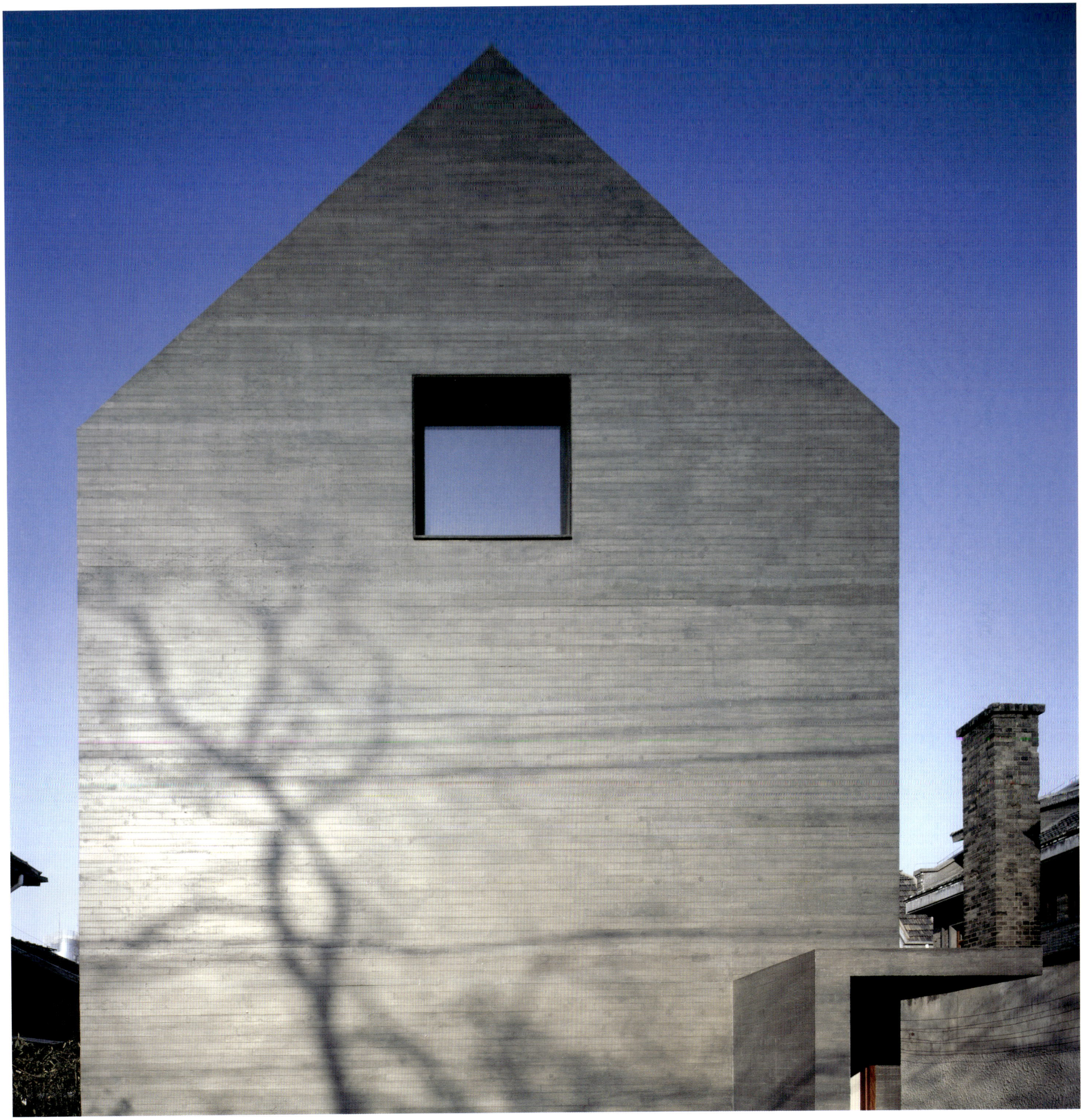

JIADING **GAS ADMINISTRATION BUILDING**

Chen Yifeng, Liu Yichun, Liu Qian/Atelier Deshaus
Jiading, China
© Shu He

Concrete / Beton / Béton / Beton / Calcestruzzo / Hormigón

The material that surrounds the façades of the city's new gas company building is one of the main highlights of the project. Materials such as bamboo and Corten steel are combined with a concrete base and façades. For the latter material a smooth texture has been avoided. The plot in horizontal slats brings dynamism and solidity to the building.

Tout le projet tourne autour de l'enveloppe des façades du nouveau bâtiment de la compagnie du gaz de la ville. Il associe le bambou et l'acier rouillé à un soubassement et des façades en béton. À la texture souvent lisse de ce matériau, on a ici préféré une trame horizontale. Par sa présence, elle dynamise l'édifice et lui confère une grande solidité.

Il materiale che avvolge le facciate del nuovo edificio della società del gas della città è uno dei principali elementi del progetto. Vengono combinati materiali come il bambù e l'acciaio corten con una base e facciate in calcestruzzo. Per quest'ultimo materiale è stata evitata la versione liscia. La trama a rigature orizzontali apporta dinamismo e solidità all'edificio.

Das Material, das die Fassaden des neuen Gebäudes des städtischen Gasversorgungsunternehmens umhüllt, ist einer der zentralen Aspekte dieses Projekts. Materialien wie Bambus und COR-TEN-Stahl wurden mit einem Sockel und Fassaden aus (nicht mit glatter Textur verbautem) Beton kombiniert. Die waagerechten Lamellen verleihen dem Bau Dynamik und Stabilität.

Het materiaal dat de gevels van het nieuwe gebouw van het gasbedrijf van de stad omhult is een van de opvallende essenties van het project. Materialen als bamboe en cortenstaal worden gecombineerd met een basis en gevels van beton. Voor dit laatste materiaal is geen gladde textuur gebruikt. Het deel van horizontale lamellen verschaft het gebouw dynamiek en stevigheid.

El material que envuelve las fachadas del nuevo edificio de la compañía del gas de la ciudad es uno de los ejes destacados del proyecto. Se combinan materiales como el bambú y el acero corten con una base y unas fachadas de hormigón. Para este último material se ha evitado la textura lisa. La trama en lamas horizontales aporta dinamismo y solidez al edificio.

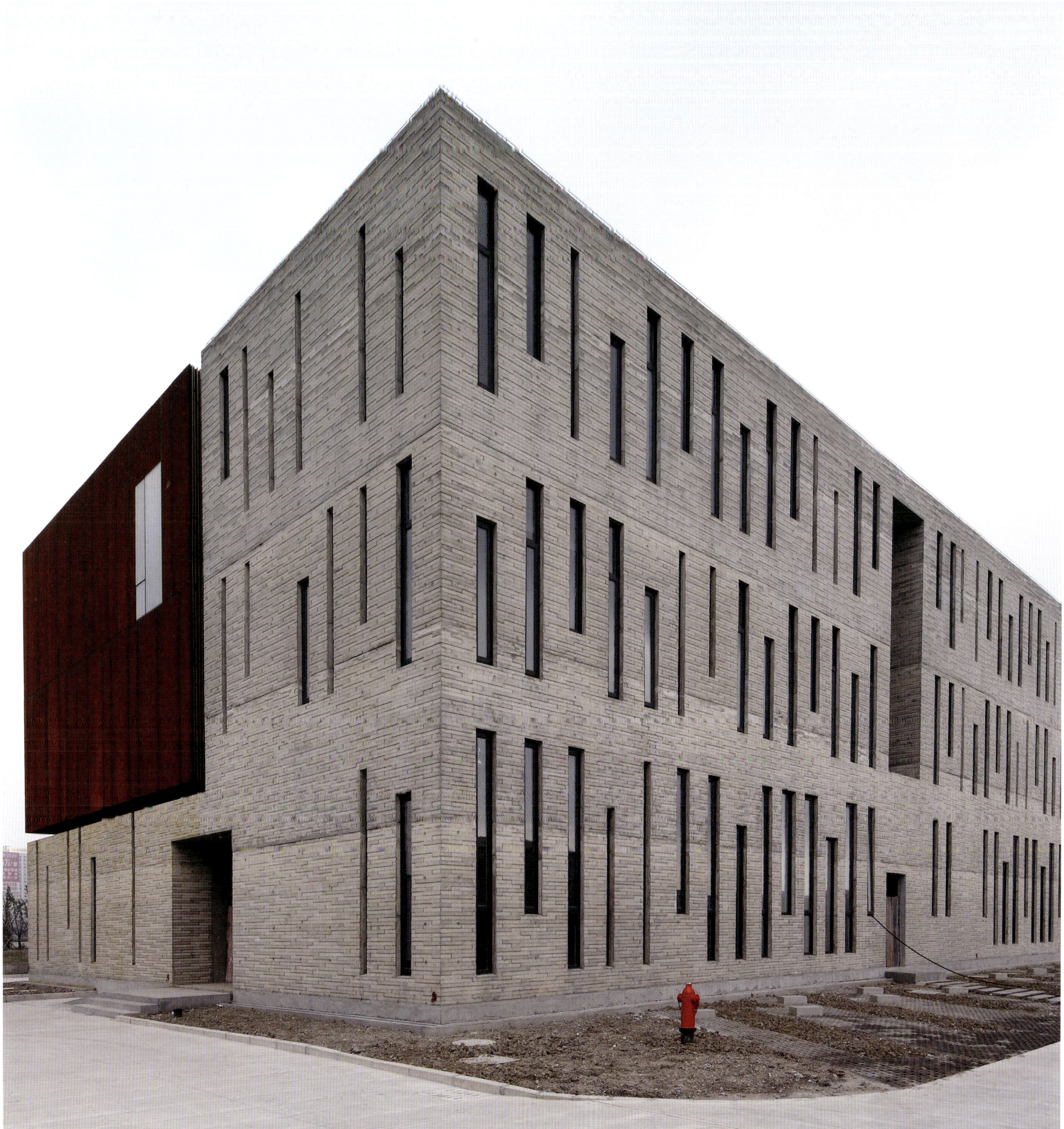

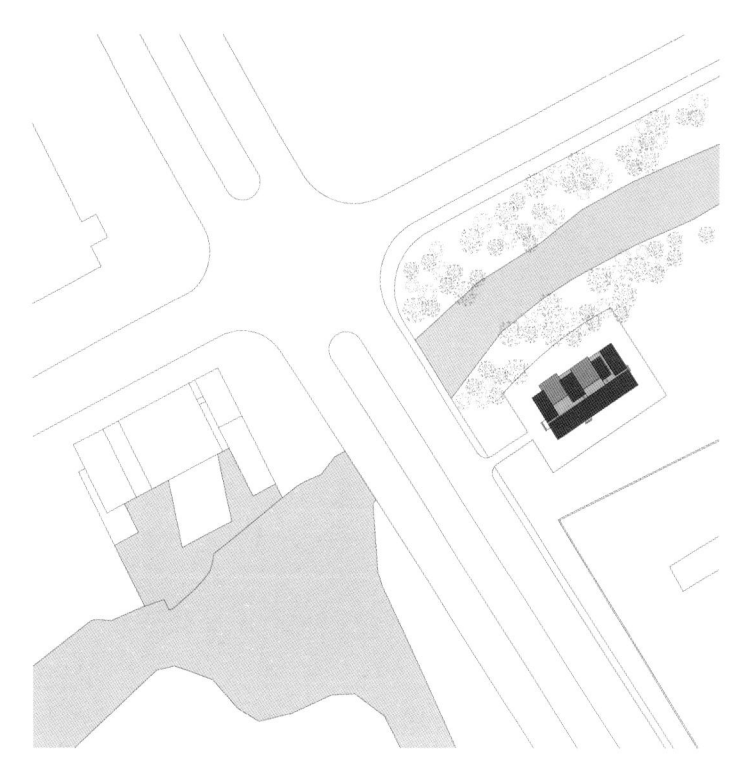

Location plan / Umgebungsplan
Plan de situation / Omgenigsplattegrond
Planimetria di localizzazione / Plano de situación

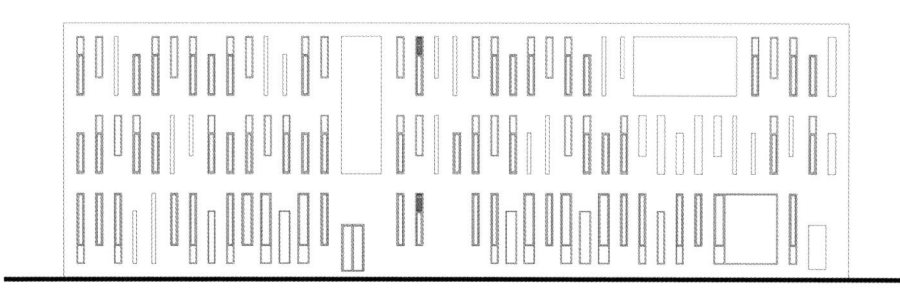

Elevation / Aufriss
Élévation / Verhoging
Prospetto / Alzado

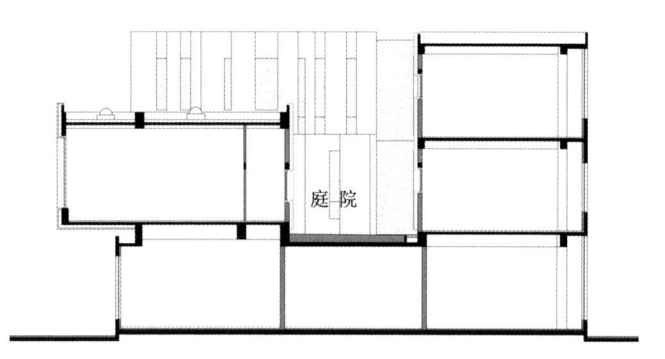

Section / Schnitt
Coupe / Doorsnede
Sezione / Sección

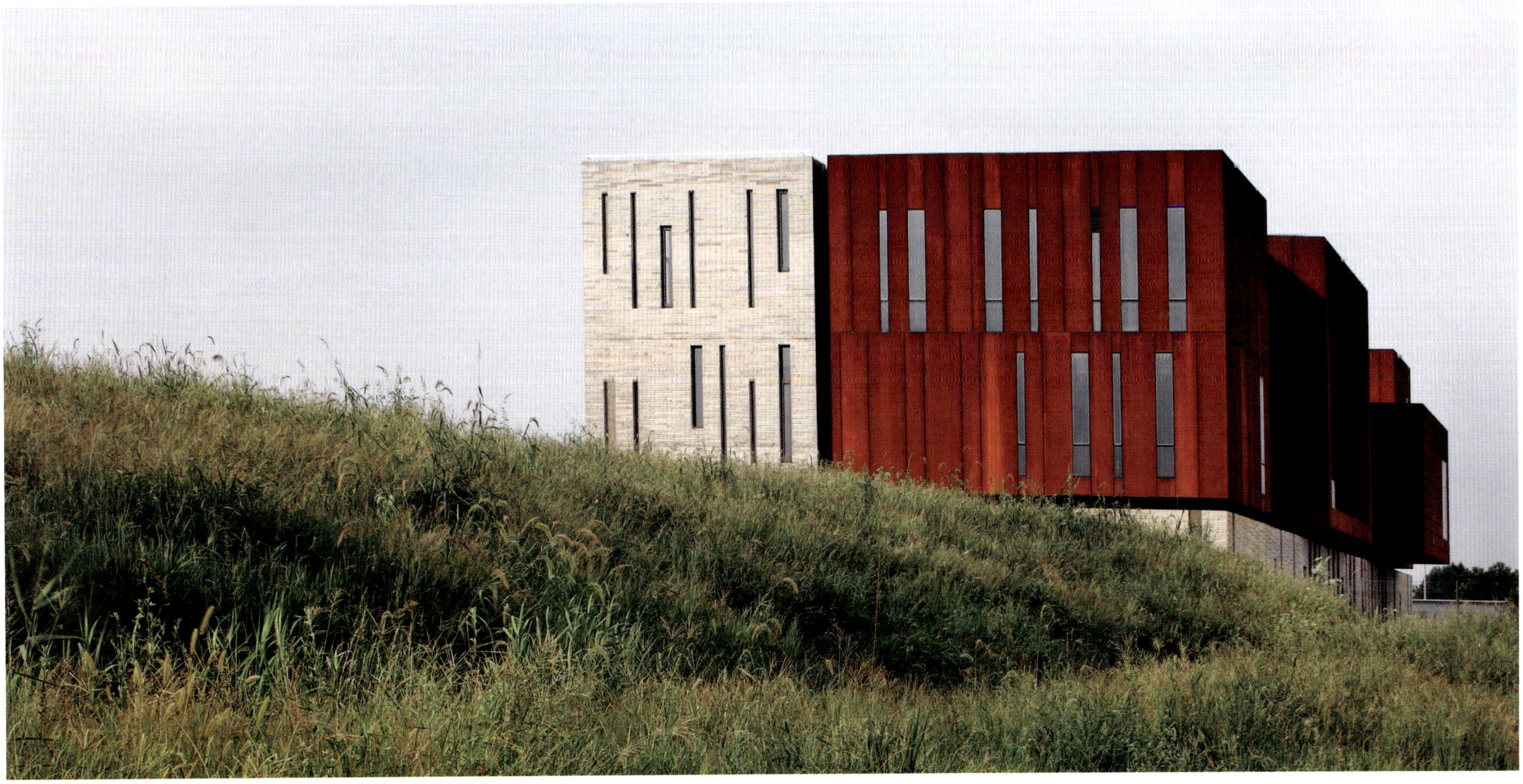

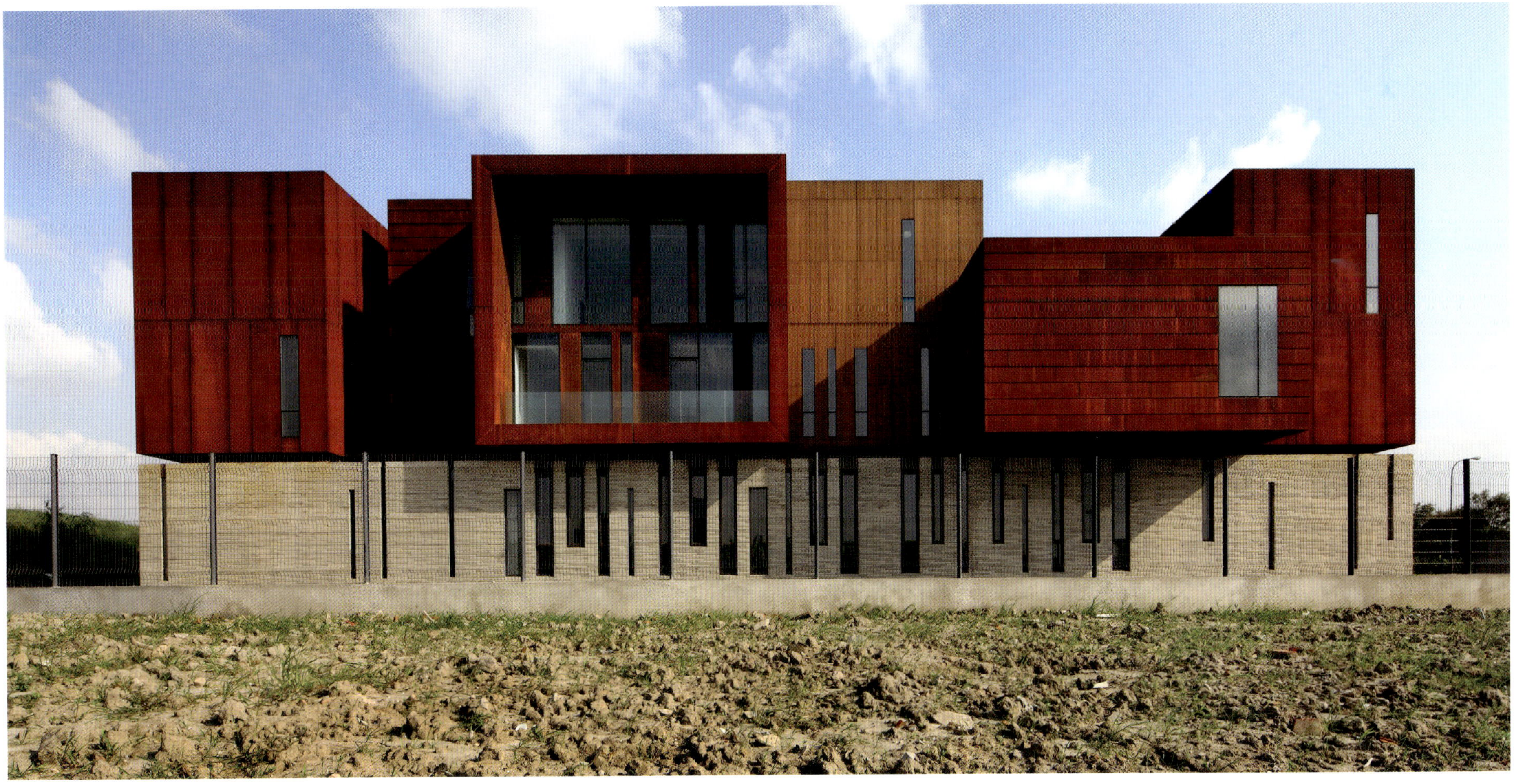

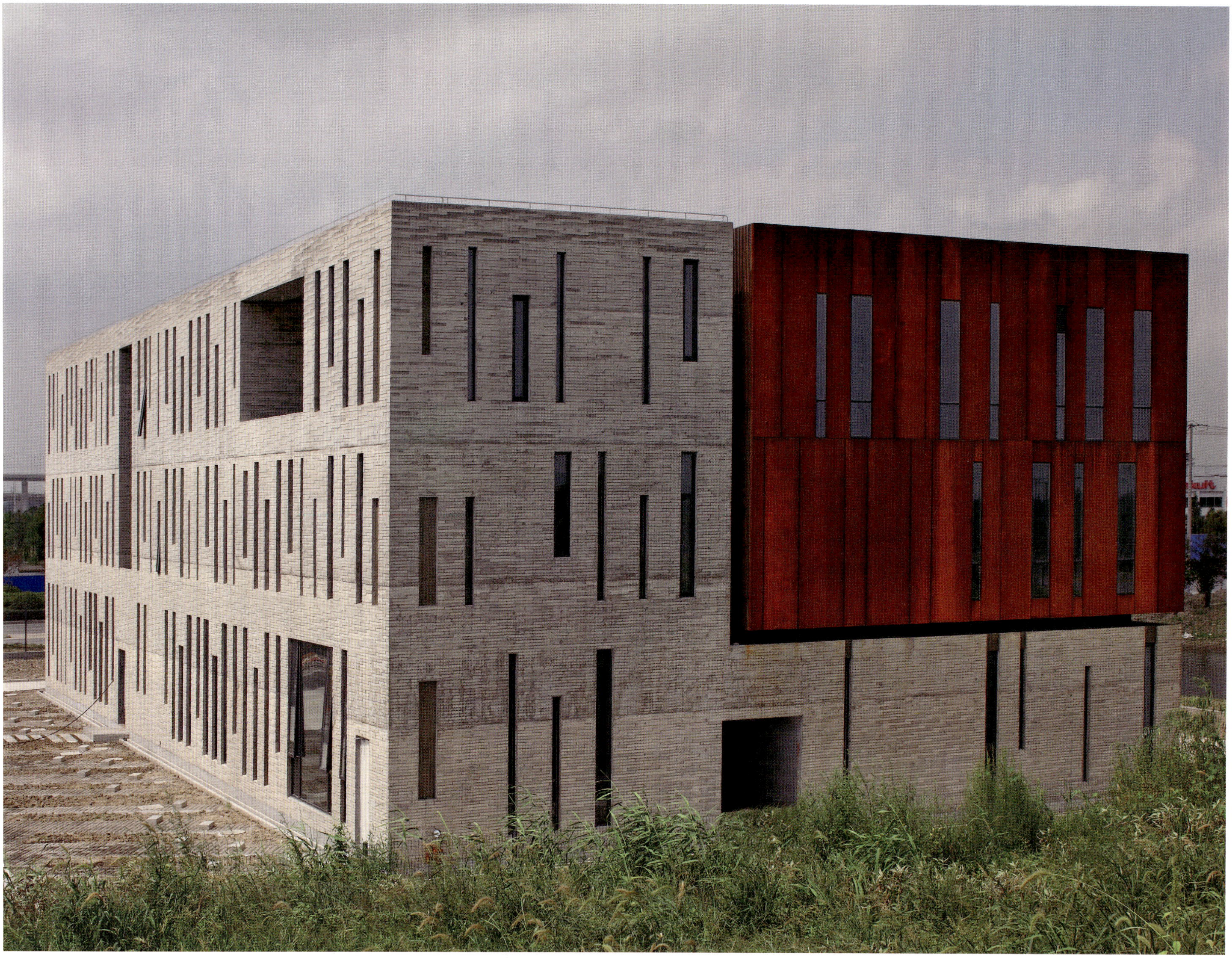

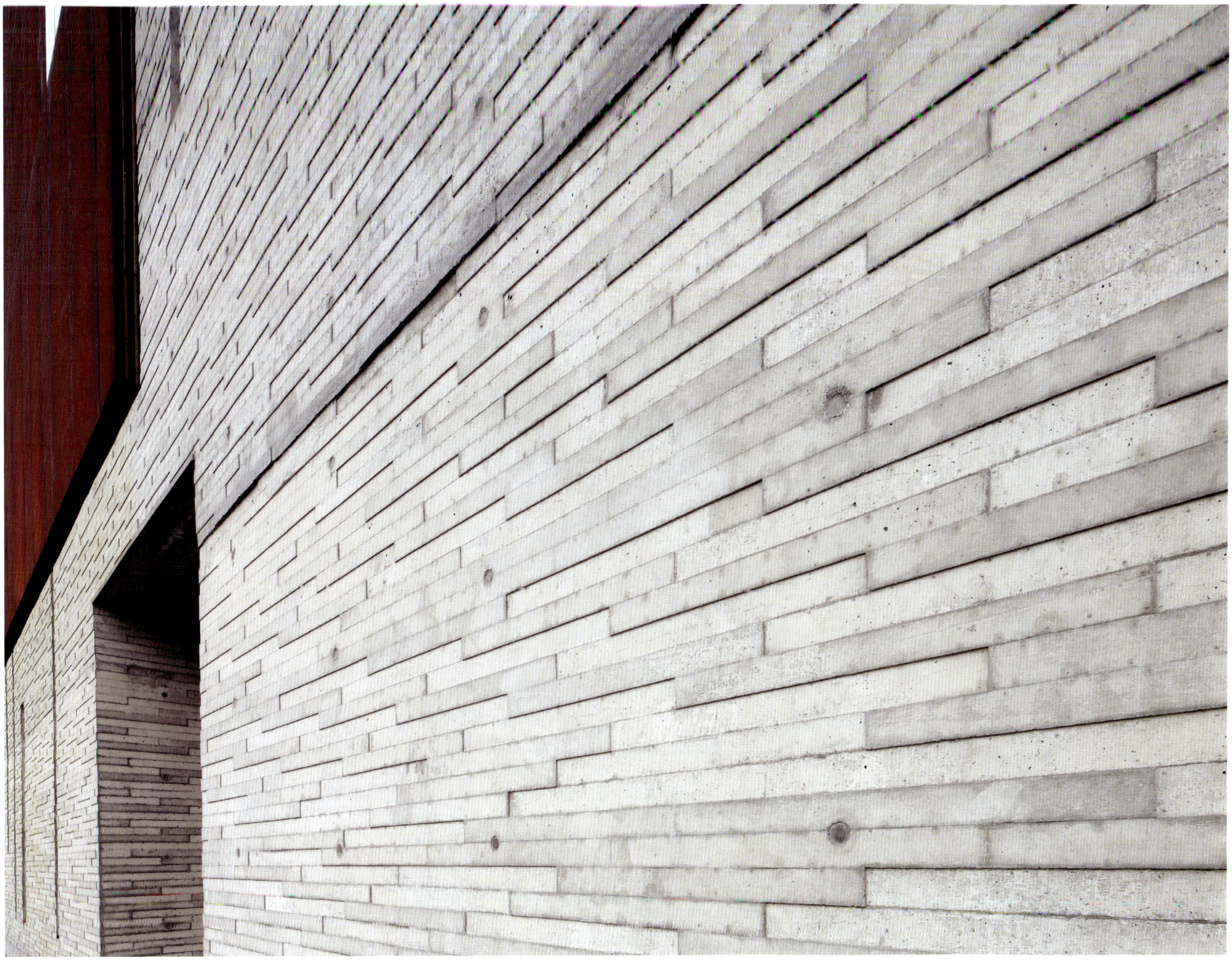

ZIERBENA SPORTS CENTER

GAZ Arquitectos
Zierbena, Spain
© GAZ Arquitectos

Concrete / Beton / Béton / Beton / Calcestruzzo / Hormigón

The closure of the sports complex was constructed using a thick concrete wall. The stone and heavy structure of the building is even further emphasized with a textured finish of vertical strias. This is a highly complex process, as it has been done in situ with custom molds and errors cannot be easily corrected.

Ce gymnase multisports est entouré d'un mur de béton très épais. Son caractère minéral et massif est encore accentué par les stries verticales qui donnent une texture aux parois. Le procédé mis en œuvre est très complexe car les panneaux ont été coulés in situ, dans des moules individuels spécialement conçus et il aurait été difficile de remédier à la moindre erreur.

Il rivestimento di questo centro polisportivo è stato realizzato con un muro di calcestruzzo di grande spessore. La presenza della pietra e la pesantezza dell'edificio sono accentuate da finiture in rilievo con fasce verticali. Questo processo presenta una grande complessità dato che è stato realizzato in loco con stampi ad hoc ed eventuali errori sarebbero stati difficili da correggere.

Als Außenwand dieser Mehrzweck-Sporthalle wurde eine recht dicke Betonmauer gewählt. Die steinartige, schwere Wirkung des Gebäudes wird durch das texturierte Finish mit vertikalen Riefen unterstrichen. Das Verfahren hierfür war äußerst komplex, da es vor Ort mithilfe von speziell angefertigten Gussformen durchgeführt wurde und eventuell aufgetretene Fehler nur schwer zu beheben waren.

De afsluiting van deze sporthal is uitgevoerd d.m.v. een dikke betonnen muur. Het stenige, zware karakter van het gebouw wordt geaccentueerd door een met verticale groeven getextureerde afwerking. Dit is een zeer gecompliceerd proces, want het wordt in situ met gepersonaliseerde matrijzen uitgevoerd en fouten kunnen niet zo gemakkelijk worden hersteld.

El cerramiento de este polideportivo se ha realizado mediante un muro de hormigón de gran espesor. El carácter pétreo y pesado del edificio se acentúa con un acabado texturizado de estrías verticales. Este proceso presenta una gran complejidad, pues se ha realizado in situ con moldes personalizados y los errores no se habrían podido subsanar fácilmente.

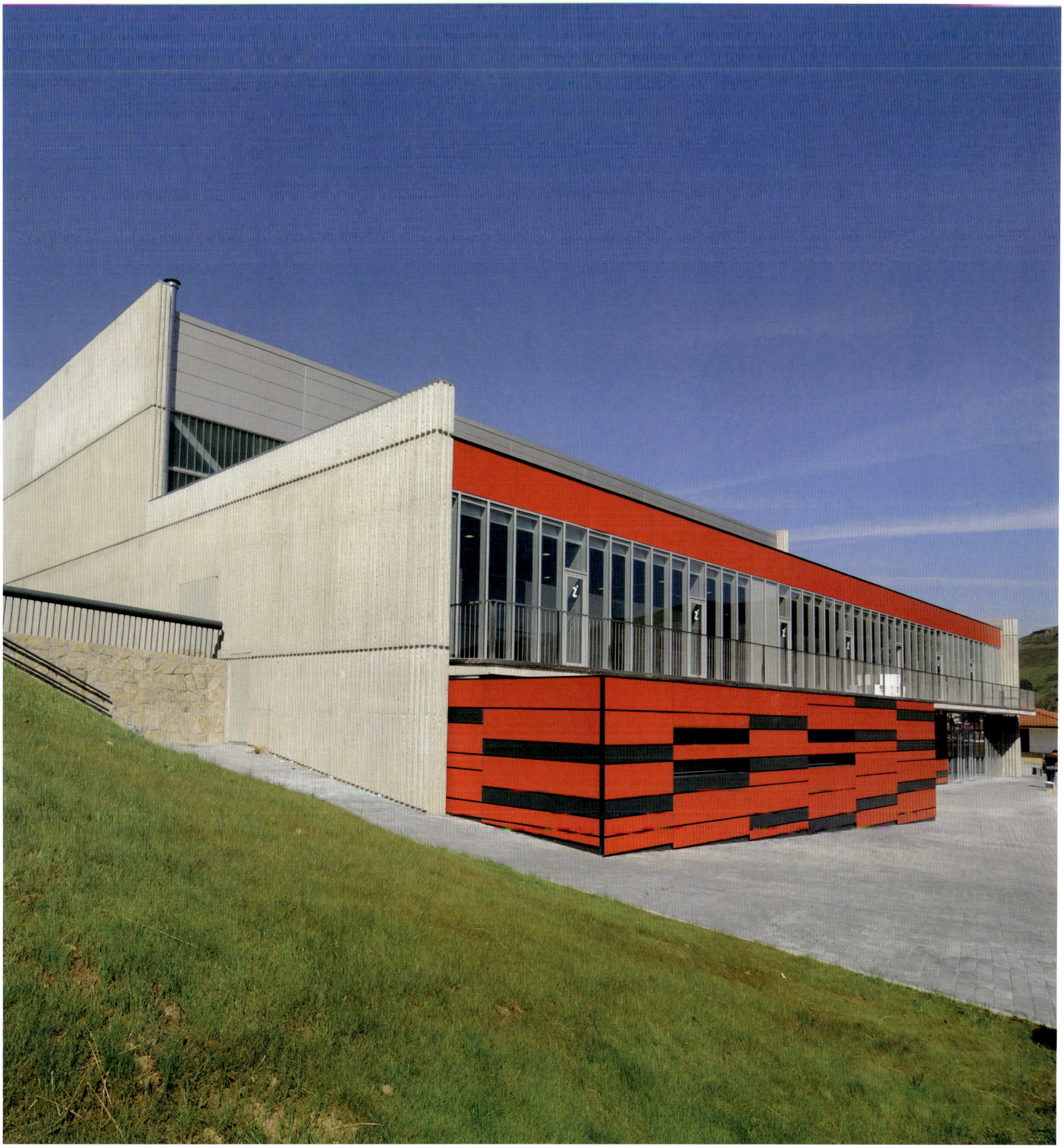

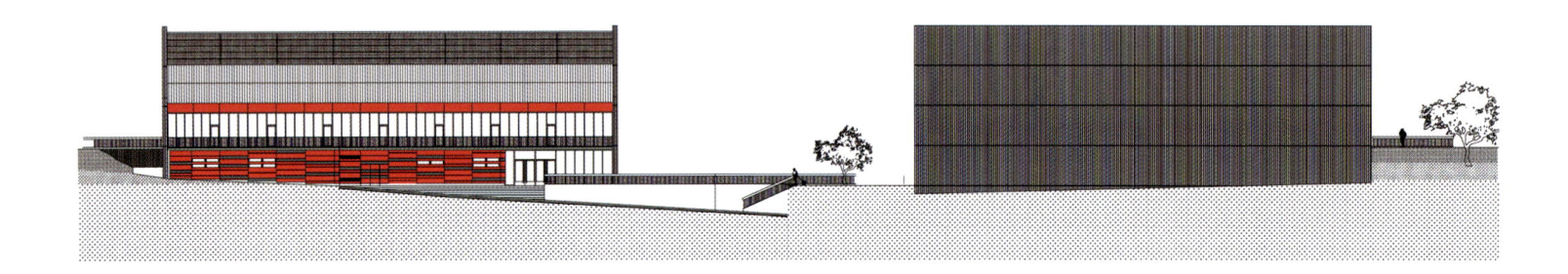

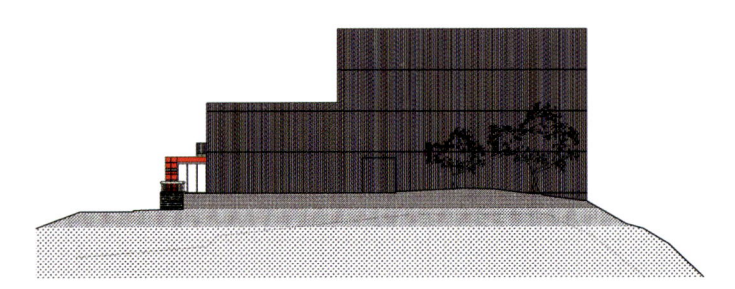

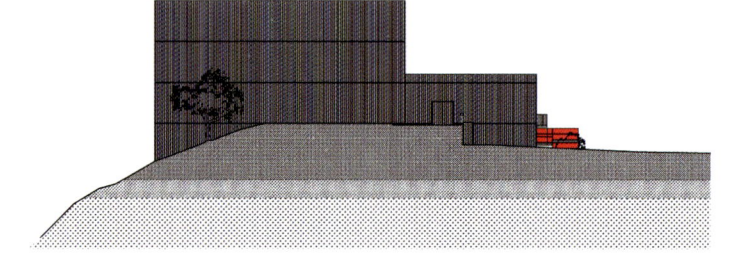

Elevations / Aufrisse
Élévations / Verhogingen
Prospetti / Alzados

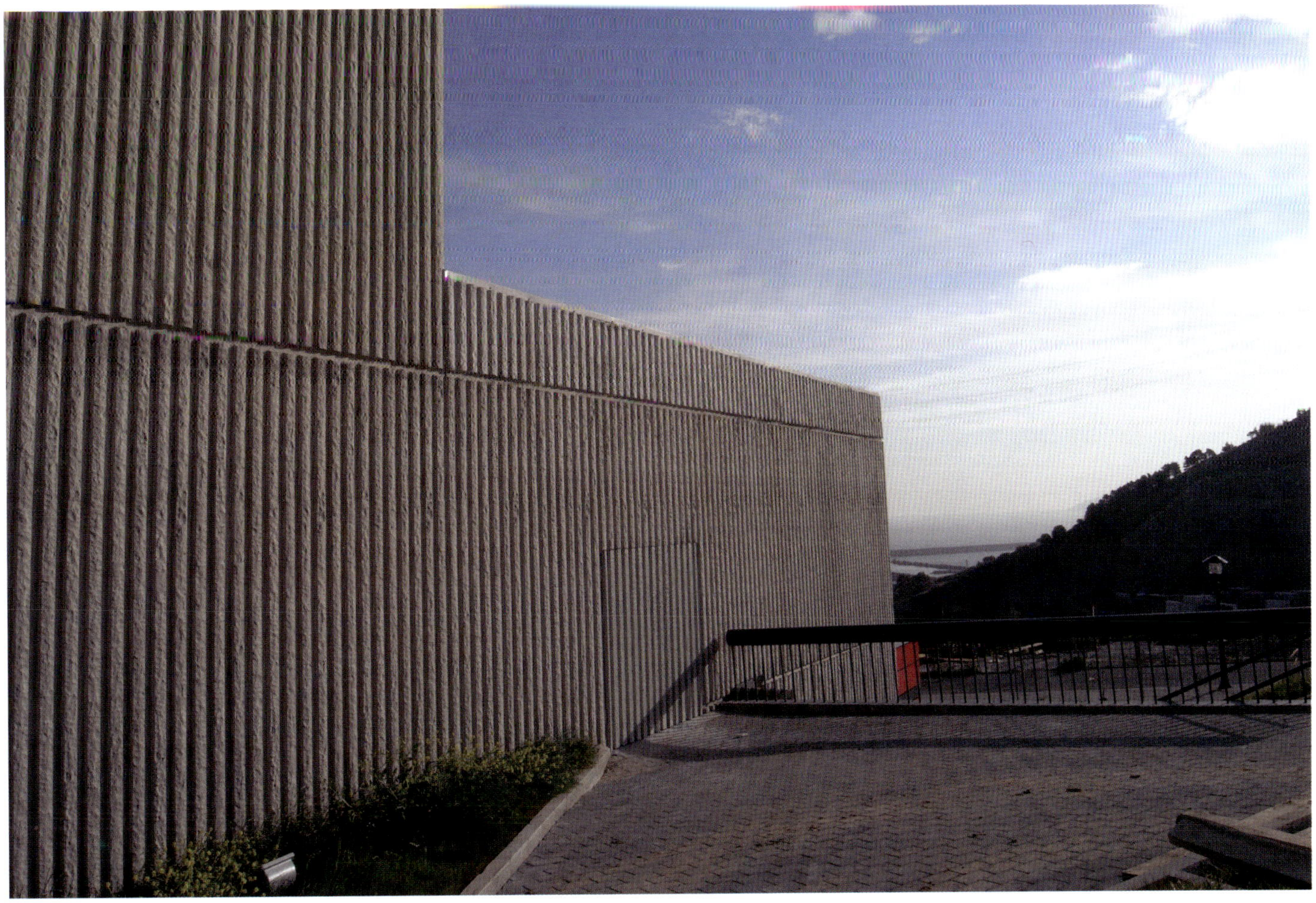

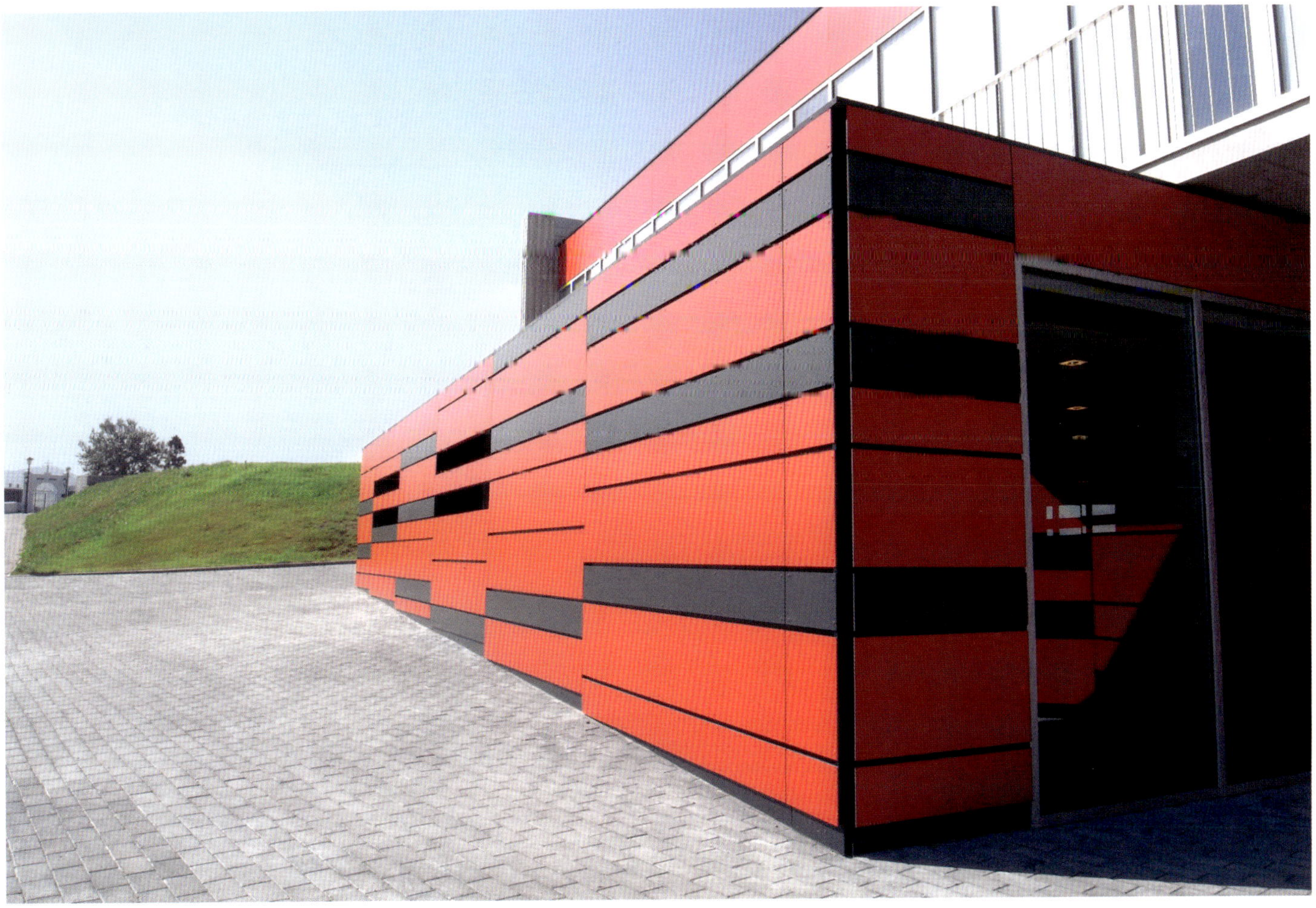

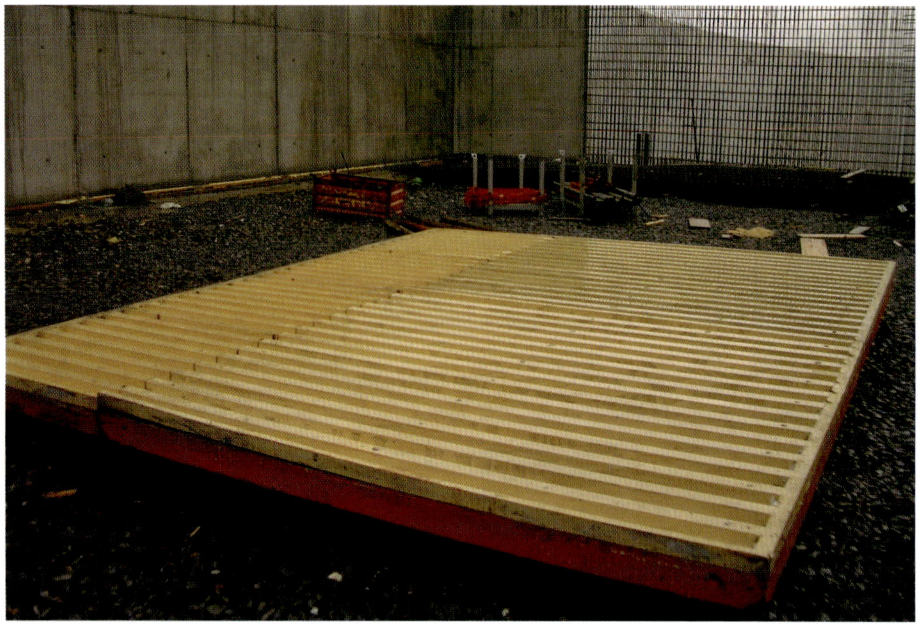

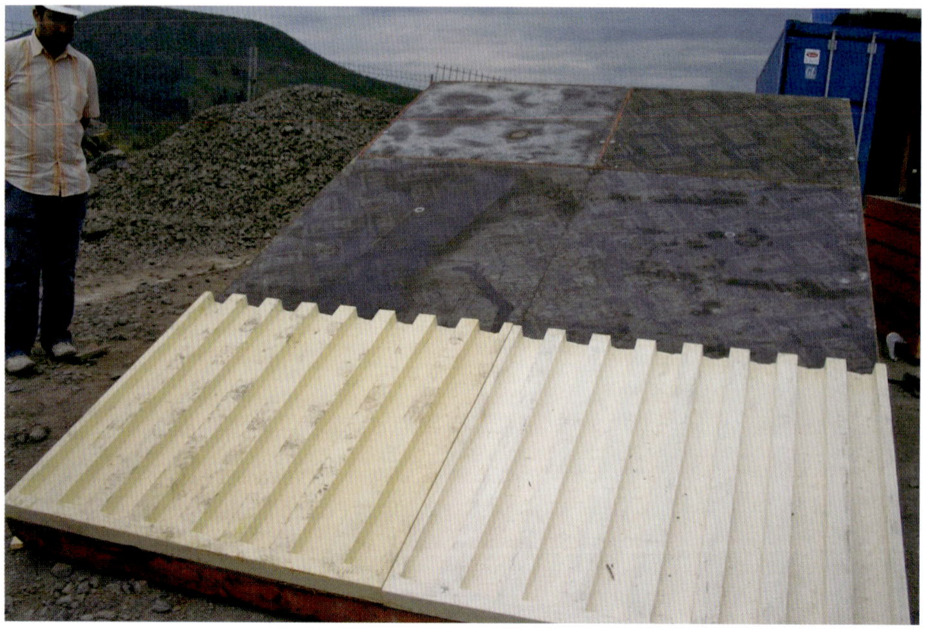

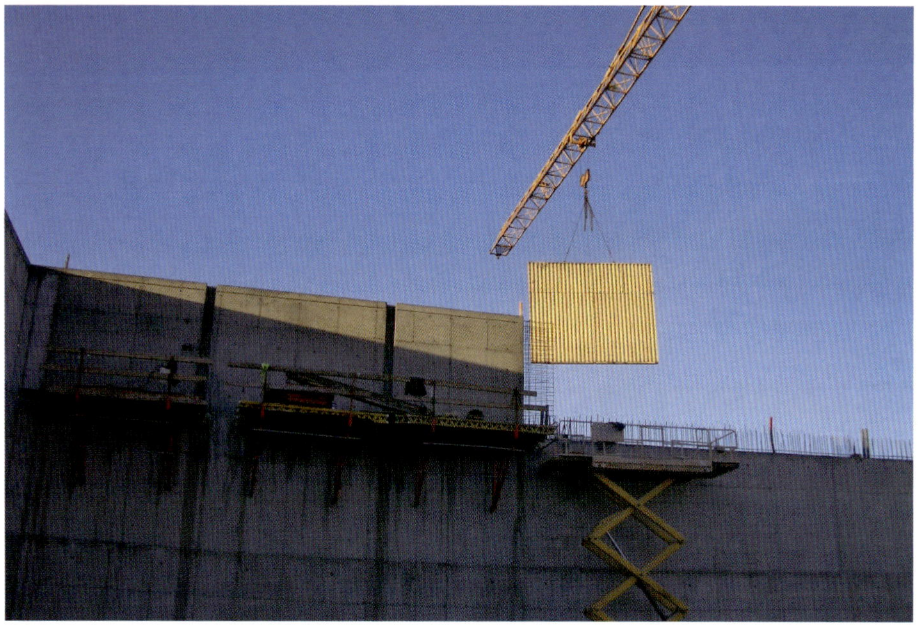

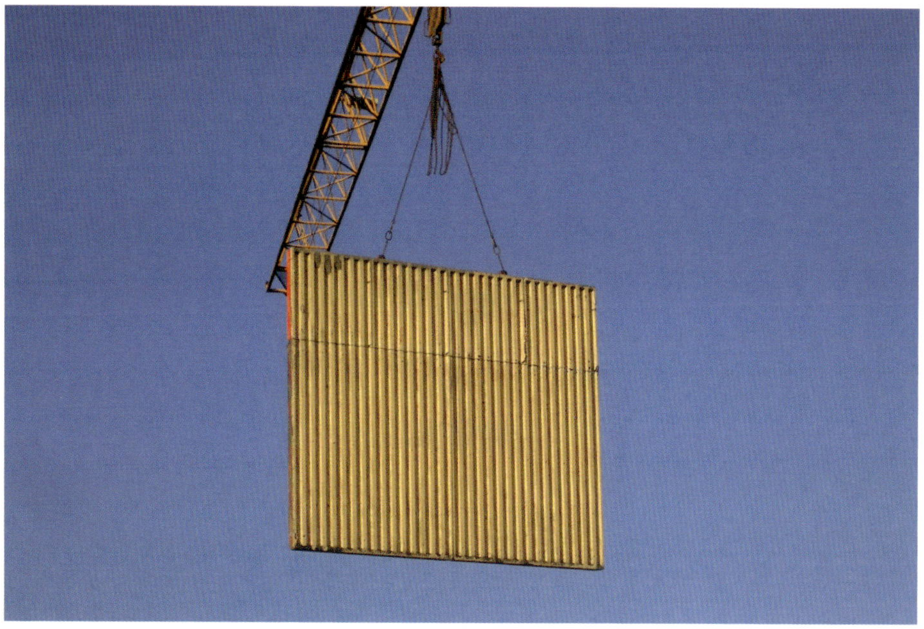

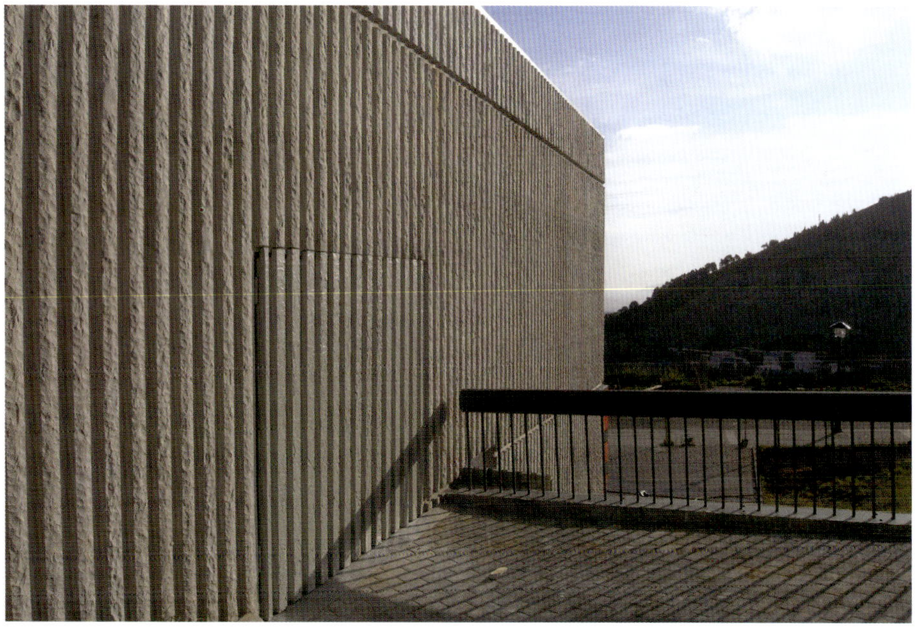

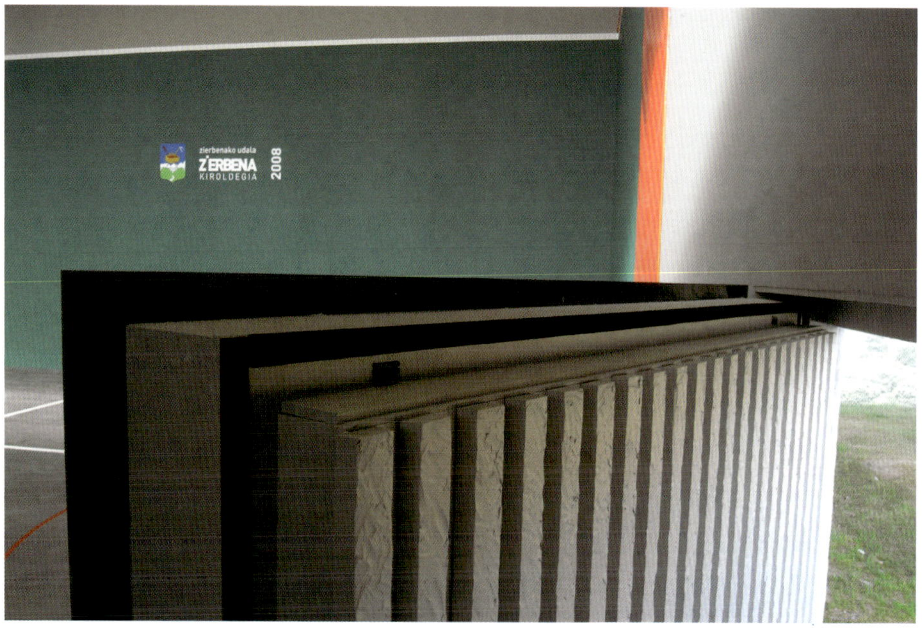
zierbenako udala
Z'ERBENA
KIROLDEGIA
2008

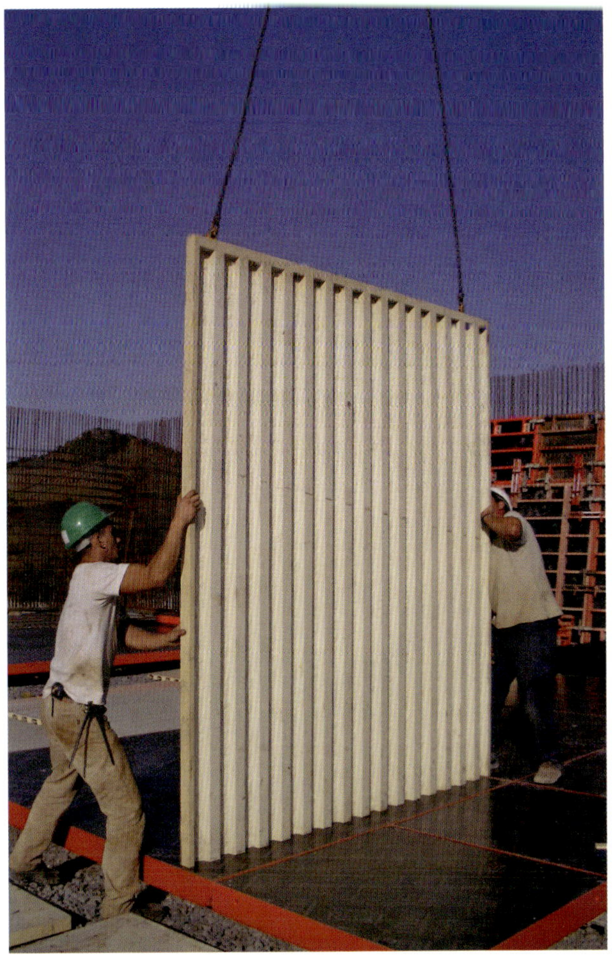
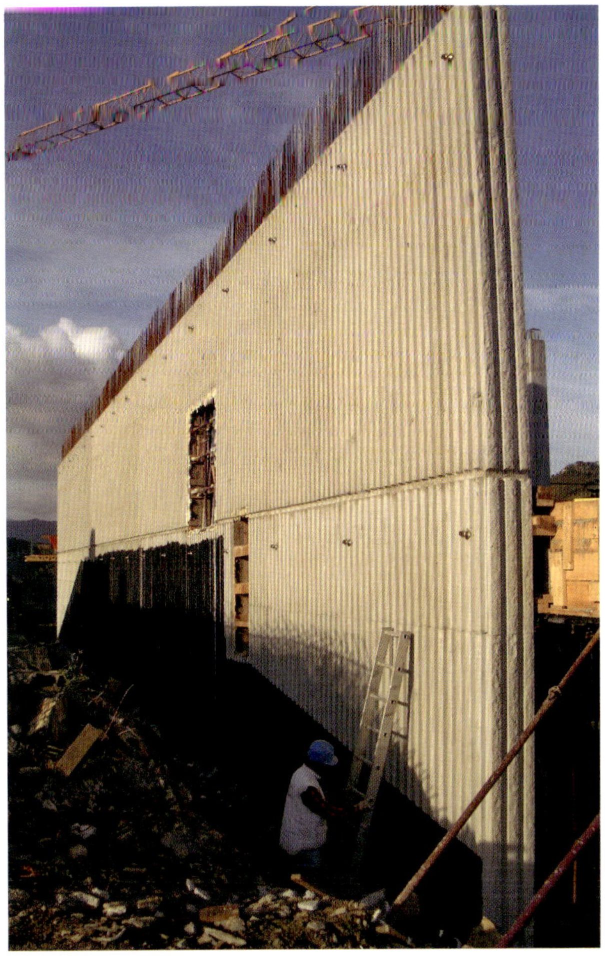
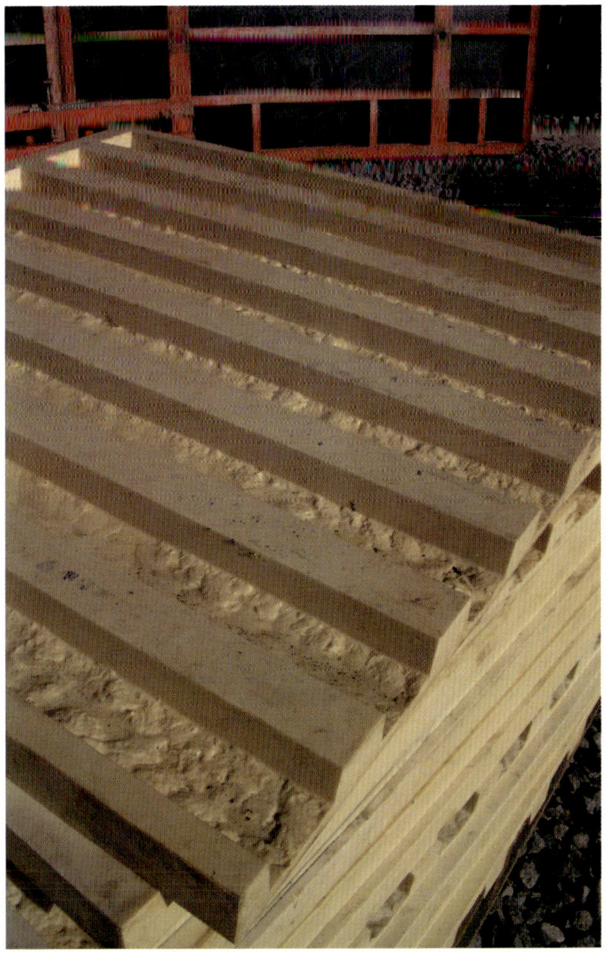
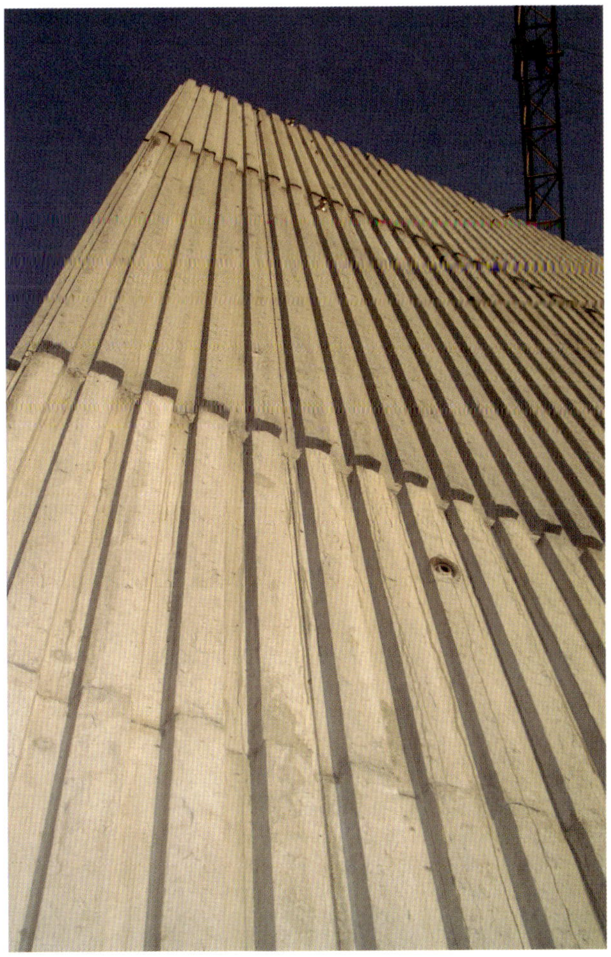
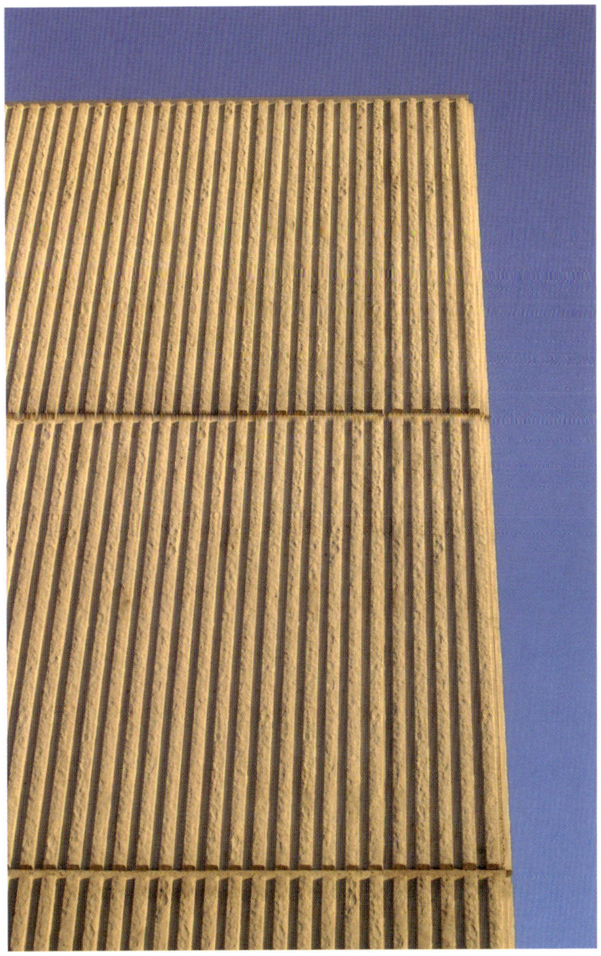
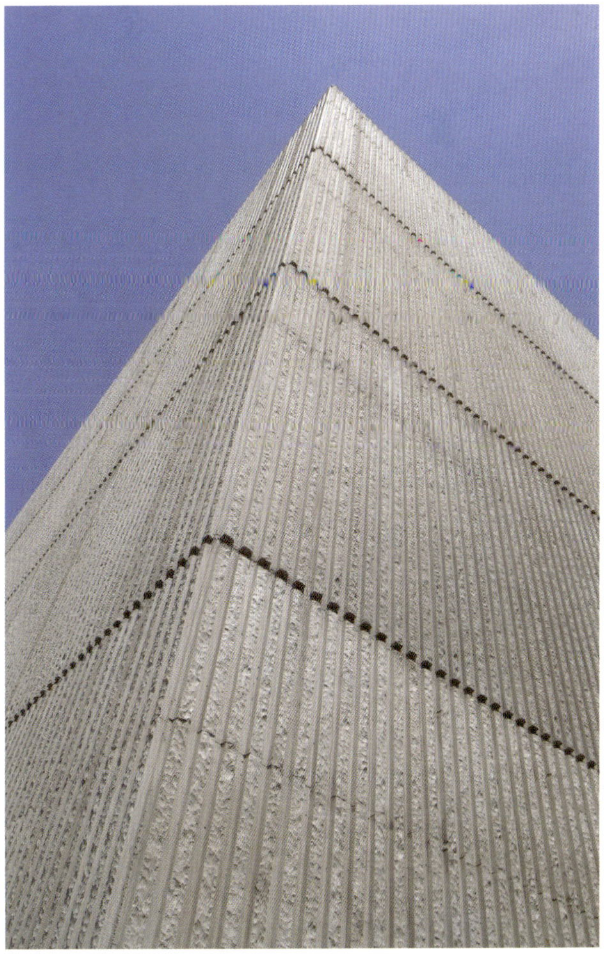

SOHLBERGPLASSEN VIEWPOINT

Carl-Viggo Holmebakk
Stor-Elvdal, Norway
© Carl-Viggo Holmebakk, Richard Riesenfeld, Ellen Ane Krog Eggen, Helge Stikbakke

Concrete / Beton / Béton / Beton / Calcestruzzo / Hormigón

To protect the natural environment and avoid deforestation, a platform elevated 21 × 24 m (68.9 ft × 78.7 ft) with pillars running along the ground was designed. The main material is concrete, which is adapted to the sinuous forms that the design required. Glass slabs have been installed that providing the vegetation under the structure with the light they require.

Cette plateforme de 21 × 24 m, surélevée sur des piliers, a été imaginée pour protéger l'environnement naturel et ne pas abattre d'arbres. Le matériau principal est le béton, idéal pour épouser les formes sinueuses prévues par les plans. Les dalles de verre laissent passer la lumière, qui baigne la végétation sous la promenade.

Per proteggere l'ambiente naturale ed evitare l'abbattimento di alberi, è stata progettata una piattaforma di 21 × 24 m sollevata tramite pilastri, sistemata sul terreno. Il materiale principale è il calcestruzzo che si adatta alle forme sinuose richieste dal progetto. Sono state poi installate delle lastre di vetro che consentono alla luce di raggiungere la vegetazione che si trova sotto la struttura.

Um die natürliche Umgebung zu schützen und das Fällen von Bäumen zu vermeiden, wurde eine 21 × 24 m große, auf Pfeilern ruhende Plattform entworfen, die über dem Boden verläuft. Das Hauptmaterial ist Beton, der sich an die vom Entwurf vorgegebenen geschwungenen Formen anpassen lässt. Glasplatten ermöglichen den Einfall von Tageslicht auf die unter der Struktur vorhandene Vegetation.

Om de natuurlijke omgeving te beschermen en houtkap te voorkomen werd een langs het terrein met pilaren verheven platform van 21 × 24 m ontworpen. Het hoofdmateriaal is beton, dat zich aan de kronkelige vormen die het ontwerp vereiste aanpast. Er zijn glazen tegels aangebracht waardoor het licht de planten onder de draagconstructie bereikt.

Para proteger el entorno natural y evitar la tala de árboles se diseñó una plataforma de 21 × 24 m elevada con pilares que recorre el terreno. El material principal es el hormigón, que se adapta a las formas sinuosas que exigía el diseño. Se han instalado unas losas de cristal que facilitan la llegada de luz a la vegetación que queda bajo la estructura.

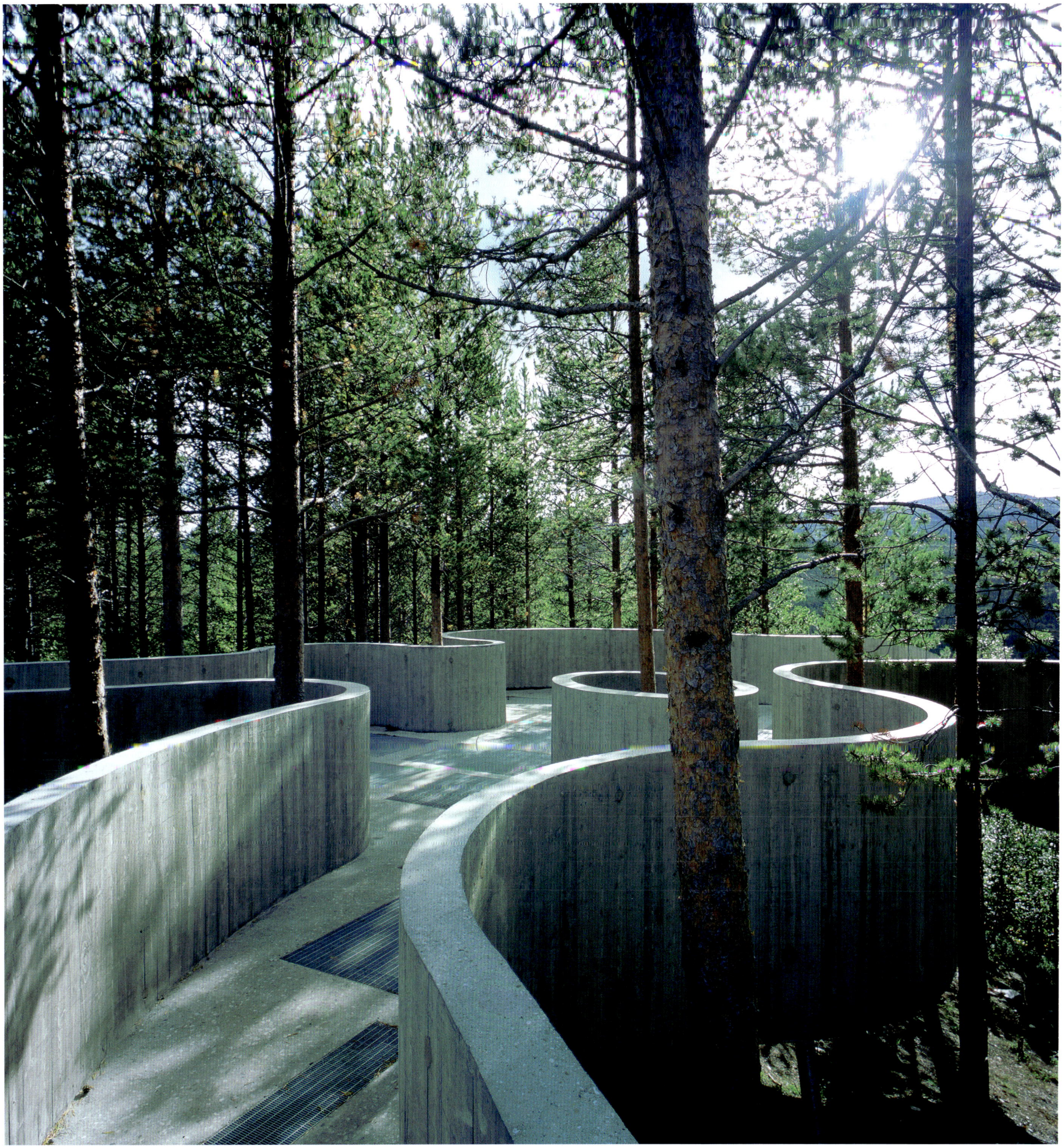

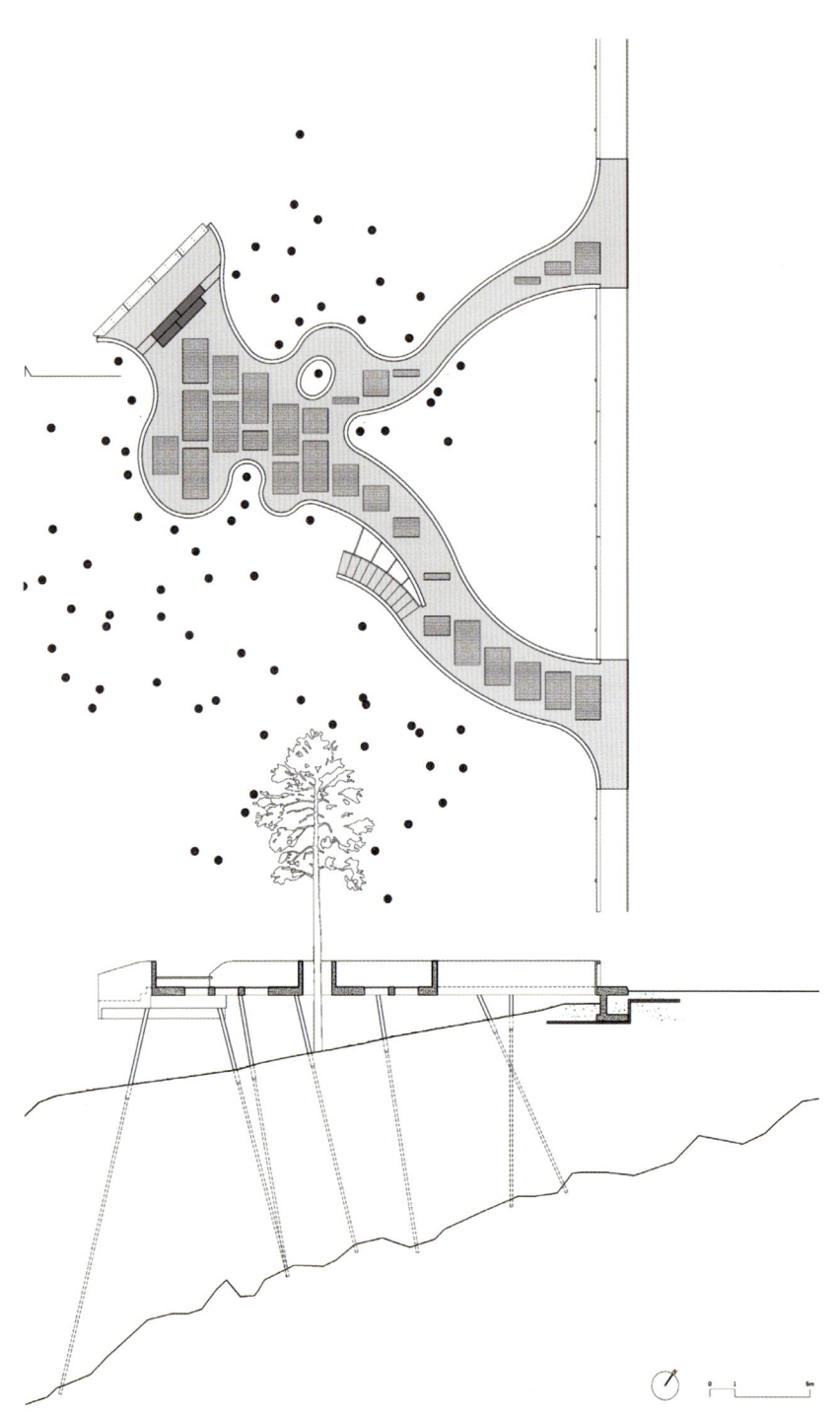

Floor plan and section / Geschossplan und Schnitt
Plan et coupe / Plattegrond en doorsnede
Pianta e sezione / Planta y sección

Model / Modell
Maquette / Maquette
Modello / Maqueta

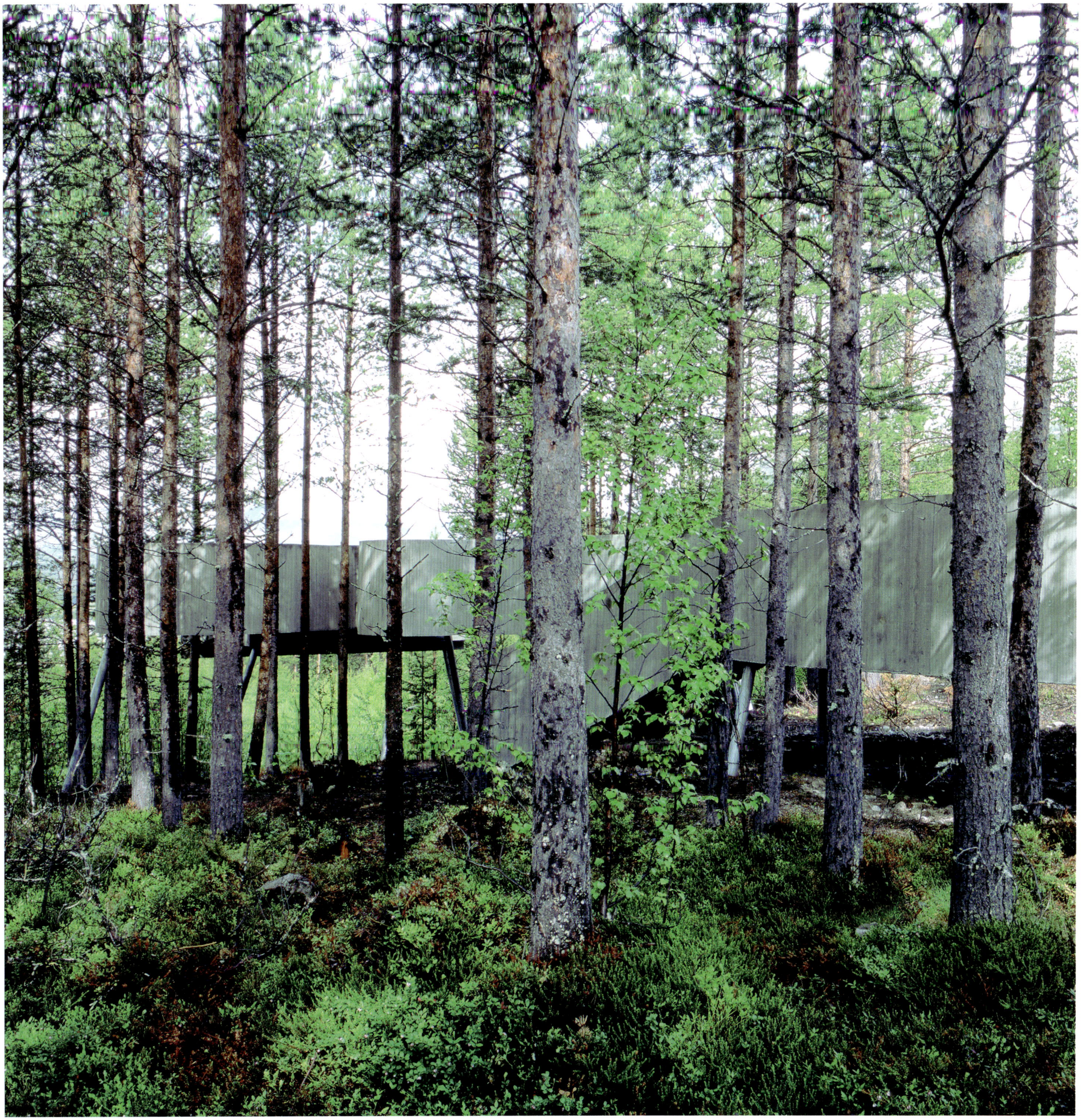

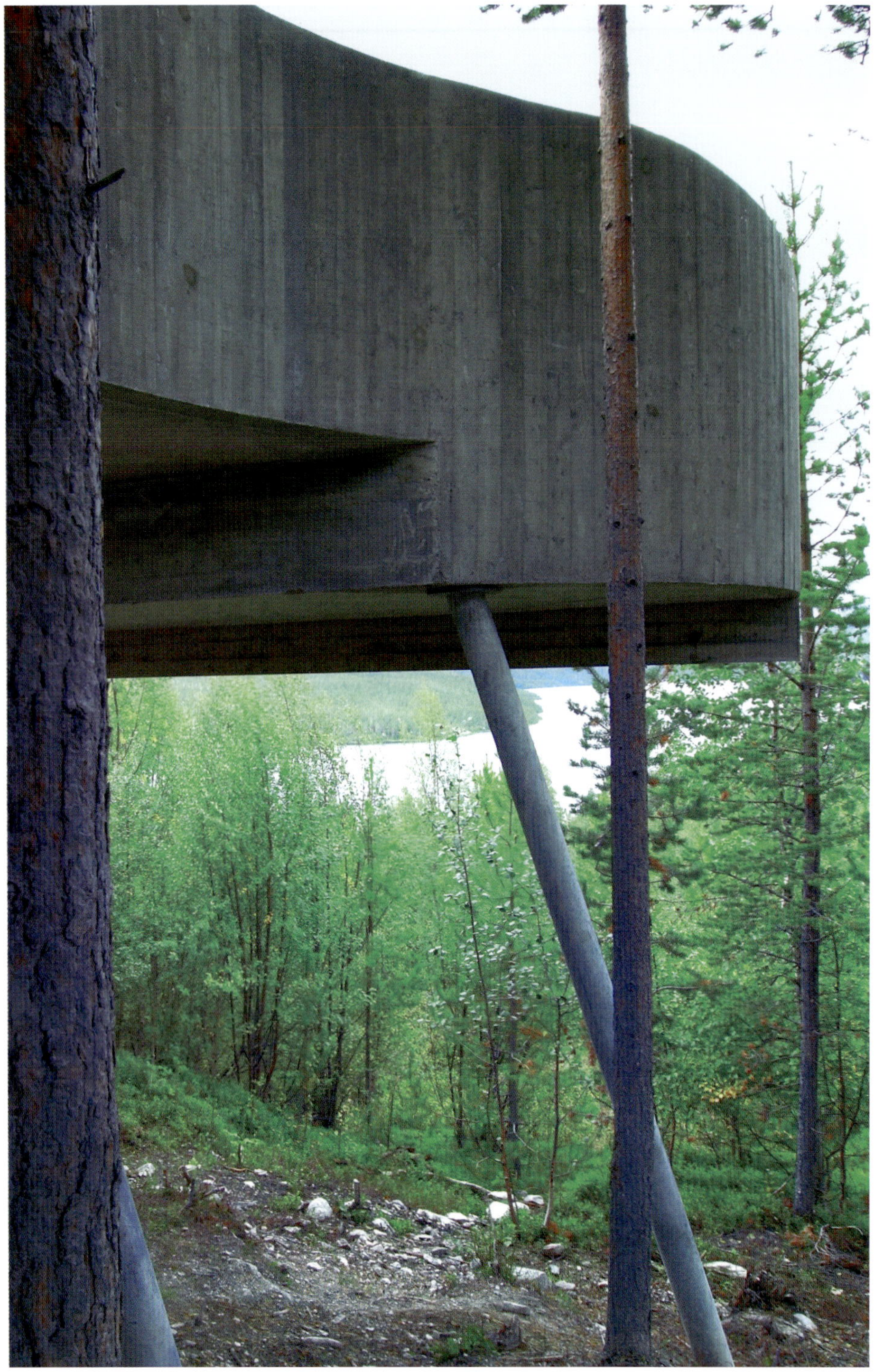

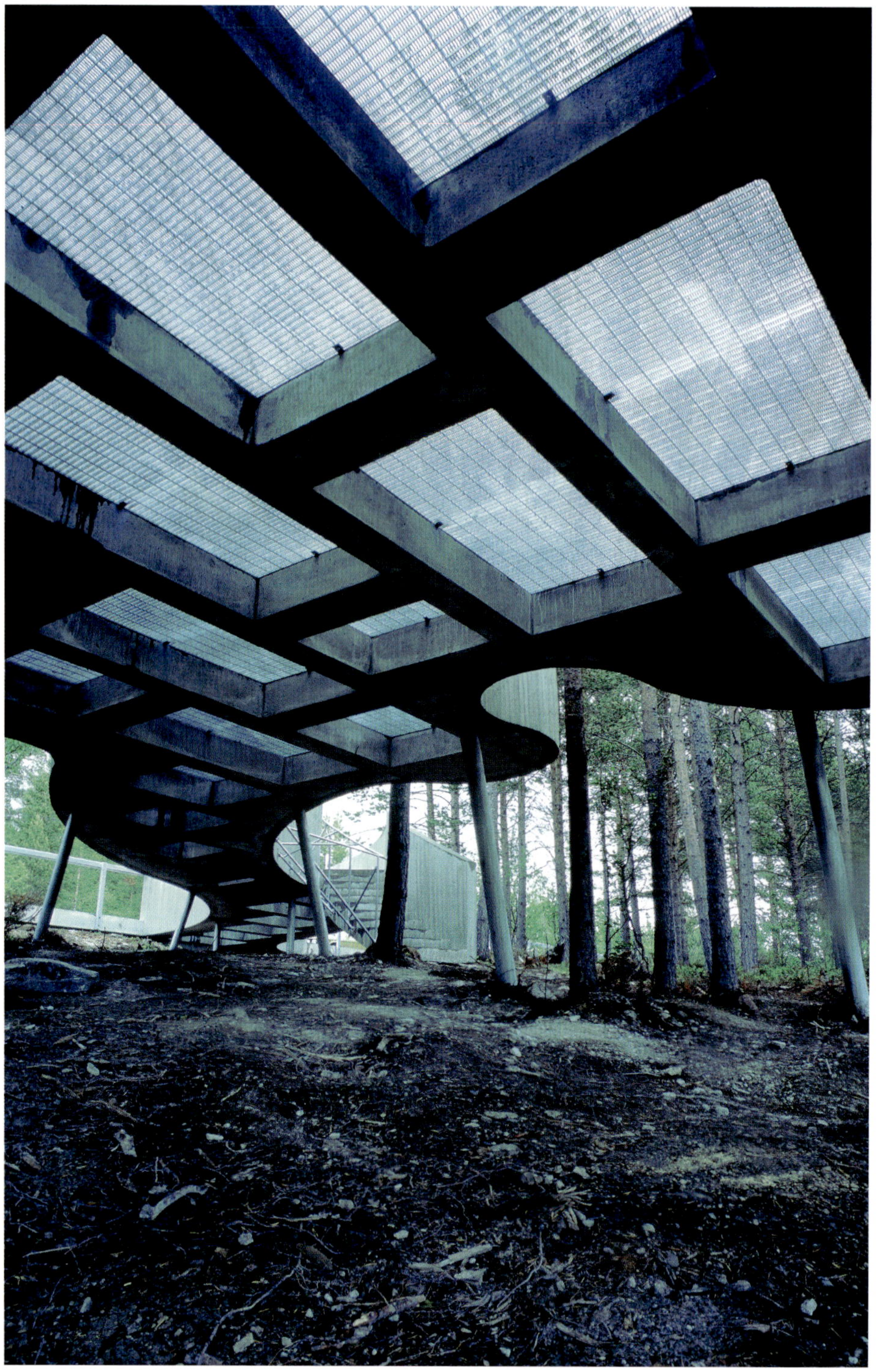

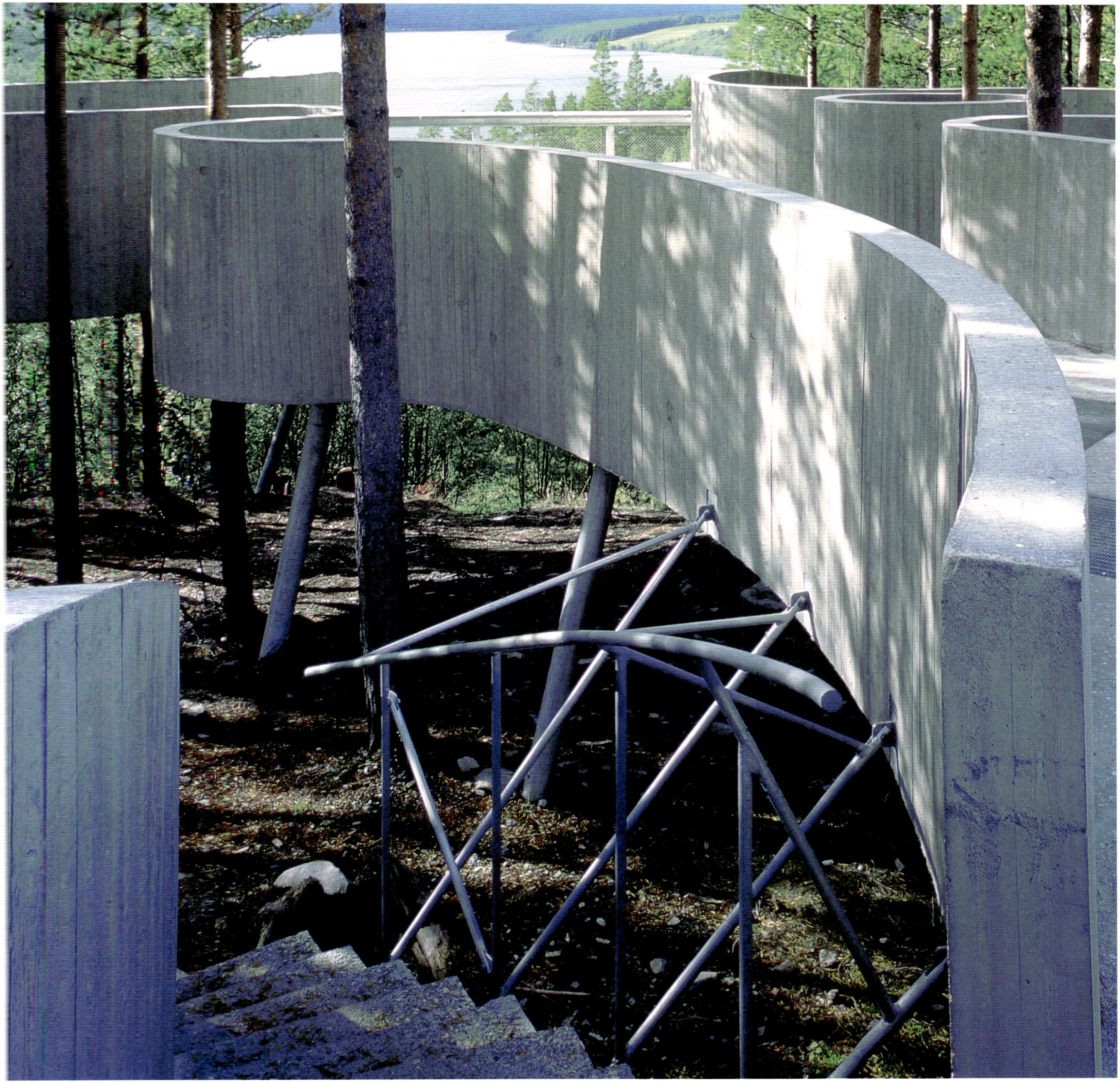

GREEN AXIS 13

Burger Landschaftsarchitekten
Munich, Germany
© Florian Holzherr, Burger Landschaftsarchitekten, Rakete

Cement / Zement / Ciment / Cemento / Cemento

Green Axis 13 is a strip of land that connects the park adjacent to the showground with a residential area. In the most southern part there is a playground featuring a dozen giant circles of various sizes. These rings, molded with a fiery orange-colored cement, contrasts with the surrounding grass.

Green Axis 13 est une bande de terre qui relie le parc adjacent au terrain de la foire-expo à une zone résidentielle. L'air de jeux pour enfants, au sud, se reconnaît à la douzaine de cercles géants plus ou moins grands. Ces anneaux moulés en ciment sont d'un bel orange vif qui tranche avec le gazon vert tout autour.

Green Axis 13 è un lotto di terreno che collega il parco adiacente al recinto della fiera con una zona residenziale. Nella parte più a sud si trova un parco giochi per bambini, caratterizzato da una dozzina di cerchi giganti di varie dimensioni. Questi anelli in cemento di un vivace colore arancione, contrastano con il prato che li circonda.

Green Axis 13 ist ein Gebiet, das den an ein Messegelände angrenzenden Park mit einem Wohngebiet verbindet. In dem südlich gelegenen Bereich befindet sich ein Kinderspielplatz, der sich durch ein Dutzend riesige Ringe in unterschiedlichen Größen auszeichnet. Diese aus Zement gegossenen Ringe in flammendem Orange kontrastieren mit dem umgebenden Rasen.

Green Axis 13 is een groene strook die het aangrenzende park en het beurscomplex met een woonwijk in verbinding brengt. In het zuidelijkste deel bevindt zich een speeltuin die opvalt vanwege een twaalftal gigantische cirkels van verschillende afmetingen. Deze met feloranje cement gemodelleerde ringen vormen een contrast met het omliggende gras.

Green Axis 13 es una franja de tierra que conecta el parque adyacente al recinto de la feria con una zona residencial. En el parte situada más al sur se ubica un parque infantil que destaca por una docena de círculos gigantes de varios tamaños. Estos anillos, moldeados con cemento de un encendido color naranja, contrastan con el césped que los envuelve.

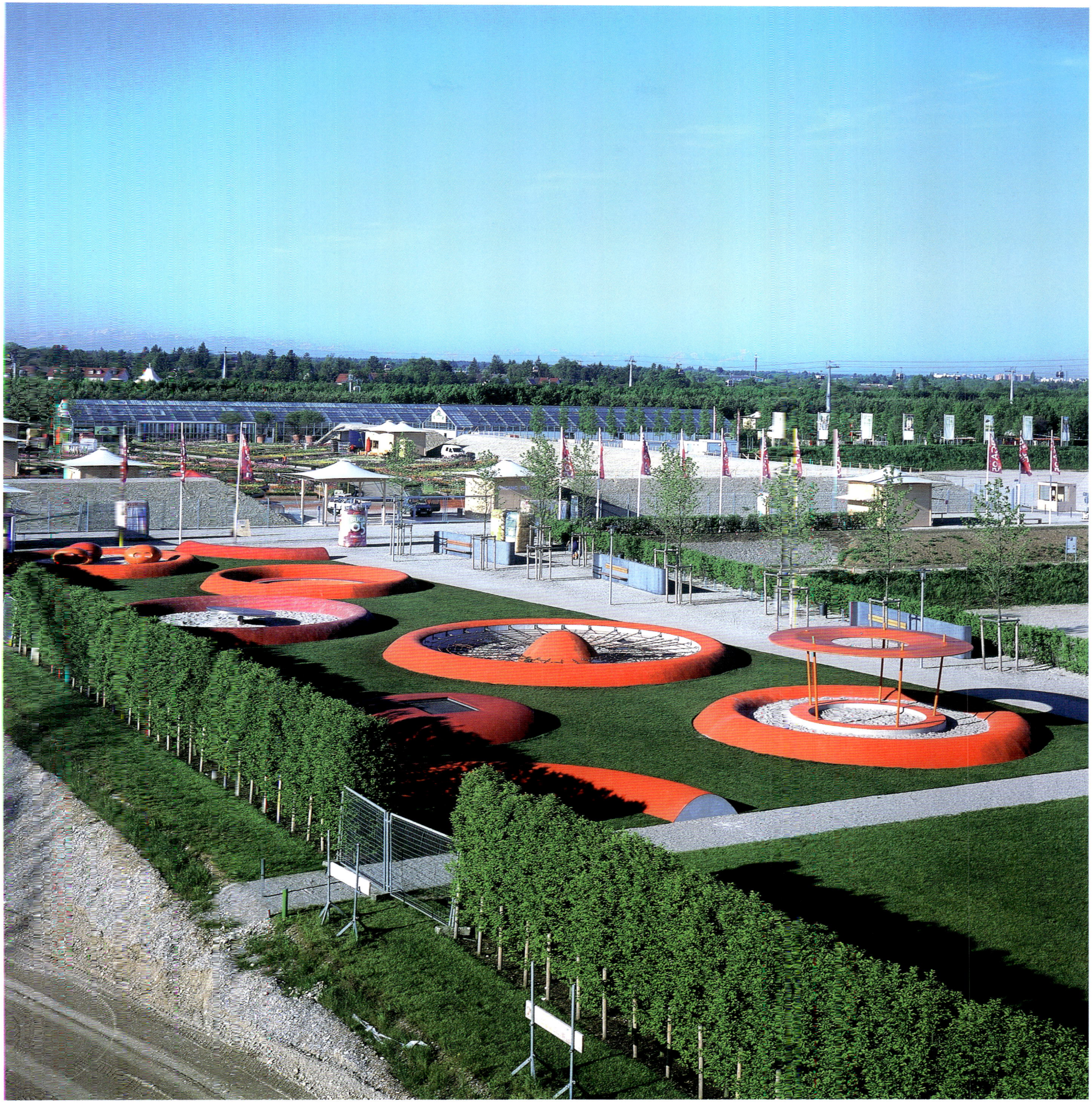

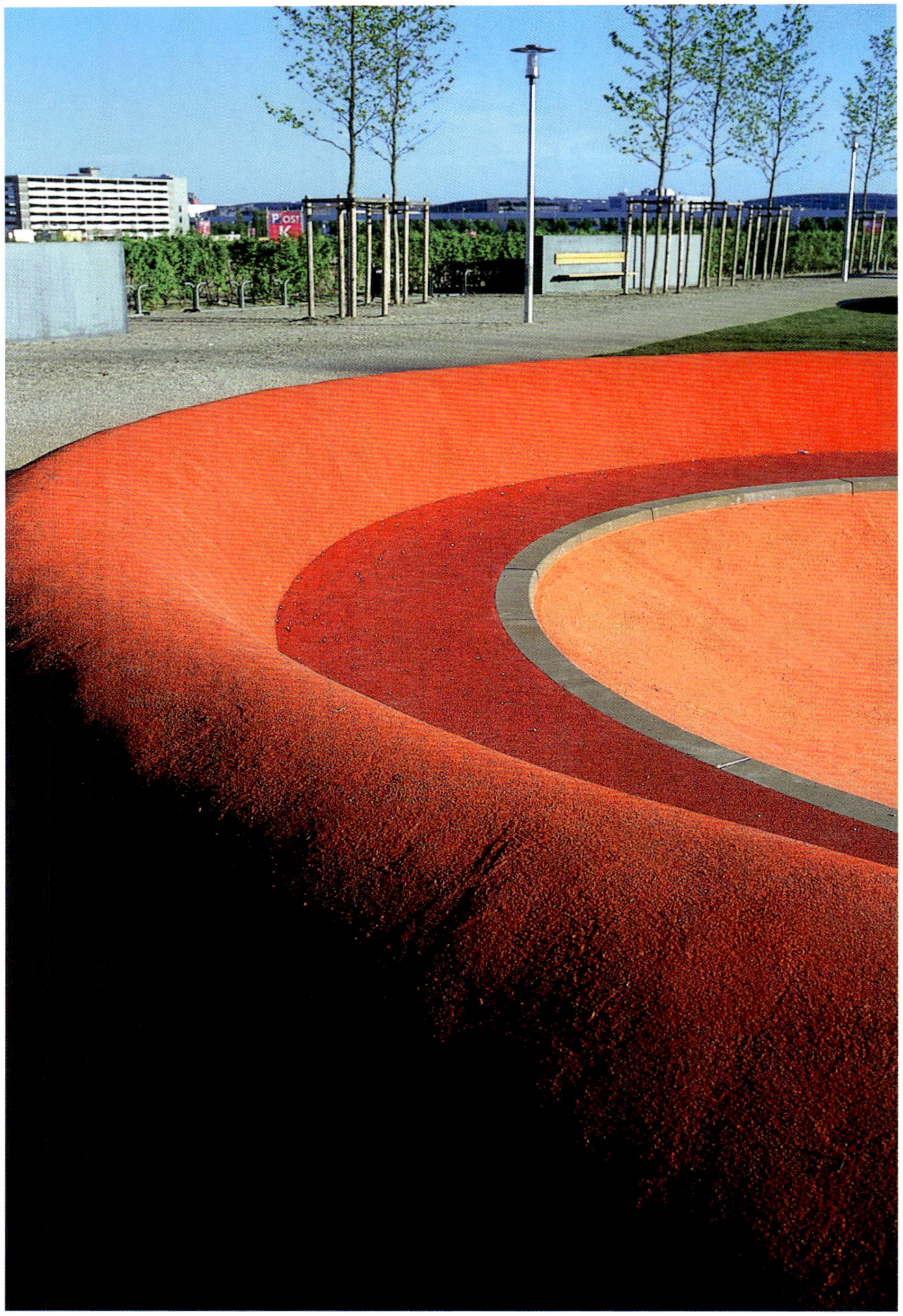

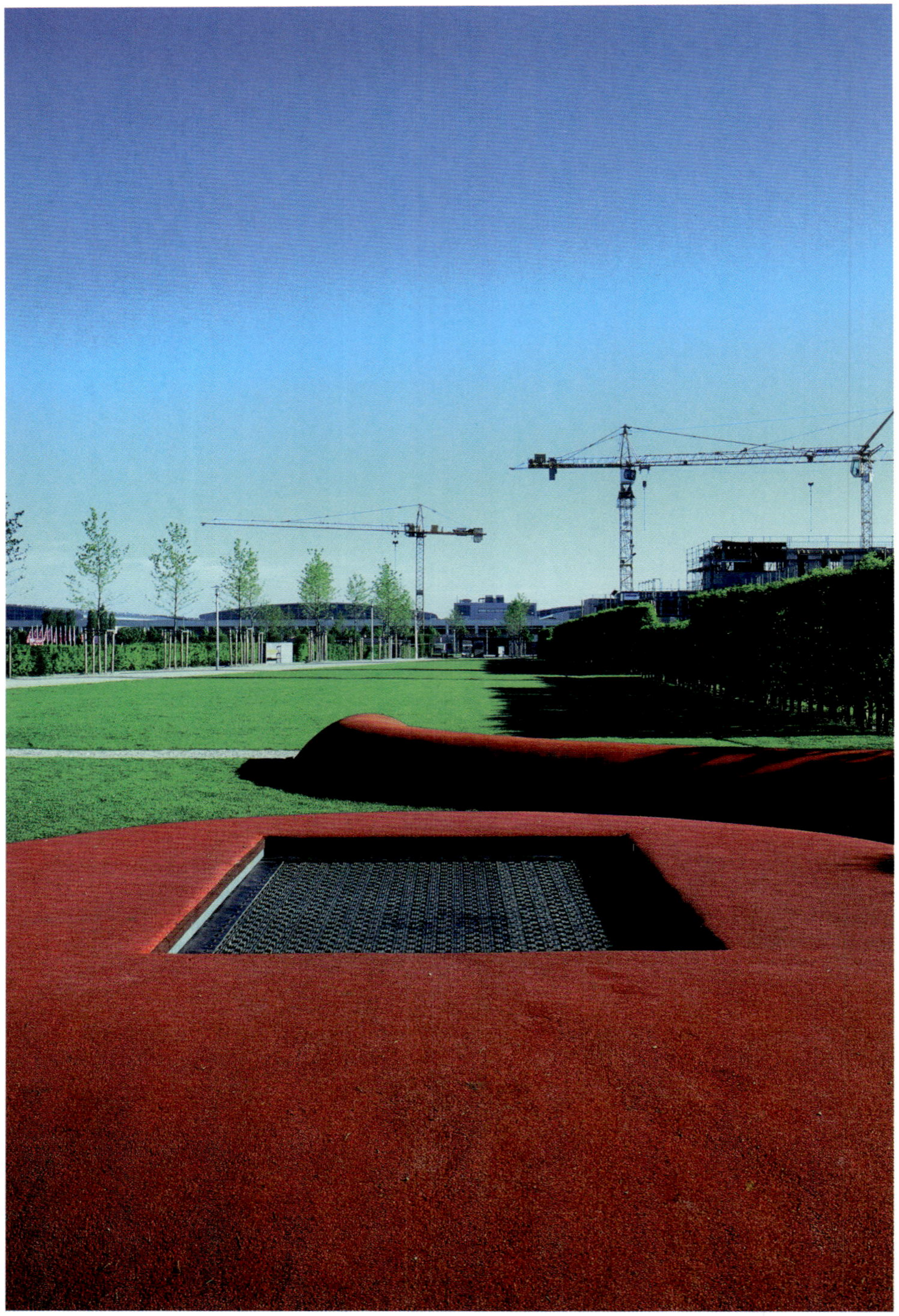

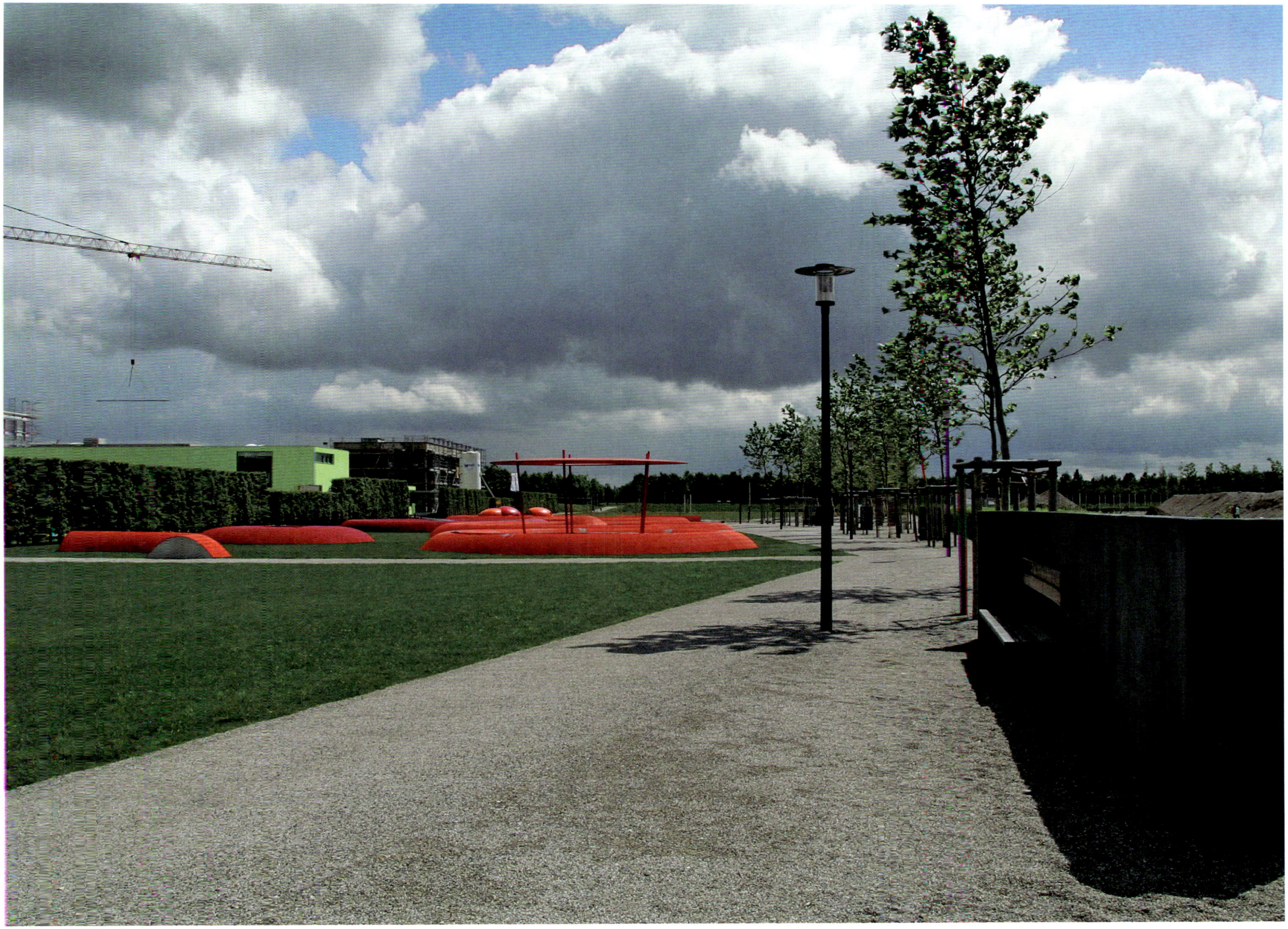

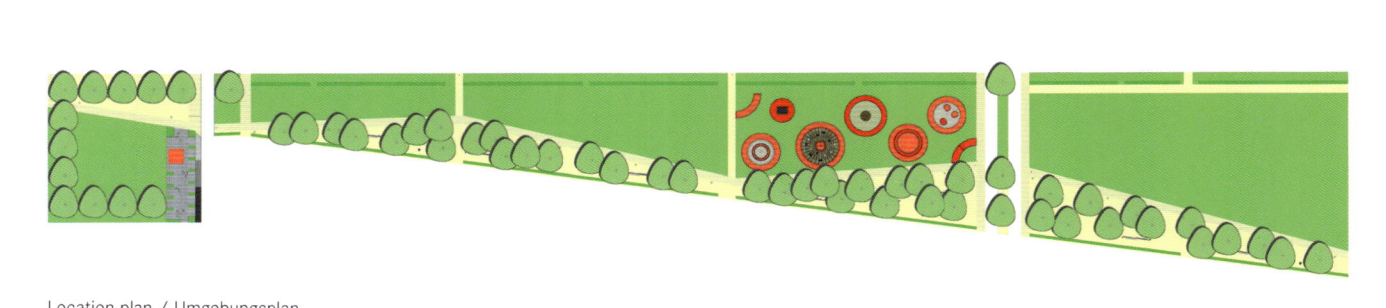

Location plan / Umgebungsplan
Plan de situation / Omgenigsplattegrond
Planimetria di localizzazione / Plano de situación

163

DRASSANES METRO STATION

ON-A Arquitectura
Barcelona, Spain
© Lluís Ros/Optical Addiction

Concrete reinforced with fiberglass (GRC) / Glasfaserverstärkter Beton (GRC) / Béton armé renforcé de fibre de verre (BRF) / Calcestruzzo rinforzato con fibra di vetro (GRC) / Hormigón reforzado con fibra de vidrio (GRC) / Glasvezelversterkt beton (GRC)

To highlight that the platforms and lobbies at this station are the same height it was sought to visually enhance the continuity. The GRC prefabricated parts were the right material to achieve this apparent unity, as it can adapt to any space. The color white gives a clean and bright appearance.

Les tracés au sol soulignent la continuité entre les quais de cette station de métro où tout est de niveau. Les panneaux préfabriqués en BRF capables de s'adapter à n'importe quel espace sont le matériau idéal pour accentuer l'impression d'unité recherchée. Le blanc donne à l'ensemble l'air propre et lumineux.

Um die Tatsache hervorzuheben, dass sich die Bahnsteige und Wartehallen dieses Bahnhofs auf gleicher Höhe befinden, sollte diese Kontinuität auch visuell unterstrichen werden. Die vorgefertigten Teile aus glasfaserverstärktem Beton waren besonders geeignet, um die gewünschte einheitliche Wirkung zu erzielen, da sich dieses Material an Räume und Flächen aller Art anpassen lässt. Die weiße Farbe verleiht dem Ganzen ein sauberes, helles Aussehen.

Om te laten uitkomen dat de perrons en hallen van dit station zich op dezelfde hoogte bevinden werd deze continuïteit visueel versterkt. Met het prefab GRC beton werd deze uitstraling van eenheid verkregen. Het kan namelijk aan elke ruimte worden aangepast. De witte kleur zorgt voor de schone en lichte uitstraling.

Para resaltar que los andenes y los vestíbulos de esta estación están a la misma altura, se quiso potenciar visualmente esta continuidad. Las piezas prefabricadas de GRC eran el material adecuado para conseguir esta apariencia unitaria, pues puede adaptarse a cualquier espacio. El color blanco confiere un aspecto limpio y luminoso.

Per dare risalto al fatto che binari e spazi di questa stazione sono allo stesso livello, si è cercato di potenziare visivamente questa continuità. Gli elementi prefabbricati in GRC erano il materiale più adatto per ottenere questo senso di unità, dato che possono adattarsi a qualsiasi spazio. Il colore bianco conferisce un aspetto «pulito» e luminoso.

165

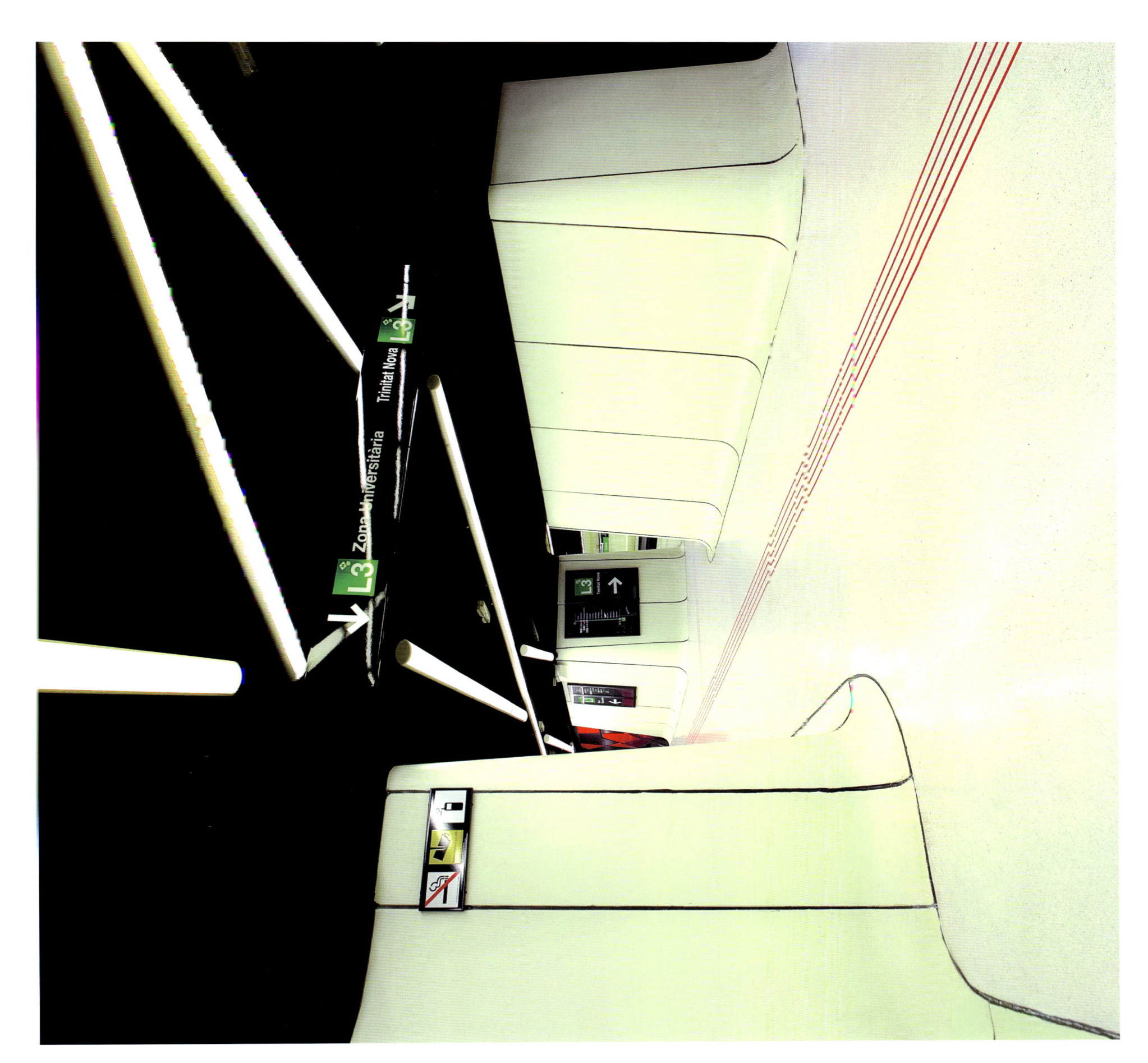

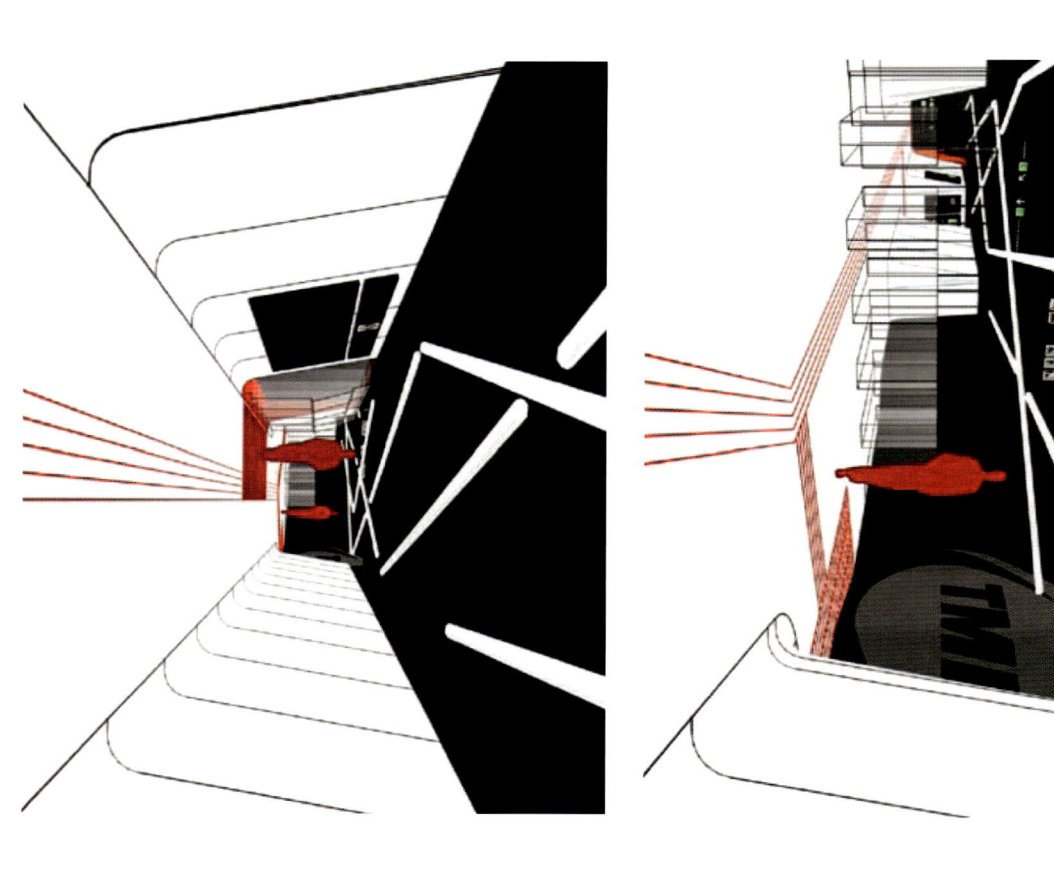

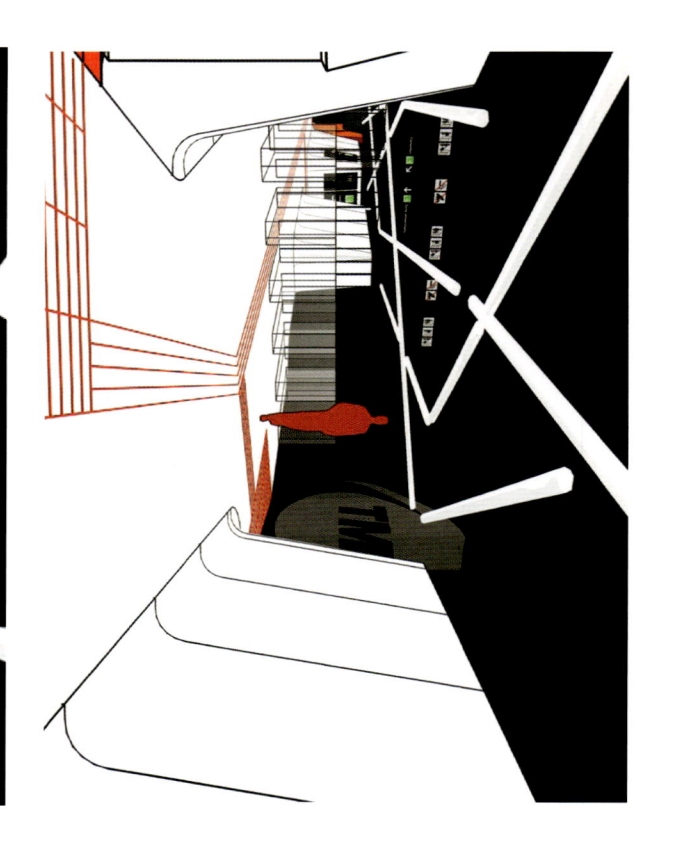

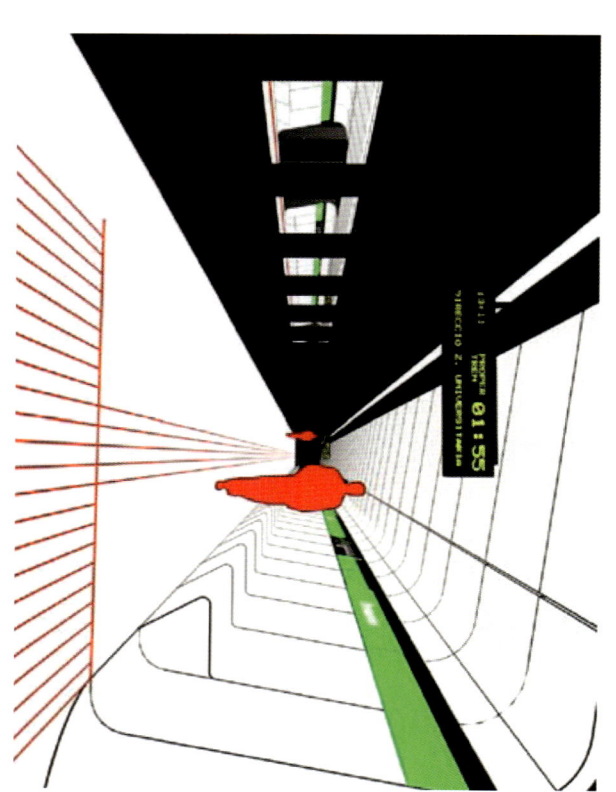

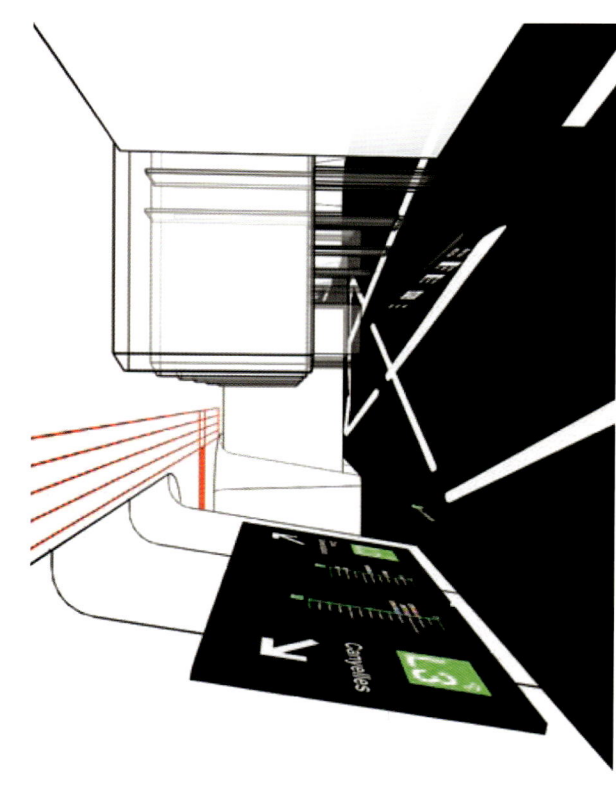

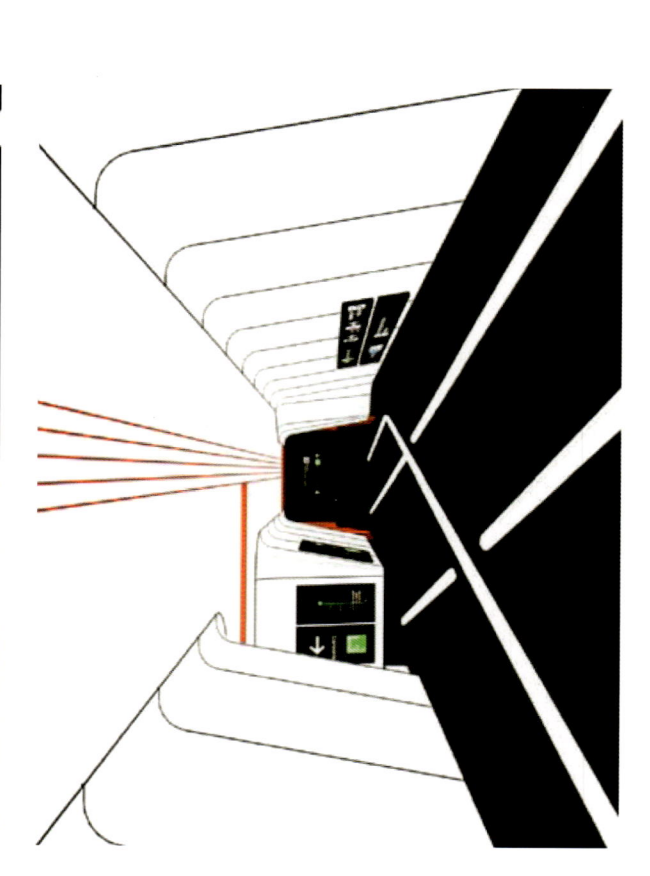

3-D representations / 3-D – Darstellungen
Représentations en 3D / 3D-representaties
Rappresentazioni in 3D / Representaciones en 3D

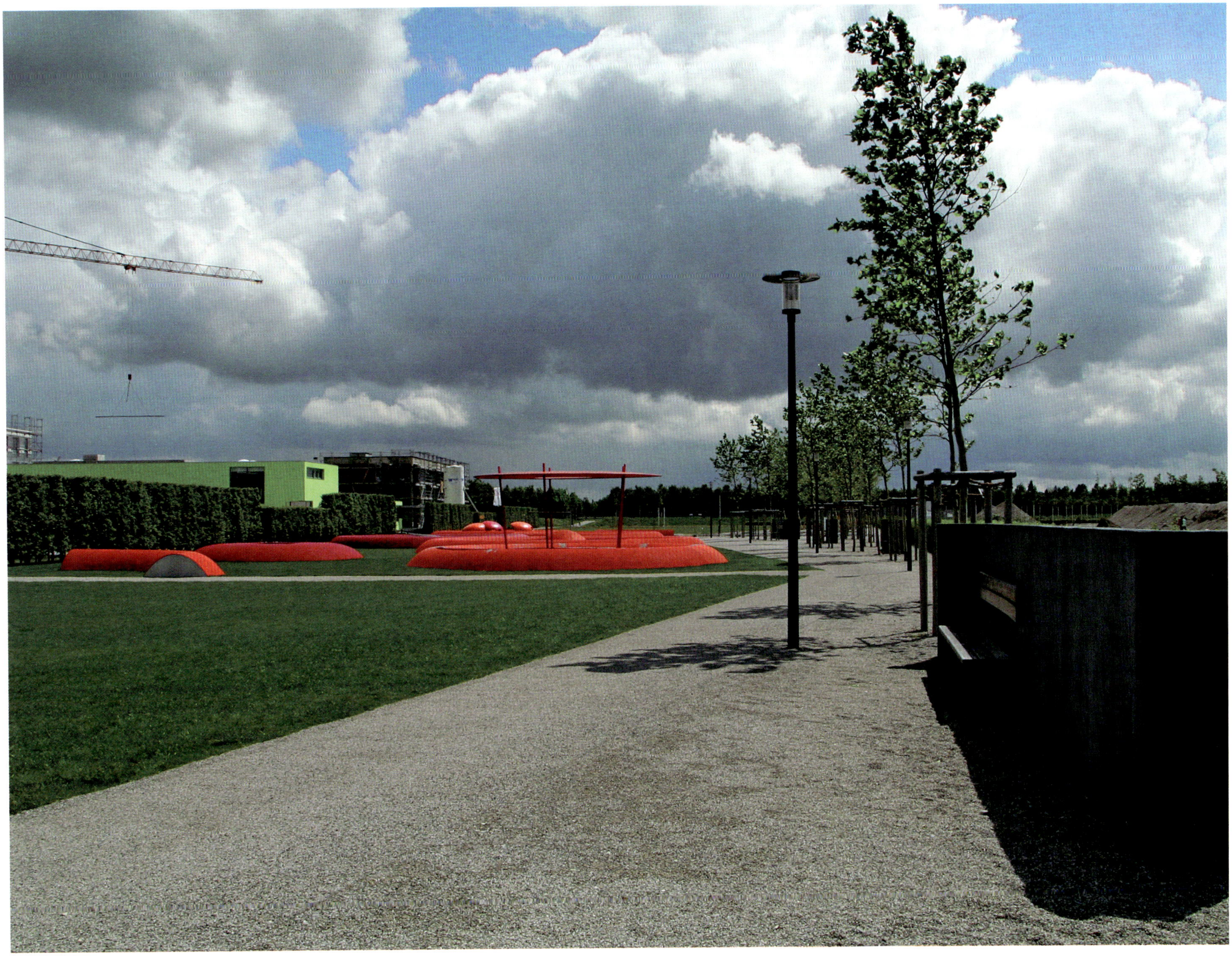

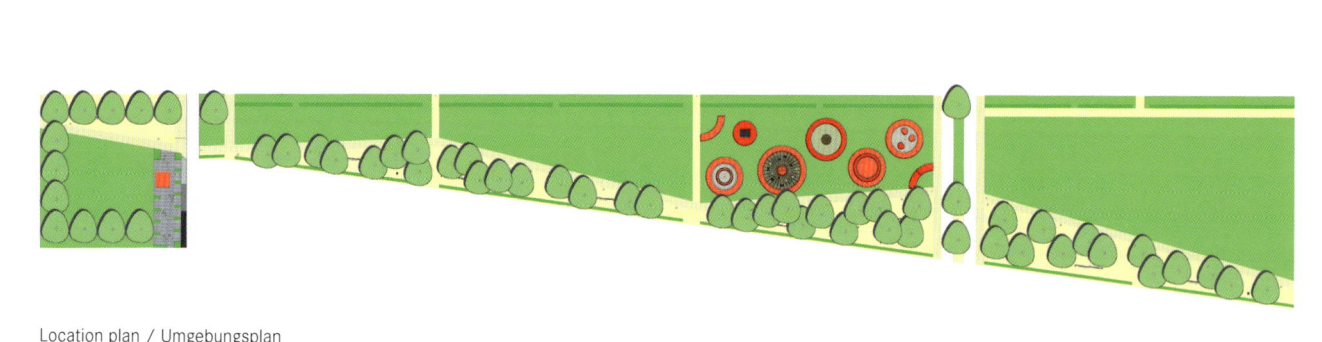

Location plan / Umgebungsplan
Plan de situation / Omgenigsplattegrond
Planimetria di localizzazione / Plano de situación

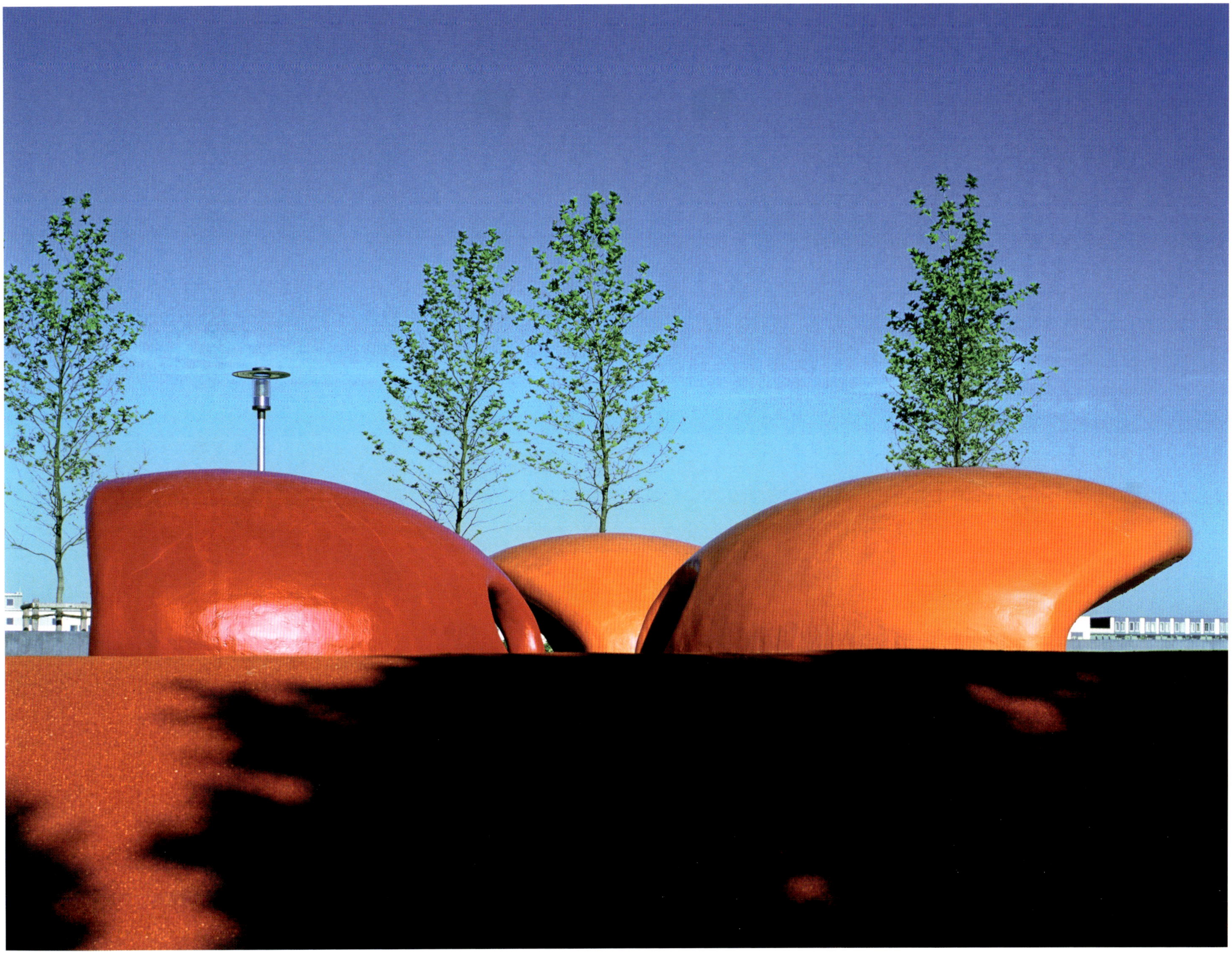

DRASSANES METRO STATION

ON-A Arquitectura
Barcelona, Spain
© Lluís Ros/OpticaL Addiction

Concrete reinforced with fiberglass (GRC) / Glasfaserverstärkter Beton (GRC) / Béton armé renforcé de fibre de verre (BRF)
Glasvezelversterkt beton (GRC) / Calcestruzzo rinforzato con fibra di vetro (GRC) / Hormigón reforzado con fibra de vidrio (GRC)

To highlight that the platforms and lobbies at this station are the same height it was sought to visually enhance the continuity. The GRC prefabricated parts were the right material to achieve this apparent unity, as it can adapt to any space. The color white gives a clean and bright appearance.

Les tracés au sol soulignent la continuité entre les couloirs et les quais de cette station de métro où tout est de niveau. Les panneaux préfabriqués en BRF capables de s'adapter à n'importe quel espace sont le matériau idéal pour accentuer l'impression d'unité recherchée. Le blanc donne à l'ensemble l'air propre et lumineux.

Per dare risalto al fatto che binari e spazi di questa stazione sono allo stesso livello, si è cercato di potenziare visivamente questa continuità. Gli elementi prefabbricati in GRC erano il materiale più adatto per ottenere questo senso di unità, dato che possono adattarsi a qualsiasi spazio. Il colore bianco conferisce un aspetto «pulito» e luminoso.

Um die Tatsache hervorzuheben, dass sich die Bahnsteige und Wartehallen dieses Bahnhofs auf gleicher Höhe befinden, sollte diese Kontinuität auch visuell unterstrichen werden. Die vorgefertigten Teile aus glasfaserverstärktem Beton waren besonders geeignet, um die gewünschte einheitliche Wirkung zu erzielen, da sich dieses Material an Räume und Flächen aller Art anpassen lässt. Die weiße Farbe verleiht dem Ganzen ein sauberes, helles Aussehen.

Om te laten uitkomen dat de perrons en hallen van dit station zich op dezelfde hoogte bevinden werd deze continuïteit visueel versterkt. Met het prefab GRC beton werd deze uitstraling van eenheid verkregen. Het kan namelijk aan elke ruimte worden aangepast. De witte kleur zorgt voor de schone en lichte uitstraling.

Para resaltar que los andenes y los vestíbulos de esta estación están a la misma altura, se quiso potenciar visualmente esta continuidad. Las piezas prefabricadas de GRC eran el material adecuado para conseguir esta apariencia unitaria, pues puede adaptarse a cualquier espacio. El color blanco confiere un aspecto limpio y luminoso.

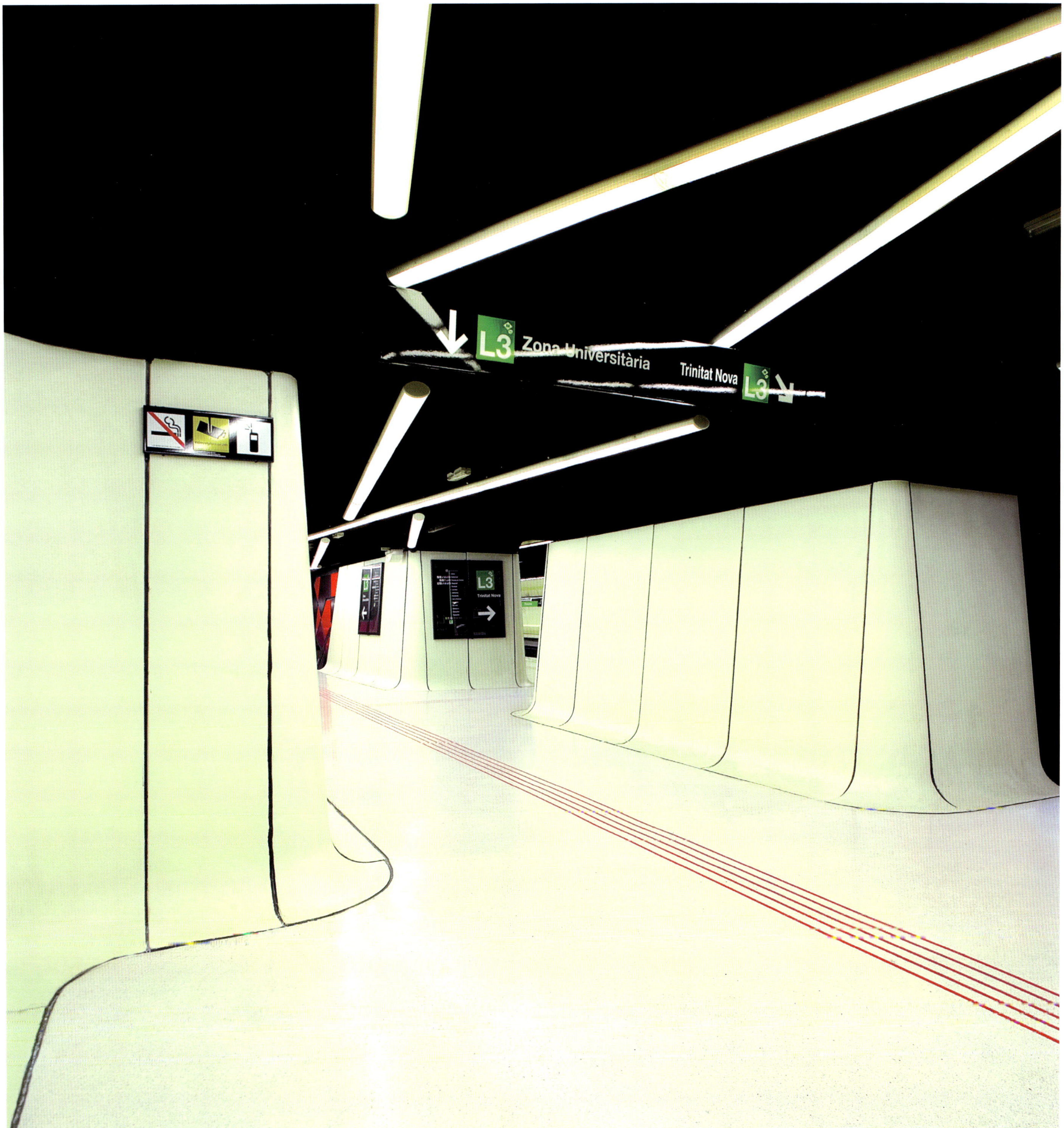
L3
Zona Universitària
Trinitat Nova
L3
L3
Trinitat Nova

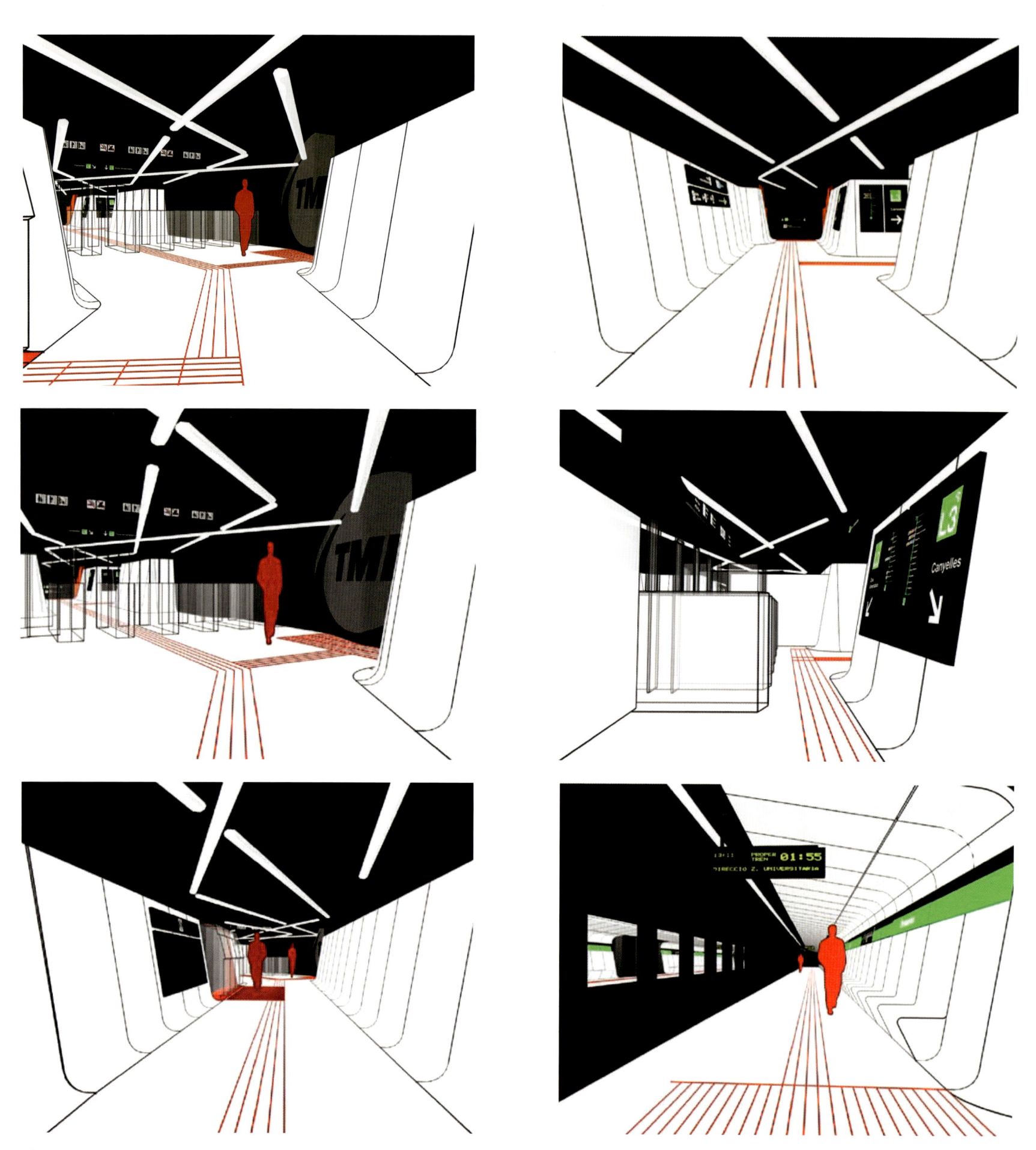

3-D representations / 3D - Darstellungen
Représentations en 3D / 3D-representaties
Rappresentazioni in 3D / Representaciones en 3D

Drassanes
Liceu
Catalunya
Passeig de Gràcia
Diagonal
Fontana
Lesseps
Vallcarca
Penitents
L3
Trinitat Nova

Drassanes
Drassanes
Tiquets

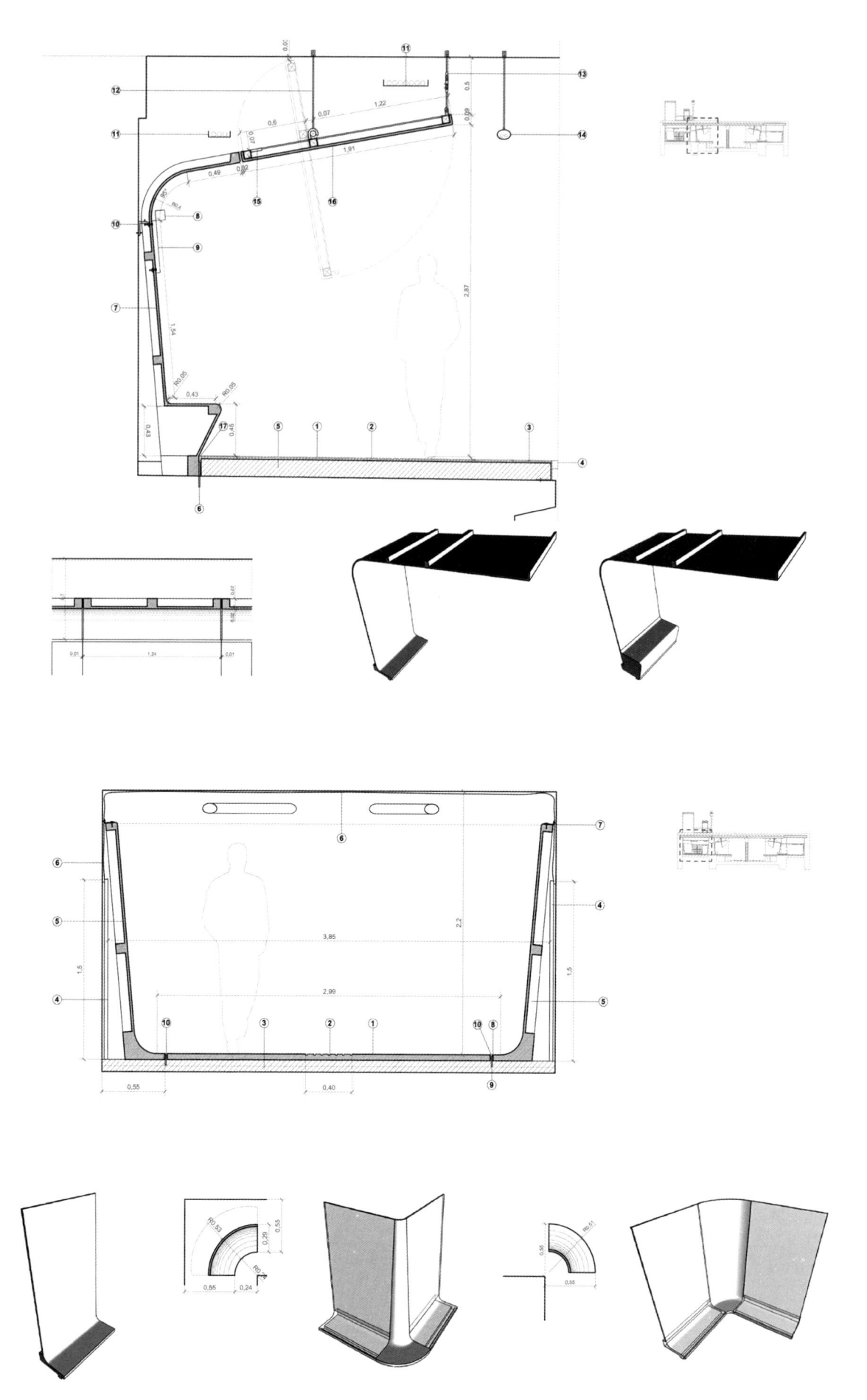

Wall panel details / Einzelheiten der Wandpaneele
Détails des panneaux des murs / Details van de wandplaten
Dettagli dei pannelli delle pareti / Detalles de los paneles de las paredes

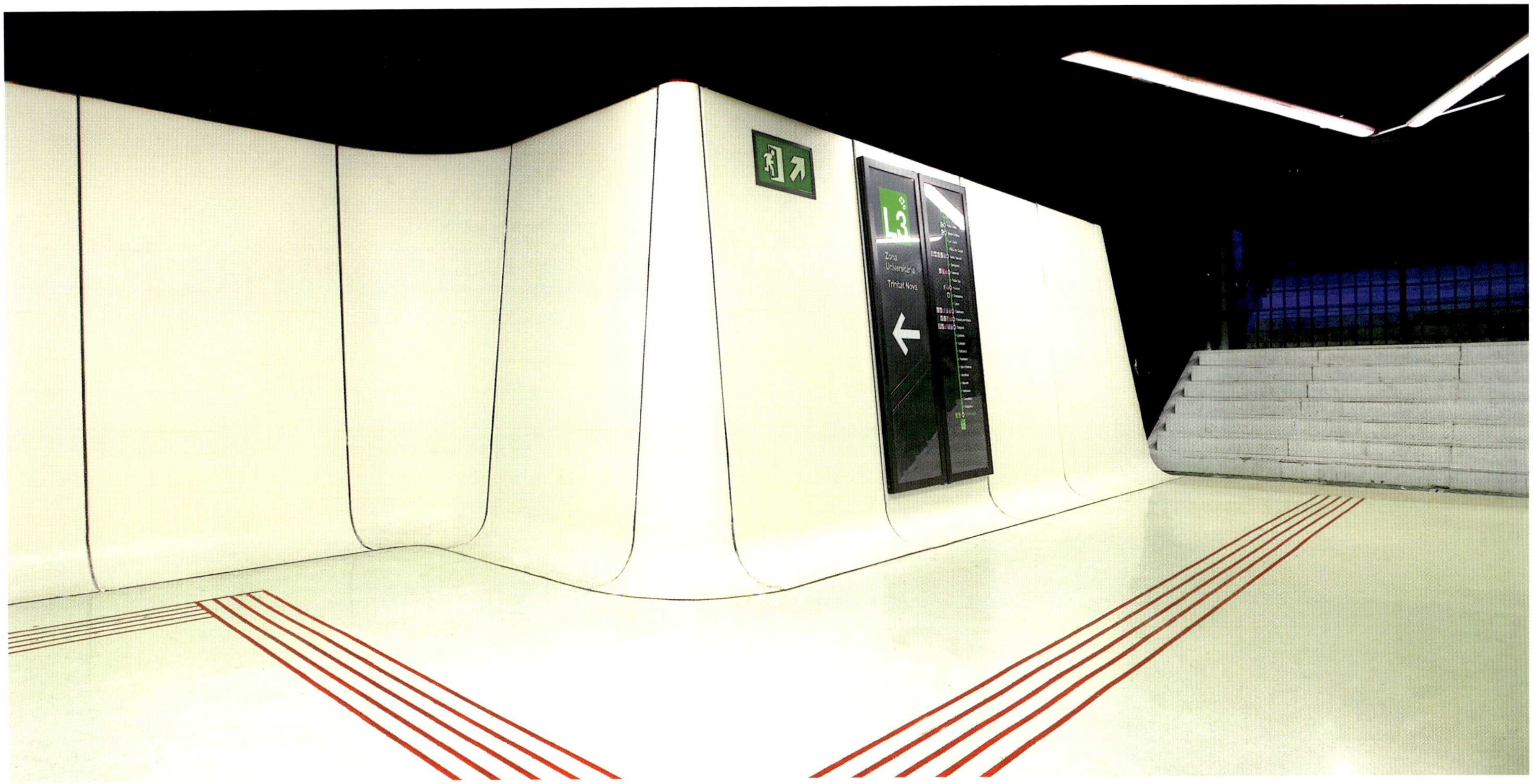
L3
Zona Universitària
Trinitat Nova

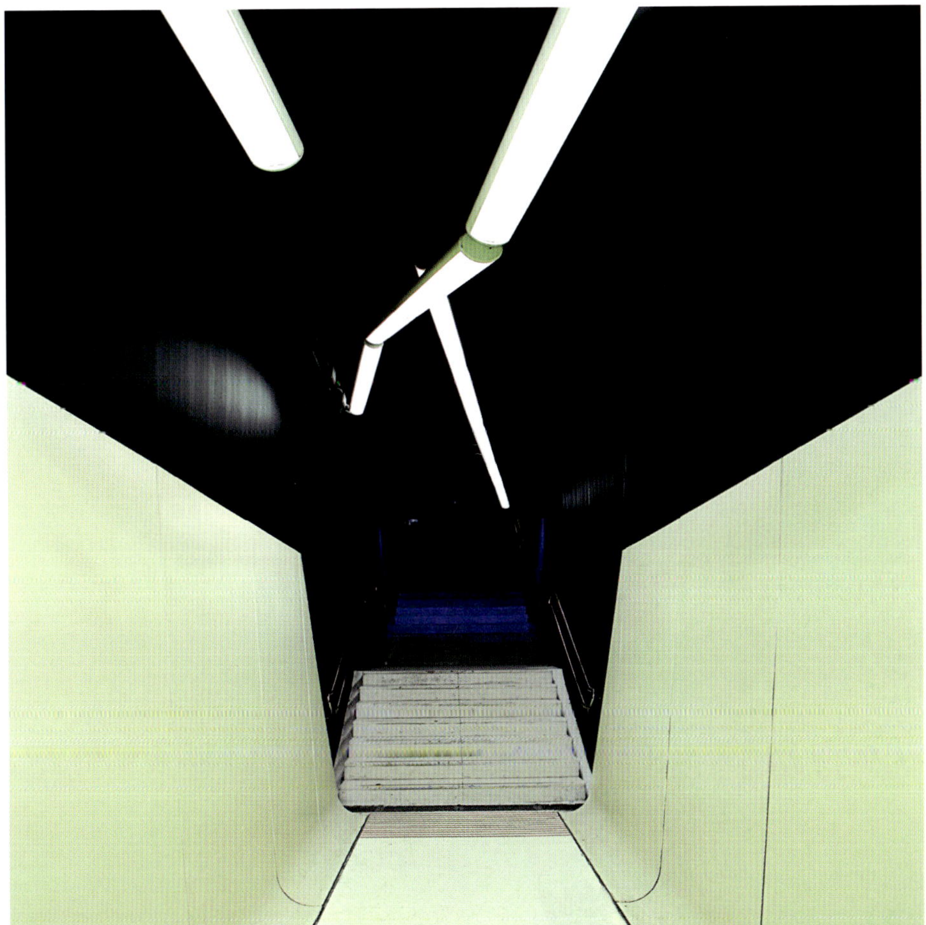

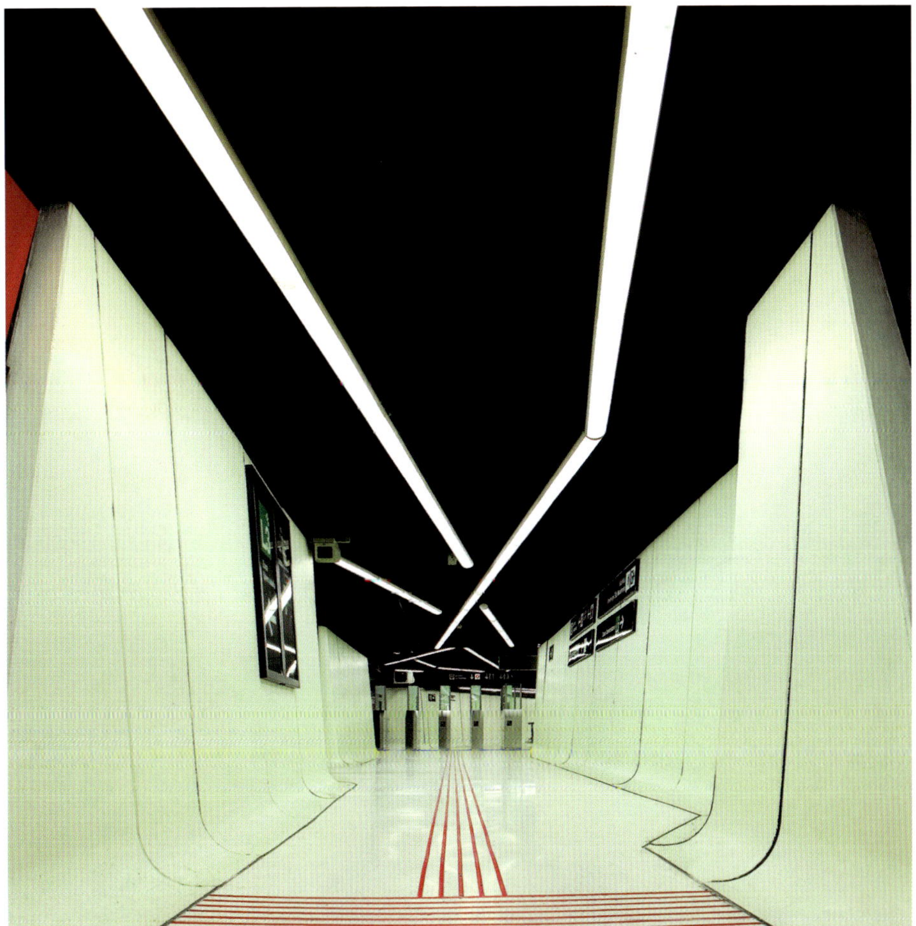

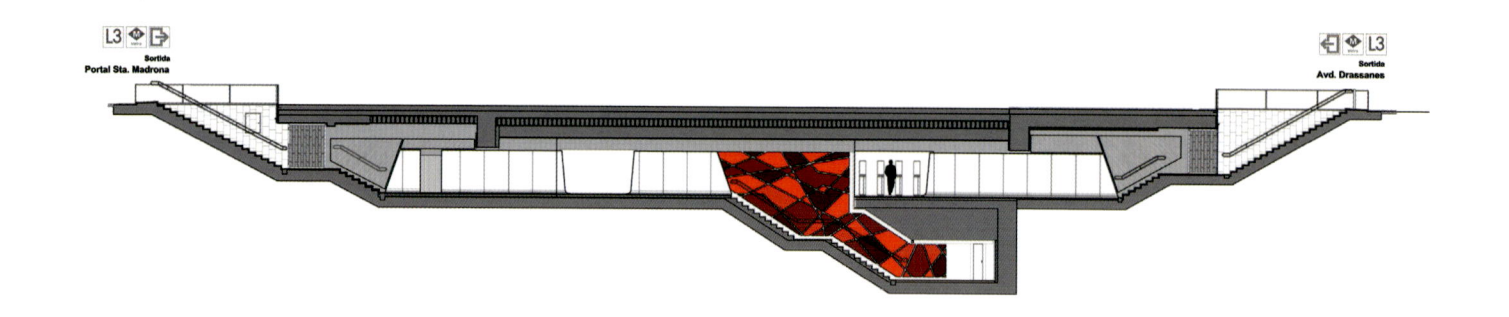

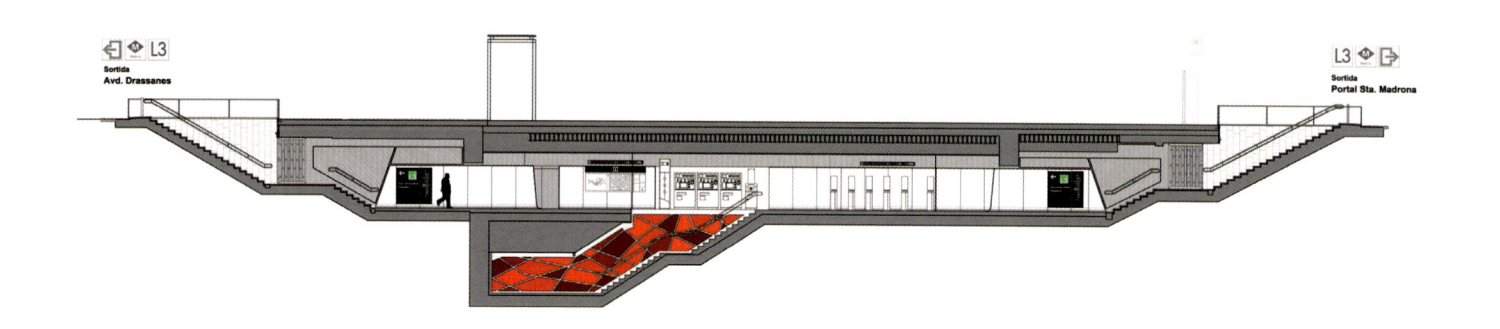

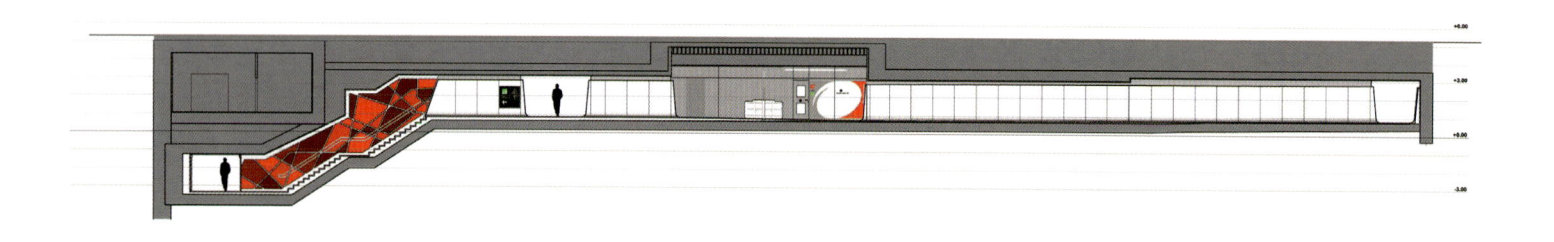

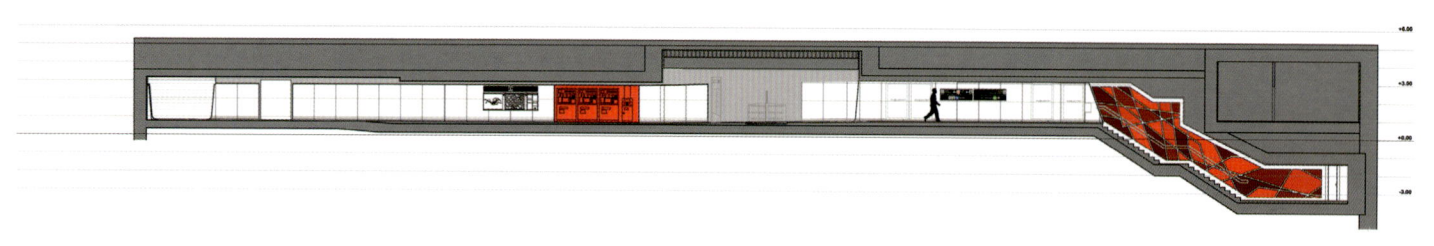

Sections / Schnitte
Coupes / Doorsneden
Sezioni / Secciones

Sections / Schnitte
Coupes / Doorsneden
Sezioni / Secciones

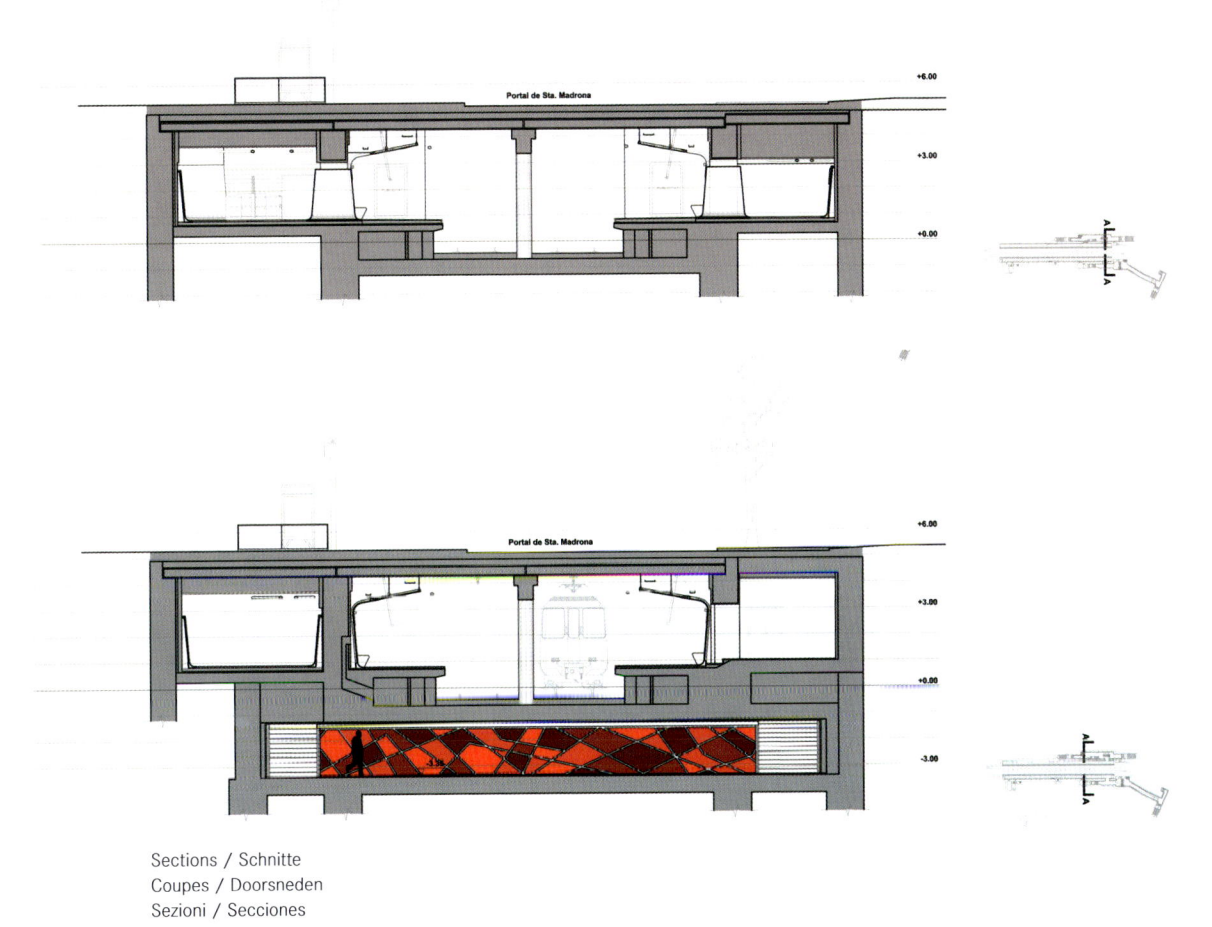

Ordinary concrete
Normalbeton
Béton courant
Gewoon beton
Calcestruzzo ordinario
Hormigón ordinario

Cement / Zement / Ciment
Cement / Cemento / Cemento

CONCRETE

Concrete is the building material par excellence. Its application in almost all types of architecture is due to the discovery of Portland cement and the emergence of reinforced concrete. The abundance and low cost of its components are other reasons for its success.

Concrete consists of cement, aggregates and water, although it is common to add additives to modify some properties. Within the range of cements, the most common is Portland cement. Aggregates derive from the natural or artificial disintegration or crushing of rocks.

There is a difference between fresh concrete and hardened concrete. The first can be molded from when it leaves the mixer until it begins to set. It has properties such as consistency, docility and uniformity. The mixture is placed in the formwork. Once there, the air bags are removed with some of the compaction processes, such as ramming or vibration. During the final phase the temperature and humidity should be taken into account.

The setting and hardening process is the result of hydration between the cement components. An ordinary Portland concrete begins to set between 30 and 45 minutes after it has been left to stand in the molds, a process that ends after 10 or 12 hours. After the hardening process begins, which is pretty accelerated in the first few days up until the first month, it then proceeds at a slower rate lasting up to one year when it is practically stable. To verify that the laid concrete is of adequate strength, cylindrical molds are filled and trials are conducted in a laboratory.

The possibility of using precast concrete elements has contributed to increase the popularity of this material. This interesting option for civilian buildings or industrial warehouses has also now been applied to residential architecture. The use of recycled materials as ingredients in the manufacture of concrete is gaining popularity thanks to strict environmental legislation. The most used are fly ash, a byproduct of coal-fired power plants. This reduces the extraction of materials from quarries and landfills. As cement production generates large volumes of carbon dioxide, the replacement technology represents a reduction of CO_2 emissions.

The main structural characteristic of concrete is its resistance to compressive strength. It is a sturdy, durable, fireproof, waterproof and virtually low maintenance material, however, its resistance to shear stresses and tensile strength is low. Attempts to compensate deficiencies in concrete led to the development of the reinforced concrete technique, which involves inserting corrugated steel bars in the formwork. With these bars, the concrete supports the tensile and shear stresses. Given that the concrete expands and contracts in magnitudes similar to steel, its simultaneous use is very useful in construction work. In addition, the concrete protects the steel from rusting.

Physical characteristics
- **Density:** 2,350 kg/m³
- **Compressive strength:** 150 to 500 kg/cm² for ordinary concrete. There are concretes reaching 2,000 kg/cm².
- **Tensile strength:** low
- **Setting time:** varies depending on temperature and humidity.

CONCRETE MAIN COMPONENTS

CEMENT
Cements are products with adhesive properties that when mixed with water become a moldable paste that sets and hardens forming new stone consistency compounds, stable in air and submerged in water.

The properties of all cements are associated with the chemical composition of its components. Environmental conditions also determine the type and class of cement, which affect the durability of the concrete.

There are types of cement suitable for certain uses (standard and subject to strict conditions), such as common cements, seawater resistant, low heat special cements, white cements, special use, etc. Common cements are the most important group, including Portland, which is the most widely used. Besides the type of cement, there is a second factor that determines the quality of cement, which is its class or compressive strength at 28 days. The resistance of cement is not the same as concrete, but if the concrete is well administered, the greater the resistance of cement will correspond to the greater the resistance of the concrete.

Portland cement
Portland cement is obtained by burning mixtures of artificially prepared limestone and clay at 1,500 °C (2,732 °F). The resulting product, called clinker, is ground by adding an appropriate amount of set regulator, which is generally natural gypsum.

There are also the so-called "Portland cement with asset aggregates," which, besides the main components of clinker and gypsum, contain additional elements: steel slag, silica fume, natural pozzolan, silica fly ash and sand, calcareous or limestone fly ash.

- **Special Portland cements:** the early high strength, sulphate-resistant, low heat special and white cements are normally special Portland cements.
- **Steel cement:** steel cement is obtained by grinding Portland clinker along with a set regulator and steel slag. It belongs to the family of cold cements.
- **Pozzolan cement:** pozzolan cement is a mixture of Portland clinker and set regulator with pozzolan. There is a pozzolan cement that is considered as ecological, the CP40. It is a hydraulic binder produced by the mixture of pozzolan and finely milled hydrated lime. Its setting is somewhat slower than that of Portland cement, but eventually it supersedes Portland cement in terms of resistance.

AGGREGATES
This includes all granular material which is mainly used as raw material in construction. Aggregates are different from other materials for their chemical stability and mechanical strength. One of the main classifications is according to the source. According to the source, the aggregate may be natural, artificial or recycled. Natural aggregate is one that comes from the extraction of a site and that has only been subjected to mechanical processes. Rocks from which natural aggregates are extracted are calcareous sedimentary rocks, sands and gravels, and igneous and metamorphic rocks. Artificial aggregate comes from an industrial process and has been subjected to some type of physical-chemical modification or otherwise. Recycled aggregate is the result of the recycling of demolition or construction waste and debris.

Rounded aggregates and those originating from milling can be distinguished for their shape. Aggregates must possess at the very least the same strength and durability that is required of concrete. Aggregates used in concrete are obtained by mixing three or four groups of different sizes to achieve the optimum particle size, which involves three factors: the maximum aggregate size, firmness and fine-grain content.

WATER
Water has an impact on the cement hydration reactions. The amount of water should strictly be that stipulated as any excess evaporates and creates gaps in the concrete, reducing its strength. On the contrary, too little water produces a dry, unwieldy mix which will not set properly. During the setting and hardening of the concrete, water is added to prevent drying and to improve the cement hydration.

Both the water for mixing and the curing must be suitable for these functions. It is normally similar to drinking water and a set of parameters have been standardized, such as limiting the pH or sulphate content and chloride ion.

ADDITIVES
In addition to the basic components of concrete, aggregates, fibers, fillers and pigments can be added. These elements can be used if tests show that the added substance, in the planned proportions and conditions, produces the desired effect without altering the characteristics of the concrete.

TYPES OF CONCRETE

- **Ordinary concrete (or just concrete):** material obtained by mixing Portland cement, water and aggregates.
- **Mass concrete:** concrete containing reinforced steel. It is only suitable to withstand compressive stresses.
- **Reinforced concrete:** most commonly used. Inside it has appropriately calculated and located steel trusses. It resists compressive and tensile stress, as the steel structure provides the necessary resistance.
- **Prestressed concrete:** this concrete has a special interior steel framework subjected to tension. It can be prestressed if the framework has been tensioned before placing fresh cement or post-tensioned if the framework is tensioned when the concrete has acquired its resistance.
- **Mortar:** normal concrete without coarse aggregate.
- **Aerated or cellular concrete:** obtained by incorporating air or other gases into the mixture to obtain a low-density concrete.
- **High-density concrete:** made with aggregates of densities higher than usual, usually barite, magnetite or hematite. It is used to reinforce structures and protect against radiation.
- **GRC:** GRC (glass reinforced concrete) or GFRC (glass fiber reinforced concrete) is a construction material composed of concrete reinforced with fiberglass. Concrete is a very versatile material, but needs a frame to withstand the tensile stresses. The addition of fiberglass allows the manufacture of thinner architectural elements, which are suitable for use in façade claddings and other applications. The main properties of fiberglass are good thermal insulation, the inertia to acids and its ability to withstand high temperatures. These features and the affordability of raw materials have facilitated their popularity in many industrial applications. For use in prefabricated architecture, it is common to incorporate anchors for its installation in buildings. GRC is used in the form of a self-supporting façade panel. It may be the façade cladding itself, as in the case of some sandwich panels, or its use as an exterior wall sheet in the case of a stud frame or flanged joints.

BETON

Beton ist das Baumaterial schlechthin. Seine Anwendung in fast allen Architektur-Typen beruht auf der Entdeckung des Portlandzementes und dem Auftauchen von Stahlbeton. Das reichliche Vorhandensein seiner Bestandteile und deren niedriger Preis sind weitere Gründe für seinen Erfolg.
Beton besteht aus Zement, Zuschlagstoffen und Wasser, obwohl es auch üblich ist, Zusätze beizugeben, um einige Eigenschaften zu modifizieren. Unter den Zementsorten ist der gebräuchlichste der Portlandzement. Die Zuschlagstoffe erfolgen aus dem natürlichen oder künstlich herbeigeführten Zerfall oder Zermahlen von Felsen.
Man muss zwischen Frischbeton und Hartbeton unterscheiden. Der erste kann, wenn er aus dem Betonmischer kommt, bis zum Beginn des Abbindens ausgeformt werden. Er hat Eigenschaften wie Dichtigkeit, Nachgiebigkeit und Homogenität. Die Mischung wird in die Verschalung gegossen. Dort werden die Luftblasen mit einem der Verdichtungsverfahren, wie Stampfen oder Rütteln, beseitigt. Während der Endphase muss die Temperatur und die Feuchtigkeit der Umgebung berücksichtigt werden. Der Abbind- und Aushärtungsprozess ist das Ergebnis der chemischen Reaktionen der Hydratation zwischen den Bestandteilen des Zements. Normaler Portlandbeton beginnt 30 bis 45 Minuten nachdem er in die Formen gegossen wurde und sich in Ruhezustand befindet, zu erstarren, ein Prozess, der 10 bis 12 Stunden dauert. Danach beginnt die Aushärtung, die in den ersten Tagen einen schnellen Rhythmus annimmt bis der erste Monat vergangen ist, um danach den Härtegrad langsamer zu steigern, bis er sich nach einem Jahr praktisch stabilisiert hat. Um zu überprüfen, dass der angebrachte Beton die notwendige Festigkeit hat, werden zylindrische Formen gefüllt und in einem Labor Versuche durchgeführt.
Die Möglichkeit, vorgefertigte Elemente aus Beton zu verwenden, hat zu der Verbreitung dieses Materials beigetragen. Diese interessante Option für öffentliche Gebäude oder Fabrikhallen wurde auch auf die Wohnarchitektur übertragen. Die Verwendung von recyceltem Material als Bestandteil bei der Herstellung von Beton dank einer strengen Umwelt-Gesetzgebung wird immer beliebter. Die gebräuchlichsten sind Flugasche, ein Nebenprodukt der Kohlekraftwerke. Auf diese Weise wird der Abbau von Materialien aus Steinbrüchen verringert und Müllhalden reduziert. Da die Herstellung von Zement große Mengen von Kohlendioxid erzeugt, stellt die Ersatztechnologie eine Reduzierung der CO_2 Emission dar.
Die strukturelle Haupteigenschaft von Beton ist seine Widerstandsfähigkeit gegenüber der Druckspannung. Es handelt sich um ein widerstandsfähiges, dauerhaftes, feuerfestes, fast wasserdichtes Material, das kaum Wartung erfordert, jedoch ist seine Widerstandsfähigkeit gegenüber Biege- und Zugspannungen niedrig. Die Versuche, die Defizite von Beton zu kompensieren sind der Ursprung der Entwicklung der Technik des Stahlbetons, die daraus besteht, Stäbe aus Rippenstahl in die Verschalung einzuführen. Mit diesen Stäben hält der Beton die Biege- und Zugkräfte aus. Da der Beton sich in Größenordnungen, die dem Stahl ähnlich sind, ausweitet und zusammenzieht, ist deren gleichzeitige Verwendung bei Bauarbeiten sehr zweckmäßig. Außerdem schützt der Beton den Stahl vor dem Rosten.

Physikalische Eigenschaften:
– **Dichte:** 2350 kg/m³
– **Druckfestigkeit:** 150 bis 500 kg/cm² bei normalem Beton. Es gibt Betonarten, die bis zu 2000 kg/cm² erreichen.
– **Zugfestigkeit:** Niedrig
– **Härtezeit:** Variiert entsprechend der Temperatur und der Feuchtigkeit der Umgebung.

DIE HAUPTBESTANDTEILE DES BETONS

ZEMENT

Zemente sind Produkte mit haftfähigen Eigenschaften, die mit Wasser angerührt, eine formbare Masse ergeben, die schnell abbindet und hart wird. Dabei bildet diese Masse neue Verbindungen von steinartiger Konsistenz, die an der Luft und unter Wasser stabil ist.

Die Eigenschaften jedes Zementes sind von der chemischen Zusammensetzung seiner Bestandteile abhängig. Auch die Umweltbedingungen bestimmen Typ und Sorte des Zementes, was die Dauerhaftigkeit des Betons beeinflusst.
Es gibt verschiedene Arten von Zement für bestimmte Zwecke (genormt und an festgelegte Voraussetzungen gebunden), wie Normalzemente, Zemente, die meerwasserfest sind, diejenigen mit niedriger Hydratations-Temperatur, weiße Zemente, diejenigen für besondere Verwendungszwecke, usw. Die Normalzemente bilden die wichtigste Gruppe, und innerhalb derer ist der Portlandzement der gebräuchlichste.
Außer der Zementsorte gibt es einen zweiten Faktor, der die Qualität des Zementes bestimmt, nämlich seine Klasse oder Druckfestigkeit nach 28 Tagen. Die Druckfestigkeit des Zementes ist nicht dieselbe wie die des Betons, aber wenn der Beton gut dosiert ist, entspricht die höhere Festigkeit der höheren Festigkeit des Zementes.

Portlandzement

Portlandzement erhält man durch das Brennen einer vorbereiteten Mischung von Kalk und Ton bei ca. 1500 °C. Das sich ergebende, Klinker genannte, Produkt wird unter Zusatz einer entsprechenden Menge eines Härteregulators, der normalerweise aus Gipsstein besteht, gemahlen.
Es gibt auch die sogenannten Portlandzemente mit aktiven Zuschlagstoffen, die außer den Hauptbestandteilen Klinker und Gipsstein weitere zusätzliche Elemente enthalten: Stahlschlacke, Silikastaub, natürliches Pozzolan, kieselerdehaltige Flugasche, kalkhaltige Flugasche oder Kalk.

– **Spezial-Portlandzemente:** Zemente mit hoher Anfangsfestigkeit, sulfatfeste Zemente, diejenigen mit niedriger Hydratationswärme oder Weißzemente sind normalerweise Spezial-Portlandzemente.
– **Eisen-Portlandzement:** Eisen-Portlandzement erhält man durch Mahlen von Portlandklinker zusammen mit einem Härteregulator und Stahlschlacke. Er bildet die Familie der Kaltzemente
– **Puzzolanzement:** Puzzolanzement ist eine Mischung aus Portlandklinker und Härteregulator mit Puzzolan. Es gibt einen Puzzolanzement, der als ökologisch betrachtet wird, den CP40-Zement. Es handelt sich um ein hydraulisches Bindemittel, das aus einer Mischung von feingemahlenem Pozzolan und hydratisiertem Kalk hergestellt wird. Seine Abbindung ist etwas langsamer als die des Portlandzementes, aber mit der Zeit übertrifft es den Portland an Festigkeit.

ZUSCHLAGSTOFFE

Zuschlagstoffe nennt man granuliertes Material, das hauptsächlich als Rohstoff beim Bau verwendet wird. Das Granulat unterscheidet sich von anderen Materialien durch seine chemische Stabilität und seine mechanische Festigkeit. Eine seiner Hauptklassifizierungen wird nach seiner Herkunft durchgeführt. Danach kann der Zuschlagstoff natürlich, künstlich oder wiederverarbeitet sein. Der natürliche Zuschlag stammt aus der Förderung aus einer Lagerstätte und wird nur mechanischen Verfahren unterzogen. Die Felsgesteine, aus denen natürliche Zuschlagstoffe gewonnen werden, sind kalkhaltige, sedimentäre Felsgesteine, Sande und Kies so wie magmatisches und metamorphes Gestein. Der künstliche Zuschlagstoff stammt aus einem industriellen Verfahren und wurde einer physikalisch-chemischen Modifikation oder einer anderen Art unterzogen. Der recycelte Zuschlagstoff ergibt sich aus der Wiederverarbeitung von Abfällen aus Abriss oder Baustellen und aus Bauschutt.
Nach ihrer Form werden abgerundete Granulate und diejenigen, die aus der Zermahlung stammen, unterschieden. Die Zuschlagstoffe müssen mindestens dieselbe Festigkeit und Dauerhaftigkeit aufweisen, die beim Beton gefordert wird. Zuschlagstoffe, die bei Beton angewendet werden, erhält man durch die Mischung von drei oder vier Gruppen verschiedener Größe, um eine optimale Granulometrie zu erhalten, in der drei Faktoren eine Rolle spielen: Die maximale Größe des Zuschlags, die Dichte und der Gehalt an feiner Körnung.

WASSER

Das Mischwasser beeinflusst die Reaktionen der Hydratation des Zementes. Die Wassermenge muss die absolut notwendige sein, da das überflüssige Wasser verdampft und Löcher im Beton bewirkt, was dessen Festigkeit vermindert; umgekehrt bewirkt eine übermäßige Reduzierung des Wassers eine trockene Mischung, die wenig handhabbar und auf der Baustelle schwierig anzubringen ist. Während des Abbindens und der ersten Härtung des Betons wird Wasser zugefügt, um die Austrocknung zu verhindern und die Hydratation des Zementes zu verbessern. Sowohl das Wasser, das für das Mischen bestimmt ist, wie das für die Härtung muss für diese Funktionen geeignet sein. Normalerweise stimmt es mit dem Trinkwasser überein, und es wurden Normen für eine Serie von Parametern aufgestellt, wie die Begrenzung des pH-Wertes oder der Gehalt an Sulfaten und Chlorid-Ionen.

ZUSÄTZE

Außer den Grundbestandteilen des Betons können Zusatzmittel, Fasern, Füllstoffe und Pigmente beigefügt werden. Diese Elemente können verwendet werden, vorausgesetzt, dass die Versuche zeigen, dass die zugesetzte Substanz in den Verhältnissen und zu den Bedingungen, die vorgesehen sind, die gewünschte Wirkung erzielt, ohne die Eigenschaften des Betons zu verändern.

BETONARTEN

– **Normalbeton (oder einfach Beton):** Das ist das Material, das man durch Mischung von Portlandzement, Wasser und Zuschlagstoffen erhält.
– **Massenbeton:** Das ist Beton, der keine Stahlbewehrung enthält. Er kann nur Druckspannungskräften standhalten.
– **Stahlbeton:** Er ist der handelsüblichste. In seinem Inneren hat er eine vorschriftsgemäß berechnete und platzierte Stahlbewehrung. Er ist druck-und zugfest, da die Stahlbewehrung die entsprechende Festigkeit beitragen.
– **Spannbeton:** Das ist der Beton, der eine Stahleinlage enthält, die einer speziellen Zugspannung unterzogen wurde. Er kann vorgespannt sein, wenn die Bewehrung vor dem Einlegen in den frischen Beton gespannt wurde, oder nachgespannt, wenn sich die Bewehrung spannt, wenn der Beton seine Festigkeit erreicht hat.
– **Mörtel:** Das ist ein Normalbeton ohne groben Zuschlagstoff.
– **Luftporenbeton** Man erhält ihn durch die Mischung von Luft und anderen Gasen, um einen Beton von niedriger Dichte zu erhalten.
– **Beton von hoher Dichte:** Es handelt sich um Produkte, die mit Zuschlagstoffen von höherer Dichte als die üblichen hergestellt wird, normalerweise Baryt, Magnetit oder Hämatit. Er wird gebraucht, um Gebäude zu panzern und sie gegen Strahlung abzuschirmen.
– **GRC:** GRC (Glass Reinforced Concrete) oder GFRC (Glass Fiber Reinforced Concrete) ist ein Baumaterial aus mit Glasfaser verstärktem Beton besteht. Beton ist ein sehr vielseitiges Material, aber er benötigt ein Gerippe, um den Zugkräften standzuhalten. Die Einbettung von Glasfaser ermöglicht die Herstellung von architektonischen Elementen geringerer Dicke, die aber für Fassaden und andere Verwendungszwecke geeignet sind. Die Haupteigenschaften der Glasfaser sind die gute Wärmedämmung, die Beständigkeit gegen Säuren und ihre Fähigkeit, hohe Temperaturen zu ertragen. Diese Eigenschaften und der erschwingliche Preis der Rohstoffe führten zu ihrer Beliebtheit für viele industrielle Verwendungszwecke. Auf Grund ihrer Verwendung in der Architektur mit vorgefertigten Teilen, werden häufig Verankerungen für die Installation in Gebäuden eingebaut. Der GRC wird im Format selbsttragender Fassadenpaneele eingesetzt. Er kann alleine den Fassadenabschluss bilden, wie im Fall von einigen Sandwichpaneelen, oder man kann ihn als äußeres Blatt des Abschlusses im Fall von *stud frame* oder Lamellen mit Randleisten einsetzen.

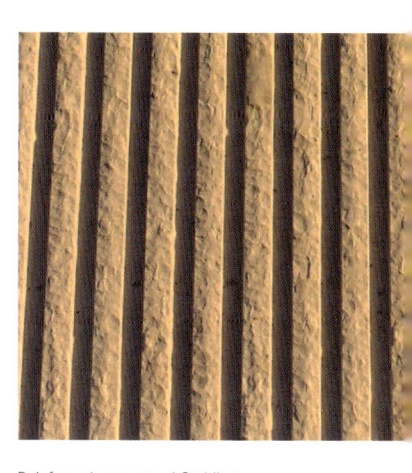

Reinforced concrete / Stahlbeton
Béton armé / Gewapend beton
Calcestruzzo armato / Hormigón armado

Reinforced concrete / Stahlbeton
Béton armé / Gewapend beton
Calcestruzzo armato / Hormigón armado

BÉTON

Le béton est aujourd'hui le matériau de construction par excellence. Son utilisation généralisée en architecture remonte à la découverte du ciment Portland au XIXe siècle et à l'apparition du béton armé. Le faible coût et l'abondance des ingrédients entrant dans sa composition expliquent en partie les raisons de son succès.

Le béton est un mélange de ciment, de granulats et d'eau auxquels s'ajoutent des adjuvants ou additifs qui viennent modifier ses propriétés physico-chimiques. Le plus utilisé de tous est le ciment Portland. Les granulats proviennent de la désintégration naturelle (érosion) ou du concassage des roches.

Il faut faire la différence entre béton frais et béton durci. Le béton frais sortant du camion malaxeur ou toupie, qui l'achemine depuis la centrale à béton, est malléable jusqu'au moment où il commence à prendre. Ses propriétés sont la consistance, la maniabilité et l'homogénéité. Après avoir versé le mélange dans un coffrage, on élimine les bulles d'air en le compactant au rouleau ou en le soumettant à une vibration. Lors de la phase suivante ou cure, qui est le début de la prise, il faut empêcher toute évaporation de l'eau contenue dans le béton et lui éviter les chocs thermiques.

La prise et le durcissement résultent des réactions chimiques se produisant entre les différents composants du béton et de la quantité d'eau ajoutée. Le béton Portland commence à prendre entre 30 et 45 minutes après avoir été coulé entre les banches formant le moule. Sa prise dure entre 10 et 12 heures. C'est ensuite la phase de durcissement, qui est très rapide dans les premiers jours mais se ralentit au bout d'un mois. Il faut attendre environ un an pour que le matériau soit stabilisé. Pour s'assurer que le béton coulé présente la résistance nécessaire, on prélève des échantillons dans des moules cylindriques que l'on contrôle en pratiquant des tests en laboratoire.

La possibilité d'utiliser des éléments préfabriqués en béton a beaucoup contribué à l'adoption universelle de ce matériau. D'abord surtout exploité par le génie civil et la construction industrielle, il a rapidement été adopté pour l'architecture résidentielle. Dans de nombreux pays, sous l'impulsion de dispositions législatives de plus en plus soucieuses de l'environnement, l'emploi de matériaux recyclés dans sa fabrication se généralise. Parmi ceux-ci, les plus employées sont les cendres volantes, un sous-produit du carbone des centrales thermoélectriques. Ce procédé permet de réduire l'extraction de matériaux provenant de carrières. Comme la production de ciment rejette de grands volumes de dioxyde de carbone, la réutilisation de matériaux permet aussi une importante réduction des émissions de CO_2.

La principale caractéristique structurelle du béton est sa résistance aux efforts en compression. C'est un matériau résistant, durable, incombustible, quasiment imperméable qui demande peu d'entretien. Malheureusement, sa résistance au cisaillement, aux sollicitations en flexion et en traction est faible. C'est pour remédier à ces inconvénients que l'on a imaginé le béton armé qui incorpore des armatures en acier dans le coffrage. Grâce à la présence de ces renforts, le béton supporte mieux les efforts de flexion et de traction. Comme le béton se dilate et se contracte dans des proportions comparables à celles de l'acier, leur utilisation conjointe est des plus utiles dans la construction. De plus, le béton protège l'acier de l'oxydation.

Caractéristiques physiques
- **Densité** : 2 350 kg/m^3
- **Résistance à la compression** : de 150 à 500 kg/cm^2 pour les bétons ordinaires. Pour certaines qualités, elle atteint 2 000 kg/cm^2.
- **Résistance à la traction** : faible
- **Temps de prise** : variable selon l'humidité et la température

LES PRINCIPAUX COMPOSANTS DU BÉTON

CIMENT

Les ciments sont des produits présentant des propriétés adhérentes qui, additionnés d'eau, donnent une pâte modelable qui prend et durcit, formant de nouveaux composés de consistance minérale stable à l'air et immergés sous l'eau. Les propriétés de chaque ciment sont associées à la composition chimique de leurs composants. Les conditions atmosphériques déterminent le type et la classe de ciment à utiliser dans la fabrication des bétons qui, en fonction des choix, seront plus ou moins durables.

Il existe différents types de ciment conçus pour des usages précis (normalisés et soumis à des règles strictes). Outre les ciments communs, certains résistent à l'eau de mer, d'autres ont une faible chaleur d'hydratation : les ciments blancs, ceux spécialement prévus pour certains usages, etc. Dans les ciments communs, le groupe le plus large, le ciment Portland est le plus courant.

En dehors de son type, un deuxième facteur détermine la qualité du ciment : sa classe de résistance qui exprime sa capacité à résister à la compression après 28 jours de séchage. La résistance du ciment n'est pas la même que celle du béton, mais si le béton est bien dosé, plus le ciment est résistant, plus le béton le sera.

Ciment Portland

Le ciment Portland s'obtient en chauffant à quelque 1 500 °C un mélange de chaux et d'argiles préparées artificiellement. Le produit obtenu, appelé « clinker », est réduit en poudre et additionné de la quantité nécessaire de régulateur de prise, généralement de la pierre de gypse naturelle.

Il existe également la catégorie des ciments Portland avec agrégats actifs, qui, outre les principaux composants que sont le clinker et la pierre de gypse, contiennent des adjuvants : scories provenant de la sidérurgie, fumée de silice, pouzzolane naturelle, cendres volantes siliceuses, cendres volantes calcaires ou chaux.

- **Ciments Portland spéciaux** : les ciments présentant une haute résistance initiale, ceux qui résistent aux sulfates, ceux qui sont à faible chaleur d'hydratation et les ciments blancs sont généralement des ciments Portland spéciaux.
- **Ciment sidérurgique** : le ciment sidérurgique s'obtient par broyage du clinker de Portland mélangé à un régulateur de prise additionnel de scories sidérurgiques. Il constitue la famille des ciments froids.
- **Ciment pouzzolanique** : le ciment pouzzolanique est un mélange de clinker de Portland, de régulateur de prise et de pouzzolane. Le ciment pouzzolanique CP40 est une qualité considérée écologique. C'est un liant hydraulique, produit en mélangeant de la pouzzolane et de la chaux hydratée finement moulue. Il prend plus lentement que le ciment de Portland, mais à terme, sa résistance devient supérieure.

GRANULAT

Les granulats sont des matériaux granuleux plus ou moins gros, ajoutés au ciment pour faire le béton. Ils se distinguent des autres matériaux par leur stabilité chimique et leur résistance mécanique. Il en existe trois grandes catégories, classées selon leur origine naturelle ou artificielle et maintenant recyclée. Le granulat d'origine minéralogique provient de carrières de roches sédimentaires siliceuses ou calcaires, métamorphiques ou éruptives et est soumis à un traitement mécanique. Le granulat artificiel résulte d'un traitement industriel au cours duquel interviennent notamment des modifications physico-chimiques. Le granulat recyclé est fait à partir des matériaux mixtes provenant de démolitions, de décombres ou de chantiers. On distingue les granulats roulés d'origine alluvionnaire des granulats angulaires obtenus par concassage. Les granulats doivent avoir la même résistance et la même durabilité que le béton. On mélange des granulats de trois ou quatre calibres différents dans la fabrication des bétons afin de parvenir à une granulométrie optimum. Plus le spectre granulométrique est continu et étendu, meilleure est la compacité, et donc les performances mécaniques du matériau.

EAU

L'eau versée lors du malaxage intervient au moment de la prise par hydratation du ciment. Sa quantité doit être soigneusement mesurée. S'il y en a trop, l'évaporation de l'excédant laisse des trous dans le béton, ce qui réduit sa résistance. À l'inverse, un manque d'eau donne un mélange sec, peu maniable et difficile à mettre en œuvre. Durant la prise et la phase de durcissement du béton ou cure, on l'asperge d'eau pour éviter le dessèchement et améliorer l'hydratation du ciment.

Autant pendant le malaxage que pendant la cure, l'eau utilisée doit satisfaire à certains critères. Ce sont en principe les mêmes que ceux de l'eau potable. Il existe une norme précisant plusieurs paramètres, dont le pH maximum ainsi que les taux maximums autorisés de sulfates et de chlore.

ADJUVANTS

Outre les composants fondamentaux du béton, on peut rajouter des agrégats, des fibres, des charges et des pigments. Tous ces additifs peuvent être ajoutés dans la mesure où des tests préalables ont démontré qu'utilisés dans les proportions et les conditions prévues, ils produiront l'effet escompté sans modifier les caractéristiques du béton.

TYPES DE BÉTON

- **Béton courant (ou simplement béton)** : c'est le matériau obtenu en mélangeant ciment Portland, eau et granulats.
- **Béton massif** : c'est le béton qui ne contient aucun renfort en acier. Il résiste uniquement aux sollicitations en compression.
- **Béton armé** : c'est le plus utilisé. Il est renforcé par des tiges d'acier dont le diamètre et le positionnement sont soigneusement calculés. Il résiste aux efforts en compression et en traction, grâce à la présence des ferraillages qui lui apportent la résistance nécessaire.
- **Béton précontraint** : c'est un béton dont les armatures en acier sont mises en tension. On dit que le béton est précontraint quand l'armature est mise en tension avant d'être placée dans le béton frais et qu'il est post-contraint quand les câbles formant l'armature sont tendus après la prise du béton.
- **Mortier** : c'est un béton courant sans gros granulats.
- **Béton cellulaire** : on l'obtient en incorporant de l'air ou d'autres gaz au mélange pour obtenir un béton de faible densité.
- **Béton de haute densité** : ce sont les bétons fabriqués avec des granulats de densités supérieures aux bétons courants. Il s'agit souvent de barite, magnétite ou hématite. On s'en sert pour blinder les structures et les protéger des radiations.
- **BRF** : le BRF (béton renforcé de fibres) et le BFUHP (béton fibré à ultra-hautes performances) sont des matériaux de construction composés de béton renforcé par des fibres métalliques, synthétiques ou minérales. Le béton fibré est un matériau très polyvalent, mais il faut une armure pour qu'il résiste aux sollicitations en traction. L'ajout de fibres permet la fabrication d'éléments architecturaux moins encombrants pouvant de ce fait être placés en parement ou avoir d'autres applications. Les principales propriétés de la fibre de verre sont d'être un bon isolant thermique, d'être inerte à l'action des acides et de supporter des températures élevées. Ces caractéristiques et le faible coût des matières premières ont favorisé l'adoption des bétons fibrés pour de multiples applications industrielles. Souvent employés en architecture préfabriquée, les panneaux sont munis d'anneaux pour faciliter leur installation dans les bâtiments. Le BRF s'utilise sous forme de panneaux autoportants pour les façades. Il peut en lui-même fournir les parements, comme c'est le cas de certains panneaux sandwich, ou s'utiliser en contre-parement dans le cas des *stud frame* ou plaques doublées.

BETON

Beton is een bouwmateriaal bij uitstek. De toepassing ervan in bijna alle architectonische typologieën is te danken aan de ontdekking van portlandcement en bewapend beton. De overvloed aan en lage kosten van de componenten zijn andere redenen van het succes van beton.

Beton bestaat uit cement, toeslagstoffen en water, hoewel het ook gebruikelijk is om additieven toe te voegen om een aantal eigenschappen te veranderen. Onder de cementsoorten is de gebruikelijkste portlandcement. De toeslagstoffen zijn afkomstig van de natuurlijke of kunstmatige ineenstorting of vergruizing van stenen.

Er moet een onderscheid gemaakt worden tussen onverhard en verhard beton. Het eerste kan wanneer het uit de betonmolen komt totdat het harden begint gevormd worden. Het bezit eigenschappen zoals consistentie, gemakkelijke bewerkbaarheid en homogeniteit. Het mengsel wordt in de bekisting aangebracht. Als het beton eenmaal hierin is gegoten worden de luchtblazen verwijderd met één van de mogelijke verdichtingsprocessen, zoals stampen of drillen. Tijdens de eindfase moet de temperatuur en de vochtigheid van de omgeving in acht worden genomen.

Het hardings- en uithardingsproces is het resultaat van de chemische hydratatiereacties tussen de componenten van het cement. Normaal portlandcement begint 30 à 45 minuten nadat het in de mallen is gegoten te harden, een proces dat na 10 of 12 uur is voltooid. Daarna begint het uitharden dat de eerste dagen tot de eerste maand een snel tempo aanneemt om daarna langzamer verder te gaan totdat het na een jaar praktisch gestabiliseerd is. Om te controleren of het geplaatste beton de nodige weerstand heeft, worden cilindrische mallen gevuld en testen in een laboratorium uitgevoerd.

De mogelijkheid om prefab beton te gebruiken heeft bijgedragen aan de popualriteit van dit materiaal. Deze interessante optie voor de civiele bouw en voor fabrieken is ook overgebracht op de woningarchitectuur. Het gebruik van gerecycelde materialen als ingrediënten in de fabricage van beton is steeds populairder dankzij een strenge milieuwetgeving. De meest gebruikte kringloopmaterialen zijn vliegas, een bijproduct van de kolengestookte warmtekrachtcentrales. Zo wordt de uitgraving van materiaal uit steengroeven en stortplaatsen gereduceerd. Aangezien de cementproductie grote hoeveelheden koolstofdioxide voortbrengt, betekent de vervangingstechnologie een reductie van de CO_2-emissies.

De voornaamste structurele eigenschap van beton is zijn drukvastheid. Het is een sterk, duurzaam, onbrandbaar, vrijwel impermeabel materiaal dat nauwelijks onderhoud vergt. Echter, zijn weerstand tegen snijspanningen en trekkrachten is laag. Dankzij de pogingen om de tekortkomingen van beton te compenseren is de techniek van bewapend beton ontwikkeld. Deze bestaat uit het introduceren van staven golfstaal in de bekisting. Met deze staven verdraagt het beton dwars- en trekkrachten. Aangezien beton uitzet en krimpt in groatheden die lijken op die van staal, is het gelijktijdige gebruik ervan in de bouw erg nuttig. Bovendien beschermt het beton het staal tegen oxidatie.

Fysieke eigenschappen
– **Dichtheid**: 2.350 kg/m^3
– **Drukvastheid**: van 150 tot 500 kg/cm^2 voor gewoon beton. Er bestaan betonsoorten die een drukvastheid van 2.000 kg/cm^2 hebben.
– **Trekvastheid**: laag
– **Bindtijd**: varieert op grond van de temperatuur en de vochtigheid van de omgeving.

DE VOORNAAMSTE COMPONENTEN VAN BETON

CEMENT

Cement is een product met hechtende eigenschappen die, wanneer het met water wordt gemengd, in een kneedbare pasta verandert. Deze pasta verhardt en hardt uit en vormt zo nieuwe verbindingen met een steenachtige consistentie die luchtstabiel is en ondergedompeld in water.

De eigenschappen van elk soort cement zijn verbonden met de chemische samenstelling van de componenten. Ook bepalen de omgevingsomstandigheden het type en de klasse van het cement, wat van invloed is op de duurzaamheid van het beton. Er zijn cementsoorten die geschikt zijn voor bepaalde (genormaliseerde en aan strikte voorwaarden onderworpen) toepassingen, zoals gewone cement, zeewater bestendige soorten, cement met een lage hydratatiewarmte, wit cement, cement voor speciale toepassingen, enz. De gewone cementsoorten vormen de belangrijkste groep. Hieronder valt als gebruikelijkste soort het portlandcement.

Naast het type cement is er een tweede factor die de kwaliteit van het cement bepaalt. Het gaat om de klasse of drukvastheid na 28 dagen. De weerstand van cement is niet hetzelfde als dat van beton, maar als het beton goed gedoseerd is, dan is bij een hogere weerstand van het cement ook dat van het beton hoger.

Portlandcement
Portlandcement wordt verkregen bij het bij circa 1.500 °C calcineren van kunstmatig bereide kalksteen- en kleimengsels. Het resulterende product, cementklinker genaamd, wordt gemalen en er wordt een juiste hoeveelheid bindingsregelaar aan toegevoegd. Meestal is dit natuurlijke gipssteen.
Er bestaat ook een zogenaamde "portlandcement met actieve toevoegingen", welke naast de hoofdcomponenten van cementklinker en gipssteen, ook andere aanvullende elementen bevatten: metaalslak, microsilica, natuurlijke puzzolaan, siliciumhoudend vliegas of kalkhoudend vliegas.

– **Speciaal portlandcement**: het cement met een aanvankelijk hoge weerstand, sulfaatbestendig cement, cement met een lage hydratatiewarmte of wit cement zijn meestal speciale portlandcementsoorten.
– **Slakkencement**: slakkencement wordt verkregen door het samen malen van portlandcementklinker en een bindingsregelaar met metaalslak. Het vormt de familie koude cementsoorten.
– **Puzzolaancement**: puzzolaancement is een portlandcementklinker en bindingsregelaar met puzzolaan. Er bestaat een puzzolaancement dat milieuvriendelijk wordt beschouwd, de CP40. Het is een hydraulisch bindmiddel, ontstaan uit het mengsel van fijngemalen puzzolaan en gehydrateerde kalk. De harding is iets langzamer dan die van portlandcement, maar in de loop van de tijd is dit cement bestendiger.

TOESLAGSTOFFEN
Onder toeslagstof wordt korrelmateriaal verstaan dat voornamelijk als grondstof in de bouw wordt gebruikt. Toeslagstoffen onderscheiden zich van andere materialen door hun chemische stabiliteit en mechanische weerstand. Eén van de belangrijkste indelingen is gebaseerd op de oorsprong. Zo kan een toeslagstof natuurlijk, kunstmatig of gerecycled zijn. Natuurlijke toeslagstoffen worden gewonnen en zijn slechts aan mechanische processen onderworpen. De stenen waaruit natuurlijke toeslagstoffen worden gewonnen zijn sedimentaire kalkstenen, zand en grind, stollings- en metamorfisch gesteente. Kunstmatige toeslagstoffen zijn afkomstig van een industrieel proces en zijn onderworpen geweest aan een fysiek-chemische of andere wijziging. De gerecyclede toeslagstoffen zijn het resultaat van het hergebruik van sloop- of bouwafval en puin.

Vanwege de vorm wordt onderscheid gemaakt tussen ronde toeslagstoffen en toeslagstoffen die afkomstig zijn van vergruizing. Toeslagstoffen moeten ten minste dezelfde weerstand en duurzaamheid hebben als vereist is voor beton. De toeslagstoffen die in beton worden gebruikt worden verkregen door het mengen van drie of vier groepen van verschillende afmetingen om zo een optimale korrelverdeling te krijgen. Hierbij spelen drie factoren een rol: de maximale grootte van de toeslagstof, de dichtheid en het gehalte aan fijne korrels.

WATER
Het mengwater speelt een rol bij de hydratatiereacties van cement. Slechts de strikt noodzakelijke hoeveelheid water mag worden gebruikt, omdat het overtollige water verdampt en gaten in het beton creëert, wat de weerstand ervan vermindert. Anderzijds heeft te weinig water een droog, slecht hanteerbaar en moeilijk toe te passen mengsel tot gevolg. Tijdens het harden en het eerste uitharden van het beton, wordt uithardingswater toegevoegd om uitdroging te voorkomen en de hydratatie van het cement te verbeteren.

Zowel het mengwater als het water bestemd voor de uitharding zijn geschikt voor deze functies. Gewoonlijk is dit water hetzelfde als drinkwater. Er zijn een aantal parameters gestandaardiseerd, zoals de beperking van de pH of het sulfaat- en chloorionengehalte.

ADDITIEVEN
Naast de basiscomponenten van beton kunnen aggregaten, vezels, vullingen en pigmenten worden opgenomen. Deze elementen kunnen gebruikt worden mits de beproevingen aantonen dat de toegevoegde stof, in de voorziene verhoudingen en voorwaarden, het gewenste effect sorteert zonder de eigenschappen van het beton te wijzigen.

BETONSOORTEN

– **Gewoon beton (of simpelweg beton)**: dit is het materiaal dat wordt verkregen door portlandcement, water en toeslagstoffen te mengen.
– **Stortbeton**: binnenin bevat dit beton stalen bewapeningsstaven. Het is alleen geschikt om drukkrachten te weerstaan.
– **Gewapend beton**: dit is het gebruikelijkste beton. Binnenin heeft het stalen bewapeningsstaven die naar behoren zijn berekend en aangebracht. Dit beton is bestand tegen druk- en trekkrachten, want de stalen bewapeningsstaven zorgen voor de nodige weerstand.
– **Voorgespannen beton**: dit is beton dat van binnen is uitgerust met een op trek belaste speciale stalen wapening. Het kan worden voorgespannen als de wapening is gespannen voordat het verse beton wordt gestort of nagespannen als de wapening wordt gespannen wanneer het beton zijn weerstand heeft verkregen.
– **Mortel**: dit is een normaal beton zonder een groffe toeslagstof.
– **Gas- of cellenbeton**: dit wordt verkregen door lucht of andere gassen aan het mengsel toe te voegen om zo beton met een lage dichtheid te verkrijgen.
– **Beton met een hoge dichtheid**: dit is prefab beton met toeslagstoffen met een hogere dan de normale dichtheid, gewoonlijk bariet, magnetiet of hematiet. Het wordt gebruikt om draagconstructies te blinderen en ze tegen straling te beschermen.
– **GRC**: GRC (*glass reinforced concrete*) of GFRC (*glass fiber reinforced concrete*) is een bouwmateriaal bestaand uit glasvezelversterkt beton. Beton is een zeer veelzijdig materiaal, maar vereist een wapening om trekkrachten te weerstaan. De opname van glasvezel maakt de fabricage van architectonische elementen mogelijk die minder dik zijn maar wel geschikt voor gebruik in gevelafsluitingen en andere toepassingen. De voornaamste eigenschappen van glasvezel zijn de goede warmte-isolatie, de inertie ten aanzien van zuren en het vermogen om hoge temperaturen te verdragen. Deze eigenschappen en de betaalbare prijs van de grondstoffen hebben dit product populair gemaakt in vele industriële toepassingen. Door het gebruik in de prefab architectuur komt het vaak voor dat het van verankeringen wordt voorzien voor de installatie in gebouwen. GRC wordt gebruikt als zelfdragend gevelpaneel. Het kan de gevelafsluiting op zich zijn, zoals het geval bij sandwichpanelen, of het kan gebruikt worden als buitenblad van de afsluiting zoals het *stud frame* of laminaten.

Polished concrete
Geschliffener beton
Béton ciré
Gepolijst beton
Calcestruzzo lucidato
Hormigón pulido

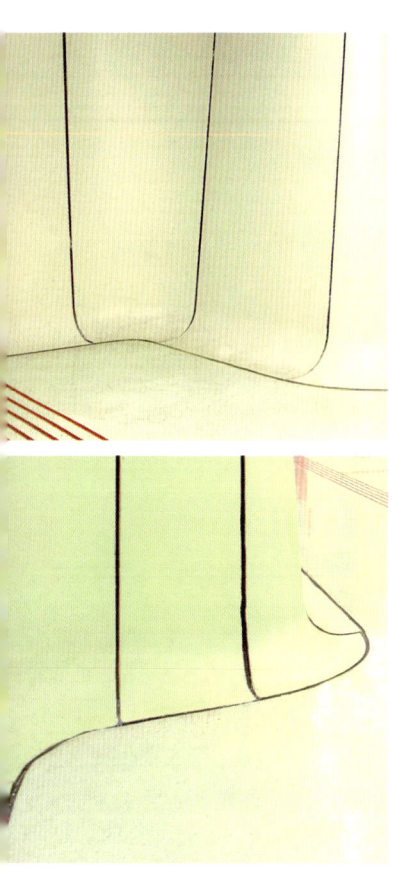

GRC / GRC
BRF / GRC
GRC / GRC

CALCESTRUZZO

Il calcestruzzo è il materiale da costruzione per eccellenza. La sua applicazione in praticamente qualsiasi tipologia architettonica è dovuta alla scoperta del cemento Portland e alla comparsa del cemento armato. L'abbondanza e il costo contenuto degli elementi che lo compongono sono altri motivi del suo successo.

Il calcestruzzo è composto da cemento, inerti e acqua, anche se spesso vengono aggiunti additivi per modificarne alcune proprietà. All'interno della famiglia dei cementi, quello più comune è il cemento Portland. I componenti inerti provengono dalla polverizzazione o triturazione, naturale o artificiale, di materiale roccioso.

Si distingue tra calcestruzzo fresco e indurito. Il primo può essere modellato tra la fase di uscita dall'impastatrice e quella di presa. Le sue proprietà sono la consistenza, la malleabilità e l'omogeneità. La miscela viene versata nella cassaforma. Vengono quindi eliminate le eventuali sacche d'aria tramite i processi di compattazione come la cilindratura o l'uso delle vibrazioni. Durante la fase finale occorre tenere conto della temperatura e dell'umidità dell'ambiente.

Il processo di presa e indurimento è il risultato delle reazioni chimiche di idratazione tra i componenti del cemento. Un calcestruzzo a base di cemento Portland normalmente inizia la presa 30-45 minuti dopo la posa, processo che termina dopo 10-12 ore circa. Quindi inizia la fase di indurimento, che ha un ritmo rapido nei primi giorni fino al primo mese, per aumentare poi più lentamente fino ad arrivare all'anno, quando praticamente si stabilizza. Per verificare che il calcestruzzo abbia la resistenza necessaria, vengono riempiti degli stampi cilindrici per lo svolgimento di test in laboratorio.

La possibilità di utilizzare elementi prefabbricati in calcestruzzo ha contribuito alla popolarità di questo materiale. Questa interessante soluzione per l'edilizia civile e industriale è stata adottata anche dall'architettura residenziale. L'uso di materiali riciclati come ingredienti nella produzione del calcestruzzo sta acquisendo popolarità grazie a una rigorosa legislazione in materia ambientale. I materiali più usati sono le ceneri volanti, un sottoprodotto delle centrali termoelettriche a carbone. In tal modo viene ridotta l'estrazione di materiali da cave e discariche. Dato che la produzione di cemento genera grandi volumi di anidride carbonica, la tecnologia sostitutiva consente la riduzione delle emissioni di CO_2.

La principale caratteristica strutturale del calcestruzzo è la sua resistenza alla compressione. Si tratta di un materiale resistente, che dura nel tempo, incombustibile, quasi impermeabile, richiede una scarsa manutenzione; tuttavia la sua resistenza alle tensioni tangenziali e alla trazione è limitata. I tentativi di compensare le carenze del calcestruzzo hanno portato allo sviluppo della tecnica del calcestruzzo armato, che prevede l'inserimento di alcune sbarre d'acciaio corrugato all'interno della cassaforma. In tal modo il calcestruzzo riesce a sostenere le forze tangenziali e di trazione. Dato che il calcestruzzo si dilata e si contrae in misura simile all'acciaio, l'uso combinato dei due materiali in edilizia risulta di grande utilità. Il calcestruzzo inoltre protegge l'acciaio dall'ossidazione.

Caratteristiche fisiche
- **Densità:** 2350 kg/m^3
- **Resistenza alla compressione:** da 150 a 500 kg/cm^2 nel caso di calcestruzzo standard. Esistono tipi di calcestruzzo che raggiungono i 2000 kg/cm^2.
- **Resistenza alla trazione:** bassa
- **Tempo di presa:** varia in base alla temperatura e all'umidità circostante.

PRINCIPALI COMPONENTI DEL CALCESTRUZZO

CEMENTO
I cementi sono prodotti con proprietà aderenti che, miscelati con l'acqua, si trasformano in un impasto malleabile che si solidifica e si indurisce formando nuovi composti dalla consistenza petrosa stabili all'aria e immersi in acqua.

Le proprietà di ogni cemento sono associate alla composizione chimica dei suoi elementi costitutivi. Anche le condizioni ambientali determinano il tipo e la qualità del cemento, con conseguenze sulla durata del calcestruzzo.

Alcuni cementi sono indicati per usi specifici (soggetti a rigorose condizioni e normative), come i cementi comuni, quelli resistenti all'acqua di mare, quelli a basso calore di idratazione, i cementi bianchi, quelli per uso speciale, ecc... I cementi comuni rappresentano il gruppo più importante e tra questi il Portland è quello maggiormente usato.

Oltre al tipo di cemento, un secondo fattore ne determina la qualità, ovvero la sua classe o resistenza alla compressione a 28 giorni. La resistenza del cemento è diversa da quella del calcestruzzo, ma se quest'ultimo è dosato correttamente, a una maggiore resistenza del cemento corrisponderà una maggiore resistenza del calcestruzzo.

Cemento Portland
Il cemento Portland viene ottenuto calcinando a circa 1500 °C miscele di calci e argille preparate artificialmente. Il prodotto che ne risulta, chiamato clinker, viene macinato con l'aggiunta di una quantità sufficiente di regolatore di presa che solitamente è pietra di gesso naturale.

Vi sono poi i cosiddetti «cementi Portland con aggregati reattivi» che, oltre ai componenti principali del clinker e pietra di gesso, contengono altri elementi aggiuntivi: scorie siderurgiche, fumo di silice, pozzolana naturale, cenere volante silicea, cenere volante calcarea o pietra calcare.

- **Cementi Portland speciali:** i cementi ad alta resistenza iniziale, quelli resistenti ai solfati, quelli a basso calore di idratazione o quelli bianchi sono solitamente cementi Portland speciali.
- **Cemento siderurgico:** il cemento siderurgico è ottenuto tramite macinazione combinata di clinker di Portland e di un regolatore di presa con scorie siderurgiche. Costituisce la cosiddetta famiglia dei cementi freddi.
- **Cemento pozzolanico:** il cemento pozzolanico è una miscela di clinker di Portland e regolatore di presa con pozzolana. Esiste un cemento pozzolanico che è considerato ecologico, il CP40. Si tratta di un agglomerante idraulico, prodotto con la miscelazione di pozzolana e calce idratata finemente macinate. La presa è leggermente più lenta del cemento Portland, ma col tempo supera il Portland in termini di resistenza.

INERTI
Si definisce inerte il materiale granulato che viene utilizzato principalmente come materia prima in edilizia. L'inerte si differenzia dagli altri materiali per la sua stabilità chimica e la resistenza meccanica. Una delle principali classificazioni si basa sull'origine del materiale. L'inerte può infatti essere naturale, artificiale o riciclato. L'inerte naturale è stato estratto da un giacimento e sottoposto solamente a processi meccanici. Le rocce da cui si estraggono gli inerti naturali sono le rocce calcaree sedimentarie, sabbia e ghiaia, rocce ignee e metamorfiche. L'inerte artificiale proviene da un processo industriale ed è stato sottoposto a modifiche fisico-chimiche o di altro tipo. L'inerte riciclato è ottenuto dal riciclaggio di rifiuti di demolizioni, lavori di costruzione e materiali di risulta.

Il criterio della forma ci consente di distinguere tra inerti stondati e provenienti dalla triturazione. Gli inerti devono avere almeno la stessa resistenza e durata richieste dal calcestruzzo. Gli inerti utilizzati nel calcestruzzo sono ottenuti mescolando tre o quattro gruppi di varie dimensioni per raggiungere una granulometria ottimale, in cui intervengono tre fattori: le dimensioni massime dell'inerte, la compattezza e il contenuto di granuli piccoli.

ACQUA
L'acqua di impasto interviene nelle reazioni di idratazione del cemento. La quantità d'acqua deve essere quella strettamente necessaria poiché quella in eccesso evapora e crea punti di vuoto nel calcestruzzo diminuendone la resistenza; al contrario, una riduzione eccessiva di acqua crea una miscela secca, poco malleabile e difficile da mettere in opera. Durante la fase di presa e di primo indurimento del calcestruzzo viene aggiunta acqua per evitare l'essiccazione e migliorare l'idratazione del cemento. Sia l'acqua destinata all'impasto che quella usata nella fase di presa devono essere adatte a queste funzioni. Normalmente si tratta di acqua potabile; sono stati definiti una serie di parametri come il limite del pH o il contenuto di solfati e di ioni cloro.

ADDITIVI
Oltre ai componenti di base del calcestruzzo, possono essere aggiunti aggregati, fibre, materiale di riempimento e pigmenti. Questi elementi possono essere aggiunti dopo che i test hanno dimostrato che la sostanza in questione, nelle proporzioni e secondo le condizioni previste, produce l'effetto desiderato senza alterare le caratteristiche del calcestruzzo.

TIPI DI CALCESTRUZZO

- **Calcestruzzo ordinario** (o semplicemente calcestruzzo): è il materiale ottenuto miscelando cemento Portland, acqua e inerti.
- **Calcestruzzo di massa:** è il calcestruzzo che non contiene al suo interno armature in acciaio. È adatto esclusivamente per resistere agli sforzi di compressione.
- **Calcestruzzo armato:** è quello più comune. Al suo interno contiene armature d'acciaio, opportunamente calcolate e posizionate. Resiste alle forze di compressione e trazione dato che le armature d'acciaio apportano la resistenza necessaria.
- **Calcestruzzo pretensionato:** è il calcestruzzo che ha al suo interno una speciale armatura d'acciaio sottoposta a trazione. Può essere pretensionato se l'armatura è stata messa in tensione prima di sistemare il calcestruzzo fresco e post-tensionato qualora l'armatura venga messa in tensione quando il calcestruzzo ha acquisito la sua resistenza.
- **Malta:** è un calcestruzzo normale senza inerte di grandi dimensioni.
- **Calcestruzzo areato o cellulare:** si ottiene aggiungendo alla miscela dell'aria o altri gas per ottenere un calcestruzzo a bassa densità.
- **Calcestruzzo ad alta densità:** fabbricato con inerti di densità superiore a quella abituale, normalmente barite, magnetite o ematite. Viene utilizzato per blindare le strutture e proteggerle dalle radiazioni.
- **GRC:** il GRC (Glass Reinforced Concrete) o GFRC (Glass Fiber Reinforced Concrete) è un materiale da costruzione composto da calcestruzzo rinforzato con fibra di vetro. Il calcestruzzo è un materiale molto versatile, ma ha bisogno di un telaio per resistere alle forze di trazione. L'aggiunta della fibra di vetro consente di realizzare elementi architettonici di minore spessore ma adatti a essere utilizzati per chiudere le facciate e altre applicazioni. Le principali proprietà della fibra di vetro sono il buon isolamento termico, l'inerzia in presenza di acidi e la capacità di sopportare le alte temperature. Queste caratteristiche e il prezzo accessibile delle materie prime hanno facilitato il successo del prodotto in molte applicazioni industriali. Quando viene utilizzato in strutture prefabbricate, spesso si aggiungono elementi di ancoraggio per l'installazione negli edifici. Il GRC è utilizzato sotto forma di pannelli autoportanti per facciate. Può diventare l'elemento stesso di chiusura della facciata come nel caso di alcuni pannelli sandwich, oppure essere usato come strato esterno in presenza di *stud frame* o lastre dotate di bordatura.

HORMIGÓN

El hormigón es el material de construcción por excelencia. Su aplicación en casi todas las tipologías arquitectónicas se debe al descubrimiento del cemento Portland y a la aparición del hormigón armado. La abundancia y el bajo precio de sus componentes son otras razones de su éxito.

El hormigón se compone de cemento, áridos y agua, aunque también es común añadir aditivos para modificar algunas propiedades. Dentro de los cementos, el más habitual es el cemento Portland. Los áridos proceden de la desintegración o trituración, natural o artificial, de rocas.

Debe distinguirse entre hormigón fresco y hormigón endurecido. El primero puede moldearse entre que sale de la amasadora hasta que comienza el fraguado. Posee propiedades como la consistencia, la docilidad y la homogeneidad. La mezcla se deposita en el encofrado. Una vez allí se eliminan las bolsas de aire con alguno de los procesos de compactación, como el apisonado o el vibrado. Durante la fase final se debe tener en cuenta la temperatura y la humedad del ambiente.

El proceso de fraguado y endurecimiento es el resultado de las reacciones químicas de hidratación entre los componentes del cemento. Un hormigón Portland normal comienza a fraguar entre 30 y 45 minutos después de que ha quedado en reposo en los moldes, proceso que finaliza tras 10 o 12 horas. Después comienza el endurecimiento, que lleva un ritmo rápido en los primeros días hasta cumplir el primer mes, para después aumentar más lentamente hasta llegar al año, cuando prácticamente se estabiliza. Para comprobar que el hormigón colocado tiene la resistencia necesaria, se rellenan unos moldes cilíndricos y se realizan ensayos en un laboratorio.

La posibilidad de utilizar elementos prefabricados de hormigón ha contribuido a popularizar este material. Esta interesante opción para la edificación civil o de naves industriales también se ha trasladado a la arquitectura residencial. El uso de materiales reciclados como ingredientes en la fabricación del hormigón está ganando popularidad gracias a una severa legislación medioambiental. Los más utilizados son las cenizas volantes, un subproducto de las centrales termoeléctricas de carbón. Así se reduce la extracción de materiales de canteras y vertederos. Como la producción de cemento genera grandes volúmenes de dióxido de carbono, la tecnología de sustitución representa una reducción de las emisiones de CO_2.

La principal característica estructural del hormigón es su resistencia a los esfuerzos de compresión. Es un material resistente, duradero, incombustible, casi impermeable y requiere escaso mantenimiento. Sin embargo, su resistencia a las tensiones cortantes y a la tracción es baja. Los intentos de compensar las deficiencias del hormigón originaron el desarrollo de la técnica del hormigón armado, que consiste en introducir unas barras de acero corrugado en el encofrado. Con estas barras, el hormigón soporta los esfuerzos cortantes y de tracción. Dado que el hormigón se dilata y se contrae en magnitudes semejantes al acero, resulta muy útil su uso simultáneo en trabajos de construcción. Además, el hormigón protege al acero de la oxidación.

Características físicas

- **Densidad:** 2.350 kg/m³
- **Resistencia a la compresión:** de 150 a 500 kg/cm² para el hormigón ordinario. Hay hormigones que alcanzan hasta 2.000 kg/cm².
- **Resistencia a la tracción:** baja
- **Tiempo de fraguado:** varía en función de la temperatura y la humedad del ambiente.

COMPONENTES DEL HORMIGÓN

CEMENTO

Los cementos son productos con propiedades adherentes que al amasarse con agua se convierten en una pasta moldeable que fragua y se endurece formando nuevos compuestos de consistencia pétrea estable al aire y sumergido en agua. Las propiedades de cada cemento están asociadas a la composición química de sus componentes. También las condiciones ambientales determinan el tipo y la clase del cemento, lo que afectará a la durabilidad de los hormigones. Existen tipos de cemento indicados para unos usos determinados (normalizados y sujetos a estrictas condiciones), como los cementos comunes, los resistentes al agua de mar, los de bajo calor de hidratación, los cementos blancos, los de usos especiales, etc. Los cementos comunes son el grupo más importante, y dentro de ellos el Portland es el habitual. Además del tipo de cemento, existe un segundo factor que determina la calidad del cemento, que es su clase o resistencia a la compresión a 28 días. No es lo mismo la resistencia del cemento que la del hormigón, pero si el hormigón está bien dosificado, a una mayor resistencia del cemento corresponderá una mayor resistencia del hormigón.

Cemento Portland

El cemento Portland se obtiene al calcinar a unos 1.500 °C mezclas de calizas y arcillas preparadas artificialmente. El producto resultante, llamado clínker, se muele añadiendo una cantidad adecuada de regulador de fraguado, que suele ser piedra de yeso natural.

Existen también los llamados «cementos Portland con agregados activos», que, además de los componente principales de clínker y piedra de yeso, contienen otros elementos adicionales: escoria siderúrgica, humo de sílice, puzolana natural, ceniza volante sílicea, ceniza volante calcárea o caliza.

- **Cementos Portland especiales:** los cementos de alta resistencia inicial, los resistentes a los sulfatos, los de bajo calor de hidratación o los blancos suelen ser cementos Portland especiales.
- **Cemento siderúrgico:** el cemento siderúrgico se obtiene por molturación conjunta de clínker de Portland y un regulador de fraguado con escoria siderúrgica. Constituye la familia de los cementos fríos.
- **Cemento puzolánico:** el cemento puzolánico es una mezcla de clínker de Portland y regulador de fraguado con puzolana. Existe un cemento puzolánico que considerado ecológico, el CP40. Es un aglomerante hidráulico, producido por la mezcla de puzolana y cal hidratada finamente molidas. Su fraguado es algo más lento que el del cemento Portland, pero con el tiempo supera al Portland en resistencia.

ÁRIDOS

Se denomina «árido» al material granulado que se utiliza principalmente como materia prima en la construcción. El árido se diferencia de otros materiales por su estabilidad química y su resistencia mecánica. Una de sus principales clasificaciones se realiza por el origen. Según éste, el árido puede ser natural, artificial o reciclado. El árido natural es el que procede de la extracción de un yacimiento y que solamente ha sido sometido a procesos mecánicos. Las rocas de las que se extraen áridos naturales son las rocas calcáreas sedimentarias, las arenas y gravas, y las rocas ígneas y metamórficas. El árido artificial es el que proviene de un proceso industrial y ha sido sometido a alguna modificación físico-química o de otro tipo. El árido reciclado es el que resulta del reciclaje de residuos de demoliciones o construcciones y de escombros.

Por su forma se distinguen los redondeados y los procedentes de trituración. Los áridos deben poseer por lo menos la misma resistencia y durabilidad que se le exige al hormigón. Los áridos que se emplean en hormigones se obtienen mezclando tres o cuatro grupos de distintos tamaños para alcanzar una granulometría óptima, en la cual intervienen tres factores: el tamaño máximo del árido, la compacidad y el contenido de granos finos.

AGUA

El agua de amasado interviene en las reacciones de hidratación del cemento. La cantidad de agua debe ser la estrictamente necesaria, pues la sobrante se evapora y crea huecos en el hormigón, lo que disminuye su resistencia; por el contrario, una reducción excesiva de agua origina una mezcla seca, poco manejable y difícil de colocar en obra. Durante el fraguado y primer endurecimiento del hormigón, se añade el agua de curado para evitar la desecación y mejorar la hidratación del cemento.

Tanto el agua destinada al amasado como la de curado deben ser aptas para estas funciones. Normalmente suele coincidir con el agua potable y se ha normalizado una serie de parámetros, como la limitación del pH o el contenido en sulfatos y en ión cloro.

ADITIVOS

Además de los componentes básicos del hormigón, se pueden incorporar agregados, fibras, cargas y pigmentos. Estos elementos pueden utilizarse siempre que los ensayos demuestren que la sustancia agregada, en las proporciones y condiciones previstas, produce el efecto deseado sin alterar las características del hormigón.

TIPOS DE HORMIGÓN

- **Hormigón ordinario (o, simplemente, hormigón):** es el material obtenido al mezclar cemento Portland, agua y áridos.
- **Hormigón en masa:** es el hormigón que no contiene en su interior armaduras de acero. Sólo es apto para resistir esfuerzos de compresión.
- **Hormigón armado:** es el más habitual. En su interior tiene armaduras de acero, debidamente calculadas y situadas. Resiste esfuerzos de compresión y tracción, pues las armaduras de acero aportan la resistencia necesaria.
- **Hormigón pretensado:** es el hormigón que tiene en su interior una armadura de acero especial sometida a tracción. Puede ser pretensado si la armadura se ha tensado antes de colocar el hormigón fresco o postensado si la armadura se tensa cuando el hormigón ha adquirido su resistencia.
- **Mortero:** es un hormigón normal sin árido grueso.
- **Hormigón aireado o celular:** se obtiene incorporando a la mezcla aire u otros gases para obtener un hormigón de baja densidad.
- **Hormigón de alta densidad:** son los fabricados con áridos de densidades superiores a los habituales, normalmente barita, magnetita o hematita. Se utiliza para blindar estructuras y protegerlas frente a la radiación.
- **GRC:** el GRC (*glass reinforced concrete*) o GFRC (*glass fiber reinforced concrete*) es un material de construcción compuesto por hormigón reforzado con fibra de vidrio. El hormigón es un material muy versátil, pero necesita de un armazón para resistir los esfuerzos de tracción. La incorporación de la fibra de vidrio permite la fabricación de elementos arquitectónicos de menor grosor pero aptos para su uso en cerramientos de fachadas y otras aplicaciones. Las principales propiedades de la fibra de vidrio son el buen aislamiento térmico, la inercia ante los ácidos y su capacidad de soportar altas temperaturas. Estas características y el precio asequible de las materias primas han facilitado su popularidad en muchas aplicaciones industriales. Por su uso en la arquitectura prefabricada, es frecuente que se incorporen anclajes para su instalación en los edificios. El GRC se emplea en formato de panel autoportante de fachada. Puede constituir el cerramiento de fachada por sí mismo, como en el caso de algunos paneles sándwich, o emplearse como hoja exterior del cerramiento en el caso de un *stud frame* o láminas rebordeadas.

Colored cement / Farbiger Zement
Ciment teinté / Gekleurd beton
Cemento colorato / Cemento coloreado

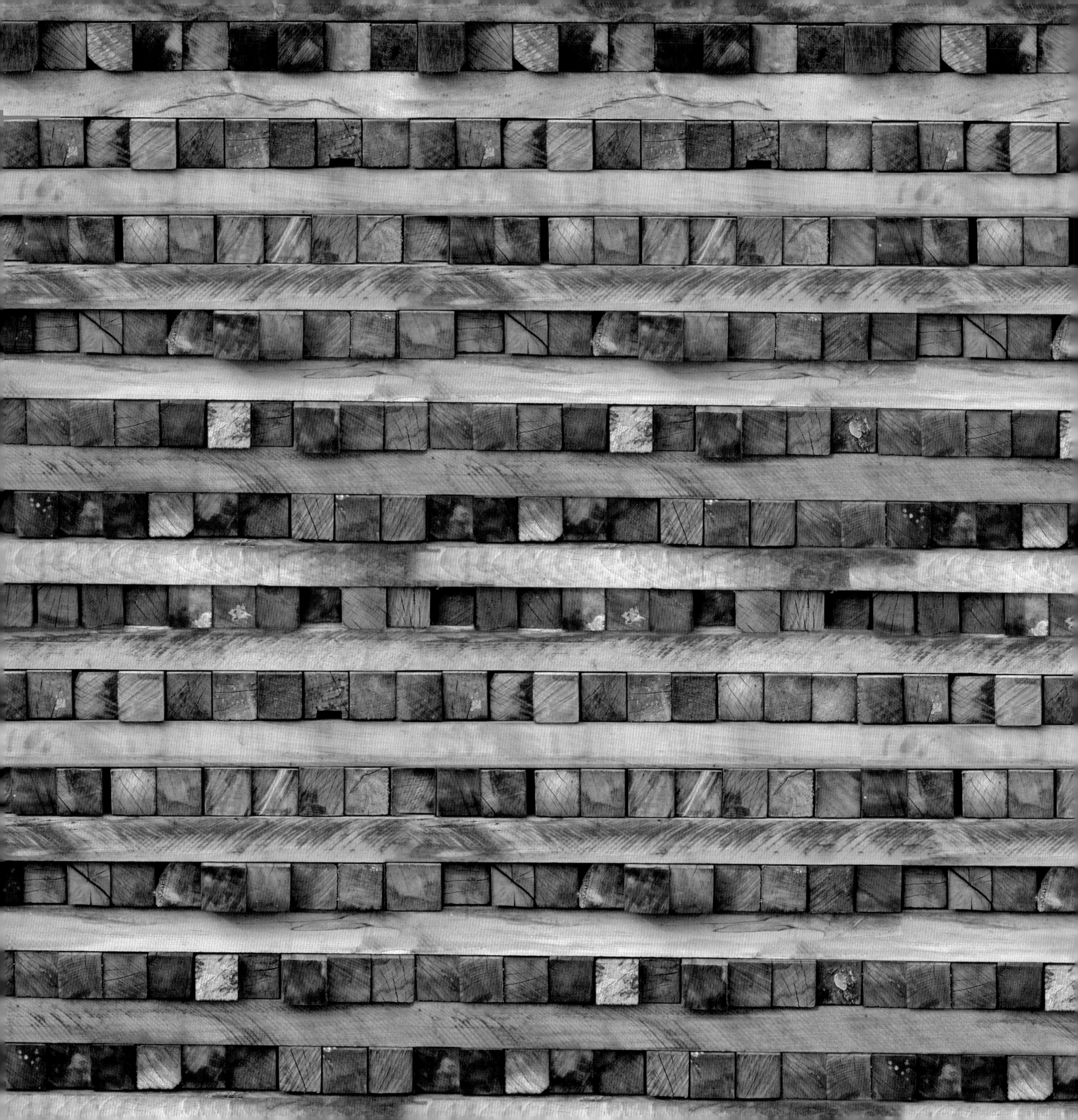

WOOD
HOLZ
BOIS
HOUT
LEGNO
MADERA

KITCHEL RESIDENCE

Boora Architects
Portland, OR, USA
© Timothy Hursley

Cedar and maple / Zedern- und Ahornholz / Cèdre et érable / Cederhout en esdoornhout
Cedro e acero / Cedro y arce

This residence, designed for a couple who decided to move to a quieter area, is notable for its integration into the landscape and the material. Wood is used all over the house, for example, the structure and cladding are cedar. The maple woodwork and bamboo floors create a cozy interior.

Cette villa, dont les plans furent réalisés pour un couple désireux de s'installer dans un environnement calme, est en parfaite symbiose avec le paysage. Le matériau choisi, le bois, est omniprésent. L'ossature et le revêtement sont en cèdre. La charpente en érable et les sols en bambou s'associent pour créer un intérieur accueillant.

Questa abitazione, progettata per una coppia che ha deciso di trasferirsi in una zona più tranquilla, si impone per l'integrazione nel paesaggio e per il materiale impiegato. L'uso del legno è diffuso; ad esempio, la struttura e il rivestimento esterno sono in legno di cedro. La struttura in legno di acero e i pavimenti di bambù creano un accogliente ambiente interno.

Dieses Wohngebäude wurde für ein Paar entworfen, das in eine ruhige Umgebung ziehen wollte. Das Haus besticht durch seine Einbettung in die umgebende Landschaft und die verwendeten Materialien. Der Einsatz von Holz zieht sich durch das gesamte Gebäude: die Struktur und die Außenverkleidung sind aus Zedernholz, Fenster- und Türrahmen aus Ahornholz und die Fußböden aus Bambus.

Deze woning, ontworpen voor een stel dat besloot om naar een rustiger omgeving te verhuizen, valt op door de integratie in het landschap en door het materiaal. Overal in het huis wordt hout gebruikt. Zo zijn de draagconstructie en de bekleding van cederhout. Het huis heeft een gezellig interieur dankzij de esdoornhouten kozijnen en bamboe vloeren.

Esta residencia, diseñada para una pareja que decidió mudarse a un entorno más tranquilo, destaca por su integración en el paisaje y por el material. El uso de la madera se extiende por toda la casa; por ejemplo, la estructura y el revestimiento son de madera de cedro. La carpintería de madera de arce y los suelos de bambú crean un interior acogedor.

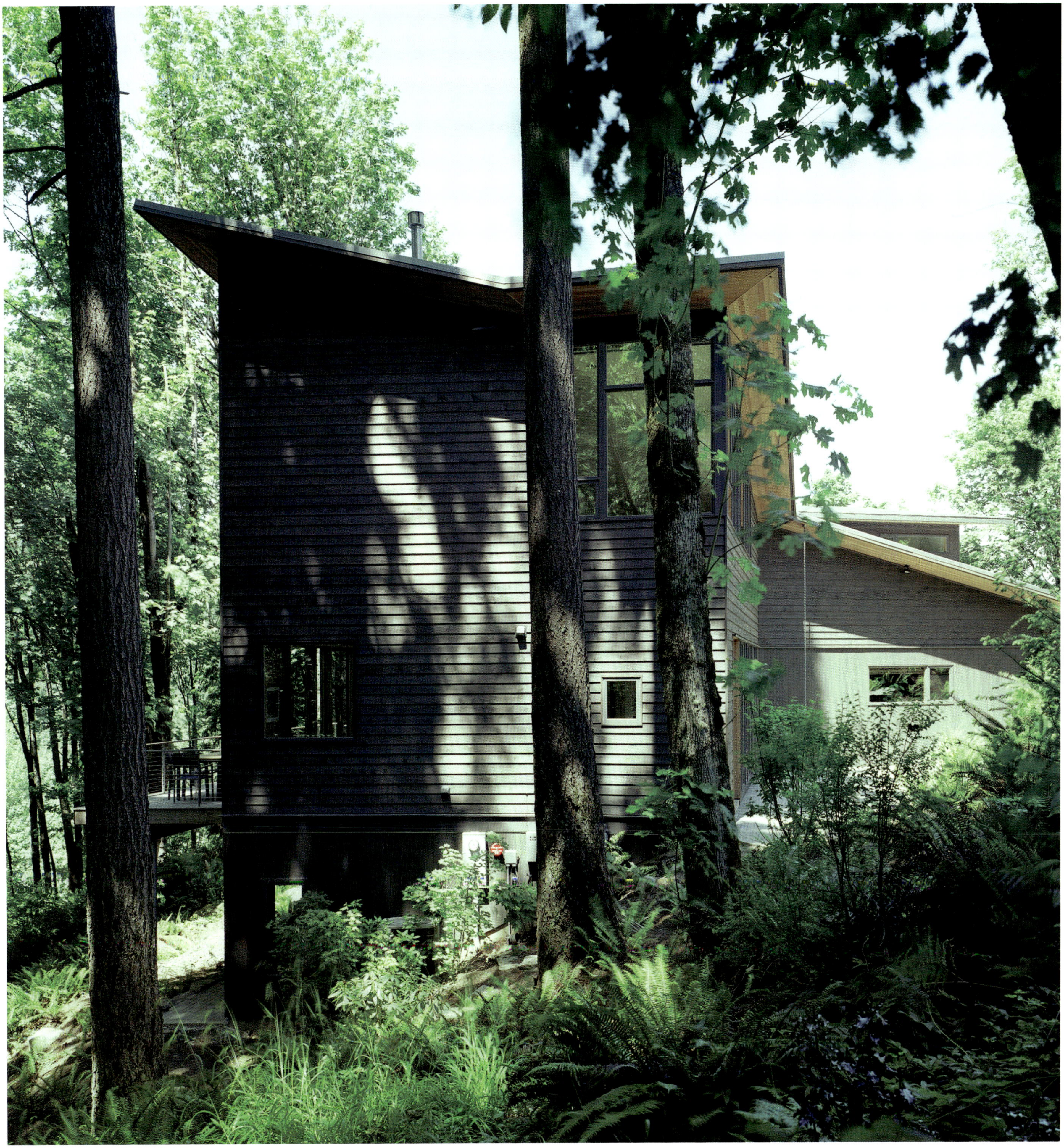

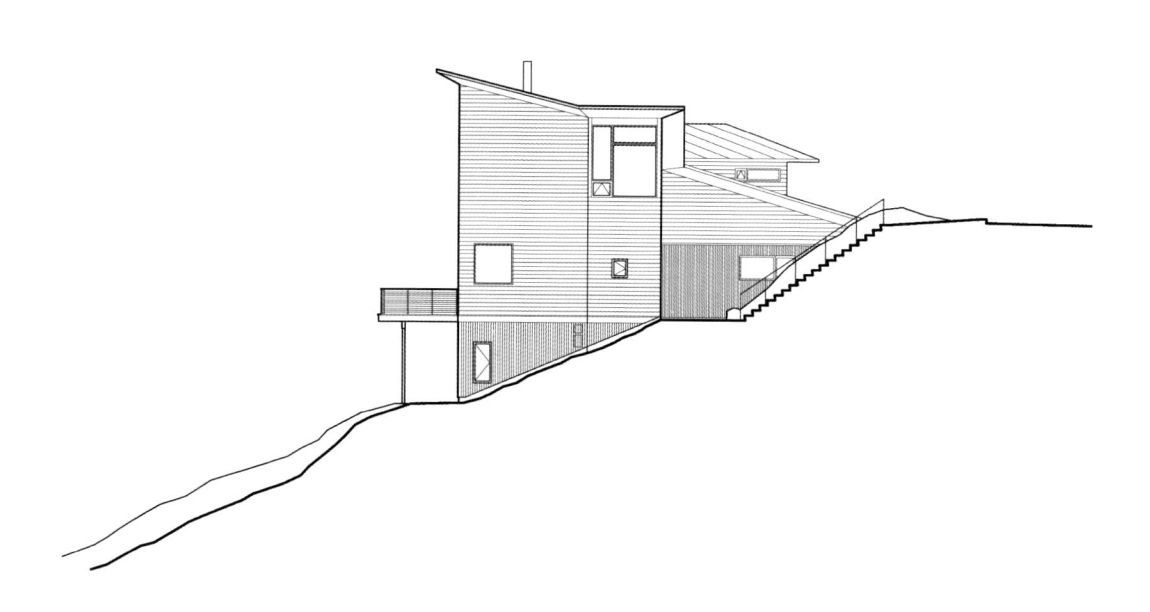

Elevations / Aufrisse
Élévations / Verhogingen
Prospetti / Alzados

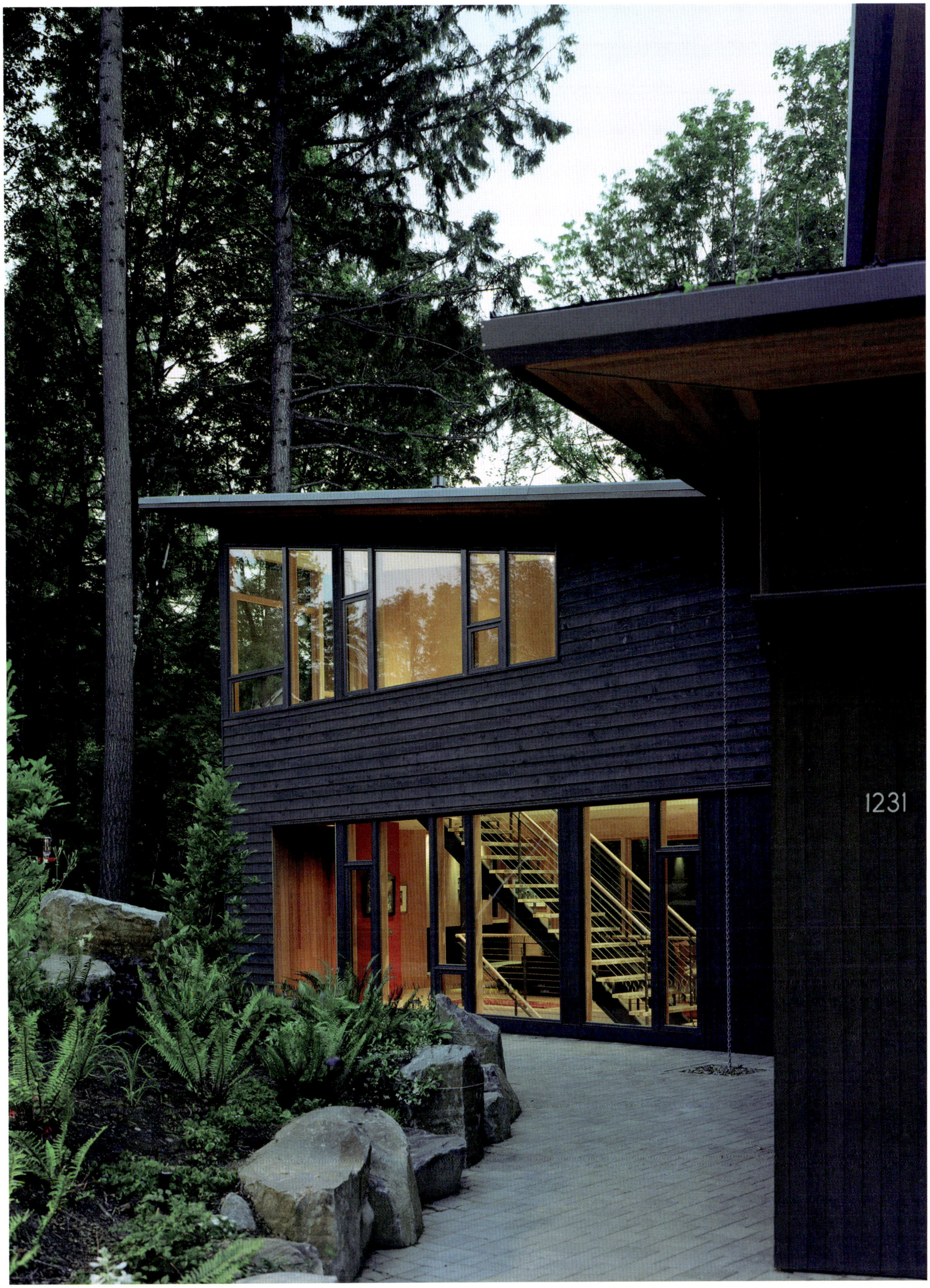
1231

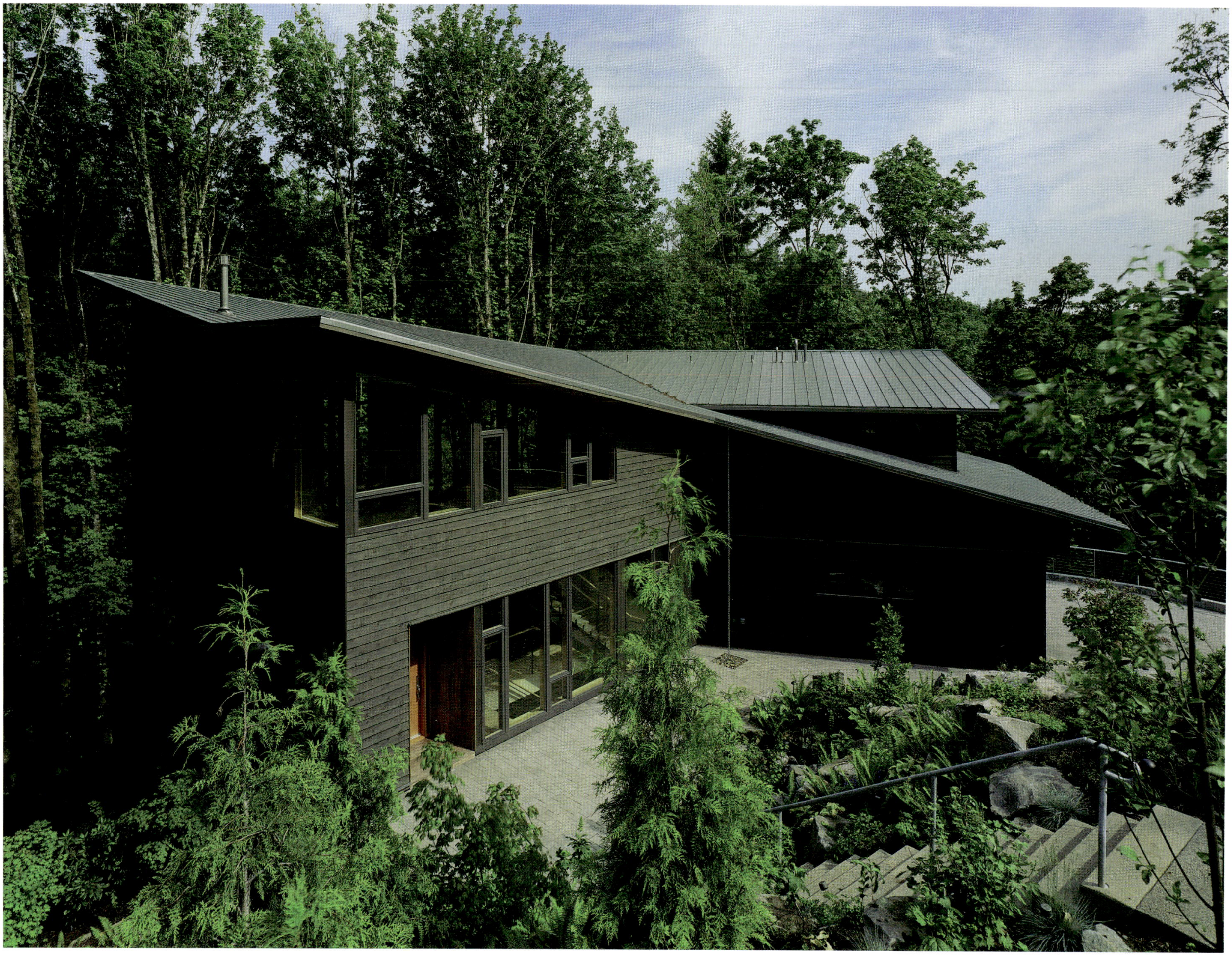

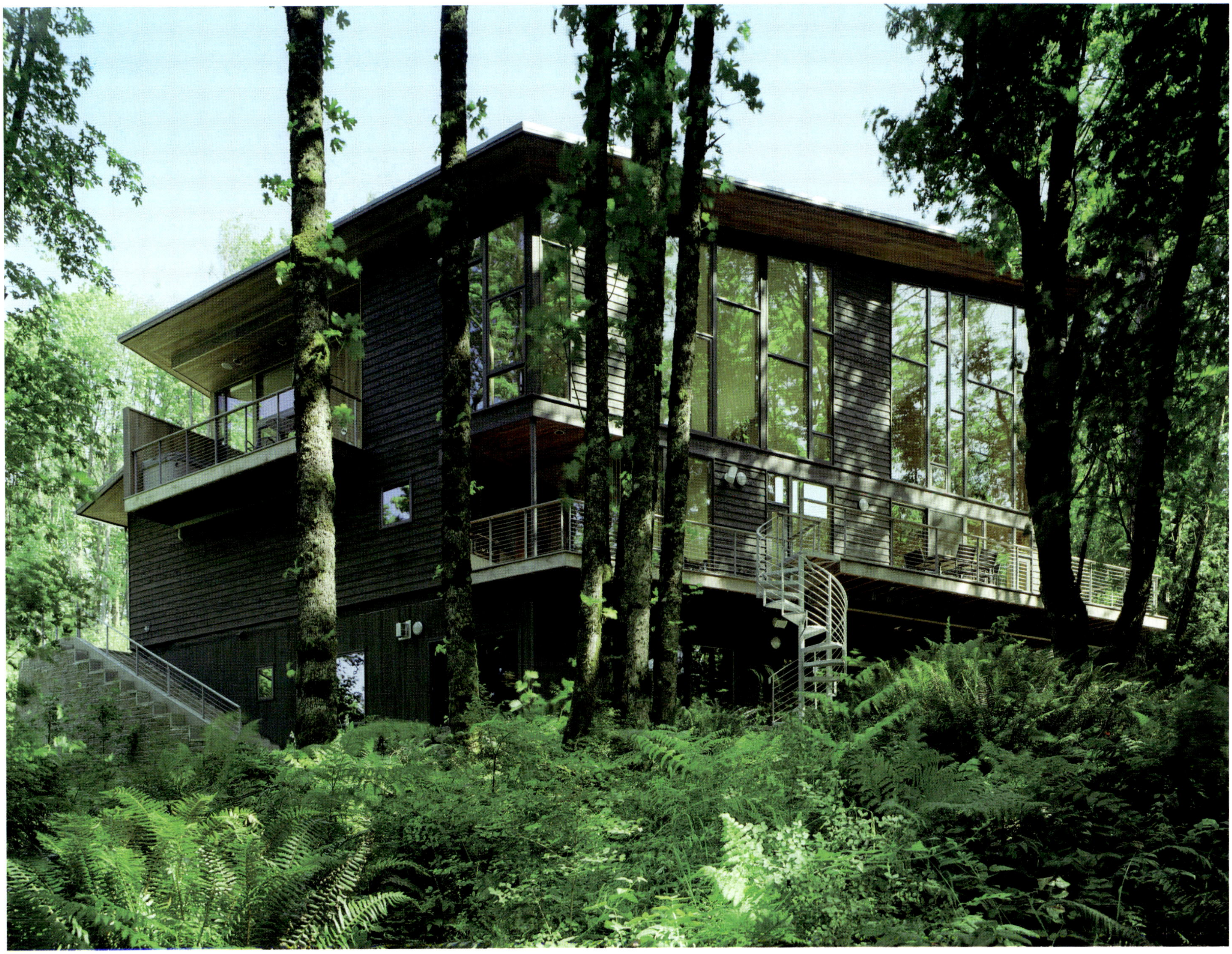

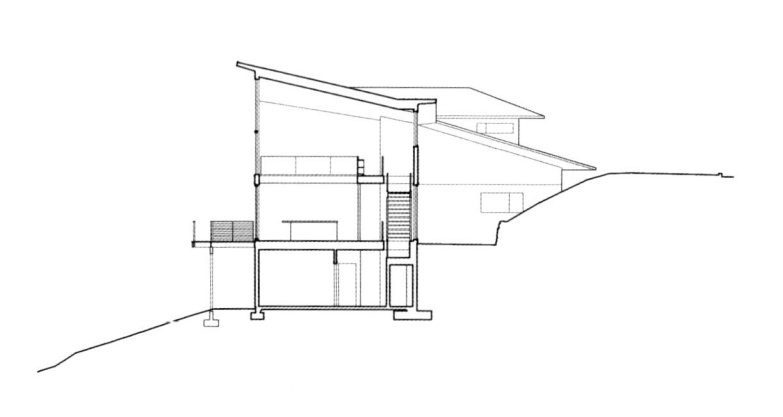

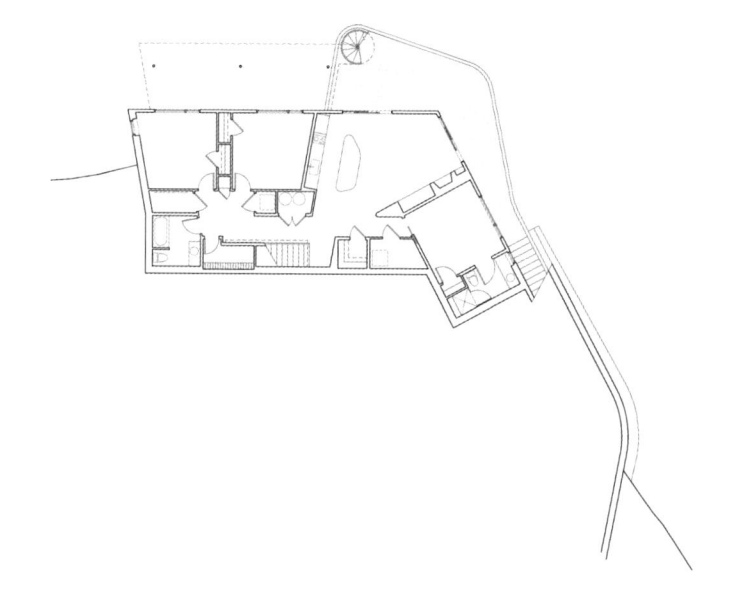

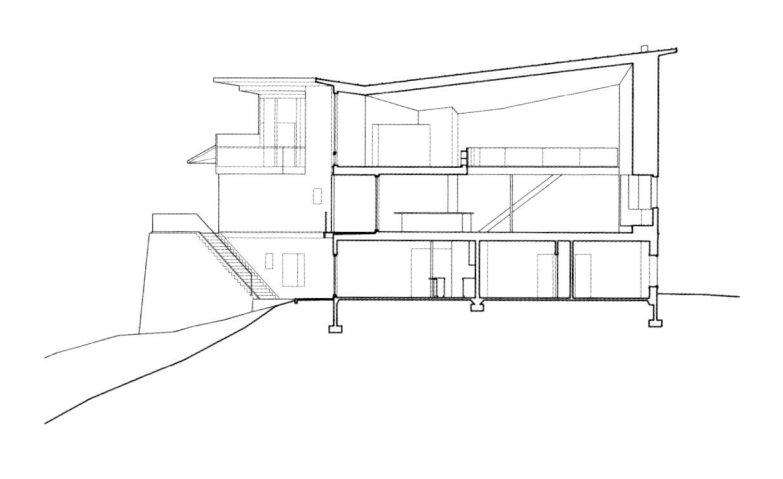

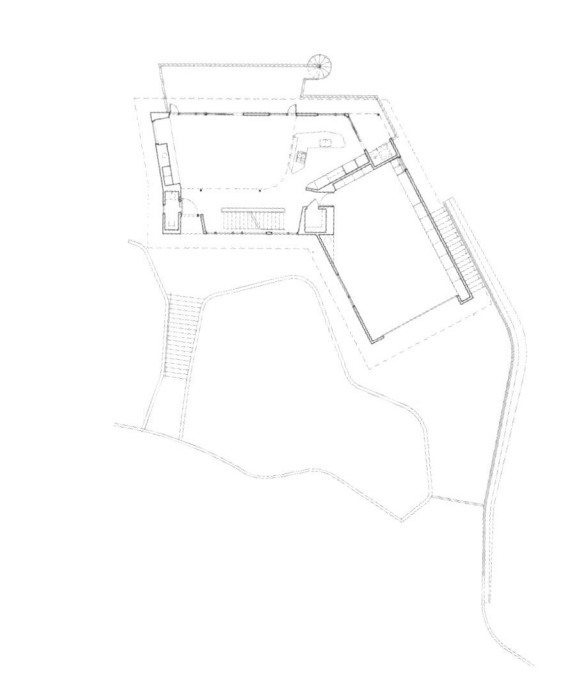

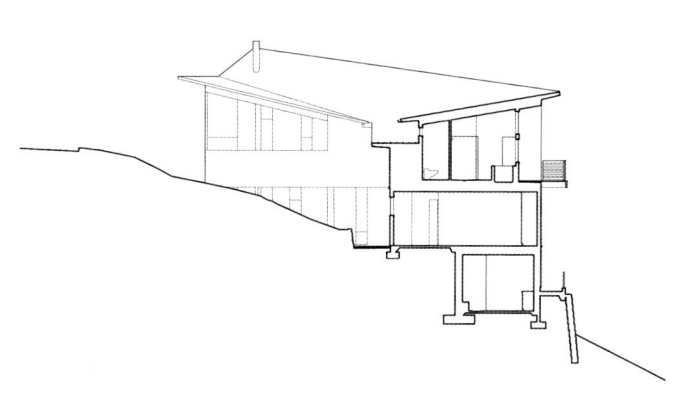

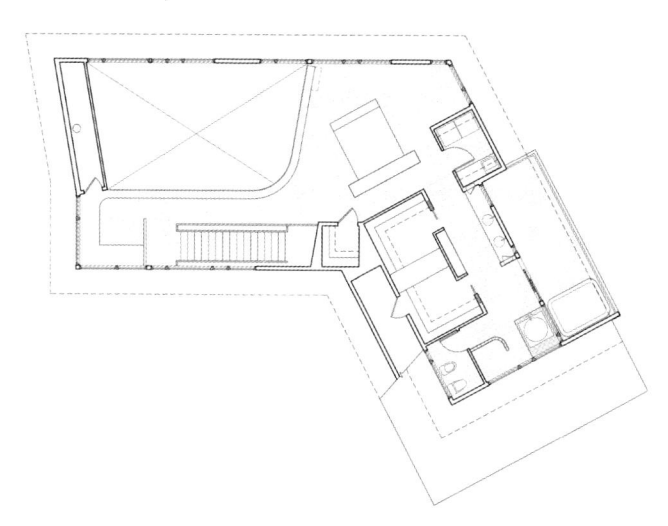

Sections / Schnitte
Coupes / Doorsneden
Sezioni / Secciones

Plans / Grundisse
Plans / Plattegronden
Piante / Plantas

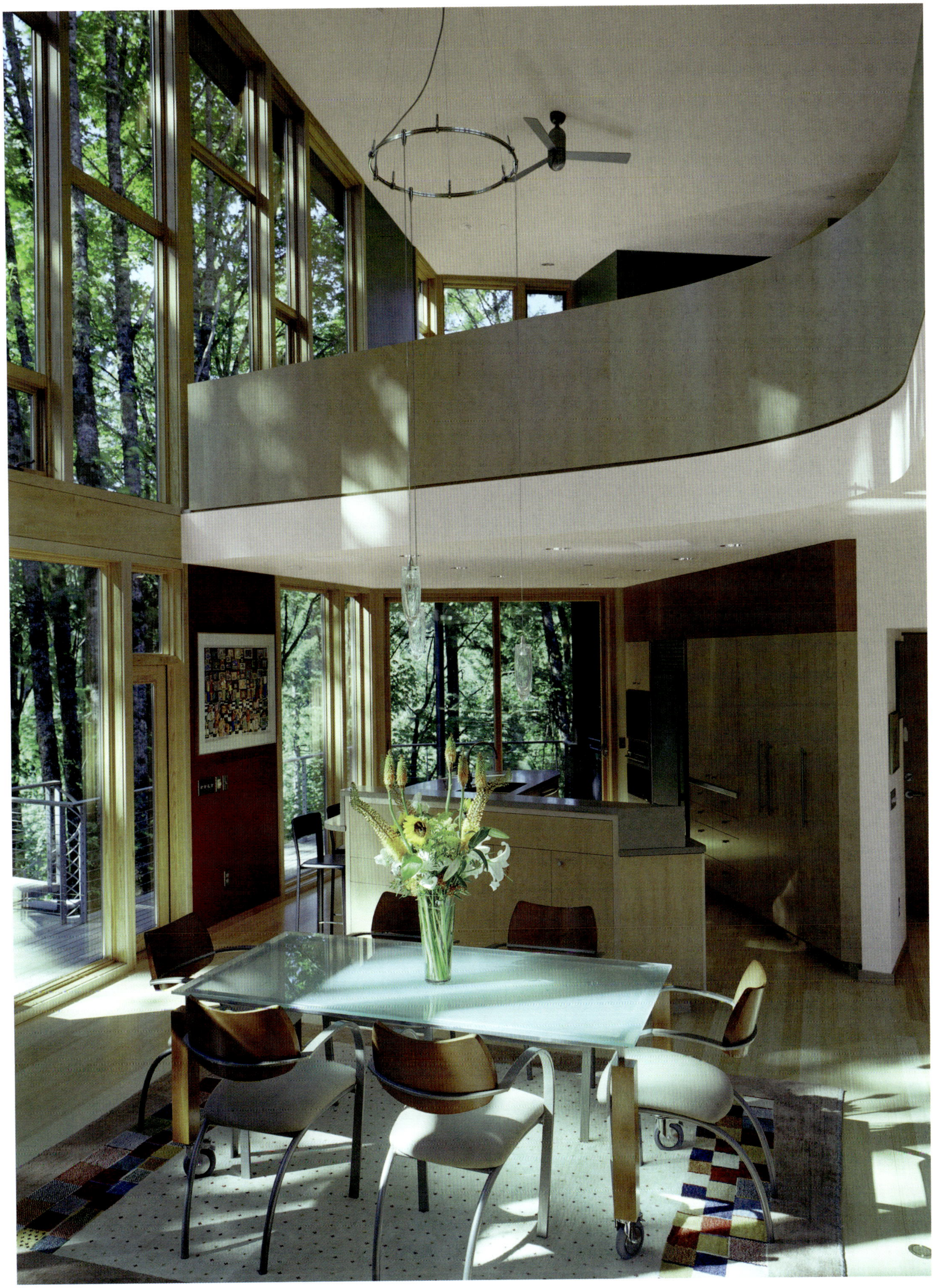

BERKSHIRE HOUSE

Resolution: 4 Architecture
West Stockbridge, MA, USA
© RES4

Cedar / Zedernholz / Cèdre / Cederhout / Cedro / Cedro

Prefabricated homes reduce CO_2 emissions by avoiding the environmental impact on the land and reducing the number of operators and the transportation cost of materials. In addition, these homes are using natural and recyclable materials. In this construction the exterior cedar wood paneling and bamboo floors are noteworthy.

Les constructions préfabriquées génèrent moins de CO_2 et ont un impact plus faible sur l'environnement car leur assemblage demande moins d'opérations de construction. Le coût du transport des matériaux est également plus réduit. De plus, les matériaux utilisés sont souvent naturels ou recyclables. On apprécie ici le revêtement extérieur en cèdre et les sols en bambou.

Le abitazioni prefabbricate riducono le emissioni di CO_2 evitando l'impatto ambientale sul terreno e riducendo il numero di operai e il costo di trasporto dei materiali. Inoltre in queste case vengono impiegati materiali naturali e riciclabili. In questo edificio si impongono il rivestimento esterno in legno di cedro e i pavimenti di bambù.

Fertighäuser senken den CO_2-Ausstoß, da sie die Umweltwirkung auf die Umgebung und das Gelände, die Anzahl der beteiligten Arbeiter und die Kosten für den Materialtransport reduzieren. Außerdem werden beim Bau dieser Häuser wiederverwertbare und natürliche Materialien verwendet. Das hier gezeigte Gebäude zeichnet sich durch seine Außenverkleidung aus Zedernholz und Fußböden aus Bambus aus.

Prefab woningen reduceren CO_2-emissies doordat ze het milieu-effect op het terrein vermijden en het aantal mankrachten en de transportkosten van de materialen reduceren. Daarnaast worden in deze woningen natuurlijke en recyclebare materialen gebruikt. In de constructie vallen de buitenbekleding van cederhout en de bamboe vloeren op.

Las residencias prefabricadas reducen las emisiones de CO_2 al evitar el impacto ambiental en el terreno y reducir el número de operarios y el coste en transporte de materiales. Además, en estas viviendas se utilizan materiales naturales y reciclables. En esta construcción destaca el revestimiento exterior de madera cedro y los suelos de bambú.

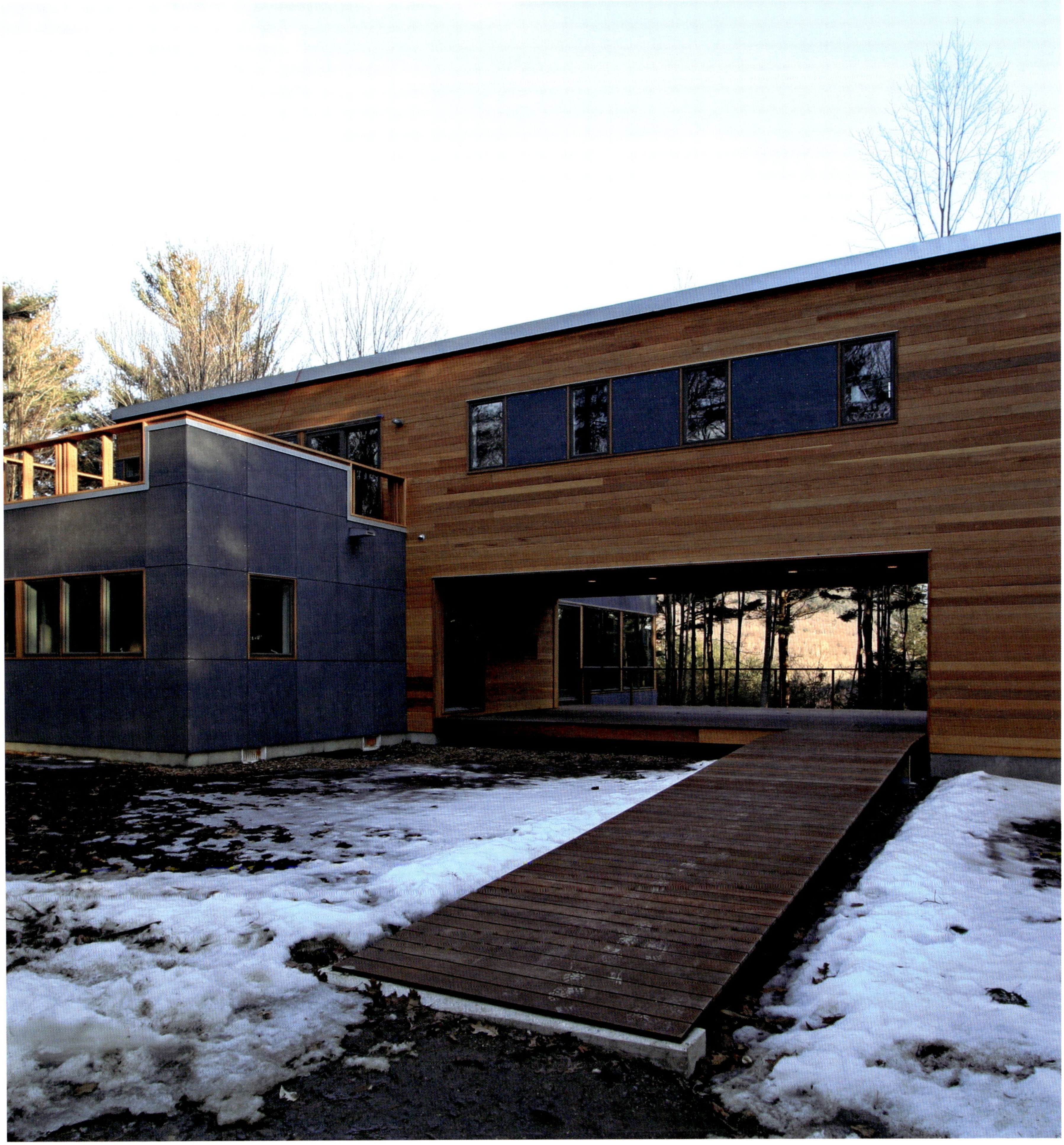

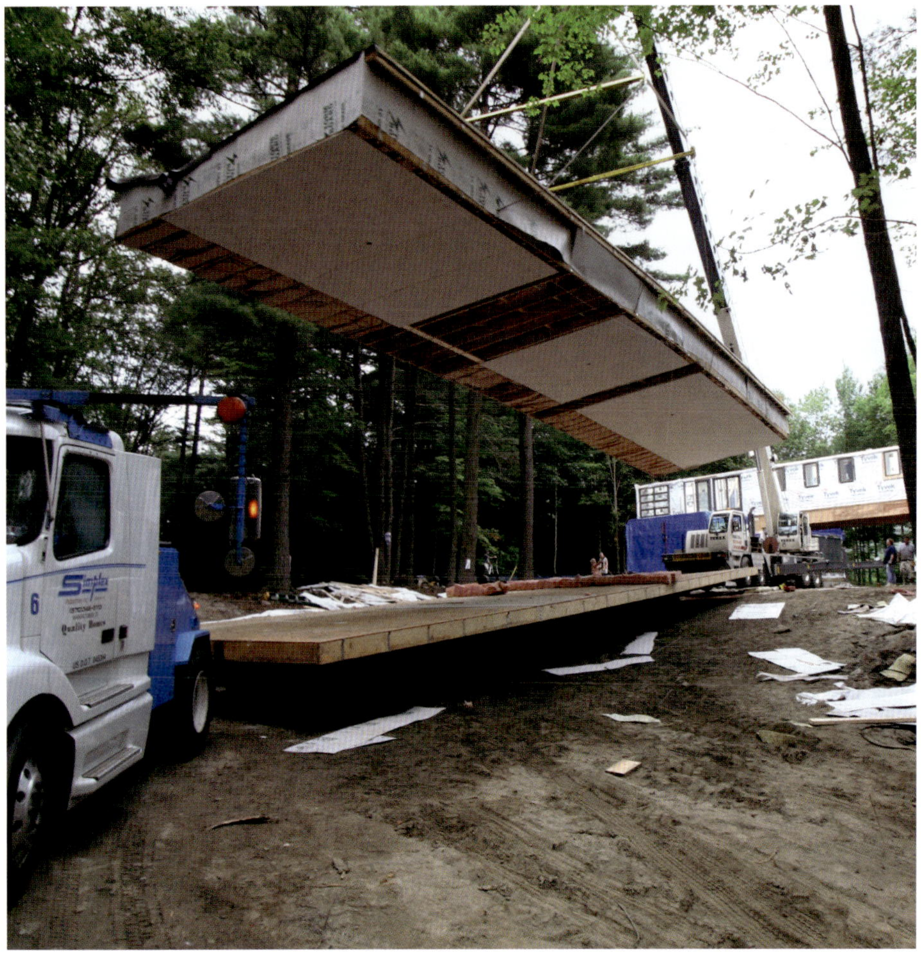

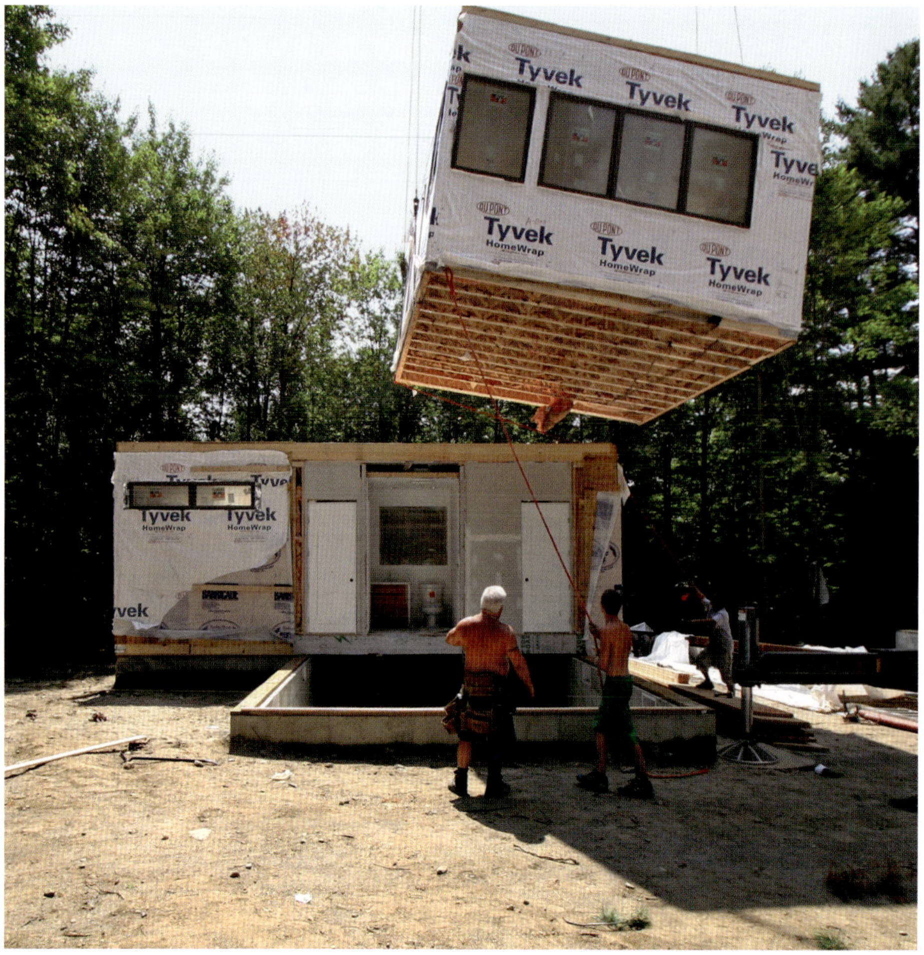
DuPont
Tyvek
HomeWrap

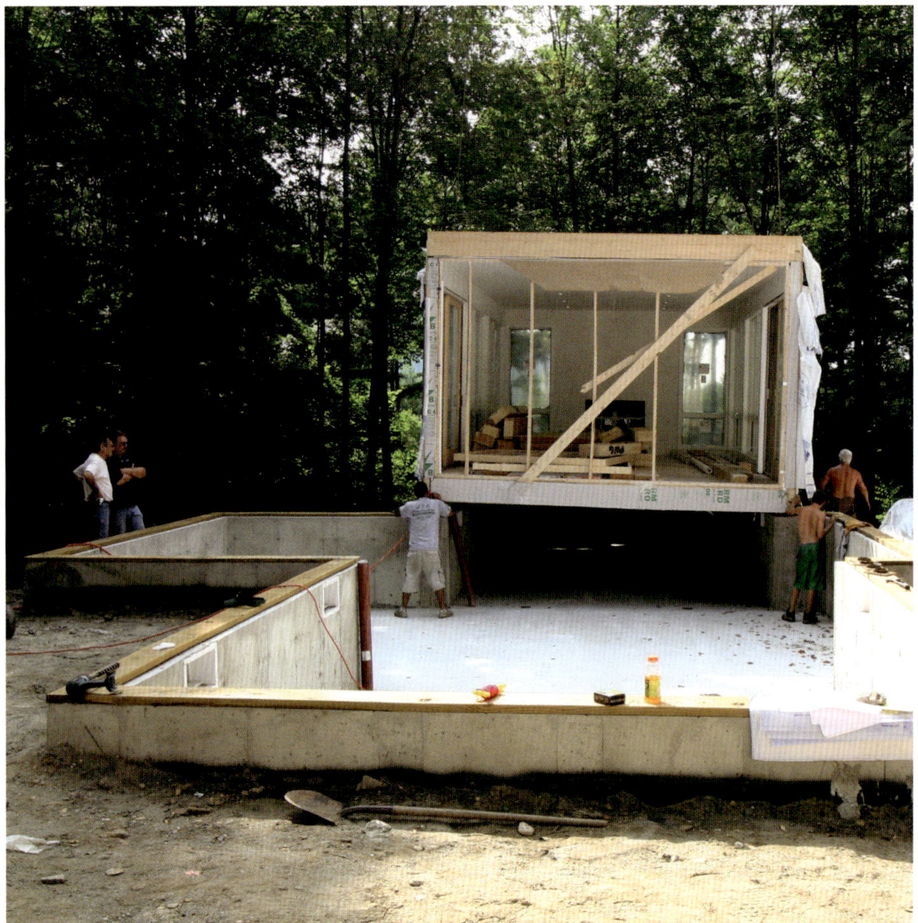

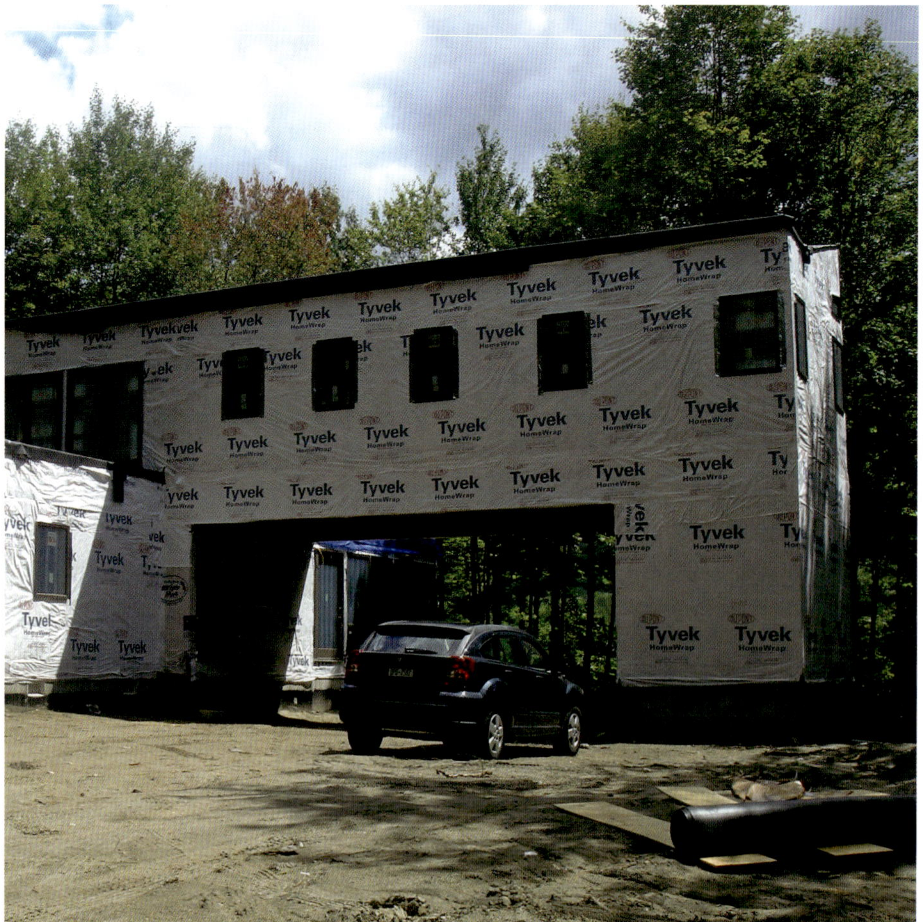
Tyvek
HomeWrap

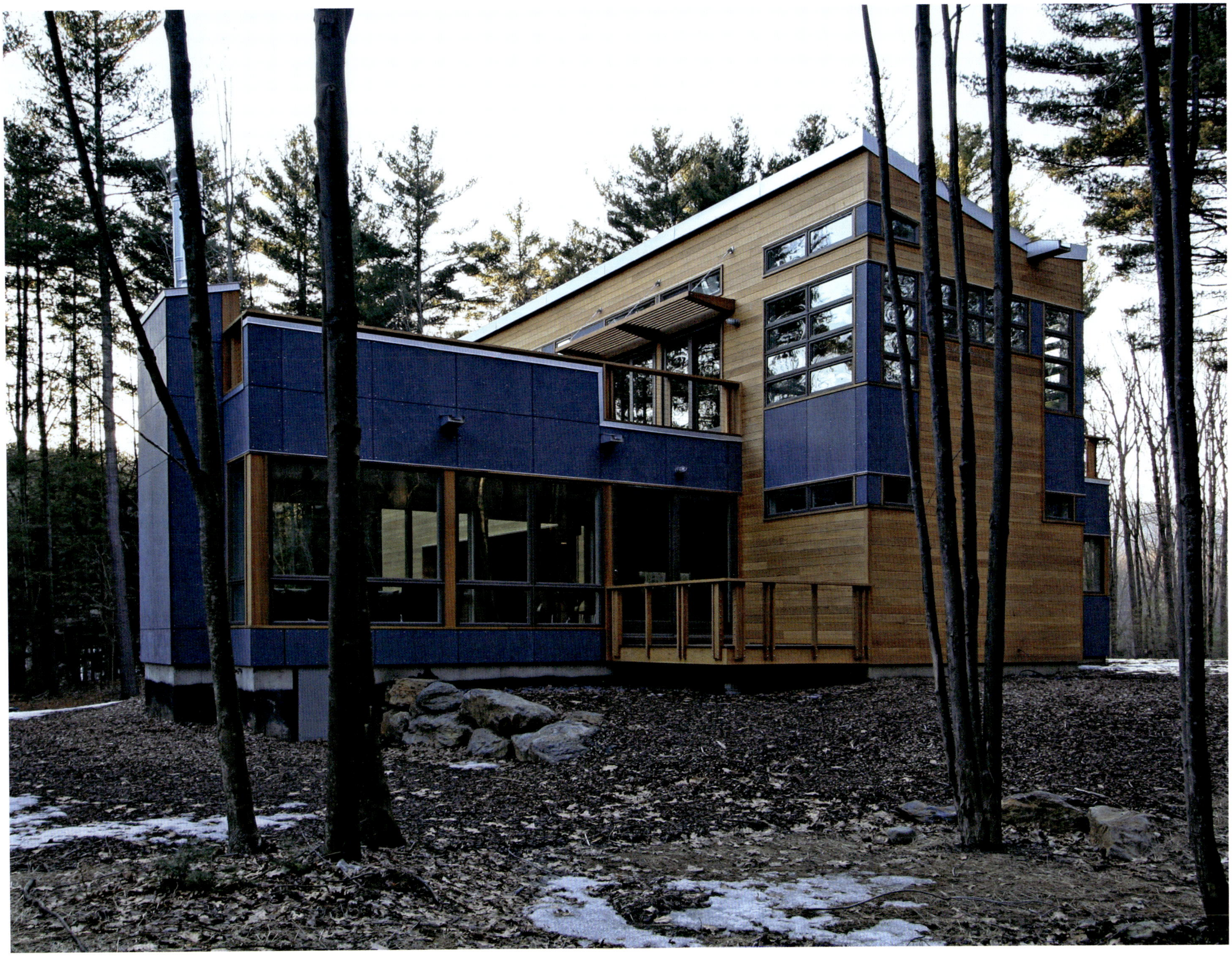

Elevations / Aufrisse
Élévations / Verhogingen
Prospetti / Alzados

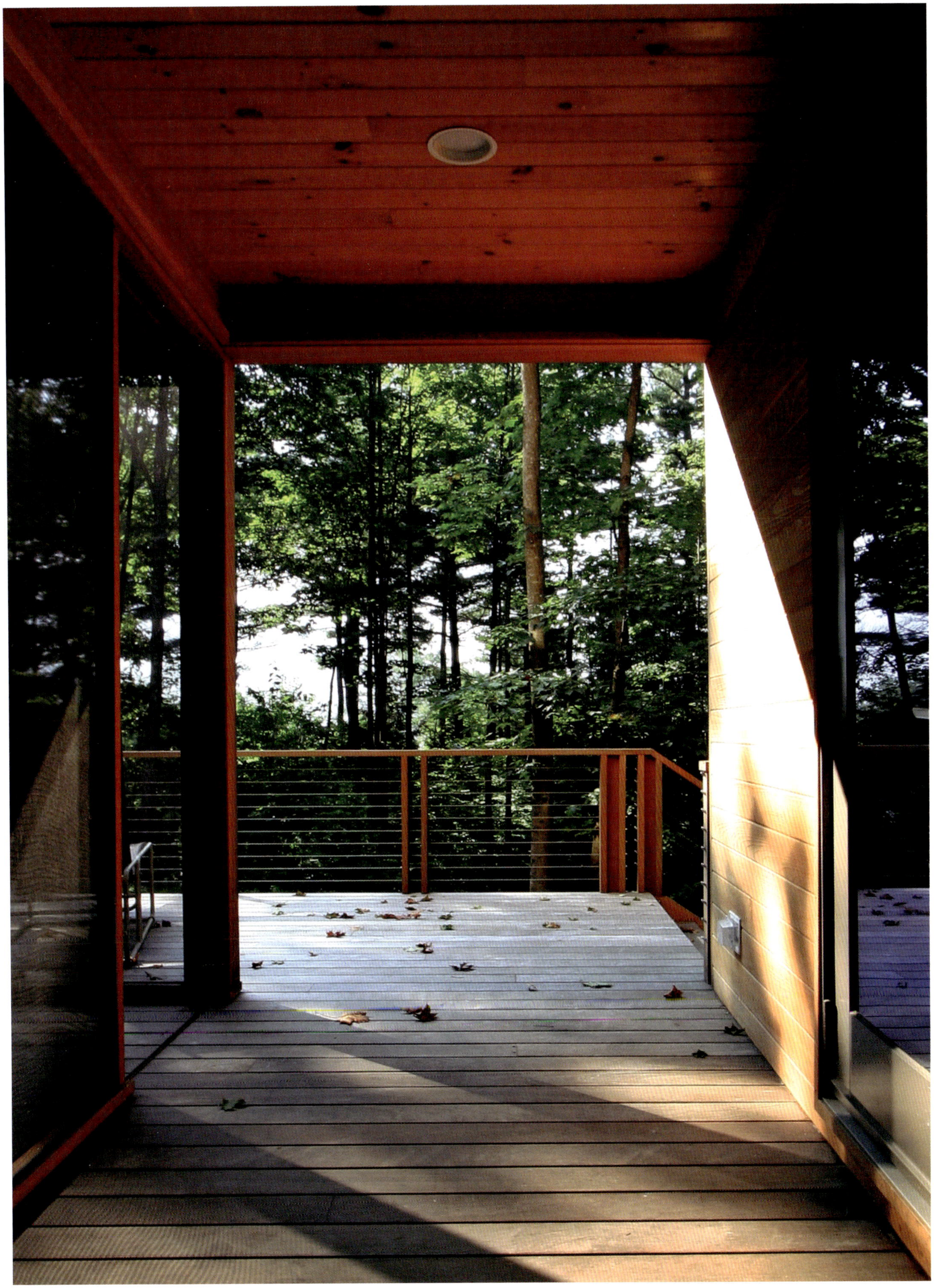

Models / Modelle
Maquettes / Maquettes
Modelli / Maquetas

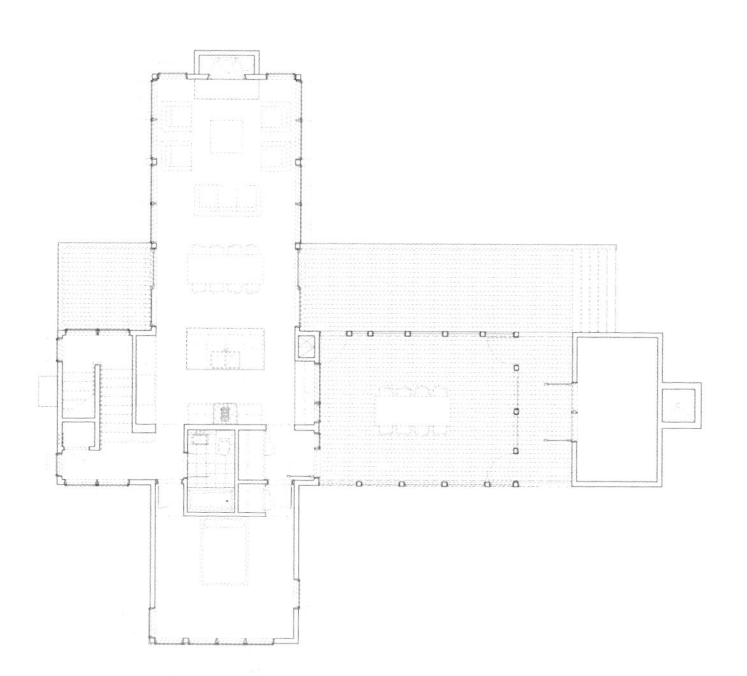

Plans / Grundisse
Plans / Plattegronden
Piante / Plantas

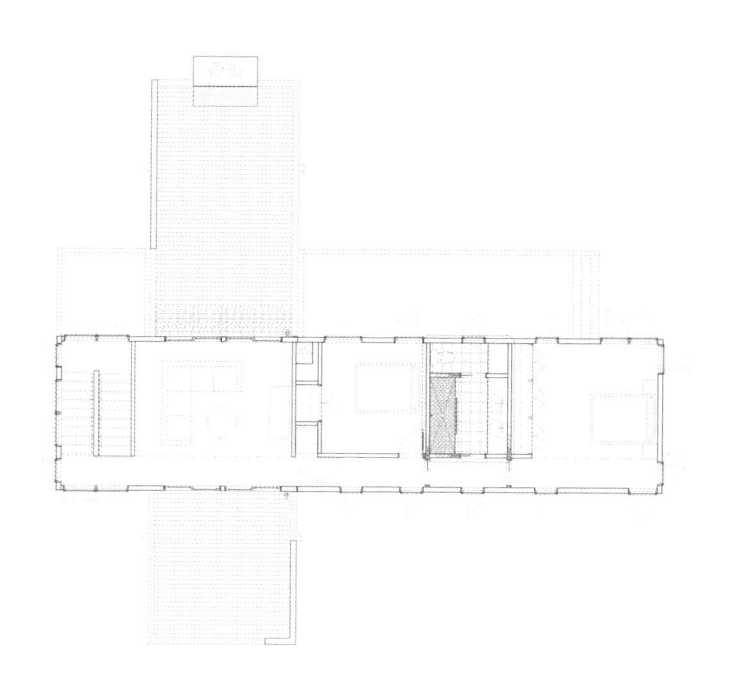

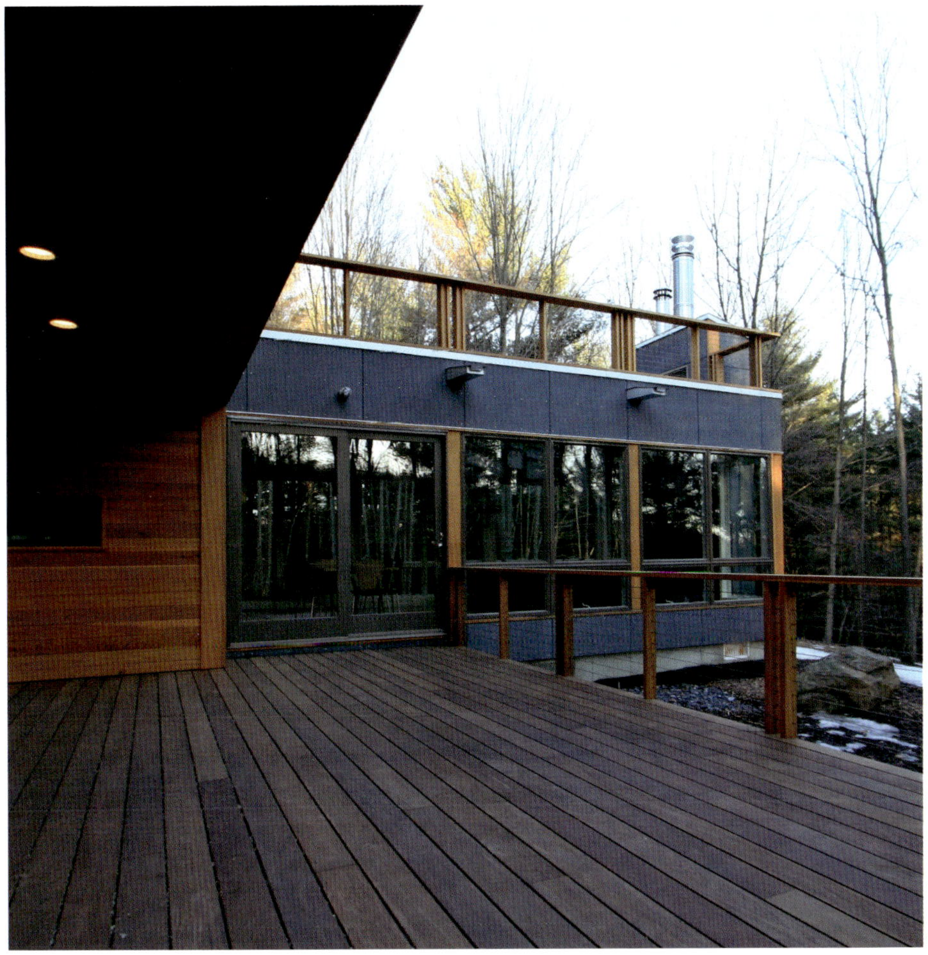
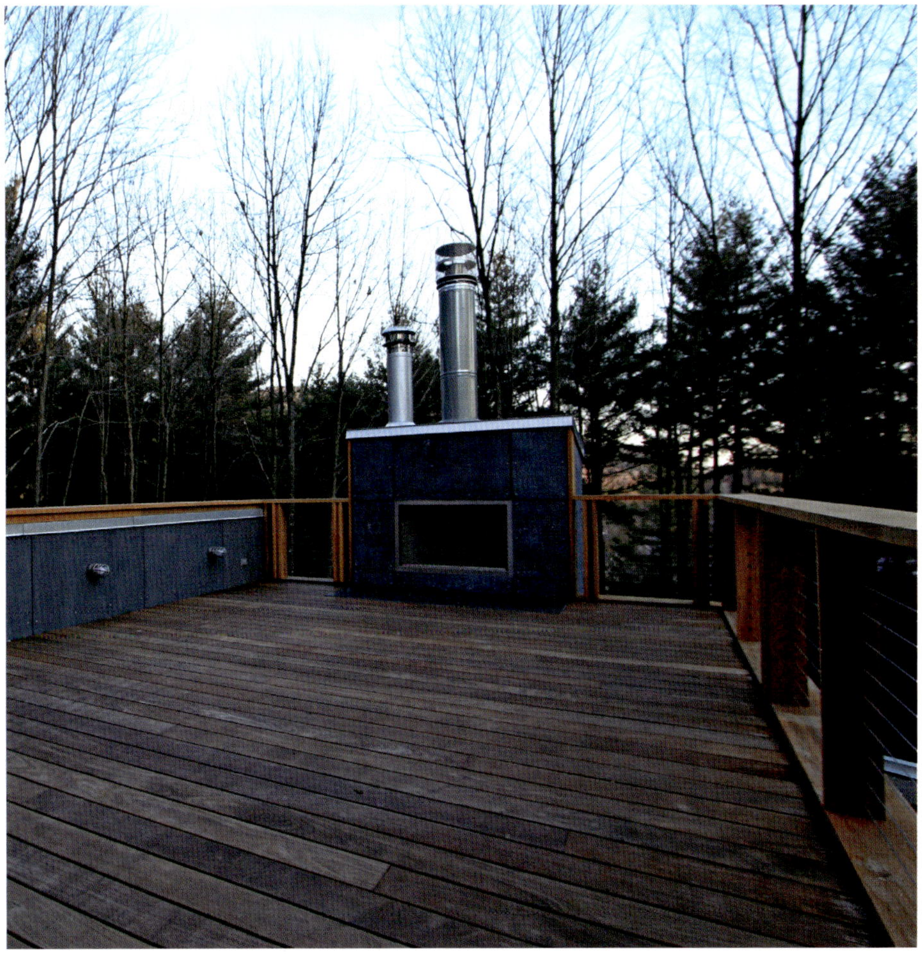
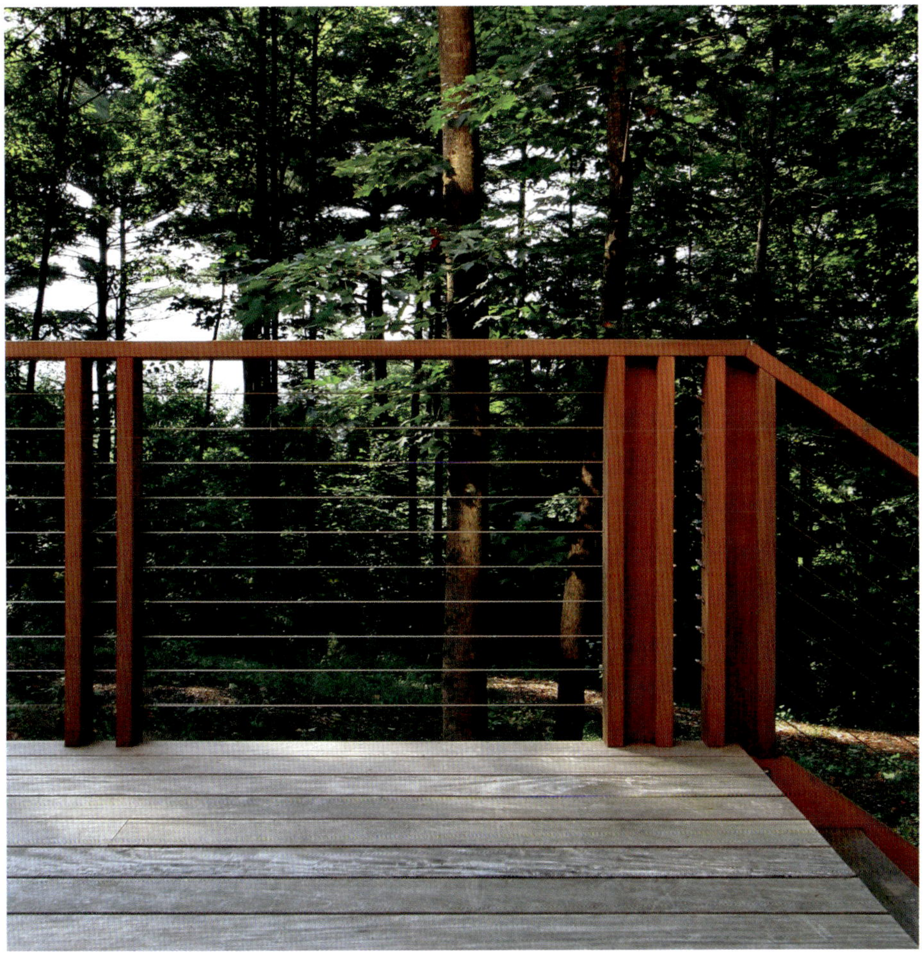
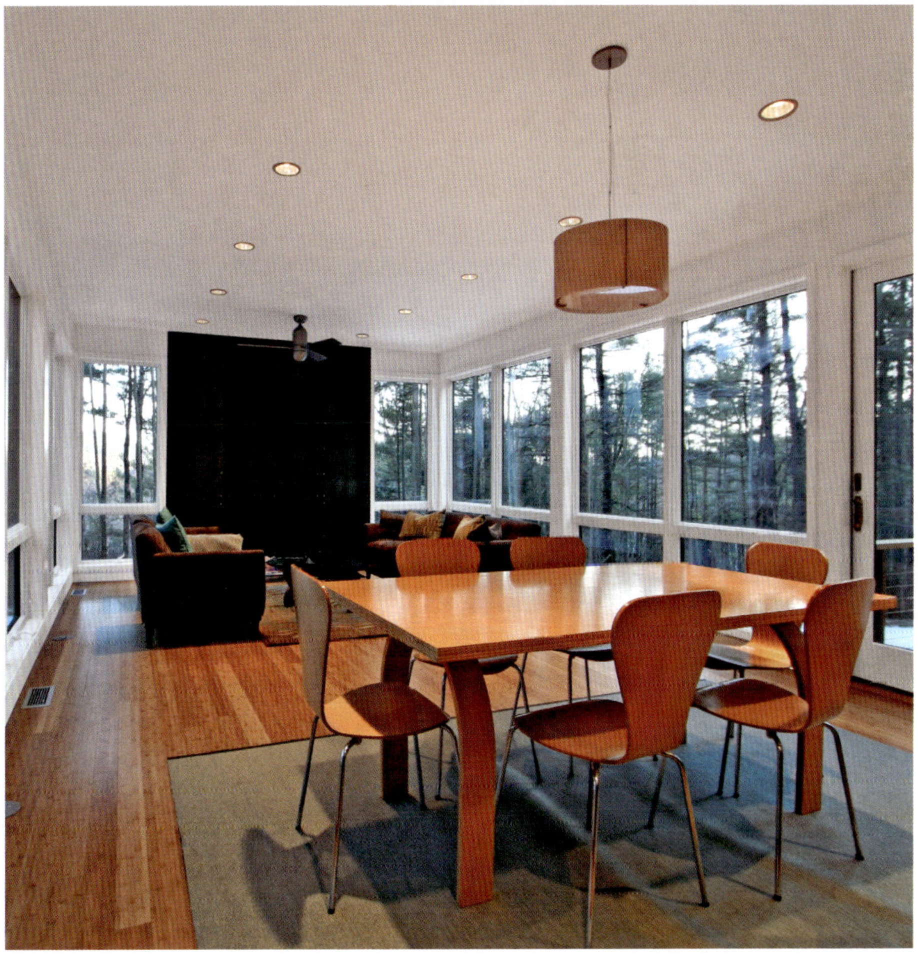

SEBASTOPOL RESIDENCE

Turnbull Griffin Haesloop
Sebastopol, CA, USA
© David Wakely

Cedar, Douglas fir and ipe / Zedern-, Douglasien- und Ipe-Holz / Cèdre, pin de Douglas et ipé
Cederhout, Douglasspar en ipé / Cedro, abete Douglas e legno di ipè / Cedro, abeto Douglas e ipé

The use of wood, cross ventilation and the use of natural light are the outstanding features of this magnificent bioclimatic building located in a forest between two groups of sequoias. The house features many wooden elements: cedar cladding, roofing and finishing of Douglas fir and ipe wood flooring.

L'usage du bois, la ventilation croisée et l'exploitation de la lumière naturelle sont les caractéristiques les plus évidentes de cette magnifique maison bioclimatique implantée entre deux groupes de séquoias dans une forêt. Plusieurs éléments sont en bois : revêtement extérieur de cèdre, plafonds et finitions en pin Douglas, sol en ipé.

L'uso del legno, la ventilazione incrociata e lo sfruttamento della luce naturale sono le principali caratteristiche di questo magnifico edificio bioclimatico ubicato in un bosco tra due gruppi di sequoie. La casa presenta vari elementi in legno: rivestimenti esterni in cedro, soffitti e finiture in abete Douglas e pavimenti in legno di ipè.

Die Nutzung von Holz, der Einsatz von Kreuzlüftung und eine hohe Tageslichtausbeute sind die Hauptmerkmale dieses eindrucksvollen bioklimatischen Hauses, das in einem Wald zwischen zwei Gruppen von Mammutbäumen steht. Das Haus weist diverse hölzerne Elemente auf: eine Außenverkleidung aus Zedernholz, Decken und Oberflächen aus Douglasien- sowie Fußböden aus Ipe-Holz.

Het gebruik van hout, kruisventilatie en de benutting van natuurlijk licht zijn de opvallendste eigenschappen van deze geweldige bioklimatische constructie gelegen in een bos tussen twee groepen mammoetbomen. Het huis heeft diverse houten elementen: buitenbekleding van cederhout, plafonds en afwerkingen van Douglassparrenhout en vloer van ipé.

El uso de la madera, la ventilación cruzada y el aprovechamiento de la luz natural son las características más destacadas de esta magnífica construcción bioclimática situada en un bosque entre dos grupos de secuoyas. La casa presenta varios elementos de madera: revestimiento exterior de cedro, techos y acabados de abeto Douglas y suelo de madera de ipé.

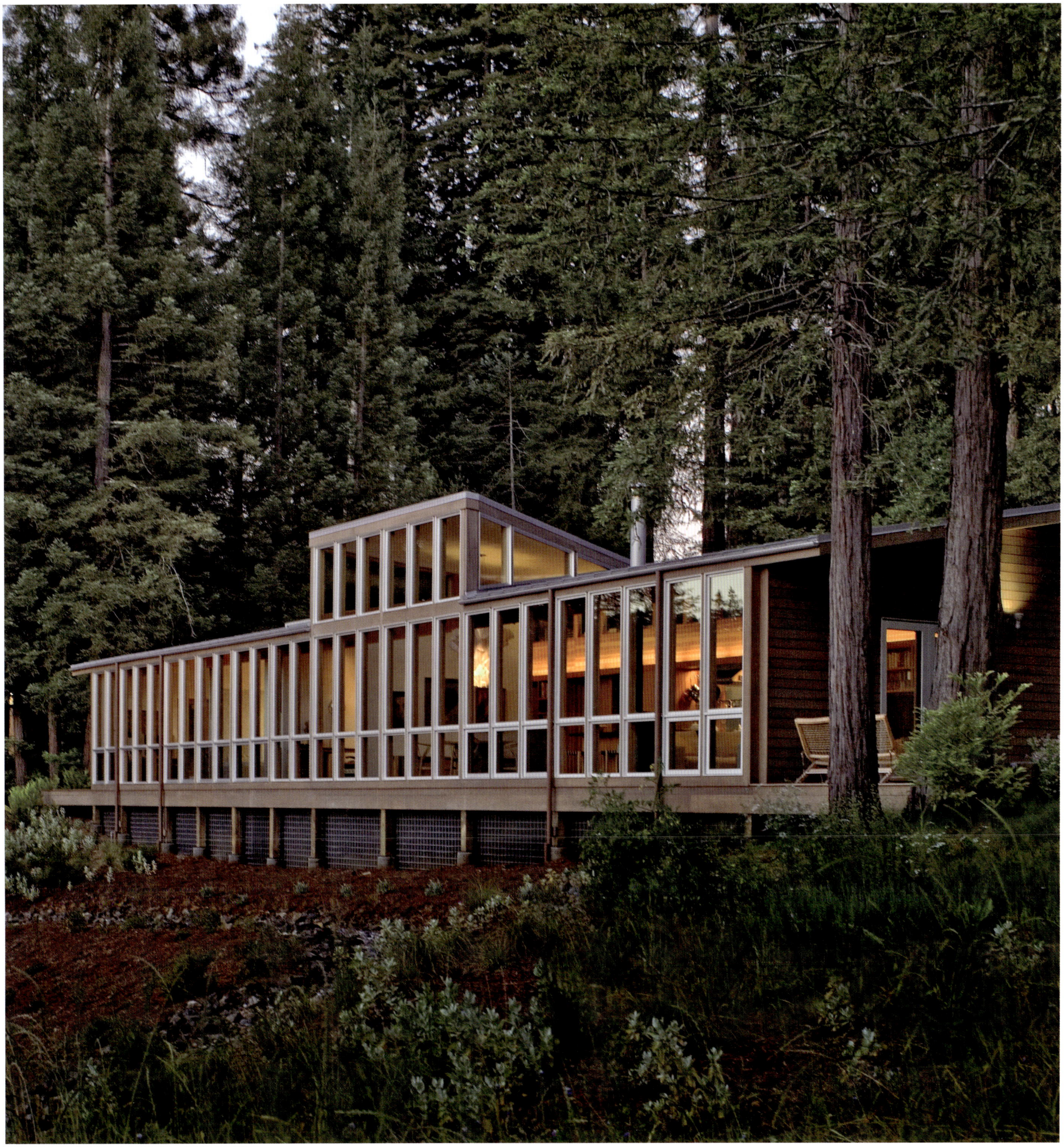

Location plan / Umgebungsplan
Plan de situation / Omgenigsplattegrond
Planimetria di localizzazione / Plano de situación

Section / Schnitt
Coupe / Doorsnede
Sezione / Sección

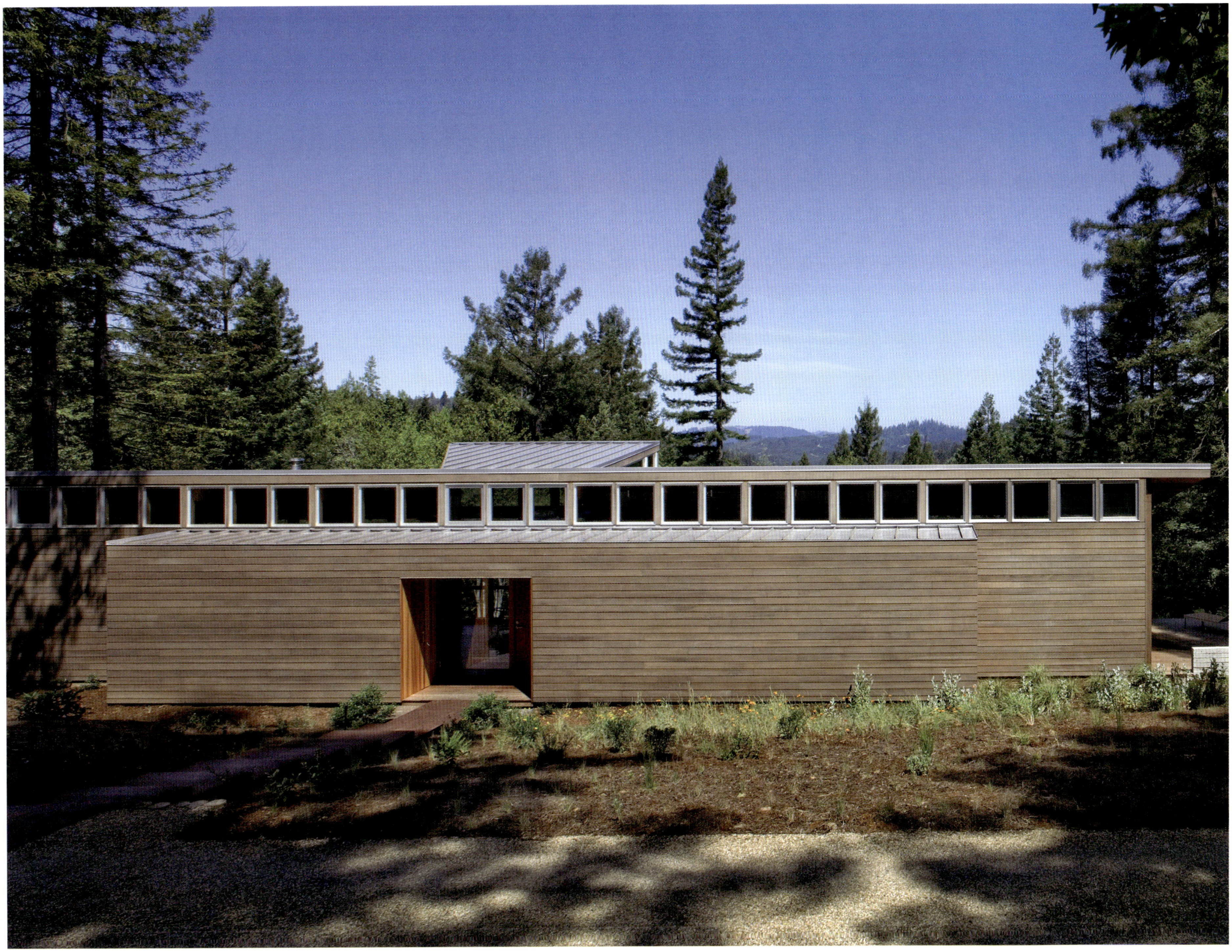

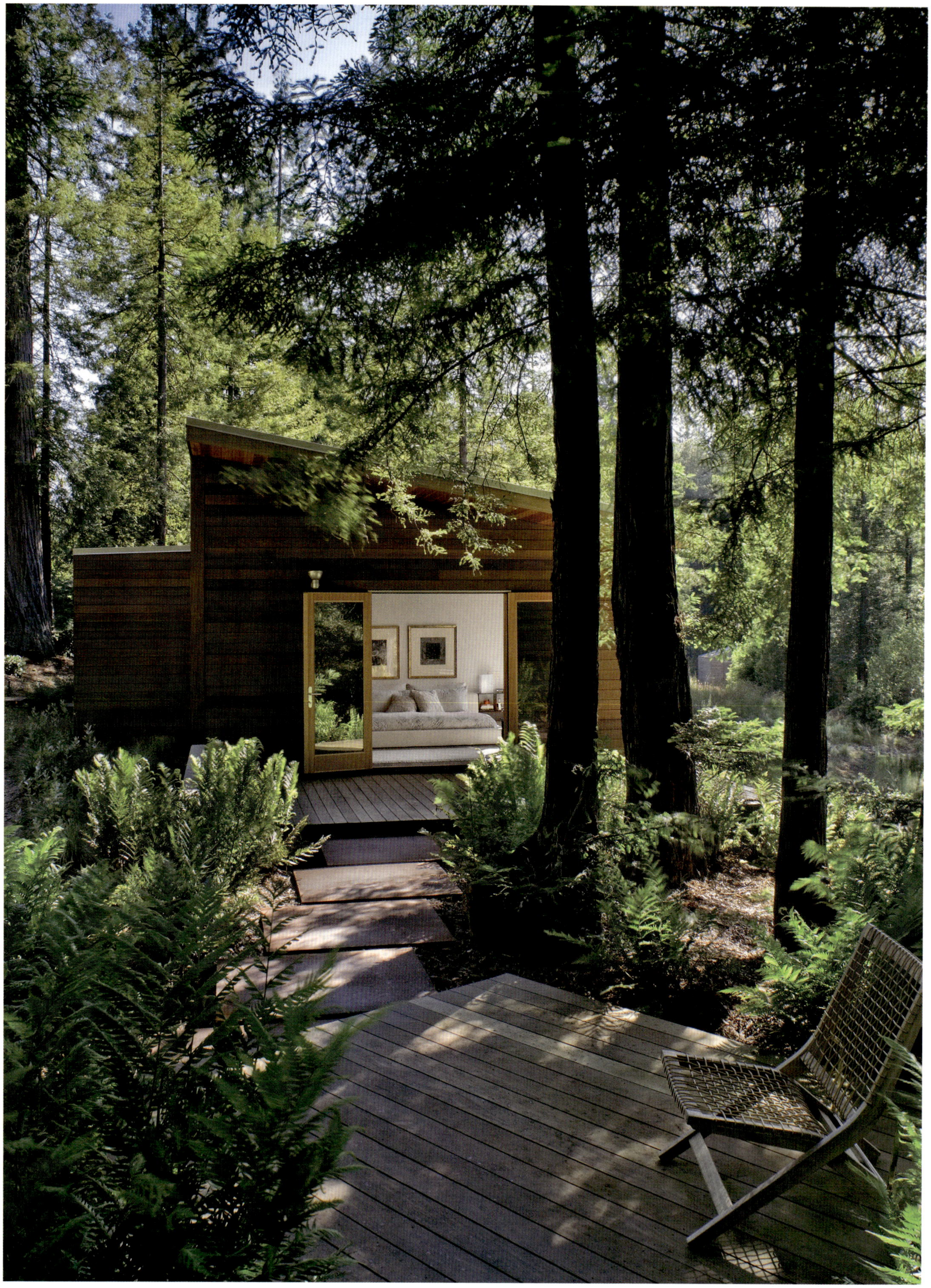

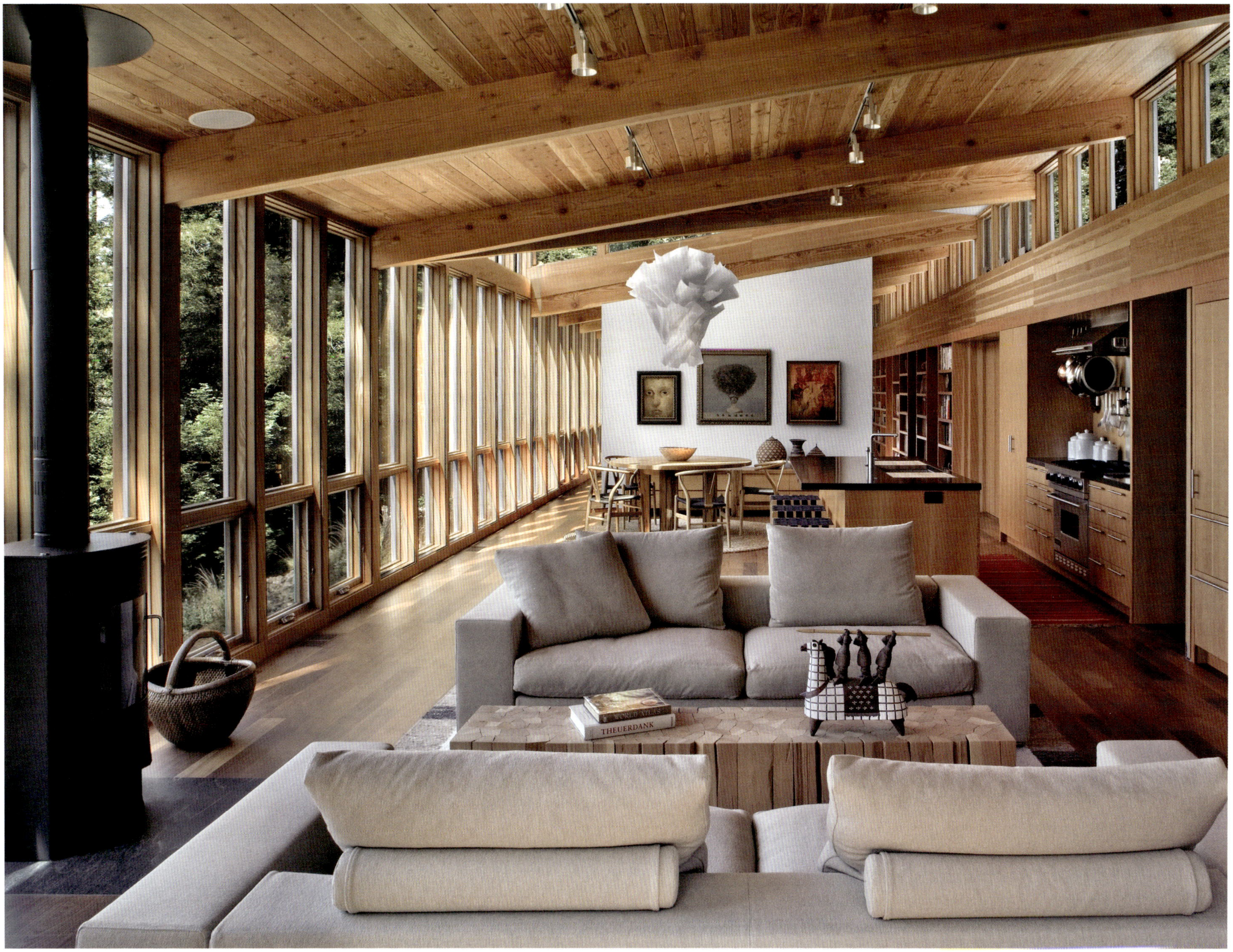

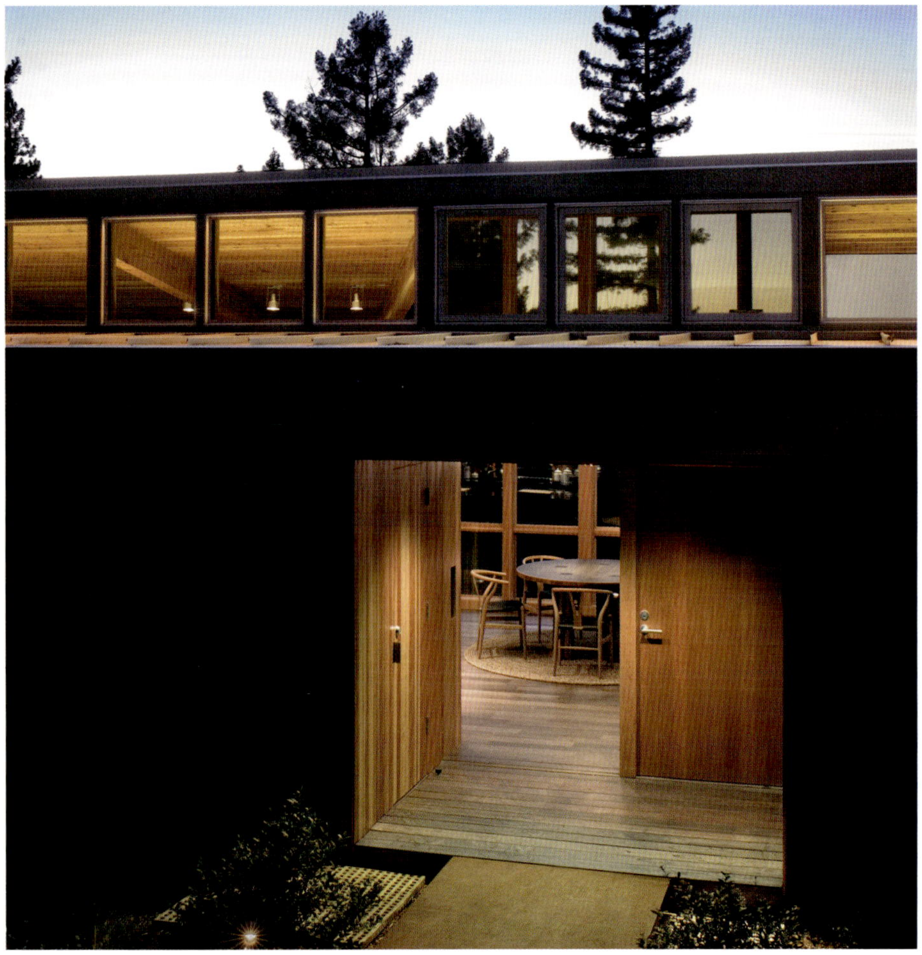

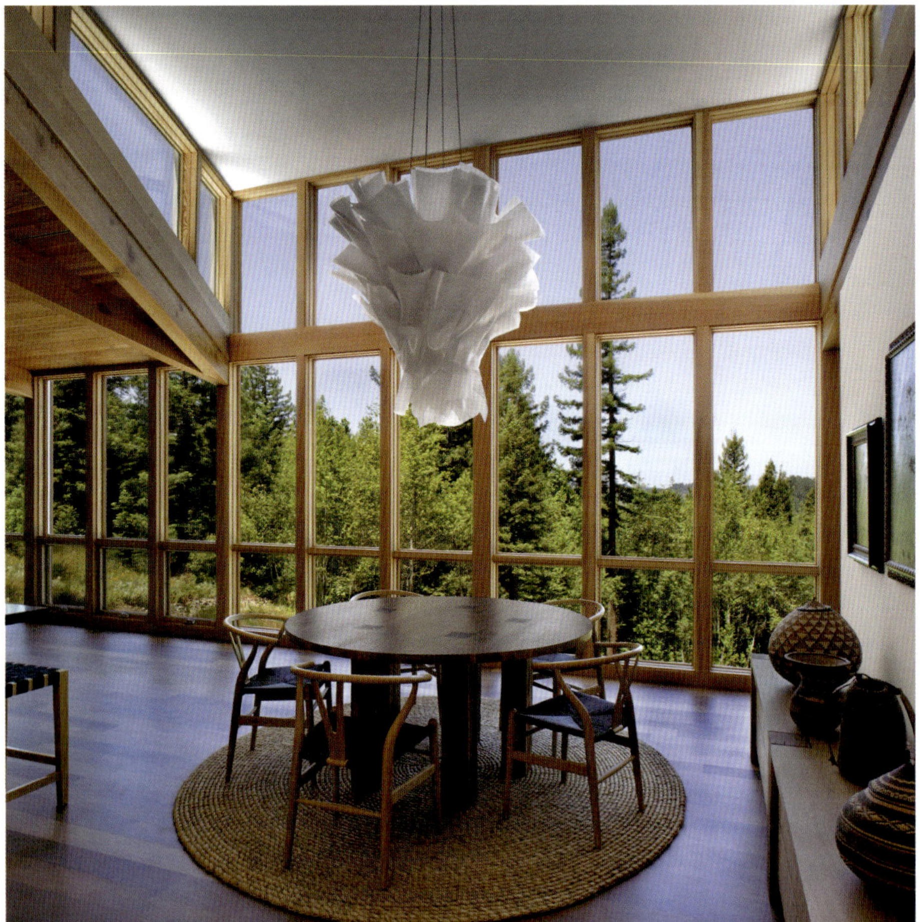

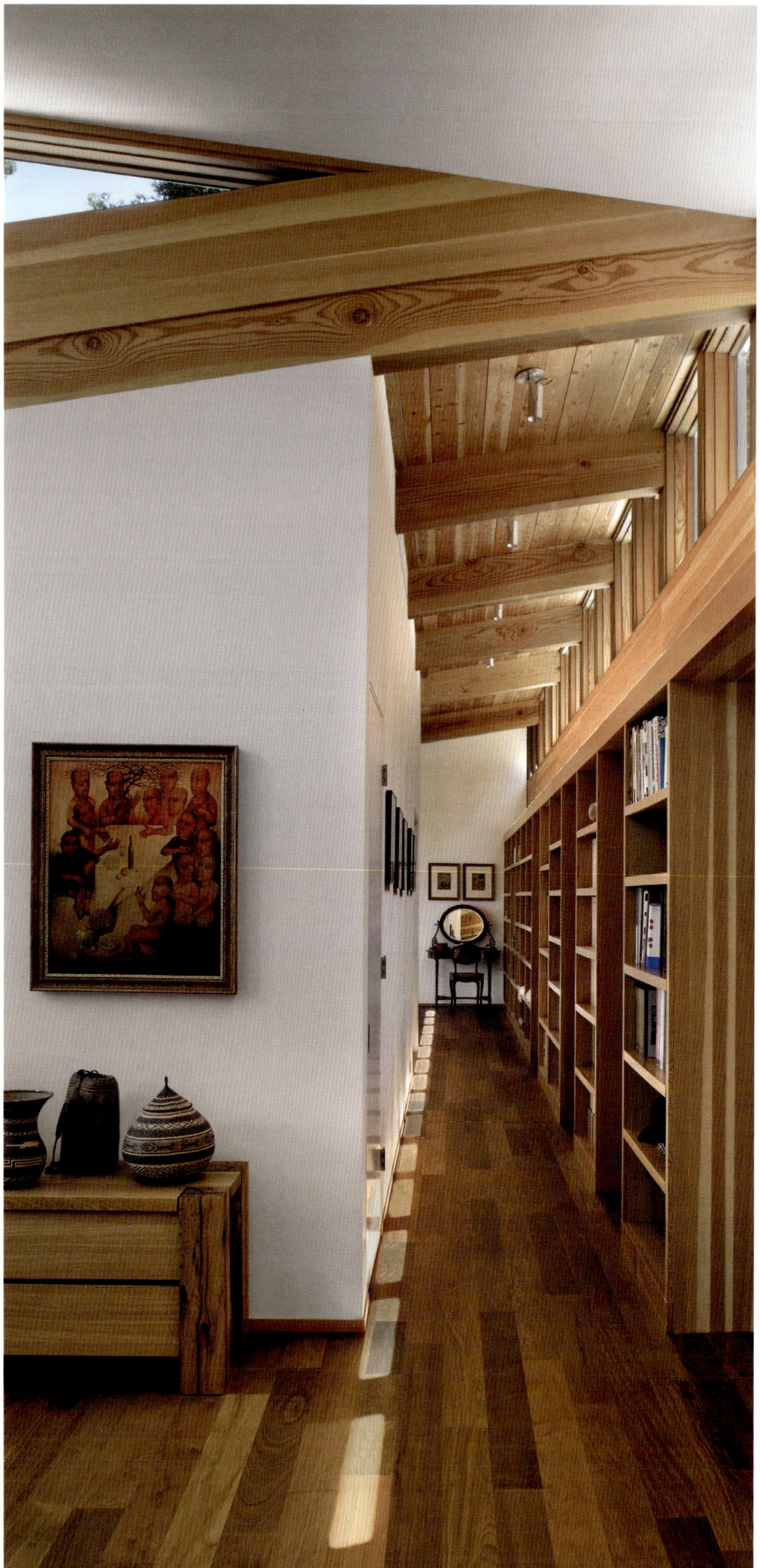

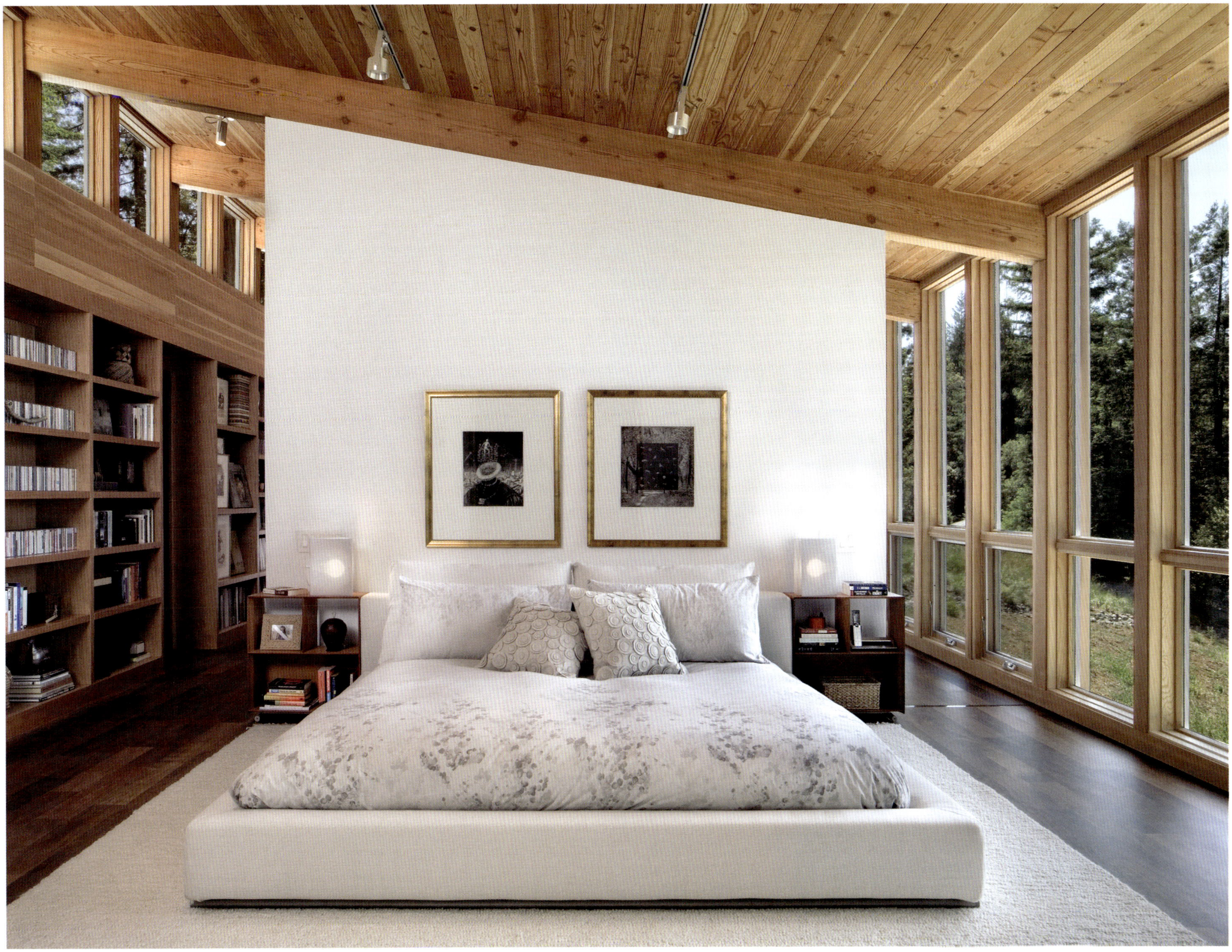

PALMYRA HOUSE

Bijoy Jain/Studio Mumbai Architects
Alibagh, India
© Rajesh Vora, Aga Khan Award for Architecture

Palmyra wood / Holz der Borassus-Fächerpalme / Palmier palmyre (Borassus flabellifer)
Palmira-hout / Legno di palmira / Madera de palmira

This home, awarded by the Aga Khan Foundation, is organized into two oblong volumes. The use of local materials, such as basalt in the base and Palmyra timber, a local type of palm tree is a striking feature. The house is perfectly integrated into the environment and has passive ventilation and shade, created by the palm trees and the openings of the house.

Cette résidence, primée par la Fondation Aga Khan, comprend deux corps de bâtiment rectangulaires. Priorité a été donnée aux matériaux locaux, comme le basalte pour la dalle et le palmier palmyre, également appelé palmier rônier ou rondier. Le logement s'intègre parfaitement dans son environnement. Il bénéficie d'une ventilation passive et d'une ombre généreuse grâce aux nombreux palmiers et aux ouvertures de la maison.

Questa abitazione, premiata dalla fondazione Aga Khan, è composta da due corpi oblunghi. Si noti l'uso di materiali locali come il basalto nella base e il legno di palmira, un tipo di palma della zona. La casa si integra perfettamente nel contesto circostante e ha una ventilazione passiva e zone di ombra, generate dalle palme e dalle aperture della casa.

Dieses von der Aga Khan Stiftung ausgezeichnete Wohngebäude ist in zwei längliche Einheiten gegliedert. Besonders hervorzuheben ist die Verwendung von örtlichen Materialien, wie z. B. von Basalt am Sockel und Holz der in der Gegend heimischen Borassus-Fächerpalme. Das Wohnhaus ist perfekt in die Umgebung eingebettet und bietet durch die Palmen ausreichend Schatten sowie durch die Türen und Fenster eine passive Belüftung.

Deze woning, bekroond door de stichting Aga Khan, bestaat uit twee langwerpige rompen. Opmerkzaam is het gebruik van plaatselijke materialen, zoals het basalt van de basis en het hout van de zogenaamde palmira, een palm uit de streek. Het huis past perfect in de omgeving en heeft passieve ventilatie en schaduw, voortgebracht door de palmbomen en openingen van het huis.

Esta residencia, premiada por la Fundación Aga Khan, se organiza en dos cuerpos oblongos. Destaca el uso de materiales locales, como el basalto en la base y la madera de palmira, una palmera de la zona. La vivienda está perfectamente integrada en el entorno y tiene ventilación pasiva y sombra, generadas por las palmeras y las aberturas de la casa.

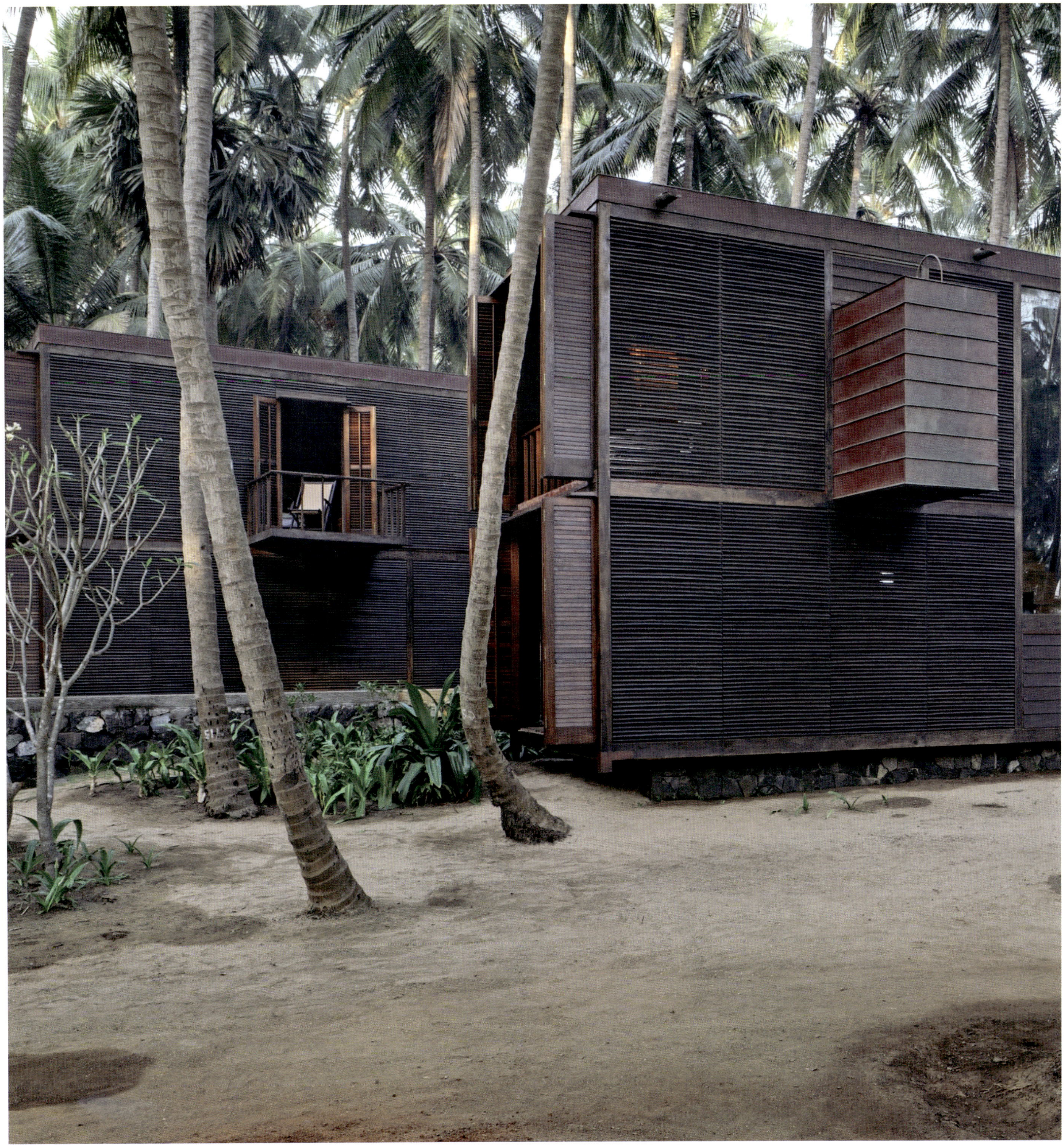

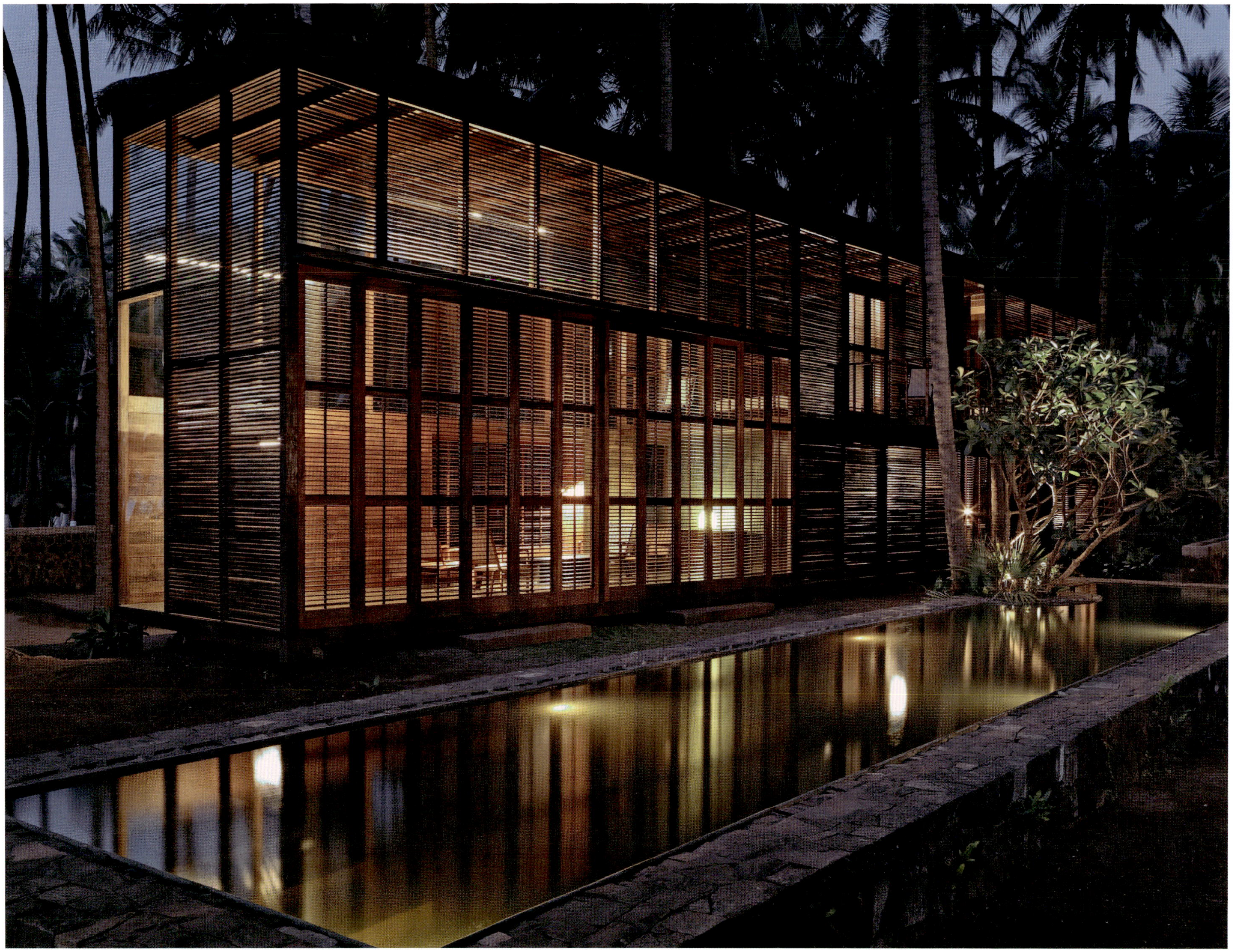

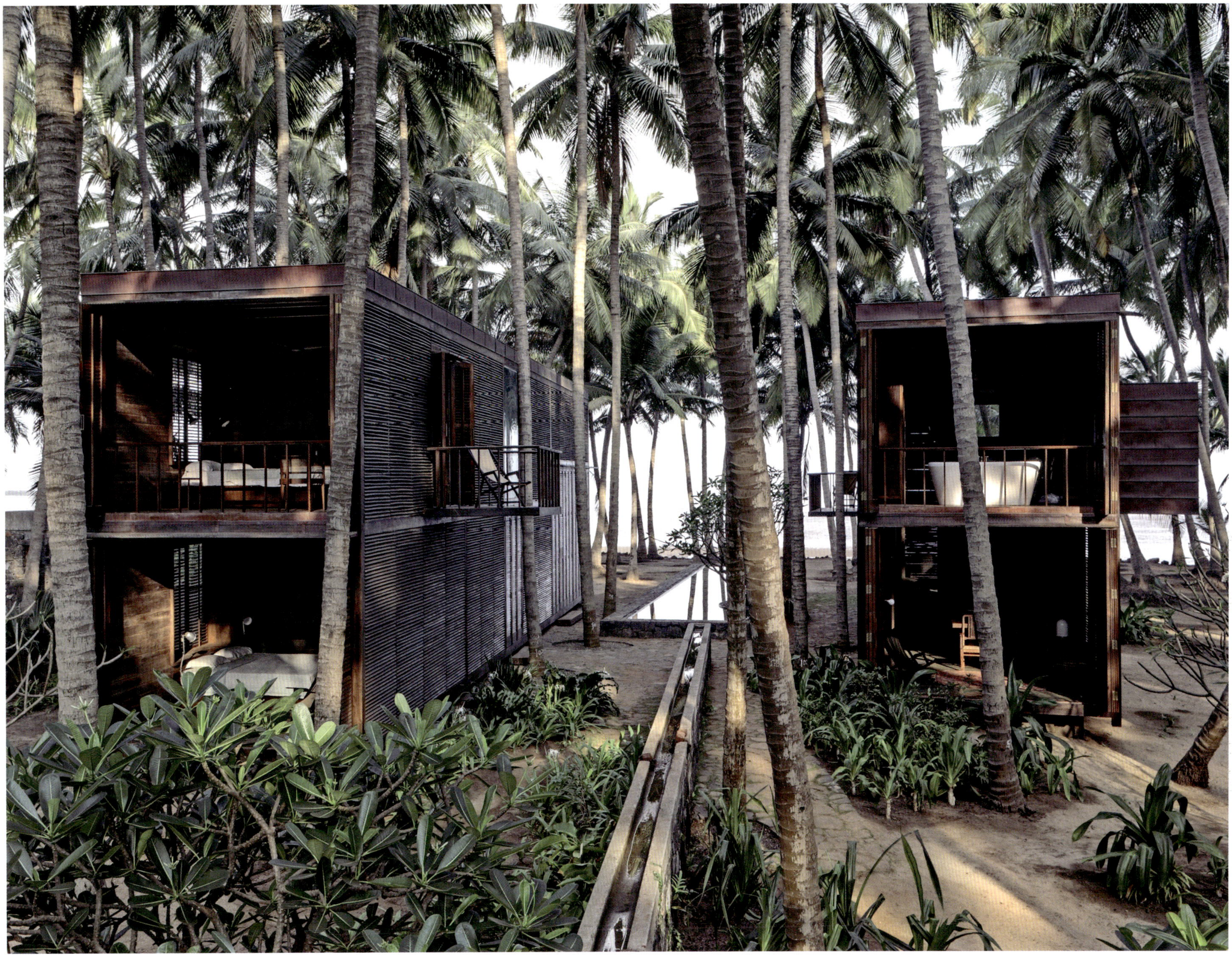

208

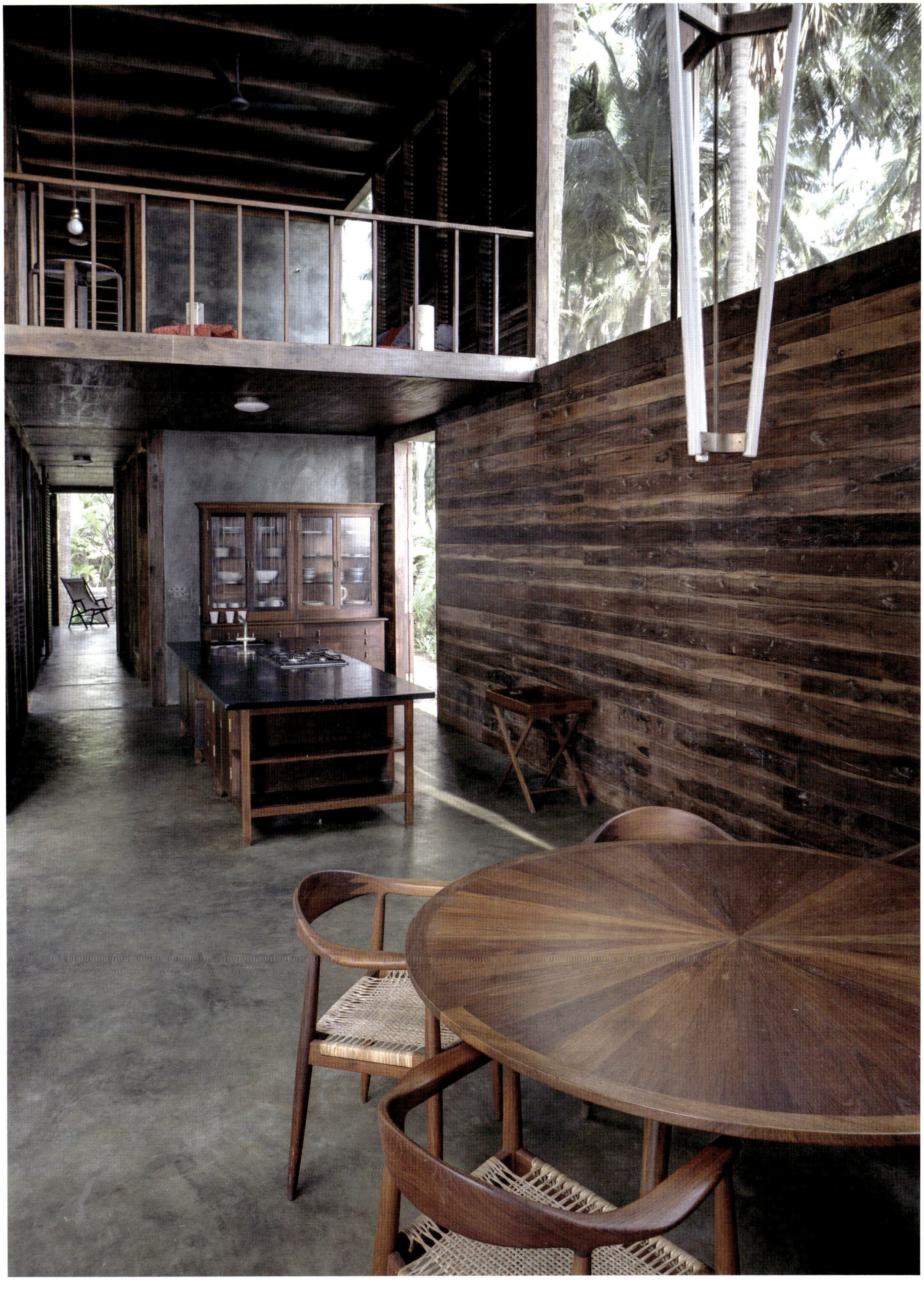

WOOD

Macroscopic characteristics
- **Alburnum (or sapwood):** part of the tree with living cells that transports or stores nutrients. It is a lighter color and more porous than the duramen, and can rot.
- **Duramen (or heartwood):** mature part of the wood that is the structural part of the tree. It is without living cells.
- **Grain:** direction of the wood fibers in respect to the axis of the tree. Straight grain wood, parallel to the axis, is easy to work with. Wavy, curved, spiral or slanted grain is more difficult to work with, but aesthetically affords more possibilities.

Physical characteristics
- **Density:** relationship between mass and volume with 12% humidity, which is expressed in kg/m³. In conifers it ranges from 400 (very light) to 700 (very heavy), and in broadleaves, from 500 to 950.
- **Hardness:** it indicates the index of penetration of one material into another and specifies the resistance of the wood to abrasion or chipping.
- **Hygroscopicity:** capacity of the wood to absorb more or less moisture (water) from the atmosphere or from the medium that it is in.
- **Contraction:** shrinkage due to a loss of moisture.
- **Ratio of unit volume contraction:** change in volume that wood undergoes due to a 1% change in moisture. According to this ratio wood may have:
  - Slight density (0.15-0.40), ideal for the manufacture of furniture.
  - Fair density (0.35-0.49), good for carpentry.
  - Average density (0.40-0.55), good for construction.
  - Rather high density (0.55-0.75), good for radial construction.
  - Very high density (0.75-1), ideal for environments with perpetual moisture.

Mechanical characteristics
- **Cracking or splitting:** it indicates the resistance to breakage if penetrated, nailed or screwed into.

Chemical characteristics
- **Workability:** woods with high resin, oil or wax contents are difficult to work with. Petro accumulation and mineral salts originating from the soil that crystallize in the wood, also hinder workability.
- **Natural durability:** resistance of the wood to attacks from destructive agents. This is important when the wood is to be found in conditions where there are changes to moisture that are superior to 18%. The agents can be fungi, xylophagous insects, (coleopterans and termites) and water xylophagous insects. Durability refers to the duramen (the alburnum is always vulnerable to attack) and is classified as durable, sensitive and non-durable.
- **Impregnability:** ease of treatment with liquids under pressure.
- **Average impregnability:** average penetration attained after two or three hours of treatment.
- **Low impregnability:** only superficial impregnation achieved after three or fou hours.
- **Zero impregnability (or non-impregnability):** it is practically impossible to impregnate.

The following is an index for different types of wood in which the appearance, nomenclature, physical properties and uses are outlined.

African mahogany
Afrikanisches Mahagoni
Acajou d'Afrique
Afrikaans mahonie
Mogano bianco
Caoba africana

African walnut
Afrikanischer Walnussbaum
Dibétou
Dibétou
Dibetu
Embero o nogal africano

WOOD CATALOG

AFRICAN MAHOGANY
Botanical name: *Khaya ivorensis*
Family: Meliaceae
Density: 0.45-0.60 g/cm³
Zones of production: Ghana, Ivory Coast, Cameroon, Guinea, Gabon, Angola, Liberia, Nigeria

Boles are 15 to 25 m (49 to 82 ft) tall. Diameter is 60 to 120 cm (24 to 47 in). African mahogany is a hardwood characterized by vertical bonds of varying luster and vessel markings.
Very durable and stable, African mahogany is used for cabinet making, joinery, paneling, boat decking, veneer, and plywood. African mahogany can be stained and polished to an excellent finish.

AFRICAN WALNUT
Botanical name: *Lovoa trichilioides*
Family: Meliaceae
Density: 0.50-0.55 g/cm³
Zones of production: Ivory Coast, Congo, Ghana, Nigeria, Cameroon, Guinea

Boles are 15 to 20 m (49 to 66 ft) tall and 50 to 55 cm (19.6 to 21.6 in) in diameter. The wood is bronze-colored with irregular dark lines. It is extremely hard, heavy, close-grained, and resists water well.
The wood is used in standard construction, to make pilings for bridges, railway ties, and in the production of charcoal. It is also used for furniture and cabinetry, veneers, paneling, fixtures and joinery.

ASH
Botanical name: Fraxinus excelsior
Family: Oleaceae
Density: 0.65-0.80 g/cm³
Zones of production: France, United Kingdom, Germany, Italy

Boles are 3 to 10 m (10 to 33 ft) tall and 30 to 100 cm (12 to 39 in) in diameter. The wood has a coarse and generally straight grain. Strong and stiff, it is noted for its excellent bending qualities.
Ash is great for flooring but is also used for bent parts in boat building, plywood, furniture, joinery, paneling and veneer.
Ash works well with hand and machine tools and can be brought to a fine surface finish.

ASPEN
Botanical name: *Populus tremula*
Family: Salicaceae
Density: 0.5 g/cm³
Zones of production: Alaska, Canada, northeastern and western USA

Aspen can reach 48 m (157 ft) in height and up to 160 cm (63 in) in diameters. The bark is variable in color and in degree of furrowing. The wood of aspen has a uniform texture, straight grained, light, and soft.
Aspen is easily worked with machines.
Its pulp is used for newsprint and fine printing papers. Wood is used for sheathing, decking, pallets, furniture, lumber core, veneers, and paneling.

BEECH
Botanical name: *Fagus sylvatica*
Family: Fagaceae
Density: 0.60-0.75 g/cm³
Zones of production: France, United Kingdom, Germany

Boles are 16 to 49 m (52 to 161 ft) tall and 40 to 90 cm (15 to 35 in) in diameter. The bark is smooth and light gray. This European species yields a utility timber that is tough but dimensionally unstable. It is widely used for furniture framing, carcass construction, flooring, engineering purposes, plywood and for household items like plates, but rarely as a decorative timber.

BIRCH
Botanical name: *Betula Alba*
Family: Betulaceae
Density: 0.60-0.75 g/cm³
Zones of production: northern Europe, North America, Asia

Boles are 13 to 33 m (43 to 108 ft) tall often tortuous with diameter between 30-60 cm (12-24 in). Birch wood is fine-grained and pale in color. Ripple figuring may occur, increasing the value of the timber for veneer and furniture-making.
Birch wood is suitable for veneer. Birch ply is among the strongest and most dimensionally stable plywoods, although it is not suitable for exterior use.

BLACK WALNUT
Botanical name: *Juglans nigra*
Family: Juglandaceae
Density: 0.50-0.60 g/cm³
Zones of production: USA

Boles are 8 to 15 m (26 to 49 ft) tall and the diameter ranges between 35 and 90 cm (13-35 in). The wood is strong and stable with a rich purplish-brown to a chocolate-brown tint. The texture is moderately coarse but uniform.
Black Walnut works with ease in all hand tool and machine tool processes.
It is the foremost wood for cabinetry, best used for veneers, turnery, joinery, musical instruments, and carving.

BRAZILIAN WALNUT
Botanical name: *Phoebe porosa*
Family: Lauraceae
Density: 0.96 g/cm³ approx
Zones of production: Brazil, Argentina, Paraguay

At their largest, the trees may reach 40 m (131 ft) in height and 2 m (6 ft) in trunk diameter. Brazilian walnut from South America has a deep dark brown colored wood with exceptionally fine graining. It is one of the densest woods available.
The tree is a major commercial species in Brazil because of the value of its wood for high end furniture making. It is mostly used as a decorative veneer, and for flooring.

CEDAR
Botanical name: *Cedrela odorata*
Family: Meliaceae
Density: 0.40-0.70 g/cm³
Zones of production: Mexico, Suriname, Guyana, Nicaragua, Honduras, Brazil, Antilles

Boles are 15 to 20 m (49 to 66 ft) tall and 50 to 110 cm 20 to 43 in in diameter. The trunk has a thick gray-brown colored bark, with longitudinal irregular grain.
Known as Spanish-cedar in English commerce, the aromatic wood is in high demand in the American tropics because it is naturally termite and rot resistant. An attractive, moderately lightweight wood, its primary use is in household articles.

CHERRY
Botanical name: *Prunus avium*
Family: Rosaceae
Density: 0.60-0.70 g/cm³
Zones of production: France, United Kingdom, Germany

Boles are 3 to 12 m (10 to 39 ft) tall and 30 to 60 cm (12 to 24 in) in diameter. The heartwood is a medium red-brown. The grain is straight and finely textured.
As one of the most sought after hardwoods, cherry is commonly used for the making of fine furniture, flooring, musical instruments, carving, turned pieces, joinery, veneers

and plywood. Cherry works well, and takes all kinds of finishes excellently.

CHESTNUT
Botanical name: *Castanea sativa*
Family: Fagaceae
Density: 0.60-0.70 g/cm^3
Zones of production: France, United Kingdom, Germany, Italy

Boles are 3 to 8 m (10 to 26 ft) tall and 30 to 100 cm (12 to 40 in) in diameter. The wood is a light color, hard and strong. It is used to make furniture, barrels, and roof beams notably in southern Europe (for example in Alpujarra, Spain, or in southern France).
Due to older wood's tendency to split and warp badly, and acquire certain brittleness, it is not frequently used in large pieces.

COAST REDWOOD
Botanical name: *Sequoia sempervirens*
Family: Cuppressaceae
Density: 0.40-0.50 g/cm^3
Zones of production: USA (California)

Boles are up to 80 m (262 ft) in height and 8 m (26 ft) in diameter. The heartwood is a dark reddish brown and has straight grain, and high dimensional stability.
Redwood works easily with both hand and machine tools.
The wood is highly valued in building construction. It is commonly used for heavy beams, bridge timbers, planks, siding, doors, veneer, furniture, plywood, particle board, shingles, and posts.

ELM
Botanical name: *Ulmus campestris*
Family: Ulmaceae
Density: 0.60-0.85 g/cm^3
Zones of production: France, United Kingdom, Germany

Boles are 3 to 10 m (10 to 33 ft) tall and 40 to 130 cm (16 to 51 in) in diameter. The wood is a dull brown with a coarse texture. The grain is irregular, producing an attractive figure. The timber is difficult to work but has good steam-bending properties.
It is commonly used in boat building, cabinetry, veneer, flooring, turnery, and furniture.

EUROPEAN WALNUT
Botanical name: *Juglans regia*
Family: Juglandaceae
Density: 0.60-0.80 g/cm^3
Zones of production: France, United Kingdom, Germany, Italy, Spain, Turkey, Iran, Kashmir

Boles are 2 to 5 m (6.5 to 16 ft) tall and 40 and 80 cm (16 and 31 in) in diameter. The heartwood varies in color but it typically has a grayish-brown background with dark streaks. The wood is coarse textured with grain normally straight to wavy.
Walnut has very good steam bending properties.
While quite limited in availability, it is used in fine furniture, turned pieces, and veneer.

MAKASSAR EBONY
Botanical name: *Diospyros celebica*
Family: Ebaneceae
Density: 1.10-1.20 g/cm^3
Zones of production: Indonesia

Boles are 26 to 33 m (85 to 108 ft) tall and 30 to 60 cm (12 to 24 in) in diameter. An exceptionally beautiful species, ebony has been much appreciated by woodworkers for the past two centuries and it has now become a very scarce and expensive timber. Rarely available amongst the market, Makassar ebony nowadays belongs to the highest priced species on the world while its region of growth is very restricted.

NORTHERN WHITE CEDAR
Botanical name: *Thuja occidentalis*
Family: Cuppressaceae
Density: 0.35-0.44 g/cm^3
Zones of production: Canada, USA

Northern white cedar heartwood is a light brown with an aromatic spicy odor. It has an even grain and a fine texture. The heartwood is resistant to decay and subterranean termites. Northern White Cedar is easier to work with hand tools than with machines.
The wood is used in rustic fencing and posts, lumber, poles, shingles, shipping containers, boat building, tanks, wooden wares and as pulp wood.

OAK
Botanical name: *Quercus pedunculata*
Family: Fagaceae
Density: 0.60-0.80 g/cm^3
Zones of production: Europe, Asia Minor, northern Africa

Boles are up to 20 m (66 ft) tall and 30 to 120 cm (12 to 47 in) in diameter. The wood is characterized by its distinct (often wide) dark and light brown growth rings.
Oak has excellent steam-bending properties and produces long-lasting and durable heartwood, much in demand for interior and furniture work.

OLIVE
Botanical name: *Olea europaea*
Family: Oleaceae
Density: 0.75-0.90 g/cm^3
Zones of production: Mediterranean Basin

Boles are 2 to 3 m (6.5 to 10 ft) tall and their diameters range between 30 and 80 cm (12 and 31 in). This durable wood is hard, has an irregular grain and an oily touch.
Mechanical properties: Gluing is difficult due to its oiliness. Drilling is required before nailing and screwing. It finishes well.
Olive is used in interior carpentry (floors), decorative veneering and furniture.

SILVER FIR
Botanical name: *Abies amabilis*
Family: Pinaceae
Density: 0.45-0.60 g/cm^3
Zones of production: France, Spain, Italy, Serbia

This large evergreen coniferous tree grows to 30 to 45 m (98-148 ft) and has a trunk diameter of up to 1.2 m (4 ft). The wood is soft and not very strong; it is used for paper making, packing crates and other cheap construction work.

SPOTTED GUM
Botanical name: *Eucalyptus maculata*
Family: Myrtaceae
Density: 0.75-0.85 g/cm^3
Zones of production: Australia, Brazil, South Africa

Boles are 33 to 49 m (108 to 160 ft) tall and 50 to 80 cm (20 to 31 in) in diameter. The wood is straight grained, coarse textured and moderately strong. This rapidly renewable lumber is both stable and beautiful.
It is used for almost anything that most hardwoods are used for: exterior and interior furniture, joinery, paneling, boat building, flooring and veneer. This wood works well with machine and hand tools.

SUGAR MAPLE
Botanical name: *Acer saccharum*
Family: Sapindaceae
Density: 0.70-0.80 g/cm^3
Zones of production: USA, Canada

Boles are 4 to 10 m (13 to 33 ft) tall and 30 to 60 cm (12 to 24 in) in diameter.
The trees have wavy wood grain, which can occur in much valued "birds eye maple" form. This wood is one of the hardest and densest of the maples.
Bowling alleys and bowling pins are both commonly manufactured from sugar maple. It is also widely used in the manufacture of musical instruments, such as violins, guitars, and drums.

TEAK
Botanical name: *Tectona grandis*
Family: Lamiaceae
Density: 0.60-0.80 g/cm^3
Zones of production: Indies, Burma, Siam, Vietnam

Boles are 8 to 15 m (26 to 49 ft) tall and 40 to 80 cm (16 to 31 in) in diameter. True teak of Burma is a hardwood with a golden-brown color, straight to wavy grain, and a coarse and oily texture. It also has excellent strength properties.
Teak works well although it is hard on tools.
Teak is best used for ship building, decking, furniture, paneling, carvings, turned shapes, joinery, veneer, and plywood.

WENGE
Botanical name: *Millettia Laurentii*
Family: Papilionaceae
Density: 0,80-0,95 g/cm^3
Zones of production: Cameroon, Congo, East Africa, Mozambique

Boles are 8 to 15 m (26 to 49 ft) tall and 50 to 100 cm (20 to 39 in) in diameter. Wenge is an exotic dark brown hardwood with very close, fine, almost black veins. The texture is coarse and the grain is straight to slightly wavy.
Wenge is used for flooring, joinery, turned shapes, veneer, cabinets, and carving.
It works well with power tools and when filled, it can be brought to a nice finish.

Ash / Espe, Zitterpappel
Frêne / Essen
Frassino / Fresno común

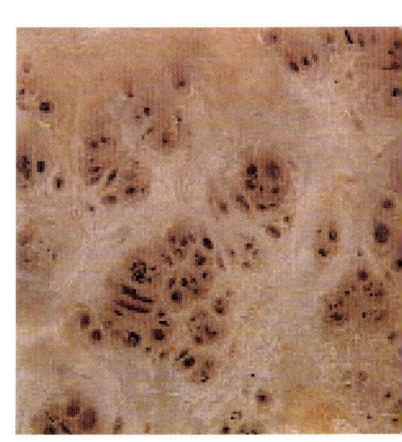

Aspen / Zitterpappel
Tremble / Ratelpopulier
Pioppo tremulo / Álamo temblón

Beech / Rotbuche
Hêtre / Beuk
Faggio / Haya

Birch / Birke
Bouleau / Berk
Betulla / Abedul

HOLZ

Makroskopische Eigenschaften
- **Alburnum (oder Splintholz):** Der lebende Teil des Baums, der Nährstoffe speichert oder transportiert. Splintholz weist eine hellere Farbe auf, ist poröser als das Duramen (Kernholz) und ist nicht faulbeständig.
- **Duramen (oder Kernholz):** Der reife Teil des Holzes, der den wesentlichen, strukturellen Teil des Baumes darstellt. Es enthält keine lebenden Zellen.
- **Maserung:** Der Verlauf der Holzfasern im Bezug auf die Baumachse. Holz mit gerader, parallel zur Achse verlaufender Maserung lässt sich leicht bearbeiten, wohingegen ein welliger, spiralenförmiger oder schräger Faserverlauf die Bearbeitung erschwert, jedoch aufgrund seiner Ästhetik andere Verwendungsmöglichkeiten bietet.

Physikalische Eigenschaften
- **Dichte:** Das Verhältnis zwischen Masse und Volumen bei 12% Feuchtigkeit wird in kg/m3 ausgedrückt. Bei Nadelhölzern schwankt dieser Wert zwischen 400 (sehr leicht) und 700 (sehr schwer), bei Laubhölzern zwischen 500 und 950.
- **Härte:** Die Angabe der Härte bezieht sich auf den mechanischen Widerstand, den ein Körper dem Eindringen eines anderen Körpers entgegensetzt, und definiert die Abriebbeständigkeit des Holzes und seine Spaltfestigkeit.
- **Hygroskopie:** Die Eigenschaft von Holz, Feuchtigkeit aus der Luft oder aus einem anderen, es umgebenden Medium aufzusaugen, ist je nach Art unterschiedlich stark ausgeprägt.
- **Schrumpfung:** Schwindung aufgrund von Feuchtigkeitsverlust.
- **Volumen-Schwindmaß:** Die Volumenabnahme eines Holzes bei Verlust von 1% Feuchtigkeit. Nach dieser Berechnung unterscheidet man zwischen:
  - Geringer Dichte (0,15-0,40), optimal für den Möbelbau.
  - Relativer Dichte (0,35-0,49), gut für Tischlerarbeiten.
  - Mittlerer Dichte (0,40-0,55), gut für den Bau.
  - Mittelhoher Dichte (0,55-0,75), gut für radiale Konstruktionen.
  - Hoher Dichte (0,75-1), optimaler Einsatz in konstant feuchter Umgebung.

Mechanische Eigenschaften
- **Riss- oder Spaltfestigkeit:** Bezieht sich auf die Bruchbeständigkeit von Holz, wenn es durchsägt, genagelt oder gebohrt wird.

Chemische Eigenschaften
- **Verarbeitbarkeit:** Holz mit hohem Harz-, Öl- oder Wachsgehalt ist schwer zu bearbeiten. Öl- und Mineralstoffansammlungen im Boden kristallisieren im Holz und erschweren ebenso seine Bearbeitung.
- **Natürliche Haltbarkeit:** Die Widerstandsfähigkeit von Holz gegenüber Schädlingen. Diese Eigenschaft ist zu beachten, wenn das Holz Bedingungen ausgesetzt ist, in denen die Feuchtigkeitsveränderung über 18% liegt. Bei den Schädlingen kann es sich um Pilze, xylophage Insekten (Käfer und Termiten), und xylophage Wasserinsekten handeln. Die Haltbarkeit bezieht sich auf das Duramen (das Alburnum ist schädigenden Organismen gegenüber immer anfällig), man unterscheidet zwischen haltbarem, empfindlichem und nicht haltbarem Holz.
- **Imprägnierbarkeit:** bezieht sich darauf, wie gut sich das Holz mit Flüssigkeiten druckbehandeln lässt.
- **Mittlere Imprägnierbarkeit:** Mittelmäßige Durchtränkung des Holzes nach zwei- bis dreistündiger Behandlung.
- **Niedere Imprägnierbarkeit:** Nach drei- bis vierstündiger Behandlung ist das Holz nur oberflächlich durchtränkt.
- **Keine Imprägnierbarkeit:** Es ist praktisch unmöglich, das Holz zu imprägnieren.

Im folgenden Inhaltsverzeichnis werden Erscheinungsbild, Nomenklatur, physikalische Eigenschaften und Nutzung der verschiedenen Holzarten erörtert.

HOLZKATALOG

AFRIKANISCHES MAHAGONI
Botanischer Name: *Khaya ivorensis*
Familie: Meliaceae
Dichte: 0,45-0,60 g/cm³
Vorkommen: Ghana, Elfenbeinküste, Kamerun, Guinea, Gabun, Angola, Liberia, Nigeria

Der Baumstamm ist 15 bis 25 m lang, sein Durchmesser liegt zwischen 60 und 120 cm. Afrikanisches Mahagoni zeichnet sich durch eine senkrecht verlaufende Bänderung mit verschiedenen Glanzgraden und Gefäßmarkierungen aus. Es ist ausgesprochen haltbar und stabil und wird für den Schrankbau, in der Tischlerei, für Verkleidungen, Schiffsdeckbeläge, Furniere und Sperrholz verwendet.

AFRIKANISCHER WALNUSSBAUM
Botanischer Name: *Lovoa trichilioides*
Familie: Meliaceae
Dichte: 0,50-0,55 g/cm³
Vorkommen: Elfenbeinküste, Kongo, Ghana, Nigeria, Kamerun, Guinea

Der zwischen 50 und 55 cm starke Baumstamm ist zwischen 15 und 20 m lang. Das Holz weist eine bronzene Färbung und unregelmäßige schwarze Linien auf. Der Faserverlauf des ausgesprochen harten und schweren Holzes ist eng und es ist sehr wasserbeständig.
Dieses Holz wird im herkömmlichen Bauwesen, für den Brückenbau, für Eisenbahnschwellen und für die Herstellung von Holzkohle verwendet, aber auch für Möbel und Schränke, Furniere, Verkleidungen, fest eingebaute Elemente und Zimmerarbeiten.

ESCHE
Botanischer Name: *Fraxinus excelsior*
Familie: Oleaceae
Dichte: 0,65-0,80 g/cm³
Vorkommen: Frankreich, Vereinigtes Königreich, Deutschland, Italien

Der 30 bis 100 cm dicke Baumstamm ist zwischen 3 und 10 m lang. Das Holz der Esche ist geradfaserig und von grober Textur. Dieses starke und steife Holz besitzt ausgezeichnete Biegeeigenschaften. Es eignet sich hervorragend für den Fußbodenausbau, wird aber auch für Biegeteile im Schiffsbau ,als Sperrholz, für den Möbelbau, für Zimmererarbeiten, als Verkleidungsmaterial und für Furniere verwendet. Eschenholz kann gut von Hand oder maschinell bearbeitet werden und eignet sich hervorragend für ein feines Oberflächenfinish.

ESPE, ZITTERPAPPEL
Botanischer Name: *Populus tremula*
Familie: Salicaceae
Dichte: 0,5 g/cm³
Vorkommen: Alaska, Kanada, Nordosten und Westen der Vereinigten Staaten

Die Espe kann bis zu 48 m hoch werden und einen maximalen Durchmesser von 160 cm erlangen. Farbe und Furchen der Rinde variieren. Espenholz besitzt eine gleichmäßige Struktur und einen geradlinigen Faserverlauf, es ist leicht und weich. Espenholz ist gut maschinell bearbeitbar.
Der Zellstoff der Espe wird für den Zeitungsdruck und Feindruck verwendet, ihr Holz für Beschichtungen, Bodenbeläge, Paletten, Möbel, Tischlerplatten, Furniere und Verkleidungen.

ROTBUCHE
Botanischer Name: *Fagus sylvatica*
Familie: Fagaceae
Dichte: 0,60-0,75 g/cm³
Vorkommen: Frankreich, Vereinigtes Königreich, Deutschland

Der 40 bis 90 cm dicke Baumstamm ist 5 bis 15 m lang. Die Färbung der glatten Rinde ist hellgrau. Diese europäische Art liefert ein hartes Nutzholz, das aber nicht formstabil ist. Es wird häufig für Möbelrahmen, für den Gehäusebau und Fußbodenausbau, für technische Zwecke, Sperrholz und Haushaltsgegenstände wie zum Beispiel Teller verwendet, kommt jedoch selten für dekorative Zwecke zum Einsatz.

BIRKE
Botanischer Name: *Betula Alba*
Familie: Betulaceae
Dichte: 0,60-0,75 g/cm³
Vorkommen: Nordeuropa, Nordamerika, Asien

Die Länge des häufig gewundenen Baumstamms liegt bei 4 bis 10 m, der Durchmesser bei 30 bis 60 cm. Das Birkenholz weist eine fein gezeichnete Maserung und eine blasse Färbung auf. Wenn es eine gewellte Zeichnung aufweist, steigert sich sein Wert als Furnierholz oder Möbelholz.
Das Birkenholz eignet sich gut für Furniere. Sperrholz aus Birke zählt zu den festesten und formstabilsten Sperrhölzern, doch ist es für die Verwendung im Außenraum ungeeignet.

SCHWARZNUSS
Botanischer Name: *Juglans nigra*
Familie: Juglandaceae
Dichte: 0,50-0,60 g/cm³
Vorkommen: Vereinigte Staaten

Die Länge des Baumstamms liegt zwischen 8 und 15 m, sein Durchmesser zwischen 35 und 90 cm. Das feste und solide Holz weist eine schokoladenbraune bis schwarzviolette Färbung auf. Die Textur ist mittelgrob aber gleichmäßig.
Das Holz des Schwarznussbaums ist gut mit Handwerkzeugen und maschinell bearbeitbar.
Es nimmt unter den für den Möbelbau verwendeten Hölzern die erste Stelle ein und eignet sich hervorragend für Furniere, Drechselarbeit, Zimmerei, Musikinstrumente und Schnitzereien.

IMBUIA
Botanischer Name: *Phoebe porosa*
Familie: Lauraceae
Dichte: 0,96 g/cm³ aprox.
Vorkommen: Brasilien, Argentinien, Paraguay

Der völlig ausgewachsene Baum erreicht eine maximale Höhe von 40 m und einen Durchmesser von 1,8 m. Imbuiaholz zeichnet sich durch eine satte dunkelbraune Färbung und einen ausgesprochen feinen Faserverlauf aus. Es zählt zu den dichtesten auf dem Markt erhältlichen Hölzern.
Der Baum hat in Brasilien große kommerzielle Bedeutung, was auf den Wert seines Holzes zurückzuführen ist, das für die Anfertigung von qualitativ hochwertigen Möbeln eingesetzt wird. Es wird hauptsächlich als Schmuckfurnier und für den Fußbodenausbau verwendet.

WESTINDISCHE ZEDER
Botanischer Name: *Cedrela odorata*
Familie: Meliaceae
Dichte: 0,40-0,70 g/cm³
Vorkommen: Mexiko, Surinam, Guyana, Nicaragua, Honduras, Brasilien, Antillen

Der Baumstamm ist zwischen 15 und 29 m lang und 50 bis 110 cm dick. Seine dicke Rinde weist eine graubraune Färbung und eine längsgerichtete, unregelmäßige Maserung auf. Auf dem deutschen Markt als Spanische Zeder bekannt ist dieses aromatische Holz in den amerikanischen Tropen heiß begehrt, da es von Natur aus termiten- und faulbeständig ist. Dieses attraktive, mittelschwere bis leichte Holz wird vor allem für Haushaltsgegenstände verwendet.

KIRSCHBAUM
Botanischer Name: *Prunus avium*
Familie: Rosaceae
Dichte: 0,60-0,70 g/cm³
Vorkommen: Frankreich, Vereinigtes Königreich, Deutschland

Der Baumstamm ist zwischen 3 und 12 m lang und 30 bis 60 cm dick. Das Kernholz weist eine moderate rotbraune Färbung auf. Der Faserverlauf ist gerade, und es hat eine feine Textur. Als eines der begehrtesten Harthölzer wird die Kirsche normalerweise für die Herstellung von Ziermöbel, für den Fußbodenausbau, Musikinstrumente, Schnitzereien, Drehteile, Zimmerarbeiten, Furniere und Sperrholz benutzt.
Kirschenholz lässt sich gut bearbeiten und eignet sich hervorragend für verschiedenste Oberflächenbehandlungen.

EDELKASTANIE
Botanischer Name: *Castanea sativa*
Familie: Fagaceae
Dichte: 0,60-0,70 g/cm³
Vorkommen: Frankreich, Vereinigtes Königreich, Deutschland, Italien

Der zwischen 30 und 100 cm dicke Baumstamm hat eine Länge zwischen 3 und 8 m. Das harte und feste Holz weist eine helle Färbung auf. Es wir als Möbelholz, für Fässer und, vor allem in Südeuropa (z.B. in Spanien in der Alpujarra oder in Südfrankreich), für Dachbalken verwendet.
Das schwer spaltbare Holz besitzt geringe Biegefestigkeit und neigt zudem zu einer gewissen Sprödigkeit, daher wird es für normalerweise nur in kleinen Abmessungen verwendet.

KÜSTENMAMMUTBAUM
Botanischer Name: *Sequoia sempervirens*
Familie: Cuppressaceae
Dichte: 0,40-0,50 g/cm³
Vorkommen: Vereinigte Staaten (Kalifornien)

Der Baumstamm wird bis zu 30 m hoch und erreicht einen Durchmesser bis zu 8 m. Das ausgesprochen formstabile Kernholz weist einen dunkelroten Braunton und einen geraden Faserverlauf auf.
Rotholz lässt sich leicht von Hand und maschinell bearbeiten. Das Holz wird im Bauwesen sehr geschätzt. Es wird meist für schwere Dachbalken, Brückenholz, Planken, Geleise, Türen, Furniere, Möbel, Sperrholz, Spanplatten, Schindeln und Pfosten verwendet.

ULME
Botanischer Name: *Ulmus campestris*
Familie: Ulmaceae
Dichte: 0,60-0,85 g/cm³
Vorkommen: Frankreich, Vereinigtes Königreich, Deutschland

Der 40 bis 130 cm dicke Baumstamm ist zwischen 3 und 10 m hoch. Das Holz besitzt eine dumpfe Brauntönung und eine grobe Textur. Der unregelmäßige Faserverlauf ergibt eine ansprechende Zeichnung. Es ist schwer zu bearbeiten, besitzt jedoch gute Dampfbiegequalitäten.
Es wird im Bootsbau, in der Möbeltischlerei, für Furniere, für den Fußbodenausbau und für Drechselarbeiten verwendet.

ECHTE WALNUSS
Botanischer Name: *Juglans regia*
Familie: Juglandaceae
Dichte: 0,60-0,80 g/cm³
Vorkommen: Frankreich, Vereinigtes Königreich, Deutschland, Italien, Spanien, Türkei, Iran, Kaschmir

Der Baumstamm ist zwischen 2 und 5 m hoch, sein Durchmesser beträgt 30 bis 80 cm. Das Kernholz kann verschiedene Farbtöne aufweisen, ist jedoch meist graubraun mit dunklen Streifen. Seine Faser ist gerade bis wellig mit einer groben Textur. Walnussholz besitzt ausgesprochen gute Dampfbiegeeigenschaften.
Seine Verfügbarkeit ist begrenzt, es wird für Ziermöbel, Drehteile und Furniere verwendet.

MAKASSAR EBENHOLZ
Botanischer Name: *Diospyros celebica*
Familie: Ebaneceae
Dichte: 1,10-1,20 g/cm³
Vorkommen: Indonesien

Der zwischen 8 und 10 m hohe Baumstamm ist 30 bis 60 cm dick. Diese außergewöhnlich ästhetische Holzart wurde in den letzten zwei Jahrhunderten intensiv genutzt und zählt mittlerweile zu den seltenen und teuren Hölzern.
Makassar Ebenholz ist heutzutage auf dem Markt kaum erhältlich und zählt weltweit zu den teuersten Holzarten, sein Vorkommen ist auf wenige Gegenden beschränkt.

ABENDLÄNDISCHER LEBENSBAUM
Botanischer Name: *Thuja occidentalis*
Familie: Cuppressaceae
Dichte: 0,35-0,44 g/cm³
Vorkommen: Kanada, Vereinigte Staaten

Das Kernholz des abendländischen Lebensbaumes besitzt eine helle Braunfärbung und ein würziges Aroma. Seine Maserung ist regelmäßig mit einer feinen Textur. Es ist verwesungsbeständig und für unterirdische Termiten nicht anfällig.
Der abendländische Lebensbaum lässt sich leichter von Hand als maschinell bearbeiten. Sein Holz wird häufig für rustikale Umzäunungen und Pfosten verwendet, als Bauholz, als Pfahlholz, für Schindeln, Schiffscontainer, im Bootsbau, für Tanks, Holzwaren und als Holzmasse.

STIELEICHE
Botanischer Name: *Quercus pedunculata*
Familie: Fagaceae
Dichte: 0,60-0,80 g/cm³
Vorkommen: Europa, Kleinasien und Nordafrika

Der bis zu 20 m hohe Baumstamm besitzt einen Durchmesser zwischen 30 und 100 cm. Charakteristisch für das Holz sind seine ausgeprägten (oftmals breiten) Wachstumsringe in brauner und hellbrauner Farbe.
Die Stieleiche besitzt hervorragende Dampfbiegeeigenschaften und ein langlebiges, haltbares Kernholz, das im Innenausbau und Möbelbau sehr gefragt ist.

ECHTER ÖLBAUM
Botanischer Name: *Olea europaea*
Familie: Oleaceae
Dichte: 0,75-0,90 g/cm³
Vorkommen: Mittelmeerraum

Der Durchmesser des 2 bis 3 m langen Baumstamms liegt zwischen 30 und 80 cm. Dieses haltbare und harte Holz weist einen unregelmäßigen Faserverlauf auf, seine Oberfläche fühlt sich ölig an.
Mechanische Eigenschaften: Das Verleimen gestaltet sich aufgrund seiner öligen Beschaffenheit schwierig. Es muss zum Nageln und Schrauben vorgebohrt werden. Seine Oberfläche lässt sich gut behandeln.
Das Holz des Ölbaums wird im Innenausbau (Böden), für dekorative Furniere und für Möbel verwendet.

WEISSTANNE
Botanischer Name: *Abies amabilis*
Familie: Pinaceae
Dichte: 0,45-0,60 g/cm³
Vorkommen: Frankreich, Spanien, Italien, Serbien

Dieser große, immergrüne, Zapfen tragende Baum wird 30 bis 45 m hoch und erreicht einen Durchmesser bis zu 1,2 m. Das Holz ist weich und nicht besonders fest, es wird für die Papierherstellung, für Verpackungskisten und andere preiswerte Bauarbeiten verwendet.

GESPRENKELTER EUKALYPTUS
Botanischer Name: *Eucalyptus maculata*
Familie: Myrtaceae
Dichte: 0,75-0,85 g/cm³
Vorkommen: Australien, Brasilien, Südafrika

Der 10 bis 15 m lange Baumstamm ist 50 bis 80 cm dick. Das Holz ist geradfaserig, von mittelgrober Textur und mittlerer Festigkeit. Dieses sich rasch erneuernde Nutzholz ist stabil und ästhetisch.
Es kommt in nahezu allen für Hartholz typischen Bereichen zum Einsatz: für Innen- und Außenmöbel, in der Zimmerei, für Verkleidungen, im Bootsbau, für den Bodenausbau und als Furnierholz.
Es lässt sich gut von Hand und maschinell bearbeiten.

ZUCKERAHORN
Botanischer Name: *Acer saccharum*
Familie: Sapindaceae
Dichte: 0,70-0,80 g/cm³
Vorkommen: Nordamerika, Kanada

Der 30 bis 60 cm dicke Baumstamm erreicht eine Höhe zwischen 4 und 10 m. Einen besonderen Marktwert besitzt die „Vogelaugenmaserung", die sich aus dem gewellten Faserverlauf des Holzes ergeben kann.
Das Holz dieses Baumes zählt zu den härtesten und dichtesten unter der Ahornbäumen. Kegelbahnen und Kegelfiguren werden normalerweise aus dem Holz des Zuckerahorns gefertigt. Sein Gebrauch für Musikinstrumente wie Geigen, Gitarren und Trommeln ist weit verbreitet.

TEAKBAUM
Botanischer Name: *Tectona grandis*
Familie: Lamiaceae
Dichte: 0,60-0,80 g/cm³
Vorkommen: Indien, Burma, Siam, Vietnam

Der Baumstamm ist zwischen 8 und 15 m lang, sein Durchmesser beträgt zwischen 40 und 80 cm. Beim echten Teakholz aus Burma handelt es sich um ein goldgelb-bräunlich gefärbtes Hartholz mit einem geraden bis welligen Faserverlauf und einer groben, öligen Textur. Es besitzt hervorragende Festigkeitseigenschaften.
Das Holz lässt sich gut bearbeiten, es beansprucht die Werkzeuge jedoch sehr stark.
Teakholz ist am besten für den Schiffsbau, für Bohlenbeläge, als Möbelholz, für Verkleidungen, Schnitzereien, Drehformen, Zimmerarbeiten, Furniere und Sperrholz geeignet.

WENGE
Botanischer Name: *Millettia Laurentii*
Familie: Papilionaceae
Dichte: 0,80-0,95 g/cm³
Vorkommen: Kamerun, Kongo, Ostafrika, Mozambique

Der 50 bis 100 cm dicke Baumstamm ist 8 bis 15 m lang. Wengéholz ist ein exotisches dunkelbraunes Hartholz mit dichten, fein gezeichneten, nahezu schwarzen Adern. Seine Maserung ist gerade bis leicht wellig bei mittelgrober Textur. Wengeholz lässt sich gut mit Maschinenwerkzeugen bearbeiten und seine Oberfläche lässt sich sehr schön gestalten.

Black walnut / Schwarznuss
Noyer noir / Zwarte Walnoot
Noce nero / Nogal negro

Brazilian walnut / Imbuia
Imbuia / Imbuia
Imbuia / Imbuia

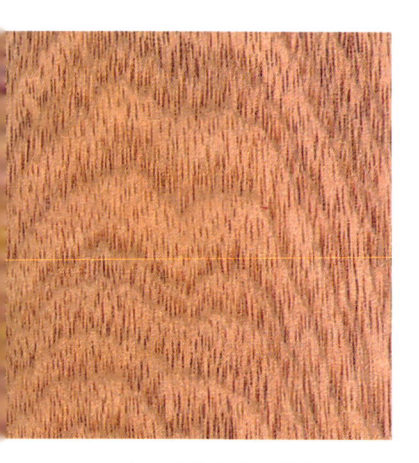

Cedar / Westindische Zeder
Cèdre d'Amérique / Ceder
Cedro / Cedro americano

Cherry / Kirschbaum
Merisier / Kers
Ciliegio / Cerezo

BOIS

Caractéristiques générales
– **Alburnum (aubier)** : désigne la partie de l'arbre dotée de cellules vivantes, qui véhicule ou stocke les nutriments de la plante. L'aubier est de couleur plus claire, il est plus poreux que le cœur du bois (ou duramen) et il peut pourrir.
– **Duramen (cœur du bois)** : c'est la partie du bois arrivée à maturité et structurelle de l'arbre. Elle est dépourvue de cellules vivantes.
– **Fil** : ce terme désigne la direction des fibres du bois par rapport à l'axe de l'arbre. Lorsque le fil est droit, c'est-à-dire parallèle à l'axe, le bois est facile à travailler. Si le fil est ondé, incurvé, spiralé ou oblique, le travail sera plus difficile, mais les possibilités esthétiques seront éventuellement plus grandes (figures).

Caractéristiques physiques
– **Densité** : ce terme désigne le rapport entre la masse et le volume, à 12 % d'humidité, exprimé en kg/m³. Il va, pour les conifères, de 400 (très léger) à 700 (très lourd) ; pour les feuillus, de 500 à 950.
– **Dureté** : donne l'indice de pénétration d'un matériau dans un autre et spécifie aussi la résistance du bois à l'abrasion ou à l'écaillement.
– **Hygroscopicité** : indique la capacité du bois à absorber plus ou moins l'humidité de l'atmosphère ou du milieu dans lequel il est plongé.
– **Retrait** : rétrécissement dû à la perte d'humidité.
– **Coefficient de retrait volumique** : indique le changement de volume que le bois subit pour 1 % de changement d'humidité. Selon ce coefficient, le bois peut avoir :
  – une densité faible (0,15 à 0,40), idéale pour la fabrication de mobilier ;
  – une densité légère (0,35 à 0,49), bonne pour le bois de charpente ;
  – une densité moyenne (0,40 à 0,55), bonne pour le bois de construction ;
  – une densité assez élevée (0,55 à 0,75), bonne pour la construction radiale ;
  – une densité très élevée (0,75 à 1), idéale pour les conditions d'humidité permanente.

Caractéristiques mécaniques
– **Éclatement ou fissurage** : indique le degré de résistance en cas de pénétration, de clouage ou de vissage.

Caractéristiques chimiques
– **Exploitabilité** : les bois à forte teneur en résine, en huile ou en cire sont difficiles à travailler. L'accumulation de sels minéraux provenant du sol et qui cristallisent dans le bois diminue aussi l'exploitabilité de certaines essences.
– **Durabilité naturelle** : ce terme désigne la capacité de résistance d'un bois aux agents de destruction naturels. Ce facteur est important si le bois doit se trouver dans des conditions où le pourcentage de changement dans l'humidité ambiante dépasse les 18 %. Ces agents destructeurs peuvent être des champignons, des insectes xylophages aériens (coléoptères et termites) ou aquatiques. L'indice de durabilité se réfère au duramen – l'aubier est toujours vulnérable aux attaques biologiques – qui peut être classé comme durable, moyennement durable ou non durable.
– **Imprégnabilité** : désigne la facilité plus ou moins grande du traitement par liquides sous pression. L'imprégnabilité est dite normale si elle est obtenue après deux ou trois heures de traitement ; basse si elle n'est que superficielle au bout de trois à quatre heures de traitement ; nulle, si le bois est impossible à imprégner.

LES DIFFÉRENTES ESSENCES DE BOIS

ACAJOU D'AFRIQUE
Nom scientifique : *Khaya ivorensis*
Famille : Méliacées
Densité : 0,45-0,60 g/cm³
Zones de production : Ghana, Côte-d'Ivoire, Cameroun et Guinée, Gabon, Angola, Liberia et Nigeria

Troncs de 15 à 25 m de hauteur, pour un diamètre de 60 à 120 cm. L'acajou d'Afrique est un bois dur caractérisé par ses bandes verticales au lustre changeant.
Très résistant et très stable, l'acajou d'Afrique est utilisé en ébénisterie et en menuiserie, pour le lambrissage et les ponts de bateau, en placage et en contreplaqué.
L'acajou d'Afrique peut être teinté et il est susceptible de recevoir un beau poli.

DIBÉTOU
Nom scientifique : *Lovoa trichilioïdes*
Famille : Méliacées
Densité : 0,50-0,55 g/cm³
Zones de production : Côte-d'Ivoire, Congo, Ghana, Nigeria, Cameroun et Guinée

Troncs de 15 à 20 m de hauteur, pour 50 à 55 cm de diamètre. Le bois est de couleur bronze, avec des lignes foncées irrégulières. Doté d'un fil serré, parfois d'un contre-fil, il est extrêmement dur et lourd, et résiste bien à l'eau. Ce bois est utilisé comme matériau de construction standard, pour les ponts, les traverses de chemin de fer et pour produire un excellent charbon de bois. On l'utilise aussi pour le mobilier et l'ébénisterie, le placage, le lambrissage et la menuiserie en général.

FRÊNE
Nom scientifique : *Fraxinus excelsior*
Famille : Oléacées
Densité : 0,65-0,80 g/cm³
Zones de production : France, Angleterre, Allemagne et Italie

Troncs de 3 à 10 m de hauteur, pour un diamètre de 30 à 100 cm. Le fil est généralement droit, le grain grossier. Solide et résistant, ce bois est aussi connu pour son excellente aptitude au cintrage. Il est remarquable pour les revêtements de sol, mais on l'utilise aussi pour les pièces cintrées dans la construction navale, le contreplaqué, le mobilier, la menuiserie, les lambris et le placage.
Le frêne se travaille très bien, manuellement comme avec des machines-outils, et il est susceptible de recevoir un beau poli de surface.

TREMBLE
Nom scientifique : *Populus tremula*
Famille : Salicacées
Densité : 0,5 g/cm³
Zones de production : Alaska, Canada, Ouest et Nord-Est des États-Unis

Le tremble peut atteindre 48 m de hauteur et jusqu'à 160 cm de diamètre. Son écorce est de couleur variable, et plus ou moins crevassée. Le bois du tremble offre un grain uniforme, un fil droit ; il est léger et tendre. Le tremble se travaille facilement à la machine-outil.
On utilise sa pulpe pour faire du papier journal, mais aussi des papiers d'impression de qualité supérieure. Ce bois est utilisé pour les revêtements, les plateformes, les palettes, le mobilier, le bois d'œuvre, les placages et les lambris.

HÊTRE
Nom scientifique : *Fagus sylvatica*
Famille : Fagacées
Densité : 0,60-0,75 g/cm³
Zones de production : France, Royaume-Uni et Allemagne

Troncs de 5 à 15 m de hauteur, pour 40 à 90 cm de diamètre. L'écorce est lisse et gris clair. Cette essence typiquement européenne fournit un bois d'œuvre solide, malgré son instabilité dimensionnelle.
On l'utilise largement pour les carcasses de mobilier, les ossatures de construction, le revêtement des sols, le contreplaqué et la fabrication d'ustensiles domestiques – mais rarement comme essence décorative.

BOULEAU
Nom scientifique : *Betula alba*
Famille : Bétulacées
Densité : 0,60-0,75 g/cm³
Zones de production : Europe du Nord, Amérique du Nord et Asie

Troncs souvent tortueux de 4 à 10 m de hauteur, pour un diamètre de 30 à 60 cm. Le bois de bouleau, de couleur pâle, possède un fil fin.
On peut y trouver des figures, ce qui augmente la valeur du bois pour le placage et la fabrication du mobilier.
Le bois de bouleau est très propre au placage. Le contreplaqué de bouleau est au nombre des plus solides et des plus stables pour ce qui est des dimensions – mais il ne convient pas pour l'usage extérieur.

NOYER NOIR
Nom scientifique : *Juglans nigra*
Famille : Juglandacées
Densité : 0,50-0,60 g/cm³
Zones de production : États-Unis

Troncs de 8 à 15 m de hauteur, pour un diamètre de 35 à 90 cm. Le bois est solide et stable, avec une teinte allant du brun violacé au brun chocolat. Le grain est assez grossier, mais uniforme.
Le noyer noir se travaille aisément, manuellement comme avec des machines-outils. C'est un bois de prédilection pour l'ébénisterie, au mieux pour le placage, le tournage, la facture d'instruments de musique, la sculpture – et la menuiserie en général.

IMBUIA
Nom scientifique : *Phoebe porosa*
Famille : Lauracées
Densité : 0,96 g/cm³ approx.
Zones de production : Brésil, Argentine et Paraguay

Les plus grands arbres peuvent atteindre 40 m de hauteur, pour un tronc de 180 cm de diamètre. L'imbuia d'Amérique du Sud a un bois de couleur brun foncé profond, avec un fil exceptionnellement fin. C'est l'un des bois les plus denses sur le marché.
Ce bois est l'une des plus importantes essences commercialisées au Brésil, en raison de sa valeur pour la fabrication de mobilier haut de gamme. Il est essentiellement utilisé en placage décoratif, mais aussi pour les revêtements de sol.

CÈDRE D'AMÉRIQUE
Nom scientifique : *Cedrela odorata*
Famille : Méliacées
Densité : 0,40-0,70 g/cm³
Zones de production : Mexique, Surinam, Guyane, Nicaragua, Honduras, Brésil et Antilles

Troncs de 15 à 20 m de hauteur, pour 50 à 110 cm de diamètre. Le tronc présente une épaisse écorce brun foncé, pour un bois à fil longitudinal irrégulier.
Connue sous l'appellation de « cèdre espagnol » dans le commerce anglo-saxon, cette essence aromatique est très demandée dans l'Amérique tropicale parce qu'elle résiste naturellement aux termites et au pourrissement. C'est un bois attractif, de poids modéré, qui est surtout utilisé pour la fabrication d'articles domestiques.

MERISIER
Nom scientifique : *Prunus avium*
Famille : Rosacées
Densité : 0,60-0,70 g/cm³
Zones de production : France, Royaume-Uni et Allemagne

Troncs de 3 à 12 m de hauteur, pour un diamètre de 30 à 60 cm. Le cœur est d'un brun-rouge moyen ; le fil est droit et le grain fin. Le merisier est l'un des bois durs les plus recherchés en ébénisterie. On l'utilise pour le mobilier haut de gamme, les revêtements de sol, la facture d'instruments de musique, la sculpture, les pièces tournées, les placages et le contreplaqué. Ce bois se travaille très bien et reçoit excellemment tous les types de finition.

CHÂTAIGNIER
Nom scientifique : *Castanea sativa*
Famille : Fagacées
Densité : 0,60-0,70 g/cm³
Zones de production : France, Royaume-Uni, Allemagne et Italie

Troncs de 3 à 8 m de hauteur, pour un diamètre de 30 à 100 cm. Le bois est de couleur claire ; il est dur et résistant. On utilise le châtaignier pour faire des meubles, des tonneaux et des poutres, notamment dans le Sud de la France : ce bois fait fuir les araignées.
Le bois vieillissant ayant tendance à se fendre et à se voiler, on ne l'utilise guère pour les grandes pièces de mobilier.

SÉQUOIA À FEUILLES D'IF
Nom scientifique : *Sequoia sempervirens*
Famille : Cupressacées
Densité : 0,40-0,50 g/cm³
Zones de production : Californie (États-Unis)

Les troncs peuvent atteindre 80 m de hauteur et 8 m de diamètre. Le cœur est d'un brun rougeâtre sombre, avec un fil droit et une grande stabilité dimensionnelle. Le séquoia à feuilles d'if californien se travaille aisément, manuellement comme avec des machines-outils.
Ce bois est extrêmement apprécié dans la construction. On l'utilise communément pour les grosses poutres, les ponts, les poteaux, les bardages, les portes et les panneaux de particules.

ORME D'EUROPE
Nom scientifique : *Ulmus campestris*
Famille : Ulmacées
Densité : 0,60-0,85 g/cm³
Zones de production : France, Royaume-Uni et Allemagne

Troncs de 3 à 10 m de hauteur, pour un diamètre de 40 à 130 cm. Le bois est d'un brun terne, avec un grain grossier ; le fil est irrégulier et dessine parfois une figure intéressante. Ce bois est difficile à travailler, mais il a de bonnes propriétés de cintrage à la vapeur.
On l'utilise communément dans la construction navale, en ébénisterie, pour le placage, les revêtements de sols, le tournage et le mobilier.

NOYER D'EUROPE
Nom scientifique : *Juglans regia*
Famille : Juglandacées
Densité : 0,60-0,80 g/cm³
Zones de production : France, Royaume-Uni, Allemagne, Italie, Espagne, Turquie, Iran et Cachemire

Troncs de 2 à 5 m de hauteur, pour un diamètre de 40 à 80 cm. Le bois de cœur est de couleur variable, mais présente typiquement un fond brun grisâtre avec des veines noires. Le bois a un grain grossier, avec un fil allant de droit à ondé. Le noyer d'Europe a de bonnes qualités pour le cintrage à la vapeur.
Devenu assez rare sur le marché, il reste employé pour les meubles de qualité, les pièces tournées et le placage.

ÉBÈNE DE MACASSAR
Nom scientifique : *Diospyros celebica*
Famille : Ébénacées
Densité : 1,10-1,20 g/cm³
Zones de production : Indonésie

Des troncs de 8 à 10 m de hauteur, pour 30 à 60 cm de diamètre. Essence d'une beauté exceptionnelle, l'ébène a été très apprécié par les fabricants de meubles des deux derniers siècles. Il est devenu un bois rare et cher.
Rarement disponible sur le marché, l'ébène de Macassar appartient aujourd'hui aux espèces les plus recherchées au monde, alors que sa région de production est très limitée.

THUYA D'OCCIDENT
Nom scientifique : *Thuja occidentalis*
Famille : Cupressacées
Densité : 0,35-0,44 g/cm³
Zones de production : Canada, États-Unis

Le cœur du bois de thuya occidental est brun clair, avec une odeur aromatique légèrement épicée. Le fil est homogène et le grain est fin.
Le bois est plus facile à travailler avec des outils manuels qu'avec des machines-outils.
On l'utilise sur pied pour faire des haies rustiques. Après abattage et débitage, on en tirera des poteaux et du bois d'œuvre, des bardeaux, des caisses d'expédition et des ustensiles en bois. Il sert aussi en construction navale et pour faire de la pâte à papier.

CHÊNE D'EUROPE
Nom scientifique : *Quercus pedunculata*
Famille : Fagacées
Densité : 0,60-0,80 g/cm³
Zones de production : Europe, Asie Mineure et nord de l'Afrique

Les troncs peuvent atteindre 20 m de hauteur, pour un diamètre de 30 à 120 cm. Le bois est caractérisé par ses cercles de croissance, souvent larges, alternativement brun clair et brun foncé.
Le chêne offre d'excellentes possibilités pour le cintrage à la vapeur et il donne un duramen solide et résistant, très demandé pour le mobilier et la décoration intérieure.

OLIVIER
Nom scientifique : *Olea europaea*
Famille : Oléacées
Densité : 0,75-0,90 g/cm³
Zones de production : Bassin méditerranéen

Des troncs de 2 à 3 m de hauteur, pour un diamètre allant de 30 à 80 cm. Ce bois résistant est dur, avec un fil irrégulier ; il est légèrement huileux au toucher.
Propriétés mécaniques : ce bois est difficile à coller, en raison même de cette surface huileuse. Il faut le percer avant de le clouer ou de le visser. Il est susceptible de recevoir de belles finitions.
L'olivier est utilisé en aménagement intérieur (pour les sols), en placage décoratif et pour le mobilier en général.

SAPIN BLANC
Nom scientifique : *Abies amabilis*
Famille : Pinacées
Densité : 0,45-0,60 g/cm³
Zones de production : France, Espagne, Italie et Serbie

Ce grand conifère à feuilles persistantes peut atteindre 30 à 45 m de hauteur, avec un diamètre allant jusqu'à 120 cm. Son bois est tendre et peu solide : on l'utilise pour la pâte à papier, les cageots d'emballage et autres ustensiles peu coûteux.

EUCALYPTUS
Nom scientifique : *Eucalyptus maculata*
Famille : Myrtacées
Densité : 0,75-0,85 g/cm³
Zones de production : Australie, Brésil et Afrique du Sud

Des troncs de 10 à 15 m de hauteur, pour un diamètre de 50 à 80 cm. Le fil du bois est droit, le grain grossier : le bois est relativement solide. Rapidement renouvelable, c'est un bois d'œuvre à la fois stable et beau. Il se travaille bien, manuellement comme à la machine-outil.
On l'utilise comme la plupart des autres bois durs : mobilier intérieur et extérieur, menuiserie, lambrissage, revêtement de sol et placage, mais aussi construction navale.

ÉRABLE À SUCRE
Nom scientifique : *Acer saccharum*
Famille : Sapindacées
Densité : 0,70-0,80 g/cm³
Zones de production : Amérique du Nord et Canada

Troncs de 4 à 10 m de hauteur, pour un diamètre de 30 à 60 cm. Les arbres ont un fil ondé que l'on peut retrouver dans l'érable à œil d'oiseau, espèce très recherchée. L'érable à sucre est l'un des plus durs et des plus denses parmi les érables.
Les pistes et les quilles de bowling sont généralement faites avec ce bois. On l'utilise aussi beaucoup dans la facture des instruments de musique tels que violons, guitares et tambours.

TECK
Nom scientifique : *Tectona grandis*
Famille : Lamiacées
Densité : 0,60-0,80 g/cm³
Zones de production : Inde, Birmanie, Siam et Vietnam

Troncs de 8 à 15 m de hauteur, pour un diamètre de 40 à 80 cm. Le véritable teck de Birmanie est un bois dur de couleur brun doré, avec un fil droit ou ondé, et un grain grossier et huileux. Il a d'excellentes qualités de solidité, de résistance et de stabilité. Le bois se travaille bien, mais il est très dur pour les outils.
On l'utilise pour la construction de bateaux et de plateformes, mais aussi pour la fabrication de meubles, le lambrissage, la sculpture, le tournage, le placage et la menuiserie.

WENGÉ
Nom scientifique : *Millettia laurentii*
Famille : Papilionacées
Densité : 0,80-0,95 g/cm³
Zones de production : Cameroun, Congo, Afrique de l'Est et Mozambique

Des troncs de 8 à 15 m de hauteur, pour un diamètre de 50 à 100 cm. Le wengé est un bois dur exotique brun sombre, avec des veines très serrées, fines et presque noires. Le grain est grossier et le fil varie de droit à légèrement ondé.
Ce bois se travaille bien à la machine-outil. Il est susceptible de recevoir une belle finition.
On utilise le wengé pour les revêtements de sol et les formes tournées, la menuiserie et l'ébénisterie, ainsi que la sculpture.

Chestnut / Kastanie, Edelkastanie
Châtaignier / Kastanje
Castagno / Castaño

Coast redwood
Küstenmammutbaum
Séquoia à feuilles d'if
Kustmammoetboom
Sequoia rossa
Secuoya roja o siempreverde

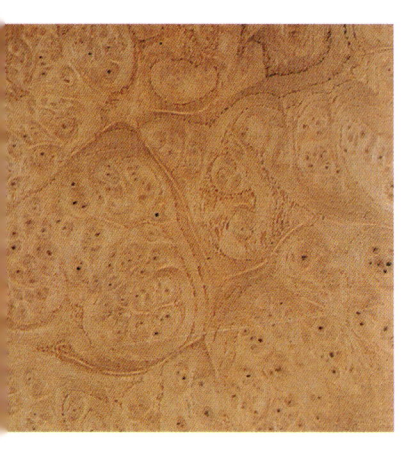

Elm / Ulme
Orme d'Europe / Iep
Olmo / Olmo

European walnut / Echte Walnuss
Noyer d'Europe / Okkernoot
Noce europeo / Nogal

HOUT

Macroscopische eigenschappen
- **Spinthout:** het deel van de boom met levende cellen waarin voedingsstoffen worden getransporteerd of opgeslagen. Spinthout is lichter van kleur en poreuzer dan kernhout en kan gaan rotten.
- **Kernhout:** het volgroeide deel van het hout dat de structuur van de boom bepaalt. Het bevat geen levende cellen.
- **Nerf:** de richting waarin de houtvezels lopen ten opzichte van de as van de boom. Hout met een rechte nerf, d.w.z. evenwijdig aan de as, is gemakkelijk om mee te werken. Een golvende, gebogen, spiraalvormige of schuine nerf maakt de verwerking moeilijker, maar biedt in esthetische zin meer mogelijkheden.

Fysieke eigenschappen
- **Dichtheid (soortelijk gewicht):** de verhouding tussen massa en volume met 12% vocht, die wordt uitgedrukt in kg/m^3. Bij naaldbomen varieert de dichtheid van 400 (heel licht) tot 700 (heel zwaar) en bij loofbomen van 500 tot 950.
- **Hardheid:** maat voor de doordringbaarheid van het hout en de weerstand die het biedt aan bewerkingen als hakken, zagen en schaven.
- **Hygroscopiciteit:** het vermogen van het hout om meer of minder vocht (water) op te nemen uit de lucht of het omringende materiaal.
- **Contractie:** het krimpen van hout door vochtverlies.
- **Ratio van contractie per volume-eenheid:** de verandering van volume die hout ondergaat bij verandering van 1% in het vochtgehalte. Op grond van deze ratio heeft hout een:
  - Geringe dichtheid (0,15-0,40), ideaal voor de vervaardiging van meubels.
  - Redelijke dichtheid (0,35-0,49), goed voor timmerwerk.
  - Gemiddelde dichtheid (0,40-0,55), goed voor de bouw.
  - Vrij hoge dichtheid (0,55-0,75), goed voor radiale bouw.
  - Zeer hoge dichtheid (0,75-1), ideaal voor een omgeving waar het altijd vochtig is.

Mechanische eigenschappen
Weerstand tegen scheuren, splijten of breken als er in het hout wordt geboord, er spijkers in worden geslagen of schroeven in gedraaid.

Chemische eigenschappen
Hout met een hoog aandeel aan hars, olie of was is moeilijk te bewerken. Ook kiezelzuren en minerale zouten uit de bodem die kristalliseren in het hout, zijn hinderlijk voor de bewerking.
- **Natuurlijke duurzaamheid:** de weerstand van het hout tegen schadelijke invloeden. Dit is belangrijk als het hout in omstandigheden zal verkeren waar de luchtvochtigheid hoger dan 18% zal zijn. Organismen die het hout bedreigen, zijn schimmels, zwammen en xylofage (houtetende) insecten, zoals termieten en een aantal keversoorten. De maat van duurzaamheid wordt gegeven voor het kernhout (het spinthout is altijd gevoelig voor aantasting).
- **Impregneerbaarheid:** maat voor het succes van behandeling met een vloeistof onder druk.
- **Gemiddeld:** de vloeistof zal na twee of drie uur in het hout getrokken zijn.
- **Laag:** na drie of vier uur is er nog maar weinig ingetrokken.
- **Nul:** het is vrijwel onmogelijk het hout te impregneren.

Hieronder vindt u een opsomming van diverse houtsoorten, waarin het uiterlijk, de naam, de fysieke kenmerken en de toepassingen worden omschreven.

OVERZICHT VAN HOUTSOORTEN

AFRIKAANS MAHONIE
Wetenschappelijke naam: *Khaya ivorensis*
Familie: Meliaceae
Dichtheid: 0,45-0,60 g/cm^3
Productiegebieden: Ghana, Ivoorkust, Kameroen, Guinee, Gabon, Angola, Liberia, Nigeria

De stam is 15 tot 25 m lang en 60 tot 120 cm dik. Afrikaans mahonie is een hardhout dat gekenmerkt wordt door verticale banen van wisselende glans en tekenen van de houtvaten. Afrikaans mahonie is zeer duurzaam en stabiel en wordt gebruikt voor kasten, schrijnwerk, paneelwerk, scheepsdekken, fineer en multiplex. Afrikaans mahonie laat zich mooi beitsen en polijsten.

DIBÉTOU
Wetenschappelijke naam: *Lovoa trichilioides*
Familie: Meiliaceae
Dichtheid: 0,50-0,55 g/cm^3
Productiegebieden: Ivoorkust, Congo, Ghana, Nigeria, Kameroen, Guinee

De stam is 15 tot 20 m lang en 50 tot 55 cm dik. Het hout is bronskleurig met onregelmatige donkere lijnen. Dit zware en extreem harde hout heeft een dichte nerf en is zeer waterbestendig.
Het hout wordt gebruikt in de bouw voor brugpijlers en spoorbiels en bij de productie van houtskool. Het wordt ook gebruikt voor meubels en kasten, fineer, paneelwerk, diverse interieurelementen en schrijnwerk.

ESSEN
Wetenschappelijke naam: *Fraxinus excelsior*
Familie: Oleaceae
Dichtheid: 0,65-0,80 g/cm^3
Productiegebieden: Frankrijk, Verenigd Koninkrijk, Duitsland, Italië

De stam is 3 tot 10 m lang en 30 tot 100 cm dik. Het hout is grof van nerf en meestal rechtdradig.
Dit sterke en stijve hout staat bekend om zijn buigzaamheid. Es is erg geschikt voor vloeren, maar wordt ook gebruikt voor gebogen delen in de scheepsbouw en voor multiplex, meubels, schrijnwerk, paneelwerk en fineer. Essen is goed elektrisch en met handgereedschap te bewerken en laat zich mooi afwerken.

RATELPOPULIER
Wetenschappelijke naam: *Populus tremula*
Familie: Salicaceae
Dichtheid: 0,5 g/cm^3
Productiegebieden: Alaska, Canada, noordoosten en westen van de Verenigde Staten

De ratelpopulier kan 48 m hoog worden en tot 160 cm dik. De bast varieert in kleur en in de mate waarin hij gegroefd is. Het hout van de ratelpopulier heeft een uniforme structuur en is rechtdradig, licht en zacht.
Ratelpopulier laat zich goed elektrisch bewerken.
Het verpulpte hout wordt gebruikt voor krantenpapier en hoogwaardig drukpapier. Het hout wordt gebruikt voor beplanking, scheepsdekken, pallets, meubels, triplex, fineer en paneelwerk.

BEUK
Wetenschappelijke naam: *Fagus sylvatica*
Familie: Fagaceae
Dichtheid: 0,60-0,75 g/cm^3
Productiegebieden: Frankrijk, Verenigd Koninkrijk, Duitsland

De stam is 5 tot 15 m lang en 40 tot 90 cm dik. De bast is glad en lichtgrijs. Deze Europese soort levert een timmerhout dat vrij hard is, maar snel kromtrekt.
Het wordt algemeen gebruikt voor meubelframes, skeletbouw, vloeren, werktuigen, multiplex en voor huishoudelijke artikelen als dienbladen, maar zelden als decoratief timmerhout.

BERK
Wetenschappelijke naam: *Betula alba*
Familie: Betulaceae
Dichtheid: 0,60-0,75 g/cm^3
Productiegebieden: Noord-Europa, Noord-Amerika, Azië

De vaak bochtige stam is 4 tot 10 m lang en 30-60 cm dik. Berkenhout is fijn van nerf en bleek van kleur. Het patroon kan golvend zijn, wat het hout meer waarde geeft als fineer of meubelhout.
Berkenhout is geschikt als fineer. Berkenmultiplex behoort tot de sterkste en stabielste soorten multiplex, al is het niet geschikt voor buitengebruik.

ZWARTE WALNOOT
Wetenschappelijke naam: *Juglans nigra*
Familie: Juglandaceae
Dichtheid: 0,50-0,60 g/cm^3
Productiegebieden: Verenigde Staten

De stam is 8 tot 15 m lang en de dikte varieert van 35 tot 90 cm. Het hout is sterk en stabiel met een diepe paarsbruine tot chocoladebruine tint. De nerf is matig grof, maar wel homogeen.
Zwarte walnoot laat zich prettig bewerken met alle elektrische en handgereedschappen.
Het hout is eerste keus voor kasten, met name voor fineer, draaiwerk, schrijnwerk, muziekinstrumenten en houtsnijwerk.

IMBUIA
Wetenschappelijke naam: *Phoebe porosa*
Familie: Lauraceae
Dichtheid: ca. 0,96 g/cm^3
Productiegebieden: Brazilië, Argentinië, Paraguay

De boom kan 40 m hoog en 1,8 m dik worden. Het Zuid-Amerikaanse imbuia is diep donkerbruin van kleur en buitengewoon fijn van nerf. Weinig hout heeft zo'n hoge dichtheid als imbuia.
Commercieel gezien is de boom in Brazilië van groot belang vanwege de waarde van het hout voor kwaliteitsmeubilair. Het wordt vooral gebruikt als decoratief fineer en voor vloeren.

CEDER
Wetenschappelijke naam: *Cedrela odorata*
Familie: Meliaceae
Dichtheid: 0,40-0,70 g/cm^3
Productiegebieden: Mexico, Suriname, Guyana, Nicaragua, Honduras, Brazilië, Antillen

De stam is 15 tot 20 m lang en 50 tot 110 cm dik. De stam heeft een dikke, grijsbruine bast met een onregelmatige draad in de lengte.
Het aromatische hout is erg gewild in de Amerikaanse tropen omdat het van nature bestand is tegen termieten en rot. Dit aantrekkelijke en vrij lichte hout wordt hoofdzakelijk gebruikt voor huishoudelijke artikelen.

KERS
Wetenschappelijke naam: *Prunus avium*
Familie: Rosaceae
Dichtheid: 0,60-0,70 g/cm³
Productiegebieden: Frankrijk, Verenigd Koninkrijk, Duitsland

De stam is 3 tot 12 m lang en 30 tot 60 cm dik. Het kernhout is licht roodbruin. Het hout is rechtdradig en fijn van nerf. Kersenhout, een van de meest gewilde hardhoutsoorten, wordt meestal gebruikt voor kwaliteitsmeubilair, vloeren, muziekinstrumenten, houtsnijwerk, draaiwerk, schrijnwerk, fineer en multiplex. Kersen is goed te bewerken en voortreffelijk af te werken met allerlei soorten lak.

KASTANJE
Wetenschappelijke naam: *Castanea sativa*
Familie: Fagaceae
Dichtheid: 0,60-0,70 g/cm³
Productiegebieden: Frankrijk, Verenigd Koninkrijk, Duitsland, Italië

De stam is 3 tot 8 m lang en 30 tot 100 cm dik. Het hout is hard en sterk en licht van kleur.
Het wordt gebruikt om meubels, tonnen en dakbalken te maken, met name in Zuid-Europa (bijvoorbeeld in de Spaanse Alpujarra en Zuid-Frankrijk).
Omdat ouder hout nog wel eens splijt en erg krom kan trekken, en ook wat broos kan worden, werkt men meestal niet met grote stukken.

KUSTMAMMOETBOOM
Wetenschappelijke naam: *Sequoia sempervirens*
Familie: Cupressaceae
Dichtheid: 0,40-0,50 g/cm³
Productiegebieden: Verenigde Staten (Californië)

De stam is tot 80 m lang en 8 m dik. Het kernhout is donkerroodbruin en rechtdradig en zeer duurzaam.
Dit hout is goed te bewerken, zowel met handgereedschap als elektrisch.
Het hout is erg gewild in de bouw. Het wordt vaak gebruikt voor zware balken, brugbalken, planken, gevelbeplating, deuren, fineer, meubels, multiplex, spaanplaat, dakpannen en palen.

IEP
Wetenschappelijke naam: *Ulmus campestris*
Familie: Ulmaceae
Dichtheid: 0,60-0,85 g/cm³
Productiegebieden: Frankrijk, Verenigd Koninkrijk, Duitsland

De stam is 3 tot 10 m lang en 40 tot 130 cm dik. Het hout is dofbruin en grof van nerf. De draad is onregelmatig, wat een fraaie tekening oplevert.
Het hout laat zich moeilijk bewerken, maar is goed te buigen met stoom. Het wordt veel gebruikt voor boten, kasten, fineer, vloeren, draaiwerk en meubels.

OKKERNOOT
Wetenschappelijke naam: *Juglans regia*
Familie: Juglandaceae
Dichtheid: 0,60-0,80 g/cm³
Productiegebieden: Frankrijk, Verenigd Koninkrijk, Duitsland, Italië, Spanje, Turkije, Iran, Kasjmir

De stam is 2 tot 5 m lang en 40 tot 80 cm dik. Het kernhout varieert in kleur, maar is doorgaans grijsbruin met donkere strepen. Het hout is grof van nerf en de draad is normaliter recht tot golvend.

Notenhout is erg geschikt om te buigen met stoom.
Dit vrij moeilijk verkrijgbare hout wordt gebruikt voor kwaliteitsmeubilair, draaiwerk en fineer.

EBBEHOUT
Wetenschappelijke naam: *Diospyros celebica*
Familie: Ebaneceae
Dichtheid: 0,09 g/cm³
Productiegebieden: Indonesië

De stam is 8 tot 10 m lang en 30 tot 60 cm dik. Ebben, een uitzonderlijk mooie houtsoort, is al twee eeuwen erg geliefd bij houtwerkers en inmiddels zeer zeldzaam en duur.
Ebbenhout is met zijn zeer kleine verspreidingsgebied moeilijk verkrijgbaar en een van de duurste houtsoorten ter wereld.

WESTERSE LEVENSBOOM
Wetenschappelijke naam: *Thuja occidentalis*
Familie: Cupressaceae
Dichtheid: 0,62-0,86 g/cm³
Productiegebieden: Canada, Verenigde Staten

De Westerse levensboom is lichtbruin en verspreidt een gekruide, aromatische geur. De draad is gelijkmatig en de nerf fijn. Het kernhout is bestand tegen rot en ondergrondse termieten.
Het hout laat zich beter handmatig dan elektrisch bewerken. Het wordt gebruikt voor hekken, palen, timmerhout, dakpannen, scheepscontainers, boten, reservoirs en houtwaren en als pulphout.

ZOMEREIK
Wetenschappelijke naam: *Quercus pedunculata*
Familie: Fagaceae
Dichtheid: 0,60-0,80 g/cm³
Productiegebieden: Europa, Klein-Azië en Noord-Afrika

De stam is tot 20 m lang en 30 tot 120 cm dik. Het hout wordt gekenmerkt door zijn opvallende (vaak brede) donker- en lichtbruine jaarringen.
Eiken laat zich heel goed buigen met stoom en levert duurzaam kernhout dat erg gewild is voor interieur- en meubelwerk.

OLIJF
Wetenschappelijke naam: *Olea europaea*
Familie: Oleaceae
Dichtheid: 0,75-0,90 g/cm³
Productiegebieden: Middellandse Zeegebied

De stam is 2 tot 3 m lang en varieert in dikte van 30 tot 80 cm. Dit duurzame hout is hard, onregelmatig van draad en voelt olieachtig aan. Mechanische eigenschappen: lijmen is lastig vanwege het vettige oppervlak. Om spijkers en schroeven aan te brengen moet men eerst boren. Het hout laat zich mooi afwerken. Olijfhout wordt gebruikt voor vloeren, decoratief fineer en meubels.

GEWONE ZILVERSPAR
Wetenschappelijke naam: *Abies amabilis*
Familie: Pinaceae
Dichtheid: 0,45-0,60 g/cm³
Productiegebieden: Frankrijk, Spanje, Italië, Servië

Deze grote groenblijvende naaldboom wordt 30-45 m hoog en tot 1,2 m dik. Het hout is zacht en niet erg sterk. Het wordt gebruikt om papier en kratten te maken en voor ander goedkoop constructiewerk.

GOMBOOM
Wetenschappelijke naam: *Eucalyptus maculata*
Familie: Myrtaceae
Dichtheid: 0,75-0,85 g/cm³
Productiegebieden: Australië, Brazilië, Zuid-Afrika

De stam is 10 tot 15 m lang en 50 tot 80 cm dik. Het hout is rechtdradig, grof van nerf en vrij sterk. Het hout van deze snelgroeiende boom is zowel stabiel als mooi.
Het wordt gebruikt voor bijna alles waarvoor hardhoutsoorten gebruikt worden: meubels voor binnen en buiten, schrijnwerk, paneelwerk, boten, vloeren en fineer.
Dit hout is goed met de hand en elektrisch te bewerken.

SUIKERESDOORN
Wetenschappelijke naam: *Acer saccharum*
Familie: Sapindaceae
Dichtheid: 0,75-0,85 g/cm³
Productiegebieden: Noord-Amerika en Canada

De stam is 4 tot 10 m lang en 30 tot 60 cm dik. Het hout heeft een golvende draad, die zich kan voordoen in de zogenaamde "bird's-eye"-vorm. Deze houtsoort behoort tot de hardste en dichtste van alle esdoorns.
Bowlingbanen en kegels worden meestal van suikeresdoorn gemaakt. Het hout wordt ook veel gebruikt voor muziekinstrumenten, zoals violen, gitaren en drums.

TEAK
Wetenschappelijke naam: *Tectona grandis*
Familie: Lamiaceae
Dichtheid: 0,60-0,80 g/cm³
Productiegebieden: India, Zuidoost-Azië, Indonesië

De stam is 80 tot 15 m lang en 40 tot 80 cm dik. Echte teak uit Birma is een hardhout met een goudbruine kleur, een rechte tot golvende draad en een grove en vettige structuur. Het is ook erg sterk. Teak laat zich goed bewerken, hoewel het veel van gereedschap vraagt.
Teak is het geschiktst voor schepen, scheepsdekken, meubels, paneelwerk, gravures, draaiwerk, schrijnwerk, fineer en multiplex.

WENGÉ
Wetenschappelijke naam: *Millettia laurentii*
Familie: Papilionaceae
Dichtheid: 0,80-0,95 g/cm³
Productiegebieden: Kameroen, Congo, Oost-Afrika, Mozambique

De stam is 8 tot 15 m lang en 50 tot 100 cm dik. Wengé is een exotisch, donkerbruin hardhout met zeer dichte, fijne, haast zwarte aderen. De nerf is grof en de draad recht tot licht golvend.
Wengé wordt gebruikt voor vloeren, schrijnwerk, draaiwerk, fineer, kasten en gravures.
Het is goed elektrisch te bewerken, en als het gevuld is, laat het zich mooi afwerken.

Makassar ebony / Makassar Ebenholz
Ébène de Macassar / Ebbehout
Ebano di Macassar / Ébano de Macassar

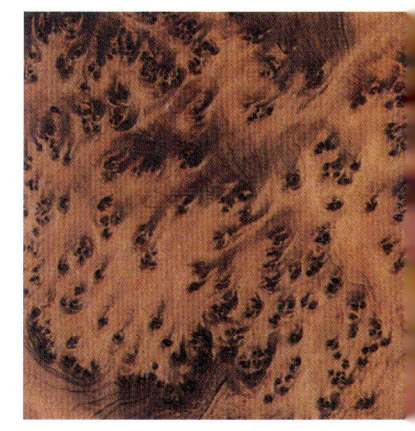

Northern white cedar
Abendländischer Lebensbaum
Thuya d'Occident
Westerse levensboom
Tuia occidentale o albero della vita
Tuya occidental o árbol de la vida

Oak / Stieleiche
Chêne d'Europe / Zomereik
Quercia / Roble común

Olive / Echter Ölbaum
Olivier / Olijf
Olivo / Olivo

LEGNO

Caratteristiche macroscopiche
– **Alburno (o legno di alburno):** la parte dell'albero con cellule vive che trasportano o contengono sostanze nutritive. Presenta un colore più chiaro ed è più poroso del durame; inoltre, può marcire.
– **Durame (o cuore del legno):** la parte matura del legno coincidente con la porzione strutturale dell'albero. Non possiede cellule vive.
– **Venatura:** direzione delle fibre del legno rispetto all'asse dell'albero. Il legno che presenta fibra o venatura retta, parallela all'asse, è più facile da lavorare; invece, il legno con venatura curva, ondulata, a spirale o inclinata, è meno duttile, ma offre maggiori vantaggi da un punto di vista estetico.

Caratteristiche fisiche
– **Densità:** si tratta del rapporto esistente tra massa e volume a un valore d'umidità del 12% espresso in kg/m^3. Nelle conifere oscilla tra 400 (molto leggera) e 700 (molto consistente), e negli alberi latifogli, si situa tra 500 e 950.
– **Durezza:** indica l'indice di penetrazione di un materiale in un altro e specifica il grado di resistenza del legno all'abrasione o alla truciolatura.
– **Igroscopicità:** la maggiore o minore capacità che possiede il legno di assorbire l'umidità dall'atmosfera (acqua) o dall'ambiente in cui si trova.
– **Contrazione:** ritiro o contrazione a causa della perdita d'umidità.
– **Indice di contrazione volumetrica per unità:** il cambiamento di volume subito dal legno in seguito a una variazione dell'1% nell'umidità. In base a tale indice, il legno può avere:
  – Una bassa densità (0,15-0,40), ideale per la realizzazione di mobili.
  – Una densità sufficiente (0,35-0,49), buona per la carpenteria.
  – Una densità media (0,40-0,55), buona per l'edilizia.
  – Una densità abbastanza elevata (0,55-0,75), buona per l'edilizia radiale.
  – Una densità molto elevata (0,75-1), l'ideale per ambienti con un valore d'umidità costante.

Caratteristiche meccaniche
– **Spaccatura:** indica la resistenza del legno alla rottura quando viene perforata con chiodi o viti.

Caratteristiche chimiche
– **Duttilità:** I legni con elevato contenuto di resina, olio o cera sono difficili da lavorare. Anche l'accumulazione di petrolio e di sali minerali provenienti dal suolo che cristallizzano nel legno rende il legno difficile da lavorare.
– **Durabilità naturale:** si tratta della resistenza del legno agli attacchi di agenti aggressivi. È una qualità importante quando il legno si trova in un ambiente caratterizzato da variazioni di umidità superiori al 18%. Gli agenti ostili possono essere funghi, insetti xilofagi (coleotteri e termiti) e insetti acquatici xilofagi. La durabilità fa riferimento al durame (l'alburno è sempre vulnerabile all'attacco, che viene classificato come durevole, sensibile e non durevole.
– **Impregnabilità:** facilità di trattamento con liquidi a pressione.
– **Impregnabilità media:** penetrazione media ottenuta in seguito a 2 o 3 ore di trattamento.
– **Impregnabilità bassa:** impregnazione superficiale ottenuta dopo 3 o 4 ore.
– **Impregnabilità zero (o non-Impregnabilità):** impossibilità d'impregnazione.

Qui sotto riportiamo una lista con diversi tipi di legno e un breve riassunto esplicativo sul loro aspetto, la nomenclatura, le proprietà fisiche e gli usi.

CATALOGO DELLE VARIETÀ DI LEGNO

MOGANO BIANCO
Nome scientifico: *Khaya ivorensis*
Famiglia: Meliacee
Densità: 0,45-0,60 g/cm^3
Zone di produzione: Ghana, Costa d'Avorio, Camerun, Guinea, Gabon, Angola, Liberia, Nigeria

Il tronco ha un'altezza di 15-25 m e un diametro che oscilla tra i 60 e i 120 cm. Il mogano bianco è un legno nobile caratterizzato da unioni verticali di lucentezza variabile e segni dei vasi xilematici.
Molto durevole e stabile, il mogano bianco si usa per la produzione di mobili, opere di falegnameria, falegnameria, ponti di barche, impiallacciatura e compensato.
Il mogano bianco può essere tinteggiato e lucidato per ottenere un'eccellente rifinitura.

DIBETU
Nome scientifico: *Lovoa trichilioides*
Famiglia: Meliacee
Densità: 0,50-0,55 g/cm^3
Zone di produzione: Costa d'Avorio, Congo, Ghana, Nigeria, Camerun, Guinea

Il tronco può raggiungere un'altezza di 15-20 m e un diametro di 50-55 cm. Il suo legno è di color bronzo con linee nere irregolari. È estremamente duro, forte, ad anelli e molto resistente all'acqua. Si utilizza in edilizia in genere per costruire pali per ponti e traversine per ferrovie, oltre che nella produzione di carbone. Viene usato anche nella realizzazione di mobili e armadi, lavori d'impiallacciatura, falegnameria, infissi e opere di falegnameria.

FRASSINO
Nome scientifico: *Fraxinus excelsior*
Famiglia: Oleacee
Densità: 0,65-0,80 g/cm^3
Zone di produzione: Francia, Inghilterra, Germania e Italia

Il tronco può raggiungere un'altezza massima di 10 m e un diametro compreso tra 30 e 100 cm. Questo albero presenta delle venature rette e generalmente ruvide.
Resistente e duro, il suo legno è noto per le sue eccellenti attitudini alla piegatura. Oltre a essere l'ideale per ricoprire pavimenti, viene utilizzato anche nella realizzazione di elementi curvi per la costruzione di barche, compensato, mobili, opere di falegnameria, pannelli e impiallacciatura. Il legno di frassino funziona molto bene con strumenti manuali e con macchine utensili e può presentare un'eccellente superficie opaca.

PIOPPO TREMULO
Nome scientifico: *Populus tremula*
Famiglia: Salicacee
Densità: 0,5 g/cm^3
Zone di produzione: Alaska, Canada, Stati Uniti occidentali e nord-orientali

Il tronco del pioppo tremulo può raggiungere i 48 m d'altezza e un diametro di 160 cm. La corteccia è variabile in quanto al colore e al livello di solchi. Il legno del pioppo presenta una texture uniforme con una fibra dritta, leggera e dolce.
Il pioppo si lavora facilmente con macchinari.
La sua pasta è usata nella fabbricazione della carta per i giornali e per l'editoria, e il suo legno nella produzione di materiali da rivestimento, ponti e piattaforme, pallet, mobili, anime di legno, impiallacciatura e falegnameria.

FAIA
Nome scientifico: *Fagus sylvatica*
Famiglia: Fagacee
Densità: 0,60-0,75 g/cm^3
Zone di produzione: Francia, Inghilterra, Germania

Il tronco ha un'altezza di 5-15 m e un diametro che oscilla tra i 40 e i 90 cm. La corteccia è omogenea e di colore grigio chiaro. La specie europea produce un legno funzionale duro, ma instabile per quanto riguarda le dimensioni.
Si usa abbondantemente nella produzione di telai per mobili, ossature di costruzioni, pavimentazioni, progetti d'ingegneria, compensato e articoli per la casa come vassoi, ma raramente con finalità decorative.

BETULLA
Nome scientifico: *Betula alba*
Famiglia: Betulacee
Densità: 0,60-0,75 g/cm^3
Zone di produzione: Europa Settentrionale, America Settentrionale, Asia

Il tronco, a volte tortuoso, ha un'altezza compresa tra 4 e 10 m e un diametro che oscilla tra i 30 e i 60 cm. Il legno di betulla si distingue per le sue sottili venature e il colore pallido. Quando le venature sono ondulate, aumenta il suo valore come legname da impiallacciatura e per la fabbricazione di mobili.
Il legno di betulla è ideale per i lavori da ebanista: con il suo foglio si ottiene uno dei compensati più forti e solidi che si conoscano. Non è invece un legno adatto a usi esterni.

NOCE NERO
Nome scientifico: *Juglans nigra*
Famiglia: Juglandacee
Densità: 0,50-0,60 g/cm^3
Zone di produzione: Stati Uniti

Il suo tronco ha un'altezza compresa tra 8 e 15 m e un diametro che oscilla tra i 35 e i 90 cm. Si tratta di un legno forte e solido, di color marrone violaceo tendente a toni cioccolato. La texture è moderatamente ruvida, ma uniforme. Il noce nero è facile da lavorare sia con strumenti a mano sia con macchine utensili.
È, inoltre, il legno maggiormente impiegato nella produzione di mobili e armadi, nonché nell'impiallacciatura, in oggetti di legno tornito, in opere di falegnameria, per strumenti musicali e nell'intaglio.

IMBUIA
Nome scientifico: *Phoebe porosa*
Famiglia: Lauracee
Densità: 0,96 g/cm^3 circa
Zone di produzione: Brasile, Argentina, Paraguay

Questa specie può raggiungere i 40 m d'altezza e il suo tronco, un diametro di circa 1,8 m. L'imbuia sudamericana è di color marrone scuro con venature eccezionalmente fini, e offre uno dei legni di maggiore densità disponibili nel mercato.
Si tratta di una delle principali specie commerciali del Brasile, in virtù del suo valore nella manifattura di mobili d'alto livello. Si usa soprattutto nella realizzazione di compensati decorativi e nel rivestimento di pavimenti.

CEDRO
Nome scientifico: *Cedrela odorata*
Famiglia: Meliacee
Densità: 0,40-0,70 g/cm^3
Zone di produzione: Messico, Suriname, Guyana, Nicaragua, Honduras, Brasile, Antille

Il tronco ha un'altezza di 15-20 m, un diametro che oscilla tra i 50 e i 110 cm e una spessa corteccia marrone grigiastra, con venature longitudinali irregolari.
Noto come cedro spagnolo nel mercato inglese, questo albero aromatico è molto richiesto nei tropici americani per la sua resistenza naturale alle termiti e al deterioramento. Questo legno bello e leggero si usa principalmente nella produzione di articoli per la casa.

CILIEGIO
Nome scientifico: *Prunus avium*
Famiglia: Rosacee
Densità: 0,60-0,70 g/cm³
Zone di produzione: Francia, Inghilterra, Germania

Il tronco ha un'altezza che va da 3 a 12 m e un diametro di 30-60 cm. Il durame è di marrone rossastro medio, con venature dritte e una texture fine.
Il ciliegio, uno dei legni più ricercati dopo i legnami nobili, è generalmente impiegato nella realizzazione di mobili eleganti, di rivestimenti per pavimenti, di strumenti musicali, sculture, oggetti torniti, opere di falegnameria, impiallacciatura e compensato.
Si tratta di un legno facile da lavorare e adatto a qualsiasi tipo di rifinitura.

CASTAGNO
Nome scientifico: *Castanea sativa*
Famiglia: Fagacee
Densità: 0,60-0,70 g/cm³
Zone di produzione: Francia, Inghilterra, Germania e Italia

Il tronco ha un'altezza di 3-8 m e un diametro che va da 30 a 100 cm. Il legno è duro, resistente e di colore chiaro.
Si usa nella manifattura di mobili, botti e travi per tetti, soprattutto nell'Europa meridionale (per esempio, nell'Alpujarra, Spagna o nel sud della Francia).
A causa della tendenza degli esemplari più vecchi di castagno a rompersi, piegarsi male e indebolirsi, non è adatto per la fabbricazione di grandi pezzi.

SEQUOIA ROSSA
Nome scientifico: *Sequoia sempervirens*
Famiglia: Cupressacee
Densità: 0,40-0,50 g/cm³
Zone di produzione: Stati Uniti (California)

Il tronco può raggiungere un'altezza di 80 m e un diametro di 8 m. Il durame è marrone rossastro scuro, con venature dritte e un'elevata stabilità per quanto riguarda le dimensioni.
La sequoia rossa è facile da lavorare sia con strumenti manuali sia con macchine-utensili.
Questo legno è molto apprezzato nella costruzione di edifici e si usa in genere nella fabbricazione di travi resistenti, legname per ponti, assi, rivestimenti esterni, porte, impiallacciatura, mobili, compensato, pannelli di truciolato, scandole e tralicci.

OLMO
Nome scientifico: *Ulmus campestris*
Famiglia: Ulmacee
Densità: 0,60-0,85 g/cm³
Zone di produzione: Francia, Inghilterra, Germania

Il tronco ha un'altezza di 3-10 m e un diametro di 40-130 cm.
Il legno è di color marrone spento con una texture ruvida.
L'irregolarità delle venature crea figure molto belle.
Il legno è difficile da lavorare, ma possiede buone qualità per la curvatura a vapore.
Si usa in genere nella costruzione di barche, nella realizzazione di armadi, nell'impiallacciatura, nel rivestimento di pavimenti, nella tornitura e nell'arredamento.

NOCE EUROPEO
Nome scientifico: *Juglans regia*
Famiglia: Juglandacee
Densità: 0,60-0,80 g/cm³
Zone di produzione: Francia, Inghilterra, Germania, Italia, Spagna, Turchia, Iran, Kashmir

Il tronco ha un'altezza che può variare tra 2 e 5 m e un diametro che va da 40 a 80 cm. Sebbene il durame sia solito variare di colore, in genere presenta un fondo marrone cinerino con strisce scure. La texture del legno è ruvida con venature parzialmente dritte e ondulate.
Il noce si distingue per le sue ottime qualità per la curvatura a vapore. Oggi la sua disponibilità è abbastanza ridotta, di conseguenza, è impiegato soprattutto nella realizzazione di mobili di alto livello, di pezzi torniti e impiallacciatura.

EBANO DI MACASSAR
Nome scientifico: *Diospyros celebica*
Famiglia: Ebenacee
Densità: 1,10-1,20 g/cm³
Zone di produzione: Indonesia

Il tronco può raggiungere un'altezza di 10 m e un diametro di 30 a 60 cm. L'ebano, un legno eccezionalmente bello, è stato molto apprezzato dai falegnami nei secoli scorsi; oggi, purtroppo, la sua presenza è scarsa, quindi è anche molto caro.
Difficilmente disponibile sul mercato, l'ebano di Macassar è una delle specie più pregiate del mondo, forse anche perché l'area in cui cresce è notevolmente ridotta.

TUIA OCCIDENTALE O ALBERO DELLA VITA
Nome scientifico: *Thuja occidentalis*
Famiglia: Cupressacee
Densità: 0,35-0,44 g/cm³
Zone di produzione: Canada, Stati Uniti

Il durame della tuia occidentale è marrone chiaro e sprigiona un profumo molto aromatico e aromatico. Presenta venature uniformi e una texture fine. Il cuore è resistente al deterioramento e alle termiti sotterranee.
La tuia occidentale è più facile da lavorare con strumenti a mano che con macchine-utensili.
Il legno viene utilizzato nella realizzazione di recinti rustici e pali, legname da costruzione, pertiche, scandole, container per trasporto marittimo, costruzione di barche, depositi, articoli vari e pasta di legno.

QUERCIA
Nome scientifico: *Quercus pedunculata*
Famiglia: Fagacee
Densità: 0,60-0,80 g/cm³
Zone di produzione: Europa, Asia Minore, Africa del Nord

Il tronco può raggiungere un'altezza di 20 m e un diametro che va da 30 a 120 cm. La quercia si distingue per i suoi ben definiti e ampi anelli di crescita di colore marrone scuro e chiaro. Il suo legno possiede eccellenti proprietà per la curvatura a vapore e produce un cuore durevole, molto richiesto per lavori di falegnameria d'interni e nella realizzazione di mobili.

OLIVO
Nome scientifico: *Olea europaea*
Famiglia: Oleacee
Densità: 0,75-0,90 g/cm³
Zone di produzione: Bacino mediterraneo

Il tronco può raggiungere un'altezza di 2 a 3 m e un diametro di 30 a 80 cm.
Questo legno resistente e duraturo presenta venature irregolari ed è oleoso al tatto.
Per quanto riguarda le sue proprietà meccaniche, bisogna dire che l'incollatura è difficile a causa della sua oleosità e che, prima di piantarvi un chiodo o una vite, è necessario perforarla. Una volta rifinito ha un ottimo aspetto.
L'olivo si usa nella falegnameria d'interni (pavimenti) e nella realizzazione di impiallacciature decorative e di mobili.

ABETE BIANCO
Nome scientifico: *Abies amabilis*
Famiglia: Pinacee
Densità: 0,45-0,60 g/cm³
Zone di produzione: Francia, Spagna, Italia, Serbia

Il tronco di questa grande conifera sempreverde può avere un'altezza compresa tra 30 e 45 m di altezza e un diametro massimo di 1,2 m. Il legno è dolce e non molto resistente: viene impiegato comunemente nell'elaborazione della carta, di casse da imballaggio e altri elementi funzionali ed economici per l'edilizia.

EUCALIPTO
Nome scientifico: *Eucalyptus maculata*
Famiglia: Mirtacee
Densità: 0,75-0,85 g/cm³
Zone di produzione: Australia, Brasile, Sudafrica

Il tronco ha un'altezza di 10-15 m e un diametro che può variare da 50 a 80 cm. Il legno presenta venature dritte e una texture ruvida moderatamente dura. Questo legno stabile e piacevole ha l'enorme vantaggio che si rinnova molto rapidamente.
Per quanto riguarda l'uso che se ne fa, condivide quasi gli stessi campi d'applicazione dei legni nobili o duri: mobili per esterni e per interni, lavori di falegnameria, pannelli per rivestimenti, costruzione navale, pavimenti e impiallacciatura.
Il legno di eucalipto è facile da lavorare con strumenti sia manuali sia meccanici.

ACERO DA ZUCCHERO
Nome scientifico: *Acer saccharum*
Famiglia: Sapindacee
Densità: 0,70-0,80 g/cm³
Zone di produzione: America settentrionale, Canada

Il tronco ha 4-10 m d'altezza e un diametro che va da 30 a 60 cm.
Presenta venature ondulate che possono apparire in molti tipi pregiati di «acero a occhio d'uccello». Questo legno è uno dei più duri e densi tra tutte le varietà d'acero.
L'acero da zucchero di solito viene impiegato nella produzione di campi e birilli da bowling. Si usa ampiamente però anche nella realizzazione di strumenti musicali, come violini, chitarre e tamburi.

TEK
Nome scientifico: *Tectona grandis*
Famiglia: Lamiacee
Densità: 0,60-0,80 g/cm³
Zone di produzione: India, Birmania, Tailandia, Vietnam

Il tronco ha un'altezza che va dagli 8 ai 15 m e un diametro compreso tra 40 e 80 cm. Il vero tek di Burma si distingue per un durame di color marrone dorato con una fibra dritta tendente ondularsi e una texture oleaginosa e ruvida. Possiede inoltre eccellenti qualità di resistenza.
Il legno di tek è facile da lavorare sebbene possa rompere le macchine. Si usa soprattutto nella costruzione navale e nella realizzazione di ponti e pedane, mobili, pannelli da rivestimento, lavori a intaglio, oggetti torniti, lavori di falegnameria, impiallacciatura e compensato.

WENGE
Nome scientifico: *Millettia Laurentii*
Famiglia: Papilionacee
Densità: 0,80-0,95 g/cm³
Zone di produzione: Camerun, Congo, Africa orientale, Mozambico

Il tronco ha da 8 a 15 m d'altezza e un diametro di 50-100 cm.
Il wenge si distingue per un esotico durame di color marrone scuro con vene molto ravvicinate e fini quasi nere. La texture è ruvida e il filo è retto, ma tendente a ondularsi.
Il legno di wenge si usa per ricoprire pavimenti, in lavori di falegnameria, oggetti torniti, impiallacciatura, armadi e lavori a intaglio. Funziona bene con macchine utensili e, una volta levigato, presenta un'ottima rifinitura.

Silver fir / Weißtanne
Sapin blanc / Gewone zilverspar
Abete bianco / Abeto blanco

Spotted gum / Gesprenkelter Eukalyptus
Gomboom / Eucalyptus
Eucalipto / Eucalipto

Sugar maple / Zuckerahorn
Érable à sucre / Suikeresdoorn
Acero da zucchero / Arce de azúcar

Teak / Teck
Teakbaum / Teak
Tek / Teca

MADERA

Características macroscópicas
− **Albura (o madera de albura):** parte del árbol con células vivas que transporta o almacena nutrientes. Presenta un color más claro y es más porosa que el duramen; además, puede pudrirse.
− **Duramen (o madera enteriza):** parte madura de la madera que coincide con la parte estructural del árbol. No tiene células vivas.
− **Veta (hilo o grano):** dirección de las fibras de la madera con respecto al eje del árbol. La madera de fibra o veta recta, paralela al eje, es más fácil de trabajar; por el contrario, la madera con hilo curvado, ondulado, en espiral o inclinado, es más difícil de usar, pero ofrece mayores posibilidades desde un punto de vista estético.

Características físicas
− **Densidad:** se trata de la relación entre masa y volumen con una humedad del 12% expresada en kg/m^3. En las coníferas oscila entre 400 (muy ligera) y 700 (muy consistente), y en árboles de hoja ancha, entre 500 y 950.
− **Dureza:** indica el índice de penetración de un material en otro y especifica la resistencia de la madera a la abrasión o al astillado.
− **Higroscopicidad:** la capacidad de la madera para absorber la humedad atmosférica (agua) o del medio en que está inserta.
− **Contracción:** Encogimiento o contracción debida a la pérdida de humedad.
− **Ratio de contracción volumétrica por unidad:** el cambio en el volumen sufrido por la madera debido a una variación del 1% en la humedad. De acuerdo con esta ratio la madera puede tener:
  − Una baja densidad (0,15-0,40), ideal para la manufactura de muebles.
  − Una densidad razonable (0,35-0,49), buena para la carpintería.
  − Una densidad media (0,40-0,55), buena para la construcción.
  − Una densidad bastante alta (0,55-0,75), buena para la construcción radial.
  − Una densidad muy alta (0,75-1), ideal para ambientes con una humedad constante.

Características mecánicas
− **Agrietamiento:** indica la resistencia a la rotura de la madera si es perforada o fijada con clavos.

Características químicas
− **Trabajabilidad:** las maderas con altos contenidos en resina, aceite o cera son difíciles de trabajar. La acumulación de petróleo y de sales minerales procedentes del suelo que cristaliza en la madera también dificulta el trabajo con la madera.
− **Durabilidad natural:** se trata de la resistencia de la madera a los ataques de agentes destructivos. Es una característica importante cuando la madera está en un ambiente en que se verifican cambios en la humedad superiores al 18%. Los agentes pueden ser hongos, insectos xilófagos (coleópteros y termitas) e insectos acuáticos xilófagos. La durabilidad hace referencia al duramen (la albura siempre es vulnerable al ataque), que se clasifica como durable, sensible y no durable.
− **Impregnabilidad:** facilidad de tratamiento con líquidos a presión.
− **Impregnabilidad media:** penetración media obtenida tras dos o tres horas de tratamiento.
− **Impregnabilidad baja:** impregnación superficial obtenida transcurridas tres o cuatro horas.
− **Impregnabilidad cero (o no impregnabilidad):** imposibilidad de impregnación.

A continuación se incluye un listado con diferentes tipos de madera y una explicación resumida sobre su aspecto, nomenclatura, propiedades físicas y usos.

CATÁLOGO DE MADERAS

CAOBA AFRICANA
Nombre científico: *Khaya ivorensis*
Familia: meliáceas
Densidad: 0,45-0,60 g/cm^3
Zonas de producción: Ghana, Costa de Marfil, Camerún, Guinea, Gabón, Angola, Liberia, Nigeria

Su tronco tiene entre 15 y 25 m de altura y un diámetro que oscila entre los 60 y 120 cm. La caoba africana es una madera noble caracterizada por uniones verticales de brillo variable y marcas de vasos xilemáticos.
Muy duradera y sólida, la caoba africana se emplea para la fabricación de muebles, obras de carpintería, paneles, puentes de barcos, enchapados y contrachapados.
La caoba africana puede ser teñida y abrillantada a fin de obtener un excelente acabado.

EMBERO O NOGAL AFRICANO
Nombre científico: *Lovoa trichilioides*
Familia: meliáceas
Densidad: 0,50-0,55 g/cm^3
Zonas de producción: Costa de Marfil, Congo, Ghana, Nigeria, Camerún, Guinea

El tronco puede alcanzar una altura de entre 15 y 20 m y un diámetro de 50-55 cm. Su madera es de color bronce con líneas negras irregulares. Es dura, fuerte, de anillos apretados y muy resistente al agua.
Se emplea en la construcción estándar para construir postes de puentes y traveseras de ferrocarril, y para la producción de carbón. También encuentra uso en la realización de muebles y armarios, enchapados, paneles, accesorios fijos y obras de carpintería.

FRESNO COMÚN
Nombre científico: *Fraxinus excelsior*
Familia: oleáceas
Densidad: 0,65-0,80 g/cm^3
Zonas de producción: Francia, Reino Unido, Alemania e Italia

El tronco puede alcanzar una altura máxima de 10 m y un diámetro de entre 30 y 100 cm. Este árbol tiene una veta recta y generalmente gruesa.
Resistente y dura, esta madera es conocida por sus excelentes cualidades de plegado. Además de ser ideal para revestir suelos, se emplea también en la realización de partes curvadas en la construcción de barcos, contrachapados, muebles, obras de carpintería, paneles y enchapados.
La madera de fresno funciona muy bien con herramientas manuales y con máquinas-herramientas y puede presentar una superficie mate excelente.

ÁLAMO TEMBLÓN
Nombre científico: *Populus tremula*
Familia: salicáceas
Densidad: 0,5 g/cm^3
Zonas de producción: Alaska, Canadá, zonas occidental y nororiental de Estados Unidos

El tronco del álamo temblón puede alcanzar los 48 m de altura y un diámetro de 160 cm. La corteza es variable por lo que se refiere al color y al grado de surcos. La madera del álamo posee una textura uniforme con una fibra recta, ligera y blanda. Se trabaja fácilmente con máquinas. Su pasta se emplea en la fabricación del papel de prensa y de edición, y su madera en la realización de recubrimientos, plataformas, pallés, muebles, almas de madera, enchapados y paneles.

HAYA
Nombre científico: *Fagus sylvatica*
Familia: fagáceas
Densidad: 0,60-0,75 g/cm^3
Zonas de producción: Francia, Reino Unido, Alemania

El tronco tiene entre 5 y 15 m de altura y un diámetro que oscila entre los 40 y los 90 cm. La corteza es homogénea y gris clara. La especie europea produce una madera funcional dura pero inestable en cuanto a las dimensiones.
Se emplea ampliamente en la fabricación de armazones para muebles, carcasas, revestimientos de suelos, contrachapados y artículos para el hogar como bandejas, así como en proyectos de ingeniería, pero raramente con fines decorativos.

ABEDUL
Nombre científico: *Betula alba*
Familia: betuláceas
Densidad: 0,60-0,75 g/cm^3
Zonas de producción: norte de Europa, Norteamérica, Asia

El tronco, a veces tortuoso, tiene entre 4 y 10 m de altura y un diámetro que oscila entre los 30 y los 60 cm. La madera de abedul se caracteriza por los anillos apretados y el color pálido. Cuando presenta el veteado de caja violinera, su valor aumenta en la industria de los enchapados y de la fabricación de muebles.
La madera de abedul es ideal para la realización de enchapados: con su chapa se fabrica uno de los contrachapados más fuertes y sólidos que se conocen. No es apta, en cambio, para usos exteriores.

NOGAL NEGRO
Nombre científico: *Juglans nigra*
Familia: juglandáceas
Densidad: 0,50-0,60 g/cm^3
Zonas de producción: Estados Unidos

Su tronco tiene entre los 8 y los 15 m de altura y un diámetro que oscila entre los 35 y los 90 cm. Esta fuerte y sólida madera es de color marrón violáceo tirando a chocolate. La textura es moderadamente gruesa pero uniforme.
El nogal negro es fácil de trabajar tanto con herramientas de mano como con máquinas.
Se trata asimismo de la madera más utilizada en la fabricación de muebles y armarios, así como de enchapados, maderas torneadas, obras de carpintería, instrumentos musicales y tallas.

IMBUIA
Nombre científico: *Phoebe porosa*
Familia: lauráceas
Densidad: 0,96 g/cm^3 aprox.
Zonas de producción: Brasil, Argentina, Paraguay

Esta especie puede alcanzar los 40 m de altura y su tronco, un diámetro de 1,8 m aproximadamente. La imbuia sudamericana es de color marrón oscuro con un veteado excepcionalmente fino, y una de las maderas con mayor densidad disponibles. Este árbol es una de las principales especies comerciales en Brasil debido al valor de su madera en la manufactura de muebles de gama alta. Se emplea principalmente en la realización de contrachapados decorativos y de revestimientos de suelos.

CEDRO AMERICANO
Nombre científico: *Cedrela odorata*
Familia: meliáceas
Densidad: 0,40-0,70 g/cm^3
Zonas de producción: México, Surinam, Guyana, Nicaragua, Honduras, Brasil, Antillas

El tronco tiene entre 15 y 20 m, un diámetro que oscila entre los 50 y los 110 cm y una gruesa corteza marrón grisácea, con una veta longitudinal irregular.
Conocido como cedro de España en el comercio inglés, este aromático árbol tiene una gran demanda en el trópico americano por su resistencia natural a las termitas y al deterioro. Esta atractiva y ligera madera se emplea principalmente en la fabricación de artículos para el hogar.

CEREZO
Nombre científico: *Prunus avium*
Familia: rosáceas
Densidad: 0,60-0,70 g/cm³
Zonas de producción: Francia, Reino Unido, Alemania

El tronco tiene de 3 a 12 m de altura y un diámetro de 30 a 60 cm. El duramen es marrón rojizo medio, con vetas rectas y una textura fina. El cerezo, una de las maderas más buscadas después de las maderas nobles, se emplea comúnmente en la realización de muebles elegantes, revestimientos de suelos, instrumentos musicales, esculturas, piezas torneadas, obras de carpintería, enchapados y contrachapados.
El cerezo es fácil de trabajar y apto para cualquier tipo de acabado.

CASTAÑO
Nombre científico: *Castanea sativa*
Familia: fagáceas
Densidad: 0,60-0,70 g/cm³
Zonas de producción: Francia, Reino Unido, Alemania, Italia

El tronco tiene de 3 a 8 m de altura y un diámetro de 30 a 100 cm. La madera es dura, resistente y de color claro.
Se emplea en la manufactura de muebles, barriles y vigas de tejados, sobre todo en el sur de Europa (por ejemplo, en la Alpujarra, en España, o en el sur de Francia).
Debido a la tendencia de los ejemplares más viejos a romperse, doblarse mal y debilitarse, esta madera no es apta para la realización de grandes piezas.

SECUOYA ROJA O SIEMPREVERDE
Nombre científico: *Sequoia sempervirens*
Familia: cupresáceas
Densidad: 0,40-0,50 g/cm³
Zonas de producción: Estados Unidos (California)

El tronco puede alcanzar una altura máxima de 80 m y un diámetro de 8 m. El duramen es marrón rojizo oscuro, con vetas rectas y una elevada estabilidad por lo que se refiere a las dimensiones.
La secuoya roja es fácil de trabajar tanto con herramientas manuales como con máquinas herramienta.
Esta madera es muy preciada en la construcción de edificios y se usa comúnmente en la fabricación de vigas resistentes, maderas para puentes, tablas, revestimientos exteriores, puertas, enchapados, muebles, contrachapados, tableros de partículas de madera, placas y postes.

OLMO
Nombre científico: *Ulmus campestris*
Familia: ulmáceas
Densidad: 0,60-0,85 g/cm³
Zonas de producción: Francia, Reino Unido, Alemania

El tronco tiene de 3 a 10 m de altura y un diámetro de 40 a 130 cm. La madera es de color marrón apagado, con una textura gruesa. La irregularidad de la veta crea una figura muy atractiva.
La madera es difícil de trabajar pero tiene buenas propiedades para el curvado por vapor.
Se emplea comúnmente en la construcción de barcos, en la realización de armarios y muebles, enchapados, revestimientos de suelos y tornería.

NOGAL
Nombre científico: *Juglans regia*
Familia: Juglandáceas
Densidad: 0,60-0,80 g/cm³
Zonas de producción: Francia, Reino Unido, Alemania, Italia, España, Turquía, Irán, Cachemira

El tronco tiene de 2 a 5 m de altura y un diámetro de 40 a 80 cm. Aunque el duramen suele variar de color, por lo general presenta un fondo marrón ceniciento con rayas oscuras. La textura de la madera es gruesa, con una veta entre recta y ondulada.
El nogal se caracteriza por sus óptimas propiedades para el curvado por vapor. Hoy en día su disponibilidad es bastante limitada, por lo que se emplea principalmente en la realización de muebles de gama alta, piezas torneadas y enchapados.

ÉBANO DE MACASSAR
Nombre científico: *Diospyros celebica*
Familia: ebenáceas
Densidad: 1,10-1,20 g/cm³
Zonas de producción: Indonesia

El tronco puede alcanzar una altura de hasta 10 m y un diámetro de 30 a 60 cm. El ébano, una especie excepcionalmente bella, fue muy apreciado por los carpinteros durante los siglos pasados; hoy en día, por desgracia, es muy escaso y, por consiguiente, caro.
Rara vez disponible en el mercado, el ébano de Macassar es una de las especies más preciadas del mundo en la actualidad, quizás porque su área de crecimiento es muy limitada.

TUYA OCCIDENTAL O ÁRBOL DE LA VIDA
Nombre científico: *Thuja occidentalis*
Familia: cupresáceas
Densidad: 0,35-0,44 g/cm³
Zonas de producción: Canadá, Estados Unidos

El duramen de la tuya occidental es marrón claro y desprende un perfume muy aromático y picante. Tiene un grano uniforme y una textura fina. El corazón es resistente al deterioro y a las termitas subterráneas.
La tuya occidental es más fácil de trabajar con herramientas de mano que con máquinas-herramienta.
La madera se emplea en la realización de cercas rústicas y postes, madera de construcción, tejas de madera, contenedores para el transporte marino, construcción de barcos, tanques, artículo varios y como pasta de madera.

ROBLE COMÚN
Nombre científico: *Quercus pedunculata*
Familia: fagáceas
Densidad: 0,60-0,80 g/cm³
Zonas de producción: Europa, Asia Menor, norte de África

El tronco puede alcanzar una altura de hasta 20 m y un diámetro de 30 a 120 cm. El roble se caracteriza por sus definidos y amplios anillos de crecimiento de color marrón oscuro brillante. Su madera posee unas excelentes propiedades para el curvado por vapor y produce un corazón duradero, muy demando en los trabajos de carpintería interior y en la realización de muebles.

OLIVO
Nombre científico: *Olea europaea*
Familia: oleáceas
Densidad: 0,75-0,90 g/cm³
Zonas de producción: cuenca mediterránea

El tronco puede alcanzar una altura de 2 a 3 m y un diámetro de 30 a 80 cm.
Esta resistente y duradera madera tiene un grano irregular y es aceitosa al tacto.
Por lo que se refiere a sus propiedades mecánicas, cabe decir que el encolado es difícil a causa de su oleaginosidad y que, antes de asegurarla con clavos y atornillarla, es necesario proceder a su perforación. Presenta un óptimo acabado.
El olivo se emplea en la carpintería de interior (suelos) y en la realización de enchapados decorativos y de muebles.

ABETO BLANCO
Nombre científico: *Abies amabilis*
Familia: pináceas
Densidad: 0,45-0,60 g/cm³
Zonas de producción: Francia, España, Italia, Serbia

El tronco de esta gran conífera de hoja perenne tiene de 30 a 45 m de altura y un diámetro máximo de 1,2 m. La madera es blanda y no muy resistente y se emplea comúnmente en la elaboración de papel, cajas de embalaje y otros elementos funcionales y económicos para la construcción.

EUCALIPTO
Nombre científico: *Eucalyptus maculata*
Familia: mirtáceas
Densidad: 0,75-0,85 g/cm³
Zonas de producción: Australia, Brasil, Sudáfrica

El tronco tiene de 10 a 15 m de altura y un diámetro de 50 a 80 cm. La madera presenta una veta recta y una textura gruesa moderadamente dura. Esta sólida y bella madera posee la gran cualidad de renovarse muy rápidamente.
En cuanto al empleo, comparte prácticamente los mismos campos de aplicación que las maderas nobles o duras: muebles de exterior y de interior, obras de carpintería, paneles, construcción naval, revestimiento de suelos y enchapados.
La madera de eucalipto es fácil de trabajar tanto con herramientas manuales como mecánicas.

ARCE DE AZÚCAR
Nombre científico: *Acer saccharum*
Familia: sapindáceas
Densidad: 0,70-0,80 g/cm³
Zonas de producción: Norteamérica

El tronco tiene de 4 a 10 m de altura y un diámetro de 30 a 60 cm.
El arce presenta una veta ondulada que puede darse en muchos tipos preciados de arce de ojo de pájaro. Esta madera es una de las más duras y densas de entre todas las variedades de la familia.
El arce de azúcar suele emplearse en la fabricación de las pistas de las boleras y también de sus bolos. También se usa ampliamente en la realización de instrumentos musicales, como violines, guitarras y tambores.

TECA
Nombre científico: *Tectona grandis*
Familia: lamiáceas
Densidad: 0,60-0,80 g/cm³
Zonas de producción: la India, Birmania, Tailandia, Vietnam

El tronco tiene de 8 a 15 m y un diámetro de entre 40 y 80 cm.
La verdadera teca de Burma se caracteriza por un duramen de color marrón dorado con una fibra recta tirando a ondulada y una textura oleaginosa y gruesa. Posee asimismo unas excelentes propiedades de resistencia.
La madera de teca es fácil de trabajar aunque puede estropear las máquinas. Se emplea comúnmente en la construcción naval y en la realización de tablones, muebles, paneles, tallas, piezas torneadas, obras de carpintería, enchapados y contrachapados.

WENGÉ
Nombre científico: *Millettia Laurentii*
Familia: papilionáceas
Densidad: 0,80-0,95 g/cm³
Zonas de producción: Camerún, Congo, este de África, Mozambique

El tronco tiene de 8 a 15 m de altura y un diámetro de 50 a 100 cm. El wengé se caracteriza por un exótico duramen de color marrón oscuro con venas muy tupidas y finas casi negras. La textura es gruesa y el hilo es recto tirando a ondulado.
La madera de wengé se emplea para revestir suelos, en obras de carpintería, piezas torneadas, enchapados, armarios y tallas. Funciona bien con herramientas para mecanizado y, una vez pulida, presenta un óptimo acabado.

Wenge / Wenge
Wengé / Wengé
Wenge / Wengé

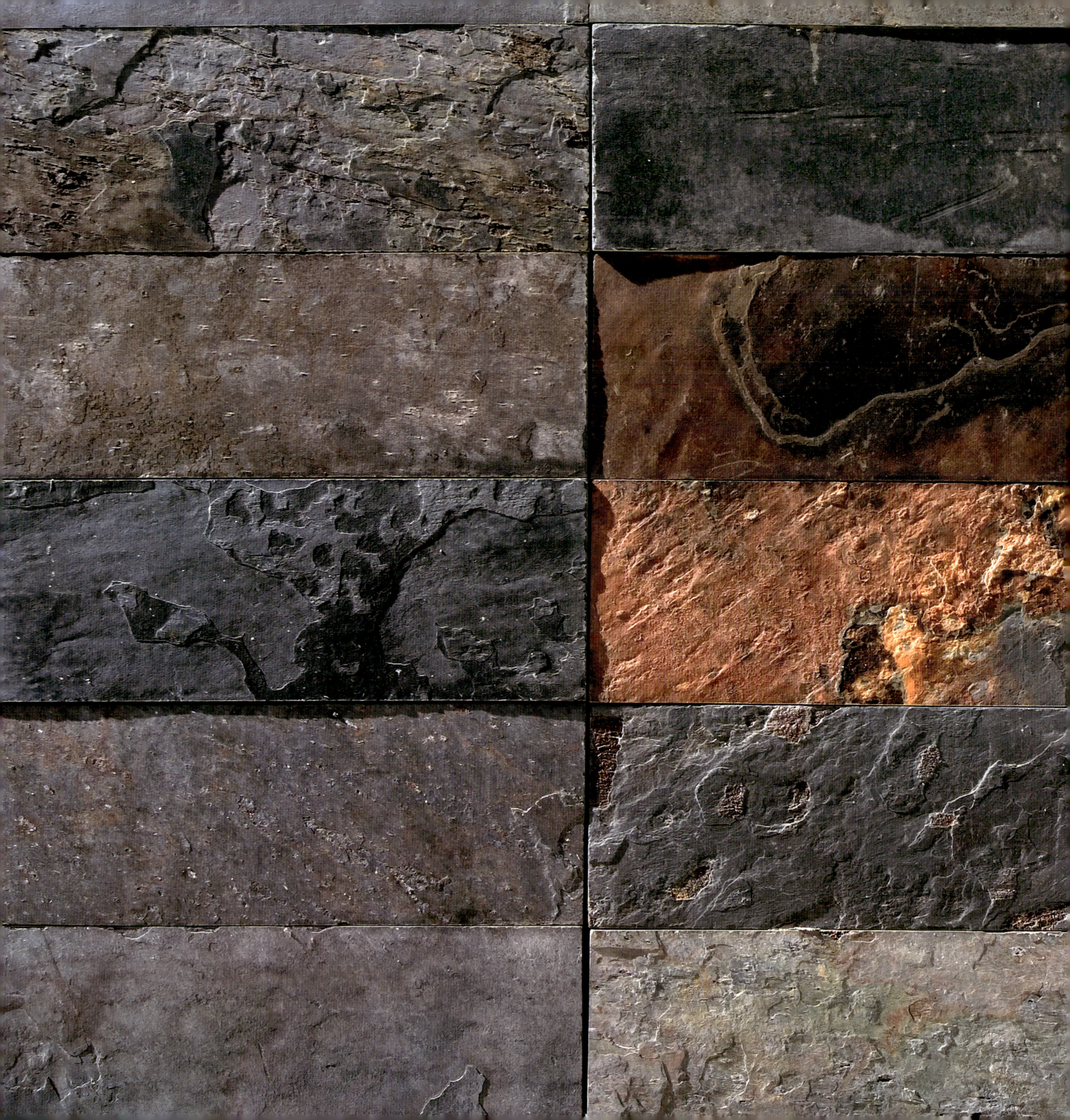

STONE
STEIN
PIERRE
STEEN
ROCCE
PIEDRA

HOUSE OF **MEDITATION**

Pascal Arquitectos
Bosques de las Lomas, Mexico DF, Mexico
© Víctor Benítez

Flamed Grissal / Geflammter Grissal-Granit / Granit gris flammé
Gevlamd Grissal graniet / Granito grissal fiammato / Granito grisal flameado

This building, used as a funeral parlor and religious space, encourages introspection and peace through the discrete use of materials and lighting. The architects were inspired by ancient Egyptian mastaba, adobe or stone funeral buildings. The façades, covered in flamed Spanish Grissal granite are a striking feature.

Ce bâtiment est un espace religieux utilisé pour les veillées. Par l'usage discret des matériaux et des lumières, il invite à chercher la paix intérieure. Les architectes ont puisé leur inspiration dans l'Égypte ancienne et plus particulièrement dans les mastabas, édifice funéraire en adobe ou en pierre. Les façades sont revêtues de granit gris flammé, importé d'Espagne.

Questo edificio, utilizzato come sala per veglie funebri e spazio religioso, invita all'introspezione e alla pace tramite un uso discreto dei materiali e dell'illuminazione. Gli architetti si sono ispirati alle mastaba dell'antico Egitto, edifici funerari in malta o pietra. Si impongono le facciate, rivestite di granito grissal fiammato, proveniente dalla Spagna.

Dieses für die Totenwache und religiöse Anlässe genutzte Gebäude fördert dank des diskreten Einsatzes von Materialien und Beleuchtung die Innenschau und den inneren Frieden. Die Architekten ließen sich von den im Alten Ägypten errichteten Mastabas (Grabbauten aus Lehmziegeln oder Stein) inspirieren. Besonders hervorzuheben sind die Fassaden, die mit geflammtem Grissal-Granit aus Spanien verkleidet wurden.

Dit als uitvaart- en godsdienstig centrum gebruikte gebouw bevordert de zelfbeschouwing en vrede d.m.v. discreet gebruik van materialen en verlichting. De architecten lieten zich inspireren door de mastaba's van het oude Egypte, graven van adobe of steen. Opvallend zijn de gevels, bekleed met gevlamd Grissal graniet uit Spanje.

Este edificio, utilizado como velatorio y espacio religioso, fomenta la introspección y la paz a través de un uso discreto de los materiales y de la iluminación. Los arquitectos se inspiraron en las mastabas del antiguo Egipto, edificios funerarios de adobe o piedra. Destacan las fachadas, revestidas de granito grisal flameado, traído de España.

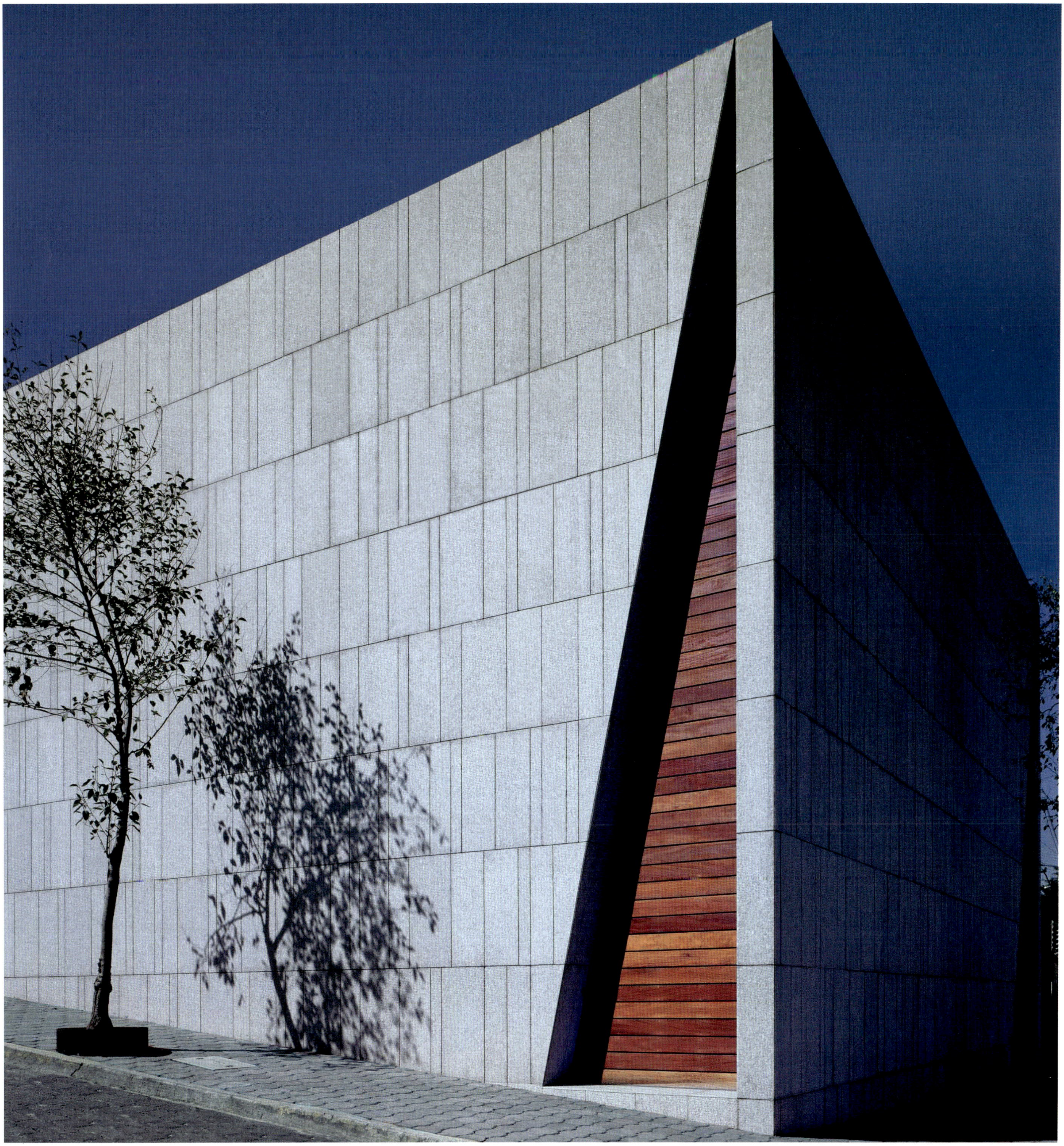

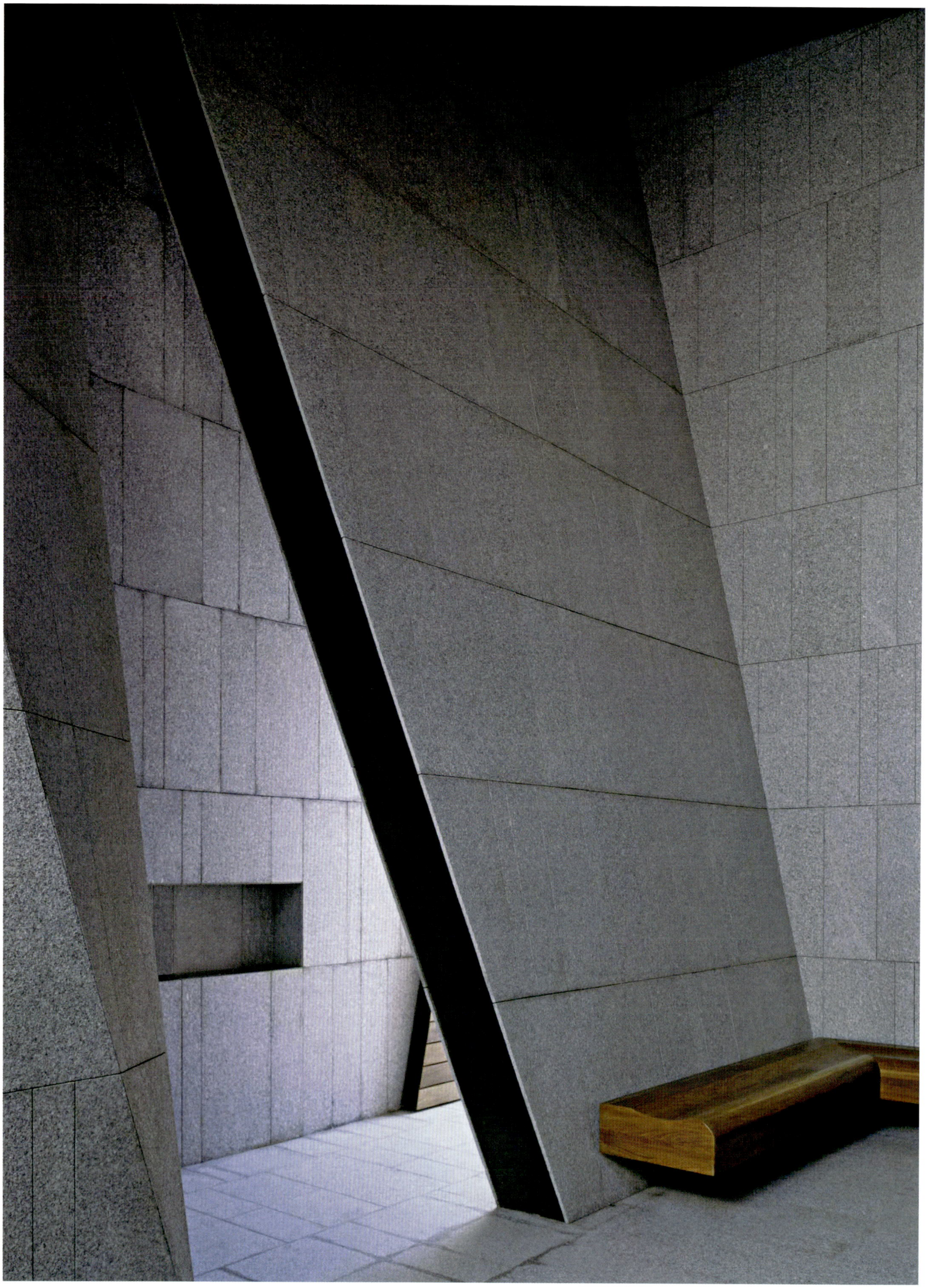

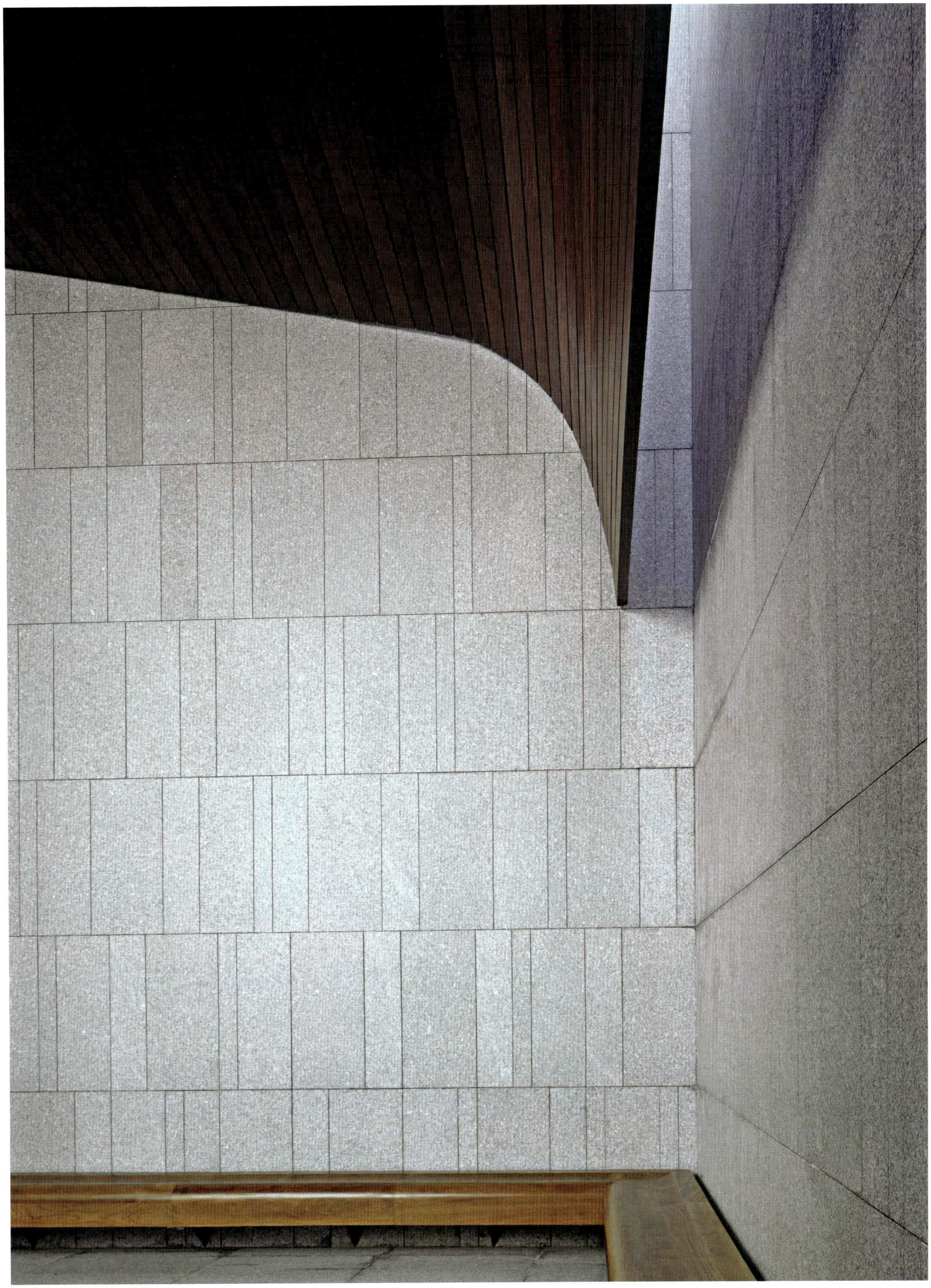

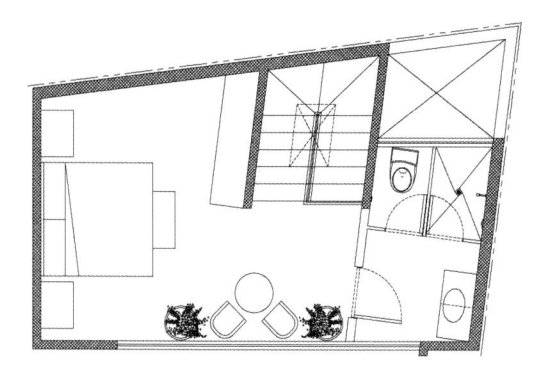

Third floor / Zweites Obergeschoss
Deuxième étage / Tweede verdieping
Secondo piano / Segunda planta

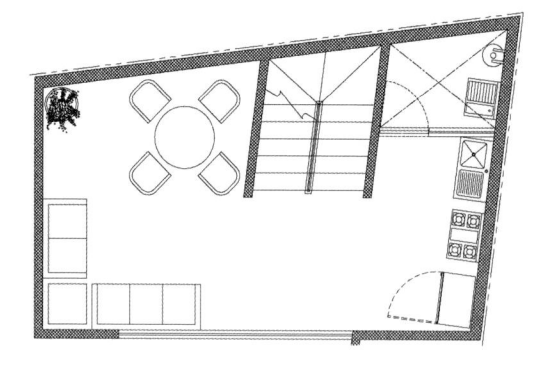

Second floor / Erstes Obergeschoss
Premier étage / Eerste verdieping
Primo piano / Primera planta

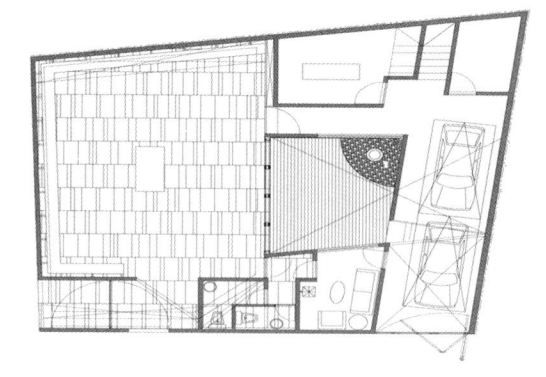

Ground floor / Erdgeschoss
Rez-de-chaussée / Begane grond
Piano terra / Planta baja

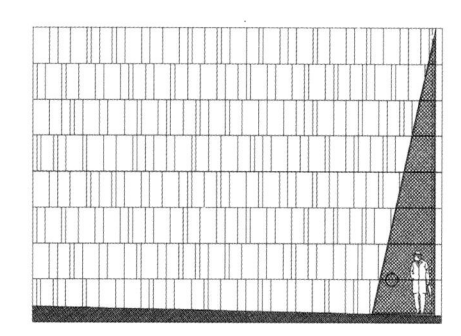

Elevations / Aufrisse
Élévations / Verhogingen
Prospetti / Alzados

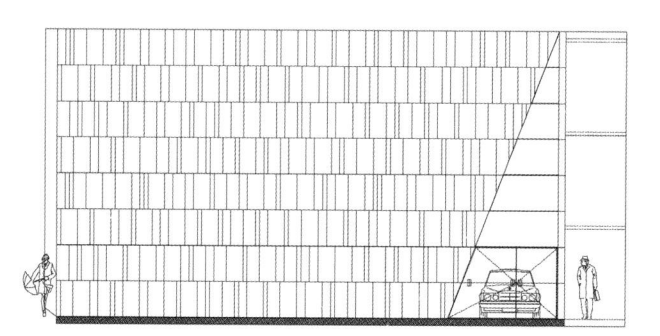

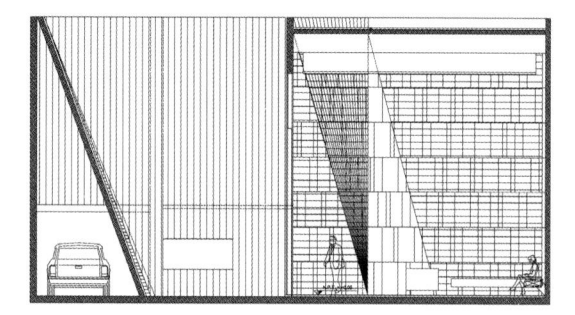

Sections / Schnitte
Coupes / Doorsneden
Sezioni / Secciones

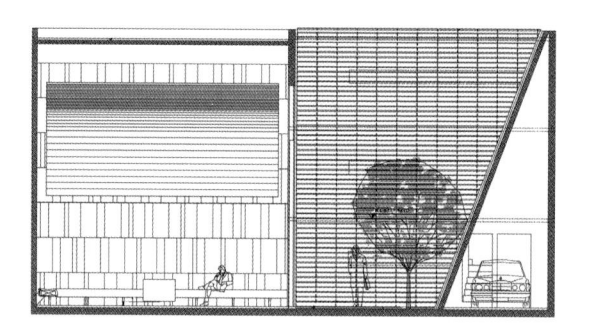

230

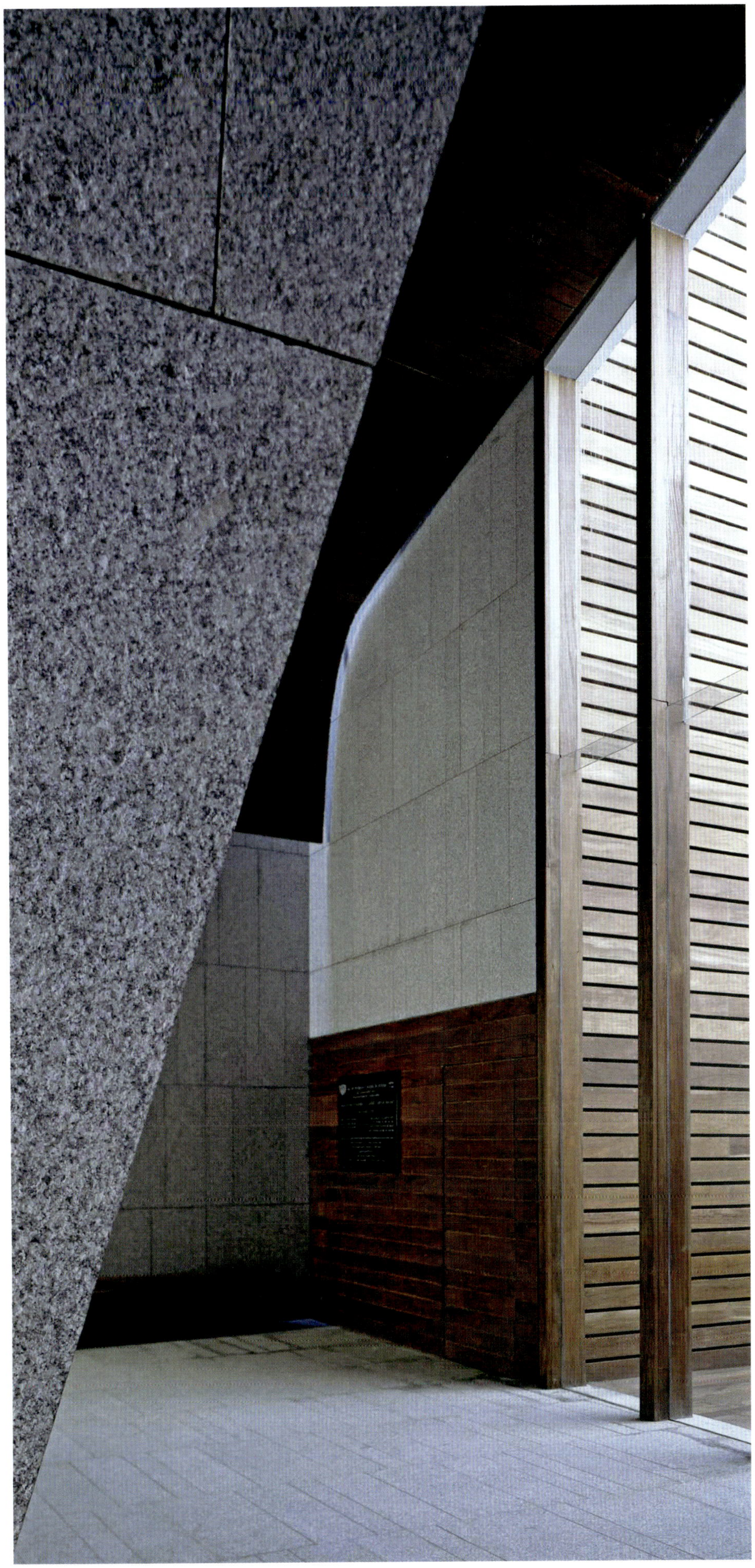

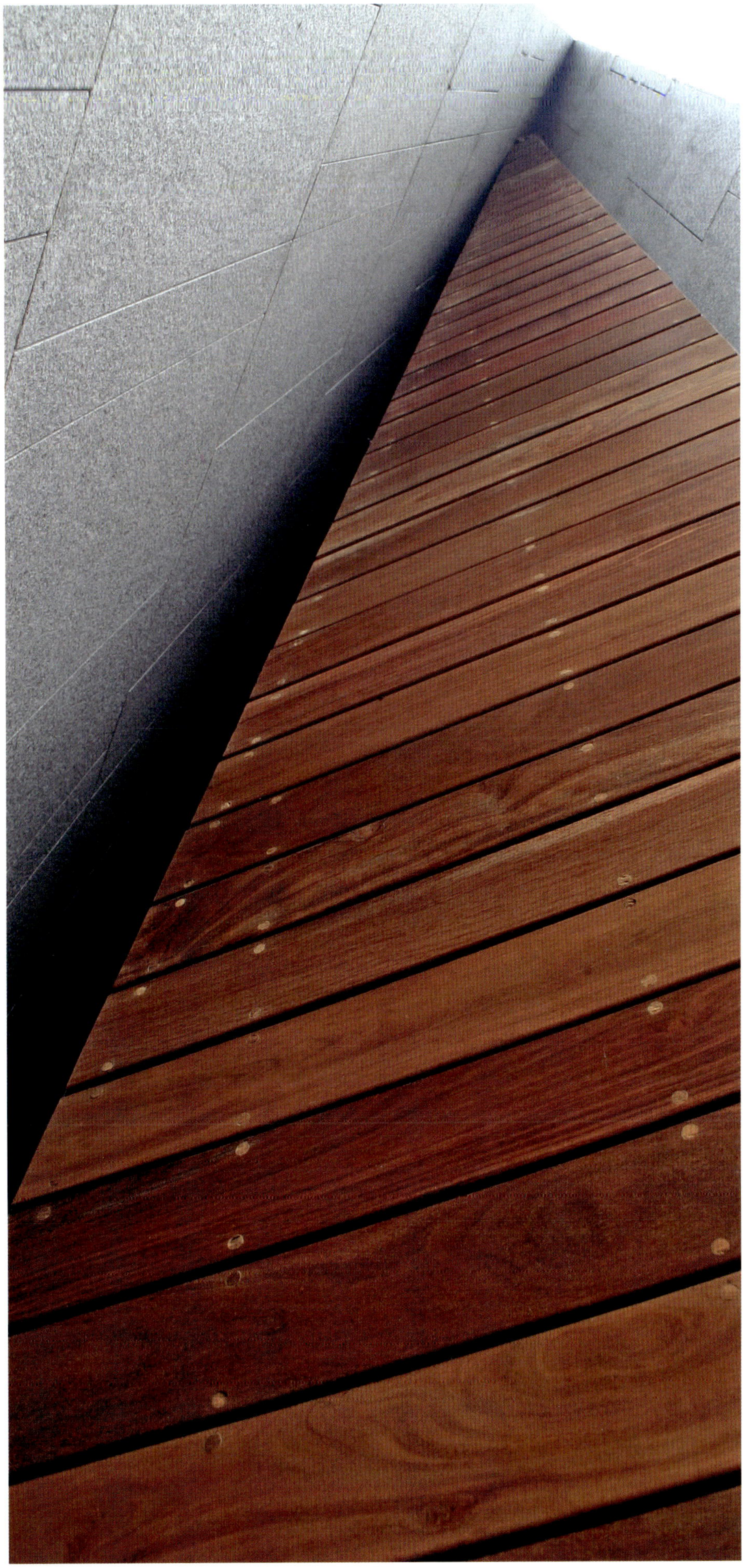

HOUSE FOR AN ARTIST IN OAXACA

Taller de Arquitectura Mauricio Rocha
Oaxaca, Mexico
© Sandra Pereznieto

Tezontle / Tezontle-Gestein / Tezontle
Tezontle (rode vulkanische steen) / Tezontle / Tezontle

The house, owned by a plastic artist, pursues to achieve different objectives: to enhance the surrounding garden and use the orientation to harness the light. The exterior walls are covered with tezontle, an extrusive reddish volcanic rock that matches the earthy colors of the clay tiles of the floor and terrace.

La maison, propriété d'une artiste plasticienne, vise deux objectifs : valoriser le jardin qui l'entoure et utiliser l'orientation pour profiter de la lumière. Les murs extérieurs sont habillés de tezontle, une roche volcanique extrusive rose rouge qui se marie aux nuances ocre des dalles en terre des sols intérieurs et de la terrasse.

La casa, proprietà di un'artista plastica, mira a realizzare diversi obiettivi: potenziare il giardino che la circonda e utilizzare l'orientamento per sfruttare la luce. Le pareti esterne sono rivestite di tezontle, una roccia vulcanica estrusiva nei toni del rosso che si combina con i colori terra delle mattonelle di cotto del pavimento e della terrazza.

Bei diesem Haus, das einer Bildhauerin gehört, wurden unterschiedliche Zielsetzungen verfolgt: man wollte den umgebenden Garten hervorheben und die Ausrichtung zur besseren Lichtausbeute nutzen. Die Außenwände wurden mit Tezontle verkleidet, einem Vulkangestein in Rottönen, die mit den Erdfarben der Lehmplatten des Fußbodens und der Terrasse harmonieren.

Het huis, eigendom van een beeldend kunstenaar, streeft verschillende doelstellingen na: de tuin waardoor het wordt omgeven tot ontwikkeling brengen en de oriëntatie gebruiken om het licht te benutten. De buitenmuren zijn bekleed met tezontle, een rode vulkanische steen die goed past bij de aardkleuren van de aardewerken tegels van de vloer en van het terras.

La casa, propiedad de una artista plástica, persigue diferentes objetivos: potenciar el jardín que la rodea y utilizar la orientación para aprovechar la luz. Las paredes exteriores están revestidas de tezontle, una roca volcánica extrusiva de tonos rojizos que combina con los colores terrosos de las losetas de barro del suelo y la terraza.

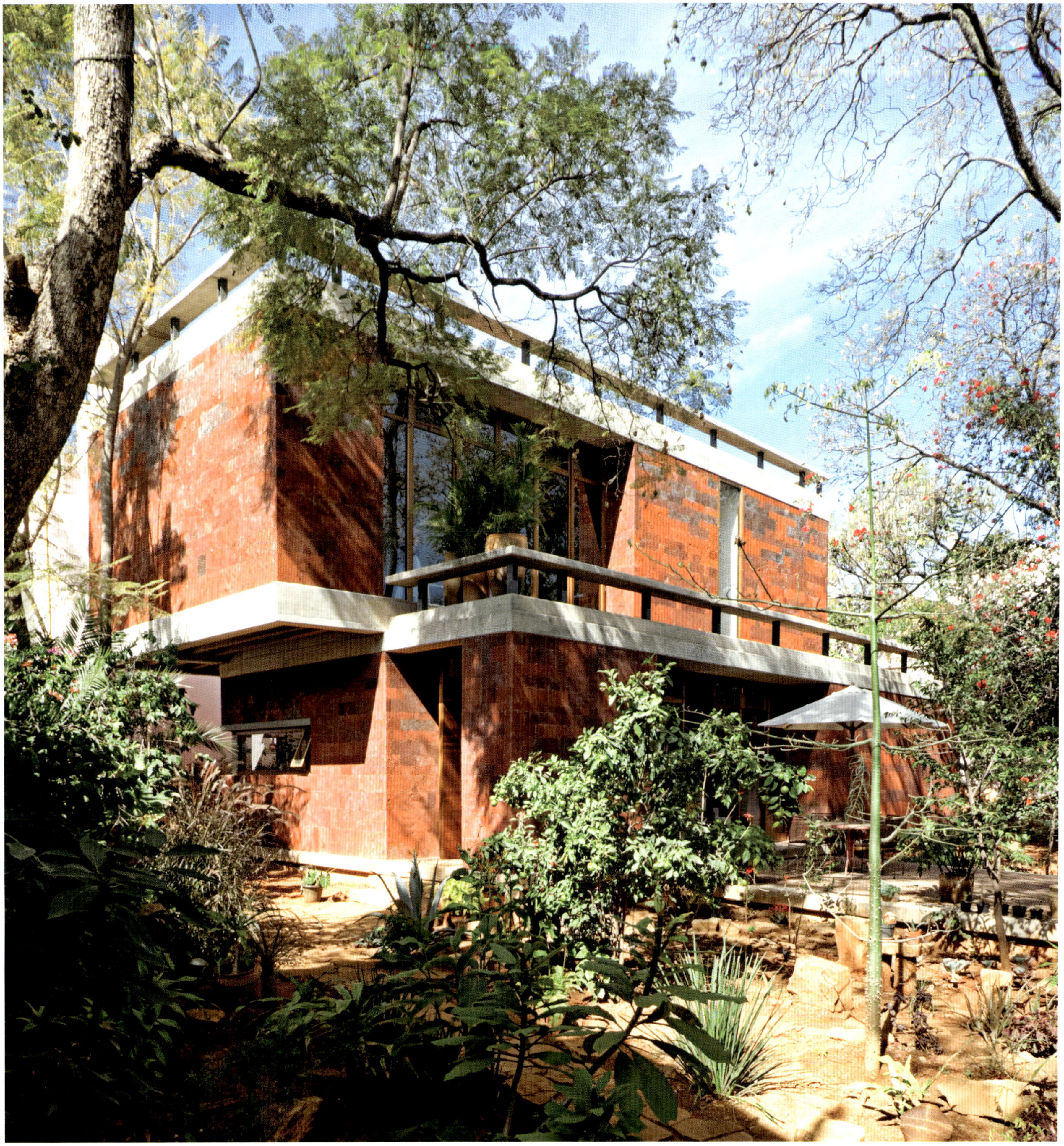

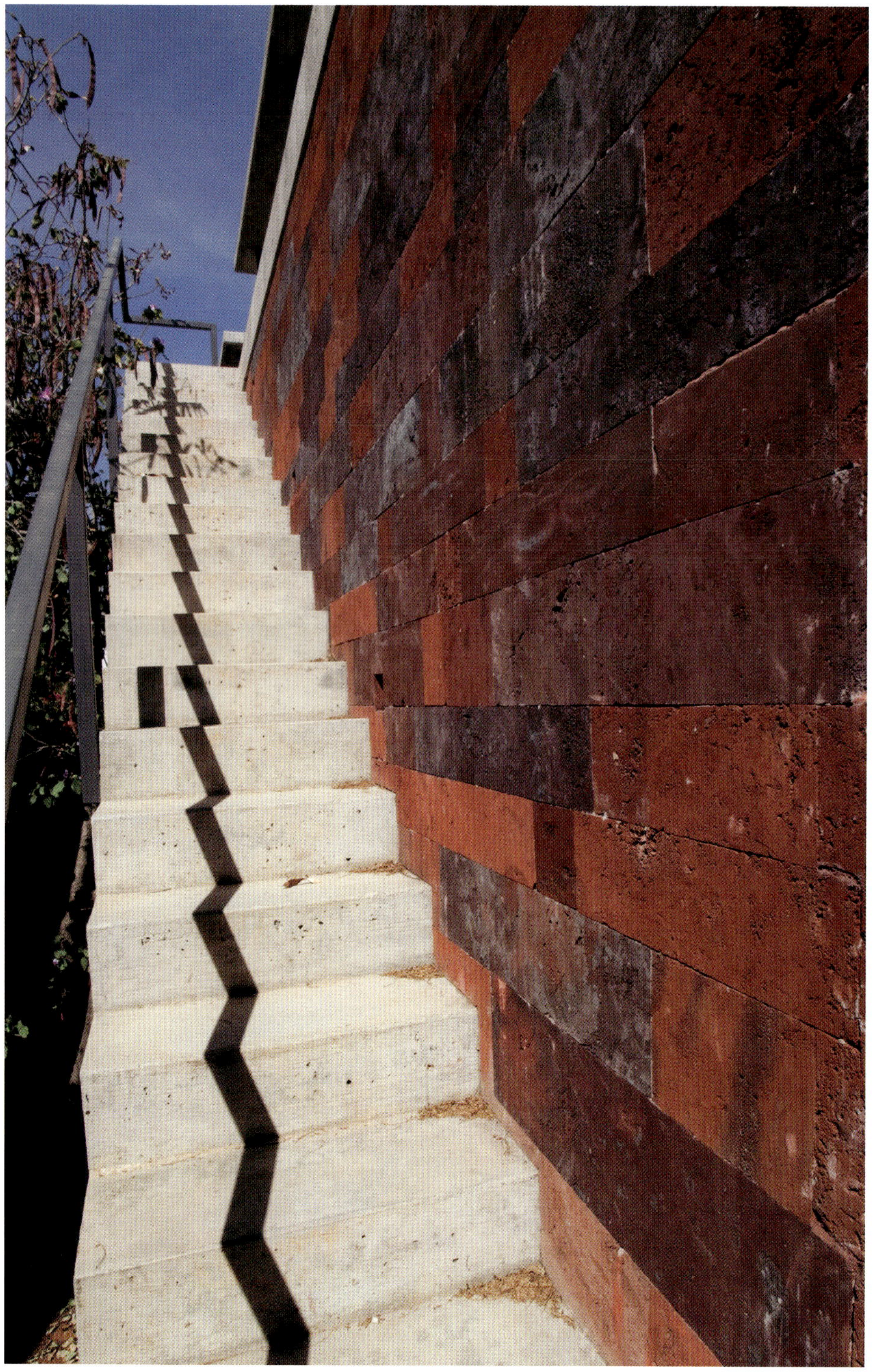

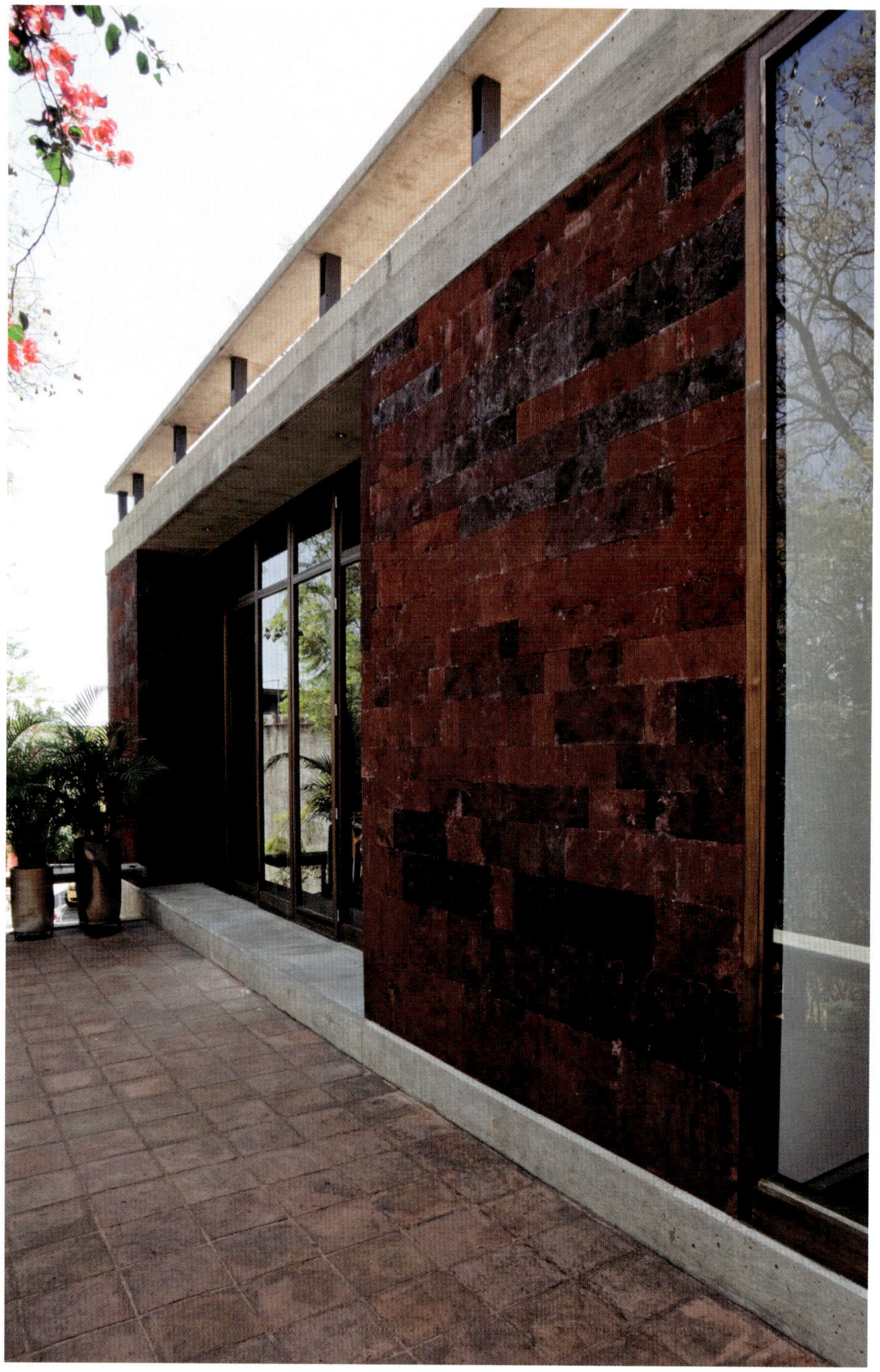

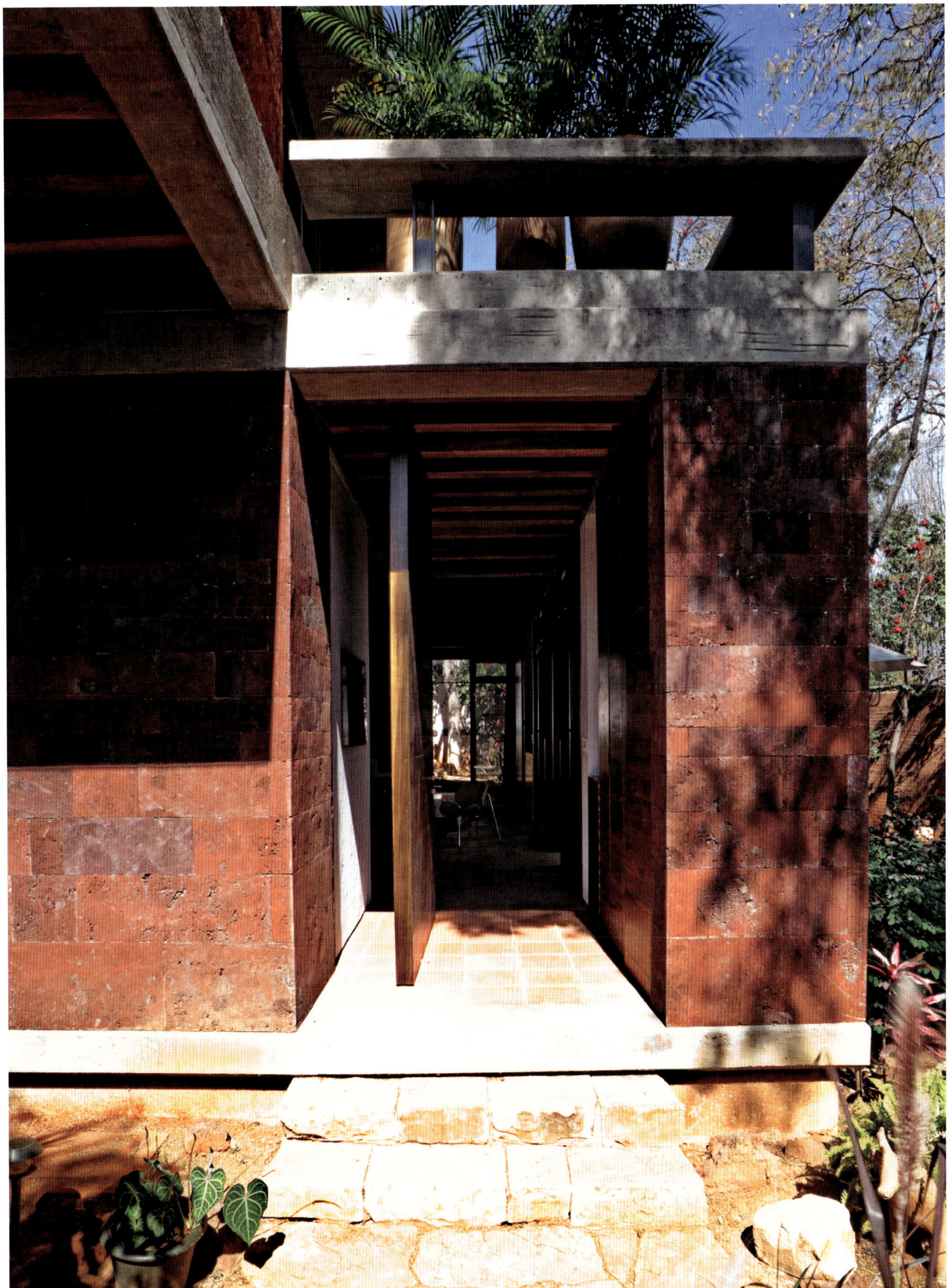

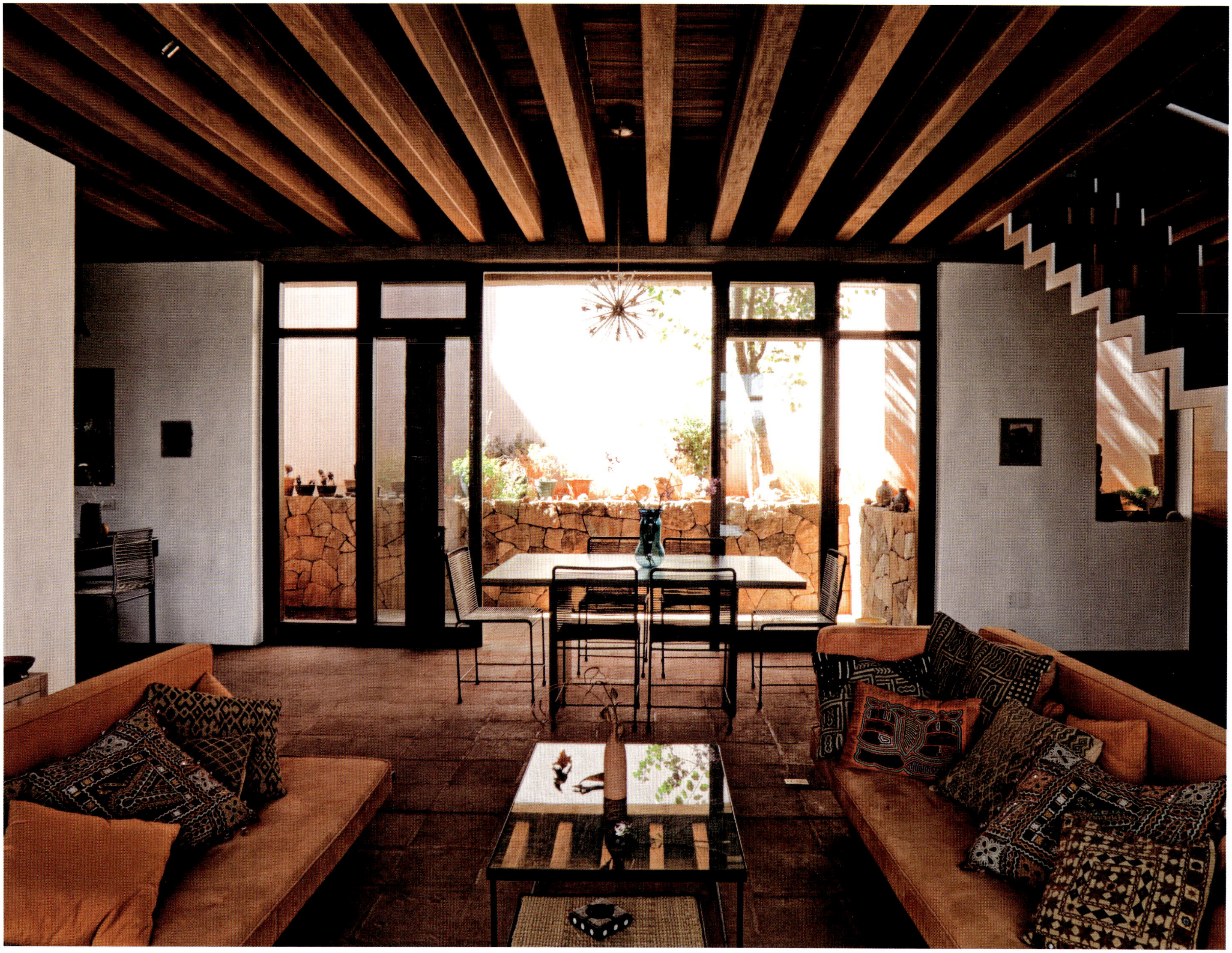

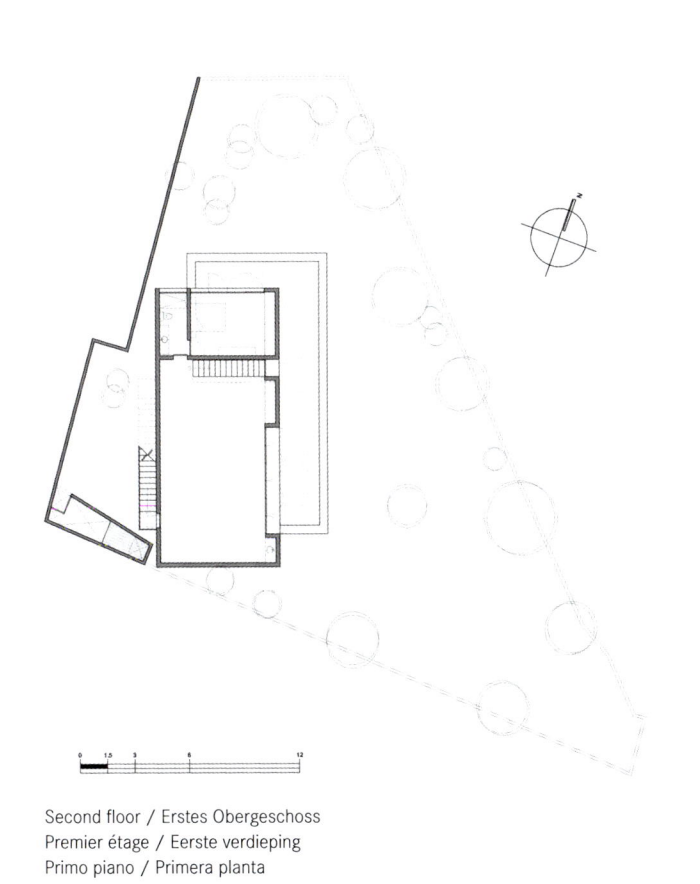

Second floor / Erstes Obergeschoss
Premier étage / Eerste verdieping
Primo piano / Primera planta

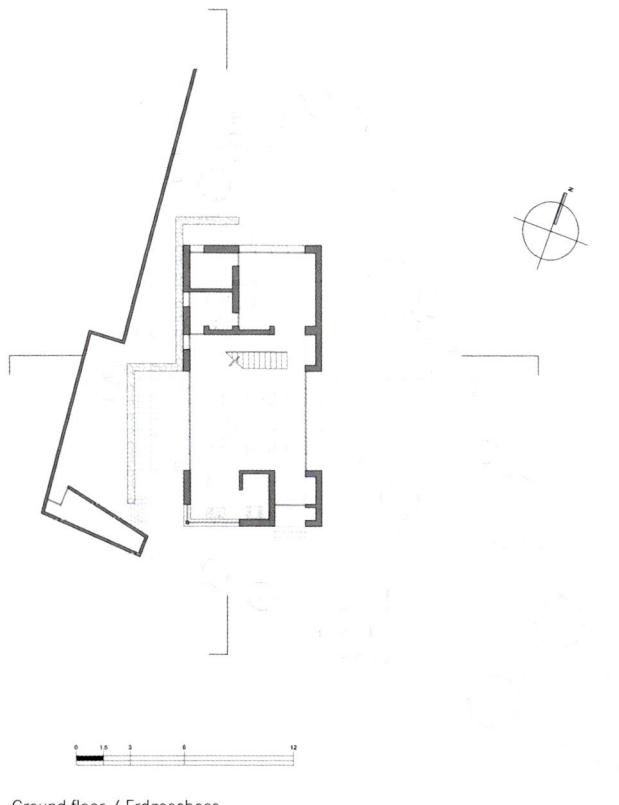

Ground floor / Erdgeschoss
Rez-de-chaussée / Begane Grand
Piano terra / Planta baja

SECANO HOUSE

Ad hoc msl
Fuente Álamo, Spain
© Ad hoc msl, David Frutos

Limestone / Kalkstein / Pierre calcaire / Kalksteen / Pietra calcarea / Piedra caliza

The extremes temperatures of the climate in this area have determined the orientation of the house; its walls protect it from the hours of maximum heat. The land was covered with a thin layer of limestone that the architects decided to crush and use to coat the walls and exterior spaces.

Die extremen Klimabedingungen dieser Gegend bestimmten die Ausrichtung dieses Wohngebäudes, dessen Mauern das Innere vor der größten Mittagshitze schützen. Das Grundstück war von einer dünnen Schicht Kalkstein bedeckt gewesen, der im Auftrag der Architekten zerkleinert und für die Verkleidung der Wände und Außenbereiche genutzt wurde.

Les températures extrêmes du climat dans cette région ont déterminé l'orientation de cette demeure protégée des grosses chaleurs de la journée par l'épaisseur de ses murs. Le sol du terrain est couvert d'une mince couche de pierre calcaire que les architectes décidèrent d'utiliser, après broyage, pour le revêtement des murs et les espaces extérieurs.

De extreme temperaturen van het klimaat in deze streek hebben de oriëntatie van de woning bepaald. De muren beschermen het huis op de warmste uren van de dag. De grond van het terrein was bedekt met een dunne laag kalksteen die de architecten hebben laten vergruizen en gebruikt voor de bekleding van de wanden en de buitenruimten.

Le temperature estreme del clima di questa zona hanno condizionato l'orientamento dell'abitazione, le cui pareti la proteggono dalle ore di massimo calore. Il terreno era coperto da un sottile strato di pietra calcarea, che gli architetti hanno deciso di triturare e utilizzare per rivestire le pareti e gli spazi esterni.

Las temperaturas extremas del clima de esta zona condicionaron la orientación de la residencia, cuyos muros la protegen de las horas de máximo calor. El suelo del terreno estaba cubierto de una fina capa de piedra caliza que los arquitectos decidieron triturar y aprovechar para el revestimiento de las paredes y los espacios exteriores.

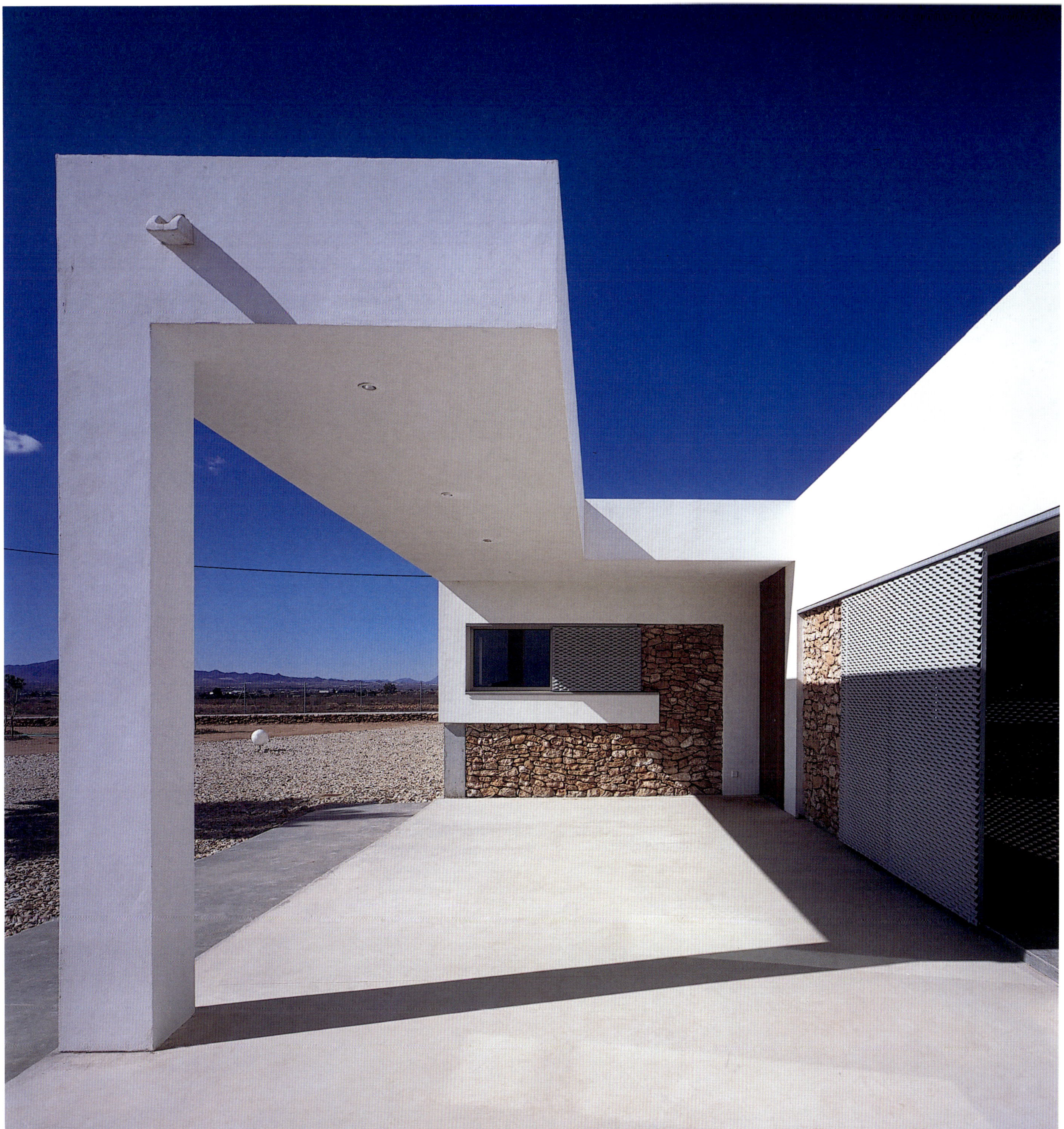

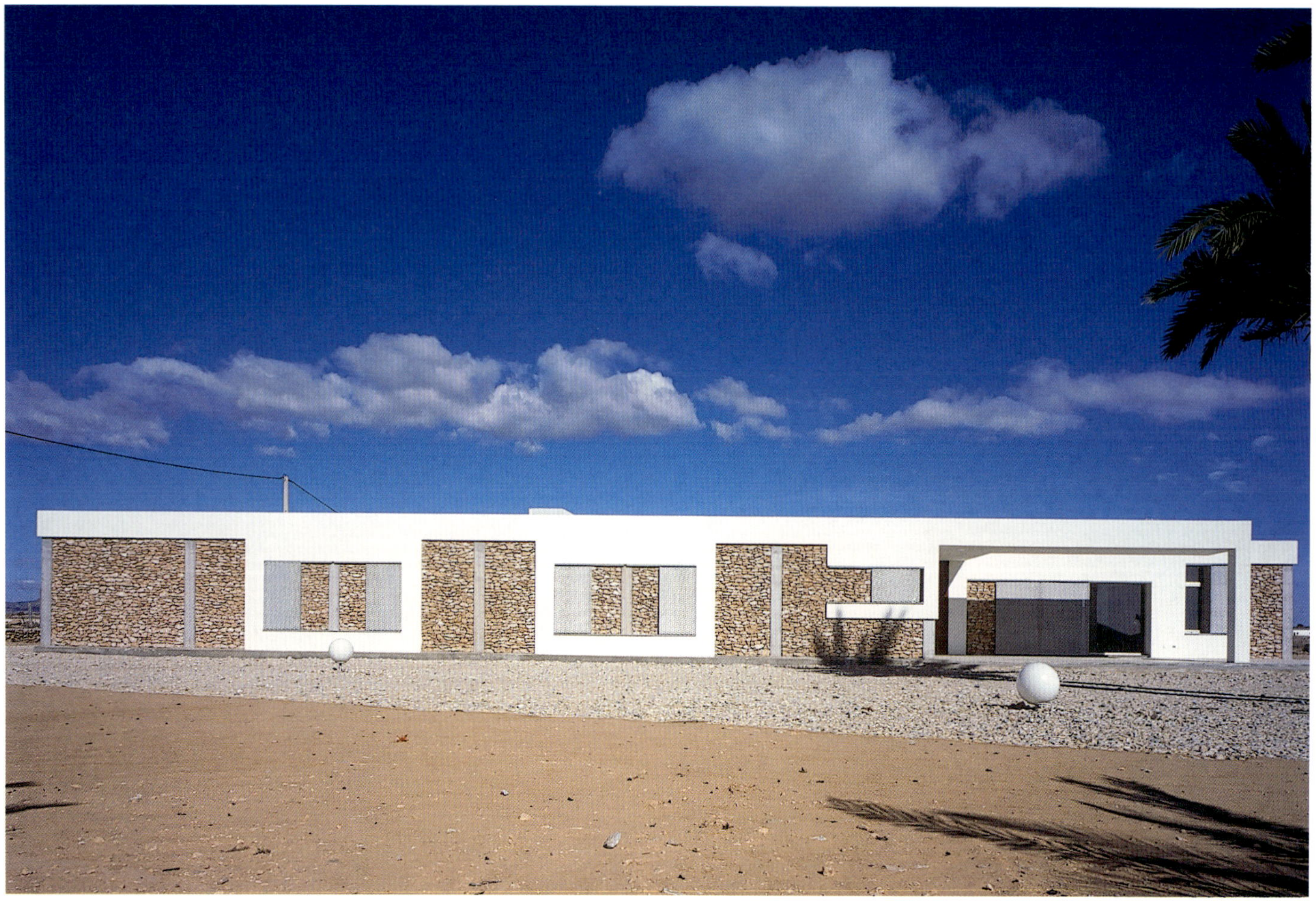

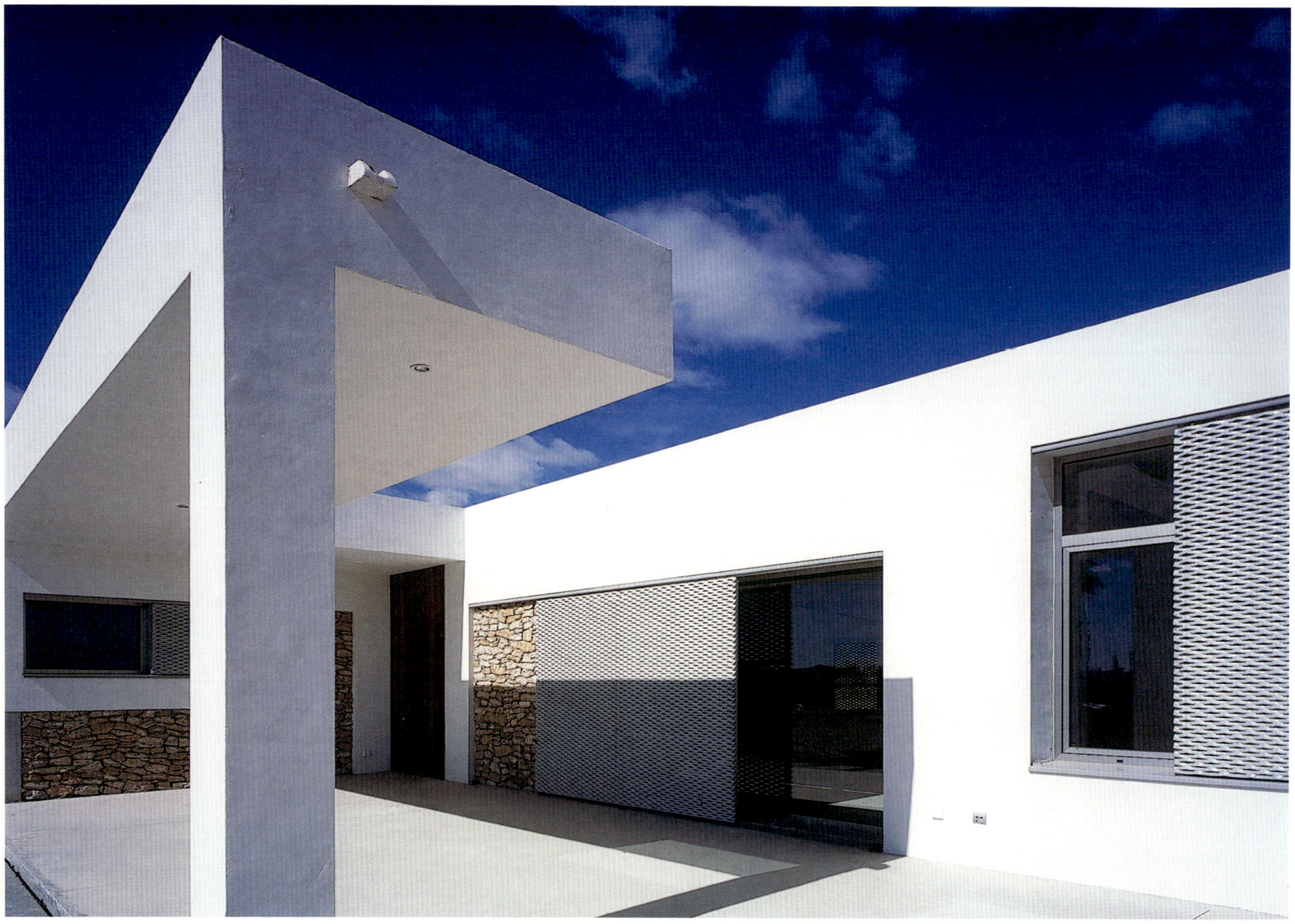

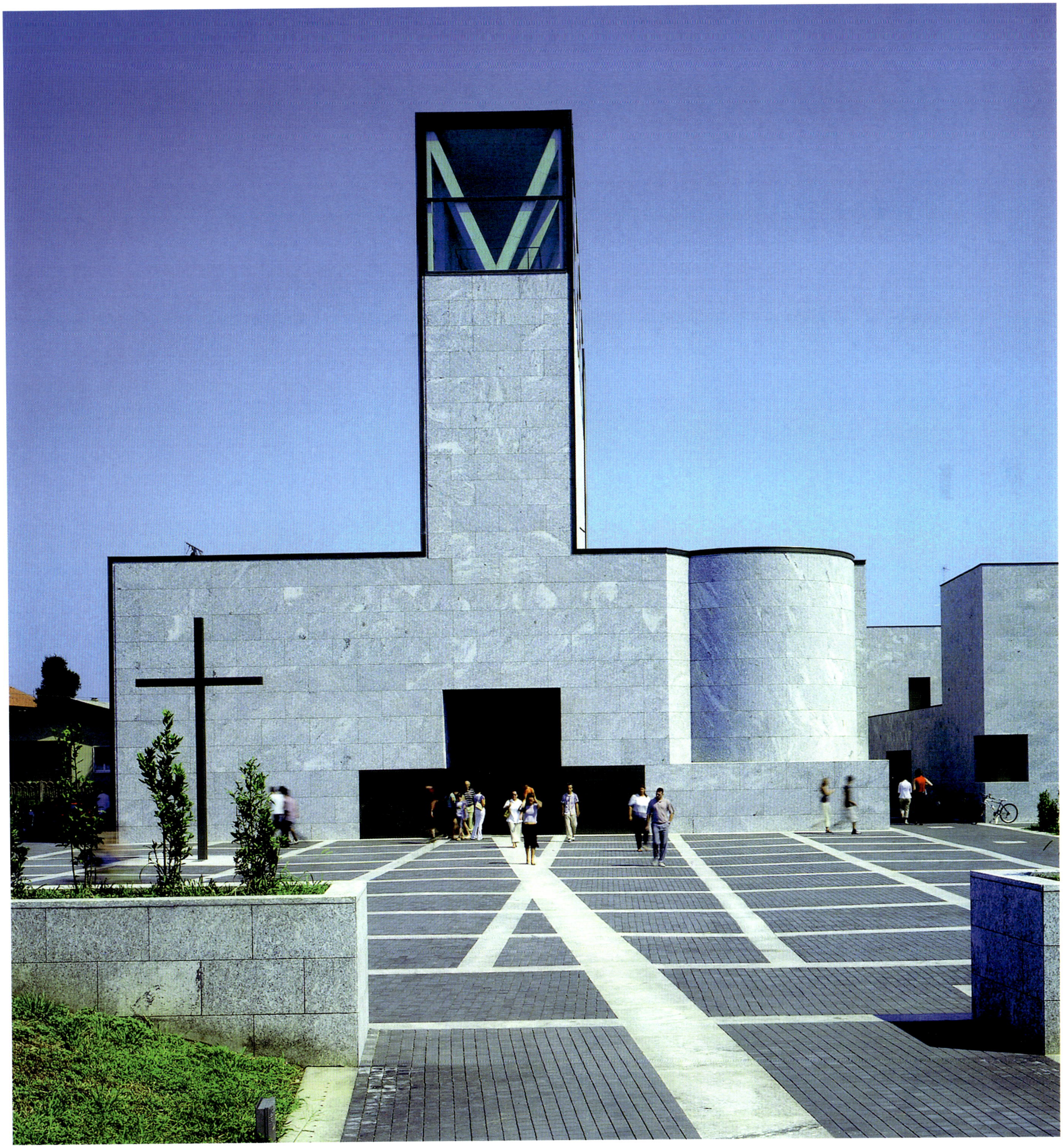

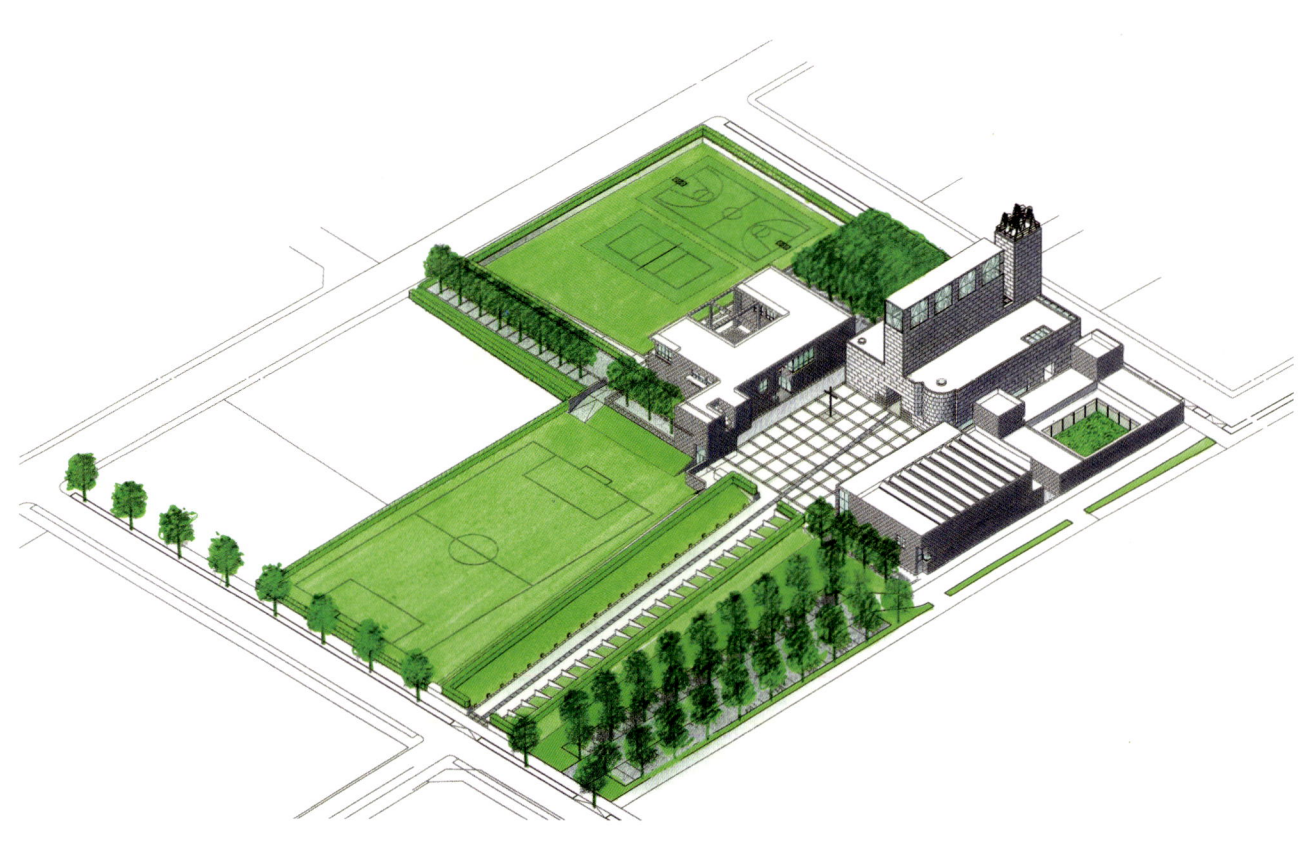

Sketches / Skizzen
Esquisses / Schetsen
Schizzi / Bocetos

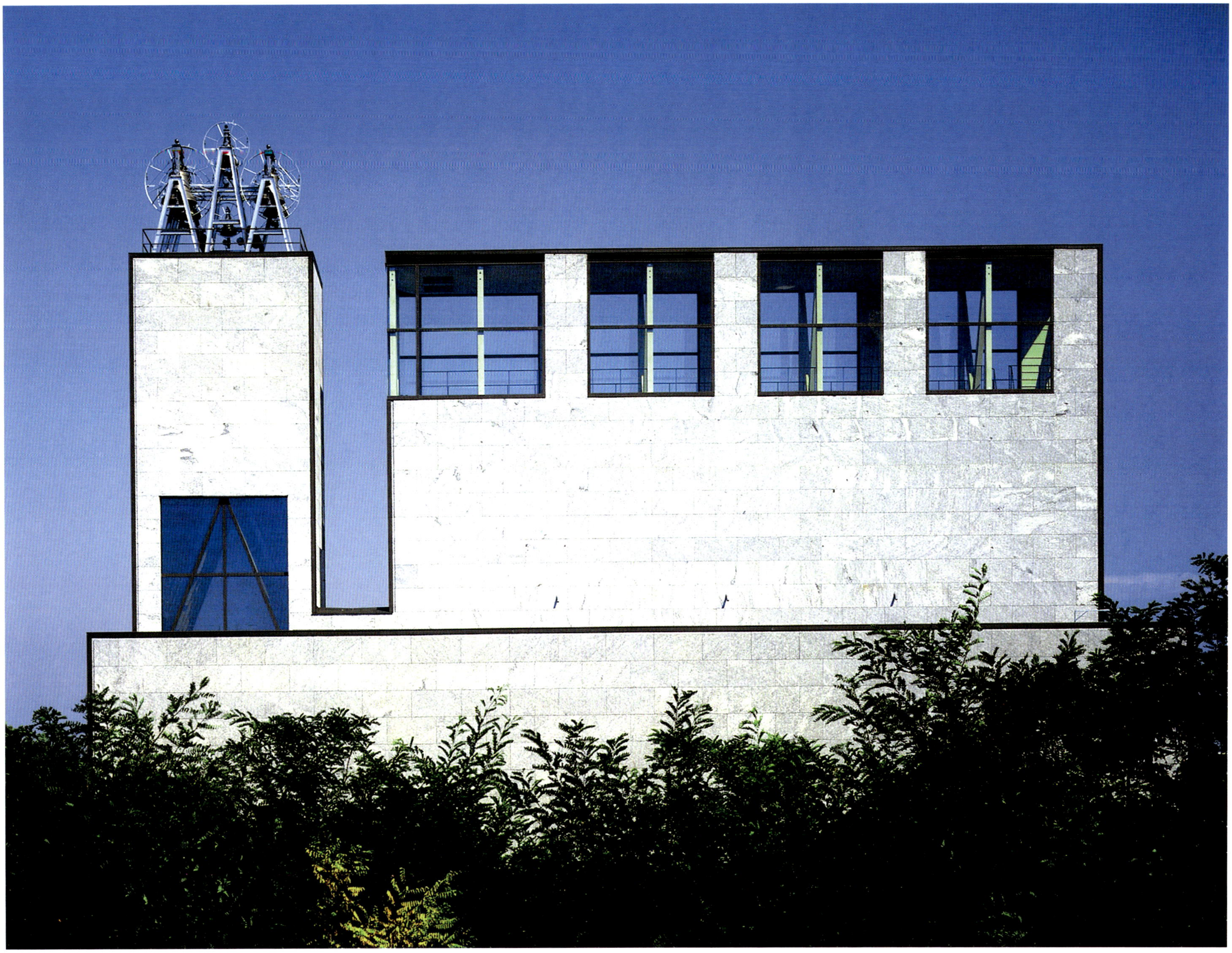

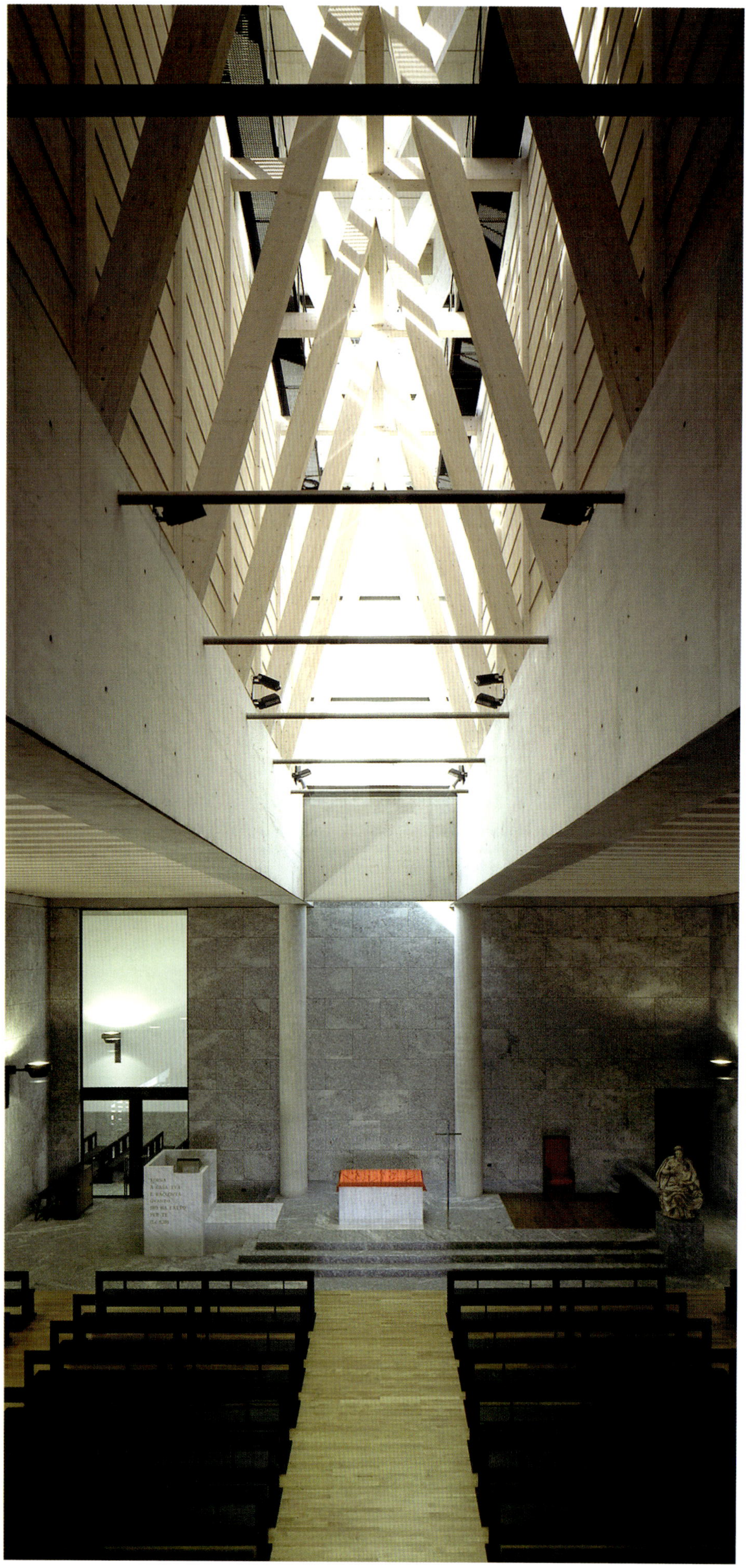

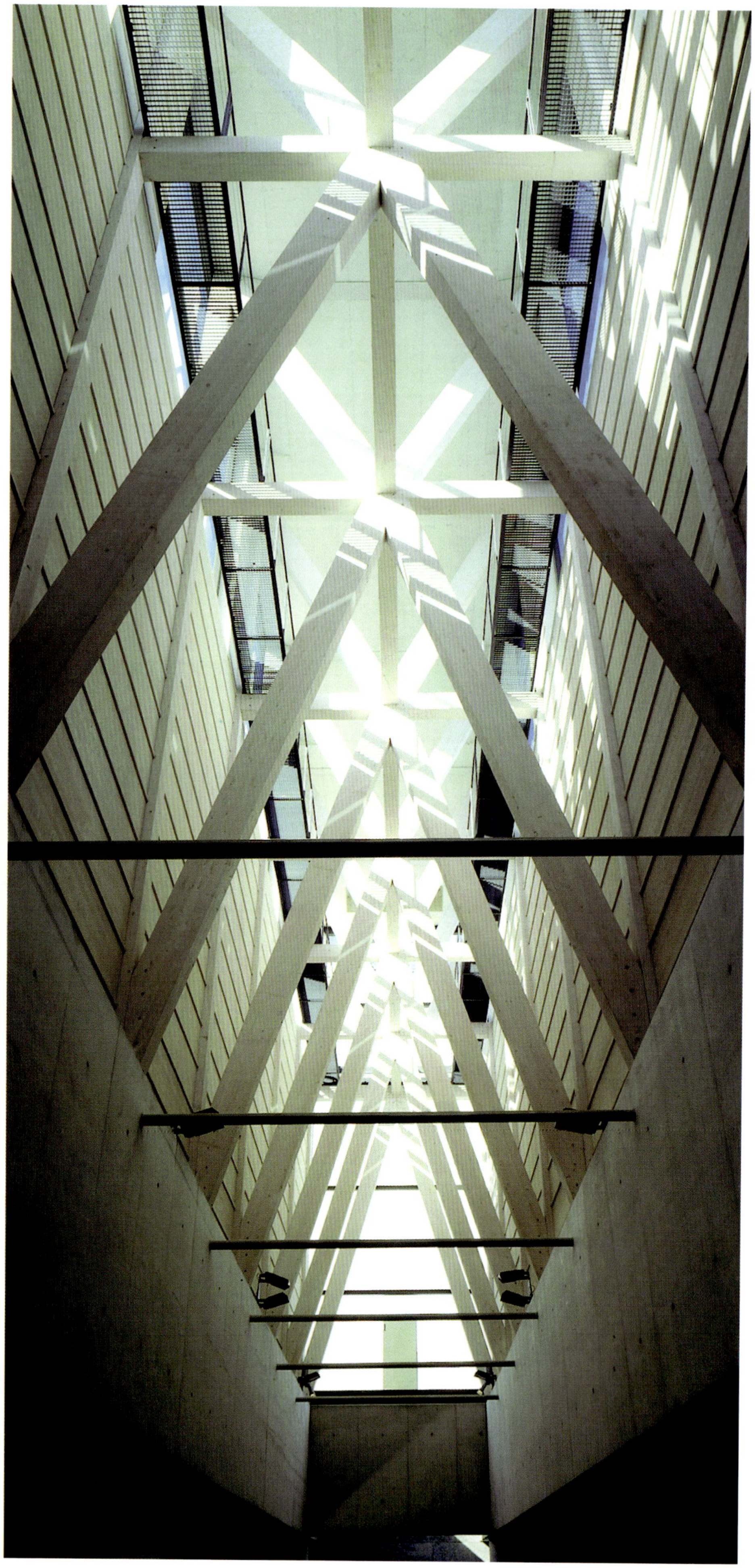

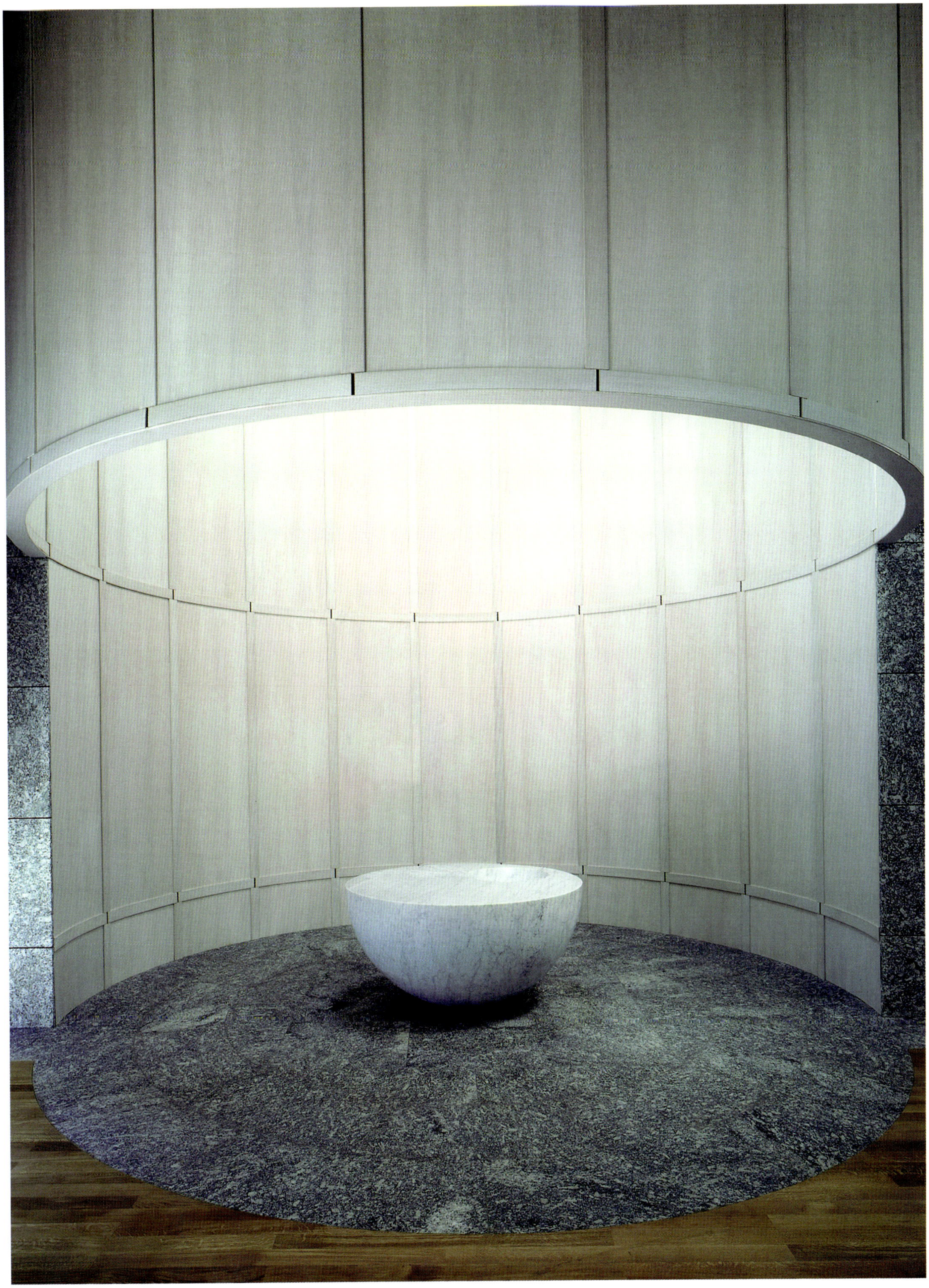

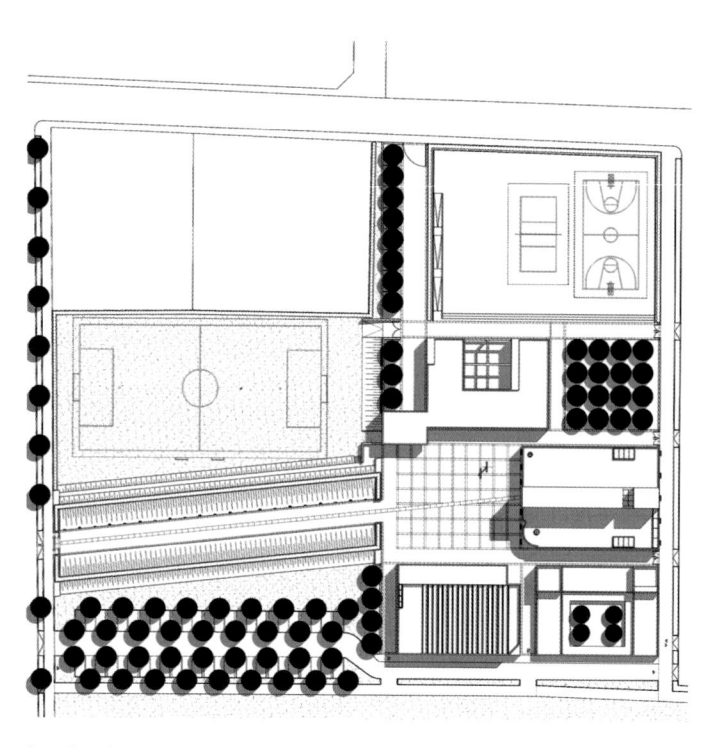

Location plan / Umgebungsplan
Plan de situation / Omgenigsplattegrond
Planimetria di localizzazione / Plano de situación

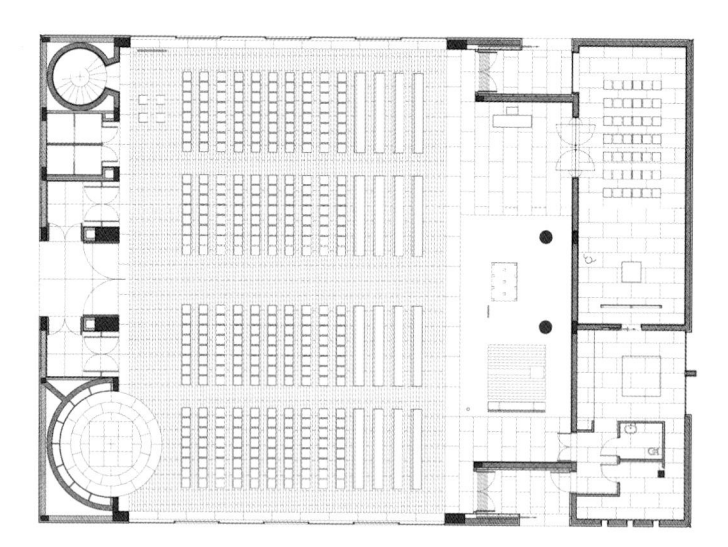

Floor plan / Geschossplan
Plan / Plattegrond
Pianta / Planta

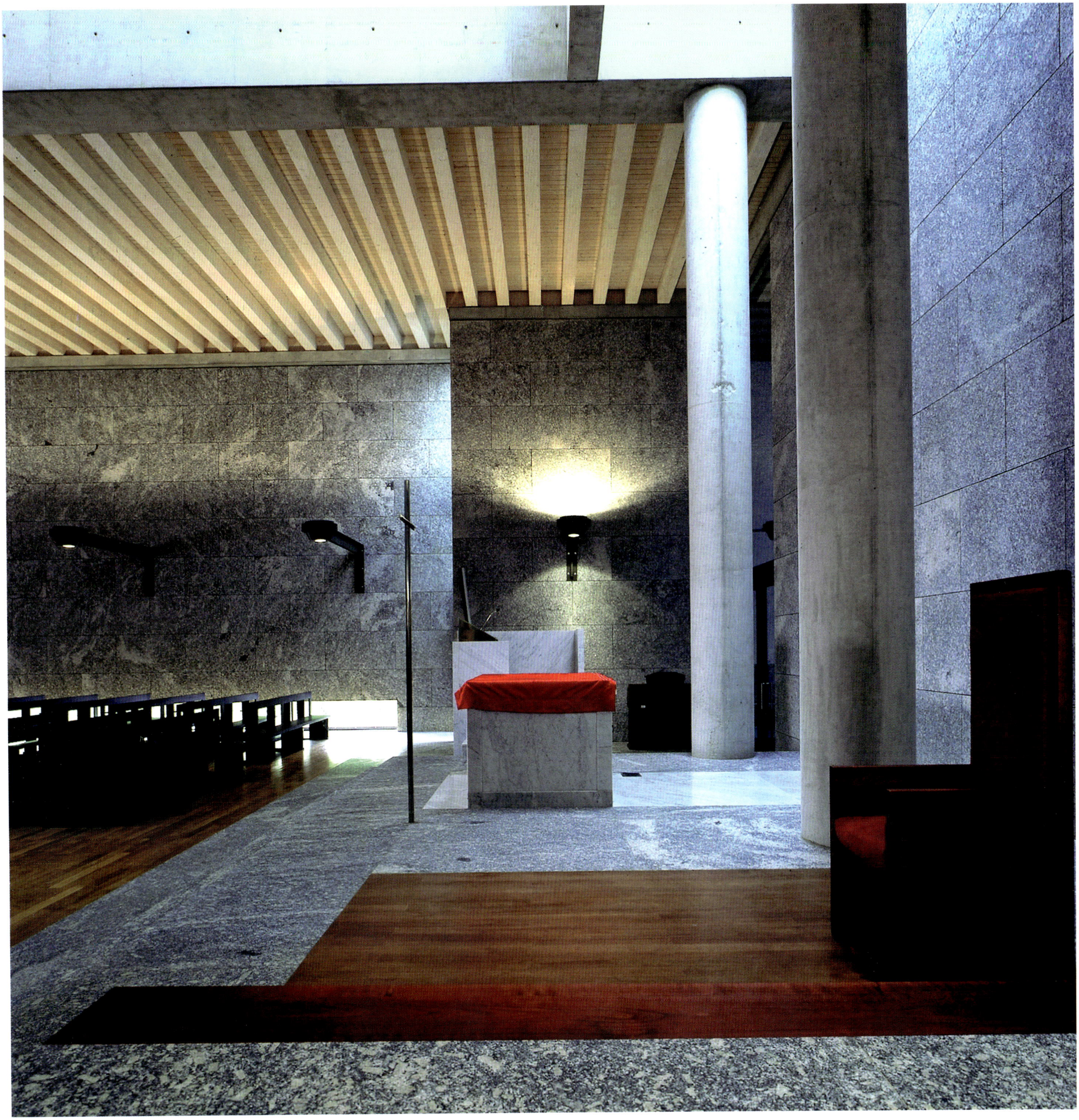

MALVERN SQUARE

Rush Wright Associates
Malvern, Australia
© Michael Wright, David Simmonds

Granite / Granit / Granit / Graniet / Granito / Granito

This square, remodeled after projects in the underground parking lot, is located at the crossroads of two main streets. A random plot was used to place non-slip granite pavement and create a dynamic effect in the space. This stone is also used in stairways, ramps, pedestals and walls.

Suite à la construction d'un parking souterrain, cette place à l'intersection de deux grandes artères a été entièrement refaite. Une trame aléatoire a été imaginée afin d'implanter le revêtement en granit antidérapant tout en dynamisant l'espace. Cette roche est également présente dans les escaliers, les rampes, les marches et les murs tout autour.

Questa piazza, ristrutturata in seguito ad alcuni lavori nel parcheggio sotterraneo, si trova all'incrocio di due strade principali. È stata creata una trama irregolare per la posa del pavimento in granito antiscivolo e la creazione di un effetto dinamico a livello spaziale. Questa pietra è presente anche nella scale, nelle rampe, nelle pedane e nelle pareti di contenimento.

Dieser nach Bauarbeiten an der Tiefgarage umgestaltete Platz befindet sich an der Kreuzung zweier Hauptverkehrsstraßen. Für die Verlegung des rutschfesten Granitbodens wurde ein zufälliges Schema erdacht, um eine dynamische Wirkung im Raum zu erzielen. Auch für die Treppen, Rampen, Sockel und Sperrmauern wurde Granit verwendet.

Dit plein, gerenoveerd na de aanleg van een ondergrondse parkeergarage, bevindt zich op het kruispunt van twee hoofdstraten. Er werd een willekeurig verband gekozen om een antislipwegdek van graniet aan te leggen en een dynamisch effect in de ruimte te creëren. Deze steen is ook toegepast in trappen, opritten, voetstukken en draagmuren.

Esta plaza, remodelada tras unas obras en el aparcamiento subterráneo, se encuentra en el cruce de dos calles principales. Se ideó una trama aleatoria para colocar pavimento de granito antideslizante y crear un efecto dinámico en el espacio. Esta piedra también está presente en escaleras, rampas, peanas y muros de contención.

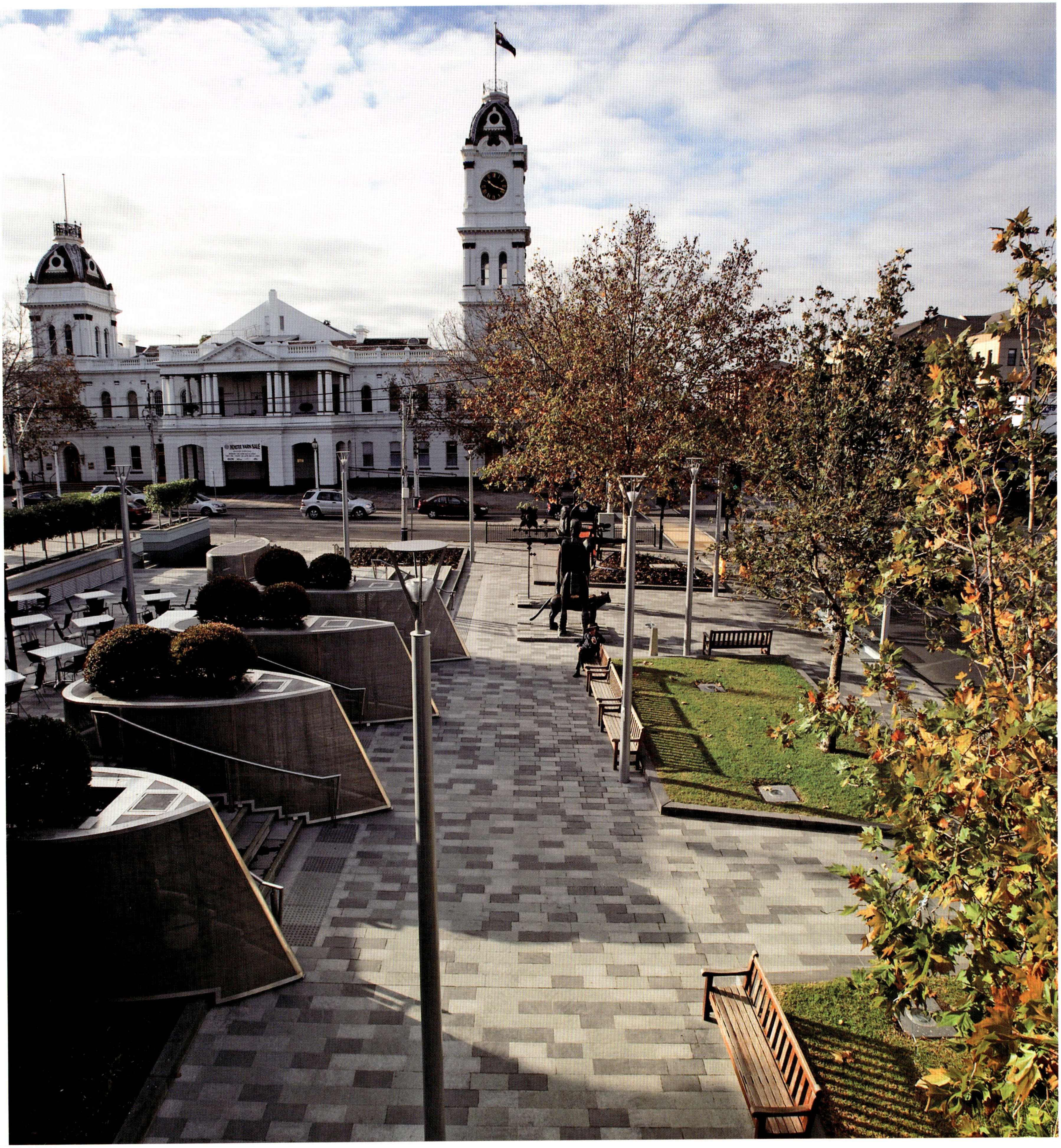

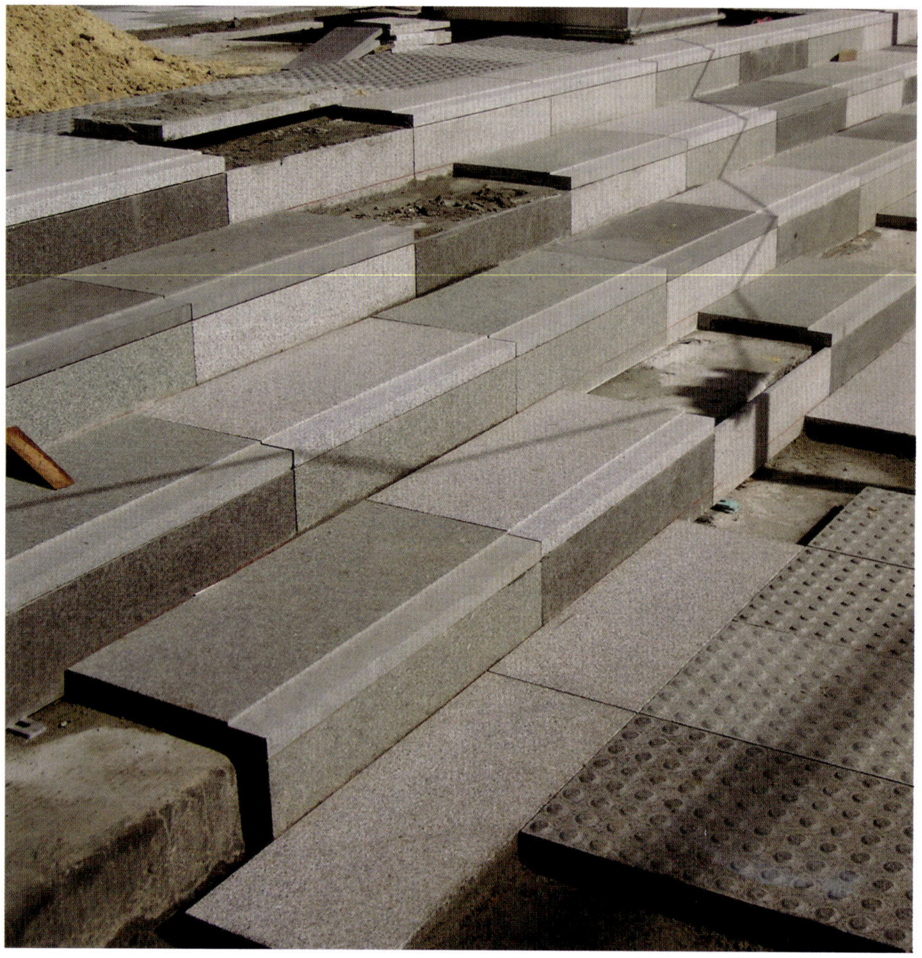

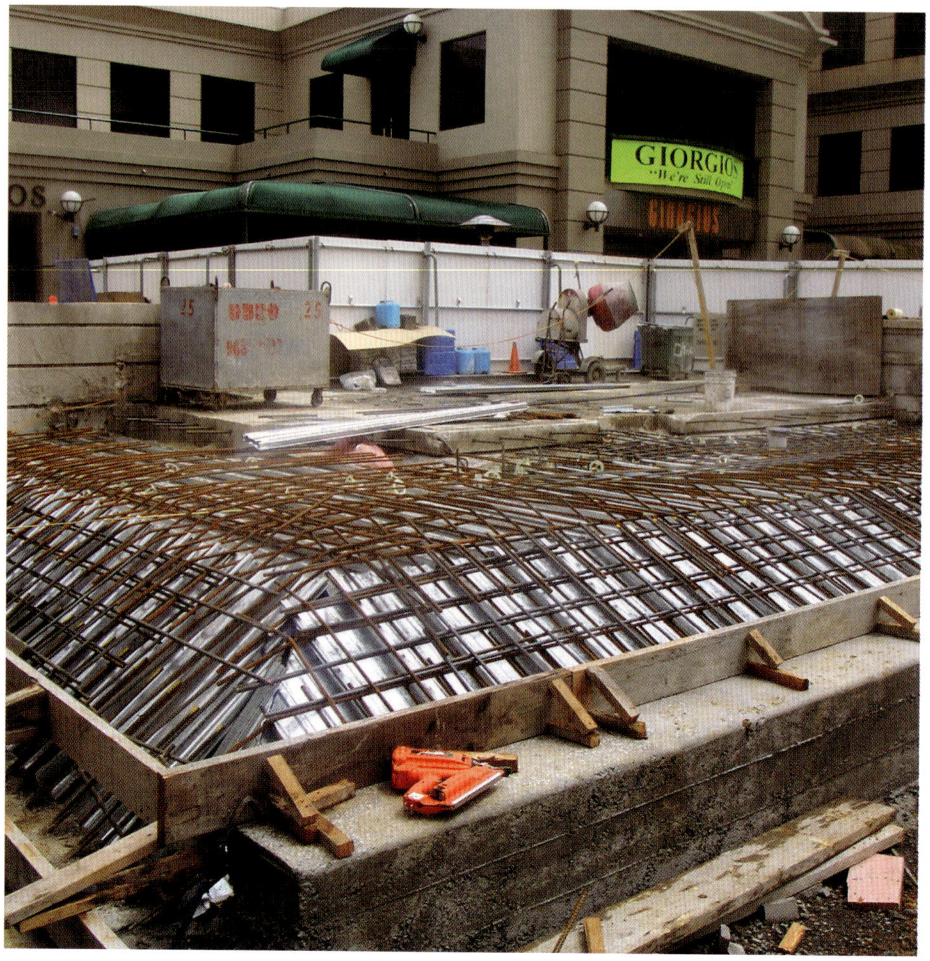
GIORGIOS

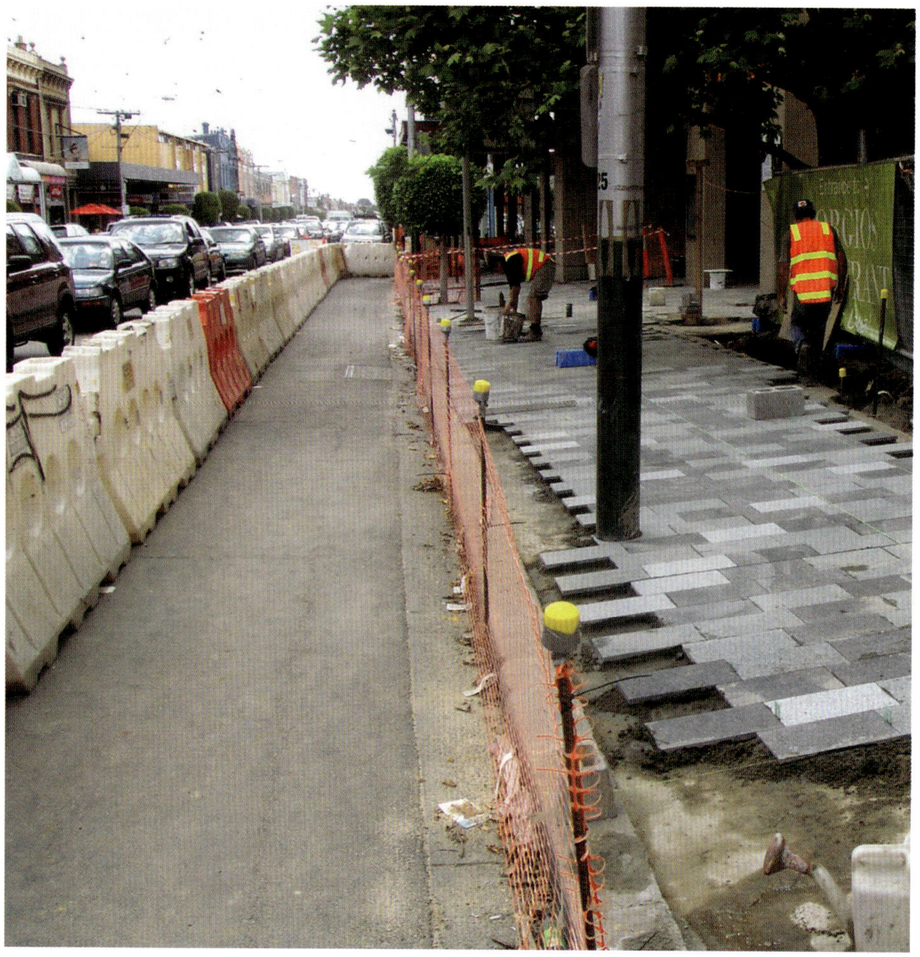

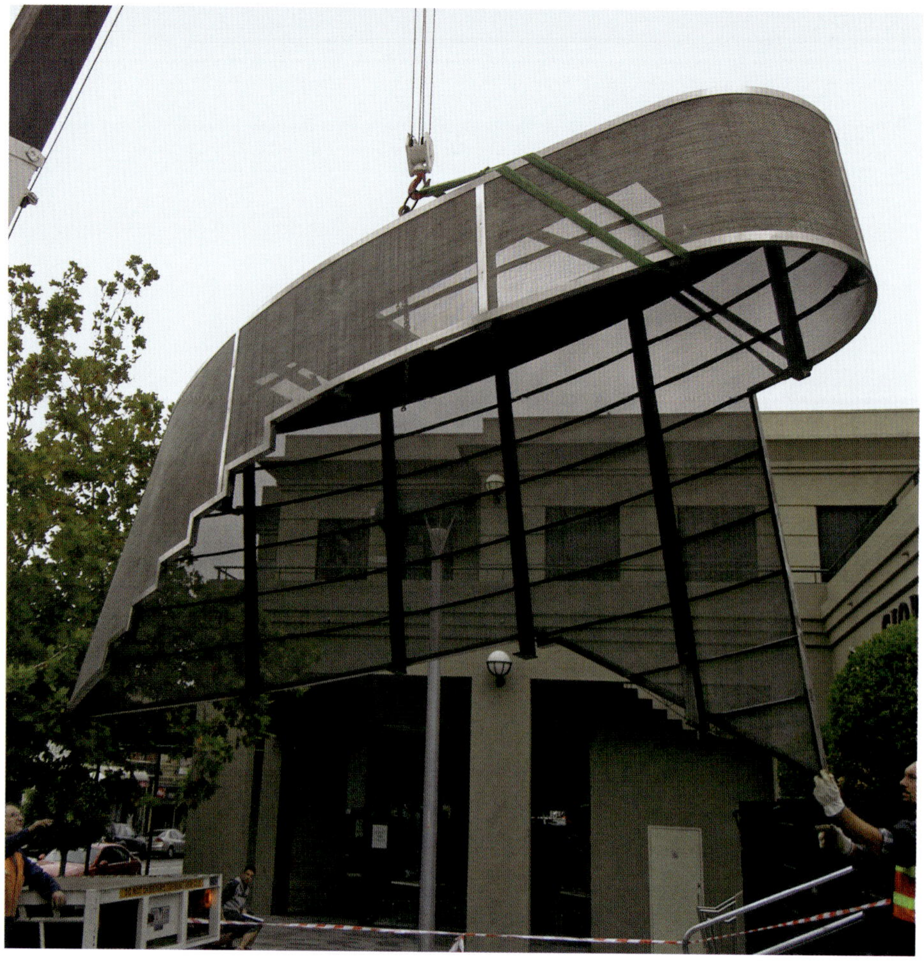

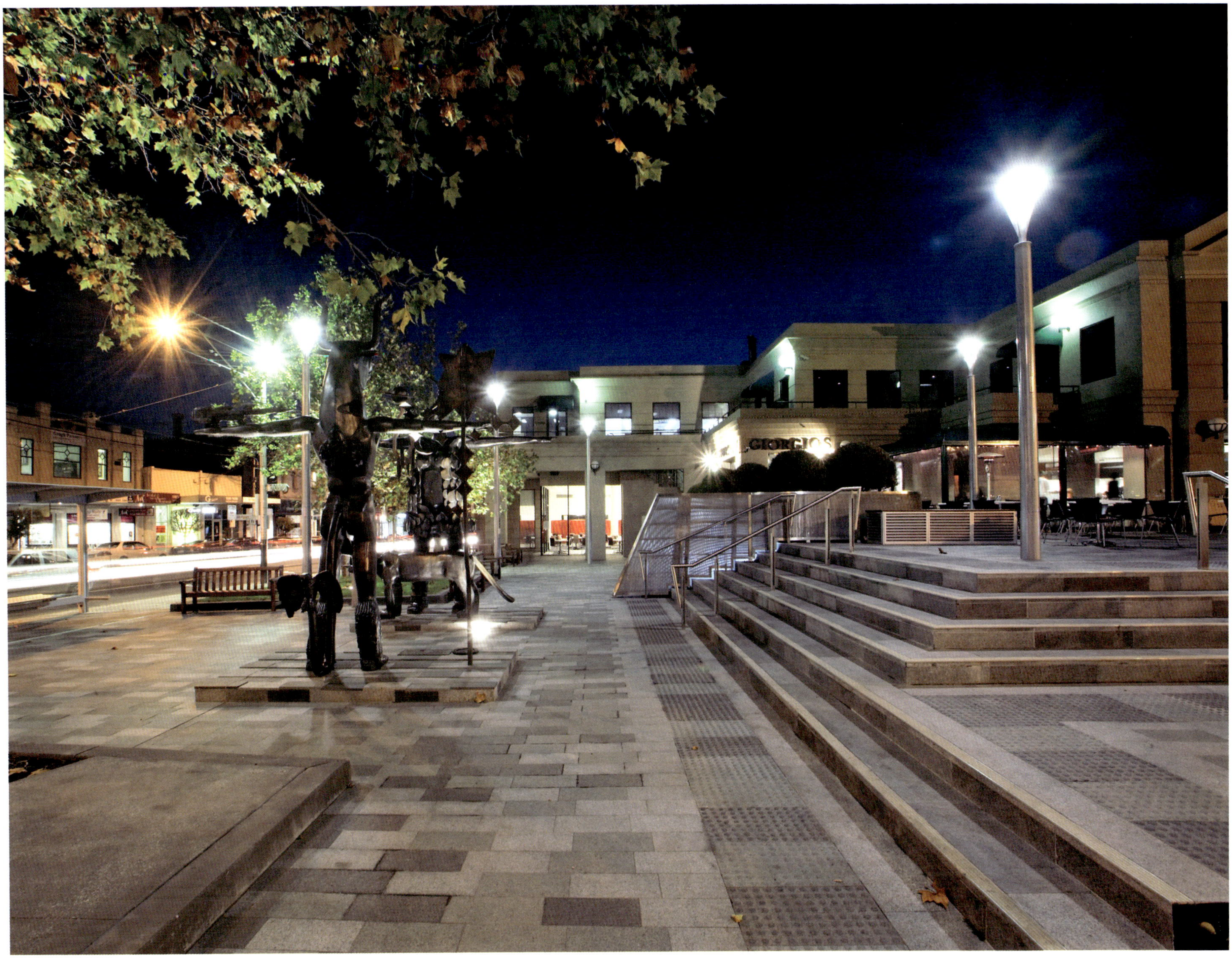
GIORGIOS

Location plan / Umgebungsplan
Plan de situation / Omgenigsplattegrond
Planimetria di localizzazione / Plano de situación

3-D representation / 3D - Darstellung
Représentation en 3D / 3D-representatie
Rappresentazione in 3D / Representación en 3D

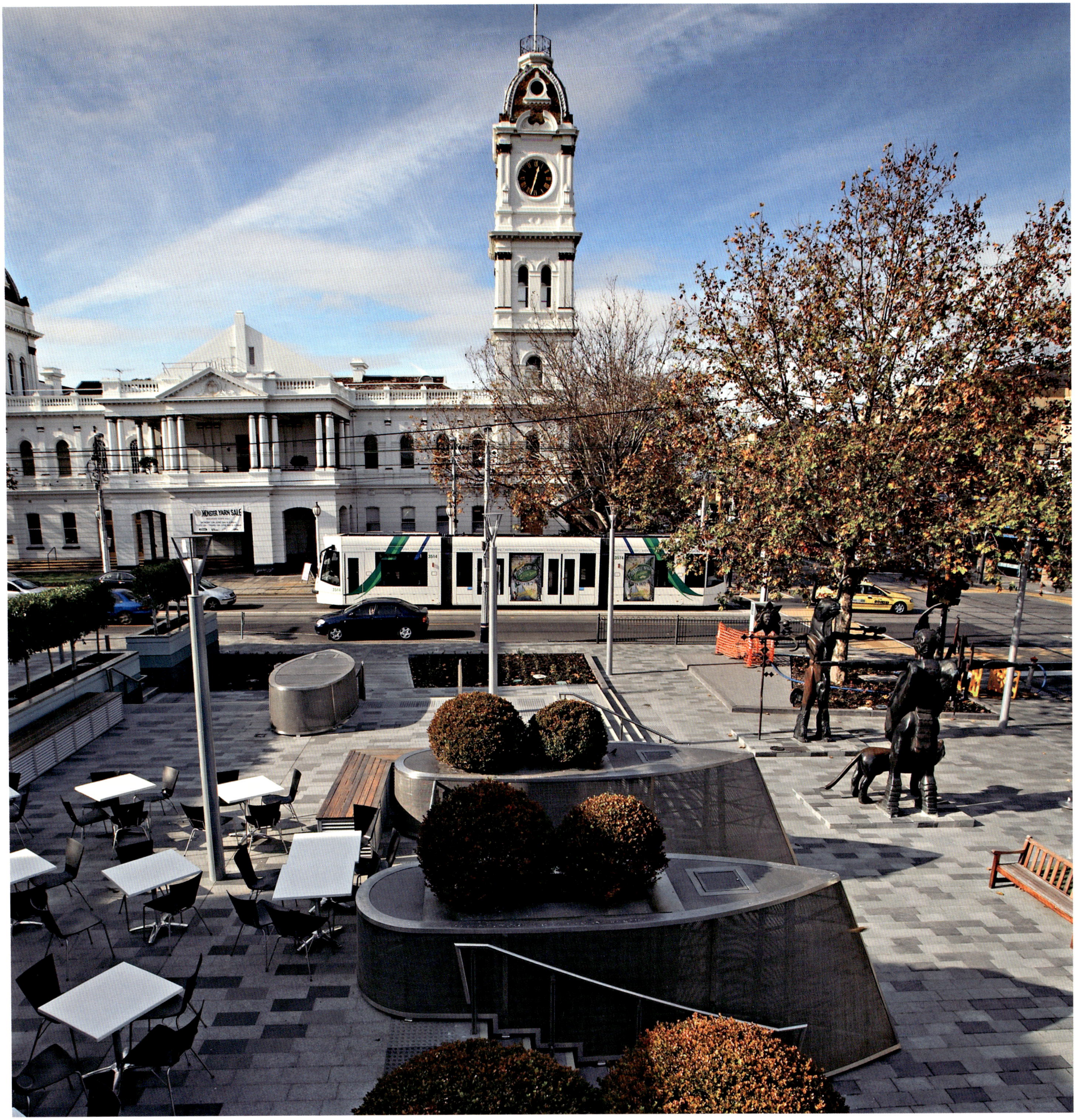
MONSTER YARN SALE

STONES

Natural stones are classified according to their mineral content. Most of these minerals can be identified by their color, hardness and crystal formation. Stones are characterized by durability, hardness, strength, weight, coarseness of the grain, porosity, color, and absorption. Stones are categorized as follows.

SEDEMENTARY STONES

These stones are formed by organic matter or clastic elements in specific environments such as glaciers, rivers and oceans. Minute sedimentary fragments broke off from these elements and accumulated to form rock beds. These fragments bonded through millions of years of heat and pressure. Most common types of sedimentary stones are:

Limestone

It mainly consists of calcite. It has a smooth granular surface and varies in hardness. Some dense limestone can be polished. Colors are black, grey, white, yellow or brown. Limestone contains lime from sea water, hence the nomenclature.

Group: sedimentary
Rock formation group: calcareous
Composition: calcium carbonate (calcite) or the double carbonate of calcium and magnesium (dolomite). Contains a variety of accessory minerals such as silica, pyrite, iron oxides, clay minerals and organic matter (plants and animals).
Hardness: soft to hard
Porosity: 0.6-31.0%
Absorption: 0.2-12.0%
Properties: the characteristics of limestone depend on the environment and on the variety. Certain types contain iron oxides or pyrite causing rust spots. Limestone absorbs oils and other liquids. Some types have large pores while others have an open pitted texture able to hold dirt and soil.
Colors: from white to creams; soft yellows to rich crimson; medium green to dark blue green; gray to black. Patterns may vary from solid to variegated.
Finishes: not all limestone types can be polished. The lower the clay content is, the better the limestone takes a polish.

Sandstone

Sandstone is a sedimentary stone that is generally the result of quartzite stone being eroded and deposited by either wind or water. Sandstones are easy to work with. They are commonly used in gardens, public landscapes, as exterior wall claddings, etc. They can be chiseled and dressed to a smooth surface in various attractive shapes.

Group: sedimentary
Rock formation group: siliceous
Composition: the main minerals are quartz, feldspar and mica with a variety of accessory minerals.
Hardness: medium to hard
Porosity: 0.5-35.0%
Absorption: 0.2-9.0%
Properties: the types of bonding material and the presence of silt or clay determine how well the sandstone weathers in any given environment. Those cemented by silica and with high quartz content are very resistant while the types containing calcite weather easily. In cold climates the absorbed water freezes resulting in cracks. Sandstones absorb oil and other liquids.
Colors: from white to a full range of earthy tones
Finishes: natural cleft, textured, and honed. The harder, denser types take a high honed finish.

Travertine

Travertine forms from geothermal springs and has generally a cream or reddish color. It contains lots of holes formed by water flowing through the stone over time.

Group: sedimentary
Rock formation group: calcareous
Composition: calcite, calcium carbonate and accessory minerals and organic matter acting as coloring agents
Hardness: soft
Porosity: 5.0-12.0%
Absorption: 2.0-5.0%
Properties: travertine fades over time in direct sunlight. Absorbs oil and liquids, is easily scratched, and is acid sensitive.
Colors: multi-colored earth tones, creams, buffs to darker shades
Finishes: honed, polished, unfilled, filled

METAMORPHIC STONES

These stones form from a different type of stone as a result of natural change by the combined action of heat, pressure and minerals. The change may evolve into a crystalline formation, a texture or a color change.

Soapstone

It is a very soft stone made of a variety of talc. It is a dense mineral that wears well and is often resistant to oxide.

Group: metamorphic
Rock formation group: siliceous
Composition: steatite, magnetite, talc, chlorite. Clay minerals may be present in some varieties.
Hardness: soft
Porosity: 0.5-5.0%
Absorption: 0.2%
Properties: excellent weather resistant qualities. Soapstone has a low resistance to abrasion.
Colors: light blue-gray to gray-green tones
Finish: honed

Marble

Marble is a metamorphic rock resulting from the crystallization of limestone softened due to heat and pressure. Marble is usually heavily veined. It is a reasonably strong, durable and highly manageable stone. Marble is commonly used for wall claddings, floors, tabletops, stairs, sculptures, artifacts, etc.

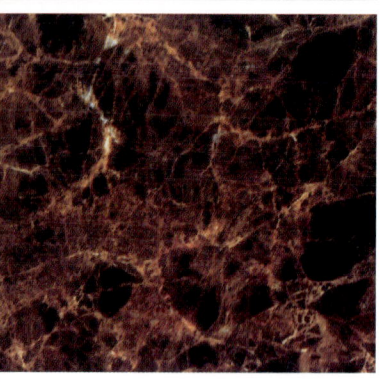

Limestone / Kalkstein / Calcaire
Kalksteen / Pietra calcarea / Caliza

Marble is classified into three categories:
- **Dolomite:** if it has more than 40% magnesium carbonate.
- **Magnesium:** if it has between 5% and 40% magnesiumw.
- **Calcite:** it has less than 5% magnesium carbonate.

Group: metamorphic
Rock formation group: calcareous
Composition: calcite, dolomite or a combination of both and accessory minerals acting as coloring agents. Veining minerals range from calcite, quartz and a variety of other minerals
Hardness: soft to hard
Porosity: 0.5-2.0%
Absorption: 0.2-0.6%
Properties: all polished marble loses its polish in exterior applications. It absorbs oils and other liquids. It is acid sensitive and is easily scratched.
Colors: rich variety of colors due to the variability of minerals
Finishes: honed and polished

Slate

Slate is a very fine grain metamorphic rock that develops from the sedimentary rock "shale." The rock may slit into thinner slabs and can break easily. Slate has a fine to medium grained surface texture. It renders a very graceful, natural finish to any construction.

Group: metamorphic
Rock formation group: silicates
Composition: muscovite, chlorite, kaolinite, micas, quartz and other accessory minerals
Hardness: soft to as hard and dense as granite
Porosity: 0.4-5.0%
Absorption: 0.1-1.7%
Properties: slate absorbs oils and liquids. Softer and medium varieties; scratch easily.
Colors: wide range of colors
Finishes: natural cleft, honed; some types may be flamed while others can take very good polish.

IGNEOUS STONES

These rocks are mainly formed from volcanic material such as magma. Mineral gases and liquids penetrated into the stone and created new crystalline formations with various colors.

Granite

Granite specifications include high load bearing capacity, ability to yield thin and large slabs and durability. It takes high sheen polish and is commonly used as architectural stone for interior and exterior walls, floors and monuments.

Group: igneous
Rock formation group: siliceous
Composition: feldspar, quartz and small amounts of mica
Hardness: hard
Porosity: 0.4-1.5%
Absorption: 0.2-0.5%
Properties: generally good weathering properties. Some varieties containing ferrous mineral combinations may discolor when continuously exposed to humidity. Absorbs oils and some may absorb liquids. Not affected by acidic foods and drinks, however, polished granites can be etched by hydrofluoric acid and concentrated acids.
Colors: granite is found in more than a hundred distinct colors with varying patterns.
Finishes: polished, honed and textured

STONE FINISHES

Stones present different surface textures depending on their constitution. But stones may be carved, chiseled and finished to give desired surface textures. There are seven main types of surfaces that are in use:
- **Natural:** the natural finish is achieved by cutting its line of cleavage to reveal the natural grain and texture. The surface comes with natural clefts.
- **Honed:** it is achieved by grinding a surface with high grit material without producing a reflective, high polished surface. The result is a satin smooth surface. Honed stone colors are not as vibrant as polished stones. This surface is very smooth, but often very porous. This finish is often used on wall coverings and on walking surfaces and other areas where heavy traffic would wear off a polished finish.
- **Polished:** a polished surface brings out the brilliant colors and grains of natural stones. Polishing can be done only on crystallized stones and doesn't affect the porosity of the stone. A stone with a polished finish is very smooth and reflective. The most popular uses of polished stone are in interior and exterior wall cladding, interior and exterior paving, countertops, tabletops, etc.
- **Flamed:** it is a rough surface resulting from the bursting of crystals when the stone is heated. This surface gives an irregular textured finish. Color and vein patterns change as a result of this technique. The major uses include chemistry and fire-resistant work surfaces, fireplace facings and inner hearths, etc.
- **Sand blasted:** sand blasting involves projecting a high-pressure airline coarse-grained grit, onto the top surface of the stone. It is characterized by a textured surface with a matte gloss.
- **Sawn:** sawn surface is coarsely polished, leaving a semi-smooth, regular finish. Saw cut finish has acquired its name owing to the saw cuts that are made on the surface of stone. When the stones are broken free of the cut layer, they are shaped to uniform size. Saw cut finish offers complimentary accent to other types of stone work. It is generally used for walls, gate entries, patios, landscape design applications, etc.
- **Bush hammered:** the surface of the stone is tooled to produce a pitted or grooved surface finish. Finish on concrete (usually in situ) made with a mechanical bush-hammer fitted with a strong grooved head: the flat plane left after the concrete has set is hammered away to partially reveal the coarser aggregate, leaving a rough-textured surface.

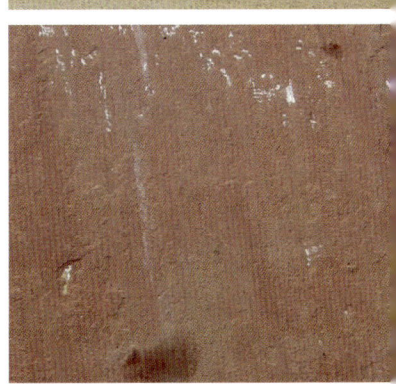

Sandstone / Sandstein / Grès
Zandsteen / Arenaria / Arenisca

STEIN

Naturwerkstein wird nach seiner mineralischen Beschaffenheit unterschieden. Die meisten Mineralien lassen sich aufgrund ihrer Farbe, Härte und Kristallform bestimmen. Jedes Gestein weist charakteristische Eigenschaften auf, wie Haltbarkeit, Härte, Belastbarkeit; Gewicht, Grobheit der Körnung, Porosität, Farbe und Absorption. Die verschiedenen Gesteinsarten werden folgendermaßen eingeteilt.

SEDIMENTGESTEIN

Dieses Gestein entsteht durch die Ablagerung organischer oder klastischer Elemente (Bruchstücke älterer Gesteine) in Gletschern, Flussbetten oder auf dem Meeresgrund. Diese winzigen Elemente sammeln sich an, werden über Jahrmillionen unter Hitze und Druck miteinander verbunden und bilden so Felsgestein. Die am meisten verbreiteten Ablagerungsgesteine sind:

Kalkstein

Kalkstein besteht vor allem aus Kalzit. Er hat eine glatte, körnige Oberfläche und ist unterschiedlich hart. Einige sehr dichte Kalksteine können poliert werden. Die Farbpalette umfasst schwarz, grau, weiß, gelb oder braun. Der Name des Kalksteins bezieht sich auf seinen Gehalt an Kalk aus dem Meereswasser.

Gruppe: Sedimentgestein
Gesteinsformation: Kalkstein
Zusammensetzung: Kalziumkarbonat (Kalzit) oder Doppelkarbonat mit Kalzium und Magnesium (Dolomit). Enthält auch verschiedene weitere Mineralien wie Kieselerde (Siliziumdioxid), Pyrit, Eisenoxid, Tonmineralien, sowie organische Bestandteile (Pflanzen und Tiere).
Härte: Weich bis hart
Porosität: 0,6-31,0%
Absorption: 0,2-12,0%
Eigenschaften: Die Eigenschaften des Kalksteins hängen von seiner Herkunft und der Varietät ab. In manchen Sorten führt die Einlagerung von Eisenoxid oder Pyrit zu Rostflecken. Kalkstein saugt Öl und andere Flüssigkeiten auf. Manche Arten weisen lange Poren auf, andere eine furchige Oberfläche, in der sich Schmutz ablagern kann.
Farben: Bandbreite von weiß bis cremefarben, von zartem Gelb bis zu kräftigem Rot, von mittelgrün bis tief blaugrün, von grau bis schwarz. Die Zeichnung kann von einfach bis vielfältig sein.

Oberflächenbehandlung: Nicht jeder Kalkstein kann poliert werden. Je niedriger der Tongehalt ist, desto besser kann der Stein poliert werden.

Sandstein

Sandstein ist ein Sedimentgestein, das in der Regel durch die Ablagerung von durch Wind oder Wasser erodierten Quarziten entsteht. Sandstein ist leicht zu bearbeiten. Er wird gern in Gärten, im Landschaftsbau oder zur Verkleidung von Fassaden eingesetzt. Er kann behauen und in verschiedenen ansprechenden Formen mit glatter Oberfläche gestaltet werden.

Gruppe: Sedimentgestein
Gesteinsformation : Silikatgestein
Zusammensetzung: Die wichtigsten Mineralien sind Quarz, Feldspat und Glimmer, dazu kommen verschiedene weitere Mineralien.
Härte: Mittel bis hart
Porosität: 0,5-35,0%
Absorption: 0,2-9,0%
Eigenschaften: Die Art des Bindemittels und das Vorhandensein von Schlick oder Ton hat Einfluss darauf, wie der Sandstein unter bestimmten Umweltbedingungen verwittert. Mit Kieselerde gebundene Sorten mit hohem Quarzanteil sind sehr witterungsbeständig, während die Sorten mit Kalzit sehr schnell verwittern. In kaltem Klima führt das eingedrungene, frierende Wasser zu Rissen. Sandstein saugt Öl und andere Flüssigkeiten auf.
Farben: Die Palette umfasst alle Arten von Erdtönen.
Oberflächenbehandlung: Natürliche Spaltkante, strukturiert und geschliffen. Die harten, dichteren Sorten können stark geschliffen werden.

Travertin

Travertin wird in geothermalen Quellen gebildet und hat im Allgemeinen eine cremefarbene bzw. rötliche Tönung. Er weist eine große Anzahl von Löchern auf, die im Laufe der Zeit vom fließenden Wasser gebildet wurden.

Gruppe: Sedimentgestein
Gesteinsformation: Kalkstein
Zusammensetzung: Kalzit, Kalziumkarbonat und weitere Mineralien sowie organische Einlagerungen, welche die spezifischen Färbungen hervorrufen.

Härte: Weich
Porosität: 5,0-12,0%
Absorption: 2,0-5,0%
Eigenschaften: Travertin bleicht im Laufe der Zeit im Sonnenlicht aus. Er saugt Öl und andere Flüssigkeiten auf, ist säure- und kratzempfindlich.
Farben: Verschiedene Erd- und Cremetöne mit gelbbraunen Schattierungen.
Oberflächenbehandlung: Geschliffen, poliert, mit offenen belassenen oder verfüllten Öffnungen

METAMORPHES GESTEIN

Dieses Gestein entsteht im Zuge eines natürlichen Umformungsprozesses aus anderen Gesteinsarten, und zwar in der Kombination von Hitze, Druck und Mineralien. Durch die Umwandlung kann es zu Veränderungen der Farbe und der Struktur sowie zur Bildung von Kristallen kommen.

Speckstein

Ein sehr weicher Stein, der aus verschiedenen Talksorten besteht. Es handelt sich um ein sehr dichtes und haltbares Mineral, das oft gegen Oxide beständig ist.

Gruppe: Metamorphe Gesteine. **Gesteinsformation:** Silikate
Zusammensetzung: Steatit, Magneteisenstein, Talk, Chlorit. Bei einigen Sorten können Tonmineralien enthalten sein.
Härte: Weich
Porosität: 0,5-5,0%
Absorption: 0,2%
Eigenschaften: Hervorragende Wetterbeständigkeit. Speckstein ist nicht sehr resistent gegenüber Abrieb.
Farben: Hellblaugrau bis graugrün.
Oberflächenbehandlung: Schliff

Marmor

Marmor ist ein metamorphes Gestein, das aufgrund der durch Hitze und Druck bedingten Kristallisierung von Kalkstein entsteht. Es handelt sich um einen sehr stark geaderten Naturstein, der sehr fest und haltbar ist und sich sehr gut bearbeiten lässt. Er wird für Wandverkleidungen, Fußböden, Tischplatten, Stufen, Skulpturen, Schmuckgegenstände usw. verwendet. Beim Marmor werden drei Kategorien unterschieden:

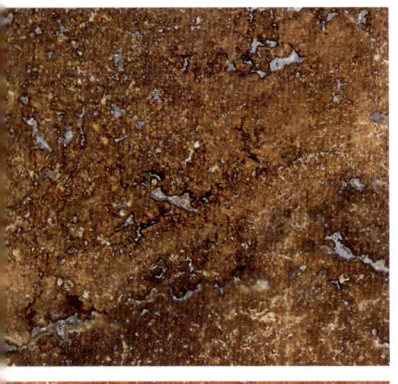

Travertine / Travertin / Travertin
Travertijn / Travertino / Travertino

- **Dolomit:** Wenn der Magnesiumkarbonatanteil über 40% beträgt.
- **Magnesium:** Wenn zwischen 5% und 40% Magnesium enthalten ist.
- **Kalzit:** Wenn weniger als 5% Magnesiumkarbonat enthalten ist.

Gruppe: Metamorphe Gesteine
Gesteinsformation: Kalkstein
Zusammensetzung: Kalzit, Dolomit oder die Verbindung von beiden und weiteren Mineralien, die für die Färbung verantwortlich sind. In den Adern können weitere Mineralien wie Kalzit, Quarz und andere vorkommen.
Härte: Weich bis hart.
Porosität: 0,5-2,0%
Absorption: 0,2-0,6%
Eigenschaften: Im Außenbereich bleibt die polierte Oberfläche des Marmors nicht erhalten. Marmor absorbiert Öl und andere Flüssigkeiten, ist säure- und sehr kratzempfindlich.
Farben: Aus der Vielzahl der Mineralien ergibt sich eine große Bandbreite von Farbtönen.
Oberflächenbehandlung: schleifen und polieren.

Schiefer

Schiefer ist ein sehr feines metamorphes Gestein, das aus Sedimentschiefer hervorgeht. Das Gestein spaltet sich in dünne Platten oder Tafeln und bricht sehr leicht. Schiefer hat eine feine bis mittelkörnige Oberflächenstruktur. Es verleiht Gebäuden ein sehr ansprechendes natürliches Erscheinungsbild.

Gruppe: Metamorphe Gesteine
Gesteinsformation: Silikate
Zusammensetzung: Muskowit, Chlorit, Kaolinit, Glimmer, Quarz und weitere Mineralien
Härte: Weich bis hart und ebenso dicht wie Granit
Porosität: 0,4-5,0%
Absorption: 0,1-1,7%
Eigenschaften: Schiefer nimmt Öl und andere Flüssigkeiten auf. Weiche und mittelharte Sorten verkratzen leicht.
Farben: Breite Farbpalette
Oberflächenbehandlung: natürlicher Spaltbruch, Schliff; einige Sorten können geflammt, andere sehr gut poliert werden.

MAGMATISCHES GESTEIN

Diese Gesteine bestehen größtenteils aus Material vulkanischen Ursprungs, wie Magma. Mineralische Gase und Flüssigkeiten dringen in den Stein ein und führen zur Entstehung neuer kristalliner Strukturen unterschiedlicher Färbung.

Granit

Granit ist sehr haltbar, stark belastbar und kann in dünnen oder dicken Platten verarbeitet werden. Der Stein kann auf Hochglanz poliert werden und wird im Bauwesen gewöhnlich für Innen- und Außenwände und Fußböden sowie für Denkmäler verwendet.

Gruppe: Vulkangestein
Gesteinsformation: Silikate
Zusammensetzung: Feldspat, Quarz und kleinere Mengen Glimmer sind die Hauptbestandteile des gewöhnlichen Granits.
Härte: Hart
Porosität: 0,4-1,5%
Absorption: 0,2-0,5%
Eigenschaften: Im Allgemeinen gute Verwitterungseigenschaften. Einige Sorten mit hohem Eisenmineralanteil können ausbleichen, wenn sie dauernd Feuchtigkeit ausgesetzt sind. Granit nimmt Öl und einige andere Flüssigkeiten auf. Säurehaltige Nahrungsmittel und Getränke haben keine negativen Auswirkungen; allerdings kann polierter Granit von Fluorwasserstoffsäure und anderen konzentrierten Säuren verätzt werden.
Farben: Granit ist in über hundert verschiedenen Farbtönen mit wechselnden Mustern zu finden.
Oberflächenbehandlung: Schliff, Polierung und strukturierte Oberfläche

OBERFLÄCHENBEHANDLUNGEN

Stein weist je nach Zusammensetzung unterschiedliche Oberflächen auf. Doch alle Steine können bearbeitet - z. B. gemeißelt oder poliert - werden, um die gewünschte Oberflächentextur zu erzielen. Für gewöhnlich unterscheidet man sieben Haupttypen bei der Oberflächenbehandlung:
– **Unbehandelt:** Naturbelassene Oberflächen entsprechen den beim Abspalten im Steinbruch entstehenden Oberflächen mit ihrer natürlichen Körnung und Struktur.
– **Schleifen:** Eine geschliffene Oberfläche erzielt man durch Schleifen mit einem geeignetem Schleifmaterial, ohne dass dabei eine glänzende, polierte Oberfläche entsteht. Das Ergebnis ist vielmehr eine glatte, weiche Oberfläche. Die Farben geschliffener Steine wirken nicht so kräftig wie jene polierter Oberflächen. Trotz der glattweichen Textur ist der Stein oft noch offenporig. Diese Art der Behandlung wird bevorzugt für Wandverkleidungen, Gehwege oder in anderen Bereichen eingesetzt, wo die starke Nutzung zum Abrieb einer polierten Oberfläche führen würde.
– **Polieren:** Durch das Polieren werden die Körnung und die leuchtende Färbung des Natursteins herausgestellt. Nur Stein mit kristalliner Struktur kann poliert werden. Die Polierung hat keinen Einfluss auf die Porosität des Werksteins. Polierte Oberflächen sind glatt und glänzend. Sie werden bevorzugt zur Wandverkleidung im Innen- und Außenbereich eingesetzt, ebenso für Fußböden, Tischplatten usw.
– **Flammen:** Durch die starke Hitze bei der Beflammung platzen die Kristalle und es entsteht eine raue Oberfläche mit unregelmäßiger Textur. Dieses Verfahren verändert die Farbe und das Muster der Gesteinsadern. Zur Anwendung kommt diese Art der Bearbeitung vor allem bei der Herstellung von säure- und feuerfesten Arbeitsflächen, Kamineinfassungen, gemauerten Herden usw.
– **Sandstrahlen:** Beim Sandstrahlen wird ein grobkörniges Abriebmaterial mit Hochdruck auf die Steinoberfläche geschossen. Im Ergebnis entsteht eine matt glänzende Fläche mit einer besonderen Textur.
– **Sägen:** Gesägte Flächen werden grob poliert, um eine halbglatte, regelmäßige Oberflachentextur zu erzielen. Der Name leitet sich von den Sägespuren her, die beim Sägen des Steins entstehen. Die Steinblöcke werden aus dem Felsen gebrochen und auf eine einheitliche Größe gebracht. Gesägte Oberflächen werden gern mit anderen Behandlungen kombiniert und kommen vor allem bei Mauern, Eingangstoren, Innenhöfen sowie im Garten- und Landschaftsbau zu Einsatz.
– **Stocken:** Der Stein wird mit dem Stockhammer bearbeitet und eine unebene, raue bzw. geriffelte Oberfläche erzielt. Auch Beton wird oft vor Ort mit einem maschinell betriebenen Stockhammer bearbeitet, um eine rauere Oberfläche zu erhalten. Dabei bleiben die härteren Bestandteile stehen, während die weicheren abgespalten werden.

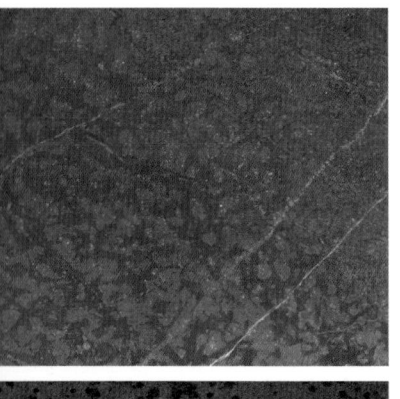

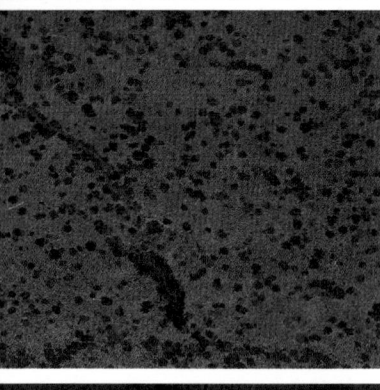

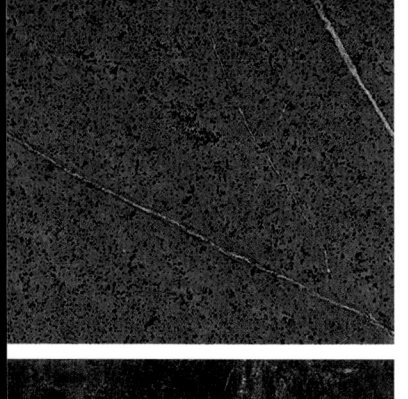

PIERRE

Les pierres naturelles sont classées en fonction des minéraux qui les constituent et, pour la plupart, identifiées selon certains critères tels que la dureté, la difficulté de taille, la structure cristalline. Elles se caractérisent par leur masse volumique ou densité, leur grain, leur porosité, leur couleur et leur absorption. Les différentes catégories de pierre sont ici passées en revue.

ROCHES SÉDIMENTAIRES

Ces pierres proviennent de la matière organique ou des éléments clastiques présents dans des milieux spécifiques tels que les glaciers, les rivières et les océans. De minuscules fragments sédimentaires s'en sont détachés et se sont accumulés, formant des couches rocheuses. Ils se sont agglomérés sous l'effet de la chaleur et de la pression, processus qui s'est étalé sur des millions d'années. Les roches sédimentaires les plus courantes sont les suivantes :

Calcaire
Cette pierre se compose principalement de carbonate de calcium. La surface présente un grain lisse et la dureté est variable. Certains calcaires denses peuvent être polis. Le calcaire a pour couleurs le noir, le gris, le blanc, le jaune ou le brun.

Groupe : sédimentaire
Formation : roche calcaire
Composition : carbonate de calcium (calcite) ou carbonate double de calcium et de magnésium (dolomie). Contient divers minéraux tels que la silice, la pyrite, des oxydes de fer, de l'argile et de la matière organique (déchets végétaux et animaux).
Dureté : tendre à dur
Porosité : 0,6 à 31 %
Absorption : 0,2 à 12 %
Propriétés : les caractéristiques du calcaire dépendent de l'environnement et de la variété. Certains types sont colorés par des oxydes de fer ou de la pyrite. Le calcaire absorbe l'huile et les autres liquides. Certains ont de grands pores, d'autres des alvéoles pouvant renfermer de la terre.
Couleurs : du blanc à toute une gamme de tons de terre.
Finitions : il n'est pas possible de polir tous les types de calcaire. Un calcaire accepte d'autant mieux le polissage que sa teneur en argile est faible.

Grès
Le grès est une roche sédimentaire composée de grains de silice unis par cémentation naturelle. C'est une pierre facile à travailler. On l'utilise, entre autres, dans les jardins, les aménagements paysagers, pour le revêtement extérieur des murs. On peut le travailler au ciseau et lui donner une finition lisse et diverses formes attractives.

Groupe : sédimentaire
Formation : roche siliceuse
Composition : les principaux éléments sont le quartz, le feldspath et le mica.
Dureté : moyen à dur
Porosité : 0,5 à 35 %
Absorption : 0,2 à 9 %
Propriétés : les types de liant et la présence de limon ou d'argile déterminent le degré d'érosion du grès dans un environnement donné. Ceux contenant du silice et ayant une forte teneur en quartz sont très résistants, mais la présence de calcite facilite l'érosion. Dans les climats froids, l'eau absorbée peut geler et provoquer des fissures. Les grès absorbent l'eau et d'autres liquides.
Couleurs : du blanc au beige, du jaune pâle au rouge foncé, du vert moyen au bleu-vert foncé, du gris au noir. Le fond peut être uni ou veiné.
Finitions : éclaté, rustiqué et poli mat. Les types plus durs et plus denses prennent très bien le poli mat.

Travertin
De couleur crème ou rougeâtre, le travertin se forme dans des sources géothermales. Il contient une grande quantité de cavités vermiculaires, traces de l'écoulement de l'eau au fil du temps.

Groupe : sédimentaire
Formation : roche calcaire
Composition : calcite, carbonate de calcium, autres minéraux et matière organique lui donnant sa couleur.
Dureté : tendre
Porosité : 5 à 12 %
Absorption : 2 à 5 %
Propriétés : la lumière directe du soleil finit par faire perdre ses couleurs au travertin. Il absorbe l'huile et les liquides, se raye facilement et est effervescent en présence d'acides.
Couleurs : de nombreux tons de terre, beige, terre de Sienne à terre de Sienne brûlée
Finitions : poli mat, poli, pores rebouchées ou non rebouchées

ROCHES MÉTAMORPHIQUES

Ces roches sont issues de différents types de pierre ayant évolué sous l'effet de la chaleur et de la pression. Ces changements peuvent provoquer une formation cristalline, une certaine texture ou une coloration.

Stéatite
La stéatite ou craie de Briançon est une roche très tendre, un silicate de magnésium compact dont la constitution est identique à celle du talc. Elle vieillit bien et résiste souvent à l'oxydation.

Groupe : métamorphique
Formation : roche siliceuse
Composition : stéatite, magnétite, talc, chlorite. Des argiles peuvent être présentes dans certaines variétés.
Dureté : tendre
Porosité : 0,5 à 5 %
Absorption : 0,2 %
Propriétés : excellente résistance à l'érosion. La stéatite résiste mal à l'abrasion.
Couleurs : ton délicats, du bleu-gris au vert-gris
Finition : poli mat

Les marbres
Les marbres sont des roches cristallines issues de la recristallisation métamorphique sous l'effet de la chaleur et de la pression. Ils sont en général fortement veinés. Ce sont des pierres assez résistantes, durables et très faciles à travailler. Les marbres servent habituellement pour le placage des murs,

Soapstone / Speckstein / Stéatite
Speksteen / Steatite / Esteatita

le dallage des sols, les plateaux de table, les escaliers, la sculpture et autres objets. Ils sont classés en trois catégories :
- **Dolomie**: plus de 40 % de carbonate de magnésium.
- **Magnésium**: entre 5 % et 40 % de magnésium.
- **Calcite**: moins de 5 % de carbonate de magnésium.

Groupe : métamorphique
Formation : roche calcaire
Composition : calcite, dolomite ou une combinaison des deux, ainsi que d'autres éléments à qui il doit sa coloration. Le veinage provient de la calcite, du quartz et de divers autres minéraux.
Dureté : tendre à dur
Porosité : 0,5 à 2 %
Absorption : 0,2 à 0,6 %
Propriétés : à l'extérieur, tous les marbres perdent leur poli. Le marbre absorbe l'huile et les autres liquides. Il est effervescent en présence d'acides et se raye facilement.
Couleurs : une riche palette de couleurs, selon les minéraux présents
Finitions : poli mat et poli

Ardoise

L'ardoise est une roche métamorphique de nature schisteuse et de couleur gris-bleu. De structure lamellaire, elle se détache en feuillets minces. La texture est d'une granulométrie fine à moyenne. C'est un matériau de finition naturel et très esthétique, qui convient à tout type de construction.

Groupe : métamorphique
Formation : roche argileuse
Composition : muscovite, chlorite, kaolinite, mica, quartz et autres minéraux secondaires
Dureté : de tendre à aussi dure et dense que le granit
Porosité : 0,4 à 5 %
Absorption : 0,1 à 1,7 %
Propriétés : l'ardoise absorbe les huiles et les liquides. Il existe des modèles ordinaires, dits français, et extra-forts ou anglais. Elle se raye facilement.
Couleurs : riche palette
Finitions : éclaté, poli mat ; certains types peuvent être flammés, d'autres prennent très bien le poli.

ROCHES IGNÉES

Les roches ignées sont soit endogènes comme les granits et les porphyres, soit d'origine volcanique, comme le basalte. Les gaz et les liquides qui ont pénétré dans la roche ont créé de nouvelles formations cristallines de différentes couleurs.

Granit

Le granit a une très bonne résistance à la rupture sous charge, est durable et s'utilise comme pierre de taille dure. Il prend bien le poli et est très utilisé en architecture pour les murs intérieurs et extérieurs, les sols et les monuments.

Groupe : igné
Formation : roche siliceuse
Composition : le feldspath, le quartz et une faible part de mica sont les principaux éléments du granit moyen.
Dureté : dur
Porosité : 0,4 à 1,5 %
Absorption : 0,2 à 0,5 %
Propriétés : en général, le granit résiste bien à l'érosion. Certaines variétés contenant des combinaisons minérales ferreuses se décolorent si elles sont exposées en permanence à l'humidité. Il absorbe l'huile et parfois les liquides. Il ne craint pas les aliments et les boissons acides, mais l'acide fluorhydrique et les acides concentrés rayent les granits polis.
Couleurs : le granit compte plus d'une centaine de couleurs, mouchetées ou non.
Finitions : poli, poli mat et rustiqué.

TYPES DE FINITION

Les textures des pierres varient selon leur constitution. Mais les pierres peuvent être taillées, ciselées et se prêtent à différents types de finition, dont les sept principaux sont les suivants :

- **Éclaté** : cette finition naturelle consiste à tailler la pierre selon son plan de clivage (de cassure naturelle), pour en révéler le grain.
- **Poli mat** : la surface est meulée avec un matériau à gros grain, qui lui donne un aspect lisse et satiné, mais sans atteindre un aspect poli et réfléchissant. Les couleurs ne vibrent pas autant que celles des pierres polies. Très lisse, la surface est parfois aussi très poreuse. Cette finition convient sur les revêtements muraux, les sols et les autres endroits où des passages fréquents accroîtraient un poli brillant.
- **Poli brillant** : un poli brillant fait ressortir l'intensité des coloris et le grain des pierres naturelles. Le polissage ne peut être effectué que sur des pierres cristallines et n'a pas d'effet sur la porosité. Cette finition donne un aspect très lisse et réfléchissant. Elle est très employée pour les revêtements muraux et les sols, tant à l'intérieur qu'à l'extérieur, pour les plans de travail et les plateaux de tables.
- **Flammé** : cette finition non lisse résulte de l'éclatement des cristaux sous l'effet de la chaleur. La texture est irrégulière, les couleurs et les veinages changent. Les principales applications sont en chimie et pour les surfaces de travail ignifugées, les âtres et les foyers.
- **Sablé** : le sablage est une opération de décapage ou d'abrasion de la pierre par projection pneumatique d'un jet de sable sec. Une surface sablée ou dépolie est rugueuse et satinée mate.
- **Tranché** : cette finition résulte des traces du sciage, qui produit une surface grossièrement polie, régulière et demi-lisse. Les pierres, une fois extraites du lit de carrière, subissent une taille uniforme. Cette finition convient aux ouvrages en pierre, murs, portails d'entrée ou dallages extérieurs, ainsi qu'aux applications paysagères.
- **Bouchardé** : la surface de la pierre ou du béton, martelée à l'aide d'une boucharde, un marteau dont la tête est hérissée de dents pyramidales en nombre plus ou moins important, présente des creux et des reliefs. Sur le béton, le bouchardage, effectué (généralement sur place) avec une boucharde montée sur un marteau pneumatique, dégage une partie de la surface lisse du béton une fois qu'il a pris, pour mettre au jour le granulat plus grossier.

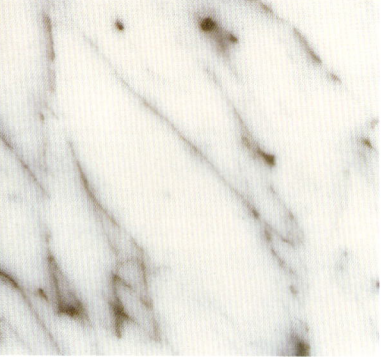

STEEN

Natuurlijke steensoorten worden ingedeeld naar de mineralen die ze bevatten. De meeste van die mineralen zijn te herkennen aan hun kleur, hardheid en kristalvorm. Stenen worden gekenmerkt door duurzaamheid, hardheid, sterkte, gewicht, textuur, poreusheid, kleur en absorptievermogen. De verschillende soorten steen worden als volgt gecategoriseerd.

SEDIMENTAIRE GESTEENTEN

Deze steensoorten worden gevormd door organisch materiaal of klastische elementen in specifieke omgevingen als gletsjers, rivieren en oceanen. Minuscule sedimentaire fragmenten zijn afgebroken van die elementen en afgezet in lagen. In de loop van miljoenen jaren hebben deze fragmenten zich door hitte en druk met elkaar verbonden. De meest voorkomende sedimentaire gesteenten zijn:

Kalksteen

Dit bestaat voornamelijk uit calciet. Het heeft een zacht, korrelig oppervlak en varieert in hardheid. Sommige dichte soorten kalksteen laten zich polijsten. Kleuren zijn zwart, grijs, wit, geel of bruin. Kalksteen ontstaat uit kalkhoudende resten van in zee levende organismen. Vandaar de naam.

Groep: sedimentair
Gesteentevormingsgroep: kalkhoudend
Samenstelling: calciumcarbonaat (calciet) of een gecombineerd carbonaat van calcium en magnesium (dolomiet). Bevat allerlei begeleidende mineralen, zoals silica, pyriet, ijzeroxiden, kleimineralen en organisch materiaal (planten en dieren).
Hardheid: zacht tot hard
Poreusheid: 0,6-31,0%
Absorptie: 0,2-12,0%
Eigenschappen: de eigenschappen van kalksteen hangen af van de omgeving en de variëteit. Bepaalde soorten bevatten ijzeroxiden of pyriet, waardoor roestplekken ontstaan. Kalksteen absorbeert oliën en andere vloeistoffen. Sommige soorten hebben grote poriën, terwijl andere een open putjesstructuur hebben waarin vuil en aarde blijft zitten.
Kleuren: variëren van wit tot roomkleurig; van zachte geeltinten tot diep karmozijnrood; van middelgroen tot donker blauwgroen; van grijs tot zwart. Patronen kunnen variëren van gelijkmatig tot onregelmatig.
Afwerking: niet alle soorten kalksteen zijn te polijsten. Hoe minder klei de kalksteen bevat, hoe beter hij zich laat polijsten.

Zandsteen

Zandsteen is een sedimentair gesteente dat meestal ontstaat doordat kwartsiet geërodeerd en afgezet wordt door wind of water. Zandsteensoorten zijn prettig om mee te werken. Ze worden veel gebruikt in tuinen, op openbare plaatsen, als bekleding van buitenmuren, enz. Ze laten zich in allerlei aantrekkelijke vormen beitelen en glad afwerken.

Groep: sedimentair
Gesteentevormingsgroep: kiezelhoudend
Samenstelling: de voornaamste mineralen zijn kwarts, veldspaat en mica met diverse begeleidende mineralen
Hardheid: gemiddeld tot hard
Poreusheid: 0,5-35,0%
Absorptie: 0,2-9,0%
Eigenschappen: de weerbestendigheid van de zandsteen in een bepaalde omgeving hangt af van de soorten cementatie en de aanwezigheid van slib of klei. Zandsteen met silica als bindmiddel en een hoog kwartsgehalte is zeer duurzaam, terwijl zandsteen met calciet snel verweert. In koude klimaten bevriest het geabsorbeerde water en ontstaan er scheuren. Zandsteen absorbeert olie en andere vloeistoffen.
Kleuren: variëren van wit tot een breed scala van aardtinten.
Afwerking: natuurlijk gekliefd, ruw bewerkt en geslepen. De hardere, dichtere soorten laten zich zoeten.

Travertijn

Travertijn ontstaat in geothermische bronnen en heeft meestal een room- of roodachtige kleur. Er zitten veel gaatjes in door het water dat er in de loop der tijd doorheen stroomt.

Groep: sedimentair
Gesteentevormingsgroep: kalkhoudend
Samenstelling: calciet, calciumcarbonaat en begeleidende mineralen en organische materialen die fungeren als kleurstoffen.
Hardheid: zacht
Poreusheid: 5,0-12,0%
Absorptie: 2,0-5,0%
Eigenschappen: travertijn verbleekt mettertijd in direct zonlicht. Absorbeert olie en vloeistoffen, krast snel en is zuurgevoelig.
Kleuren: veelkleurige aardtinten, roomtinten, vaalgele tot donkerder tinten
Afwerking: geslepen, gepolijst, ongevuld, gevuld

METAMORFE GESTEENTEN

Deze gesteenten ontstaan uit een andere steensoort als gevolg van natuurlijke verandering door een combinatie van hitte, druk en mineralen. De verandering kan gepaard gaan met kristallisatie of een verandering in textuur of kleur.

Speksteen

Speksteen is een heel zacht gesteente van een talkvariëteit. Het is een dicht mineraal dat erg weerbestendig is en vaak goed tegen oxideren kan.

Groep: metamorf
Gesteentevormingsgroep: kiezelhoudend
Samenstelling: steatiet, magnetiet, talk, chloriet. Sommige variëteiten kunnen kleimineralen bevatten.
Hardheid: zacht
Poreusheid: 0,5-5,0%
Absorptie: 0,2%
Eigenschappen: zeer weerbestendig. Speksteen is weinig schuurvast.
Kleuren: licht blauwgrijze tot grijsgroene tinten
Afwerking: geslepen

Marmer

Marmer is een metamorf gesteente dat ontstaat wanneer kalksteen onder invloed van hitte en druk kristalliseert. Marmer is meestal sterk geaderd. Het is een redelijk sterk, duurzaam en zeer goed te bewerken gesteente. Marmer wordt vaak gebruikt als muurbekleding en voor vloeren, tafelbladen, trappen, beelden, kunstobjecten, enz. Marmer is onder te brengen in drie categorieën:
– **Dolomiet:** als het meer dan 40% magnesiumcarbonaat bevat.
– **Magnesium:** als het tussen de 5% en 40% magnesium bevat.
– **Calciet:** als het minder dan 5% magnesiumcarbonaat bevat.

Marble / Marmor / Marbre
Marmer / Marmo / Mármol

Groep: metamorf
Gesteentevormingsgroep: kalkhoudend
Samenstelling: calciet, dolomiet of een combinatie van beide plus begeleidende mineralen die fungeren als kleurstoffen. De mineralen in de aders variëren van calciet en kwarts tot diverse andere mineralen.
Hardheid: zacht tot hard
Poreusheid: 0,5-2,0%
Absorptie: 0,2-0,6%
Eigenschappen: alle gepolijste marmer verliest zijn glans bij buitengebruik. Het absorbeert oliën en andere vloeistoffen. Het is zuurgevoelig en krast snel.
Kleuren: breed scala aan kleuren dankzij de variatie in mineralen
Afwerking: geslepen en gepolijst

Leisteen

Leisteen is een zeer fijnkorrelig metamorf gesteente dat ontstaat uit het sedimentaire gesteente "schalie". Het gesteente is te splijten in dunnere platen en breekt snel. Leisteen heeft een fijne tot middelgrove oppervlaktetextuur. Het geeft elk bouwwerk een zeer elegante, natuurlijke afwerking.

Groep: metamorf
Gesteentevormingsgroep: silicaten
Samenstelling: muscoviet, chloriet, kaoliniet, mica, kwarts en andere begeleidende mineralen
Hardheid: zacht tot zo hard en dicht als graniet
Poreusheid: 0,4-5,0%
Absorptie: 0,1-1,7%
Eigenschappen: leisteen absorbeert oliën en vloeistoffen. Er zijn zachtere en middelharde variëteiten. Leisteen krast snel.
Kleuren: breed scala aan kleuren
Afwerking: natuurlijk gekliefd, geslepen; sommige soorten kan men vlammen, terwijl andere erg goed te polijsten zijn.

STOLLINGSGESTEENTEN

Deze gesteenten ontstaan voornamelijk uit vulkanisch materiaal zoals magma. Minerale gassen en vloeistoffen dringen door in het gesteente en vormen nieuwe kristallijne formaties met uiteenlopende kleuren.

Graniet

Graniet heeft een groot dragend vermogen, is toepasbaar in de vorm van dunne en grote platen en is duurzaam. Het laat zich splijten tot keien en wordt in de bouw veel gebruikt voor binnen- en buitenmuren, vloeren en monumenten.

Groep: stollingsgesteente
Gesteentevormingsgroep: kiezelhoudend
Samenstelling: veldspaat, kwarts en kleine hoeveelheden mica zijn de voornaamste mineralen in de meeste granietsoorten
Hardheid: hard
Poreusheid: 0,4-1,5%
Absorptie: 0,2-0,5%
Eigenschappen: over het algemeen zeer weerbestendig. Sommige variëteiten met ijzerhoudende combinaties van mineralen kunnen verkleuren bij voortdurende blootstelling aan vocht. Absorbeert oliën en sommige soorten absorberen vloeistoffen. Ongevoelig voor zuurhoudende eet- en drinkwaren. Op gepolijst graniet kunnen echter wel etsplekken ontstaan door waterstoffluoride en geconcentreerde zuren.
Kleuren: graniet komt voor in meer dan honderd verschillende kleuren met wisselende patronen.
Afwerking: gepolijst, geslepen en ruw bewerkt

STEENBEWERKING VAN STEEN

De oppervlaktetextuur verschilt per gesteente en hangt af van de opbouw van een gesteente. Maar door middel van hakken, beitelen en afwerking kan men de oppervlaktetextuur naar wens beïnvloeden. Er zijn zeven hoofdtypen oppervlak:

– **Natuurlijk:** zo'n oppervlak ontstaat door het natuurlijke splijtoppervlak te gebruiken, zodat de natuurlijke korrelstructuur en textuur zichtbaar worden. Een onregelmatig, natuurlijk uiterlijk is het resultaat.
– **Geslepen:** het oppervlak wordt geschuurd met een fijnkorrelig materiaal. Het resultaat is een glad oppervlak dat niet glanst of spiegelt. De kleur van een geslepen steen is niet zo sprankelend als die van een gepolijste. Een geslepen oppervlak is heel glad, maar vaak erg poreus. Deze manier van afwerken wordt veel gebruikt bij muren en voor oppervlakken waarbij een gepolijste afwerking snel zou slijten, bijvoorbeeld door voetgangers en zwaar verkeer.
– **Gepoliist:** en gepolijst oppervlak doet de stralende kleuren en structuur van natuursteen goed uitkomen. Polijsten werkt alleen bij kristallijne gesteenten en heeft geen invloed op de poreusheid van de steen. Een gepolijste steen is heel glad en spiegelend. Gepolijste steen wordt vooral gebruikt voor binnen- en buitenmuren, als plaveisel binnen en buiten, aanrechtbladen, tafelbladen, enz.
– **Gevlamd:** bij vlammen wordt de steen verhit, waardoor kristallen barsten. Het resultaat is een ruw, onregelmatig oppervlak. Door deze techniek veranderen de kleur en de aderpatronen van steen. Ze wordt vooral gebruikt in de chemie, voor vuurvaste werkbladen, bekleding van ovens, enz.
– **Gezandstraald:** bij zandstralen worden met behulp van een compressor en perslucht gritkorrels tegen het oppervlak van de steen geblazen. Het resultaat is een ruw oppervlak met een matte glans.
– **Gezaagd:** zagen levert een betrekkelijk glad, regelmatig oppervlak op. Een raamzaag, waarbij het zaagblad horizontaal heen en weer beweegt, laat rillen achter. Terwijl een cirkelzaag slagen in het steenoppervlak achterlaat. Rillen en slagen zijn bij harde steensoorten zoals graniet doorgaans beter zichtbaar dan bij zachtere steensoorten zoals kalksteen. Deze manier van afwerken wordt veel gebruikt voor muren, bij poortingangen, patio's, in de landschapsarchitectuur, enz.
– **Boucharderen:** het steenoppervlak wordt bewerkt met gereedschap om een geprikt of gegroefd oppervlak te creëren. Beton wordt bewerkt (meestal ter plaatse) met een mechanische bouchardhamer met een sterk gegroefde kop: het platte vlak van gehard beton wordt weggehamerd om het grovere aggregaat gedeeltelijk bloot te leggen. Een ruw oppervlak is het resultaat.

EARTH
ERDE
TERRE
AARDE
TERRA
TIERRA

PLASTIC ARTS SCHOOL

Taller de Arquitectura Mauricio Rocha
Oaxaca, Mexico
© Luis Gordoa, Sandra Pereznieto, Rafael Carrillo (construction)

Rammed earth / Verdichteter Lehm / Terre compactée
Geperste aarde Terra compattata / Tierra compactada

Many of the buildings in the complex of the School of Visual Arts have been built with rammed earth; in this case the earth is mixed with 15% cement. The 60-70 cm (23-27 in) walls create a microclimate and provide an optimal acoustic control. The cost and runtime of the project were reduced because of the use of this technique.

La plupart des bâtiments formant l'École des arts plastiques sont en terre compactée – la terre est ici mélangée avec 15 % de ciment. L'épaisseur des murs (60 - 70 cm) crée un microclimat et une isolation phonique optimum. Le choix de ce matériau de construction a permis de réduire significativement les coûts et la durée du chantier.

Molti degli edifici del complesso della Escuela de Artes Plásticas sono realizzati con terra compattata; in questo caso la terra è stata mescolata con il 15% di cemento. Lo spessore delle pareti (60-70 cm) crea un microclima e un controllo acustico ottimali. I costi e il tempo di esecuzione dell'opera si sono ridotti grazie all'uso di questa tecnica.

Zahlreiche Gebäude der Komplexes der Schule der bildenden Künste wurden aus verdichtetem Lehm gebaut – in diesem Falle wurde der Lehm mit 15% Zement gemischt. Die Dicke der Mauern (60-70 cm) sorgt für ein optimales Mikroklima und einen idealen Schallschutz. Dank des Einsatzes dieser Bauweise konnten die Kosten und der Zeitaufwand für die Bauarbeiten gesenkt werden.

Veel van de gebouwen van het complex van de Kunstacademie zijn gemaakt van geperste aarde – in dit geval is de grond met 15% cement vermengd. De dikte van de muren (60-70 cm) zorgt voor een optimaal microklimaat en een uitstekende geluidscontrole. Dankzij het gebruik van deze techniek werden de kosten en duur van de bouw gereduceerd.

Muchos de los edificios del complejo de la Escuela de Artes Plásticas se han construido con tierra compactada –en este caso se ha mezclado tierra con un 15% de cemento–. El espesor de los muros (60-70 cm) crea un microclima y un control acústico óptimos. Los costes y el tiempo de ejecución de la obra se redujeron gracias al uso de esta técnica.

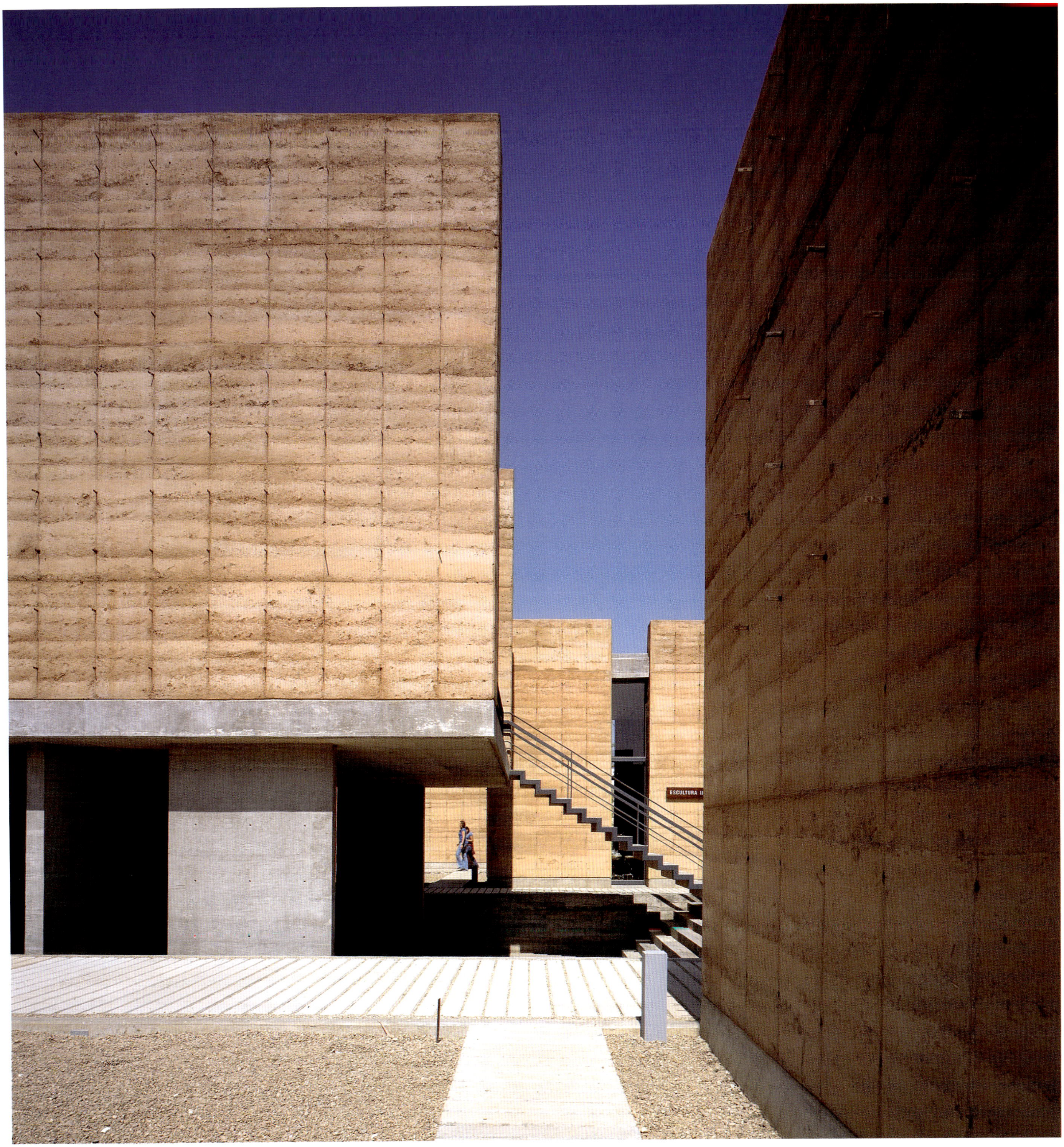
ESCULTURA II

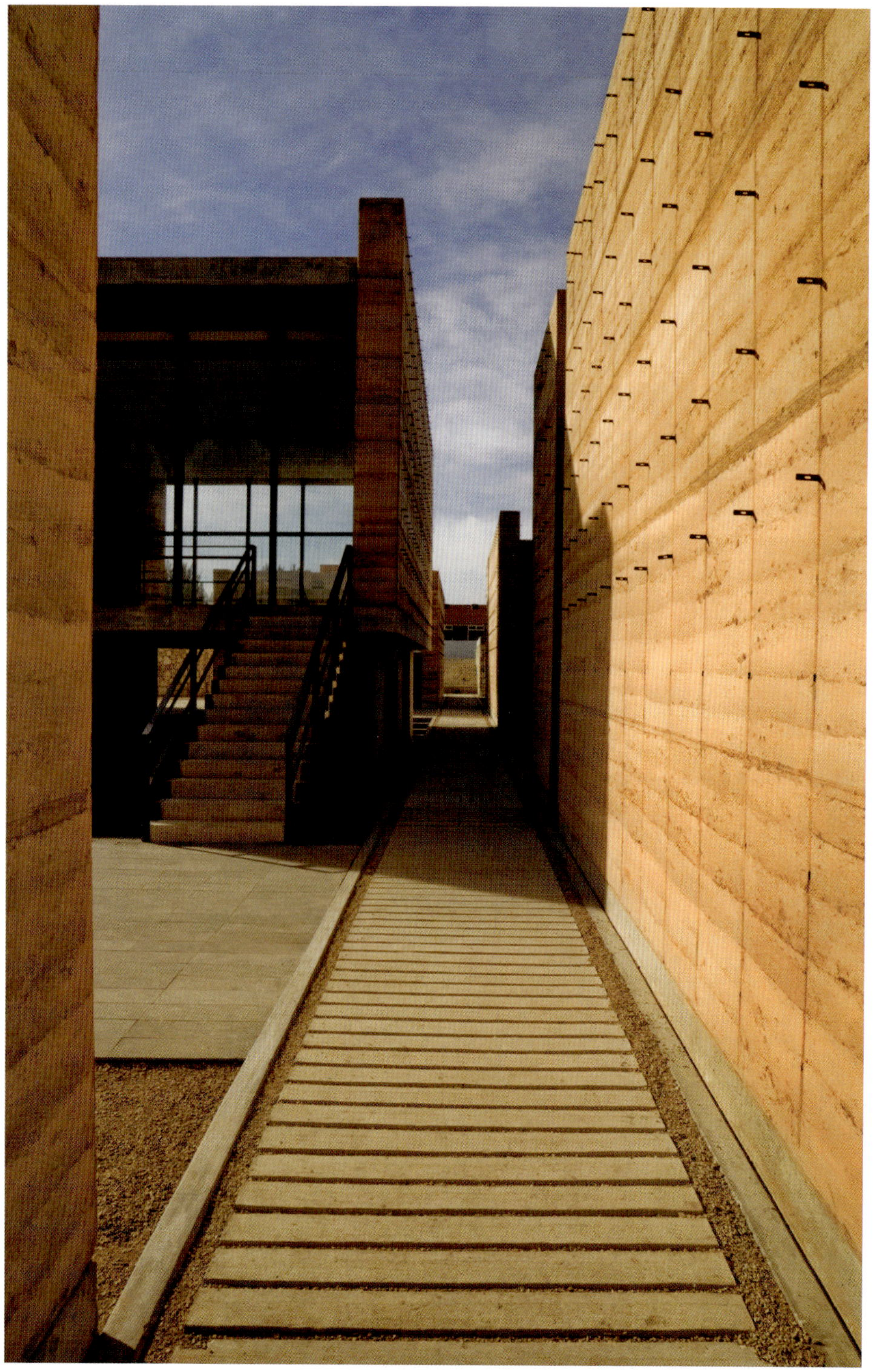

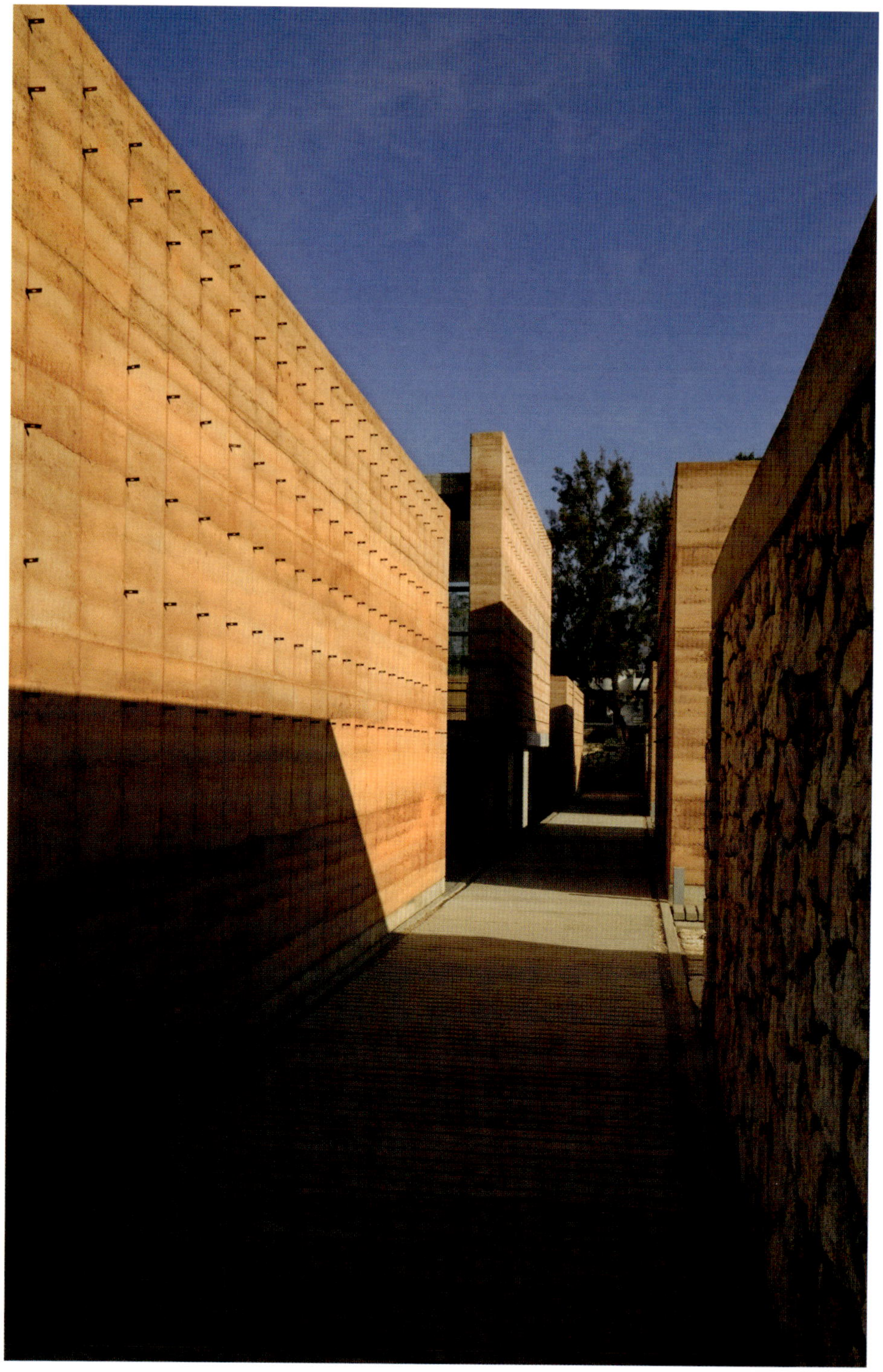

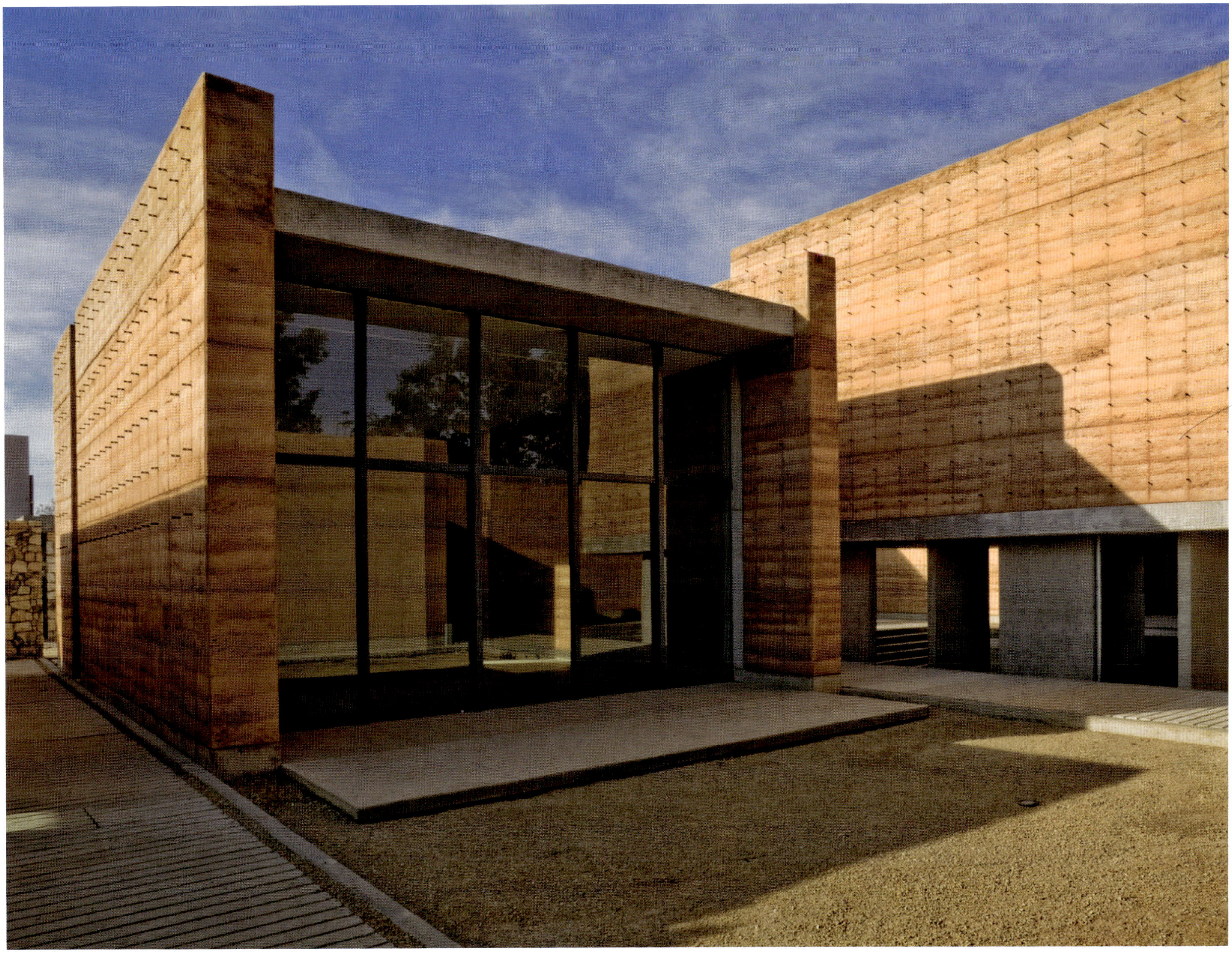

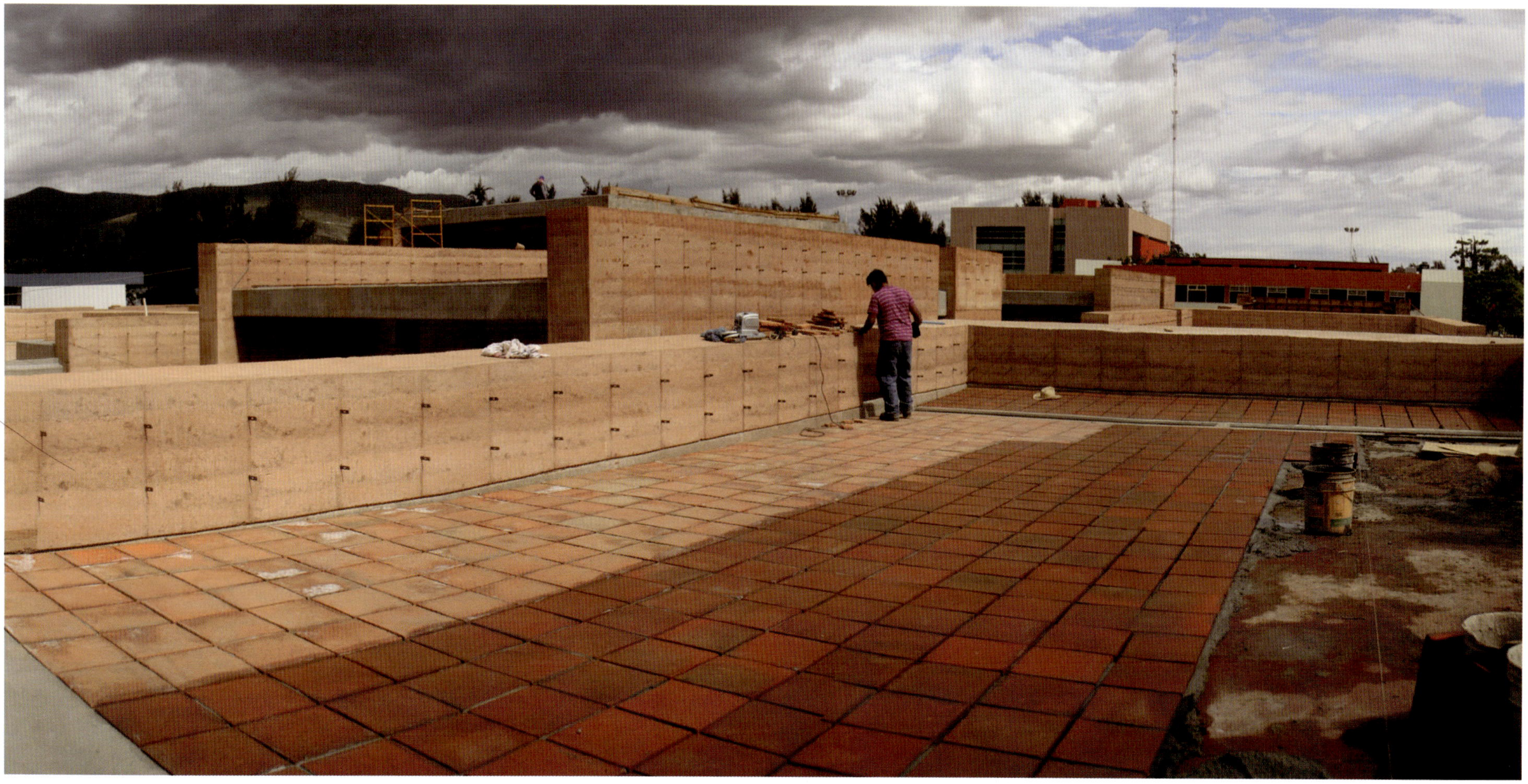

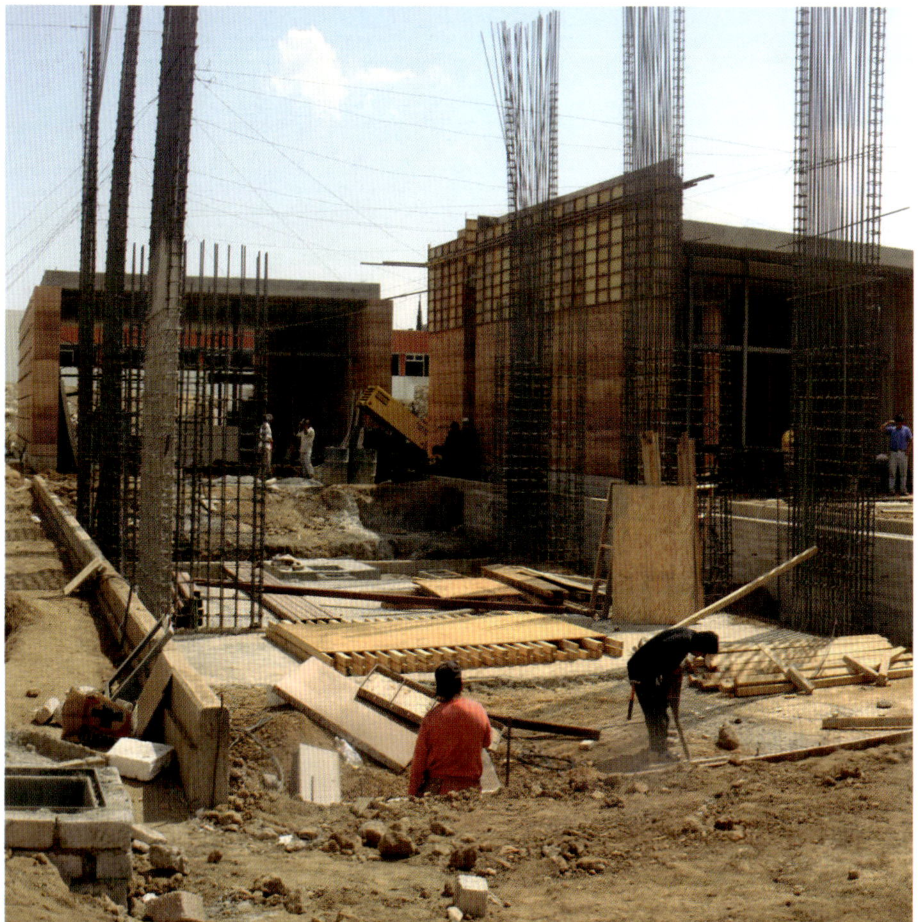

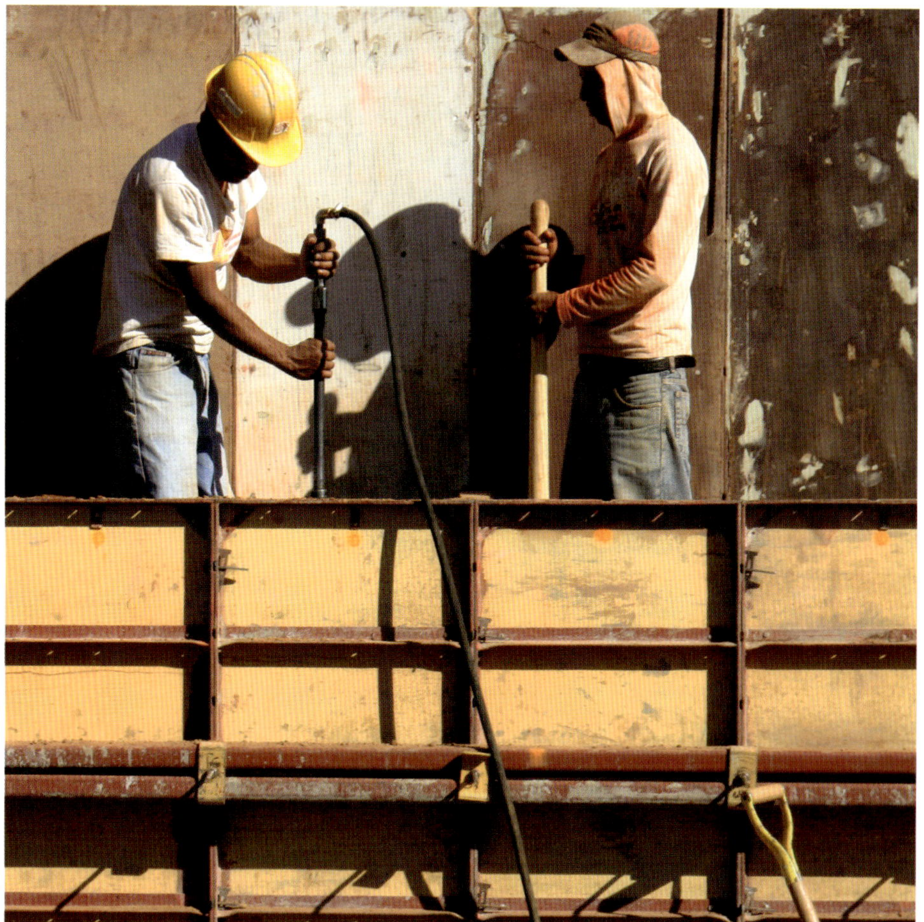

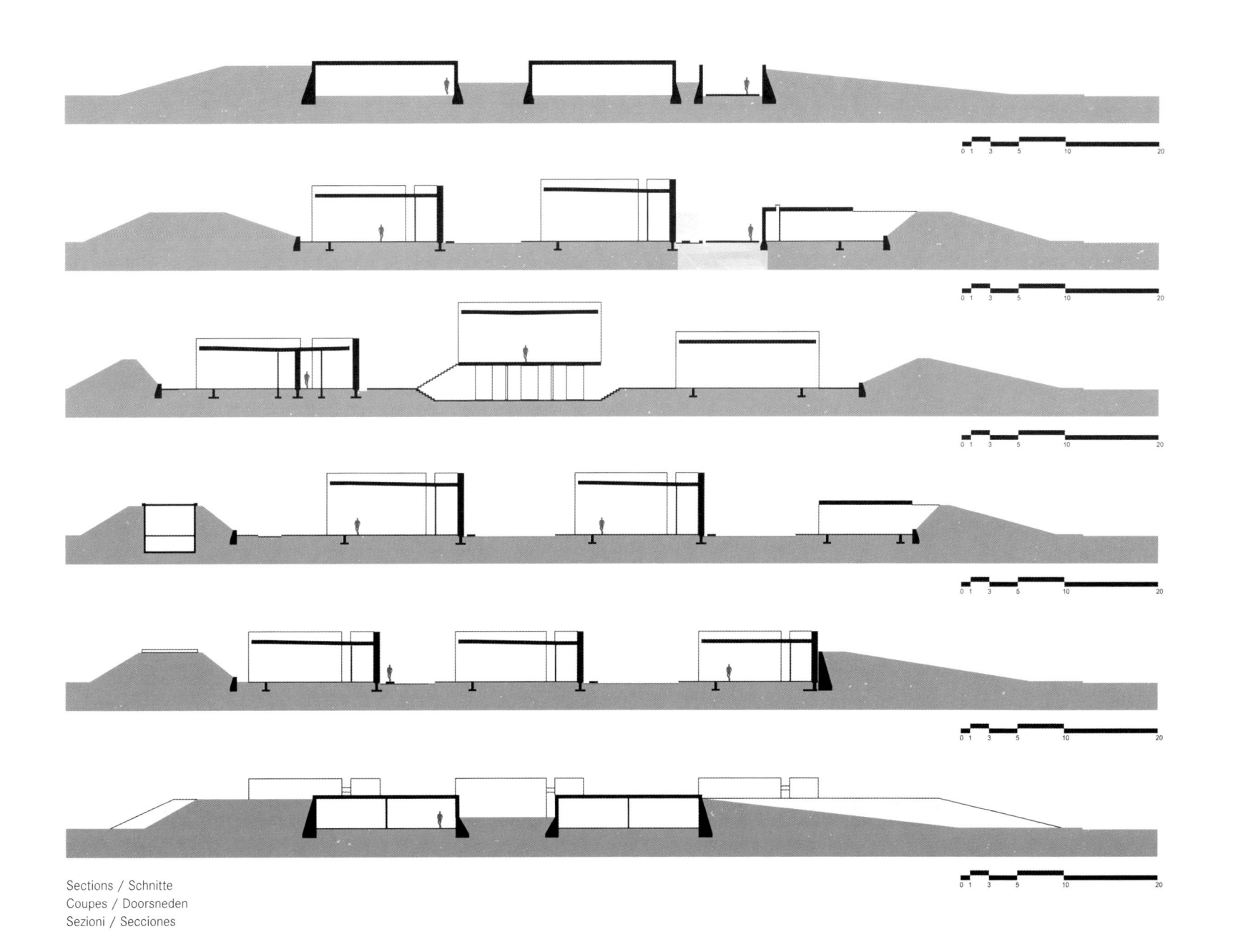

Sections / Schnitte
Coupes / Doorsneden
Sezioni / Secciones

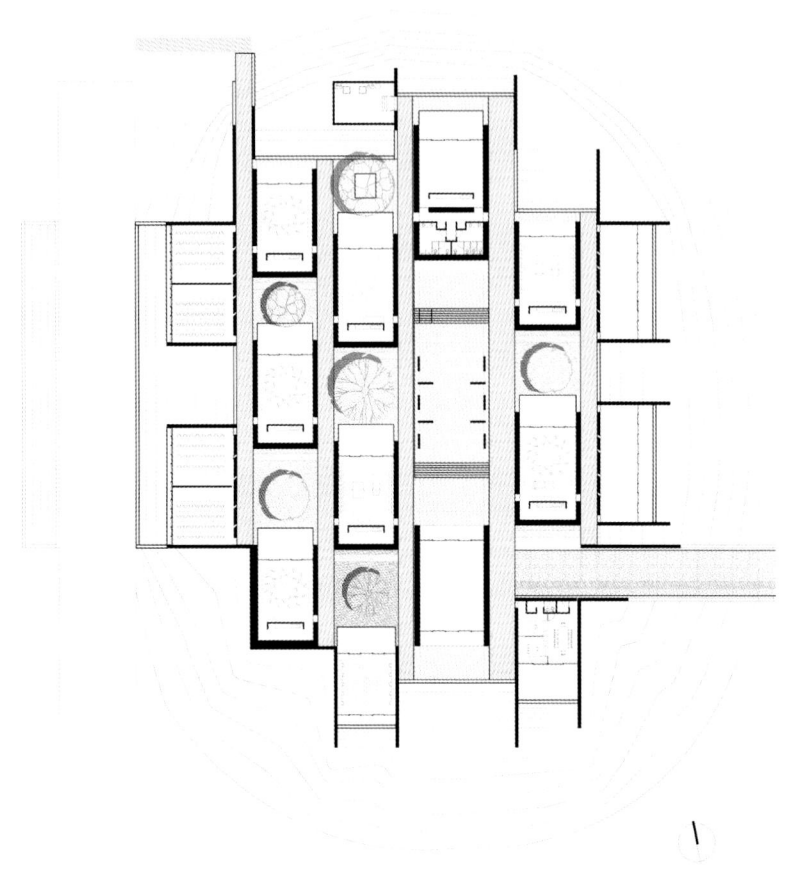

Plans / Grundisse
Plans / Plattegronden
Piante / Plantas

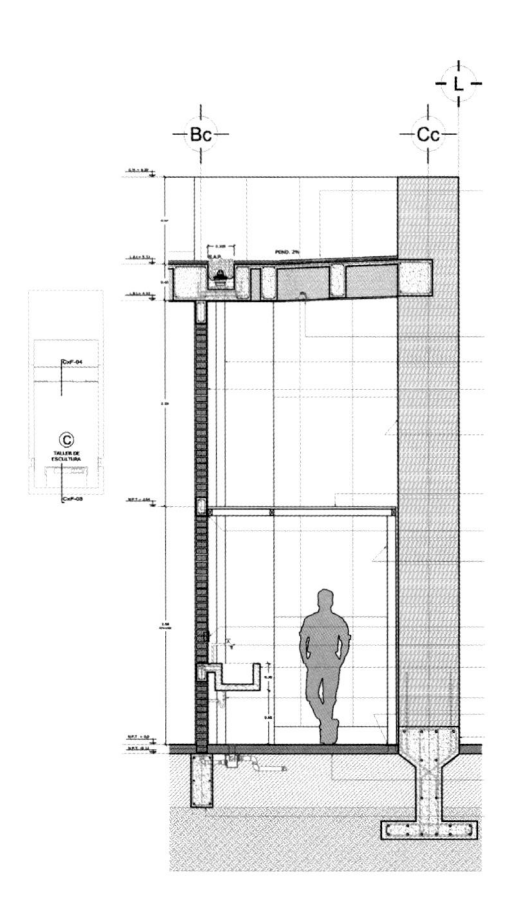

Section details / Details der Abschnitte
Détails des coupes / Details doorsnedes
Dettagli delle sezioni / Detalles de secciones

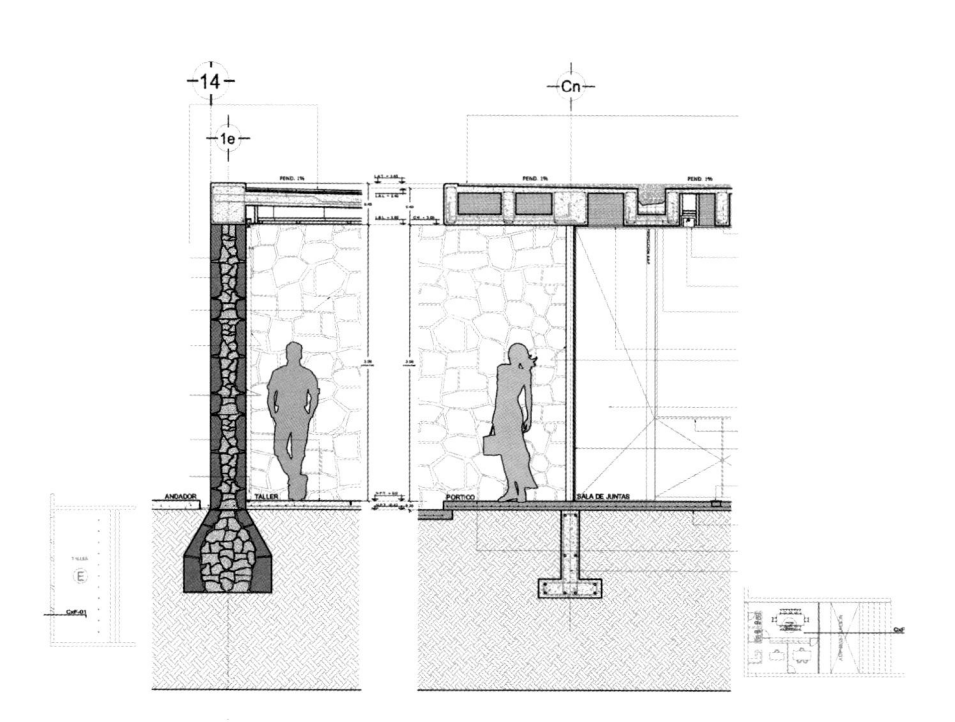

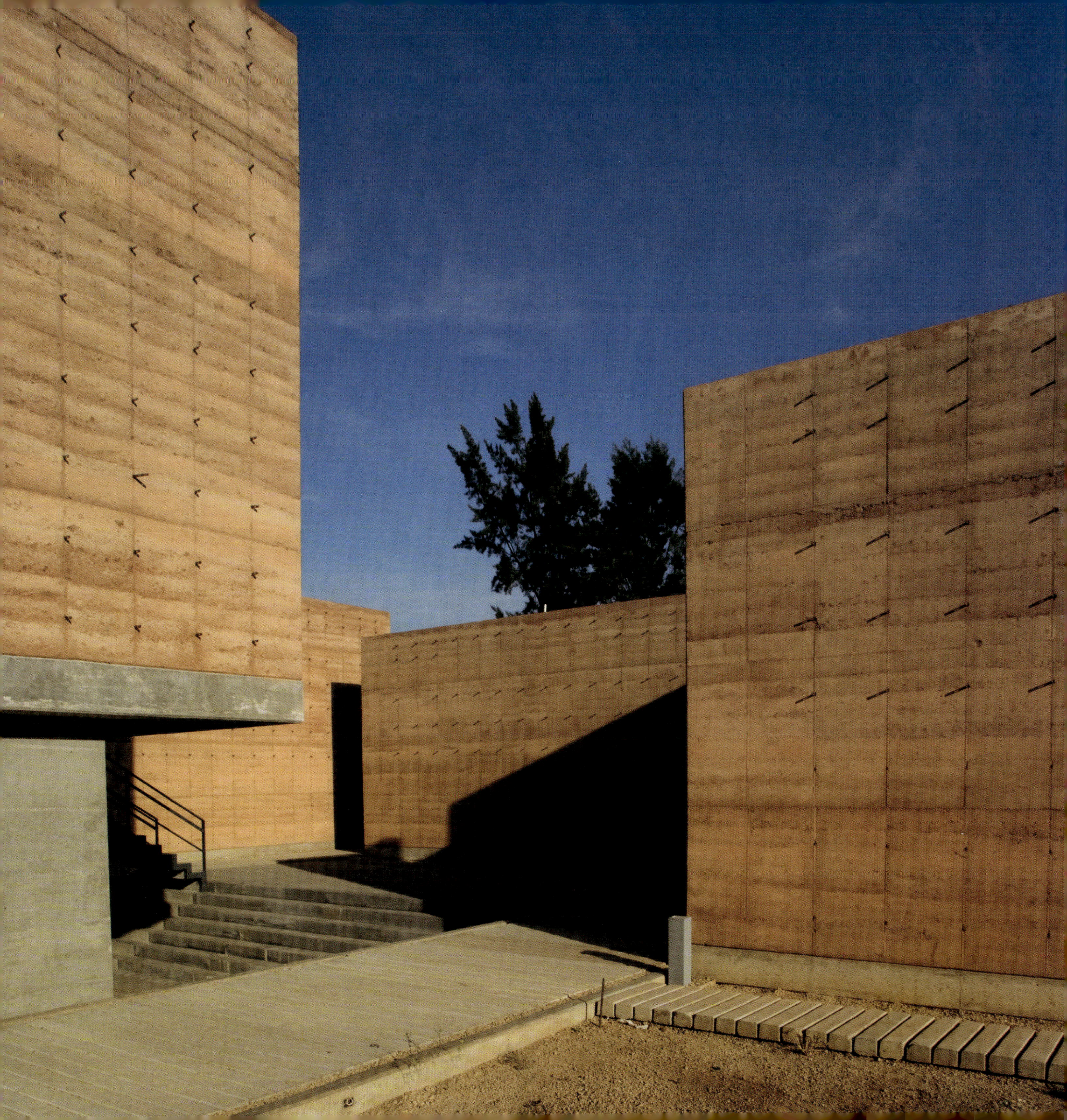

REDDING RESIDENCE

Kendle Design Collaborative
Scottsdale, AZ, USA
© Rick Brazil

Rammed earth / Verdichteter Lehm / Terre compactée / Geperste aarde / Terra compattata / Tierra compactada

The materials used for the construction of this magnificent residence were not only chosen for their beauty and low maintenance, but for their Aboriginal origin. Copper is used for the roof and the walls made of rammed soil with soil excavated from the land, are a reflection of the shapes of the mountains that surround the house.

Les matériaux utilisés pour la construction de cette résidence somptueuse n'ont pas été retenus uniquement pour leur beauté ou leur facilité d'entretien mais aussi parce qu'ils sont d'origine locale. Les toits sont en cuivre. Les murs en terre compactée ont été édifiés avec la terre enlevée sur le terrain en creusant les fondations. Ils rappellent les montagnes entourant la maison.

I materiali impiegati per la costruzione di questa magnifica abitazione sono stati scelti non solo per la loro bellezza e la scarsa manutenzione, ma anche per essere di provenienza locale. Il rame è stato impiegato per il tetto mentre le pareti in terra compatta lavorata con il terreno scavato richiamano le forme delle montagne che circondano la casa.

Die für den Bau dieses herrlichen Wohngebäudes verwendeten Materialien wurden nicht nur aufgrund ihrer Schönheit oder ihres geringen Wartungsaufwands ausgewählt, sondern auch, da es sich um typische einheimische Materialien handelt. Für das Dach wurde Kupfer verwendet. Die Mauern aus verdichtetem Lehm, der aus dem Baugrundstück gewonnen wurde, spiegeln die Formen der das Haus umgebenden Berge wider.

De voor de bouw van dit prachtige huis gebruikte materialen werden niet alleen gekozen vanwege het feit dat ze mooi zijn of omdat ze weinig onderhoud vergen, maar ook omdat ze autochtoon zijn. Voor het dak werd koper gebruikt en de muren, die zijn gemaakt van geperste aarde van ter plekke uitgegraven grond, zijn een weerspiegeling van de vormen van de bergen waardoor het huis wordt omgeven.

Los materiales utilizados para la construcción de esta magnífica residencia se eligieron no sólo por su belleza o su bajo mantenimiento, sino por ser de origen autóctono. El cobre se usó para la cubierta, y las paredes, de tierra compactada elaborada con el suelo excavado del terreno, son un reflejo de las formas de las montañas que rodean la casa.

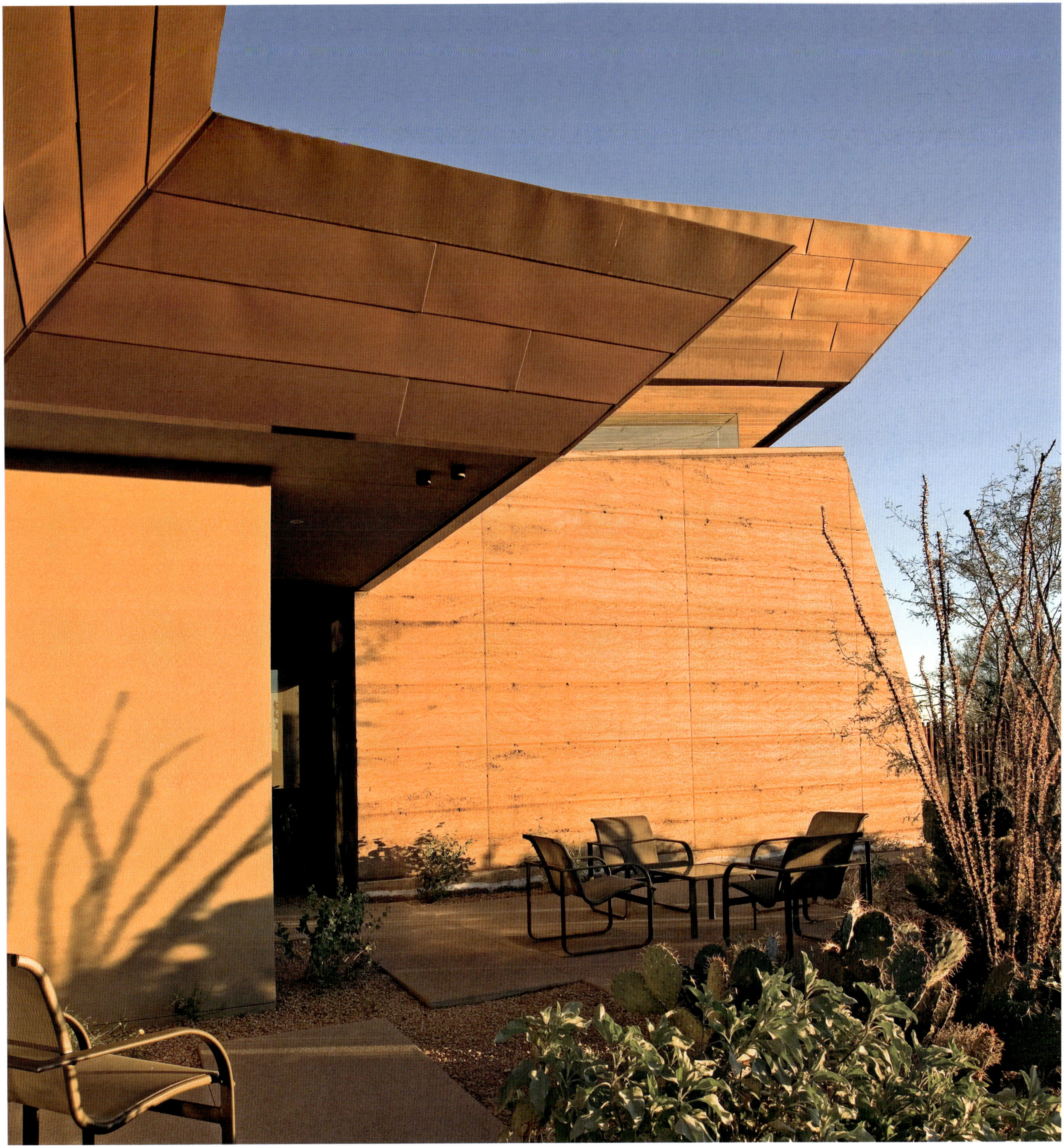

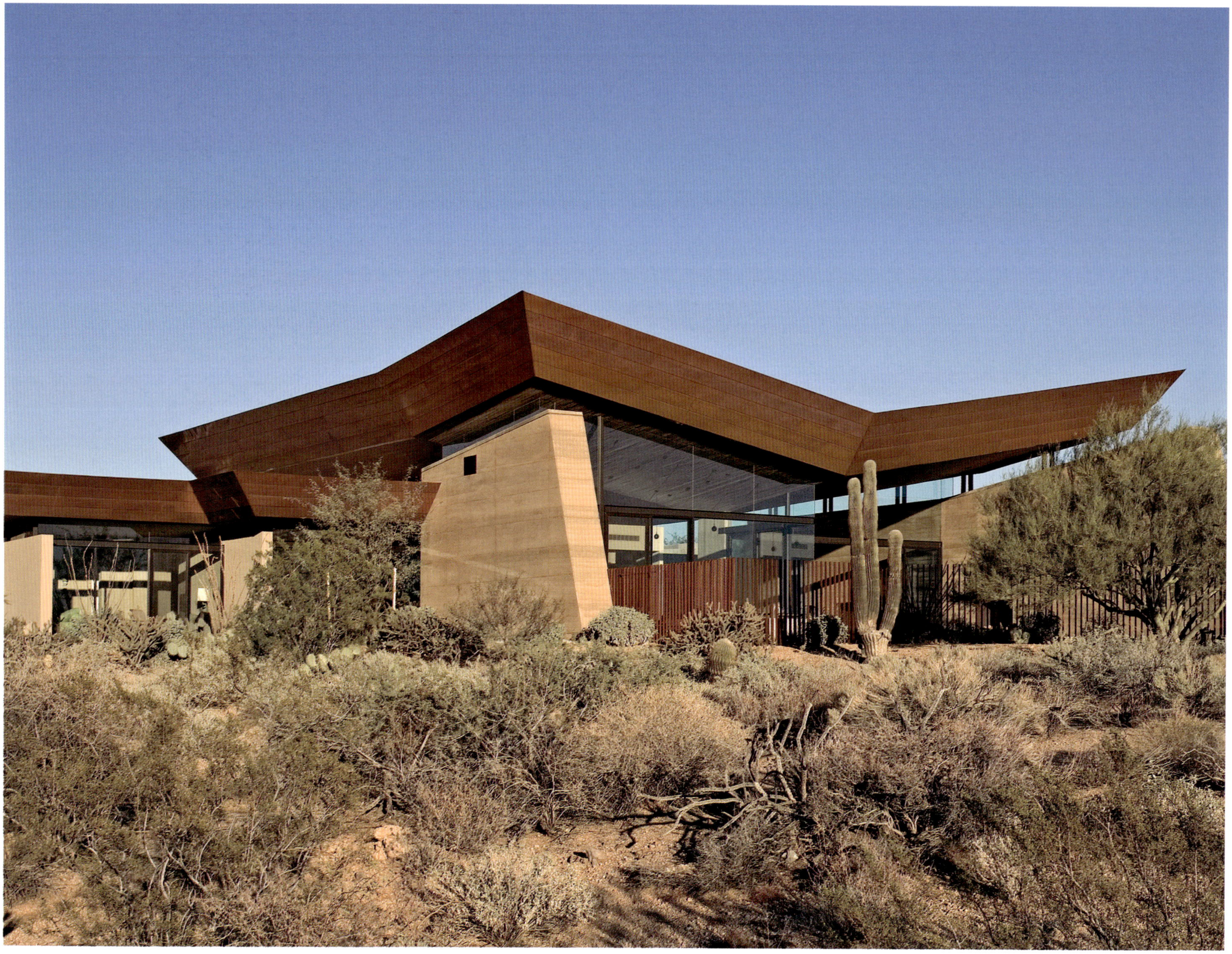

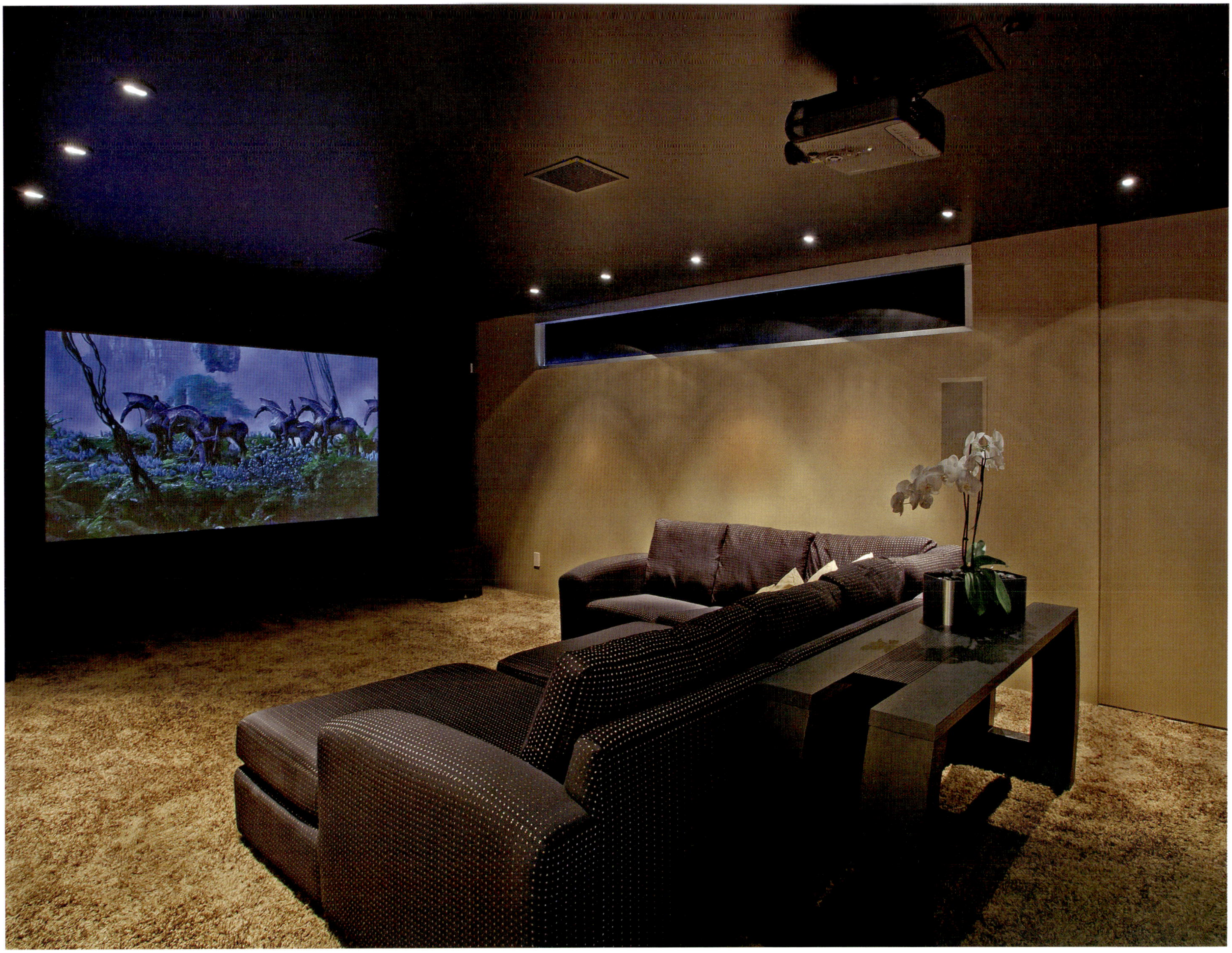

Location plan / Umgebungsplan
Plan de situation / Omgenigsplattegrond
Planimetria di localizzazione / Plano de situación

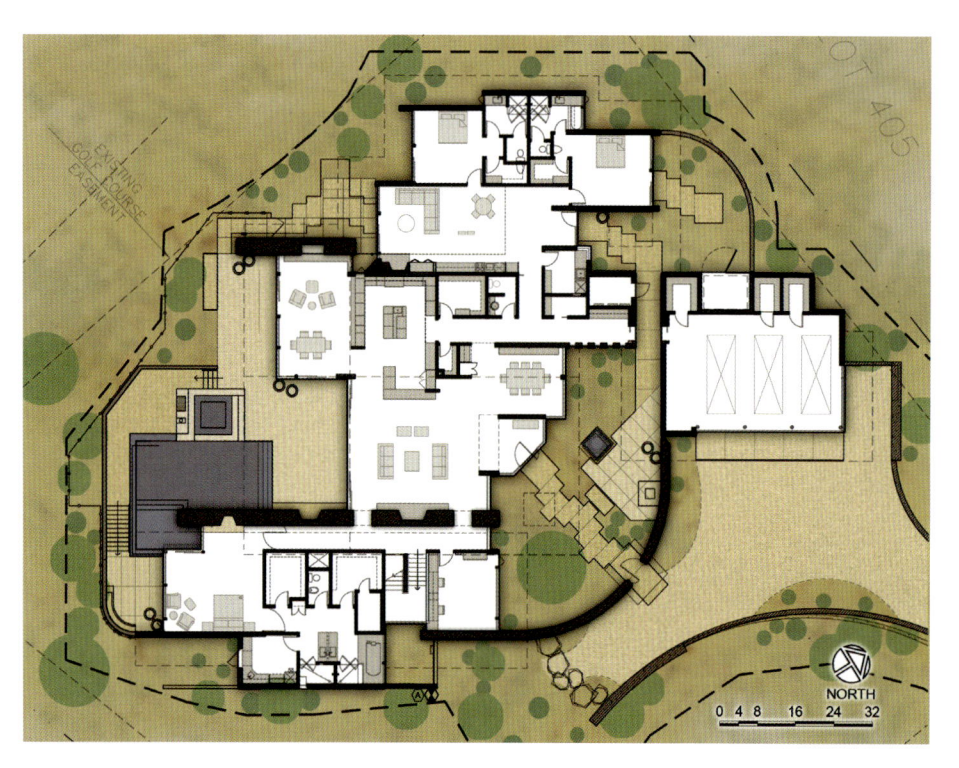

Floor Plan / Geschossplan
Plan / Plattegrond
Pianta / Planta

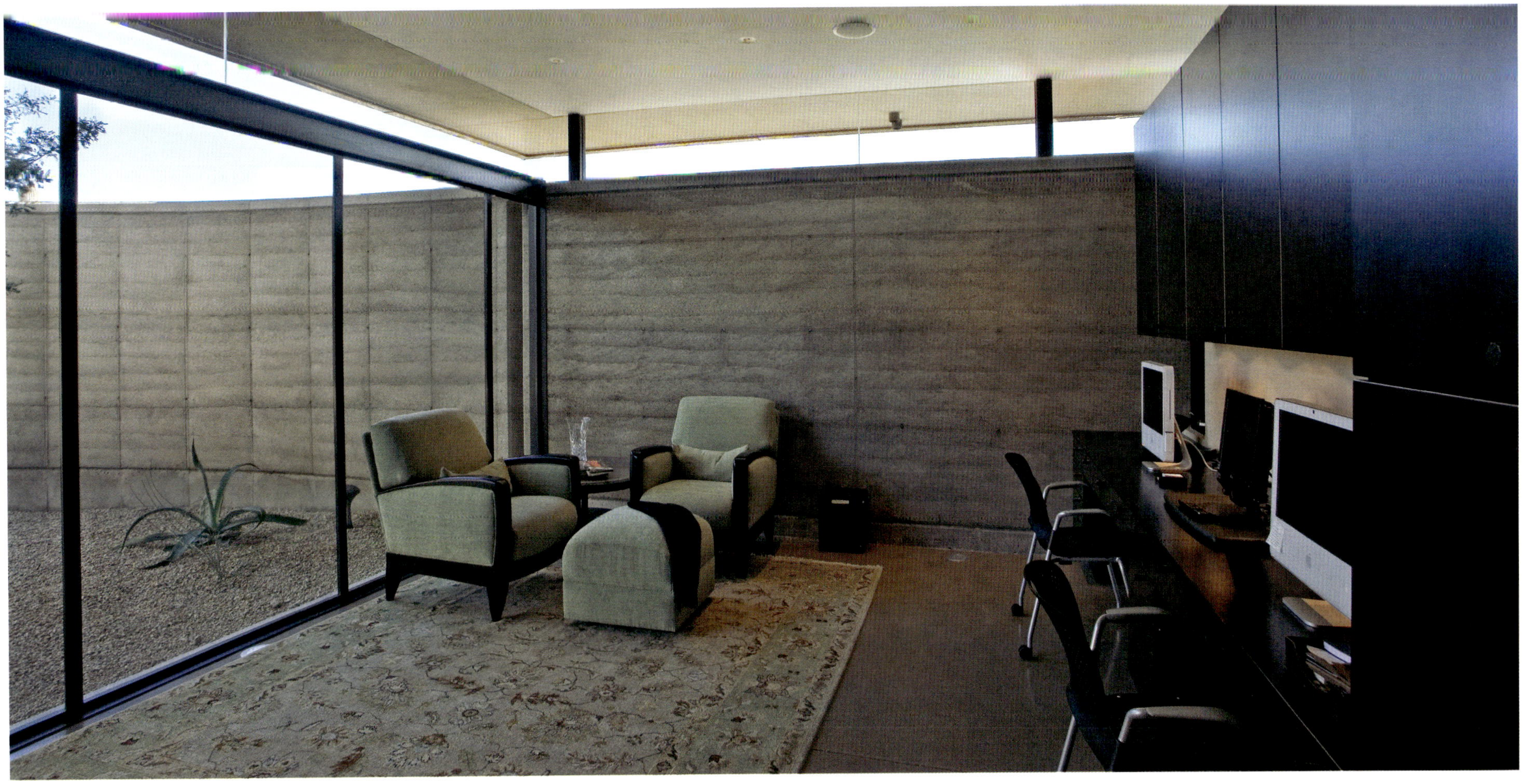

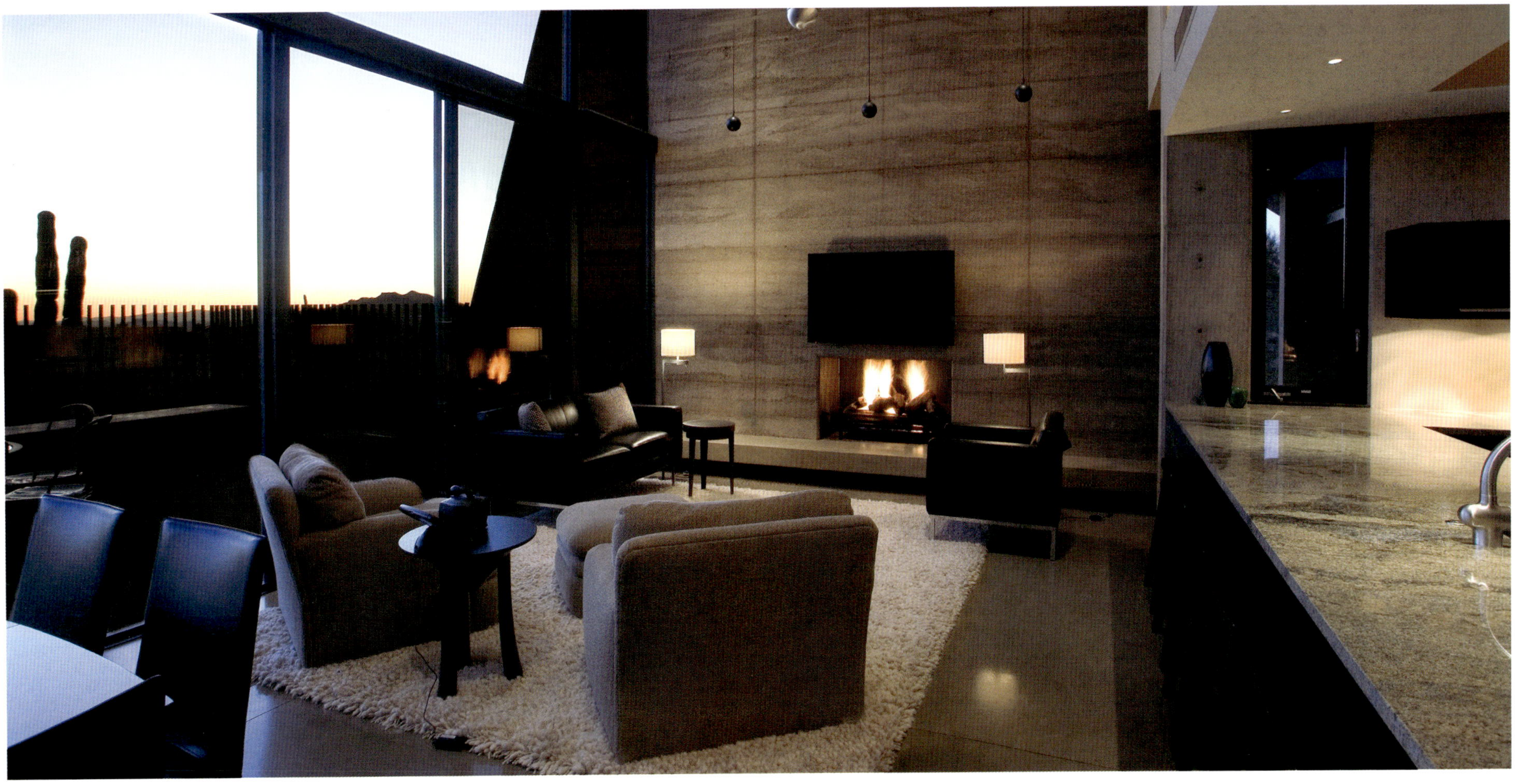

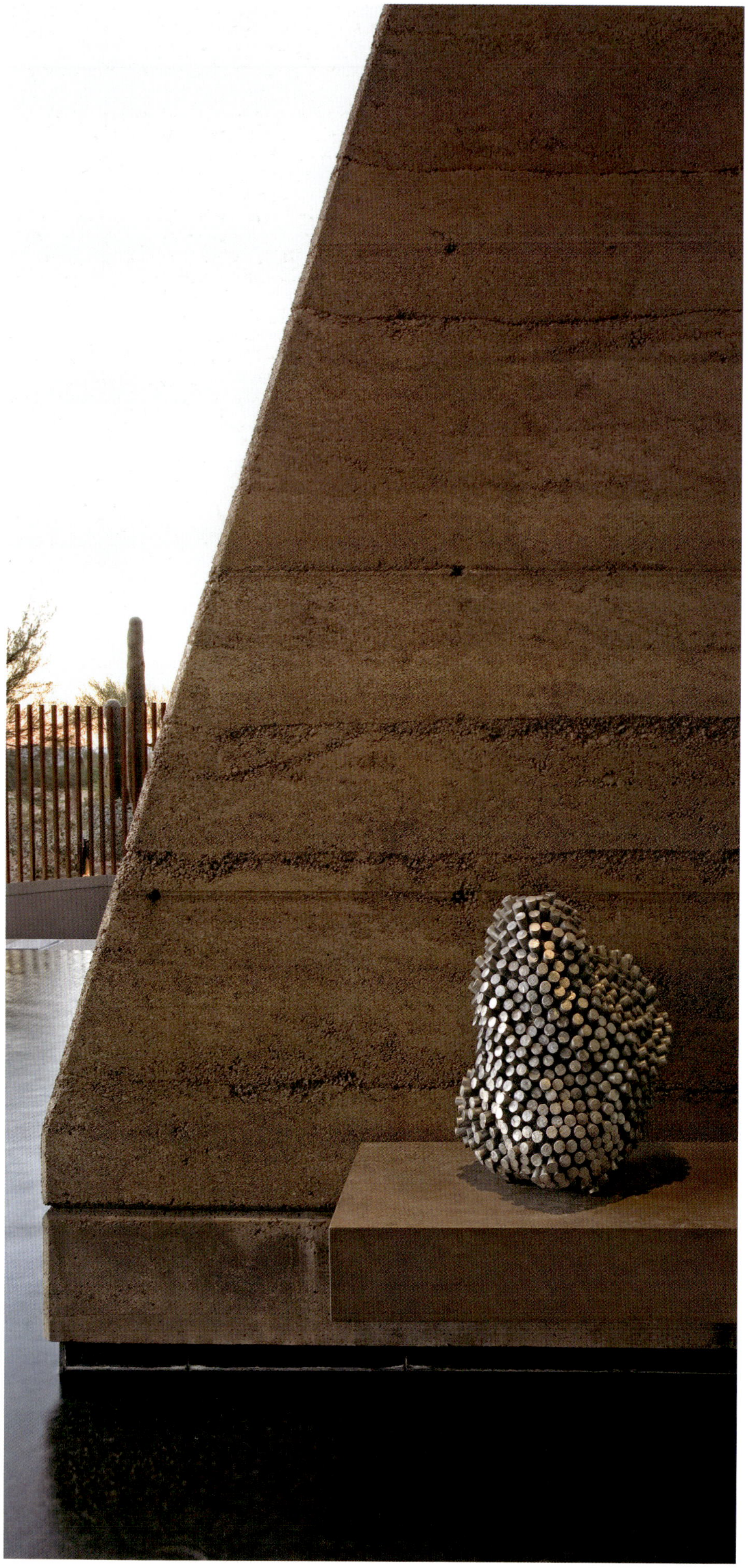

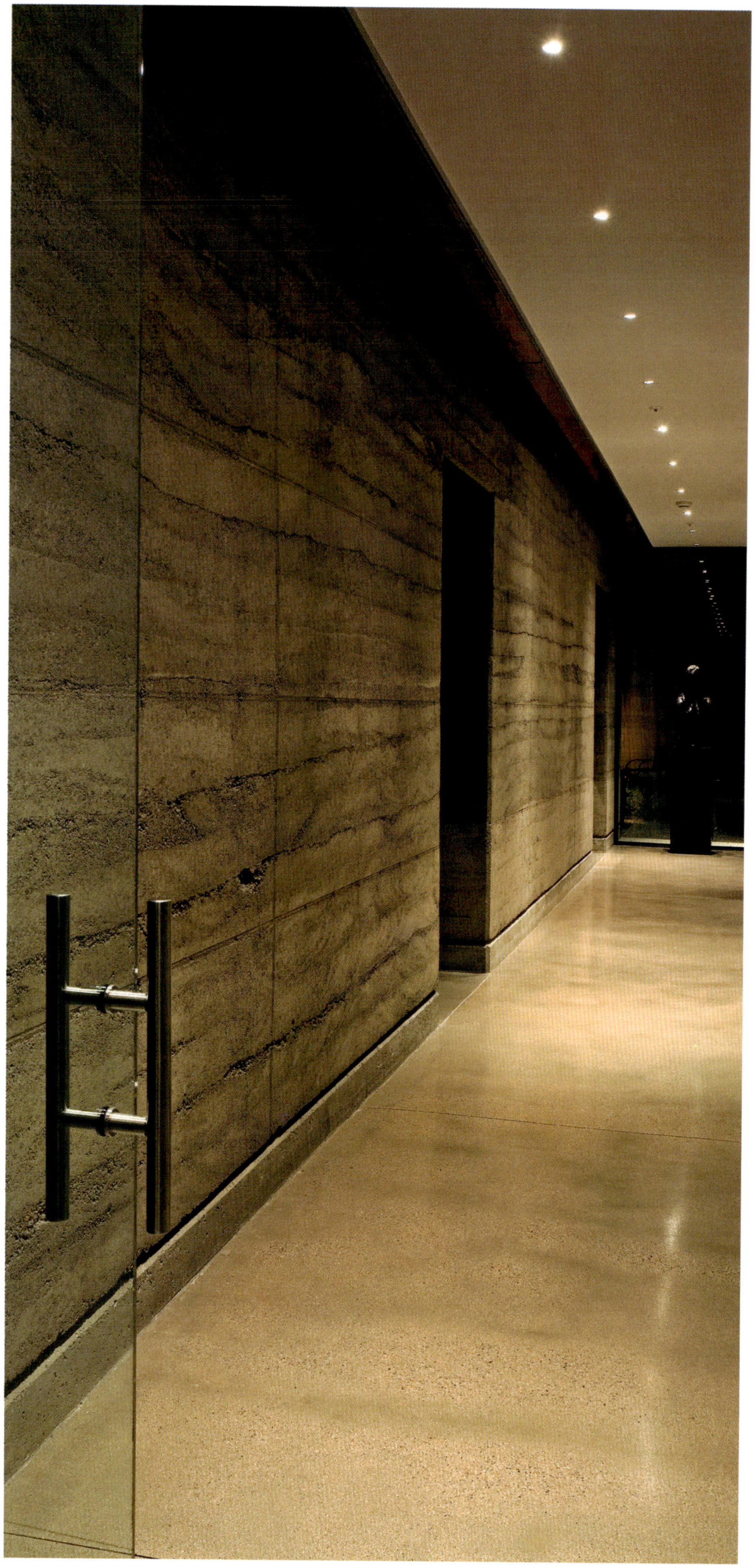

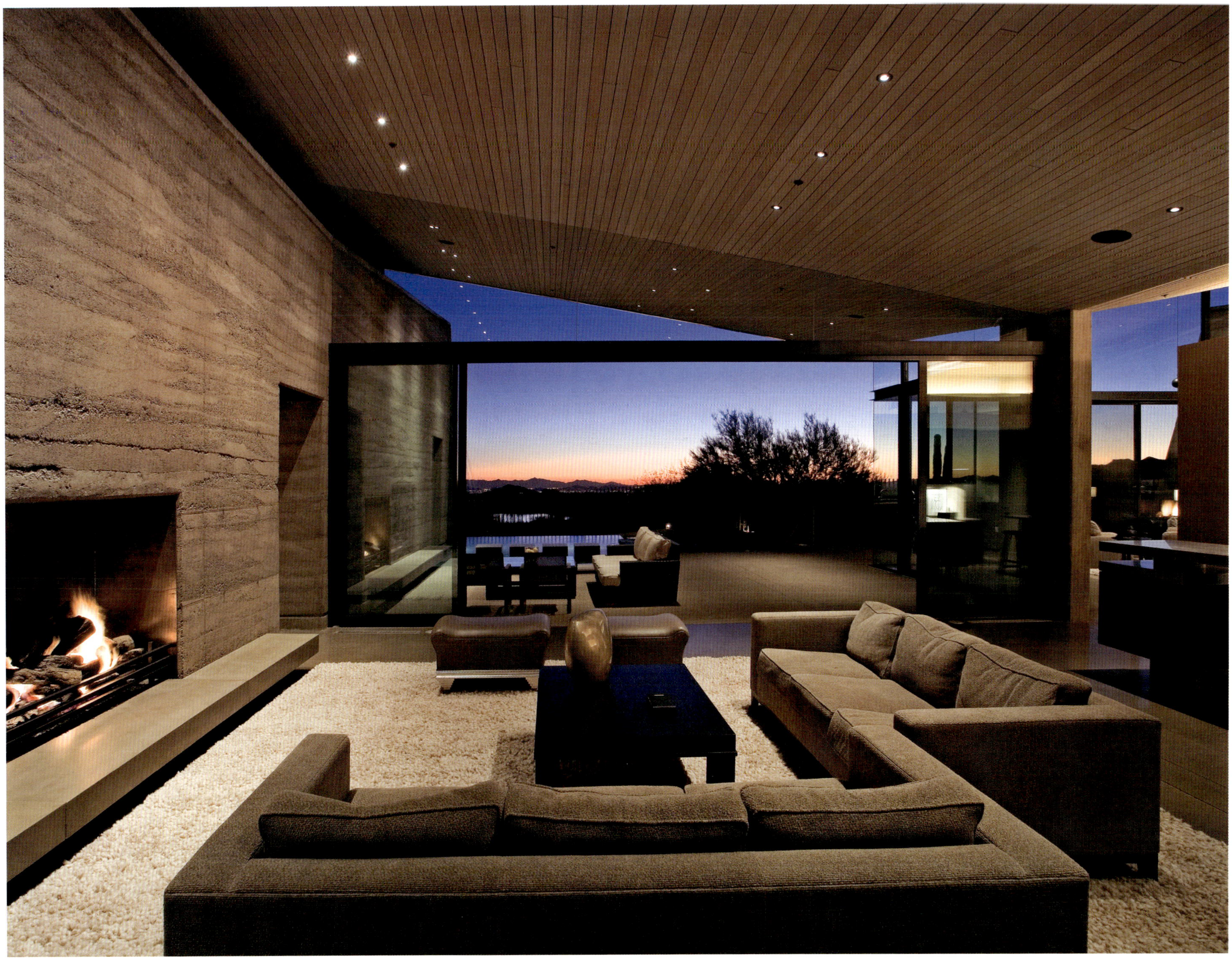

RAUCH RESIDENCE

Martin Rauch, Boltshauser Architekten
Vorarlberg, Austria
© Beat Bühler, Albrecht Schnabel

Rammed earth / Verdichteter Lehm / Terre compactée
Geperste aarde / Terra compattata / Tierra compactada

Many of the elements of this residence, such as floors, ceilings, walls and tiles, were built using the earth extracted from the land. This material was rammed, baked or cast according to future use. The house is the result of the conviction that natural materials can generate high quality architecture.

Une grande partie des éléments de cette maison, comme le sol, les plafonds, les murs et les carreaux, ont été construits avec la terre enlevée sur le terrain. Le matériau a été compacté, cuit ou moulé selon l'usage auquel il était destiné. Cette construction est la preuve que les matériaux naturels conviennent à une architecture de grande qualité.

Gran parte degli elementi di questa abitazione, come il pavimento, i soffitti, le pareti e le mattonelle sono stati realizzati usando la terra estratta nell'area circostante. Questo materiale è stato compattato, cotto o modellato in base all'uso successivo. La casa nasce dalla convinzione che i materiali naturali possano dare vita a opere architettoniche di grande qualità.

Ein Großteil der Elemente dieses Wohngebäudes, wie z. B. Boden, Decken, Wände und Fliesen, wurde unter Verwendung von aus dem Baugrundstück gewonnenen Lehm gebaut. Dieses Material wurde je nach späterem Zweck verdichtet, gebrannt oder in Form gepresst. Das Haus ist das Resultat der Überzeugung, dass natürliche Materialien eine hochwertige Architektur hervorbringen können.

Een groot deel van de componenten van dit huis, zoals de vloer, de plafonds, de muren en de plavuizen, werden met behulp van ter plekke afgegraven grond gemaakt. Dit materiaal werd verdicht, gebakken en op grond van het latere gebruik gemodelleerd. Het huis is het resultaat van de overtuiging dat natuurlijke materialen een architectuur van grote kwaliteit kunnen voortbrengen.

Gran parte de los elementos de esta residencia, como el suelo, los techos, las paredes y las baldosas, se construyeron usando la tierra extraída del terreno. Este material fue compactado, cocido o moldeado en función de su uso posterior. La casa es el resultado de la convicción de que los materiales naturales pueden generar arquitectura de gran calidad.

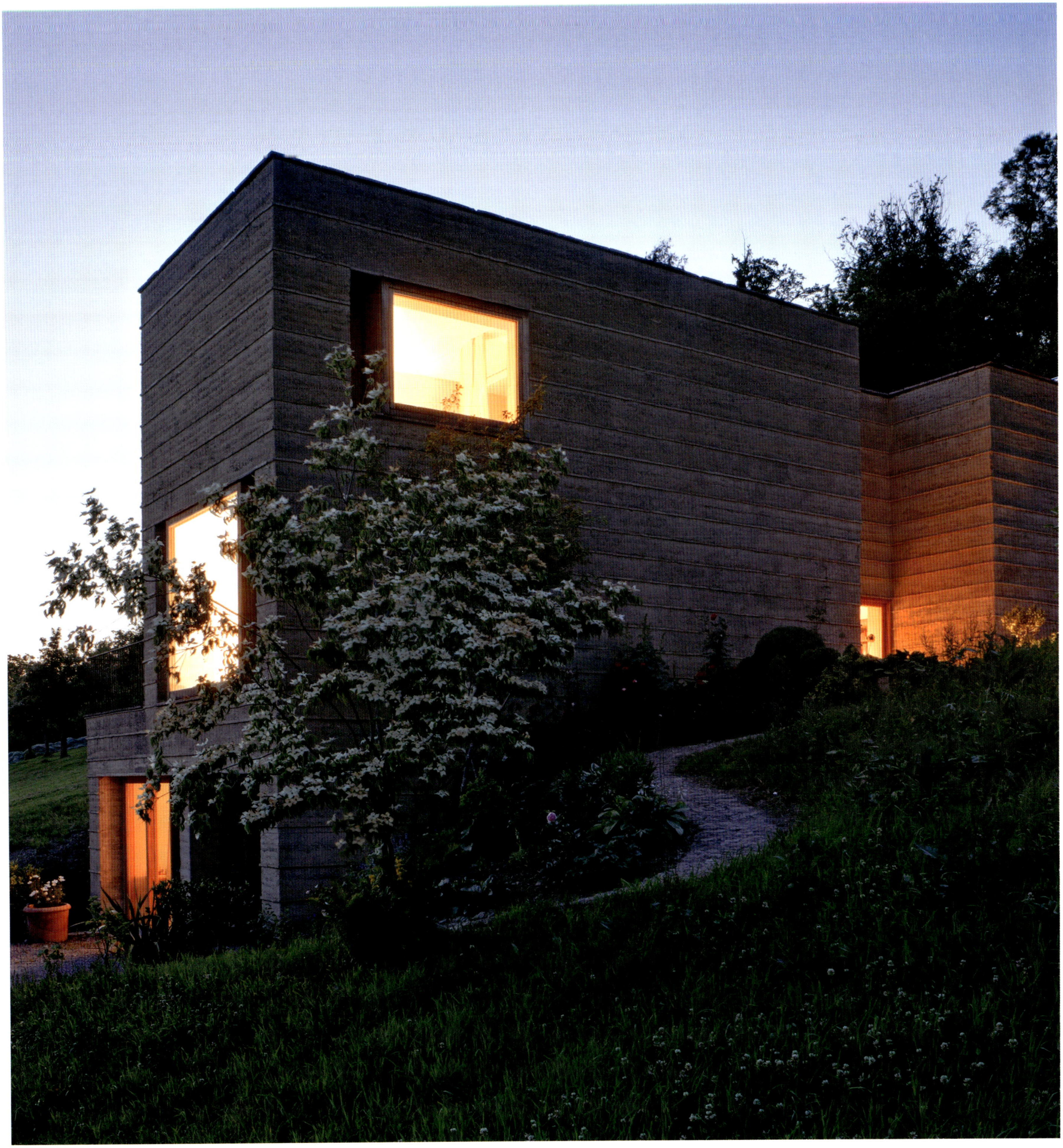

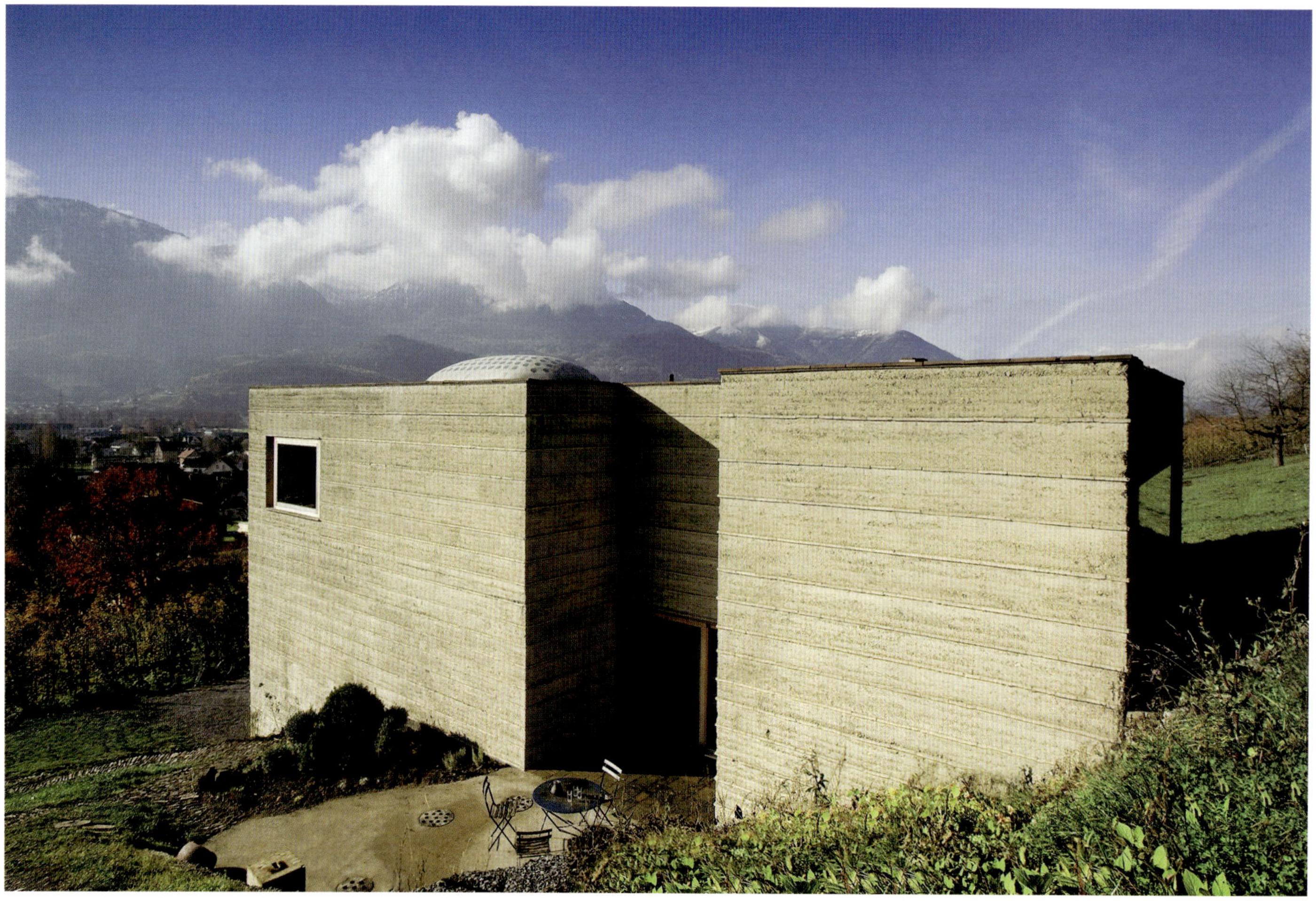

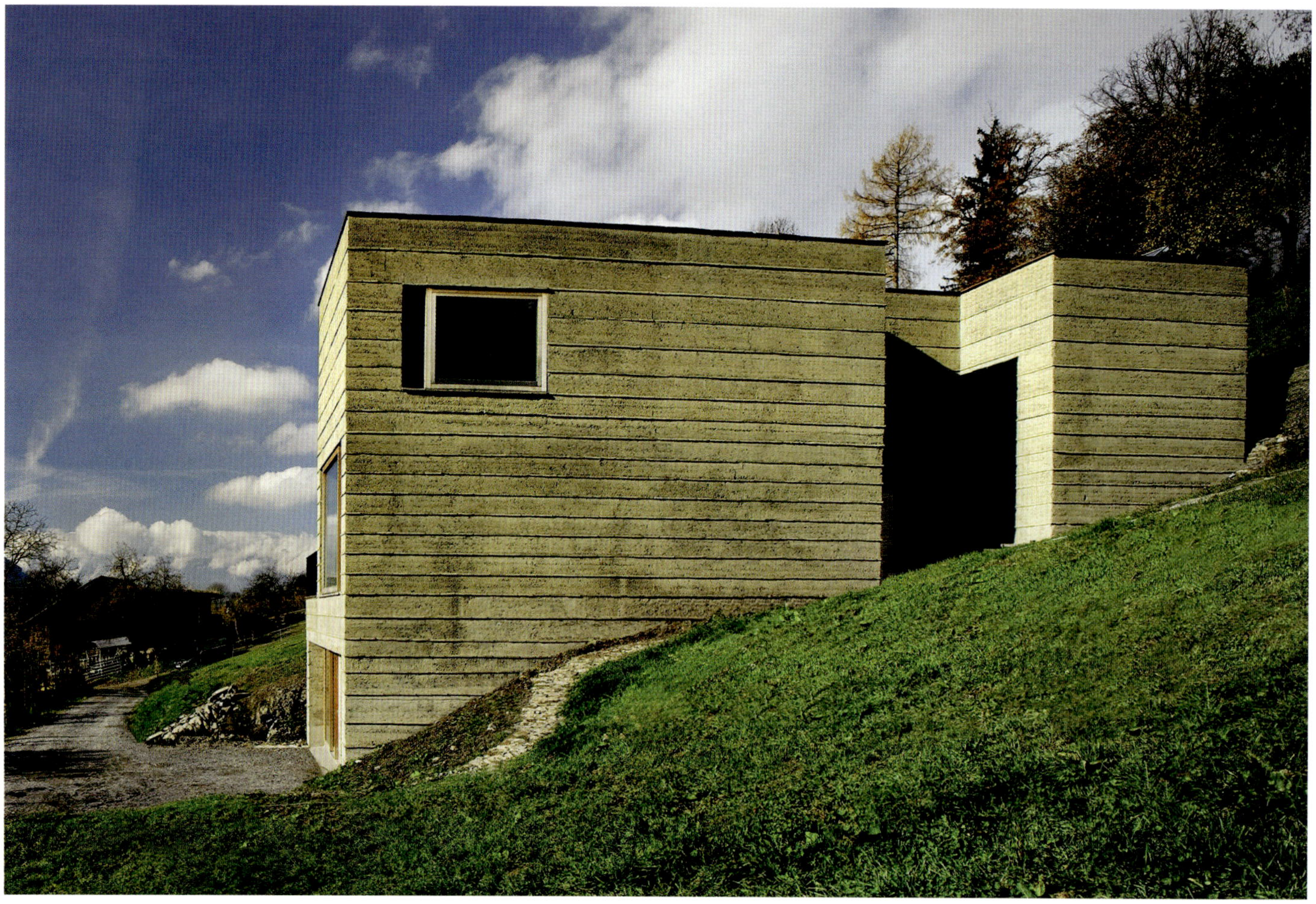

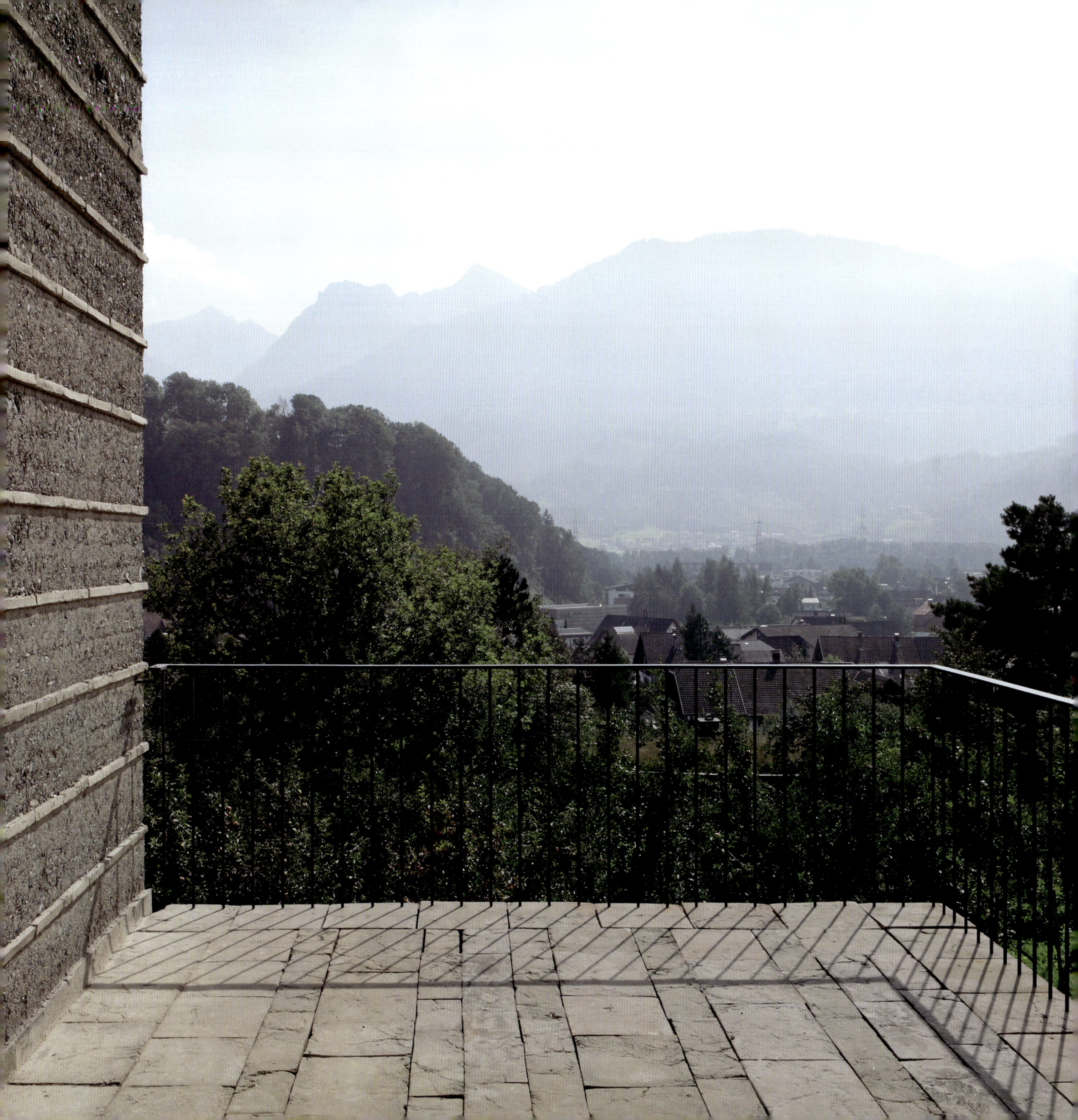

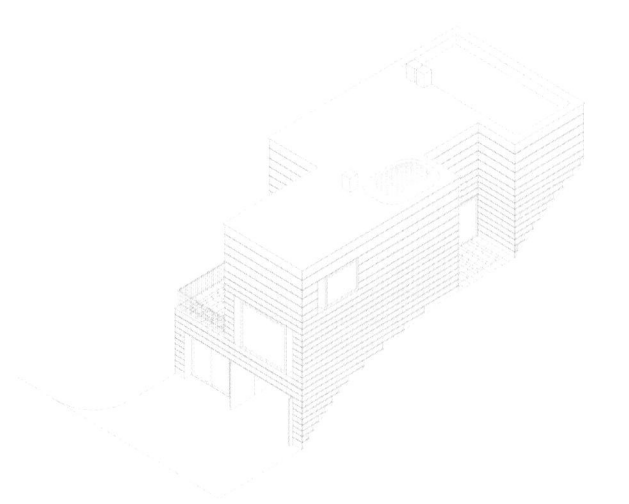

Axonometry / Axonometrische Ansicht
Axonométrie / Axonometrie
Assonometria / Axonometría

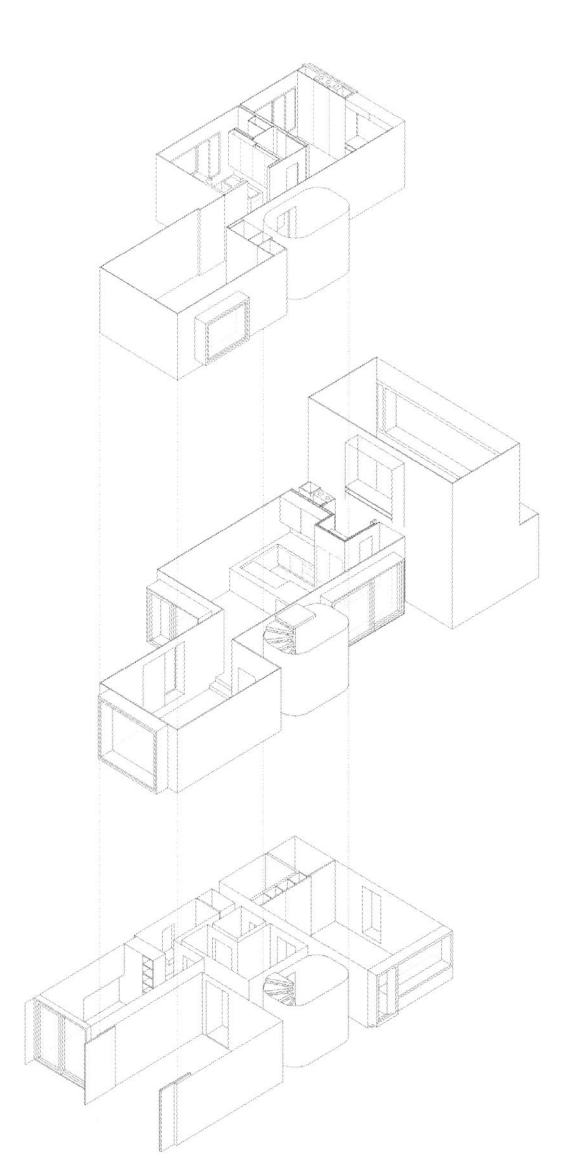

Expanded axonometrics / Ausgedehnte Axometrie
Axonométrie étendue / Geëxpandeerde axonometrie
Assonometria esplosa / Axonometría expandida

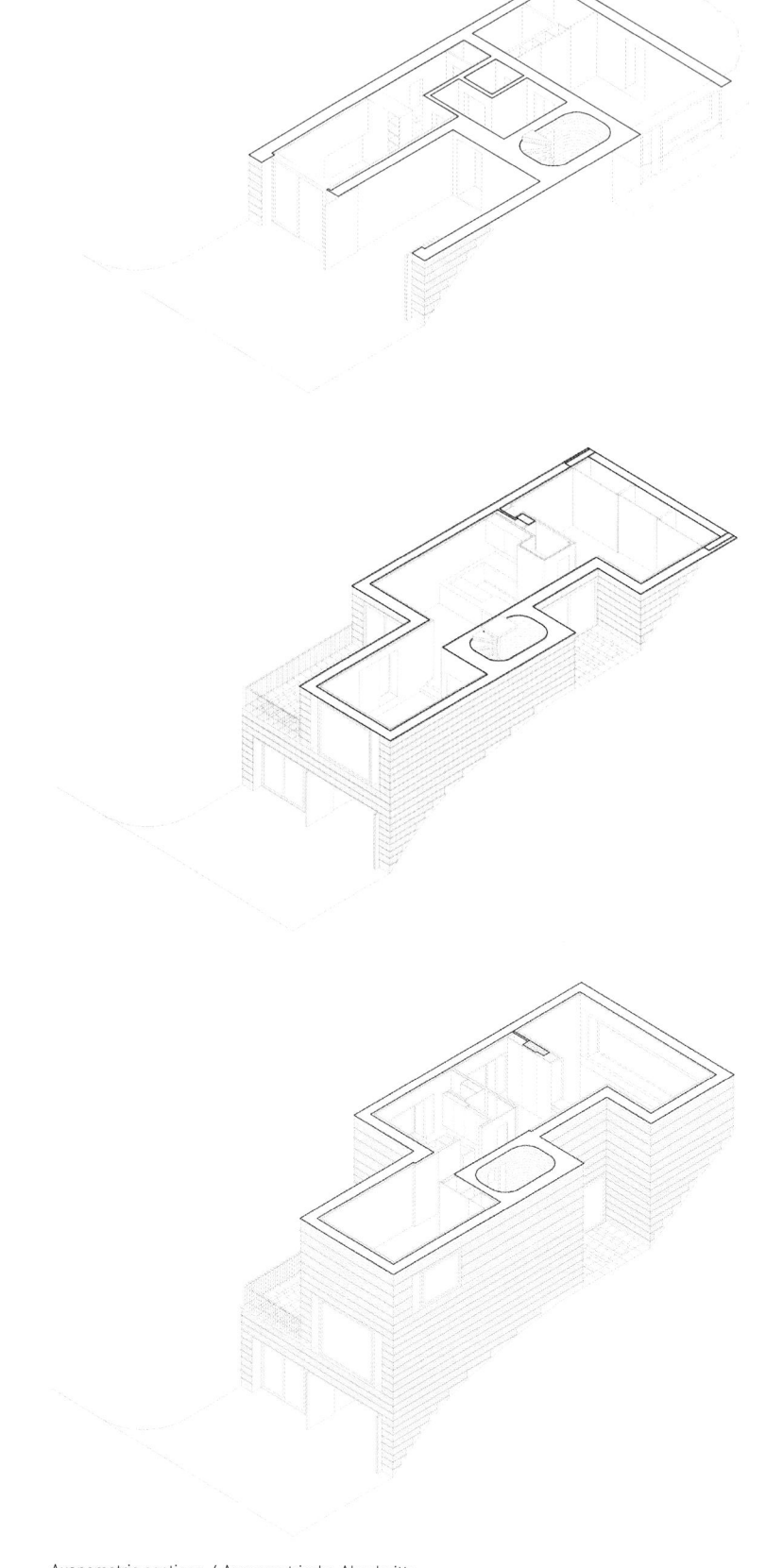

Axonometric sections / Axonometrische Abschnitte
Coupes axonométriques / Perspectivische dwarsdoorsnedes
Sezioni assonometriche / Secciones axonométricas

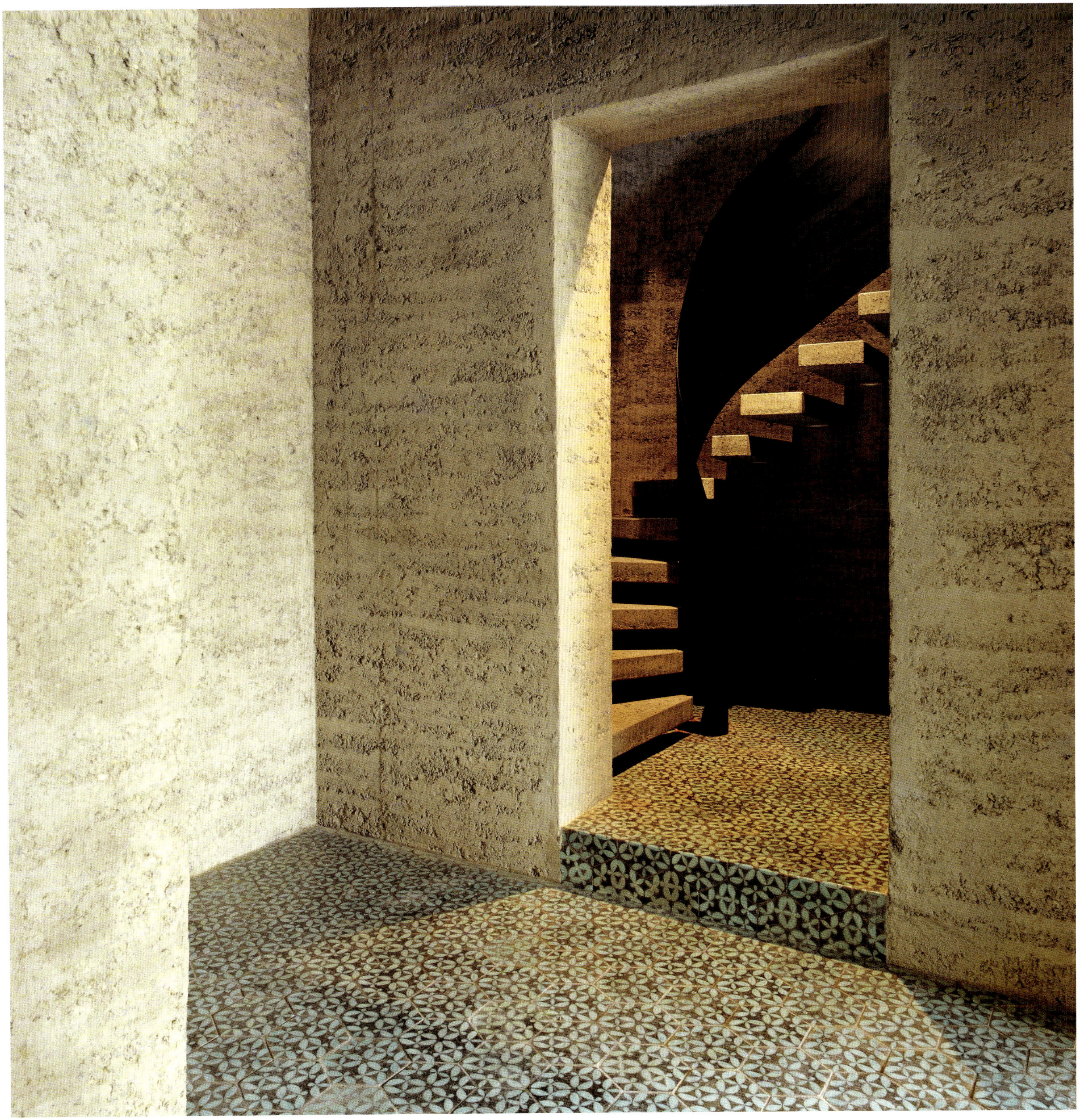

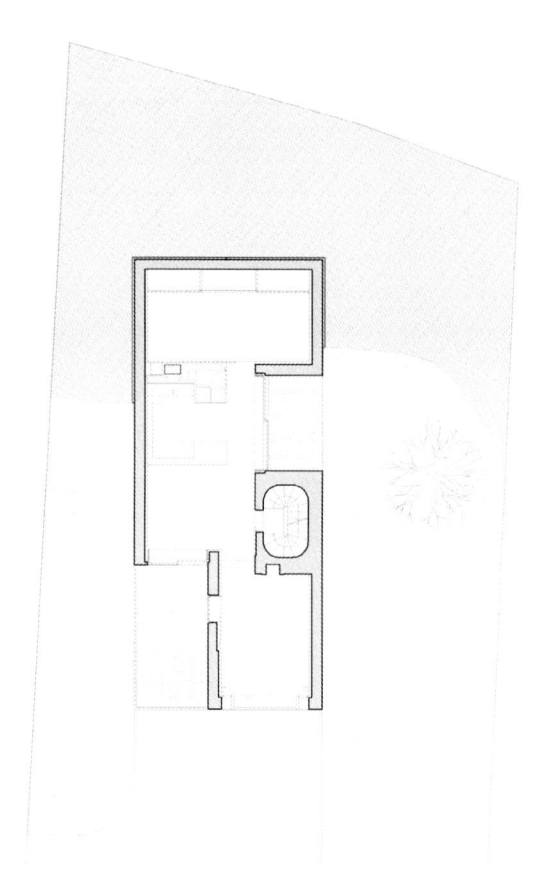

Ground floor / Erdgeschoss
Rez-de-chaussée / Begane grond
Piano terra / Planta baja

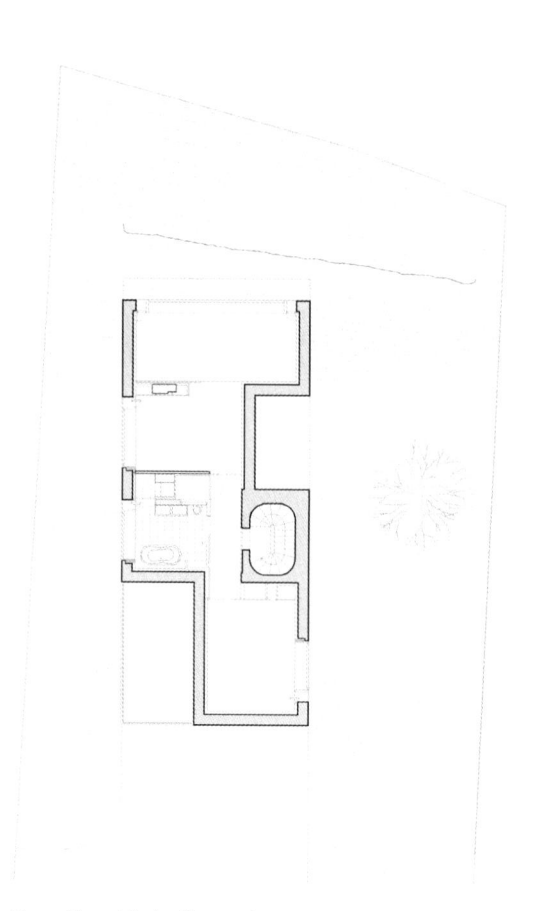

Second floor / Erstes Obergeschoss
Premier étage / Eerste verdieping
Primo piano / Primera planta

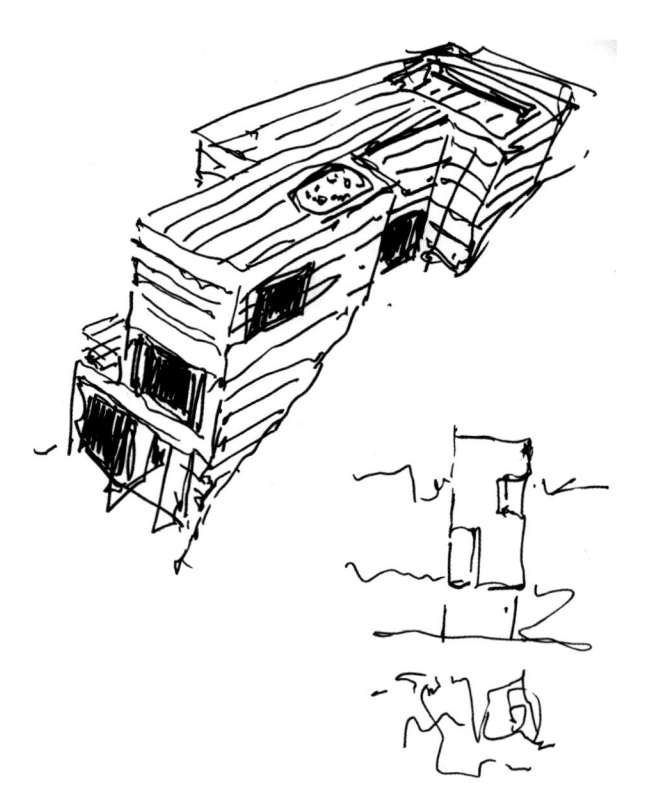

Sketches / Skizzen
Esquisses / Schetsen
Schizzi / Bocetos

297

KOUDOUGOU **CENTRAL MARKET**

Laurent Séchaud/Swiss Agency for Development and Cooperation (SDC)
Koudougou, Burkina Faso
© Laurent Séchaud, Amir-Massoud Anoushfar

Unfired clay bricks / Ungebrannte Lehmziegel / Brique crue
Bakstenen van ongebakken klei / Mattoni di argilla non cotta / Ladrillos de barro sin cocer

The objectives of the construction of this market included the recovery of traditional techniques and local labor as well as the commercial and social revival of the town. Stabilized earth bricks, made by hand with only 4-12% of industrial cement were used for the walls and ceilings. The concrete was used only in the foundations.

La réappropriation des techniques traditionnelles et l'utilisation de la main-d'œuvre locale faisaient partie des objectifs de la construction de ce marché qui avait aussi pour vocation la revitalisation commerciale et sociale de la ville. Les briques de terre stabilisées, modelées à la main ne contiennent que de 4 à 12 % de ciment industriel. Elles forment les murs et les plafonds. Le béton a été utilisé uniquement dans les fondations.

Gli obiettivi del progetto di questo mercato prevedevano il recupero delle tecniche tradizionali e della manodopera locale, oltre al rilancio commerciale e sociale della città. I mattoni di terra stabilizzata, fatti a mano con l'impiego di appena il 4-12% di cemento industriale, sono stati usati per pareti e soffitti. Il cemento è stato impiegato esclusivamente per le fondazioni.

Beim Bau dieser Markthalle, die den Handel und das gesellschaftliche Leben der Stadt ankurbeln sollte, wurden traditionelle Verfahren und örtliche Arbeitskräfte eingesetzt. Die von Hand und unter Verwendung von lediglich 4-12% Industriezement gefertigten Ziegel aus verfestigtem Lehm wurden für die Wände und Decken benutzt. Beton wurde ausschließlich beim Fundament eingesetzt.

De doelstellingen van de bouw van deze markt waren het herstel van traditionele technieken en van plaatselijke arbeidskrachten, alsmede de commerciële en sociale reactivering van de stad. Voor muren en daken werden handgemaakte bakstenen van gestabiliseerde aarde met slechts 4-12% industrieel cement gebruikt. Het beton werd alleen in de funderingen toegepast.

Los objetivos de la construcción de este mercado incluían la recuperación de técnicas tradicionales y de la mano de obra local, así como la reactivación comercial y social de la ciudad. Los ladrillos de tierra estabilizada, realizados a mano y con sólo un 4-12% de cemento industrial, se usaron en paredes y techos. El hormigón se usó únicamente en los cimientos.

299

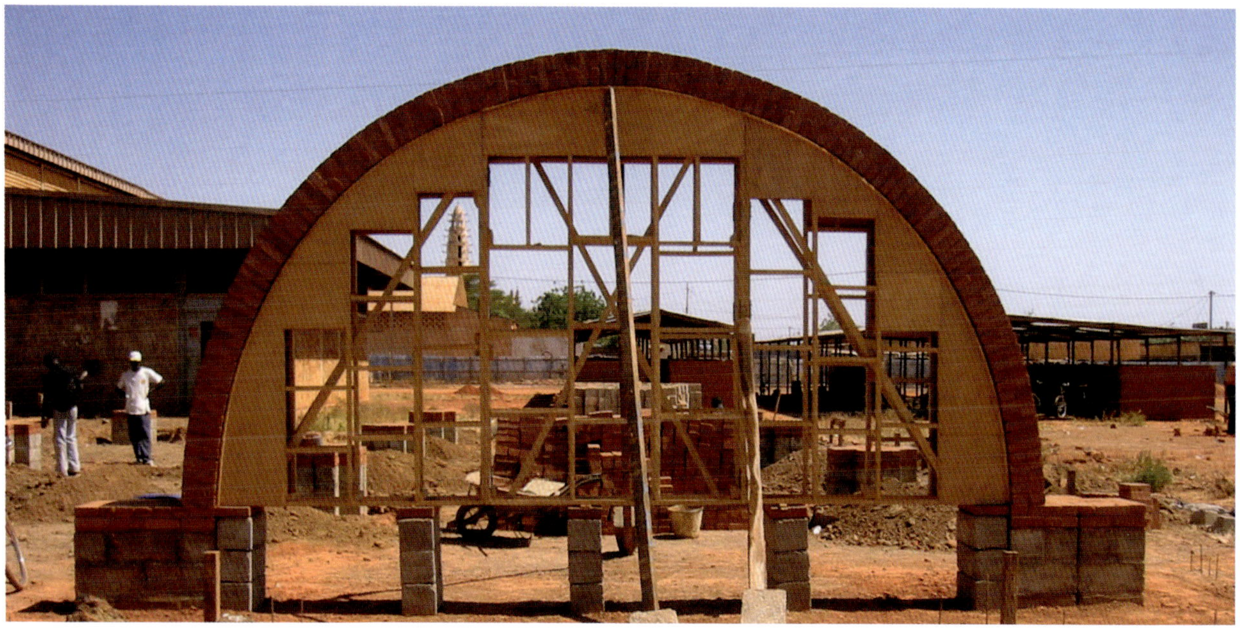

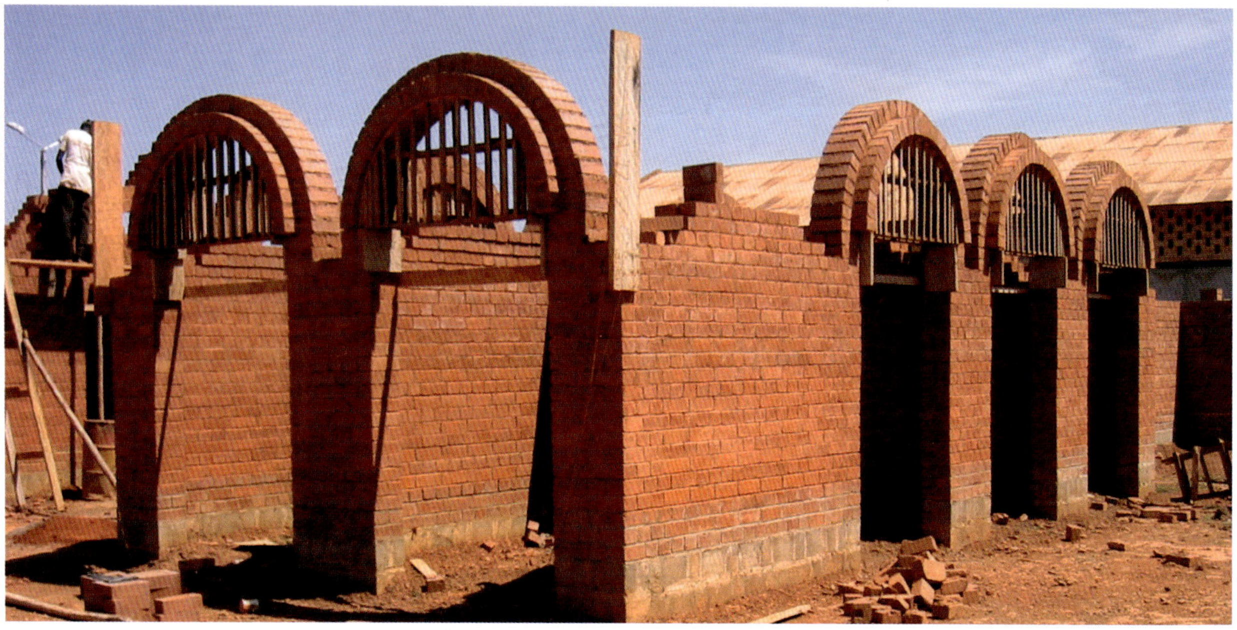

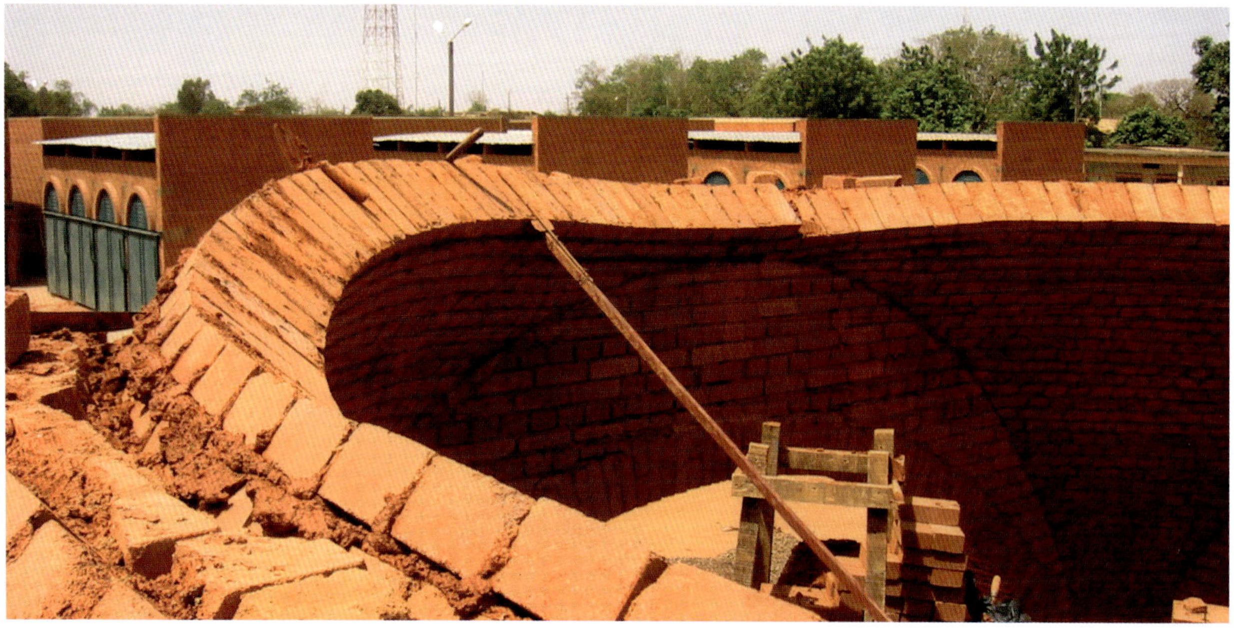

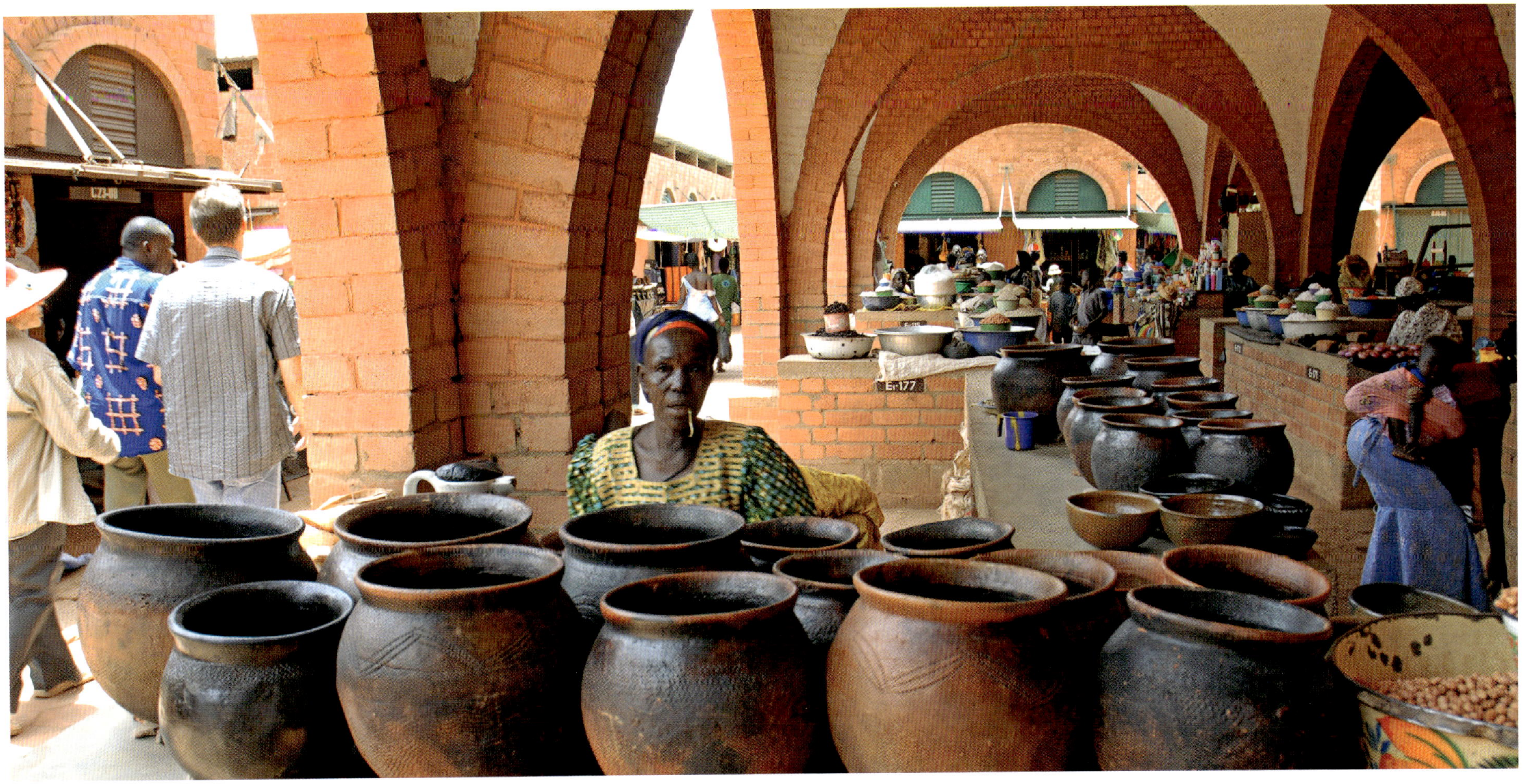

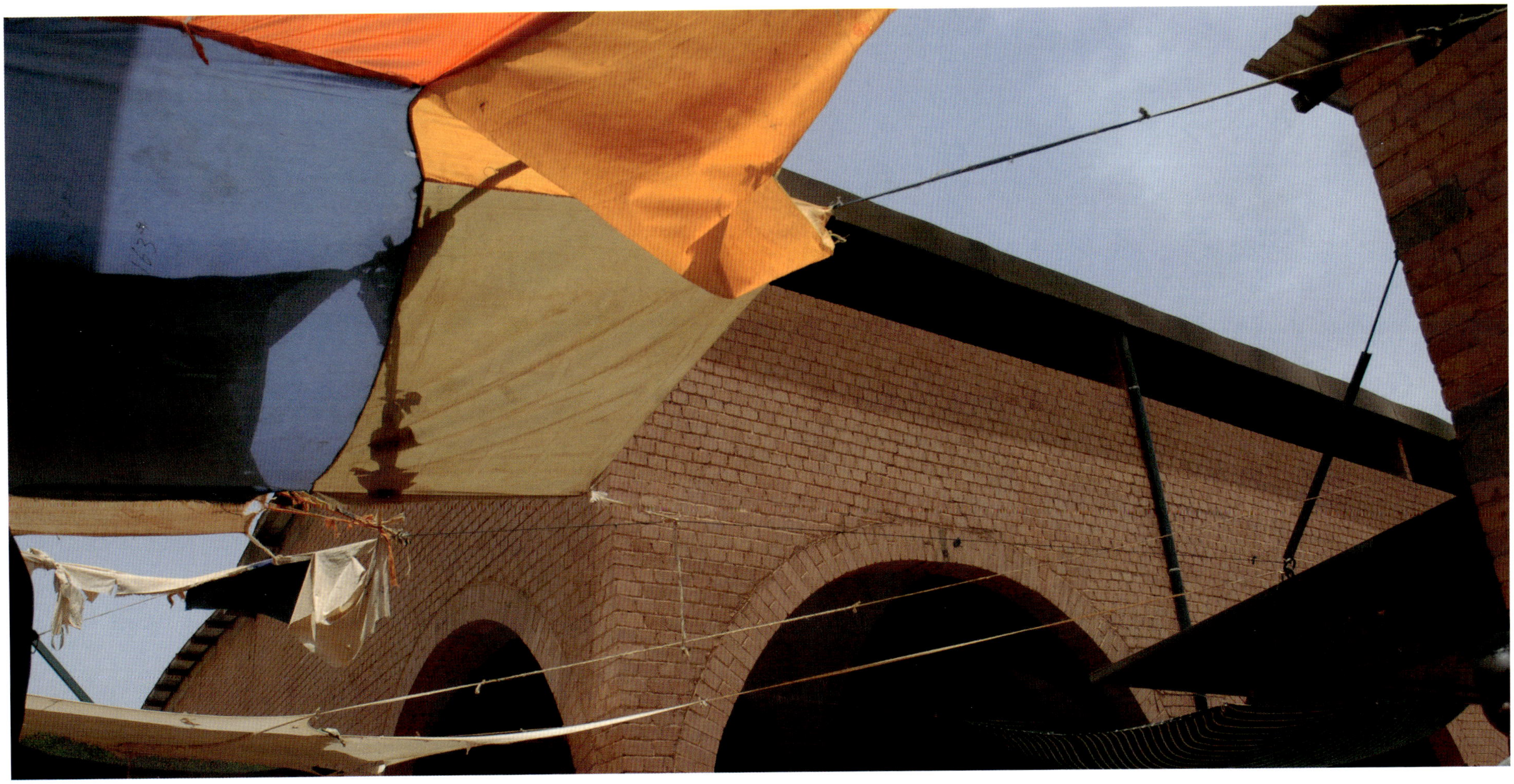

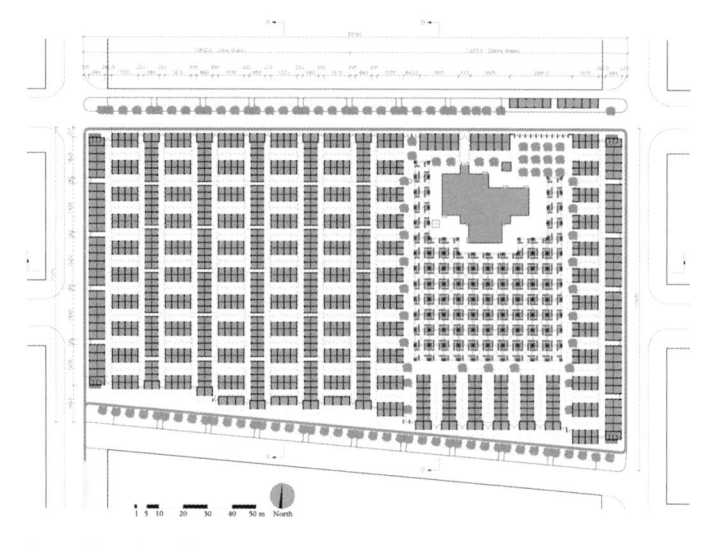

General floor plan / Grundriss
Plan général / Hoofdverdieping
Piano generale / Planta general

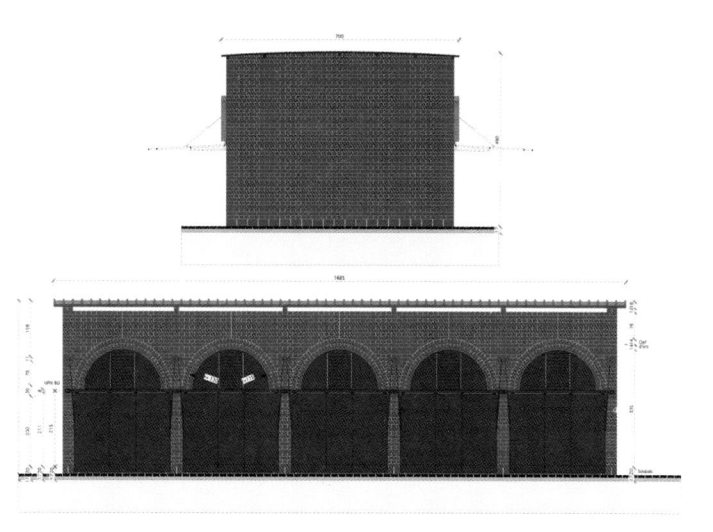

Elevation detail / Detail des Aufrisses
Détail de l'élévation / Detail van de opstand
Dettaglio del prospetto / Detalle del alzado

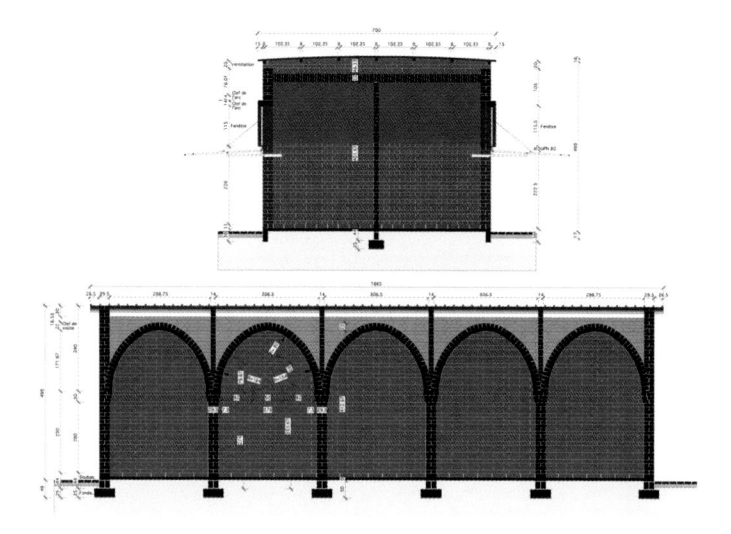

Section detail / Detail des Abschnitts
Détail de la coupe / Detail van de doorsnede
Dettaglio della sezione / Detalle de la sección

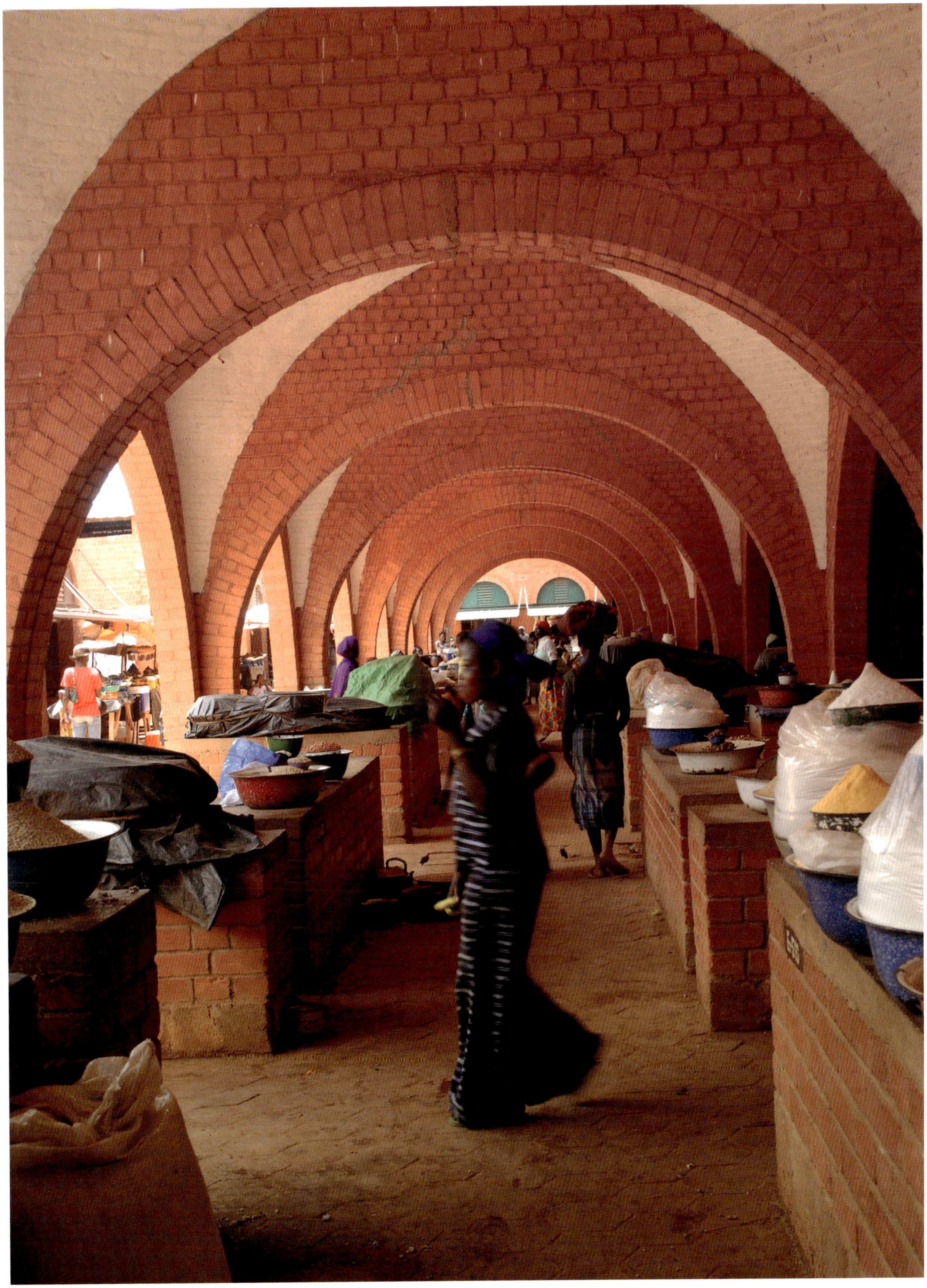

SCHOOL IN RUDRAPUR

Anna Heringer, Eike Roswag/Ziegert | Roswag | Seiler Architekten Ingenieure
Rudrapur, Bangladesh
© Anna Heringer, Eike Roswag

Adobe / Adobe / Luftgetrocknete Lehmziegel / Adobe / Adobe / Adobe

Earth and bamboo were used for the construction of this school, firstly to make it more stable and durable and secondly so that local labor would not have any problems. The lower floor was built on a foundation of bricks with adobe and earth walls reinforced with straw covered with clay. Bamboo was used for the second floor.

Construit en terre et en bambou, le bâtiment offre toutes les garanties de stabilité requises à cette école. Conçue pour être entièrement construite par la main-d'œuvre locale, elle relève d'une architecture durable. Le rez-de-chaussée a été bâti sur un soubassement en brique. Les murs en adobe et en terre sont renforcés par un mélange de paille enrobée de glaise. Le premier étage est en bambou.

Per la realizzazione di questa scuola è stata adottata la tecnica costruttiva basata sull'uso di terra e bambù che la rende più stabile e resistente nel tempo, nonché facilmente realizzabile dalla forza lavoro locale. Il piano terra si erge su una base di mattoni con pareti di adobe rinforzato con paglia e poi rivestite di fango. Per il primo piano è stato impiegato il bambù.

Bei dieser Schule entschied man sich für eine Bauweise mit Lehm und Bambus, um ein stabileres und länger haltbares Gebäude zu erzielen, das von den örtlichen Handwerkern und Arbeitern problemlos errichtet werden konnte. Das Erdgeschoss steht auf einem Fundament aus Ziegelsteinen, die Mauern aus luftgetrockneten Lehmziegeln und mit Stroh versetztem Lehm wurden mit einer Schicht Lehm verkleidet. Für die erste Etage wurde Bambus verwendet.

Voor de bouw van deze school werd een bouwtechniek met aarde en bamboe toegepast om het gebouw stabieler en duurzamer te maken en omdat op deze manier de plaatselijke arbeidskrachten het werk probleemloos zouden kunnen uitvoeren. De benedenverdieping werd gebouwd op een basis van bakstenen met muren van adobe en met stro versterkte en met modder bedekte aarde. Voor de eerste verdieping werd bamboe gebruikt.

Para la construcción de esta escuela se adoptó la técnica de construcción con tierra y bambú para hacerla más estable y duradera y para que la mano de obra local pudiera realizarla sin problemas. La planta baja se construyó sobre una base de ladrillos con paredes de adobe y tierra reforzada con paja rebozada con barro. Para el primer piso se utilizó bambú.

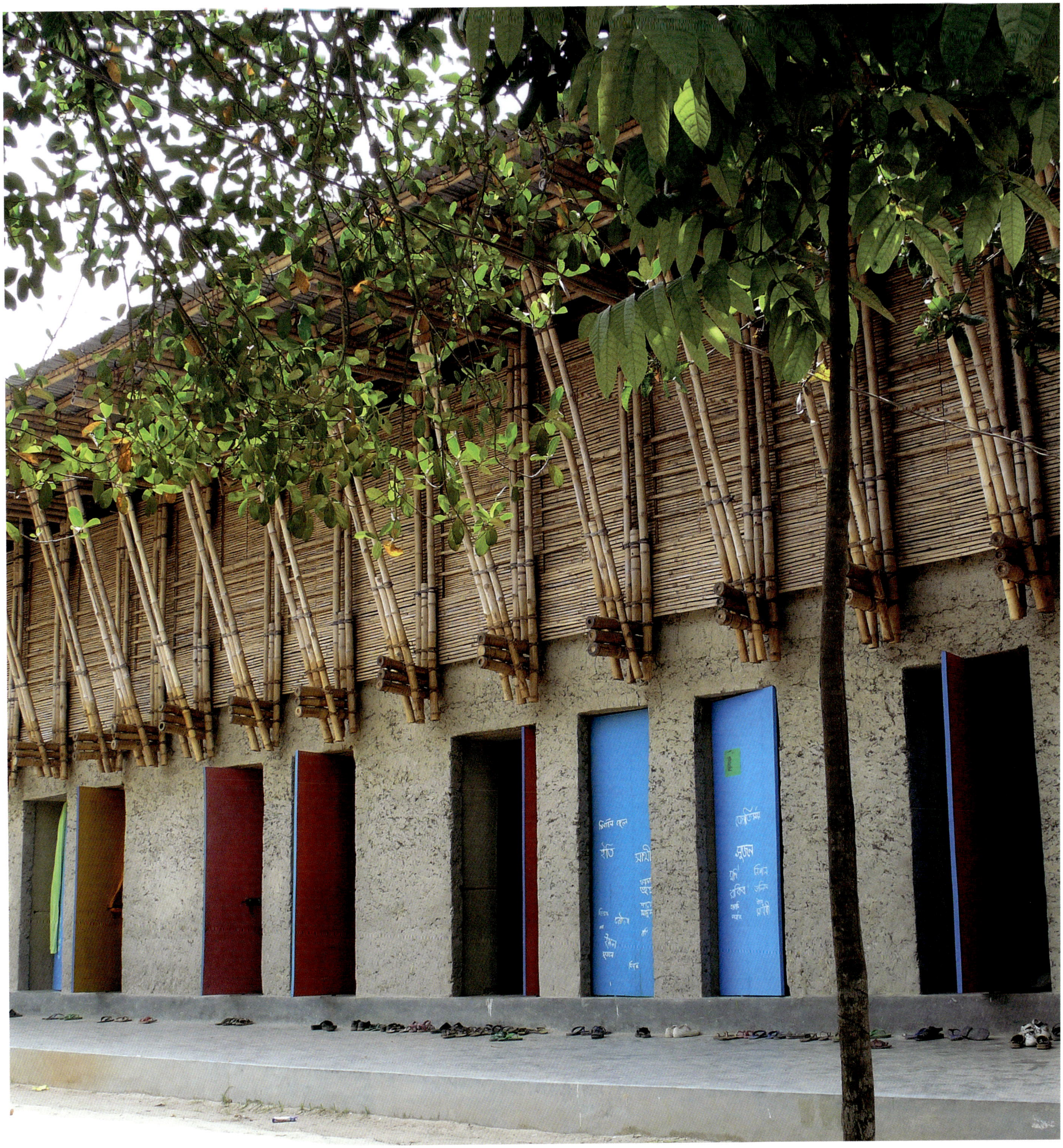

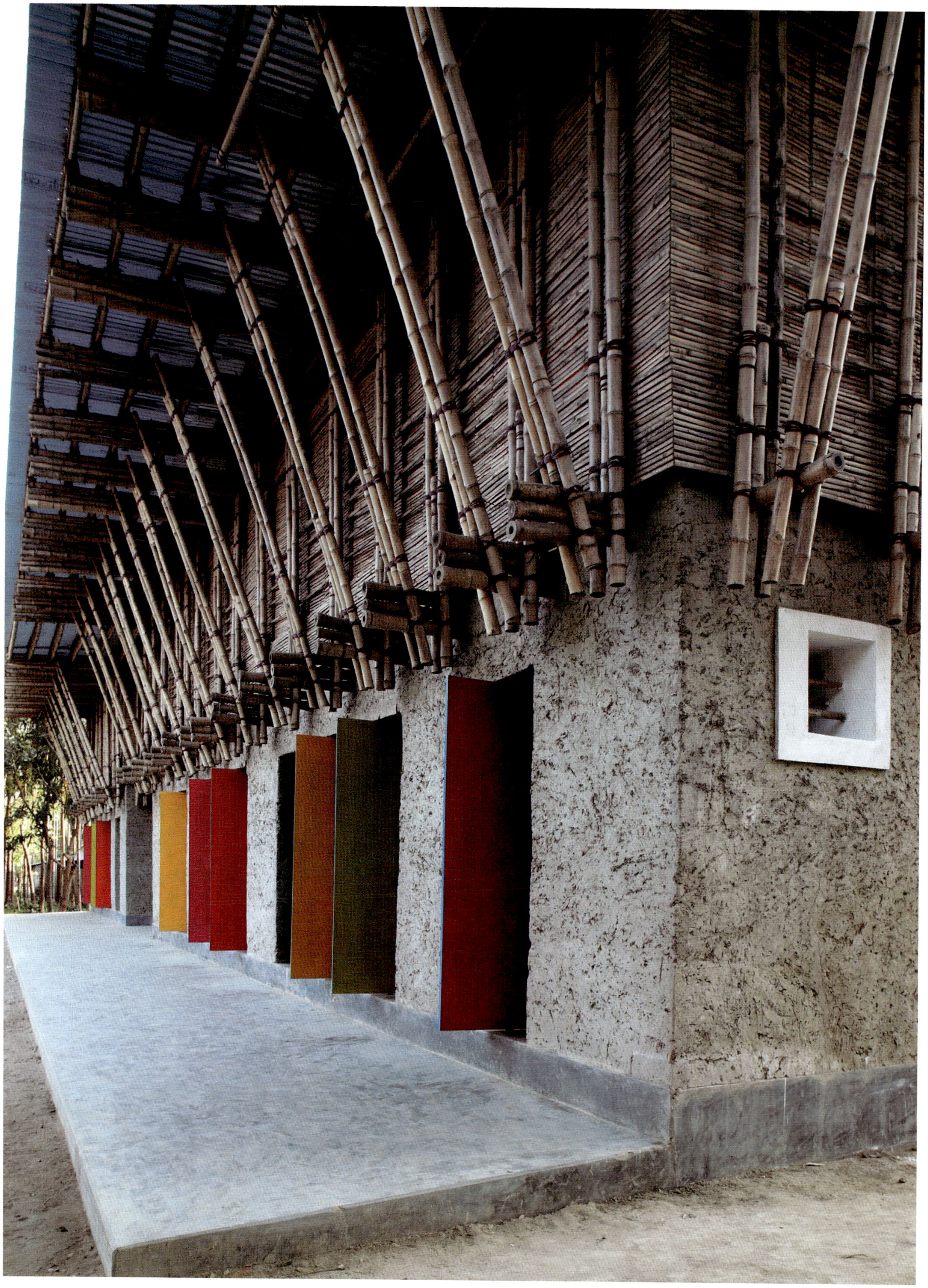

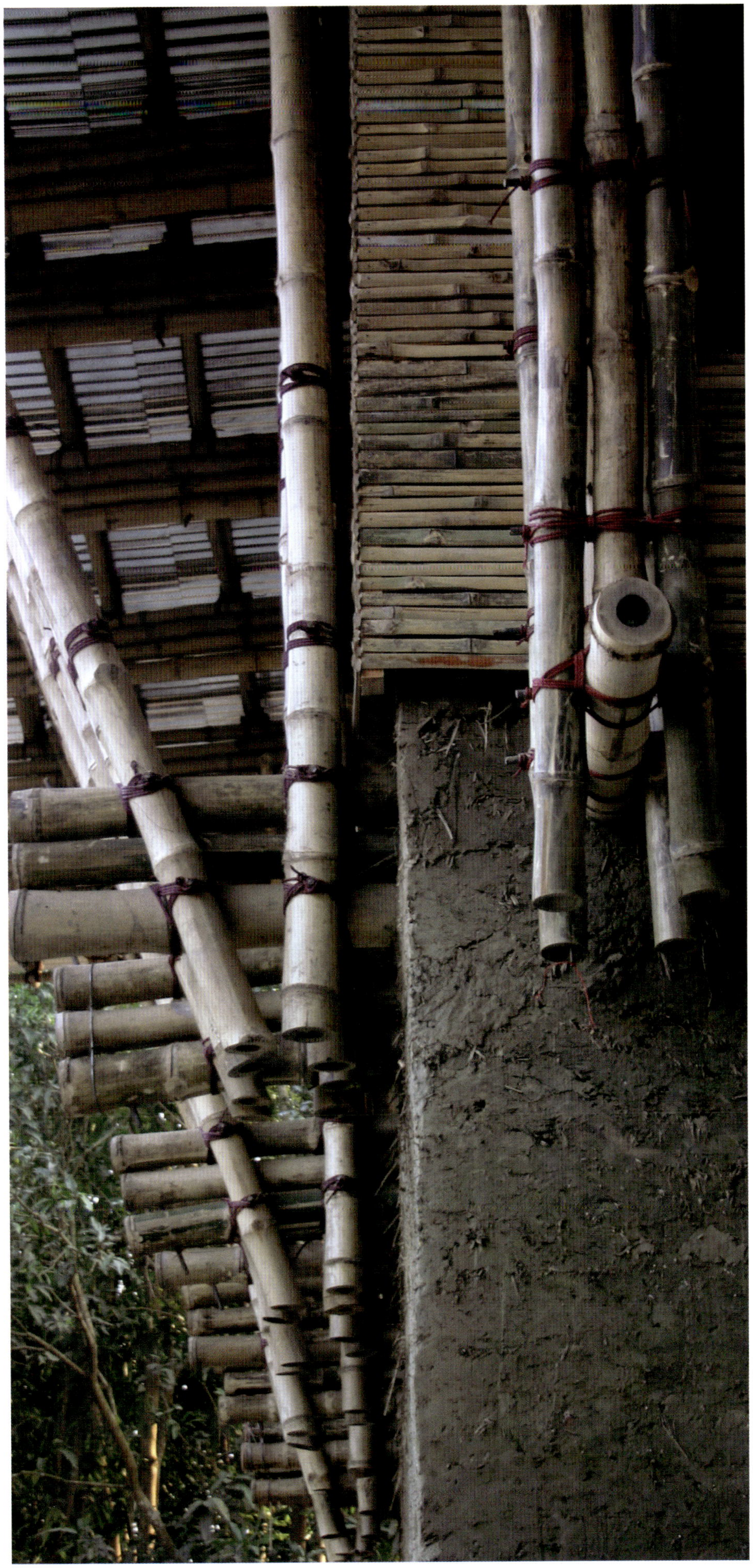

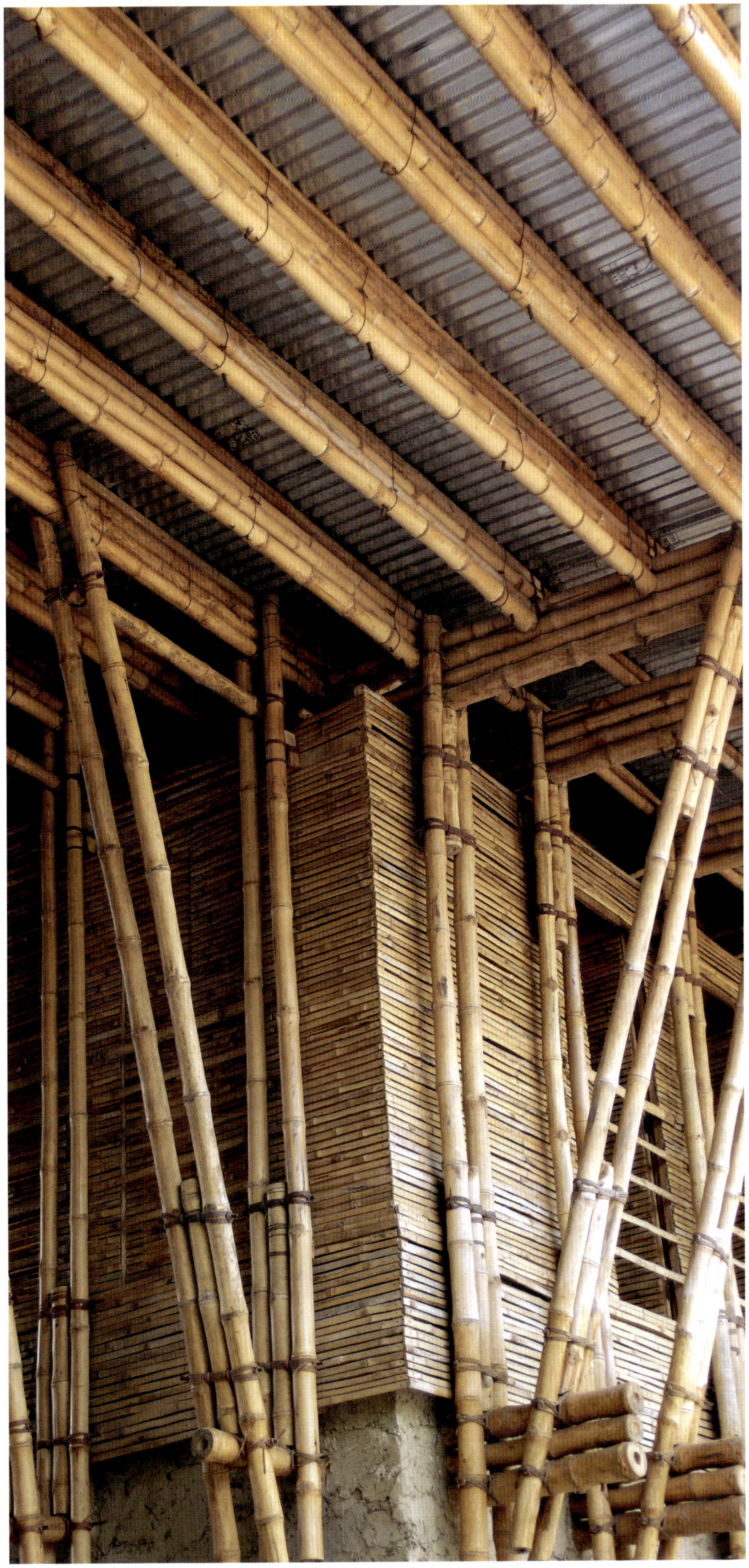

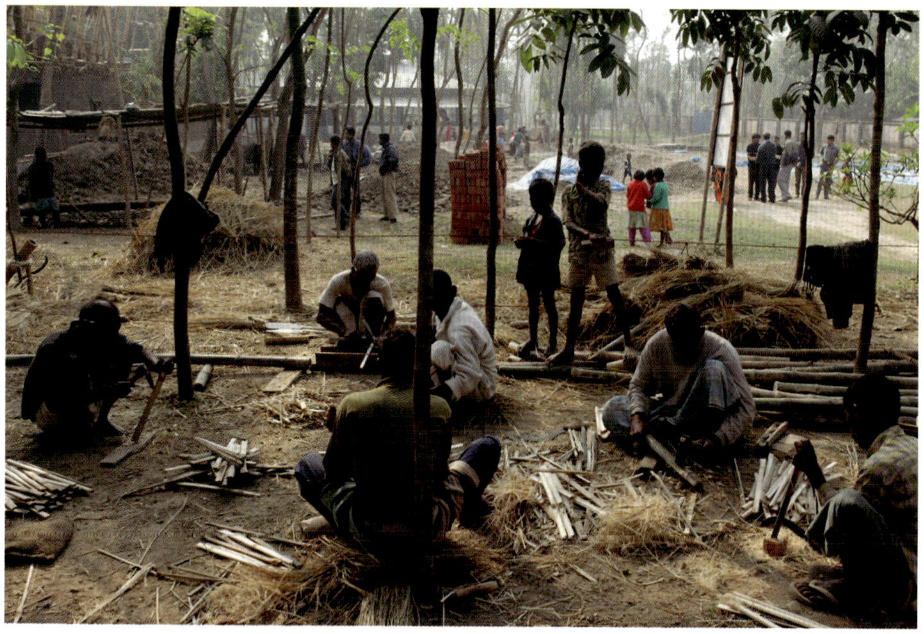
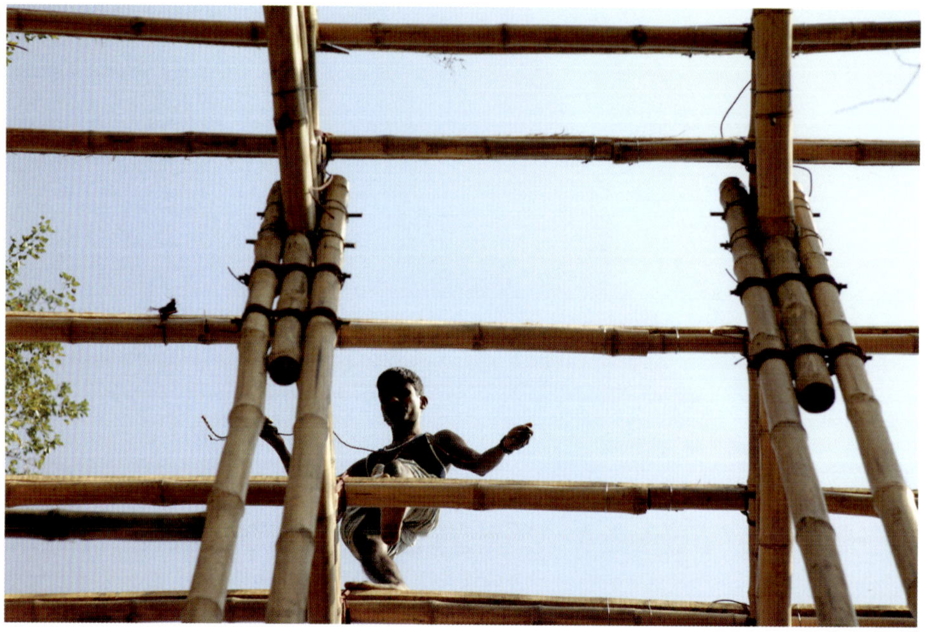
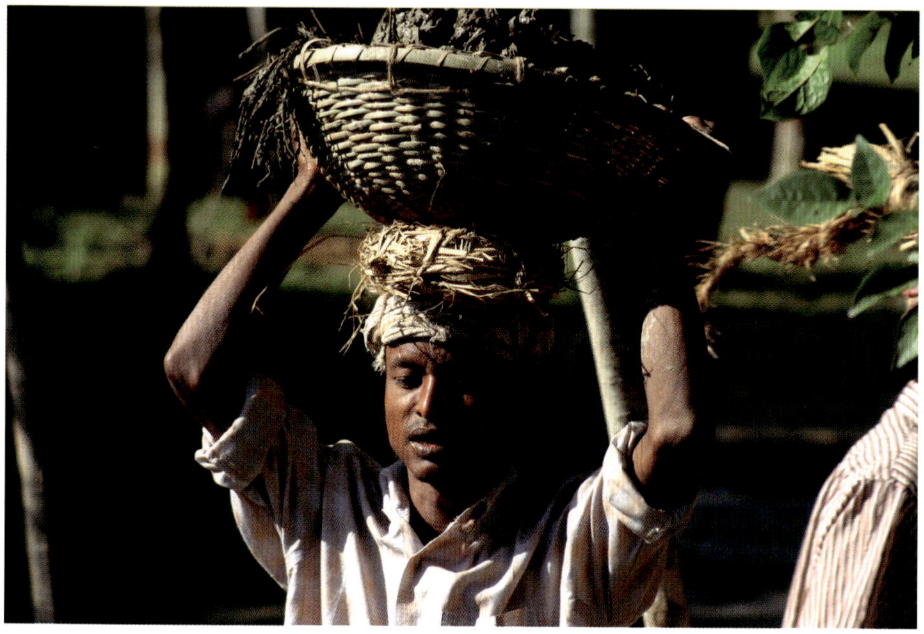
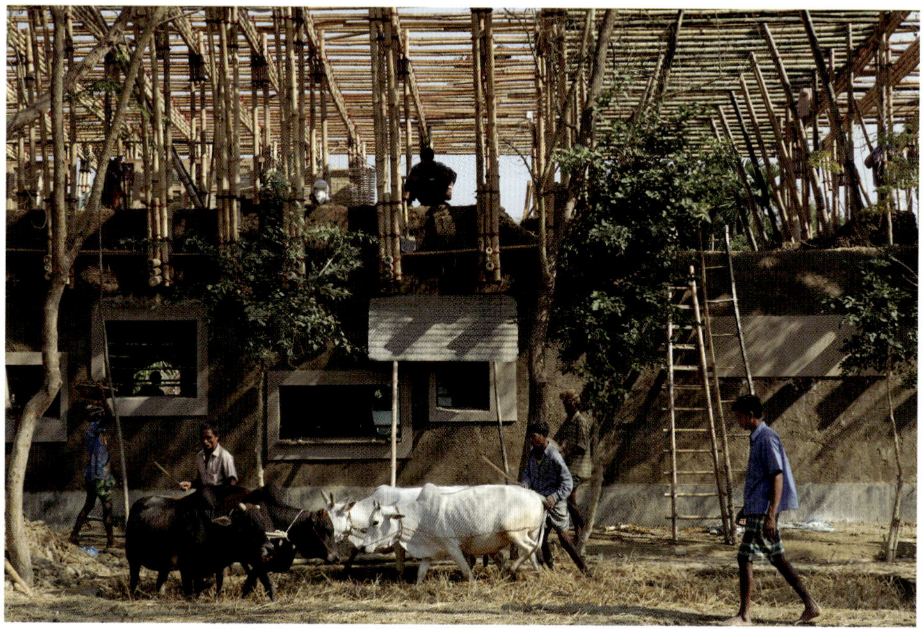
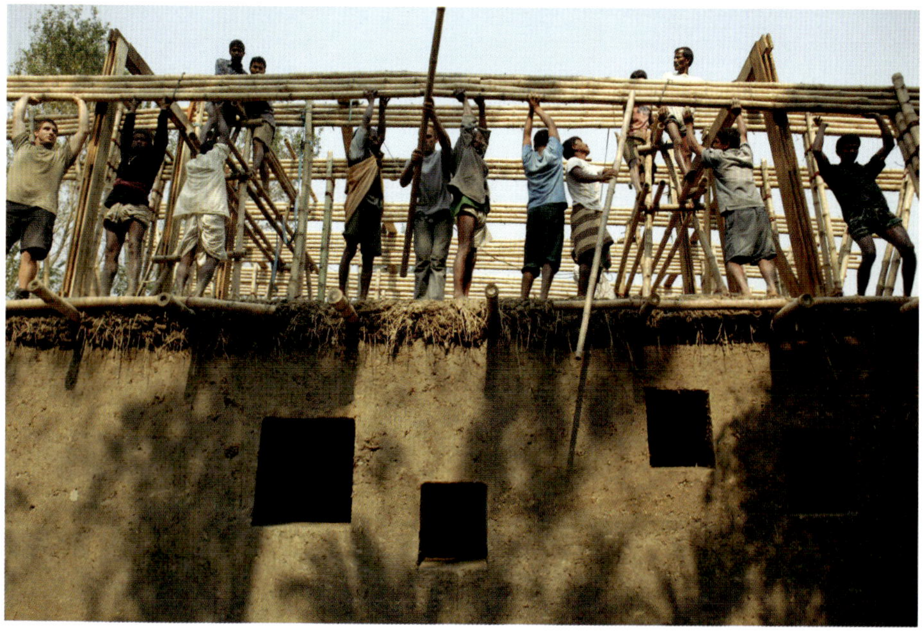
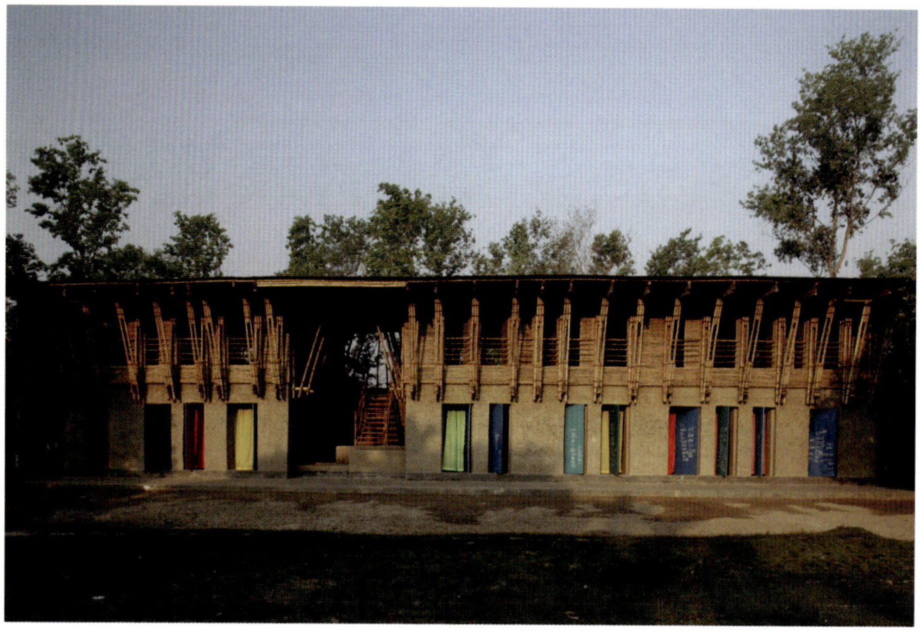

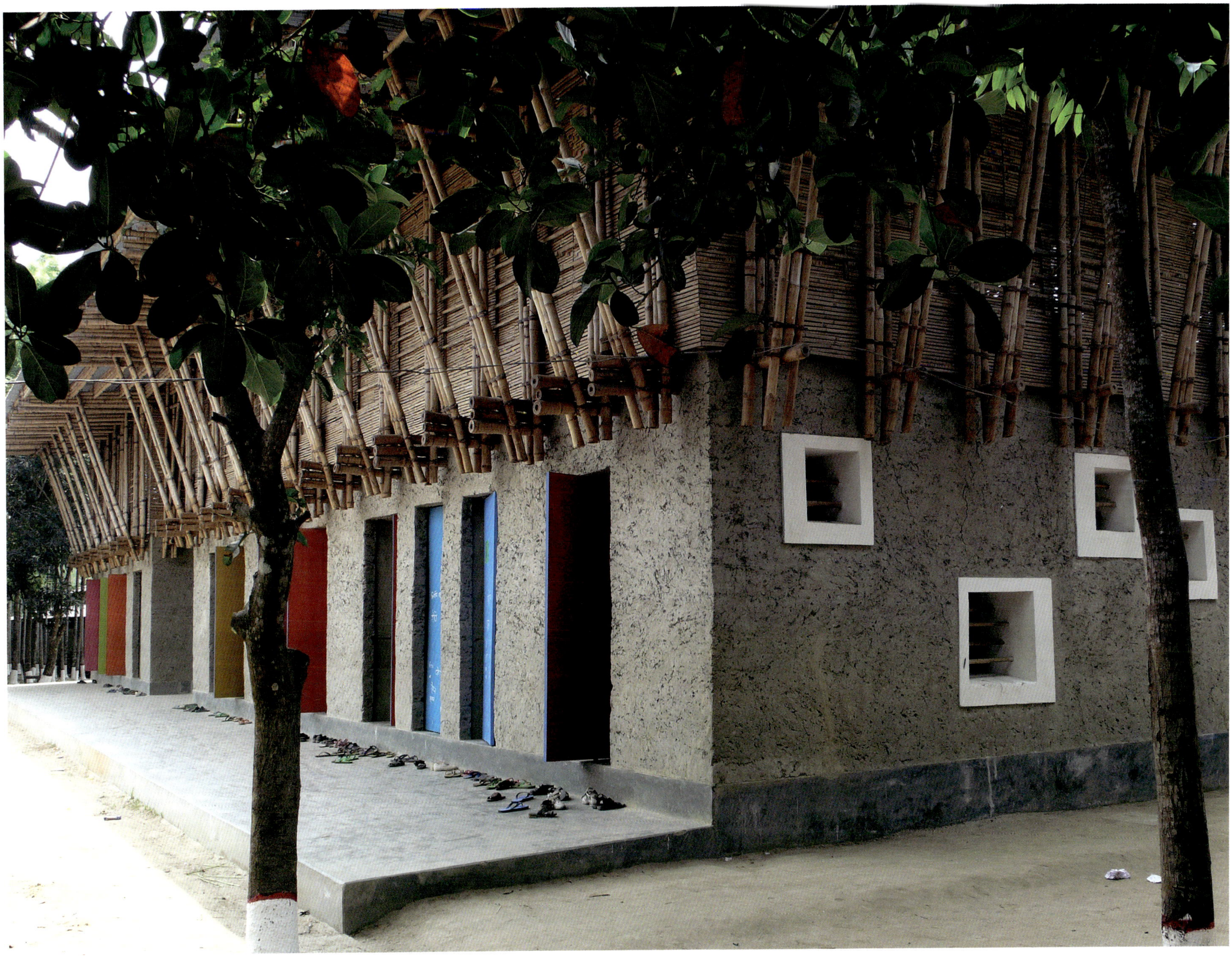

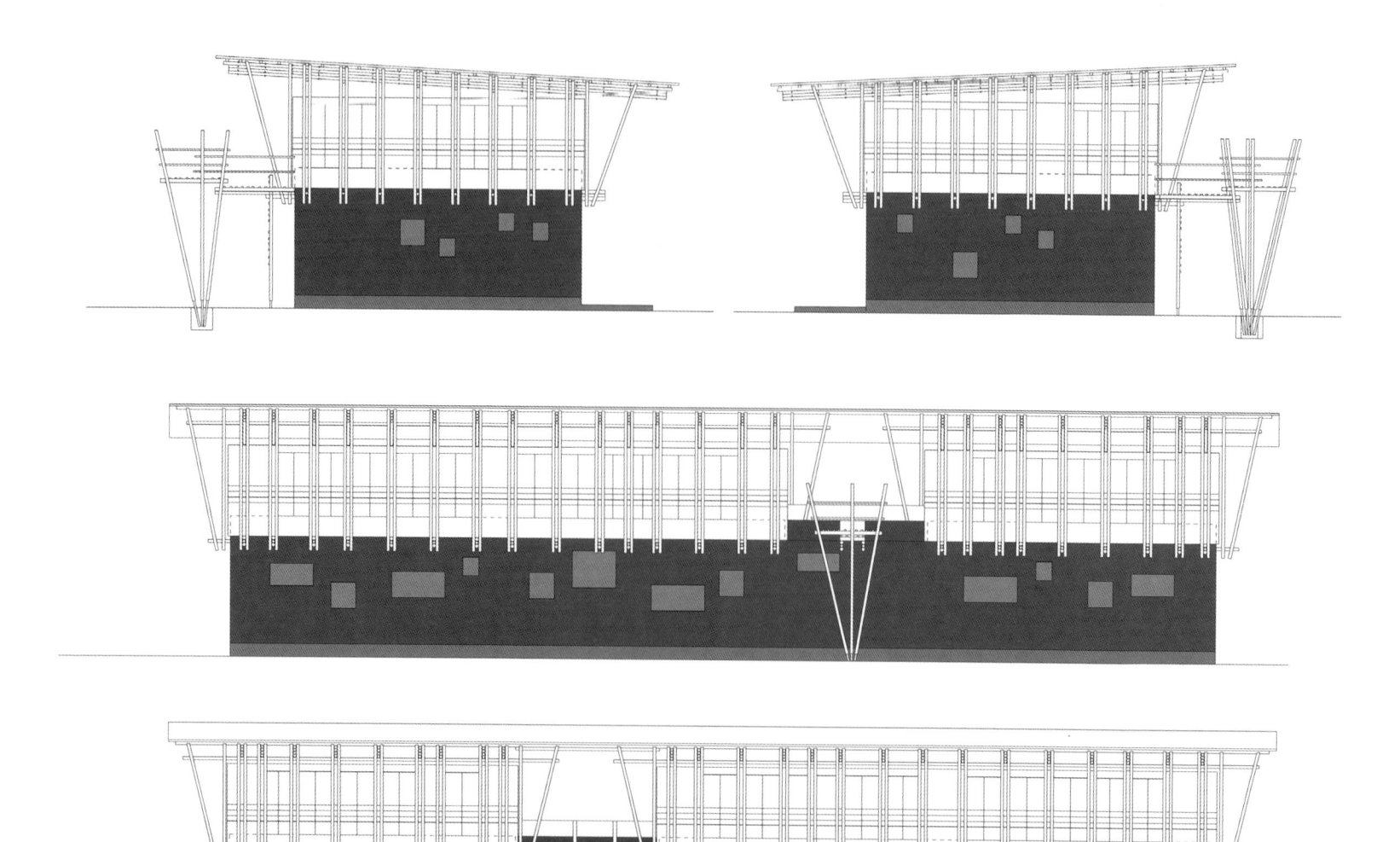

Elevations / Aufrisse
Élévations / Verhogingen
Prospetti / Alzados

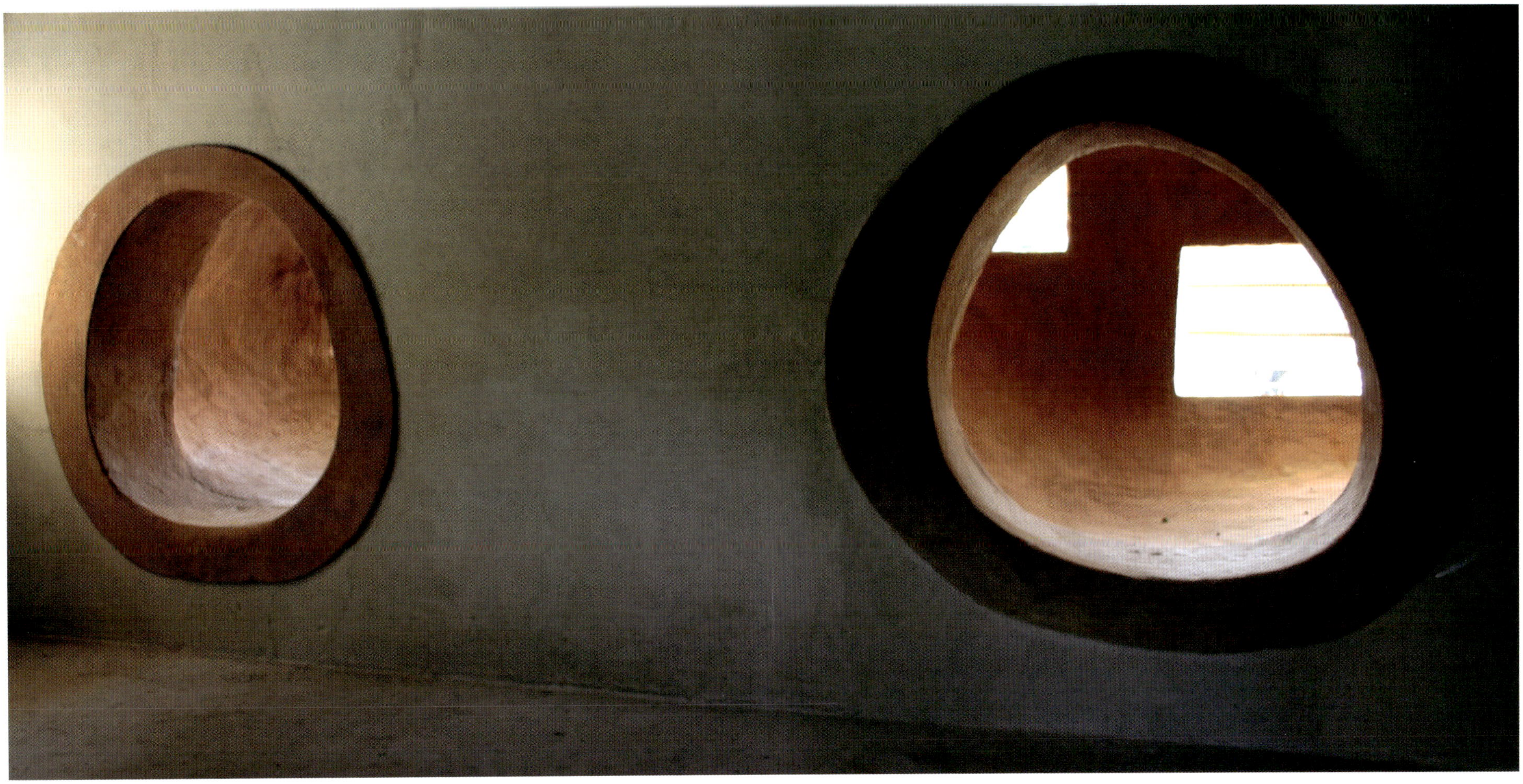

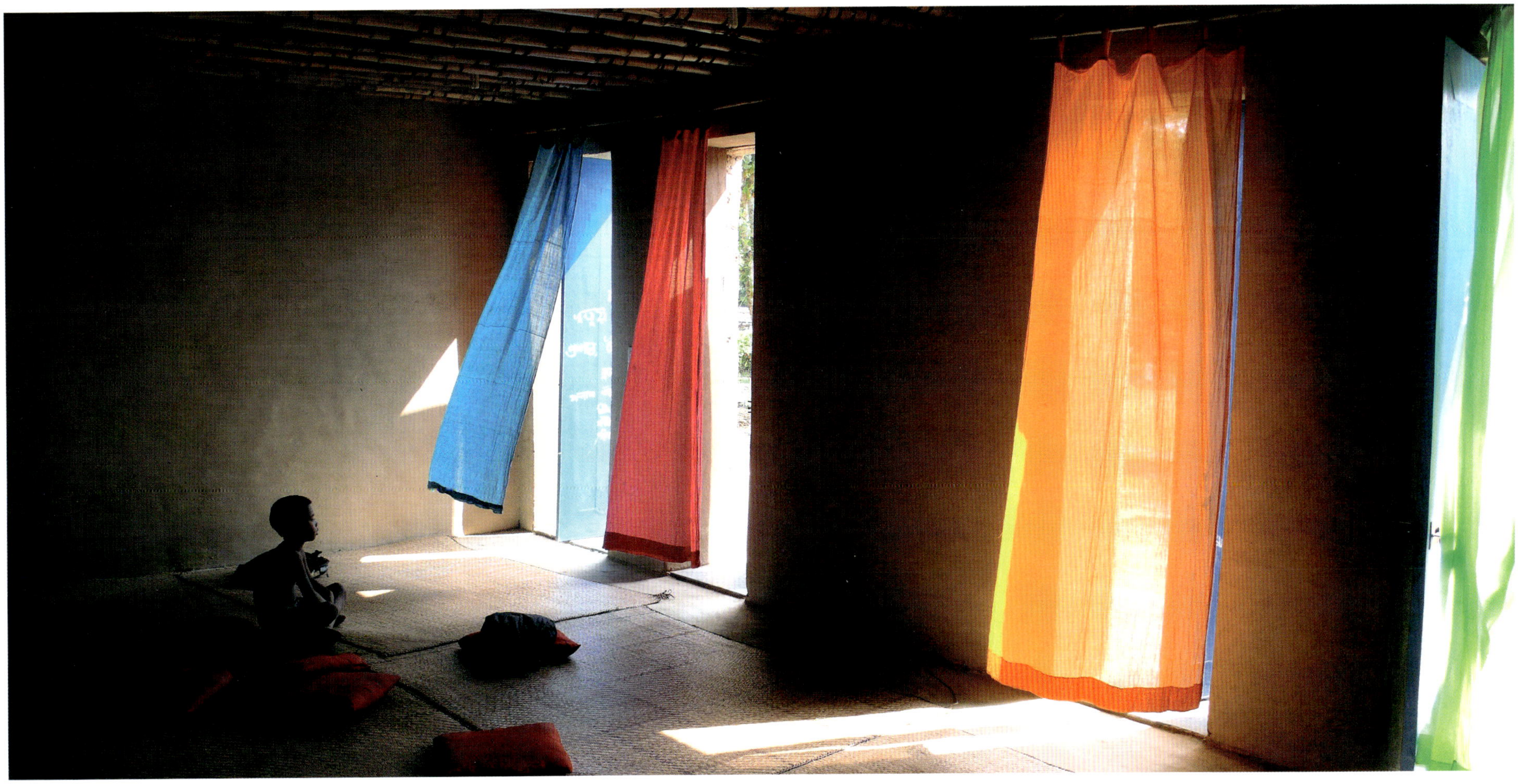

ADOBE MUSEUM: **BUDDHA REPOSITORY**

Kengo Kuma & Associates
Toyoura-gun, Yamaguchi Prefecture, Japan
© Daici Ano

Adobe / Luftgetrocknete Lehmziegel / Adobe / Adobe / Adobe / Adobe

The walls of this museum, which houses the 12th century statue of the Buddha Amitabha has been made with 35 cm (13.8 in) adobe blocks in line with traditional manufacturing methods. Given the characteristics of the material, which can regulate humidity, no air conditioning was installed and the adobe itself fulfills this role naturally.

Les murs de ce musée, qui abrite la statue d'un bouddha Amitâbha du XIIe siècle, ont été montés en blocs d'adobe de 35 cm avec une méthode de construction traditionnelle. Compte tenu des caractéristiques du matériau, qui assure une régularisation naturelle de l'humidité, aucune climatisation n'est nécessaire.

Le pareti di questo museo, che ospita la statua di un buddha Amitabha del XII secolo, sono costituite da blocchi di terra cruda di 35 cm realizzati con un metodo tradizionale. Grazie alle caratteristiche del materiale che consente di regolare l'umidità, non è stato installato alcun impianto di condizionamento, lasciando all'adobe lo svolgimento di tale funzione in modo naturale.

Die Mauern dieses Museums, das eine aus dem 12. Jahrhundert stammende Statue des Amitabha-Buddhas beherbergt, wurden aus 35 cm dicken, auf traditionelle Weise hergestellten luftgetrockneten Lehmziegeln errichtet. Aufgrund der Eigenschaften dieses Materials wurde keine Klimaanlage installiert, damit die Lehmziegel selbst die Luftfeuchte regulieren.

De muren van dit museum, waar een boeddha van Amitabha uit de 12de eeuw staat, zijn gemaakt van adobeblokken van 35 cm die volgens de traditionele fabricagemethode zijn vervaardigd. Gezien de eigenschappen van het materiaal, waardoor de vochtigheid geregeld kan worden, werd geen airconditioner geïnstalleerd. Deze functie werd op natuurlijke wijze overgelaten aan de adobe.

Las paredes de este museo, que acoge la estatua de un buda Amitabha del siglo XII, se han elaborado con bloques de adobe de 35 cm que siguen el método de fabricación tradicional. Dadas las características del material, que permite regular la humedad, no se instaló climatizador y se dejó el propio adobe cumpliera esa función de manera natural.

313

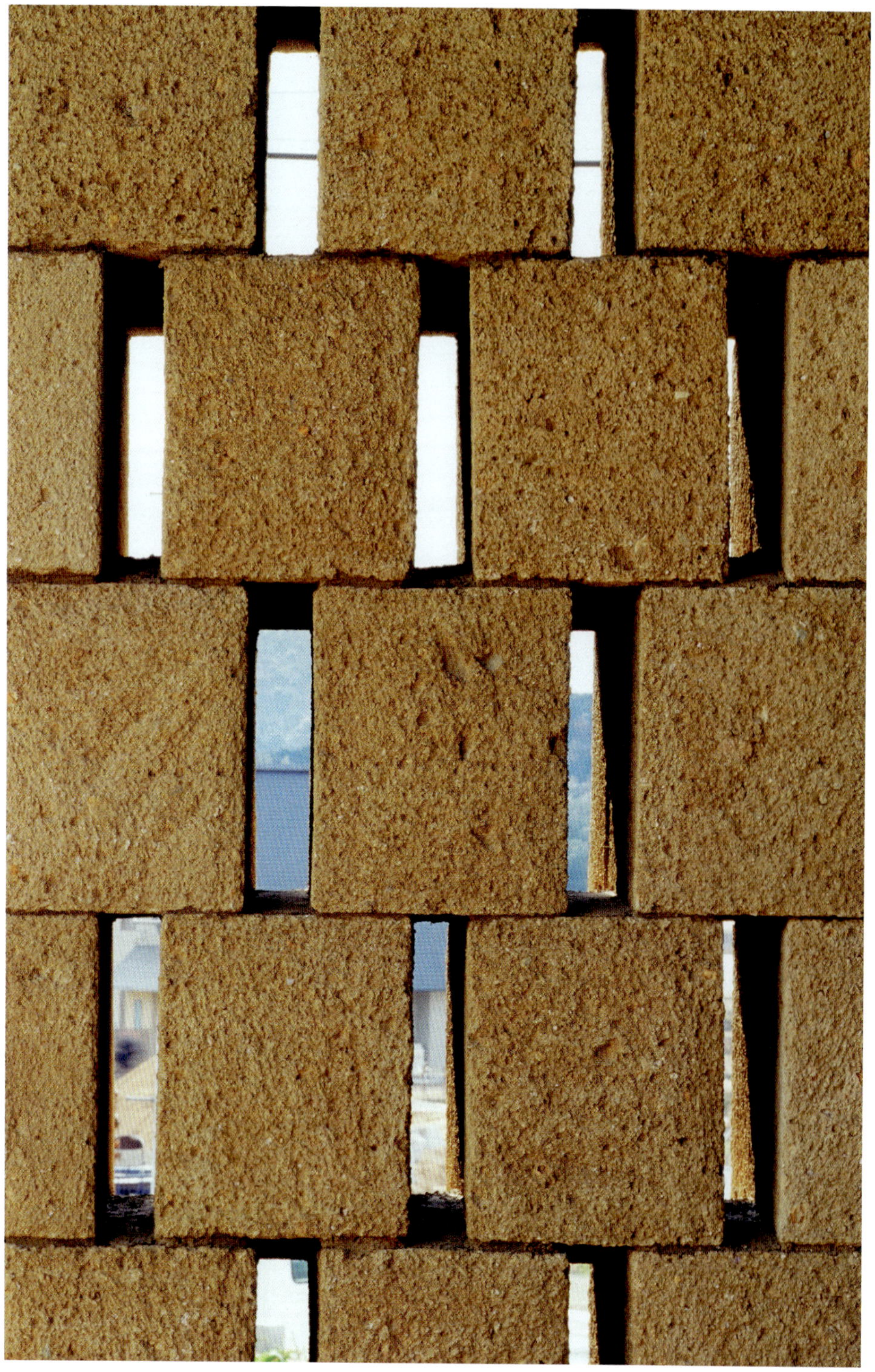
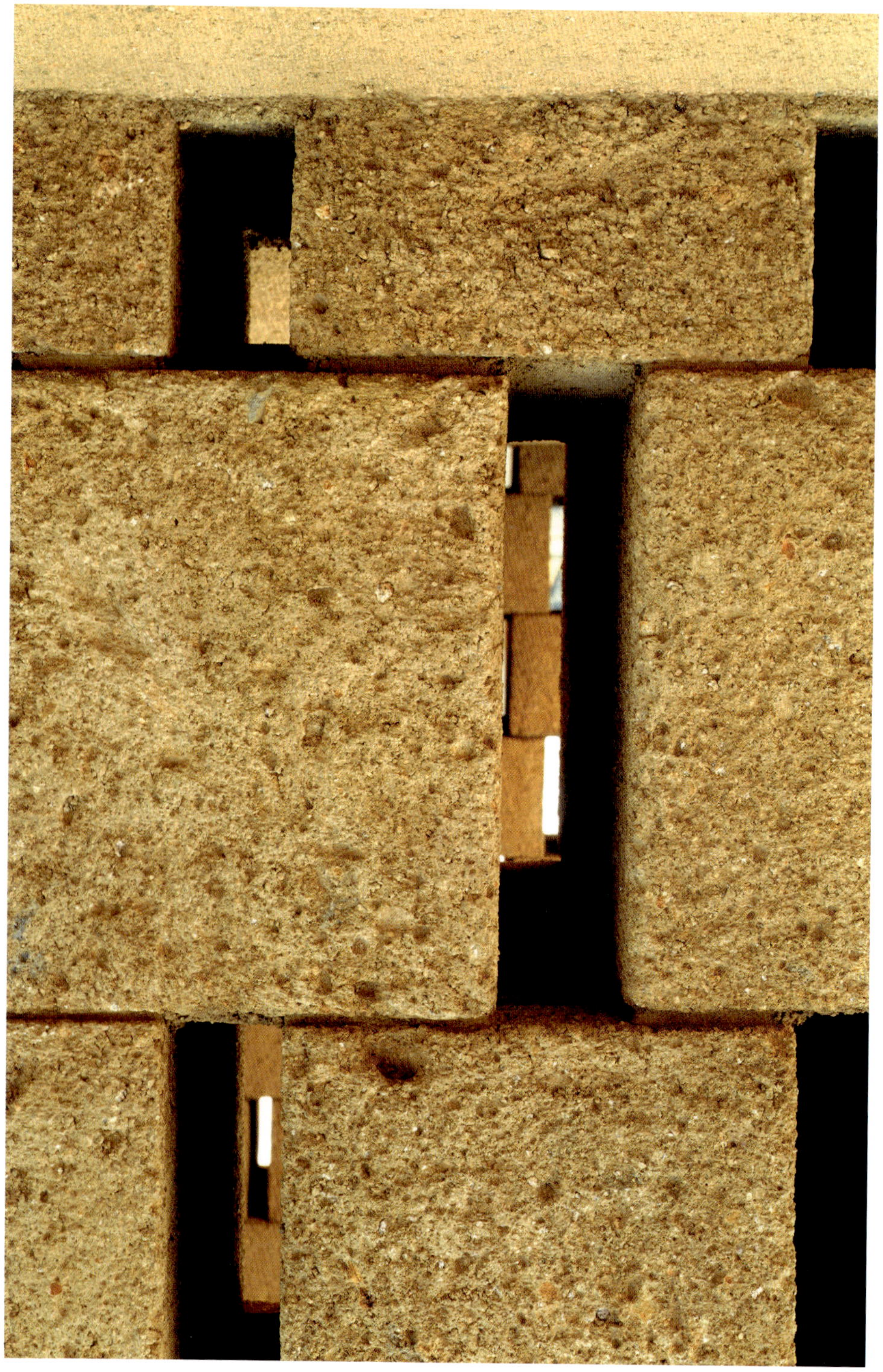

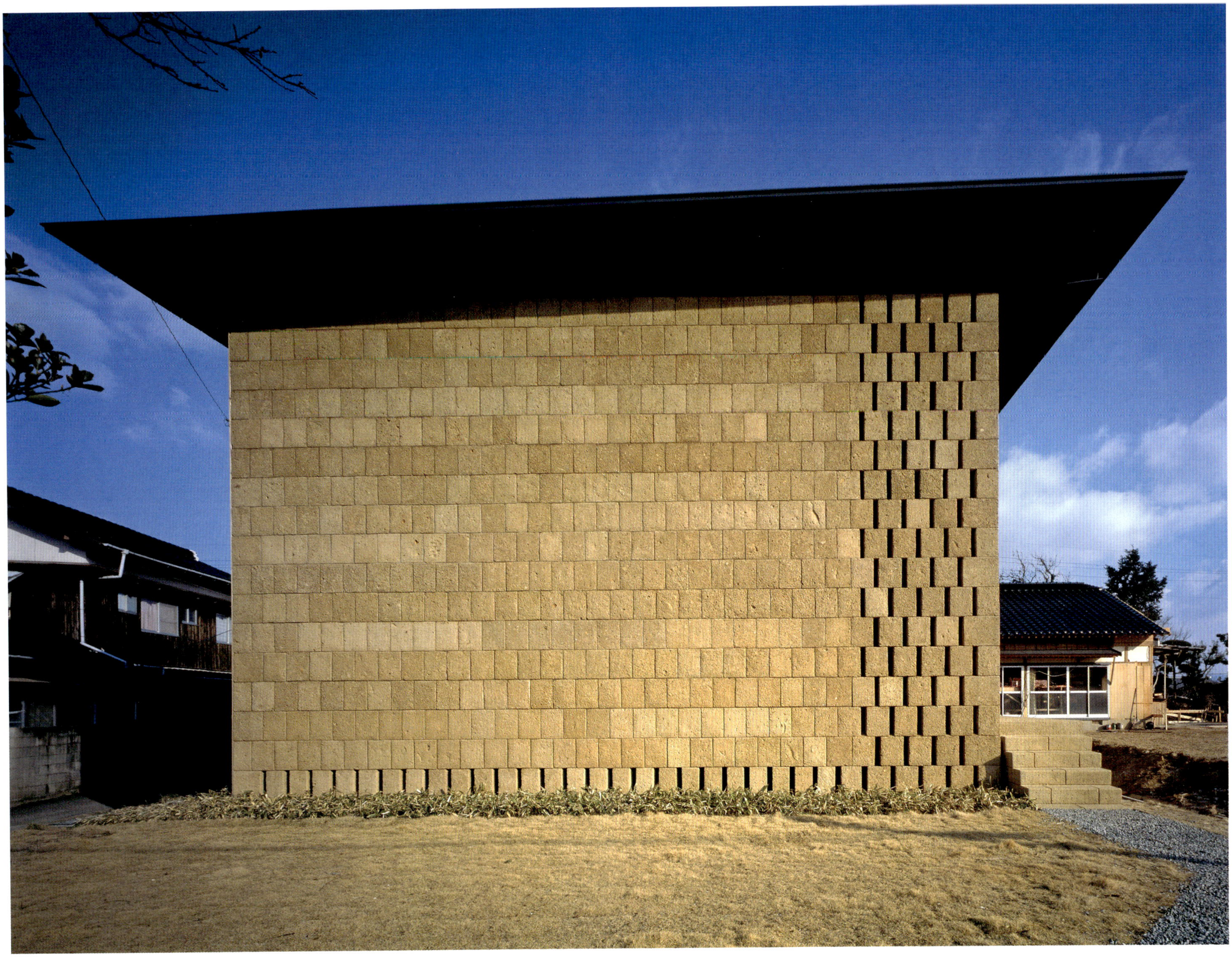

VILLA **YASMIN**

Elie Mouyal, ADAMA Building & Architecture
Kfar Shmaryahu, Israel
© ADAMA Building & Architecture

Rammed earth / Verdichteter Lehm / Terre compactée
Geperste aarde / Terra compattata / Tierra compactada

Building a rammed earth house in Kfar Shmaryahu presented certain difficulties, such as finding skilled labor, or adapting the design to the regulation and climate of the area. The result is a house with solid load-bearing walls, which are fire resistant, waterproof and long-term. The texture of the earth is what defines the aesthetics.

Construire un logement de terre compactée à Kfar Shmaryahu présentait des difficultés. Il fallait trouver une main-d'œuvre qualifiée et adapter les plans aux normes et au climat local. Le résultat est une demeure aux murs porteurs massifs, résistants au feu, imperméables et destinés à une longue vie. La texture de la terre est l'élément définissant l'esthétique.

Costruire un'abitazione in terra compattata a Kfar Shmaryahu presentava difficoltà come trovare la manodopera qualificata o adattare il progetto alle normative e al clima della zona. Il risultato è una casa con pareti portanti massicce, ignifughe, impermeabili e resistenti nel tempo. La consistenza della terra definisce l'estetica della struttura.

Der Bau eines Wohnhauses aus verdichtetem Lehm in Kfar Shmaryahu brachte einige Schwierigkeiten mit sich, wie z. B. das Auffinden qualifizierter Arbeitskräfte oder die Anpassung des Entwurfs an die Vorschriften und Klimabedingungen der Gegend. Das Resultat ist ein Haus mit massiven, feuerfesten, wasserundurchlässigen und lange haltbaren Tragwänden. Die Ästhetik des Gebäudes wird von der Textur des Lehms geprägt.

Het leverde problemen op om een woning van geperste aarde in Kfar Shmaryahu te bouwen. Zo was het lastig om gekwalificeerde arbeidskrachten te vinden en om het ontwerp aan de voorschriften en aan het plaatselijke klimaat aan te passen. Het resultaat is een huis met stevige, vuurvaste, waterdichte en duurzame draagmuren. De textuur van de aarde bepaalt hoe het eruit ziet.

Edificar una vivienda de tierra compactada en Kfar Shmaryahu presentaba dificultades, como encontrar mano de obra cualificada, o adaptar el diseño a las normativas y al clima de la zona. El resultado es una casa con muros de carga macizos, resistentes al fuego, impermeables y de larga duración. La textura de la tierra es lo que define la estética.

317

Sketches / Skizzen
Esquisses / Schetsen
Schizzi / Bocetos

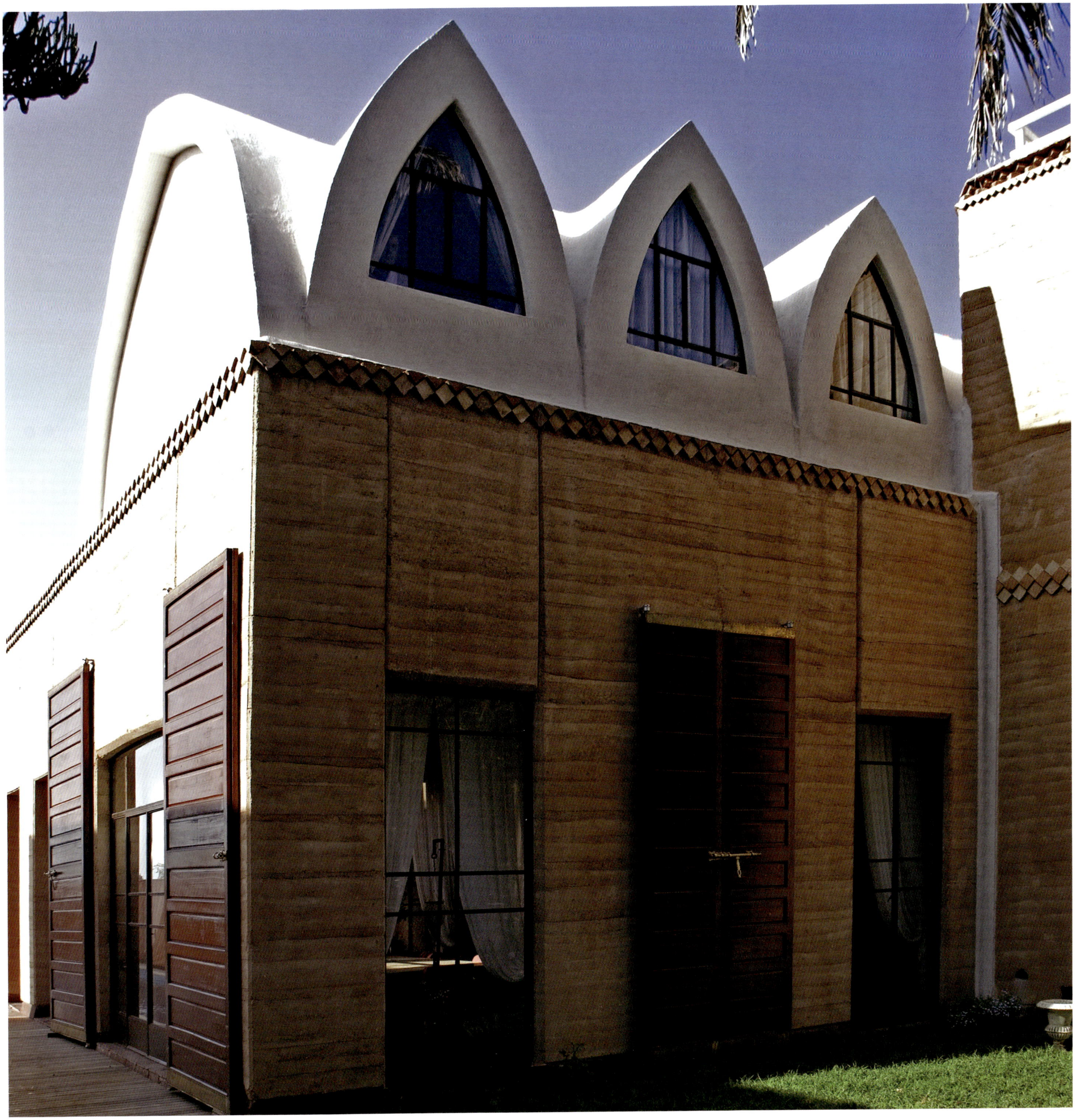

CONVERSION OF **JAHILI FORT** IN AL AIN

Eike Roswag/Ziegert | Roswag | Seiler Architekten Ingenieure
Al Ain, Abu Dhabi
© Roswag & Jankowksi, Torsten Seidel

Earth blocks / Lehmblöcke / Blocs de terre
Grondblokken / Blocchi di terra / Bloques de tierra

It is difficult to summarize the complexity of this action. Techniques and original materials have been maintained such as the earth block structure and palm trunks. Inside, clay, earth and palm leaves have been used. The rammed earth floor has been polished and only a cooling system been installed, a must for the museum.

Il est difficile de rendre compte de la complexité de ce projet. On a conservé les techniques et matériaux d'origine, comme la structure de blocs de terre et troncs de palmier. À l'intérieur, on a utilisé de la glaise, de la terre et des feuilles de palmier. Le sol de terre compactée a été encastré. Seul le musée justifie l'installation d'une climatisation.

È difficile riassumere la complessità di questo lavoro. Sono stati mantenuti tecniche e materiali originari come la struttura a blocchi di terra e tronchi di palma. All'interno sono stati impiegati fango, terra e foglie di palma. Il pavimento in terra compattata è stato incerato e a questo è stato aggiunto solo un sistema di condizionamento, necessario per il museo.

Die Komplexität dieses Bauprojekts ist nur schwer zu beschreiben. Es wurden ursprüngliche Verfahren und Materialien eingesetzt, wie beispielsweise die Struktur aus Lehmblöcken und Palmenstämmen. Im Inneren wurden Lehm und Palmblätter verbaut, der Boden aus verdichtetem Lehm wurde gewachst. Die einzige installierte Anlage ist ein für das Museum unbedingt erforderliches Kühlsystem.

Het is moeilijk om de complexiteit van dit bouwwerk samen te vatten. Oorspronkelijke materialen en technieken zijn gehandhaafd, zoals de draagconstructie van grondblokken en palmboomstammen. Binnen zijn klei, aarde en palmbladeren gebruikt. De vloer van geperste aarde is in de was gezet en er is enkel een voor het museum noodzakelijk koelsysteem geïnstalleerd.

Es difícil resumir la complejidad de esta actuación. Se han mantenido técnicas y materiales originales, como la estructura de bloques de tierra y troncos de palmera. En el interior, se ha usado barro, tierra y hojas de palmera. El suelo de tierra compactada se ha encerado y sólo se ha instalado un sistema de refrigeración, necesario para el museo.

325

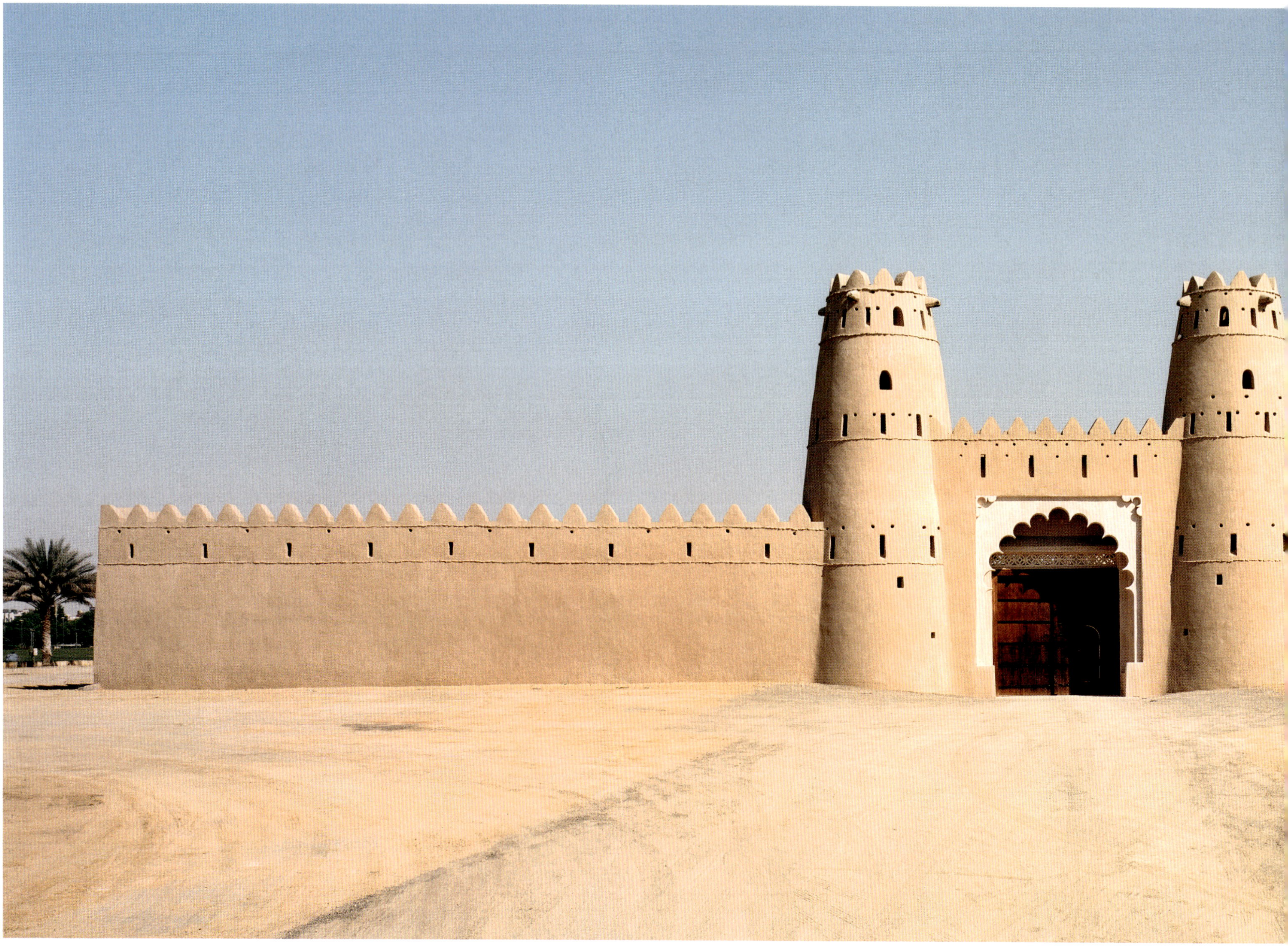

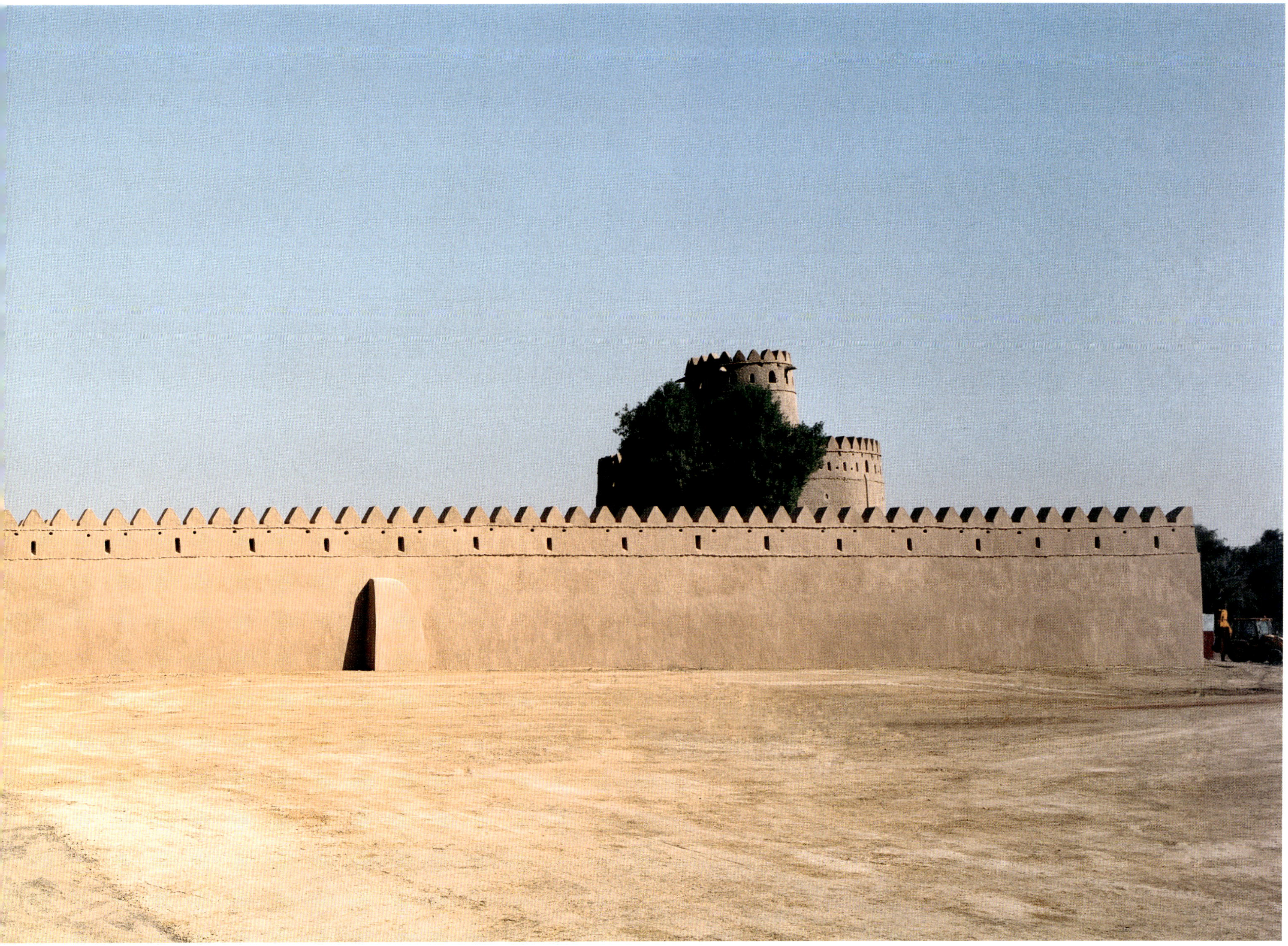

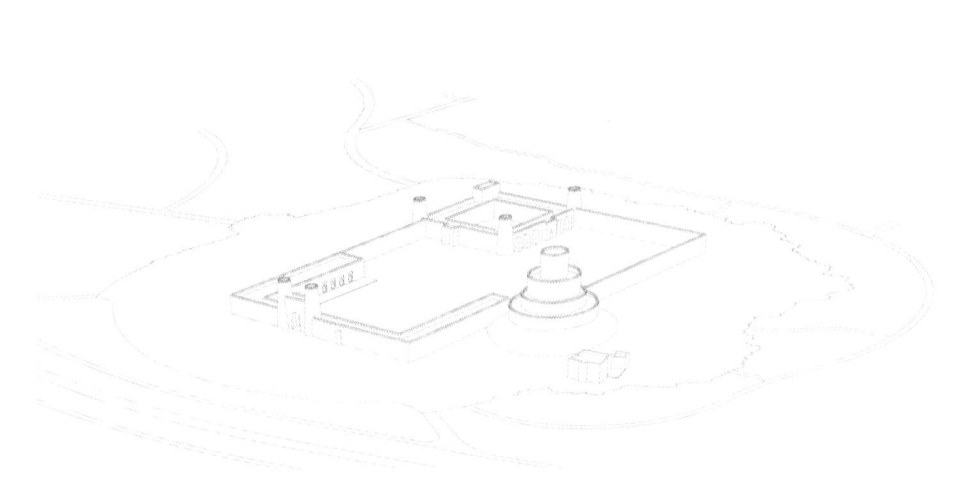

Axonometry / Axonometrische Ansicht
Axonométrie / Axonometrie
Assonometria / Axonometría

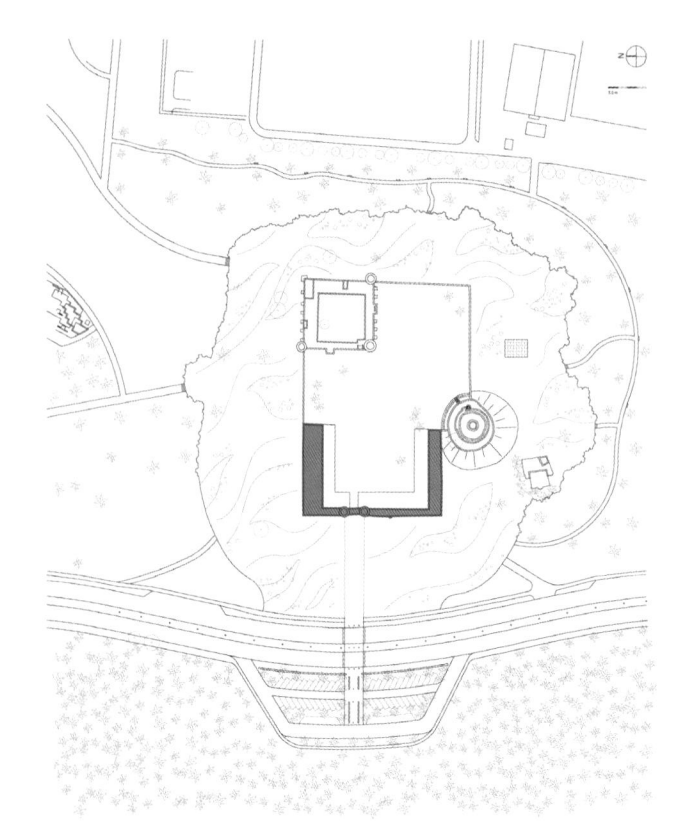

Location plan / Umgebungsplan
Plan de situation / Omgenigsplattegrond
Planimetria di localizzazione / Plano de situación

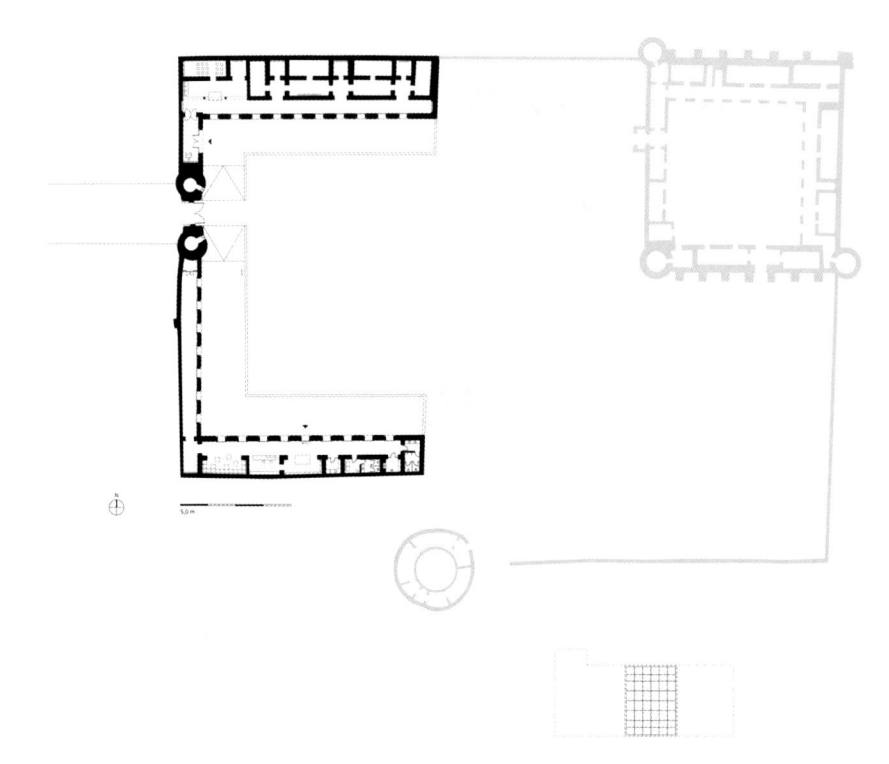

Plans / Grundisse
Plans / Plattegronden
Piante / Plantas

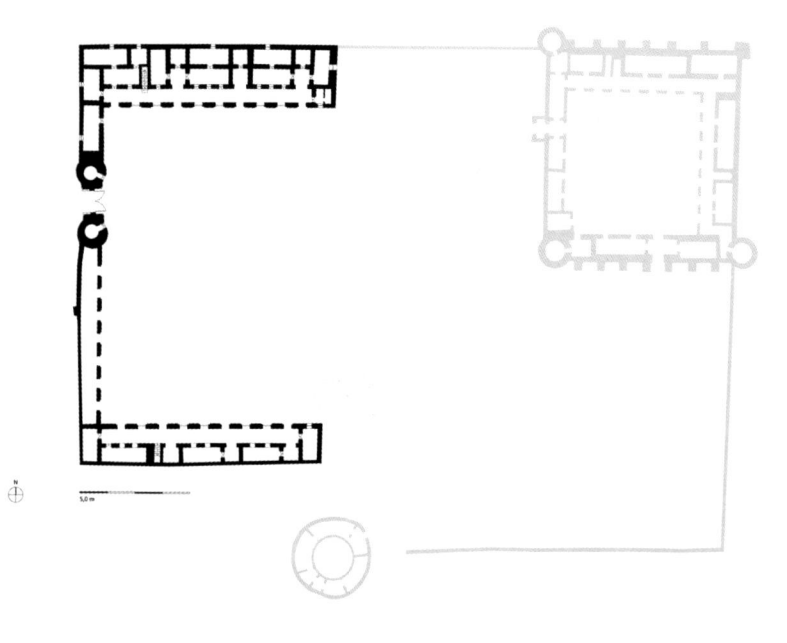

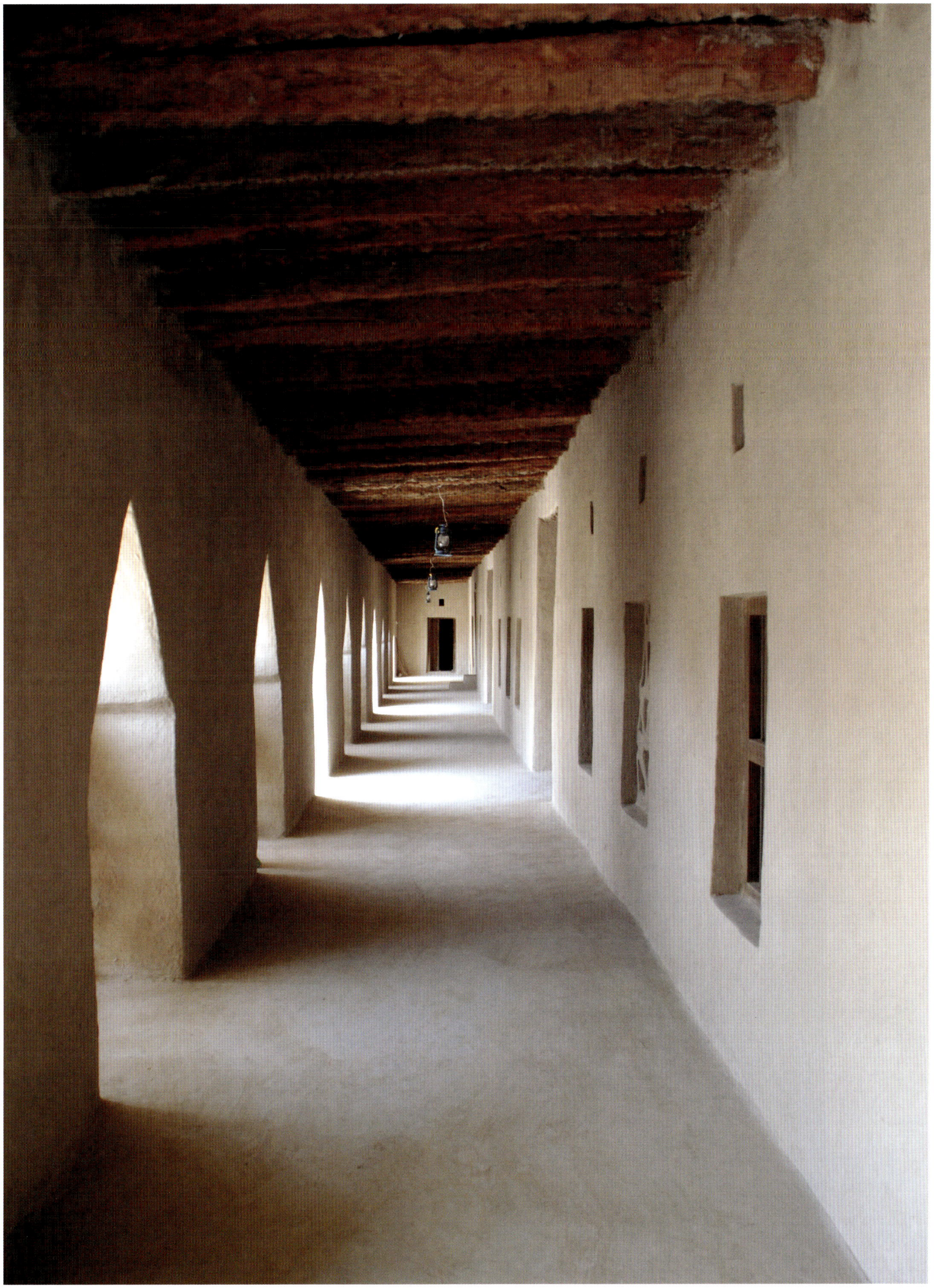

BRUNSELL-SHARPLES REMODEL

Obie G. Bowman
The Sea Ranch, CA, USA
© Obie G. Bowman, Robert Foothorap

Green roof / Pflanzendach / Toiture végétalisée
Groendak / Rivestimento vegetale / Cubierta vegetal

Earth is a material that has always been used in various construction techniques; one of the recovered applications in current ecological architecture is the green roof. In this reform a green roof with local vegetation has been installed, which improves air conditioning. The slope of the roof protects the wind and integrates the house into the environment.

Depuis toujours, la terre intervient dans différentes techniques de construction. L'architecture écologique a remis au goût du jour l'une de ses utilisations : la toiture végétale. Une couverture de terre plantée de la végétation endémique installée lors de cette rénovation améliore la climatisation. L'inclinaison du toit protège des vents et aide la maison à se fondre dans son environnement.

La terra è un materiale impiegato da sempre in varie tecniche costruttive; una delle applicazioni recuperate dall'architettura ecologica è il rivestimento vegetale. In questa ristrutturazione è stato applicato un rivestimento di terra e vegetazione autoctona che migliora la climatizzazione. L'inclinazione del tetto protegge dal vento e integra la casa con il contesto circostante.

Erde ist ein Material, das seit jeher in unterschiedlichen Bauweisen Verwendung fand. Eine durch die ökologische Architektur wiederentdeckte Nutzungsmöglichkeit von Erde ist das Pflanzendach. Bei diesem Projekt wurde das Dach mit Erde bedeckt und mit einheimischer Vegetation bepflanzt und sorgt nun für ein verbessertes Gebäudeklima. Die Dachneigung schützt vor dem Wind und integriert das Haus in die Umgebung.

Aarde is een materiaal dat sinds allertijden in verschillende bouwtechnieken wordt gebruikt. Een van de herstelde toepassingen in de moderne ecologische architectuur is het groendak. Bij deze verbouwing is het dak voorzien van aarde en autochtone planten die de klimaatregeling bevorderen. De helling van het dak beschermt tegen de wind en neemt het huis op in de omgeving.

La tierra es un material empleado desde siempre en distintas técnicas de construcción; una de las aplicaciones recuperadas en la arquitectura ecológica actual es la cubierta vegetal. En esta reforma se ha instalado una cubierta con tierra y vegetación autóctona, que mejora la climatización. La inclinación del tejado protege de los vientos e integra la casa en el entorno.

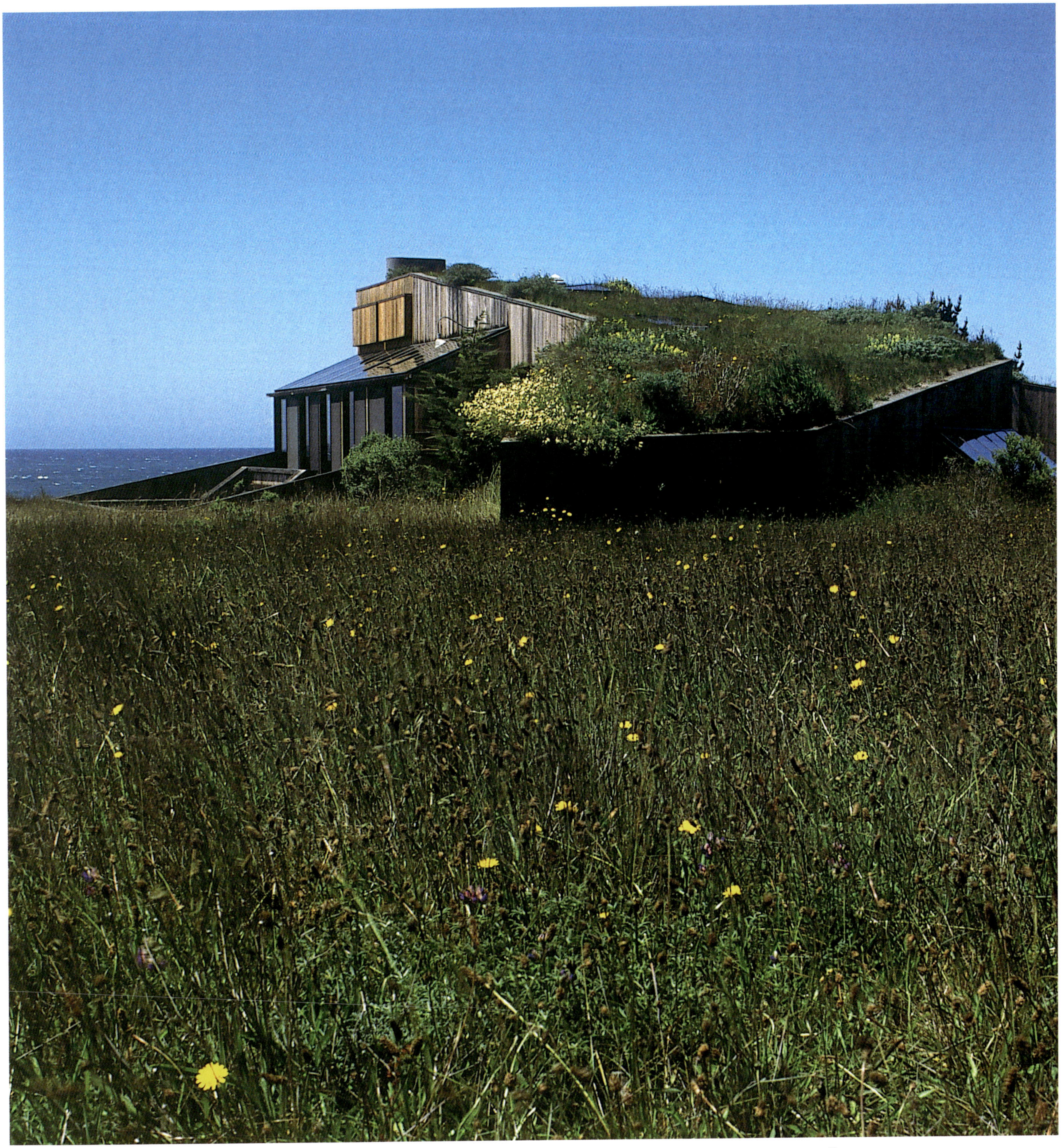

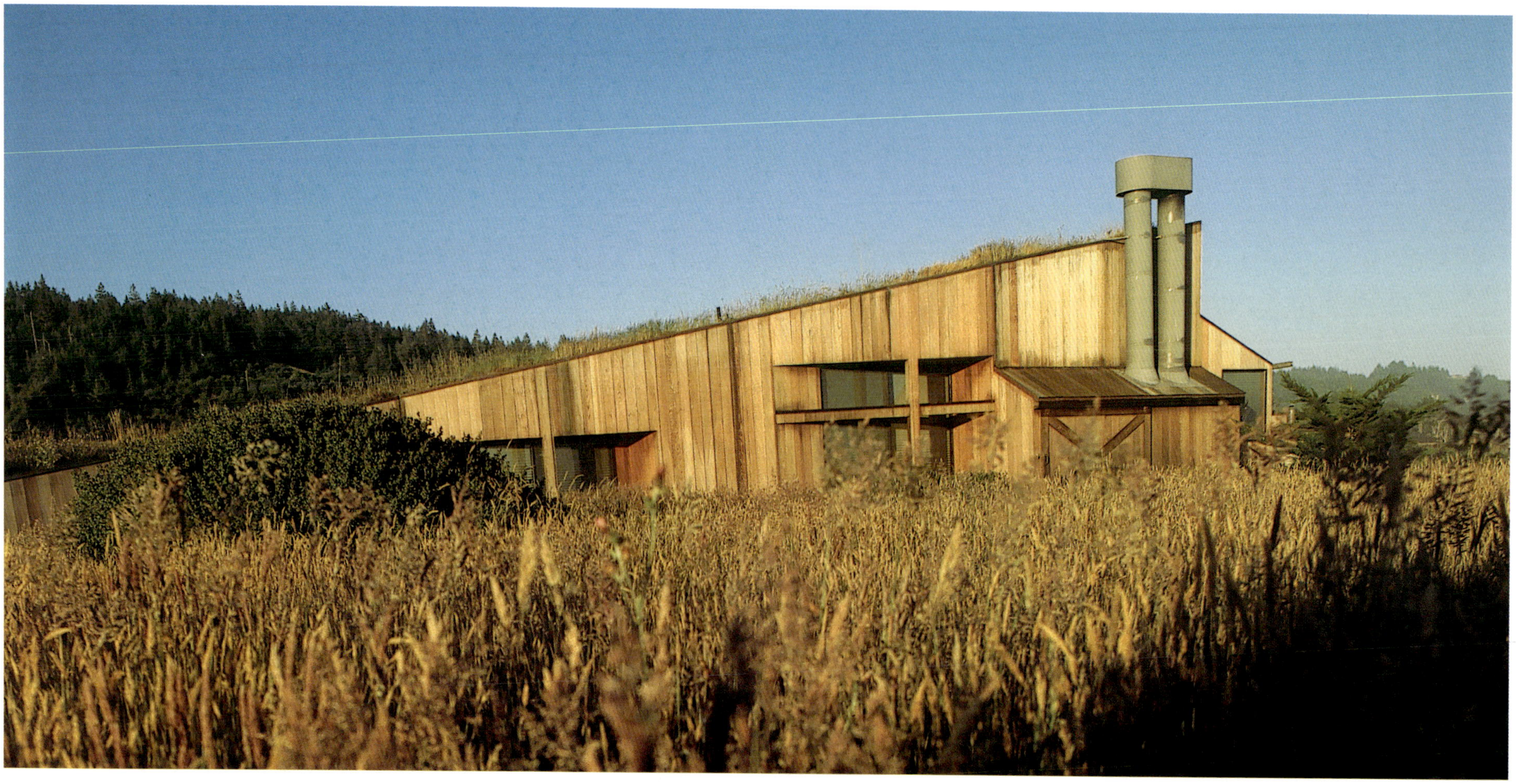

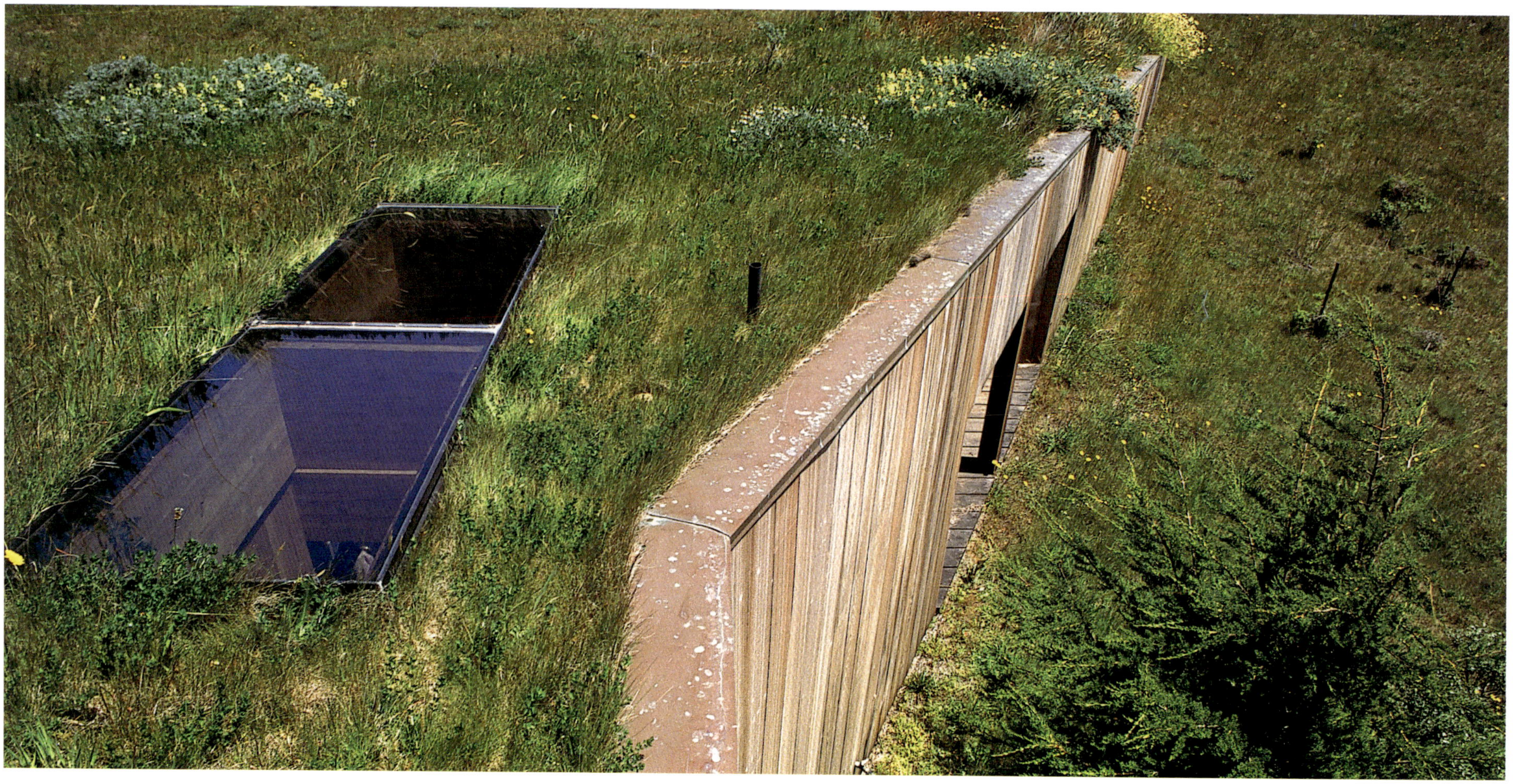

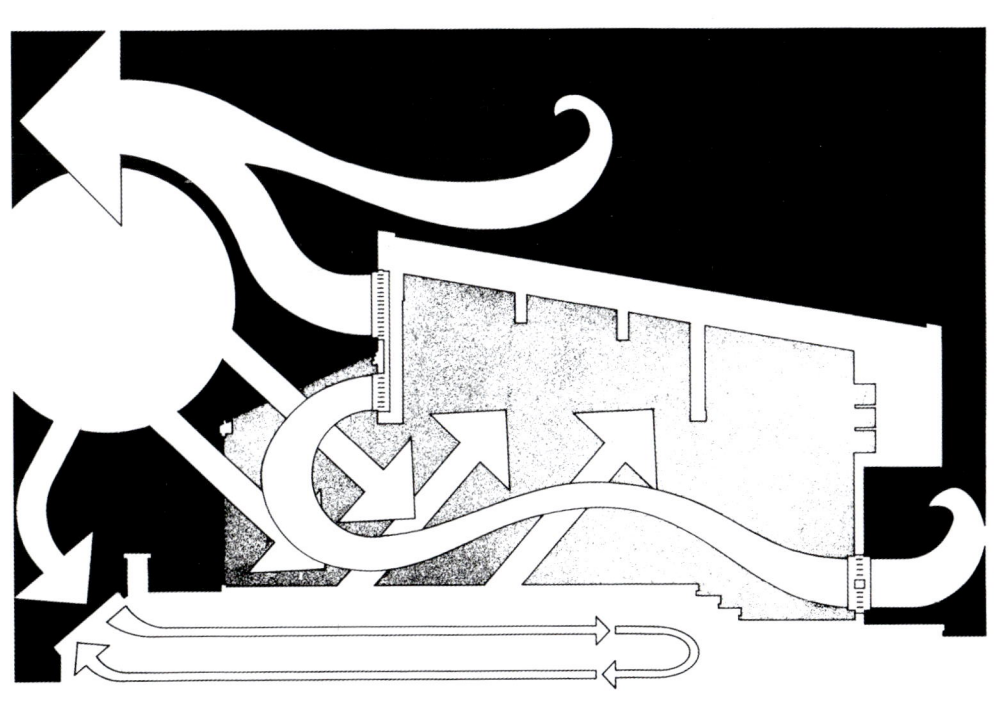

Cross ventilation diagram / Diagramm der Querlüftung
Schéma du système de ventilation croisée / Diagram van kruisventilatie
Diagramma della ventilazione incrociata / Diagrama de la ventilación cruzada

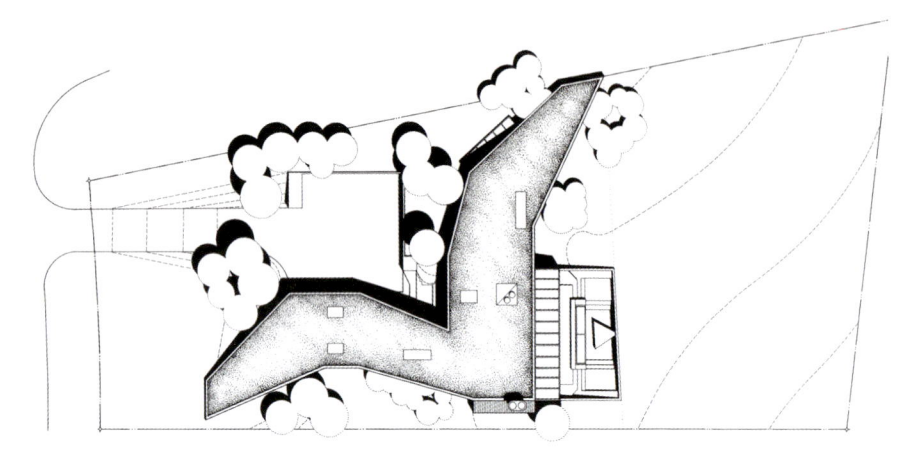

Roof plan / Dachgeschoss
Plan du toit / Bovenaanzicht
Pianta del tetto / Planta de la cubierta

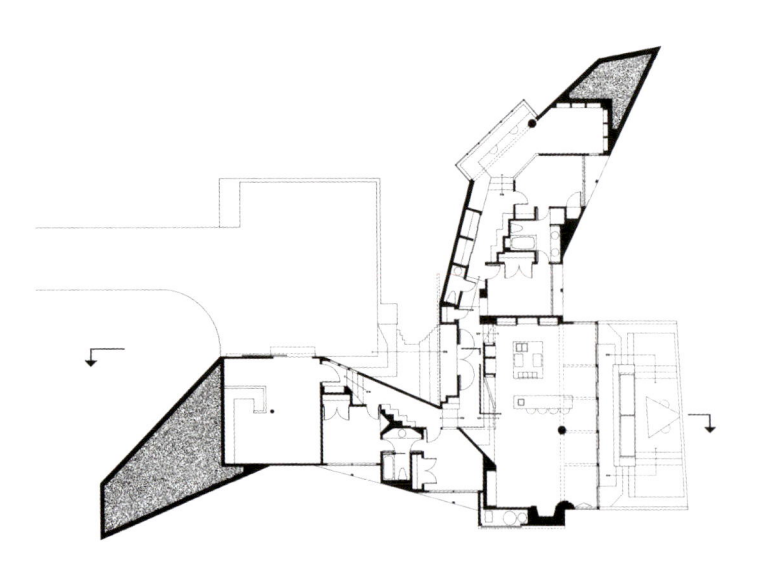

Ground floor / Erdgeschoss
Rez-de-chaussée / Begane grand

1 2 3 4 5 6 7
8 9 10 11 12 13 14
15 16 17 18 19 20 21
22 23 24 25 26 27 28
29 30

Rammed earth / Lehmmauer
Pisé / Stampleem
Tapial (pisè) / Tapial

EARTH

The use of earth in architecture dates back centuries and although it is difficult to believe, half of the world's population lives in earthen houses. Earth is one of the main natural materials, it needs little manufacturing and does not involve energy expenses during its manufacturing. It is a good form of thermal and acoustic insulation and does not generate transportation costs.

The characteristics of earth as a building material are its permeability, stability, plasticity, cohesion, compactness, durability and abrasion. To check whether the characteristics are appropriate, tests should be conducted. Granite soil, for example, is very suitable for earth constructions, while betonit soils are not suitable due to the shrinkage caused by the amount of clay it contains. Basaltic soils are more difficult to compact than granite soils, and limestone requires the addition of clay, cement or lime.

The methodology and coordination in the construction process are essential. The main earth building techniques are adobe in the shape of bricks, rammed earth, cob and wattle and daub.

ADOBE

Adobe is a mixture of mud and straw molded in the shape of a brick, uncooked, dried in the sun or air and used for partitions and walls. It is commonly used in Africa, Central and South America.

Earth used for adobe bricks should contain between 15% and 30% clay. The rest can be sand or aggregate. It can be mixed with straw and molded to shape the brick. It is removed from the mold and allowed to air without getting wet for 10-14 days (5 days without sun). In the adobe manufacturing process, the curing and composition is important. Too much clay can cause cracks and a lack of it would cause fragmentation. Adobe blocks can generally be held in one hand. They are cut into the shape of bricks to build walls but can also be stacked to create a structure. They are used in flooring for their great elasticity and beauty, and can be colored with clay or polished with natural oil. Adobe provides good thermal and acoustic insulation, it sticks well to wood and other plant-based materials. Adobe walls require maintenance because the material can disintegrate in the rain. It is often coated with layers of clay or other plasters. It is not advisable to use a cement mortar covering, because the layer is less permeable and retains moisture, which causes the mud to disintegrate from the interior.

As you need two or three weeks for curing, manufacturing and construction, it can be a slow process. It also requires some infrastructure to create work zones, protected areas, etc. The most common faults in adobe construction are minimized by controlling the land and stabilizers. Another drawback of adobe is its vulnerability to earthquakes: it has been proven that adobe structures do not perform well in earthquakes. Governments are promoting research centers to develop earthquake resistant adobe constructions, which are safe and sustainable.

There is another type of unfired earth bricks: mechanically compressed raw earth bricks. Compressed earth blocks require less water and the bond between the clay and sand is made by compression. Stabilized blocks contain a certain quantity of cement. They are more expensive and require more water, but they have better mechanical properties.

COB

Cob is a building material whose constituents are clay, sand, and mud. This mixture is placed on solid foundations, preferably on a terrain with rocky subsoil. This technique is similar to adobe and rammed earth. However, cob structures are not built using bricks, they are erected from the foundations and single block walls. Cob construction is more typical of humid and rainy climates. It is fireproof, resistant to seismic activity and the climatic and ecological agents and it is easily moldable. The material and thickness of these walls, up to 50 cm (19.5 in), provides high thermal insulation and fosters stable indoor temperatures.

The cob technique does not require precast blocks or masonry as a base. The difference with rammed earth is in the process of compaction, which is more rustic in cob. When the mass acquires enough consistency and uniformity, the walls are erected and constructed depending on the pre-drying time of the mixture. After drying and when the walls are strong enough, they are adapted to the structural elements, such as jambs and lintels, to give them the final shape. Although not essential, they will usually be finished with plaster or lime. To reduce the possible contractions when dry, add sand or gravel into the mixture.

RAMMED EARTH

The ancient technique used in building walls with compacted clay in a formwork goes by many names: rammed earth, tapia (Portuguese), tapial (Spanish), pisé de terre or pisé (French). It is similar to adobe in terms of material composition, earth with an additive such as small stones to achieve more resistance, but it differs from the construction method: the earth is compacted when it is poured between planks. Provided that a suitable foundation with superior waterproofing is constructed, the possibility of moisture by capillary action is minimal. To ensure the feasibility of the construction, an earth test must be conducted and the proportions of sand, clay and silica must be defined as well as the type of land that will be used, as not all are suitable.

Current compaction techniques use mechanized equipment. The material poured into the formwork is between 100 and 200 mm (3.9 and 7.8 in) thick, and a jackhammer reduces the original height by 50%. This procedure is repeated until the desired height is achieved. So that the wall is stable and provides thermal mass it must have a minimum width of 30 cm (11.9 in). The interior surface may be finished in several forms, for example, applying natural oil to a standard covering. Rammed earth has a density of between 1,800 and 2,100 kg/m^3 and a compressive resistance around 15 kg/cm^2, but depends on the type of rammed earth and its composition. Its dimensional stability is very good and it also it provides good thermal and acoustic insulation. However, rammed earth does not resist traction well, and often over time cracks appear. Rammed earth houses are solid and have good fire resistance properties. Rammed earth is a hygroscopic material that breathes and has bioclimatic properties that maintain a stable interior temperature. Today, it is the most commonly used technique in sustainable architecture of all those that use earth.

WATTLE AND DAUB

Wattle and daub is a construction system from sticks woven with reeds, mud and clay. It is constructed from a wood structure, at times with exposed wooden beams. The walls can be erected in different ways, but the same materials are always used. Wattle and daub constructions usually have a brick or stone plinth that protects walls from the moisture of rainwater and groundwater.

The walls can have a double or single framework. The single latticework consists of a network of reeds or wooden strips that are smeared with embarra a mixture of mud and straw, reeds or small stones of varying consistency. The double latticework consists of building two separated frames, creating a kind of formwork. There are two main finishes for a wall after the double latticework: embutir or entronar Embutir consists of filling the inside of the wall with a mixture of mud, straw and water. Entronar is to fill the wall with regular sized pieces of earth. Then, the rest is filled with the embarre mixture. This technique is suitable in areas where water is scarce, as it requires less clay. The walls may be coated in different ways to achieve better airtightness.

The materials to form the latticework and embarre can be quite varied; in fact, each region uses materials found in their natural environment.

ERDE

Der Gebrauch von Erde in der Architektur ist uralt und so unglaublich es klingt, die Hälfte der Weltbevölkerung lebt in Häusern aus Erde. Die Erde ist eines der wichtigsten natürlichen Materialien. Sie benötigt wenig Arbeitsaufwand und verursacht keine Kosten für Energie während ihrer Verarbeitung. Sie bietet eine gute Schall- und Wärme-Isolierung und verursacht keine Transportkosten.

Die Charakteristiken der Erde als Baumaterial sind Durchlässigkeit, Stabilität, Plastizität, Haftfestigkeit, Kompaktibilität, Dauerhaftigkeit und Verschleiß. Um festzustellen, ob die Eigenschaften geeignet sind, müssen Versuche gemacht werden. Granitartige Erde ist zum Beispiel sehr geeignet für Bauwerke aus Erde, während es die Erde mit Bentonit auf Grund der Schrumpfung, die durch die Menge der Tonerden, die sie enthält, nicht ist. Basaltige Erden sind schwieriger zu verdichten als die granitartige Erde und kalkhaltige Erde braucht Zusätze aus Ton, Zement oder Kalk. Die Methode und die Koordination des Konstruktionsverfahrens sind grundlegend. Die wichtigsten Techniken des Bauens mit Erde sind Lehmziegel in Form von Backsteinen, der „Tapial" (mit traditionellen Techniken errichtete Lehmmauer), der „Cob" (Material, bestehend aus Stroh, Sand, Stroh und Lehm) und dem „Bajareque" (traditionelle Bauweise mit geflochtenem Schilfrohr o.Ä. und Lehm).

LEHMZIEGEL AUCH LUFTZIEGEL

Der Lehmziegel besteht aus einer Mischung von Lehm und Stroh in Form von Backstein, ungebrannt, an der Sonne oder an der Luft getrocknet und für Wände und Mauern gebraucht wird. Er ist in Afrika, Zentralamerika und Südamerika verbreitet. Die verwendete Erde für den Lehmziegel muss zwischen 15% und 30% Ton enthalten. Der Rest kann aus Sand oder Zuschlagsstoffen bestehen. Die Erde wird mit Stroh gemischt und in Ziegelsteinform gebracht. Danach wird sie aus der Form genommen und man lässt sie 10-14 Tage an der Luft trocknen, ohne sie zu befeuchten. Bei dem Herstellungsverfahren von Lehmziegeln sind das Trocknen und die Zusammensetzung wichtig. Zu viel Ton kann Risse verursachen, und zu wenig würde zum Zerbröckeln führen. Die Lehmblöcke müssen mit einer Hand handhabbar sein. Man gibt ihnen die Form von Ziegelsteinen für den Bau von Mauern, aber man kann sie auch aufeinander stapeln, um ein Bauwerk zu schaffen. Sie werden wegen ihrer hohen Elastizität für Böden verwendet, und sie können mit Ton gefärbt oder mit Naturöl poliert werden.

Sie bieten eine gute Wärme- und Schallisolierung und haften gut an Holz und anderen pflanzlichen Materialien. Wände aus Lehmziegeln erfordern Wartung, da das Material sich mit dem Regen auflösen kann. Üblicherweise werden sie mit Lehmschichten oder anderen Verputzarten überzogen. Es ist nicht zweckmäßig, einen Verputz aus Zementmörtel zu verwenden, da die Schicht wenig durchlässig ist und die Feuchtigkeit bewahrt, was dazu führen würde, dass die Lehmziegel sich von innen auflösen würden.

Da man für das Trocknen zwei oder drei Wochen braucht, kann das Herstellungs- und Konstruktionsverfahren langwierig sein. Es ist auch eine gewisse Infrastruktur nötig, um Bereiche für die Bauarbeiten, geschützte Gebiete, usw. zu schaffen. Die häufigsten Fehlschläge beim Bauen mit Lehmziegeln kann man mit Stabilisatoren minimieren und indem man die Erde kontrolliert. Ein weiterer Nachteil der Lehmziegel ist ihre Verletzlichkeit bei Erdbeben: Es hat sich gezeigt, dass sich Gebäude aus Lehmziegeln bei Erdstößen schlecht verhalten. Die Regierungen setzen Forschungszentren ein, um erdbebensichere Gebäude aus Lehmziegel zu entwickeln, die sicher und nachhaltig sind.
Es gibt eine weitere Art von ungebrannten Ziegelsteinen: Ziegelsteine, die mechanisch aus Erde gepresst werden. Der Block aus gepresster Erde braucht weniger Wasser und die Verbindung von Ton und Sand wird durch Kompression hergestellt. Die stabilisierten Blöcke enthalten eine gewisse Menge von Zement. Sie sind teurer und erfordern mehr Wasser, aber ihre mechanischen Eigenschaften sind besser.

„COB"

Der „Cob" ist ein Baumaterial, das aus Ton, Sand, Stroh und gewöhnlichem Lehm besteht. Diese Mischung wird auf ausgehobenen Fundamenten, vorzugsweise auf einem Gebiet mit felsigem Unterboden angebracht. Es handelt sich eine Technik, die den Lehmziegeln und dem Tapial (Lehmmauer) ähnlich ist, die Charakteristiken des Herstellungsprozesses von „Cob" machen es möglich, dass die Gebäude nicht aus Ziegeln sondern auf Fundamenten mit Mauern aus einem einzigen Block errichtet werden. Der „Cob"-Bau ist für feuchtes und regnerisches Klima geeigneter. Er ist feuerfest, widerstandsfähig gegenüber seismischen Aktivitäten und Wetterphänomenen, umweltfreundlich und leicht formbar. Das Material und die Dicke dieser Wände von bis zu 50 cm bietet eine starke Wärme-Isolierung und begünstigt stabile Innentemperaturen. Die „Cob"-Technik erfordert weder vorgeformten Blöcke noch Hausteinmauerwerk für den Aufbau. Der Unterschied zum Tapial (Lehmmauer) besteht im Verdichtungsverfahren, das beim „Cob" gröber ist. Wenn die Masse die nötige Konsistenz und Homogenität erreicht hat, werden die Wände errichtet und es wird der Vortrockenzeit der Mischung gemäß weiter gebaut. Nach dem Trocknen, und wenn die Wände fest genug sind, werden sie an die Strukturelemente wie Fensterpfosten und Türstürze angepasst und in die endgültige Form gebracht. Auch wenn es nicht unerlässlich ist, wird das Gebäude normalerweise verputzt oder gekalkt. Um die möglichen Schrumpfungen beim Trocknen zu verringern, wird der Mischung Sand oder Schiefergranulat beigegeben.

LEHMMAUER

Die alte Technik, Mauern mit gepresster tonhaltiger Erde in einer Verschalung zu bauen, hat mehrere Namen: Lehmwand, Lehmmauer oder gestampfte Erde.
Sie ist dem Lehmziegel ähnlich, was die Zusammensetzung des Materials – Erde mit einem Zusatz wie kleine Steine, um mehr Widerstandskraft zu erhalten – betrifft, aber sie unterscheidet sich durch die Konstruktionsmethode: die Erde wird verdichtet, nachdem sie zwischen Bretter geschüttet wurde. Vorausgesetzt, dass ein entsprechendes nach oben abgedichtetes Fundament errichtet wird, ist die Möglichkeit für Feuchtigkeit durch Kapillarwirkung minimal. Um die Realisierbarkeit des Baus zu sichern, ist es nötig, eine Bodenanalyse durchzuführen und das Verhältnis von Sand, Ton und Kiesel zu bestimmen, so wie die Art der Erde, die eingesetzt wird, da nicht alle Arten geeignet sind. Die heutigen Verdichtungstechniken werden mit mechanischen Geräten ausgeführt. Das Material wird 100 bis 200 mm dick in die Verschalung gegossen, und ein Presslufthammer reduziert es auf 50% der anfänglichen Höhe. Dieses Verfahren wird wiederholt, bis die gewünschte Höhe erreicht ist. Damit die Mauer stabil ist und für thermische Masse sorgt, muss sie mindestens 30 cm dick sein. Die Innenfläche kann auf viele verschiedene Arten fertiggestellt werden, z.B., indem man Naturöl auf einen Standardbeschichtung aufträgt. Die Lehmmauer hat eine Dichte zwischen 1800 und 2100 kg/m^3 und eine Druckfestigkeit von ca. 15 kg/cm^2, wenn diese auch vom Typ der Lehmmauer und ihrer Zusammensetzung abhängt. Ihre Dimensionsstabilität ist sehr gut, ebenso wie ihre Wärme- und Schalldämmungseigenschaften. Die Lehmmauer bietet jedoch wenig Widerstand gegen Zug, weshalb es häufig vorkommt, dass im Lauf der Zeit Risse entstehen. Häuser aus verdichteter Erde sind sehr solide und haben eine gute Widerstandsfähigkeit gegenüber Feuer. Die Lehmmauer besteht aus einem hygroskopischen Material, das transpiriert und bioklimatische Eigenschaften hat, die drinnen eine stabile Temperatur aufrecht erhalten. Zur Zeit ist es die meist gebrauchte Technik in der nachhaltigen Architektur von all denen, die Erde verwenden.

„BAJAREQUE" (LEHMBEWURF)

Der „Bajareque" ist ein Konstruktionssystem von Wohnhäusern aus einem Bambusgeflecht mit Lehm und Ton. Man baut auf einer Struktur aus Hölzern, wobei die Holzbalken gelegentlich sichtbar bleiben. Man kann die Wände auf verschiedene Arten errichten, obwohl immer die gleichen Materialien verwendet werden. Normalerweise haben die Bauten aus „Bajareque" eine Sockelleiste aus Ziegel oder Stein, die die Mauern vor der Feuchtigkeit des Regens und des Untergrundes schützt. Die Wände des „Bajareque" können eine doppelte oder einfache Rahmenkonstruktion haben. Die einfache Rahmenkonstruktion besteht aus einem Raster aus Schilfrohr oder Holzleisten, die mit dem sogenannten „Embarre", einer Mischung aus Lehm und Stroh, Schilfrohr oder kleinen Steinen von größerer oder geringerer Konsistenz bedeckt werden. Das doppelte Rahmenwerk besteht aus zwei Rastern mit einem Zwischenraum, die eine Art Verschalung bilden. Es gibt zwei Hauptarten der Endbehandlung einer Wand mit doppeltem Geflecht: Füllen oder Einsetzen. Beim Füllen wird das Innere der Wand mit einer Mischung aus Lehm, Stroh und Wasser ausgefüllt. Die Technik des Einsetzens besteht darin, in die Wand Erdbrocken von regelmäßiger Größe einzusetzen. Danach wird der Rest mit Schlamm ausgefüllt. Diese Technik ist in Gebieten mit Wassermangel geeigneter, da sie weniger Schlammmengen benötigt. Die Wände können auf verschiedene Arten verputzt werden, um sie wasserdichter zu machen.
Die Materialien für das Gittergeflecht und den Schlamm können sehr unterschiedlich sein. Tatsächlich werden in jeder Region die Grundstoffe verwendet, die sich in der natürlichen Umgebung finden.

Unfired clay bricks
Ungebrannt Backsteine
Briques sans cuisson
Baksteen niet gebakken
Mattone non viene cotta
Ladrillos de barro sin cocer

Adobe / Lehmziegel auch Luftziegel
Adobe / Adobe
Terra cruda o adobe / Adobe

TERRE

L'usage de la terre crue en architecture est ancestral et, même si cela semble difficile à croire, la moitié de la population mondiale vit aujourd'hui dans des maisons de terre. La glaise est un des principaux matériaux naturels. Elle demande peu de transformation et les processus de fabrication consomment peu d'énergie. C'est un bon isolant acoustique et thermique. Les coûts de transport sont quasiment nuls.

Les caractéristiques de la terre comme matériau de construction sont la perméabilité, la stabilité, la plasticité, la cohésion, la compactibilité, la durabilité et la porosité. Il faut procéder à des essais pour s'assurer que les caractéristiques du matériau sont adaptées à sa destination. La terre granitique convient très bien à la construction en terre, tandis que les bentonites sont inutilisables car la quantité d'argile qu'elles contiennent provoque une forte rétraction. Les terres basaltiques sont plus difficiles à compacter que la terre granitique, et la terre calcaire a besoin d'ajout d'argile, de ciment ou de chaux.

La logistique et la coordination du processus de construction sont simples. Les principales méthodes de construction en terre sont l'adobe en forme de briques, le pisé, le cob et le bajareque (mur en roseaux et en terre).

ADOBE

Les briques d'adobe sont un mélange de boue et de paille moulé, sans cuisson, qui sèche au soleil ou à l'air, et servent à monter cloisons et murs. Leur usage est courant en Afrique, en Amérique centrale et du Sud.

La terre utilisée pour l'adobe doit contenir entre 15 % et 30 % d'argile, le reste pouvant être constitué de sable ou d'agrégats. On mélange à de la paille avant de mouler le tout pour former les briques. Une fois démoulées, on les laisse durcir à l'air et au sec entre 10 et 14 jours (5 jours sans soleil). Le séchage et la composition du mélange sont les deux moments importants du processus de fabrication de l'adobe. Un excès d'argile, et la brique se fendille, un manque, et elle se fragmente. Les blocs d'adobe doivent pouvoir se manipuler d'une main. On leur donne la forme de briques afin de monter des murs mais aussi pour les empiler et créer des structures. On les utilise pour les sols en raison de leur grande élasticité et de leur beauté. Les briques peuvent être teintées avec de l'argile ou polies avec des huiles naturelles.

L'adobe est un bon isolant thermique et acoustique ; il adhère bien au bois et aux autres matériaux d'origine végétale. Les murs d'adobe doivent être entretenus car le matériau peut se désagréger sous l'action de la pluie. On le protège en le badigeonnant d'une couche de glaise ou autre. Il ne faut pas utiliser un revêtement à base de mortier de ciment car la couche est peu perméable et retient l'humidité. L'adobe finirait par se décomposer de l'intérieur.

Le séchage exigeant de deux à trois semaines, le processus de fabrication et la construction peuvent être lents. Il faut également mettre en place un minimum d'infrastructures pour délimiter les zones de travaux, les zones protégées, etc. On peut remédier aux faiblesses les plus fréquentes des constructions en adobe en contrôlant la qualité de la terre et en utilisant des produits stabilisants. Un autre inconvénient de l'adobe est sa vulnérabilité en cas de tremblements de terre : il est prouvé que les structures en adobe s'effondrent. Certains gouvernements encouragent la création de centres d'études pour développer des constructions en adobe capable de résister en cas de secousses sismiques, qui répondent à la fois aux normes de sécurité et aux exigences du développement durable.

Il existe d'autres types de briques en terre crue : les briques de terre crue pressée de façon mécanique. Le bloc de terre pressée demande moins d'eau ; l'argile et le sable sont liés par compression. Les blocs stabilisés contiennent une certaine quantité de ciment. Ils sont plus chers et demandent plus d'eau mais offrent de meilleures propriétés mécaniques.

COB

Le cob se rapproche beaucoup du torchis ou bauge puisqu'il se compose d'argile, de sable, de paille et de boue. Ce mélange se place sur des blocs de ciment creux, de préférence sur les terrains au sous-sol rocheux. La technique de pose ressemble à celle utilisée avec l'adobe et le pisé. Toutefois, le cob s'en distingue puisqu'il permet de monter des murs monoblocs, qui ne sont pas en briques, directement sur les fondations. La construction en cob est fréquente dans les climats humides et pluvieux. Il résiste au feu, à l'activité sismique et aux agents climatiques. Il est facile à mouler. Le matériau et l'épaisseur des murs, qui peut atteindre jusqu'à 50 cm, assurent une bonne isolation et favorisent l'inertie thermique participant ainsi à la régulation des températures intérieures.

La technique du cob ne nécessite ni fabrication de blocs prémoulés ni support en maçonnerie. La différence avec le pisé tient essentiellement au processus de compactage, puisque celui du cob est plus rustique. Quand le mélange prend une consistance assez dure et homogène, on monte les murs et l'on planifie la construction en fonction du temps de pré-séchage du mélange. Une fois le séchage achevé et les murs suffisamment consolidés, la pose des éléments structurels, comme les jambes et les linteaux, parachève le travail et leur donne leur forme définitive. Bien que ce ne soit pas indispensable, les murs sont généralement crépis ou passés à la chaux. Pour réduire les risques de retrait au séchage, on ajoute du sable ou du gravier d'ardoise au mélange.

PISÉ

Ce terme vient du verbe « piser » dont le premier sens était « broyer » qui a pris par la suite celui de « battre ou comprimer la terre » pour en faire du pisé. Le mot est entré dans la langue au XVIe siècle, mais son usage ne s'est répandu qu'au XIXe siècle pour désigner la technique consistant à construire les murs en terre argileuse compactée dans un coffrage.

Le pisé ressemble à l'adobe par sa composition puisque c'est essentiellement de la terre à laquelle on ajoute des petites pierres ou autres agrégats pour le rendre plus résistant. Par contre, la technique de construction est différente : la terre est compactée après avoir été versée entre de grosses planches. Du moment que l'on réalise une bonne cimentation avec une imperméabilisation supérieure, le risque d'humidité par capillarité est minime. Il faut au préalable faire une étude des sols pour assurer la pérennité de la construction. On détermine ensuite les proportions de sable, d'argile et de silice, ainsi que le type de terre à employer, car toutes ne conviennent pas. Les techniques actuelles de compactage font appel à des équipements mécanisés. On verse entre 100 et 200 mm de matériau dans le coffrage et on tasse avec un marteau pneumatique pour réduire de 50 % la hauteur initiale. On recommence en procédant de cette façon jusqu'à atteindre la hauteur désirée. Pour que le mur soit stable et offre une inertie thermique, il doit faire au moins 30 cm de large. La surface murale intérieure accepte différentes finitions. Un revêtement classique peut être enduit d'huile naturelle.

La densité du pisé se situe entre 1 800 et 2 100 kg/m^3 et sa résistance aux sollicitations en compression autour de 15 kg/cm^2, car elle varie selon le type de pisé et sa composition. Sa stabilité dimensionnelle est très bonne et c'est également un bon isolant thermique et acoustique. Cependant, il résiste mal à la traction. Les murs en pisé ont donc tendance à se fissurer avec le temps. Les maisons en terre compactée sont très solides et résistent bien au feu. Le pisé est un matériau hygroscopique qui transpire. Grâce à ses propriétés bioclimatiques, il assure une température stable à l'intérieur. C'est aujourd'hui la plus utilisée de toutes les techniques à base de terre employées en architecture durable.

BAJAREQUE (MUR EN ROSEAUX ET EN TERRE)

Le bajareque (mur en roseaux et en terre), technique originaire d'Amérique du Sud, consiste à fabriquer des logements avec des cloisons faites de montants en bois entrecroisés avec des tiges de roseaux puis revêtues de boue et d'argile. Le hourdis est monté sur une ossature de bois, en laissant parfois les poutres apparentes. Il existe plusieurs méthodes pour monter les murs, mais toutes utilisent les mêmes matériaux. Normalement, les constructions en bajareque reposent sur un soubassement de briques ou de pierre qui isole les murs de l'humidité remontant du sol et de la pluie.

Les murs de bajareque peuvent avoir un lattis simple ou double. Le lattis simple consiste en une trame de roseaux ou de montants de bois que l'on recouvre d'une sorte de torchis, un mélange de boue et de paille, de roseaux ou de pierres plus ou moins denses. Le lattis double est formé de deux trames séparées par un vide formant un coffrage. Il y a deux façons de terminer un mur en lattis double, en le remplissant ou en le bourrant (méthode de l'entronado). Le remplissage consiste à verser le mélange de boue, paille et eau dans la partie intérieure du mur tandis que le bourrage consiste à former le mur avec des mottes de terre de dimensions régulières. Pour terminer, on verse le mélange. Cette technique convient bien aux zones manquant d'eau, car elle demande moins de boue. Les murs peuvent ensuite être recouverts de différents revêtements qui amélioreront leur étanchéité.

Les matériaux pour former le hourdis et le mélange varient selon les régions. Chacun utilise les matériaux naturellement disponibles dans son environnement naturel.

AARDE

Al eeuwenlang wordt aarde in de architectuur gebruikt en, hoewel het nauwelijks te geloven is, woont de helft van de wereldbevolking in huizen van aarde. Aarde is een van de belangrijkste natuurlijke materialen, heeft weinig bewerking nodig en maakt geen energiekosten tijdens de vervaardiging. Het is een goede geluids- en warmte-isolator en brengt geen transportkosten met zich mee.
De eigenschappen van aarde als bouwmateriaal zijn doorlaatbaarheid, stabiliteit, plasticiteit, cohesie, verdichtbaarheid, duurzaamheid en slijtage. Om te controleren of de eigenschappen geschikt zijn moeten er onderzoeken worden uitgevoerd. Granietaarde is bijvoorbeeld erg geschikt voor constructies van aarde, terwijl bentonietaarde niet zo geschikt is door de krimp die de hoeveelheid klei die zij bevat veroorzaakt. Basaltaarde is moeilijker te verdichten dan granietaarde en aan kalkhoudende grond hoeft geen klei, cement of kalk te worden toegevoegd.
De methodologie en de coördinatie in het bouwproces zijn fundamenteel. De belangrijkste bouwtechnieken met aarde zijn adobe in de vorm van bakstenen, stampleem, "cob" en "bajareque".

ADOBE

Adobe is een mengsel van klei en stro in de vorm van een baksteen, die niet gebakken, maar in de zon of aan de lucht gedroogd en voor muren aangewend wordt. Adobe wordt gebruikt in Afrika, Midden- en Zuid-Amerika.
De voor adobe gebruikte aarde moet van 15% tot 30% klei bevatten. De rest kunnen zand of toeslagstoffen zijn. Het wordt gemengd met stro en er wordt de vorm van een baksteen aan gegeven. De baksteen wordt uit de mal gehaald en zonder te bevochtigen 10-14 dagen aan de lucht gedroogd (of 5 dagen in de zon). Bij het vervaardigingsproces van adobe zijn de droging en de samenstelling erg belangrijk. Te veel klei kan barsten veroorzaken en te weinig klei verbrokkeling. De adobe blokken moeten met één hand kunnen worden gehanteerd. Ze krijgen de vorm van een baksteen om er muren mee te bouwen, maar ze kunnen ook worden opgestapeld om er een structuur mee te maken. Adobe wordt in vloeren gebruikt vanwege de hoge elasticiteit en omdat het er mooi uitziet. De bakstenen kunnen met klei worden gekleurd of met natuurlijke olie glanzend worden gemaakt.
Adobe is een goede warmte- en geluidsisolator. Het hecht goed aan hout en andere plantaardige materialen. Adobe wanden vergen onderhoud, want het materiaal kan door regen desintegreren. Adobe wordt meestal bedekt met lagen klei of andere leemsoorten. Het is niet raadzaam om een bekleding van cementmortel te gebruiken, want dit is niet erg doorlaatbaar en houdt vocht vast, waardoor de adobe van binnenuit uiteenvalt. Aangezien adobe twee of drie weken nodig heeft om te drogen kan het fabricage- en bouwproces langzaam zijn. Ook vergt het een zekere infrastructuur om bouwzones, beschermde gebieden, etc. te bereiken. De gebruikelijkste fouten in de bouw met adobe worden geminimaliseerd door de controle van de aarde te controleren en door de toevoeging van stabilisatiemiddelen. Een ander bezwaar van adobe is zijn gevoeligheid voor aardbevingen. Het is aangetoond dat adobe structuren slecht aardschokken verdragen. Regeringen zijn bezig om onderzoekscentra aan te zetten tot de ontwikkeling van aardbevingbestendige constructies in adobe die veilig en duurzaam zijn.
Er bestaat nog een baksteensoort van ongebakken aarde: bakstenen van machinaal samengeperste onbewerkte aarde. Bij het blok van aangestampte aarde wordt minder water gebruikt en de verbinding tussen klei en zand gebeurt door compressie. Gestabiliseerde blokken bevatten een bepaalde hoeveelheid cement. Ze zijn duurder en vereisen meer water, maar de mechanische eigenschappen ervan zijn beter.

"COB"

"Cob" is een bouwmateriaal waarvan de componenten klei, zand en stro zijn. Dit mengsel wordt op vaste uitgegraven funderingen, bij voorkeur op een terrein met steenachtige ondergrond, aangebracht. Deze techniek lijkt op die van adobe en stampleem, maar dankzij de eigenschappen van het vervaardigingsproces van "cob" zijn de constructies niet van bakstenen, maar wordt er vanaf de funderingen gebouwd en worden de muren uit één blok opgetrokken. De bouw met "cob" is kenmerkender voor vochtige en regenachtige klimaten. Het is onbrandbaar, aardbevingbestendig, bestand tegen klimatologische agentia, milieuvriendelijk en gemakkelijk te bewerken. Het materiaal en de dikte van deze wanden (tot 50 cm) zorgt voor een hoge warmte-isolatie en voor stabiele binnentemperaturen.
De techniek van "cob" vereist geen voorgevormde blokken of metselwerk op de plaats waar het wordt aangebracht. Het verschil met stampleem berust op het verdichtingsproces, dat bij "cob" onbehouwener is. Wanneer de massa voldoende consistentie en homogeniteit heeft verworven, worden de muren opgetrokken en wordt op grond van de voordroogtijd van het mengsel verder gebouwd. Na het drogen, wanneer de muren stevig genoeg zijn, worden ze aangepast aan de structurele elementen, zoals deurstijlen en drempels, om er de definitieve vorm aan te geven. Hoewel het niet noodzakelijk is, wordt "cob" meestal afgewerkt met een pleister- of kalklaag. Om mogelijke krimping bij het drogen te voorkomen wordt zand of grind van leisteen in het mengsel opgenomen.

STAMPLEEM

De oude bouwtechniek waarbij muren van gestampte leem in een bekisting worden gemaakt heeft verschillende namen: tapia, tapial of stampleem.
Het lijkt op adobe qua materiaalsamenstelling, aarde met een toevoeging, zoals kleine steentjes om meer weerstand te krijgen, maar onderscheidt zich door de bouwmethode: de aarde wordt aangestampt wanneer deze tussen planken wordt gestort. Als er een juiste grondlegging met een hogere dichting wordt gebruikt, is de kans op opstijgend vocht minimaal. Om de uitvoerbaarheid van de bouw te waarborgen, moet de grond worden geanalyseerd en de verhoudingen van zand, klei en kiezel worden bepaald, alsmede het type aarde dat toegepast zal worden. Niet alle soorten zijn namelijk geschikt.
De huidige stamptechnieken gebruiken machines. Het in de bekisting gestorte materiaal wordt in diktes van 100 tot 200 mm aangebracht en een pneumatische hamer reduceert de aanvankelijke hoogte met 50%. Deze procedure wordt herhaald totdat de gewenste hoogte wordt verkregen. Opdat de muur stabiel is en warmtemassa verstrekt, dient hij minstens 30 cm breed te zijn. Het binnenvlak kan op diverse manieren worden afgewerkt, zoals bijvoorbeeld door een natuurlijke olie op de deklaag aan te brengen.
Stampleem heeft een dichtheid van 1.800 tot 2.100 kg/m^3 en een drukvastheid van ongeveer 15 kg/cm^2, hoewel dit afhangt van het type stampleem en de samenstelling ervan. De dimensionele stabiliteit van het materiaal is erg goed en ook zijn eigenschappen als warmte- en geluidsisolatiemiddel. Stampleem is echter slecht bestand tegen trekkrachten. Daarom ontstaan er na verloop van tijd vaak barsten. Huizen van stampleem zijn erg solide en hebben een goede brandbestendigheid. Stampleem is een vochtopnemend materiaal dat transpireert en het heeft bioklimatische eigenschappen waardoor binnenshuis een stabiele temperatuur wordt gehandhaafd. Tegenwoordig is het van alle technieken die aarde toepassen de meest gebruikte in de duurzame architectuur.

"BAJAREQUE"

"Bajareque" is het bouwsysteem van huizen met palen waardoor rietstengels en klei wordt gevlochten. Er wordt uitgegaan van een houten draagconstructie, soms met zichtbare houten balken. De muren kunnen op verschillende manieren worden opgericht, hoewel altijd met behulp van dezelfde materialen. Gewoonlijk zijn de constructies van bajareque voorzien van een bakstenen of natuurstenen plint die de muren tegen regen- en grondwater beschermen.
Muren van bajareque kunnen een dubbel of enkelvoudig gebint hebben. Het eenvoudige gebint bestaat uit een inslag van rietstengels of houten latjes die worden bedekt met leem, een mengsel van klei en stro, rietstengels of kleine stenen met een hogere of lagere consistentie. Het dubbele gebint bestaat uit twee inslagen met daartussen een scheiding, waardoor een soort bekisting wordt gecreëerd. Er bestaan twee belangrijke manieren om de muur na het dubbele rasterwerk af te werken: "embutido" of "entronado". Bij de zogenaamde embutido-techniek wordt de binnenkant van de muur opgevuld met het mengsel van klei, stro en water. De entronado-techniek bestaat uit het vullen van de muur met kluiten aarde van een regelmatige grootte. Hierna wordt de rest met leem opgevuld. Deze techniek is geschikter voor gebieden met waterschaarste, want er is minder klei voor nodig. De muren kunnen op verschillende manieren worden bedekt om een hogere dichtheid te krijgen.
De materialen die nodig zijn voor het rasterwerk en het leem kunnen erg afwisselend zijn. In feite worden de in de natuurlijke omgeving van elke regio aanwezige stoffen gebruikt.

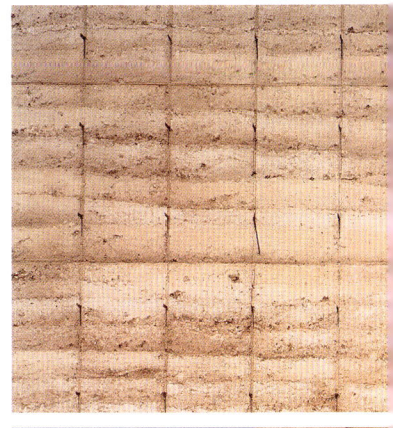

Rammed earth / Lehmmauer
Pisé / Stampleem
Tapial (pisè) / Tapial

Wattle and daub
Bajareque (Lehmbewurf)
Bajareque (mur en roseaux et en terre)
"Bajareque"
Bahareque
Bajareque

TERRA

L'uso della terra in architettura ha origini ancestrali e, anche se sembra difficile da credere, la metà della popolazione mondiale vive in case fatte di terra. La terra è uno dei principali materiali naturali, richiede poca lavorazione e non prevede spese energetiche durante la sua elaborazione. È un buon isolante acustico e termico e non genera costi di trasporto.
Le caratteristiche della terra come materiale da costruzione sono permeabilità, stabilità, plasticità, coesione, compattabilità, durata e corrosione. Per verificare se le caratteristiche sono adeguate al progetto, sarà necessario svolgere dei test. La terra granitica ad esempio è particolarmente adatta alle strutture in terra a differenza delle betoniti, soggette a ritrazione per la presenza di numerose argille. Le terre basaltiche sono più difficili da compattare rispetto alla terra granitica, mentre la terra calcarea avrà bisogno di essere aggiunta ad argilla, cemento o calce.
Il metodo e il coordinamento nel processo costruttivo sono fondamentali. Le principali tecniche costruttive con la terra sono la terra cruda o adobe sotto forma di mattoni, il tapial, (pisè) il cob e il bahareque.

TERRA CRUDA O ADOBE

La terra cruda o adobe è una miscela di fango e paglia cui viene data la forma di un mattone; non viene cotta ma seccata al sole o all'aria ed è utilizzata per realizzare mura e pareti divisorie. È molto usata in Africa, America Centrale e America del Sud. La terra utilizzata per l'adobe deve contenere tra il 15% e il 30% di argilla. Il resto può essere sabbia o altri materiali inerti. L'impasto viene mescolato con la paglia e poi sagomato per dargli la forma di un mattone. Il blocco viene poi estratto dallo stampo e lasciato seccare all'aria (senza che si bagni) per 10-14 giorni (5 giorni senza sole). Nel processo di produzione dell'adobe sono importanti la composizione e l'essiccazione. Una quantità eccessiva di argilla può produrre crepe, mentre una quantità non sufficiente causa la frammentazione del mattone. I blocchi di terra cruda devono poter essere manipolati con una mano. Viene data loro la forma del mattone per realizzare muri, ma possono anche essere impilati per creare una struttura diversa. La sua grande elasticità e bellezza ne favorisce l'uso sui pavimenti; i mattoni possono essere colorati con le argille o lucidati con l'olio naturale.
È un buon isolante termico e acustico; aderisce bene al legno e ad altri materiali vegetali. Le pareti di terra cruda richiedono manutenzione poiché il materiale può sfaldarsi in caso di pioggia. Solitamente la superficie viene rivestita con strati di fango o altri materiali. Non conviene usare un rivestimento in malta di cemento poiché la pellicola è poco permeabile e mantiene l'umidità provocando la decomposizione della terra all'interno.
Essendo necessarie due o tre settimane per la completa essiccazione del materiale, il processo di produzione e costruzione può essere lento. È inoltre necessaria un'infrastruttura adatta per creare le zone di lavoro, le zone protette, ecc... Gli errori più comuni nella costruzione con la terra cruda possono essere ridotti controllando la terra e impiegando degli stabilizzanti. Un altro inconveniente dell'adobe è la sua vulnerabilità in caso di terremoto: è dimostrato che le strutture in terra cruda non hanno alcuna resistenza in caso di movimento tellurici. I governi stanno finanziando dei centri di ricerca per lo sviluppo di costruzioni antisismiche in adobe, che siano anche sicure e sostenibili.
Esiste un altro tipo di mattone in terra cruda: si tratta del mattone in adobe pressato meccanicamente. Il blocco di terra pressata usa una minore quantità d'acqua e la miscelazione tra argilla e sabbia avviene tramite compressione. I blocchi stabilizzati contengono anche una determinata quantità di cemento. Sono più costosi e richiedono più acqua, ma offrono migliori proprietà meccaniche.

COB

Il cob è un materiale da costruzione composto da argilla, sabbia, paglia e fango comune. La miscela viene sistemata su stampi solidi scavati, preferibilmente su un terreno con subsuolo roccioso. È una tecnica simile all'adobe e al tapial; tuttavia le caratteristiche del processo di lavorazione del cob consentono di realizzare costruzioni non in mattoni, ma partendo dalle fondamenta e con muri monoblocco. Le costruzioni in cob sono più comuni nei climi umidi e piovosi. Sono incombustibili, resistenti ai sismi e agli agenti atmosferici, ecologiche e facilmente sagomabili. Il materiale e lo spessore di queste pareti (fino a 50 cm) consentono un elevato isolamento termico e temperature interne stabili.
La tecnica del cob non necessita di blocchi presagomati né di stampi in cui inserirli. La differenza con il tapial risiede nel processo di compattazione, che nel cob è più rustico. Quando l'impasto acquisisce la consistenza e l'omogeneità necessarie, vengono erette le pareti e si procede con la costruzione in base al tempo di pre-essiccazione della miscela. Dopo l'essiccazione e quando le pareti sono sufficientemente consolidate, queste vengono adattate agli elementi strutturali come stipiti e architravi per creare la forma definitiva. Anche se non è indispensabile, viene solitamente applicata una finitura con intonaco o calce. Per ridurre le possibili contrazioni dovute all'essiccazione, alla miscela viene aggiunta sabbia o ghiaia di lavagna.

TAPIAL (PISÈ)

L'antica tecnica per la costruzione di muri utilizzando la terra argillosa compattata in una cassaforma ha vari nomi: pisè, tapia, tapial o terra battuta.
È simile all'adobe in termini di composizione – terra con alcuni elementi aggiuntivi come piccole pietre per ottenere una maggiore resistenza – ma è diverso come metodo costruttivo: la terra viene compattata una volta versata tra le tavole. A condizione che siano realizzate delle fondamenta adeguate con un'impermeabilizzazione della parte superiore, la possibilità di umidità per capillarità è minima. Per garantire la fattibilità occorre svolgere un'analisi del suolo e definire le proporzioni di sabbia, argilla e silice oltre al tipo di terra che dovrà essere impiegata dato che non tutte sono adatte.
Le attuali tecniche di compattazione ricorrono all'uso di attrezzature meccanizzate. Il materiale versato nella cassaforma acquista uno spessore compreso tra 100 e 200 mm; un martello pneumatico riduce poi del 50% l'altezza iniziale. Questa procedura viene ripetuta fino a raggiungere lo spessore desiderato. Affinché il muro sia stabile e garantisca l'adeguata massa termica, deve avere un'ampiezza di almeno 30 cm.
La superficie interna può essere rifinita in molteplici modi, ad esempio applicando dell'olio naturale su un rivestimento standard.
Il tapial ha una densità compresa tra 1800 e 2100 kg/m^3 e una resistenza alla compressione di circa 15 kg/cm^2, anche se tali valori possono variare in base al tipo di tapial e alla sua composizione. La sua stabilità dimensionale è molto buona così come le sue proprietà come isolante termico e acustico. Tuttavia resiste male alla trazione, tendendo quindi a fissurarsi spesso con il tempo. Le case di terra battuta sono molto solide e hanno un'ottima resistenza al fuoco. Il tapial è un materiale igroscopico che traspira e ha proprietà bioclimatiche che consentono di mantenere stabilmente una data temperatura all'interno della struttura. Attualmente è la tecnica più utilizzata nell'architettura sostenibile tra tutte quelle che vedono l'impiego della terra.

BAHAREQUE

Il bahareque è un sistema di costruzione delle abitazioni che si basa sull'intreccio di pali con canne, fango e argilla. Si parte con una struttura in legno, con travi che talvolta vengono lasciate a vista. Le pareti possono essere realizzate in modo diversi, anche se utilizzando sempre gli stessi materiali. Normalmente le costruzioni di bahareque hanno uno zoccolo di mattoni o in pietra che protegge le pareti dall'umidità della pioggia e del terreno.
Le pareti di bahareque possono avere una trama semplice o doppia. La trama semplice è costituita da una griglia di canne o listoni di legno che vengono ricoperti con una miscela di fango e paglia, canne o piccole pietre di maggiore o minore consistenza. La trama doppia prevede la realizzazione di due griglie separate tra loro, che formano una sorta di cassaforma. Le modalità di finitura di una parete a doppia trama sono due: riempendo lo spazio interno con un'unica massa di materiale o impilandovi delle zolle. La prima tecnica consiste nel riempire la parte interna della parte con una miscela di fango, paglia e acqua. La seconda richiede l'uso di zolle di terra di dimensioni regolari per riempire la parete. Dopo questa operazione, gli spazi rimasti vuoti vengono riempiti di fango e paglia. Questa tecnica è particolarmente adatta alle zone con poca acqua poiché richiede una minore quantità di fango. Le pareti possono essere rivestite in vario modo al fine di ottenere una maggiore tenuta.
I materiali usati per creare la griglia e l'impasto di fango e paglia possono essere molto diversi; ogni regione utilizza quelli che la natura mette a disposizione.

TIERRA

El uso de la tierra en la arquitectura es ancestral y, aunque parezca difícil de creer, la mitad de la población mundial vive en casas de tierra. La tierra es uno de los principales materiales naturales, necesita poca manufacturación y no ocasiona gastos energéticos durante su fabricación. Es un buen aislante acústico y térmico y no genera costes de transporte.

Las características de la tierra como material de construcción son la permeabilidad, la estabilidad, la plasticidad, la cohesión, la compactabilidad, la durabilidad y la abrasión. Para comprobar si las características son adecuadas se deberán realizar ensayos. La tierra granítica, por ejemplo, es muy adecuada para construcciones en tierra, mientras que las betonititas no lo son por la retracción que causa la cantidad de arcillas que contiene. Las tierras basálticas son más difíciles de compactar que la tierra granítica, y la tierra caliza necesitará adiciones de arcilla, cemento o cal.

La metodología en el proceso de construcción son básicas. Las principales técnicas de construcción con tierra son el adobe en forma de ladrillos, el *cob*, el tapial y el bajareque.

ADOBE

El adobe es una mezcla de barro y paja moldeada con forma de ladrillo, sin cocer, secada al sol o al aire y usada en tabiques y muros. Es habitual en África, América Central y América del Sur. La tierra utilizada para el adobe debe tener entre un 15% y un 30% de arcilla. El resto pueden ser áridos o arena. Se mezcla con paja y se moldea para darle forma de ladrillo.

Se saca del molde y se deja curar al aire sin mojarse durante 10-14 días (5 días sin sol). En el proceso de fabricación del adobe es importante el curado y la composición. Un exceso de arcilla puede producir fisuras y una falta de ésta causaría fragmentación. Los bloques de adobe deben poder manipularse con una mano. Se les da forma de ladrillo para construir muros pero también puede apilarse para crear una estructura. Se usa en suelos por su gran elasticidad y belleza, y pueden ser coloreados con arcilla o pulidos con aceite natural.

Es un buen aislante térmico y acústico; se adhiere bien a la madera y a otros materiales vegetales. Las paredes de adobe requieren mantenimiento, pues el material puede disgregarse con la lluvia. Suele recubrirse con capas de barro u otros enlucidos. No es conveniente utilizar un revestimiento de mortero de cemento, pues la capa es poco permeable y conserva la humedad, lo que provocaría que el adobe se deshiciera desde el interior.

Al necesitar dos o tres semanas para el curado, el proceso de fabricación y construcción puede ser lento. También se requiere cierta infraestructura para conseguir zonas de obras, zonas protegidas, etc. Los fallos más comunes en la construcción con adobe se minimizan controlando la tierra y con estabilizantes. Otro inconveniente del adobe es su vulnerabilidad frente a los terremotos: está demostrado que las estructuras de adobe se comportan mal ante los temblores de tierra. Los gobiernos están impulsando centros de investigación para desarrollar construcciones sismorresistentes en adobe, que sean seguras y sostenibles.

Existe otro tipo de ladrillos de tierra sin cocer: los ladrillos de tierra cruda prensada de forma mecánica. El bloque de tierra prensada utiliza menos cantidad de agua y la unión entre la arcilla y la arena se realiza por compresión. Los bloques estabilizados llevan una cierta cantidad de cemento. Son más costosos y requieren más agua, pero sus propiedades mecánicas mejoran.

COB

El *cob* es un material de construcción cuyos componentes son arcilla, arena, paja y barro común. Esta mezcla se coloca sobre sólidos cimientos cavados preferentemente sobre un terreno con subsuelo rocoso. Es una técnica semejante al adobe y al tapial; sin embargo, las características del proceso de elaboración del *cob* permiten que las construcciones no sean de ladrillos, sino que se edifiquen a partir de los cimientos y en muros de un solo bloque. La construcción de *cob* es más propia de climas húmedos y lluviosos. Es incombustible, resistente a la actividad sísmica y a los agentes climáticos, ecológica y fácilmente moldeable. El material y espesor de estas paredes, de hasta 50 cm, consigue un alto aislamiento térmico y propicia temperaturas interiores estables.

La técnica del *cob* no requiere bloques premoldeados ni una sillería donde asentarlos. La diferencia con el tapial radica en el proceso de compactado, que en el *cob* es más rústico. Cuando la masa adquiere la suficiente consistencia y homogeneidad, se levantan las paredes y se va construyendo en función del tiempo de presecado de la mezcla. Después del secado y cuando las paredes están suficientemente consolidadas, éstas se ajustan a los elementos estructurales, como jambas y dinteles, para darles la forma definitiva. Aunque no es indispensable, se le suele dar un acabado con revoco o con cal. Para reducir las posibles contracciones al secarse, se añade arena o grava de pizarra en la mezcla.

TAPIAL

La antigua técnica de construir muros con tierra arcillosa compactada en un encofrado recibe varios nombres: tapia, tapial y tierra pisada.

Es semejante al adobe en cuanto a la composición del material –tierra con algún aditivo, como pequeñas piedras para conseguir más resistencia–, pero se diferencia por el método de construcción: la tierra se compacta cuando se ha vertido entre unos tablones. Siempre que se realice una adecuada cimentación con impermeabilización superior, la posibilidad de humedad por capilaridad es mínima. Para asegurar la viabilidad de la construcción es necesario hacer un análisis del suelo y definir las proporciones de arena, arcilla y sílice, así como el tipo de tierra que se empleará, dado que no todas son adecuadas. Las técnicas actuales de compactación utilizan equipos mecanizados. El material vertido al encofrado se coloca en unos espesores de entre 100 y 200 mm, y un martillo neumático reduce al 50% la altura inicial. Este procedimiento se va repitiendo hasta alcanzar la altura deseada. Para que el muro sea estable y proporcione masa térmica debe tener una anchura mínima de 30 cm. La superficie interior se puede acabar de muy diversas formas; por ejemplo, aplicando aceite natural a un revestimiento estándar.

El tapial tiene una densidad de entre 1.800 y 2.100 kg/m^3 y una resistencia a la compresión en torno a 15 kg/cm^2, si bien depende del tipo de tapial y de su composición. Su estabilidad dimensional es muy buena y también sus propiedades como aislante térmico y acústico. Sin embargo, el tapial resiste mal la tracción, por lo que es frecuente que sufra fisuras con el paso del tiempo. Las casas de tierra compactada son muy sólidas y tienen una muy buena resistencia al fuego. El tapial es un material higroscópico que transpira y tiene propiedades bioclimáticas que mantienen una temperatura estable en el interior. Actualmente es la técnica más utilizada en arquitectura sostenible de todas las que utilizan tierra.

BAJAREQUE

El bajareque es un sistema de construcción de viviendas a partir de palos entretejidos con cañas, barro y arcillas. Se basa en una estructura de maderas, en ocasiones con las vigas de madera vista. Las paredes pueden levantarse de diferentes formas, aunque utilizando siempre los mismos materiales. Normalmente, las construcciones de bajareque cuentan con un rodapié de ladrillos o piedra que protege los muros de la humedad de la lluvia y del subsuelo.

Las paredes de bajareque pueden tener un entramado doble o sencillo. El entramado sencillo consta de una trama de cañas o listones de madera que se recubren con el llamado «embarre», una mezcla de barro y paja, cañas o pequeñas piedras de mayor o menor consistencia. El entramado doble consiste en construir dos tramas con una separación entre ellas, formando una especie de encofrado. Existen dos formas principales de acabar una pared después del enrejado doble: embutiéndola o entronándola. El embutido consiste en rellenar con barro la parte interna de la pared con la mezcla de barro, paja y agua. La técnica del entronado consiste en rellenar la pared de terrones de tierra de tamaño regular. Después se rellena el resto con el embarre. Esta técnica es más adecuada en zonas donde escasea el agua, pues se necesita menos cantidad de barro. Las paredes pueden revestirse de diferentes formas para conseguir una mayor estanqueidad.

Los materiales para formar el enrejado y el embarre pueden ser muy variados; de hecho, cada región utiliza las materias que encuentra en su entorno natural.

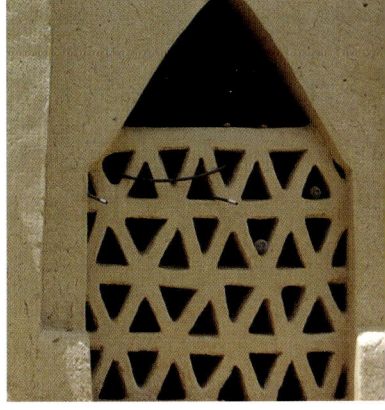

Earth blocks / Lehmblöcke
Blocs de terre / Grondblokken
Blocchi di terra / Bloques de tierra

Wattle and daub
Bajareque (Lehmbewurf)
Bajareque (mur en roseaux et en terre)
"Bajareque"
Bahareque
Bajareque

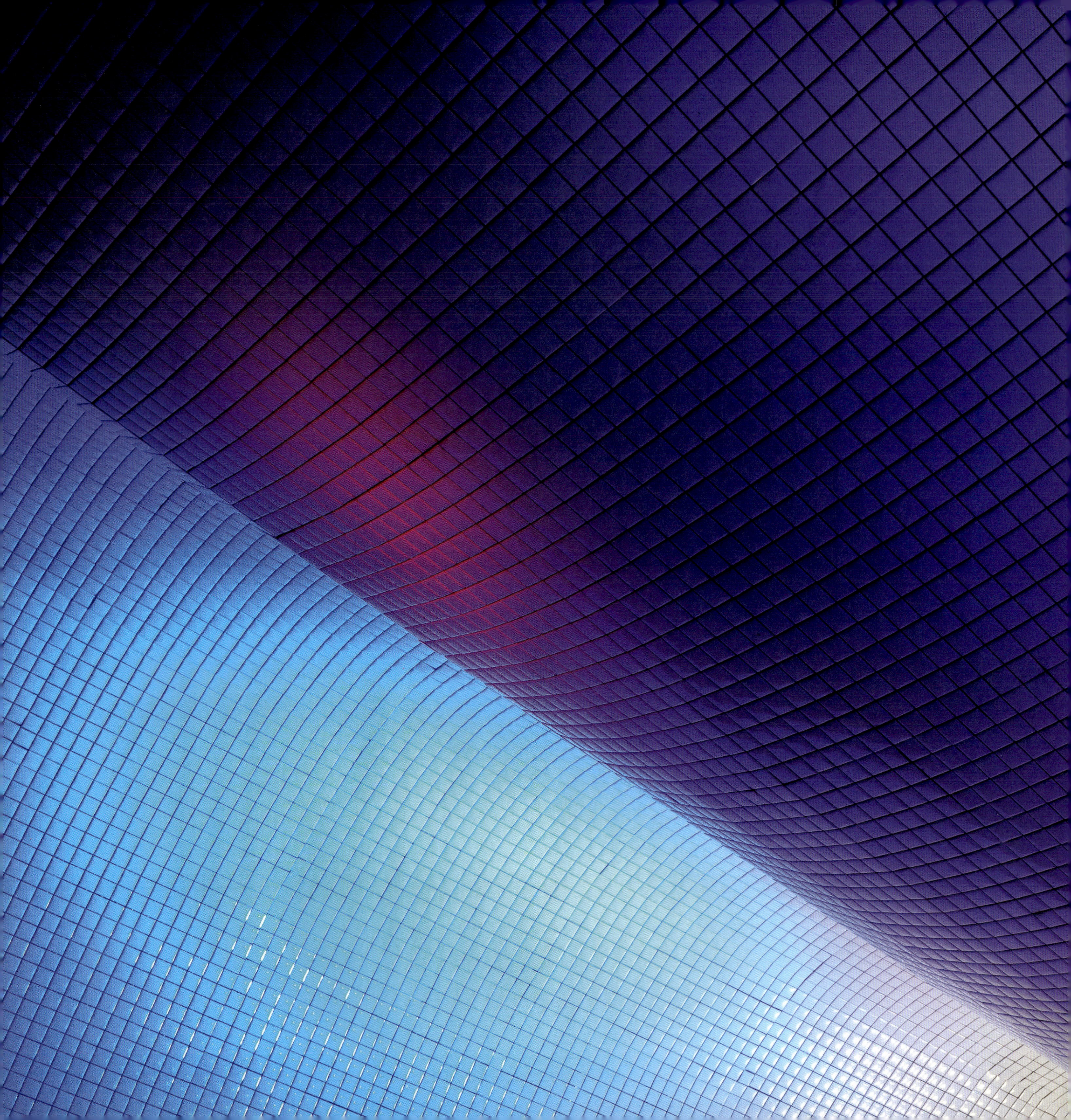

CERAMICS
KERAMIK
TERRE CUITE ET CÉRAMIQUE
KERAMIEK
CERAMICA
CERÁMICA

CERAMIC OASIS FOR ASCER

Lagranja
Barcelona, Spain
© Lagranja

Tile / Fliesen / Carreaux / Tegels / Piastrelle / Baldosa

The Lagranja studio designed beach huts with Porcelanosa ceramic tiles. These spaces allow visitors pass through and reflect upon sustainability. The blue house symbolizes the sun, the gray hut with ants, the animal world, the red hut, with umbrellas on the roof, represents water and the green hut, with chandeliers, the forest.

Le bureau d'études Lagranja a conçu ces cabines de plage en carreaux de céramique du fabricant Porcelanosa. Ces espaces éphémères invitent à réfléchir au développement durable. La maison bleue symbolise le ciel ; la grise, avec les fourmis, le monde animal ; la rouge, avec les parapluies au plafond, représente l'eau, et la verte, avec les luminaires, la forêt.

Lo studio Lagranja ha realizzato delle cabine da spiaggia con piastrelle in ceramica della casa Porcelanosa. In questi spazi transitabili si riflette sulla sostenibilità. La casa blu simboleggia il sole; quella grigia con le formiche il mondo animale; la casa rossa con gli ombrelli sul soffitto rappresenta l'acqua, mentre la casa verde con i lampadari richiama il bosco.

Das Studio Lagranja entwarf mehrere Strandhäuschen, für die Keramikfliesen aus dem Hause Porcelanosa verwendet wurden. In diesen begehbaren Räumen wird über das Thema Nachhaltigkeit reflektiert. Das blaue Haus symbolisiert die Sonne, das graue Haus mit Ameisen die Tierwelt, das rote Haus mit Schirmen an der Decke das Wasser und das grüne Haus mit Lampen den Wald.

De studio Lagranja bouwde een aantal strandhuisjes van keramische tegels van de firma Porcelanosa. In deze bewandelbare ruimtes wordt over duurzaamheid nagedacht. Zo symboliseert het blauwe huis de zon; het grijze, met mieren, de dierenwereld; het rode huis, met paraplu op het dak, het water; en het groene huis met lampen vertegenwoordigt het bos.

El estudio Lagranja realizó unas casetas de playa con baldosas de cerámica de la casa Porcelanosa. En estos espacios transitables se reflexiona sobre la sostenibilidad. Así, la casa azul simboliza el sol; la gris, con hormigas, el mundo animal; la casa roja, con paraguas en el techo, representa el agua, y la casa verde, con lámparas, el bosque.

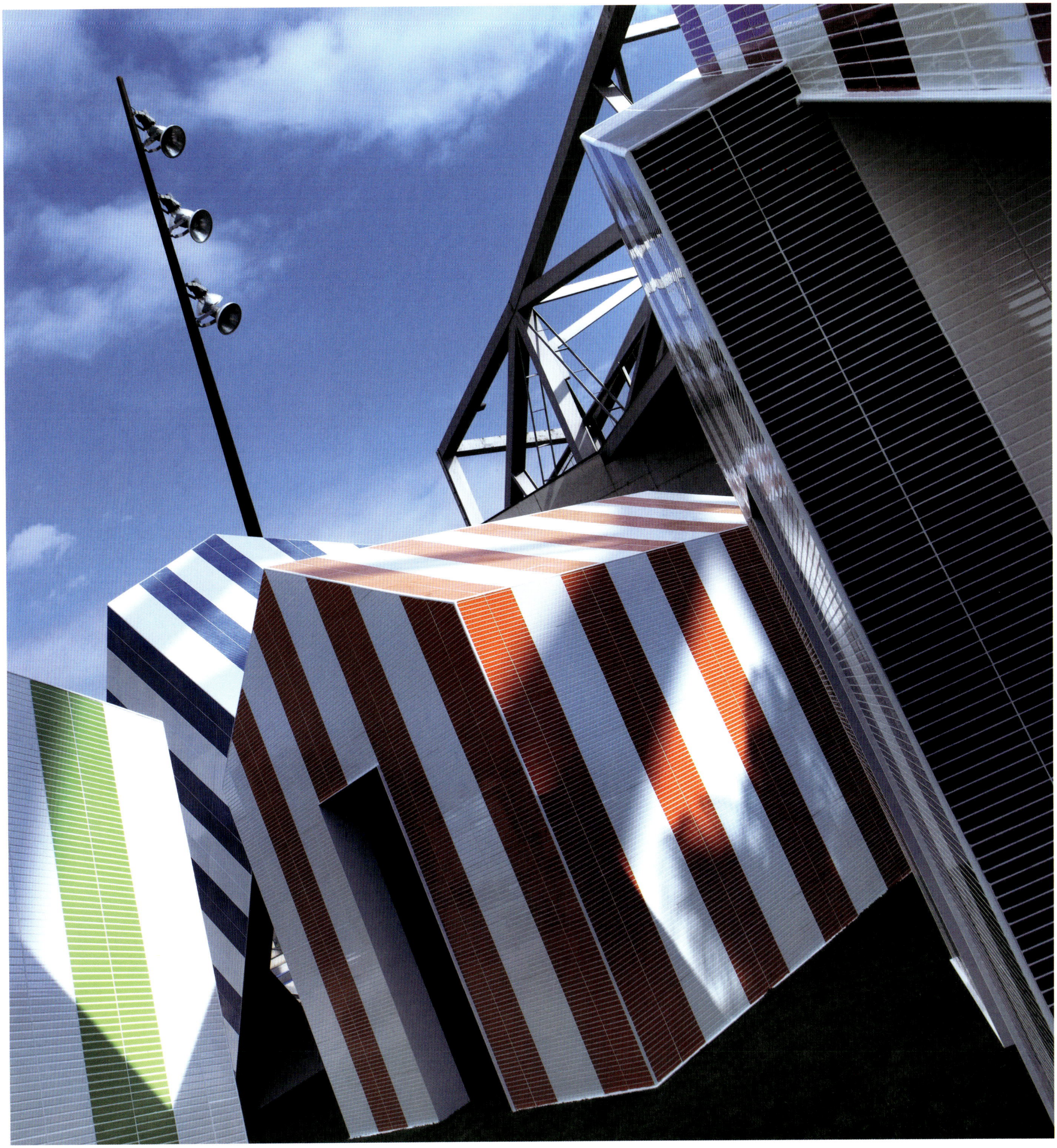

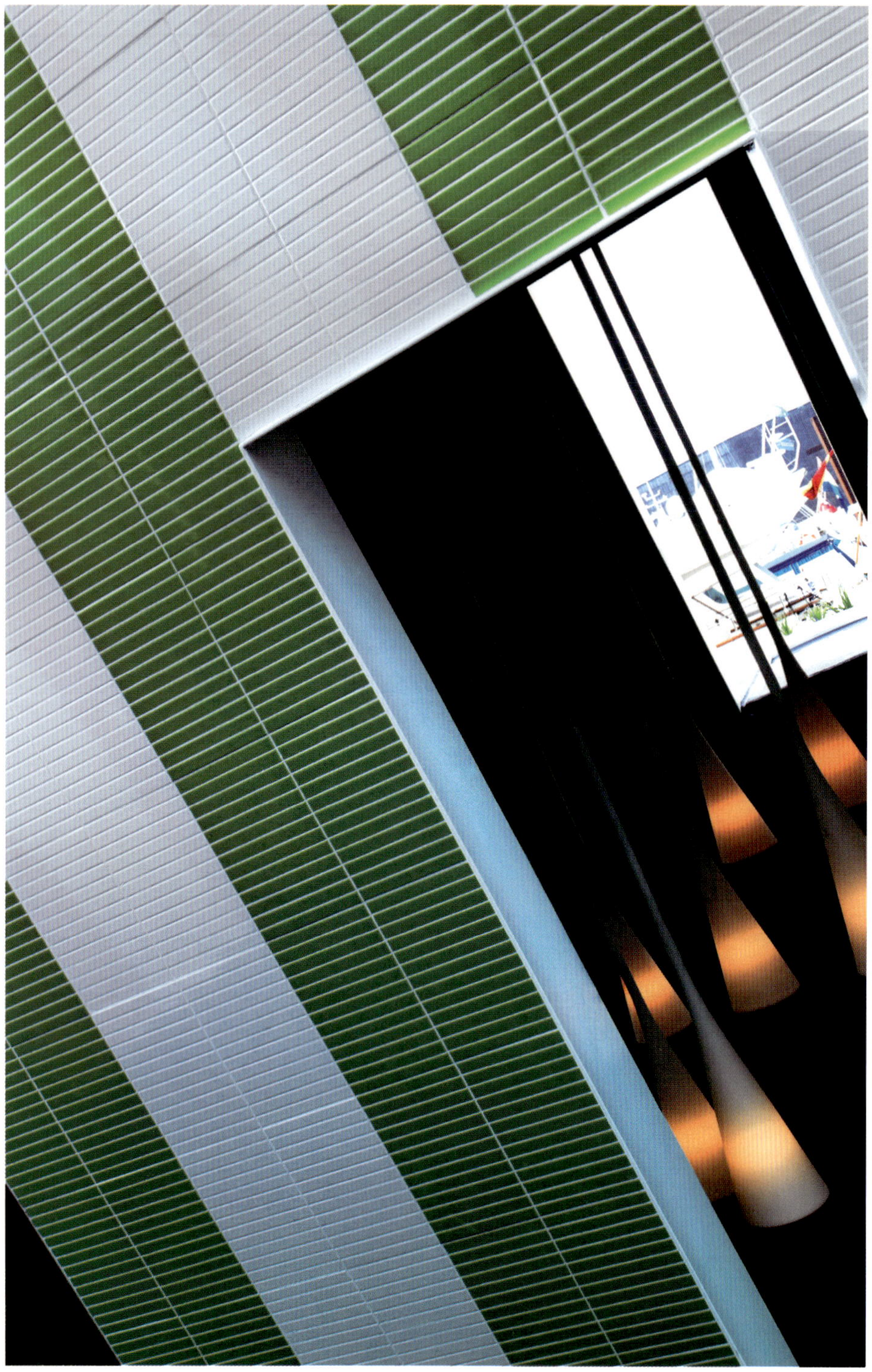

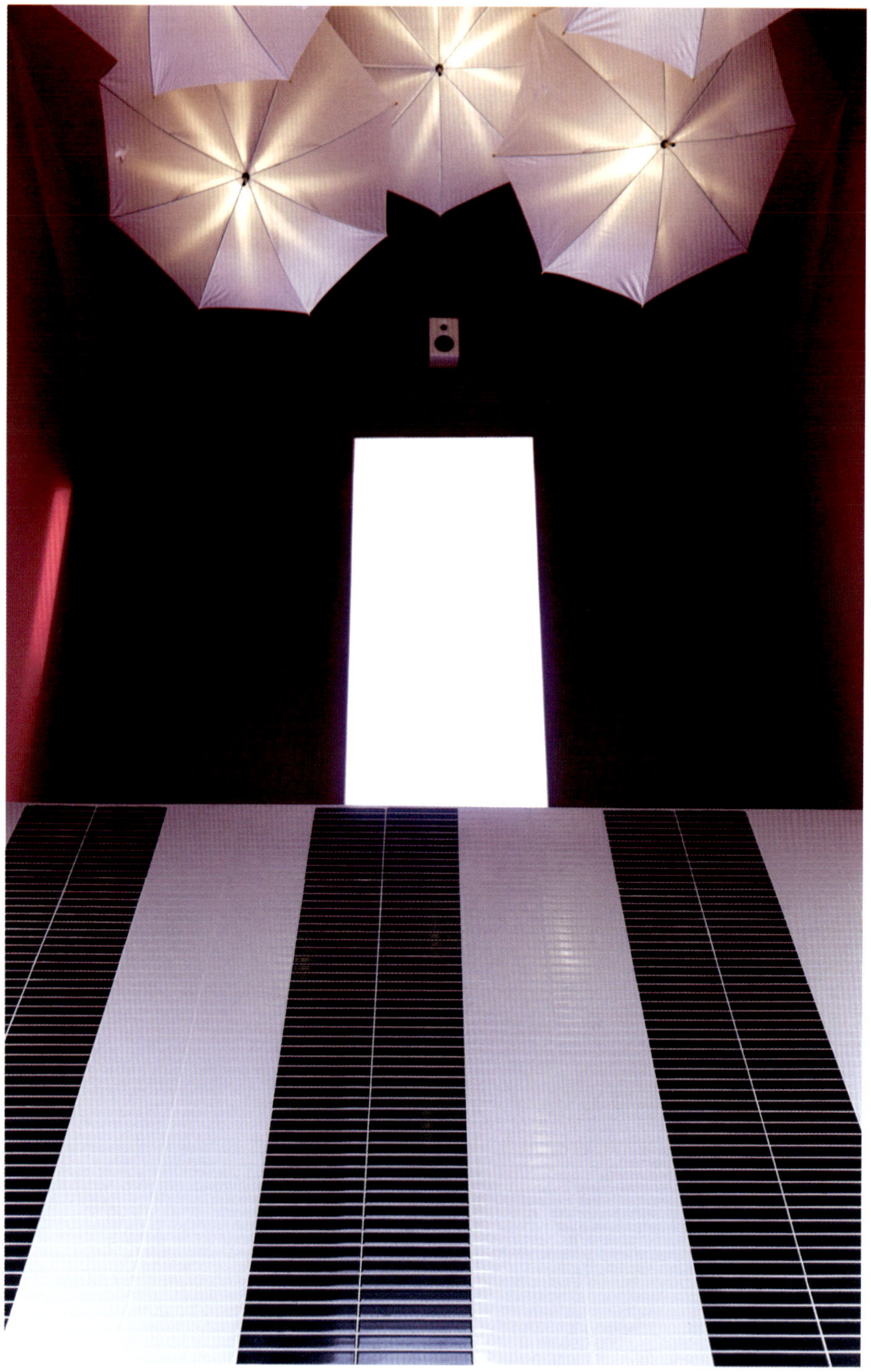

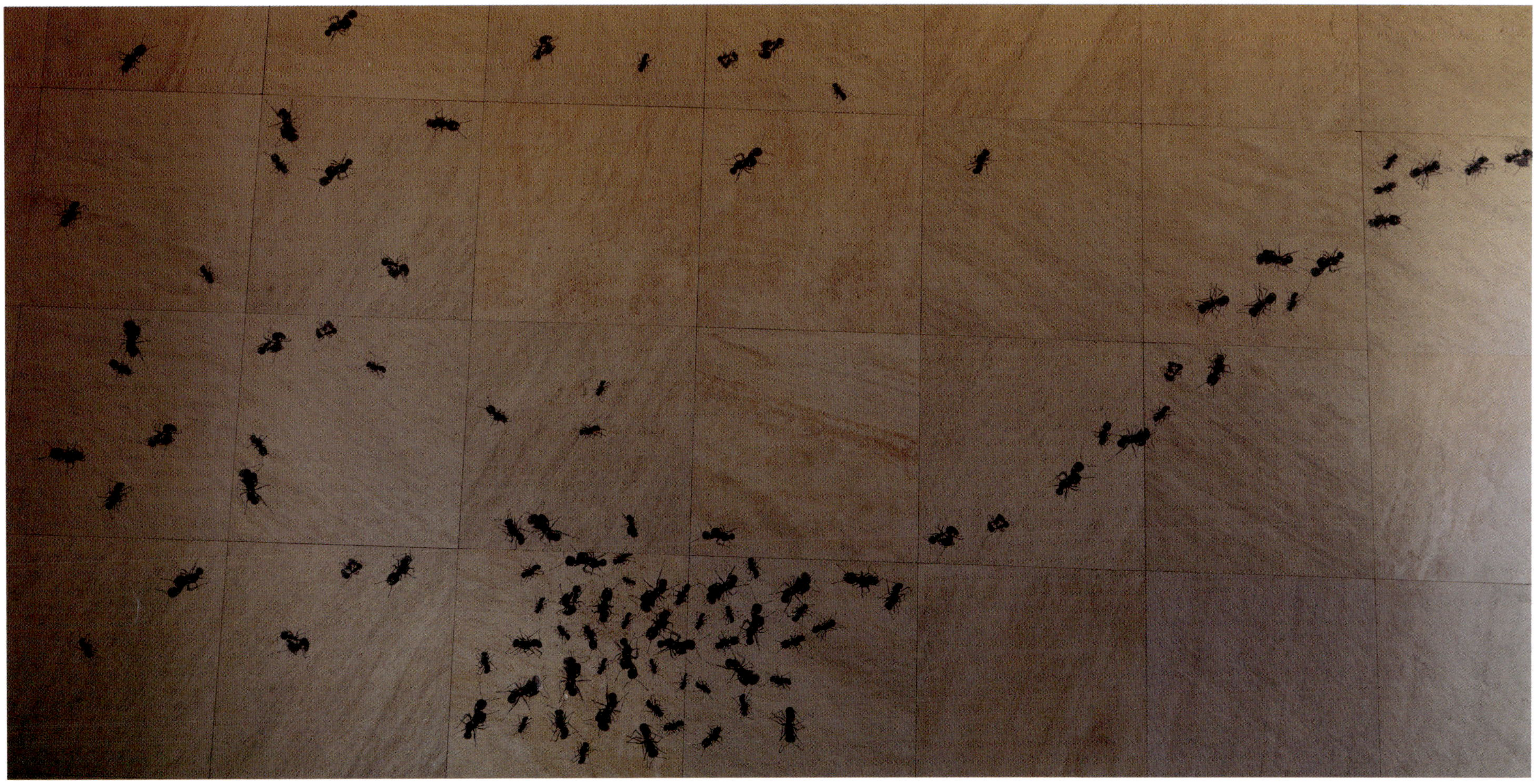

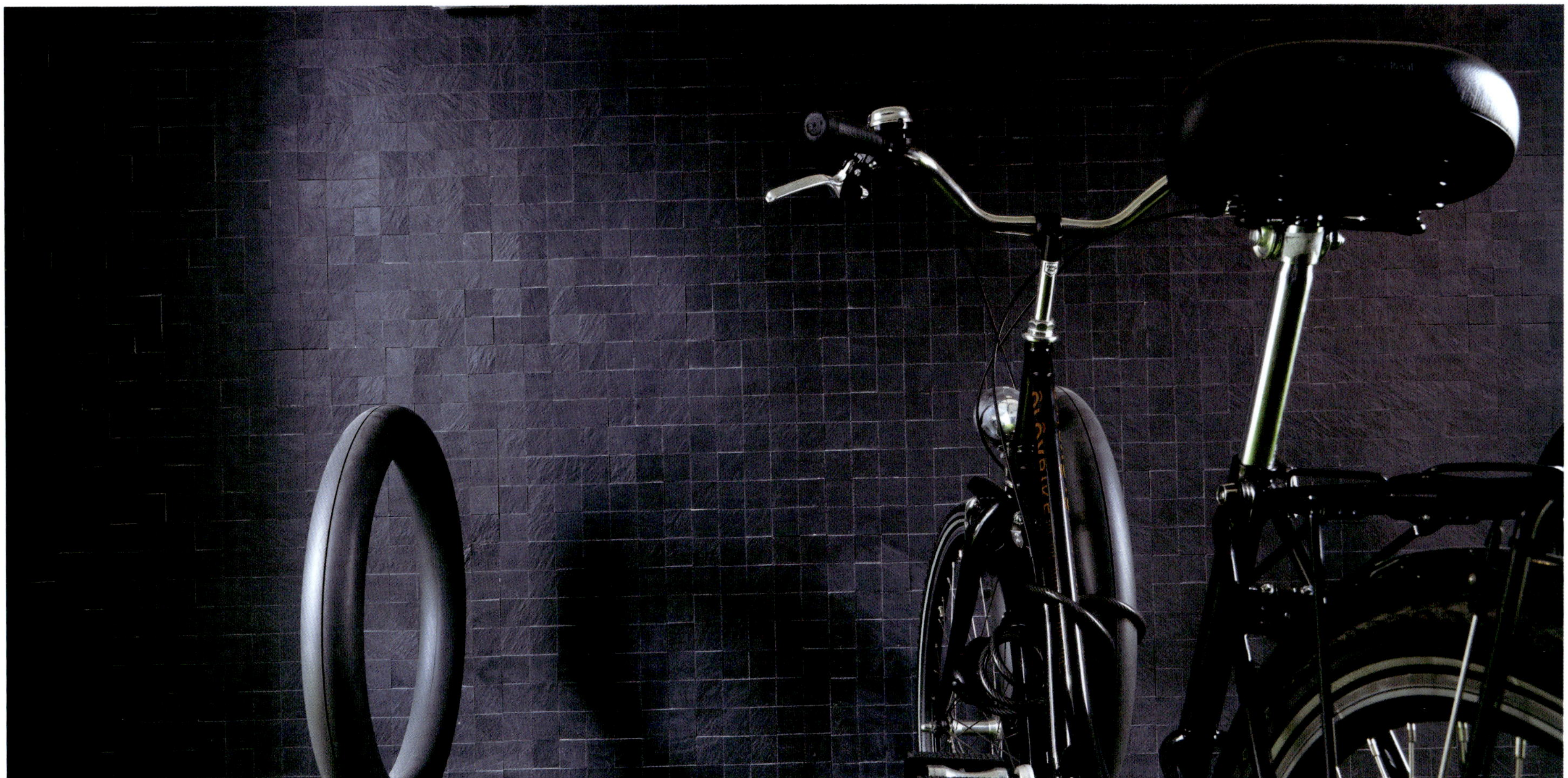

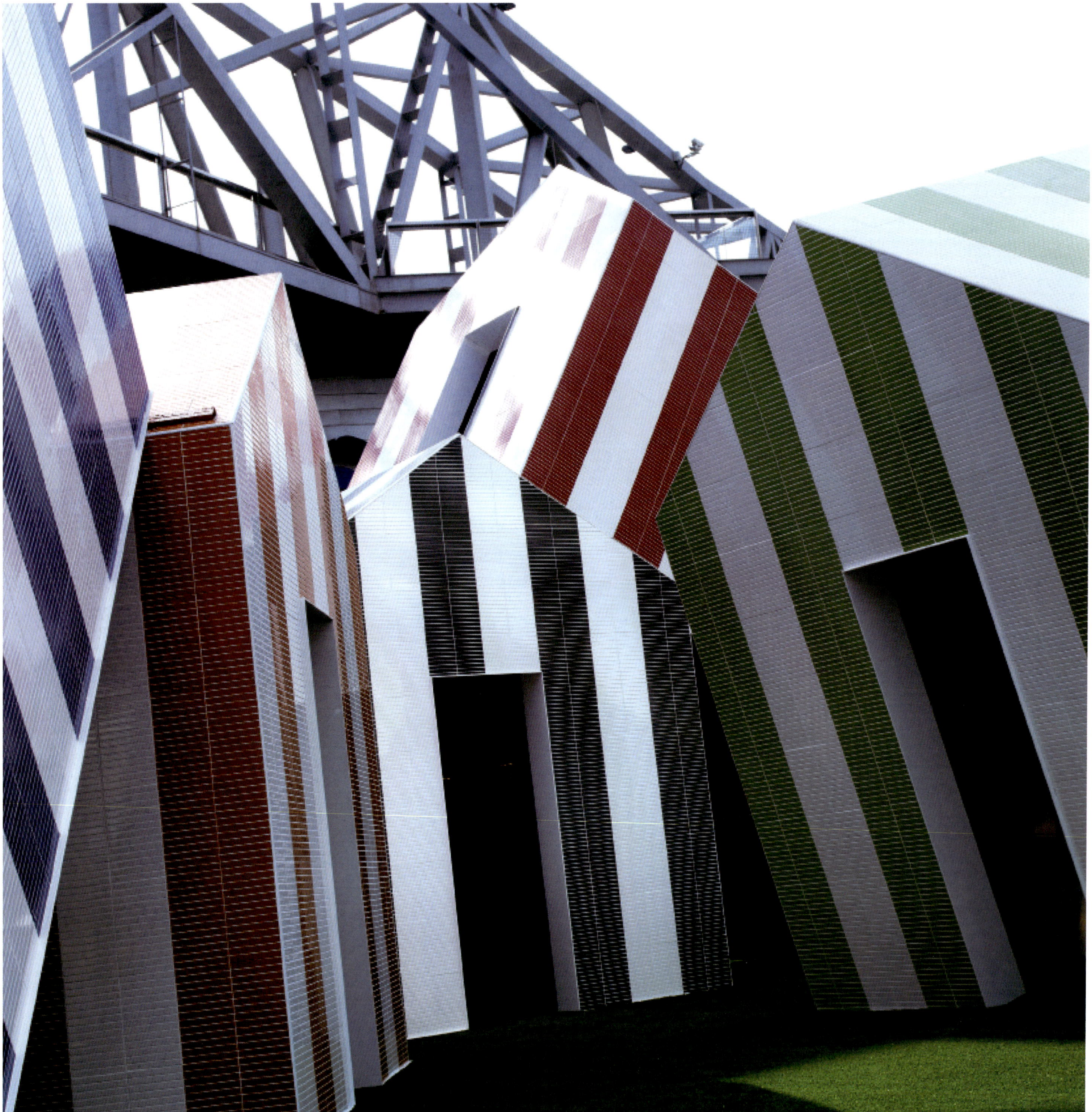

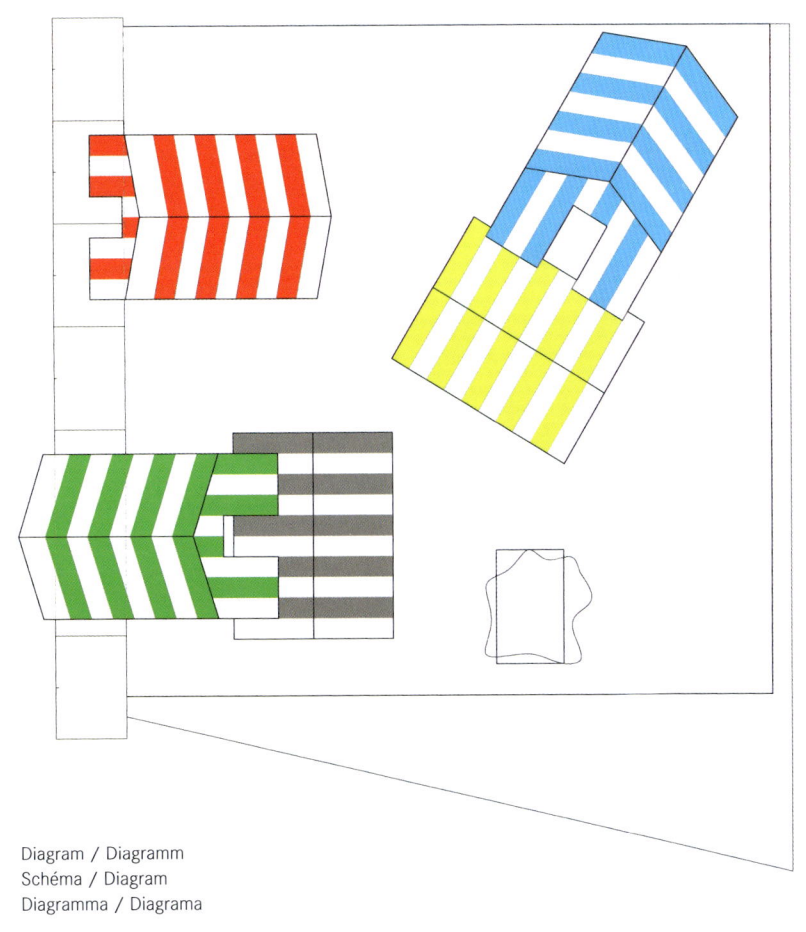

Diagram / Diagramm
Schéma / Diagram
Diagramma / Diagrama

SPAIN PAVILION IN AICHI EXPO

FOA – Foreign Office Architects
Aichi, Japan
© Satoru Mishima

Ceramic / Keramik / Céramique / Keramiek / Ceramica / Cerámica

The pavilion is inspired by the fusion of Arabic and Christian cultures in the history of Spain. The façade evokes the latticework present in both cultures. It has been created with six types of hexagonal ceramic pieces that follow an obvious non-repetitive pattern. The colors represent distinctive elements of Spanish culture.

Ce pavillon s'inspire de la fusion des cultures maure et chrétienne dans l'histoire de l'Espagne. La façade évoque les jalousies présentes dans les deux traditions. Elle associe six carreaux hexagonaux différents semblant posés selon un schéma interdisant toute répétition. Les couleurs symbolisent des facettes caractéristiques de la culture espagnole.

Il padiglione si ispira alla fusione della cultura araba con quella cristiana, che caratterizza la storia spagnola. La facciata richiama le tipiche persiane presenti in entrambe le culture. Si compone di sei tipi di ceramiche esagonali che seguono uno schema apparentemente non ripetitivo. I colori richiamano gli elementi distintivi della cultura spagnola.

Die Verschmelzung der islamischen und der christlichen Kultur im Laufe der spanischen Geschichte diente beim Entwurf dieses Pavillons als Inspiration. Die Fassade erinnert an die in beiden Kulturen vorhandenen Fensterläden. Sie besteht aus sechs Arten von sechseckigen Keramikelementen, die ein reizvolles, sich nicht wiederholendes Muster bilden. Die Farben stehen für verschiedene Kennzeichen der spanischen Kultur.

Het paviljoen is geïnspireerd op de fusie van de Arabische en christelijke cultuur in de geschiedenis van Spanje. De gevel doet denken aan het latwerk dat in beide culturen aanwezig is. Zij bestaat uit zes soorten zeshoekige keramiek met een niet-terugkerend zichtbaar patroon. De kleuren vertegenwoordigen onderscheidende elementen van de Spaanse cultuur.

El pabellón está inspirado en la fusión de las culturas árabe y cristiana en la historia de España. La fachada evoca las celosías presentes en ambas culturas. Está creada con seis tipos de piezas de cerámica hexagonales que siguen un aparente patrón no repetitivo. Los colores representan elementos distintivos de la cultura española.

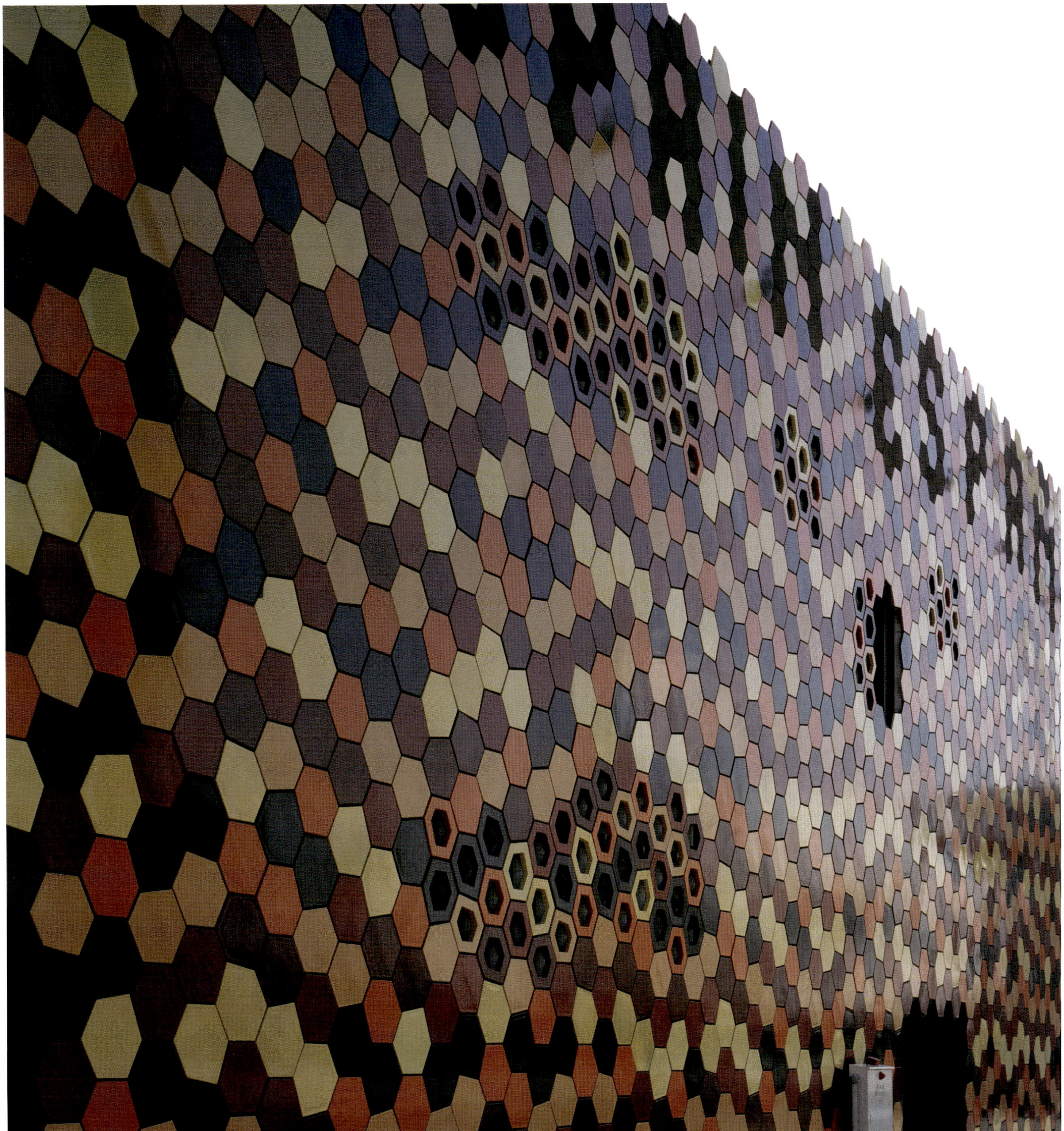

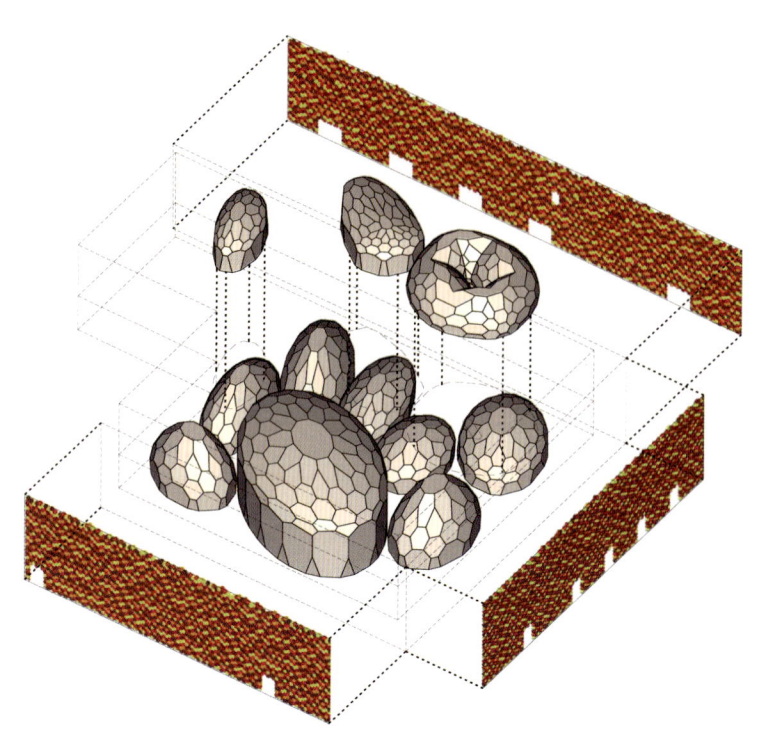

Axonometry / Axonometrische Ansicht
Axonométrie / Axonometrie
Assonometria / Axonometría

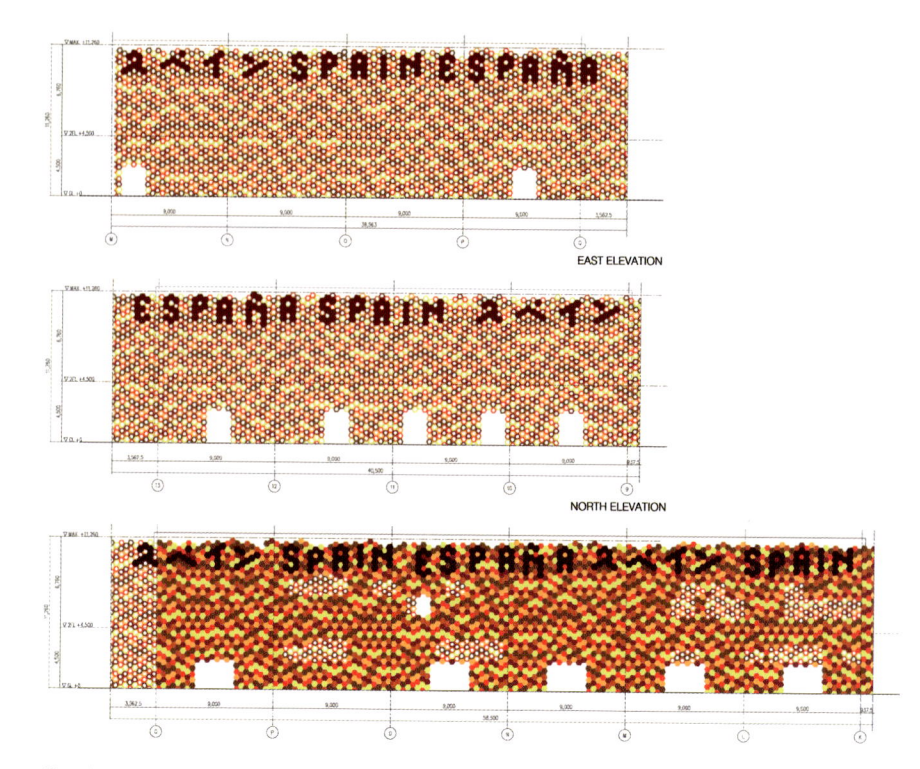

Elevations / Aufrisse
Élévations / Verhogingen
Prospetti / Alzados

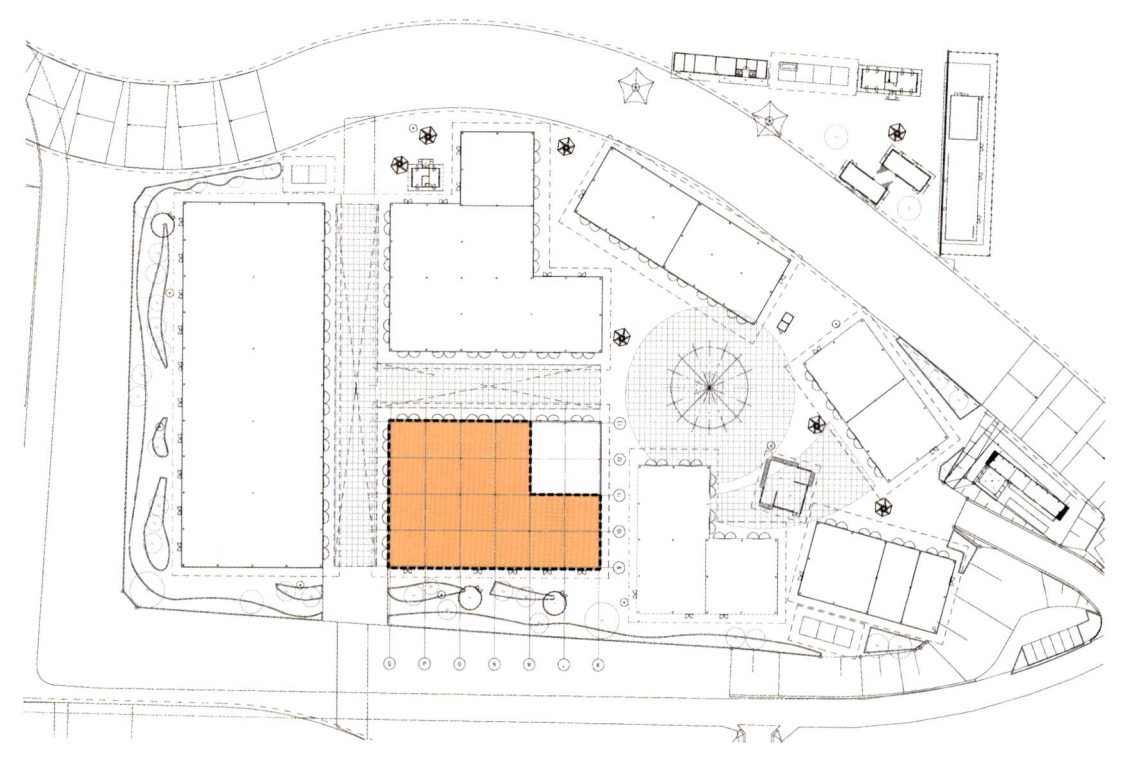

Location plan / Umgebungsplan
Plan de situation / Omgenigsplattegrond
Planimetria di localizzazione / Plano de situación

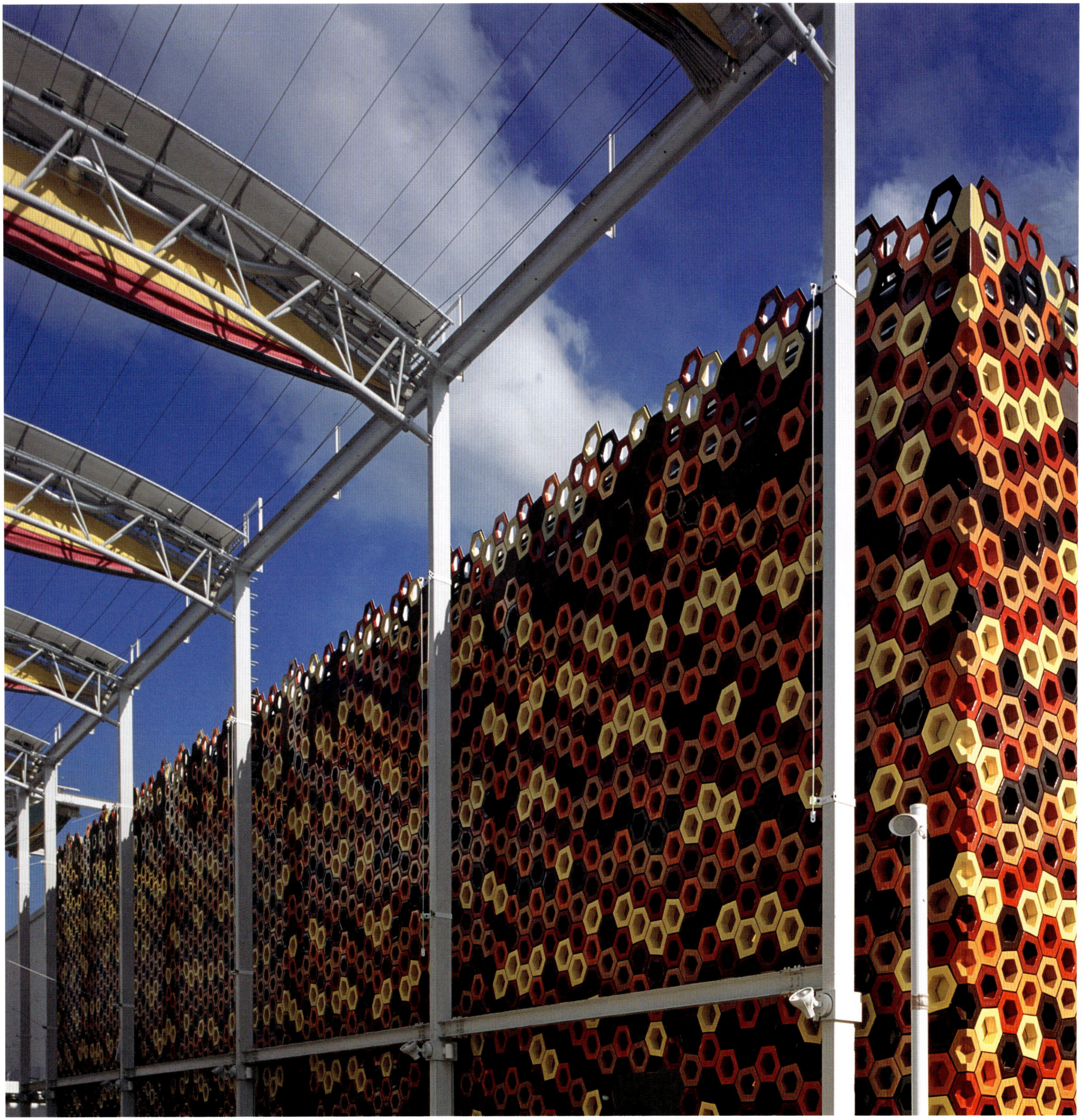

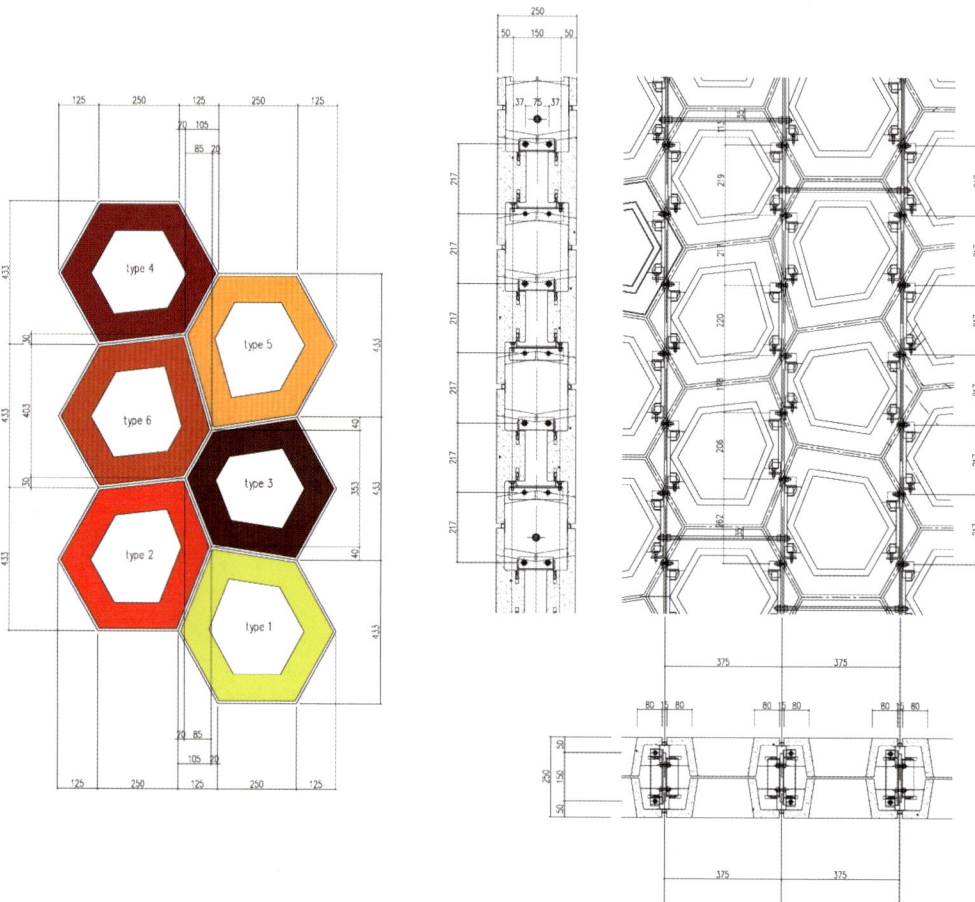

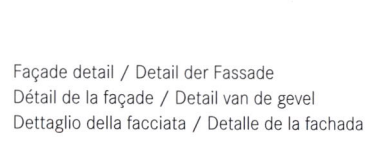

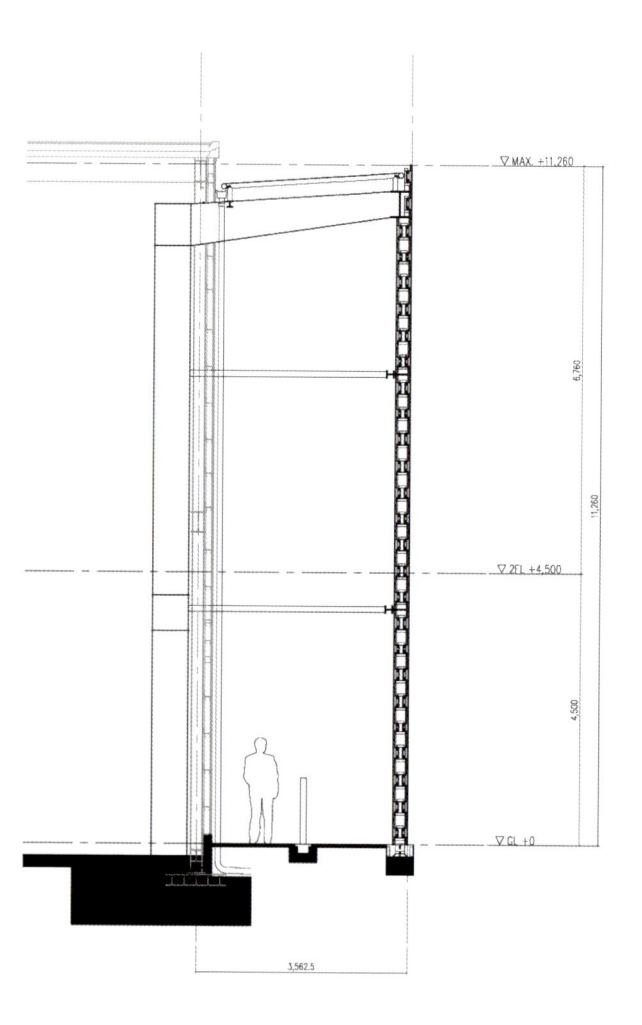

Façade detail / Detail der Fassade
Détail de la façade / Detail van de gevel
Dettaglio della facciata / Detalle de la fachada

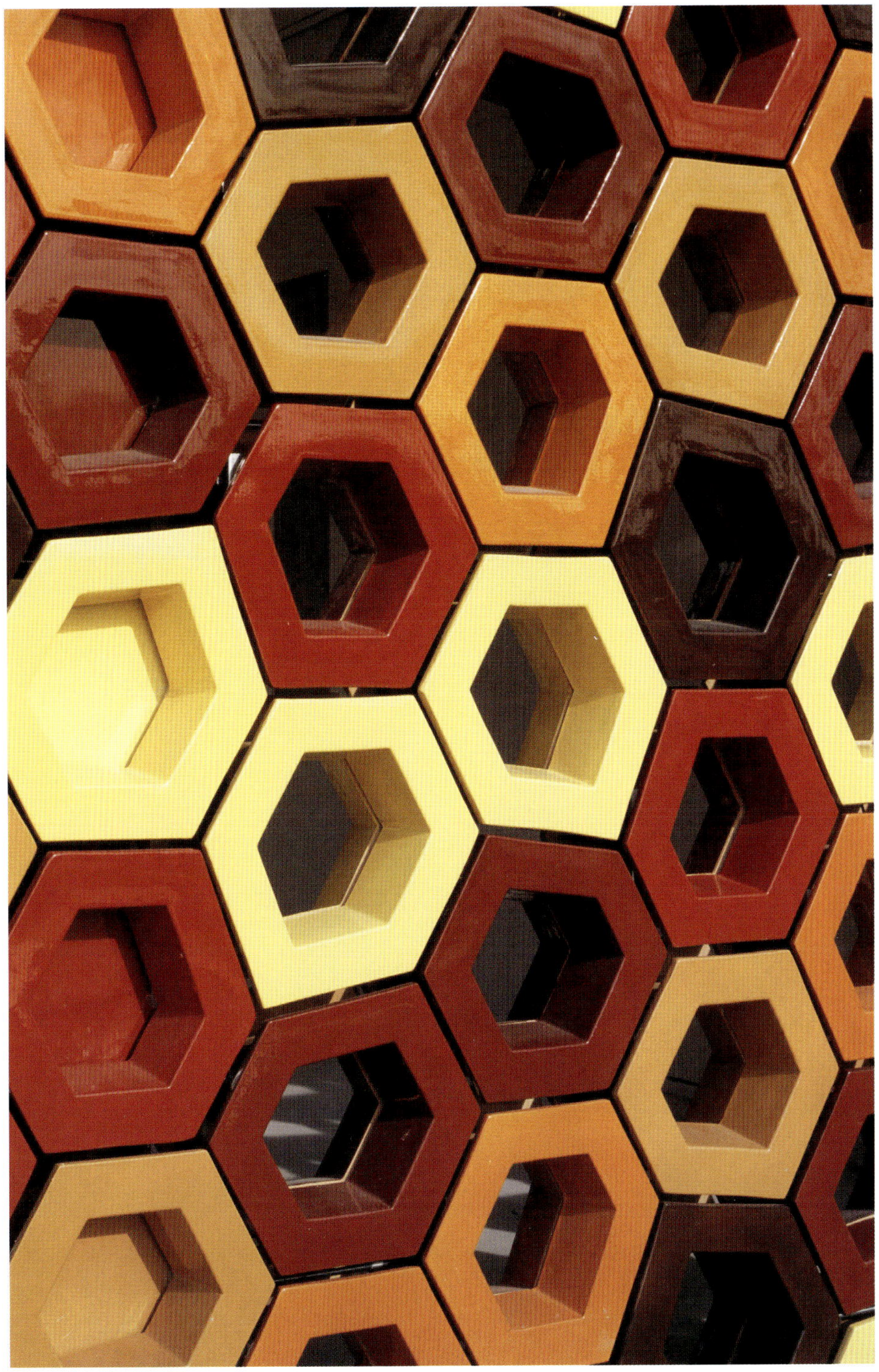

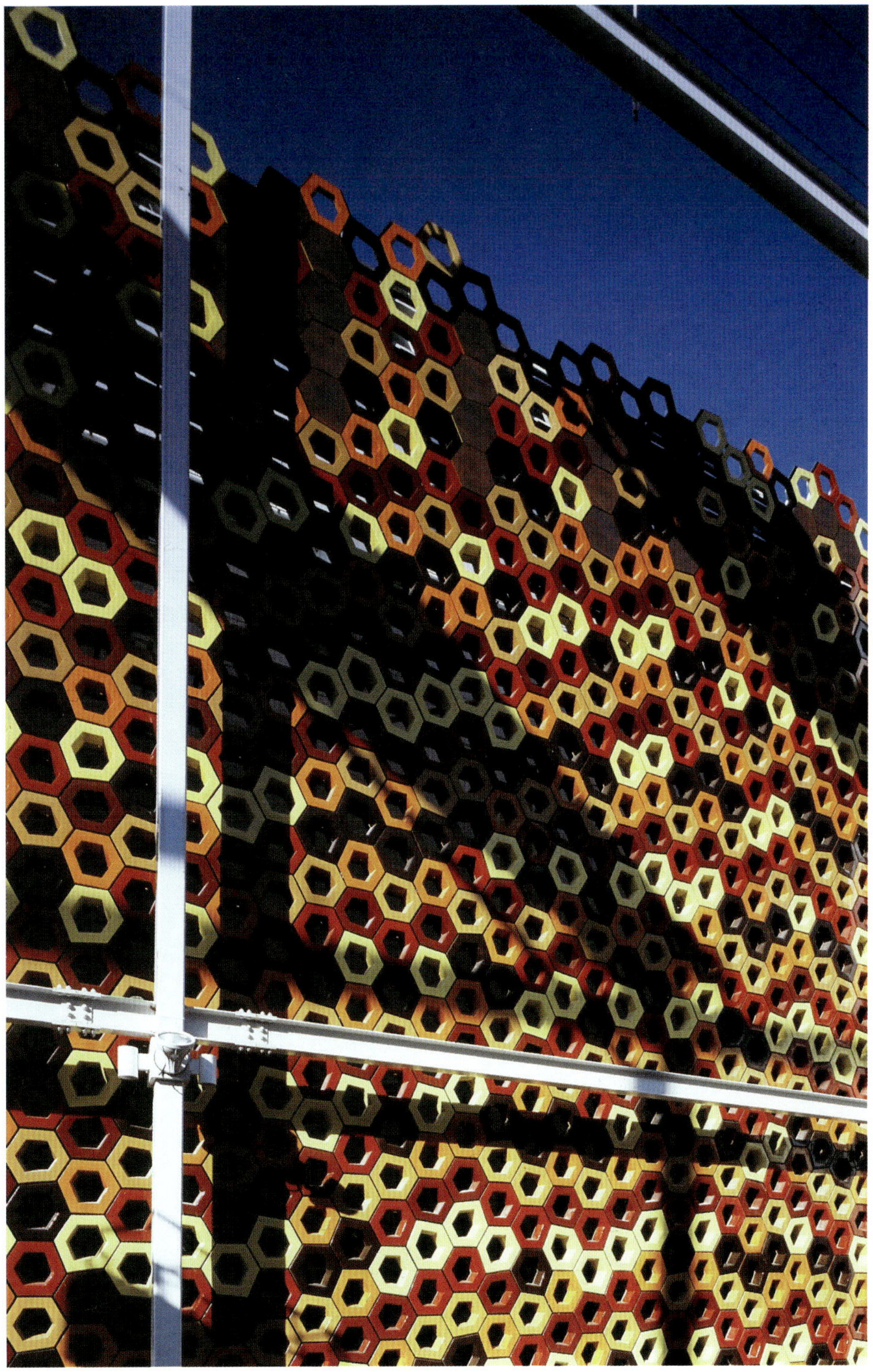

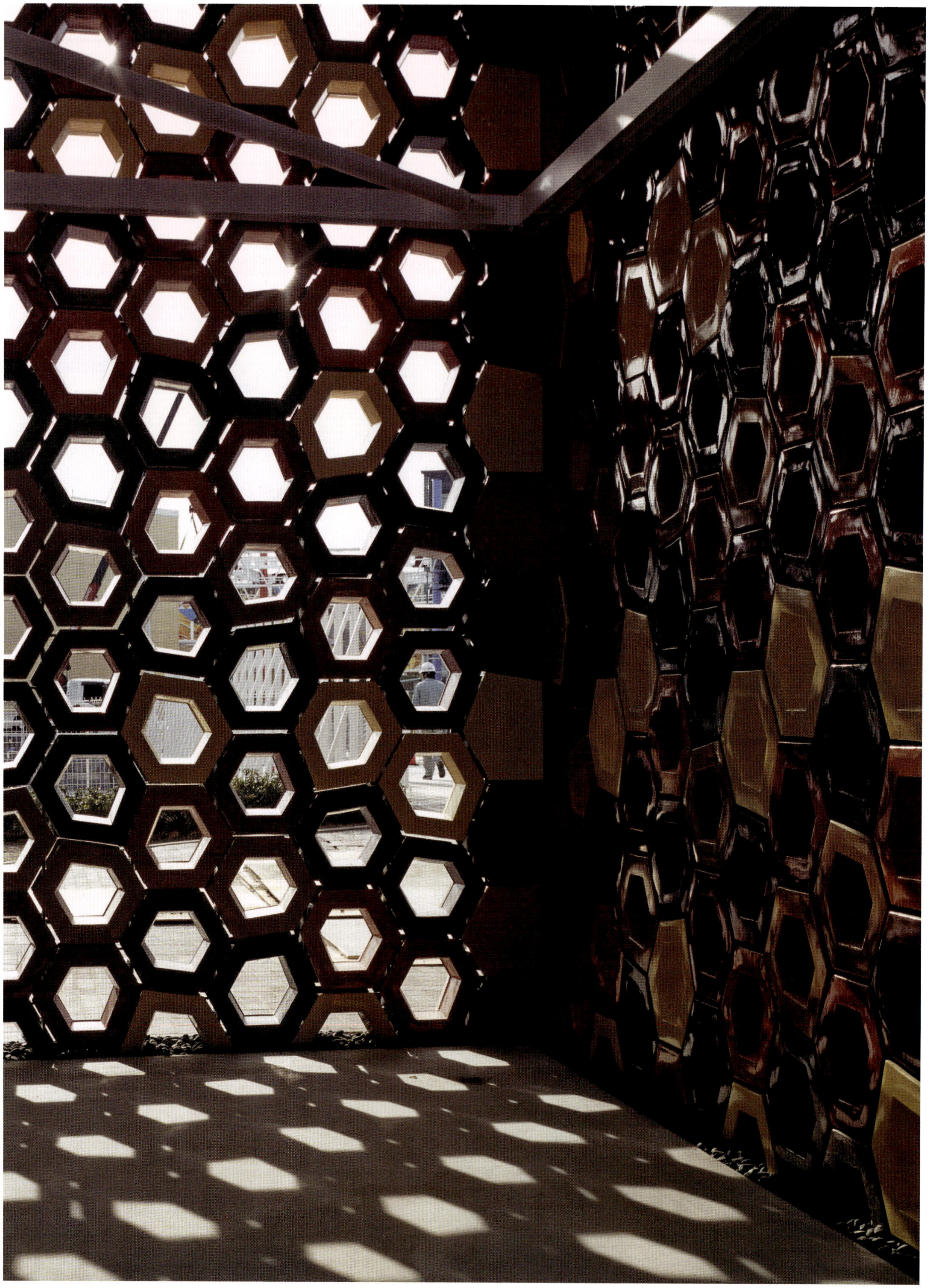

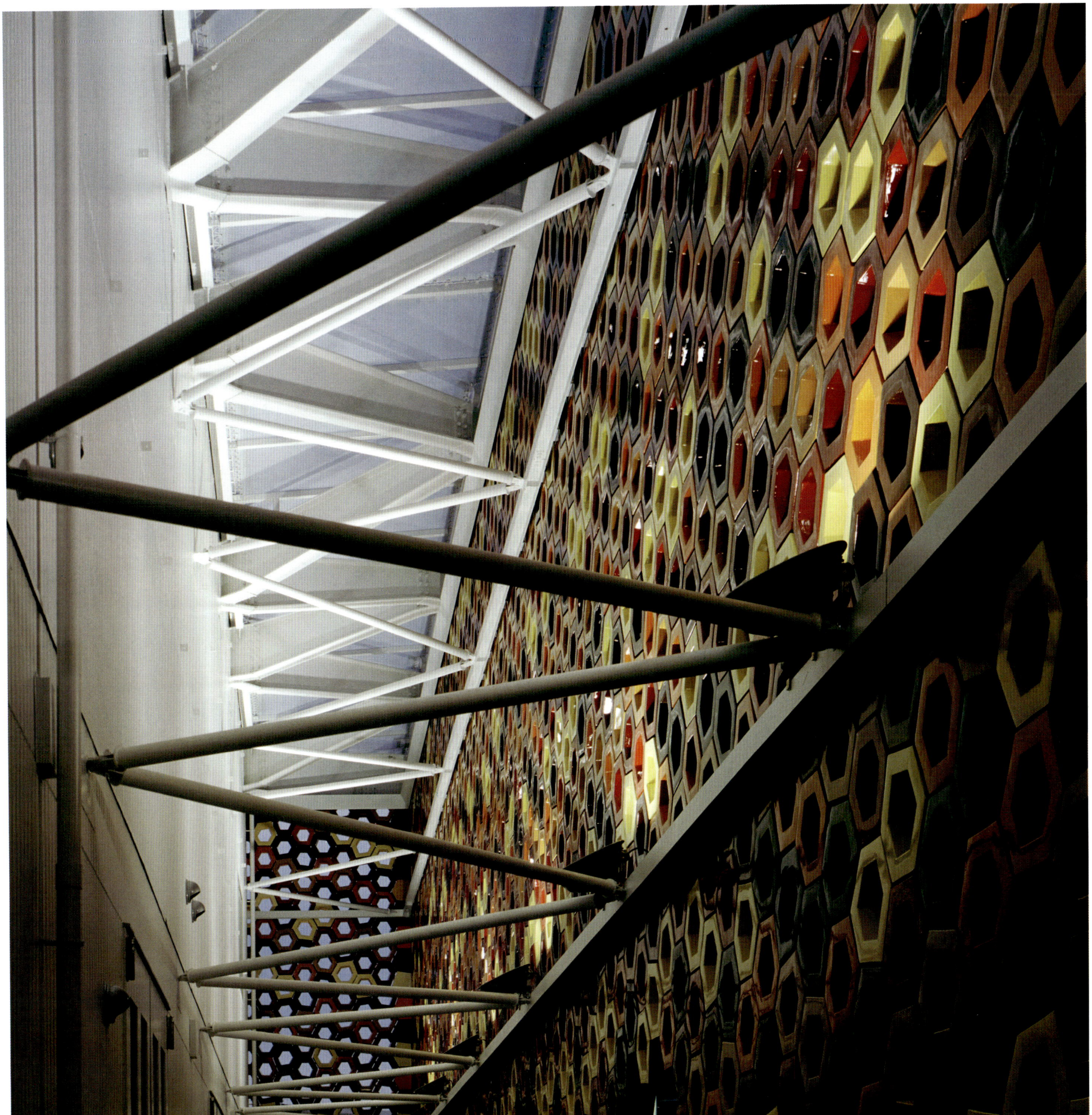

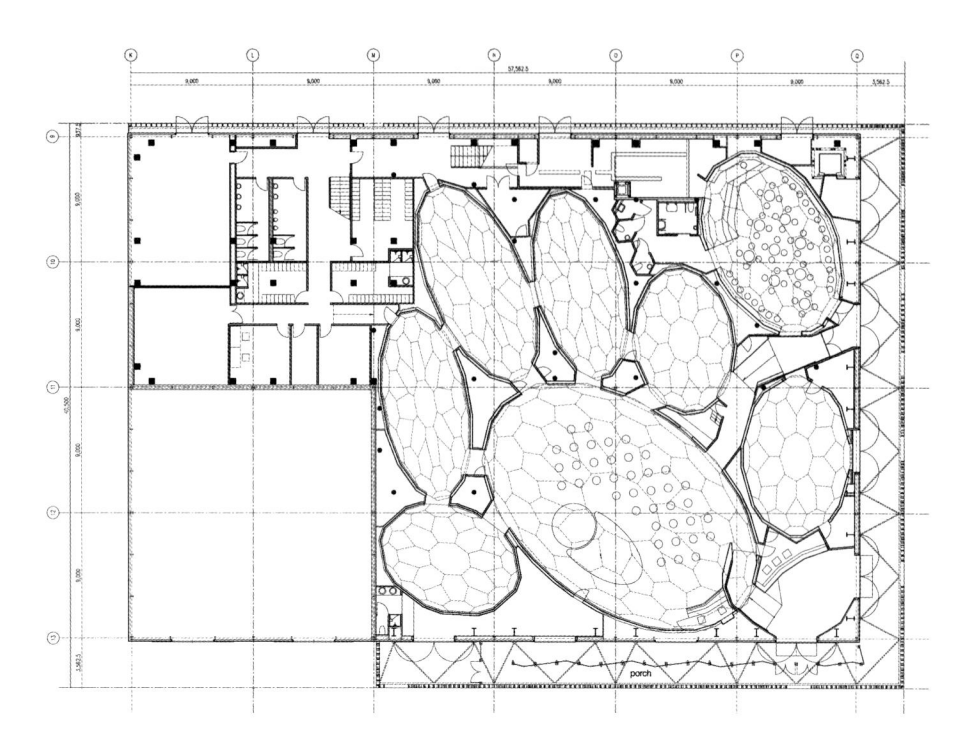

Ground floor / Erdgeschoss
Rez-de-chaussée / Begane grond
Piano terra / Planta baja

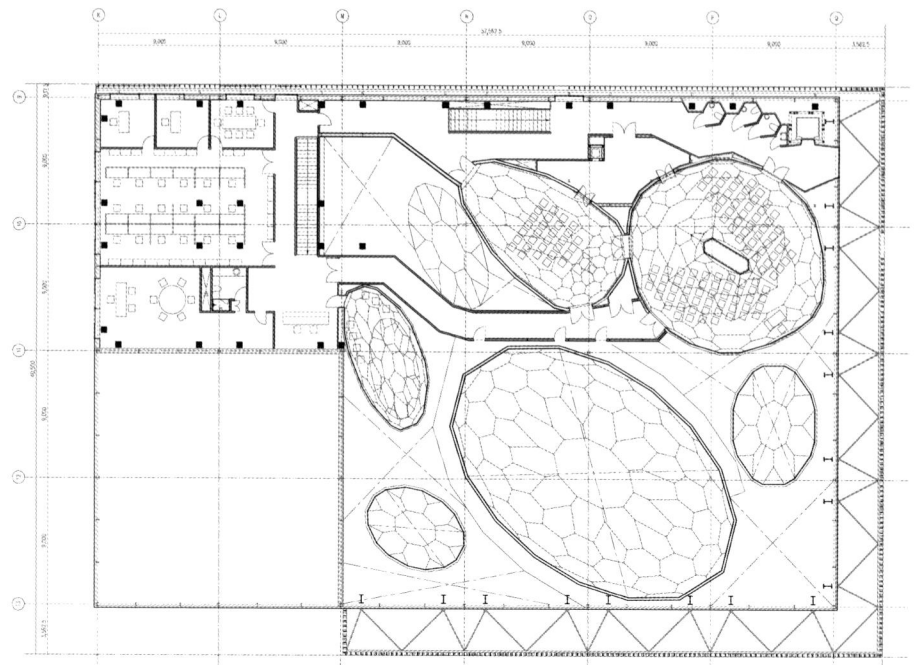

Second floor / Erstes Obergeschoss
Premier étage / Eerste verdieping
Primo piano / Primera planta

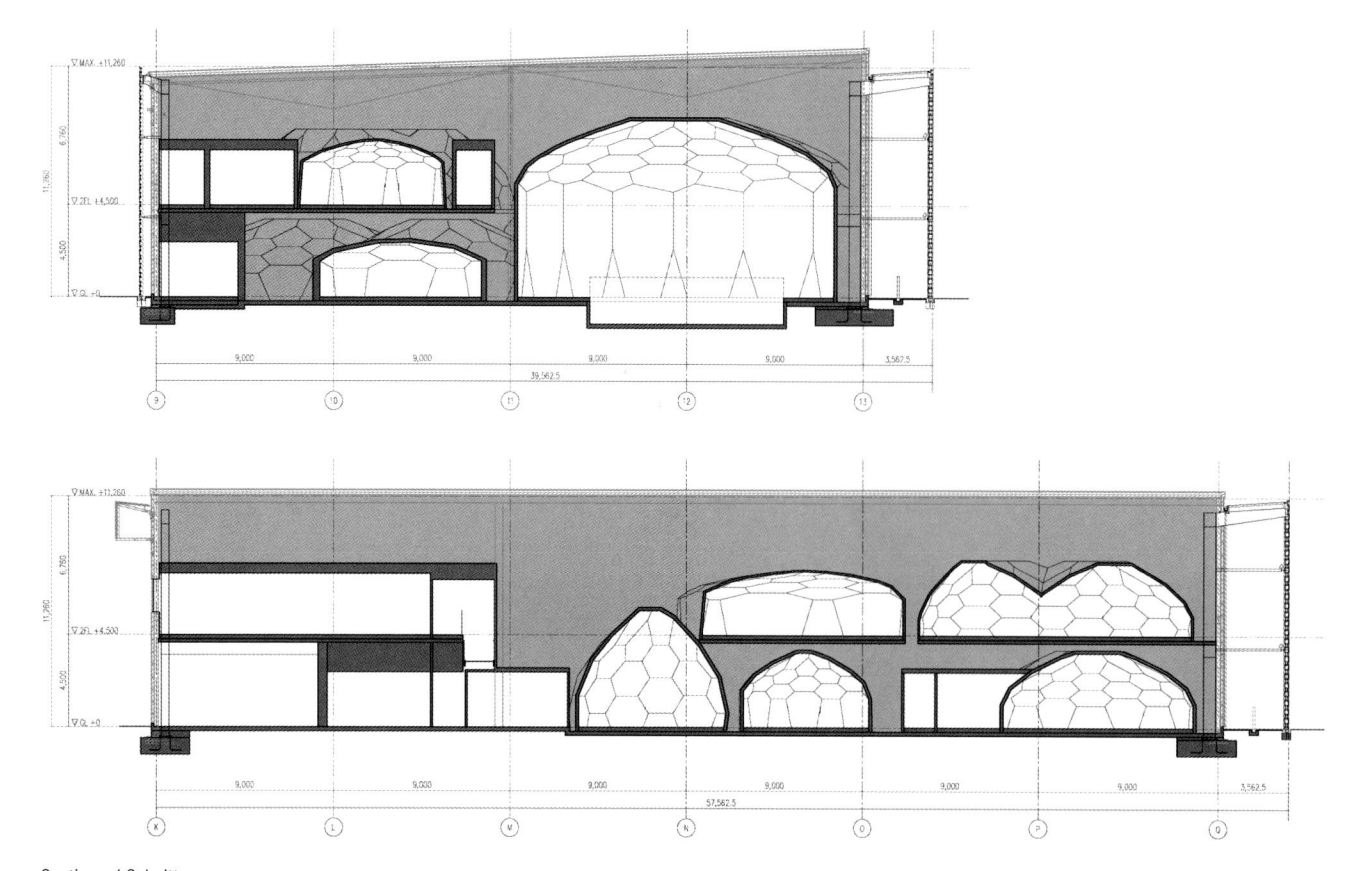

Sections / Schnitte
Coupes / Doorsneden
Sezioni / Secciones

363

CERAMICS IN MOTION FOR ASCER

EQUIP Xavier Claramunt
Barcelona, Spain
© Ainhoa Anaut/ASCER

Tiles / Fliesen / Carreaux / Tegels / Piastrelle / Baldosa

After reflecting on the properties of the materials, the architects decided to break convention and make the ceramic move. Placing tesseras on mesh that moves to the sound of music is proof that nothing is impossible in the field of architecture and that everything depends on ingenuity and determination.

Après avoir réfléchi aux propriétés des matériaux, les architectes ont décidé de rompre avec les règles conventionnelles pour mettre la céramique en mouvement. La mosaïque de petits carreaux incrustés sur une trame mobile ondule en musique. Elle démontre que rien n'est impossible dans le domaine de l'architecture et que tout dépend de l'ingéniosité et de la volonté des architectes.

Dopo una riflessione sulle proprietà dei materiali, gli architetti hanno deciso di rompere con le convenzioni e «dare movimento» alla ceramica. La sistemazione di tessere di ceramica sopra reti in movimento al suono della musica dimostra che niente è impossibile nel campo dell'architettura e che tutto dipende dall'ingegno e dalla volontà.

Nach intensiven Überlegungen zu den Eigenschaften unterschiedlicher Materialien entschieden sich die Architekten dafür, mit den Konventionen zu brechen und Keramik in Bewegung zu versetzen. Durch die Anbringung von Mosaiksteinchen auf Netzen, die sich zur Musik bewegen, konnte eindrucksvoll bewiesen werden, dass in der Architektur nichts unmöglich ist und alles von Erfindungsgabe und vom Willen abhängt.

Na overleg over de kenmerken van de materialen besloten de architecten om met vormelijkheden te breken en de keramiek in beweging te brengen. Mozaïeksteentjes werden op een net aangebracht dat beweegt op de klanken van muziek. Hiermee wordt aangetoond dat niets onmogelijk is op het gebied van de architectuur en dat alles afhangt van talent en wilskracht.

Tras una reflexión sobre las propiedades de los materiales, los arquitectos decidieron romper convencionalismos y poner la cerámica en movimiento. La colocación de teselas sobre mallas que se mueven al son de una música es la demostración de que nada es imposible en el campo de la arquitectura y de que todo depende del ingenio y la voluntad.

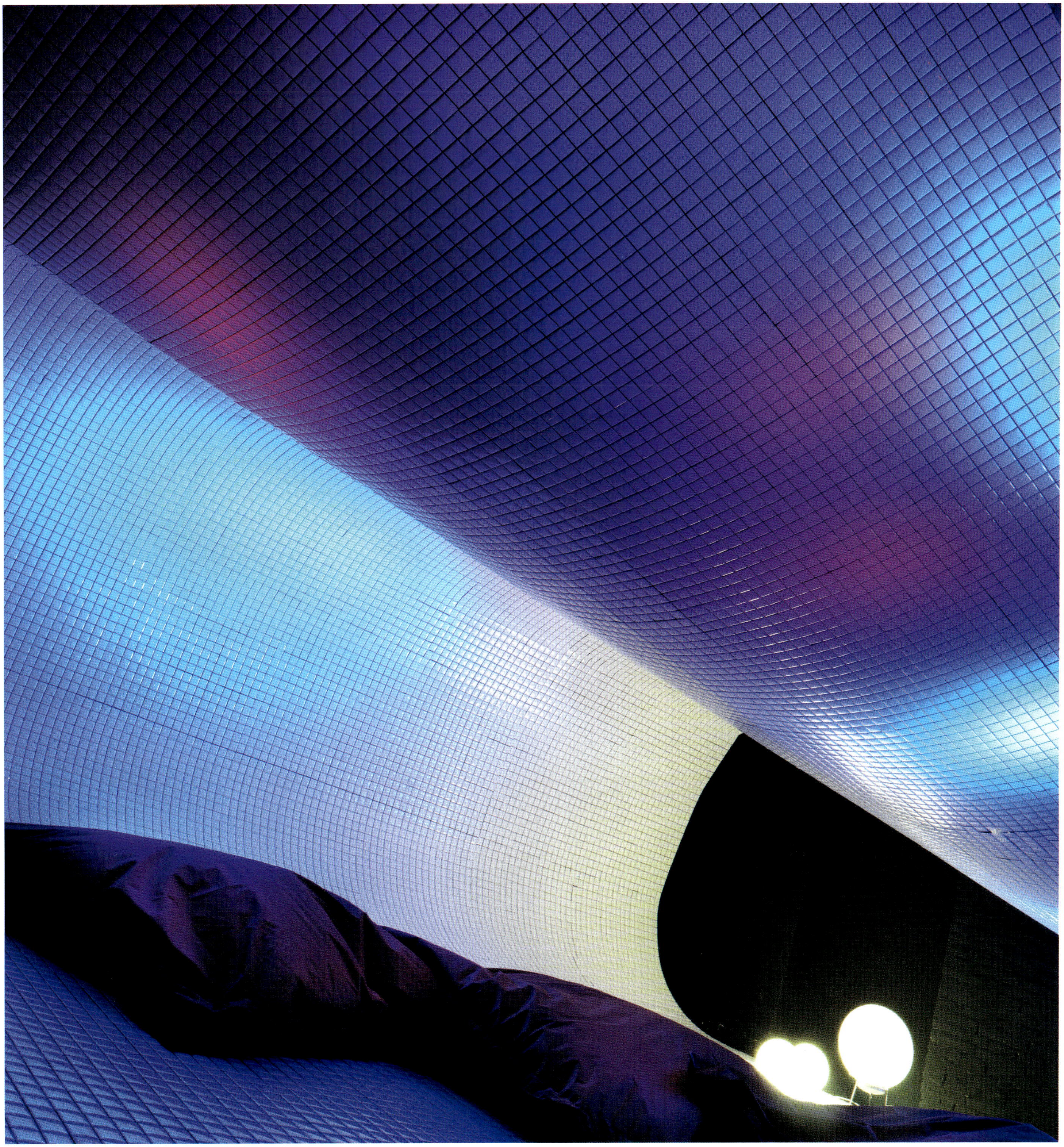

3-D representation / 3D - Darstellung
Représentation en 3D / 3D-representatie
Rappresentazione in 3D / Representación en 3D

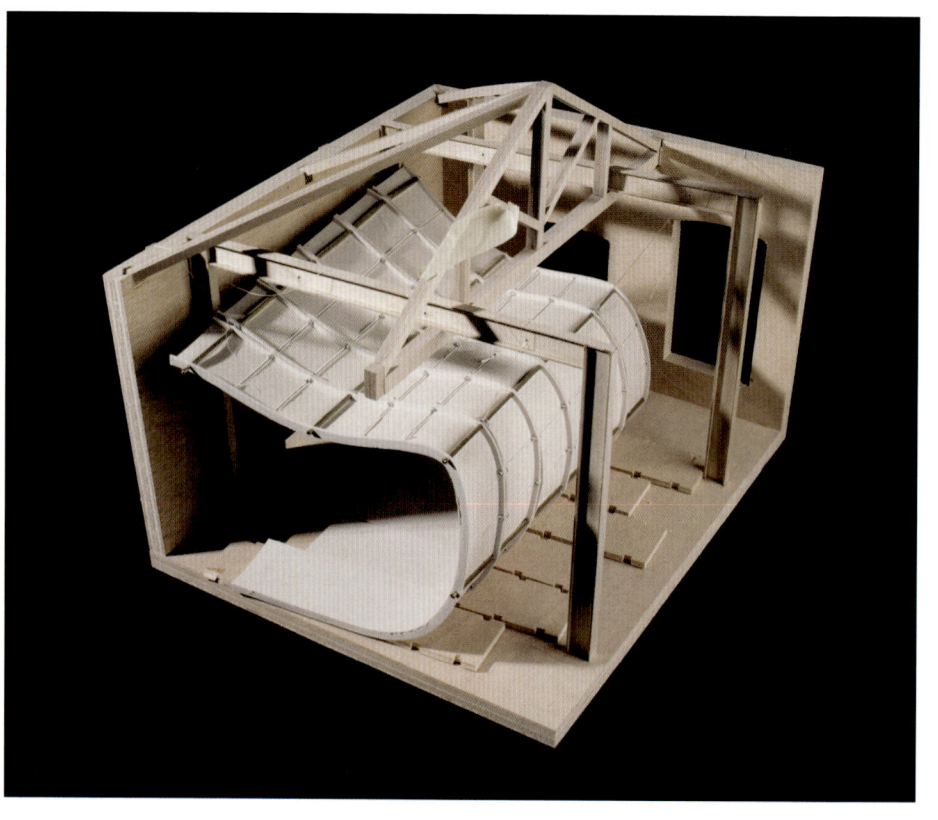

Model / Modell
Maquette / Maquette
Modello / Maqueta

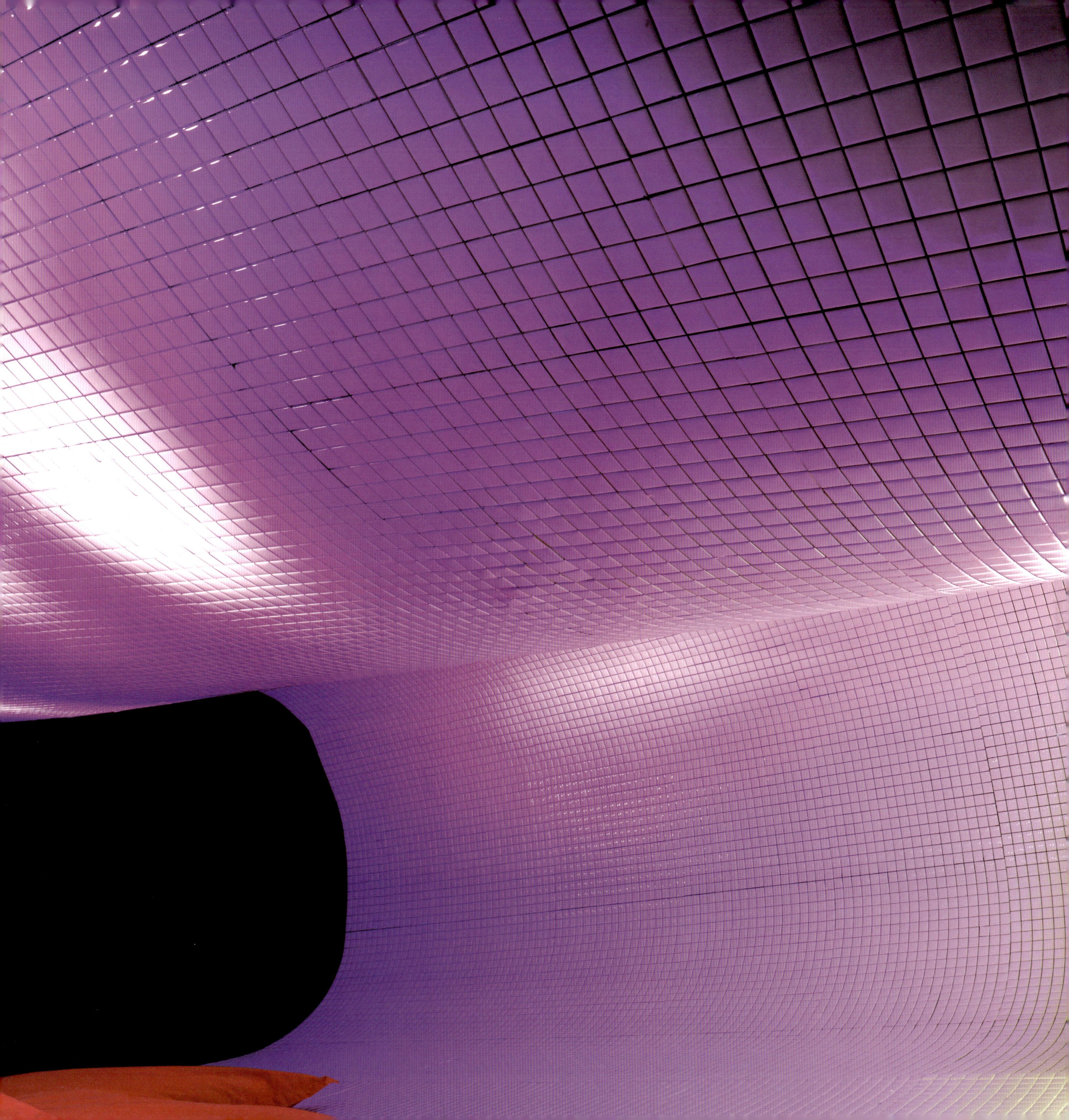

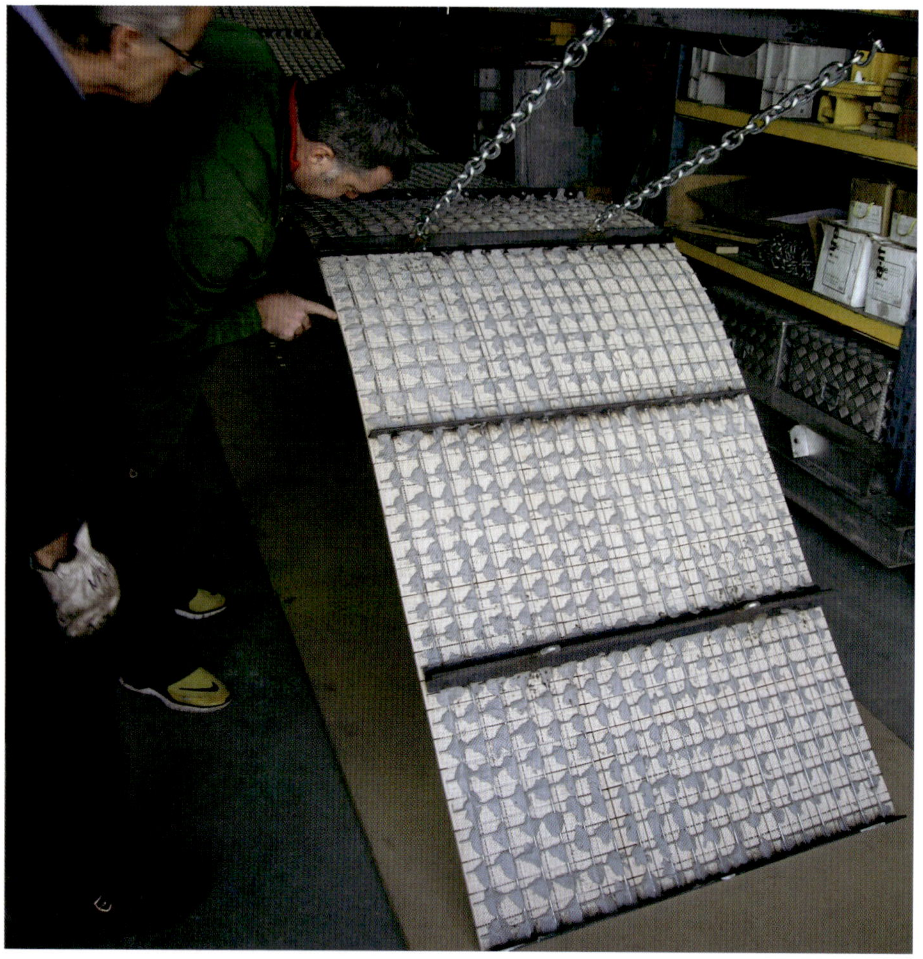

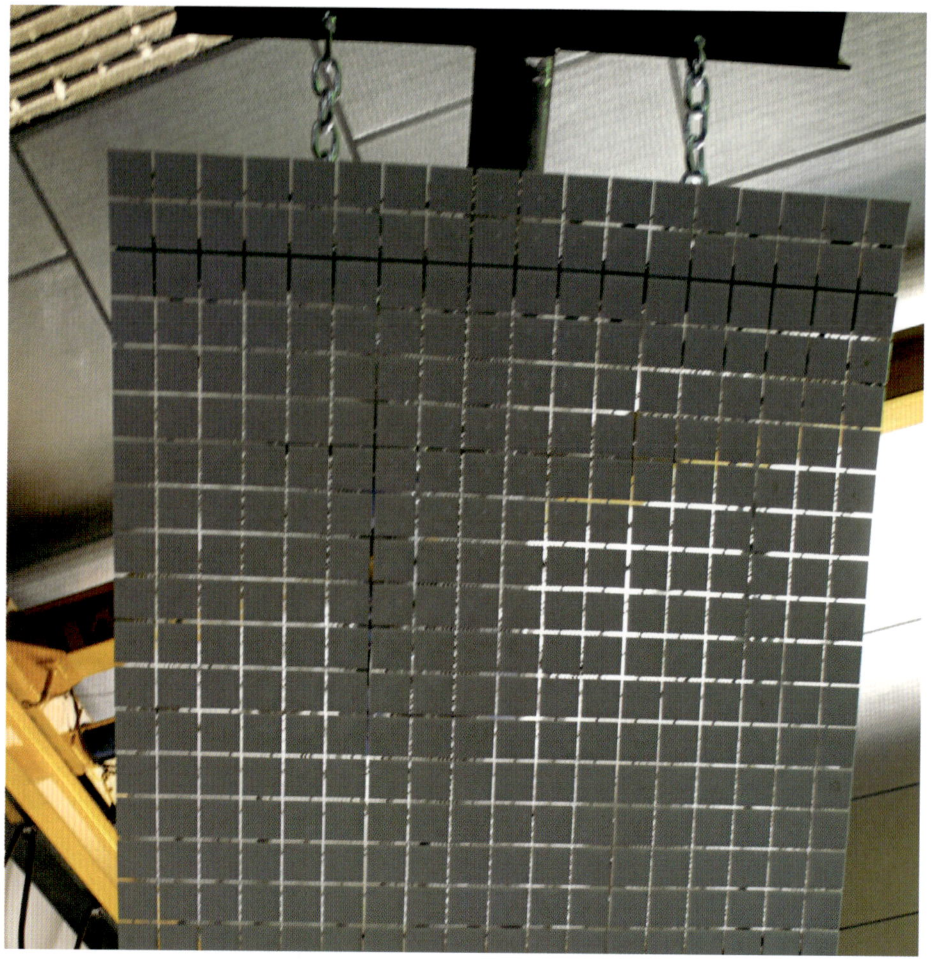

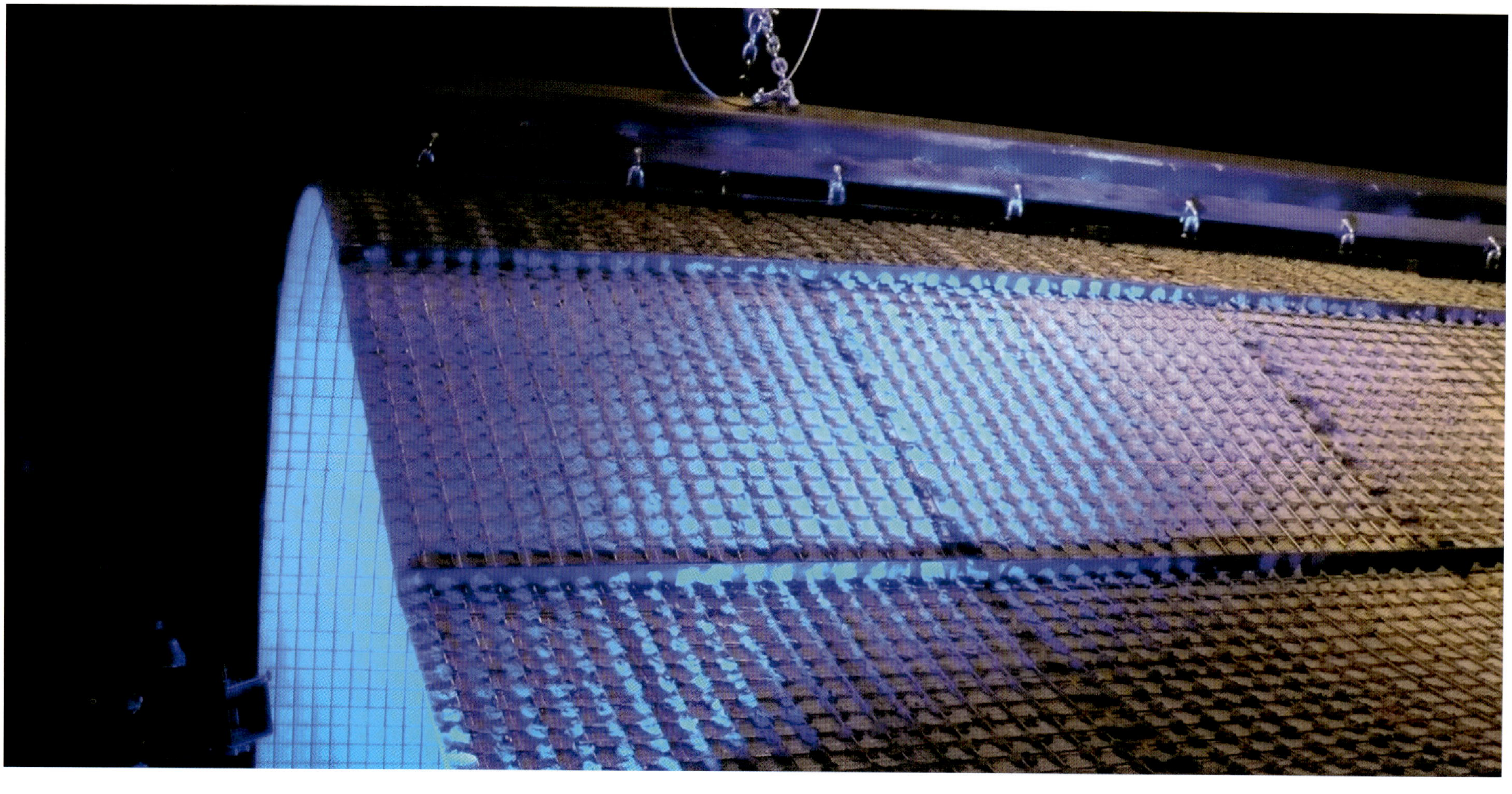

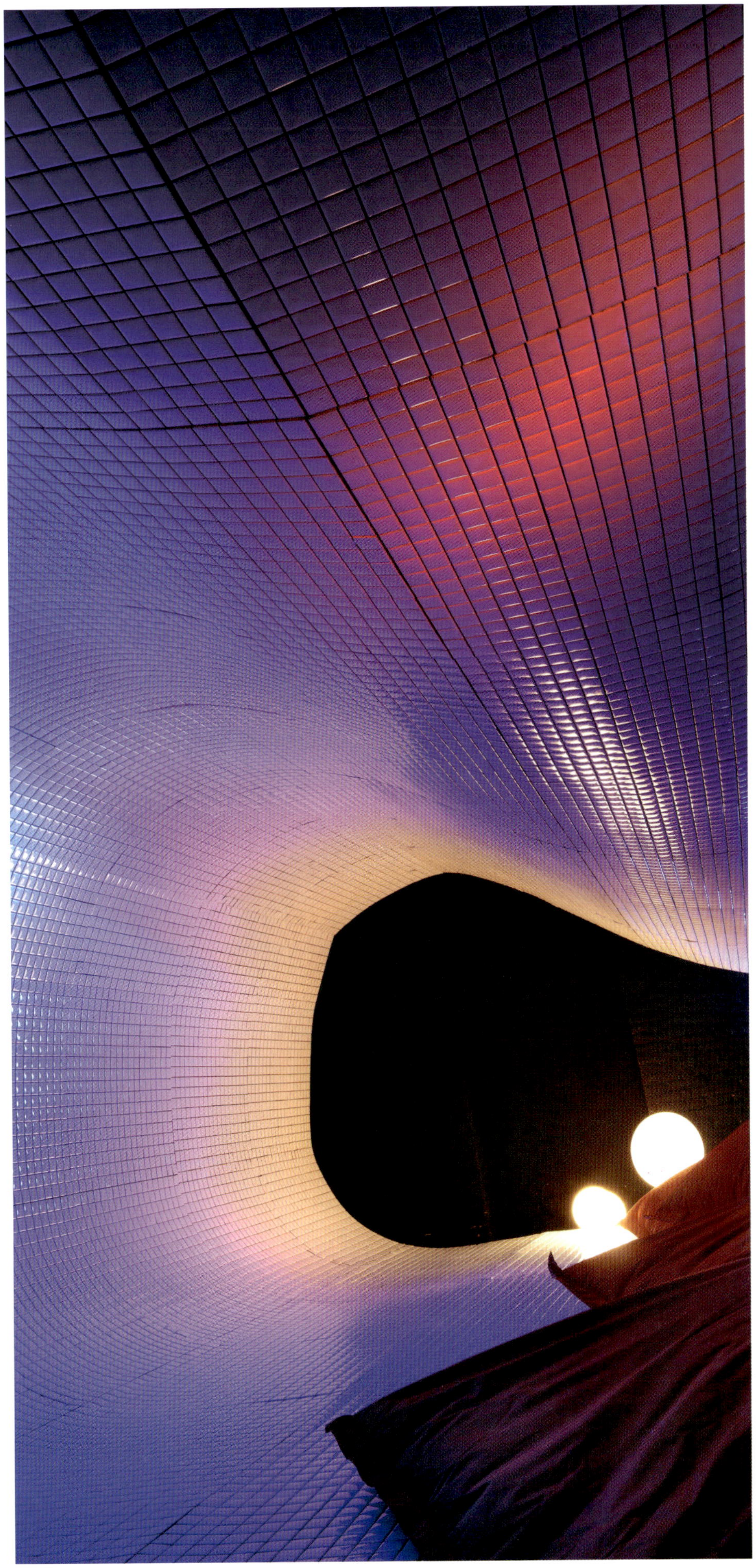

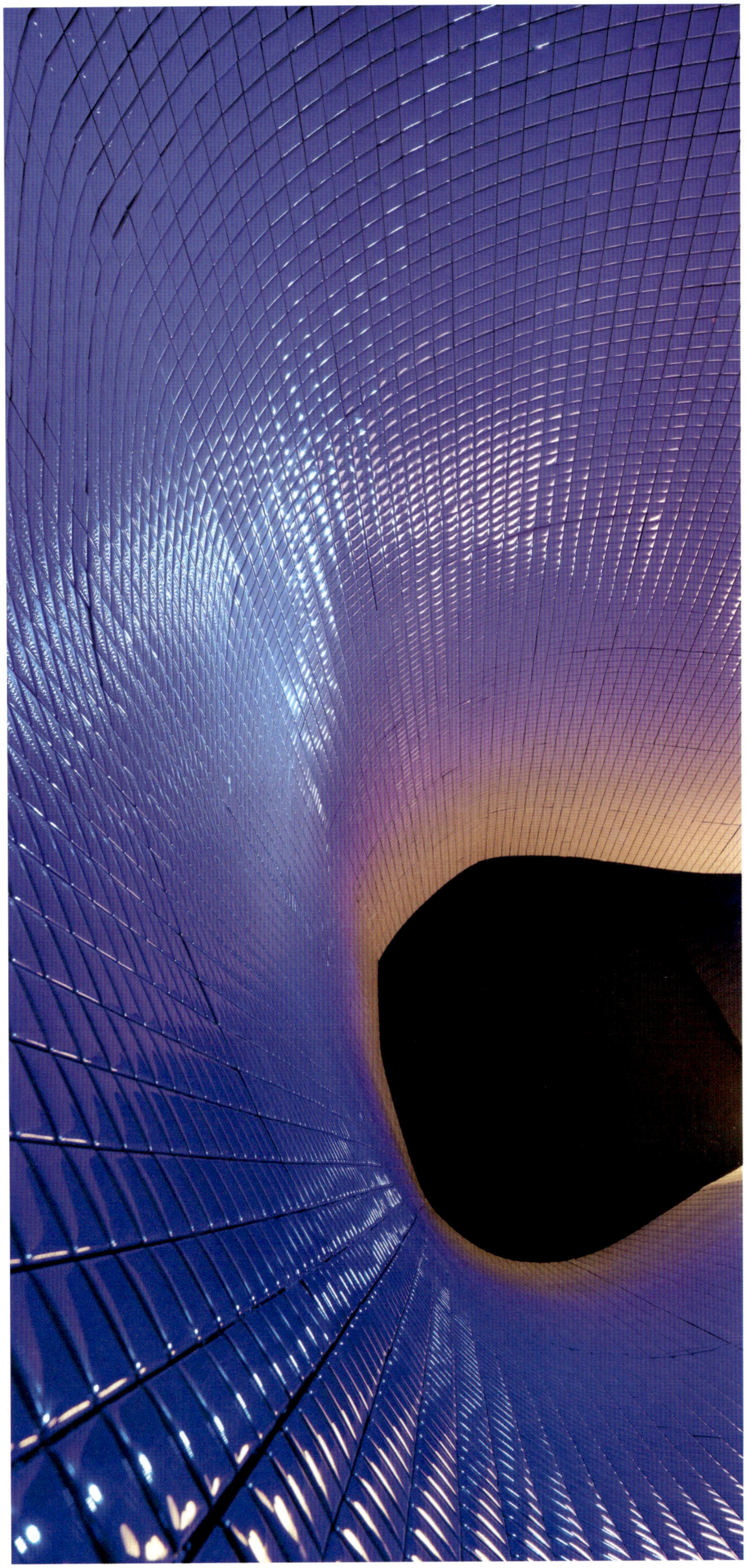

SPANISH PAVILION IN ZARAGOZA EXPO 2008

Francisco Mangado
Zaragoza, Spain
© Ainhoa Anaut/ASCER

Ceramic / Keramik / Céramique / Keramiek / Ceramica / Cerámica

The pavilion symbolizes an autumn forest. 750 16 m (52.5 ft) pillars were covered with ceramic clay to represent the forest. The pieces were designed by the architect and with dimensions of 30 × 81 and 20 × 81 cm (11.8 × 31.8 and 7.8 × 31.8 in) were manufactured by extrusion and baked to achieve this straw color. Calcareous clay was used in the area of Oliva, in Valencia.

Le pavillon, avec ses 750 piliers de 16 m de haut habillés de carreaux en terre cuite, symbolise une forêt en automne. Dessinés par l'architecte, les carreaux font 30 × 81 cm et 20 × 81 cm. Ils ont été extrudés puis ont pris cette coloration claire à la cuisson. Ils sont faits dans une argile calcaire provenant des environs d'Oliva, dans la région de Valence.

Il padiglione rappresenta un bosco autunnale. Per realizzarlo sono stati rivestiti i 750 pilastri di 16 m con ceramica di terracotta. I pezzi, disegnati dall'architetto e aventi dimensioni di 30 × 81 cm e 20 × 81 cm, sono stati realizzati tramite estrusione e cotti per ottenere questo color paglierino. È stata usata un'argilla calcarea della zona di Oliva, a Valenzia.

Dieser Pavillon symbolisiert einen Herbstwald. Um diesen darzustellen, wurden 750 jeweils 16 m hohe Pfeiler mit Terrakotta verkleidet. Die vom Architekten selbst entworfenen Fliesen mit den Maßen 30 × 81 und 20 × 81 cm wurden durch Extrusion hergestellt und gebrannt, um die strohgelbe Farbe zu erzielen. Als Ausgangsmaterial diente kalkhaltiger Ton aus der Gegend um Oliva in der spanischen Provinz Valencia.

Het paviljoen symboliseert een herfstbos. Er werden 750 16 m hoge pilaren met tegels van gebakken klei bedekt. De door de architect ontworpen tegels van 30 × 81 cm en 20 × 81 cm werden door extrusie vervaardigd en gebakken zodat ze deze strogele kleur kregen. Er werd een kalkhoudende klei uit de streek Oliva, in Valencia, gebruikt.

El pabellón simboliza un bosque otoñal. Para representarlo, se cubrieron los 750 pilares de 16 m con cerámica de barro cocido. Las piezas, diseñadas por el arquitecto y con dimensiones de 30 × 81 y 20 × 81 cm, se fabricaron por extrusión y se cocieron para conseguir este color pajizo. Se utilizó una arcilla calcárea de la zona de Oliva, en Valencia.

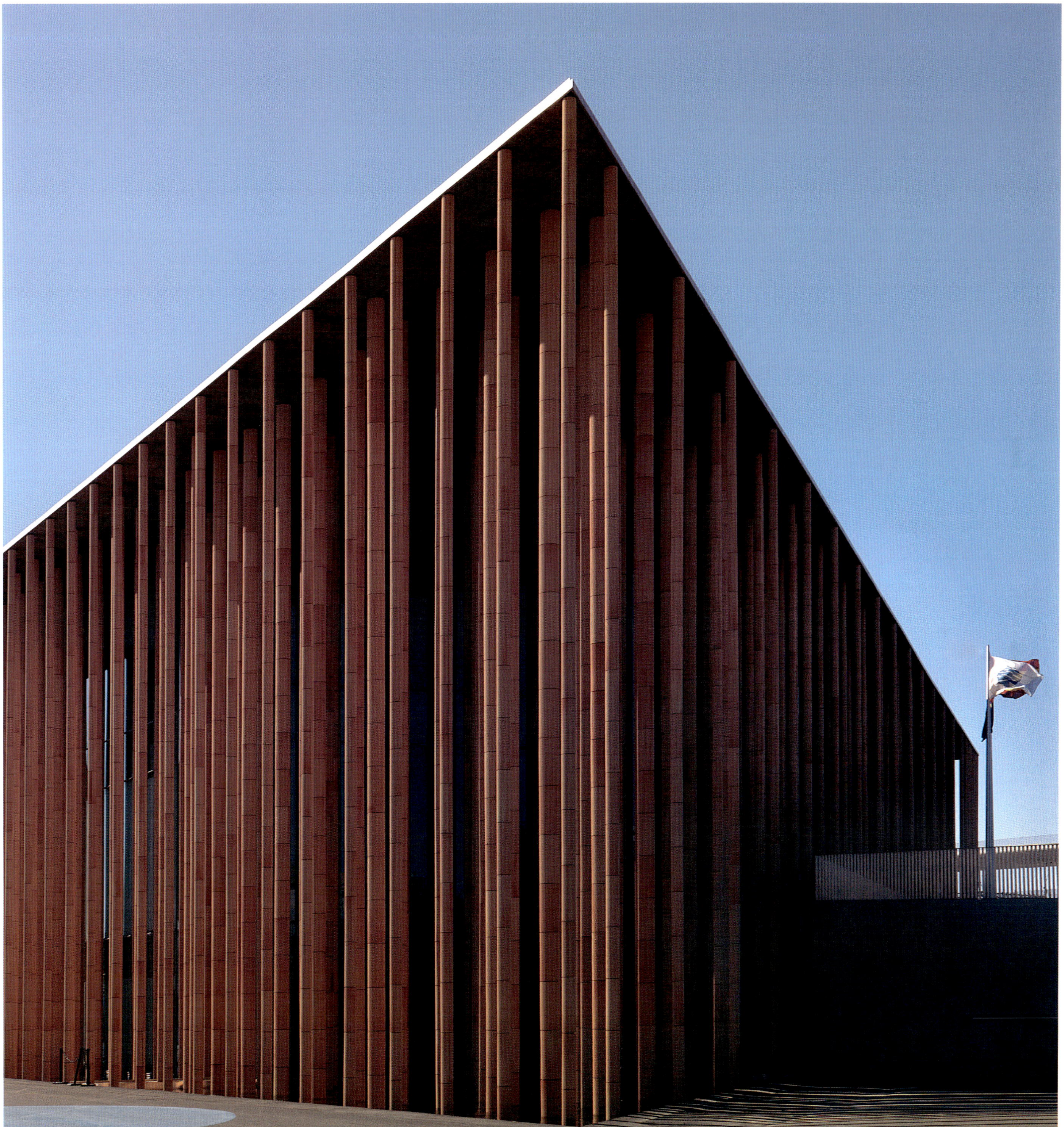

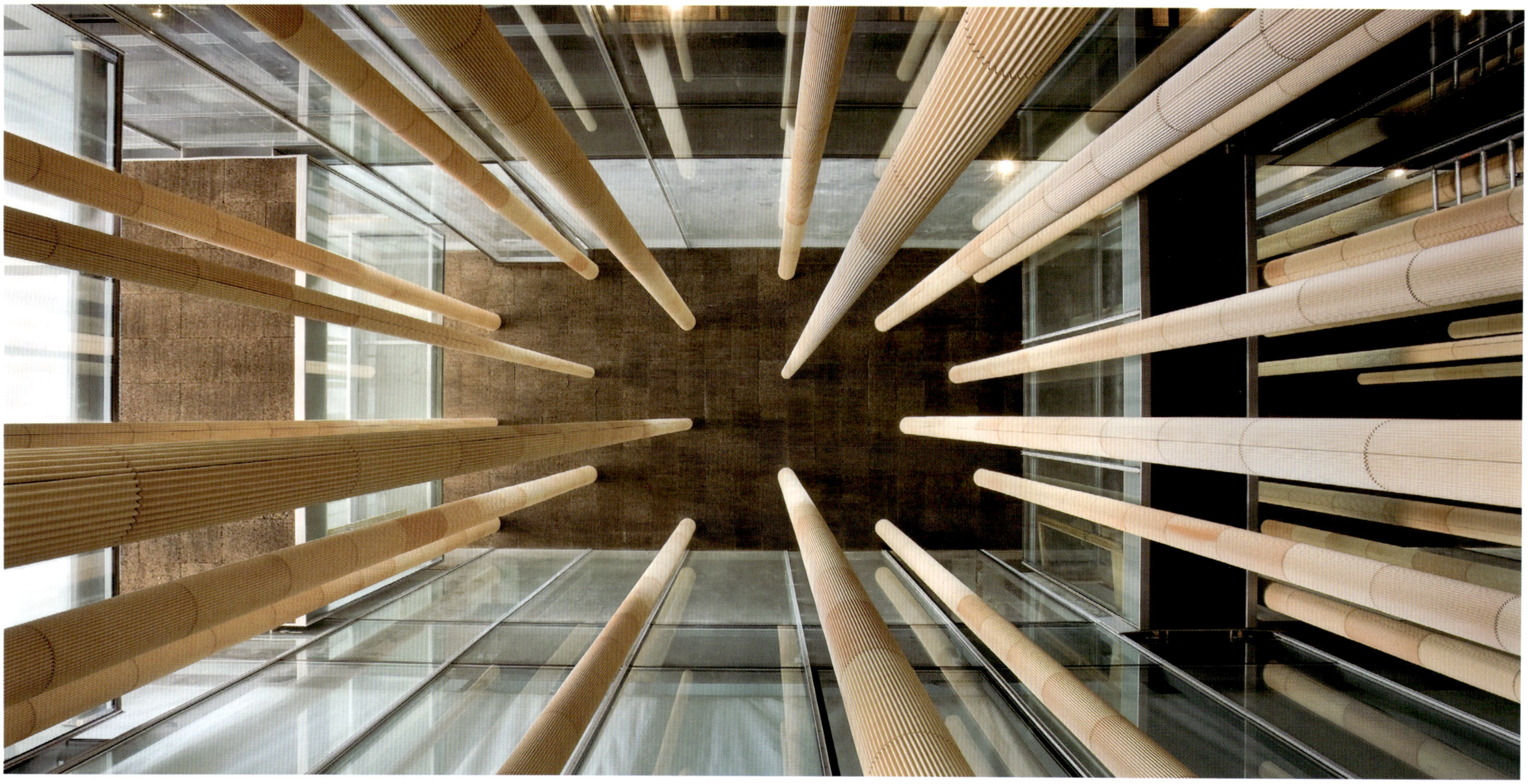

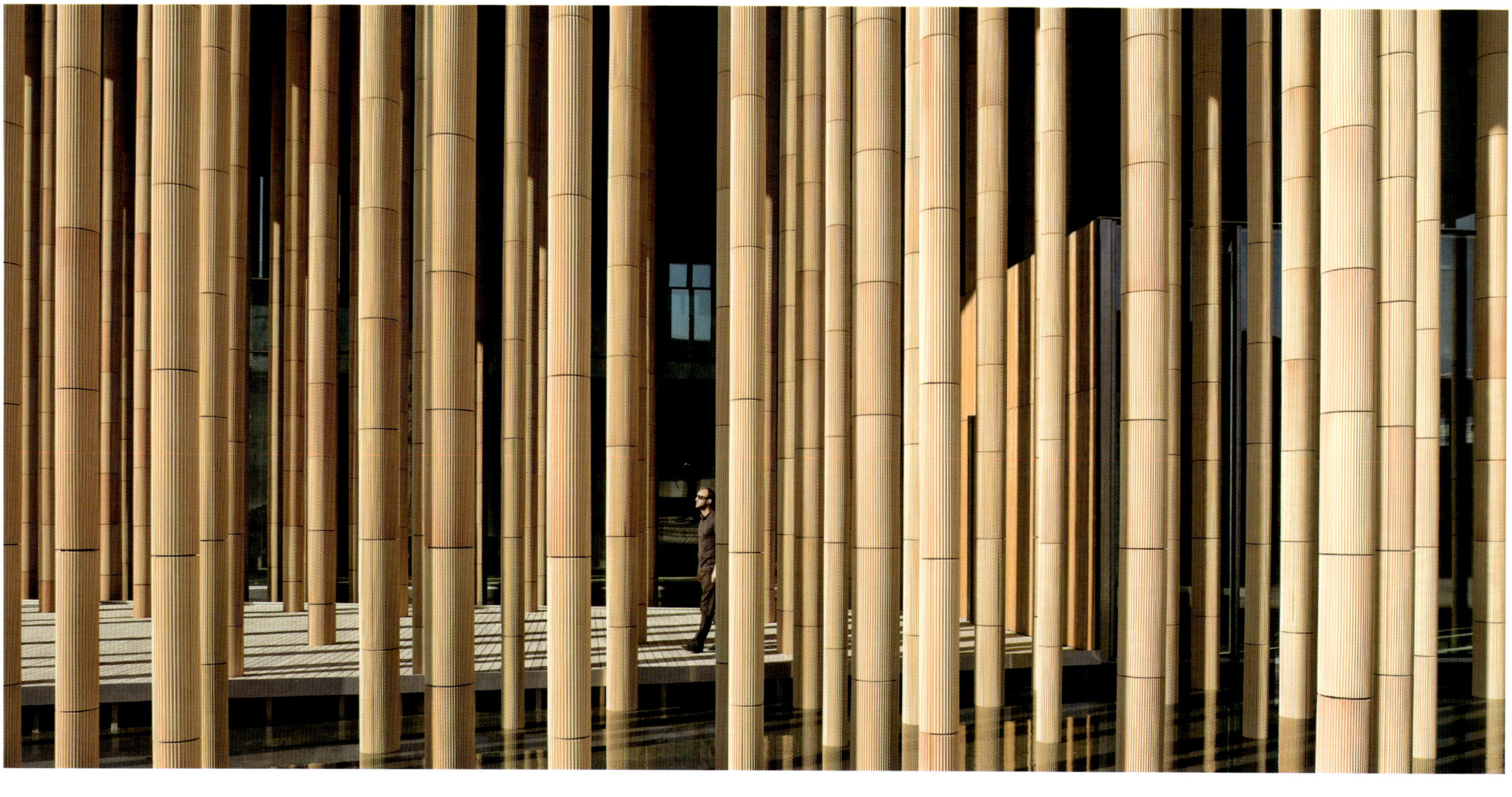

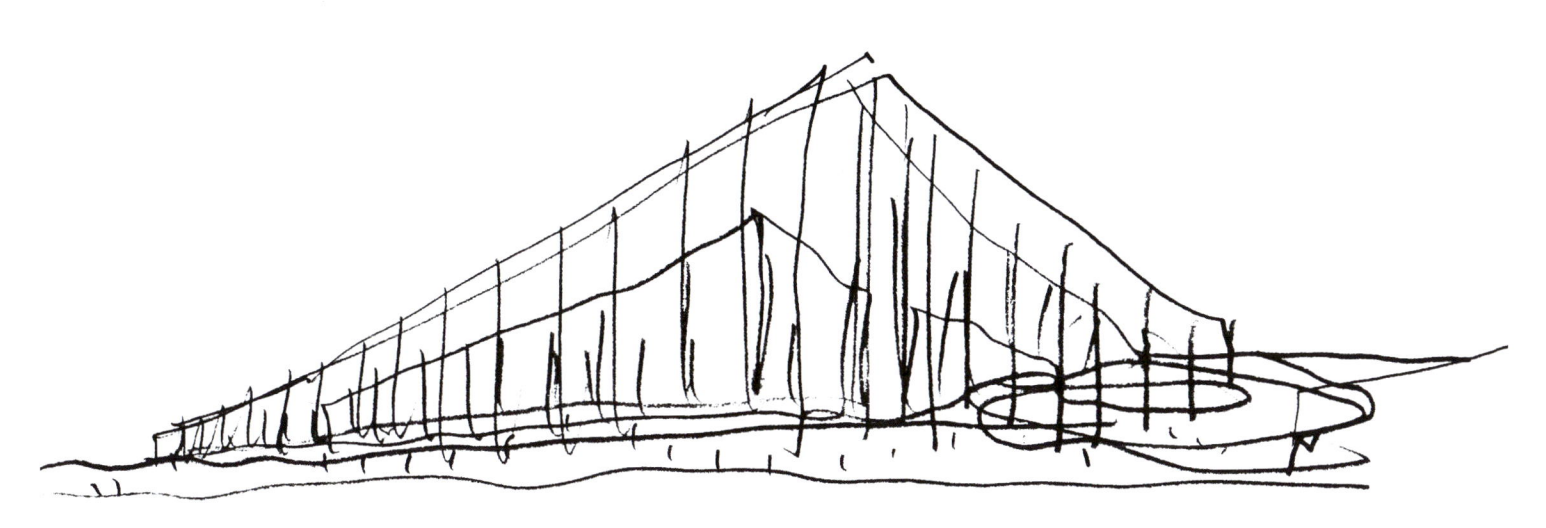

Sketch / Skizze
Esquisse / Schetsen
Schizzo / Boceto

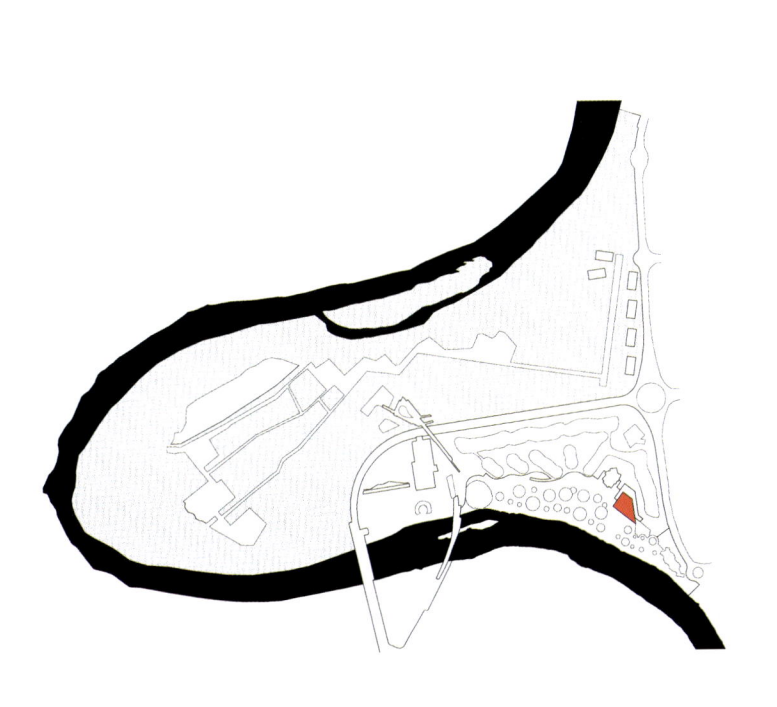

Location maps / Lagepläne
Plans de situation / Situatietekeningen
Planimetrie / Planos de situación

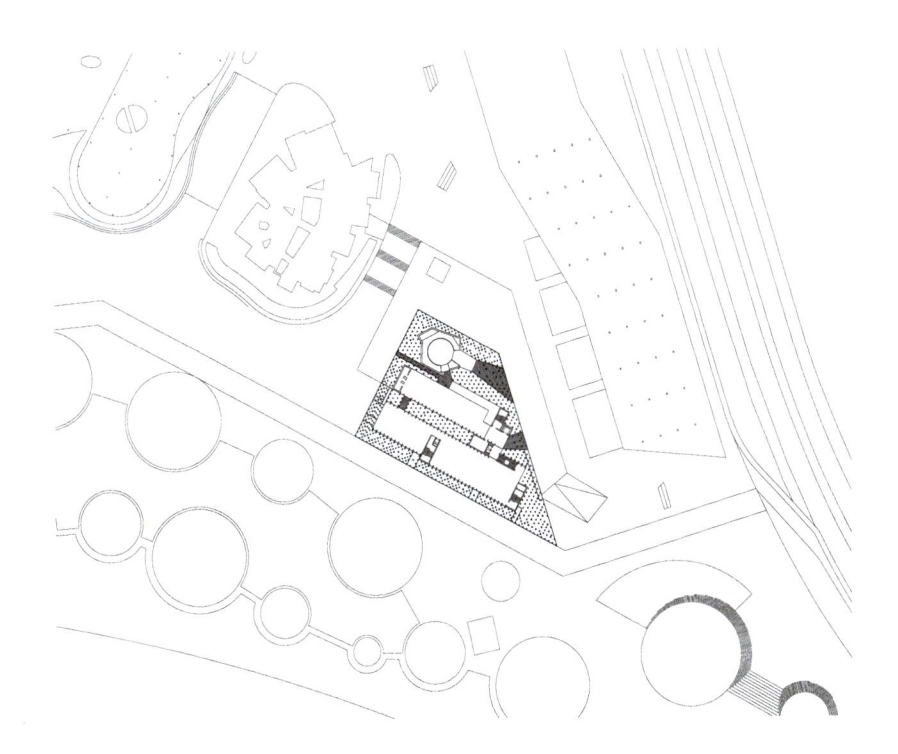

374

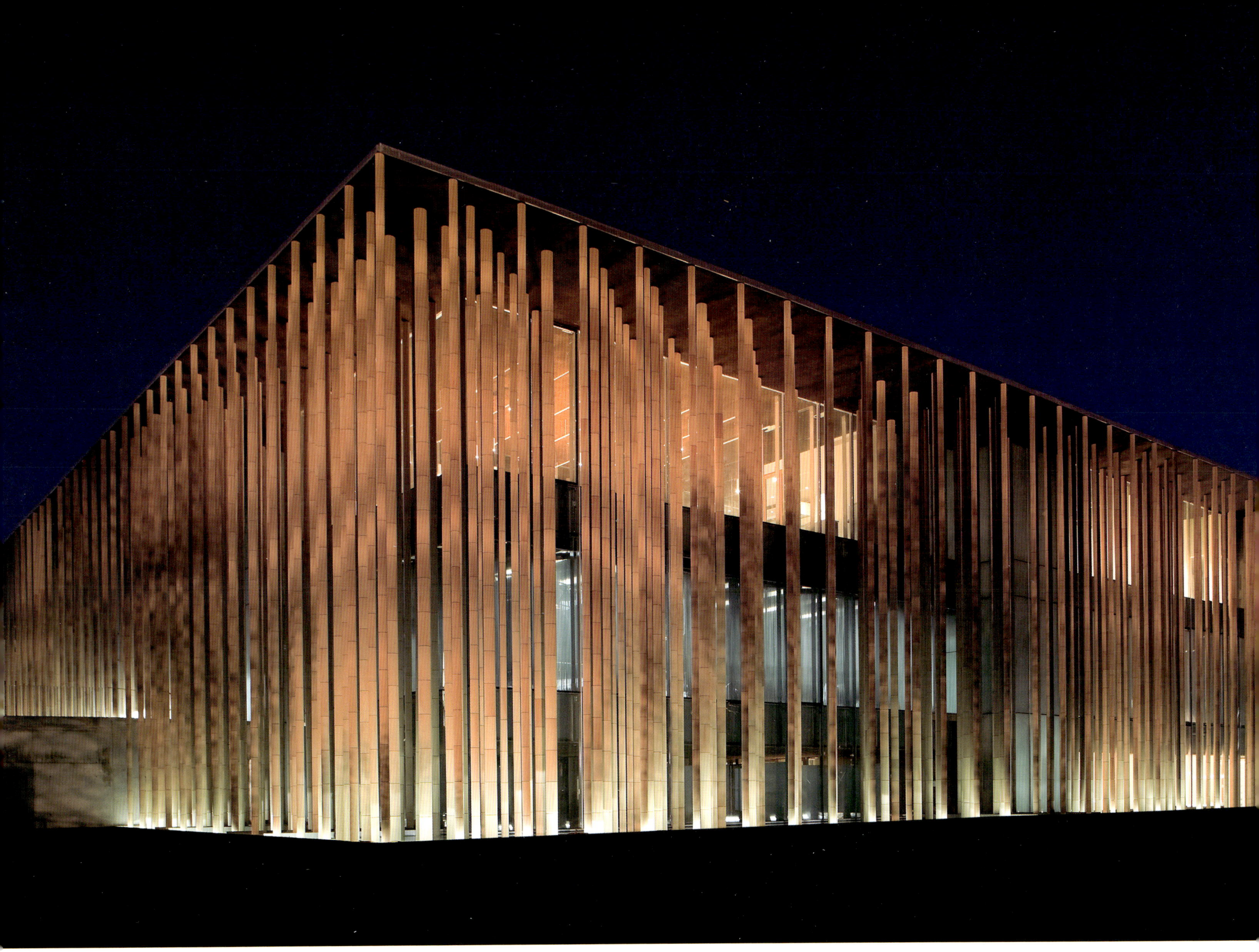

376

377

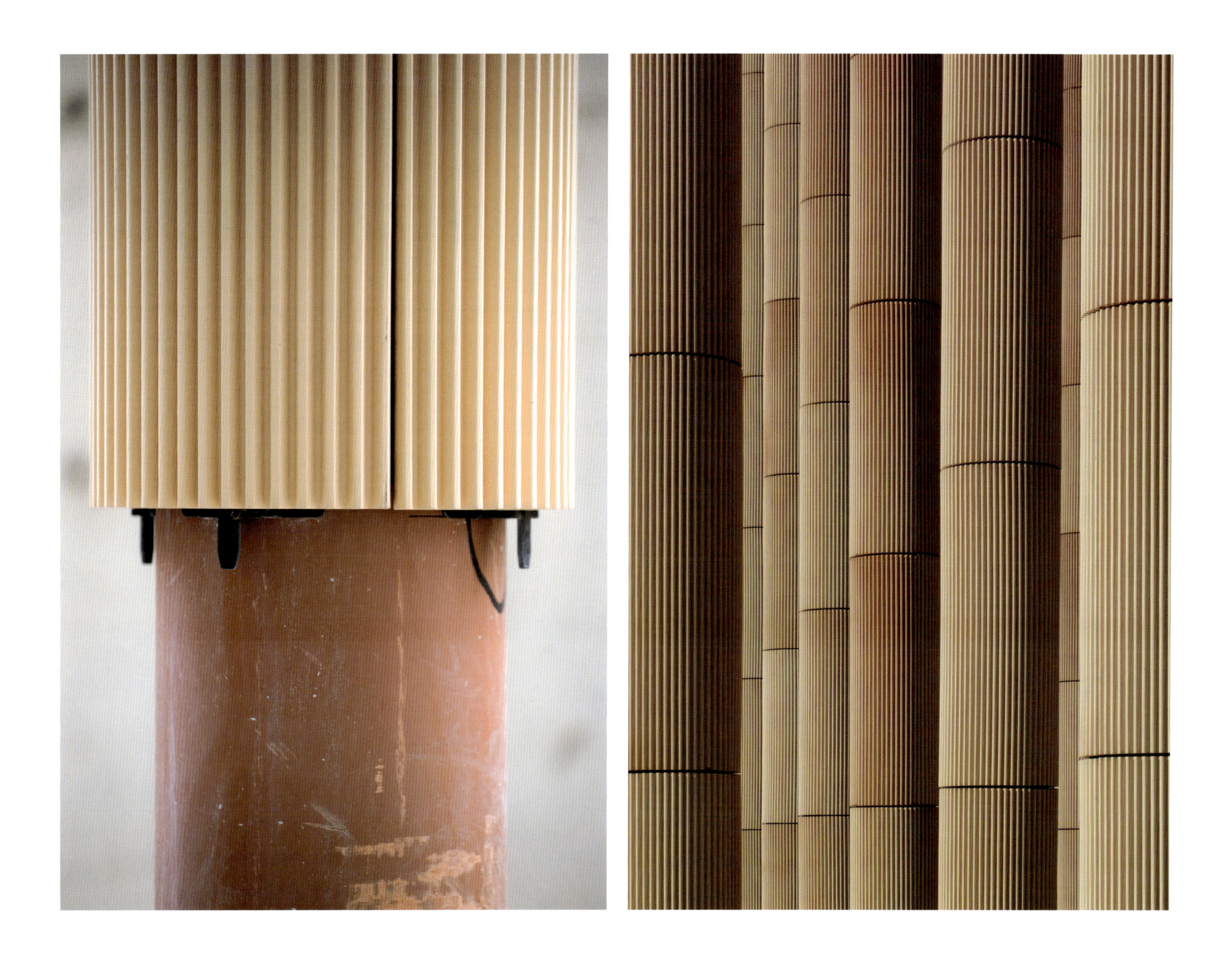

ARAGON **CONVENTION CENTER**

Nieto Sobejano Arquitectos
Zaragoza, Spain
© Ainhoa Anaut/ASCER

Tiles / Fliesen / Carreaux / Tegels / Piastrelle / Baldosa

The roof of the building consists of prefabricated white concrete panels reinforced with fiberglass and ceramics. The triangular ceramic pieces, matt or glazed white, follow a pattern for mass production. This combination produces the vibration and alternation of reflected light that characterizes the building.

La toiture du bâtiment est en panneaux préfabriqués en béton blanc renforcé de fibres de verre et céramiques. Les carreaux triangulaires, blancs mats ou émaillés et brillants sont fabriqués en série suivant un patron. C'est l'association des deux finitions qui produit l'alternance des reflets de lumière et donne une atmosphère caractéristique à l'édifice.

Il tetto dell'edificio è formato da pannelli prefabbricati in cemento bianco rinforzato con fibra di vetro e ceramica. Gli elementi di ceramica triangolari, bianchi satinati o smaltati lucidi seguono dei modelli per la produzione in serie. Questa combinazione crea la vivacità e l'alternanza di luce riflessa che caratterizza l'edificio.

Das Dach des Gebäudes besteht aus vorgefertigten Paneelen aus weißem glasfaserverstärkten Beton und Keramikfliesen. Bei der Serienfertigung der dreieckigen matt weißen bzw. glänzend glasierten Keramikelemente folgte man bestimmten Mustern, welche die Schwingungen und Wechsel der Lichtspiegelungen erzeugen, die dieses Gebäude ausmachen.

Het dak van het gebouw is opgebouwd uit witte, glasvezelversterkte prefab betonplaten met tegels. De driehoekige mat witte of glanzend geëmailleerde tegels volgen patronen voor de serieproductie ervan. Deze combinatie genereert de vibratie en afwisseling van het weerkaatste licht waardoor het gebouw wordt gekenmerkt.

La cubierta del edificio está formada por paneles prefabricados de hormigón blanco reforzado con fibra de vidrio y cerámica. Las piezas de cerámica triangulares, blancas matificadas o esmaltadas brillantes, siguen unos patrones para su producción en serie. Esta combinación produce la vibración y la alternancia de luz reflejada que caracteriza el edificio.

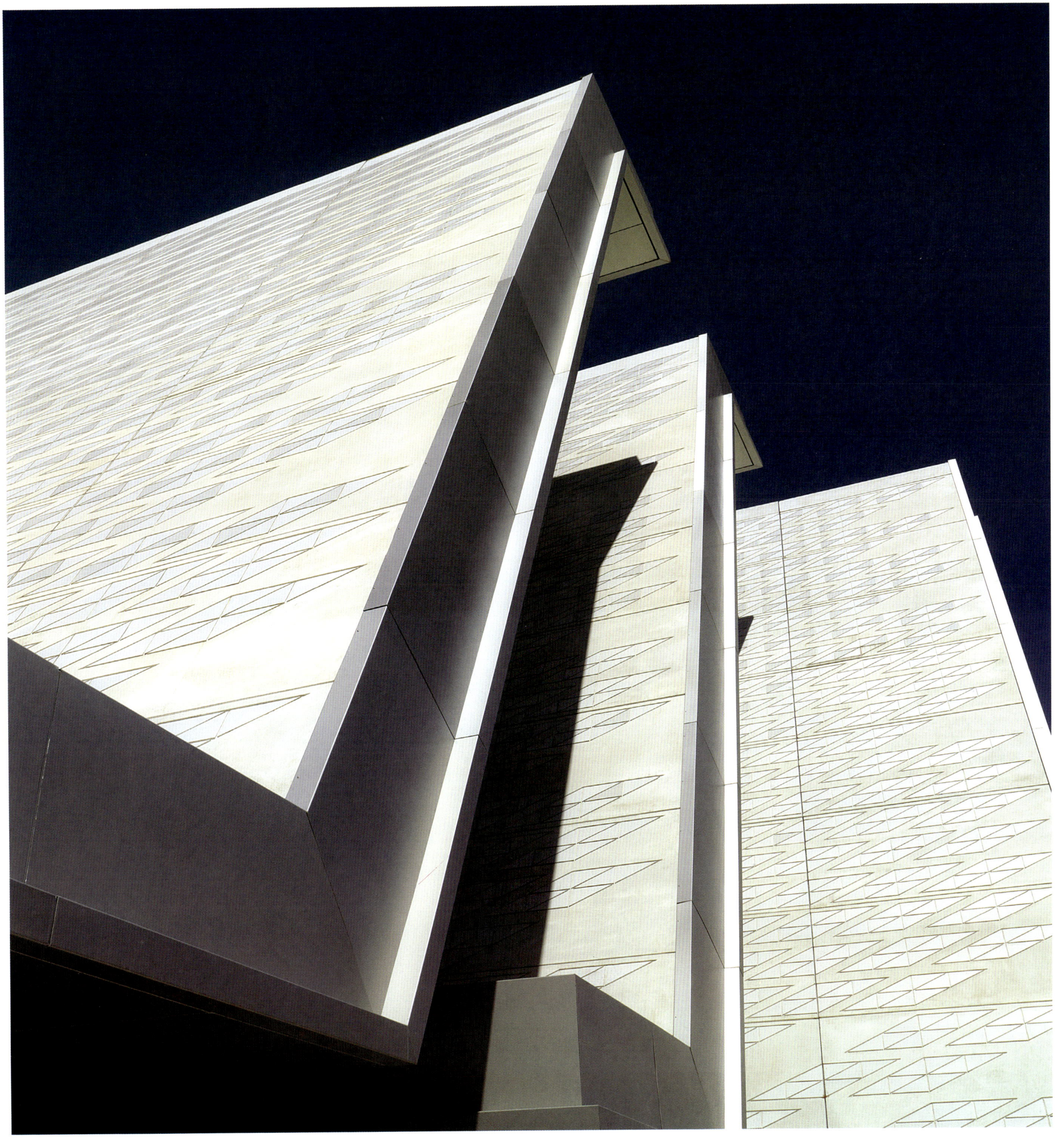

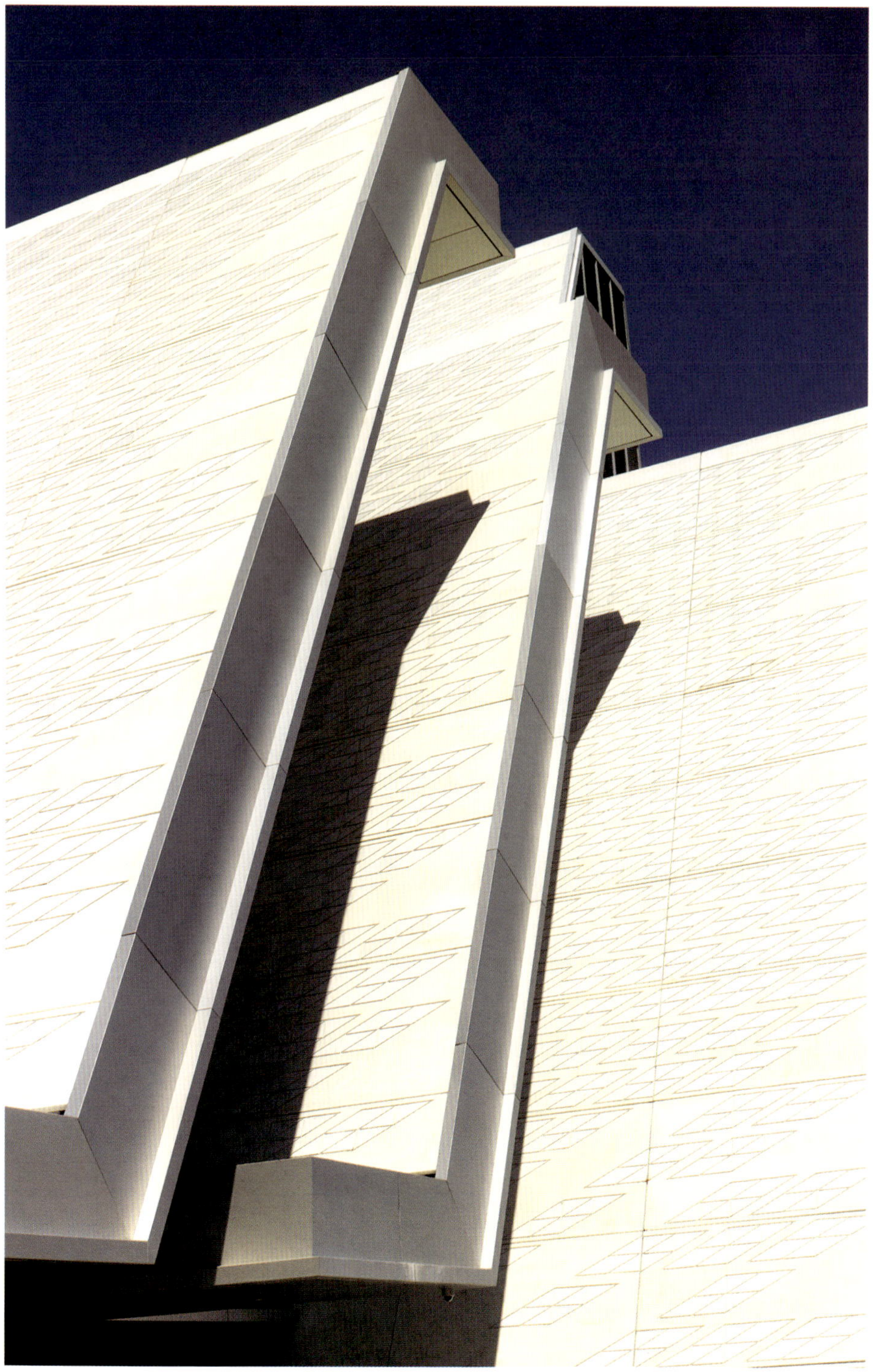

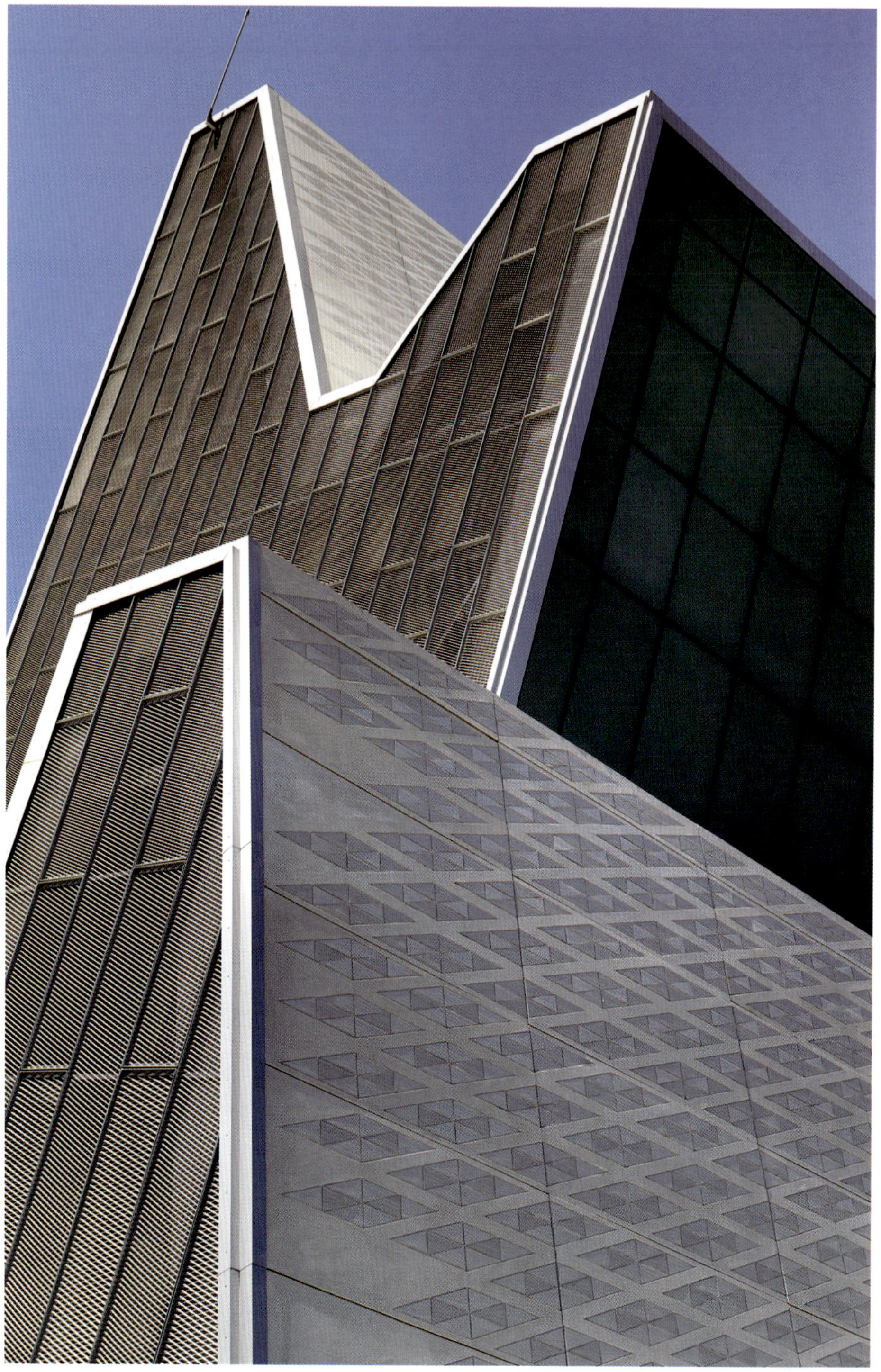

Axonometrics of the roofs / Axonometrie der Dächer
Axonométrie des toitures / Axonometrie van de daken
Assonometria dei tetti / Axonometría de las cubiertas

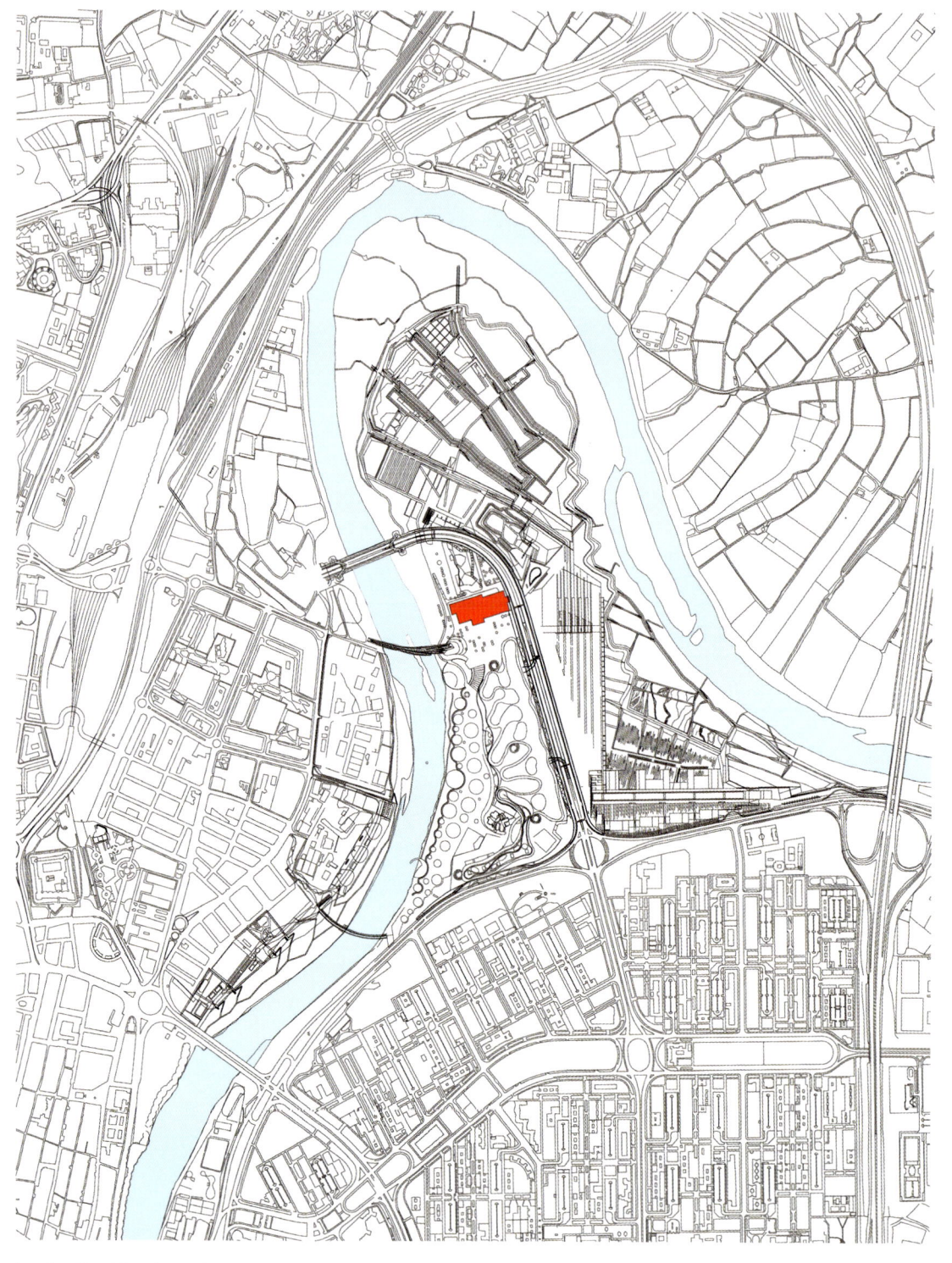

Location plan / Umgebungsplan
Plan de situation / Omgenigsplattegrond
Planimetria di localizzazione / Plano de situación

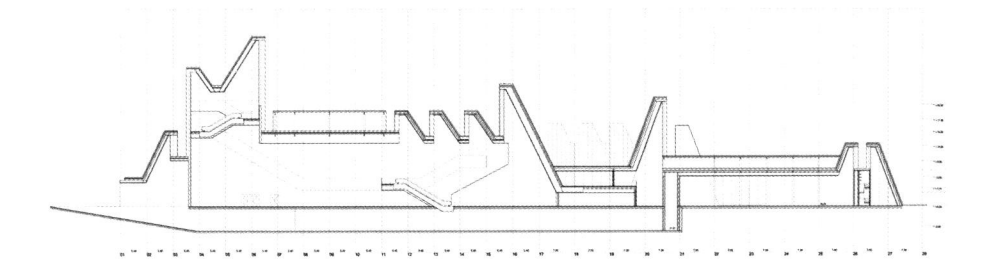

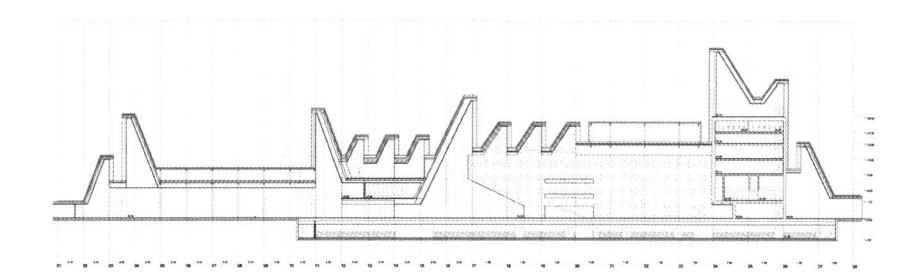

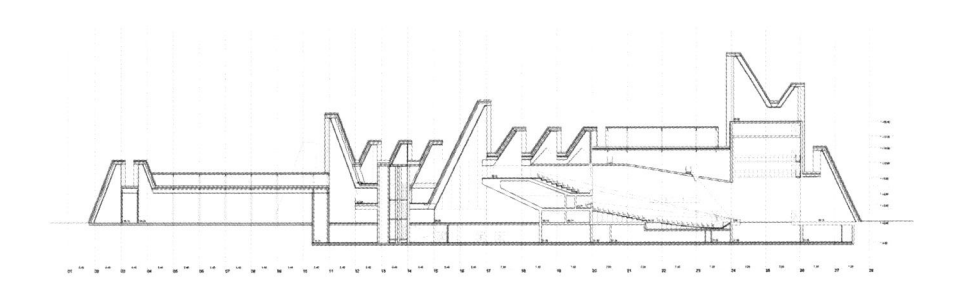

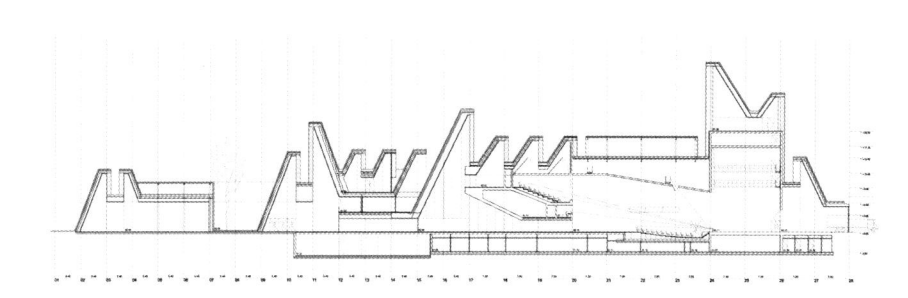

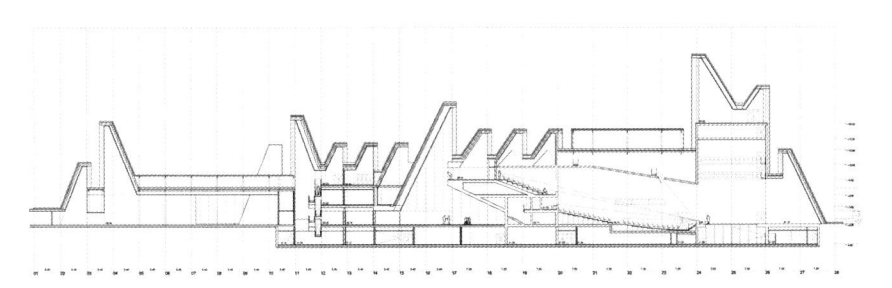

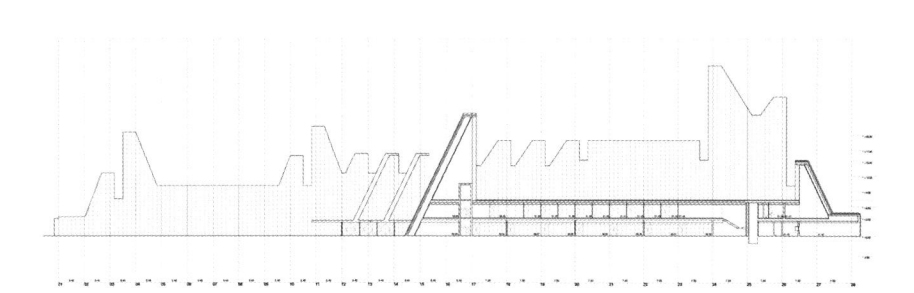

Sections / Schnitte
Coupes / Doorsneden
Sezioni / Secciones

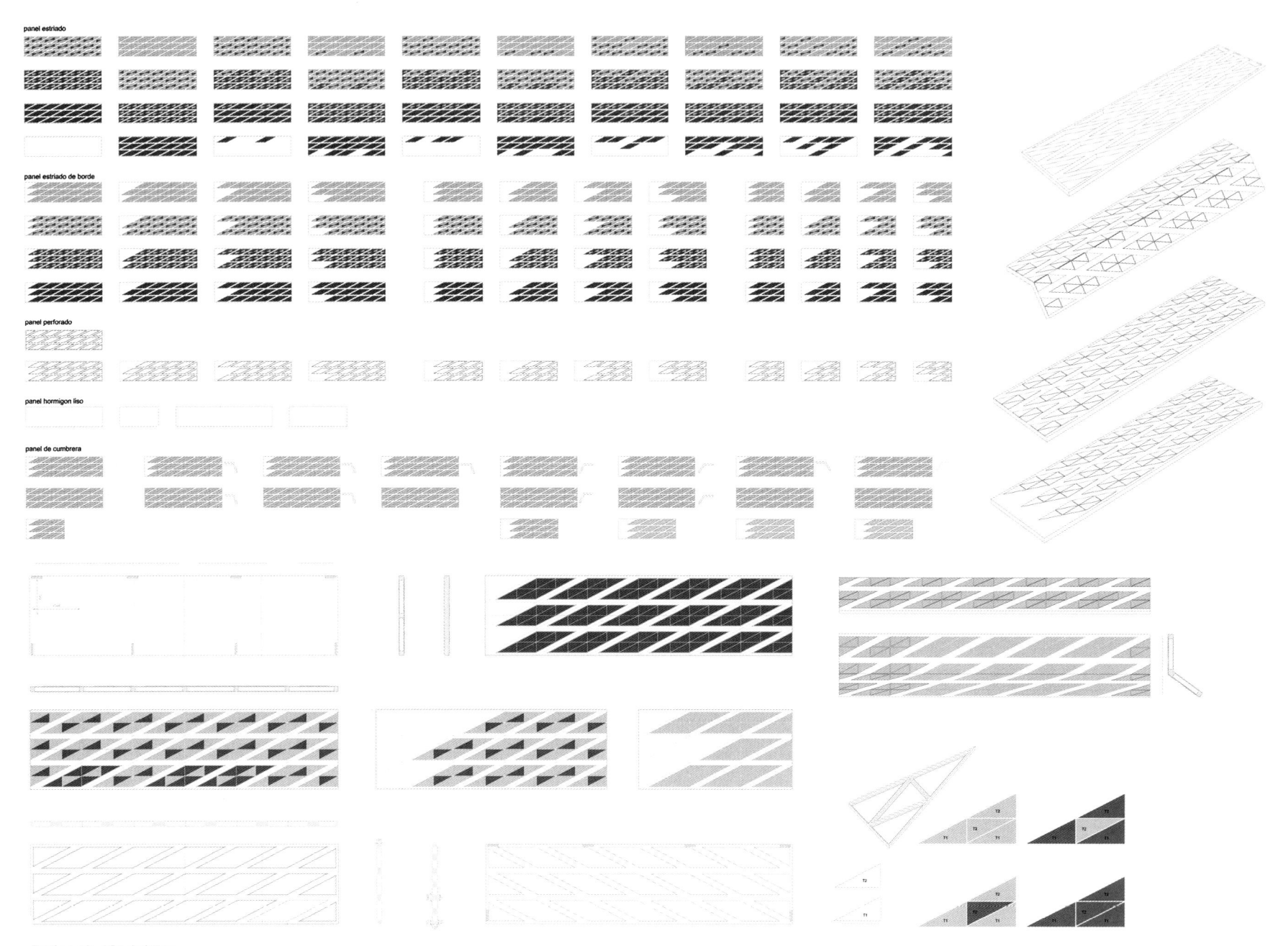

Roof panels / Deckplatten
Panneaux de toiture / Dakpanelen
Pannelli del tetto / Paneles de la cubierta

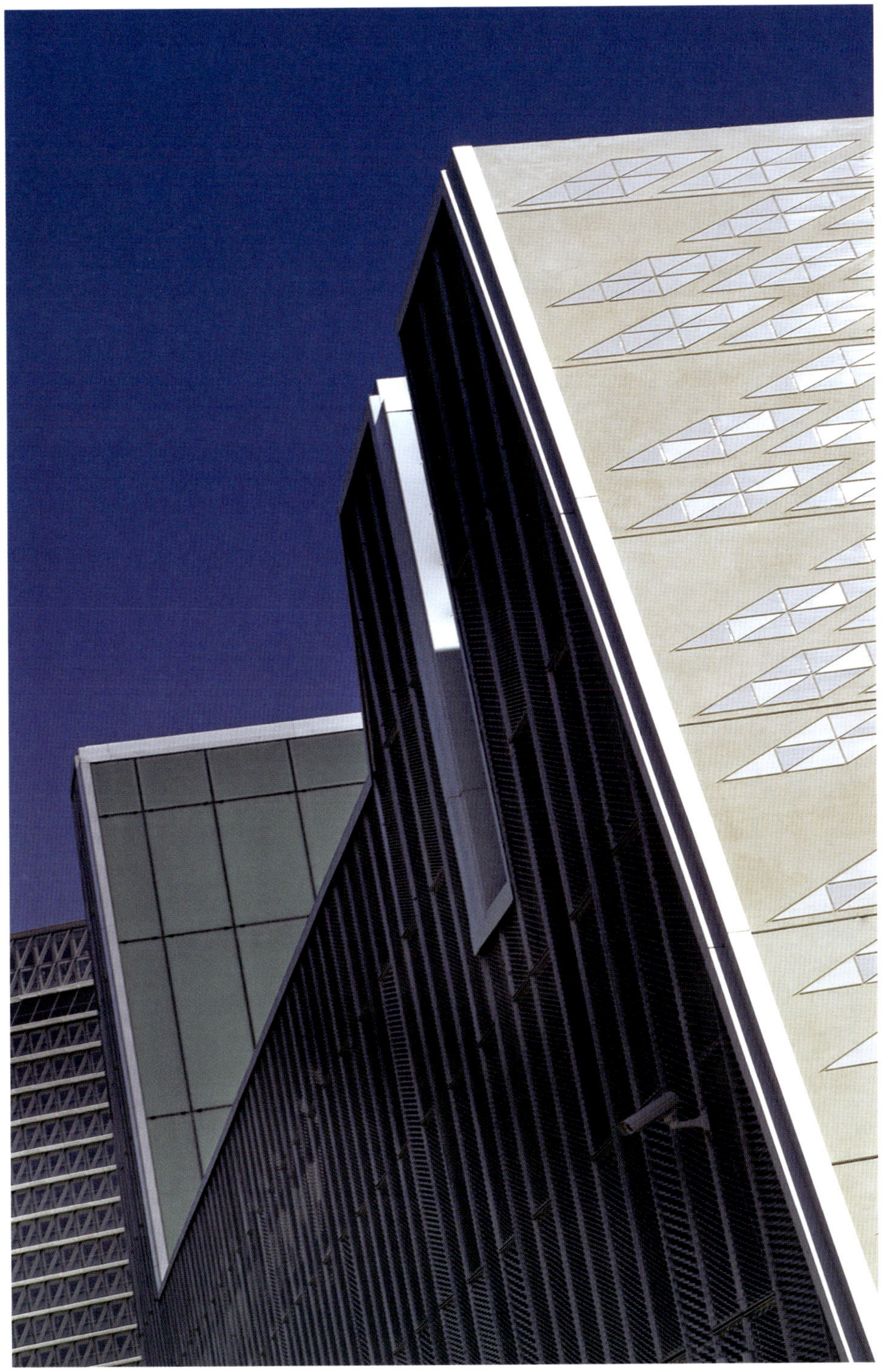

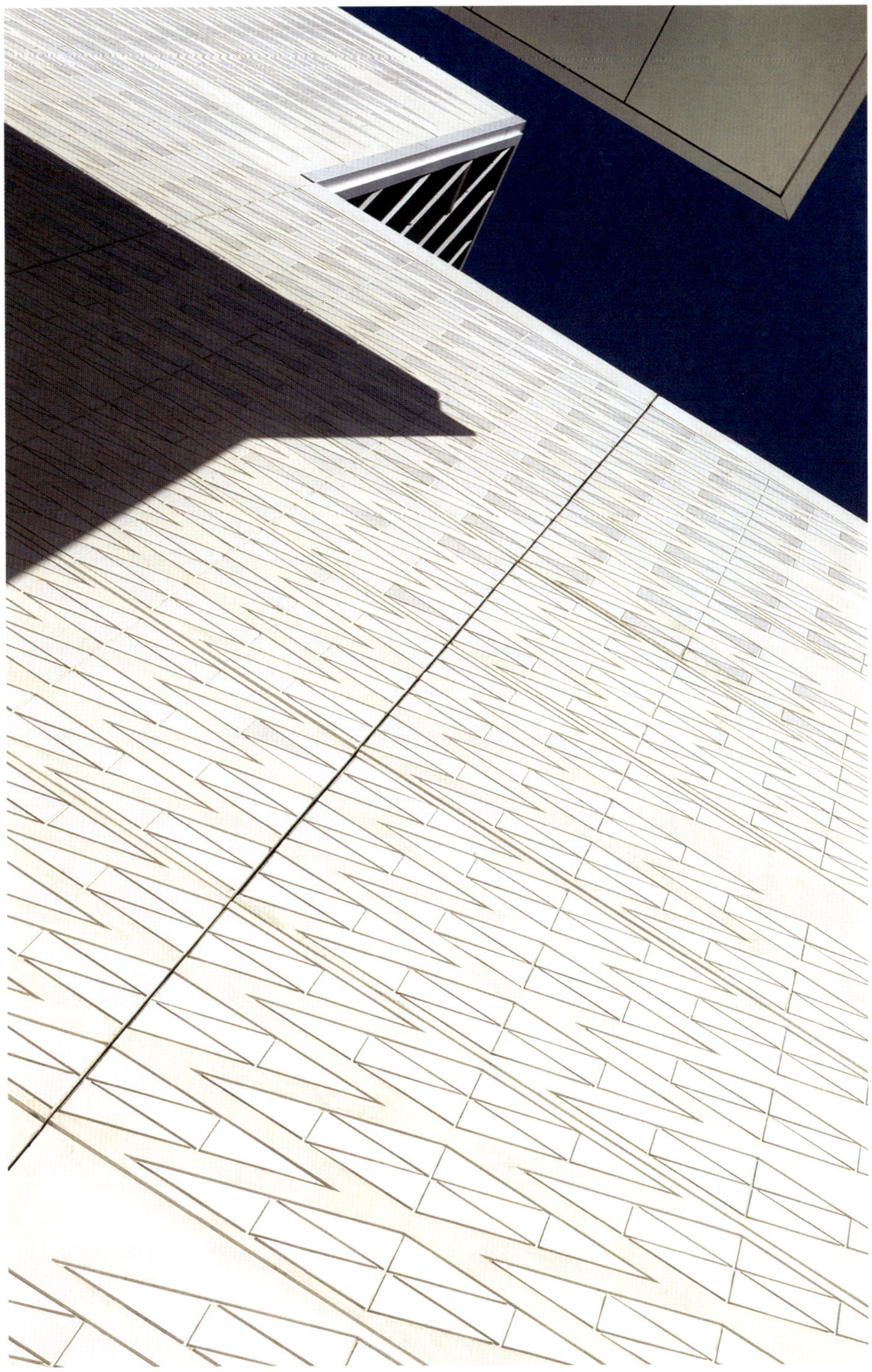

CULTURAL CENTER IN AN OLD SLAUGHTERHOUSE – NAVE 8B

Arturo Franco, Fabrice van Teslaar
Legazpi, Spain
© Carlos Fernández Piñar

Roof tiles / Ziegel / Tuiles / Dakpan / Tegole / Teja

The old slaughterhouse in Madrid has been refurbished to become a cultural center. An interesting project has been developed in a small premises, highlighting the use of ceramics. The roof tiles, which were removed at the beginning of the refurbishment, were originally discarded, but now have been used to form the partitions that outline the interior spaces.

L'ancien abattoir de Madrid a été réhabilité et transformé en centre culturel. Dans une petite nef, un projet original met en valeur l'emploi de la terre cuite. Enlevées au début des travaux, les tuiles qui couvraient l'édifice ne devaient pas être réutilisées, mais finalement leurs empilements ont suscité l'idée des cloisons qui délimitent les espaces intérieurs.

L'antico mattatoio di Madrid è stato ristrutturato per sistemarvi un centro culturale. In una piccola zona è stato sviluppato un interessante progetto che si distingue per l'uso della ceramica. Le tegole rimosse all'inizio dei lavori, originariamente scartate, sono state impilate per dare vita a divisori che delimitano gli spazi interni.

Der ehemalige Schlachthof von Madrid wurde restauriert und beherbergt nun ein Kulturzentrum. In einer kleinen Halle wurde ein interessantes Projekt umgesetzt, das durch die Verwendung von Keramik besticht. Die bei Beginn der Umbauarbeiten entfernten Ziegel, die ursprünglich entsorgt werden sollten, wurden aufgeschichtet und bilden nun die Zwischenwände, die den Innenraum gliedern.

De voormalige slachterij van Madrid is omgebouwd tot een cultureel centrum. In een kleine hal is een interessant project tot ontwikkeling gebracht dat opvalt vanwege het gebruik van aardewerk. De dakpannen die aan het begin van de verbouwing zijn verwijderd en die aanvankelijk zouden worden afgedankt, zijn opgestapeld en vormen de scheidingswanden tussen de binnenruimtes.

El antiguo matadero de Madrid se ha rehabilitado para ubicar un centro cultural. En una pequeña nave se ha desarrollado un interesante proyecto que destaca por el uso de la cerámica. Las tejas que se retiraron al inicio de la reforma, originalmente descartadas, se han ido apilando y han generado las particiones que delimitan los espacios interiores.

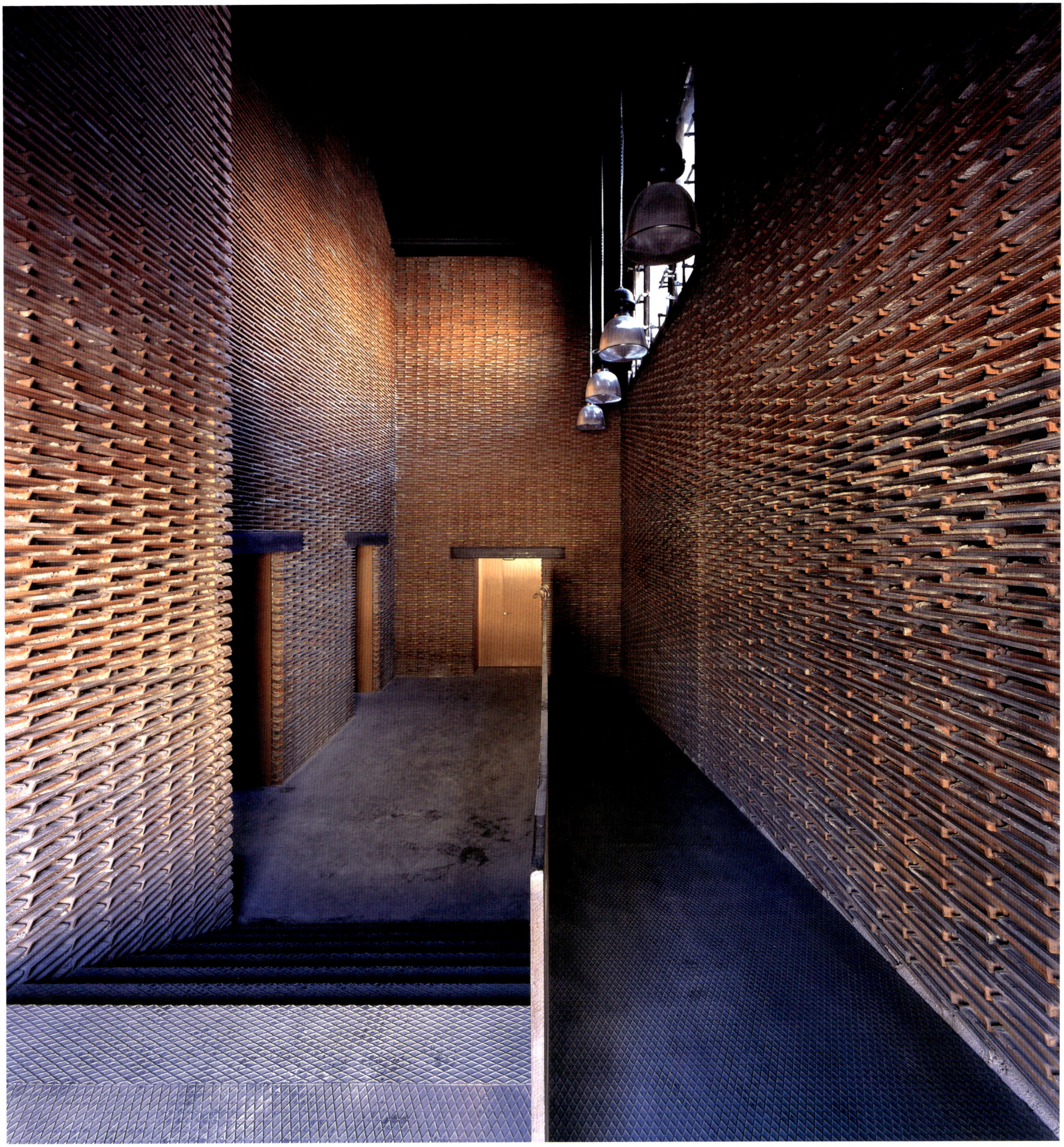

Diagram / Schema
Schéma / Schema
Schema / Esquema

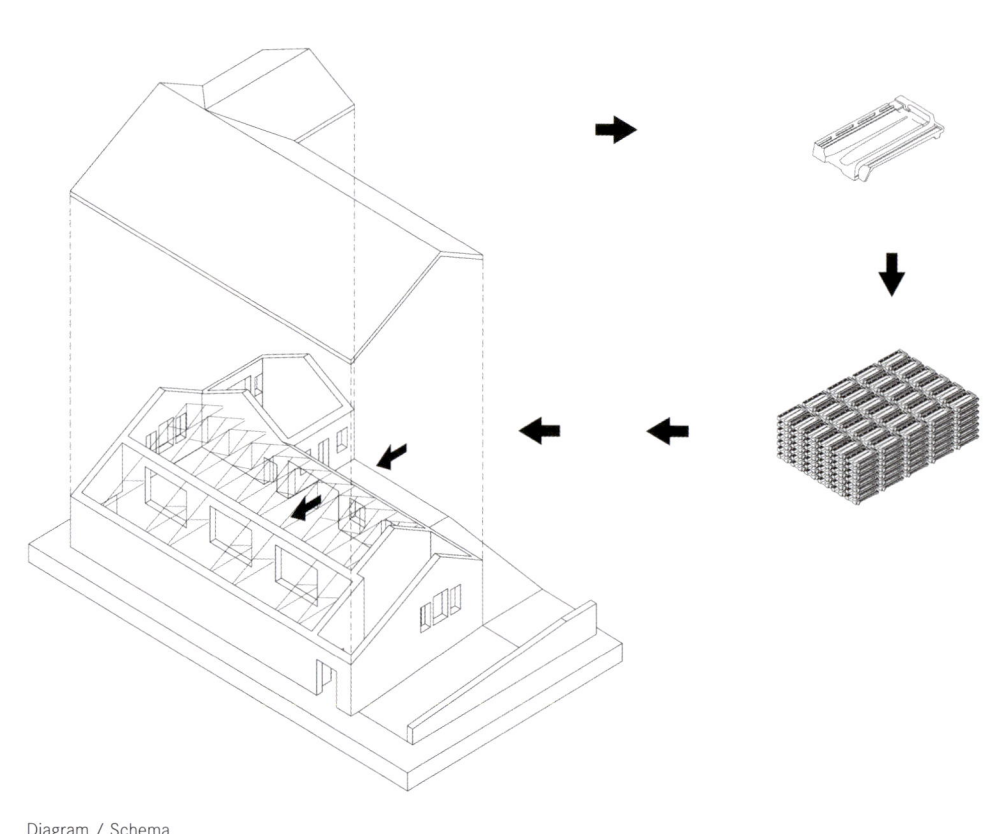

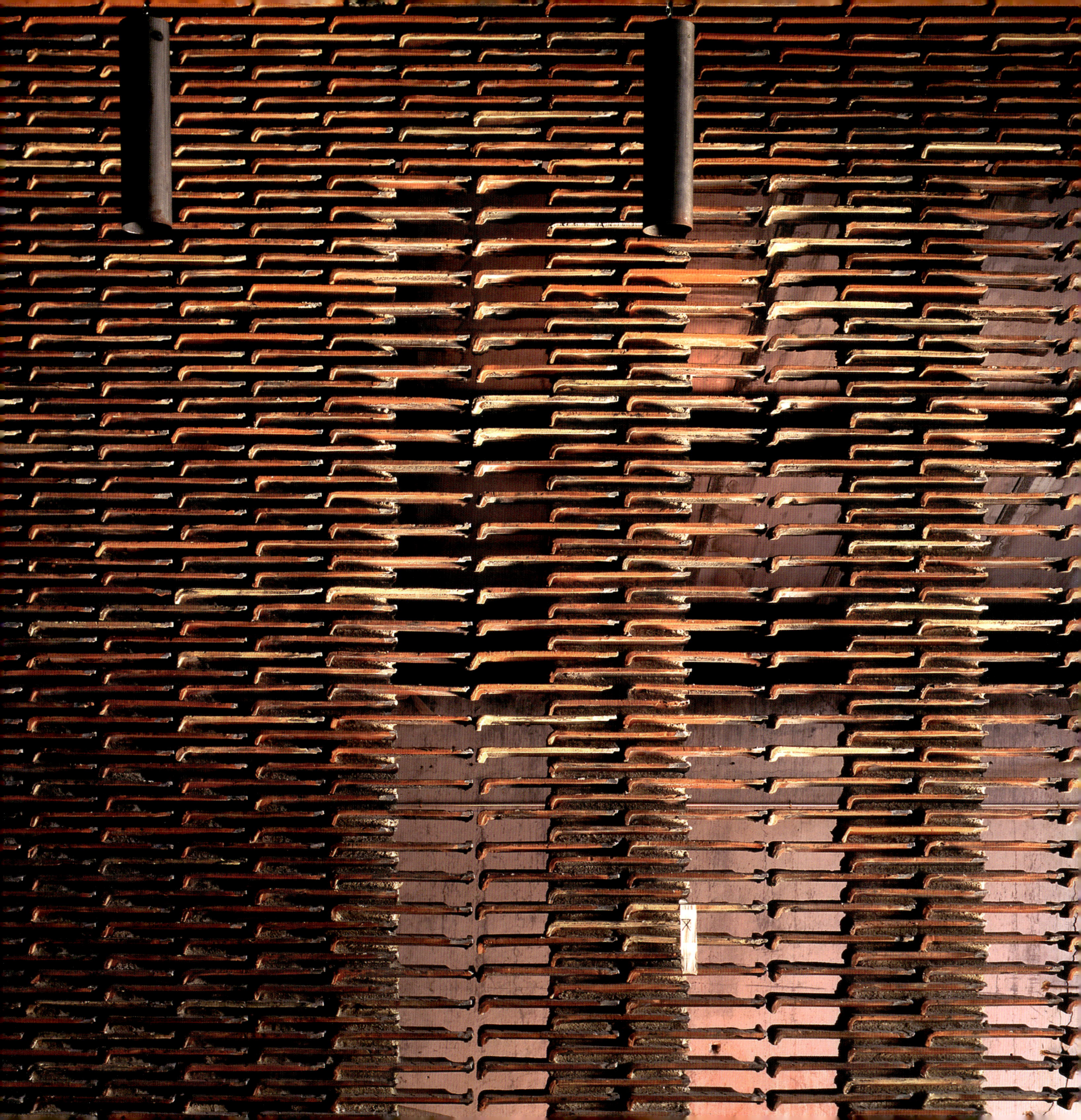

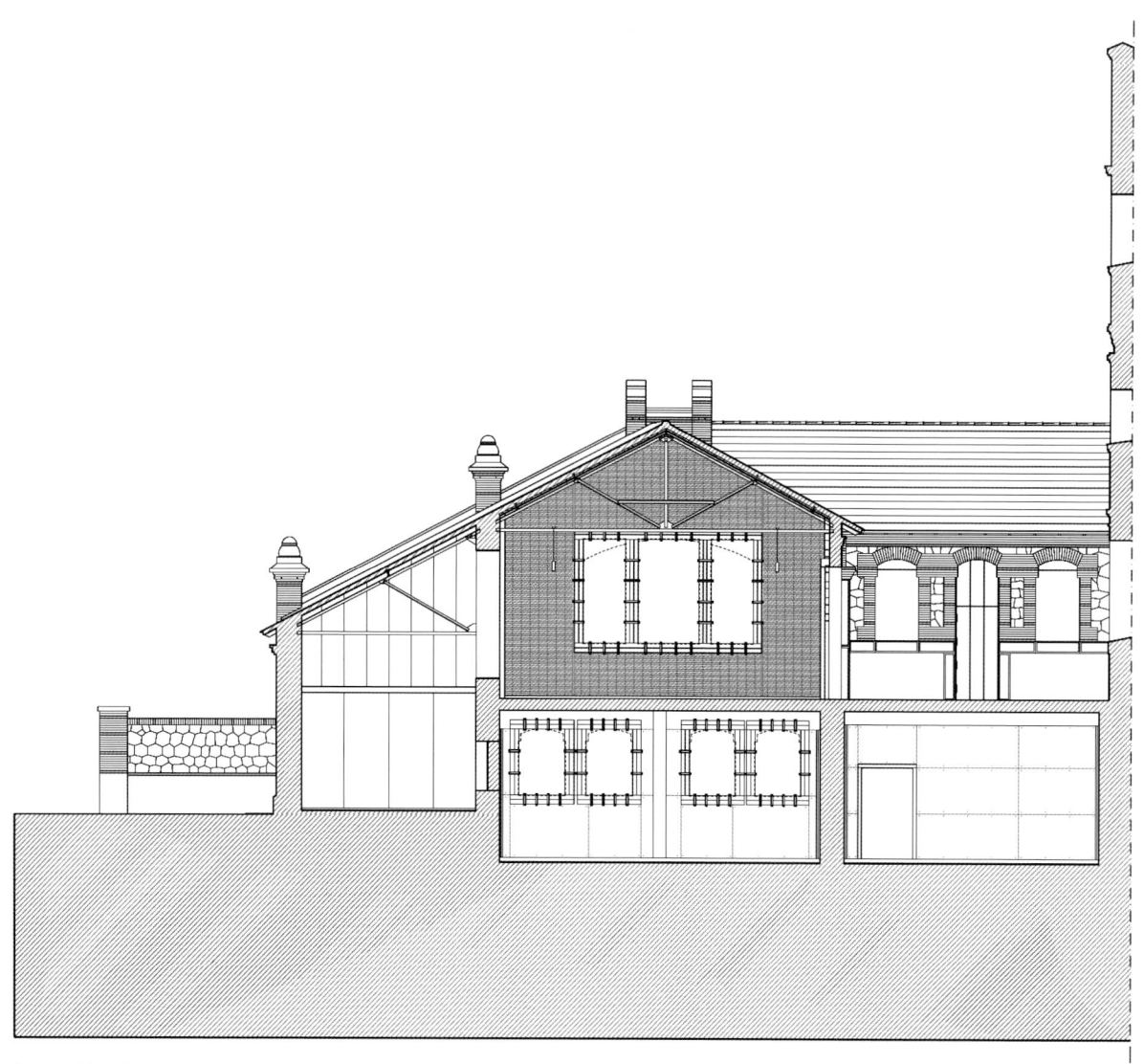

Section / Schnitt
Coupe / Doorsnede
Sezione / Sección

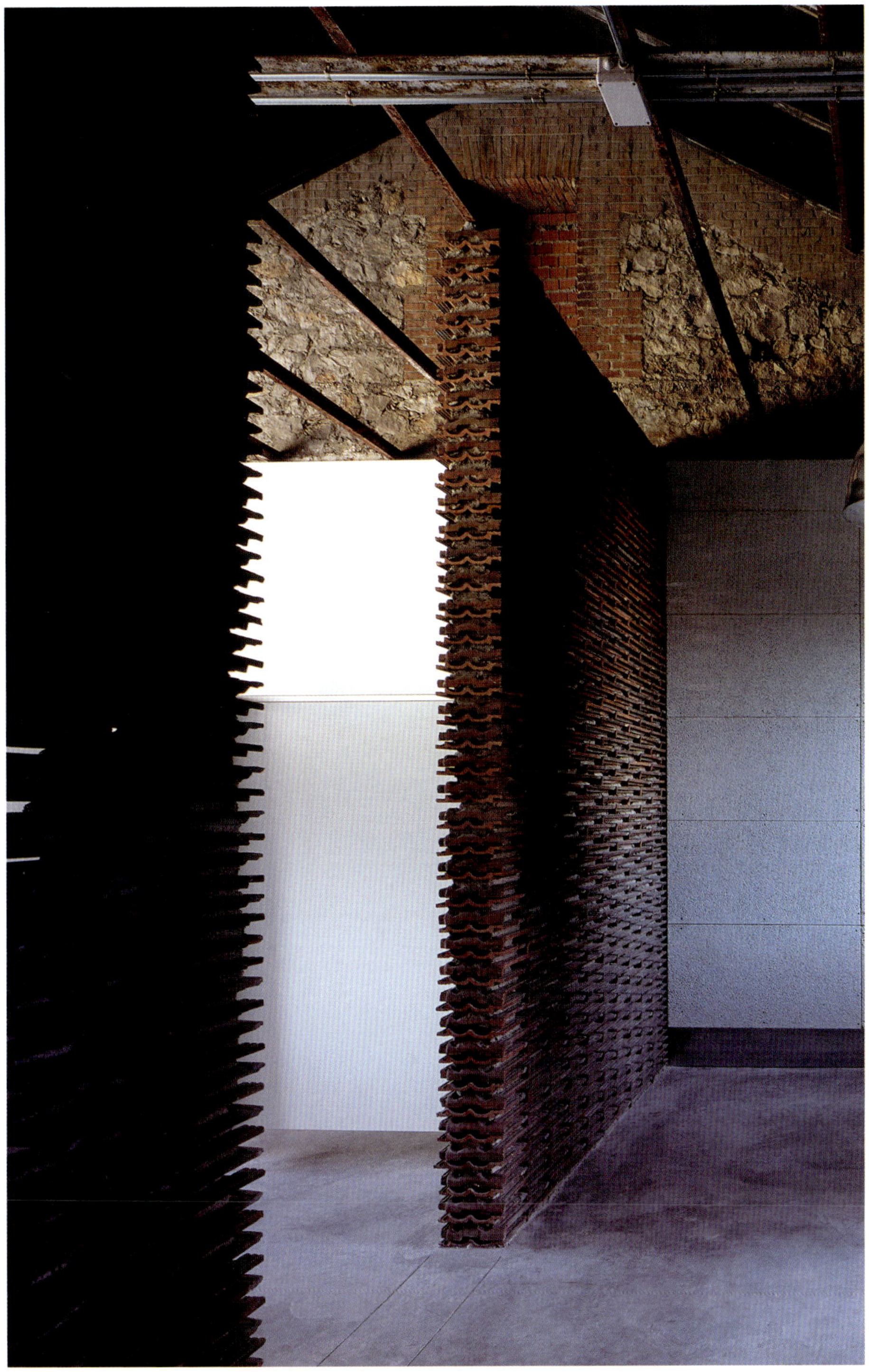

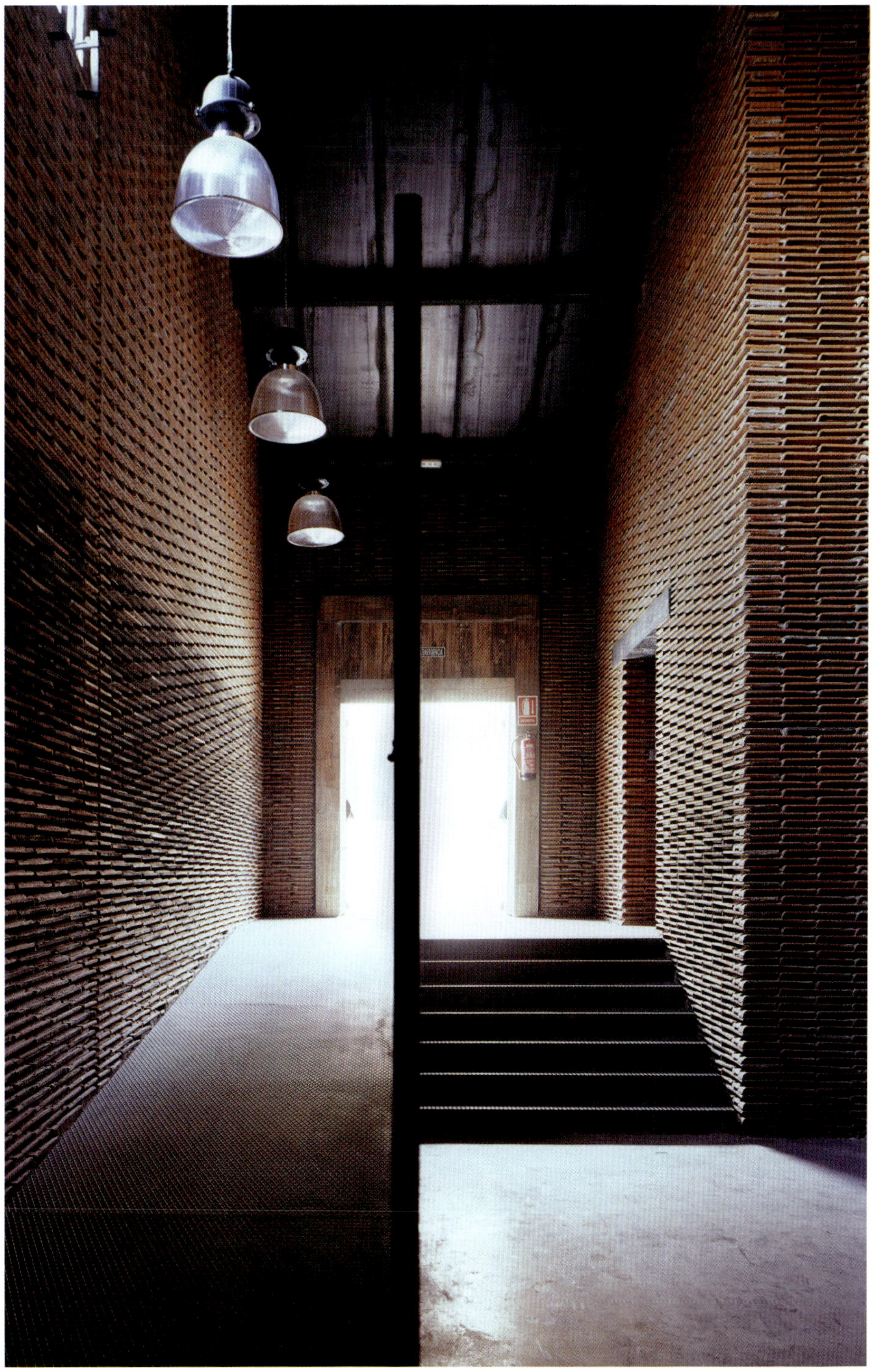

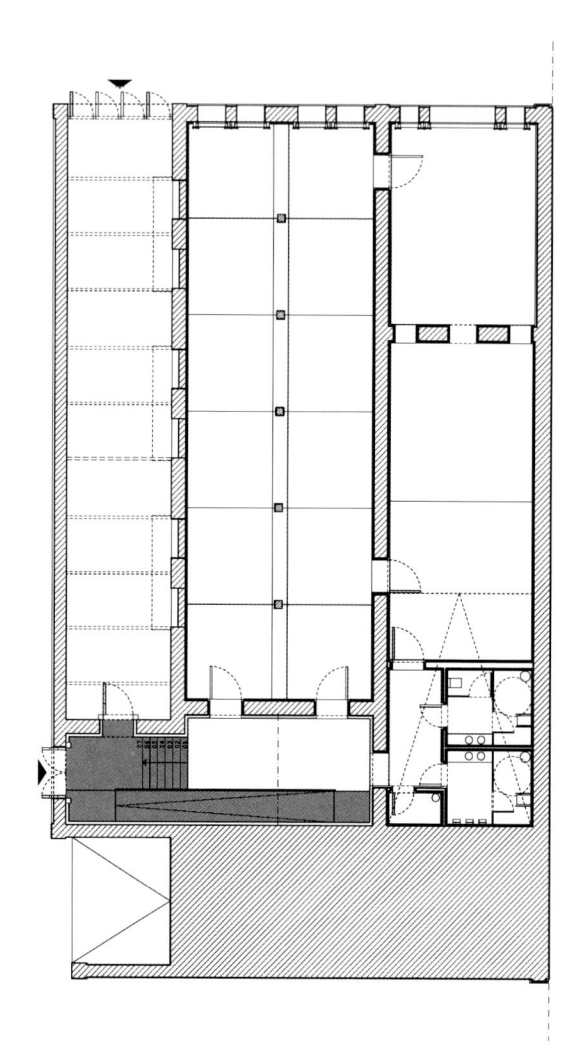

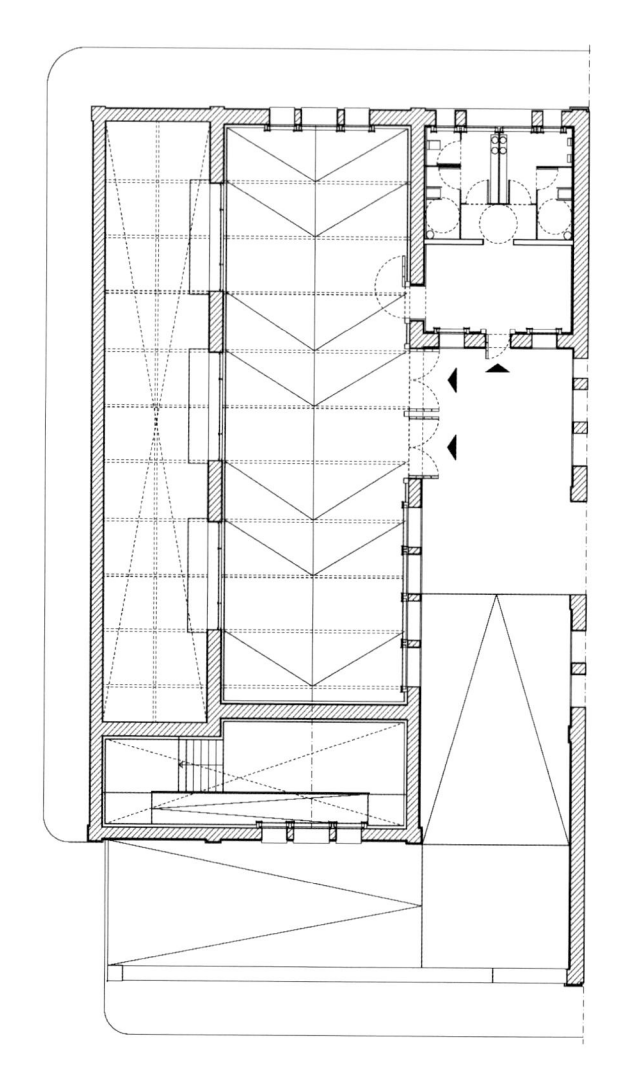

Plans / Grundisse
Plans / Plattegronden
Piante / Plantas

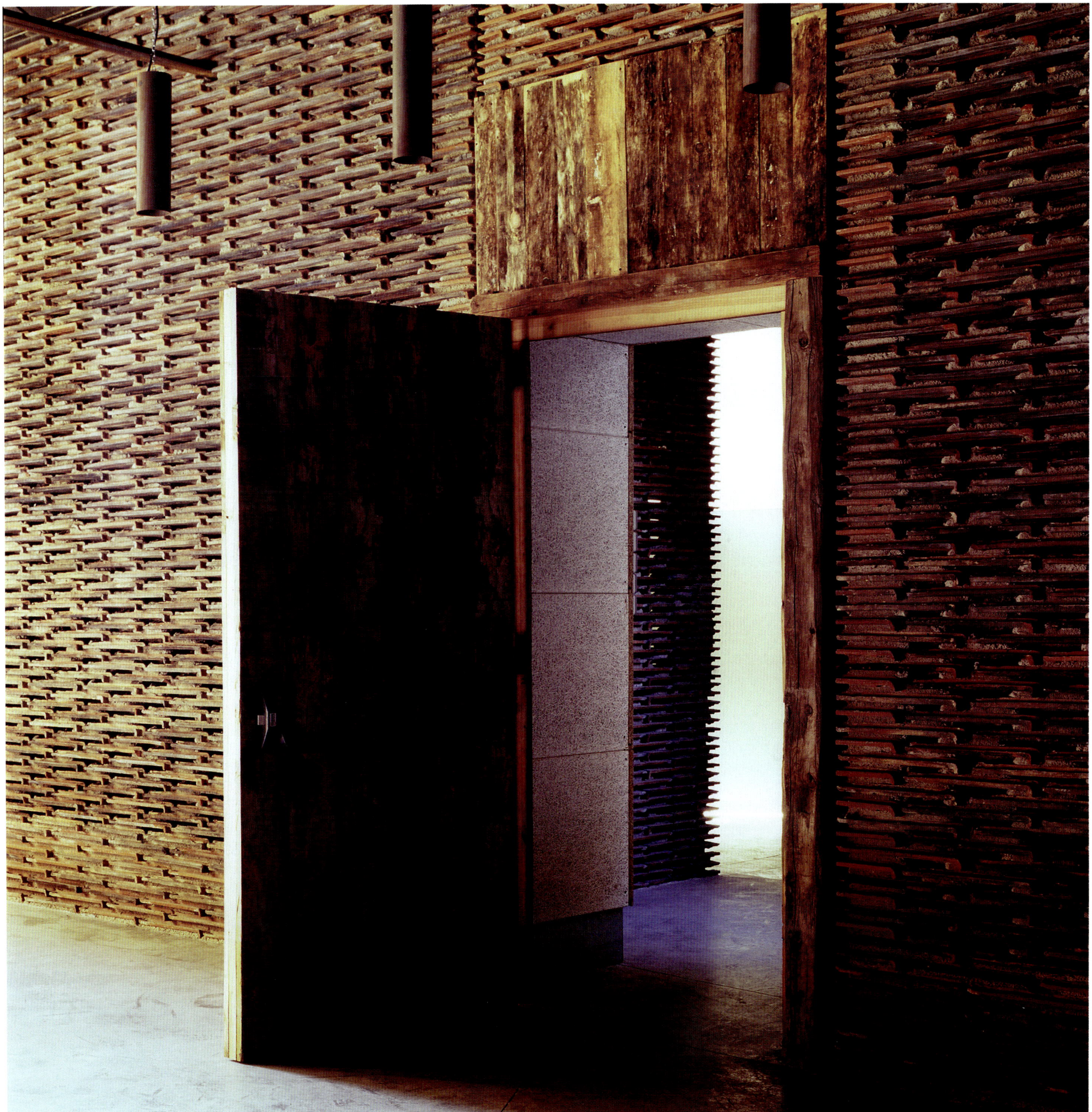

HOUSE IN IJBURG

Marc Koehler Architects
Amsterdam, The Netherlands
© Marcel van der Burg

Brick / Ziegel / Brique / Baksteen / Mattoni / Ladrillo

It is no secret that contemporary design and architecture are inspired by past traditions. In this project, a single family residence designed as a vertical garden, the brick masonry façade stands out, a technique inspired by the famous Amsterdam School from the 1920s.

Nul n'ignore que l'architecture contemporaine puise une partie de son inspiration dans celle des époques passées. Cette maison individuelle est conçue comme un jardin vertical. Sa façade, ouvrage de maçonnerie en briques, reprend une méthode de construction employée par la célèbre École d'Amsterdam des années 1920.

Non è un segreto che il design e l'architettura contemporanei si ispirino a riferimenti di epoche passate. In questo progetto di un'abitazione unifamiliare concepita come un giardino verticale, si impone la facciata in muratura a mattoni, tecnica ispirata alla famosa Scuola di Amsterdam degli anni '20.

Es ist kein Geheimnis, dass zeitgenössisches Design und Architektur von Beispielen aus vergangenen Epochen inspiriert werden. Bei diesem Projekt – einem Einfamilienhaus, das als vertikaler Garten entworfen wurde – sticht besonders die Fassade aus Ziegelmauerwerk hervor, das Anleihen bei der berühmten Amsterdamer Schule aus der Zeit der zwanziger Jahre des 20. Jahrhunderts aufweist.

Het is geen geheim dat de hedendaagse architectuur en design zijn geïnspireerd op concepten uit het verleden. In dit project, een eengezinswoning ontworpen als verticale tuin, valt het metselwerk in baksteen op, een techniek geïnspireerd op de beroemde Amsterdamse School uit de jaren twintig van de vorige eeuw.

No es un secreto que el diseño y la arquitectura contemporáneos se inspiran en referentes de épocas pasadas. En este proyecto, una residencia unifamiliar concebida como un jardín vertical, destaca la fachada de mampostería de ladrillos, una técnica inspirada en la famosa Escuela de Ámsterdam de la década de los años veinte del pasado siglo.

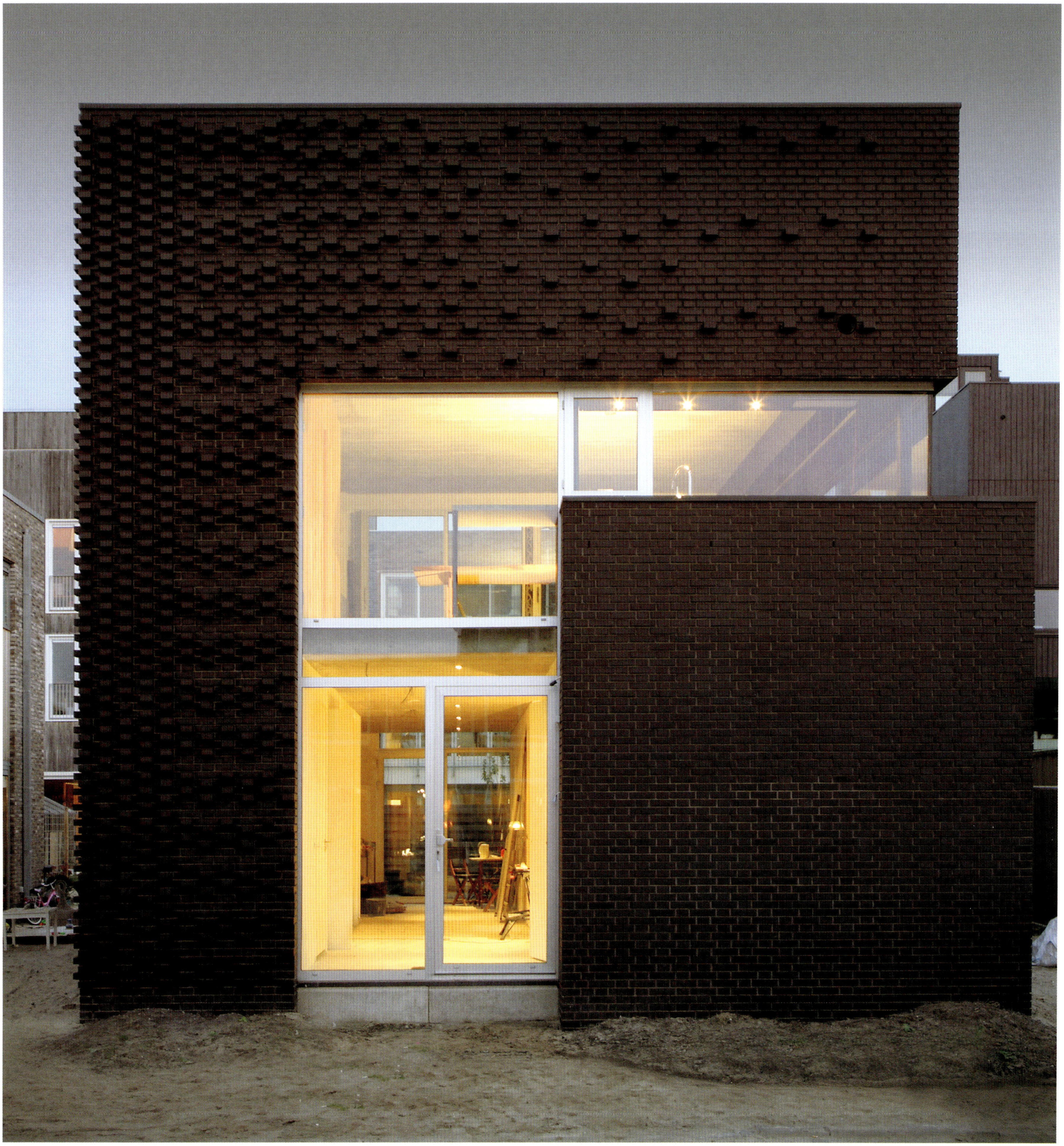

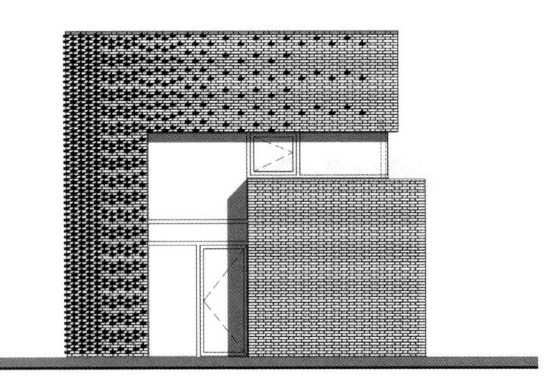

North elevation / Nördlicher Aufriss
Élévation nord / Verhoging noordzijde
Prospetto nord / Alzado norte

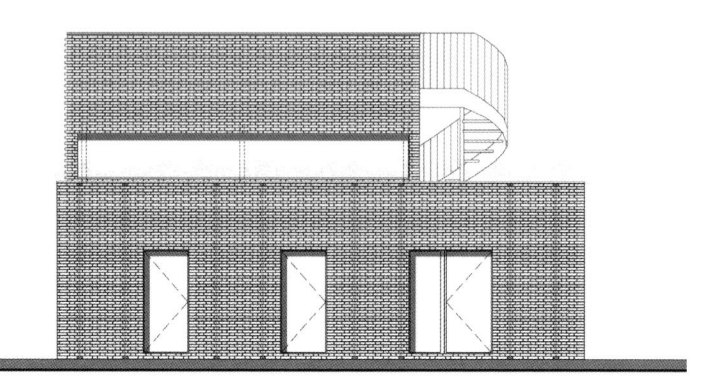

West elevation / Westlicher Aufriss
Élévation ouest / Verhoging westzijde
Prospetto ovest / Alzado oeste

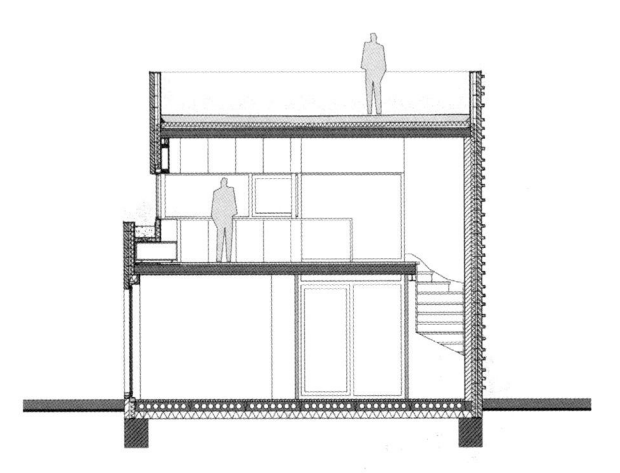

Section A / Schnitt A
Coupe A / Doorsnede A
Sezione A / Sección A

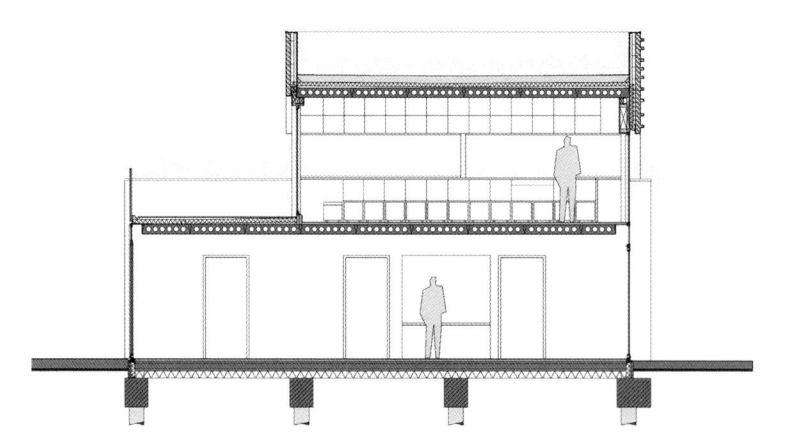

Section B / Schnitt B
Coupe B / Doorsnede B
Sezione B / Sección B

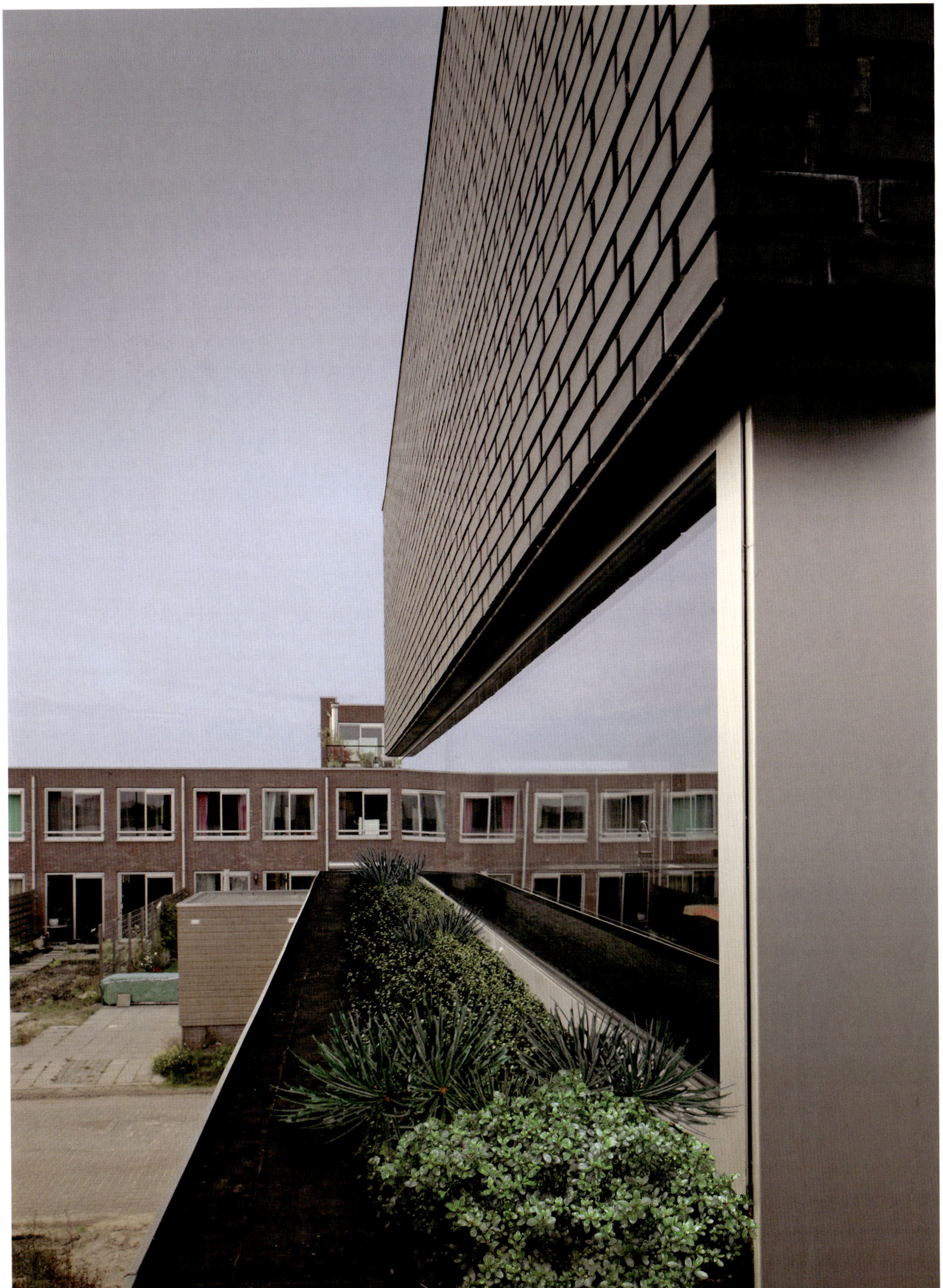

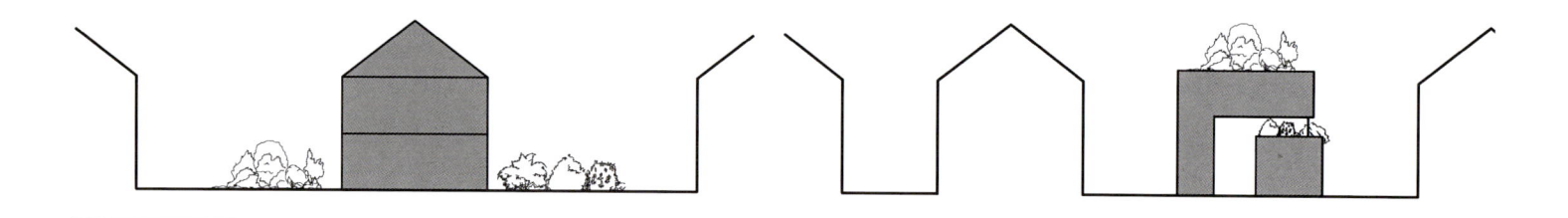

Design concept diagram / Diagramm des Design-Konzepts
Schéma du concept du design / Diagram van het ontwerpconcept
Diagramma del concetto progettuale / Diagrama del concepto de diseño

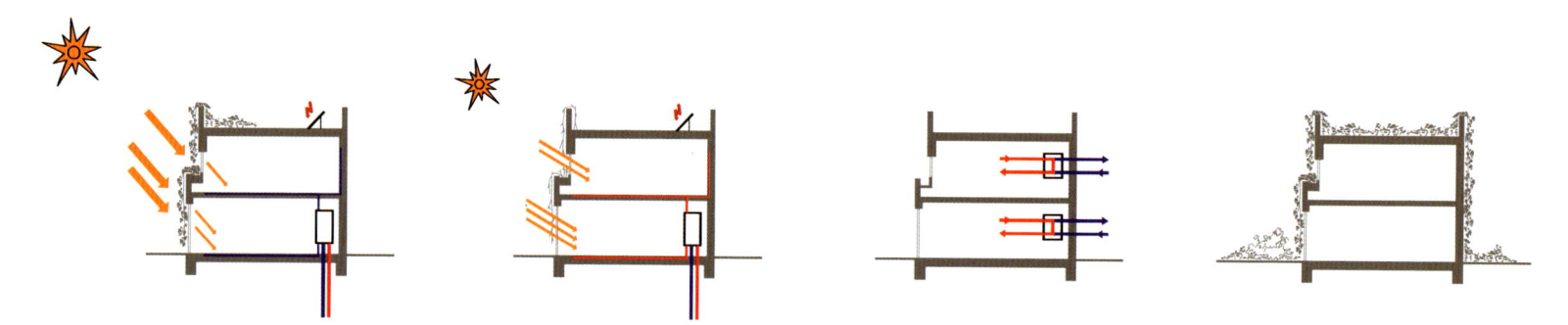

Energy sufficiency drawings / Zeichnungen bezüglich der Energieeffizienz
Dessins de la suffisance énergétique / Tekening over de energetische zelfvoorziening
Disegni sulla sufficienza energetica / Dibujos sobre la eficiencia energética

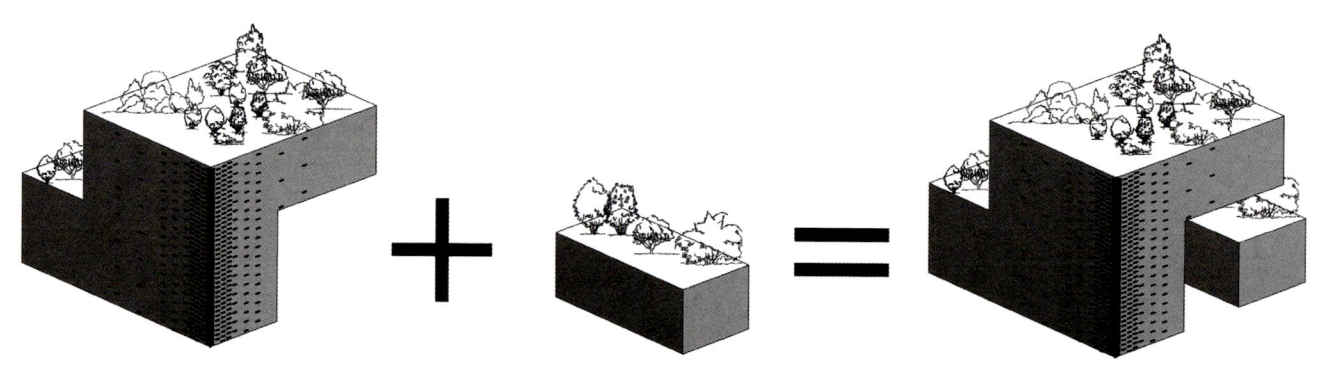

Garden on the terrace roof / Dachgarten
Jardin sur le toit / Daktuin
Giardino sul tetto / Jardín en la azotea

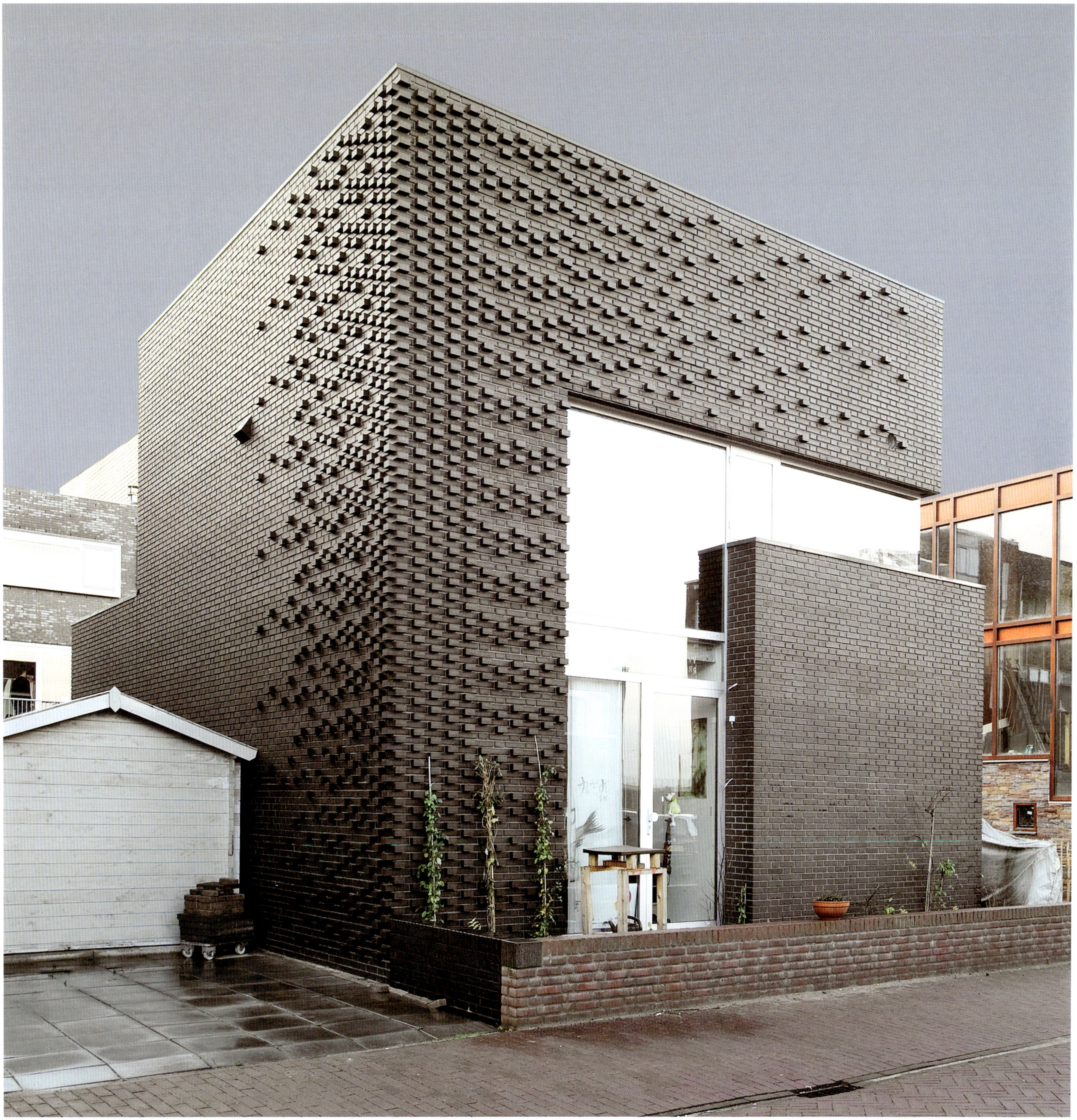

400

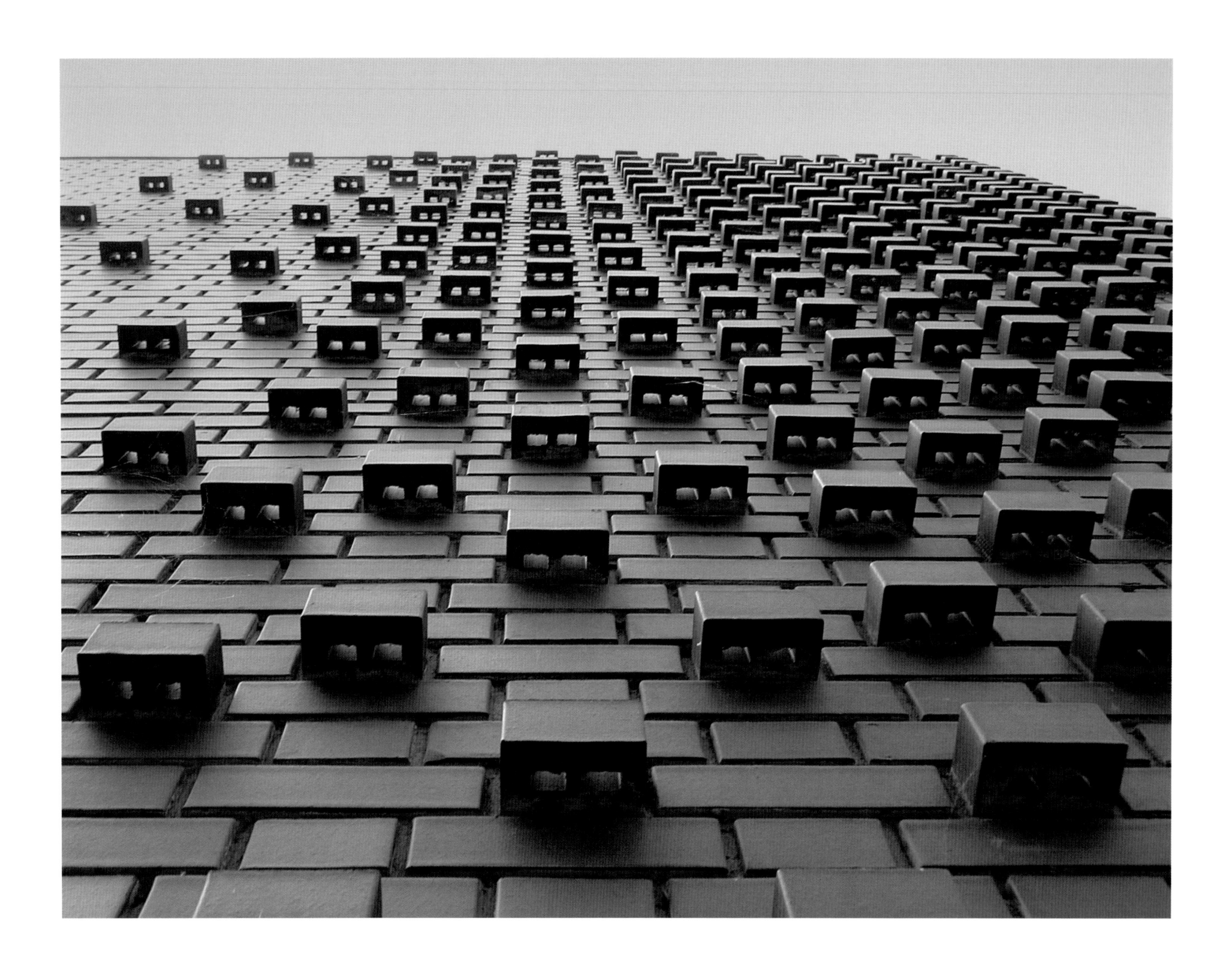

401

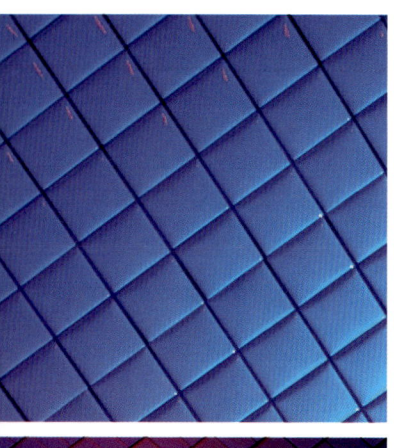

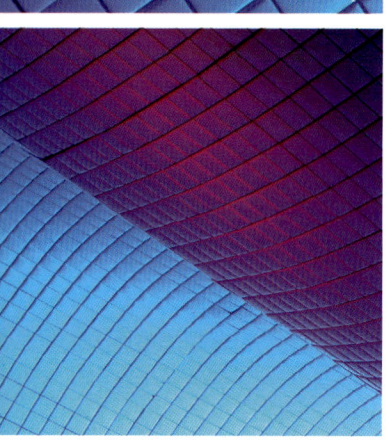

CERAMICS

Ceramics are products composed mainly of clay and kaolin that undergo a cooking process. The evolution of techniques and compositions has led to artistic and constructive applications, thanks to the emergence of bricks, tiles and slabs.
In preparing the ceramic paste, there are three main ingredients: plastic elements, degreasers and fluxes. The plastic elements are clay and kaolin. The degreasers (silica, silica sand and clay) reduce plasticity, increase porosity and facilitate drying. The flux elements, feldspar, micas, lime and powdered-glass determine the melting temperature of ceramics. The proportions and qualities of these components define the finished ceramic product.

Some of their features are:
- **Plasticity:** due to the addition of water, the clay is moldable.
- **Reduction:** shrinkage of the piece when drying.
- **Refractoriness:** all clays have a cooking temperature.
- **Porosity:** the degree of porosity depends on the type and consistency of clay that the ceramic body adopts after cooking.
- **Color:** the colors depend on the iron oxide or calcium carbonate composition.

Ceramics can be grouped and classified according to various aspects: according to their characteristics in natural state, their plasticity, porosity and color and melting point.

TILES

A tile is a manufactured and baked piece that is used to cover floors and walls and usually has a fine glazed finish. The main types of tiles are:

Wall tiles
This is the traditional name given to the thin, highly porous, dry pressed ceramic tiles which are usually square and glazed, and manufactured by double or single firing. They are suitable for use as interior wall cladding in residential or commercial premises. Wall tiles are fine grained and uniform. The glaze covering the face side is waterproof. They are mainly square and rectangular, but today they are available in multiple formats.

Thickness: < 10 mm (0.4 in)
Water absorption: 11-15 %
Tensile strength: 300-1,200 N
GL abrasion: variable
Frost resistance: no
Chemical resistance: variable

Stoneware flooring
This is a ceramic stoneware tile with medium or medium-low water absorption that has been dry pressed and single fired. Its strength and durability is proportional to the thickness of the piece. It is waterproof and resistant to cleaning products. The body is porcelain, which has a low or medium-low water absorption. The glaze on the face side has a wide range of finishes.
They are suitable for indoor floors. Those with greater resistance to frost and abrasion are also suitable for exterior flooring.

Thickness: < 8 mm (0.3 in)
Water absorption: 2-6 %
Tensile strength: 1,000-2,300 N
GL abrasion: variable
UGL abrasion: yes
Frost resistance: no
Chemical resistance: variable

Porcelain tiles
This is the general name given to ceramic tiles with very low water absorption that have been dry pressed and single fired. They are very resistant and not very porous. Its price is high when compared to other materials, but it is more resistant. They are easily cleaned and any type of cleaning product can be used. They are fine grained and uniform. Their uniqueness, unlike other ceramic products, is that the face side is made from the same material as the body.

Thickness: > 8 mm (0.3 in)
Water absorption: 0.1 %
Tensile strength: 2,200-5,200 N
UGL abrasion: 110-160 mm^3
Frost resistance: yes
Chemical resistance: yes

Rustic stoneware
This is the common name of ceramic tiles with low to medium-low water absorption, molded by extrusion, and which are usually not glazed.
The color of the body of this tile ranges from ocher to dark brownish-gray. The grain is mixed. These characteristics make them particularly suitable for wall cladding, outdoor floor coverings and even for public and industrial floors.

Thickness: > 10 mm (0.4 in)
Water absorption: 1.5-6 %
Tensile strength: 2,200-4,500 N
UGL abrasion: 240-400 mm^3
Frost resistance: variable
Chemical resistance: yes

Fire-clay
This name comes from the variety of products with different features that coincide only in the rustic appearance and are handcrafted in small quantities. They should not be confused with industrial production stoneware tiles or flooring.

Thickness: > 10 mm (0.4 in)
Water absorption: 6-15 %
Tensile strength: 2,300-3,200 N
GL abrasion: variable
UGL abrasion: 300-800 mm^3
Frost resistance: no
Chemical resistance: variable

ROOF TILES

Ceramic roof tiles are elements used to cover sloping roofs and are one of the earliest uses of fired ceramic in construction. These pieces are obtained by pressing or extrusion, drying and firing of a clay paste. The cooking process of the clay is precisely what increases its resistance and impermeability, resulting in a product suitable to channel rainwater and protect the roof. There are many types of roof tiles, currently they are also produced from other materials other than ceramics. Apart from being resistant and impermeable, roof tiles are durable, provide thermal, air and steam insulation, they are also inexpensive and low-maintenance. They are very resistant to frost, fire and other atmospheric phenomena. They provide water resistance and acoustic insulation.
The main elements are found on the roof, which are the drain tile, which collects rainwater, and the over-tile, covering the joints of the drain tiles. Tiles come in a variety of different shape: regular or irregular, flat, curved, smooth or with grooves and projections ... Depending on their shape, they are mainly classified into:
- **Roman tiles:** flat in the middle, with a concave curve at one end and a convex curve at the other. The edges can be parallel or convergent.
- **Barrel tiles:** consists of one single piece. This unique shape solves all roofing problems drains, over-tiles, ridges and files.
- **Flat-tile:** its most complex shape has grooves and ridges for overlapping.
- **Mixed tile:** While there are variations, it usually has a drain tile and a single piece over-tile, which gives it a similar appearance to the Roman or Barrel tile.

Beside roof tiles, there are specific ceramic pieces whose purpose is to resolve the specific points of the roof to ensure airtightness: ventilation tile, chimney support, eave tile or half tile etc.

BRICKS

Bricks are ceramic pieces, usually cuboid in shape, which are obtained by molding, drying and baking clay paste at high temperatures. In architecture, they are used for constructing walls, partitions, divisions, etc... There are also bricks for forging and paving for exterior spaces. The current range of compositions present a wide range of products, finishes, sizes and colors.
There are different formats and sizes, but usually they can usually be held in your hand. Their shape is a rectangular prism and their different dimensions are called length, width and height. The brick faces are called top, longside and shortside. According to their appearance, we classify bricks into:
- **Perforated brick:** those that have holes occupying more than 10% of its surface. They are used for building façades.
- **Solid brick:** those with less than 10% of perforations.
- **Handmade brick:** they look like old rough-looking traditional bricks.
- **Hollow brick:** those that have holes in the longside or the shortside to reduce weight and volume of material used.
- **Face brick:** used outdoors. Façades made of face brick require less maintenance.
- **Refractory brick:** used in locations with high temperatures such as stoves or fireplaces.

The brickwork is they way the bricks are arranged in a wall. There are a great diversity -English, on-edge, openwork, stretcher or header, and the choice of one or the other is based on the needs of each building. Bricks are laid always ensuring that the mortar has bonded correctly.

Tiles / Fliesen / Carreaux
Tegels / Piastrelle / Baldosas

KERAMIK

Keramik ist die Gesamtheit von Produkten, die im Wesentlichen aus Tonerde und Kaolin zusammengesetzt sind und ein Brennverfahren durchlaufen. Die Entwicklung der Techniken und Zusammensetzungen führte dank des Aufkommens von Backsteinen, Dachziegeln und Fliesen zu künstlerischen und baulichen Verwendungen.

Bei der Zubereitung der Keramikpaste treffen drei Hauptbestandteile zusammen Plastische Stoffe, Magerungsmittel oder Fettlöser und Schmelzmittel. Die plastischen Elemente sind die Tonerde und das Kaolin. Die Magerungsmittel verringern die Plastizität, erhöhen die Porosität und erleichtern das Trocknen; sie bestehen aus Kiesel, Sand oder Kieselerde. Die Schmelzmittel, Feldspate, Glimmer, Kalk und Glaspulver bestimmen die Schmelztemperatur der Keramik. Die Proportionen und Eigenschaften dieser Bestandteile bestimmen das keramische Endprodukt.

Einige seiner Eigenschaften sind:
- **Plastizität:** Durch die Beifügung von Wasser wird die Tonerde formbar.
- **Schwund:** Schrumpfung des Teils beim Trocknen
- **Feuerfestigkeit:** Jede Tonerde hat eine Brenntemperatur.
- **Porosität:** Der Grad der Porosität hängt von der Art der Tonerde und der Konsistenz, die das Keramikstück nach dem Brennen annimmt, ab.
- **Farbe:** Die Färbung hängt vom Eisenoxid oder Kalziumkarbonat der Zusammensetzung ab.

Die Keramik-Materialien können nach verschiedenen Aspekten klassifiziert werden: Nach ihren Eigenschaften im Naturzustand, nach ihrer Plastizität, nach ihrer Porösität und nach ihrem Schmelzpunkt.

FLIESEN

Eine Fliese ist ein gefertigtes und gebranntes Stück, das für die Verkleidung von Böden und Wänden verwendet wird, und das normalerweise eine feine Oberflächenglasur hat. Die wichtigsten Fliesen sind:

Kacheln

Das ist die traditionelle Bezeichnung der Keramikfliesen von geringer Stärke, erhöhter Porosität, trocken gepresst, im Allgemeinen quadratisch und glasiert, durch zweifaches oder einfaches Brennen hergestellt. Sie sind für die Verkleidung von Innenwänden in Wohn-oder Geschäftsräumen geeignet. Kacheln sind fein und gleichmäßig gekörnt. Die Glasur, mit der die sichtbare Seite bedeckt ist, macht diese Stücke wasserdicht. Die vorherrschenden Formen sind Quadrat und Rechteck, auch wenn sie heutzutage in vielfältigen Formaten erhältlich sind.

Dicke: < 10 mm
Wasseraufnahme: 11-15%
Bruchlast: 300-1200 N
Abnutzung GL: Variabel
Frostbeständigkeit: Keine
Chemikalienbeständigkeit: Variabel

Bodenbelag aus Steingut

Er ist als Keramikfliese bekannt und ist durch eine mittlere oder mittlere bis geringe Wasserabsorbtion gekennzeichnet, da sie trocken gepresst und durch einmaliges Brennen hergestellt wird. Ihre Härte und Beständigkeit ist der Dicke des Stückes proportional. Sie ist wasserdicht und Reinigungsprodukten gegenüber beständig. Der Körper ist aus Steingut, das eine mittlere bis mittel-niedrige Wasseraufnahme hat. Die Glasur der sichtbaren Seite gibt es in unendlich vielen Ausführungen. Die Fliesen sind für Böden in Innenräumen geeignet. Diejenigen, die eine höhere Frost- und Abnutzungsbeständigkeit aufweisen, sind auch für Außenverkleidungen geeignet.

Dicke: < 8 mm
Wasseraufnahme: 2-6%
Bruchlast: 1000-2300 N
Abnutzung GL: Variabel
Abnutzung UGL: Ja
Frostbeständigkeit: Keine
Chemikalienbeständigkeit: Variabel

Feinsteinzeug

Das ist die allgemeine Bezeichnung für Keramikfliesen mit sehr geringer Wasseraufnahme, trocken gepresst und einmalig gebrannt. Sie sind sehr widerstandsfähig und wenig porös. Im Vergleich mit anderen Materialien sind sie teurer, aber ihre Widerstandsfähigkeit ist größer. Sie sind leicht zu reinigen und vertragen alle Arten von Reinigungsprodukten. Sie sind von feiner und gleichmäßiger Körnung. Ihre Besonderheit im Unterschied zu anderen Keramikprodukten liegt darin, dass die sichtbare Seite aus demselben Material wie der Körper besteht.

Dicke: > 8 mm
Wasseraufnahme: 0,1%
Bruchlast: 2200- 200 N
Abnutzung UGL: 110-160 mm³
Frostbeständigkeit: Ja
Chemikalienbeständigkeit: Ja

Rustikales Steinzeug

Das ist die gewöhnliche Bezeichnung für Keramikfliesen mit niedriger oder mittel-niedriger Wasseraufnahme, die durch Auszug geformt werden und im Allgemeinen nicht glasiert werden. Der Körper dieser Fliese ist ockerfarben bis dunkelbraun. Die Körnung ist gleichmäßig. Diese Eigenschaften machen sie besonders geeignet für die Verkleidung von Fassaden, Fußböden in Außenbereichen und sogar für Böden von öffentlichen Räumen und Industrieanlagen.

Dicke: > 10 mm
Wasseraufnahme: 1,5-6%
Bruchlast: 2200-4500 N
Abnutzung UGL: 240-400 mm³
Frostbeständigkeit: Variabel
Chemikalienbeständigkeit: Ja

Gebrannter Ton

Unter diesem Namen gibt es eine Vielzahl von Produkten mit verschiedenen Eigenschaften, die nur in ihrem rustikalen Aussehen übereinstimmen und die handwerklich und in kleinen Mengen hergestellt werden. Man darf sie nicht mit industriell hergestellten Bodenbelägen oder Steingutfliesen verwechseln.

Dicke: > 10 mm
Wasseraufnahme: 6-15%
Bruchlast: 2300-3200 N
Abnutzung GL: Variabel
Abnutzung UGL: 300-800 mm³
Frostbeständigkeit: Keine
Chemikalienbeständigkeit: Variabel

DACHZIEGEL

Tondachziegel sind Deckelemente für geneigte Dächer und stellen eines der ersten Beispiele für Nutzung von gebranntem Ton beim Bauen dar. Es handelt sich um Teile, die durch Pressen oder Extrusion, Trocknen und Brennen aus einer Tonpaste gefertigt werden. Das Brennverfahren der Tonerden ist genau das, was ihre Widerstandsfähigkeit und Wasserdichtheit erhöht, wodurch man ein Produkt erhält, das sehr geeignet ist, das Regenwasser von den Dächern ablaufen zu lassen und die Decken zu schützen. Es gibt eine Vielzahl verschiedener Dachziegel. Heutzutage werden sie zudem auch aus anderen Materialien als Ton hergestellt. Die Dachziegel zeichnen sich außer durch ihre Widerstandskraft und Undurchlässigkeit durch ihre Dauerhaftigkeit, ihre Isolierfähigkeit gegenüber Wärme, Luft und Dampf, ihre niedrigen Kosten und durch ihren geringen Wartungsaufwand aus. Sie sind sehr widerstandsfähig gegen Frost und andere Wettererscheinungen so wie gegen Feuer. Sie sind wasser- und schalldicht.

Bei den Dächern finden sich die wichtigsten Elemente, wie die Halbschale, die das Regenwasser auffängt und der Firstziegel, der die Verbindungen der Halbschalen bedeckt. Die Form der Ziegel ist verschieden: Sie können regelmäßig oder unregelmäßig sein, flach, gewölbt oder mit Auskehlungen und Vorsprüngen ... Nach ihrer Form klassifiziert man sie hauptsächlich in:
- **Römischer Dachziegel:** Er hat eine flache Halbschale mit hochstehenden Leisten an den Längsseiten, die von einem gewölbten Firstziegel bedeckt sind. Die Ränder können parallel oder konvergent sein.
- **Arabischer Dachziegel:** Er besteht aus einem Stück. Diese einzigartige Form ermöglicht die Lösung aller Probleme eines Dachs: Halbschalen, Hohlziegel, Firstziegel und Dachdecken.
- **Flachziegel:** Seine komplexere Form hat Auskehlungen und Vorsprünge für das Zusammenfügen.
- **Gemischter Dachziegel:** Auch wenn es Variationen gibt, weist er gewöhnlich die Auskehlung und den First in einem Stück auf, was ihm ein ähnliches Aussehen wie dem römischen oder arabischen Dachziegel gibt.

Außer den Ziegeln gibt es besondere Teile aus Keramik, die für bestimmte Stellen der Dächer vorgesehen sind, um sicherzustellen, dass diese wasserdicht sind: Lüftungsziegel, Schornsteinstütze, Regendachziegel oder Halbziegel, usw.

BACKSTEINE

Der Ziegel (auch Backstein) cerámica ist im Allgemeinen ein Stück, das durch Formen, Trocknen und Brennen bei hohen Temperaturen aus einer Tonpaste hergestellt wird. In der Architektur wird er für den Bau von Wänden, Mauern, Zwischenwänden, Trennwänden, usw. eingesetzt. Es gibt auch Ziegel für Rohdecken und für Bodenbeläge in Außenbereichen. Die Vielfalt von modernen Kombinationen führt zu einem umfangreichen Sortiment von Produkten, Ausführungen, Maßen und Farben.

Es gibt verschiedene Formate, auch wenn sie gewöhnlich so groß sind, dass man sie einhändig verarbeiten kann. Sie haben die Form eines rechteckigen Prismas, und ihre verschiedenen Abmessungen haben Namen wie Läufer, Binder und Dicker. Die Seiten des Ziegels heißen Platte, Kante und Kopf. Ihrem Aussehen gemäß können wir die Backsteine klassifizieren in:

- **Hochlochziegel:** Das sind diejenigen, deren Auflagefläche Perforationen haben, die mehr als 10% ihrer Oberfläche einnehmen. Sie werden zum Bau von Fassaden verwendet.
- **Massivziegel:** Das sind diejenigen, deren Oberfläche weniger als 10% perforiert ist.
- **Handziegel** Sie täuschen alte, handgemachte, grob aussehende Ziegel vor.
- **Hohlziegel:** Ziegel, die Perforationen in den Kanten oder im Kopf haben, wodurch das Gewicht und das Volumen des verwendeten Materials reduziert wird.
- **Verblendziegel oder Verblendklinker:** Sie werden in Außenbereichen verwendet. Die Fassaden mit sichtbaren Ziegeln erfordern weniger Wartung.
- **Feuerfeste Ziegel:** Sie werden an Stellen, an denen hohe Temperaturen herrschen, wie Öfen oder Schornsteine angebracht.

Die Art und Weise, die Ziegel in der Mauer anzuordnen, nennt man Mauerverband. Es gibt eine große Vielfalt – englisch, hochkant, „Taubenschlag" (mit Lücken), Läuferverband, Blockverband – und die Wahl der einen oder anderen Methode geschieht entsprechend den Anforderungen der jeweiligen Konstruktion. Die Ziegel werden immer so angebracht, dass die korrekte Haftung am Mörtel gewährleistet ist.

Bricks / Backsteine / Briques
Bakstenen / Mattoni / Ladrillos

Ceramics / Keramik
Céramique / Keramiek
Ceramica / Cerámica

TERRE CUITE ET CÉRAMIQUE

Par terre cuite, on désigne divers objets façonnés essentiellement en argile ou en kaolin, puis cuits dans un four. L'évolution des techniques et de la composition des matériaux a permis l'essor des pratiques artistiques et a donné naissance à de nouvelles méthodes de construction avec l'apparition des briques, tuiles et carreaux.
Les trois principaux ingrédients entrant dans la composition de la pâte sont : les éléments plastiques, les maigres ou dégraissants et les fondants. Les éléments plastiques sont l'argile et le kaolin. Les éléments maigres – silice, sable ou argiles – réduisent la plasticité, augmentent la porosité et facilitent le séchage. Les fondants – feldspaths, micas, chaux et poudres de verre – déterminent la température de fusion de la céramique. La qualité du produit fini dépend des proportions et des qualités de ces différents composants.

Leurs principales caractéristiques sont :
– **Plasticité** : additionnée d'eau, l'argile devient malléable.
– **Perte au feu** : retrait de la pièce au séchage.
– **Réfractarité** : chaque argile cuit à une température différente.
– **Porosité** : le taux de porosité dépend du type d'argile et de la consistance des parois après la cuisson.
– **Couleur** : les couleurs dépendent des proportions d'oxydes de fer ou de carbonate calcique présentes dans le matériau.

On peut regrouper les produits en terre cuite en fonction de plusieurs critères : leurs caractéristiques naturelles, leur plasticité, leur porosité et leur couleur ou encore leur température de fusion.

CARREAUX

Un carreau est une pièce manufacturée, cuite au four, utilisée pour les revêtements des sols et des murs. La plupart sont émaillés. Les principaux carreaux sont :

Les azulejos

C'est le nom traditionnel des carreaux de faïence peu épais, très poreux, pressés à sec, généralement carrés et émaillés, pouvant être soumis à une ou deux cuissons. Ce sont des carreaux destinés aux murs intérieurs autant pour les résidences privées que les locaux commerciaux.
Les azulejos sont de grain fin et homogène. L'émail qui recouvre la face apparente les imperméabilise. Ils sont traditionnellement carrés ou rectangulaires mais l'offre s'est diversifiée et aujourd'hui les fabricants varient formes et formats.

Épaisseur : < 10 mm
Absorption d'eau : 11-15 %
Charge de rupture : 300-1200 N
Abrasion GL : variable
Résistance au gel : non
Résistance chimique : variable

Dalles de grès

Ce sont des carreaux caractérisés par une absorption d'eau moyenne ou assez faible, qui sont pressés à sec avant d'être cuits une seule fois. Leur dureté et leur résistance sont proportionnelles à leurs dimensions. Ce sont des carreaux imperméables, résistants aux détergents. Le corps du carreau en grès a une absorption d'eau de moyenne à moyen-faible. La face apparente émaillée se décline en une infinité de finitions. Ce sont des carreaux destinés aux sols en intérieur. Ceux offrant la meilleure résistance au gel et à l'abrasion peuvent être posés en extérieur.

Épaisseur : < 8 mm
Absorption d'eau : 2-6 %
Charge de rupture : 1 000-2 300 N
Abrasion GL : variable
Abrasion UGL : oui
Résistance au gel : non
Résistance chimique : variable

Grès porcelainé

Dernier né des produits apparus sur le marché, le grès porcelainé est pressé à sec et se caractérise par sa très faible absorption d'eau. Il est cuit une seule fois. Les carreaux sont peu poreux et très résistants, ce qui justifie leur coût plus élevé que celui des autres grès. Faciles d'entretien, tous les produits conviennent. Leur grain est fin et homogène. À la différence des autres carreaux, leur face apparente est du même matériau que le reste du carreau.

Épaisseur : > 8 mm
Absorption d'eau : 0,1 %
Charge de rupture : 2 200-5 200 N
Abrasion UGL : 110-160 mm³
Résistance au gel : oui
Résistance chimique : oui

Grès rustique

C'est la dénomination habituelle des dalles céramiques dont l'absorption d'eau est peu élevée ou moyennement peu élevée, moulées par extrusion, et généralement non émaillées. La couleur du corps va de l'ocre au brun très sombre. Ces caractéristiques le recommandent pour différents usages : revêtement des façades, carrelages extérieurs ainsi que sols des bâtiments publics et industriels.

Épaisseur : > 10 mm
Absorption d'eau : 1,5-6 %
Charge de rupture : 2 200-4 500 N
Abrasion UGL : 240-400 mm³
Résistance au gel : variable
Résistance chimique : oui

Terre cuite

Cette expression peut désigner une grande variété de carreaux d'apparence rustique aux caractéristiques différentes fabriqués artisanalement en petites quantités. Il ne faut pas les confondre avec les dalles ou carreaux de grès de fabrication industrielle.

Épaisseur : > 10 mm
Absorption d'eau : 6-15 %
Charge de rupture : 2 300-3 200 N
Abrasion GL : variable
Abrasion UGL : 300-800 mm³
Résistance au gel : non
Résistance chimique : variable

TUILES

Les tuiles sont des plaquettes de terre cuite posées comme éléments de couverture pour les toits en pente. Même s'il en existe maintenant en béton, les tuiles restent le plus gros débouché de la terre cuite dans la construction. La pâte argileuse est pressée ou extrudée, puis les tuiles sont découpées et mises à sécher avant cuisson. Selon le mode de cuisson des argiles, les tuiles seront plus ou moins résistantes et imperméables. Elles sont parfaitement conçues pour canaliser et évacuer les eaux de pluie des toits, ce qui les protège.
Il existe de nombreux types de tuiles, d'autant plus qu'aujourd'hui elles ne sont plus exclusivement en terre cuite. Les tuiles sont remarquables, non seulement par leur résistance et leur imperméabilité, mais aussi par leur longévité, leur propriété d'isolant thermique, d'isolant à l'air et à la vapeur et par leur faible coût. De plus, elles n'exigent presque aucun entretien. Elles résistent très bien au gel et à d'autres intempéries ainsi qu'au feu. Elles assurent l'étanchéité des couvertures et fournissent également une isolation acoustique. Une toiture réunit des tuiles ayant différentes fonctions : celles les unes couvrent les pans du toit et évacuent les eaux pluviales ; les autres, les faîtières, comme leur nom l'indique, recouvrent la jonction des tuiles au sommet des pans de la toiture. Il existe différents types de tuiles plus ou moins galbées, avec ou sans emboîtement. Elles peuvent être planes, courbes, lisses ou mécaniques... En fonction de leur forme, on les regroupe sous les appellations suivantes :
– **Tuile canal ou méditerranéenne** : c'est une tuile recourbée typique du Sud de la France. Elle se pose aujourd'hui sur une plaque ondulée spécialement conçue pour assurer l'étanchéité. Ses bords peuvent être parallèles ou converger l'un vers l'autre (tige de botte).
– **Tuile arabe** : d'une seule pièce, par sa forme unique, elle assure toutes les fonctions des différentes tuiles.
– **Tuile plate ou mécanique** : plus ou moins galbée, c'est une tuile complexe s'emboîtant l'une dans l'autre par un système de cannelures et de nervures.
– **Tuile romane** : elle ressemble à la tuile canal dont elle s'inspire mais réunit en un seul élément les parties supérieure (tuile de courant) et inférieure, de section semi-circulaire, dite tuile de chapeau ou encore de couvert.

À chaque type de tuile correspondent des accessoires spécifiques pour assurer l'étanchéité des différentes parties des toits : rencontre ou jonction ; fronton ou about ; chatière, sortie de ventilation, supports de cheminée, tuiles de rive ou demi-tuile, etc.

BRIQUES

La brique en terre cuite, est faite d'une pâte argileuse qui est moulée, séchée et cuite à température élevée. En architecture, la brique sert à élever murs et cloisons. Il existe aussi les briques artisanales à l'ancienne et les briques réfractaires ou de parement. Du fait de la grande diversité des matières premières employées, il existe une grande gamme de briques présentant des finitions variées, de dimensions et de couleurs différentes. Leurs dimensions ne sont pas standardisées, mais en général il est toujours possible de manipuler les briques d'une seule main. Elles ont la forme d'un parallélépipède rectangle. La longueur de la brique ou panneresse, est égale à deux fois sa largeur ou boutisse et épaisseur. Selon leur apparence, les briques sont classées comme suit :
– **Brique perforée** : elle présente des perforations visibles sur la face qui constituent plus de 10 % de sa surface. Elle sert pour la construction des façades.
– **Brique pleine** : autrefois sans perforation, aujourd'hui une brique est dite pleine quand elle en a moins de 10 %.
– **Brique artisanale** : elle est semblable aux briques anciennes de fabrication artisanale, présentant l'aspect du tuf.
– **Brique creuse** : elle est perforée de petites alvéoles parallèles à une des faces de la brique, ce qui diminue le poids et le volume de matière première utilisée.
– **Brique de parement / apparente** : elle s'utilise en extérieur. Les façades en briques apparentes demandent moins d'entretien.
– **Brique réfractaire** : elle s'utilise pour élever des parois devant résister à des températures élevées comme les fours et les conduits de cheminées.

La manière dont les briques sont disposées s'appelle l'appareil. Les plus répandus sont dits « à l'anglaise », « sur chant », « à claire-voie », « en panneresse » ou « en boutisse ». On les choisit en fonction des exigences de chaque construction. Il faut toujours s'assurer de la bonne prise du mortier au fur et à mesure que l'on pose les briques.

KERAMIEK

Keramiek is de verzameling producten die voornamelijk zijn samengesteld uit klei en kaolien die een bakproces ondergaan. De ontwikkeling van de technieken en samenstellingen, waardoor bakstenen, dakpannen en tegels zijn ontstaan, is aanleiding geweest tot toepassingen in de kunst en in de bouw. In de bereiding van de keramische specie zijn drie hoofdingrediënten aanwezig: de plastische, de schrale of ontvettingsmiddelen en de smeltmiddelen. De plastische elementen zijn klei en kaolien. De schrale elementen verminderen de plasticiteit, verhogen de poreusheid en vergemakkelijken het drogen. Het gaat hier om silicium, zand of siliciumklei. Smeltmiddelen – veldspaat, mica, kalk en glaspoeder – zijn de ingrediënten die de smelttemperatuur van de keramiek bepalen. De verhoudingen en kwaliteiten van deze componenten bepalen het keramische eindproduct.

Sommige eigenschappen zijn:
– **Plasticiteit:** door de toevoeging van water wordt de klei kneedbaar.
– **Uitval:** krimping van het voorwerp wanneer het gedroogd wordt.
– **Vuurvastheid:** elke klei heeft een eigen baktemperatuur.
– **Poreusheid:** de poreusheid hangt af van het kleisoort en van de consistentie die het keramische deel na het bakken aanneemt.
– **Kleur:** de kleuringen hangen af van het ijzeroxide of calciumcarbonaat in de samenstelling.

Keramiek kan worden ingedeeld in groepen volgens diverse aspecten: haar eigenschappen in natuurlijke staat, haar plasticiteit, haar poreusheid en kleur of haar smeltpunt.

TEGELS

Een tegel wordt vervaardigd en in een oven gebakken en wordt gebruikt voor het bekleden van vloeren en wanden en gewoonlijk hebben ze een dunne emaillaag. De belangrijkste soorten zijn:

Wandtegels (azulejo's)

Dit is de traditionele benaming van dunne keramische tegels met een hoge poreusheid. Zij zijn drooggeperst, over het algemeen vierkant van vorm en geëmailleerd, en worden dubbel- of enkelhardgebakken. Ze zijn geschikt voor gebruik als binnenwandbekleding van woningen of commerciële lokalen. Tegels zijn gemaakt van een fijne, homogene structuur. Het email waarmee de zichtbare kant is bedekt maakt deze tegels waterdicht. Vierkante en rechthoekige vormen komen het meest voor, hoewel er tegenwoordig allerlei formaten verkrijgbaar zijn.

Dikte: < 10 mm
Vochtopname: 11-15%
Breeksterkte: 300-1.200 N
Weerstand tegen afschuring GL: wisselend
Vorstbestendigheid: nee
Chemische bestendigheid: wisselend

Grestegels

Het gaat om een keramische tegel die wordt gekenmerkt door een middelhoge of middellage vochtopname omdat ze drooggeperst en enkelhardgebakken zijn. De hardheid en weerstand ervan is in verhouding tot de dikte van de tegel. Gres is waterdicht en bestand tegen schoonmaakmiddelen. Het hoofdbestanddeel is gres, die een lage of middellage vochtopname heeft. Het email aan de zichtbare zijde heeft oneindig veel afwerkingen.
Ze zijn geschikt voor binnenvloeren. Grestegels met een hogere vorstbestendigheid en slijtvastheid zijn ook geschikt voor buiten.

Dikte: < 8 mm
Vochtopname: 2-6%
Breeksterkte: 1.000-2.300 N
Weerstand tegen afschuring GL: wisselend
Weerstand tegen afschuring UGL: ja
Vorstbestendigheid: nee
Chemische bestendigheid: wisselend

Porseleingres

Dit is de algemene benaming van keramische tegels met een hele lage vochtopname, die zijn drooggeperst en enkelhardgebakken. Ze zijn zeer sterk en niet erg poreus. De prijs ervan is hoog als we deze tegels met andere materialen vergelijken, maar de weerstand is beter. Het is gemakkelijk schoon te maken en verdraagt elk type reinigingsmiddel. Porseleingres heeft een dunne, homogene structuur. Dit materiaal onderscheidt zich van andere keramische producten doordat de zichtbare zijde er hetzelfde uitziet als het hoofdbestanddeel.

Dikte: > 8 mm
Vochtopname: 0,1%
Breeksterkte: 2.200 - 5.200 N
Weerstand tegen afschuring UGL: 110-160 mm^3
Vorstbestendigheid: ja
Chemische bestendigheid: ja

Rustieke gres

Dit is de gebruikelijke benaming van keramische tegels met een lage of middellage vochtopname, ze zijn geëxtrudeerd en over het algemeen ondergaan ze geen emailleerproces. De body van deze tegel heeft een okerachtige tot zeer donkere bruinrijze kleur. De structuur is heterogeen. Deze kenmerken maken deze tegel in het bijzonder geschikt voor de bekleding van gevels, tegelvloeren in de buitenlucht en zelfs vloeren van openbare en industriële gebouwen.

Dikte: > 10 mm
Vochtopname: 1,5-6%
Breeksterkte: 2200-4500 N
Weerstand tegen afschuring UGL: 240-400 mm^3
Vorstbestendigheid: Wisselend
Chemische bestendigheid: Ja

Terracotta

Een grote groep producten met verschillende kenmerken wordt onder één noemer gebracht. De enige eigenschap die ze met elkaar gemeen hebben is dat ze er rustiek uitzien en dat ze ambachtelijk, in kleine hoeveelheden worden gefabriceerd. Terracottategels moeten niet verward worden met plavuizen of vloertegels van industrieel geproduceerde gres.

Dikte: > 10 mm
Vochtopname: 6-15%
Breeksterkte: 2.300-3.200 N
Weerstand tegen afschuring GL: wisselend
Weerstand tegen afschuring UGL: 300-800 mm^3
Vorstbestendigheid: nee
Chemische bestendigheid: wisselend

DAKPANNEN

Keramische dakpannen worden gebruikt om schuine daken te bedekken. De dakpan was één van de eerste elementen van gebakken aardewerk dat in de bouw werd gebruikt. Dakpannen worden verkregen door het persen of extruderen, drogen en bakken van een kleipasta. Het is het bakproces van de klei dat de weerstand en waterdichtheid ervan doet verhogen. Hierdoor wordt een product verkregen dat zeer geschikt is om het regenwater van de daken te kanaliseren en de daken te beschermen. Er bestaan vele soorten dakpannen. Bovendien worden tegenwoordig ook dakpannen van andere materialen dan aardewerk gemaakt. Dakpannen hebben niet alleen een hoge weerstand en waterdichtheid, maar ook duurzaamheid, een hoog isolatievermogen ten aanzien van warmte, lucht en damp, en ze zijn goedkoop en vergen nauwelijks onderhoud. Ze zijn zeer vorstbestendig en bestand tegen weersomstandigheden en vuur. Dakpannen zijn waterdicht en zorgen voor geluidsisolatie. Op de schuine vlakken bevinden zich de belangrijkste elementen; de zogenaamde holle pan waarin het regenwater wordt opgevangen en de bolle pan, die de naden van de holle dakpannen afdekt. De vorm van de dakpannen varieert, ze kunnen regelmatig of onregelmatig, plat, gebogen, effen of met groeven en uitsteeksels zijn... Naar de vorm worden ze voornamelijk als volgt geclassificeerd:
– **Romeinse dakpan:** heeft een plat hol vlak met verheven zijranden en een gebogen, bolle dakpan. De randen kunnen parallel zijn of in elkaar passen.
– **Holle dakpan:** bestaat uit één deel. Deze enige vorm lost alle problemen van een dak op: goten, afdekkingen, nokken en hoeken.
– **Platte dakpan:** de complexere vorm van deze dakpan beschikt over groeven en uitstekende delen die in elkaar worden gepast.
– **Verbeterde holle dakpan:** hoewel er variaties zijn, heeft deze een holle en bolle vorm in één dakpan, waardoor ze op de Romeinse of holle dakpan lijken.

Naast de dakpannen zijn er speciale keramische hulpstukken die bijzondere punten van daken moeten bedekken om zo de waterdichtheid ervan te waarborgen: ventilatiepan, schoorsteenpan, onderpan of halve pan, etc.

BAKSTENEN

De baksteen is een keramische steen, over het algemeen ortho-edrisch gevormd, die wordt verkregen door het vormen, drogen en op hoge temperaturen bakken van kleipasta. In de architectuur wordt het gebruikt voor het maken van wanden, muren, tussenwanden, scheidingswanden, enz. Ook zijn er bakstenen voor vloeren en bestrating. De keur van huidige samenstellingen zorgen ervoor dat er een zeer ruim assortiment producten, afwerkingen, afmetingen en kleuren bestaat.
Er zijn verschillende formaten, hoewel ze over het algemeen een grootte hebben die gemakkelijk met de hand te hanteren is. Bakstenen hebben de vorm van een rechthoekige prisma en de verschillende afmetingen worden strek, kop en dikte genoemd, net als de zijden. Al naargelang hun aspect kunnen bakstenen als volgt worden geclassificeerd:
– **Geperforeerde baksteen:** dit zijn bakstenen die aan de bovenzijde gaten hebben die meer dan 10% van het oppervlak in beslag nemen. Ze worden gebruikt voor het bouwen van gevels.
– **Massieve baksteen:** dit zijn bakstenen waarvan de bovenzijde minder dan 10% aan gaten heeft.
– **Handvormsteen:** deze bootsen de oude ambachtelijk geproduceerde bakstenen na en zien er grof uit.
– **Holle baksteen:** dit zijn bakstenen die gaten in de strek of in de kop hebben waardoor het gewicht en het volume van het gebruikte materiaal wordt verminderd.
– **Caravista bakstenen (zichtzijde):** deze worden buiten gebruikt. Puur bakstenen gevels vereisen minder onderhoud.
– **Vuurvaste bakstenen:** deze worden gebruikt op plaatsen waar hoge temperaturen worden bereikt zoals ovens en schoorstenen.

De manier waarop een muur uit bakstenen wordt opgericht heet metselverband. Er zijn vele verbanden - Engels, staand, kruis-, halfsteens- of kettingverband – en de keuze van het ene of het andere verband wordt gemaakt op grond van elke bouwbehoefte. Bakstenen worden altijd zodanig gemetseld dat de juiste hechting van de specie wordt gewaarborgd.

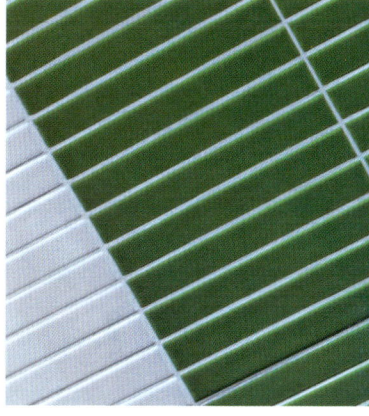

Wall tiles / Kacheln
Les azulejos / Wandtegels
Matonelle / Azulejos

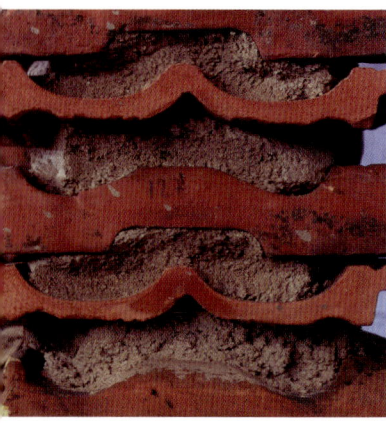

Roof tiles / Dachziegel / Tuiles
Dakpannen / Tegole / Tejas

CERAMICA

La ceramica è l'insieme di prodotti composti sostanzialmente da argilla e caolino e sottoposti a un processo di cottura. L'evoluzione delle tecniche e delle composizioni ha dato vita ad applicazioni artistiche e costruttive, con la comparsa di mattoni, tegole e piastrelle.

Nella preparazione dell'impasto ceramico intervengono tre ingredienti principali: gli elementi plastici, quelli cosiddetti magri o sgrassanti e quelli chiamati fondenti. Gli elementi plastici sono l'argilla e il caolino. Gli elementi magri riducono la plasticità, aumentano la porosità e facilitano l'essiccazione; sono la silice, la sabbia o le argille silicee. Gli elementi fondenti - feldespati, mica, calce e vetro in polvere - sono quelli che determineranno la temperatura di fusione della ceramica. Le proporzioni e la qualità di questi componenti definiscono il prodotto ceramico finale.

Alcune delle sue caratteristiche sono:
- **Plasticità**: con l'aggiunta dell'acqua di argilla diventa malleabile.
- **Calo**: riduzione o contrazione del pezzo durante l'essiccazione.
- **Refrattarietà**: ogni argilla ha una propria temperatura di cottura.
- **Porosità**: il grado di porosità dipende dal tipo di argilla e dalla consistenza adottata dal corpo ceramico dopo la cottura.
- **Colore**: le colorazioni dipendono dall'ossido di ferro o dal carbonato di calcio presenti nella composizione.

I tipi di ceramica possono essere raggruppati e classificati in base a vari criteri: per le loro caratteristiche allo stato naturale, per la loro plasticità, porosità, per il loro colore e punto di fusione.

PIASTRELLE

Una piastrella è un pezzo prodotto e cotto che viene utilizzato per rivestire pavimenti e pareti, normalmente rifinito da una sottile smaltatura. I principali tipi di piastrelle sono:

Mattonelle

Si tratta della denominazione tradizionale delle piastrelle in ceramica di poco spessore, con porosità elevata, pressate a secco, solitamente quadrate e smaltate, prodotte con bicottura o monocottura. Sono adatte per rivestire pareti interne in ambienti residenziali o commerciali.
Le mattonelle hanno una grana fine e omogenea. Lo smalto che copre il lato a vista le rende impermeabili. Le forme principali sono quadrata e rettangolare, anche se attualmente sono disponibili in moltissimi formati diversi.

Spessore: < 10 mm
Assorbimento di acqua: 11-15 %
Carico di rottura: 300-1200 N
Abrasione GL: variabile
Resistenza al gelo: No
Resistenza chimica: variabile

Pavimento in gres

Noto sotto forma di piastrella in ceramica, si caratterizza per un assorbimento di acqua medio o medio-basso dato che i pezzi vengono pressati a secco e sono fabbricati tramite monocottura. Durezza e resistenza sono proporzionali allo spessore del pezzo. È un materiale impermeabile e resistente ai prodotti di pulizia. Il corpo è in gres e presenta un assorbimento di acqua basso o medio-basso. Lo smalto del lato a vista può avere moltissime finiture.
Si tratta di un materiale adatto ai pavimenti di ambienti interni. Le piastrelle che hanno una maggiore resistenza alle basse temperature e all'abrasione sono adatte anche come rivestimento da esterni.

Spessore: < 8 mm
Assorbimento di acqua: 2-6 %
Carico di rottura: 1000-2300 N
Abrasione GL: variabile
Abrasione UGL: Sì
Resistenza al gelo: No
Resistenza chimica: variabile

Gres porcellanato

Si tratta del nome generico delle piastrelle ceramiche a bassissimo assorbimento di acqua, pressate a secco e sottoposte a un'unica cottura. Sono molto resistenti e poco porose. Hanno un costo elevato se confrontate con altri materiali, ma la loro resistenza è maggiore. Sono facilmente lavabili e supportano qualsiasi tipo di prodotto di pulizia. Il gres porcellanato ha una grana fine e omogenea. La sua particolarità, a differenza di altri prodotti ceramici, è che il lato a vista è dello stesso materiale della parte sottostante.

Spessore: > 8 mm
Assorbimento di acqua: 0,1 %
Carico di rottura: 2200-5200 N
Abrasione UGL: 110-160 mm³
Resistenza al gelo: Sì
Resistenza chimica: Sì

Gres rustico:

È il nome abitualmente dato alle piastrelle in ceramica con assorbimento d'acqua basso o medio-basso, stampate per estrusione e solitamente non sottoposte a smaltatura.
Il colore di questa piastrella va dall'ocra al marrone molto scuro. Ha una grana eterogenea. Queste caratteristiche rendono il gres rustico particolarmente adatto per rivestire facciate, pavimenti esterni e persino locali pubblici e ambienti per uso industriale.

Spessore: > 10 mm
Assorbimento di acqua: 1,5-6 %
Carico di rottura: 2200-4500 N
Abrasione UGL: 240-400 mm³
Resistenza al gelo: variabile
Resistenza chimica: Sì

Cotto:

Sotto questo nome rientra una grande varietà di prodotti con caratteristiche diverse, che hanno in comune solo l'aspetto rustico e la produzione artigianale in piccole quantità. Non vanno confusi con i pavimenti o le piastrelle in gres di produzione industriale.

Spessore: > 10 mm
Assorbimento di acqua: 6-15 %
Carico di rottura: 2300-3200 N
Abrasione GL: variabile
Abrasione UGL: 300-800 mm³
Resistenza al gelo: No
Resistenza chimica: variabile

TEGOLE

Le tegole ceramiche sono elementi di copertura per i tetti a spiovente e rappresentano uno dei primi usi della terracotta in edilizia. Sono pezzi ottenuti tramite pressione o estrusione, essiccazione e cottura di un impasto argilloso. Il processo di cottura dell'argilla è quello che ne aumenta la resistenza e l'impermeabilità, consentendo di ottenere un prodotto particolarmente adatto per canalizzare l'acqua piovana dei tetti e proteggere le coperture.

Vi sono numerosi tipi di tegole; inoltre attualmente vengono prodotte con materiali diversi dalla ceramica. Oltre alla resistenza e all'impermeabilità, le tegole resistono al tempo, creano isolamento termico, all'aria e al vapore, hanno un costo ridotto e necessitano di poca manutenzione. Resistono bene al gelo, agli altri fenomeni atmosferici e agli incendi. Garantiscono tenuta all'acqua e isolamento acustico.

Sui tetti troviamo le principali tipologie di tegole: i coppi che raccolgono l'acqua piovana e gli embrici di forma piatta inseriti tra le varie file di coppi. La forma delle tegole varia: possono essere regolari o irregolari, piatte, curve, lisce o scanalate o con bordature sporgenti. In base alla forma vengono classificate nei seguenti gruppi:

- **Tegola romana**: ha il pezzo del coppo piatto, con i bordi laterali sollevati e la copertura curva. I bordi possono essere paralleli o convergenti.
- **Tegola araba**: è un unico pezzo. Questa forma unica consente di risolvere tutti i problemi di un tetto: canaline, coperture, colmo e struttura portante.
- **Tegola piatta**: la sua forma, più complessa, presenta scanalature e sporgenze per effettuare i necessari incastri.
- **Tegola mista**: anche se vi sono delle varianti, solitamente dispone di canalina e copertura, il tutto in unico pezzo; questo la fa assomigliare alla tegola romana o araba.

Oltre alle tegole, vi sono elementi speciali in ceramica utilizzati per gestire punti particolari del tetto e assicurarne la tenuta: tegola di ventilazione, supporto del camino, tegola del cornicione o mezza tegola, ecc…

MATTONI

Il mattone è un pezzo di ceramica, solitamente di forma ortoedrica, ottenuto tramite stampo, essiccazione e cottura ad alte temperature di un impasto argilloso. In architettura viene impiegato per realizzare pareti, muri, tramezzi, divisori, ecc… Esistono anche i mattoni per solai e pavimenti esterni. La diverse composizioni attualmente disponibili consentono di disporre di un'ampia gamma di prodotti, finiture, misure e colori. Vi sono vari formati disponibili, anche se in generale hanno dimensioni gestibili con una mano. La loro forma è quella di un prisma rettangolare. In base al loro aspetto, possiamo classificare i mattoni nel modo seguente:

- **Mattoni perforati**: sono quelli provvisti di fori che occupano oltre il 10% della superficie. Sono usati per la costruzione delle facciate.
- **Mattoni pieni**: sono quelli che hanno meno del 10% di fori.
- **Mattoni fatti a mano**: simulano i vecchi mattoni di fattura artigianale, di aspetto grezzo.
- **Mattoni semipieni**: hanno fori sul lato corto o lungo che riducono il peso e il volume del materiale impiegato.
- **Mattoni faccia a vista**: usati negli ambienti esterni. Le facciate con mattoni faccia a vista richiedono minore manutenzione.
- **Mattoni refrattari**: vengono applicati nei luoghi sottoposti a temperature elevate come forni o camini.

I tipi di posa dei mattoni sono molteplici, dalla spina di pesce a quella sfalsata, solo per citarne un paio. La scelta del tipo avviene in funzione delle necessità di ciascun edificio. I mattoni vengono sistemati sempre garantendo la corretta aderenza della malta.

CERÁMICA

La cerámica es el conjunto de productos compuestos básicamente de arcilla y caolín que pasan por un proceso de cocción. La evolución de las técnicas y las composiciones ha dado lugar a aplicaciones artísticas y constructivas, gracias a la aparición de ladrillos, tejas y baldosas.

En la preparación de la pasta cerámica concurren tres ingredientes principales: los elementos plásticos, los magros o desengrasantes y los fundentes. Los elementos plásticos son la arcilla y el caolín. Los elementos magros reducen la plasticidad, aumentan la porosidad y facilitan el secado; son la sílice, la arena o las arcillas silíceas. Los elementos fundentes –los feldespatos, las micas, la cal y los vidrios pulverizados– son los que determinarán la temperatura de fusión de la cerámica. Las proporciones y calidades de estos componentes definen el producto cerámico final.

Algunas de sus características son:
- **Plasticidad:** por la adición del agua la arcilla se vuelve moldeable.
- **Merma:** encogimiento de la pieza al secarse.
- **Refractariedad:** cada arcilla tiene una temperatura de cocción.
- **Porosidad:** el grado de porosidad depende del tipo de arcilla y de la consistencia que adopta el cuerpo cerámico tras la cocción.
- **Color:** las coloraciones dependen del óxido de hierro o carbonato cálcico de su composición.

Las cerámicas se pueden agrupar y clasificar según varios aspectos: por sus características en estado natural, por su plasticidad, por su porosidad y color y por su punto de fusión.

BALDOSAS

Una baldosa es una pieza manufacturada y horneada que se utiliza para revestir suelos y paredes y que normalmente tiene un fino acabado esmaltado. Las principales baldosas son:

Azulejos

Es la denominación tradicional de las baldosas cerámicas de poco espesor, de porosidad elevada, prensadas en seco, generalmente cuadradas y esmaltadas, fabricadas por bicocción o monococción. Son adecuadas para usar como revestimiento de paredes interiores en locales residenciales o comerciales.

Los azulejos son de grano fino y homogéneo. El esmalte que cubre la cara vista convierte estas piezas en impermeables. Las formas predominantes son la cuadrada y la rectangular, aunque en la actualidad están disponibles en multitud de formatos.

Espesor: < 10 mm
Absorción de agua: 11-15%
Carga de rotura: 300-1200 N
Abrasión GL: variable
Resistencia a la helada: no
Resistencia química: variable

Pavimento de gres

Se conoce como baldosa cerámica y se caracteriza por una absorción de agua media o media-baja, por estar prensadas en seco y por estar fabricadas mediante monococción. Su dureza y resistencia es proporcional al grosor de la pieza. Es impermeable y resistente a los productos de limpieza. El cuerpo es de gres, que tiene una absorción de agua baja o media-baja. El esmalte de la cara vista tiene infinidad de acabados.

Son adecuadas para suelos de interiores. Las que tienen una mayor resistencia a la helada y a la abrasión también son apropiadas para el revestimiento exterior.

Espesor: < 8 mm
Absorción de agua: 2-6%
Carga de rotura: 1.000-2.300 N
Abrasión GL: variable
Abrasión UGL: sí
Resistencia a la helada: no
Resistencia química: variable

Gres porcelánico

Es la denominación generalizada de las baldosas cerámicas de muy baja absorción de agua, prensadas en seco y sometidas a una única cocción. Son muy resistentes y poco porosas. Su precio es elevado si lo comparamos con otros materiales, pero su resistencia es mayor. Se limpia fácilmente y soporta cualquier tipo de producto de limpieza. Es de grano fino y homogéneo. Su particularidad, a diferencia de otros productos cerámicos, es que la cara vista es de la misma materia que el cuerpo.

Espesor: > 8 mm
Absorción de agua: 0,1%
Carga de rotura: 2.200 - 5.200 N
Abrasión UGL: 110-160 mm^3
Resistencia a la helada: sí
Resistencia química: sí

Gres rústico

Es la denominación habitual de las baldosas cerámicas con absorción de agua baja o media-baja, moldeadas por extrusión, y que generalmente no pasan por el proceso de esmaltado. El cuerpo de esta baldosa va del color ocre al pardo muy oscuro. El grano es heterogéneo. Estas características las hacen especialmente adecuadas para el revestimiento de fachadas, solados exteriores e incluso suelos de locales públicos e industriales.

Espesor: > 10 mm
Absorción de agua: 1,5-6%
Carga de rotura: 2.200-4.500 N
Abrasión UGL: 240-400 mm^3
Resistencia a la helada: variable
Resistencia química: sí

Barro cocido:

Recibe este nombre la gran variedad de productos con características diferentes que sólo coinciden en la apariencia rústica y que se fabrican artesanalmente y en pequeñas cantidades. No se deben confundir con pavimentos o baldosas de gres de producción industrial.

Espesor: > 10 mm
Absorción de agua: 6-15%
Carga de rotura: 2.300-3.200 N
Abrasión GL: variable
Abrasión UGL: 300-800 mm^3
Resistencia a la helada: no
Resistencia química: variable

TEJAS

Las tejas cerámicas son elementos de cobertura para los tejados en pendiente y representan uno de los primeros usos de la cerámica cocida en la construcción. Son piezas obtenidas mediante prensado o extrusión, secado y cocción de una pasta arcillosa. El proceso de cocción de las arcillas es precisamente lo que aumenta su resistencia e impermeabilidad, con lo que se consigue un producto muy apropiado para canalizar el agua de la lluvia de los tejados y proteger las cubiertas.

Existe multitud de tipos de tejas; además, actualmente también se fabrican con otros materiales diferentes a la cerámica. Las tejas destacan, además de por la resistencia e impermeabilidad, por su durabilidad, capacidad de aislamiento térmico, al aire y al vapor, por su bajo coste y por el escaso mantenimiento. Presentan gran resistencia a las heladas y otros fenómenos atmosféricos y al fuego. Proporciona estanqueidad al agua y aislamiento acústico.

En las cubiertas se encuentran los principales elementos, que son la teja canal, que recoge el agua de la lluvia, y la teja cobija, que cubre las juntas de las tejas canal. La forma de las tejas es variable: pueden ser regulares o irregulares, planas, curvas, lisas o con acanaladuras y salientes... Según su forma, se clasifican principalmente en:
- **Teja romana:** tiene la pieza canal plana, con los bordes laterales levantados y la cobija curva. Los bordes pueden ser paralelos o convergentes.
- **Teja árabe:** es de una sola pieza. Esta única forma permite la solución de todos los problemas de una cubierta: canales, cobijas, cumbreras y limas.
- **Teja plana:** su forma, más compleja, dispone de acanaladuras y resaltes para su encaje.
- **Teja mixta:** aunque existen variaciones, suele tener el canal y la cobija en una sola pieza, lo que le proporciona una apariencia similar a la teja romana o árabe.

Además de las tejas, existen piezas especiales de cerámica que tienen por objeto resolver los puntos singulares de los tejados para asegurar su estanqueidad: teja de ventilación, soporte de chimenea, teja de alero o media teja, etc.

LADRILLOS

El ladrillo es una pieza cerámica, generalmente de forma ortoédrica, que se obtiene por moldeado, secado y cocción a altas temperaturas de una pasta arcillosa. En la arquitectura se emplea para la ejecución de paredes, muros, tabiques, divisiones, etc. También existen los ladrillos para forjados y para pavimentos exteriores. La variedad de composiciones actuales hace que presenten una amplísima gama de productos, acabados, medidas y colores.

Existen diferentes formatos, aunque por lo general tienen un tamaño que permite manejarlo con una mano. Su forma es la de un prisma rectangular y sus diferentes dimensiones reciben el nombre de soga, tizón y grueso. Las caras del ladrillo se denominan tabla, canto y testa. Según su aspecto, podemos clasificar los ladrillos en:
- **Ladrillo perforado:** aquel que tiene perforaciones en la tabla que ocupan más del 10% de su superficie. Se utiliza para la construcción de fachadas.
- **Ladrillo macizo:** es aquel que tiene menos de un 10% de perforaciones en la tabla.
- **Ladrillo tejar o manual:** simula los antiguos ladrillos de fabricación artesanal, de apariencia tosca.
- **Ladrillo hueco:** es aquel que tiene perforaciones en el canto o en la testa que reducen el peso y el volumen del material empleado.
- **Ladrillo caravista:** se utiliza en exteriores. Las fachadas realizadas con ladrillo visto requieren un mantenimiento menor.
- **Ladrillo refractario:** se coloca en lugares que soportan altas temperaturas, como hornos o chimeneas.

El modo de disponer los ladrillos en el muro se denomina «aparejo». Existe una gran diversidad –inglés, a panderete, palomero, a sogas o a tizones– y la elección de uno u otro se hace en función de las necesidades de cada construcción. Los ladrillos se colocan siempre asegurando la correcta adherencia del mortero.

Tiles / Fliesen / Carreaux
Tegels / Piastrelle / Baldosas

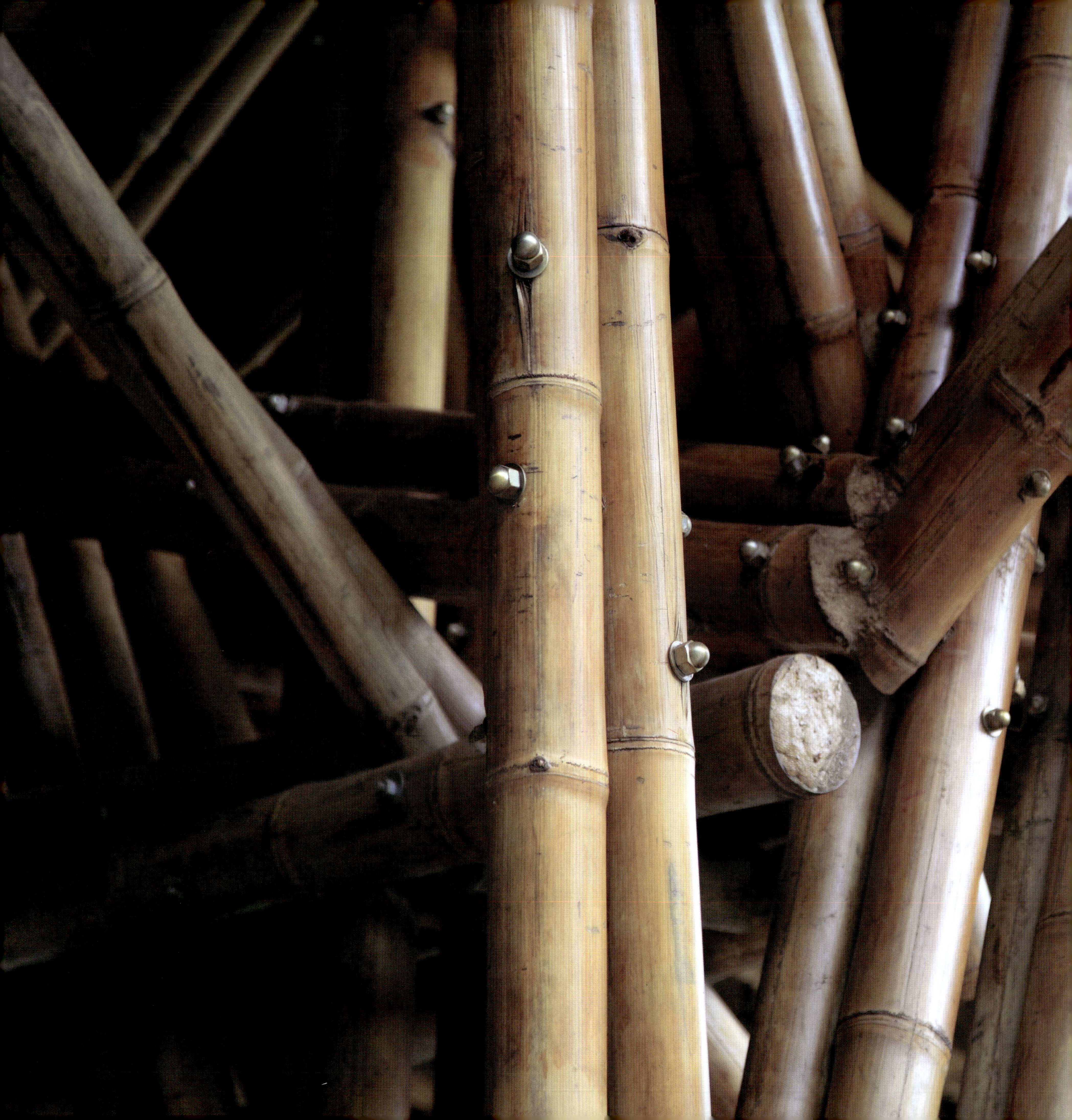

HERBACEOUS MATERIALS
PFLANZLICHE MATERIALIEN
MATÉRIAUX HERBACÉS
GRASACHTIGE MATERIALEN
MATERIALI ERBACEI
MATERIALES HERBÁCEOS

SPANISH PAVILION IN SHANGHAI EXPO 2010

Miralles Tagliabue EMBT
Shanghai, China
© Shen Zhonghai

Wicker / Korbweide / Osier / Riet / Vimini / Mimbre

One of the prominent features of this pavilion is the use of wicker, which gives building an ecological factor. The panels are made from braided wicker on slightly deformed metallic structures. Wickerwork techniques and manual work with fibers are traditional in the East and West, building bridges between Chinese and Spanish cultures.

L'usage exclusif de l'osier pour ce pavillon manifeste la volonté de construire écologique et attire tous les regards. Les panneaux sont des cloisons en osier tressé sur des structures métalliques légèrement déformées. Véritable pont entre les cultures chinoise et espagnole, les techniques de vannerie et de tissage employées ici sont traditionnelles en Orient comme en Occident.

Il padiglione si impone per l'uso del vimini, che introduce un elemento ecologico nell'edificio. I pannelli sono realizzati con vimini intrecciato su strutture metalliche leggermente deformate. Le tecniche di cesteria e della lavorazione manuale con l'impiego di fibre naturali sono tipiche sia della cultura orientale che occidentale e costituiscono un punto di collegamento tra Cina e Spagna.

Dieser Pavillon sticht durch die Verwendung von Korbweide hervor, die dem Bau einen ökologischen Aspekt verleiht. Die Paneele bestehen aus Korbweide, die auf leicht deformierten Metallstrukturen verflochten wurde. Die Korbflechterei und die Nutzung von Pflanzenfasern für Handwerksarbeiten haben sowohl in der westlichen als auch in der östlichen Welt Tradition. Dadurch wird hier eine Brücke zwischen der chinesischen und der spanischen Kultur geschlagen.

Het paviljoen valt op wegens het gebruik van riet, dat een milieuvriendelijke factor aan het gebouw geeft. De panelen zijn gemaakt van gevlochten riet op iets vervormde metalen skeletten. Mandenwerk en handmatige vezelbewerking zijn traditionele technieken in het Oosten en het Westen, wat bruggen tussen de Chinese en Spaanse cultuur legt.

El pabellón destaca por el uso del mimbre, que introduce un factor ecológico en el edificio. Los paneles están confeccionados con mimbre trenzado sobre unas estructuras metálicas ligeramente deformadas. Las técnicas de cestería y de trabajo manual con fibras son tradicionales en Oriente y Occidente, lo que tiende puentes entre las culturas china y española.

411

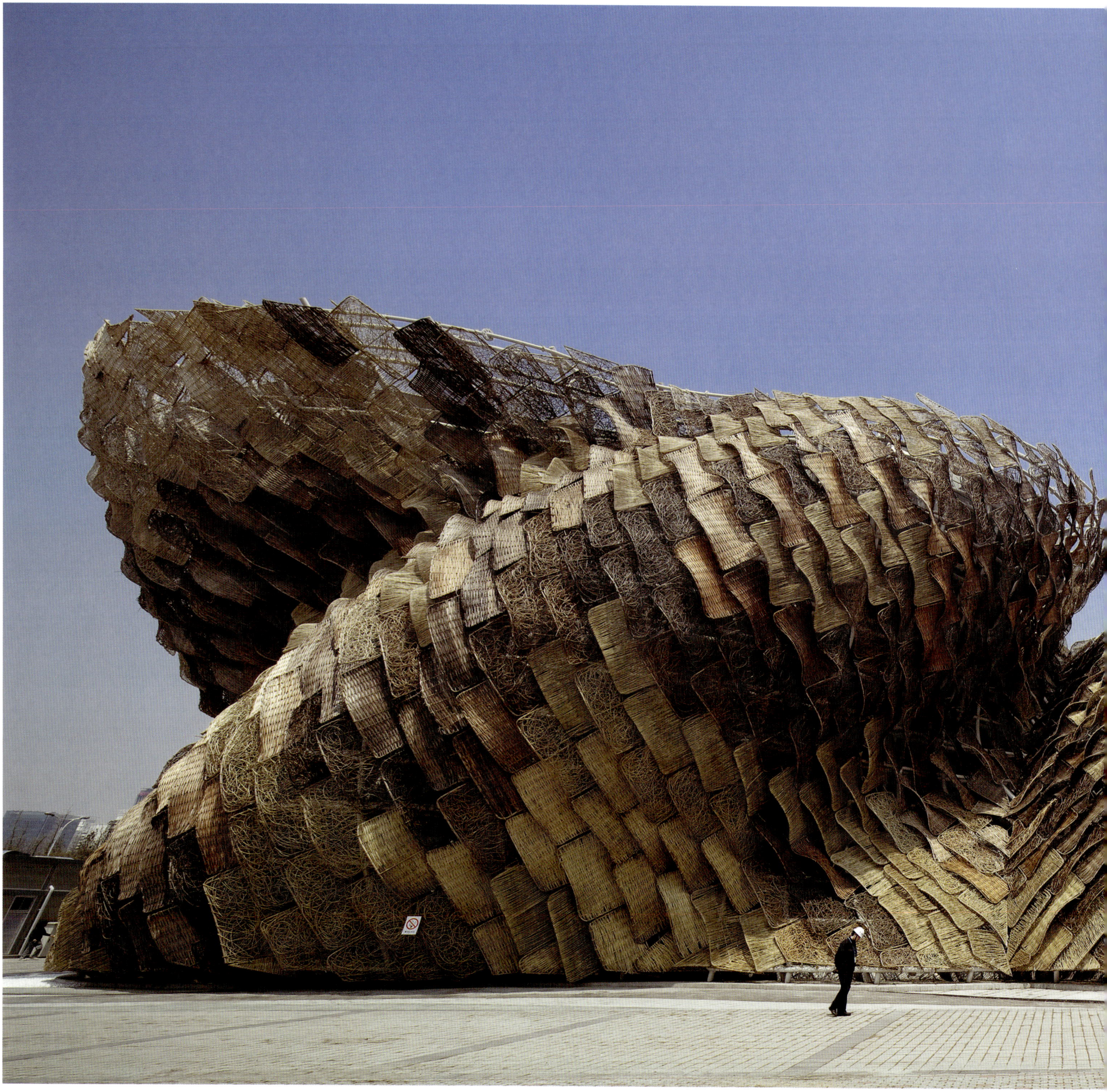

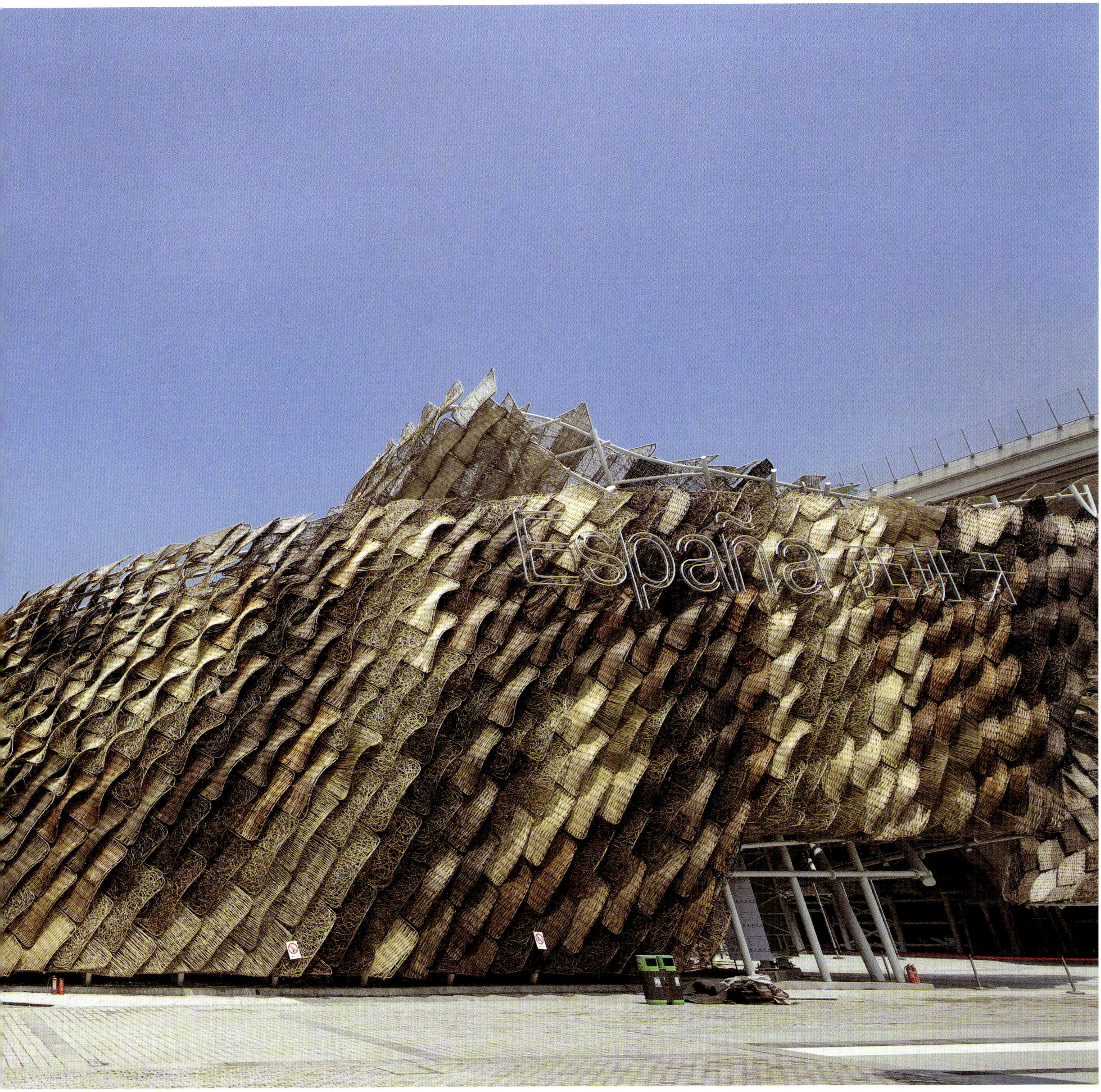
España

Models / Modelle
Maquettes / Maquettes
Modelli / Maquetas

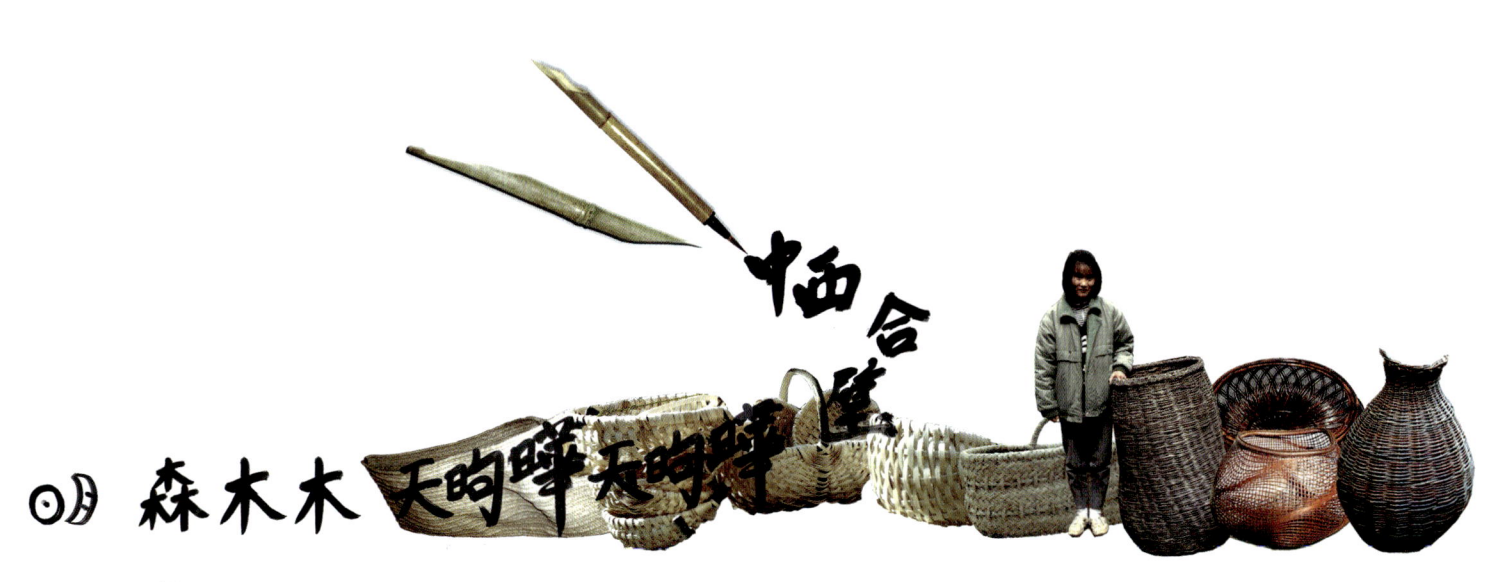

Photomontages / Fotomontagen
Photomontages / Fotomontages
Fotomontaggi / Fotomontajes

Photomontages / Fotomontagen
Photomontages / Fotomontages
Fotomontaggi / Fotomontajes

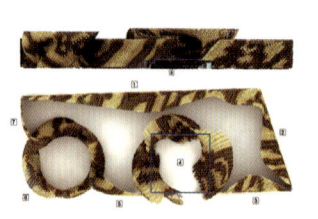

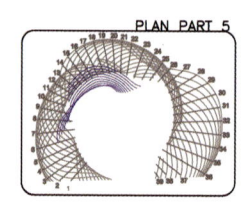

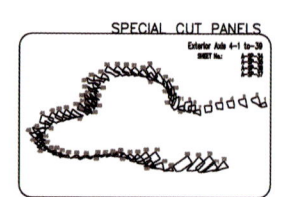

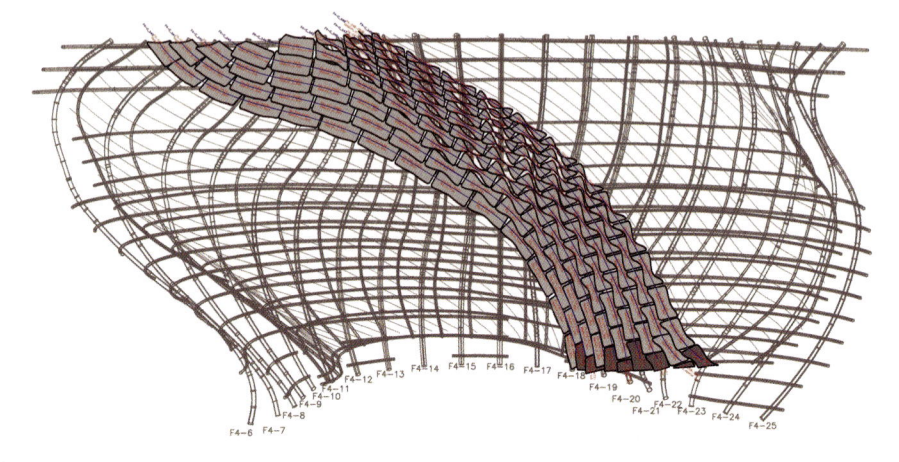

Construction details / Konstruktive Einzelheiten
Détails de construction / Details bouwconstructie
Dettagli costruttivi / Detalles constructivos

Floor plan / Geschossplan
Plan / Plattegrond
Pianta / Planta

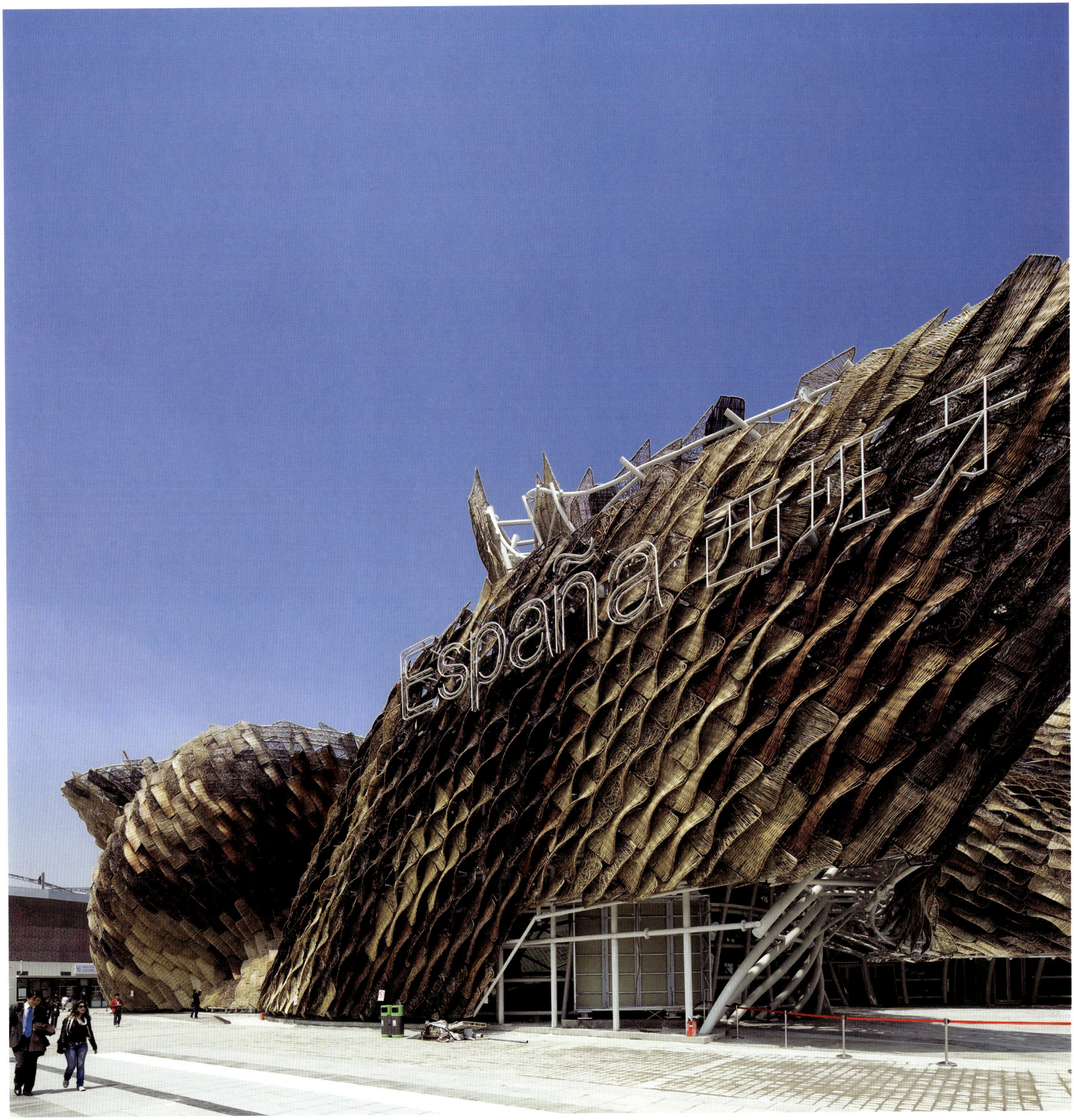
España 西班牙

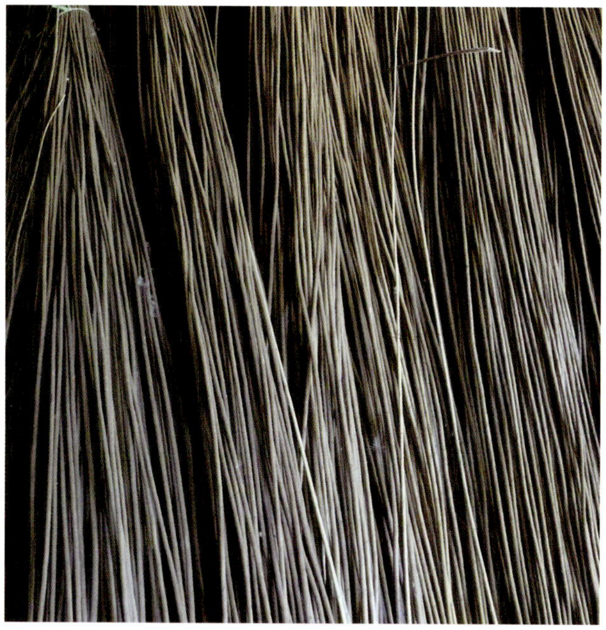
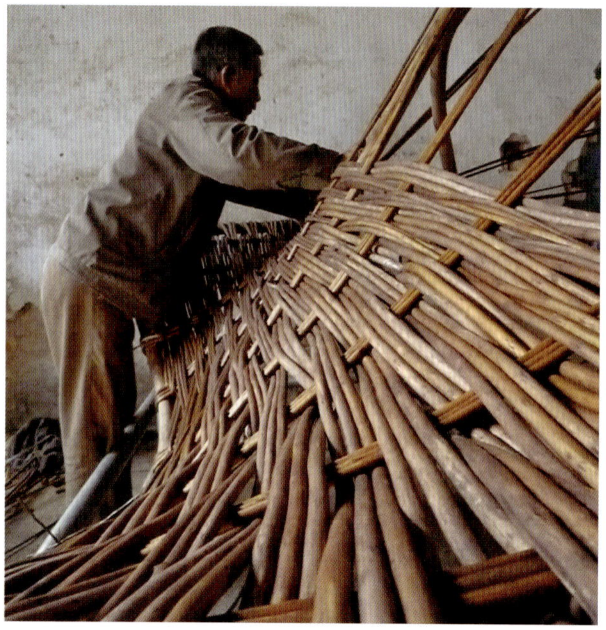
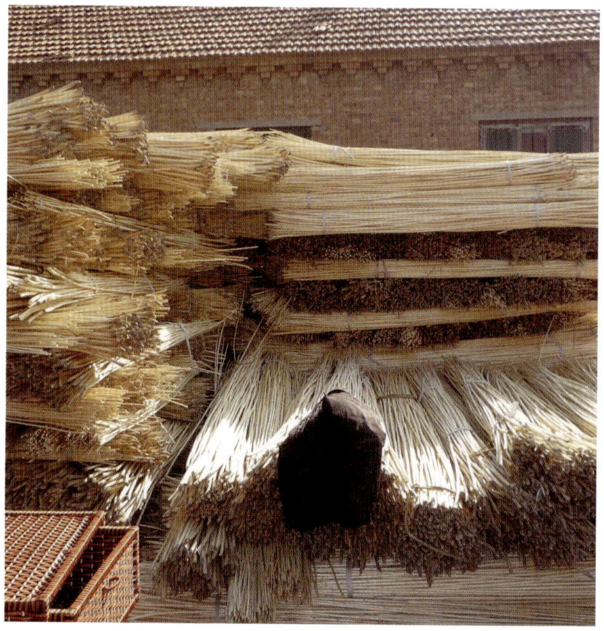
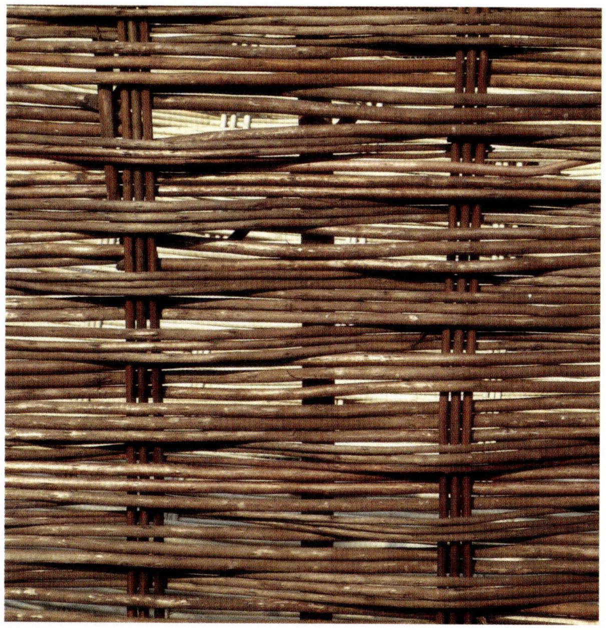
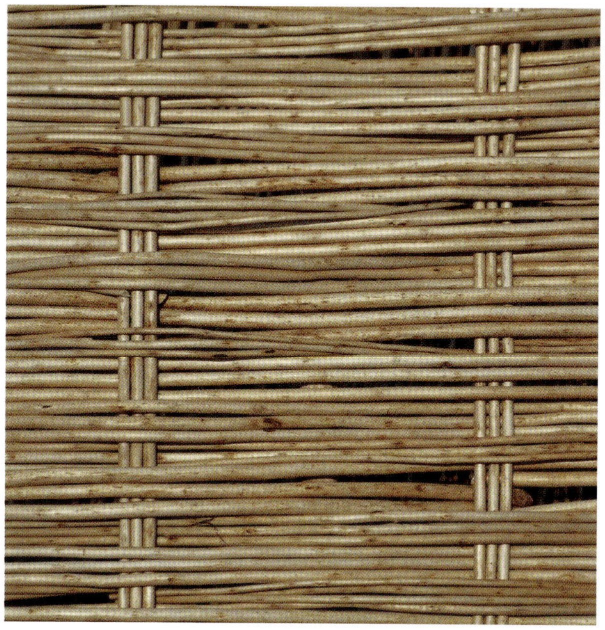
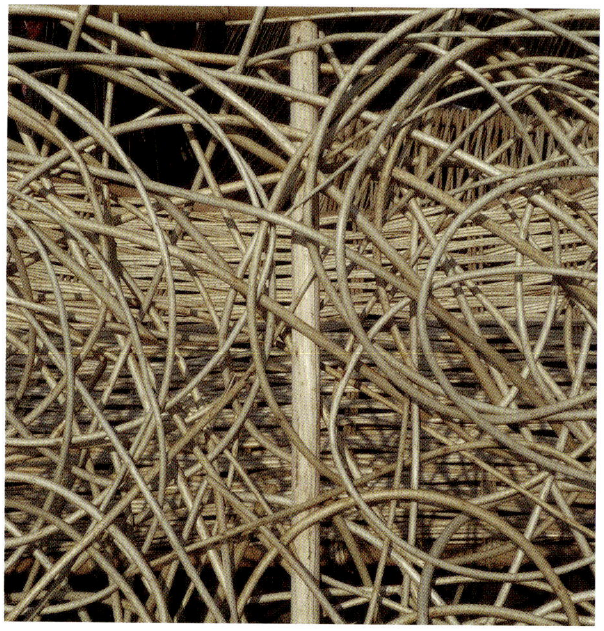
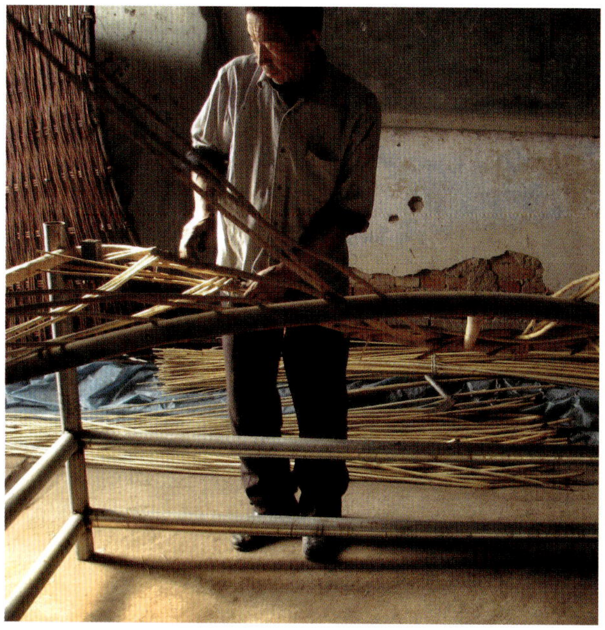
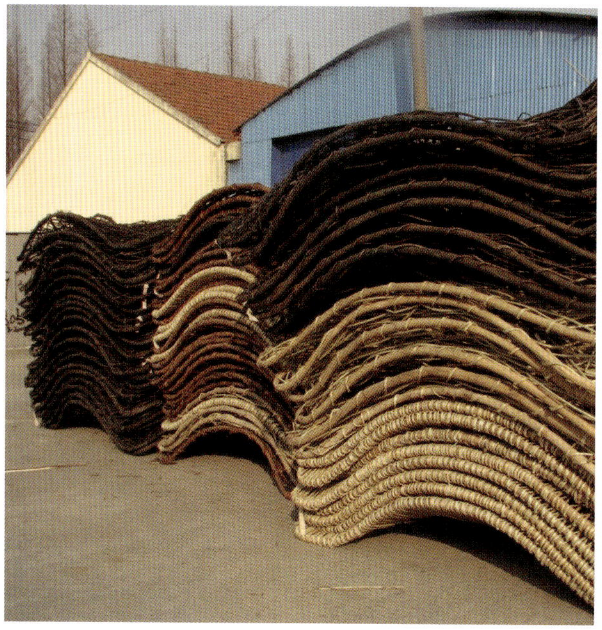
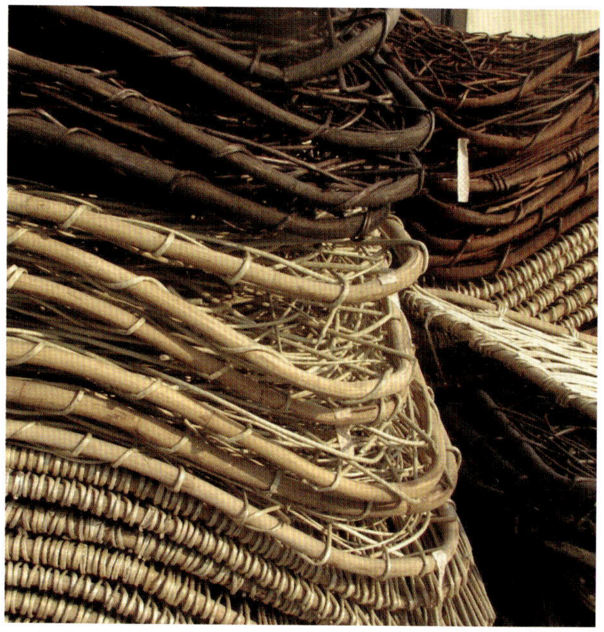

419

HOUSE IN GUILFORD

Gray Organschi Architecture
Guilford, CT, USA
© Bo Crockett

Bamboo / Bambus / Bambou / Bamboe / Bambù / Bambú

The use of bamboo as a building material is related to sustainable architecture. It is a natural recyclable material and derives from a controlled origin. Also, current techniques products result in high quality finishes that allow for more applications. In this small annex, the panels covering the floors, ceilings and walls are bamboo.

Employer le bambou comme matériau de construction manifeste la volonté de proposer une architecture durable respectueuse de l'environnement. C'est un matériau naturel, recyclable dont l'origine est vérifiable. De plus, les techniques actuelles permettent d'obtenir des produits offrant un fini de qualité propre à des applications multiples. Les panneaux qui habillent sols, plafonds et murs de cette « annexe » sont en bambou.

L'uso del bambù come materiale costruttivo è legato al concetto di architettura sostenibile. Si tratta infatti di un materiale naturale, riciclabile e di origine controllata. Inoltre, con le tecniche attuali si ottengono prodotti con finiture di qualità che consentono ulteriori applicazioni. In questo piccolo annesso i pannelli che rivestono pavimenti, soffitti e pareti sono in bambù.

Die Verwendung von Bambus als Baumaterial steht eng mit der nachhaltigen Architektur in Verbindung. Bambus ist ein natürlicher, wiederverwertbarer Baustoff mit kontrollierter Herkunft. Außerdem können mithilfe der heute verfügbaren Verfahren Produkte mit hochwertigen Finishs gefertigt werden, die weitere Anwendungsbereiche erschließen. Bei diesem kleinen Anbau bestehen die Paneele, die Boden, Decken und Wände verkleiden, aus Bambus.

Het gebruik van bamboe als bouwmateriaal wordt gekoppeld aan duurzame architectuur. Het is een natuurlijk, recyclebaar materiaal van gecontroleerde herkomst. Daarnaast worden met de moderne technieken producten met kwaliteitsafwerkingen verkregen waardoor meer toepassingen mogelijk zijn. In dit kleine bijgebouw zijn de panelen die vloeren, plafonds en wanden bedekken van bamboe.

El uso del bambú como material de construcción se vincula con la arquitectura sostenible. Es un material natural, reciclable y de origen controlado. Además, con las técnicas actuales se obtienen productos con acabados de calidad que permiten más aplicaciones. En este pequeño anexo, los paneles que revisten suelos, techos y paredes son de bambú.

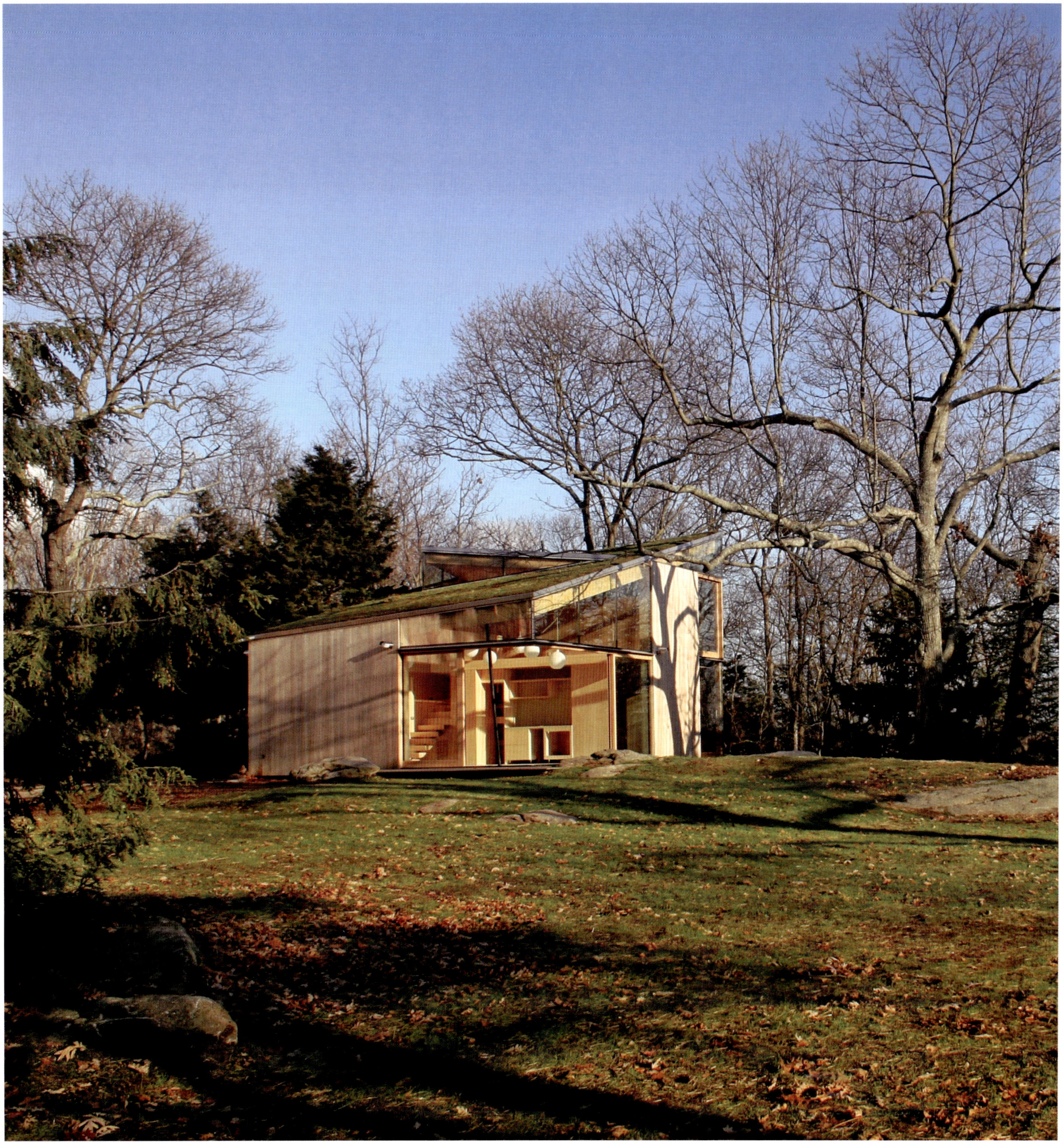

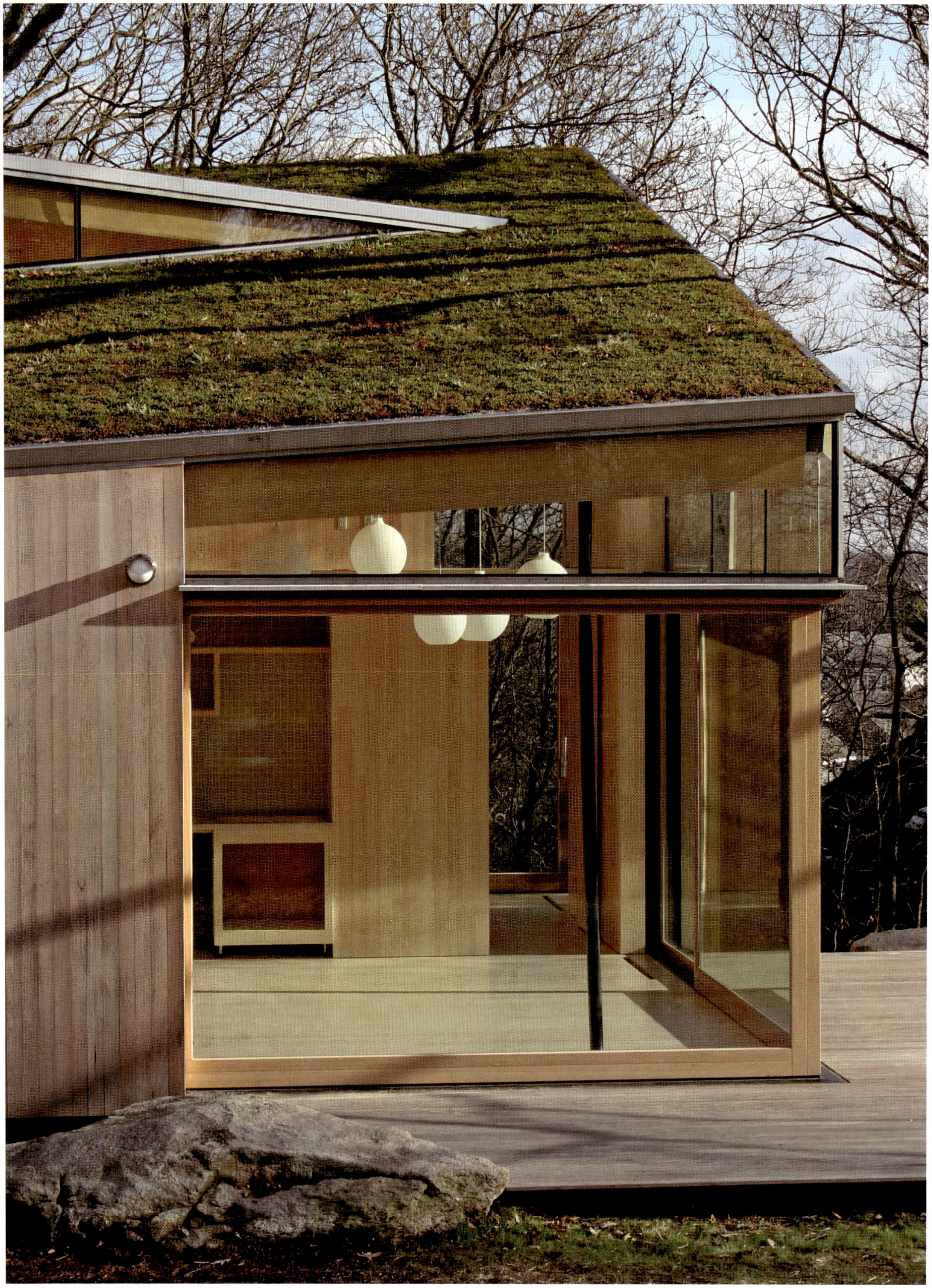

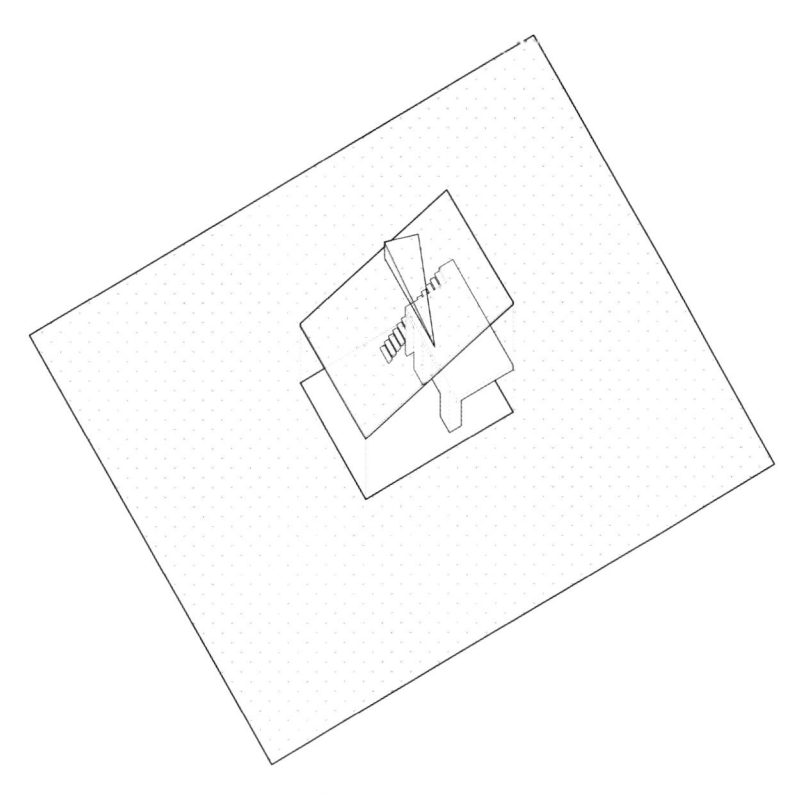

Axonometry / Axonometrische Ansicht
Axonométrie / Axonometrie
Assonometria / Axonometría

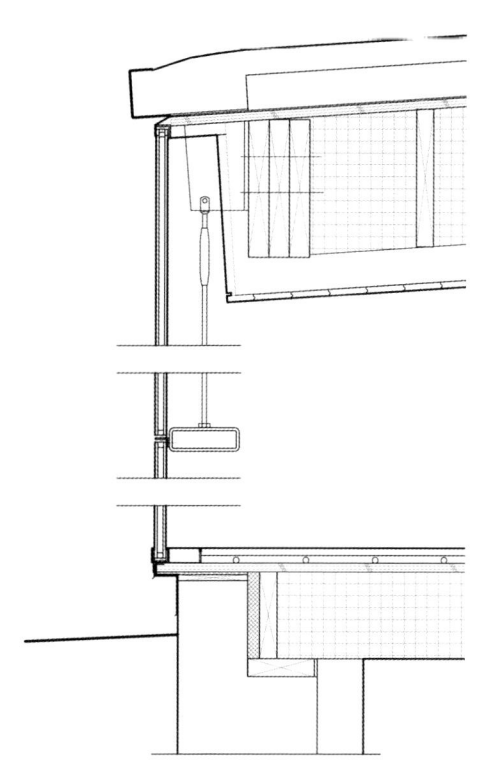

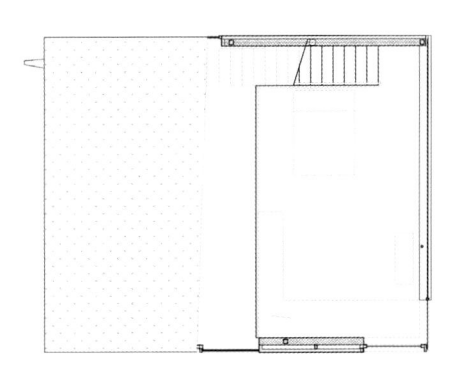

Section detail / Detail des Abschnitts
Détail de la coupe / Detail doorsnede
Dettaglio della sezione / Detalle de la sección

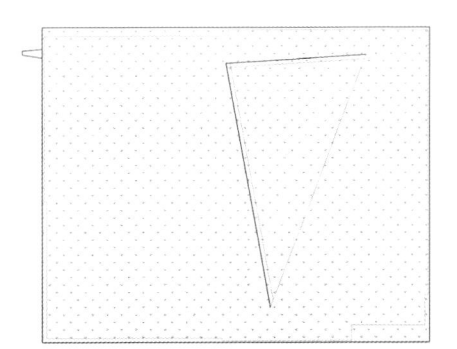

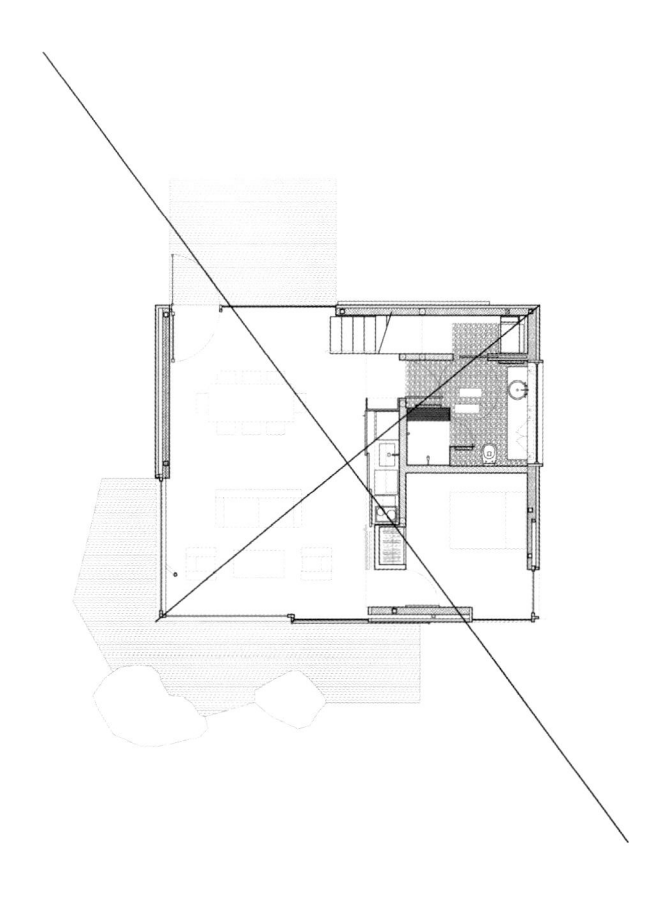

Plans / Grundisse
Plans / Plattegronden
Piante / Plantas

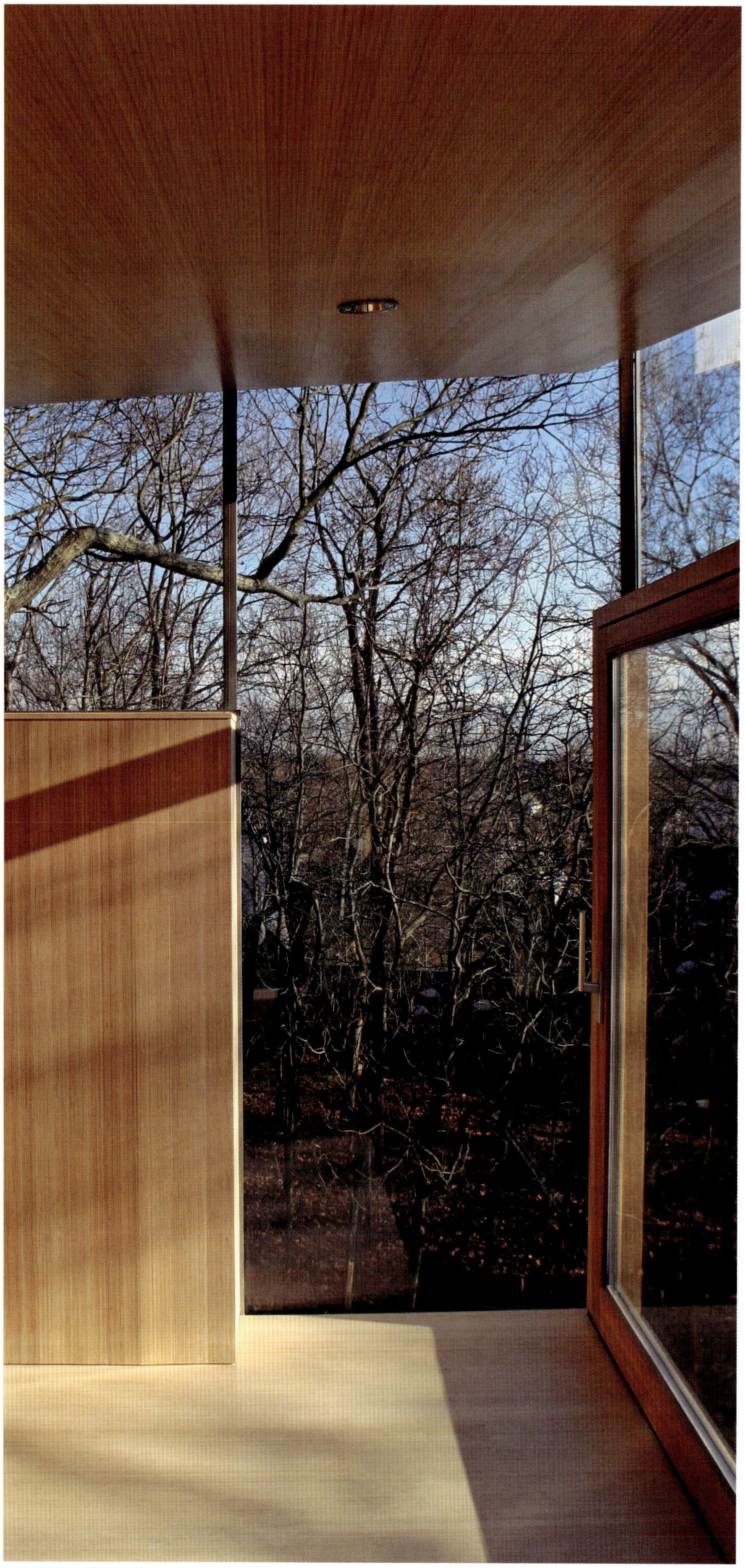

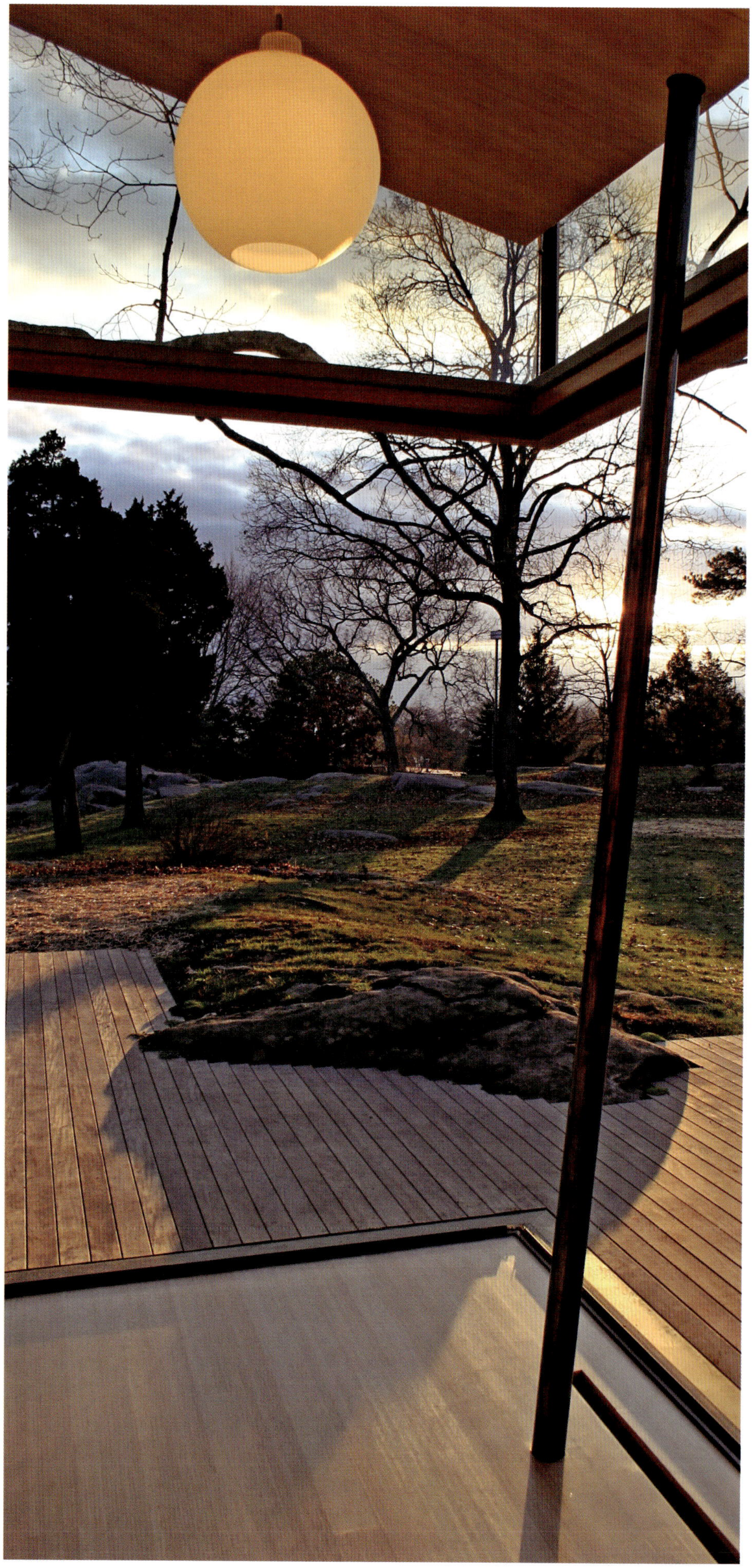

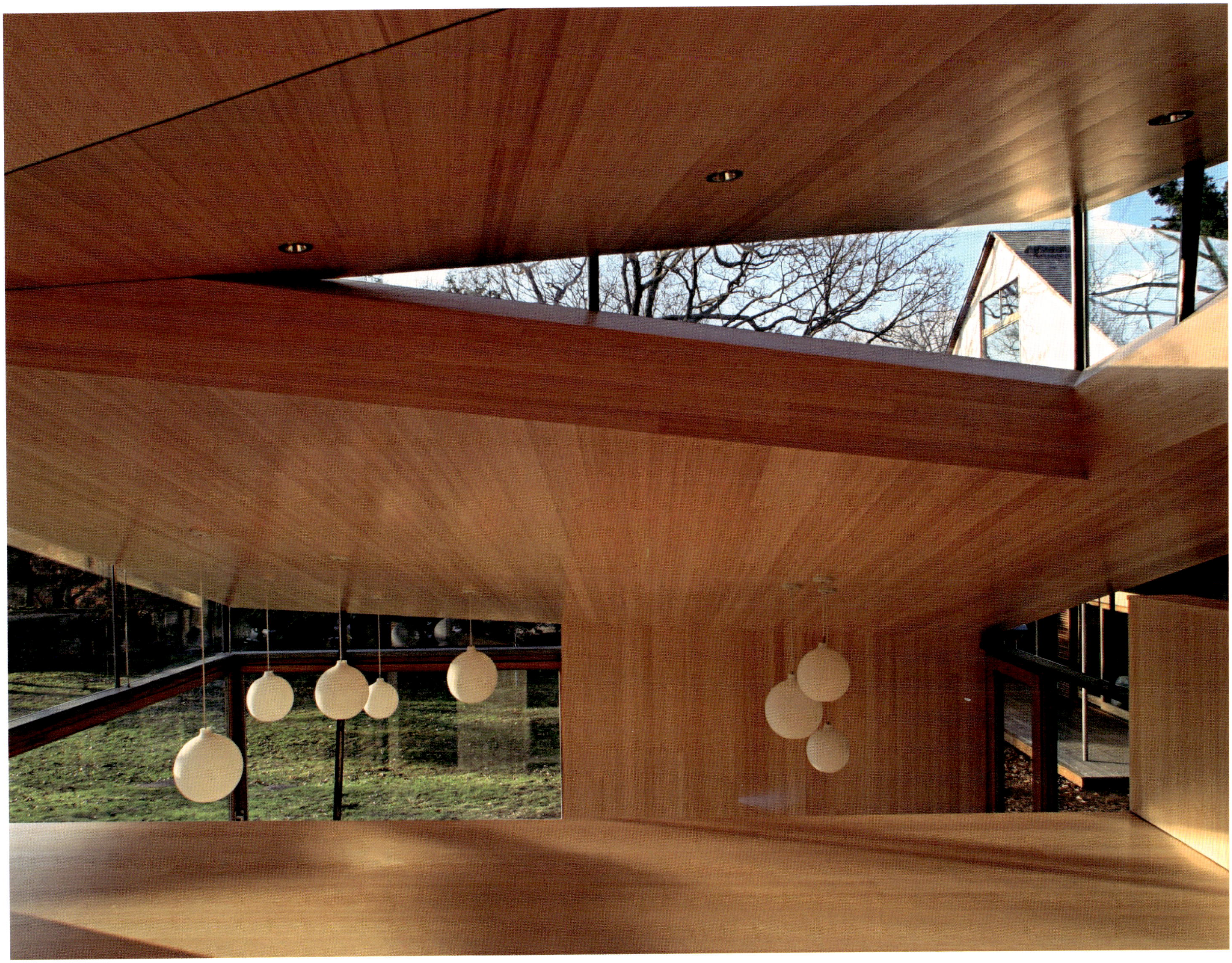

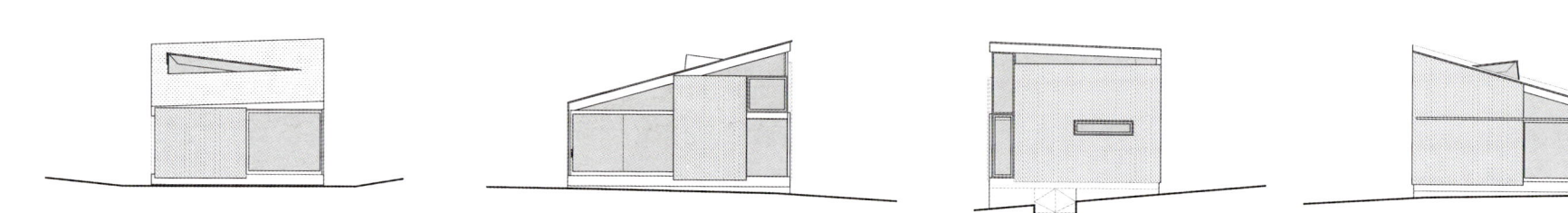

Elevations / Aufrisse
Élévations / Verhogingen
Prospetti / Alzados

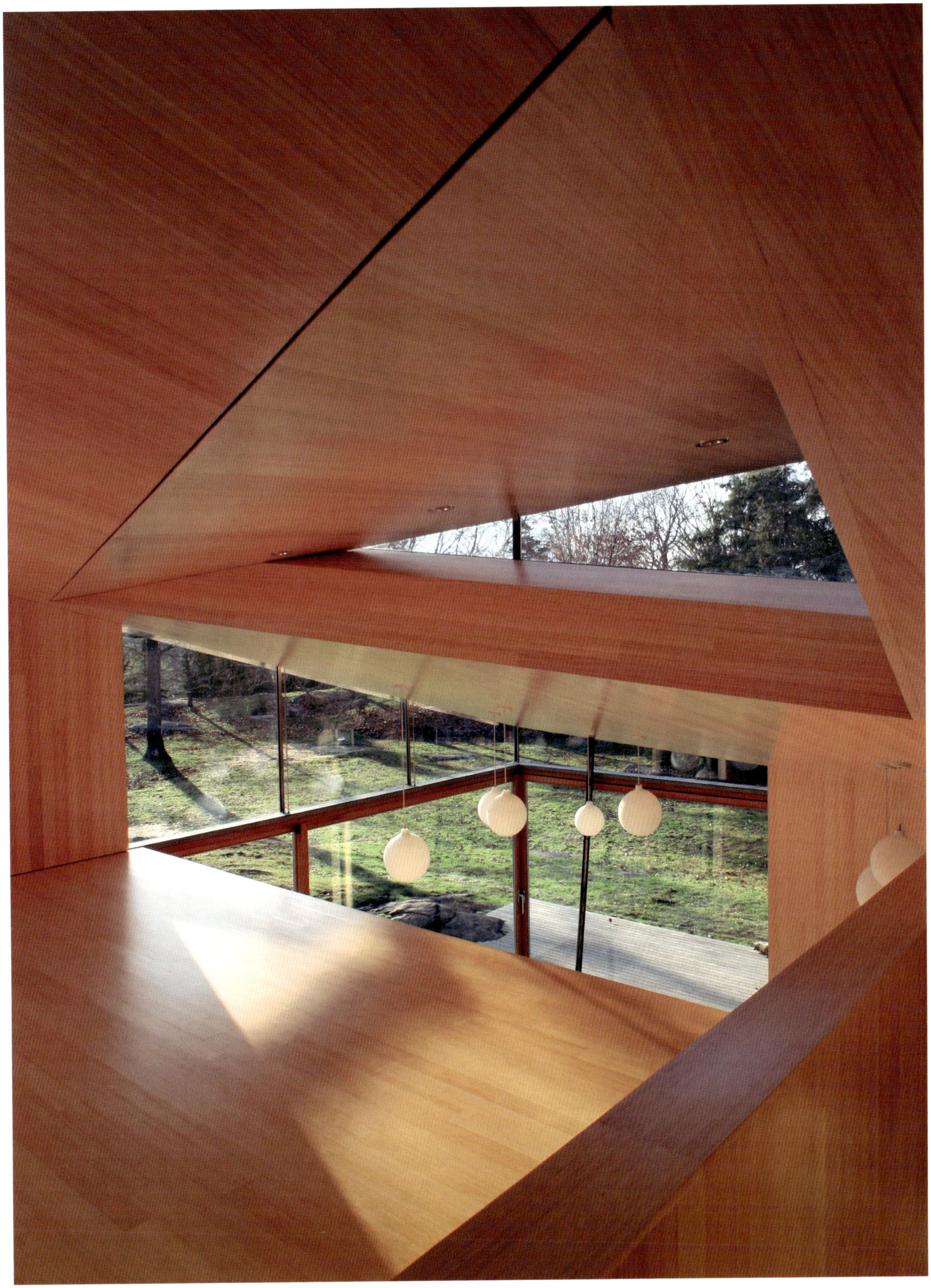

ECOLOGICAL CHILDREN ACTIVITY AND EDUCATION CENTER AT SIX SENSES

24H>architecture
Koh Kut, Thailand
© Boris Zeisse, Kiattipong Panchee

Bamboo / Bambus / Bambou / Bamboe / Bambù / Bambú

The challenge of building a toy library, inspired by the underwater world, was to create a modern and strong building with a traditional material. The bamboo is treated with boron to protect it from insects and it was elevated about 30 cm (11.8 in) to prevent moisture in the foundations. The overhanging roof protects the structure from UVA rays.

Les inventeurs de cette ludothèque aux formes tortueuses évocatrices du milieu marin, ont relevé le défi qui consistait à créer un bâtiment résolument moderne avec un matériau traditionnel. Le bambou a été traité au bore pour le protéger des insectes. La structure s'élève à 30 cm au-dessus du sol afin d'éviter que l'humidité n'atteigne les soubassements. La toiture en encorbellement protège la structure des rayons ultraviolets.

La sfida posta dalla realizzazione di questa ludoteca, ispirata al mondo sottomarino, consisteva nel creare un edificio moderno e resistente impiegando un materiale tradizionale. Il bambù è stato trattato con il boro per proteggerlo dagli insetti e rialzato di circa 30 cm da terra per evitare l'umidità nelle fondazioni. Il tetto sporgente protegge la struttura dai raggi UVA.

Die Herausforderung beim Bau dieser von der Unterwasserwelt inspirierten Ludothek bestand darin, ein modernes und widerstandfähiges Gebäude unter Verwendung traditioneller Baustoffe zu errichten. Der Bambus wurde mit Bor behandelt, um ihn gegen Insektenbefall zu schützen, und ca. 30 cm über dem Boden angebracht, um Feuchtigkeit am Unterbau zu vermeiden. Das Vordach schützt den Bau vor der UV-Strahlung.

De uitdaging van de bouw van de spelotheek, geïnspireerd op de onderzeese wereld, bestond erin een modern en resistent gebouw met een traditioneel materiaal te creëren. De bamboe werd met borium behandeld om het tegen insecten te beschermen en het werd ongeveer 30 cm boven de grond verheven ter voorkoming van vocht in de funderingen. Het uitstekende dak beschermt de draagconstructie tegen ultraviolette stralen.

El reto de la edificación de la ludoteca, inspirada en el mundo submarino, consistía en crear un edificio moderno y resistente con un material tradicional. El bambú se trató con boro para protegerlo de los insectos y se elevó unos 30 cm del suelo para evitar la humedad en los cimientos. El techo en voladizo protege la estructura de los rayos UV.

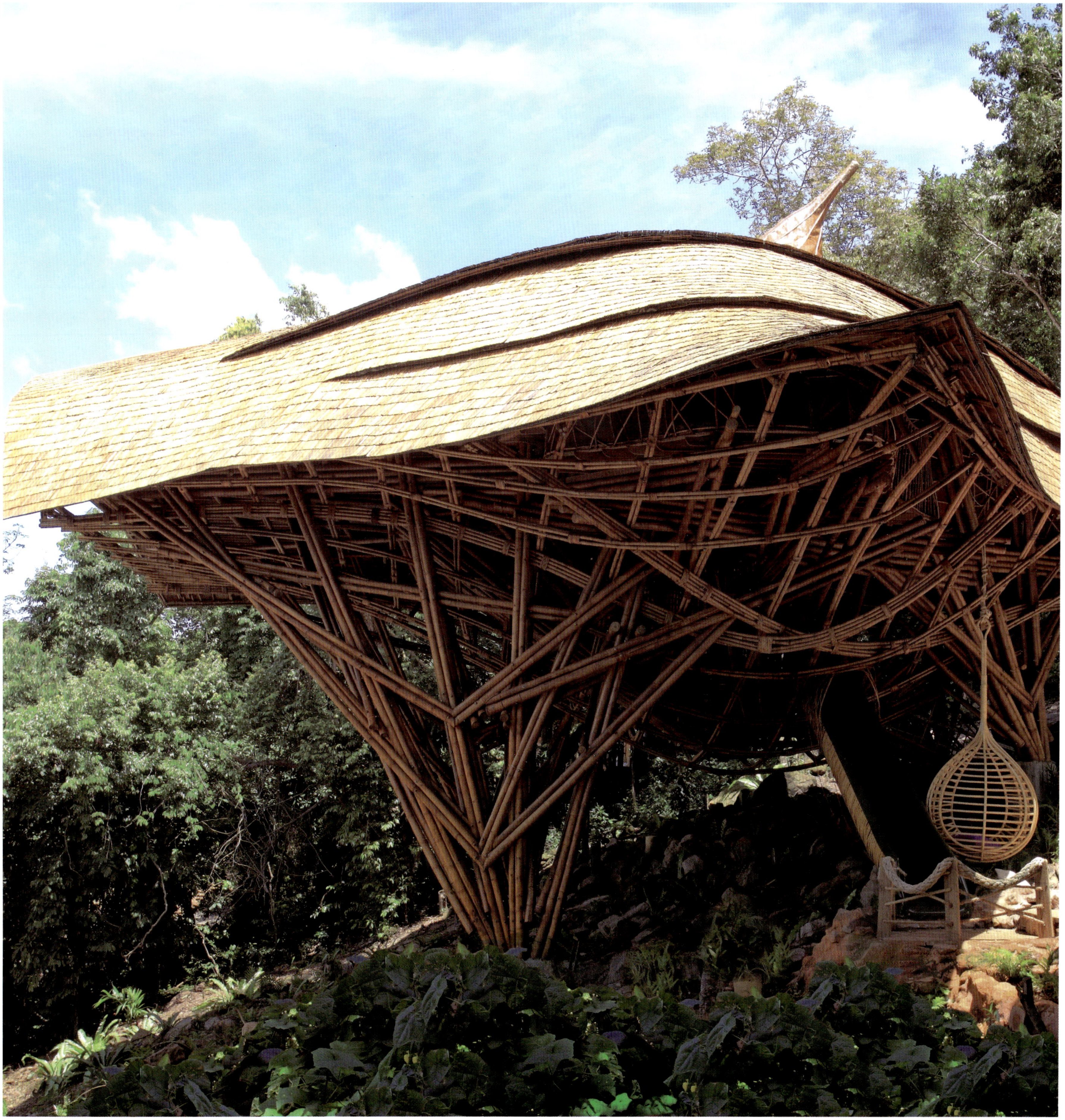

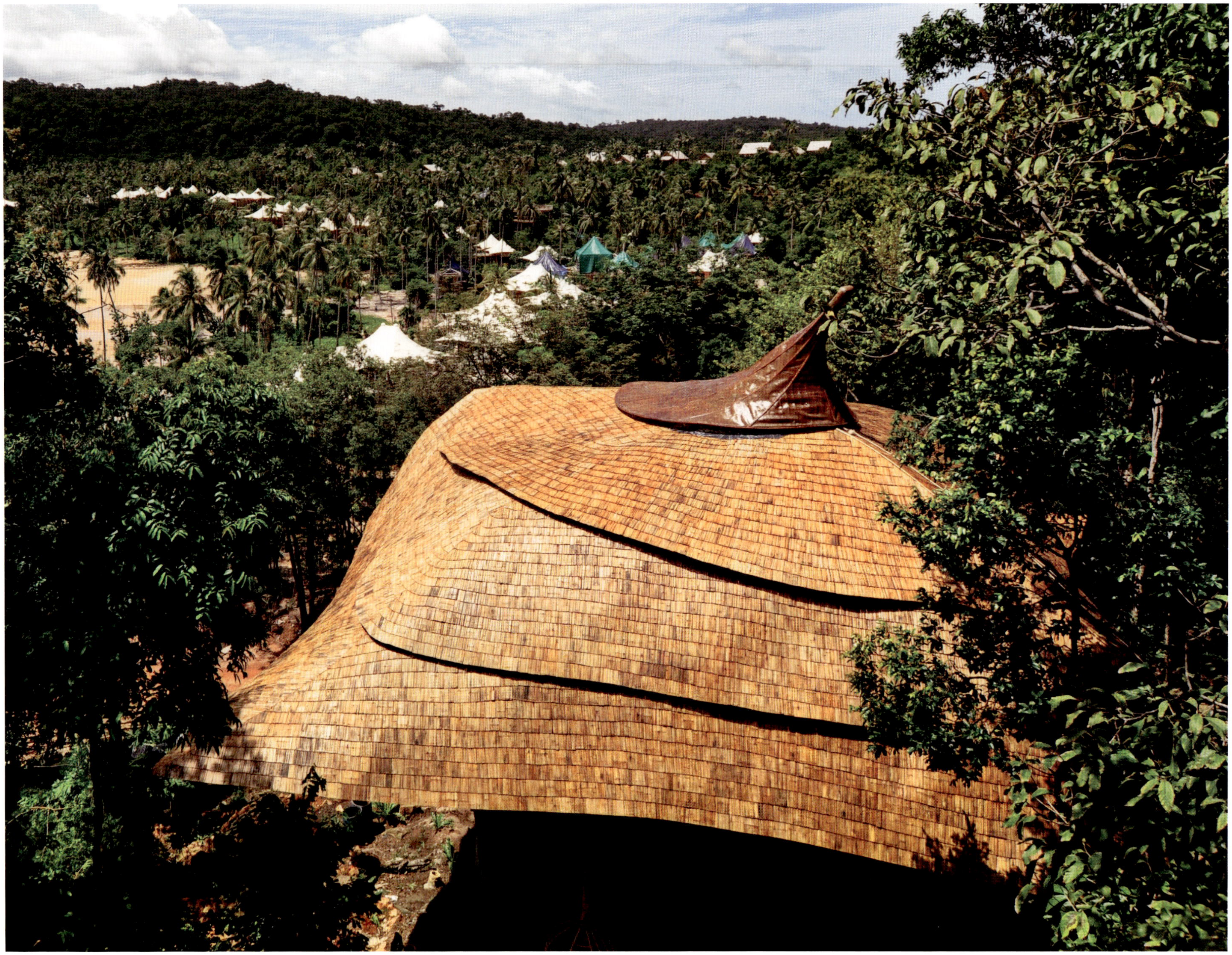

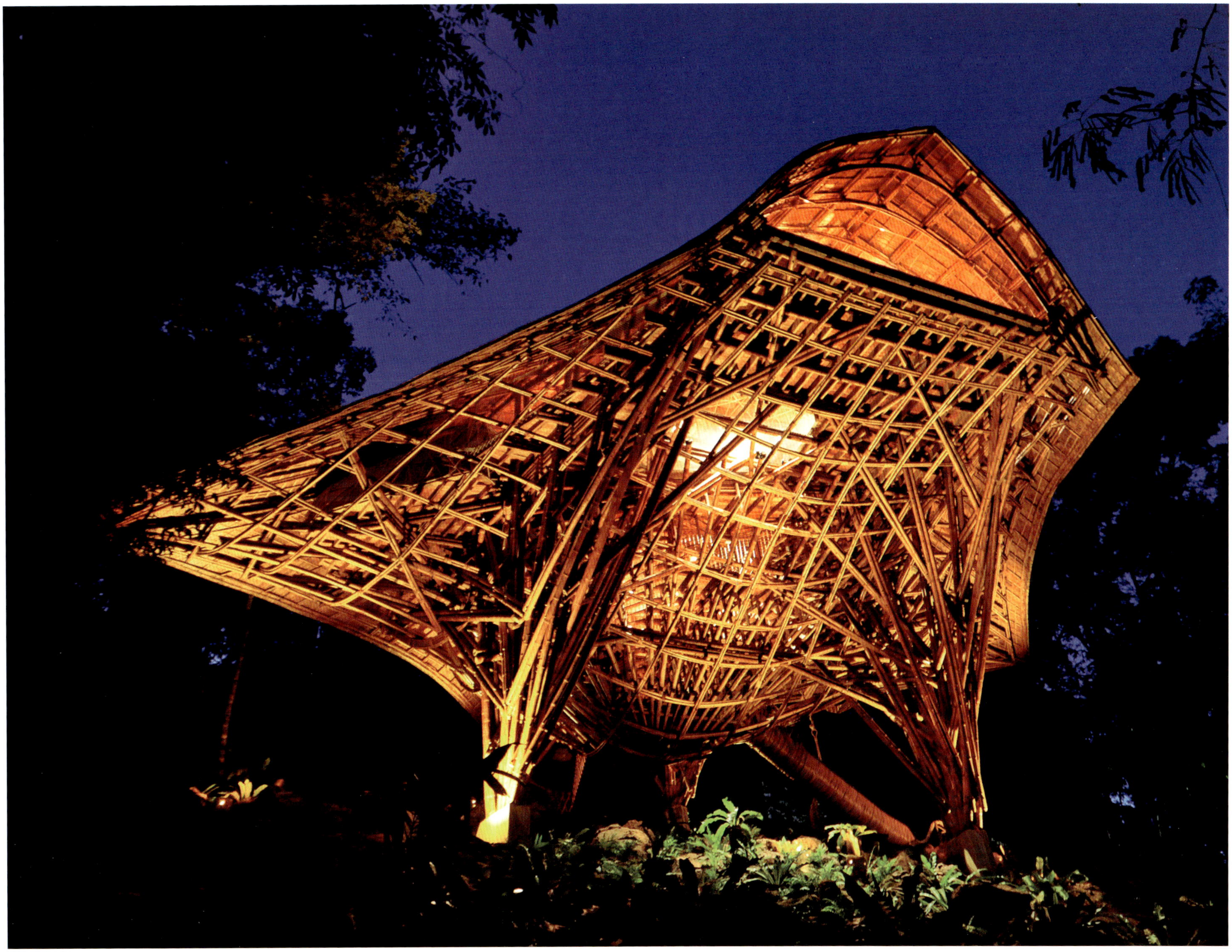

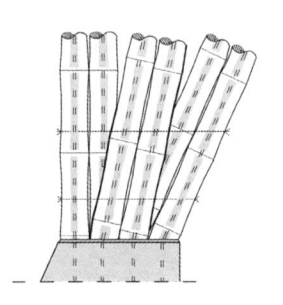

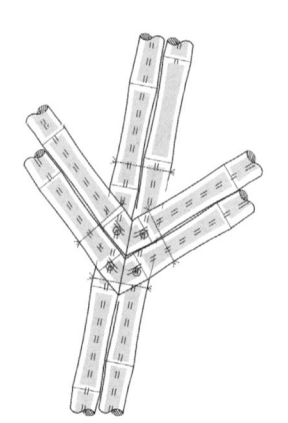

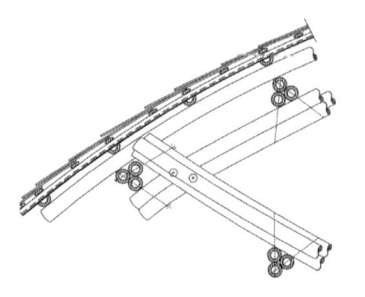

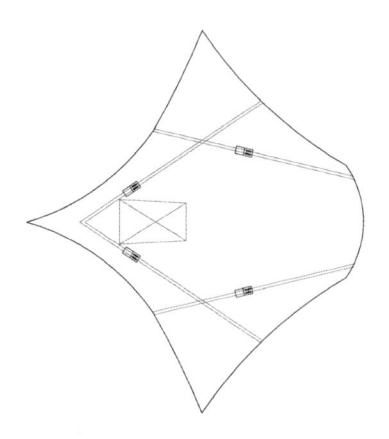

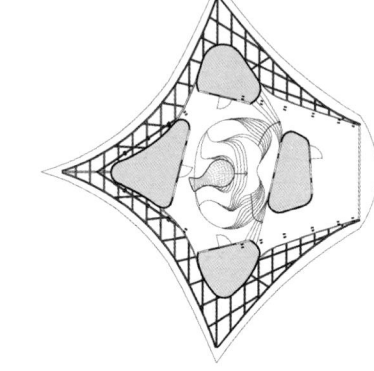

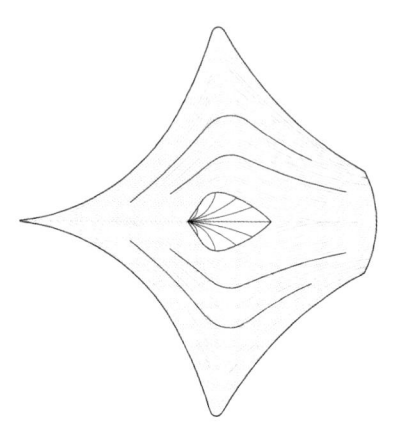

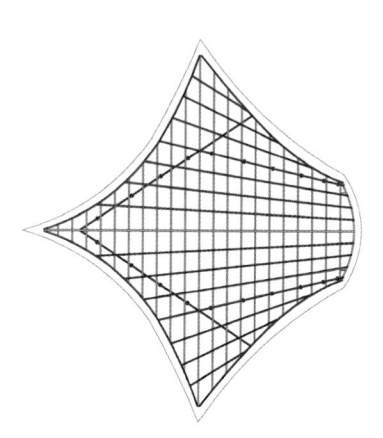

Construction details / Konstruktive Einzelheiten
Détails de construction / Details bouwconstructie
Dettagli costruttivi / Detalles constructivos

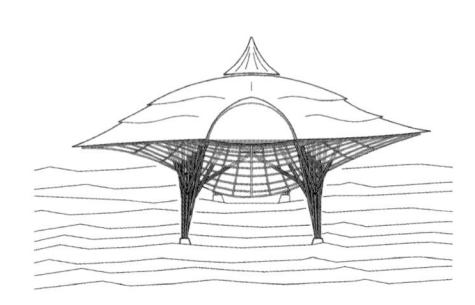

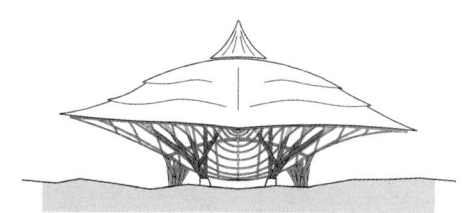

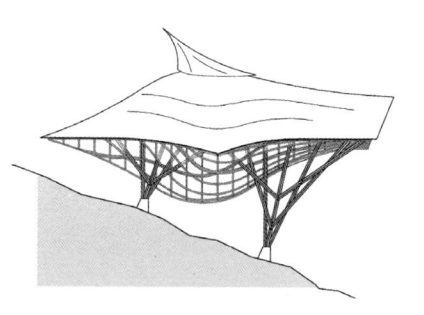

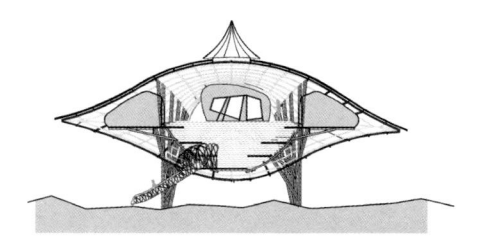

Elevations / Aufrisse
Élévations / Verhogingen
Prospetti / Alzados

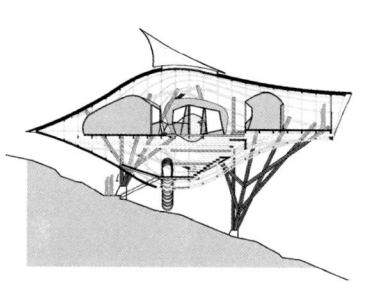

433

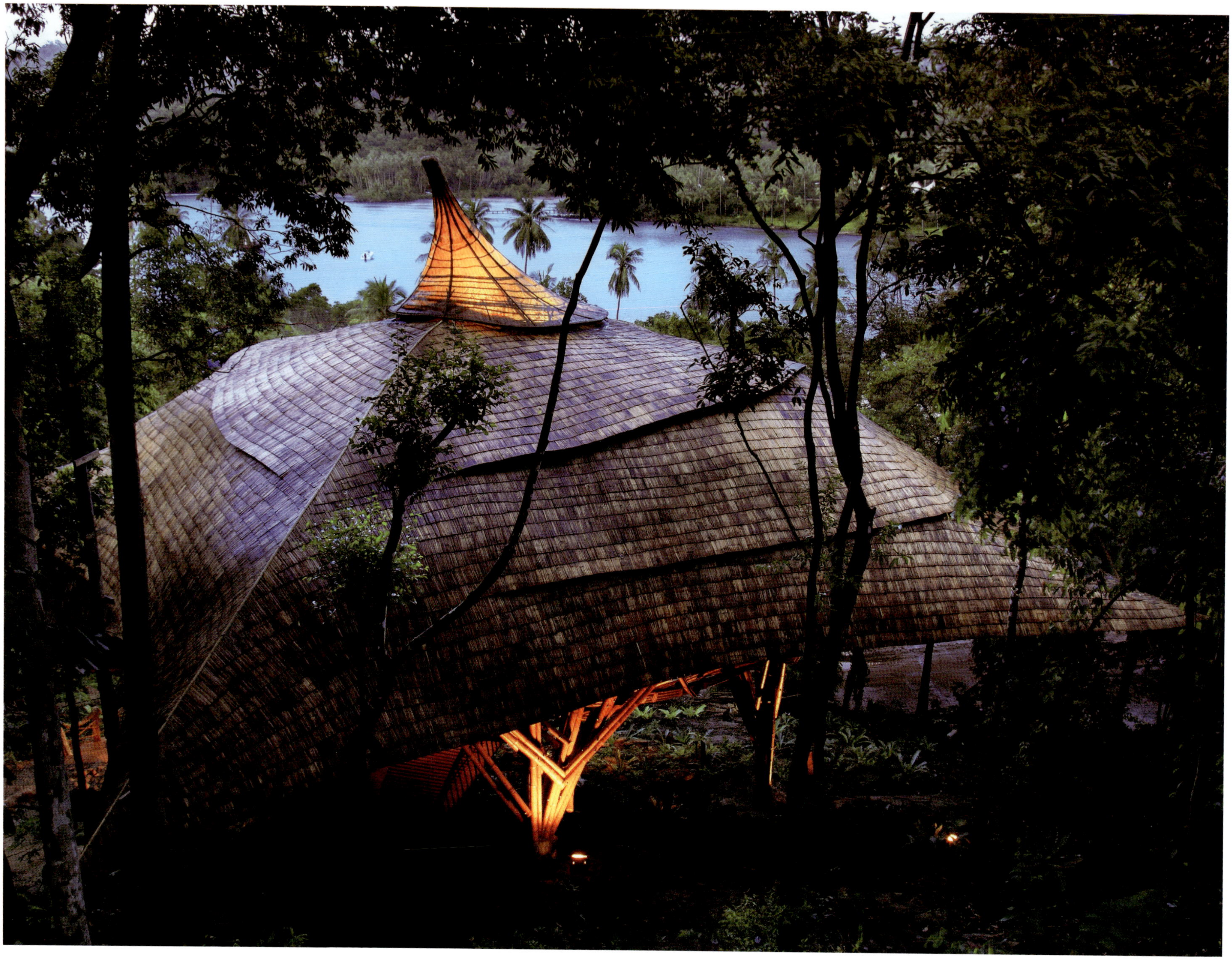

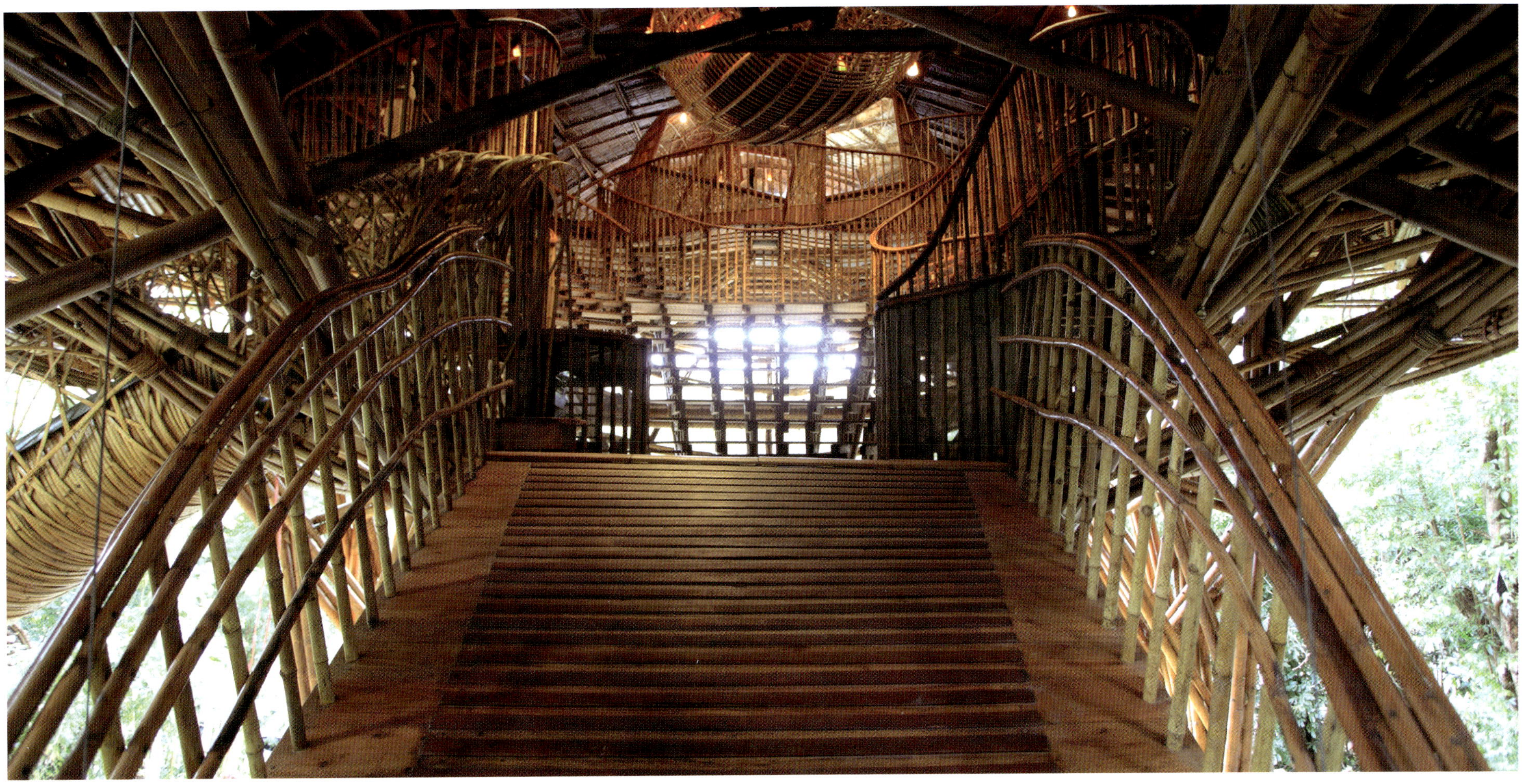
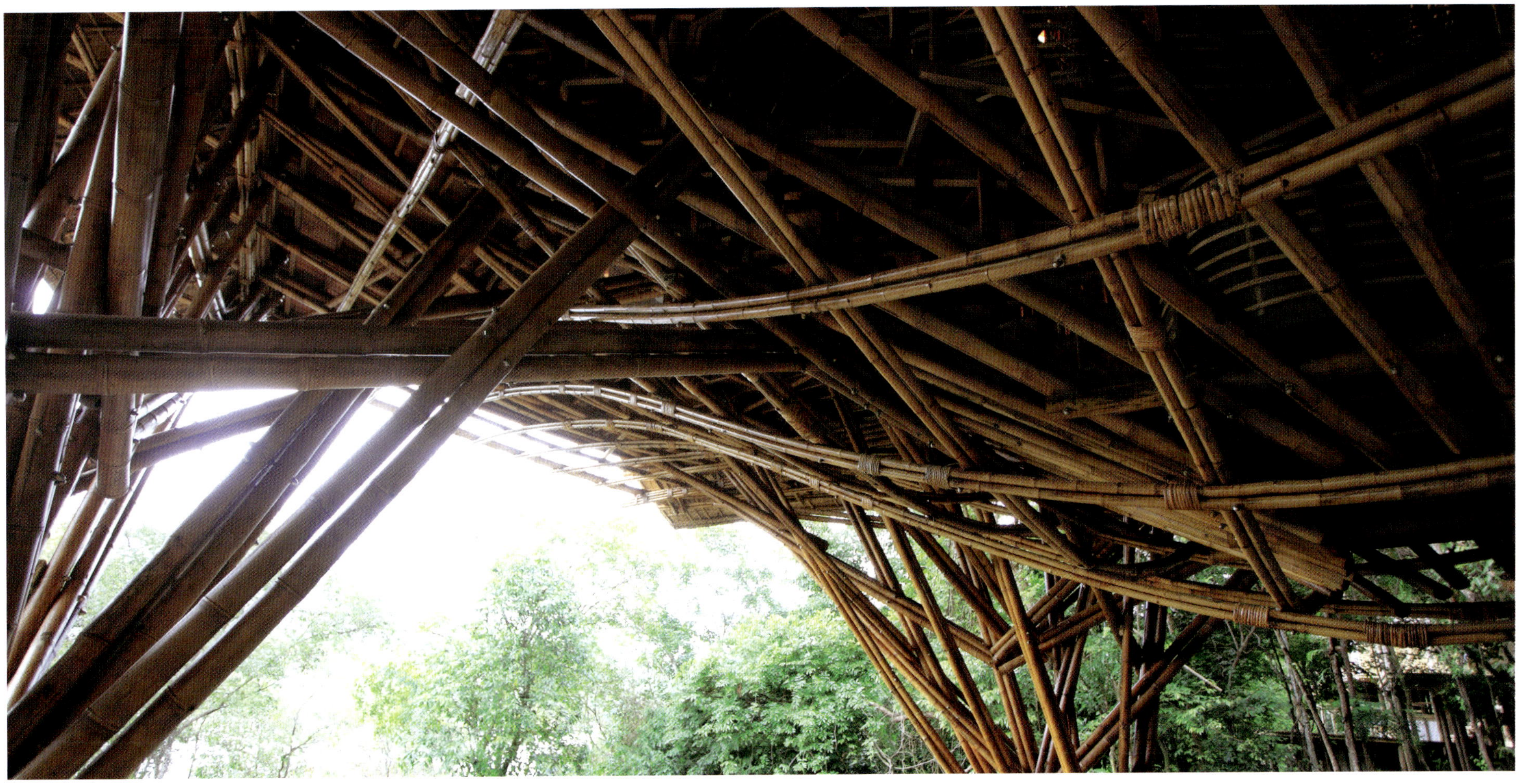

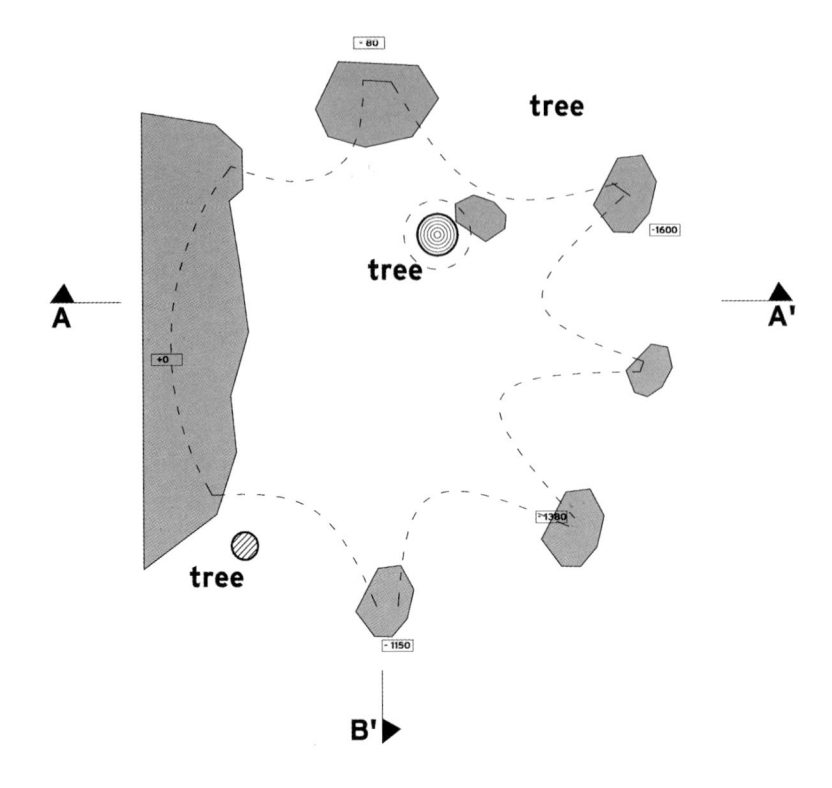

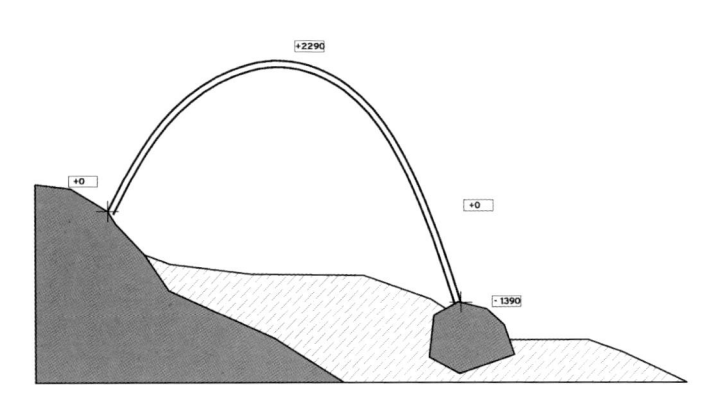

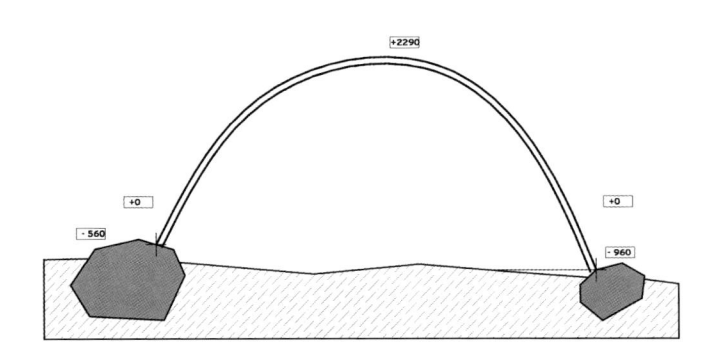

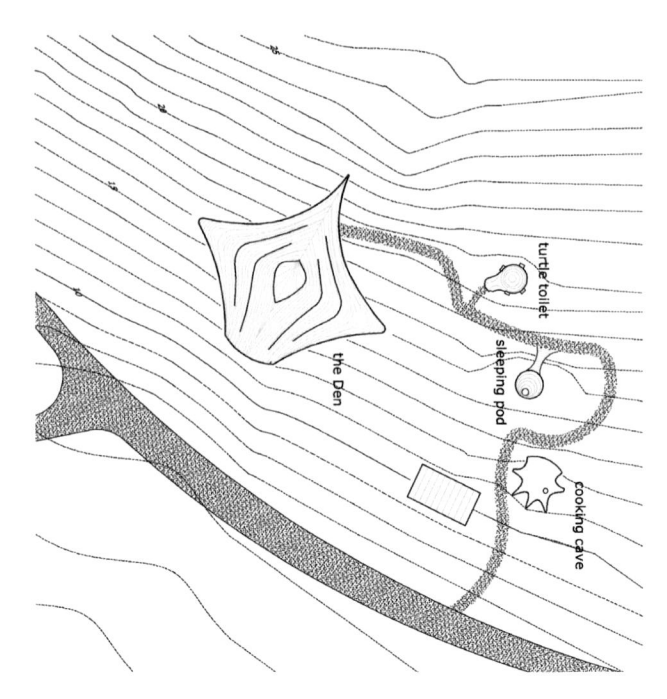

Location plan / Umgebungsplan
Plan de situation / Omgenigsplattegrond
Planimetria di localizzazione / Plano de situación

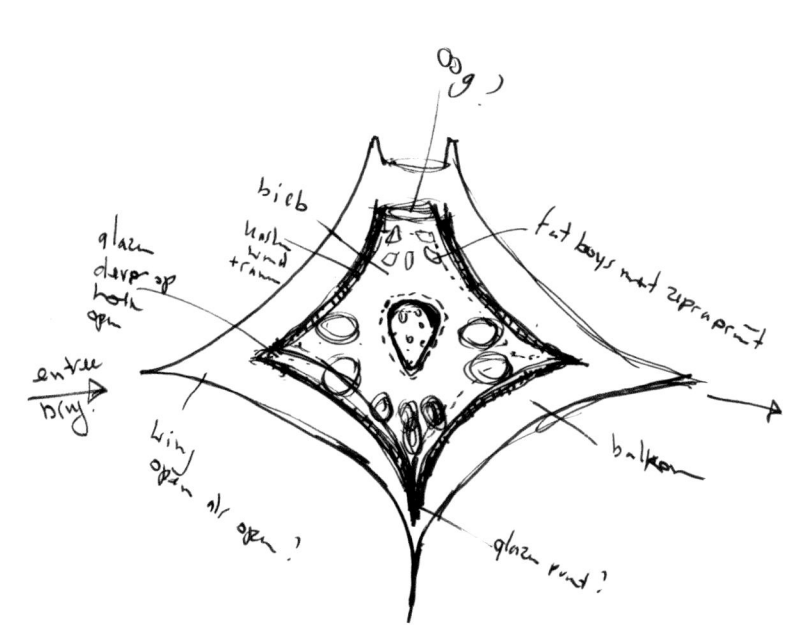

Location map and foundation sections / Lageplan und Fundamentabschnitte
Plan de situation et coupe des fondations / Situatietekening en doorsneden van de funderingen
Planimetria e sezioni delle fondamenta / Plano de situación y secciones de los cimientos

Sketch / Skizze
Esquisse / Schets
Schizzo / Boceto

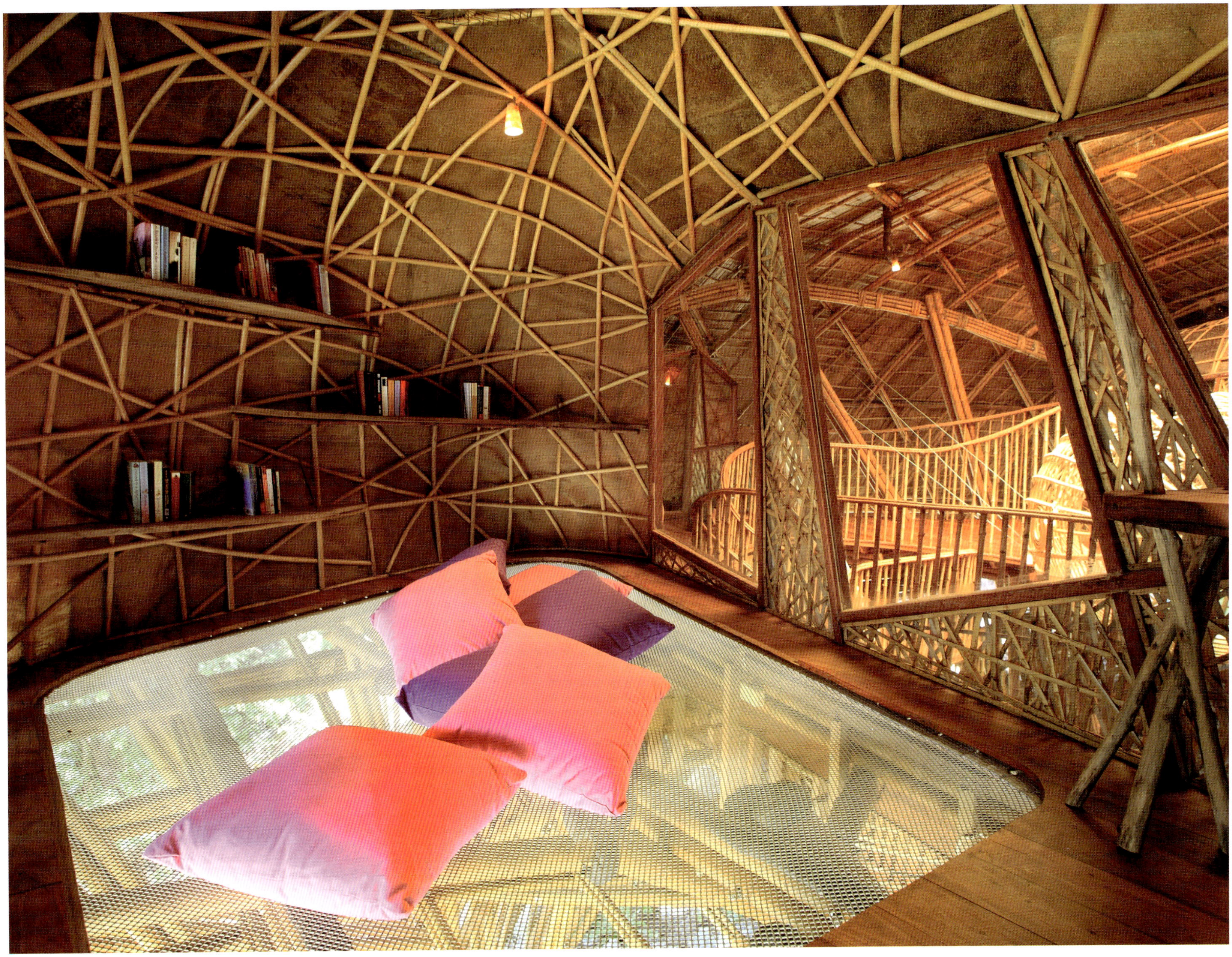

WNW BAR

Vo Trong Nghia
Thu Dau Mot, Vietnam
© Phan Quang

Bamboo / Bambus / Bambou / Bamboe / Bambù / Bambú

The dome structure of 10 m (32 ft) in height and 15 m (50 ft) in diameter, is formed by bamboo arches. The main frame was built with 48 prefabricated units, which were completed with intertwined bamboo elements. The space is air-conditioned naturally: Fresh air comes from the lake and warm air is released through the upper opening.

La structure de la coupole, de 10 m de haut et 15 m de diamètre, est formée d'arcs en bambou. La voûte principale est construite à partir de 48 unités préfabriquées qui ont été complétées par des éléments de bambou liés entre eux. L'espace est climatisé naturellement : l'air frais vient du lac et l'air chaud s'évacue par l'ouverture supérieure.

La struttura della cupola, di 10 m di altezza e 15 m di diametro, è formata da archi di bambù. Il portale principale è stato realizzato con 48 elementi prefabbricati, completati da elementi di bambù uniti tra loro. Lo spazio viene condizionato in modo naturale: l'aria fresca arriva dal lago e quella calda esce dall'apertura superiore.

Die Struktur der 10 m hohen Kuppel mit einem Durchmesser von 15 m wird von Bögen aus Bambus gebildet. Der aus 48 vorgefertigten Teilen bestehende Hauptrahmen wurde mit miteinander verbundenen Bambuselementen vervollständigt. Das Gebäude wird auf natürliche Weise gekühlt: die Frischluft strömt vom See herbei, die warme Luft entweicht durch die obere Öffnung.

De structuur van de 10 m hoge koepel met een doorsnede van 15 m is samengesteld uit bamboe bogen. Het hoofdframe werd met 48 geprefabriceerde eenheden gebouwd die werden aangevuld met aan elkaar vastgemaakte elementen van bamboe. De ruimte wordt op natuurlijke wijze gekoeld: de frisse lucht komt van het meer en de warme lucht wordt via de bovenopening afgevoerd.

La estructura de la cúpula, de 10 m de altura y 15 m de diámetro, está formada por arcos de bambú. El marco principal se construyó con 48 unidades prefabricadas que se fue completando con elementos de bambú unidos entre sí. El espacio se refrigera de forma natural: el aire fresco proviene del lago y el caliente se evacua por la abertura superior.

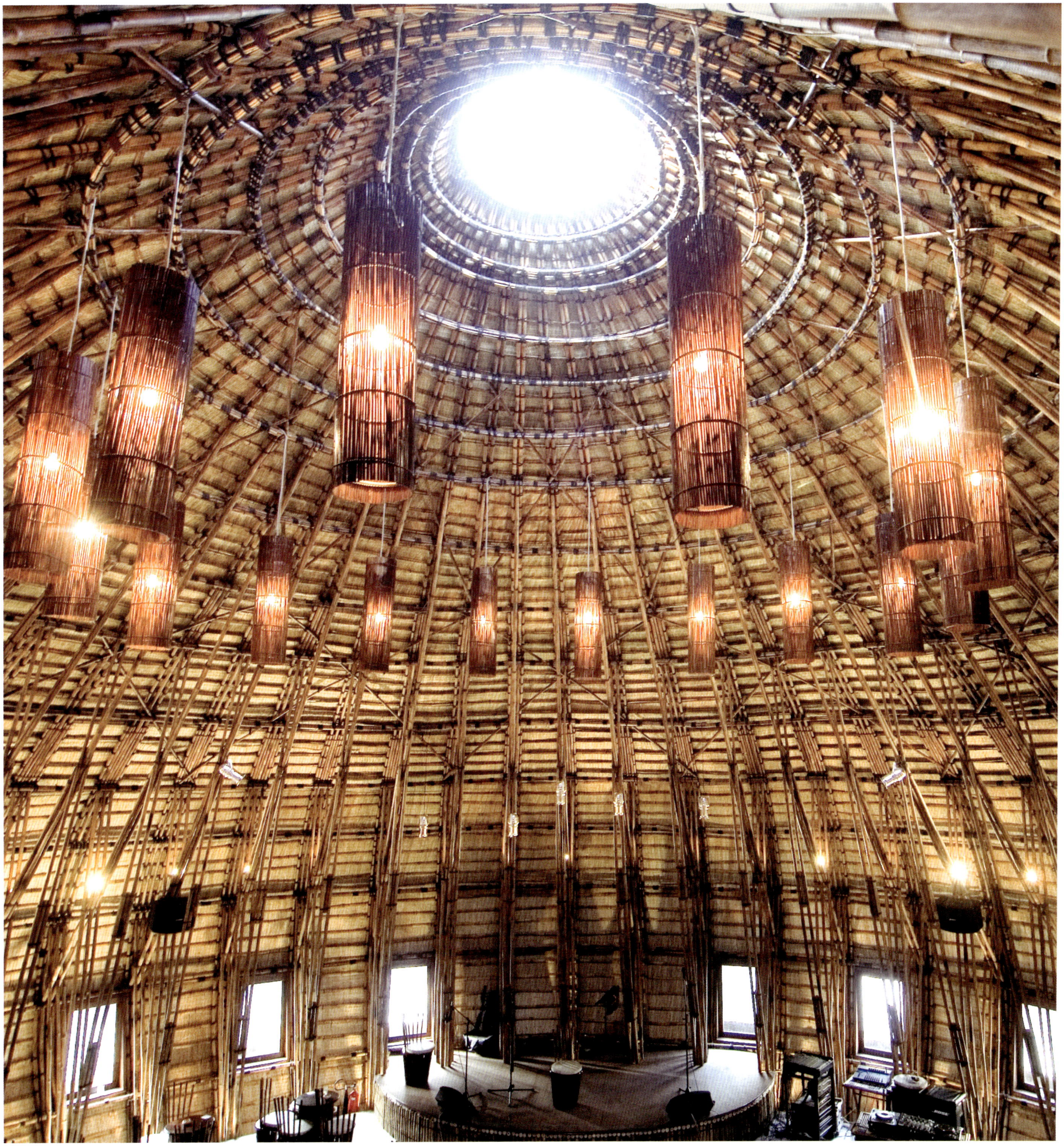

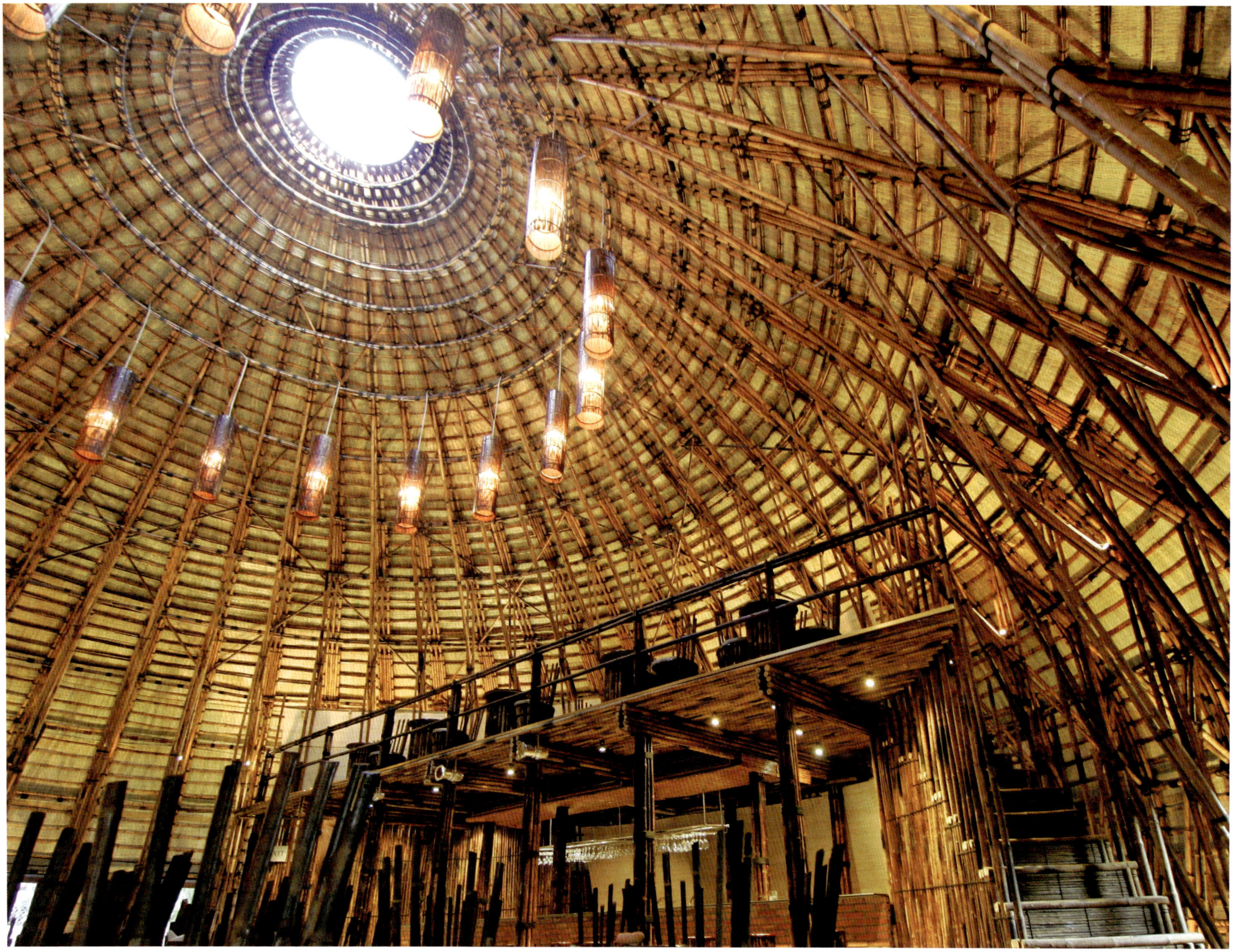

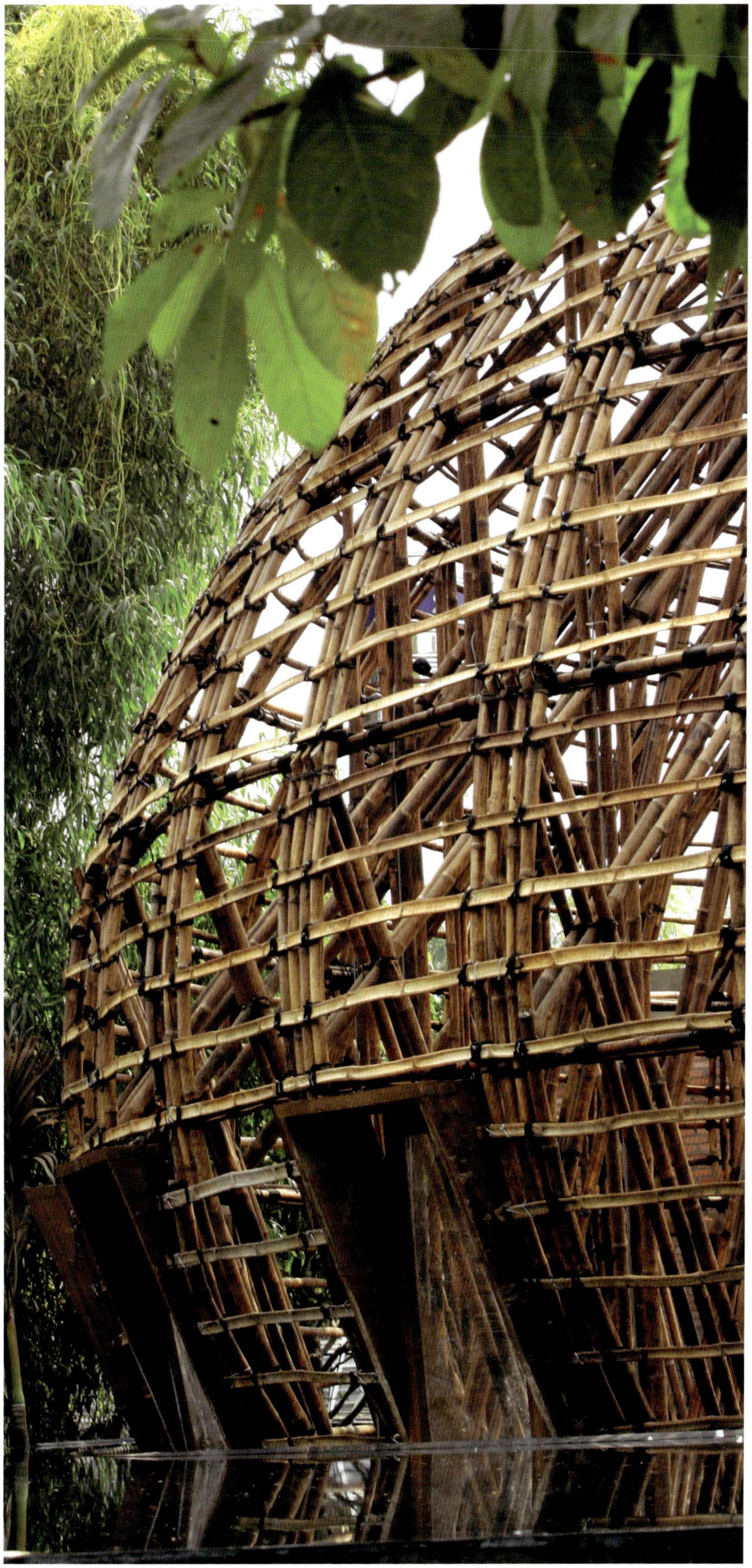
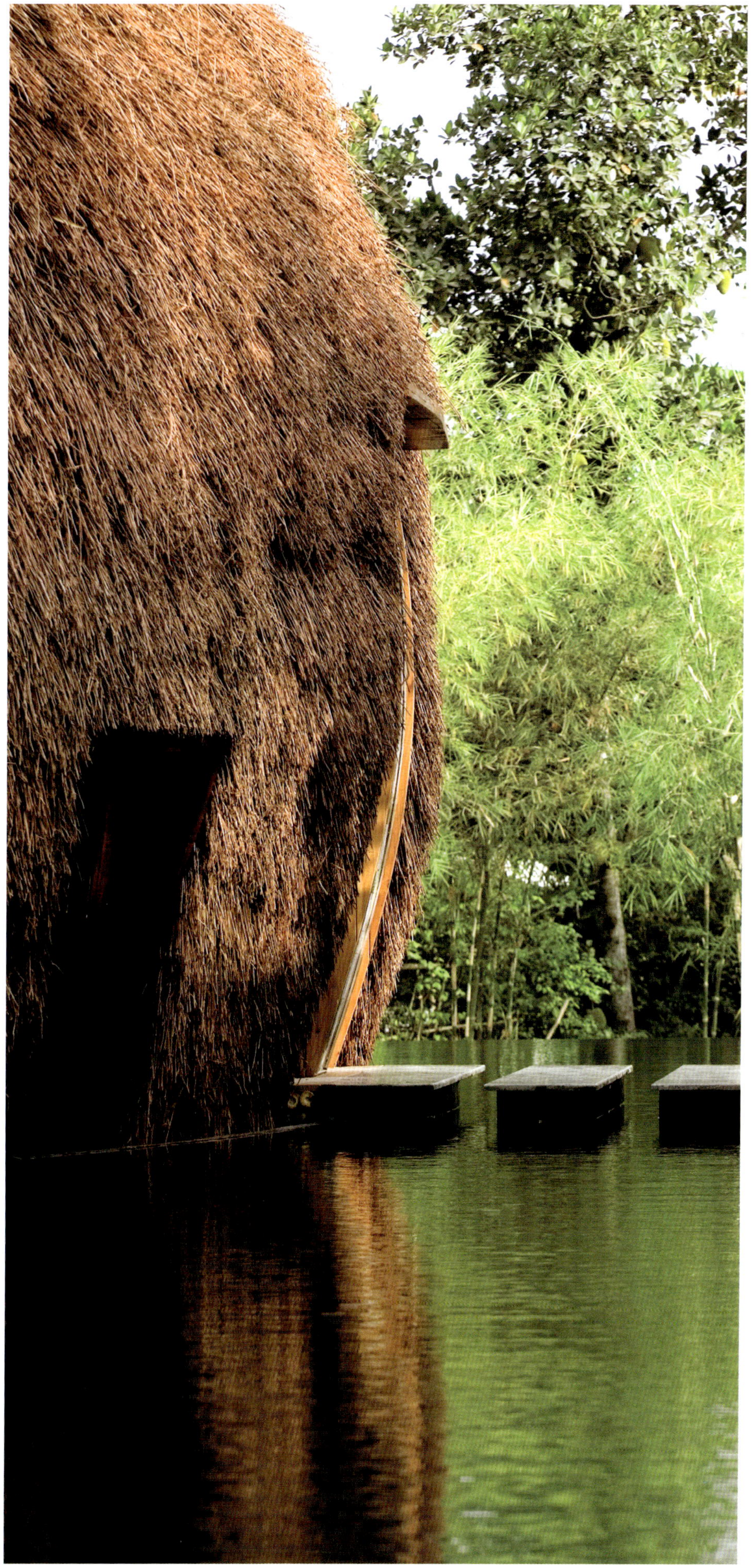

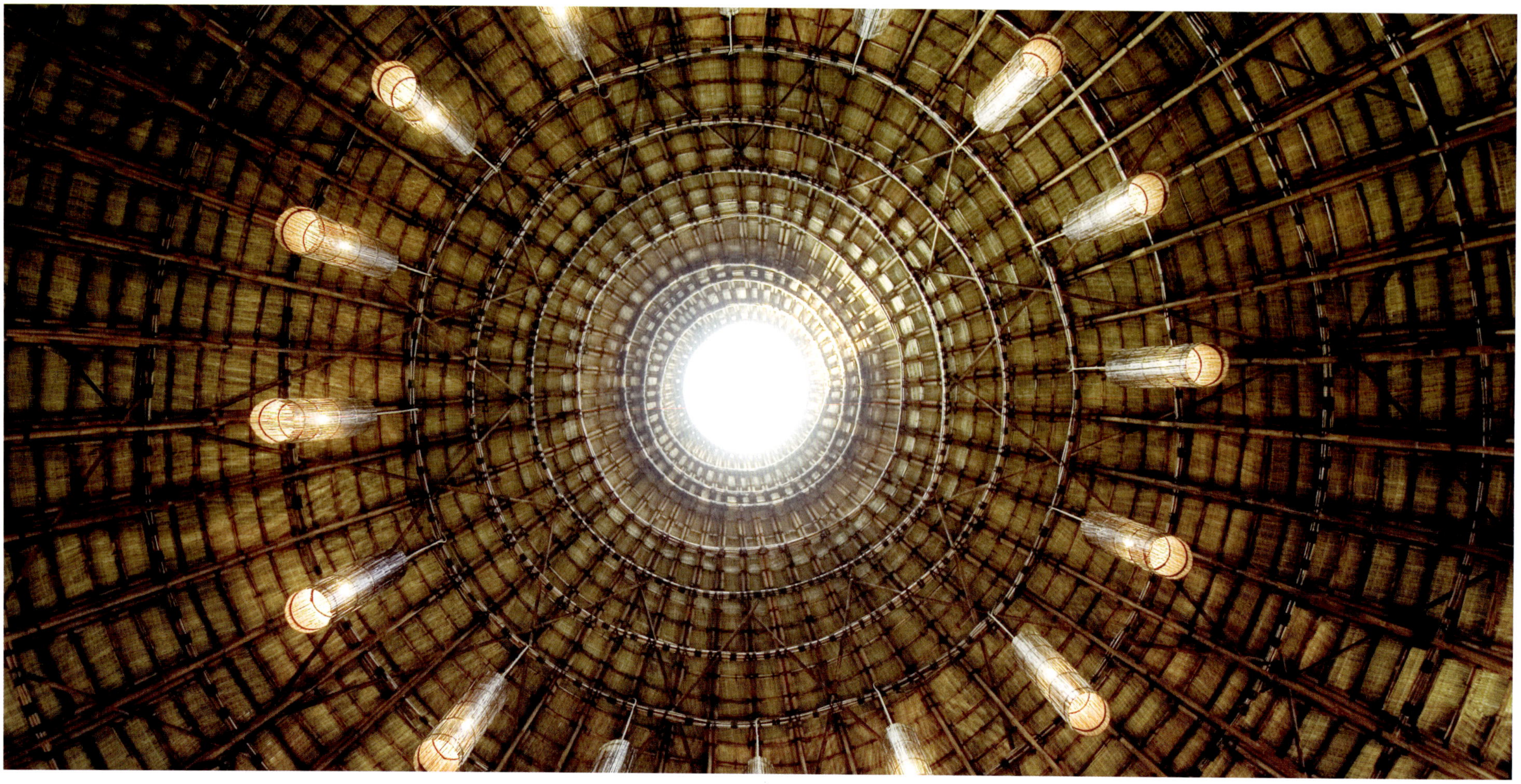

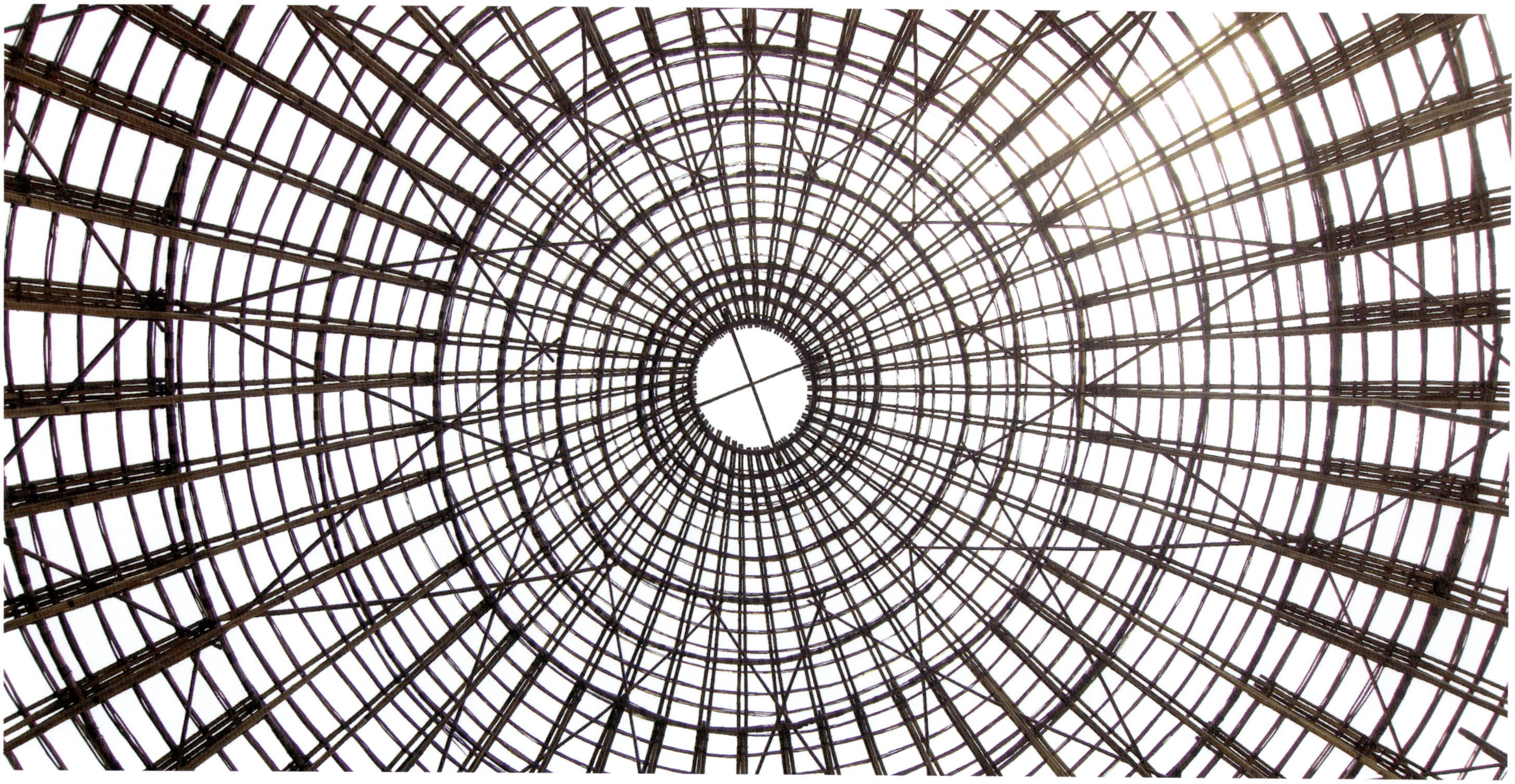

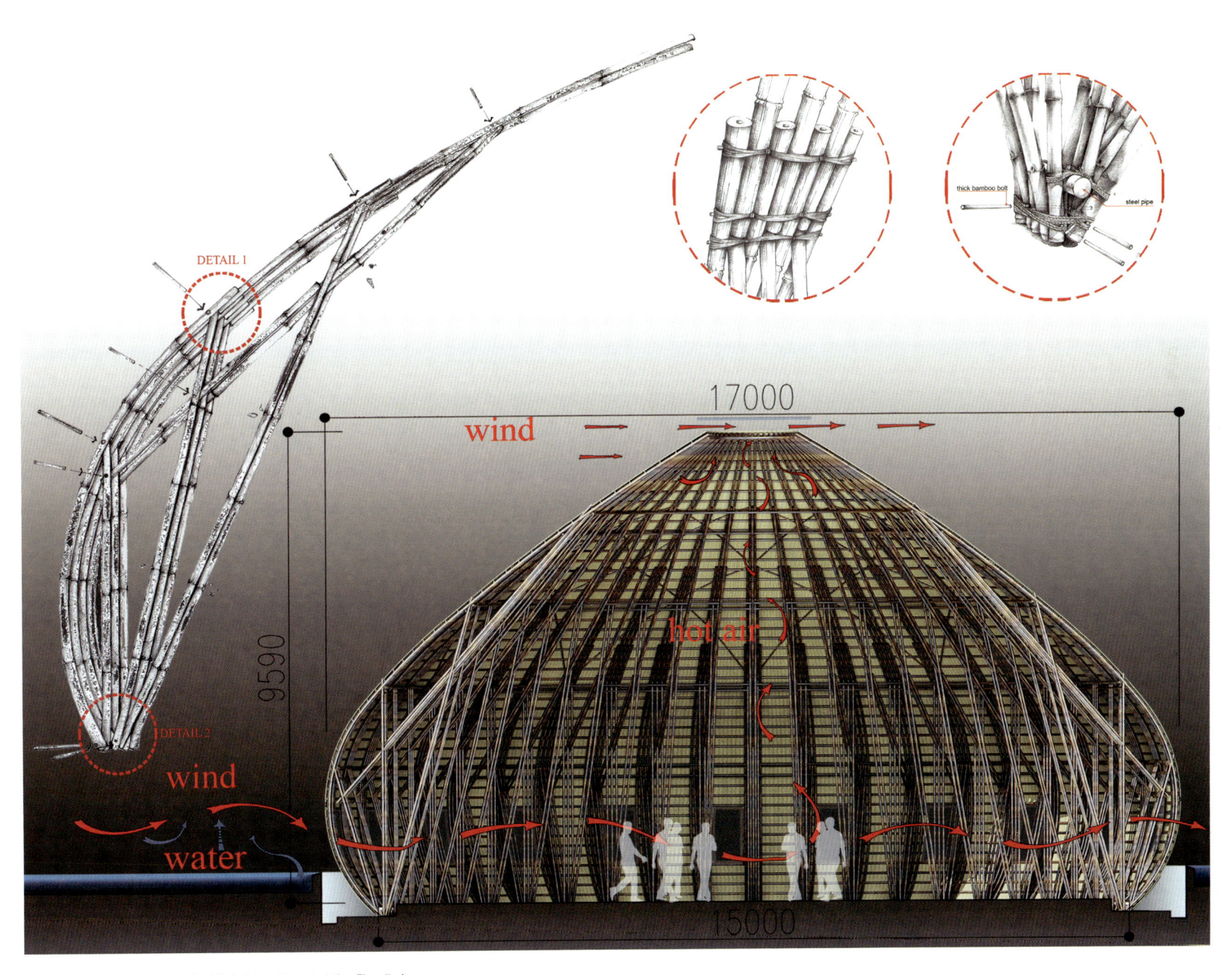

Section and construction details / Schnitt und konstruktive Einzelheiten
Coupe et détails de construction / Doorsnede en details bouwconstructie
Sezione e dettagli costruttivi / Sección y detalles constructivos

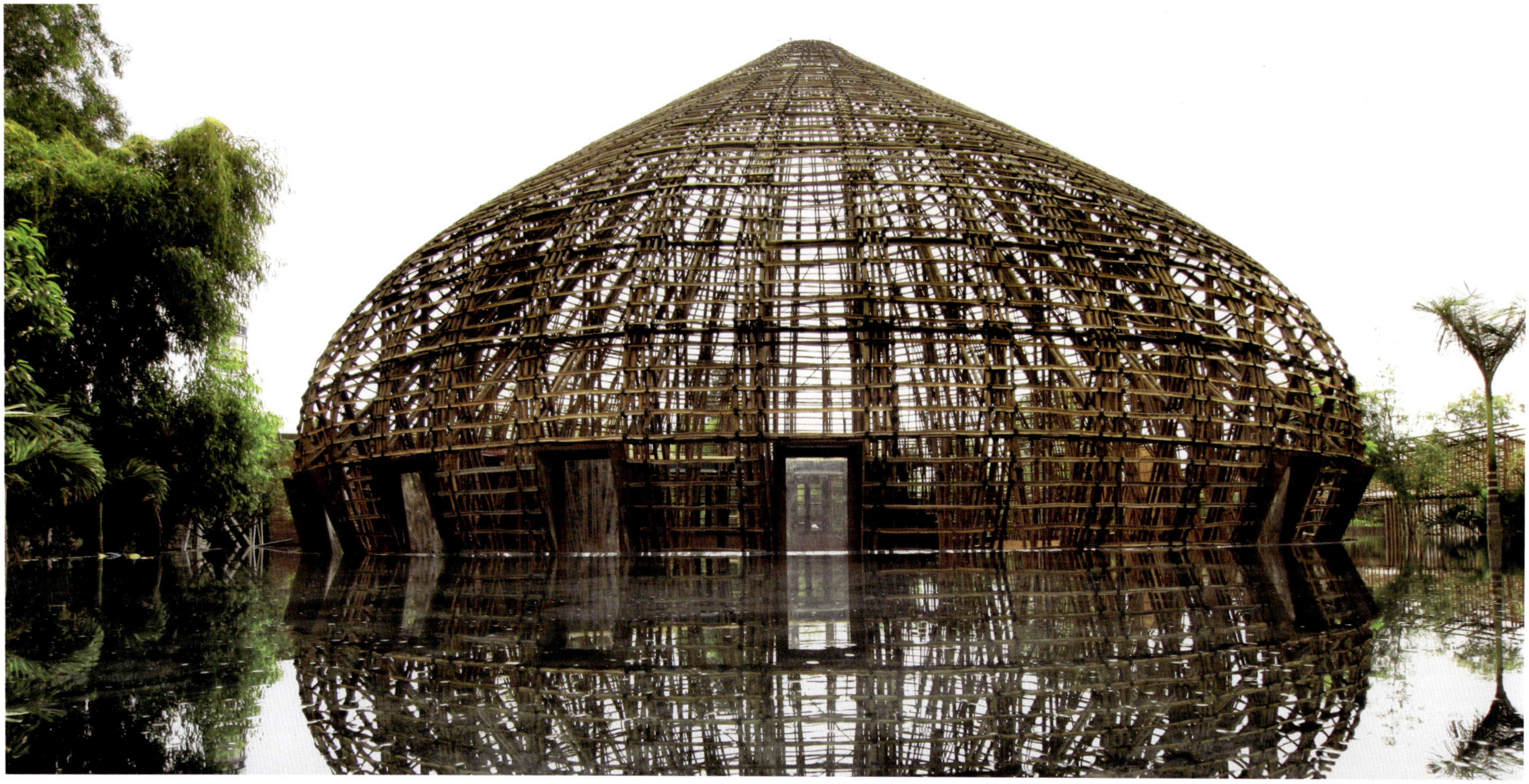

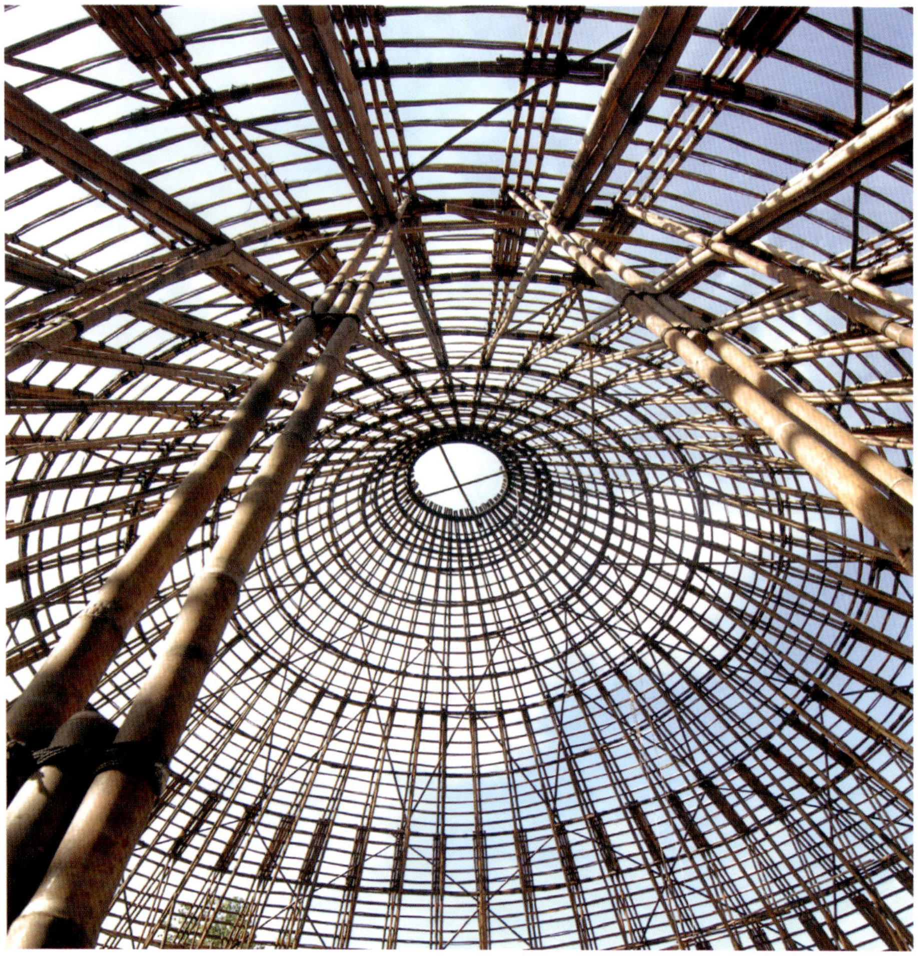

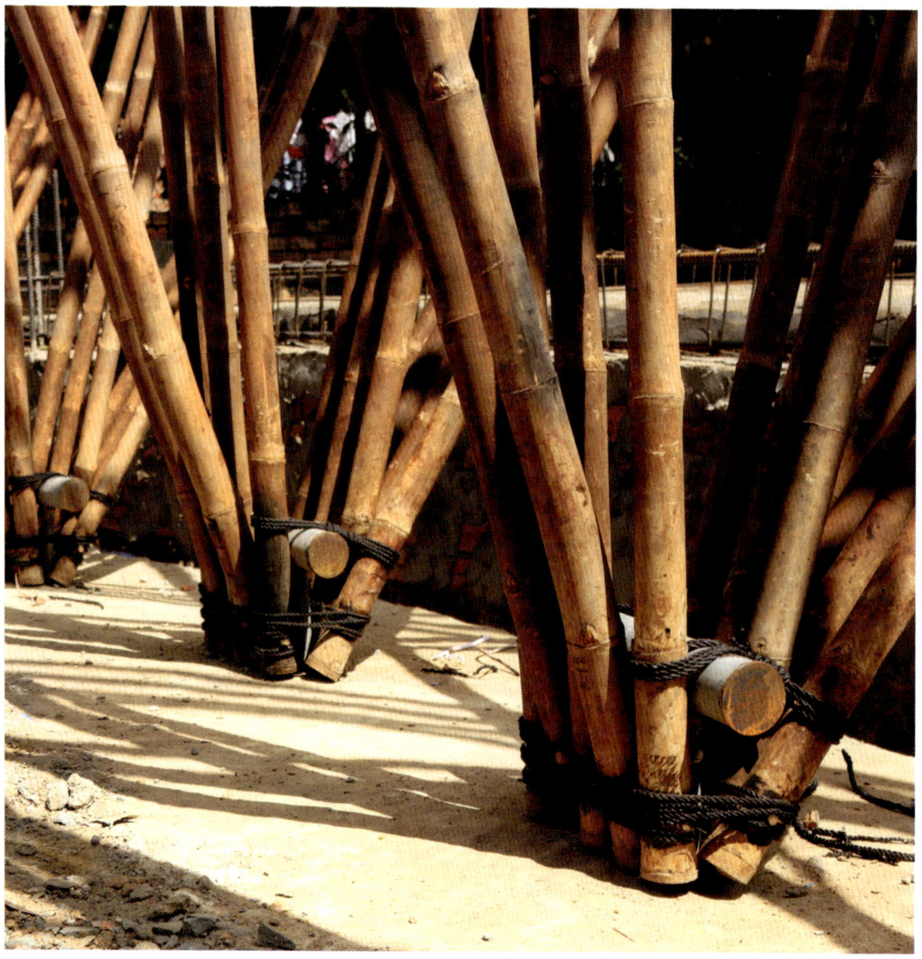

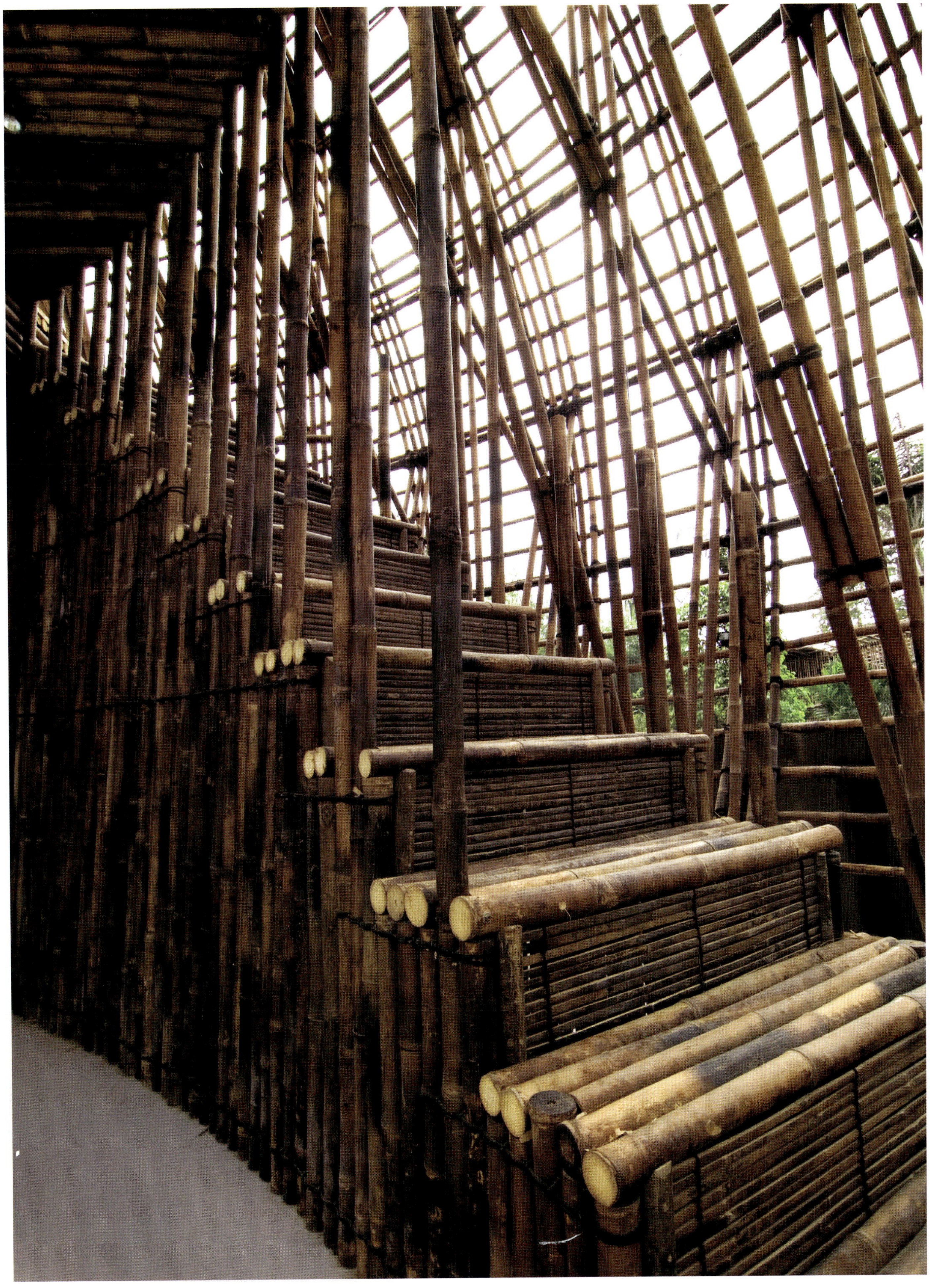

GREEN SCHOOL

John and Cynthia Hardy/PT Bambu
Badung, Indonesia
© PT Bambu, Ahkamul Hakim/Aga Khan Award for Architecture

Bamboo / Bambus / Bambou / Bamboe / Bambù / Bambú

The environmentalists and designers John and Cynthia Hardy want to cultivate a more sustainable lifestyle in the communities. Part of this goal focuses on teaching people to build with sustainable materials such as bamboo. The Green School is a laboratory in a sustainable campus located on both sides of the banks of the Ayung River.

John et Cynthia Hardy, stylistes écologistes, souhaitent amener les communautés à adopter des modes de vie plus durables. Pour atteindre cet objectif, ils enseignent aux gens à construire avec des matériaux renouvelables comme le bambou. La Green School est un laboratoire sur un campus durable situé sur les berges de l'Ayung.

Gli ecologisti e progettisti John e Cynthia Hardy promuovono uno stile di vita più sostenibile. Parte di questo lavoro si concentra nell'insegnare a costruire con materiali sostenibili come il bambù. La Green School è un laboratorio all'interno di un campus sostenibile ubicato sulle due rive del fiume Ayung.

Die Umweltschützer und Designer John und Cynthia Hardy haben sich zum Ziel gesetzt, einen nachhaltigeren Lebensstil in der Gemeinschaft zu fördern. Dazu gehört unter anderem, den Leuten die Bauweise mit nachhaltigen Materialien wie beispielsweise Bambus näher zu bringen. Die Green School ist ein Labor auf einem nachhaltigen Campus, der sich zu beiden Ufern des Ayung-Flusses erstreckt.

De ecologen en ontwerpers John en Cynthia Hardy willen een duurzamere levenswijze in de gemeenschappen bevorderen. Een deel van dit voornemen is erop gericht de mensen te leren hoe zij duurzame materialen zoals bamboe voor de bouw kunnen gebruiken. De Green School is een laboratorium in een duurzame campus gelegen aan beide oevers van de rivier de Ayung.

Los ecologistas y diseñadores John y Cynthia Hardy quieren fomentar en las comunidades una forma de vida más sostenible. Parte de este propósito se concentra en enseñar a la gente a construir con materiales sostenibles como el bambú. La Green School es un laboratorio en un campus sostenible ubicado a ambos lados de los márgenes del río Ayung.

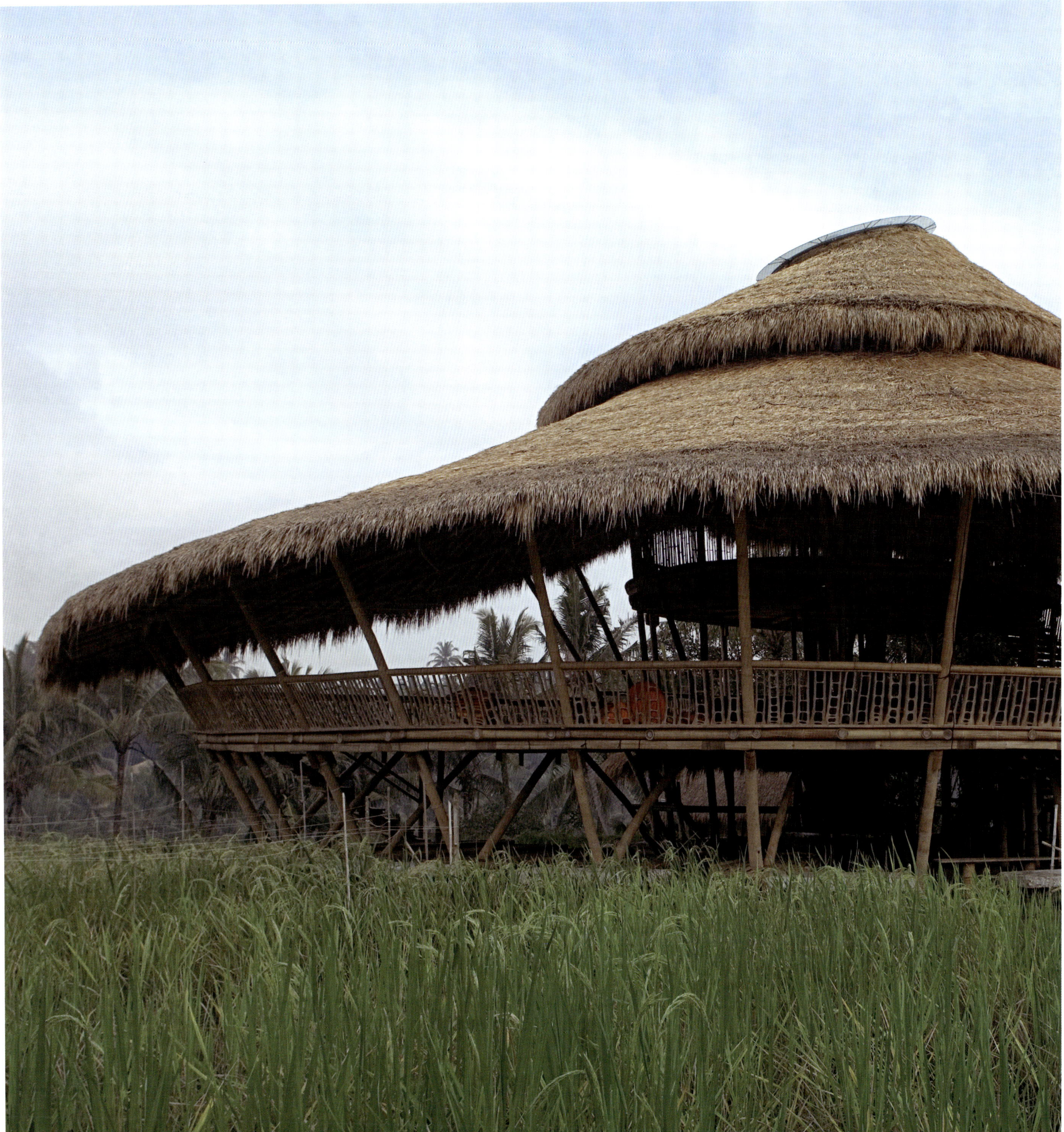

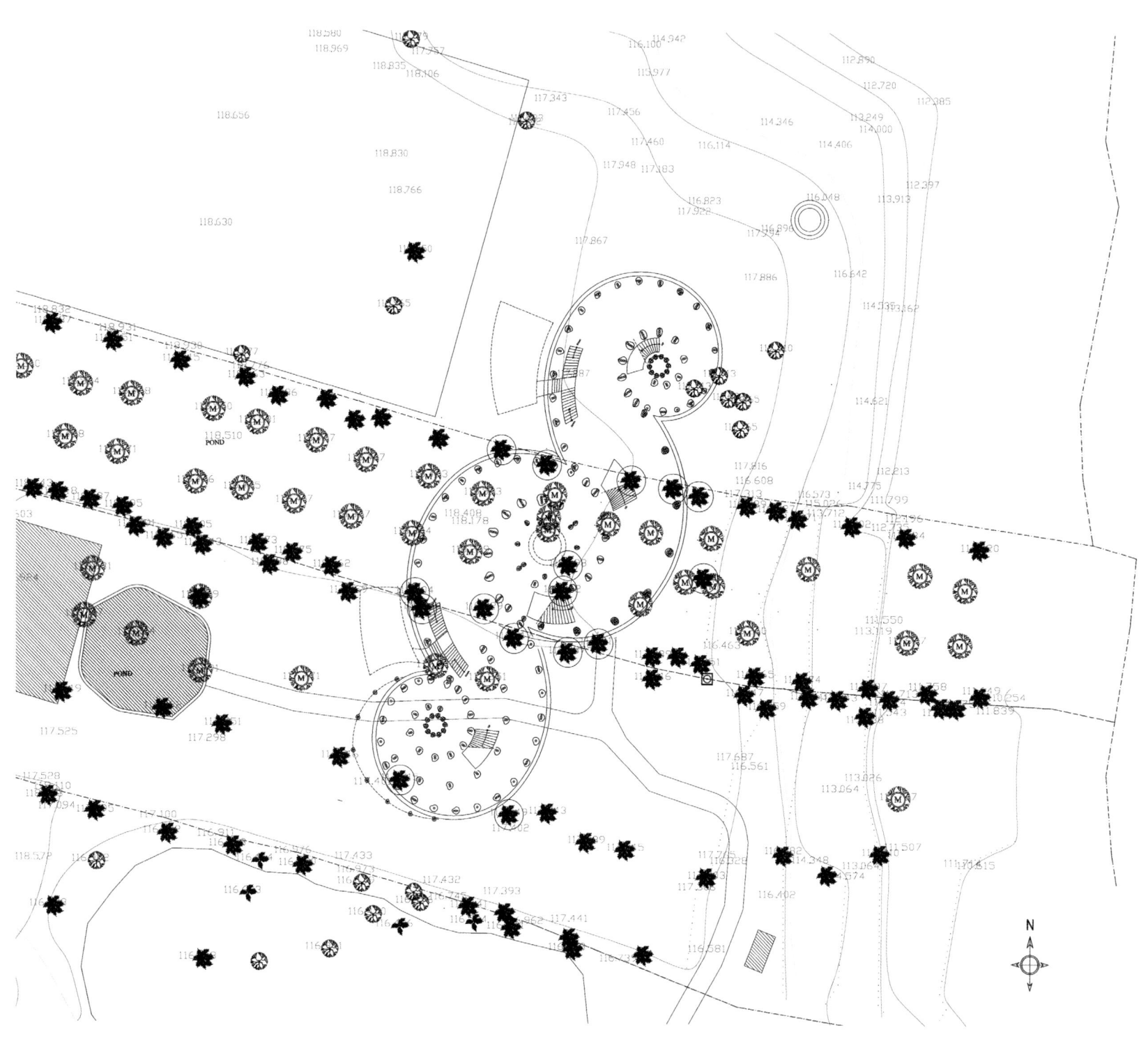

Location plan / Umgebungsplan
Plan de situation / Omgenigsplattegrond
Planimetria di localizzazione / Plano de situación

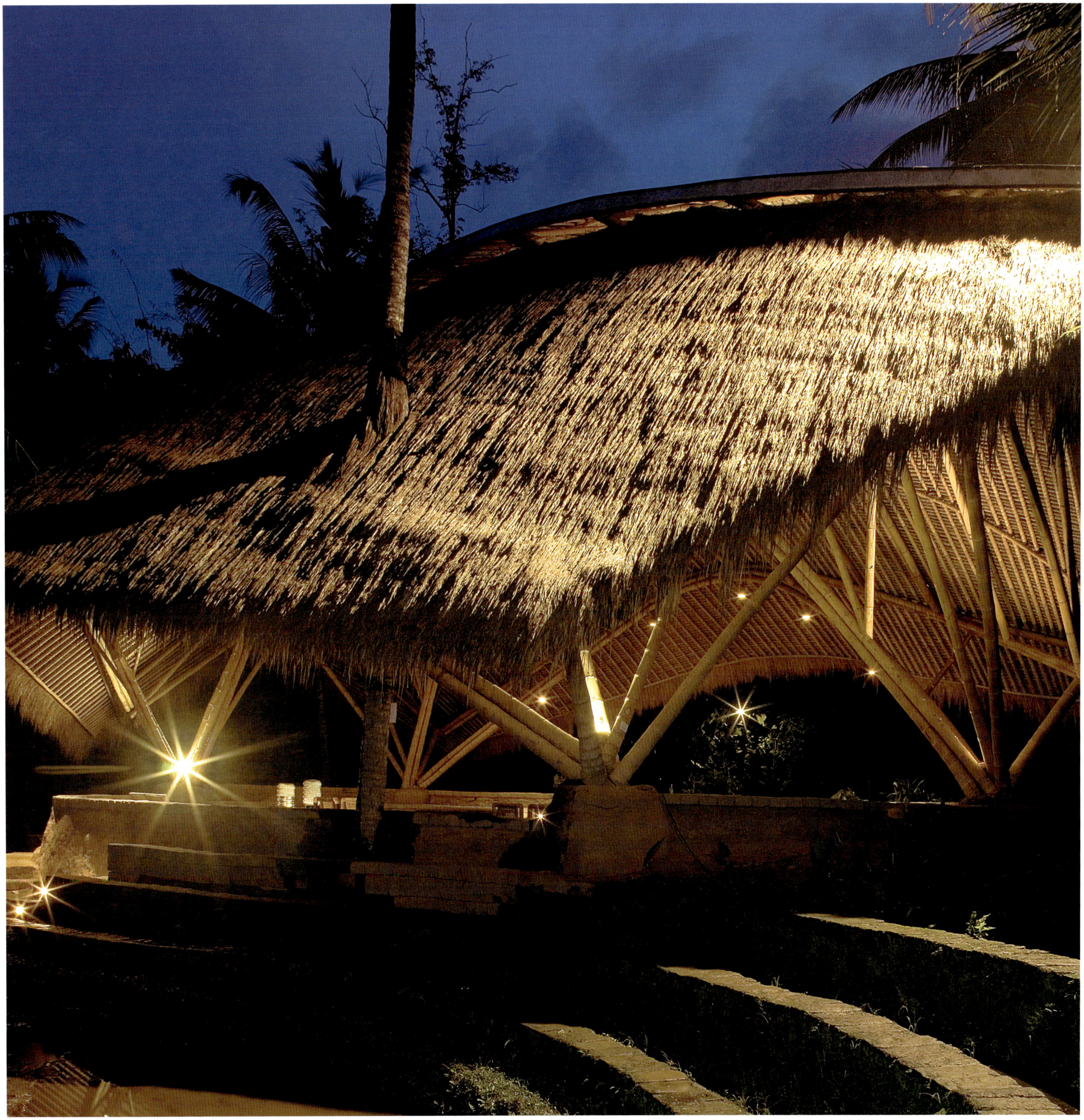

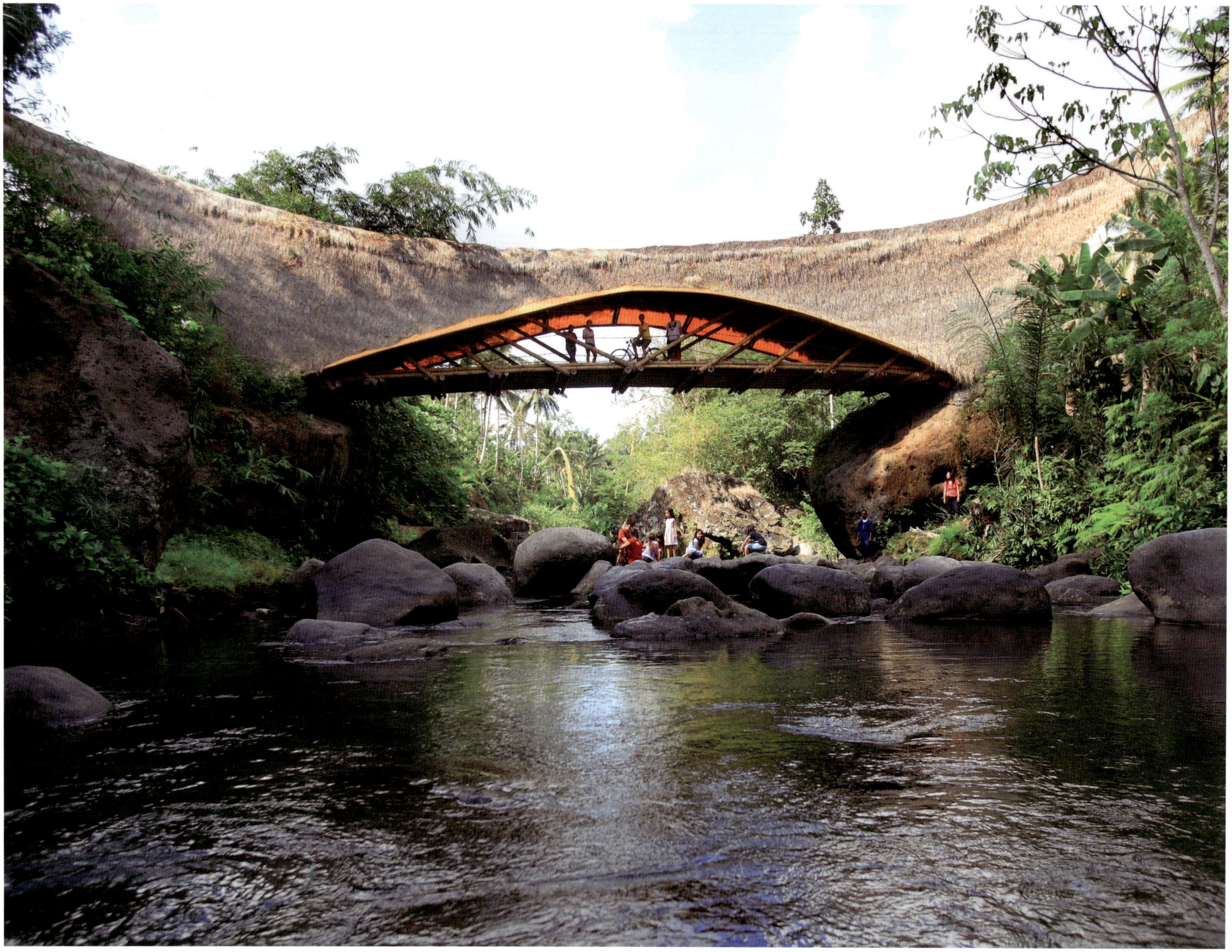

451

STEIGEREILAND RESIDENCE

MOPET Architecten
Steigereiland, The Netherlands
© Martijn Heil

Straw / Stroh / Paille / Stro / Paglia / Paja

The design of this house, inspired by the early 20th century Amsterdam School has a special feature: a thatched roof. This element provides good, natural insulation during the winter. In addition to giving the home a personality, the roof provides privacy and access to the terrace roof.

Le plan de ce logement, inspiré de l'école d'Amsterdam du début xxe siècle, se distingue par sa toiture en chaume. La paille fournit naturellement une bonne isolation contre le froid. Outre l'originalité qu'elle confère à cette maison, la toiture garantit l'intimité des occupants et ménage un espace en terrasse.

Il progetto di questa abitazione, ispirata alla Scuola di Amsterdam (inizio del xx secolo), ha una peculiarità: un tetto di paglia. Questo elemento garantisce un buon isolamento durante l'inverno in modo più naturale. Oltre a dare personalità alla struttura, il tetto offre privacy e consente di accedere alla terrazza.

Das Design dieses Wohngebäudes, das von der Amsterdamer Schule aus der Zeit Anfang des 20. Jahrhunderts inspiriert wurde, weist als Besonderheit ein Strohdach auf, das im Winter als natürliche Wärmeisolierung dient. Das Dach verleiht dem Gebäude einen eigenen Charme und dem Zugang zur Dachterrasse ausreichend Privatsphäre.

Het ontwerp van deze woning, geïnspireerd op de Amsterdamse School uit het begin van de 20ste eeuw, heeft een eigenaardigheid: een dak van stro. Dit product verschaft in de winter op natuurlijke wijze een goede isolatie. Het geeft het huis niet alleen persoonlijkheid, maar het dak zorgt voor privacy en biedt toegang tot het dakterras.

El diseño de esta vivienda, inspirada en la Escuela de Ámsterdam de principios del siglo xx, tiene una particularidad: una cubierta de paja. Este elemento proporciona un buen aislamiento durante el invierno de forma más natural. Además de aportar personalidad a la residencia, el tejado proporciona privacidad y el acceso a la azotea.

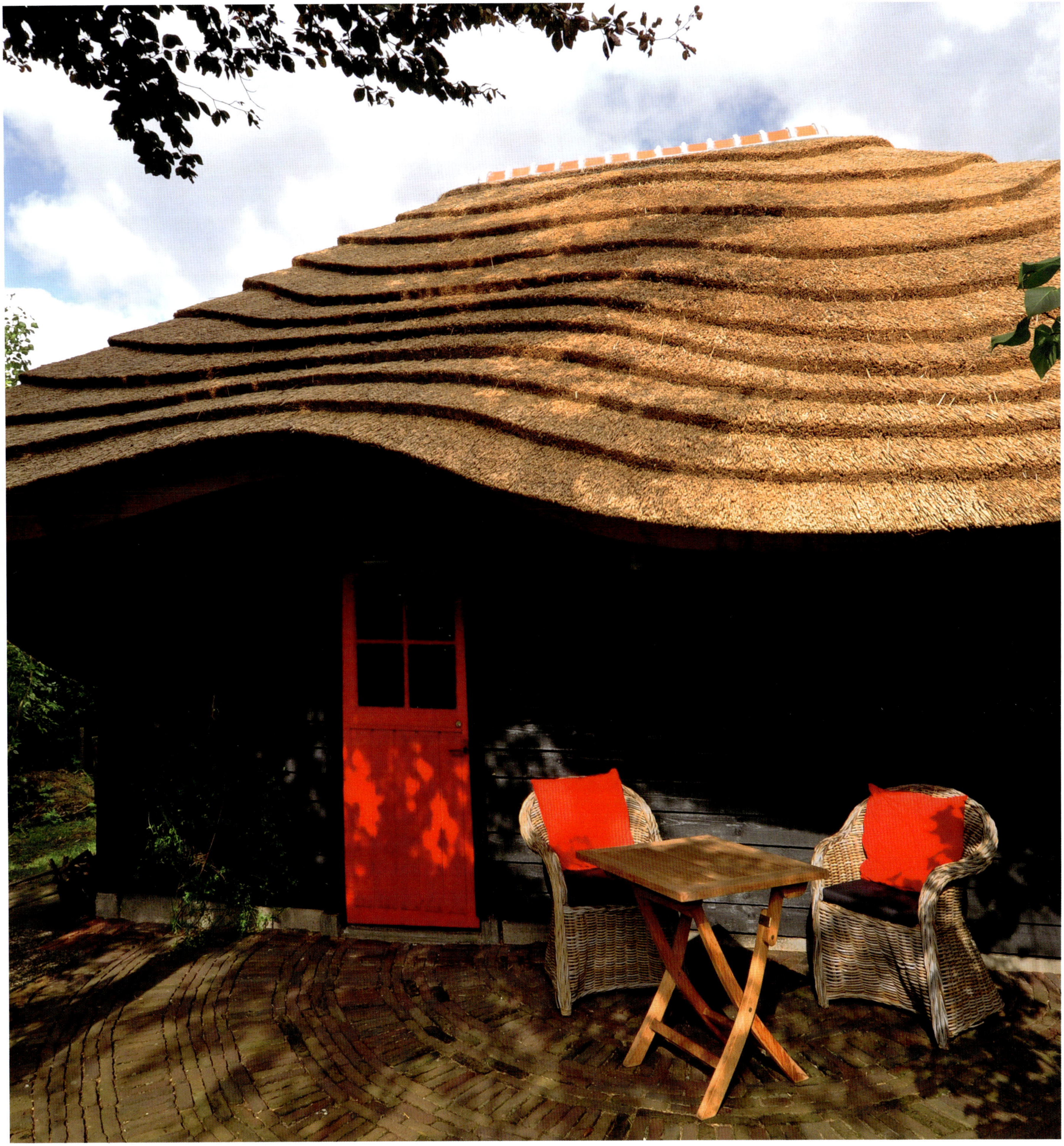

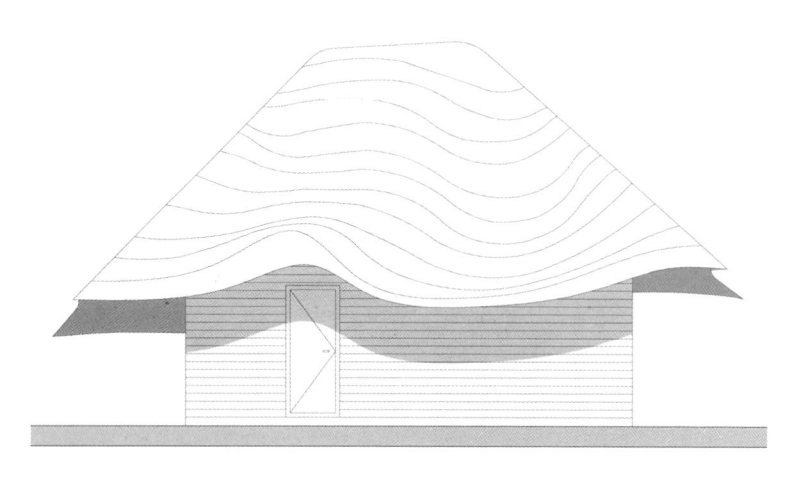

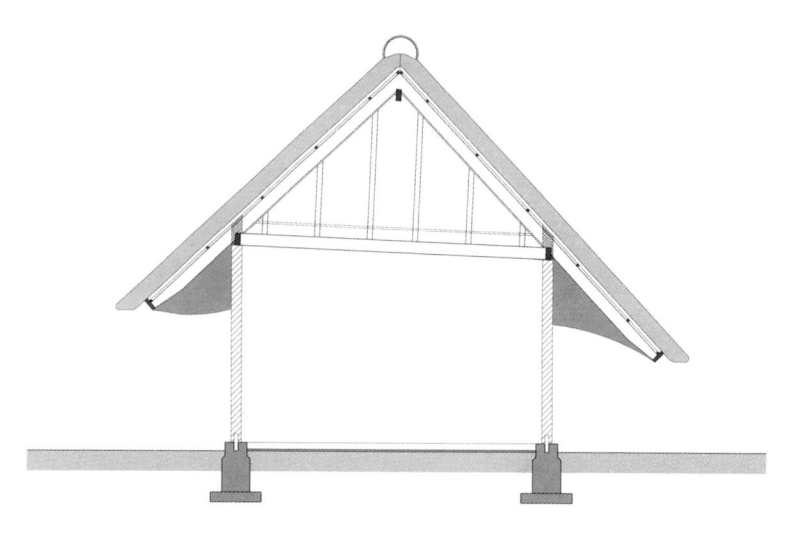

Elevations / Aufrisse
Élévations / Verhogingen
Prospetti / Alzados

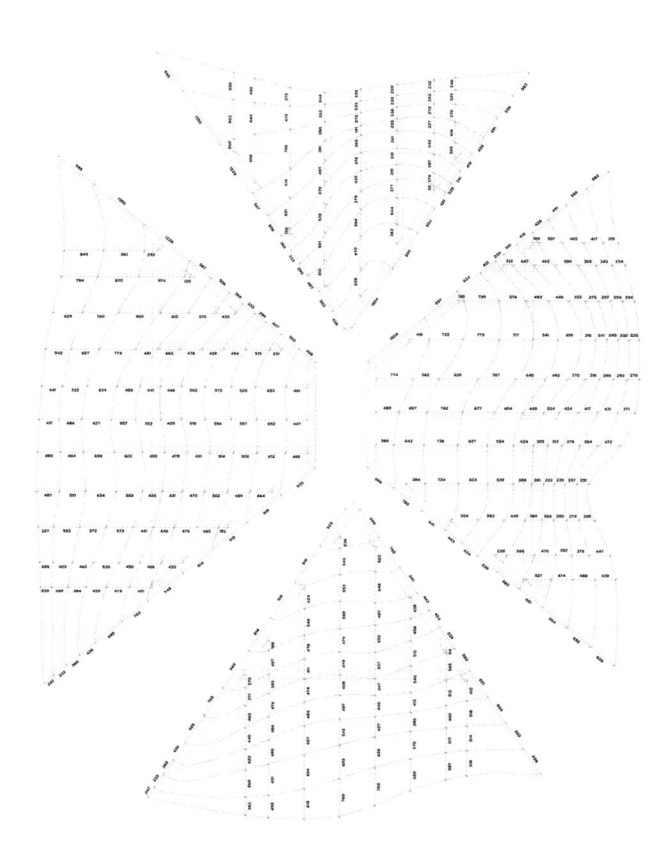

Roof quartering / Explosionsdarstellung der Fassade
Éclaté de la toiture / Detailtekening van het dak
Sezione del tetto / Despiece de la cubierta

461

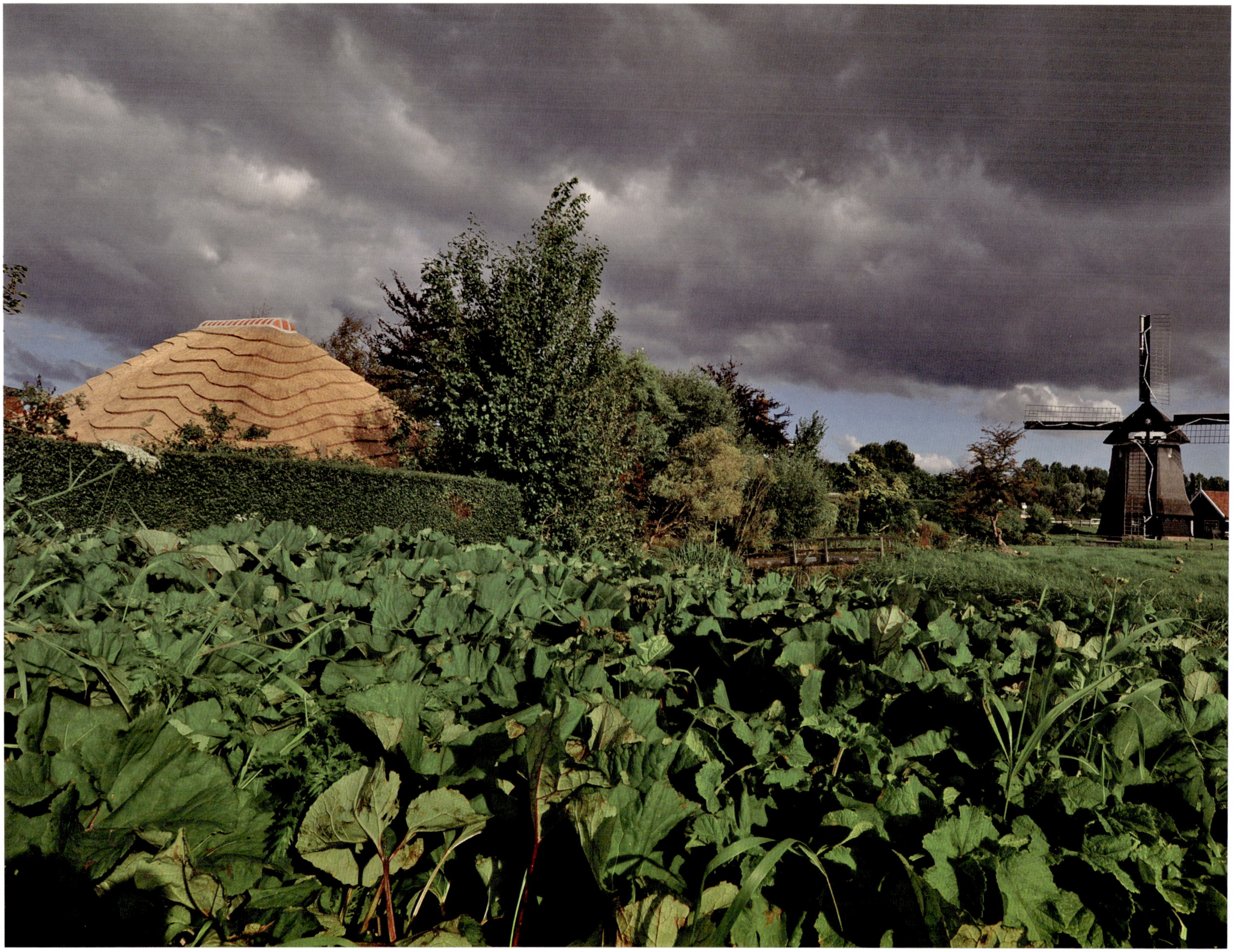

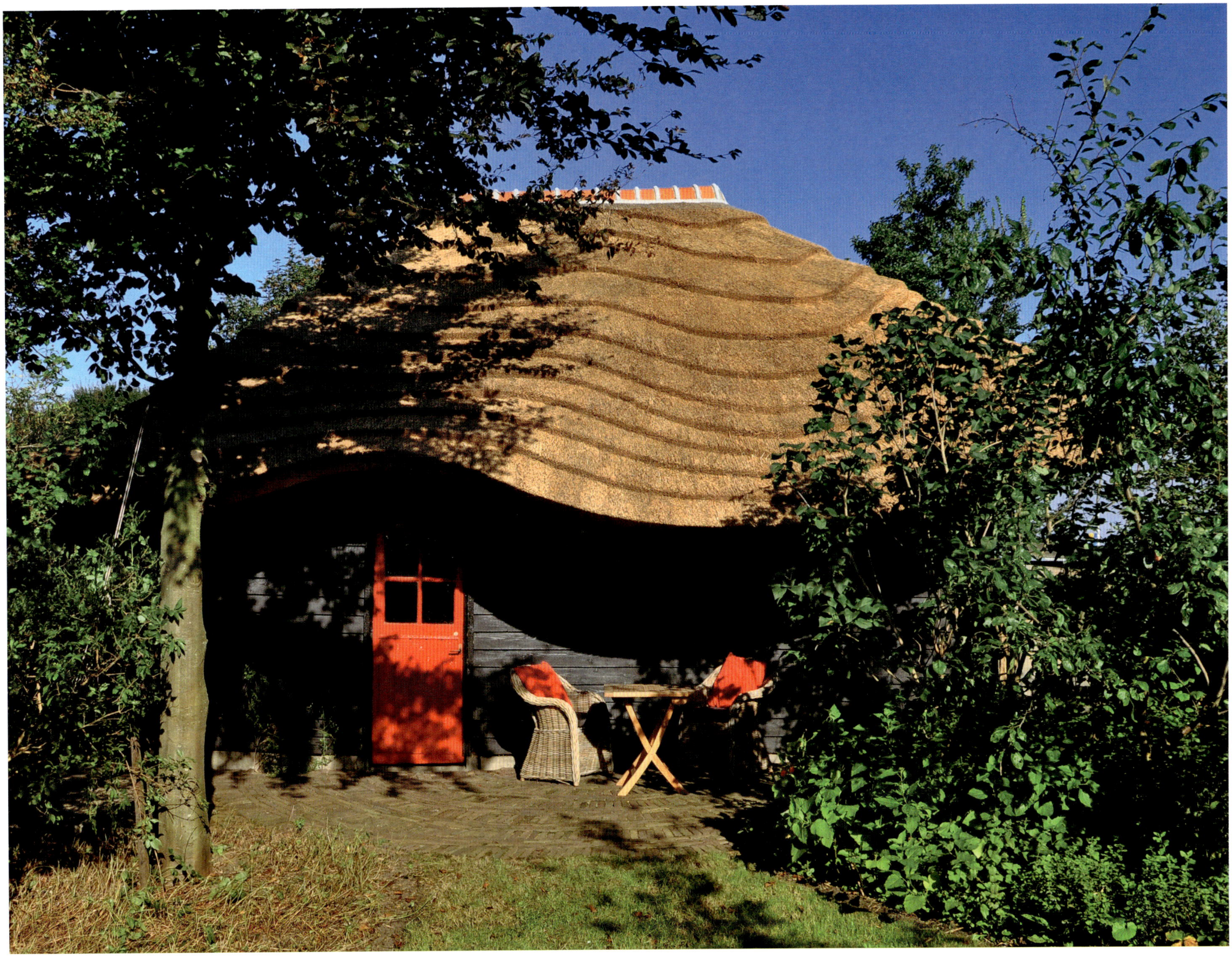

Straw / Stroh / Paille
Stro / Paglia / Paja

HERBACEOUS MATERIALS

Eco-construction uses low-impact materials, recycled or easily recyclable materials or those obtained by simple and low cost processes. The use in architecture of plant materials such as bamboo, wicker, cane or straw is considered eco-construction. Although other materials that feature in this book, such as building with earth or wood, also fall within the concept of green architecture, we have decided to separate them to be able to explain in more detail the characteristics of each material. Materials of vegetable origin are an alternative to those resulting from more sophisticated manufacturing methods. This chapter describes straw - its use in walls or roofs-, cane or branches, which are used as coverings-, wicker and bamboo.

STRAW

Straw is dried grass stems that have been cut and discarded once the grain or seed has been separated. Its height varies depending on the species and cultivars. Straw is sold in bales or in rolls. Currently, it continues to have multiple uses, for example, it is used to protect the land, in the form of mulch or straw mat, in particular in horticulture. Straw bales, especially straw from cereals, can be used as a highly efficient building material:

- **Building homes with straw bales:** different techniques have been reviewed and adapted to current needs and regulations in order to use this material in houses.
- **Thatched-roofs:** due to its insulating properties, straw is used in the construction of roofs. The straw is layered so as to shed water away from the inner roof.

Although there are different architectural construction methods with straw, certain common issues should be taken into account, such as the structural aspect, fire resistance, protection against moisture and micro-organisms or thermal insulation and acoustic constructions.

Structural aspects

Although there have been numerous tests to determine the structural performance of straw bales, it is difficult to reach definitive conclusions. There are too many variables that determine the outcome, including the moisture content, density or the type and thickness of the covering.
It is extremely important that the walls are stabilized to withstand horizontal loads that wind, mechanical impacts or earthquakes may cause. Horizontal and vertical elements are used for this as well as the pre-compression of the wall. Straw bale walls perform well in earthquakes because of their flexibility and ability to bend resiliently.

Fire resistance

Fire resistance is the time, in minutes, that a construction component exposed to fire maintains its stability and its structural characteristics without letting the heat spread preventing materials on the other side from catching fire. Bales have a fire resistance of 90 minutes. This resistance is due to the tightness. The oxygen content in straw bales cannot circulate due to the earth, lime finishes, etc.

Thermal performance

Conduction refers to the ability of a material to transmit heat. The thermal conductivity of straw depends on the density of the bale, the position of fibers and the moisture. Regarding the degree of thermal storage, straw itself is not a good material. This is when the wall covering becomes relevant.

Airtightness

To achieve energy efficient straw constructions, airtightness is an important factor, as the wind and air reduce the insulation that is obtained through straw walls.

Protection against moisture

Moisture is the main drawback of straw bale construction. There are different sources of moisture: moisture by capillary, by condensation or accidental (caused by rain).

Acoustic insulation

Acoustic insulation protects a space against the penetration of exterior sounds. Straw is an excellent acoustic insulation.

Micro-organisms

Fungi appear when organic matter decomposes. They have the ability to break down cellulose and lignin, two of the basic elements of straw. The conditions that foster its growth must be controlled. In addition to the use of fungicides, the humidity, temperature, oxygen and pH must be controlled.

There are several techniques for straw bale construction:
- **Nebraska method (or self-supporting):** this is the original construction method, invented by settlers from Nebraska (USA) around 1870. The actual straw bales bear the weight of the roof. They are arranged as giant bricks and attached to the foundations and each other with sticks. It is the simplest technique.
- **Supporting structure:** in this method the weight of the roof rests on a wood, steel or concrete frame and straw bales are placed between the pillars and have an insulating function.
- **Canadian method:** the bales are used as bricks that are joined by mortar. The bales are placed in vertical columns so that the cement forms a sort of pillar. It is a laborious method that has gone beyond the requirements to be accepted by Canadian regulations.
- **Greb technique:** this technique combines several methods: it consists of building a light wooden frame where you place the straw bales. Vertical surfaces are filled with a mortar lightened with sawdust. It differs from other techniques in its feasibility for DIY builders. The formwork means that the mortar can be easily emptied and insulate the straw from the exterior.

CANE

Construction with cane, a generic material encompassing cylindrical stems of many plant species, is an ancient technique practiced worldwide and is regaining popularity.
The most common species is *Ardundo donax*, a plant similar to bamboo, which is about 5 m (16 ft) high with thick, hollow stems. It is known as a major producer of industrial biomass and can be grown in a wide variety of soils and climatic conditions. It can be harvested once to three times a year. It can be found in permanent or seasonal water wetlands. It appears to be native to Asia and has colonized the Mediterranean area and other regions around the world.

It is one of the fastest growing plants. Due to its invasive nature (it is included in the list of the hundred most harmful invasive exotic species in the world by the International Union for the Conservation of Nature), the cane can block rivers and cause other problems. Its use in architecture can be useful for ecosystems and its harvest would also control, apart from it spreading, the reed from growing again, which causes it to absorb large amounts of CO_2. Another good reason for its use in architecture is that it does not entail complex working techniques and it does not require expensive tools.
Usually, cane is used in coverings and blinds but there are also examples of its use in structures. The architect Jonathan Cory-Wright is one of the founders of the movement to recover the construction cane (www.canyaviva.com).

WICKER

Wicker is a vegetable fiber obtained from a shrub of the family of Salix willow (*Salix viminalis* primarily and also *Salix fragilis* and *Salix purpurea*) and is woven to create furniture, baskets and other useful objects. Willow grows on the banks of rivers and canals in much of Europe, either spontaneously or in crops. The shrub has a thick trunk from which willow stalks are cut periodically.
The potential of wicker as a building material is determined by the accessibility of braiding techniques and the presence of this plant in many parts of the world. The current use of wicker architecture is restricted to furniture, especially outdoor, but these applications can be extended to other household items such as coverings or roofs, temporary structures or pavilions, and museum installations.
Elements constructed with wicker are lightweight and durable. Wicker can form semi-transparent screens or panels that filter the sunlight. Its resilience enables freestanding building surfaces.

BAMBOO

Bamboo is the common name for plants from the *Bambusoideae* subfamily. They may be small plants less than 1 m (3.2 ft) long and also larger plants, about 25 m (82 ft) tall. *Bambusoideae* are present naturally in all continents except Europe. Woody bamboos, with stems up to 25 m (82 ft) in height, are used in architecture. It is a highly renewable resource.
The qualities of bamboo make this plant an ideal construction material, especially in places with warm, humid climate where it grows. The canes have a characteristic physical structure that provides a high strength to weight ratio. Their cross section is round or rounded, they are usually hollow with rigid transversal walls that do not break when bent. The natural surface of many bamboos is clean, hard and smooth, with an attractive color, there is no bark that needs to be removed. The flexibility and high tensile strength make a bamboo wall very resistant to earthquakes. Another advantage is that expensive machines are not needed for manufacturing.
The main disadvantages of bamboo construction are related to its relatively low durability, especially against biological attacks, and its low resistance to hurricanes and fire. The use of bamboo as a material for the foundation is not advisable, unless treated with a chemical product. It should be used in conjunction with materials such as concrete or stone.

PFLANZLICHE MATERIALIEN

Biologisches Bauen ist eine Bauweise, die umweltverträgliche, wiederverwertete oder leicht wiederverwertbare Materialien oder Materialien, die durch einfache und kostengünstige Verfahren gewonnen werden, verwendet. Der Einsatz von pflanzlichen Materialien wie Bambus, Weidenrute, Schilfrohr oder Stroh in der Architektur wird als biologisches Bauen bezeichnet. Obwohl weitere Materialien, die in diesem Buch aufgeführt werden, wie das Bauen mit Erde oder mit Holz, auch unter das Konzept der ökologischen Architektur fallen, haben wir beschlossen, sie auseinanderzuhalten, damit wir die Charakteristiken jedes Materials ausführlicher erklären können. Materialien pflanzlicher Herkunft stellen eine Alternative zu den Ergebnissen komplexerer Herstellungsmethoden dar. In diesem Kapitel wird Stroh, das in Mauern gebraucht oder Decken eingesetzt wird, Schilfrohr oder Zweige, die als Verkleidungen verwendet werden, Weidenruten und Bambus beschrieben.

STROH

Stroh ist der trockene Stängel von bestimmten Gräsern, die geschnitten, und deren Körner oder Samen ausgedroschen wurden. Seine Höhe variiert je nach den angebauten Sorten und Arten. Stroh wird in Ballen oder Rollen gehandelt. Heutzutage wird es auf vielfältige Art verwendet, z.B. wird es als Geländeschutz in Form von Mulch oder Strohmatten, besonders beim Gartenbau, eingesetzt. Hervorzuheben ist die Verwendung von Strohballen als Baumaterial, besonders von denjenigen, die von Getreide stammen.

- **Wohnungsbau mit Strohballen:** Die verschiedenen Techniken wurden untersucht und den heutigen Anforderungen und Vorschriften angepasst, um dieses Material bei Wohnhäusern verwenden zu können.
- **Strohdächer:** Auf Grund seiner isolierenden Eigenschaft wird Stroh beim Bau von Dächern für Wohnhäuser verwendet. Es wird in Schichten angebracht, damit das Wasser vom Dach abläuft und nicht mit der Innendecke in Berührung kommt.

Auch wenn es verschiedene Bauweisen gibt, muss man bei der Architektur mit Stroh verschiedene wichtige Fragen, die allen gemeinsam sind, berücksichtigen, darunter bauliche Aspekte wie Feuerbeständigkeit, Schutz gegen Feuchtigkeit und Mikroorganismen oder Wärme- und Schalldämmung der Gebäude.

Strukturelle Aspekte

Obwohl zahlreiche Versuche gemacht wurden, um das strukturelle Verhalten von Strohballen zu untersuchen, ist es schwierig, definitive Schlussfolgerungen zu ziehen. Es gibt zu viele Variablen, die die Ergebnisse beeinflussen, wie Feuchtigkeitsgehalt, Dichte oder Art und Dicke der Verkleidung. Es ist außerordentlich wichtig, dass die Mauern stabilisiert werden, damit sie horizontale Lasten aushalten, wie sie durch starken Wind, mechanische Einflüsse oder Erdbeben verursacht werden können. Dazu werden waagerechte und senkrechte Elemente benutzt, so wie die Vorverdichtung der Wand. Mauern aus Strohballen haben auf Grund ihrer Flexibilität und ihrer Fähigkeit, sich elastisch zu verformen, ein günstiges Verhalten bei Erdbeben.

Feuerbeständigkeit

Die Feuerbeständigkeit ist die in Minuten ausgedrückte Zeit, in der ein Bauelement, das Feuer ausgesetzt ist, seine Stabilität und seine strukturellen Eigenschaften behält, ohne Hitze durchzulassen und dabei verhindert, dass sich Materialien auf der anderen Seite entzünden. Die Ballen haben eine Feuerbeständigkeit von ungefähr 90 Minuten. Diese Beständigkeit verdankt sich der Dichtheit. Der in den Strohballen enthaltene Sauerstoff kann dank der Endprodukte aus Erde, Kalk, usw. nicht zirkulieren.

Thermisches Verhalten

Die Leitfähigkeit bezieht sich auf die Fähigkeit eines Materials, Wärme zu übertragen. Die thermische Leitfähigkeit des Strohs hängt von der Dichte des Ballens, der Lage der Fasern und der Feuchtigkeit ab. Bezüglich des Grades der Wärmespeicherung ist Stroh an sich kein gutes Material. Hier spielt die Verkleidung der Mauern eine wichtige Rolle.

Dichtigkeit

Um energieeffiziente Konstruktionen aus Stroh zu erhalten, muss man Dichtigkeit erreichen, da Wind und Luft die Isolierung, die man durch eine Strohmauer erhält, vermindern.

Schutz gegen Feuchtigkeit

Die Feuchtigkeit ist der Hauptnachteil einer Konstruktion mit Strohballen. Es gibt verschiedene Ursachen für die Feuchtigkeit: Feuchtigkeit durch Kapillarwirkung, Kondensierung oder zufällig auftretend (durch Regen verursacht).

Schalldämmung

Schalldämmung schützt einen Raum gegen das Eindringen von Geräuschen von außen. Stroh bietet eine ausgezeichnete Schallisolierung.

Mikroorganismen

Pilze kommen auf, wenn sich die organische Substanz auflöst. Sie haben die Fähigkeit, Zellulose und Lignin, zwei der Grundelemente von Stroh, zu zersetzen. Die Bedingungen, die deren Aufkommen ermöglichen, müssen kontrolliert werden. Außer dem Einsatz von Fungiziden ist es notwendig, die Feuchtigkeit, die Temperatur, den Sauerstoffgehalt und den pH-Wert zu kontrollieren.

Es gibt verschiedene Techniken für das Bauen mit Strohballen.

- **Nebraska-Methode (oder selbsttragend):** Dies ist die ursprüngliche Bauweise, die von den Siedlern von Nebraska (USA) um 1870 erfunden wurde. Sie ist dadurch gekennzeichnet, dass es die Strohballen selbst sind, die das Gewicht der Decke tragen. Sie sind wie riesige Ziegelsteine angeordnet und mit dem Fundament und miteinander durch Pflöcke verbunden. Dies ist die einfachste Technik.
- **Tragende Struktur:** Bei dieser Methode ruht das Gewicht der Decke auf einer Struktur aus Holz, Stahl und Beton. Die Strohballen werden zwischen Pfeilern angebracht und haben eine isolierende Funktion.
- **Kanadische Methode:** Die Strohballen werden wie Ziegelsteine verwendet und mit Mörtel verbunden. Die Ballen werden in senkrechten Säulen angebracht, damit der Zement eine Art Pfeiler bildet. Es handelt sich um eine aufwendige Methode, die die notwendigen Voraussetzungen für die Einhaltung der kanadischen Vorschriften erfüllt.
- **GREB-Technik:** Diese Technik verbindet mehrere Methoden: Sie besteht daraus, eine leichte Holzverschalung zu konstruieren, in die die Strohballen angebracht werden. Die vertikalen Oberflächen werden mit einem Mörtel, der mit Sägemehl aufgelockert ist, ausgefüllt. Sie unterscheidet sich von anderen Techniken durch ihre Durchführbarkeit für Selbstbauer. Die Verschalungen ermöglichen es, den Mörtel leicht zu gießen und das Stroh nach außen zu isolieren.

SCHILFROHR

Das Bauen mit Schilfrohr, einem generischen Material, das alle zylindrischen Stängel der Vielzahl pflanzlicher Arten umfasst, ist eine uralte, auf dem ganzen Planeten verbreitete Praktik, die gerade wiederbelebt wird.

Die gewöhnlichste Art ist die *Ardundo donax*, eine bambusähnliche Pflanze, die fünf Meter hoch wird und einen dicken, hohlen Stängel hat. Sie ist als wichtiges Ausgangsprodukt für industrielle Biomasse anerkannt und kann auf verschiedensten Böden und unter unterschiedlichen klimatischen Bedingungen angebaut werden. Man kann sie ein- bis drei mal im Jahr ernten. Sie findet sich in Feuchtgebieten mit fließenden oder stehenden Gewässern. Anscheinend stammt sie aus Asien und hat sich im Mittelmeerraum und anderen Gebieten auf der ganzen Welt angesiedelt. Sie ist eine der am schnellsten wachsenden Pflanzen. Auf Grund ihres invasiven Charakters (sie steht auf der Liste der hundert schädlichsten invasiven exotischen Arten der Welt http://es.wikipedia.org/wiki/Arundo_donax - cite_note-0 der internationalen Union für die Bewahrung der Natur und natürlicher Ressourcen (IUCN)) kann Schilfrohr Flüsse blockieren und weitere Probleme verursachen. Seine Nutzung in der Architektur kann für die Ökosysteme nützlich sein und seine Ernte bedeutet neben der Kontrolle seiner Verbreitung, dass das Schilfrohr wieder nachwächst, wodurch eine große Menge von CO_2 absorbiert wird. Ein weiterer guter Grund für seine Verwendung in der Architektur ist, dass die Verarbeitungstechniken nicht komplex sind und keine teuren Werkzeuge erfordern.

Gewöhnlich wird Schilfrohr bei Verkleidungen, Jalousien oder weiteren architektonischen Elementen, die Schatten erzeugen, verwendet, aber es finden sich auch Beispiele für seine Verwendung in Bauwerken. Der Architekt Jonathan Cory-Wright ist einer der Förderer der Bewegung zur Wiederbelebung des Bauens mit Schilfrohr (www.canyaviva.com).

WEIDE

Die Weide ist eine Pflanzenfaser, die von einem Strauch der Familie der Weiden (hauptsächlich aus der Gattung *Salix*, *Salix viminalis* oder auch *Salix fragilis* und *Salix purpurea*) gewonnen wird, und die vor allem für die Herstellung von Möbeln, Körben und weiteren nützlichen Gegenständen geflochten wird.
Die Weide wächst an Flussufern und an den Rändern von Bewässerungsgräben in weiten Bereichen Europas, entweder spontan oder in Anbaugebieten. Wenn sie angebaut wird, weist sie einen dicken Stamm auf, aus dem in regelmäßigen Abständen Weidenruten ausgerissen werden.
Das Potenzial der Weide als Baumaterial ergibt sich aus der Zugänglichkeit der Flechttechniken und der der Verbreitung dieser Pflanze in vielen Teilen der Welt. Die heutige Nutzung der Weide in der Architektur beschränkt sich auf das Mobiliar, vor allem auf Gartenmöbel, aber diese Verwendungen können auf andere Elemente des Hauses wie Verkleidungen oder Dächer, zeitlich begrenzte Gebäude, Pavillons oder Museumseinrichtungen ausgeweitet werden. Mit Weide hergestellte Elemente sind leicht und widerstandsfähig. Weide kann Schirme oder halbtransparente Zäune bilden, die das Sonnenlicht filtern. Ihre Widerstandsfähigkeit ermöglicht die Konstruktion von selbsttragenden Flächen.

BAMBUS

Bambus ist die übliche Bezeichnung für Pflanzen der Unterfamilie *Bambusoideae*. Es können kleine, weniger als 1 m hohe Pflanzen und auch Pflanzen von großen Ausmaßen von ungefähr 25 m Höhe sein. Die *Bambusoideae* sind auf natürliche Weise auf allen Kontinenten mit Ausnahme von Europa verbreitet. Holzartige Bambusarten mit ihren bis zu 25 m hohen Stängeln sind diejenigen, die in der Architektur verwendet werden. Es handelt sich um einen schnell erneuerbaren Rohstoff.
Die Eigenschaften des Bambus machen aus dieser Pflanze ein ideales Baumaterial, besonders an Orten, wo er wächst, mit warmem und feuchtem Klima. Die Schilfrohre haben eine charakteristische physikalische Struktur, die ihnen im Verhältnis zu ihrem Gewicht eine hohe Widerstandskraft verleiht. Sie haben einen runden oder abgerundeten Querschnitt, sie sind normalerweise hohl und haben starre Querwände, die verhindern, dass sie brechen, wenn sie sich biegen. Die natürliche Oberfläche vieler Bambusarten ist sauber, hart und glatt und von attraktiver Farbe, außerdem hat er keine Rinde, die man entfernen müsste. Die Flexibilität und der hohe Spannungswiderstand führen dazu, dass eine Bambusmauer bei Erdbeben sehr widerstandsfähig ist. Ein weiterer Vorteil seiner Verwendung ist, dass für seine Handhabung keine teuren Maschinen nötig sind.
Die größten Nachteile des Bauens mit Bambus sind mit seiner relativ niedrigen Haltbarkeit besonders gegenüber biologischen Angriffen verbunden, und mit seinem geringen Widerstand gegen Orkane und Feuer. Die Verwendung von Bambus als Material für Fundamente ist nicht ratsam, sofern er nicht mit einem chemischen Produkt behandelt wird. Es wird als zweckmäßig angesehen, ihn zusammen mit Materialien wie Beton oder Stein zu verwenden.

Cane / Schilfrohr / Roseaux
Riet / Canna / Caña

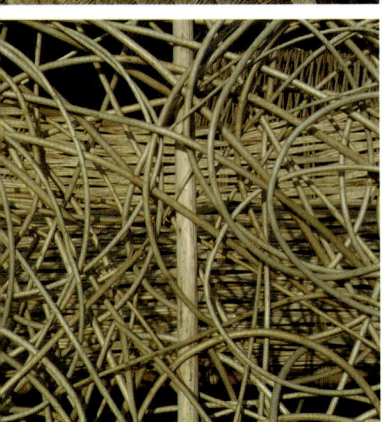

Wicker / Weide / Osier
Wilgenteen / Vimini / Mimbre

MATÉRIAUX HERBACÉS

La bio-construction emploie des matériaux ayant un faible impact sur le milieu naturel, qu'ils soient recyclés ou se recyclent facilement, ou encore parce qu'ils sont produits grâce à des techniques simples et peu coûteuses. Il s'agit de matériaux végétaux comme le bambou, l'osier, les roseaux ou la paille. Ce ne sont toutefois pas les seuls, raison pour laquelle ce livre consacre des chapitres à la terre et au bois, qui sont aussi des matériaux écologiques. Cette organisation permet de donner davantage de détails sur leurs caractéristiques respectives.

Les matériaux d'origine végétale offrent une alternative intéressante par rapport à tous ceux dont la fabrication exige des mises en œuvre plus complexes. Ce chapitre présente la paille – pour son utilisation dans les murs ou en couverture (chaume) –, les roseaux ou cannes – employés dans les revêtements – ainsi que l'osier et le bambou.

PAILLE

La paille est la tige sèche qui reste quand on a séparé le grain ou la semence de certaines graminées après la récolte. Sa longueur varie selon les espèces et variétés cultivées. La paille se commercialise en bottes ou en rouleaux. Ses utilisations sont multiples. Jardiniers et horticulteurs protègent les racines des plantes du froid en faisant des paillis. Les bottes de paille, en particulier, figurent parmi les matériaux de construction :
- **Construction de logements avec des bottes de paille:** les différentes techniques se sont perfectionnées et adaptées aux exigences et aux normes actuelles afin de faire entrer la paille dans la construction de nos maisons.
- **Toits de chaume:** les propriétés isolantes de la paille sont connues depuis longtemps, d'où son utilisation traditionnelle pour les toitures des maisons dans certaines régions. Les gerbes sont superposées pour que l'eau glisse le long des fétus sans pénétrer dans l'épaisseur du toit.

Plusieurs méthodes de construction utilisent la paille. Toutes visent à résoudre les mêmes problèmes en exploitant sa résistance structurelle et en veillant à la protéger du feu, de l'humidité et des micro-organismes sans perdre de vue l'isolation thermique et acoustique des constructions.

Aspects structurels

Les nombreux tests réalisés pour analyser le comportement des structures en bottes de paille ne permettent pas d'aboutir à des conclusions définitives. Trop de variables influencent les résultats : taux d'humidité, densité, type et épaisseur du revêtement.

Il est important que les murs se stabilisent parce qu'ils portent des charges horizontales et doivent résister à la force du vent, aux impacts mécaniques et aux séismes. C'est pour cette raison que l'on intègre des éléments horizontaux et verticaux et que les bottes de paille sont compressées. Les murs en bottes de paille résistent bien aux secousses sismiques car leur flexibilité et leur élasticité leur assurent un fort coefficient de déformation.

Résistance au feu

La résistance au feu exprime en minutes la durée pendant laquelle un élément de construction exposé aux flammes conserve sa stabilité et ses caractéristiques structurelles sans laisser passer la chaleur, et par là même empêche que l'incendie se propage de l'autre côté. Les bottes résistent au feu environ 90 minutes dans la mesure où elles sont prises dans un revêtement étanche (glaise, chaux…) empêchant la circulation de l'oxygène.

Comportement thermique

La conduction est l'aptitude d'un matériau à transmettre la chaleur. La conductivité thermique de la paille dépend de la densité de la botte, de la condition des fibres et de l'humidité. La paille en elle-même n'a pas un bon coefficient d'inertie thermique mais l'acquiert en fonction du revêtement qui la recouvre, d'où son importance.

Étanchéité

Pour qu'une construction en paille acquière une efficacité énergétique, il faut qu'elle soit parfaitement étanche. On sait que si un mur laisse passer le vent et l'air, l'isolation est moins performante.

Protection contre l'humidité

L'humidité est le principal ennemi de la construction en bottes de paille, qu'il s'agisse de l'humidité due à des remontées par capillarité, à la condensation ou aux intempéries (pluie).

Isolation acoustique

L'isolation acoustique protège un espace contre la pénétration des bruits venant du dehors. La paille est un excellent isolant acoustique.

Micro-organismes

Les moisissures apparaissent quand la matière organique se décompose. Elles séparent la cellulose et la lignine qui sont les deux principaux composants de la paille. Il faut maîtriser les conditions qui permettent son apparition. Outre l'utilisation de fongicides, il convient de contrôler l'humidité, la température, l'oxygène et le taux d'acidité.

Différentes méthodes de construction avec des bottes de paille :
- **Technique Nebraska (ou autoporteuse):** cette méthode a été inventée par les premiers colons qui se sont installés dans le Nebraska vers 1870. Les bottes (ou ballots) de paille sont directement empilées en quinconce, comme des briques géantes, et servent d'éléments porteurs pour la couverture. Elles sont solidarisées par un ciment et éventuellement des renforts en bois. C'est la technique la plus simple.
- **Structure porteuse:** cette technique fait reposer le poids de la couverture sur une ossature en bois, en acier ou en béton. Les bottes de paille sont disposées entre deux parois et jouent le rôle d'isolant.
- **Méthode canadienne:** les bottes sont utilisées comme des briques. On coule un mortier sur les bottes empilées verticalement les unes sur les autres afin de former une sorte de pilier. C'est une méthode de travail qui répond aux exigences de construction définies par les normes canadiennes.
- **Technique du Greb:** il s'agit là de l'association de plusieurs méthodes : on commence par monter un coffrage léger à l'intérieur duquel on place les bottes de paille avant de couler un mortier allégé à la sciure de bois. À la portée des particuliers, cette technique est parfaitement viable pour l'auto-construction. Les coffrages facilitent le coulage du mortier et isolent la paille de l'extérieur.

ROSEAUX

Depuis les temps les plus reculés et dans le monde entier, les roseaux sont utilisés dans la construction. Ce terme générique désigne des végétaux aux longues tiges cylindriques. Tombé en désuétude dans les pays riches, leur emploi connaît aujourd'hui un renouveau.

L'espèce la plus répandue est la canne de Provence *Arundo donax,* une plante proche du bambou dont les tiges épaisses et creuses atteignent les 5 m. Reconnue comme une grande productrice de biomasse industrielle, cette variété peut être cultivée sur différents types de sol et dans des conditions climatiques assez variées. Elle se plaît dans les zones perpétuellement humides ou seulement en certaines saisons. Elle donne entre une et trois récoltes par an. Originaire d'Asie, elle a colonisé tout le Bassin méditerranéen et d'autres régions dans le monde entier.

C'est une des plantes à la croissance la plus rapide. Elle figure sur la liste des cent espèces exotiques invasives les plus dévastatrices répertoriées par l'Union internationale pour la conservation de la nature (UICN). Si on la laisse proliférer, elle peut couper les cours d'eau et provoquer des dégâts multiples. L'utiliser en architecture pourrait contribuer à la conservation des écosystèmes, car son exploitation permet le contrôle de sa propagation tout en favorisant cette plante grande consommatrice de CO_2. Une autre bonne raison de l'utiliser en architecture est la simplicité des techniques et des outils nécessaires à sa mise en œuvre.

Le plus souvent, la canne entre dans la fabrication des revêtements et des volets ou de tout type de protection contre le soleil. Elle est parfois utilisée dans la structure même des constructions. L'architecte Jonathan Cory-Wright est un des précurseurs du mouvement en faveur du renouveau de son emploi dans la construction (www.canyaviva.com).

OSIER

L'osier est une fibre végétale issue de plusieurs variétés d'arbres de la famille du saule *Salix,* et notamment les suivantes : *Salix viminalis* ou saule des vanniers ainsi que le *Salix fragilis* et le *Salix purpurea*. Les vanniers le tissent pour en faire des meubles, des paniers et bien d'autres objets autrefois utilitaires, devenus aujourd'hui créations d'art. L'osier se plaît au bord des cours d'eau et dans les zones humides où il pousse spontanément. Les arbres cultivés dans des oseraies se reconnaissent à leurs gros troncs sur lesquels on récolte tous les hivers les pousses de l'année.

C'est la simplicité des techniques de tressage et l'abondante présence de cette plante presque partout dans le monde qui expliquent le potentiel de l'osier comme matériau de construction. Dans les maisons, il est aujourd'hui utilisé surtout pour la décoration d'intérieur et le mobilier de jardin, mais il pourrait également servir à la fabrication des revêtements de sol ou muraux. Il pourrait aussi davantage être mis à contribution pour une architecture légère et démontable comme, par exemple, des pavillons ou des installations pour les musées.

Les éléments en osier sont légers et résistants. On peut tisser des paravents ou des écrans au tressage suffisamment lâche pour laisser passer la lumière du soleil tout en l'atténuant. C'est une fibre offrant une résistance suffisante pour autoriser la construction de surfaces autoporteuses.

BAMBOU

Le bambou, une herbe géante appartient à la famille des graminées ou poacées qui réunit des variétés de faible hauteur, environ 1 m, tandis que d'autres atteignent les 25 m. Les 86 genres réunis dans la sous-famille des Bambusoïdées sont endémiques sur tous les continents excepté l'Europe. Les bambous ligneux, avec leurs tiges géantes de 25 m de haut, sont les plus utilisés en architecture. C'est une ressource renouvelable par excellence.

Cette plante est recommandée dans la construction pour ses qualités, notamment dans les régions chaudes et humides où elle pousse. La structure physique caractéristique des tiges leur confère une résistance très élevée par rapport à leur poids. Rondes ou arrondies en coupe transversale et normalement creuses, leurs fibres transversales rigides empêchent qu'elles cassent quand on les recourbe. La surface des tiges de la plupart des espèces est naturellement nette, dure et lisse, et leur odeur agréable. Et il n'y a aucune perte, puisqu'il n'est pas nécessaire de l'écorcer. Du fait de sa flexibilité et de sa grande résistance à la traction, un mur de bambou résiste particulièrement bien aux séismes. Il présente également un autre avantage : sa mise en œuvre ne demande aucun équipement coûteux.

Les principaux inconvénients de la construction en bambou sont sa durabilité relativement limitée, en particulier en cas d'attaques biologiques, et sa faible résistance face aux ouragans et au feu. L'utilisation du bambou est déconseillée dans la fabrication des ciments, à moins qu'il n'ait au préalable fait l'objet d'un traitement approprié. Il est par contre parfaitement compatible en conjonction avec des matériaux comme le béton ou la pierre.

GRASACHTIGE MATERIALEN

Biobouw is bouw waarbij gebruik wordt gemaakt van materialen die een lage impact op het milieu hebben, gerecyclede of gemakkelijk recyclebare materialen of stoffen die door eenvoudige processen en tegen lage kosten worden verkregen. Het gebruik in de architectuur van plantaardige materialen zoals bamboe, wilgenteen, riet of stro geldt als biobouw. Hoewel andere materialen die in dit boek verschijnen, zoals aarde of hout, ook binnen het concept van de ecologische architectuur vallen, is besloten om deze apart te behandelen en zo gedetailleerder in te kunnen gaan op de eigenschappen van elk materiaal. Materialen van plantaardige oorsprong zijn een alternatief voor materialen die het resultaat zijn van complexere fabricagemethoden. In dit hoofdstuk worden stro – voor gebruik in wanden en op daken –, rietstengels of takken – die als bekleding worden gebruikt – en wilgenteen en bamboe omschreven.

STRO

Stro is een droge stengel van bepaalde grasplanten die zijn afgesneden en weggegooid nadat het graan of zaad ervan is ontdaan. De hoogte varieert op grond van de verbouwde soorten en variëteiten. Stro wordt in balen of in rollen op de markt gebracht. Tegenwoordig wordt het nog steeds voor vele doeleinden gebruikt, zoals bijvoorbeeld als bescherming van het terrein, in de vorm van stromatten, met name in de tuinbouw. De aandacht moet gevestigd worden op het gebruik van strobalen, in het bijzonder afkomstig van graangewassen, als bouwmateriaal:
- **Bouw van woningen met strobalen:** de verschillende technieken zijn bijgewerkt en aangepast aan de huidige behoeften en normen om dit materiaal te kunnen gebruiken in woningen.
- **Strodaken:** vanwege de isolerende eigenschappen van stro, wordt dit materiaal in de bouw gebruikt voor woningdaken. Het wordt in lagen gelegd zodat het water van het dak afdruipt en ver van het inwendige dak wordt afgevoerd.

Hoewel er verschillende bouwmethoden bestaan, dient bij de architectuur met stro rekening te worden gehouden met belangrijke voor alle methoden geldige kwesties, zoals structurele aspecten, de brandbestendigheid, de bescherming tegen vocht en micro-organismen of de warmte- en geluidsisolatie van de constructies.

Structurele aspecten
Hoewel er talloze proeven zijn verricht om het structurele gedrag van de strobaal na te gaan, blijkt het moeilijk om tot definitieve conclusies te komen. De resultaten hangen af van te veel variabelen, zoals het vochtgehalte, de dichtheid van het type en de dikte van de bekleding.
Het is uiterst belangrijk dat de muren stabiel worden gemaakt zodat zij horizontale belastingen, die kunnen worden veroorzaakt door de kracht van de wind, mechanische schokken of aardbevingen, kunnen doorstaan. Hiervoor worden horizontale en verticale elementen gebruikt en precompressie van de wand toegepast. De muren van strobalen hebben een goed gedrag ten aanzien van aardbevingen vanwege hun flexibiliteit en vermogen om elastisch te vervormen.

Brandbestendigheid
Brandbestendigheid is de tijd, uitgedrukt in minuten, waarin een bouwelement die wordt blootgesteld aan vuur zijn stabiliteit en structurele eigenschappen handhaaft zonder te laten en voorkomt dat de materialen aan de andere kant verbranden. Strobalen hebben een brandbestendigheid van circa 90 minuten. Deze bestendigheid is te danken aan de dichtheid. Het zuurstof in de strobalen kan door de afwerkingen van aarde, kalk, enz. niet circuleren.

Thermisch gedrag
Geleiding verwijst naar het vermogen van een materiaal om warmte over te brengen. Het warmtegeleidingsvermogen van stro hangt af van de dichtheid van de baal, van de toestand van de vezels en van de vochtigheid. Wat betreft de mate van warmteopslag is stro op zich geen goed materiaal. Op dit punt is de bekleding van de muren van belang.

Dichtheid
Voor energie-efficiënte stroconstructies is dichtheid nodig, aangezien wind en lucht de isolatie die via de stromuur wordt verkregen verminderen.

Bescherming tegen vocht
Vocht is het belangrijkste bezwaar van de bouw met strobalen. Vocht heeft verschillende oorsprongen: opstijgend vocht, condensatiewater of incidenteel vocht (veroorzaakt door regen).

Geluidsisolatie
Geluidsisolatie beschermt een ruimte tegen de penetratie van geluiden van buitenaf. Stro is een uitstekende geluidsisolering.

Micro-organismen
Schimmel verschijnt wanneer de organische stof tot ontbinding overgaat. Schimmel is in staat om cellulose en ligniet, de twee basiselementen van stro, tot ontbinding te brengen. De gunstige omstandigheden voor het verschijnen van schimmel moeten gecontroleerd worden. Naast het gebruik van fungicides is het noodzakelijk om de vochtigheid, temperatuur, zuurstof en pH te regelen.

Er zijn verschillende technieken voor de bouw met strobalen:
- **Nebraska-methode (of zelfdragende methode):** dit is de oorspronkelijke bouwmethode, rond 1870 uitgevonden door de kolonisten van Nebraska (VS). Deze methode wordt gekenmerkt door het feit dat de strobalen zelf het gewicht van het dak dragen. Ze worden in de vorm van reusachtige bakstenen gelegd en aan de funderingen en aan elkaar vastgemaakt met palen. Het is de eenvoudigste techniek.
- **Dragende structuur:** bij deze methode rust het gewicht van het dak op een houten, stalen of betonnen draagconstructie en de strobalen worden tussen de zuilen geplaatst en hebben een isolerende functie.
- **Canadese methode:** strobalen worden gebruikt als bakstenen die worden samengevoegd met specie. De strobalen worden in verticale kolommen aangebracht zodat het cement een soort zuil vormt. Het is een bewerkelijke methode die voldoet aan de eisen van de Canadese wetgeving.
- **Greb-techniek:** deze techniek verenigt diverse methoden en bestaat uit het bouwen van een licht stutwerk van hout waarop de strobalen worden aangebracht. De verticale oppervlakken worden gevuld met een met zaagsel lichter gemaakte mortel. Het onderscheidt zich van andere technieken door de uitvoerbaarheid door zelfbouwers. Met de stutwerken is het mogelijk om het mortel gemakkelijk te verwijderen en het stro van buitenaf te isoleren.

RIET

De bouw met riet, een soortnaam die de cilindervormige stengels van talrijke plantensoorten omvat, is een eeuwenoude praktijk verspreid over de gehele wereld die opnieuw wordt toegepast.
De gebruikelijkste soort is de *Ardundo donax*, een plant die op bamboe lijkt, vijf meter hoog kan worden en een dikke, holle stengel heeft. Deze rietsoort wordt beschouwd als een belangrijke producent van industriële biomassa en kan op allerlei grondsoorten en in verschillende klimatisch omstandigheden worden verbouwd. Zij kan één tot drie maal per jaar worden geoogst. Dit riet groeit in wetlanden waar permanent of al naargelang het seizoen water aanwezig is. Dit riet lijkt uit Azië te komen en groeit thans ook in het Middellandse-Zeegebied en overal ter wereld in andere regio's.
Het is een van de planten die het snelst groeit. Vanwege zijn invasieve karakter (hij is opgenomen in de lijst met honderd schadelijkste invasieve exotische soorten van de wereld van de Internationale Unie voor Natuurbehoud) kan riet rivieren blokkeren en allerlei andere problemen veroorzaken. Het gebruik van riet in de architectuur kan nuttig zijn voor de ecosystemen en het kappen ervan houdt, naast de regeling van de voortplanting, eveneens in dat het riet opnieuw groeit, waardoor een grote hoeveelheid CO_2 wordt geabsorbeerd. Een andere goede reden voor het gebruik in de architectuur is dat de technieken om riet te bewerken niet complex zijn en geen duur gereedschap vereisen.
Riet wordt gewoonlijk gebruikt in bekledingen of in zonneblinden of andere architectonische elementen die voor schaduw zorgen, maar er zijn ook voorbeelden te vinden van gebruik van riet in draagconstructies. De architect Jonathan Cory-Wright is een van de drijfveren achter de beweging van het herstel van de rietbouw (www.canyaviva.com).

WILGENTEEN

Wilgenteen is een plantenvezel die wordt verkregen uit een struik van de wilgenfamilie (met name van het geslacht *Salix*, *Salix viminalis* of ook *Salix fragilis* en *Salix purpurea*). De teen wordt gevlochten om, met name, meubels, manden en veel andere nuttige voorwerpen te maken. Wilgenrijs groeit, op spontane wijze of in cultuur gebracht, langs de oevers van rivieren en sloten van een groot deel van Europa. Wanneer wilgenteen wordt verbouwd, heeft het een dikke stam waarvan regelmatig de tenen worden afgetrokken.
Het potentieel van wilgenteen als bouwmateriaal komt voort uit de toegankelijkheid van de vlechttechnieken en de aanwezigheid van deze plant in vele delen van de wereld. Het huidige gebruik van wilgenteen in de architectuur beperkt zich tot meubilair, met name tot tuinmeubels, maar deze toepassingen kunnen worden uitgebreid met andere elementen, zoals bekledingen of daken, tijdelijke constructies, paviljoens of museuminstallaties.
Met wilgenteen gebouwde elementen zijn licht en sterk. Er kunnen halfdoorschijnende schermen of maaswerken die het zonlicht filteren mee worden gemaakt. Het bestendige vermogen ervan maakt de bouw van zelfdragende oppervlakken mogelijk.

BAMBOE

Bamboe is de algemene benaming die de planten van de onderfamilie *Bambusoideae* krijgen. Het kunnen kleine planten zijn van minder dan 1 m lang maar ook grote, van ongeveer 25 m hoog. De *Bambusoideae* groeien op natuurlijke wijze in alle werelddelen behalve in Europa. Het zijn de houtachtige bamboesoorten, met stengels die een hoogte van 25 m kunnen bereiken, die in de architectuur worden gebruikt. Het is een zeer goed hernieuwbaar hulpmiddel.
De kwaliteiten van bamboe maken van deze plant een ideaal bouwmateriaal, in het bijzonder op plaatsen, in warme en vochtige gebieden, waar het groeit. De bamboestengels hebben een kenmerkende fysieke structuur waardoor zij naar verhouding met hun gewicht erg sterk zijn. De dwarsdoorsnede is rond of rondachtig, normaal gesproken hol, met onbuigzame dwarswanden waardoor ze bij het buigen niet breken. Het natuurlijke oppervlak van vele bamboesoorten is schoon, hard en effen, heeft een aantrekkelijke kleur en bovendien hoeft de bamboestengel niet van schors te worden ontdaan. De buigzaamheid en hoge spanningsweerstand maken dat een muur van bamboe zeer goed bestand is tegen aardbevingen. Een ander voordeel is dat er geen dure machines nodig zijn voor de hantering ervan.
De grootste nadelen van de bouw met bamboe houden verband met zijn relatief lage duurzaamheid, met name ten aanzien van biologische aanvallen, en met de slechte weerstand tegen orkanen en vuur. Het gebruik van bamboe als materiaal voor funderingen is niet raadzaam, tenzij het is behandeld met een chemisch product. Aanbevolen wordt om het samen met materialen zoals beton of natuursteen te gebruiken.

MATERIALI ERBACEI

La bioarchitettura utilizza materiali a basso impatto ambientale, riciclati o facilmente riciclabili o ancora ottenuti da processi semplici e a basso costo. L'impiego in architettura di materiali vegetali come il bambù, il vimini, la canna o la paglia è denominato bioarchitettura. Anche se vi sono altri materiali citati in questo libro - come la terra e il legno - che rientrano nel concetto di architettura ecologica, abbiamo deciso di separarli per poter illustrare in dettaglio le caratteristiche di ciascuno. I materiali di origine vegetale rappresentano un'alternativa a quelli ottenuti con metodi di produzione più complessi. In questo capitolo descriviamo la paglia, utilizzabile sulle pareti o applicabile sulle coperture, le canne o i rami (usati come rivestimenti), il vimini e il bambù.

PAGLIA

La paglia è costituita dagli steli secchi di alcune graminacee, tagliati e scartati dopo la separazione dal grano o dai semi. La sua altezza varia in base alla specie e alla varietà della pianta. La paglia è commercializzata in balle o rotoballe. Attualmente è utilizzata con fini diversi, ad esempio per proteggere il terreno, sotto forma di pacciamatura o tappeto di paglia, soprattutto in orticoltura. Degno di nota è l'impiego delle balle di paglia, soprattutto quelle provenienti dai cereali, come materiale da costruzione:
- **Costruzione di abitazioni con fascine di paglia.** Le diverse tecniche sono state rivisitate e adattate alle necessità e alle normative vigenti in modo da consentire l'uso di questo materiale a scopi abitativi.
- **Tetti di paglia.** Grazie alle sue proprietà isolanti, la paglia è usata nella realizzazione di tetti per abitazioni. Viene sistemata in strati affinché l'acqua scorra lungo il tetto per poi essere eliminata lontano dal rivestimento interno.

Anche se esistono vari metodi costruttivi, nei progetti edilizi che vedono l'impiego della paglia occorre tenere conto di aspetti comuni importanti come quelli strutturali, la resistenza al fuoco, la protezione dall'umidità e dai microorganismi o l'isolamento termico e acustico degli edifici.

Aspetti strutturali

Anche se sono stati fatti numerosi test per verificare il comportamento strutturale della paglia, risulta difficile arrivare a conclusioni definitive. Vi sono troppe variabili che condizionano i risultati come la percentuale di umidità, la densità, il tipo e lo spessore del rivestimento.
È fondamentale che le pareti si stabilizzino per poter sostenere carichi orizzontali come quelli causati dalla forza del vento, da impatti meccanici o sismi. A tal fine vengono impiegati elementi orizzontali e verticali, oltre alla precompressione della parete. Le pareti di balle di paglia hanno un buon comportamento in caso di sisma grazie alla loro flessibilità e capacità di deformarsi elasticamente.

Resistenza al fuoco

La resistenza al fuoco è rappresentata dal tempo – in minuti – durante il quale un elemento costruttivo esposto alle fiamme mantiene la propria stabilità e le proprie caratteristiche strutturali senza lasciar passare il calore, evitando che si incendino i materiali presenti dall'altro lato. Le balle hanno una resistenza al fuoco di circa 90 minuti. Tale valore è dovuto alla loro tenuta. L'ossigeno contenuto nelle balle non può circolare per la presenza delle finiture di terra, calce, ecc.

Comportamento termico

Per conduzione s'intende la capacità di un materiale di trasmettere il calore. La conducibilità termica della paglia dipende dalla densità della balla, dalle condizioni delle fibre e dal grado di umidità. Per quanto riguarda il grado di accumulo termico, la paglia non offre risultati eccellenti. È qui che il rivestimento delle pareti diventa rilevante.

Tenuta

Per ottenere strutture di paglia energeticamente efficienti occorre creare tenuta dato che il vento e l'aria riducono l'isolamento ottenuto con le pareti di paglia.

Protezione dall'umidità

L'umidità è il principale inconveniente di una casa di paglia. Questa può essere conseguenza di vari fattori: umidità per capillarità, per condensa o accidentale (causata dalla pioggia).

Isolamento acustico

L'isolamento acustico protegge uno spazio dall'ingresso di suoni esterni. La paglia è un ottimo isolante acustico.

Microorganismi

I funghi compaiono nella fase di decomposizione della materia organica. Hanno la capacità di decomporre la cellulosa e la lignina, due elementi base della paglia. Occorre monitorare le condizioni che ne causano la comparsa. Oltre all'uso di fungicidi, è necessario tenere sotto controllo l'umidità, la temperatura, l'ossigeno e il pH.

Vi sono varie tecniche costruttive che impiegano le balle di paglia:
- **Metodo Nebraska (o autoportante)**
  Si tratta del primo metodo costruttivo, inventato dai coloni del Nebraska (USA) verso il 1870. In questo metodo sono le stesse balle di paglia a sostenere il peso della copertura. Queste vengono sistemate come se fossero dei mattoni giganti e unite alle fondamenta e tra loro tramite paline. Si tratta della tecnica più semplice.
- **Struttura portante**
  Con questo metodo il peso della copertura poggia su una struttura di legno, acciaio o cemento e le balle di paglia sono sistemate tra i vari pilastri e hanno una funzione isolante.
- **Metodo canadese**
  Le balle sono usate come se fossero dei mattoni, uniti con la malta. Le balle vengono sistemate in colonne verticali affinché il cemento formi una sorta di pilastro. Si tratta di un metodo laborioso, che ha superato i requisiti previsti dalla normativa canadese.
- **Tecnica greb**
  Questa tecnica riunisce vari metodi: consiste nel realizzare una cassaforma leggera in legno dove poi vengono sistemate le balle di paglia. Le superfici verticali vengono riempite con della malta alleggerita con l'aggiunta di segatura. La differenza rispetto alle altre tecniche risiede nella possibilità di essere realizzata artigianalmente. Le casseforme consentono di distribuire facilmente la malta e isolare la paglia sul lato esterno.

CANNA

La costruzione con le canne, termine generico usato per definire gli steli cilindrici di numerose specie vegetali, è una pratica ancestrale diffusa sul tutto il pianeta che si sta recuperando.

La specie più comune è la *Ardundo donax*, una pianta simile al bambù, che raggiunge i cinque metri di altezza e ha un tronco spesso e cavo. Questa pianta è largamente usata per la produzione di biomasse industriali e può essere coltivata in vari tipi di terreno e condizioni climatiche. Può essere raccolta da una a tre volte l'anno. Si trova nei terreni umidi con presenza di acqua permanente o stagionale. Probabilmente originaria dell'Asia, ha colonizzato l'area mediterranea e altre regioni del mondo. È una delle piante che cresce più rapidamente. Per il suo carattere invasivo (è stata inserita nell'elenco delle cento piante esotiche infestanti più dannose del mondo redatto dall'IUCN (Unione internazionale per la conservazione della natura), la canna può arrivare a ostruire i fiumi e causare altri tipi di problemi. Il suo impiego in architettura può essere utile per gli ecosistemi e il suo taglio porterebbe, oltre al controllo sulla sua propagazione, a una ricrescita con il conseguente assorbimento di grandi quantità di CO_2. Un altro buon motivo per utilizzarla in architettura è che le tecniche di lavorazione non sono complesse e non richiedono apparecchiature costose.
La canna viene solitamente utilizzata nei rivestimenti, nelle persiane o in altri elementi architettonici che producono ombra, ma vi sono esempi del suo impiego anche a livello strutturale. L'architetto Jonathan Cory-Wright è uno dei promotori del movimento di recupero delle costruzioni di canne (www.canyaviva.com).

VIMINI

Il vimini è una fibra vegetale ottenuta da un arbusto della famiglia dei salici (principalmente del genere *Salix*, *Salix viminalis* o anche *Salix fragilis* e *Salix purpurea*) che viene intrecciata soprattutto per creare mobili, cesti e molti altri tipi di oggetti utili. Il salcio cresce sulle sponde di fiumi e fossi in gran parte d'Europa, sia come pianta spontanea che coltivata. Quando è coltivata, presenta un tronco spesso dal quale vengono tagliati periodicamente i cosiddetti ributti.
Le potenzialità del vimini o del salcio come materiale da costruzione risiedono nell'accessibilità delle tecniche di lavorazione e la presenza della pianta in molte parti del mondo. L'attuale uso del vimini in architettura è limitato ai mobili, soprattutto da esterno; le applicazioni possono tuttavia estendersi ad altri elementi della casa, come rivestimenti o coperture, strutture temporanee o padiglioni, installazioni museali.
Gli elementi realizzati in vimini sono leggeri e resistenti. Il vimini può essere usato per realizzare pannelli o intrecci semitrasparenti che lasciano filtrare la luce del sole. La sua resistenza consente la realizzazione di superfici autoportanti.

BAMBÙ

Bambù è il nome comune dato alle piante della sottofamiglia delle *Bambusoideae*. Queste possono essere piante lunghe meno di 1 m o raggiungere addirittura i 25 m. Le *Bambusoideae* sono presenti naturalmente in tutti i continenti tranne l'Europa. I bambù legnosi, con steli che raggiungono i 25 m di altezza, sono quelli usati in architettura. Si tratta di una risorsa estremamente rinnovabile.
Le qualità del bambù rendono questa pianta un materiale adatto all'edilizia, soprattutto nei luoghi in cui cresce, con un clima caldo e umido. Le canne hanno una struttura fisica caratteristica che garantisce un'elevata resistenza rispetto al loro peso. Sono tonde o stondate nella sezione trasversale, normalmente cave e con dei setti trasversali rigidi che ne evitano la rottura quando vengono curvate. La superficie naturale di molti bambù è pulita, dura e liscia, con un colore piacevole; non c'è corteccia da eliminare. La flessibilità e l'elevata resistenza alla tensione fa sì che una parete di bambù sia molto resistente ai sismi. Un altro vantaggio è che non sono necessari macchinari costosi per la sua manipolazione e lavorazione.
I principali svantaggi delle costruzioni in bambù sono associati alla sua durata relativamente scarsa, soprattutto in presenza di attacchi biologici, e alla poca resistenza a uragani e incendi. L'uso del bambù come materiale per basi e fondazioni non è consigliabile, a meno che non venga trattato con qualche prodotto chimico. Se ne consiglia l'uso associandolo a materiali come il cemento o la pietra.

Bamboo / Bambus / Bambou
Bamboe / Bambù / Bambú

MATERIALES HERBÁCEOS

La bioconstrucción es aquella que utiliza materiales de bajo impacto ambiental, materiales reciclados o fácilmente reciclables, o los obtenidos mediante procesos sencillos y de bajo coste. El empleo en la arquitectura de materiales vegetales como el bambú, el mimbre, la caña o la paja se considera bioconstrucción. Aunque otros materiales que aparecen en este libro, como la construcción con tierra o con madera, también entran dentro del concepto de arquitectura ecológica, se ha decidido separarlos para poder explicar con más detalle las características de cada material.

Los materiales de origen vegetal representan una alternativa a los resultantes de métodos de fabricación más complejos. En este capítulo se describe la paja –para su uso en paredes o aplicada en cubiertas–, las cañas o ramas –que se utilizan como revestimientos–, el mimbre y el bambú.

PAJA

La paja es el tallo seco de ciertas gramíneas que ha sido cortado y desechado una vez separado el grano o la semilla. Su altura varía en función de las especies y variedades cultivadas. La paja se comercializa en balas o en rollos. Actualmente se le sigue dando múltiples usos; por ejemplo, se utiliza como protección del terreno, en forma de pajote o estera de paja, sobre todo en horticultura. Hay que destacar el empleo de las balas de paja, en especial la procedente de los cereales, como material de construcción:

– **Construcción de viviendas con fardos de paja:** las diferentes técnicas se han revisado y adaptado a las necesidades y normativas actuales para poder usar este material en viviendas.
– **Tejados de paja:** debido a sus propiedades aislantes, la paja se usa en la construcción de las cubiertas para viviendas. Se coloca en capas para que el agua se escurra por el tejado y se elimine lejos de la cubierta interna.

Aunque existen diferentes métodos constructivos, en la arquitectura con paja se deben tener en cuenta cuestiones importantes comunes a todos ellos, como los aspectos estructurales, la resistencia al fuego, la protección frente a la humedad y los microorganismos o el aislamiento térmico y acústico de las construcciones.

Aspectos estructurales
Aunque se han realizado numerosos ensayos para averiguar el comportamiento estructural de la bala de paja, resulta difícil llegar a unas conclusiones definitivas. Existen demasiadas variables que condicionan los resultados, ya sea el contenido de humedad, la densidad o el tipo y espesor del revestimiento. Es de suma importancia que los muros se establicen para que soporten cargas horizontales como las que pueden provocar la fuerza del viento, los impactos mecánicos o los seísmos. Para ello se utilizan elementos horizontales y verticales, así como la precompresión de la pared. Los muros de balas de paja tienen un buen comportamiento ante seísmos debido a su flexibilidad y a su capacidad para deformarse elásticamente.

Resistencia al fuego
La resistencia al fuego es el tiempo, expresado en minutos, en que un elemento constructivo expuesto al fuego mantiene su estabilidad y sus características estructurales sin dejar traspasar el calor evitando que se incendien los materiales del otro lado. Las balas tienen una resistencia al fuego de 90 minutos aproximadamente. Esta resistencia se debe a la estanqueidad. El oxígeno contenido en las balas de paja no puede circular debido a los acabados de tierra, cal, etc.

Comportamiento térmico
La conducción se refiere a la capacidad de un material para transmitir el calor. La conductividad térmica de la paja depende de la densidad de la bala, de la situación de las fibras y de la humedad. En cuanto al grado de almacenamiento térmico, la paja no es de por sí un buen material. Es aquí cuando el revestimiento de los muros adquiere relevancia.

Estanqueidad
Para conseguir construcciones de paja eficientes energéticamente se debe conseguir estanqueidad, ya que el viento y el aire reducen el aislamiento que se obtiene a través del muro de paja.

Protección ante la humedad
La humedad es el principal inconveniente de la construcción con balas de paja. Existen diferentes orígenes de la humedad: humedad por capilaridad, por condensación o accidental (originada por la lluvia).

Aislamiento acústico
El aislamiento acústico protege un espacio contra la penetración de sonidos del exterior. La paja es un aislante acústico excelente.

Microorganismos
Los hongos aparecen al descomponerse la sustancia orgánica. Tienen la capacidad de descomponer celulosa y lignina, dos de los elementos básicos de la paja. Se deben controlar las condiciones que hacen posible su aparición. Además del empleo de fungicidas, es necesario controlar la humedad, la temperatura, el oxígeno y el pH.

Existen varias técnicas para la construcción con balas de paja:
– **Método Nebraska (o autoportante):** es el método de construcción original, inventado por los colonos de Nebraska (EUA) en torno a 1870. Se caracteriza porque son las mismas balas de paja las que soportan el peso de la cubierta. Están colocadas a modo de ladrillos gigantes y unidas a los cimientos y entre ellas con estacas. Es la técnica más sencilla.
– **Estructura portante:** en este método el peso de la cubierta descansa sobre una estructura de madera, acero u hormigón, y las balas de paja se colocan entre los pilares y tienen una función aislante.
– **Método canadiense:** las balas se usan como ladrillos que se unen mediante mortero. Las balas se colocan en columnas verticales para que el cemento forme una especie de pilar. Es un método laborioso que ha superado los requisitos necesarios para ser aceptado por la normativa canadiense.
– **Técnica greb:** esta técnica aúna varios métodos: consiste en construir un encofrado ligero de madera donde se colocan las balas de paja. Las superficies verticales se rellenan con un mortero aligerado con serrín. Se diferencia de otras técnicas en su viabilidad para los autoconstructores. Los encofrados permiten vaciar el mortero fácilmente y aislar la paja del exterior.

CAÑA

La construcción con cañas, un material genérico que engloba los tallos cilíndricos de multitud de especies vegetales, es una práctica ancestral extendida por todo el planeta que se está recuperando.

La especie más común es la *Ardundo donax*, una planta similar al bambú que alcanza los 5 m de altura y con el tallo grueso y hueco. Está reconocida como importante productora de biomasa industrial y puede cultivarse en una amplia variedad de suelos y condiciones climáticas. Se puede cosechar de una vez a tres veces al año. Se encuentra en humedales de aguas permanentes o estacionales. Parece ser originaria de Asia y ha colonizado el área mediterránea y otras regiones de todo el mundo.

Es una de las plantas que crece con más rapidez. De carácter invasivo (está incluida en la lista de las 100 especies exóticas invasoras más dañinas del mundo de la Unión Internacional para la Conservación de la Naturaleza), la caña puede llegar a bloquear los ríos y causar otros tipos de problemas. Su aprovechamiento en arquitectura puede ser útil para los ecosistemas, y su cosecha implicaría, además del control de su propagación, que la caña volviera a crecer, con lo que se absorbería gran cantidad de CO_2. Otra buena razón para su uso en la arquitectura es que las técnicas para trabajarla no son complejas y no requieren de herramientas costosas. Habitualmente la caña se utiliza en revestimientos o en persianas u otros elementos arquitectónicos que proporcionen sombra, pero también se encuentran ejemplos de su uso en estructuras. El arquitecto Jonathan Cory-Wright es uno de los impulsores del movimiento de recuperación de la construcción con caña (www.canyaviva.com).

MIMBRE

El mimbre es una fibra vegetal que se obtiene de un arbusto de la familia de los sauces (principalmente del género *Salix*, *Salix viminalis* o también *Salix fragilis* y *Salix purpurea*) y que se teje sobre todo para crear muebles, cestos y muchos otros tipos de objetos útiles. El mimbre crece en los márgenes de ríos y acequias de gran parte de Europa, ya sea espontáneamente o en cultivos. Cuando se cultiva presenta un tronco grueso del cual se arrancan periódicamente los tallos de mimbre.

El potencial del mimbre como material de construcción viene dado por la accesibilidad de las técnicas de trenzado y la presencia de esta planta en muchas partes del mundo. El uso actual del mimbre en la arquitectura se restringe al mobiliario, sobre todo a los muebles de exterior, pero estas aplicaciones pueden extenderse a otros elementos de la casa, como revestimientos o cubiertas, construcciones temporales o pabellones, e instalaciones museísticas.

Los elementos construidos con mimbre son ligeros y resistentes. El mimbre puede formar pantallas o mallas semitransparentes que filtran la luz del sol. Su capacidad de resistencia permite la construcción de superficies autoportantes.

BAMBÚ

«Bambú» es el nombre común que reciben las plantas de la subfamilia *Bambusoideae*. Pueden ser plantas pequeñas, de menos de 1 m de largo, y también de grandes dimensiones, de unos 25 m de alto. Las *Bambusoideae* están presentes de manera natural en todos los continentes a excepción de Europa. Los bambúes leñosos, con sus tallos de hasta 25 m de altura, son los que se utilizan en arquitectura. Son un recurso altamente renovable.

Las cualidades del bambú hacen de esta planta un material idóneo para la construcción, especialmente en los lugares donde crece, de clima cálido y húmedo. Las cañas tienen una estructura física característica que les proporciona una resistencia alta en relación con su peso. Son redondas o redondeadas en su sección transversal, normalmente huecas, y con tabiques transversales rígidos que evitan su rotura al curvarse. La superficie natural de muchos bambúes es limpia, dura y lisa, con un color atractivo; además, no tiene corteza que eliminar. La flexibilidad y la alta resistencia a la tensión hacen que un muro de bambú sea muy resistente a los seísmos. Otra de las ventajas de su uso es que no son necesarias máquinas costosas para su manipulación.

Las mayores desventajas de la construcción con bambú están relacionadas con su relativa baja durabilidad, sobre todo ante ataques biológicos, y con su poca resistencia a los huracanes y al fuego. El uso del bambú como material para los cimientos no es aconsejable, a menos que sea tratado con algún producto químico. Se considera conveniente emplearlo junto con materiales como el hormigón o la piedra.

PLASTICS
KUNSTSTOFFE
PLASTIQUE
KUNSTSTOFFEN
PLASTICA
PLÁSTICOS

REMODELING IN **CHAMBERÍ**

CUAC
Madrid, Spain
© Javier Callejas

Methacrylate / Acrylglas / Méthacrylate / Methacrylaat / Metacrilato / Metacrilato

This room was designed as a space for study and reading. It was constructed with translucent methacrylate pieces, manufactured originally for aquariums, measuring 50 × 50 × 200 mm (2 × 2 × 8 in). The pieces were piled up, cut and stuck as if they were bricks. The variable cut and lack of isotropy and uniformity in the material makes each piece unique.

Cette salle a été pensée comme espace d'étude et de lecture. Les murs sont en pièces de méthacrylate translucide, de 50 × 50 × 200 mm, initialement destinées à la fabrication d'aquariums. Elles ont été coupées, empilées et liées comme des briques. Les découpes aléatoires et l'absence d'isotropie, malgré l'uniformité du matériau, rendent chaque pièce unique.

Questa sala è stata concepita come spazio di studio e di lettura. Realizzata con elementi in metacrilato traslucido per acquari, ricopre una superficie di 50 × 50 × 200 mm. Gli elementi sono stati impilati, tagliati e incollati come se si trattasse di mattoni. Il taglio variabile e la mancanza di isotropia e uniformità nei materiali fanno sì che ogni elemento sia unico.

Dieser Saal wurde zum Lernen und Lesen entworfen. Er wurde unter Verwendung von lichtdurchlässigen, ursprünglich für Aquarien hergestellten Acrylglaselementen der Maße 50 × 50 × 200 mm gebaut. Diese Elemente wurden wie Ziegel aufgeschichtet, zugeschnitten und miteinander verklebt. Aufgrund des variablen Zuschnitts sowie der fehlenden Isotropie und Einheitlichkeit des Materials ist jedes Teil ein Einzelstück.

Deze zaal werd ontworpen als studie- en leesruimte. Zij is opgebouwd uit stukken doorzichtig methacrylaat van 50 × 50 × 200 mm die oorspronkelijk bedoeld waren voor aquaria. De stukken werden opgestapeld, uitgesneden en vastgeplakt alsof er sprake was van bakstenen. De afwisselende vormen en het gebrek aan isotropie en uniformiteit in het materiaal zorgen ervoor dat elk stuk uniek is.

Esta sala se concibió como espacio de estudio y lectura. Se construyó con piezas de metacrilato translúcido, fabricadas originalmente para acuarios, de 50 × 50 × 200 mm. Las piezas se apilaron, cortaron y pegaron como si fueran ladrillos. El corte variable y la falta de isotropía y uniformidad en el material hacen que cada pieza sea única.

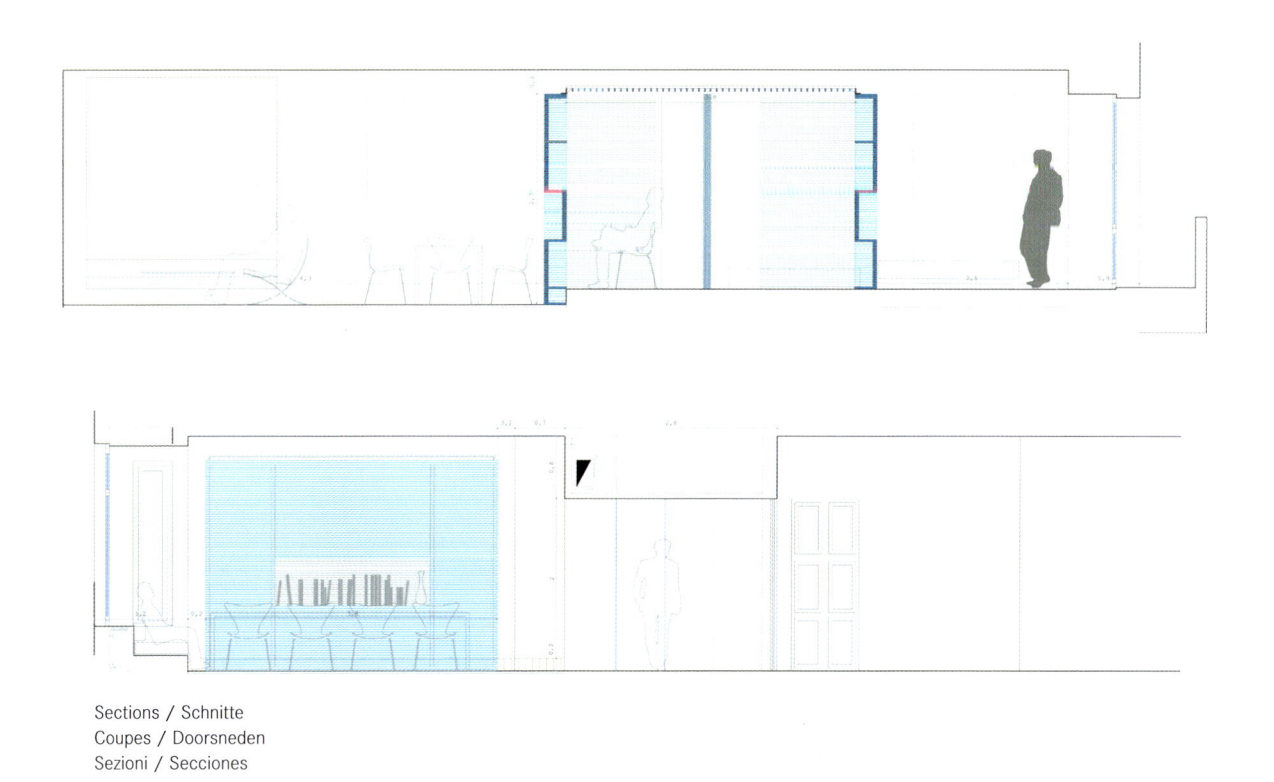

Sections / Schnitte
Coupes / Doorsneden
Sezioni / Secciones

PARKING IN LINZ

form,art
Linz, Austria
© Dietmar Hammerschmid

Polyester and PVC / Polyester und PVC / Polyester et PVC
Polyester en pvc / Poliestere e PVC / Poliéster y PVC

This parking lot opposite the city airport is built with a lightweight easily detachable structure. It consists of 15 funnel-shaped elements of 11 × 18 m (36 ft × 59 ft). The membrane that lines these structures hides the steel structure, it is a plastic PVC covered polyester plastic textile that protects from heat and sun.

Ce parking face à l'aéroport de la ville est une structure légère facilement démontable. Elle consiste en 15 éléments de 11 × 18 m en forme d'entonnoir. La membrane qui les habille masque le squelette en acier ; il s'agit d'un tissu en plastique de polyester recouvert de PVC qui protège de la chaleur et du soleil.

Questo parcheggio davanti all'aeroporto della città è costruito con una struttura leggera facilmente smontabile. Si compone di 15 elementi di 11 × 18 m a forma di imbuto. La membrana che riveste queste strutture nasconde lo scheletro di acciaio; si tratta di un tessuto plastico in poliestere ricoperto di PCV che protegge dal calore e dal sole.

Dieses Parkhaus gegenüber dem Flughafen der Stadt weist eine leicht zerlegbare Struktur auf, die aus 15 trichterförmigen Elementen der Größe 11 × 18 m besteht. Diese Struktur, die ein Stahlskelett verbirgt, wurde mit einer Membran aus mit PVC beschichtetem Polyesterkunststoff verkleidet, die vor Hitze und Sonneneinstrahlung schützt.

Deze parkeerplaats tegenover het vliegveld van de stad is gebouwd met een lichte, gemakkelijk demonteerbare draagconstructie. Het bestaat uit 15 elementen van 11 × 18 m met een trechtervorm. Het membraan waarmee deze structuren zijn bedekt verbergt het stalen skelet; het gaat om een plastic weefsel van polyester bedekt met pvc dat tegen warmte en zon beschermt.

Este aparcamiento frente al aeropuerto de la ciudad está construido con una estructura ligera fácilmente desmontable. Está formado por 15 elementos de 11 × 18 m con forma de embudo. La membrana que reviste estas estructuras oculta el esqueleto de acero; se trata de un tejido plástico de poliéster cubierto de PVC que protege del calor y del sol.

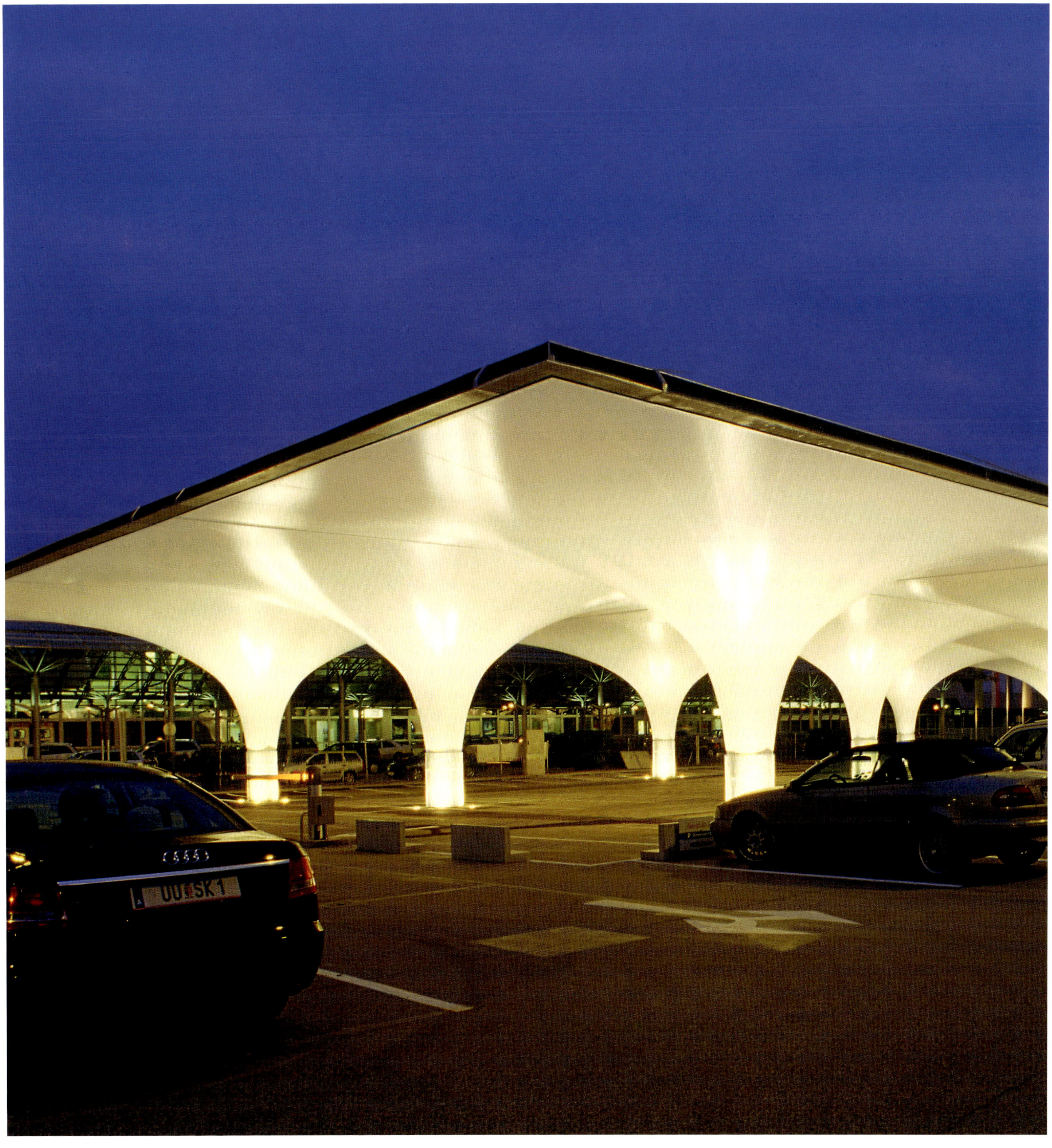
UU SK 1

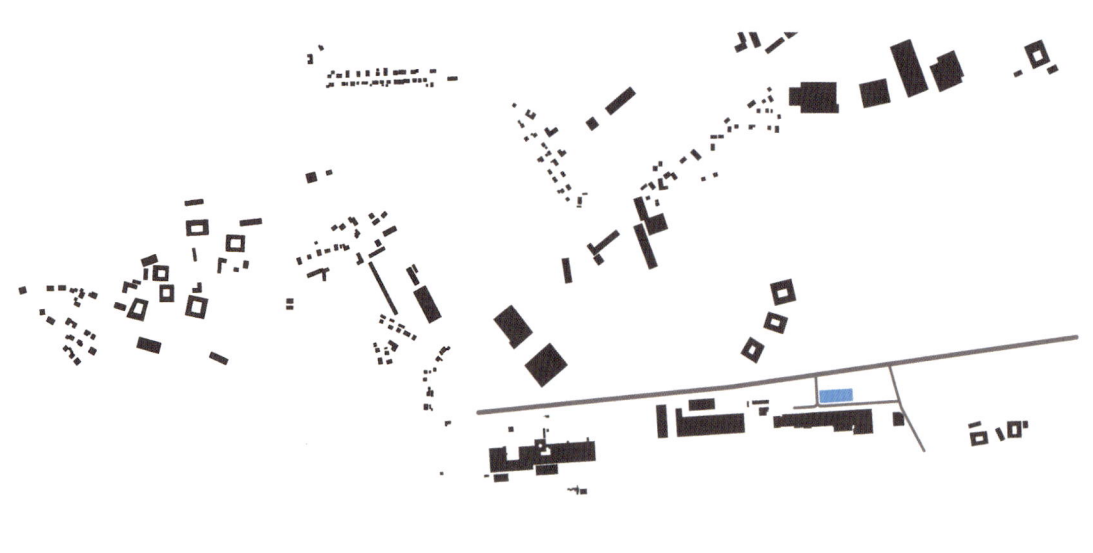

Location plan / Umgebungsplan
Plan de situation / Omgenigsplattegrond
Planimetria di localizzazione / Plano de situación

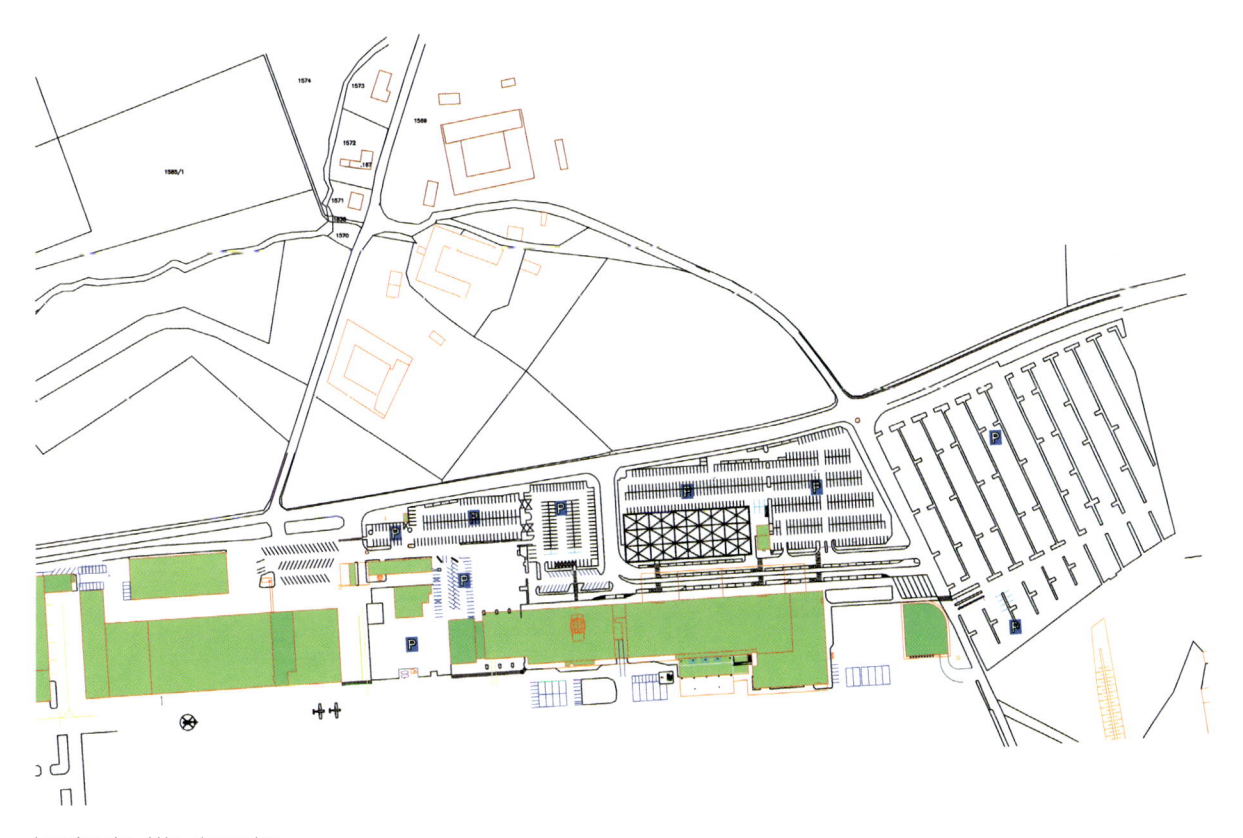

Location plan / Umgebungsplan
Plan de situation / Omgenigsplattegrond
Planimetria di localizzazione / Plano de situación

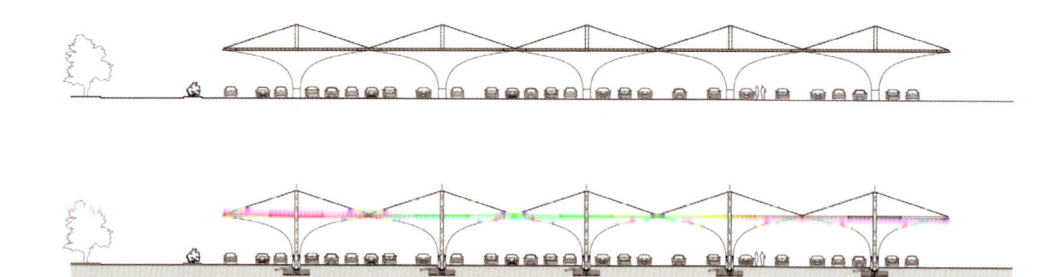

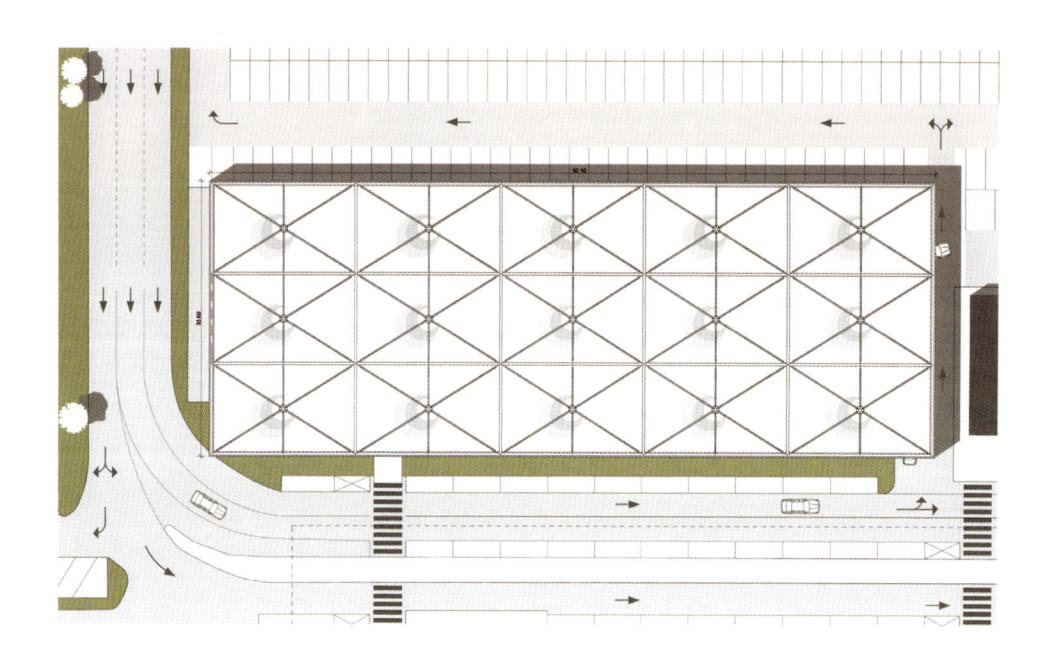

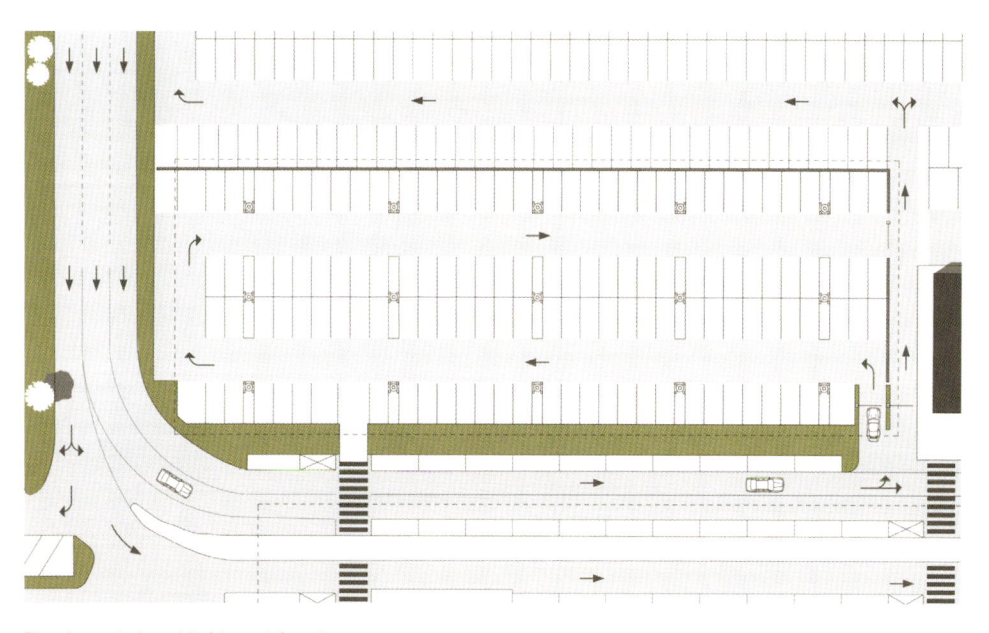

Elevation and plans / Aufriss und Grundisse
Élévation et plans / Opstand en plattegronden
Prospetto e piante / Alzado y plantas

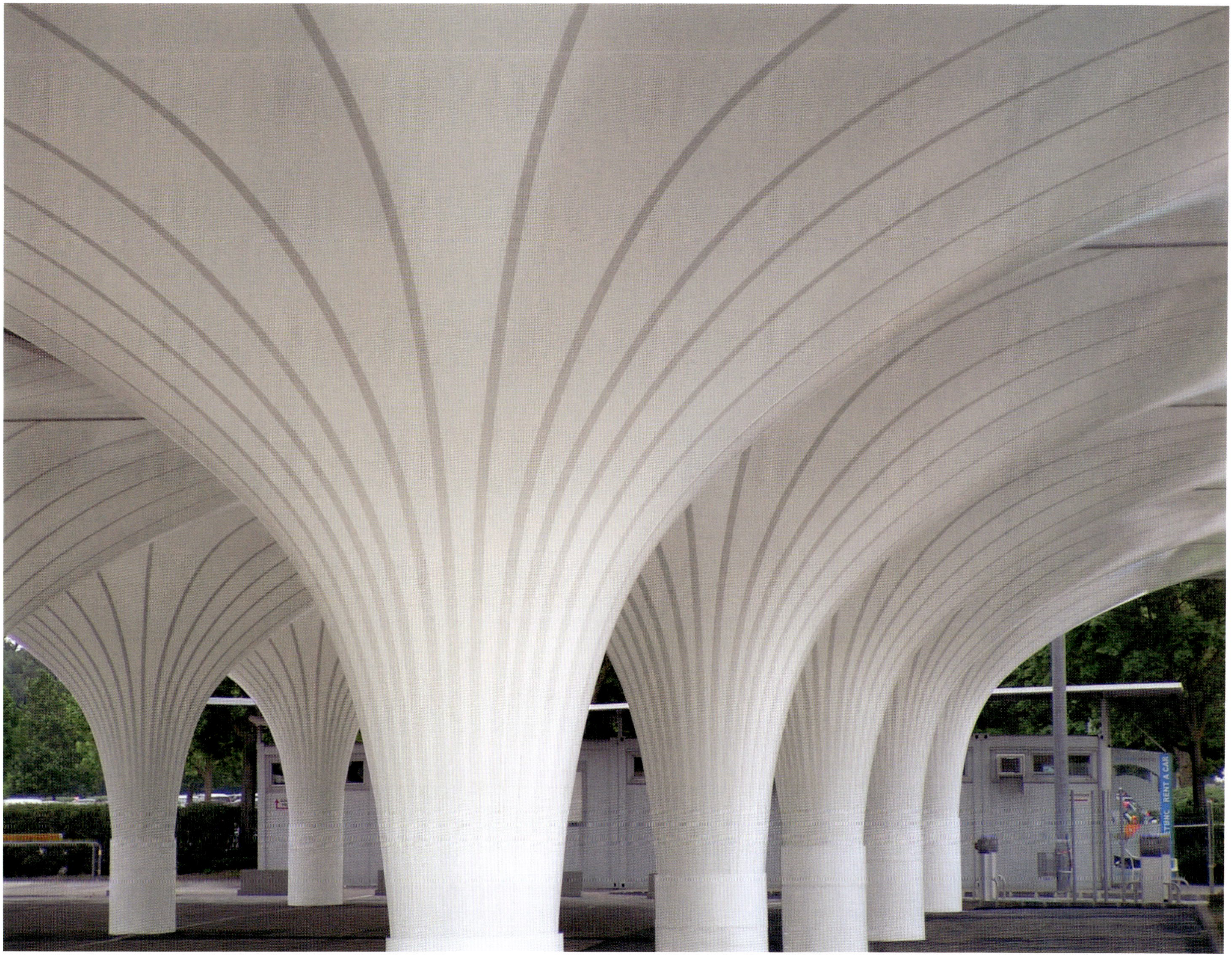
RENT A CAR

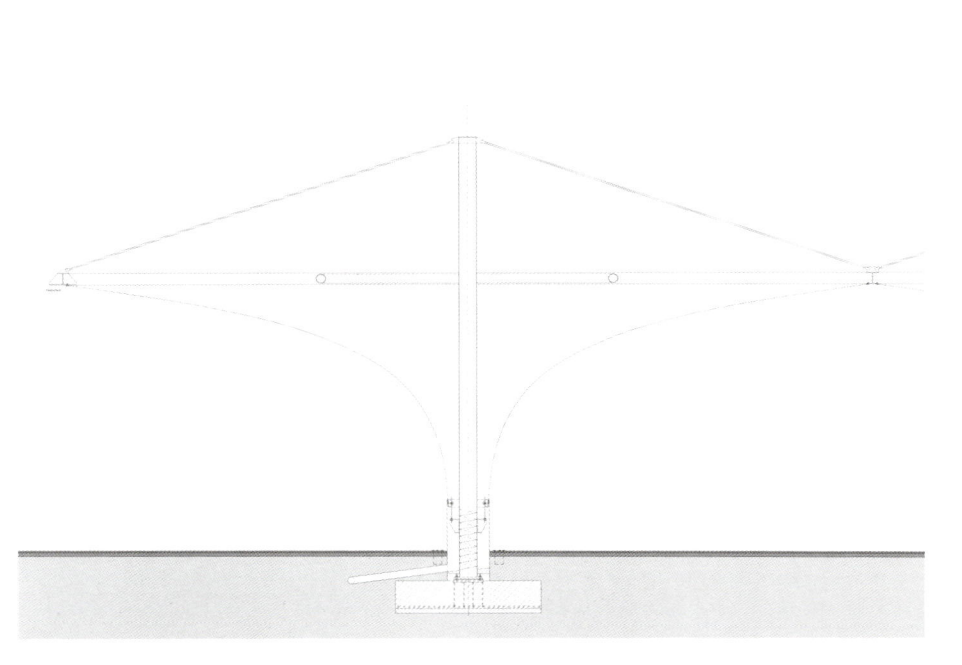

Section detail / Detail des Abschnitts
Détail de la coupe / Detail van de doorsnede
Dettaglio della sezione / Detalle de la sección

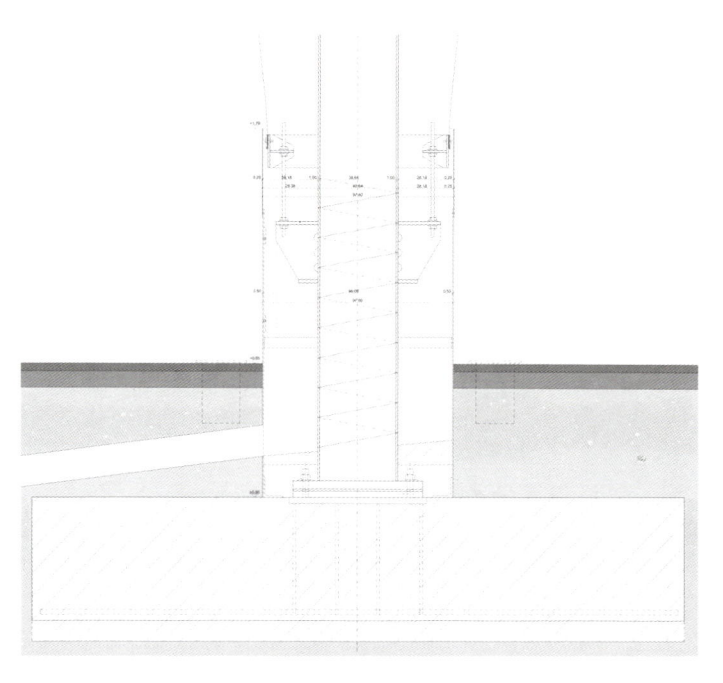

Foundation details / Detail der Fundamente
Détail des fondations / Detail van de funderingen
Dettaglio delle fondamenta / Detalle de los cimientos

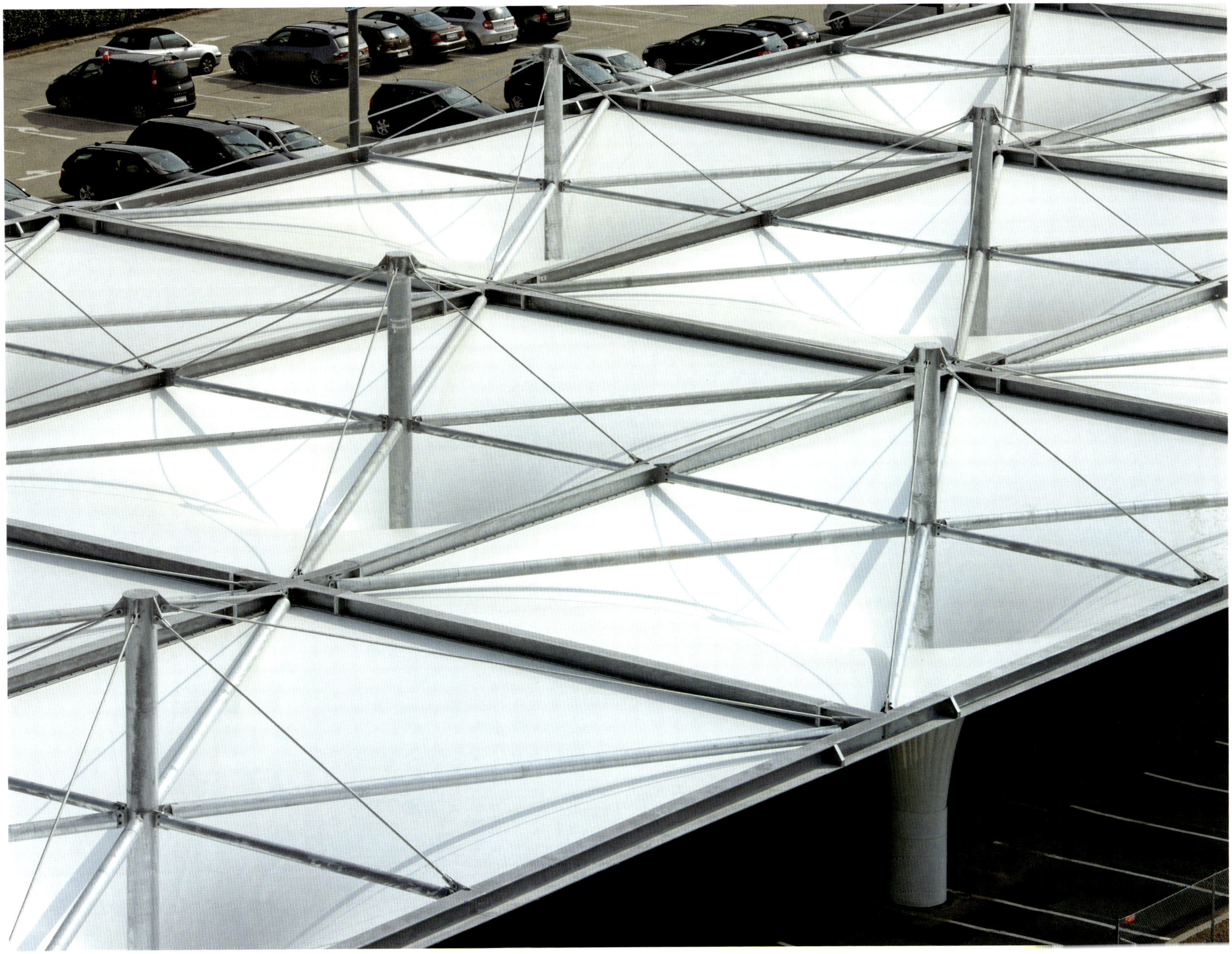

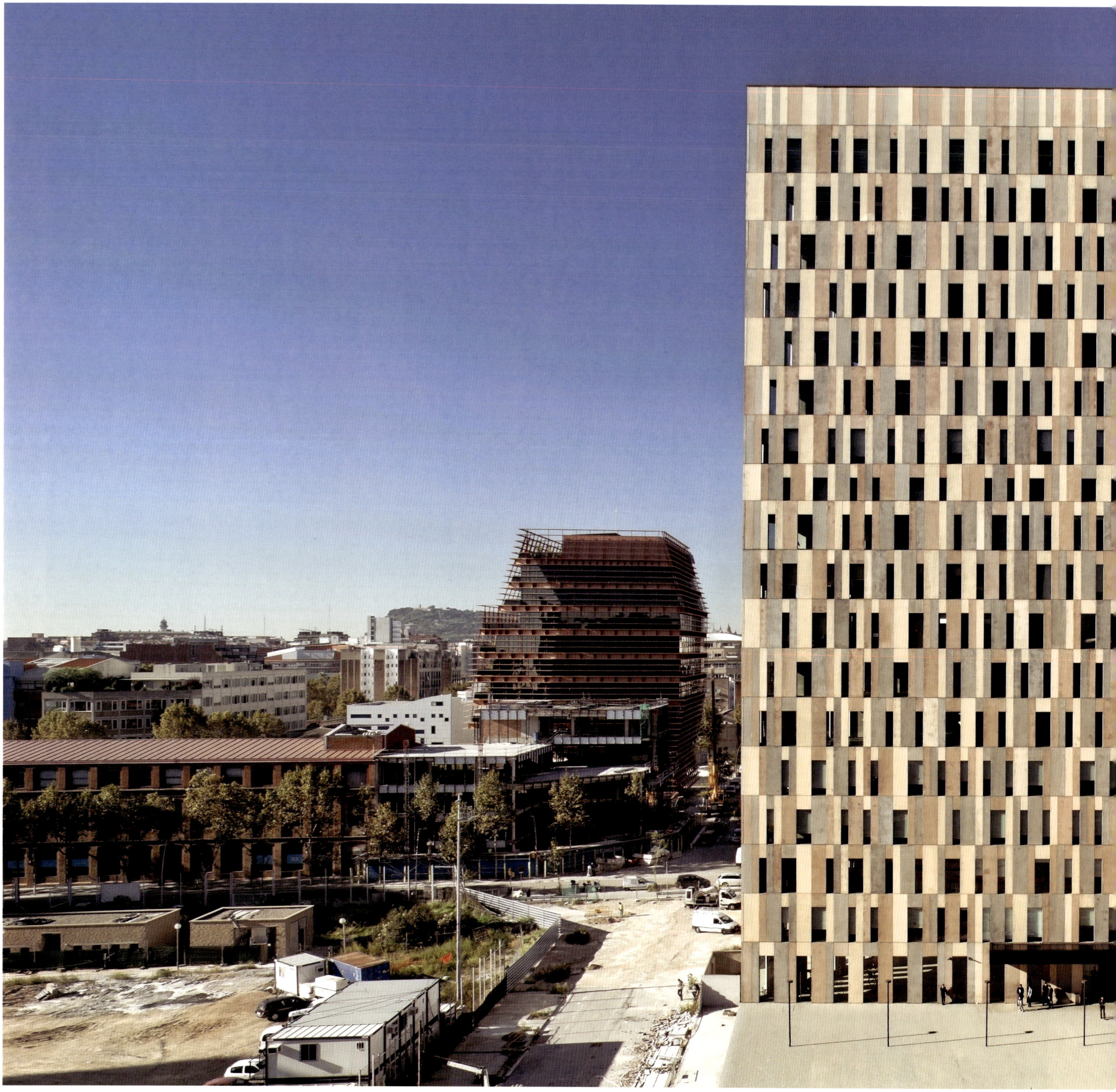

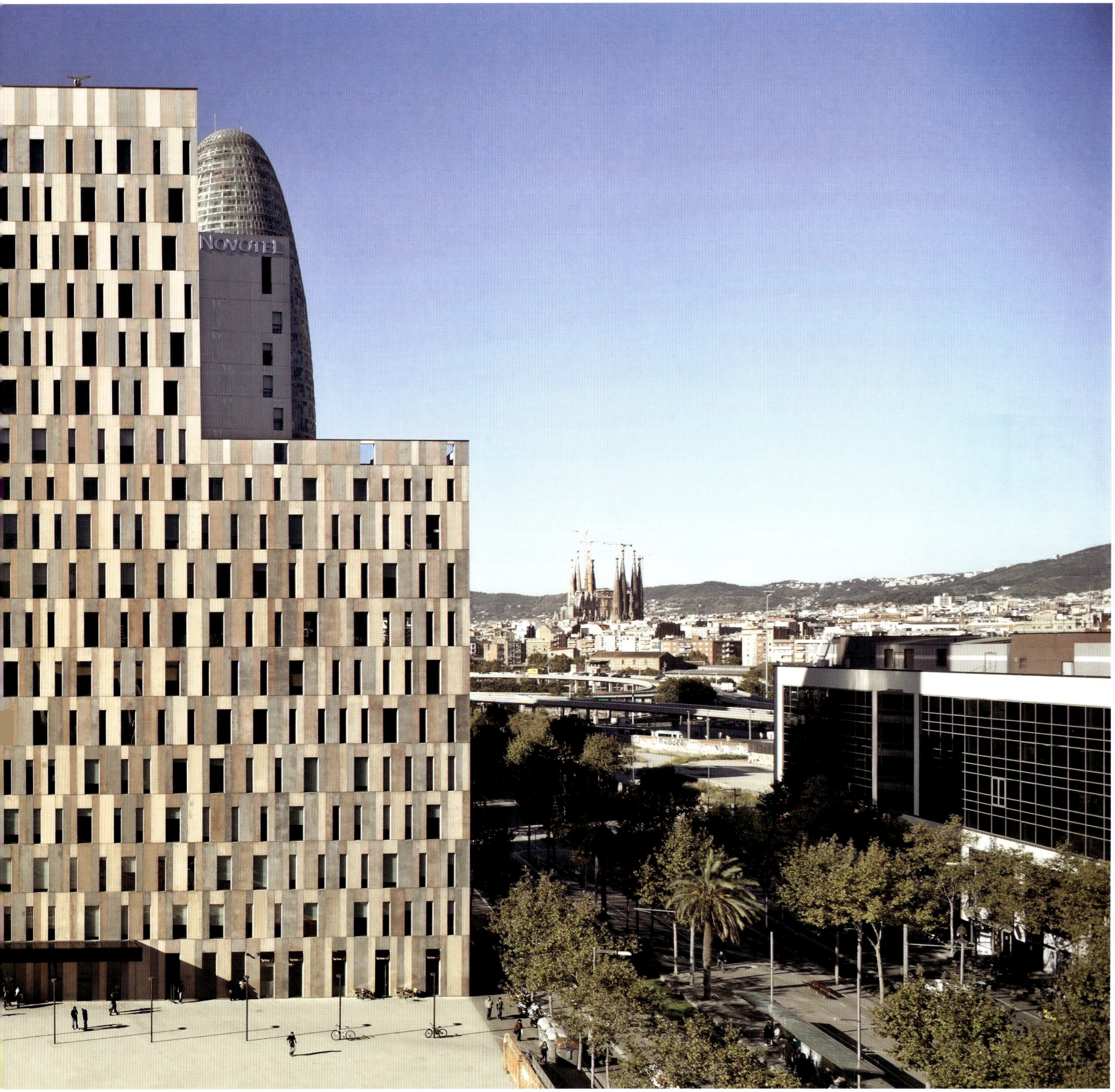
NOVOTEL

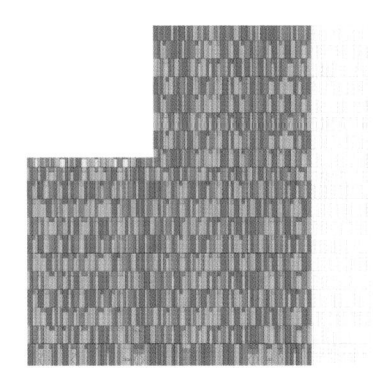

Elevations / Aufrisse
Élévations / Verhogingen
Prospetti / Alzados

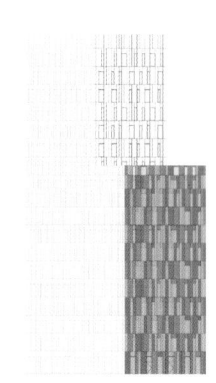

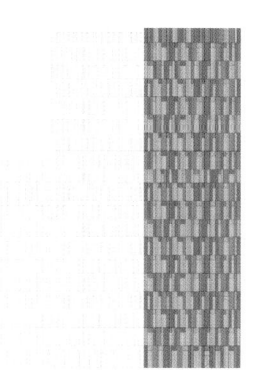

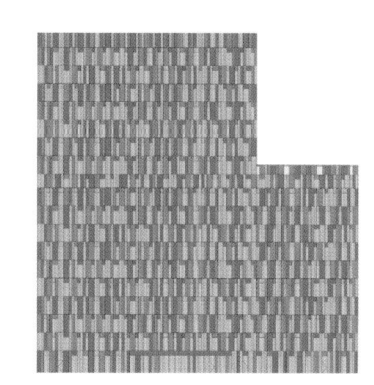

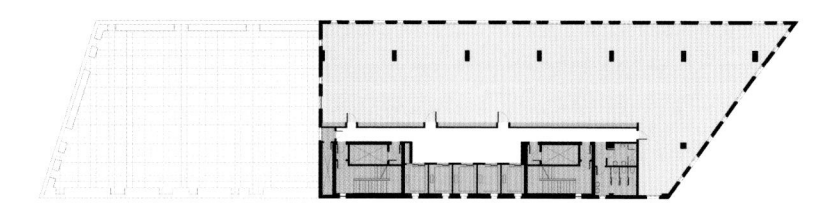

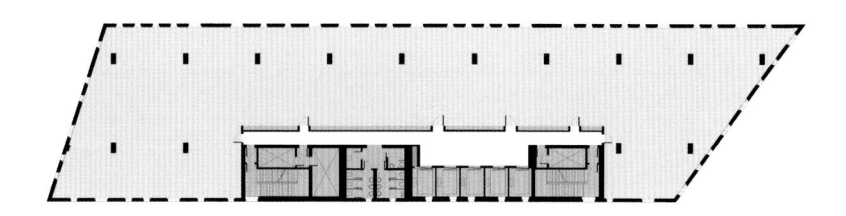

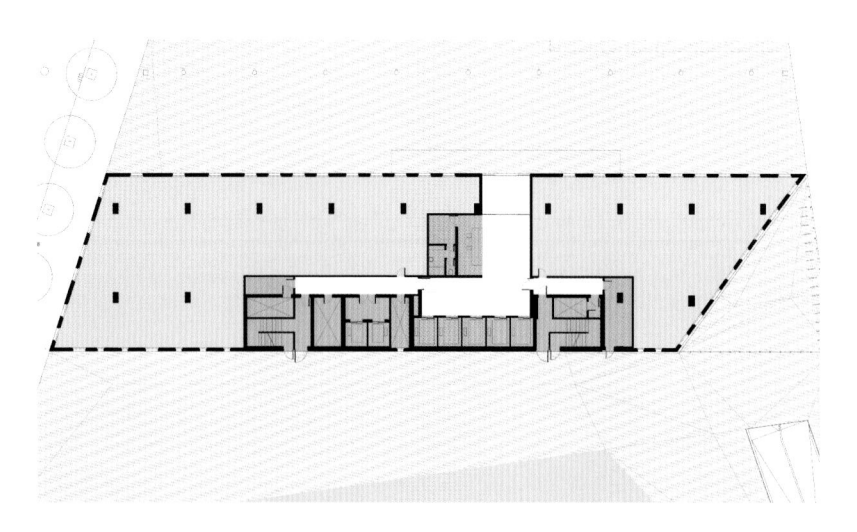

Plans / Grundisse
Plans / Plattegronden
Piante / Plantas

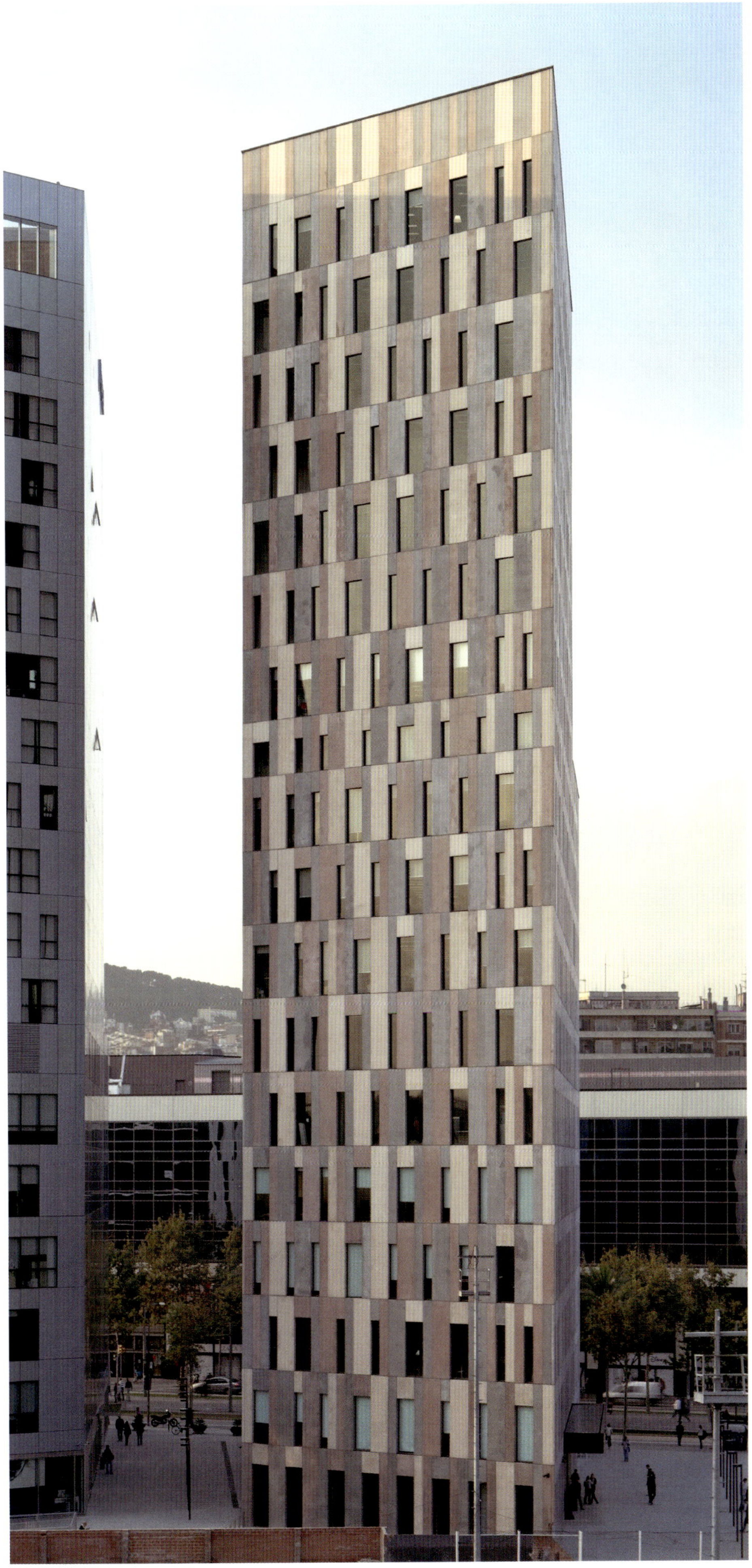

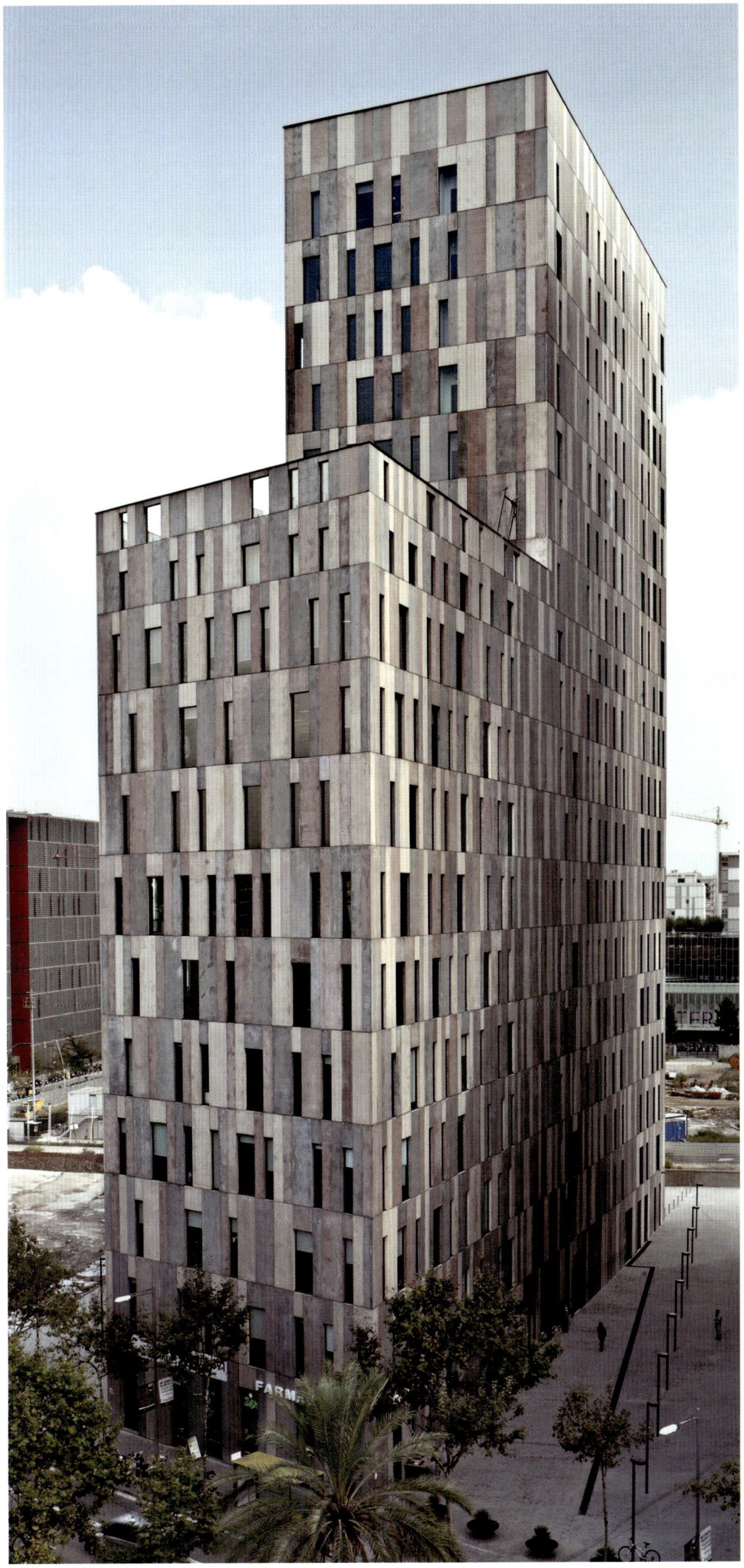

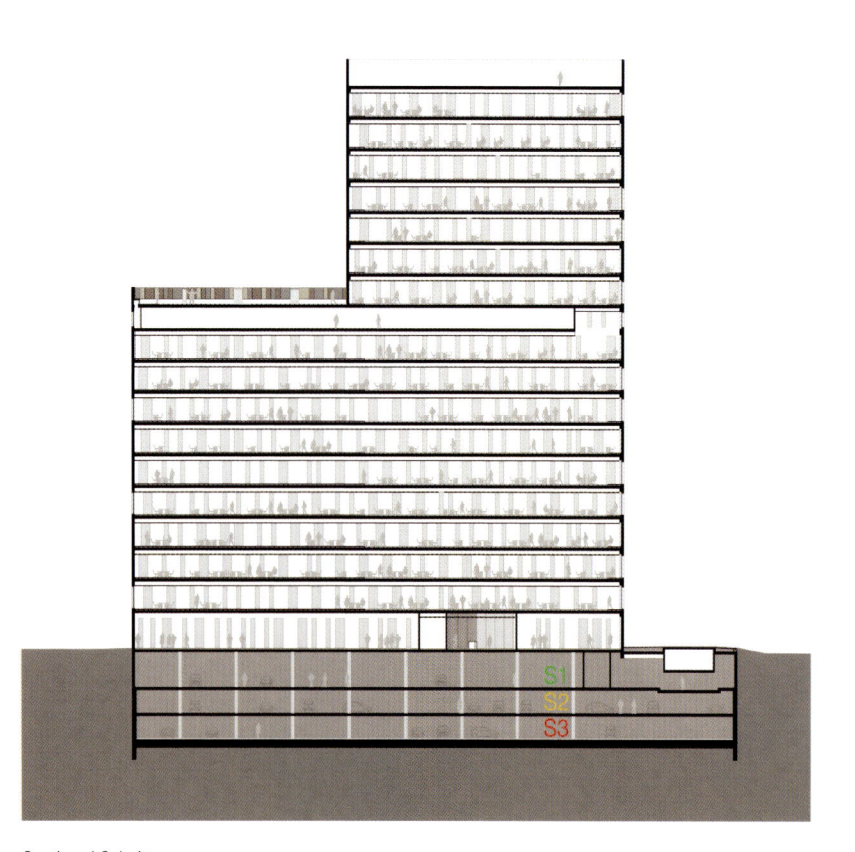

Section / Schnitt
Coupe / Doorsnede
Sezione / Sección

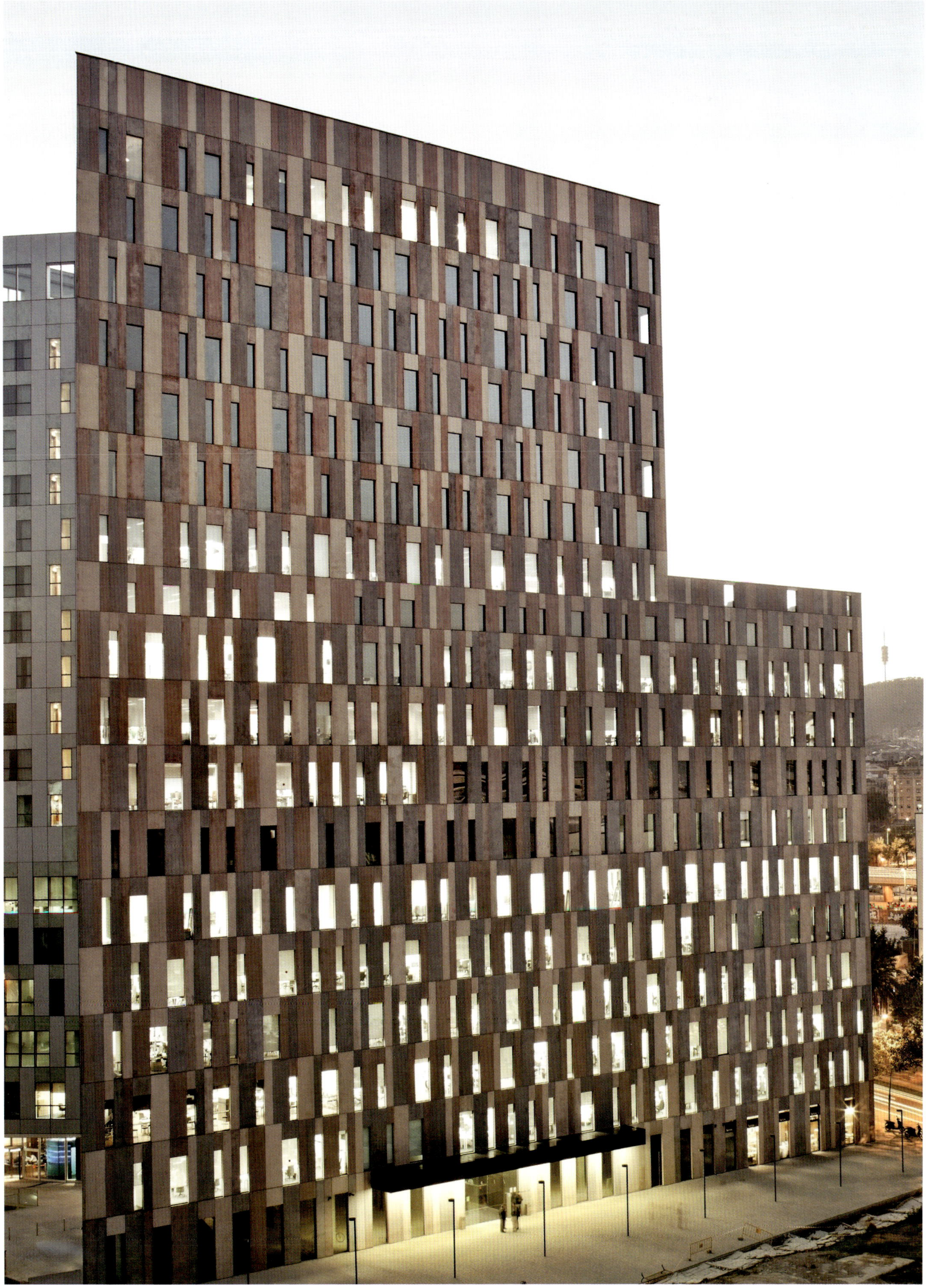

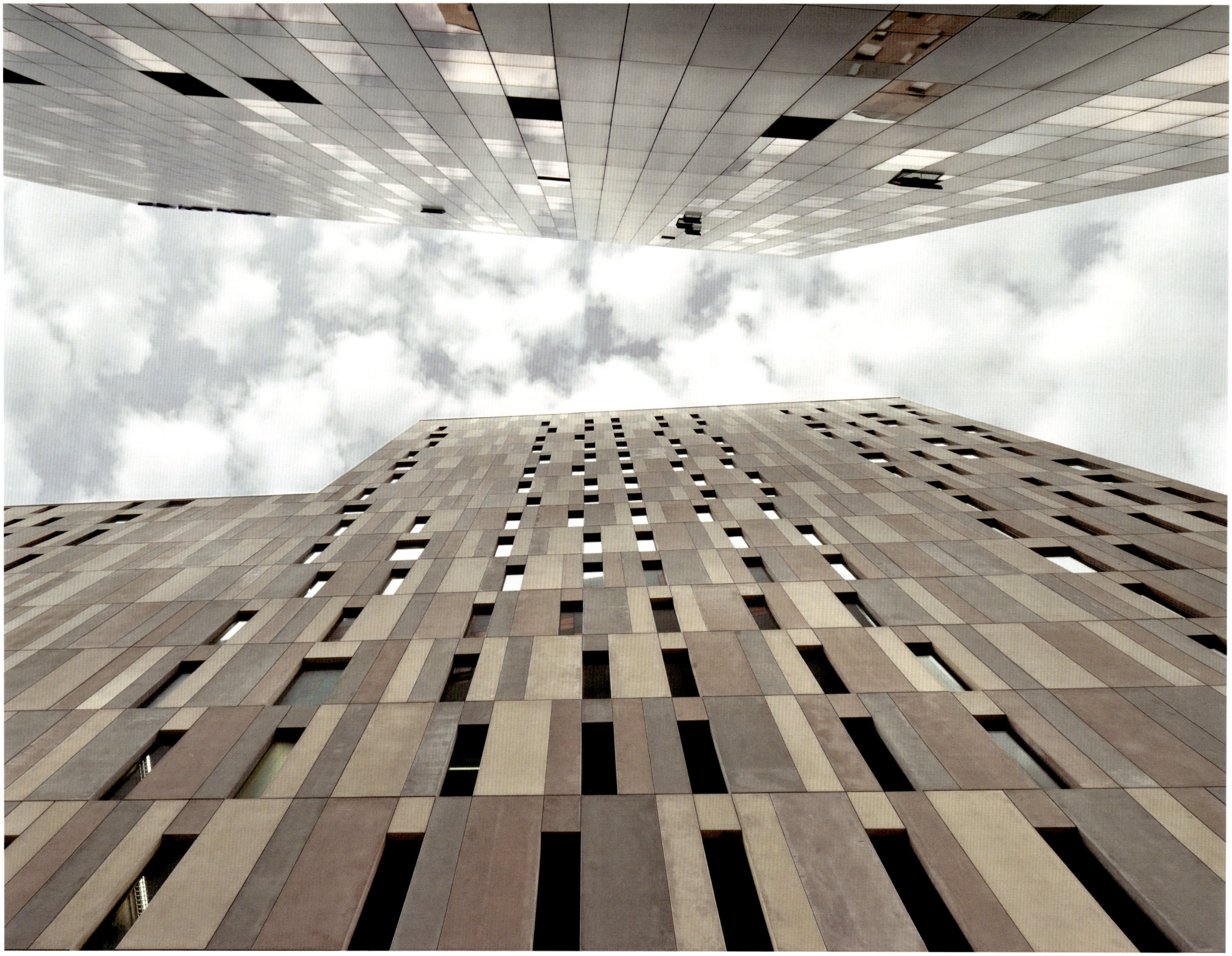

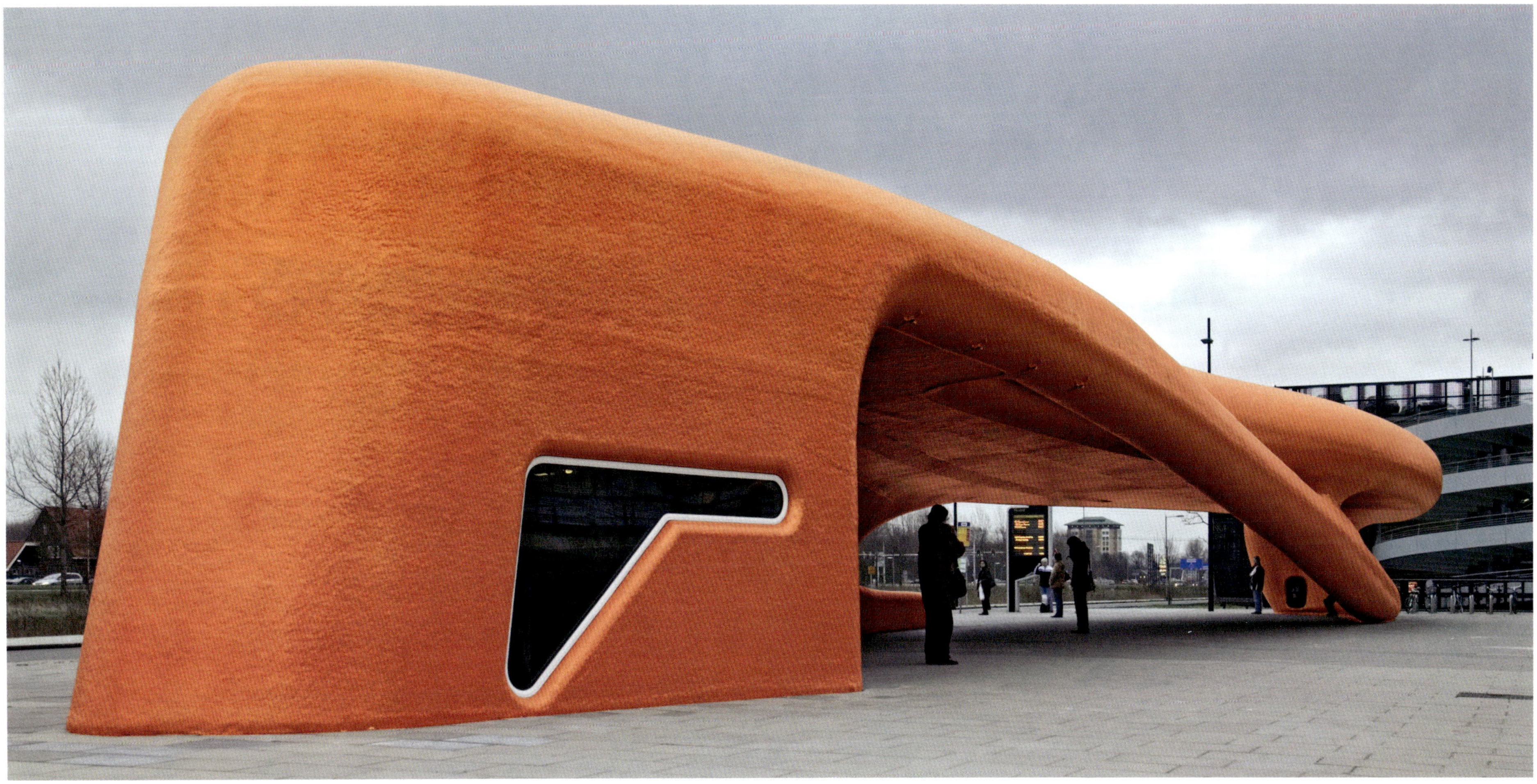

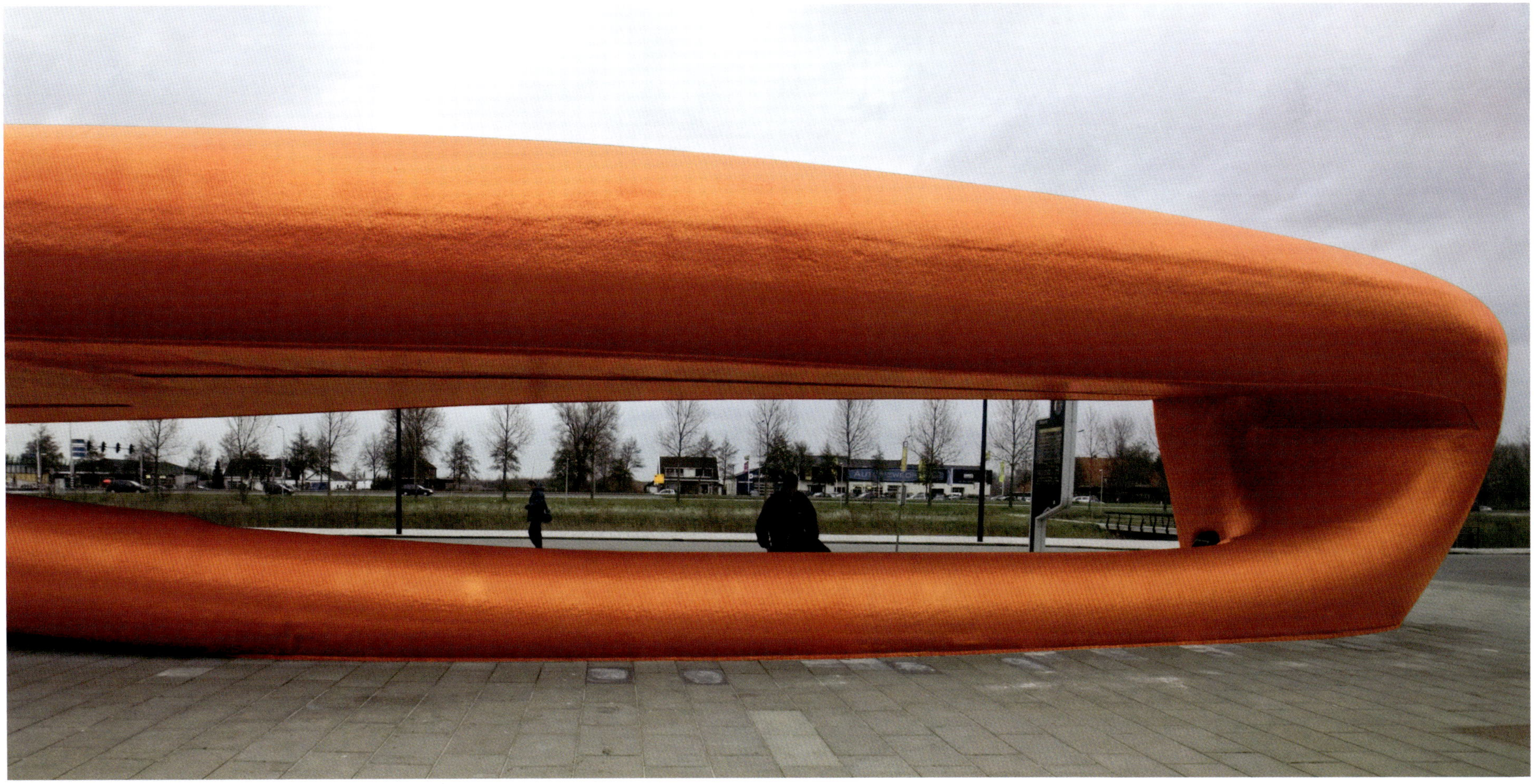

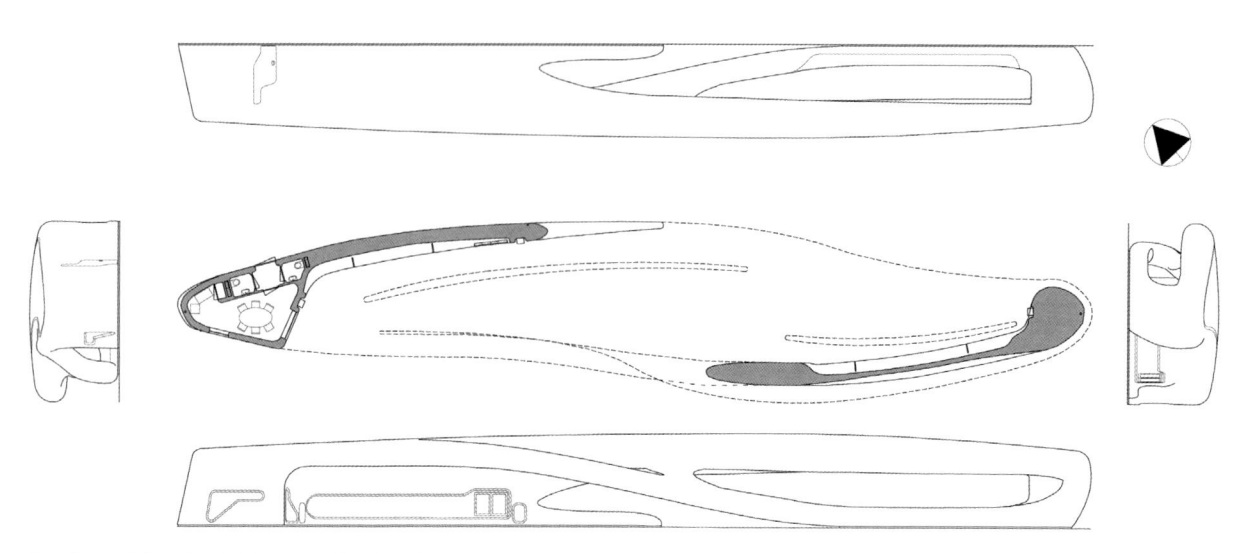

Elevations and floor plan / Aufrusse und Geschossplan
Élévations et plan / Geschossplan en plattegrond
Pianta e prospetti / Alzados y planta

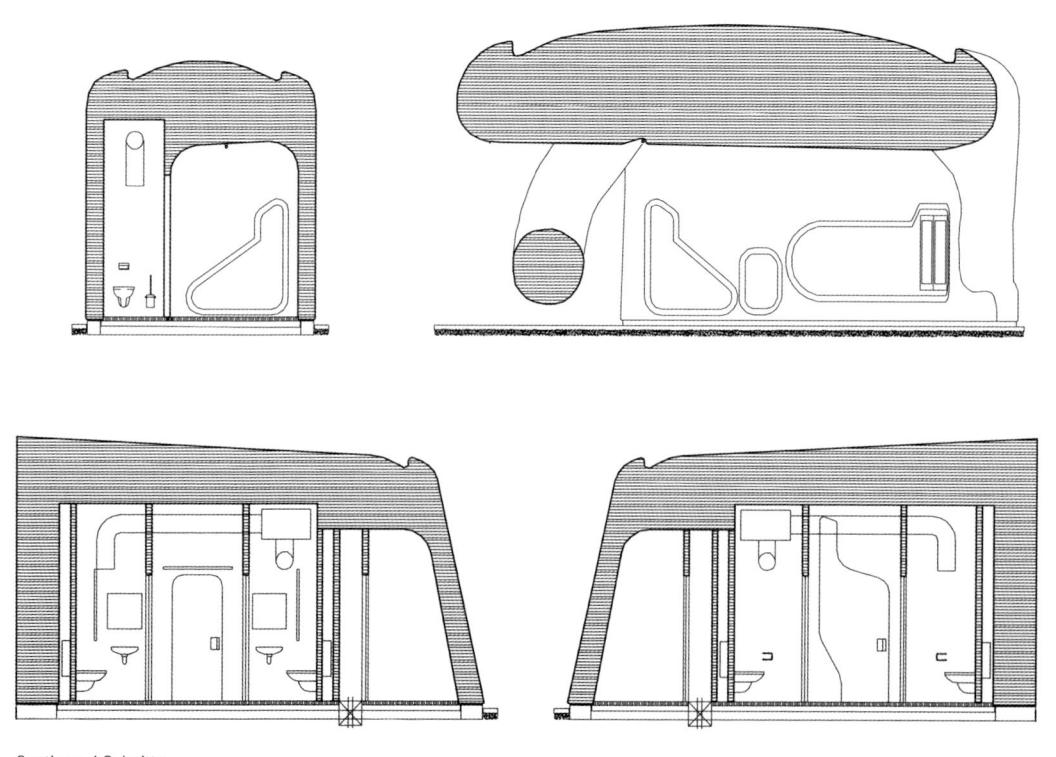

Sections / Schnitte
Coupes / Doorsneden
Sezioni / Secciones

501

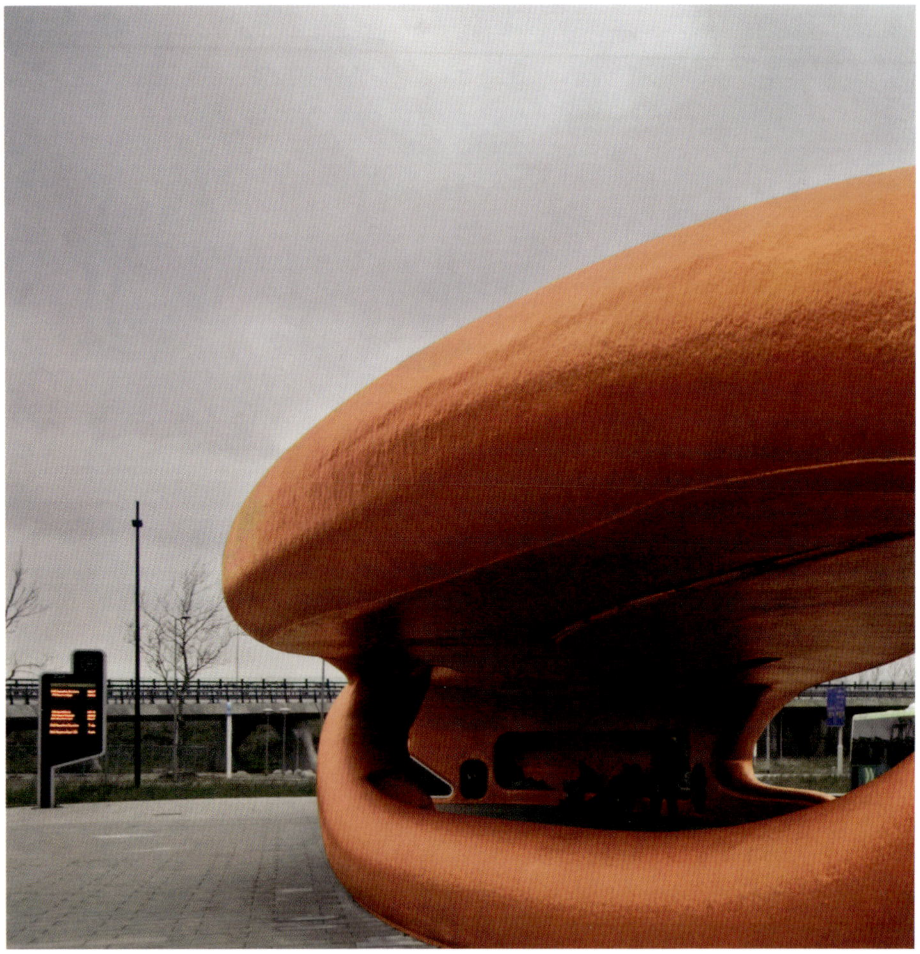

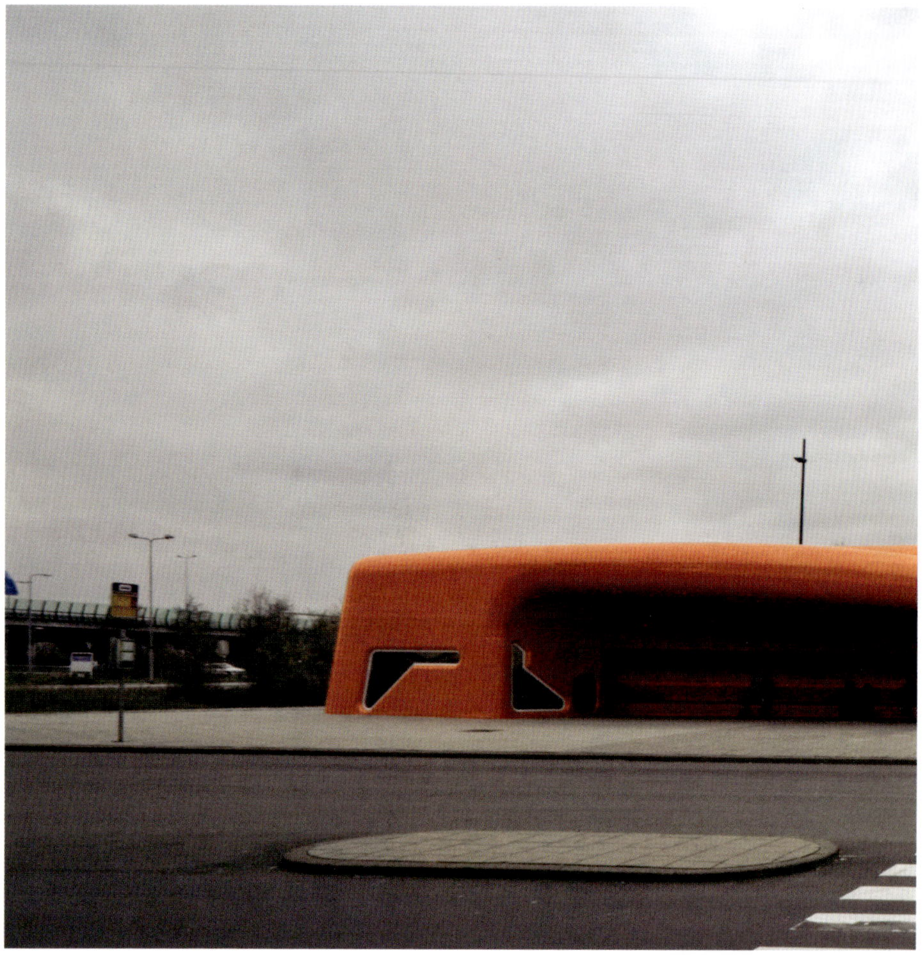

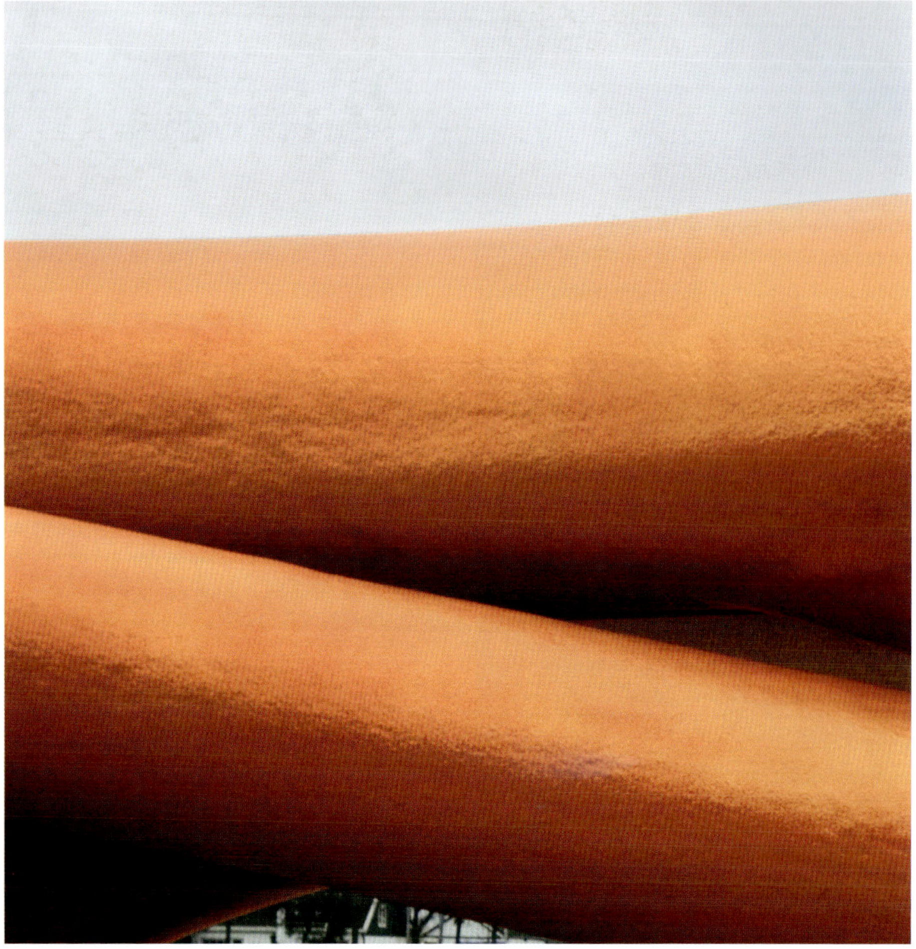

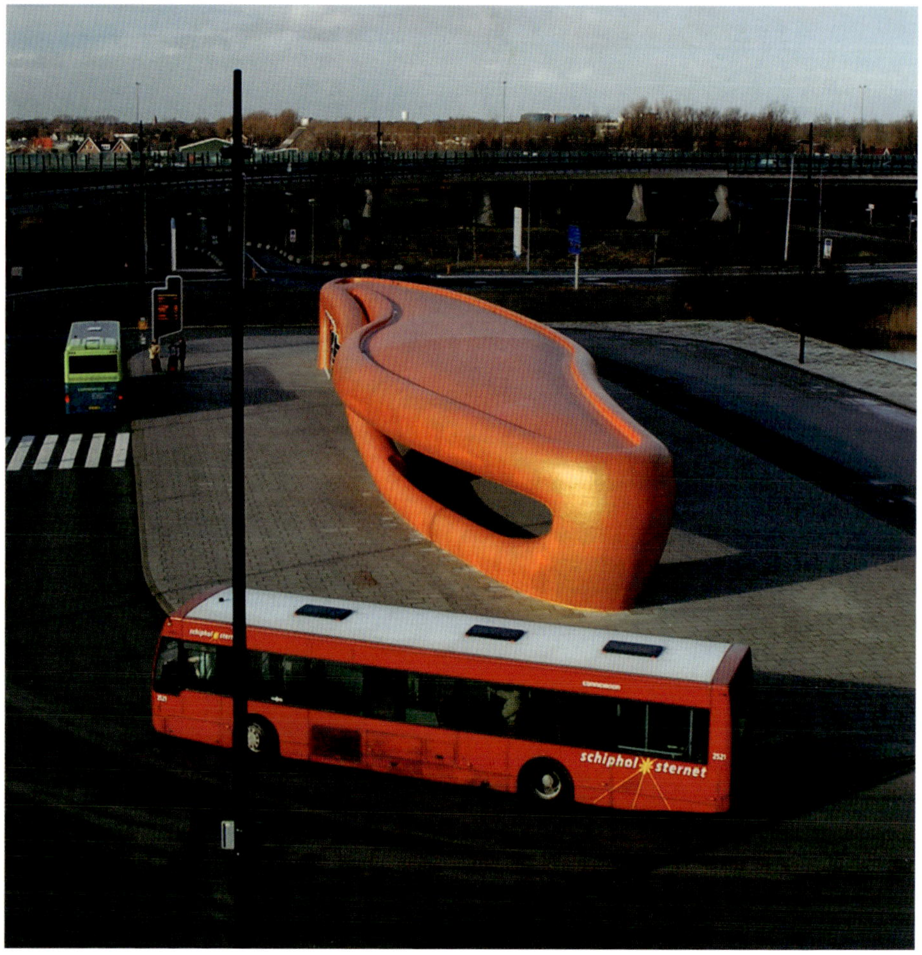
schiphol sternet

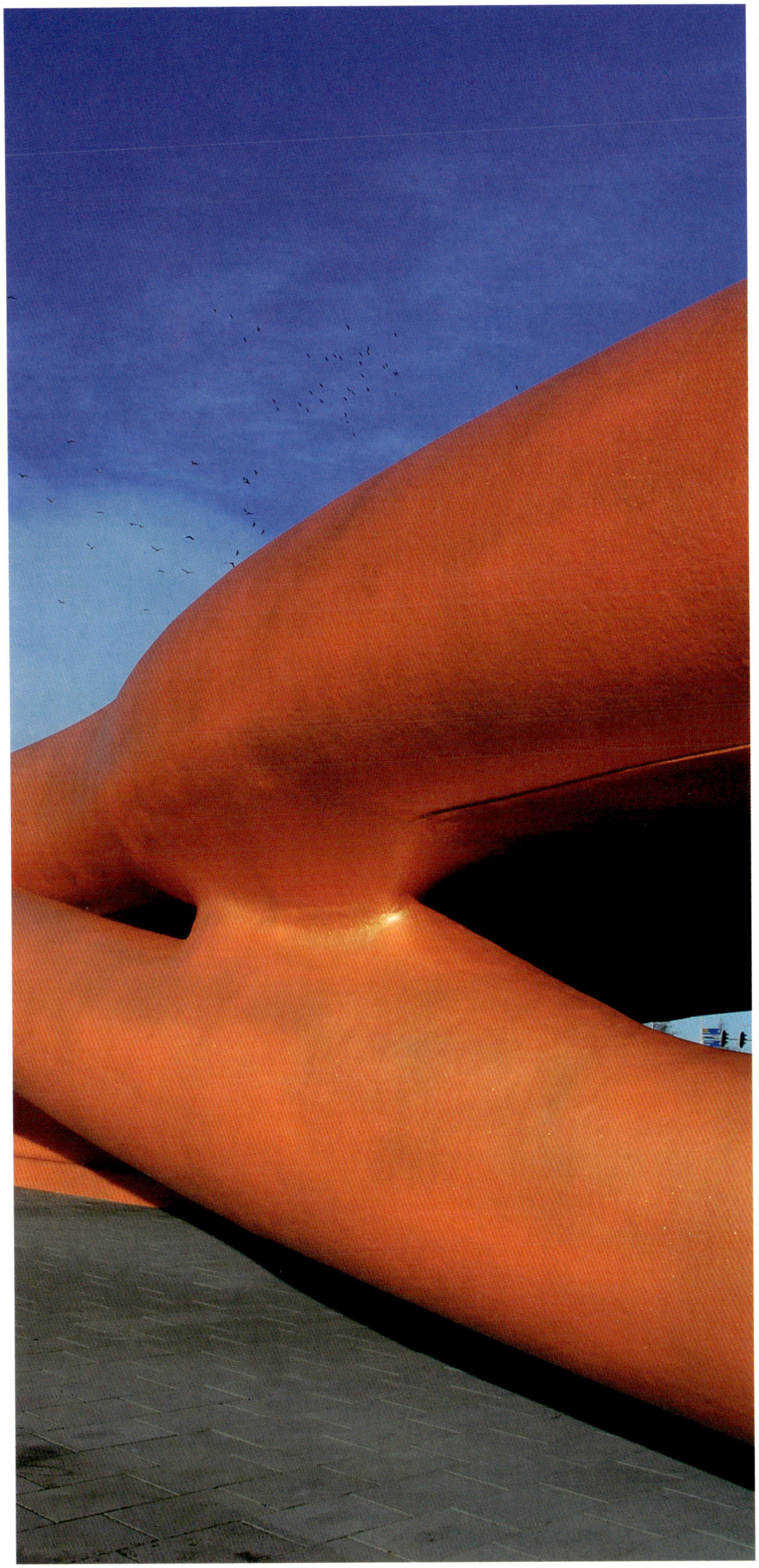

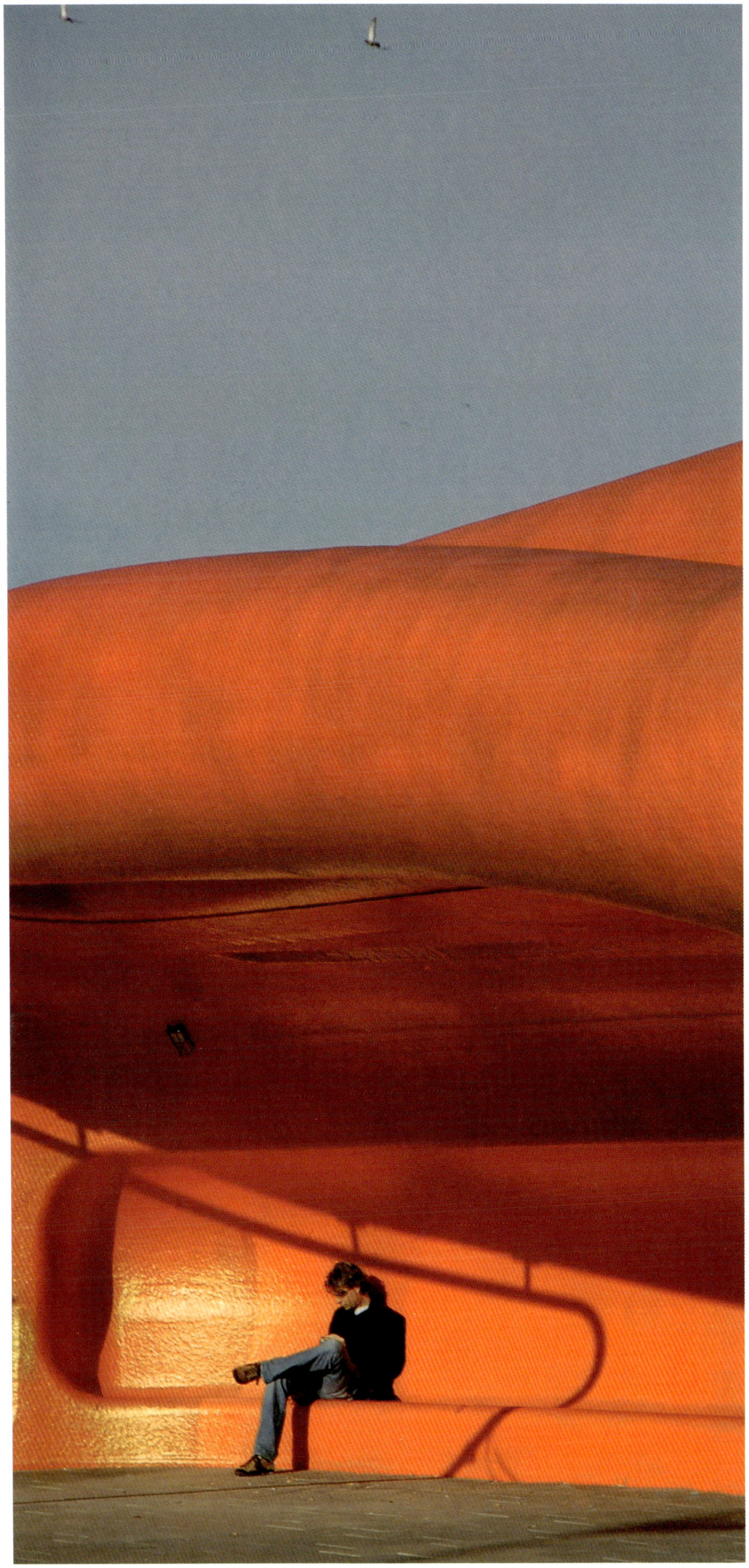

CELULOSAS VASCAS HEADQUARTERS

Jesús Jáuregui (artist)
Amorebieta, Spain
© Jesús Jáuregui, Formica

Formica / Resopal / Formica / Formica / Formica / Formica

The Basque Cellulose headquarters stands out for its Formica clad façade, a very resistant material. The headquarters covers an area of 1,400 m² (15,069 sq ft) with a Compact Exterior structural laminate, which the plant-inspired photographs by the artist Jesús Jáuregui encapsulates. 364 laminated plates with measurements of 3.05 × 1.3 m (10 × 4 ft) and weighing 45 kg (99 lb) each have been used.

Le siège de Celulosas Vascas est remarquable pour sa façade habillée de formica, un matériau très résistant. Elle couvre une surface de 1 400 m² de laminé structurel Compact Extérieur, entre les feuilles duquel les photographies de l'artiste Jesús Jáuregui évoquent le monde végétal. L'ensemble réunit 364 plaques de laminé de 3,05 × 1,3 m, pesant chacune 45 kg.

La sede di Celulosas Vascas si impone per la facciata rivestita di formica, un materiale molto resistente. Si tratta di una superficie di 1400 m² di laminato strutturale Compact Exterior, in cui vengono inserite foto di ispirazione vegetale dell'artista Jesús Jáuregui. Sono state utilizzate 364 lastre di laminato di 3,05 × 1,3 m, del peso di 45 kg ciascuna.

Der Sitz von des Unternehmens Celulosas Vascas zeichnet sich durch seine Fassade aus, die mit dem besonders widerstandsfähigen Material Resopal verkleidet wurde. Es handelt sich dabei um eine 1400 m² große Fläche aus Strukturlaminatplatten des Typs Compact Exterior, in die von Pflanzen inspirierte Fotos des Künstlers Jesús Jáuregui eingebettet sind. Insgesamt wurden 364 jeweils 45 kg schwere Laminatplatten der Größe 3,05 × 1,3 m verarbeitet.

De zetel van Celulosas Vascas valt op vanwege de gevel, die is bekleed met formica, een zeer bestendig materiaal. Het gaat om een oppervlak van 1.400 m² Compact Exterior structureel laminaat, waarin op planten geïnspireerde foto's van de kunstenaar Jesús Jáuregui zijn gekapseld. Er zijn 364 laminaatplaten van 3,05 × 1,3 m, van elk 45 kg, gebruikt.

La sede de Celulosas Vascas destaca por la fachada revestida de formica, un material muy resistente. Se trata de una superficie de 1.400 m² de laminado estructural Compact Exterior, en el que se encapsulan las fotografías de inspiración vegetal del artista Jesús Jáuregui. Se han utilizado 364 placas de laminado de 3,05 × 1,3 m, de 45 kg cada una.

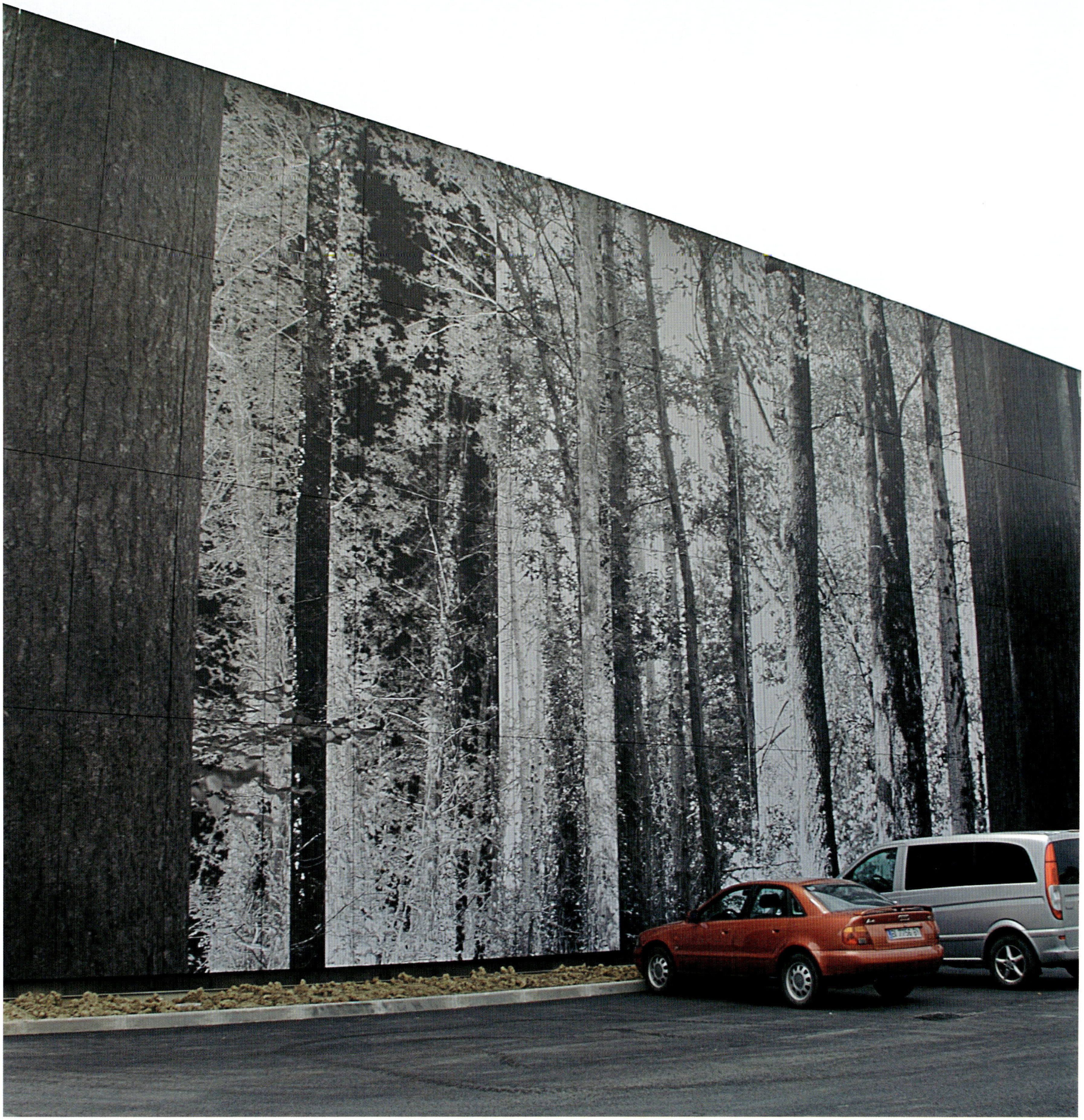

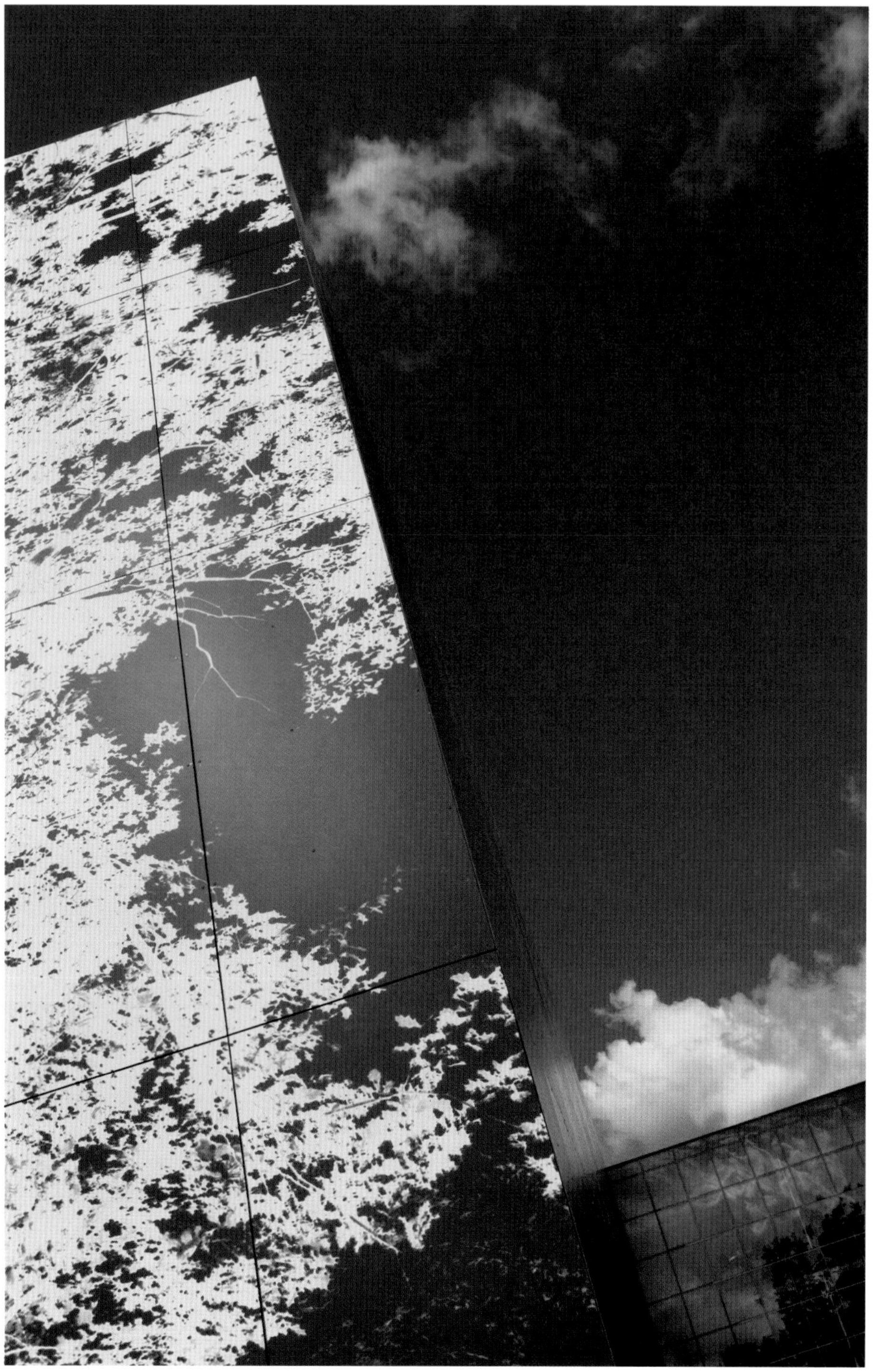
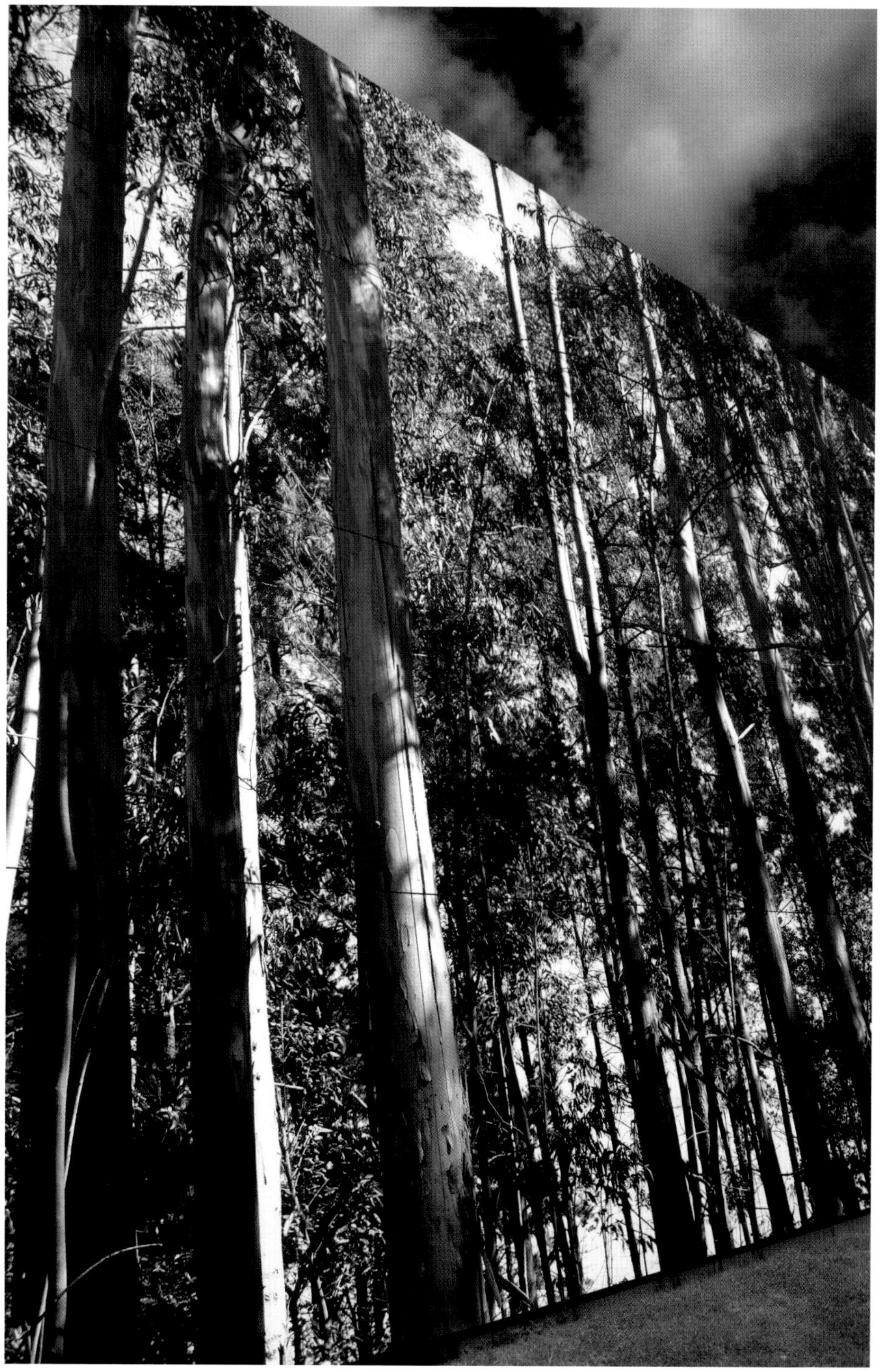

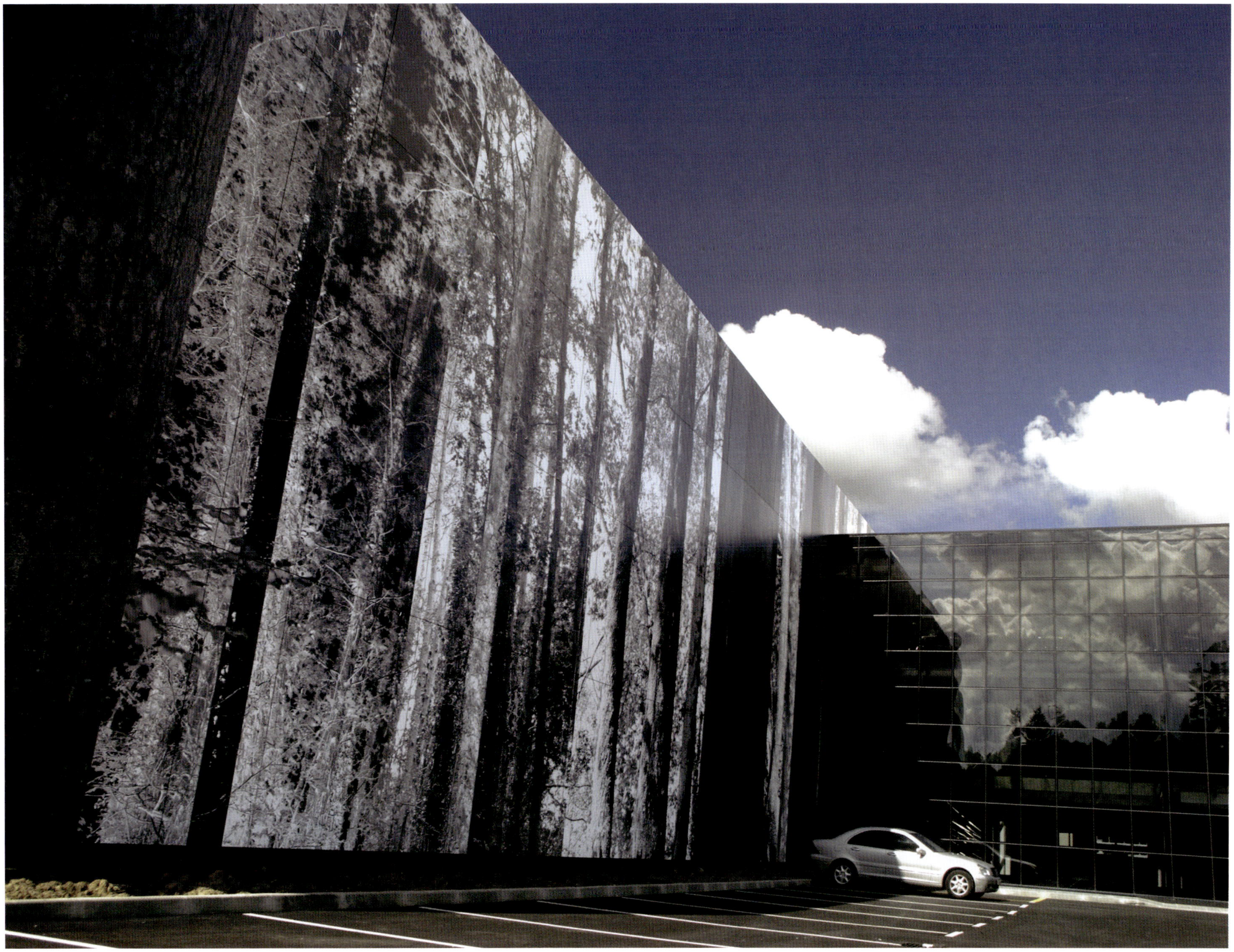

Photomontages / Fotomontagen
Photomontages / Fotomontages
Fotomontaggi / Fotomontajes

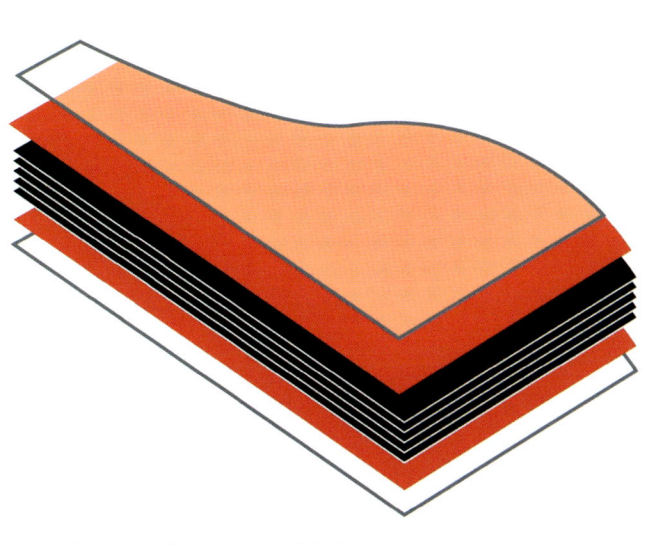

Detail of the layers of material / Detail der Materialschichten
Détail des couches du matériau / Detail van de lagen van het materiaal
Dettaglio degli strati di materiale / Detalle de las capas de material

TEA-HOUSE IN JISHAN

Atelier Deshaus
Jiangning, China
© Shu He

Nylon / Nylon / Nylon / Nylon / Nylon / Nailon

This construction is an auxiliary building with a total of 38 independent offices. It is surrounded by a corridor protrudes from the main body. This has been wrapped with 8 mm (0.3 in) diameter nylon threads, forming a sort of veil that blurs the building. The material creates a translucent film to protect the interior from the light.

Cette construction est une annexe comprenant un ensemble de 38 bureaux indépendants. Elle est entourée d'une coursive en saillie enveloppée de fils de nylon de 8 mm de diamètre, qui forment comme un voile brouillant les contours du bâtiment. Cette cloison de nylon crée une pellicule translucide qui protège l'intérieur de la lumière.

Questa struttura costituisce un edificio aggiuntivo di un complesso di 38 uffici indipendenti. È circondata da un corridoio che fuoriesce dal corpo principale. Questo è stato avvolto con dei fili di nylon di 8 mm di diametro che vanno a creare una sorta di velo che «scompone» il profilo dell'edificio. Il materiale crea una pellicola traslucida che protegge l'interno dalla luce.

Bei diesem Bau handelt es sich um ein Nebengebäude mit insgesamt 38 voneinander unabhängigen Büros, das von einem Gang umgeben ist, der aus dem Hauptbaukörper herausragt. Der Hauptbaukörper wurde mit Nylonfäden mit 8 mm Durchmesser umhüllt, die eine Art Schleier bilden, der die Konturen des Hauses verschwimmen lässt. Das Material erzeugt einen durchscheinenden Film, der die Innenräume vor Sonnenlicht schützt.

Dit is een bijgebouw van een complex van 38 onafhankelijke kantoren. Het wordt omgeven door een gang die uit het hoofddeel steekt. Dit is op zijn beurt gewikkeld in nylon draden met een doorsnede van 8 mm, die op een soort zeil lijken dat het gebouw doet vervagen. Het materiaal creëert een doorzichtige film die het interieur tegen het licht beschermt.

Esta construcción es un edificio auxiliar de un conjunto de 38 oficinas independientes. Está rodeada por un pasillo que sobresale del cuerpo principal. Éste se ha envuelto con unos hilos de nailon de 8 mm de diámetro, que forman una especie de velo que desdibuja el edificio. El material crea una película translúcida que protege el interior de la luz.

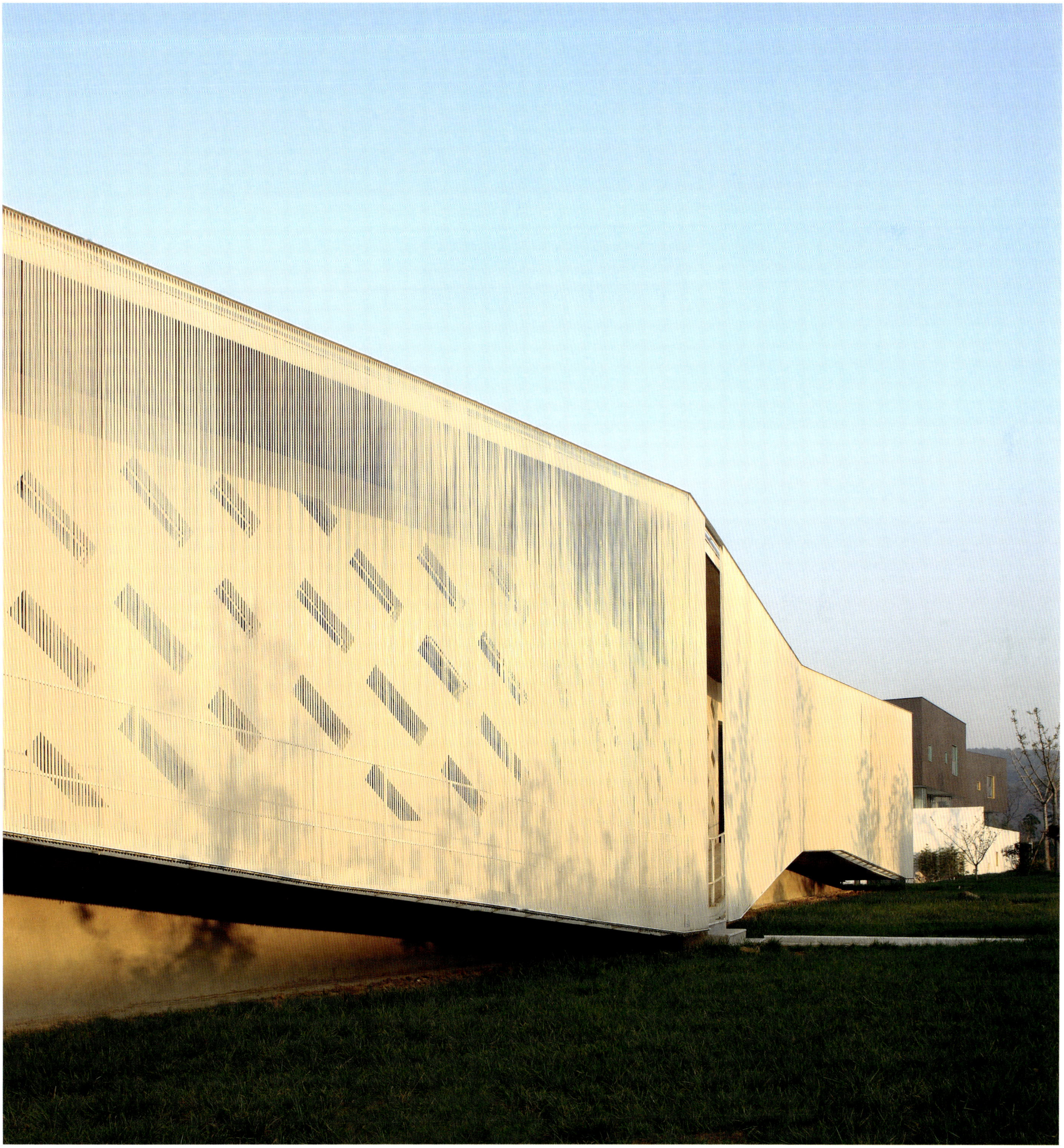

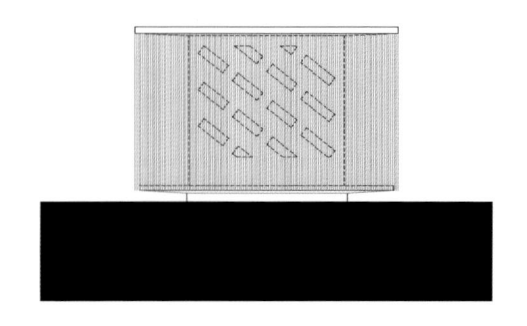

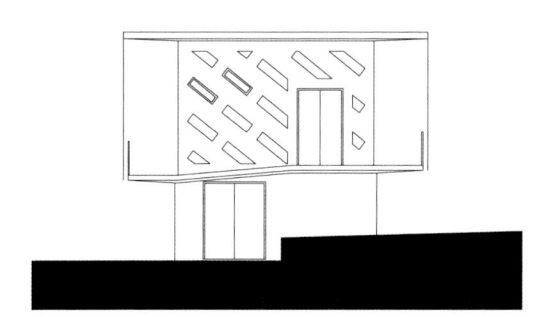

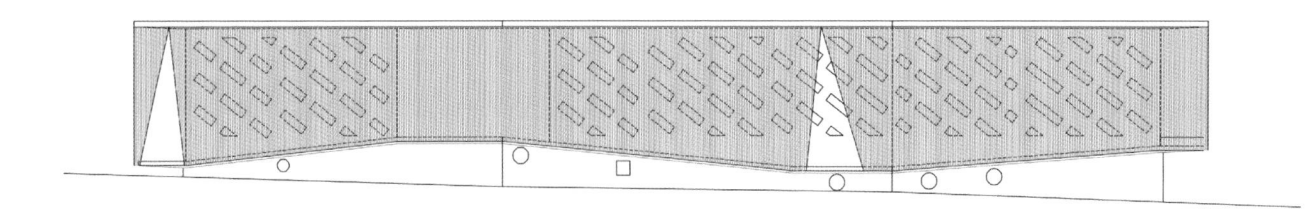

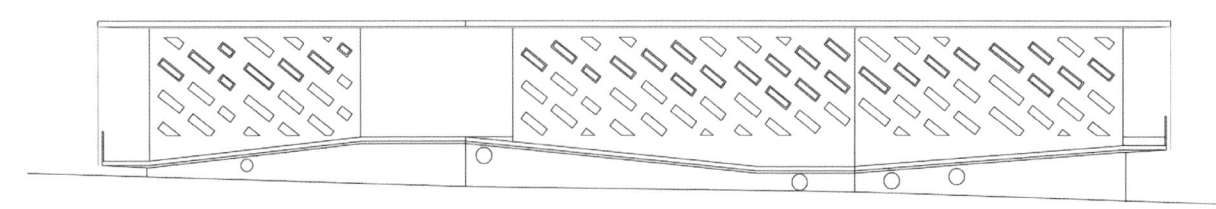

Elevations / Aufrisse
Élévations / Verhogingen
Prospetti / Alzados

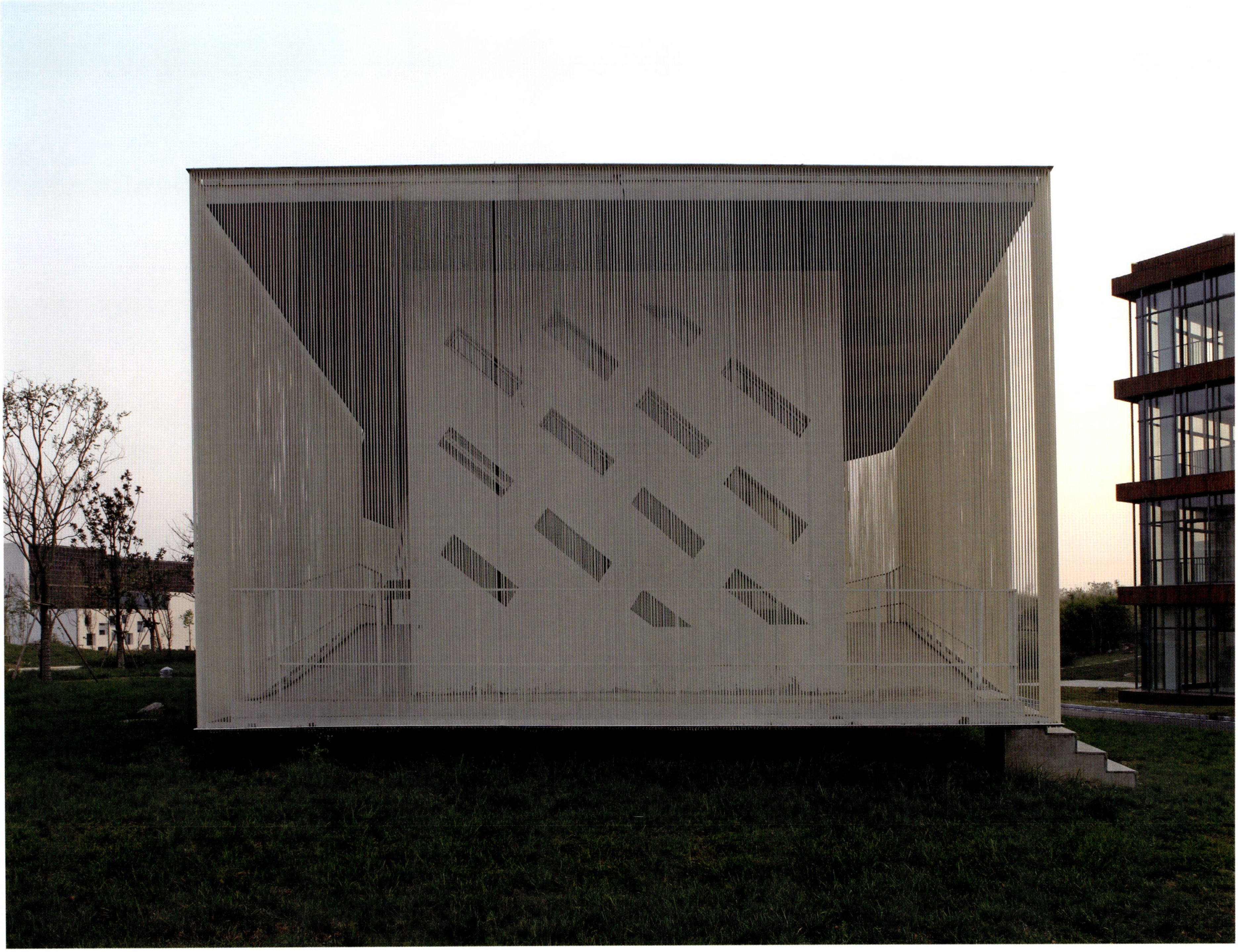

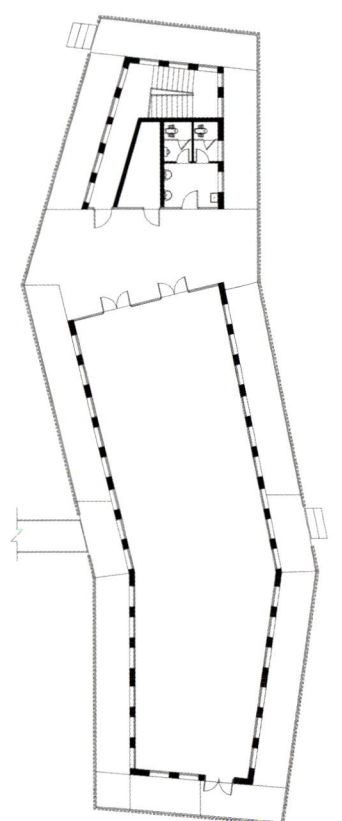

Floor plan / Geschossplan
Plan / Plattegrond
Pianta / Planta

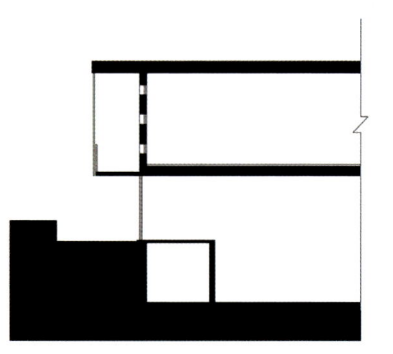

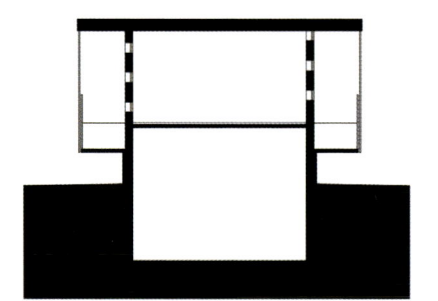

Sections / Schnitte
Coupes / Doorsneden
Sezioni / Secciones

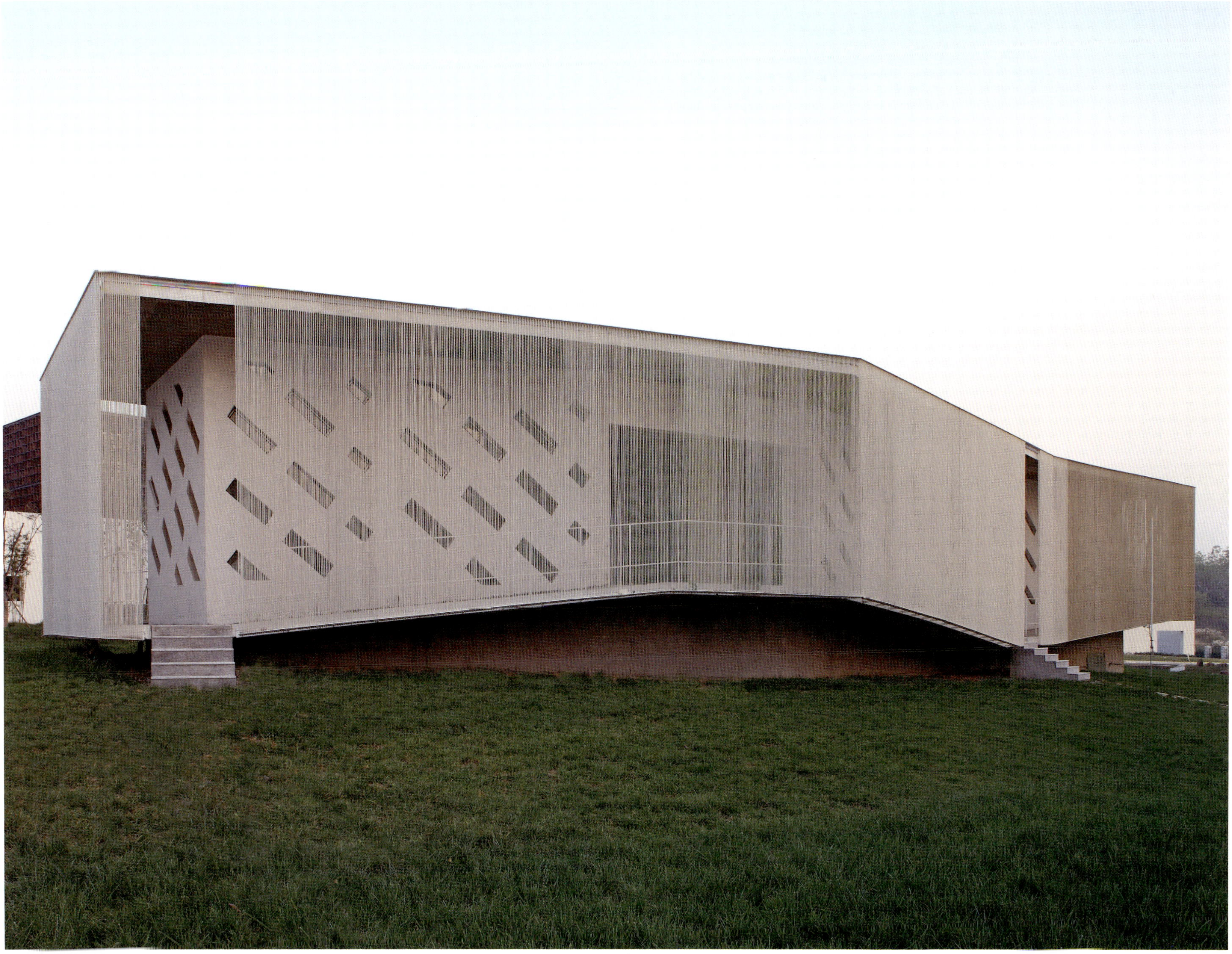

CLARKE QUAY REDEVELOPMENT

SMC Alsop
Singapore, Singapore
© Jeremy San

Teflon / Teflon / Téflon / Teflon / Teflon / Teflón

The renovation of the bank of the Singapore River has revitalized the area. In the modernization the area had to be protected from the extreme weather conditions with strong sun and heavy rainfall. Thus platforms and Teflon parasols were installed, which are illuminated at night and by day provide shade and create ventilation.

La rénovation des berges du fleuve qui traverse Singapour a permis la revitalisation économique du quartier. La modernisation passait par une mise à l'abri des passants dans cette ville où le soleil peut être virulent et où les pluies sont parfois violentes. C'est ce qui explique l'installation des plateformes et des ombrelles en téflon, qui font fonction de luminaires la nuit et apportent de l'ombre tout en facilitant la ventilation le jour.

La riqualificazione dalla riva del fiume Singapur ha dato nuova vita alla zona. Nell'opera di ammodernamento era necessario che l'area rimanesse protetta dal clima estremo del luogo, caratterizzato da un forte sole e da piogge intense. Per questo sono stati installati piattaforme e parasole in teflon, che si illuminano di notte mentre durante il giorno offrono ombra e favoriscono la ventilazione.

Die Umgestaltung der Uferlandschaft des Flusses hat die gesamte Gegend aufleben lassen. Bei der Modernisierung war zu berücksichtigen, dass das Gebiet vor den extremen örtlichen Klimabedingungen mit viel Sonne und starken Regenfällen geschützt werden musste. Zu diesem Zweck wurden Plattformen und Sonnendächer aus Teflon installiert, die abends beleuchtet werden und tagsüber Schatten spenden und die Belüftung verbessern.

De renovatie van de oever van de rivier de Singapore heeft nieuw leven in de buurt geblazen. Voor de modernisering was het noodzakelijk dat de zone werd beschermd tegen het extreme klimaat, met veel zon en hevige regenbuien. Daarom werden platforms en parasols van teflon geïnstalleerd die 's avonds worden verlicht en overdag voor schaduw zorgen en de ventilatie begunstigen.

La renovación de la ribera del río Singapur ha revitalizado la zona. En la modernización era necesario que el área quedara protegida del clima extremo del lugar, con fuerte sol e intensas lluvias. Para ello se instalaron plataformas y sombrillas de teflón, que se iluminan por la noche y de día proporcionan sombra y favorecen la ventilación.

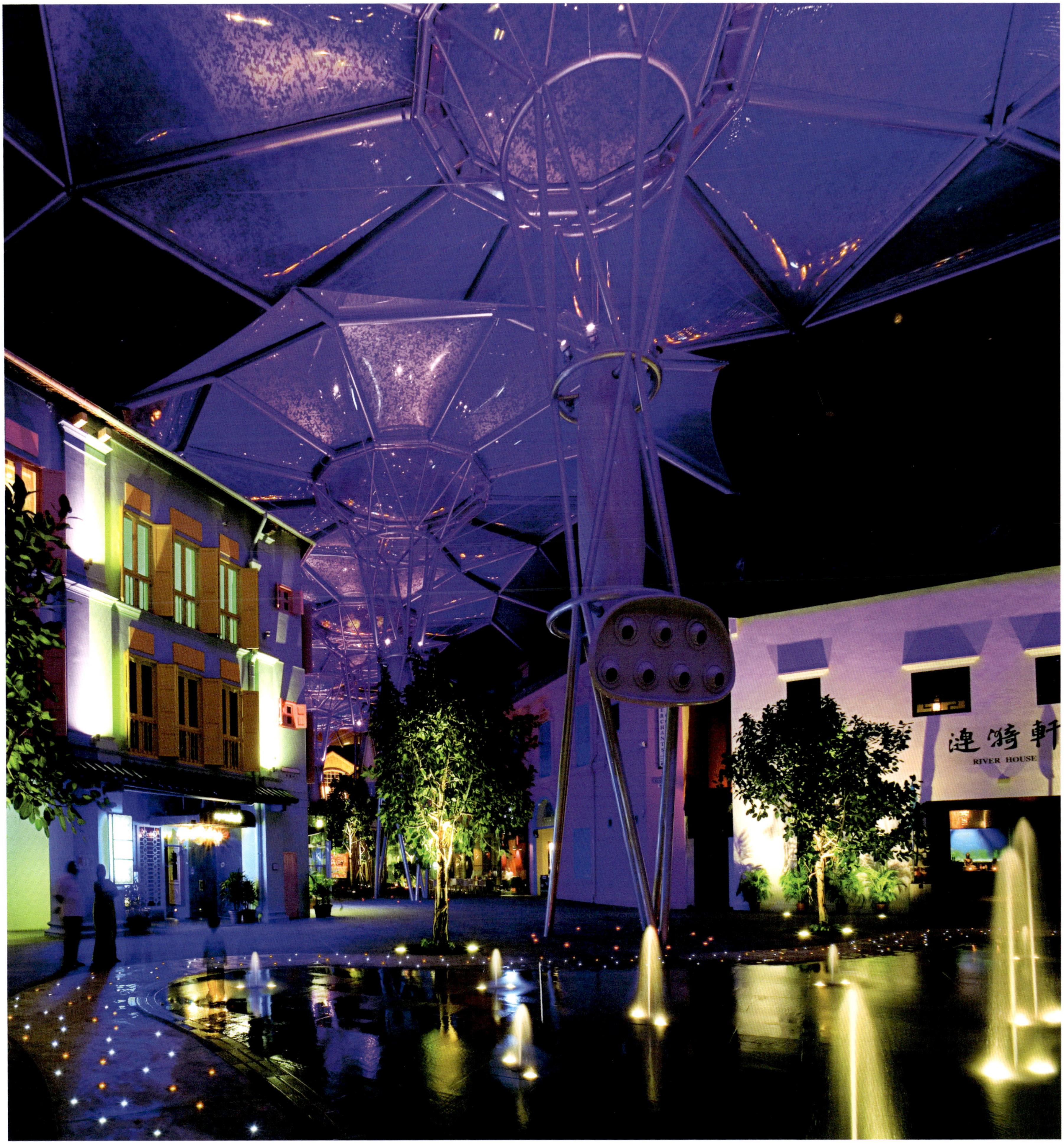
RIVER HOUSE

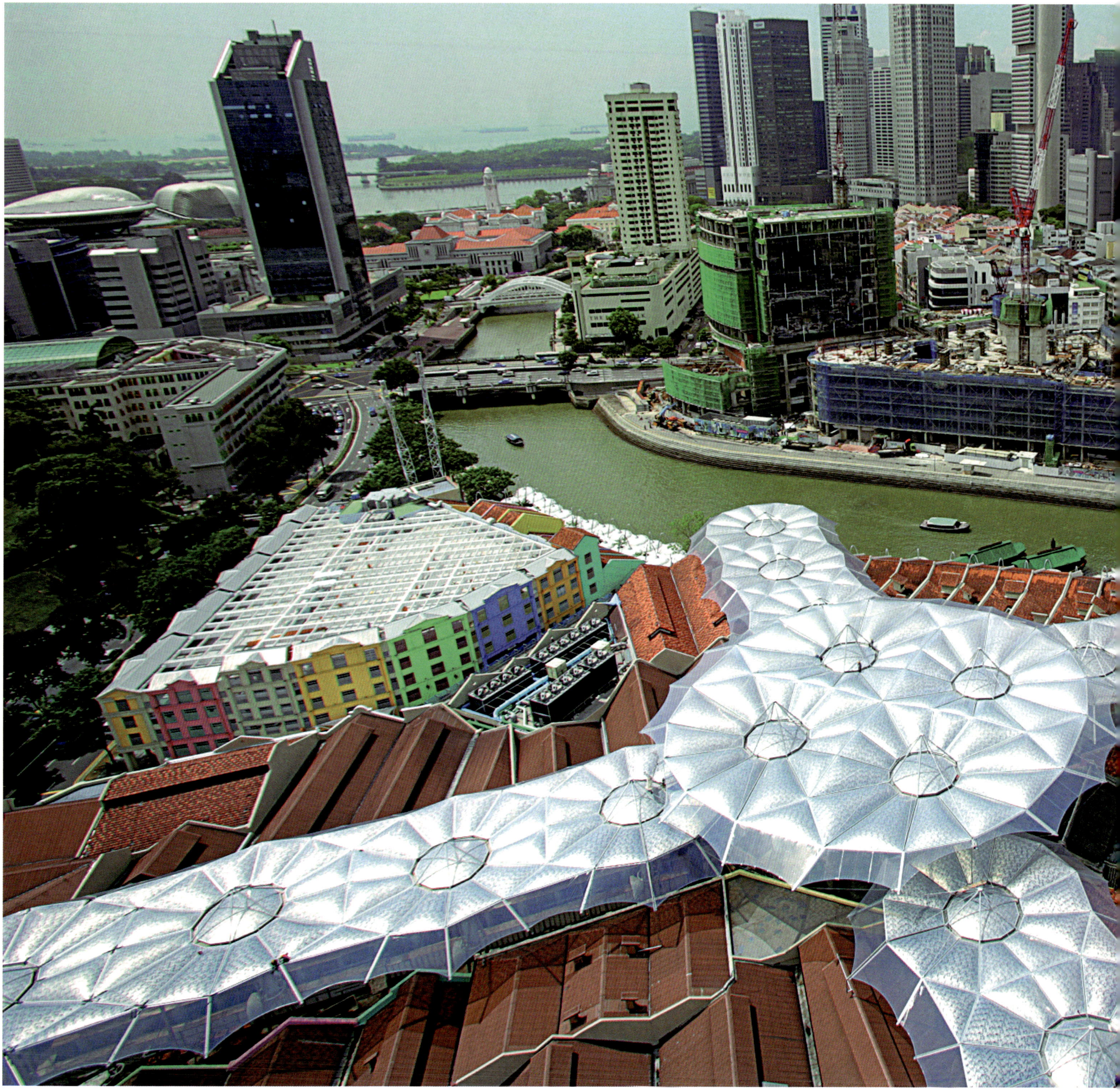

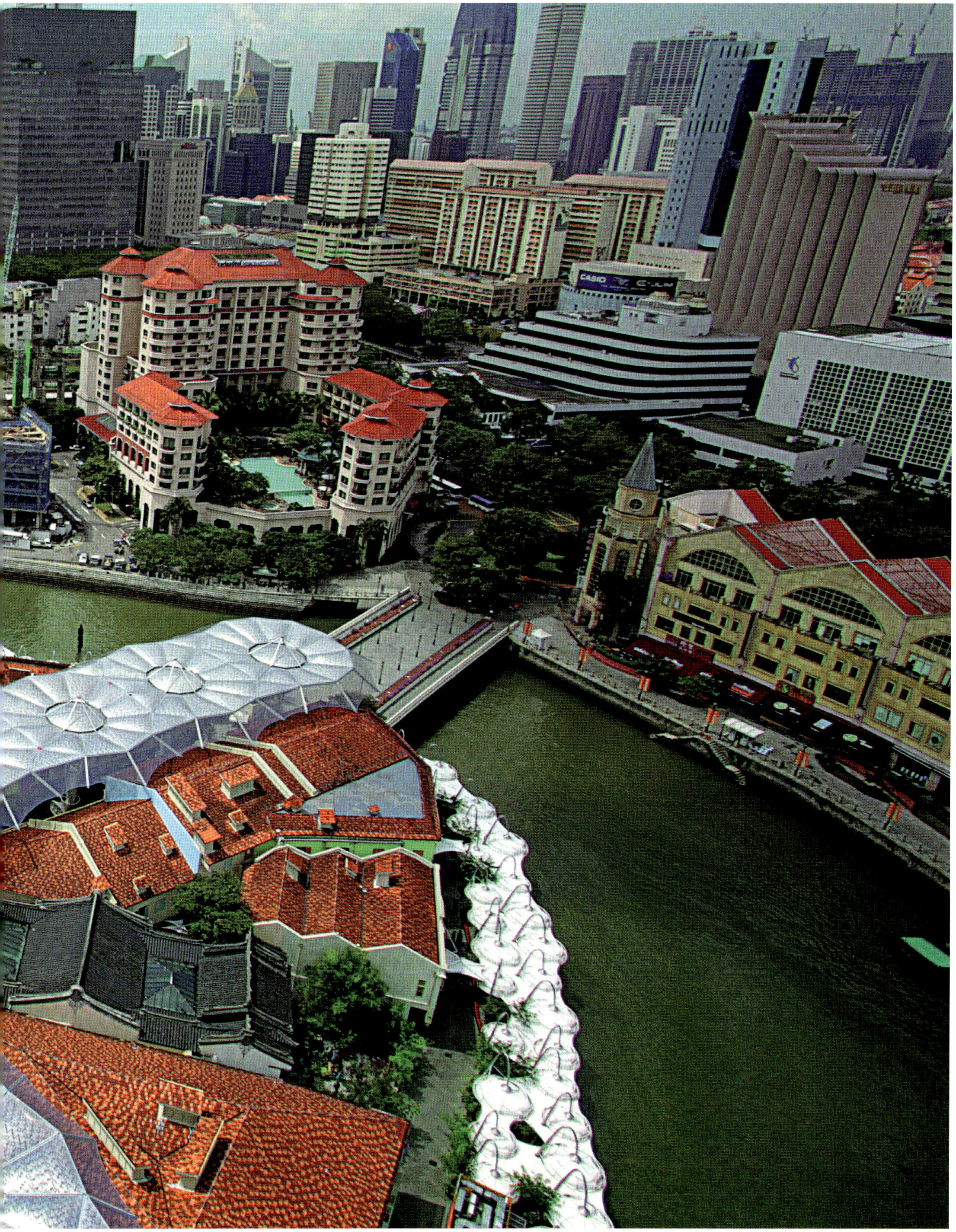
CASIO

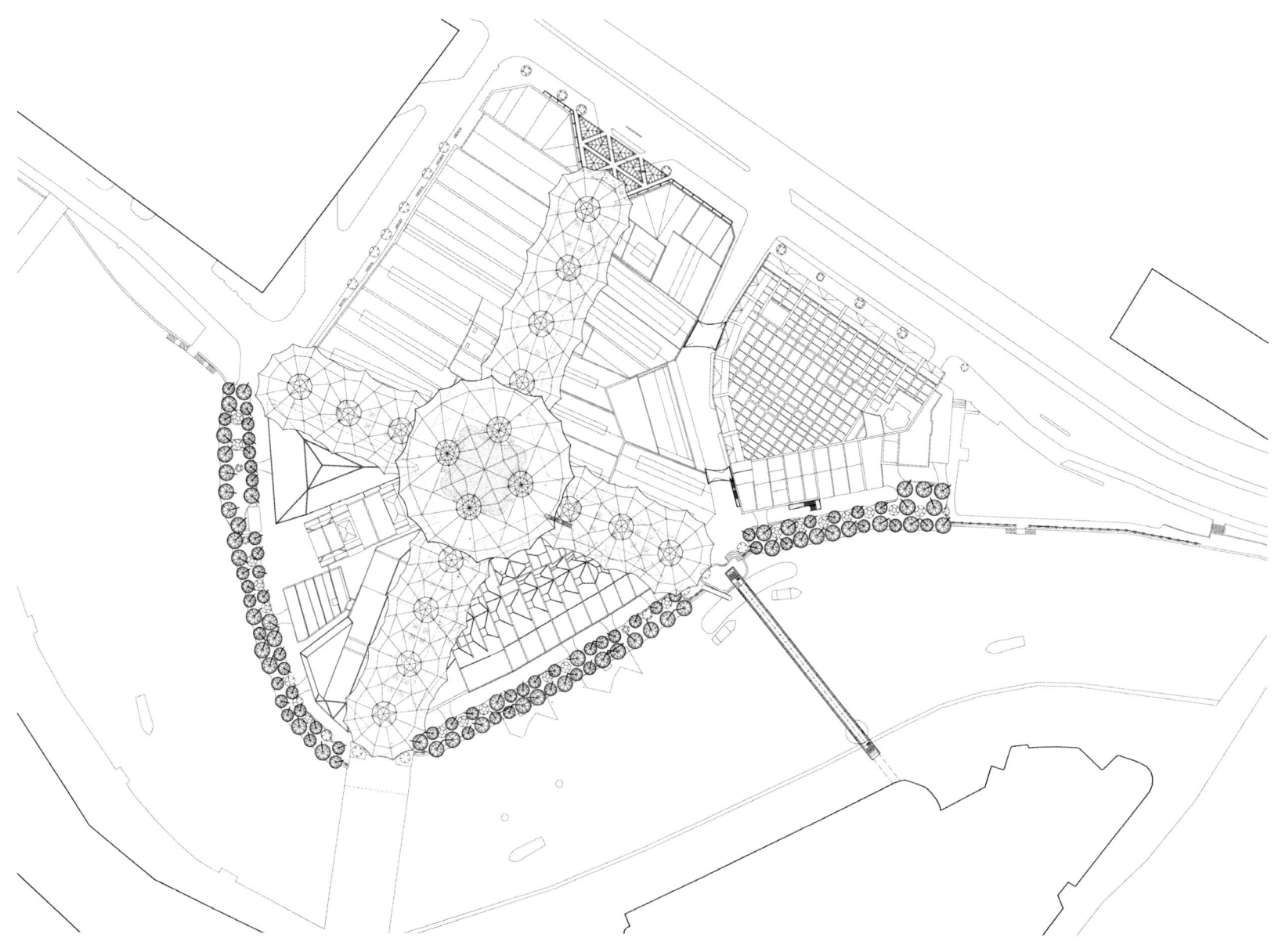

Location plan / Umgebungsplan
Plan de situation / Omgenigsplattegrond
Planimetria di localizzazione / Plano de situación

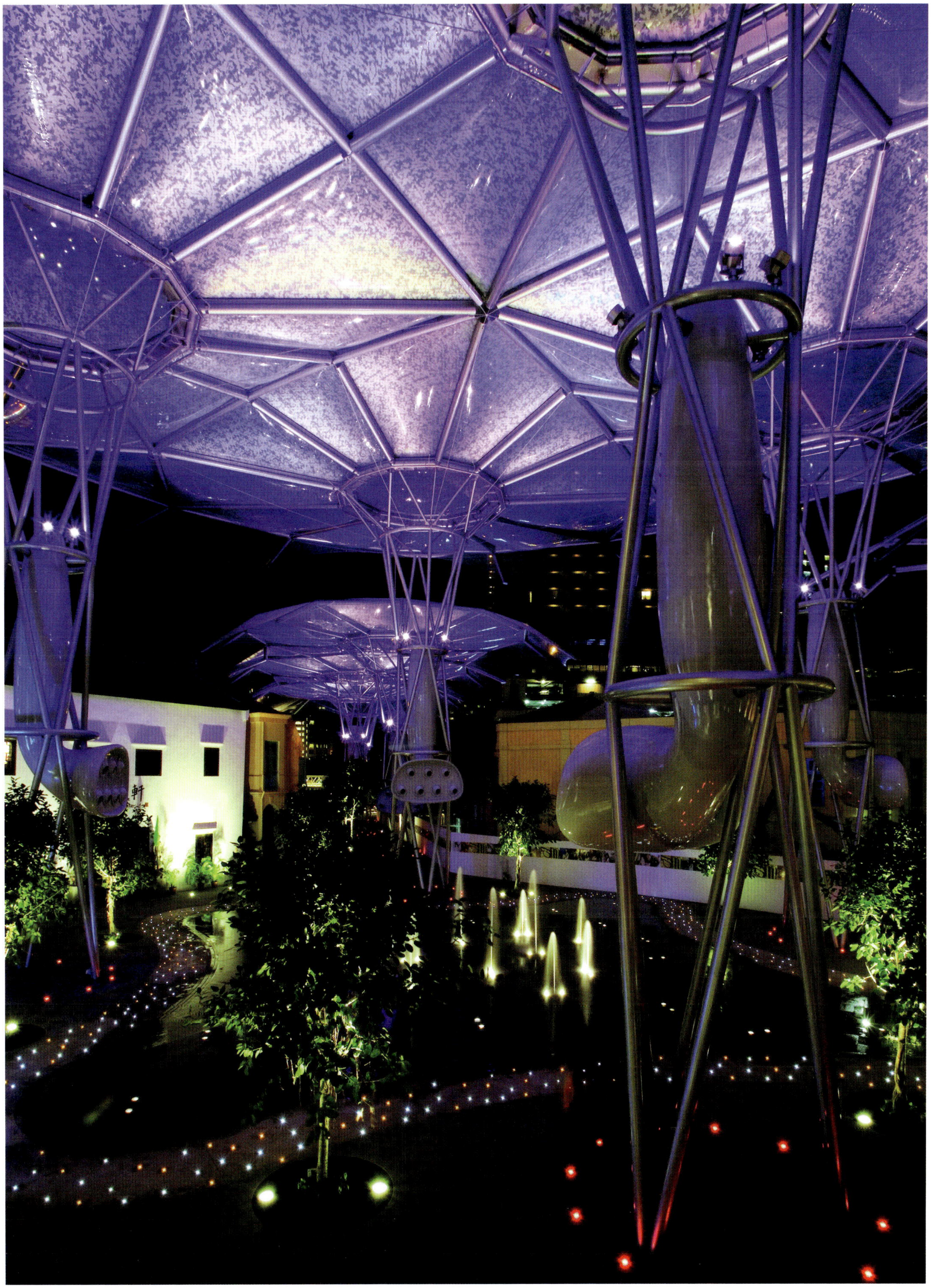

Sunshade details / Details der Sonnenschirme
Détail des parasols / Detail van de parasols
Dettaglio dei parasole / Detalle de los parasoles

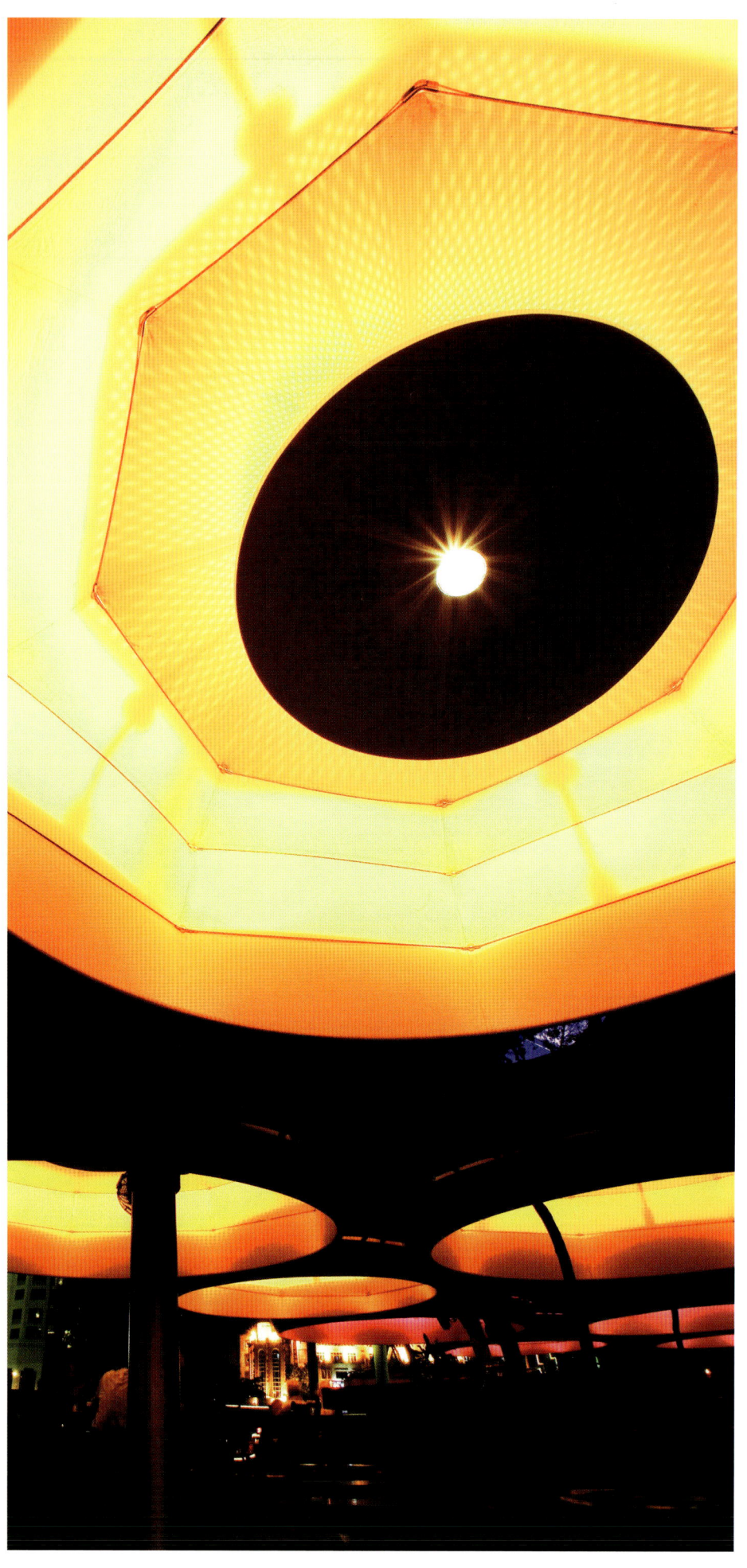

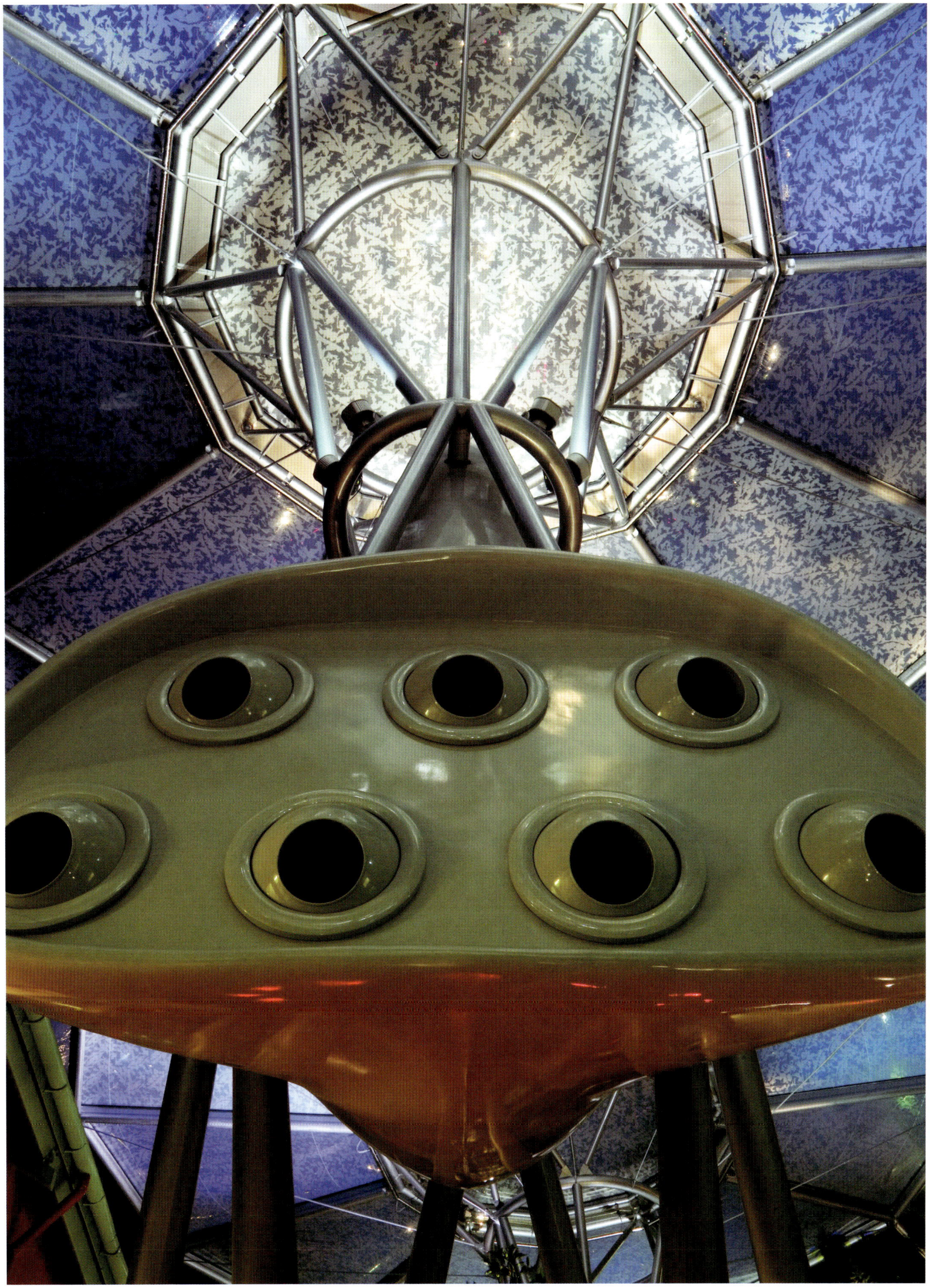

NORWAY PAVILION IN SHANGHAI EXPO 2010

Helen & Hard
Shanghai, China
© John E. Krøll, Patrick Wack

ETFE / ETFE / ETFE / ETFE / ETFE / ETFE

The Shanghai Expo has been the first to use the theme of sustainable urban development. The theme of the Norway pavilion is green infrastructure. One of the highlights is the materials used: wood, GluBam (laminated bamboo) and an ETFE textile cover, a synthetic material highly resistant to ultraviolet rays.

L'Exposition universelle de Shanghai a été la première à explorer la thématique du développement urbain soutenable. Le pavillon de la Norvège peut se lire comme un essai sur les infrastructures écologiques. Il est remarquable par les matériaux utilisés : bois, GluBam (bambou laminé) et toiture textile en EFTE, un synthétique offrant une grande résistance aux ultraviolets.

La Expo di Shanghai è stata la prima a fare riferimento al concetto di sviluppo urbano sostenibile. Il tema del padiglione della Norvegia riguarda le infrastrutture ecologiche. Uno degli aspetti di maggiore rilievo è rappresentato dai materiali: legno, GluBam (bambù lamellare incollato) e uno strato di tessuto a base di EFTE, materiale sintetico altamente resistente ai raggi ultravioletti.

Die Expo Shanghai war die erste Weltausstellung, die dem Leitbild der nachhaltigen Stadtentwicklung folgte. Der norwegische Pavillon beschäftigte sich mit dem Thema „Ökologische Infrastrukturen". Besonders hervorzuheben sind die verwendeten Materialien: Holz, GluBam (laminierter Bambus) und ein Textildach aus ETFE, einem synthetischen Material, das äußerst widerstandsfähig gegen die UV-Strahlung ist.

De Shanghai Expo was de eerste wereldtentoonstelling waar het motto duurzame stedelijke ontwikkeling werd gebruikt. Het thema van het paviljoen van Noorwegen is milieuvriendelijke infrastructuren. Opmerkelijke aspecten zijn o.a. de materialen: hout, GluBam (gelamineerd bamboe) en een afdekking van EFTE-folie, een synthetisch materiaal dat zeer bestendig is tegen ultraviolette stralen.

La Expo de Shanghái ha sido la primera en utilizar el lema del desarrollo urbano sostenible. El tema del pabellón de Noruega trata las infraestructuras ecológicas. Uno de los aspectos destacables son los materiales: madera, GluBam (bambú laminado) y una cubierta textil de EFTE, un material sintético de gran resistencia a los rayos UV.

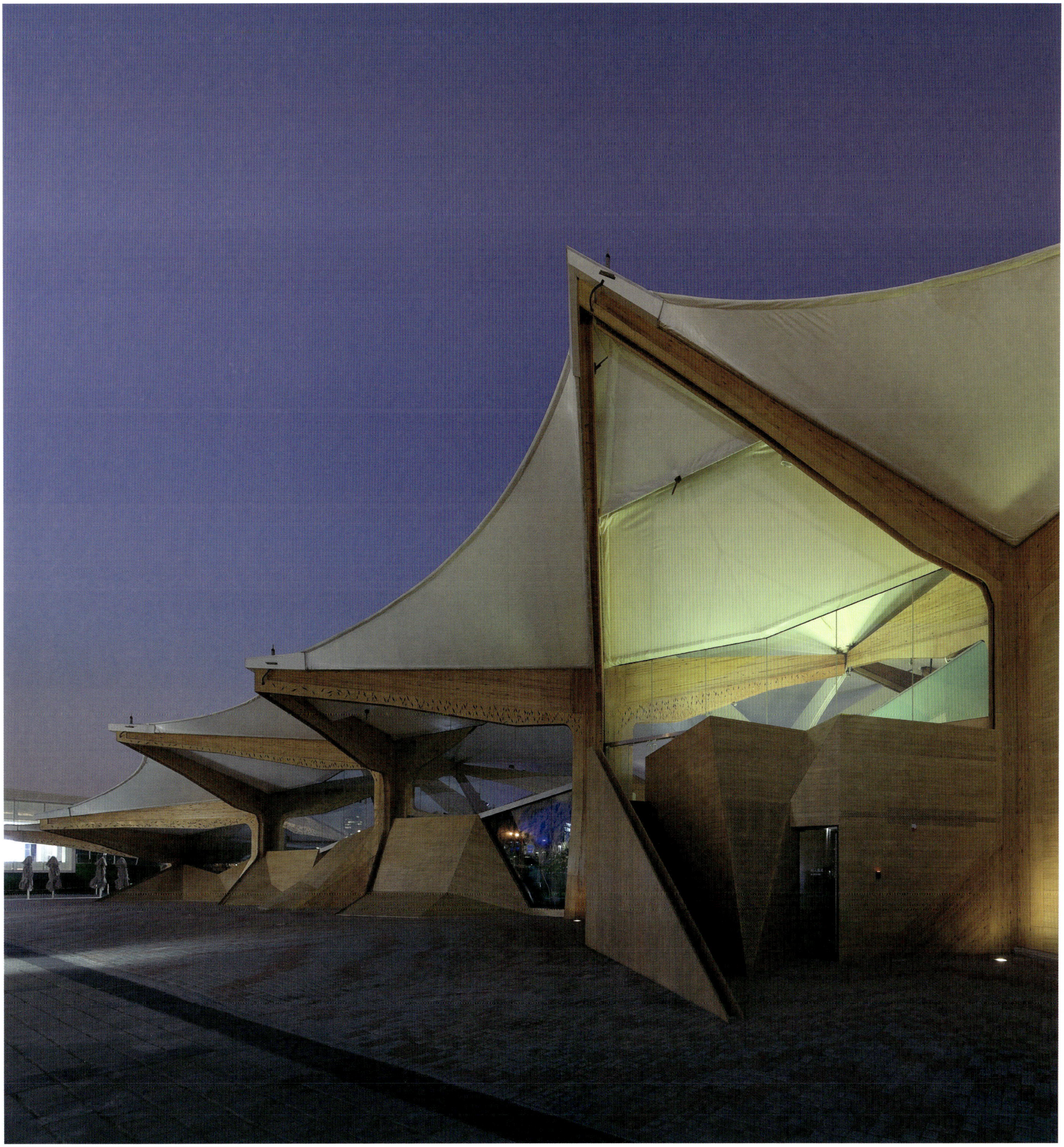

Expanded axonometrics / Ausgedehnte Axometrie
Axonométrie étendue / Geëxpandeerde axonometrie
Assonometria esplosa / Axonometría expandida

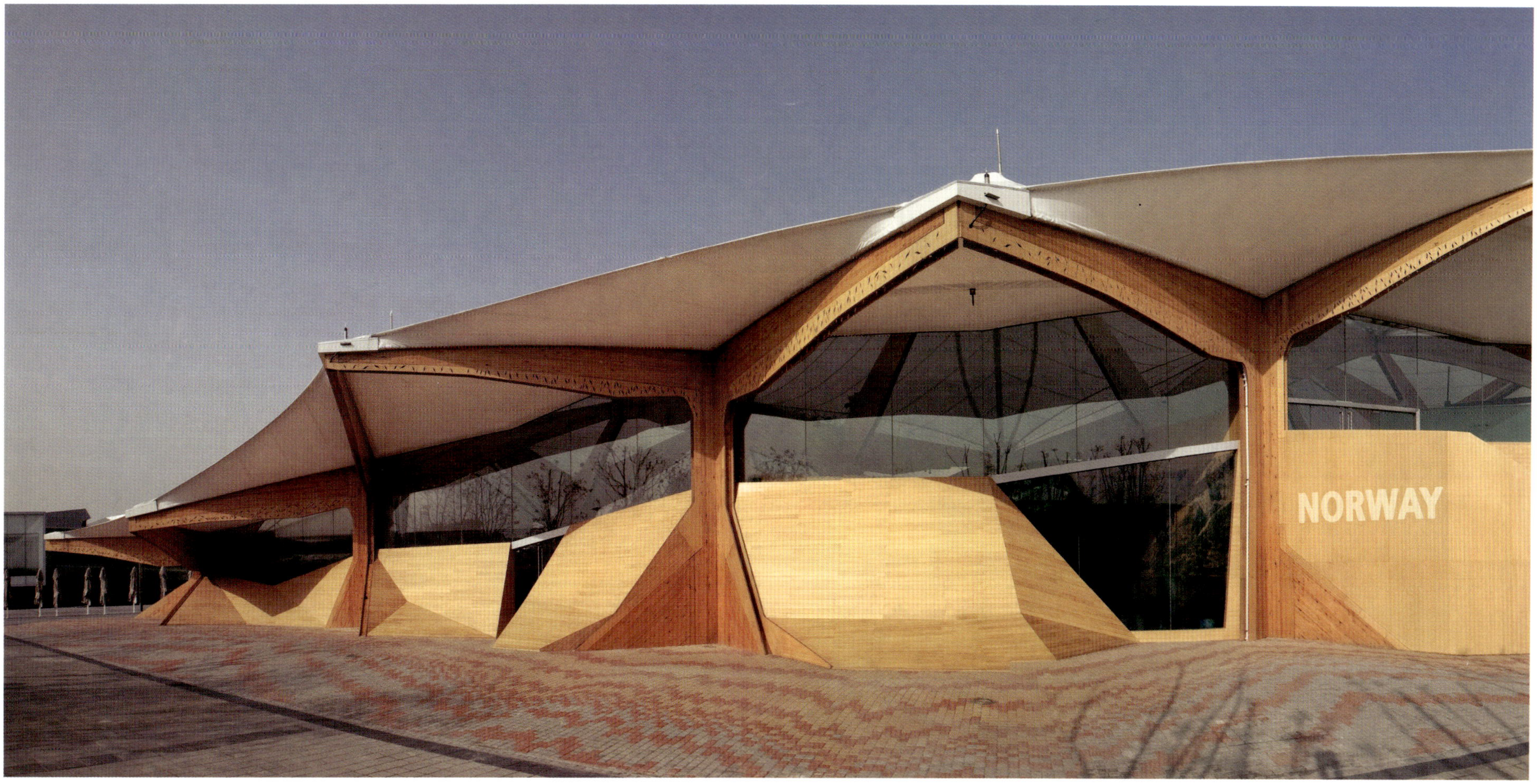
NORWAY

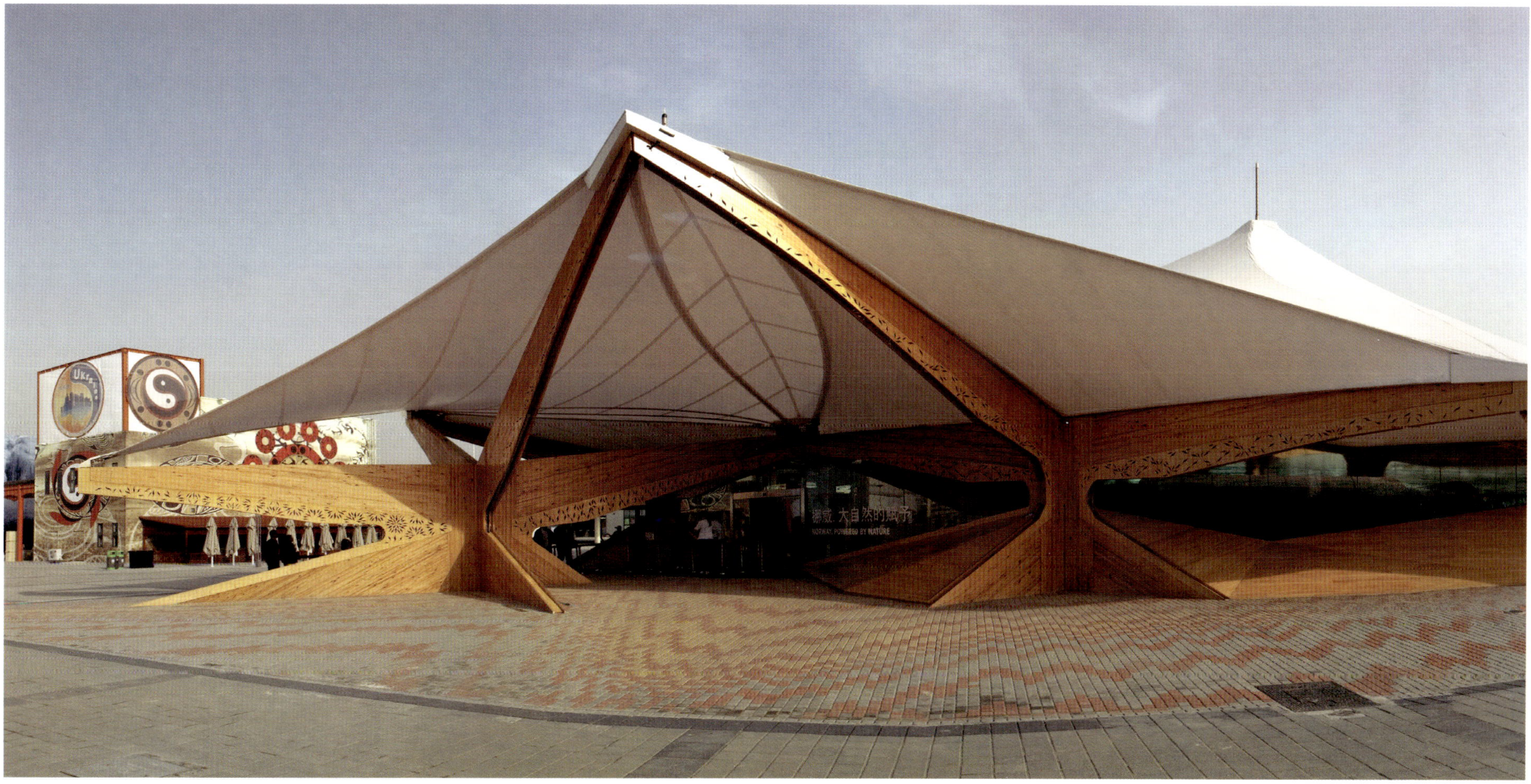

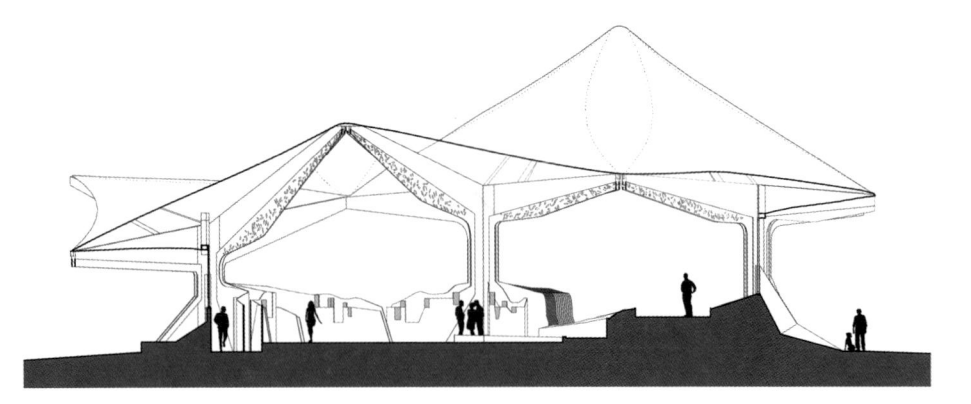

Cross section / Querschnitt
Coupe transversale / Dwarsdoorsnede
Sezione trasversale / Sección transversal

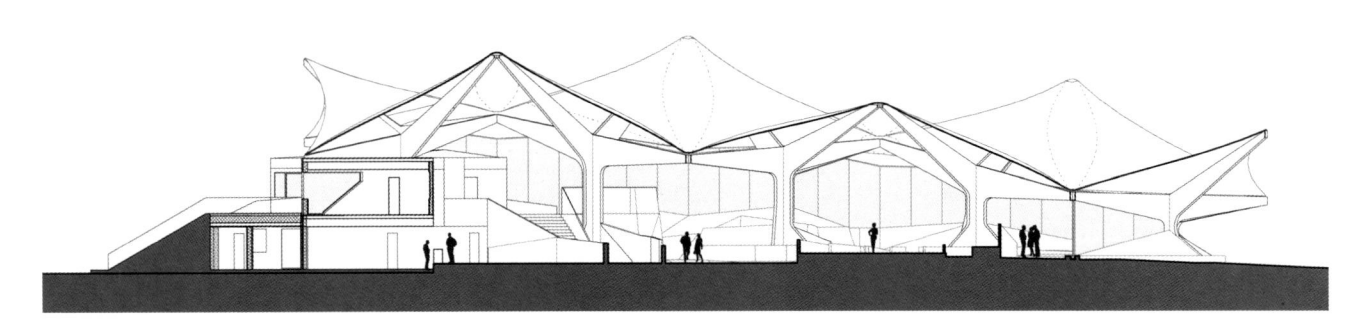

Longitudinal section / Längsschnitt
Coupe longitudinale / Lengtedoorsnede
Sezione longitudinale / Sección longitudinal

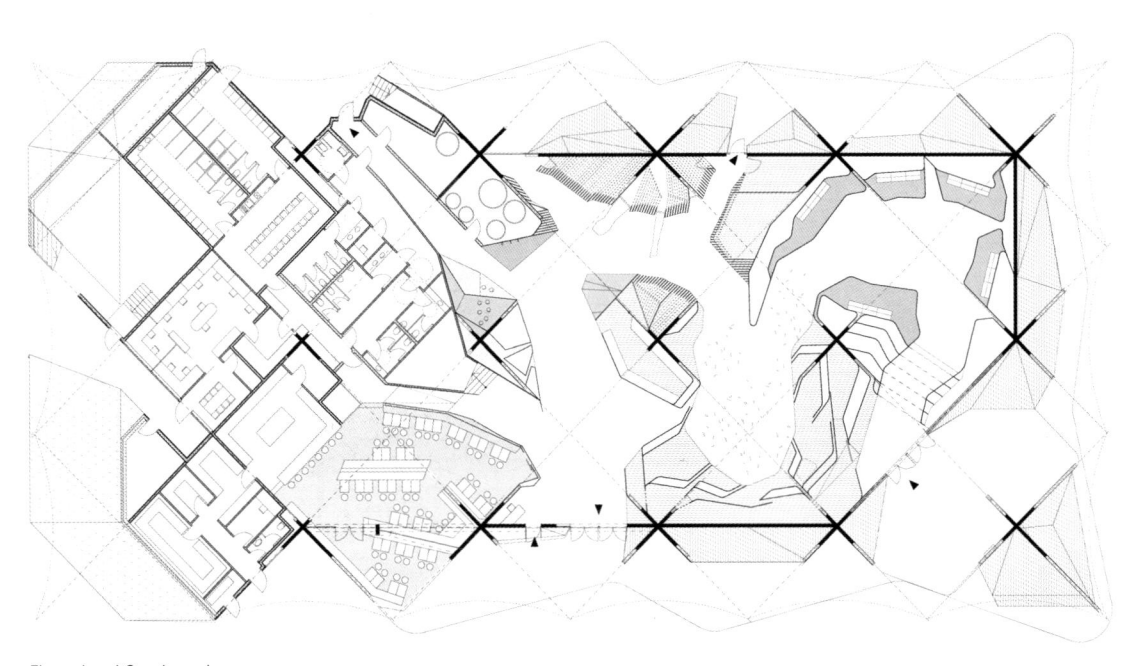

Floor plan / Geschossplan
Plan / Plattegrond
Pianta / Planta

529

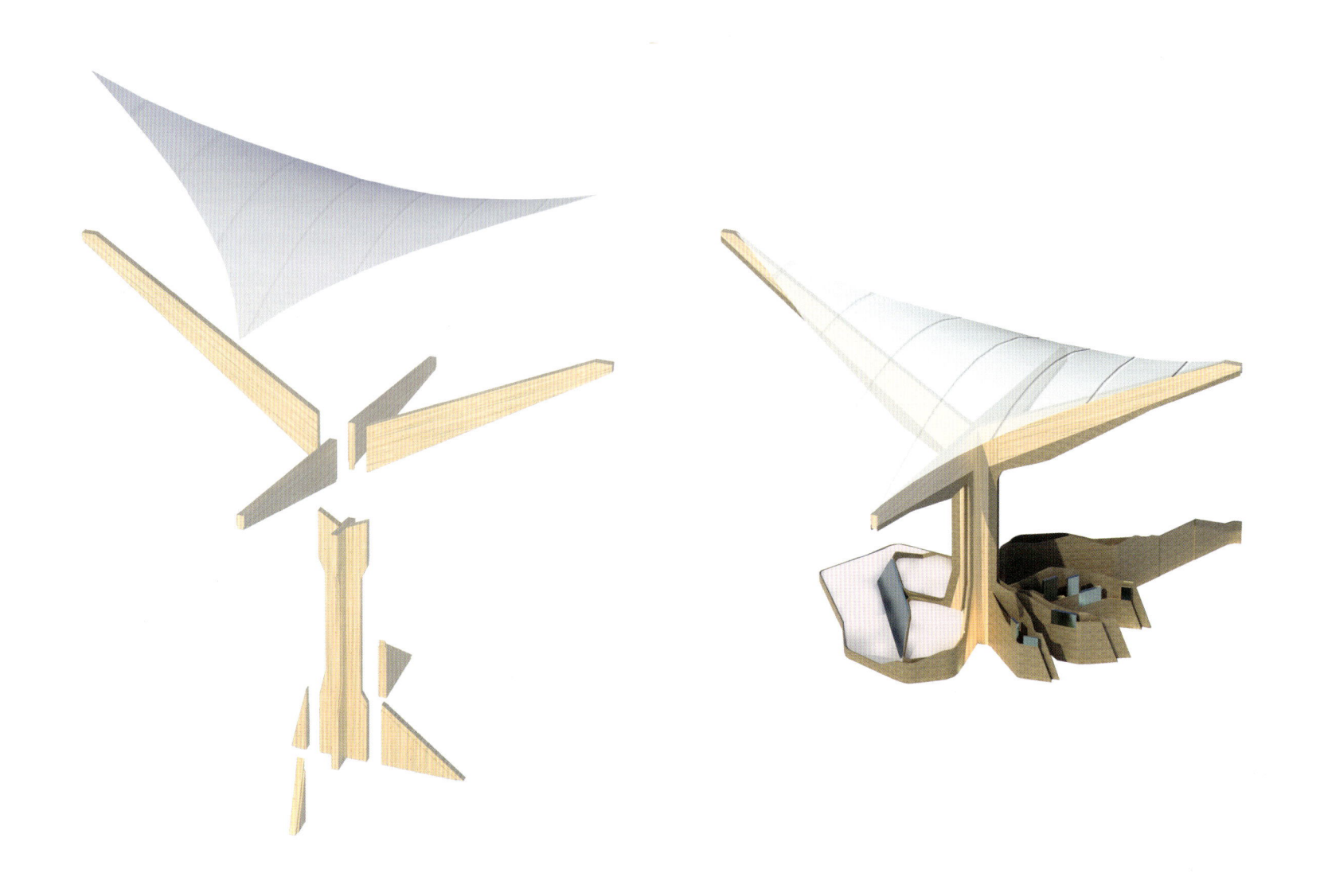

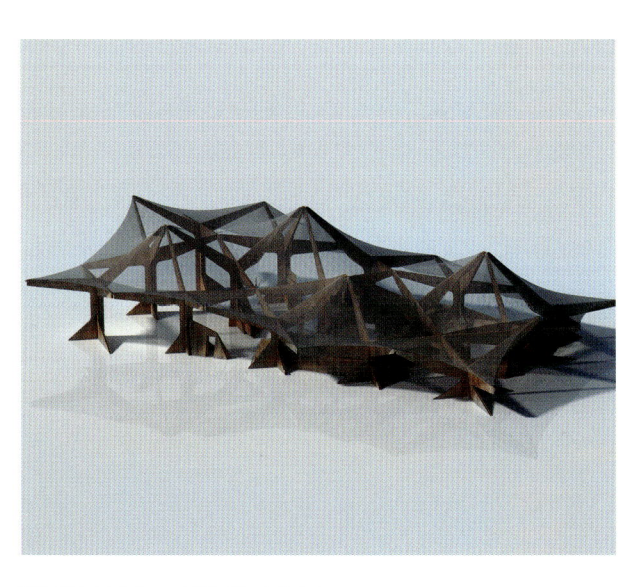

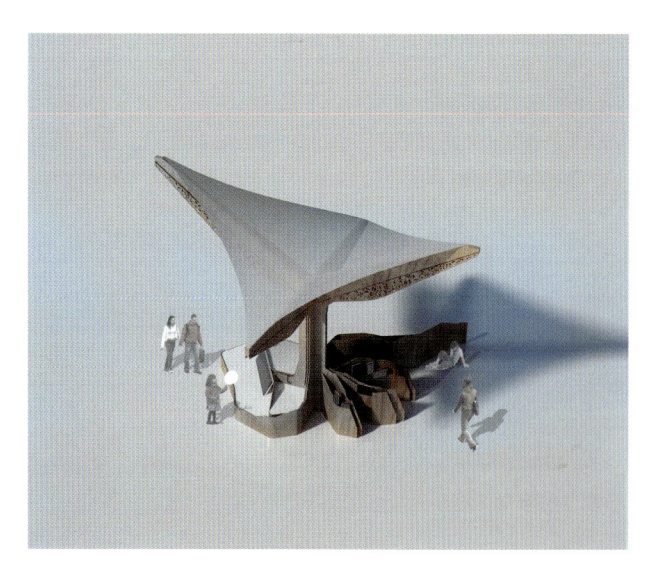

3-D representations / 3D - Darstellungen
Représentations en 3D / 3D-representaties
Rappresentazioni in 3D / Representaciones en 3D

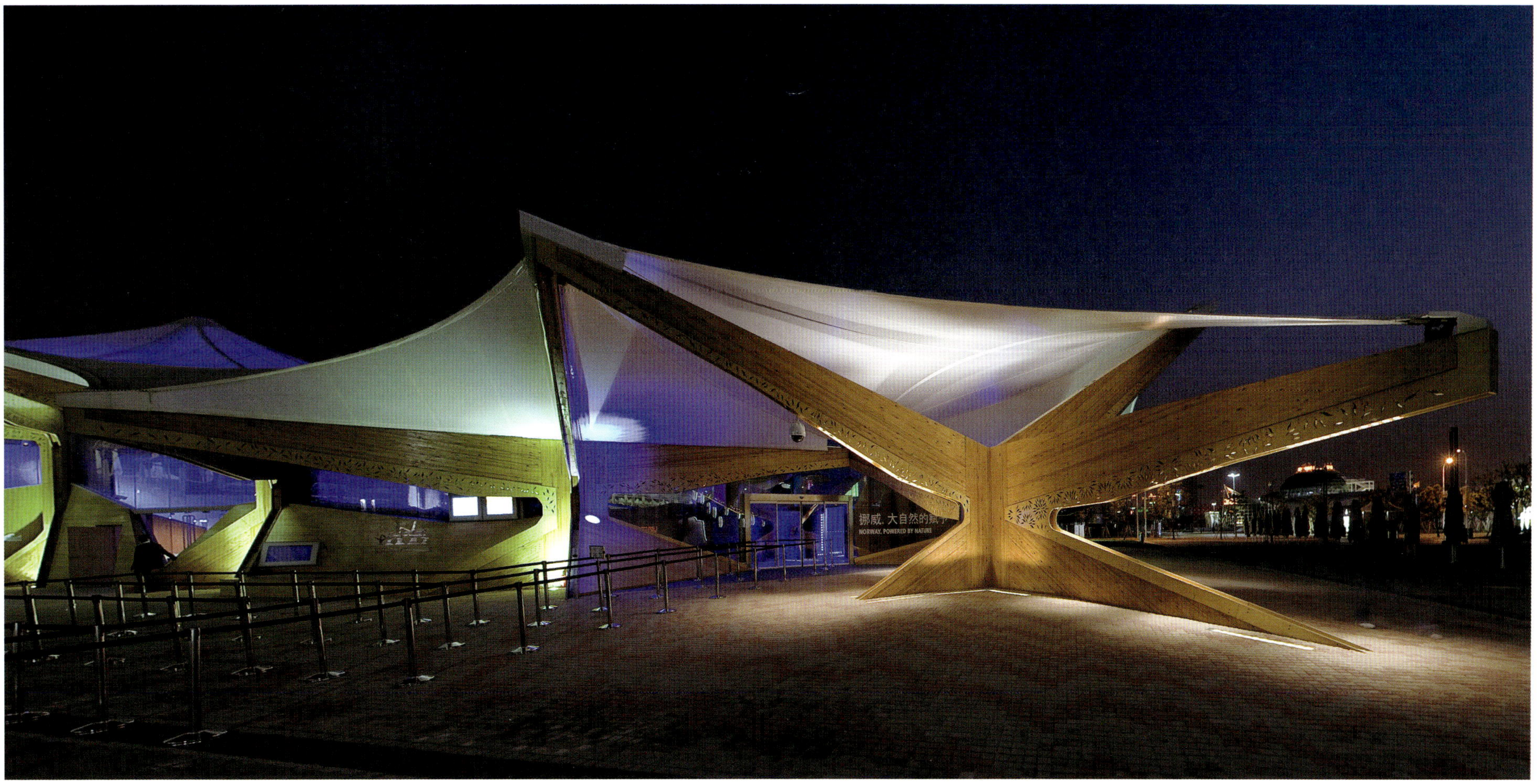
挪威. 大自然的
NORWAY. POWERED BY NATURE

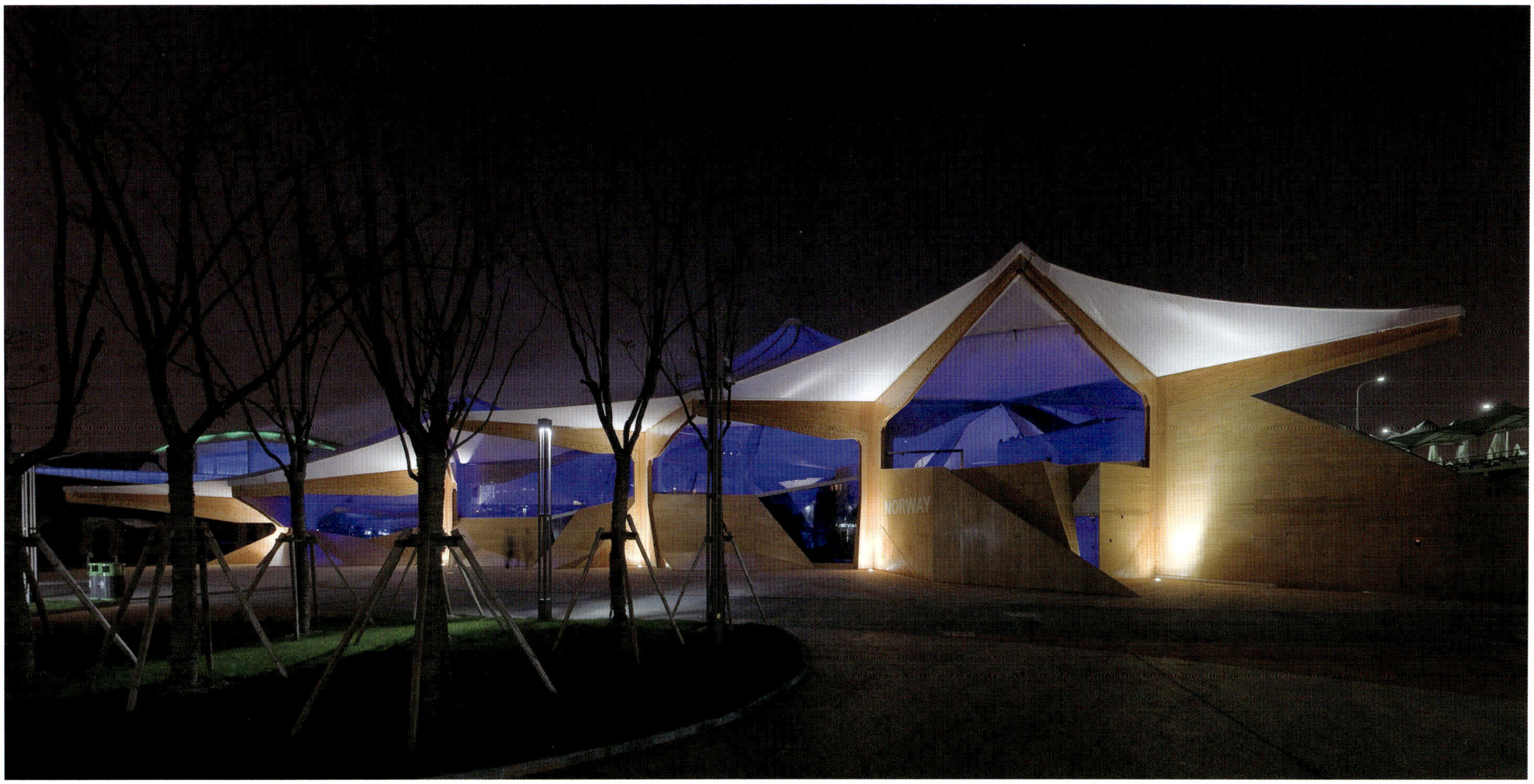
NORWAY

FEYEN RESIDENCE

Crepain Binst Architecture
Sint-Piers-Leeuw, Belgium
© Ludo Noël

Polycarbonate / Polycarbonat / Polycarbonate
Polycarbonaat / Policarbonato / Policarbonato

The living room of this home features a central cube-shaped volume housing the kitchen and workspace. The walls of this volume are made with opalescent polycarbonate sheets, a plastic material increasingly used in architecture, illuminated by fluorescent lights. At night, the volume looks like a big cube of ice.

La cuisine et l'espace de travail sont au cœur de ce logement dans un volume central en forme de cube. Ses murs sont en feuilles de polycarbonate opalescent, un matériau plastique de plus en plus sollicité en architecture. Les cloisons sont éclairées par des lumières fluorescentes. De nuit, on dirait un énorme glaçon.

Il salotto di questa abitazione comprende un volume centrale a forma di cubo in cui troviamo la cucina e lo spazio di lavoro. Le pareti di questo volume sono realizzate con lastre in policarbonato opalescente, un materiale plastico sempre più impiegato in architettura, illuminato da luci fluorescenti. Nelle ore notturne il volume appare come un grande cubo di ghiaccio.

Das Wohnzimmer dieses Zuhauses umfasst einen zentralen würfelförmigen Baukörper, in dem sich die Küche und ein Arbeitsbereich befinden. Die Wände des Würfels wurden aus Platten aus opalisierendem Polycarbonat gefertigt, einem in der Architektur immer häufiger verwendeten Kunststoff, der in diesem Fall mithilfe von fluoreszierenden Lampen beleuchtet wird. Nachts wirkt dieses Element wie ein riesiger Eiswürfel.

De living van deze woning bevat een kubusvormig middendeel waar zich de keuken en de werkruimte bevinden. De wanden van dit gedeelte zijn gemaakt van opalen polycarbonaatplaten, een in de architectuur steeds vaker gebruikt plastisch materiaal, en wordt verlicht met fluorescerende lampen. 's Avonds lijkt het een grote ijskubus.

El salón de esta vivienda alberga un volumen central en forma de cubo donde se sitúan la cocina y el espacio de trabajo. Las paredes de este volumen están hechas con láminas de policarbonato opalescente, un material plástico cada vez más utilizado en arquitectura, iluminado por luces fluorescentes. Por la noche el volumen parece un gran cubo de hielo.

533

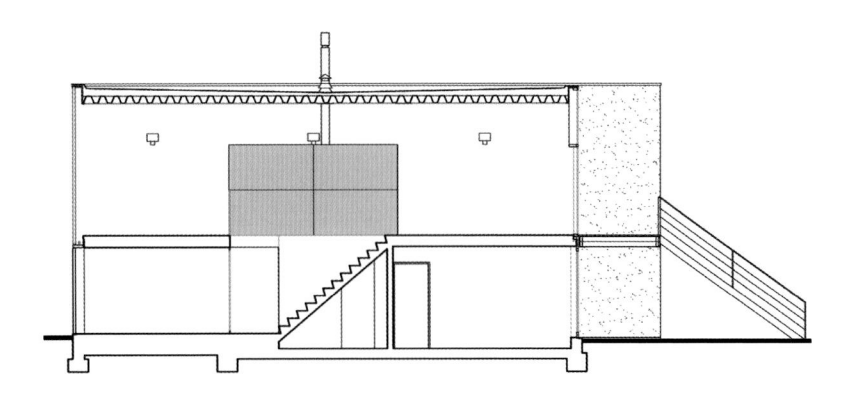

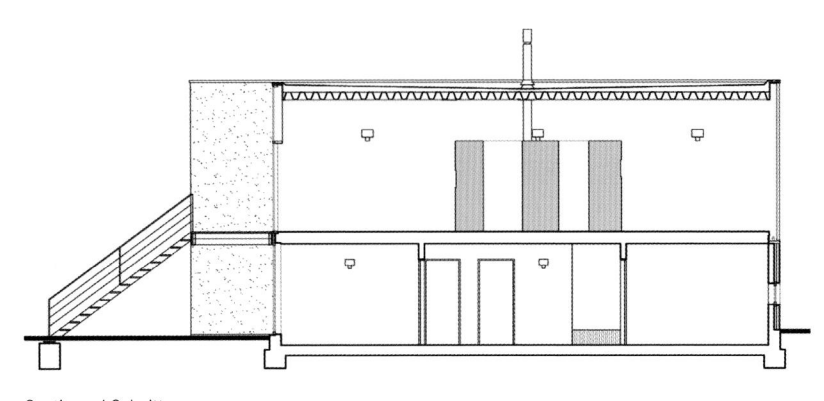

Sections / Schnitte
Coupes / Doorsneden
Sezioni / Secciones

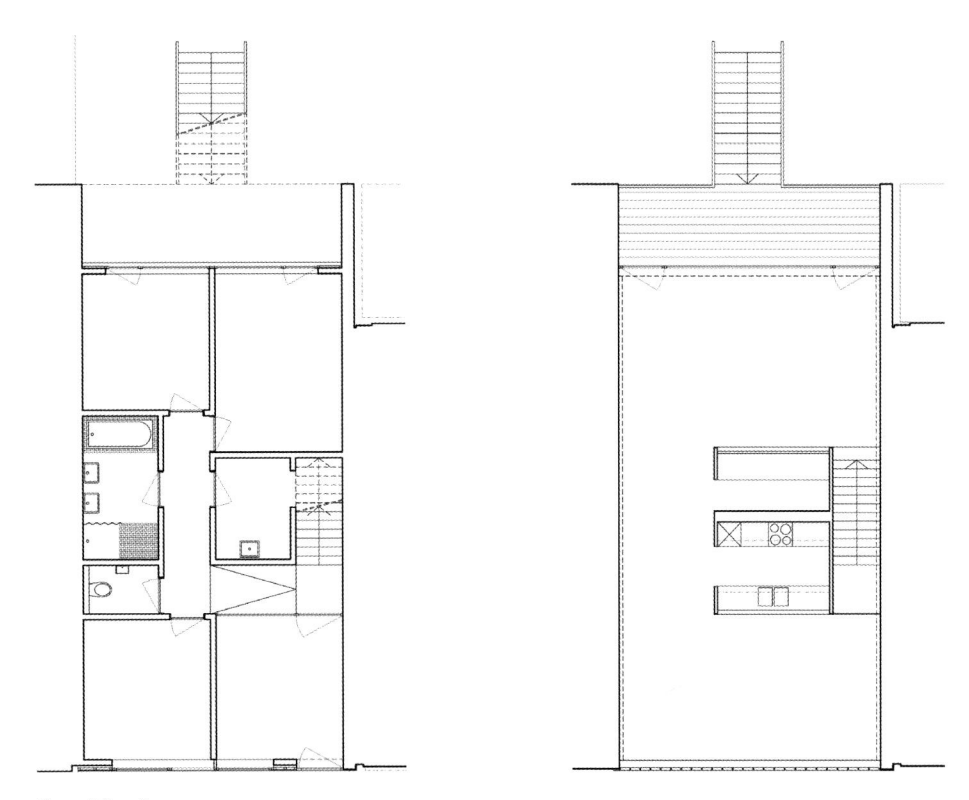

Plans / Grundisse
Plans / Plattegronden
Piante / Plantas

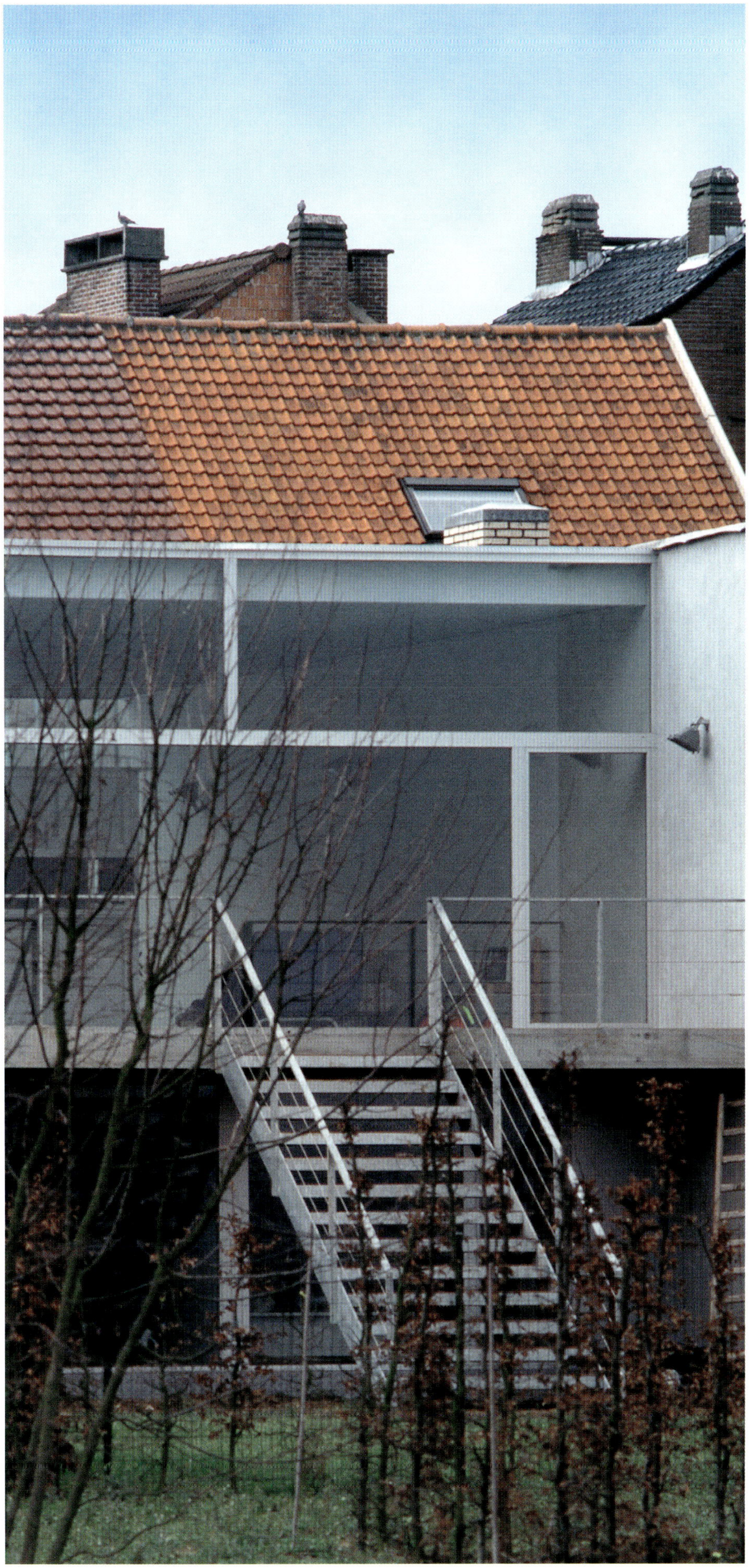

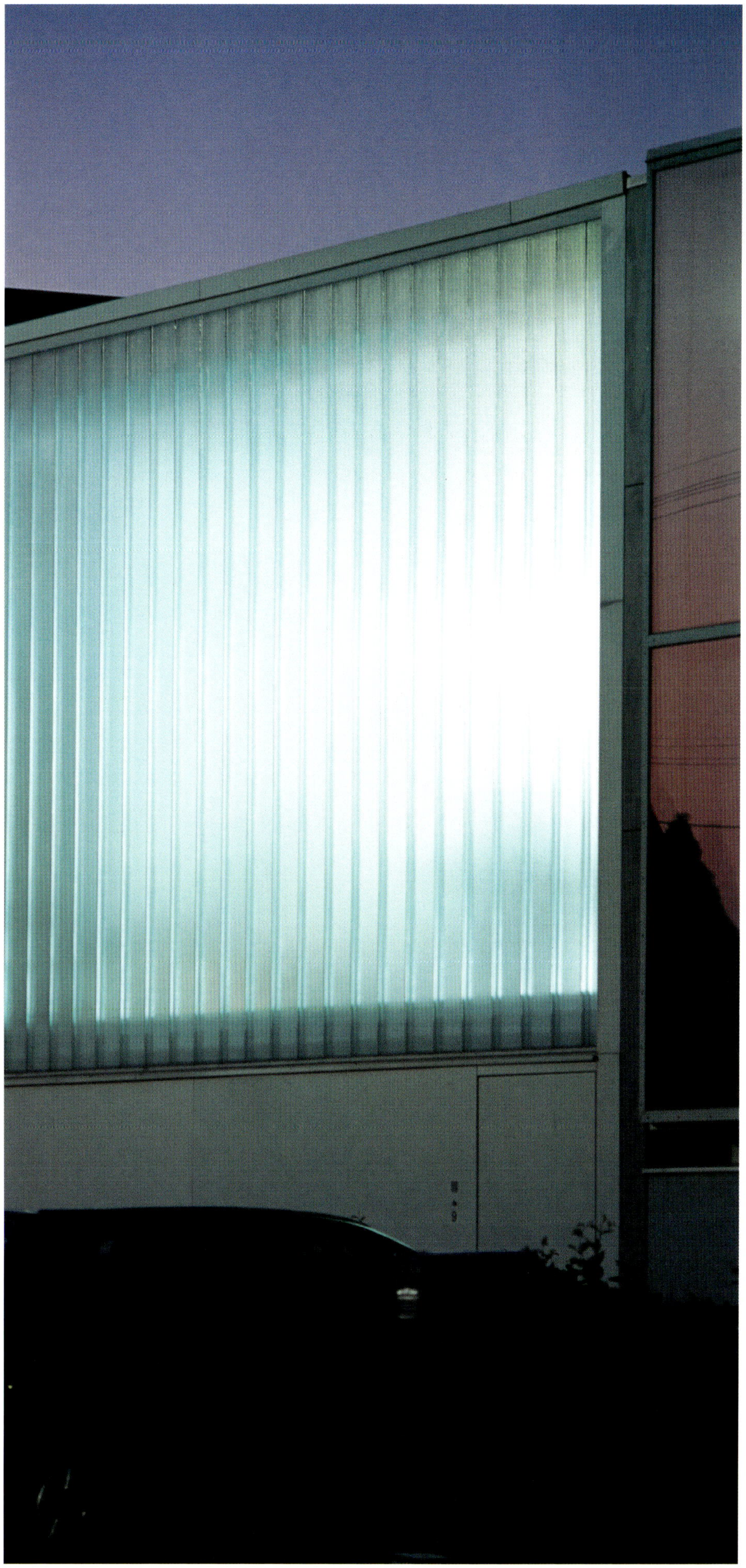

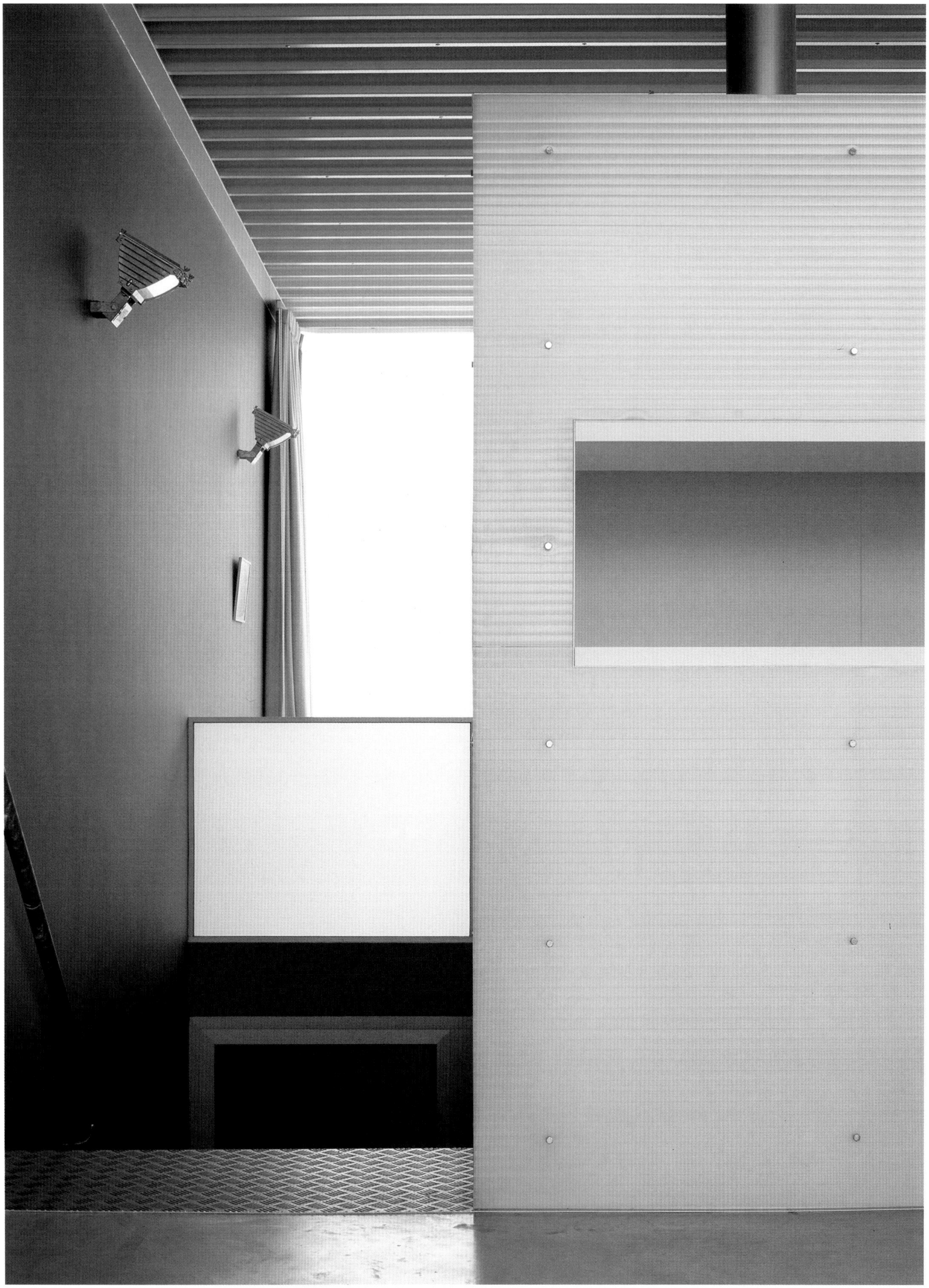

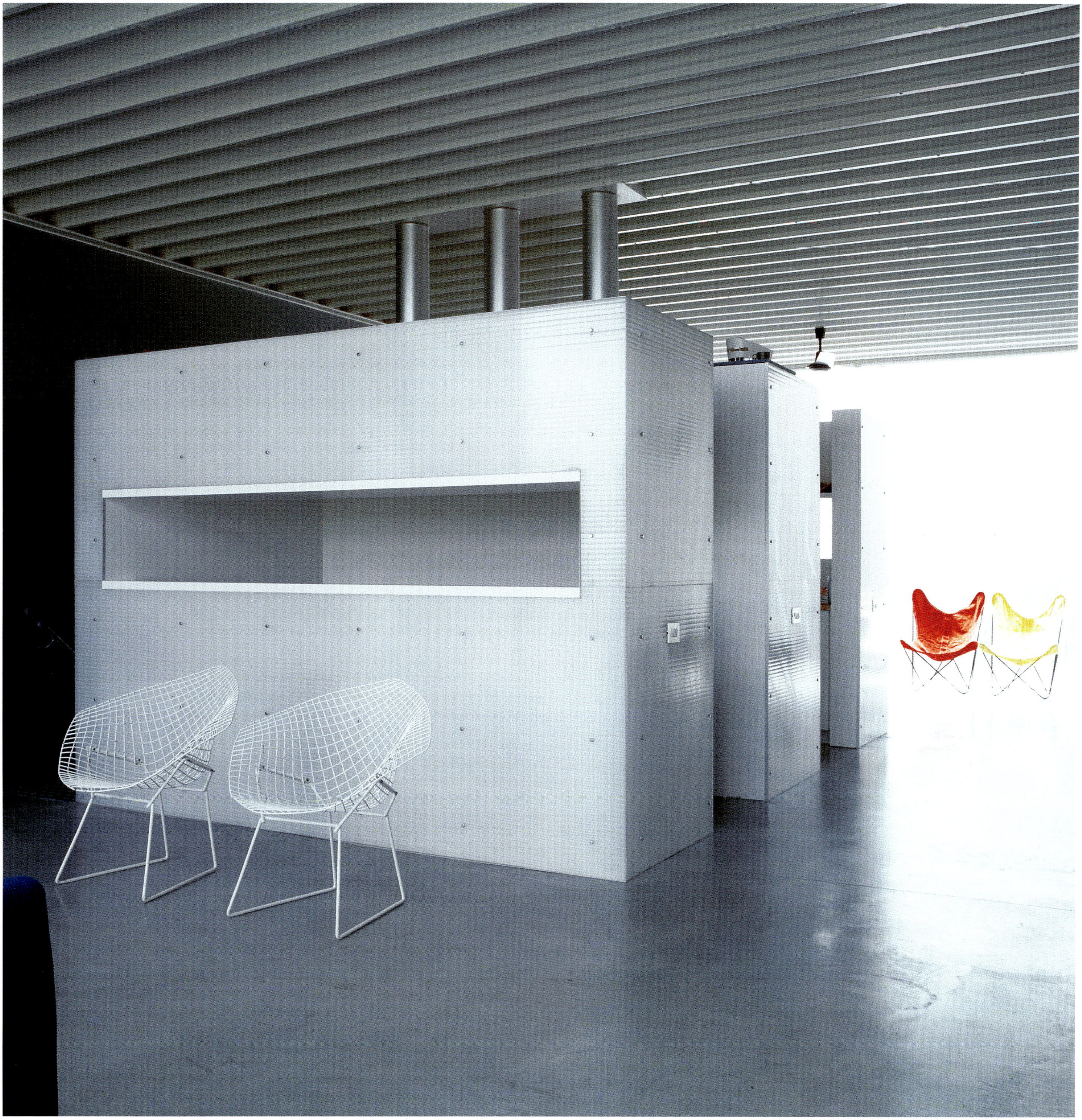

Teflon (polytetrafluoroethylene)
Teflon (Polytetrafluorethylen)
Téflon (polytétrafluoroéthylène)
Teflon (polytetrafluorethyleen)
Teflo (politetrafluoroetilene)
Teflón (politetrafluoroetileno)

Polycarbonate / Polycarbonat
Polycarbonate / Polycarbonaat
Policarbonato / Policarbonato

PLASTICS

Plastics are synthetic organic materials that can be softened with heat, adopting a new form that is permanent or semi-permanent. The terms "plastic" and "synthetic resin" refer to long-chain synthetic organic polymers that are solid in the final state. Plastics are classified into two main groups: thermoplastics and thermosets.

The evolution of plastics in construction was not easy for the earliest industries. The tradition of conventional materials and the lack of new materials were factors to overcome, but consumption began to grow and the price of the plastic lowered. Cost savings were achieved in both the material and workmanship. Pipes and fittings for drainage were among the first plastic products used in construction. The ease of manufacture and versatility of plastic, combined with its durability, strength, low maintenance and corrosion resistance make it a good choice for architecture. Progress in the field of recycling helps to banish the idea that it is an environmentally unsound product.

Plastics for construction are prepared from polymers, raw materials for plastic products such as films, strips, tiles, profiles, tubes and castings. Foam products are also important.

Plastic is made of synthetic organic materials that are highly resistant to corrosion and oxidation. It is easy to handle and shape and allows for a wide range of plastic items, including those reinforced with foamed or rubber elasticity. In architecture, plastic should not be used in elements that have to support loads, although they can be used in other construction items.

POLYURETHANE

Is an elastomer that does not require vulcanization and which is formed by the usual processes for thermoplastics, such as injection, extrusion and blow molding. The formulation of the polyurethanes depends on the final application, and can be thermoset or thermoplastic. Thermoplastic polyurethane, for example, is characterized by its high resistance to abrasion. In construction it is available in polyurethane foam and is used as thermal insulation. It is used in façades and roofs or injected into sandwich panels.

Properties
– Operating temperature: between –40 °C and 90 °C (–40 °F and 194 °F).
– High mechanical strength.
– High absorption power.
– Good resistance to mineral oils.
– It can be manufactured with different hardness and colors.

METHYL POLYMETHACRYTLATE OR METHACRYLATE

This is a solid thermoplastic with a glassy aspect, temperature stable and good mechanical strength. It is also known as synthetic or organic glass, or any of their commercial names, including Polycryl, Plexiglas, Vitroflex, Lucite or PerClax. It stands out from other plastics for its weather resistance, transparency and scratch resistance. There are many uses for methacrylate applications in different industrial sectors. It is available in a variety of colors and finishes, which enables its use in architecture and decoration.

Properties
– Operating temperature: between –40 °C and 90 °C (–40 °F and 194 °F).
– Density: 1.19 g/cm^3 approx.
– Transparency: 93%.
– High impact resistance, of about ten to twenty times that of glass.
– Excellent thermal and acoustic insulation.
– Resistant to the aggression of many compounds but vulnerable to others such as acetone, sulphuric acid, benzene and toluene.
– Easy combustion but does not produce toxic gas, so it is considered safe.
– Weatherproof and UV resistant.

POLYCARBONATE

Forms a group of thermoplastics which are easy to work with, mold and thermoform. It is a plastic similar to polymethacrylate, but more flexible. It is used in the construction of panels, interior walls and skylights, especially double cell skylights. It is becoming very common in homes and industry because its resistance to impact and temperature as well as their optical properties.

Properties
– Operating temperature: between –100 °C and 135 °C (–148 °F and 275 °F).
– Density: 1.20 g/cm^3.
– Transparency: 90% ± 1%.
– High impact resistance and rigidity.
– High dimensional stability.
– High resistance to thermal deformation.
– Good electrical insulation.
– Fireproof.
– Weather resistance and moderate resistance to UV rays.

POLYESTER

Polyester is a generic category of polymers. Polyesters have existed in nature since 1830, but the term refers to synthetic polyesters derived from petroleum. The best known is PET. Polyester is a thermosetting resin obtained by the polymerization of styrene and other chemicals products that harden at ordinary temperatures. It is resistant to moisture, chemicals products and mechanical forces.

A fiber is the outcome of the polymerization process, which initially was the basis for sewing thread and now has multiple applications, such as the manufacture of plastic bottles, foil coatings, vessels, lightweight structures, or panels for roofs.

Properties
– Operating temperature: between –40 °C and 90 °C (–40 °F and 194 °F).
– High mechanical strength, hardness and rigidity.
– Low friction coefficient.
– High dimensional stability.
– Thermostable and thermal insulation.
– Good electrical insulation.
– High resistance to chemicals.

PVC (POLYVINYL CHLORIDE)

PVC is the only plastic that is not 100% obtained from oil. It contains 57% chlorine and 43% ethylene. It is one of the less stable polymers and also one of the most widely used plastics thanks to the development of stabilizers that have boosted its expansion. Thanks to these products, it can be transformed into a rigid or flexible material, which allows multiple applications. Its resistance to abrasion, low density and good mechanical and impact resistance make it ideal for construction, where it is used in sheets, coatings, waterproofing, flooring and pipes.

Properties:
- Operating temperature: between −100 °C and 135 °C (−148 °F and 275 °F).
- Density: 1.4 g/cm^3.
- Strong and resistant to impact and shock.
- Resistance, rigidity, high mechanical stiffness.
- Good thermal, acoustic and electric insulation.
- It is stable and inert.
- Resistance to the action of fungi, bacteria, insects and rodents.
- Resistance to most chemical reagents.
- Resistance to weather (sun, rain, wind and sea air).
- Flame retardant.
- Impervious to gases and liquids

TEFLON (POLYTETRAFLUOROETHYLENE)

Polytetrafluoroethylene is a polymer similar to polyethylene in which hydrogen atoms have been replaced by fluorine atoms. The multinational DuPont sells this polymer under the name Teflon. The main virtues of this plastic are its impermeability, its ability to maintain its properties in humid environments, and it is virtually inert, due to the protection that fluorine atoms give the carbon chain. However, a by-product present in Teflon, perfluorooctanoic acid, is polluting and potentially carcinogenic. It is also a good electrical insulator and a flexible material that is not altered by the action of light. In architecture, it is used as a covering in the form of textile material.

Properties
- Operating temperature: between −240 °C and 260 °C (−400 °F and 500 °F).
- Thermostable.
- Good thermal and electrical insulation.
- Virtually inert to almost all known elements

- Nonstick compound.
- Resistance to weather and light.

ETFE

The acronym ETFE stands for ethylene-tetrafluoroethylene. This is a very durable clear plastic with high chemical and mechanical resistance to cutting and abrasion, high resistance to corrosion, combustible but not flammable, easy to clean and recyclable. It allows different methods of construction: the resin is processed by extrusion, injection molding, compression, transfer and fluid pressure.
The quality that makes it ideal for architecture is its resistance to UV rays. This, together with the fact that it weighs a hundred times less than glass, lets more light in and with a double layer it is more insulating, makes it an alternative to glass. However, surfaces can be damaged by sharp objects, therefore some reinforcement is required. Another disadvantage is that the panels can amplify noise and transmit more sound than glass. It is used in tensile structures both in monolayer and bilayer.

Properties
- Operating temperature: between −100 °C and 160 °C (−148 °F and 320 °F).
- Density: 1.7 g/cm^3.
- Light transmission close to 100%.
- Durability.
- High chemical resistance and good electrical and thermal characteristics.
- High resistance to acids, alkalis, ketones, alcohols and hydrocarbons.
- Flame retardant.
- UV resistance.

MELAMINE

Melamine is an organic compound slightly more soluble in water than in its natural state, a white solid. It is an amino resin used primarily as an adhesive for chipboard and plywood. It is characterized for being thermostable, heavy and light-resistant. It comes in a range of colors and has good chemical resistance, except for acids. Its main application in construction is in the form of veneers and laminates used in carpentry. Some known commercial names are Formica and Railite.

Properties
- Density: 1.574 g/cm^3.
  Color: white.
- It comes in the form of crystals.
- High softening point.
- Insoluble in common solvents.
- Alkali resistance.
- Thermostable.
- Not recyclable.

NYLON

Nylon, name from the registered trademark nylon®, is an artificial polymer belonging to the polyamide group. The fibers may be bright and similar in appearance to silk and to natural fibers like cotton. Its tensile strength is much greater than that of wool, silk, rayon or cotton. Dyes can also be applied to the melted mass of nylon or to the already finished fabric or fiber. Textile fiber is elastic and resilient, impervious to moths, it does not require ironing and is used in the production of socks, woven and knitted fabrics and also in bristles and lines. Its use is limited to architectural fabric coverings, tarpaulins, umbrellas etc.

Properties
- Operating temperature: between −40 °C and 150 °C (−40 °C and 302 °F).
- Density: 1.15 g/cm^3.
- It is not transparent.
- High strength and rigidity.
- Resistance to environmental factors such as water, ultraviolet light and oxygen.
- Good chemical resistance to alcohols, ketones and aromatic hydrocarbons.
- Poor chemical resistance to fats and oils and halogen.

Methyl polymethacrylate or methacrylate
Polymethylmethacrylat oder Methacrylat
Polyméthacrylate de méthyle ou méthacrylate
Methylpolymethacrylaat of methacrylaat
Polimetacrilato di metile o metacrilato
Polimetacrilato de metilo o metacrilato

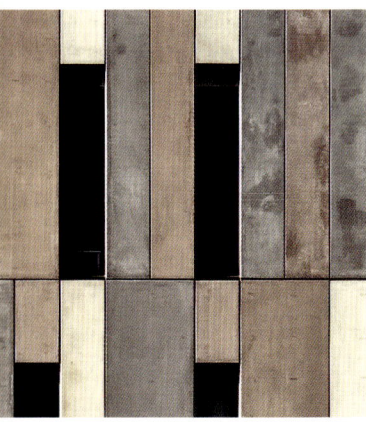

GRC and synthetic resin
GRC und Kunstharze
BRF et résine synthétique
GRC en kunsthars
GRC e resine sistetiche
GRC y resinas sintéticas

KUNSTSTOFFE

Kunststoffe sind organische, synthetische Materialien, die durch Hitze weicher gemacht und in eine neue Form, die permanent oder semipermanent erhalten bleibt, gebracht werden können. Die Begriffe «Kunststoff» und «Kunstharze» beziehen sich auf langkettige synthetische, organische Polymere, die sich am Ende in festem Zustand befinden. Die Kunststoffe werden zwei große Gruppen eingeteilt: Thermoplastische und thermostabile Materialien.

Die Entwicklung des Kunststoffs in der Konstruktion war für die frühen Industrien nicht leicht. Die Tradition der konventionellen Materialien und die Unbekanntheit der neuen Materialien waren Faktoren, die überwunden werden mussten, aber der Verbrauch begann zu wachsen, und der Preis der Kunststoffe sank. Es wurden Ersparnisse bezüglich der Materialkosten und der Lohnkosten erzielt. Unter den ersten in der Konstruktion eingesetzten Produkten aus Kunststoff befanden sich Rohrleitungen und deren Zubehör für Abflüsse. Die einfache Herstellung und die Vielseitigkeit des Kunststoffs, zusammen mit seiner Haltbarkeit, Stärke, geringen Wartung und Korrosionsfestigkeit, machen ihn zu einer guten Wahl für die Architektur. Die Fortschritte, die bei der Wiederverarbeitung gemacht werden, tragen dazu bei, die Idee, dass es sich um ein wenig ökologisches Material handelt, zu verbannen.

Die Kunststoffe für die Konstruktion werden aus Polymeren, Rohstoffen für Kunststoffe in Form von Folien, Bändern, Fliesen, Profilen, Rohren und gegossenen Teilen hergestellt. Produkte aus Schaumstoff sind ebenfalls wichtig.

Der Kunststoff besteht aus synthetischen, organischen Materien, die sehr korrosions- und oxidationsfest sind. Die Einfachheit, mit der die Kunststoffe verarbeitet und geformt werden können, macht es möglich, sehr verschiedene, sogar hochelastische oder geschäumte Kunststoffartikel zu erhalten. In der Architektur dürfen Kunststoffe nicht für tragende Elemente verwendet werden, aber sie können wohl in den übrigen Bauelementen eingesetzt werden.

POLYURETHAN

Es handelt sich um ein Elastomer, das für seine Verarbeitung keiner Vulkanisierung bedarf und durch gewöhnliche Verfahren für Thermoplaste, wie Einspritzung, Extrudieren und Blasen, geformt wird. Die Formulierung für Polyurethane hängt von endgültigen Verwendung ab. Sie können thermostabil oder thermoplastisch sein. Das thermoplastischen Polyurethan ist z.B. durch seinen hohen Abriebwiderstand gekennzeichnet. In der Konstruktion tritt es in Form von Montageschaum (PU-Schaum) auf und wird als Wärmedämmung gebraucht. Man verwendet es an Fassaden und Dachkonstruktionen oder es wird in Sandwich-Paneele eingespritzt.

Eigenschaften

– Gebrauchstemperatur: zwischen –40 °C und 90 °C.
– Hohe mechanische Festigkeit.
– Hohe Dämmkraft.
– Gute Resistenz gegenüber Kohlenwasserstoffen.
– Es kann in verschiedener Härte und Farbe hergestellt werden.

POLYMETHYLMETHACRYLAT ODER METACRYLAT

Es handelt sich um ein festes Thermoplast, das wie Glas aussieht, temperaturbeständig und von guter mechanischer Festigkeit ist. Es ist auch als synthetisches oder organisches Glas oder unter einigen seiner Handelsnamen wie Policril, Plexiglas, Vitroflex, Lucite oder PerClax bekannt. Es hebt sich von anderen Kunststoffen durch seine Klimafestigkeit, seine Durchsichtigkeit und seine Kratzfestigkeit ab. Es gibt zahlreiche Anwendungen von Metacrylat in den verschiedenen industriellen Bereichen, und es ist in einer großen Vielfalt von Farben und Ausführungen erhältlich, wodurch es in der Architektur und Inneneinrichtung verwendet werden kann.

Eigenschaften

– Gebrauchstemperatur: zwischen –40 °C und 90 °C.
– Dichte: Ca. 1,19 g/cm^3.
– Transparenz: 93%.
– Hohe Stoßfestigkeit, ungefähr zehn- bis zwanzig mal höher als die von Glas.
– Ausgezeichnete Wärme- und Schallisolierung.
– Resistent gegenüber Einwirkungen von vielen Verbindungen, aber empfindlich gegenüber Aceton, Schwefelsäure, Benzol und Toluol.
– Leicht brennbar, aber es produziert kein giftiges Gas, weshalb es als sicher betrachtet wird.
– Wetterfest und resistent gegenüber ultravioletten Strahlen.

POLYCARBONAT

Es bildet eine Gruppe von Thermoplasten, die leicht zu bearbeiten, zu gießen und durch Thermoformen zu modellieren sind. Es handelt sich um einen Kunststoff mit ähnlichen Eigenschaften wie Polymethacrilat, ist aber flexibler. Es wird bei der Konstruktion von Paneelen, Innenwänden und Oberlichtern, besonders bei doppelwandigen, eingesetzt. Auf Grund seiner Stoßfestigkeit und Hitzebeständigkeit so wie wegen seiner optischen Eigenschaften wird es mehr und mehr in Wohnungen und in der Industrie verwendet.

Eigenschaften

– Gebrauchstemperatur: zwischen –100 °C und 135 °C.
– Dichte: Ca. 1,20 g/cm^3.
– Transparenz: 90% ± 1%.
– Hohe Stoß- und Spannungsfestigkeit.
– Hohe Dimensionsstabilität.
– Hohe Resistenz gegenüber Verformung durch Wärme.
– Gute elektrische Isolation.
– Nicht brennbar.
– Wetterfest und akzeptierbare Resistenz gegenüber ultravioletten Strahlen.

POLYESTER

Polyester ist eine generische Kategorie von Polymeren. Diejenigen, die in der Natur vorkommen sind seit 1830 bekannt, aber der Begriff bezieht sich auf synthetische Polyester, die aus Petroleum gewonnen werden. Am bekanntesten ist PET. Polyester ist ein thermostabiles Harz, das durch Polymerisation von Styrol und weiteren chemischen Produkten gewonnen wird. Es erhärtet sich bei normaler Temperatur und ist feuchtigkeitsresistent, resistent gegenüber chemischen Produkten und mechanischen Kräften. Als Ergebnis der Polymerisation wird eine Faser gewonnen, die anfänglich die Basis für Nähfäden bildete und heute vielfältig eingesetzt wird, wie für die Herstellung von Kunststoffflaschen, Beschichtungen von Folien, Schiffe, Leichtbauten oder Dachplatten.

Eigenschaften

– Gebrauchstemperatur: Zwischen –40 °C und ca. 110 °C.
– Erhöhte mechanische Festigkeit, Härte und Spannungsfestigkeit.
– Niedriger Reibungskoeffizient.
– Erhöhte Dimensionsstabilitit.
– Wärmebeständig und wärmedämmend.
– Gute elektrische Isolation.
– Erhöhte Resistenz gegenüber chemischen Substanzen.

PVC (POLUVINYLCHLORID)

PVC ist der einzige Kunststoff, der nicht zu 100% aus Petroleum gewonnen wird. Er enthält 57% Chlor und 43% Ethylen. Es handelt sich um eines der weniger stabilen Polymere und gleichzeitig um einen der gebräuchlichsten Kunststoffe, dank der Entwicklung von Stabilisatoren, die seine Verbreitung gefördert haben. Dank dieser Produkte kann man ihn in ein festes oder flexibles Material mit vielfältigen Verwendungsmöglichkeiten umwandeln. Auf Grund seines Abriebwiderstandes, seiner geringe Dichte und einer guten mechanische und Stoßfestigkeit ist er für die Konstruktion ideal. Er wird für Platten, Verkleidungen, Abdichtungen, Bodenbeläge und Rohrleitungen verwendet.

Eigenschaften
- Gebrauchstemperatur: zwischen −15 °C und 60 °C.
- Dichte: 1,4 g/cm^3.
- Stoß- und schlagfest.
- Erhöhte Resistenz, Spannungsfestigkeit, Härte und mechanische Festigkeit.
- Gute Wärme- und Schalldämmung und elektrische Isolation
- Es ist stabil und inert.
- Resistent gegen Pilze, Bakterien, Insekten und Nagetiere.
- Resistenz gegen die meisten chemischen Stoffe.
- Wetterfest (Sonne, Regen, Wind und Seeluft).
- Selbstverlöschend.
- Gasdicht und flüssigkeitsundurchlässig.

TEFLON (POLYTETRAFLUORETHYLEN)

Polytetrafluorethylen ist ein dem Polyethylen ähnliches Polymer, in dem die Wasserstoffatome durch Fluoratome ersetzt wurden. Der multinationale Konzern DuPont vertreibt dieses Polymer unter dem Handelsnamen Teflon.
Die Hauptfähigkeiten dieses Kunststoffs sind seine Dichtheit, seine Fähigkeit, seine Eigenschaften in feuchten Umgebungen zu behalten, und dass es auf Grund des Schutzes der Kohlenstoffkette durch die Fluoratome praktisch inert ist. Jedoch ist ein im Teflon vorhandenes Nebenprodukt, die Perfluoroctansulfonsäure, umweltschädlich und potentiell krebserregend. Teflon ist auch ein guter elektrischer Isolator und ein flexibles Material, das sich nicht durch Lichteinwirkung verändert. In der Architektur wird es sich als Auskleidung in Form von textilem Material verwendet.

Eigenschaften
- Gebrauchstemperatur: zwischen −240 °C und 260 °C.
- Thermostabil.
- Gute Wärmedämmung und elektrische Isolation.
- Praktisch inert gegenüber allen bekannten Elementen und Zusammensetzungen.
- Resistenz gegen Wettereinflüsse und Licht.

ETFE

Die Abkürzung ETFE ist ein Akronym für Ethylen Tetraflouroethylen. Es handelt sich um einen sehr haltbaren transparenten Kunststoff von erhöhter chemischer und mechanischer Festigkeit, Schnitt- und Abriebfestigkeit, sehr korrosionsbeständig, brennbar, aber nicht feuergefährlich, leicht zu reinigen und recyclebar. Es gibt verschiedene Herstellungsmethoden: Das Harz ist durch Extrusion, Injektion Kompression, Transfer und durch Druckflüssigkeitsverfahren bearbeitbar.
Die Eigenschaft, die es für die Architektur ideal macht, ist seine Resistenz gegenüber UV-Strahlung. Dies, zusammen mit der Tatsache, dass es hundert mal weniger als Glas wiegt, mehr Licht durchlässt und als Doppelfolie besser isoliert, macht es zu einer Alternative zu Glas. Die Oberflächen können jedoch durch spitze Gegenstände beschädigt werden, weshalb eine Verstärkung nötig ist. Ein weiterer Nachteil besteht darin, dass die Paneele Lärm verstärken können und mehr Geräusche als Glas übertragen. Man setzt EFTE für einschichtige und zwei- schichtige Flächentragwerke ein.

Eigenschaften
- Gebrauchstemperatur: zwischen −100 °C und 160 °C.
- Dichte: 1,7 g/cm^3.
- Lichtdurchlässigkeit nahe 100%.
- Lange Haltbarkeit.
- Hoher elektrische und chemische Resistenz und gute thermische Eigenschaften.
- Hohe Festigkeit gegenüber Säuren, Alkalien, Ketonen, alkoholischen Substanzen und Kohlenwasserstoffen.
- Selbstverlöschend.
- Resistenz gegen UV-Strahlen

MELAMIN

Melamin ist eine leicht wasserlösliche organische Verbindung, die in ihrem Naturzustand einen weißen Körper bildet. Es handelt sich um ein Aminharz, das hauptsächlich als Klebemittel zur Herstellung von Pressholz und Furnierholz verwendet wird. Es ist thermostabil, schwer und lichtbeständig. Es lässt alle Arten von Färbungen zu, ist chemikalienfest, mit Ausnahme von Säuren. Seine Hauptverwendung in der Konstruktion ist in Form von Holzblättern und Furnierholz, das in der Schreinerei gebraucht wird. Bekannte Handelsbezeichnungen sind Formica oder Railite.

Eigenschaften
- Dichte: 1,574 g/cm^3.
- Farbe: Weiß.
- Es tritt in Kristallform auf.
- Hoher Erweichungspunkt.
- Unlöslich in üblichen Lösungsmitteln.
- Alkalienfest.
- Thermostabil.
- Nicht recycelbar.

NYLON

Nylon, der Name kommt von der registrierten Handelsmarke nylon®, ist ein künstliches Polymer, das zu der Gruppe der Polyamide gehört. Die Fasern können den Glanz und das Aussehen von Seide oder von Naturfasern wie Baumwolle haben. Ihre Reißfestigkeit ist viel höher als die von Wolle, Seide, Rayon oder Baumwolle. Nylon kann auch als geschmolzenes Nylon oder Gewebe oder als fertige Faser gefärbt werden. Es handelt sich um eine elastische und widerstandsfähige Textilfaser, immun gegen Motten, muss nicht gebügelt werden und wird bei der Konfektion von Strümpfen, Stoffen und Strickstoffen und auch in Borsten und Schnüren benutzt. Der Gebrauch von Nylon in der Architektur beschränkt sich auf Auskleidungen aus textilem Material: Planen, Sonnenschirme, usw.

Eigenschaften
- Gebrauchstemperatur: zwischen −40 °C und 150 °C.
- Dichte: 1,15 g/cm^3.
- Undurchsichtig.
- Hohe Festigkeit und Spannungsfestigkeit.
- Resistenz gegen Umweltfaktoren wie Wasser, Licht, UV-Strahlen und Sauerstoff.
- Gute Resistenz gegen Chemikalien, alkoholische Substanzen, Ketone und aromatische Kohlenwasserstoffe.
- Schlechter chemischer Widerstand gegen Fette und Öle und gegen Halogene.

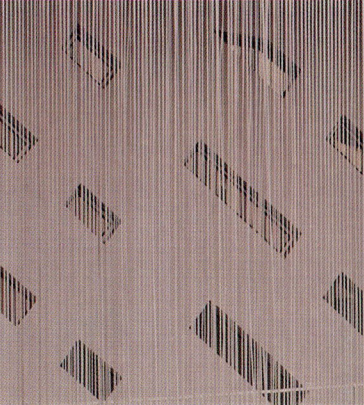

Nylon / Nylon / Nylon
Nylon / Nylon / Nailon

Plastic / Kunststoffe / Plastique
Kunststoffen / Plastica / Plástico

PLASTIQUE

Les plastiques sont des matériaux organiques synthétiques qui ramollissent plus ou moins sous l'action de la chaleur, adoptant une nouvelle forme qui peut être permanente ou semi-permanente. Les termes « plastique » et « résine synthétique » renvoient à des polymères organiques synthétiques à chaîne longue qui sont solides dans leur état final. Les plastiques se divisent en deux grands groupes : les matériaux thermoplastiques et les matériaux thermodurcissables.
Au départ, la plasturgie a eu beaucoup de mal à s'imposer dans le domaine de la construction. Les industries pionnières ont dû vaincre la préférence pour les matériaux traditionnels et la méfiance due à la méconnaissance des nouveaux matériaux. Petit à petit, la consommation de plastiques a augmenté et les prix ont commencé à baisser. Leur usage a permis une économie sur le coût des matériaux et de la main-d'œuvre. Les tuyaux et tous les accessoires nécessaires pour les écoulements comptent parmi les premiers produits plastiques adoptés pour la construction. La facilité de fabrication et la polyvalence du plastique, associées à sa durabilité, sa résistance et son faible entretien en font un matériau de choix. Les progrès actuels dans le domaine du recyclage amènent à revenir sur l'idée qu'il s'agit d'un matériau peu écologique.
Les plastiques pour la construction sont élaborés à partir de polymères. Ces matières premières peuvent être transformées en films, bandes, carreaux, profilés, tubes et pièces moulées ainsi qu'en mousses.
Le plastique est composé de matières organiques synthétiques très résistantes à la corrosion et à l'oxydation. Sa facilité de manipulation et de mise en forme permet d'obtenir des produits plastiques très divers, auxquels gommes et mousses donnent une élasticité supplémentaire. Les plastiques ont leur place partout en architecture, sauf dans la construction des éléments porteurs.

POLYURÉTHANE

Cet élastomère se travaille sans vulcanisation. On le façonne en utilisant les procédés habituels pour les thermoplastiques, que sont l'injection, l'extrusion et le soufflage. La formulation des polyuréthanes dépend de leurs applications. Ils peuvent être thermodurcissables ou thermoplastiques. Le polyuréthane thermoplastique, par exemple, se caractérise par sa résistance élevée à l'abrasion. En construction, il se présente sous forme de mousse et s'utilise comme isolant thermique. Il peut être projeté sur les façades et couvertures des édifices en construction ou injecté entre les panneaux sandwich.

Propriétés
– Température d'usage : entre -40 °C et 90 °C
– Résistance élevée mécanique
– Grand pouvoir amortisseur
– Bonne résistance aux hydrocarbures
– Se fabrique en différentes duretés et couleurs

POLYMÉTHACRYLATE DE MÉTHYLE OU MÉTHACRYLATE

Il s'agit d'un thermoplastique solide à l'aspect vitreux, stable à la température et offrant une bonne résistance mécanique. Également appelé verre synthétique ou organique, il est commercialisé sous des noms de marques tels que Policril, Plexiglás, Vitroflex, Lucite ou PerClax. Il se démarque des autres plastiques par sa résistance aux intempéries, sa transparence et sa résistance aux rayures. Ses applications dans les divers secteurs industriels sont multiples. Le méthacrylate est disponible dans une grande variété de couleurs et de finitions, ce qui le prédestine à des utilisations en architecture et en décoration.

Propriétés
– Température d'usage : entre -40 °C et 90 °C env.
– Densité : 1,19 g/cm^3 env.
– Transparence : 93 %
– Résistance élevée au choc, 10 à 20 fois celle du verre
– Excellent isolant thermique et acoustique
– Insensible à l'agression de nombreux composants mais vulnérable à d'autres comme l'acétone, l'acide sulfurique, le benzol et le toluène.
– S'enflamme facilement mais ne dégage pas de gaz toxique, il n'est donc pas considéré dangereux
– Résistant aux intempéries et aux rayons ultraviolets

POLYCARBONATE

Il forme un groupe de thermoplastiques faciles à travailler, mouler et thermoformer. C'est un plastique aux caractéristiques semblables à celles du polyméthacrylate, mais plus flexible. On l'utilise pour la construction de panneaux, cloisons et lanternes, en particulier à doubles cellules. Il se banalise chez les particuliers et dans l'industrie en raison de sa résistance aux impacts et à la chaleur ainsi que pour ses propriétés optiques.

Propriétés
– Température d'usage : entre -100 °C et 135 °C
– Densité : 1,20 g/cm3
– Transparence : 90 % ± 1 %
– Résistance élevée aux coups et rigidité
– Stabilité dimensionnelle élevée
– Résistance élevée à la déformation thermique
– Bon isolant électrique
– Incombustible
– Résistance aux intempéries et aux rayons ultraviolets acceptable

POLYESTER

Le polyester est une catégorie générique de polymères. Les polymères naturels sont connus depuis 1830, mais le terme renvoie aux polyesters synthétiques dérivés du pétrole. Le plus connu est le PET (polyéthylène téréphtalate).
Le polyester est une résine thermodurcissable obtenue par polymérisation du styrène et autres composants chimiques qui durcissent à la température ordinaire. Il résiste à l'humidité, aux produits chimiques et aux forces mécaniques. Le processus de polymérisation donne une fibre, d'abord transformée en fils utilisés pour la couture et qui a aujourd'hui trouvé de nombreuses autres applications : bouteilles en plastique, revêtements sous forme de feuilles, embarcations, structures légères, ou feuilles pour les toitures.

Propriétés
– Température d'usage : entre -40 °C et 110 °C env.
– Résistance mécanique, dureté et rigidité élevées
– Faible cœfficient de friction
– Stabilité dimensionnelle élevée
– Thermodurcissable et isolant thermique
– Bon isolant électrique
– Résistance élevée aux agents chimiques

PVC (POLYCHLORURE DE VINYLE)

Le PVC est le seul plastique qui ne soit pas à 100 % un dérivé du pétrole. Il contient 57 % de chlore et 43 % d'éthylène. Bien qu'il s'agisse d'un des polymères les moins stables, c'est un des plastiques les plus utilisés grâce à la formulation de stabilisants qui ont favorisé son développement en permettant d'en faire un matériau rigide ou flexible aux applications multiples. Sa résistance à l'abrasion, sa faible densité et sa bonne résistance mécanique et au choc en font un matériau idéal pour la construction, où il est employé en feuilles, pour les revêtements, imperméabilisations, sols et canalisations.

Propriétés
- Température de travail : entre 15 °C et 60 °C.
- Densité : 1,4 g/cm³
- Solide et résistant aux impacts et aux chocs.
- Résistance, rigidité et dureté mécaniques élevées.
- Bon isolant thermique, électrique et acoustique.
- Stable et inerte.
- Résistance à l'action des moisissures, bactéries, insectes et rongeurs.
- Résistance à la plupart des agents chimiques.
- Résistance aux intempéries (sol, pluie, vent et air marin).
- Autoextinguible.
- Imperméable aux gaz et liquides.

TÉFLON (POLYTÉTRAFLUOROÉTHYLÈNE)

Le polytétrafluoroéthylène est un polymère semblable au polyéthylène mais composé d'atomes de fluor et non d'hydrogène. L'entreprise multinationale DuPont commercialise ce polymère sous le nom de Téflon.
Les principales qualités de ce plastique technique sont son imperméabilité, sa capacité à conserver ses propriétés dans les milieux humides, et d'être pratiquement inerte, grâce à la protection que les atomes de fluor apportent à la chaîne carbonée. Toutefois, l'acide perfluorooctanoïque (APFO), présent dans le téflon, est un contaminant pouvant être cancérigène. C'est aussi un bon isolant électrique et un matériau flexible qui ne réagit pas à l'action de la lumière. En architecture, on le trouve dans les revêtements textiles.

Propriétés
- Température d'usage : entre -240 °C et 260 °C.
- Thermodurcissable.
- Bon isolant thermique et électrique.
- Pratiquement inerte à presque tous les éléments et composants connus.
- Antiadhésif.
- Résistance aux agents atmosphériques et à la lumière.

ETFE

Le sigle ETFE est l'acronyme de l'éthylène-tétrafluoroéthylène. Il s'agit d'un plastique transparent très durable, à résistance chimique et mécanique élevée, à l'épreuve du cisaillement et de l'abrasion, très résistant à la corrosion, combustible mais pas inflammable, facile à nettoyer et recyclable. Plusieurs méthodes de fabrication sont possibles : la résine peut être extrudée, moulée par injection, par compression, par transfert et par pression de liquide.
Sa résistance aux rayons ultraviolets le recommande tout particulièrement pour l'architecture. Cette propriété en fait une excellente alternative au verre d'autant plus qu'il est très léger. Il pèse en effet cent fois moins que le verre, laisse passer la lumière et, en double feuille, est plus isolant. Toutefois, les objets pointus sont susceptibles de rayer les surfaces. Il faut donc pour cette raison prévoir un traitement pour les renforcer. Son autre inconvénient est que les panneaux ont tendance à amplifier les bruits et à davantage transmettre le son que le verre. Il s'utilise dans les structures en tension, en couche unique ou double.

Propriétés
- Température d'usage : entre -100 °C et 160 °C.
- Densité : 1,7 g/cm³.
- Transmission de la lumière proche de 100 %.
- Très durable.
- Résistance électrique et chimique élevée et bonnes caractéristiques thermiques.
- Résistance élevée aux acides, alcalis, cétones, alcools et hydrocarbures.
- Autoextinguible.
- Résistance aux rayons ultraviolets.

MÉLAMINE

Composant organique légèrement soluble dans l'eau, à l'état naturel, la mélamine se présente comme un solide blanc. Cette amino-résine est très utilisée dans l'industrie du bois comme adhésif et entre dans la fabrication des bois agglomérés et contreplaqués. Cette résine de la famille des aminoplastes est thermodurcissable, lourde et stable à la lumière. Elle accepte toutes sortes de colorants et résiste à la plupart des produits chimiques mais pas aux acides. Dans la construction, elle est surtout utilisée en charpenterie sous forme de plaques et laminés. Les noms commerciaux les plus connus sont Formica ou Railite.

Propriétés
- Densité : 1,574 g/cm³.
- Couleur : blanc.
- Se présente comme une vitre.
- Point élevé de ramollissement.
- Non soluble dans les solvants ménagers.
- Résistance aux alcalis.
- Thermodurcissable.
- N'est pas recyclable.

NYLON

Le nylon, nom de la marque déposée nylon®, est un polymère de condensation qui appartient au groupe des polyamides. Ses fibres peuvent avoir le brillant et l'apparence de la soie ou l'aspect des fibres naturelles comme le coton. Sa résistance à la traction est bien supérieure à celle de la laine, la soie, la rayonne ou le coton. Il est possible de le teindre aux diverses étapes de sa fabrication, dans la masse fondue, une fois tissé ou dans la fibre. C'est une fibre textile élastique et robuste, résistant aux mites, qui ne se repasse pas et s'emploie dans la fabrication des bas, des tissus et toiles ainsi que celle des soies synthétiques et fils à pêche. En architecture, il entre seulement dans la composition des revêtements des textiles : toiles, parasols, etc.

Propriétés
- Température d'usage : entre -40 °C et 150 °C.
- Densité : 1,15 g/cm³.
- N'est pas transparent.
- Résistance et rigidité élevée.
- Résistance aux facteurs environnementaux comme l'eau, les rayons ultraviolets et l'oxygène.
- Bonne résistance chimique aux alcools, cétones et hydrocarbures aromatiques.
- Mauvaise résistance chimique aux graisses, huiles et aux halogènes.

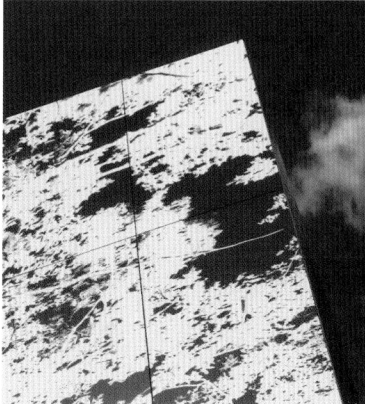

Melamine / Melamin / Mélamine
Melamine / Melamina / Melamina

Polyester and PVC (polyvinyl chloride)
Polyester und PVC (Poluvinylchlorid)
Polyester et PVC (polychlorure de vinyle)
Polyester en PVC (polyvinylchloride)
Poliestere e PVC (cloruro di polivinile)
Poliéster y PVC (policloruro de polivinilo)

KUNSTSTOFFEN

Kunststoffen zijn synthetische organische stoffen die door warmte zachter gemaakt kunnen worden en een vorm aan kunnen nemen die permanent of semipermanent is. De termen "plastic" en "kunsthars" verwijzen naar lange-keten synthetische organische polymeren die in het eindstadium vast zijn. Kunststoffen worden in twee grote groepen verdeeld: thermoplastische en thermohardende kunststoffen.
De ontwikkeling van kunststof in de bouw was voor de eerste industrieën niet gemakkelijk. De traditie om conventionele materialen te gebruiken en de onbekendheid met de nieuwe materialen waren factoren die moesten worden overtroffen, maar het verbruik begon te groeien en de prijs te dalen. Er werd bespaard op materiaal- en arbeidskosten. Onder de eerste kunststof producten die in de bouw werden toegepast vallen afvoerpijpen en de bijbehorende hulpstukken. Het productiegemak en de veelzijdigheid van kunststof in combinatie met de duurzaamheid, de sterkte, het geringe onderhoud en de corrosiebestendigheid ervan maakten van dit materiaal een goede keuze voor de architectuur. De vooruitgang op het gebied van hergebruik helpt het idee dat het om een milieuonvriendelijk materiaal gaat te verwerpen.
Kunststoffen voor de bouw worden bereid op basis van polymeren, grondstoffen voor kunststof producten in de vorm van folie, banden, tegels, profielen, buizen en gegoten stukken. Schuimproducten zijn ook belangrijk.
Kunststof of plastic bestaat uit zeer corrosie- en oxidatiebestendige organische kunststoffen. Dankzij het gemak waarmee plastic kan worden bewerkt en gevormd kunnen zeer afwisselende kunststof artikelen worden verkregen, zelfs met elastisch rubber versterkte of schuimmaterialen.
In de architectuur mogen kunststoffen niet in elementen die belastingen moeten verdragen worden gebruikt, hoewel ze wel in de rest van de bouwelementen kunnen worden toegepast.

POLYURETHAAN

Polyurethaan is een elastomeer die geen vulkanisatie nodig heeft en die wordt gevormd d.m.v. de voor thermoplastische stoffen gebruikelijke processen, zoals spuiten, extruderen en blazen. De formulering van polyurethanen hangt af van de eindtoepassing en kan thermohardend of thermoplastisch zijn. Thermoplastisch polyurethaan wordt bijvoorbeeld gekenmerkt door zijn hoge slijtvastheid. In de bouw wordt deze stof in de vorm van polyurethaanschuim als warmte-isolatie gebruikt. Dit wordt bij bouw op gevels en daken gespoten of in sandwichpanelen geïnjecteerd.

Eigenschappen
- Gebruikstemperatuur: tussen −40 °C en 90 °C.
- Hoge mechanische sterkte.
- Hoog dempvermogen.
- Goede bestendigheid tegen koolwaterstoffen.
- Het materiaal kan in verschillende hardheden en kleuren worden gefabriceerd.

METHYLPOLYMETHACRYLAAT OF METHACRYLAAT

Het gaat om een glasachtig, temperatuurstabiel vast thermoplastisch materiaal met een goede mechanische weerstand. Dit materiaal staat ook wel bekend als synthetisch of organisch glas, of onder een van zijn handelsnamen, zoals Policril, Plexiglas, Vitroflex, Lucite of PerClax. Het onderscheidt zich van andere kunststoffen door zijn weervastheid, transparantie en krasvastheid. Er zijn vele toepassingen van methacrylaat in de verschillende industriesectoren. Het is beschikbaar in een keur van kleuren en afwerkingen, wat het gebruik ervan in de architectuur en decoratie mogelijk maakt.

Eigenschappen
- Gebruikstemperatuur: tussen circa −40 °C en 90 °C.
- Dichtheid: circa 1,19 g/cm^3.
- Doorzichtigheid: 93%.
- Hoge slagweerstand, van ongeveer tien tot twintig keer zoveel als glas.
- Uitstekende warmte- en geluids-isolatie.
- Bestand tegen de inwerking van vele verbindingen, maar gevoelig voor andere zoals aceton, zwavelzuur, benzol en tolueen.
- Gemakkelijk brandbaar hoewel het geen giftig gas voortbrengt en daarom veilig wordt beschouwd.
- Bestand tegen weersomstandigheden en ultraviolette stralen.

POLYCARBONAAT

Polycarbonaat wordt gevormd door een groep gemakkelijk te bewerken, te kneden en thermisch te vormen thermoplastische stoffen. De eigenschappen van polycarbonaat lijken op die van polymethacrylaat, maar dit materiaal is buigzamer. Het wordt in de bouw gebruikt voor panelen, binnenwanden en dakramen, in het bijzonder de tweecellige. Polycarbonaat begint een gebruikelijk materiaal in de huiselijke sfeer en in de industrie te worden door zijn slag- en temperatuurvastheid, alsmede vanwege zijn optische eigenschappen.

Eigenschappen
- Gebruikstemperatuur: tussen −100 °C en 135 °C.
- Dichtheid: 1,20 g/cm^3.
- Doorzichtigheid: 90% ± 1%.
- Hoge stootvastheid en stijfheid.
- Hoge dimensionele stabiliteit.
- Hoge weerstand tegen thermische vervorming.
- Goede elektrische isolatie.
- Onbrandbaar.
- Bestand tegen weersomstandigheden en aanvaardbare weerstand tegen ultraviolette stralen.

POLYESTER

Polyester is een algemene categorie polymeren. De in de natuur bestaande polyesters zijn sinds 1830 bekend, maar de term verwijst naar synthetische polyesters afkomstig uit aardolie. De bekendste soort is PET.
Polyester is een thermohardend hars verkregen door het polymeriseren van styreen en andere chemische producten, die bij een gewone temperatuur hard wordt en bestand is tegen vocht, chemische producten en mechanische krachten. Als resultaat van het polymeriseringsproces wordt een vezel verkregen die aanvankelijk de basis was voor naaigaren en thans vele toepassingen kent, zoals de vervaardiging van plastic flessen, plaatcoating, vaartuigen, lichte structuren of dakplaten.

Eigenschappen
- Gebruikstemperatuur: tussen circa −40 °C en 110 °C.
- Hoge mechanische weerstand, hardheid en stijfheid.
- Lage wrijvingscoëfficiënt.
- Hoge dimensionele stabiliteit.
- Bestand tegen warmte en warmte-isolerend.
- Goede elektrische isolatie.
- Hoge weerstand tegen chemische stoffen.

PVC (POLYVINYLCHLORIDE)

PVC is de enige kunststof die niet voor 100% uit aardolie wordt gewonnen. Het bevat 57% chloor en 43% ethyleen. Het is een van de minst stabiele polymeren en tegelijkertijd een van de meest gebruikte kunststoffen dankzij de ontwikkeling van stabilisatoren die het toenemend gebruik van dit materiaal heeft bevorderd. Dankzij deze stoffen kan het veranderen in een stijf of flexibel materiaal, waardoor vele toepassingen mogelijk zijn. De slijtvastheid, lage dichtheid, goede mechanische weerstand en slagvastheid van pvc maken dat dit materiaal ideaal is voor de bouw, waar het wordt toegepast in panelen, bekledingen, afdichtingen, plaveisels en buizen.

Eigenschappen
- Bedrijfstemperatuur: tussen 15 °C en 60 °C.
- Dichtheid: 1,4 g/cm^3.
- Stevig, slag- en schokvast.
- Hoge mechanische weerstand, hardheid en stijfheid.
- Goede warmte-, geluids- en elektrische isolatie.
- Stabiel en inert.
- Bestand tegen schimmel, bacteriën, insekten en knaagdieren.
- Bestand tegen de meeste chemische reagentia.
- Bestand tegen weersomstandigheden (zon, regen, wind en zeelucht).
- Zelfdovend.
- Gas- en vloeistofdicht.

TEFLON (POLYTETRAFLUORETHYLEEN)

Polytetrafluorethyleen is een op polyethyleen lijkende polymeer waarin de waterstofatomen zijn vervangen door fluoratomen. De multinational DuPont brengt dit polymeer onder de naam teflon op de markt.
De hoofdkenmerken van deze kunststof zijn de waterdichtheid en het vermogen om zijn eigenschappen in vochtige omgevingen te handhaven. Daarnaast is teflon praktisch inert vanwege de bescherming die de fluoratomen en de keten geven. Echter, een bijproduct dat in teflon aanwezig is, perfluoroctaanzuur, blijkt verontreinigend te zijn en is zeer kankerverwekkend. Ook is het een goede elektrische isolator en een buigzaam materiaal dat niet door de werking van het licht wordt aangetast. In de architectuur wordt het gebruikt als bekleding in de vorm van textiel.

Eigenschappen
- Gebruikstemperatuur: tussen –240 °C en 260 °C.
- Thermohardend.
- Goed warmte- en geluids-isolatiemateriaal.
- Praktisch inert ten aanzien van alle bekende elementen
- Antiaanbakwerking.
- Bestand tegen weersomstandigheden en het licht.

EFTE

EFTE is de afkorting van ethyleen-tetrafluorethyleen. Het gaat om een zeer duurzame, doorzichtige kunststof met een hoge chemische en mechanische weerstand tegen snijden en slijten, zeer goed bestand tegen corrosie, brandbaar maar niet ontvlambaar, gemakkelijk schoon te maken en recyclebaar. Er zijn verschillende fabricagemethoden mogelijk: de hars is bewerkbaar door extrusie, spuitgieten, persen, transfergieten en blaasextensie.
De eigenschap die dit materiaal ideaal maakt voor de architectuur is zijn weerstand tegen ultraviolette stralen. EFTE is niet alleen honderd keer zo licht als glas, het laat meer licht doorschijnen en is bij dubbele panelen isolerender, waardoor het een alternatief voor glas is. De oppervlakken kunnen echter met scherpe voorwerpen worden beschadigd. Vandaar dat een versterking nodig is. Een ander nadeel is dat de panelen de geluiden kunnen versterken en meer geluid dan glas doorlaten. Het wordt gebruikt in gespannen huidstructuren, zowel in één als in twee lagen.

Eigenschappen
- Gebruikstemperatuur: tussen –100 °C en 160 °C.
- Dichtheid: 1,7 g/cm^3.
- Lichtdoorlating van bijna 100%.
- Gaat lang mee.
- Hoge elektrische en chemische bestendigheid en goede thermische eigenschappen.
- Hoge weerstand tegen zuren, alkaliën, ketonen, alcoholen en koolwaterstoffen.
- Zelfdovend.
- Bestand tegen ultraviolette stralen.

MELAMINE

Melamine is een organische verbinding die licht oplosbaar in water is en in zijn natuurlijke toestand een witte vaste stof vormt. Het is een aminohars die hoofdzakelijk wordt gebruikt als hechtmiddel voor spaanplaat of multiplex. Melamine is thermohardend, zwaar en bestand tegen licht. Het kan op allerlei manieren worden gekleurd en is goed bestand tegen chemische producten, met uitzondering van zuren. Melamine wordt in de bouw voornamelijk gebruikt in de voor kozijnen toegepaste houtplaten en panelen. Sommige handelsnamen zijn Formica of Railite.

Eigenschappen
- Dichtheid: 1,574 g/cm^3.
- Kleur wit.
- In de vorm van kristallen aangeboden.
- Hoog verwekingspunt.
- Onoplosbaar in algemene oplosmiddelen.
- Bestand tegen alkaliën.
- Thermohardend.
- Niet recyclebaar.

NYLON

Nylon, een naam afkomstig van het geregistreerde handelsmerk nylon®, is een kunstpolymeer dat bij de groep van polyamiden hoort. De vezels kunnen de glans en uitstraling van zijde of het aspect van natuurlijke vezels zoals katoen hebben. De spanningsweerstand is veel hoger dan dat van wol, zijde, rayon of katoen. Ook kunnen er kleurstoffen op de gesmolten nylon of de reeds afgewerkte weefsels of vezels worden toegepast. Het is een elastische en sterke textielvezel, is motecht en hoeft niet gestreken te worden. Nylon wordt gebruikt voor het maken van panty's, weefsels en tricot stoffen en ook in borstels en vislijnen. In de architectuur is het gebruik van nylon beperkt tot bekledingen van textiel: canvas, parasols, enz.

Eigenschappen
- Gebruikstemperatuur: tussen –40 °C en 150 °C.
- Dichtheid: 1,15 g/cm^3.
- Het is niet doorzichtig.
- Hoge weerstand en stijfheid.
- Bestand tegen omgevingsfactoren zoals water, ultraviolet licht en zuurstof.
- Goede chemische weerstand tegen alcoholen, ketonen en aromatische koolwaterstoffen.
- Slechte chemische weerstand tegen vetten en oliën en tegen halogenen.

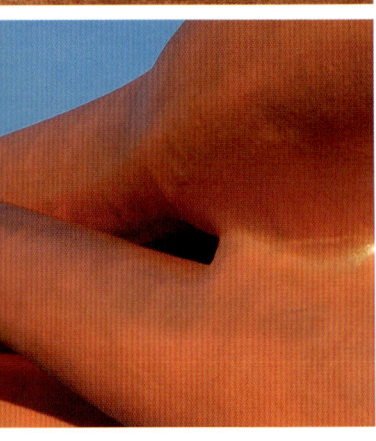

Polyester and PVC (polyvinyl chloride)
Polyester und PVC (Poluvinylchlorid)
Polyester et PVC (polychlorure de vinyle)
Polyester en PVC (polyvinylchloride)
Poliestere e PVC (cloruro di polivinile)
Poliéster y PVC (policloruro de polivinilo)

PLASTICA

La plastica è un materiale organico sintetico che può essere ammorbidito con il calore; è così possibile dargli una nuova forma in modo permanente o semipermanente. I termini «plastica» e «resine sistetiche» fanno riferimento a polimeri organici sintetici a lunga catena che acquistano uno stato solido nella fase finale. La plastica si divide in due grandi gruppi: materiali termoplastici e termostabili.
Lo sviluppo della plastica in edilizia non è stato facile per le prime aziende produttrici. La tradizione dei materiali convenzionali e la mancanza di conoscenza dei nuovi materiali sono stati fattori da superare, ma col tempo il consumo è iniziato a crescere facendo così scendere il prezzo della plastica. I risparmi ottenuti in termini di costo dei materiali e manodopera sono stati importanti. Tra i primi prodotti in plastica impiegati in edilizia troviamo i tubi e i relativi accessori per tubazioni e scarichi. La facilità di produzione e la versatilità della plastica, combinate con durata, forza, scarsa manutenzione e resistenza alla corrosione, ne hanno fatto un'ottima soluzione per i progetti architettonici. Gli sviluppi in corso nel campo del riciclaggio stanno contribuendo a scalzare l'idea che si tratti di un materiale poco ecologico.
La plastica per la costruzione è prodotta a base di polimeri, materie prime per i prodotti plastici sotto forma di pellicole, fasce, piastrelle, profilati, tubi e pezzi sagomati. Anche le schiume plastiche hanno un ruolo importante.
La plastica è composta da materie organiche sintetiche altamente resistenti alla corrosione e all'ossidazione. La facilità di lavorazione e modellazione consente di ottenere articoli plastici molto diversi, persino rinforzati con l'elasticità della gomma o sotto forma di schiume. In architettura la plastica non deve essere utilizzata come elemento di sostegno di carichi, ma può essere applicata con tutti gli altri elementi costruttivi.

POLIURETANO

Si tratta di un elastomero che non richiede vulcanizzazione nella lavorazione e che si forma tramite i processi normali applicati ai materiali termoplastici come l'iniezione, l'estrusione e la soffiatura. La formulazione dei poliuretani dipende dall'applicazione finale; questi possono essere termostabili o termoplastici. Il poliuretano termoplastico ad esempio presenta un'elevata resistenza all'abrasione. In edilizia si presenta sotto forma di schiuma di poliuretano ed è impiegato come isolante termico. Viene applicato su facciate e tetti o iniettato nei pannelli sandwich.

Proprietà
- Temperatura di utilizzo: tra −40 °C e 90 °C.
- Elevata resistenza meccanica.
- Alto potere ammortizzatore.
- Buona resistenza agli idrocarburi.
- Può essere prodotto in varie durezze e colori.

POLIMETACRILATO DI METILE O METACRILATO

Si tratta di un materiale termoplastico solido, dall'aspetto vitreo, stabile alla temperature e con una buona resistenza meccanica. È noto anche con il nome di vetro sintetico od organico o ancora con le varie denominazioni commerciali come Policril, Plexiglas, Vitroflex, Lucite o PerClax. Rispetto alle altre plastiche, resiste alle intemperie, ai graffi ed è trasparente. Le applicazioni del metacrilato nei vari ambiti industriali sono molteplici ed è disponibile in un'ampia varietà di colori e finiture, consentendone l'uso in architettura e arredamento.

Proprietà
- Temperatura di utilizzo: tra −40 °C e 90 °C circa.
- Densità: 1,19 g/cm^3 circa.
- Trasparenza: 93%.
- Elevata resistenza agli urti, maggiore di dieci-venti volte rispetto al vetro.
- Ottimo isolante termico e acustico.
- Resiste alle aggressioni di molti composti, ma è vulnerabile a elementi quali l'acetone, l'acido solforico, il benzolo e il toluene.
- È facilmente combustibile anche se non produce gas tossici; per questo è considerato sicuro.
- Resiste alle intemperie e ai raggi ultravioletti.

POLICARBONATO

Si tratta di un gruppo di materiali termoplastici facili da lavorare, sagomare e termoformare. Ha caratteristiche simili al polimetacrilato, ma è più flessibile. È utilizzato nella produzione di pannelli, pareti interne e lucernari, soprattutto quello a doppia cellula. Inizia a essere molto usato nelle abitazioni e nell'industria per la sua resistenza agli urti e alla temperatura, oltre che per le sue proprietà ottiche.

Proprietà
- Temperatura di utilizzo: tra −100 °C e 135 °C.
- Densità: 1,20 g/cm^3.
- Trasparenza: 90% ± 1%.
- Elevata resistenza agli urti e rigidità.
- Elevata stabilità dimensionale.
- Elevata resistenza alla deformazione termica.
- Buon isolamento elettrico.
- Incombustibile.
- Resiste alle intemperie e parzialmente anche ai raggi ultravioletti.

POLIESTERE

Il poliestere è una categoria generica di polimeri. Quelli presenti in natura sono conosciuti dal 1830, ma il termine si riferisce ai poliesteri sintetici derivati dal petrolio. Quello più noto è il PET. Il poliestere è una resina termostabile ottenuta per polimerizzazione dello stirene e di altri prodotti chimici, che si indurisce a temperatura ambiente e resiste all'umidità, ai prodotti chimici e alle forze meccaniche. Il risultato del processo di polimerizzazione è una fibra, inizialmente utilizzata per i fili da cucire e che attualmente ha molteplici applicazioni come la produzione di bottiglie di plastica, rivestimenti in lamine, imbarcazioni, strutture leggere o lastre per coperture.

Proprietà
- Temperatura di utilizzo: tra −40 °C e 110 °C circa.
- Elevata resistenza meccanica, durezza e rigidità.
- Basso coefficiente di frizione.
- Elevata stabilità dimensionale.
- Termostabile ed isolante termico.
- Buon isolamento elettrico.
- Elevata resistenza alle sostanze chimiche.

PVC (CLORURO DI POLIVINILE)

Il PVC è l'unica plastica che non deriva al 100% dal petrolio. Contiene infatti il 57% di cloro e il 43% di etilene. È uno dei polimeri meno stabili e allo stesso tempo una delle plastiche più usate grazie allo sviluppo di stabilizzanti che ne hanno agevolato l'espansione. Grazie a questi prodotti può essere trasformato in un materiale rigido o flessibile, consentendone molteplici applicazioni. La sua resistenza all'usura, la bassa densità e una buona resistenza meccanica e agli urti lo rendono adatto all'applicazione in edilizia, dove è utilizzato per realizzare lamiere, rivestimenti, impermeabilizzazioni, pavimenti e tubature.

Proprietà
- Temperatura di lavorazione: tra −15 °C e 60 °C.
- Densità: 1,4 g/cm³.
- Solido e resistente agli impatti e agli urti.
- Resistenza, durezza e rigidità meccanica elevata.
- Ottimo isolante termico, elettrico e acustico
- Stabile e inerte.
- Resiste a funghi, batteri, insetti e roditori.
- Resiste alla maggior parte dei reagenti chimici.
- Resiste alle intemperie (sole, pioggia, vento e aria di mare).
- Autoestinguente.
- Impermeabile ai gas e ai liquidi.

TEFLON (POLITETRAFLUOROETILENE)

Il politetrafluoroetilene è un polimero simile al polietilene, in cui gli atomi di idrogeno sono stati sostituiti con atomi di fluoro. La multinazionale DuPont commercializza questo polimero con il nome di Teflon.
Le principali qualità di questa plastica sono l'impermeabilità e la capacità di mantenere le sue proprietà in ambienti umidi; è inoltre praticamente inerte a causa della protezione che gli atomi di fluoro garantiscono alla catena carbonata. Tuttavia un sottoprodotto presente nel teflon, l'acido perfluorooottanoico è inquinante e potenzialmente cancerogeno. Si tratta di un buon isolante elettrico e di un materiale flessibile, che non si altera con l'azione della luce. In architettura è usato come rivestimento sotto forma di materiale tessile.

Proprietà
- Temperatura di utilizzo: tra −240 °C e 260 °C.
- Termostabile.
- Buon isolante termico ed elettrico.
- Praticamente inerte se messo a contatto con quasi tutti gli elementi e composti noti.
- Antiaderente.
- Resiste agli agenti atmosferici e alla luce.

EFTE

La sigla ETFE è l'abbreviazione di etilene-tetrafluoroetilene. Si tratta di una plastica trasparente che dura a lungo nel tempo, con un'elevata resistenza chimica e meccanica al taglio e all'abrasione, è molto resistente alla corrosione, combustibile ma non infiammabile, facile da pulire e riciclabile. Consente diversi metodi di produzione: la resina è lavorabile tramite processo di estrusione, stampaggio a iniezione, compressione, trasferimento e pressione di liquido.
La caratteristica che ne fa un prodotto adatto in architettura è la sua resistenza ai raggi ultravioletti. Questo, insieme al fatto che ha un peso cento volte minore rispetto al vetro, lascia passare più luce e se disposto in doppio strato è più isolante, ne fa un'ottima alternativa al vetro. Le superfici possono però danneggiarsi con oggetti appuntiti; risulta quindi necessario applicare un rinforzo. Un altro svantaggio è che i pannelli possono amplificare i rumori e trasmettere più suoni del vetro. Viene usato nelle strutture con sistema di tensionamento, monostrato o bistrato.

Proprietà
- Temperatura di utilizzo: tra −100 °C e 160 °C.
- Densità: 1,7 g/cm³.
- Trasmissione luminosa: quasi il 100%.
- Lunga durata.
- Elevata resistenza elettrica e chimica, buone caratteristiche termiche.
- Elevata resistenza ad acidi, alcali, cetoni, alcol e idrocarburi.
- Autoestinguente.
- Resiste ai raggi ultravioletti.

MELAMINA

La melamina è un composto organico lievemente solubile in acqua che allo stato naturale appare come un solido bianco. Si tratta di un'amminoresina usata principalmente come adesivo per produrre legno agglomerato e compensato. È termostabile, pesante e stabile alla luce. Può essere colorata cn qualsiasi sostanza e ha una buona resistenza chimica, a eccezione degli acidi. La sua principale applicazione in edilizia è sotto forma di lastre di legno e laminati, usati nella lavorazione di questo materiale. Alcuni nomi commerciali noti sono Formica o Railite.

Proprietà
- Densità: 1,574 g/cm³.
- Colore: bianco.
- Si presenta sotto forma di cristalli.
- Elevato punto di ammorbidimento.
- Insolubile nei vari solventi comuni.
- Resiste agli alcali.
- Termostabile.
- Non riciclabile.

NYLON

Il nylon, nome derivante dal marchio commerciale registrato nylon®, è un polimero artificiale appartenente al gruppo dei poliammidi. Le sue fibre possono avere la brillantezza e l'apparenza della seta o l'aspetto di fibre naturali come il cotone. La sua resistenza alla tensione è molto maggiore rispetto a quella di lana, seta, rayon o cotone. È possibile applicare colorazioni alla massa fusa di nylon, al tessuto o alla fibra finali. Si tratta di una fibra tessile elastica e resistente che non teme le tarme, non richiede stiratura ed è utilizzata per la produzione di calze, tessuti e stoffe di maglia oltre che per setole e lenze. Il suo uso in architettura è limitato ai rivestimenti in tessuto: teloni, parasole, ecc.

Proprietà
- Temperatura di utilizzo: tra −40 °C e 150 °C.
- Densità: 1,15 g/cm³.
- Non è trasparente.
- Elevata resistenza e rigidità.
- Resiste a fattori ambientali come l'acqua, la luce ultravioletta e l'ossigeno.
- Ha una buona resistenza chimica ad alcol, cetoni e idrocarburi aromatici.
- Scarsa resistenza chimica a grassi, oli e alogeni.

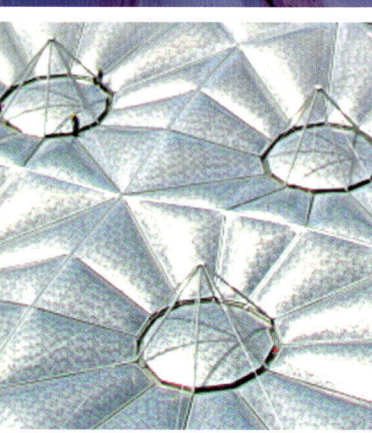

EFTE (ethylene-tetrafluoroethylene)
EFTE (Ethylen Tetraflouroethylen)
ETFE (éthylène tétrafluoroéthylène)
ETFE (ethyleen-tetrafluorethylene)
EFTE (etilene-tetrafluoroetilene)
EFTE (etileno-tetrafluoroetileno)

PLÁSTICOS

Los plásticos son materiales orgánicos sintéticos que se pueden hacer más blandos mediante el calor, adoptando una nueva forma que se mantiene permanente o semipermanente. Los términos «plástico» y «resinas sintéticas» se refieren a polímeros orgánicos sintéticos de cadena larga que son sólidos en el estado final. Los plásticos se clasifican en dos grandes grupos: materiales termoplásticos y termoestables.

El desarrollo del plástico en la construcción no fue fácil para las primeras industrias. La tradición de los materiales convencionales y el desconocimiento de los nuevos materiales fueron factores a superar, pero el consumo comenzó a crecer y el precio de los plásticos bajó. Se logró un ahorro en el coste del material y en la mano de obra. Entre los primeros productos de plástico empleados en la construcción figuran las tuberías y sus accesorios para desagües. La facilidad de fabricación y versatilidad del plástico, combinadas con su durabilidad, fuerza, escaso mantenimiento y resistencia a la corrosión, lo convierten en una buena elección para arquitectura. Los progresos que se están realizando en el ámbito del reciclaje ayudan a desterrar la idea de que se trata de un material poco ecológico.

Los plásticos para construcción se preparan a partir de polímeros, materias primas para productos plásticos en forma de películas, bandas, baldosas, perfiles, tubos y piezas moldeadas. Los productos espumados también son importantes.

El plástico está compuesto de materias orgánicas sintéticas muy resistentes a la corrosión y la oxidación. Su facilidad para manipularlos y darles forma permite obtener artículos plásticos muy diversos, incluso reforzados con elasticidad de goma o espumados. En arquitectura, los plásticos no deben utilizarse en elementos que tengan que soportar cargas, aunque sí pueden emplearse en los restantes elementos de construcción.

POLIURETANO

Es un elastómero que no requiere de vulcanización para su proceso y que se forma mediante los procesos habituales para termoplásticos, como son la inyección, extrusión y el soplado. La formulación de los poliuretanos depende de la aplicación final, y pueden ser termoestables o termoplásticos. El poliuretano termoplástico, por ejemplo, se caracteriza por su alta resistencia a la abrasión. En construcción se presenta en forma de espuma de poliuretano y se utiliza como aislamiento térmico. Se proyecta sobre fachadas y cubiertas en obra o se inyecta en los paneles sándwich.

Propiedades
- Temperatura de uso: entre −40 °C y 90 °C.
- Alta resistencia mecánica.
- Alto poder amortiguador.
- Buena resistencia a los hidrocarburos.
- Se puede fabricar con distintas durezas y colores.

POLIMECRATILATO DE METILO O METACRILATO

Se trata de un termoplástico sólido de aspecto vítreo estable a la temperatura y de buena resistencia mecánica. Se le conoce también como vidrio sintético u orgánico, o por alguno de sus nombres comerciales, como Policril, Plexiglás, Vitroflex, Lucite o PerClax. Destaca frente a otros plásticos por su resistencia a la intemperie, su transparencia y su resistencia al rayado. Las aplicaciones del metacrilato en los distintos sectores industriales son múltiples, y está disponible en una gran variedad de colores y acabados, lo que posibilita su uso en arquitectura y decoración.

Propiedades
- Temperatura de uso: entre −40 °C y 90 °C aprox.
- Densidad: 1,19 g/cm^3 aprox.
- Transparencia: 93%.
- Alta resistencia al impacto, de unas diez a veinte veces la del vidrio.
- Excelente aislante térmico y acústico.
- Resistente a la agresión de muchos compuestos pero vulnerable a otros como la acetona, el ácido sulfúrico, el benzol y el tolueno.
- De fácil combustión aunque no produce gas tóxico, por lo que se considera seguro.
- Resistente a la intemperie y a los rayos UV.

POLICARBONATO

Conforma un grupo de termoplásticos fáciles de trabajar, moldear y termoformar. Es un plástico de características parecidas al polimetacrilato, pero más flexible. Se emplea en la construcción de paneles, paredes interiores y lucernarios, en especial el de doble celdilla. Empieza a ser muy común en los hogares y en la industria debido a su resistencia a los impactos y a la temperatura así como por sus propiedades ópticas.

Propiedades
- Temperatura de uso: entre −100 °C y 135 °C.
- Densidad: 1,20 g/cm^3.
- Transparencia: 90% ± 1%
- Alta resistencia a golpes y rigidez.
- Alta estabilidad dimensional.
- Elevada resistencia a la deformación térmica.
- Buen aislamiento eléctrico.
- Incombustible.
- Resistencia a la intemperie y aceptable resistencia a los rayos UV.

POLIÉSTER

El poliéster es una categoría genérica de polímeros. Los que existen en la naturaleza se conocen desde 1830, pero el término se refiere a los poliésteres sintéticos derivados del petróleo. El más conocido es el PET.

El poliéster es una resina termoestable obtenida por polimerización del estireno y otros productos químicos que se endurece a la temperatura ordinaria y es resistente a la humedad, a los productos químicos y a las fuerzas mecánicas. Como resultado del proceso de polimerización se obtiene una fibra, que en sus inicios fue la base de hilos para coser y que actualmente tiene múltiples aplicaciones, como la fabricación de botellas de plástico, recubrimientos de láminas, embarcaciones, estructuras ligeras, o placas para cubiertas.

Propiedades
- Temperatura de uso: entre −40 °C y 110 °C aprox.
- Elevada resistencia mecánica, dureza y rigidez.
- Bajo coeficiente de fricción.
- Elevada estabilidad dimensional.
- Termoestable y aislante térmico.
- Buen aislante eléctrico.
- Elevada resistencia a sustancias químicas.

PVC (CLORURO DE POLIVINILO)

El PVC es el único plástico que no se obtiene en un 100% del petróleo. Contiene un 57% de cloro y un 43% de etileno. Es uno de los polímeros menos estables y al mismo tiempo uno de los plásticos más utilizados gracias al desarrollo de estabilizantes que han propiciado su expansión. Gracias a estos productos se puede transformar en un material rígido o flexible, lo que permite múltiples aplicaciones. Su resistencia a la abrasión, su baja densidad y una buena resistencia mecánica y al impacto lo hacen idóneo para la construcción, donde se aplica en planchas, revestimientos, impermeabilizaciones, pavimentos y tuberías.

Propiedades
- Temperatura de trabajo: entre −15 °C y 60 °C.
- Densidad: 1,4 g/cm^3.
- Sólido y resistente a impactos y choques.
- Resistencia, rigidez y dureza mecánicas elevadas.
- Buen aislante térmico, eléctrico y acústico.
- Es estable e inerte.
- Resistencia a la acción de hongos, bacterias, insectos y roedores.
- Resistencia a la mayoría de los reactivos químicos.
- Resistencia a la intemperie (sol, lluvia, viento y aire marino).
- Autoextinguible.
- Impermeable a gases y líquidos.

TEFLÓN (POLITETRAFLUOROETILENO)

El politetrafluoroetileno es un polímero similar al polietileno en el que los átomos de hidrógeno han sido sustituidos por átomos de flúor. La multinacional DuPont comercializa este polímero bajo la denominación de Teflon.
Las virtudes principales de este plástico son su impermeabilidad, su capacidad de mantener sus propiedades en ambientes húmedos, y que es prácticamente inerte, debido a la protección que los átomos de flúor dan a la cadena carbonada. Sin embargo, un subproducto presente en el teflón, el ácido perfluorooctanoico, resulta contaminante y es potencialmente cancerígeno. También es también un buen aislante eléctrico y un material flexible que no se altera por la acción de la luz. En arquitectura se encuentra como revestimiento en forma de material textil.

Propiedades
- Temperatura de uso: entre −240 °C y 260 °C.
- Termoestable.
- Buen aislante térmico y eléctrico.
- Prácticamente inerte a casi todos los elementos y compuestos conocidos.
- Antiadherente.
- Resistencia a los agentes atmosféricos y a la luz.

EFTE

Las siglas ETFE son el acrónimo del etileno-tetrafluoroetileno. Se trata de un plástico transparente muy durable, de elevada resistencia química y mecánica al corte y a la abrasión, muy resistente a la corrosión, combustible pero no inflamable, fácil de limpiar y reciclable. Permite diferentes métodos de fabricación: la resina es procesable por extrusión, moldeo por inyección, por compresión, por transferencia y por presión de líquido.
La cualidad que lo hace idóneo para la arquitectura es su resistencia a los rayos UV. Esto, unido a que pesa cien veces menos que el vidrio, deja pasar más luz y en doble lámina es más aislante, lo convierte en una alternativa al vidrio. Sin embargo, las superficies pueden dañarse con objetos punzantes, por lo que es necesario el refuerzo. Otra desventaja es que los paneles pueden amplificar los ruidos y transmitir más sonido que el vidrio. Se emplea en estructuras tensadas, tanto monocapa como bicapa.

Propiedades
- Temperatura de uso: entre −100 °C y 160 °C.
- Densidad: 1,7 g/cm^3.
- Transmisión lumínica cercana al 100%.
- Larga durabilidad.
- Alta resistencia eléctrica y química y buenas características térmicas.
- Alta resistencia a ácidos, álcalis, cetonas, alcoholes e hidrocarburos.
- Autoextinguible.
- Resistencia a los rayos UV.

MELAMINA

La melamina es un compuesto orgánico levemente soluble en agua que en su estado natural forma un sólido blanco. Es una aminorresina que se usa principalmente como adhesivo para hacer madera aglomerada y contrachapado. Se caracteriza por ser termoestable, pesada y estable a la luz. Admite toda clase de coloraciones y es un buen resistente químico, con excepción de los ácidos. Su aplicación principal en la construcción es en forma de chapas de madera y laminados utilizados en carpintería. Algunas denominaciones comerciales conocidas son Formica o Railite.

Propiedades
- Densidad: 1,574 g/cm^3.
- Color: blanco.
- Se presenta en forma de cristales.
- Alto punto de reblandecimiento.
- Insoluble en los disolventes comunes.
- Resistencia a los álcalis.
- Termoestable.
- No reciclable.

NAILON

El nailon o nilón, nombre procedente de la marca comercial registrada nylon®, es un polímero artificial que pertenece al grupo de las poliamidas. Las fibras pueden tener el brillo y la apariencia de la seda o el aspecto de fibras naturales como el algodón. Su resistencia a la tensión es mucho mayor que la de la lana, la seda, el rayón o el algodón. También se pueden aplicar tintes a la masa fundida de nailon o al tejido o la fibra ya terminados. Es una fibra textil elástica y resistente, inmune a la polilla, no precisa planchado y se utiliza en la confección de medias, tejidos y telas de punto y también en cerdas y sedales. Su uso en arquitectura se reduce a revestimientos de material textil: lonas, parasoles, etc.

Propiedades
- Temperatura de uso: entre −40 °C y 150 °C.
- Densidad: 1,15 g/cm^3.
- No es transparente.
- Alta resistencia y rigidez.
- Resistencia a factores ambientales como agua, luz UV y oxígeno.
- Buena resistencia química a los alcoholes, cetonas e hidrocarburos aromáticos.
- Mala resistencia química a las grasas y aceites y a los halógenos.

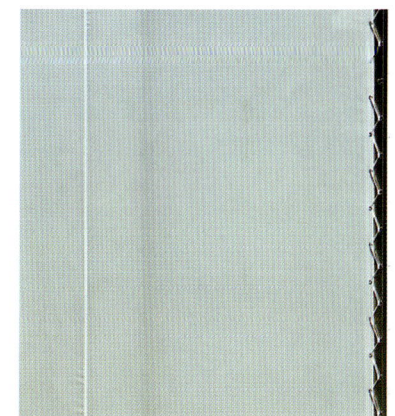

Polycarbonate / Polycarbonat
Polycarbonate / Polycarbonaat
Policarbonato / Policarbonato

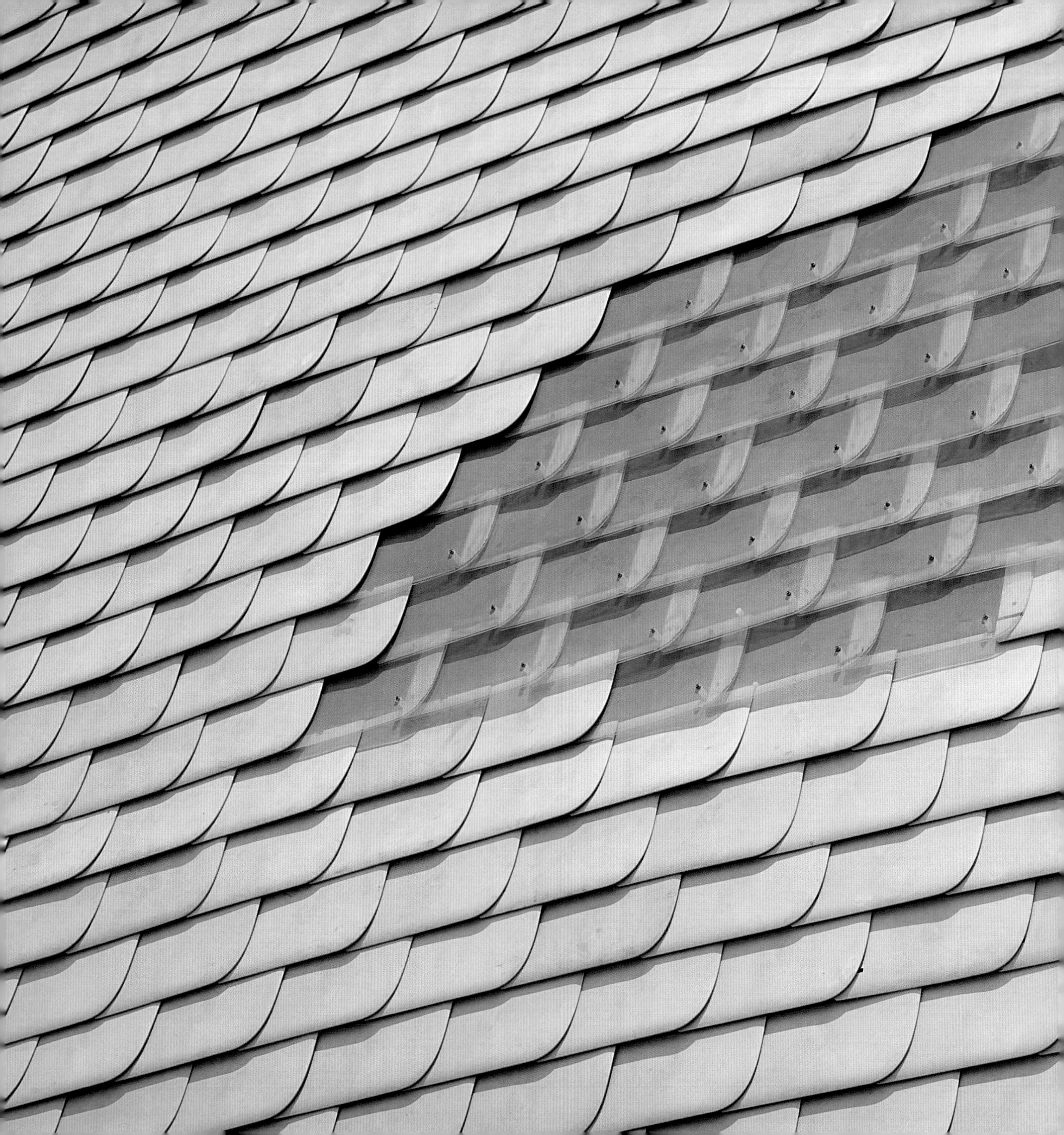

MISCELLANEOUS
VERSCHIEDENE MATERIALIEN
LES INCLASSABLES
DIVERS
VARIE
VARIOS

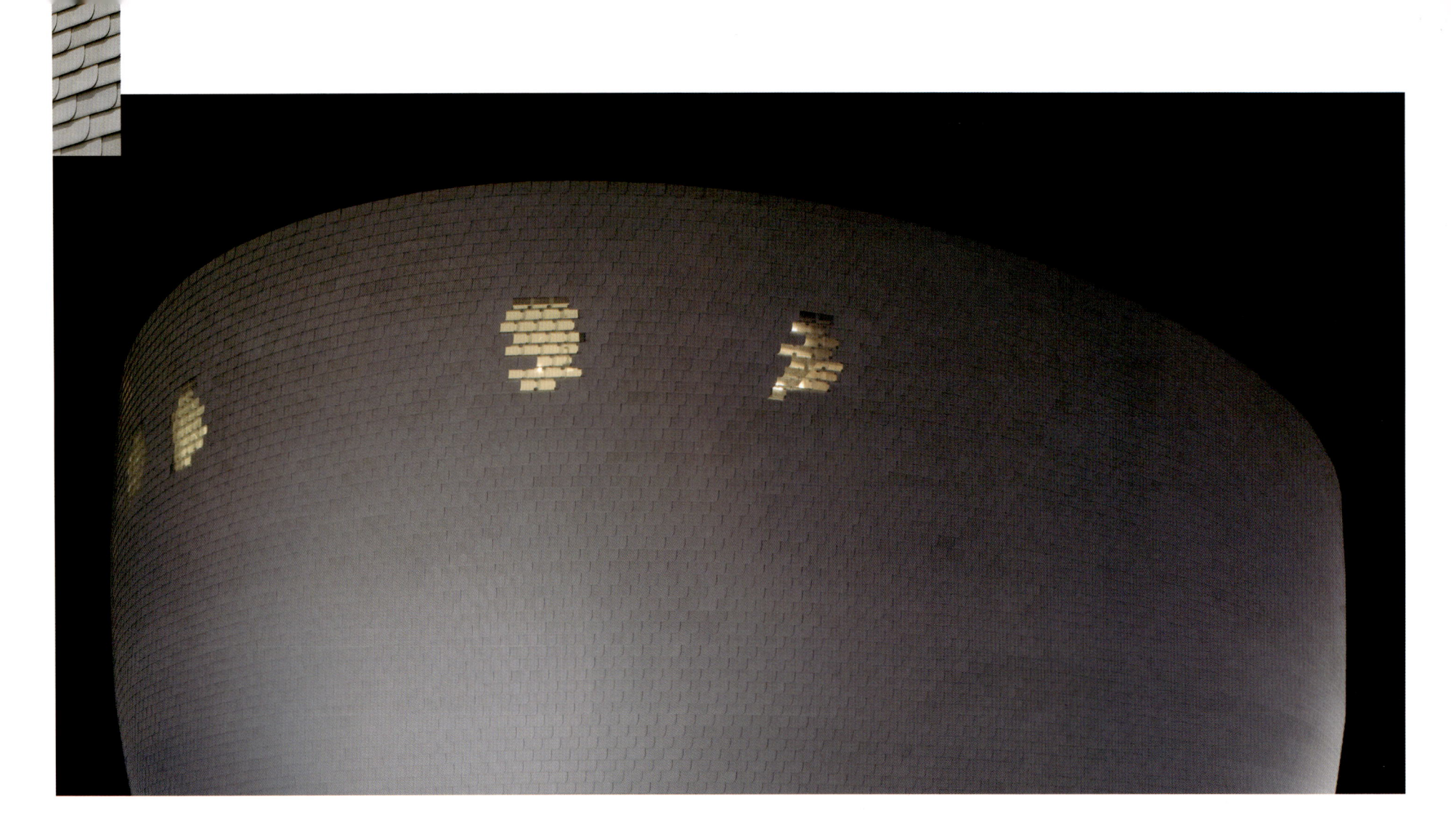

FINLAND PAVILION IN SHANGHAI EXPO 2010

JKMM Architects
Shanghai, China
© Derryck Menere, Daniele Mattioli, Hanne Granberg, Kari Palsila, Lucas Schifres

Recycled plastic and paper / Verbundstoff aus Recycling-Papier und -Kunststoff / Plastique et papier recyclé
Plastic en kringlooppapier / Plastica e carta riciclata / Plástico y papel reciclado

This pavilion is designed with the idea of having as long as possible useful life. On the one hand, it can be disassembled and moved easily. On the other hand, recycling has been a must in order to extend its use. An example of this concept is the use of recycled material, a composite of paper and plastic, on the scales that form the façade.

Ce pavillon a été conçu pour avoir une longévité aussi étendue que possible. Il est possible de le démonter et de le transporter pour le remonter ailleurs. Les matériaux le composant étant recyclables, son usage se prolonge au-delà de son existence. D'ailleurs, ce concept est déjà en œuvre dans le bâtiment puisque les écailles qui couvrent la façade sont faites dans un matériau composite alliant papier et plastique.

Questo padiglione è stato progettato con l'obiettivo di avere la maggiore durata possibile. Da una parte può essere smontato e spostato facilmente, dall'altra si è insistito sulla possibilità di riciclaggio per prolungarne l'utilizzo. Un esempio di questo concetto è l'impiego di materiale riciclato, un composto di carta e plastica disposto a squame che vanno a costituire la facciata.

Dieser Pavillon wurde ausgehend von der Idee entworfen, dass er eine möglichst lange Lebensdauer bieten sollte. Einerseits kann er problemlos rückgebaut und an einem anderen Ort wieder aufgestellt werden, andererseits wurde Wert auf Recycling gelegt, um seine Nutzungsdauer zu verlängern. Ein Beispiel für dieses Konzept ist die Nutzung von Recyclingmaterial, einem Papier-Kunststoff-Verbundstoff, für die Schuppen, die die Fassade bilden.

Dit paviljoen is ontworpen met de bedoeling een zo lang mogelijke levensduur te bieden. Het kan enerzijds gemakkelijk worden gedemonteerd en getransporteerd. Anderzijds is volhard in het recyclen om zo het gebruik ervan te verlengen. Een voorbeeld van dit concept is de toepassing van gerecycled materiaal, een samenstelling van papier en plastic, op de schubben waaruit de gevel bestaat.

Este pabellón se ha diseñado con la idea de que tenga una vida útil lo más larga posible. Por un lado, se puede desmontar y trasladar fácilmente. Por el otro, se ha insistido en el reciclaje para alargar su uso. Un ejemplo de este concepto es la utilización de material reciclado, un compuesto de papel y plástico, en las escamas que forman la fachada.

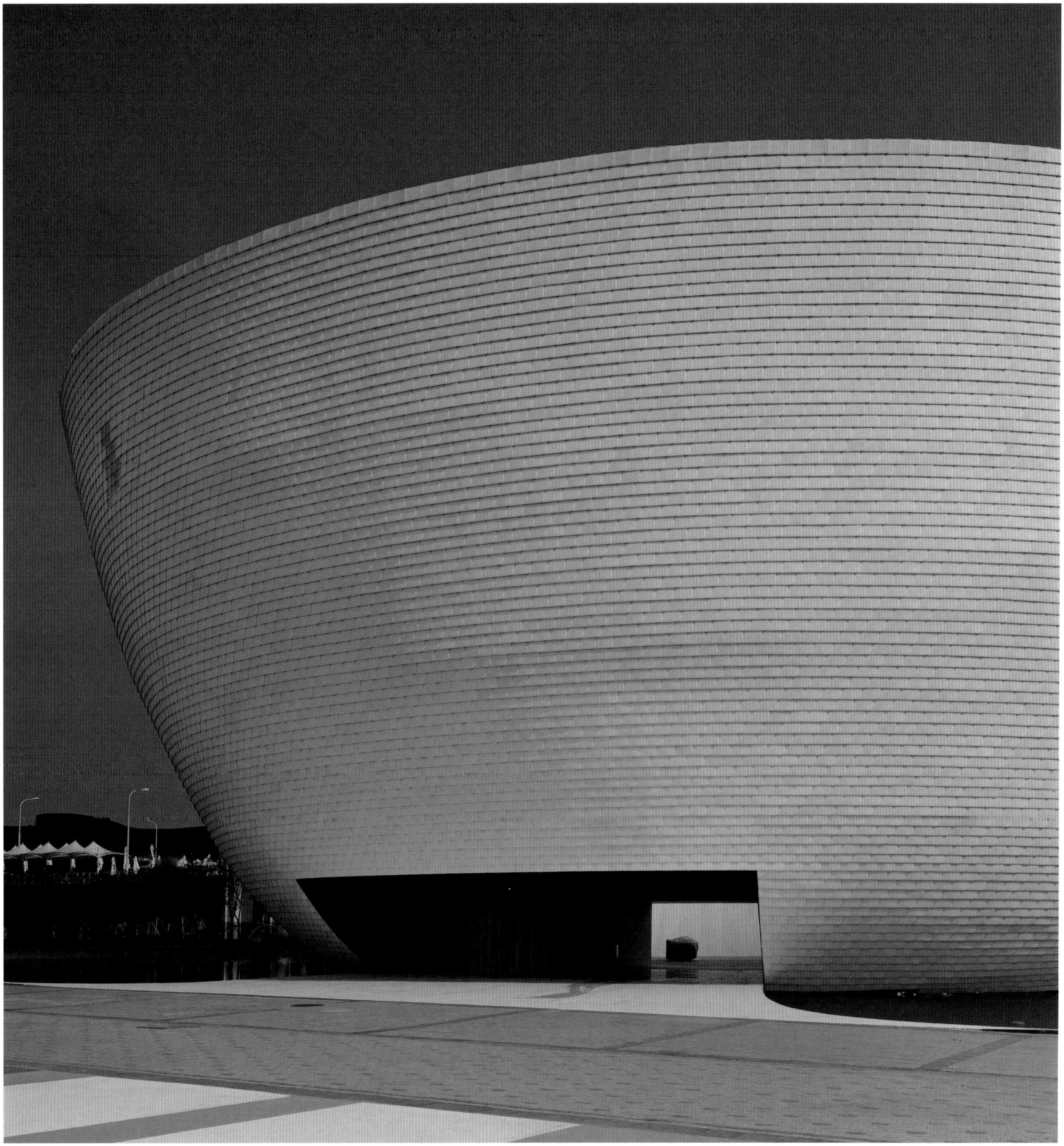

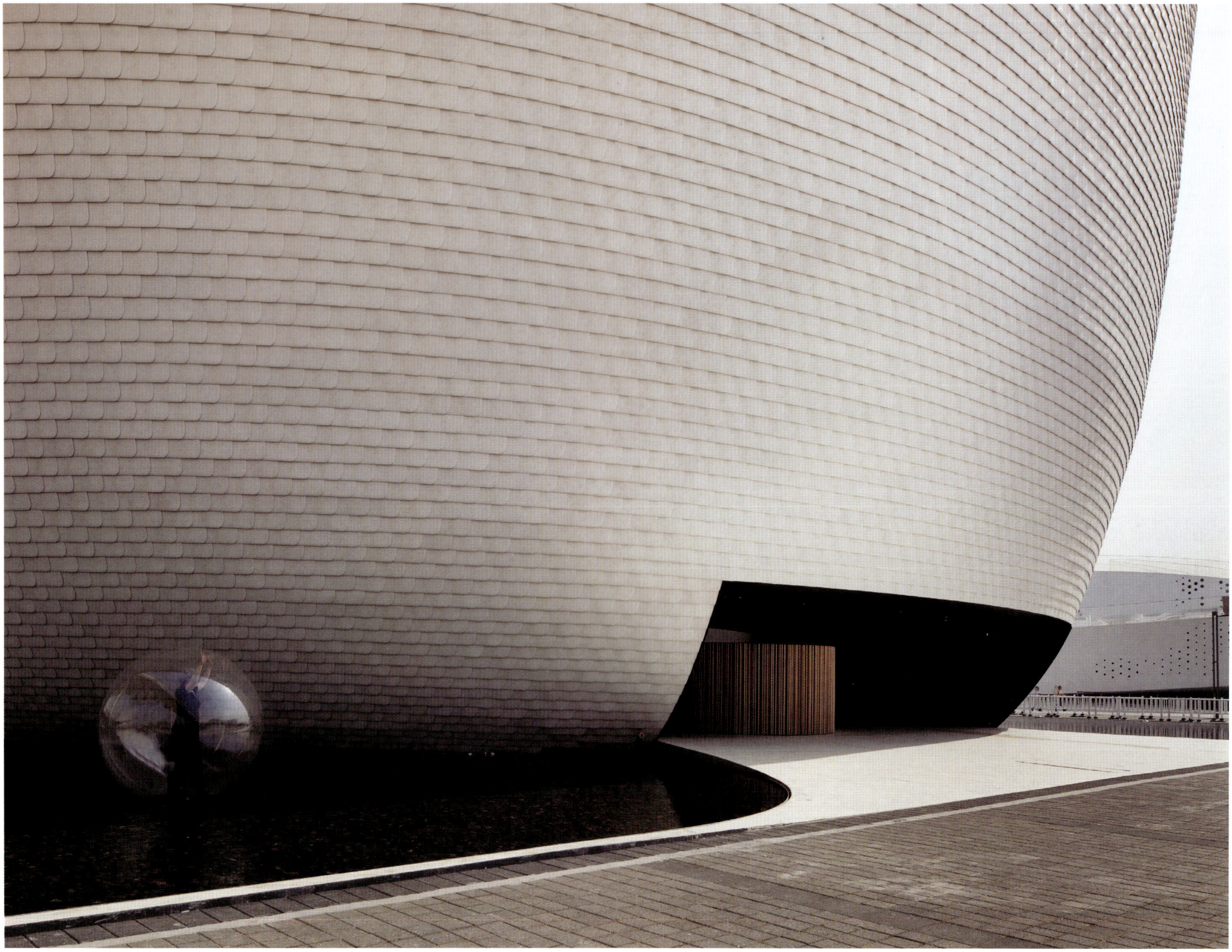

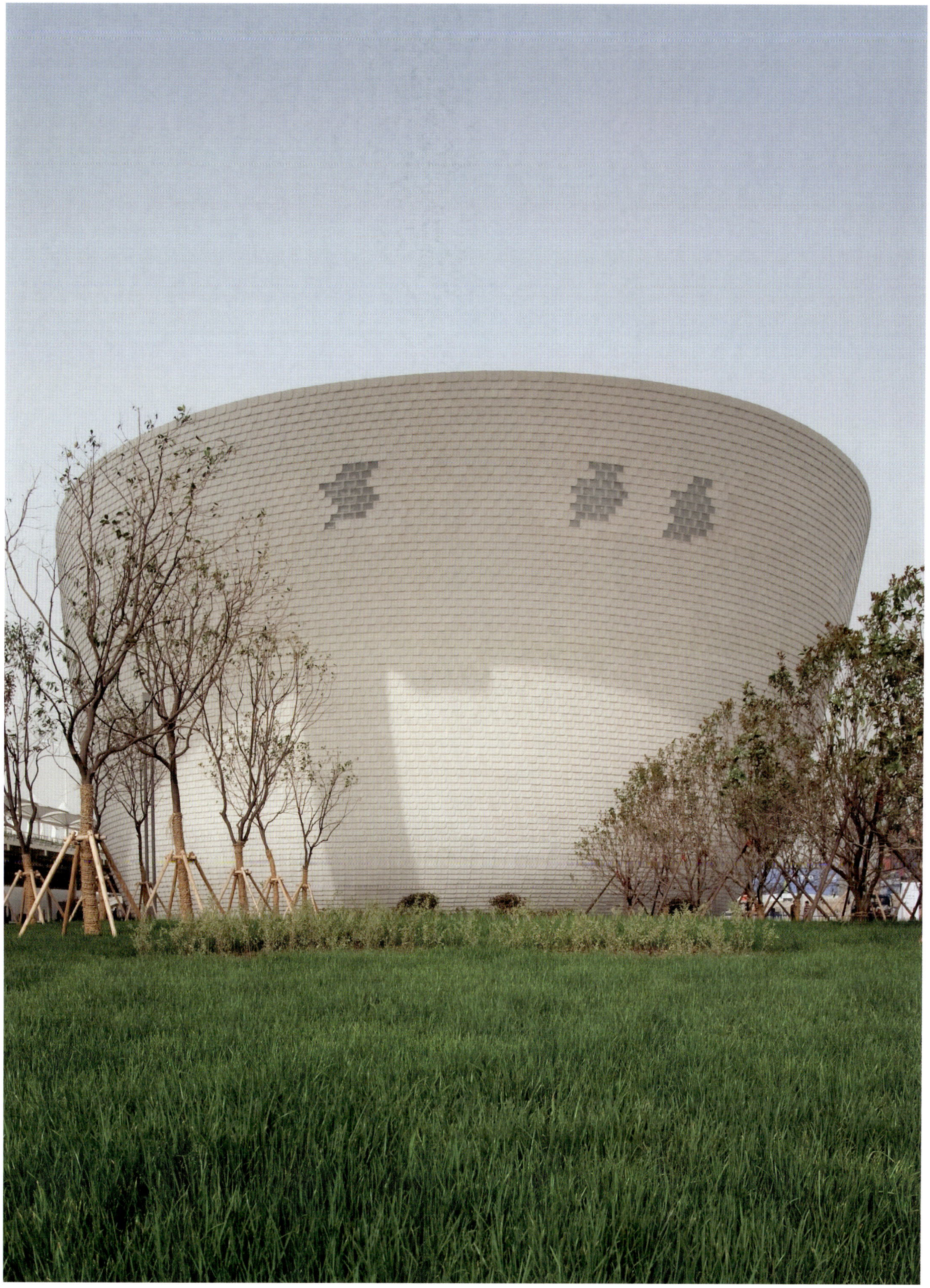

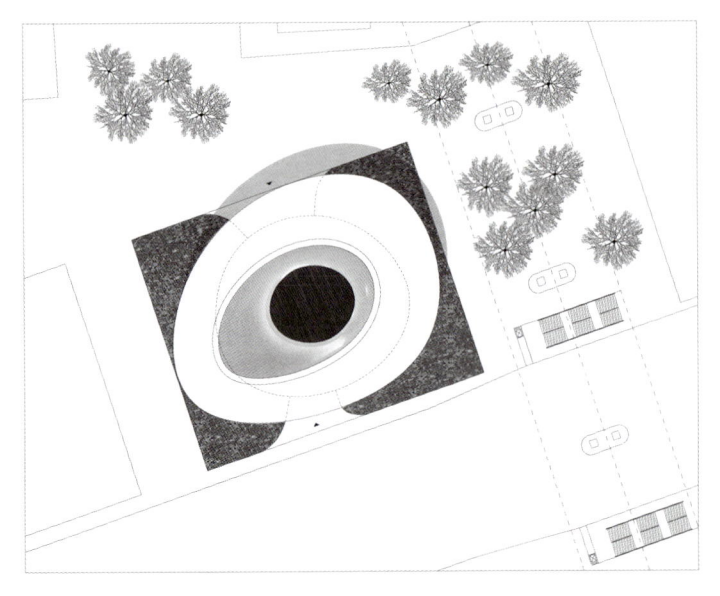

Location plan / Umgebungsplan
Plan de situation / Omgenigsplattegrond
Planimetria di localizzazione / Plano de situación

Level 1 / Ebene 1
Niveau 1 / Niveau 1
Livello 1 / Nivel 1

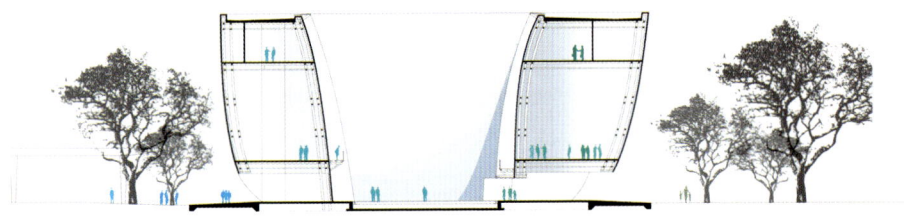

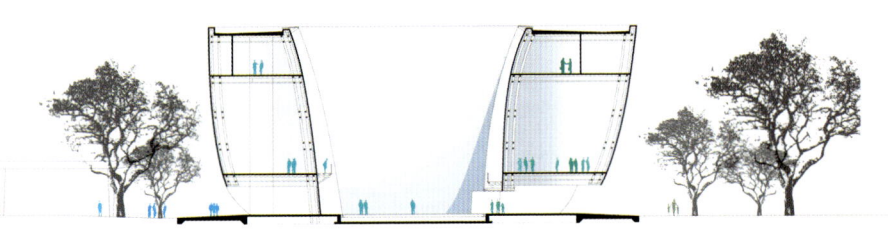

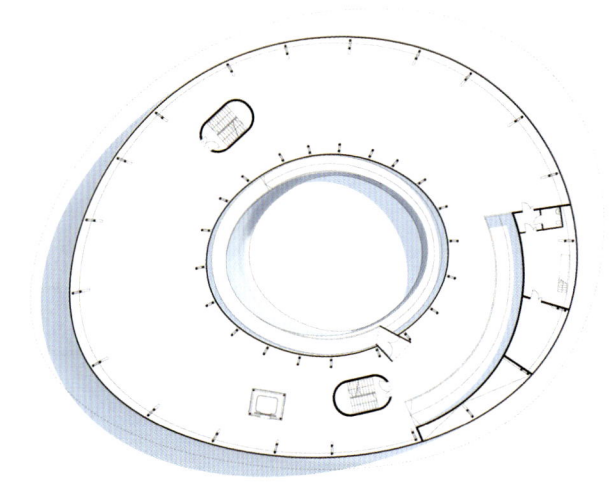

Level 2 / Ebene 2
Niveau 2 / Niveau 2
Livello 2 / Nivel 2

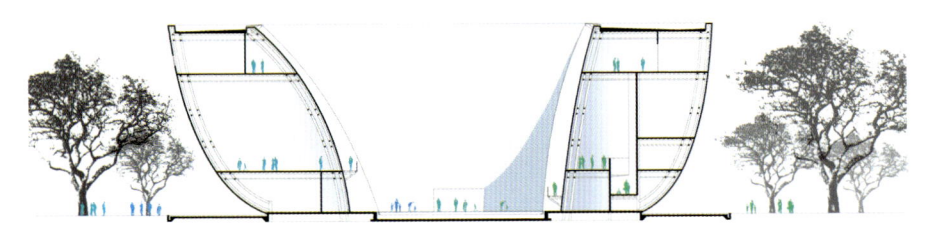

Sections / Schnitte
Coupes / Doorsneden
Sezioni / Secciones

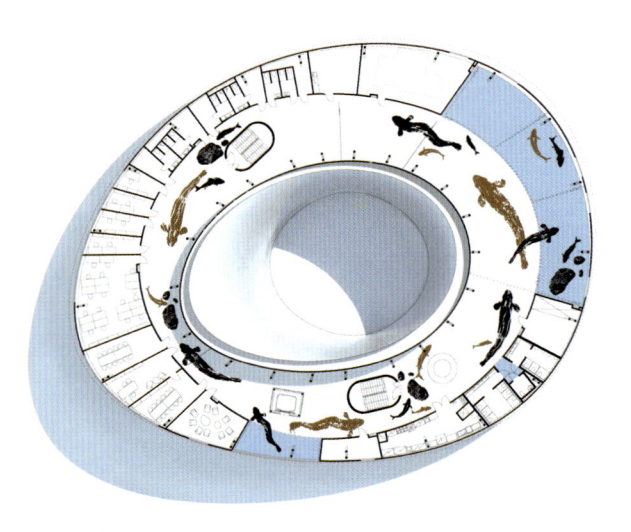

Level 3 / Ebene 3
Niveau 3 / Niveau 3
Livello 3 / Nivel 3

557

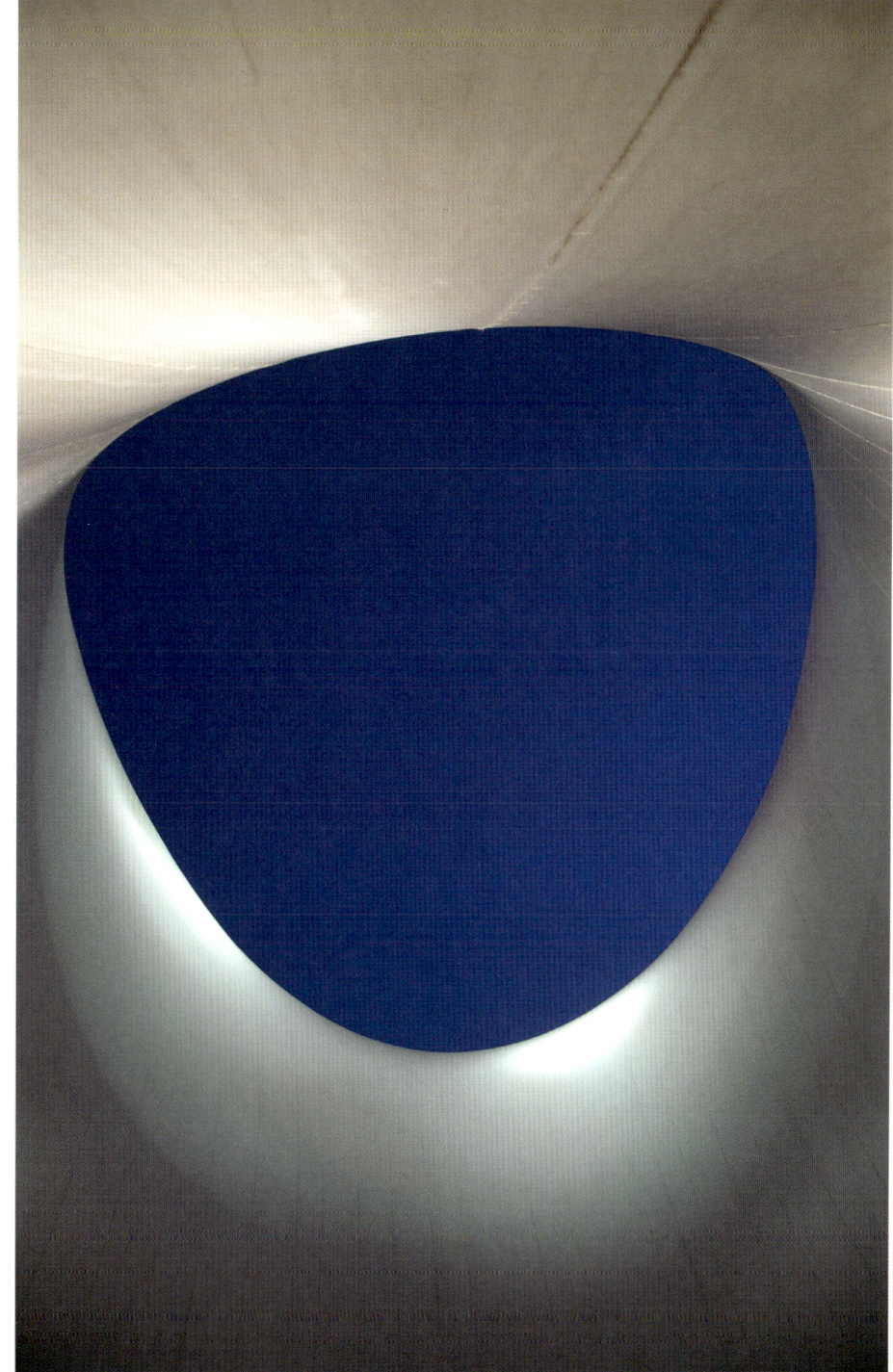

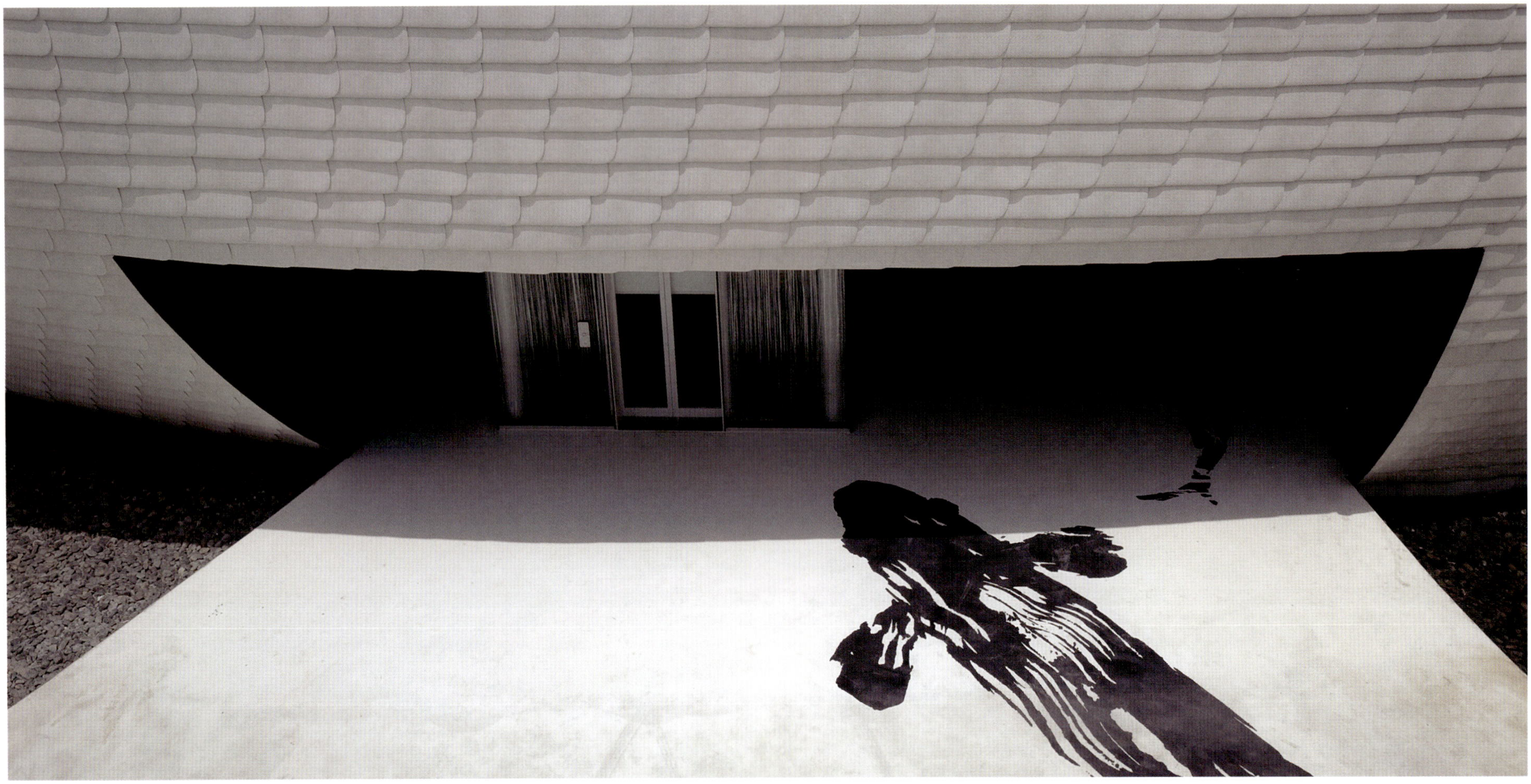

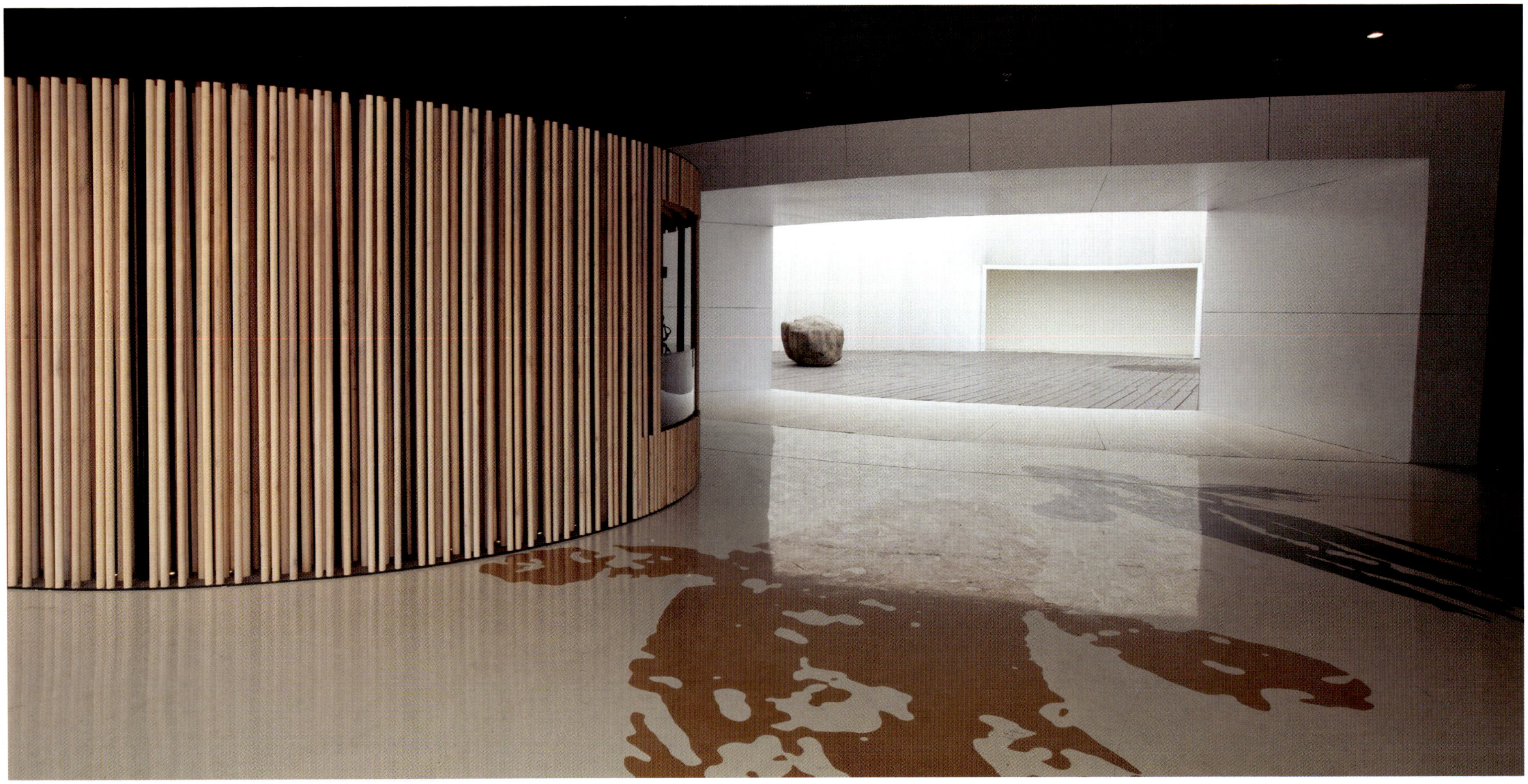

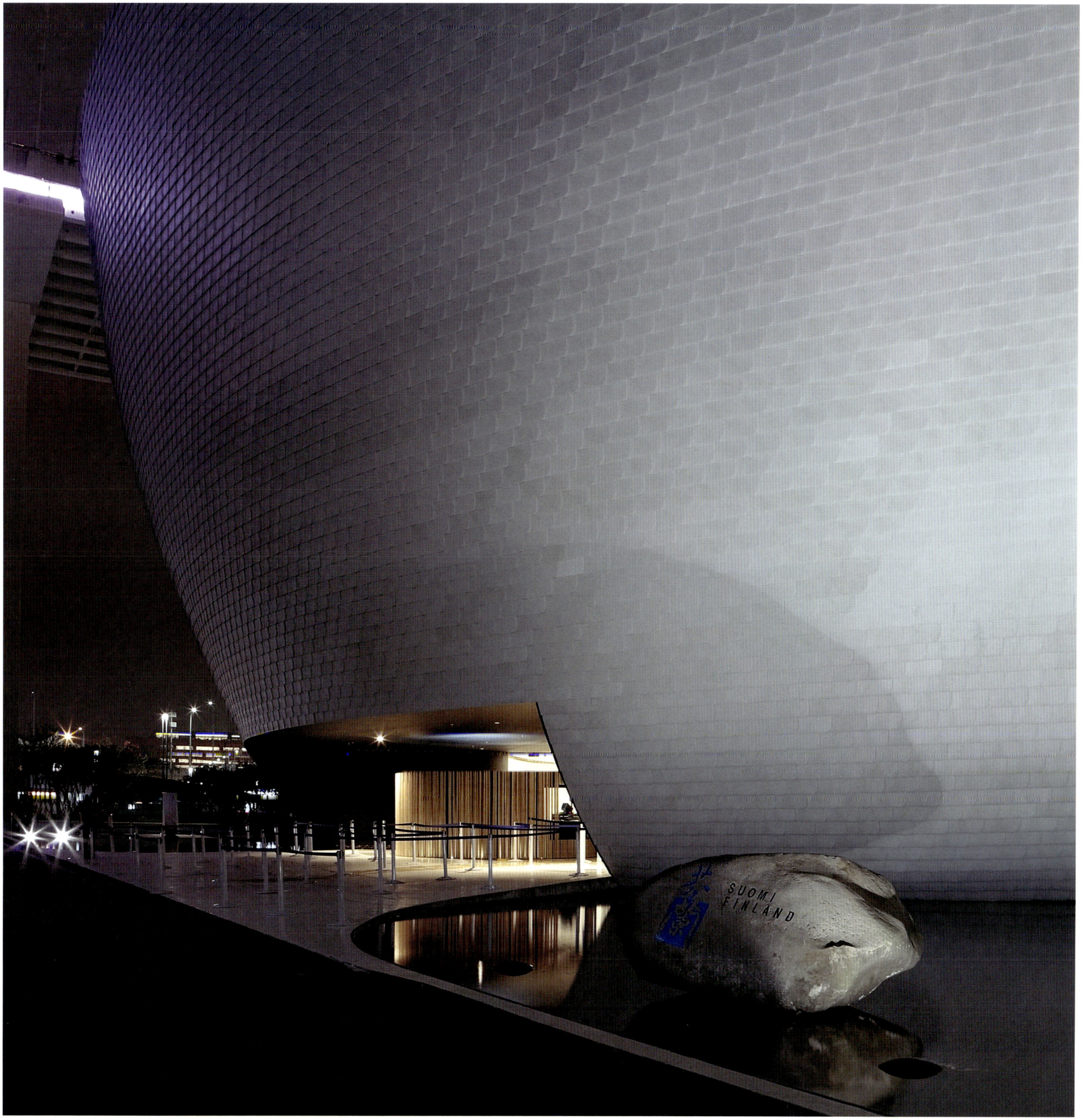
SUOMI
FINLAND

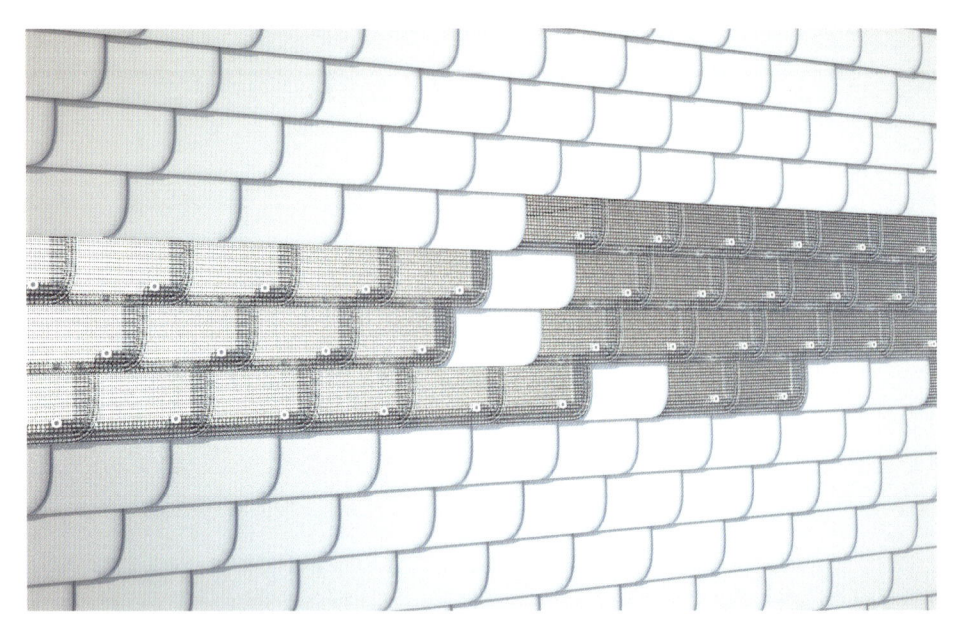

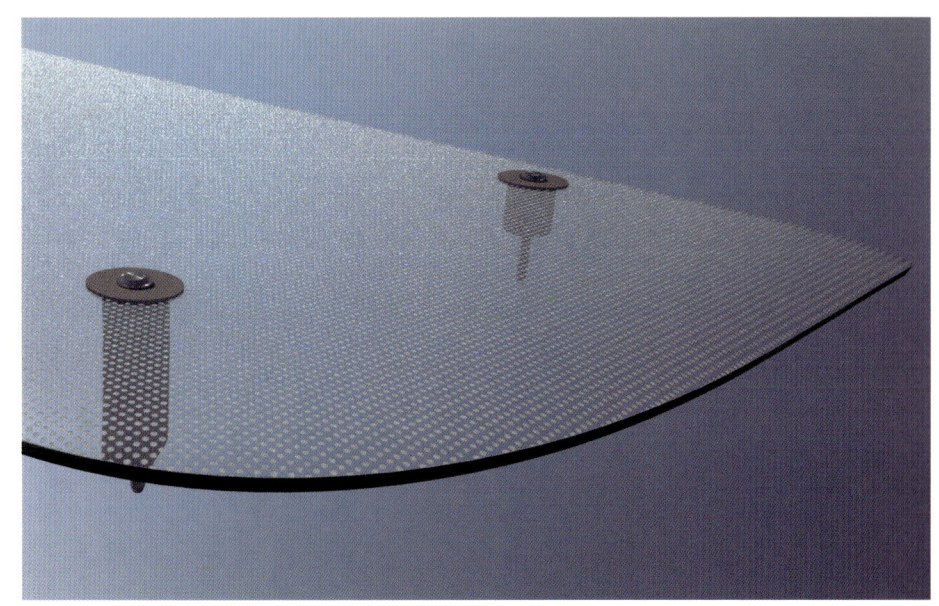

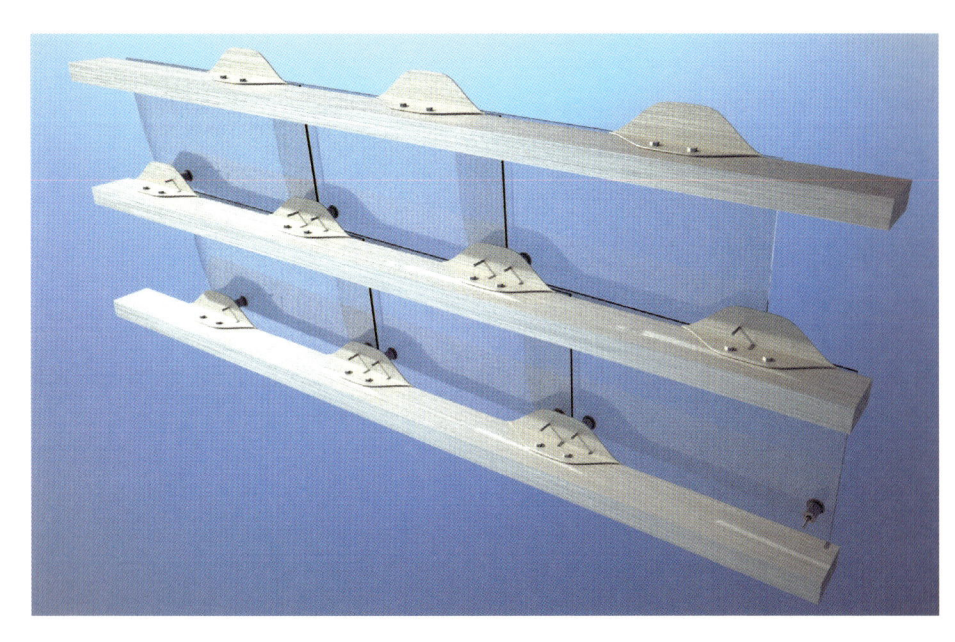

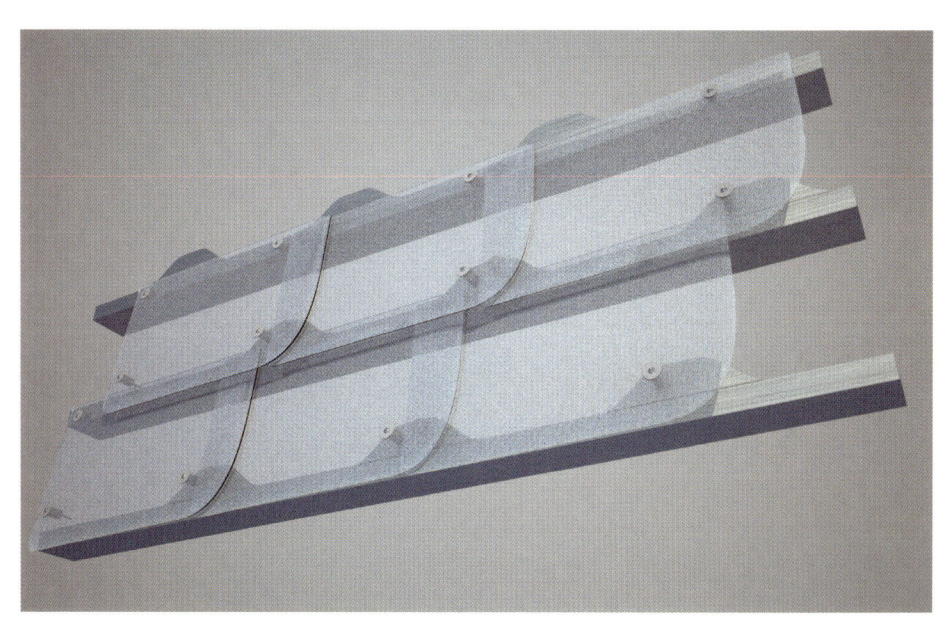

Details of the scales / Details der Schuppenstruktur
Détail des écailles / Details van de schubben
Dettagli delle scaglie / Detalles de las escamas

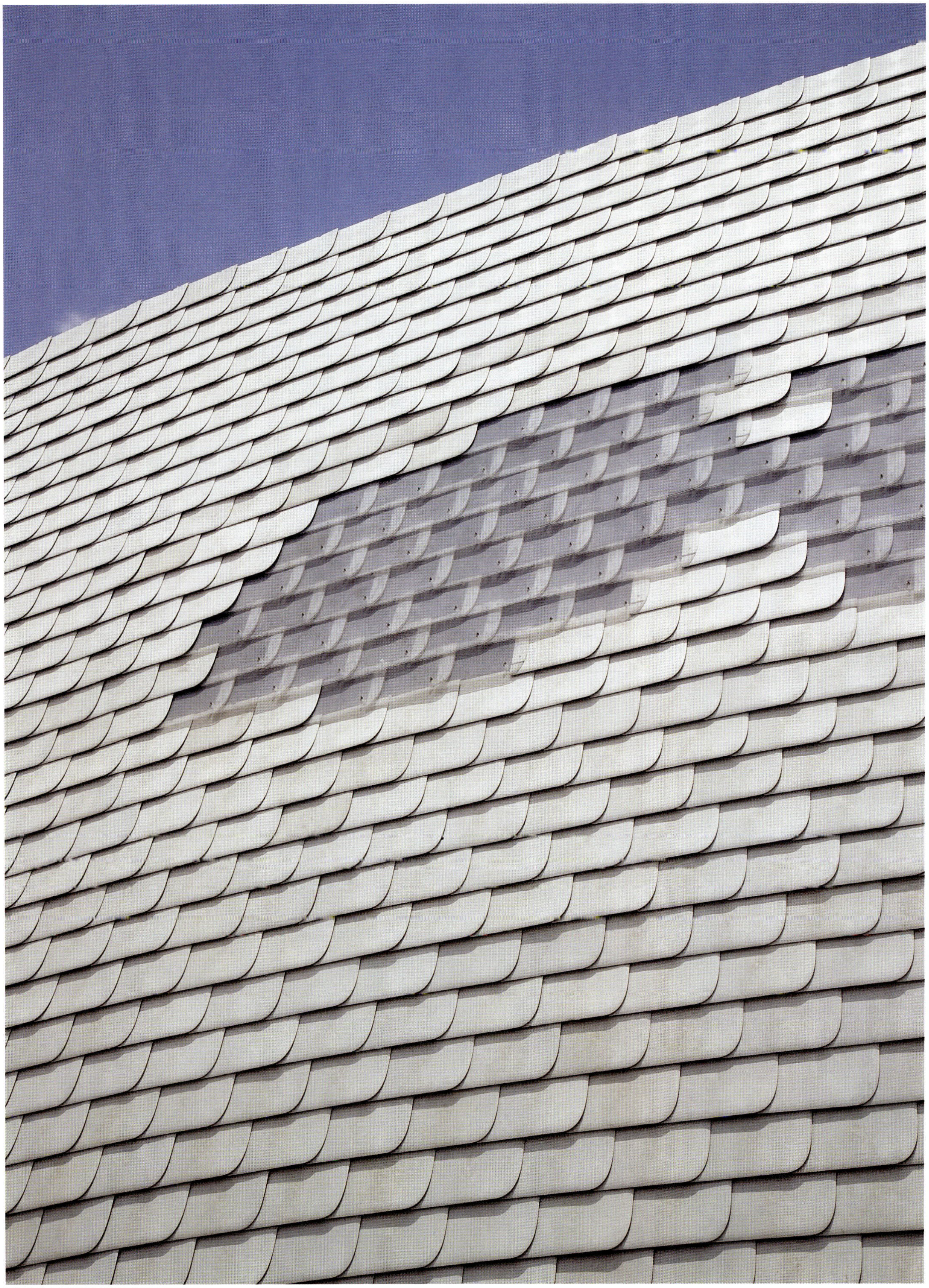

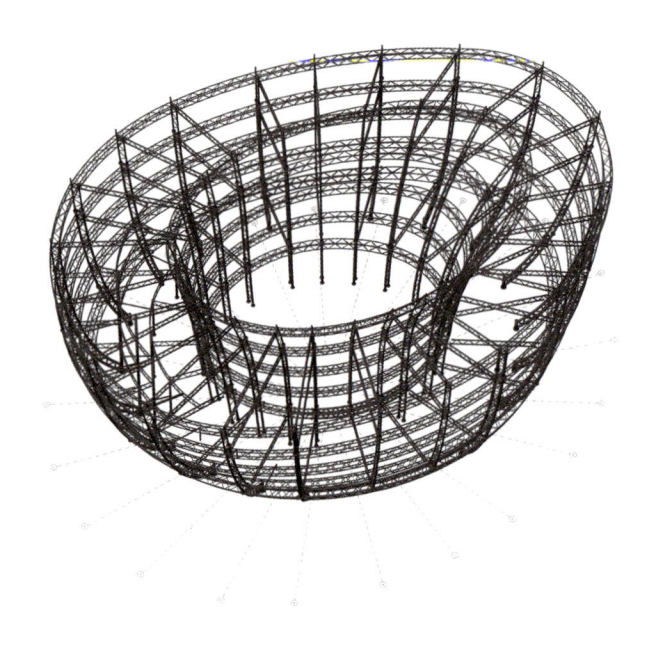

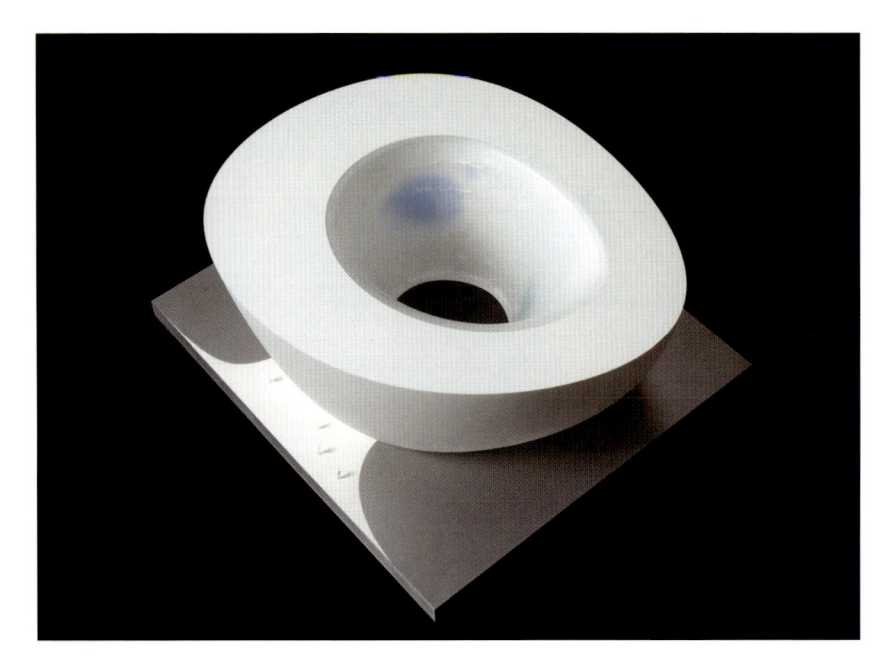

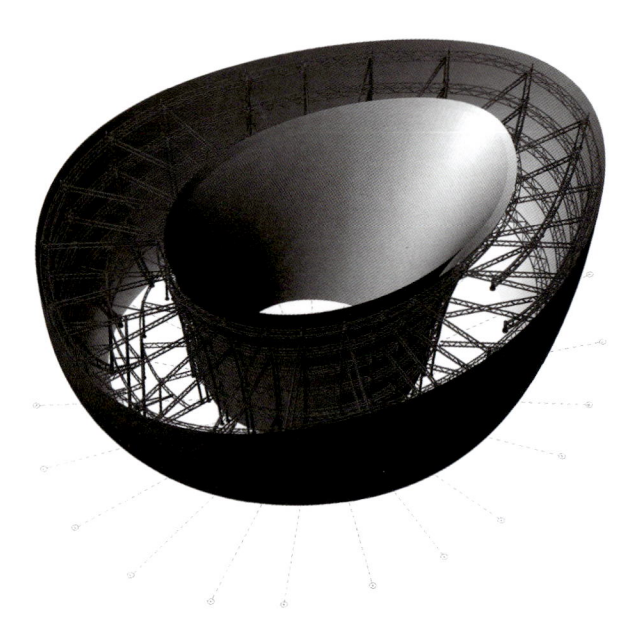

3-D representation / 3D - Darstellung
Représentation en 3D / 3D-representatie
Rappresentazione in 3D / Representación en 3D

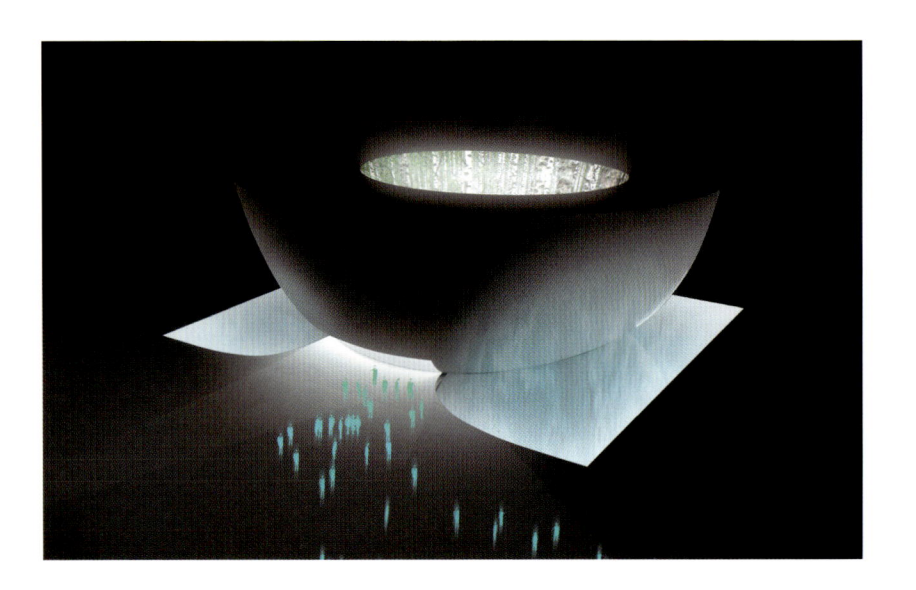

3-D representations / 3D - Darstellungen
Représentations en 3D / 3D-representaties
Rappresentazioni in 3D / Representaciones en 3D

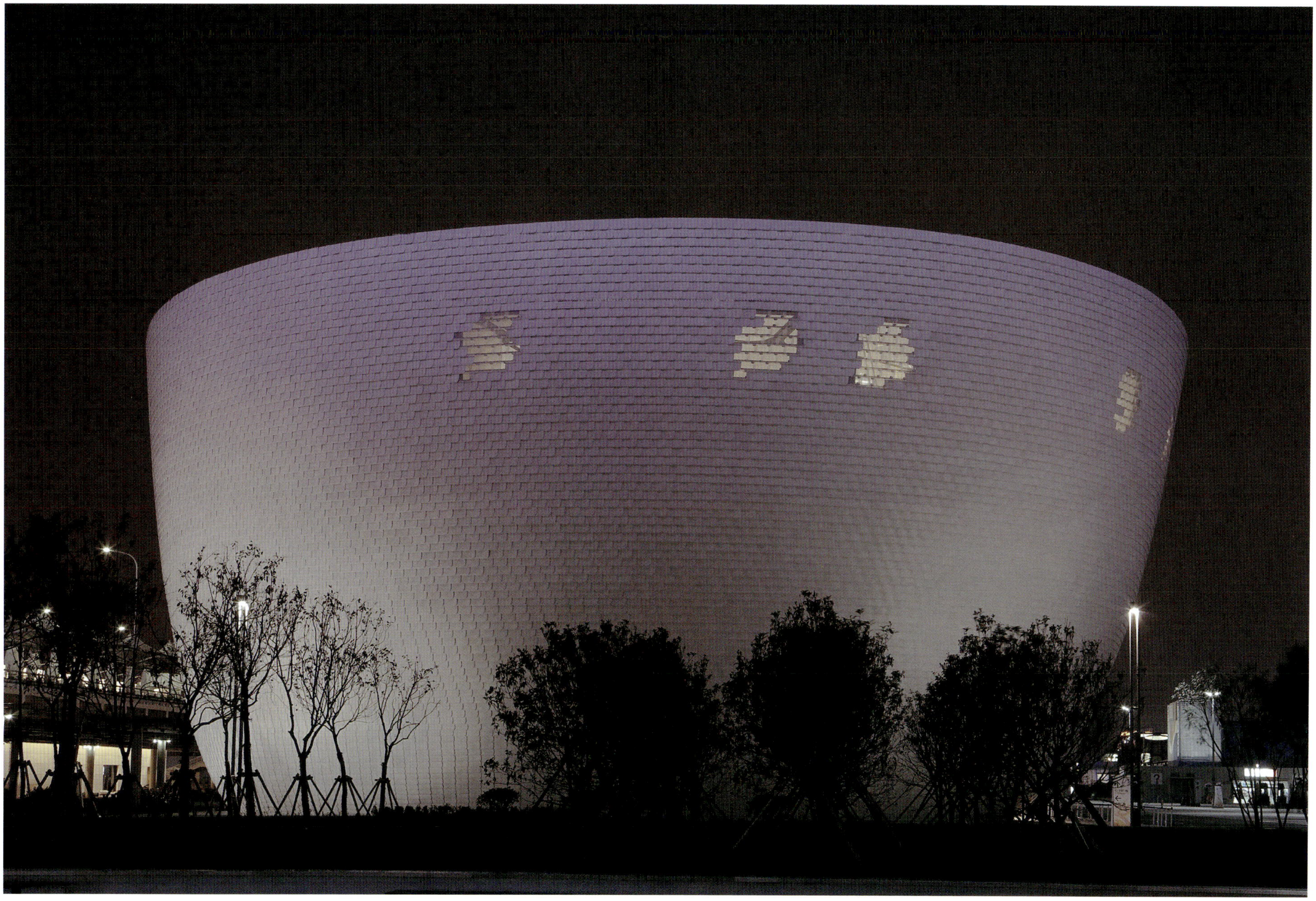

CARDBOARD CABINET

Jeroen van Mechelen, Studio JVM
Vals, Switzerland
© B. Mastenbroek, J. van Mechelen

Cardboard / Pappe / Carton / Karton / Cartone / Cartón

Cardboard is a cheap and easily replaceable material. Its lightness makes it a suitable element for the construction of shelves or other structures or for mobile architecture. In the case of cardboard structures such as the one that surrounds this room, it is advisable to cover the material with wax or another impermeable substance.

Le carton est un matériau bon marché aisément remplaçable. Sa légèreté le recommande pour la construction d'étagères ou toute autre structure portative. Les structures en carton, comme ces étagères courant le long des murs intérieurs de cette pièce, doivent être protégées d'une couche de cire ou de toute finition imperméabilisante.

Il cartone è un materiale poco costoso e facilmente sostituibile. La sua leggerezza lo rende un prodotto adatto alla realizzazione di scaffalature o altre strutture, o ancora alla cosiddetta «architettura mobile». Nel caso di strutture di cartone come quella che avvolge questo ambiente, si raccomanda di coprire il materiale di cera o con un'altra sostanza impermeabile.

Pappe ist ein preisgünstiges und leicht ersetzbares Material. Aufgrund seines geringen Gewichts ist es für den Bau von Regalen und anderer Strukturen oder auch für die mobile Architektur geeignet. Bei Pappstrukturen wie dieser, die einen Raum umhüllt, sollte das Material mit Wachs oder einem sonstigen wasserundurchlässigen Stoff beschichtet werden.

Karton is een goedkoop en gemakkelijk te vervangen materiaal. Doordat het licht van gewicht is, is het geschikt voor de bouw van plankenkasten en andere structuren of voor mobiele architectuur. Bij kartonnen structuren zoals dit vertrek wordt aanbevolen om het materiaal met was of een andere waterdichte stof te bedekken.

El cartón es un material barato y fácilmente reemplazable. Su ligereza lo convierte en un elemento apto para la construcción de estanterías u otras estructuras o para la arquitectura móvil. En el caso de estructuras de cartón como la que envuelve esta estancia, es recomendable cubrir el material con cera u otra sustancia impermeable.

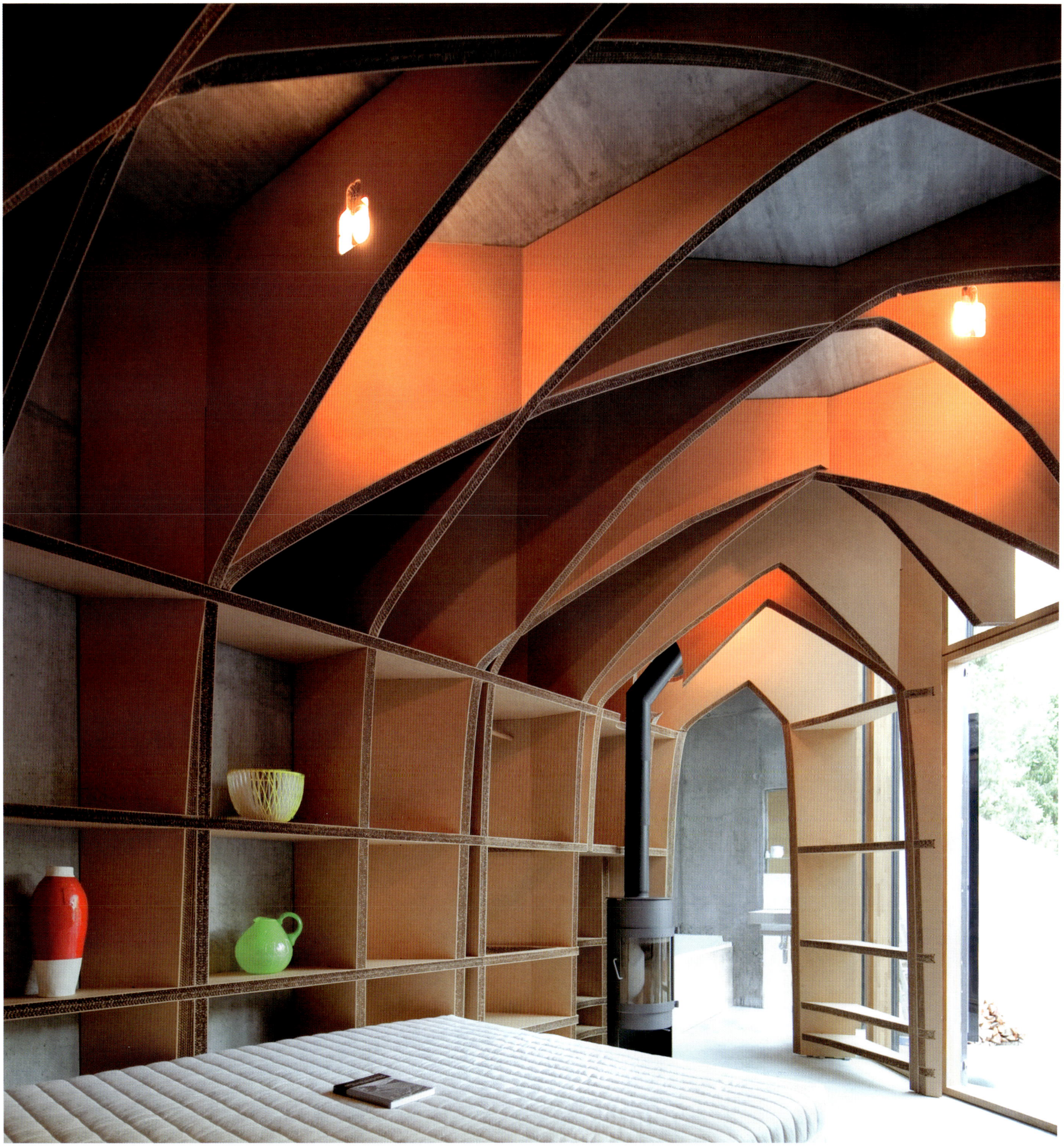

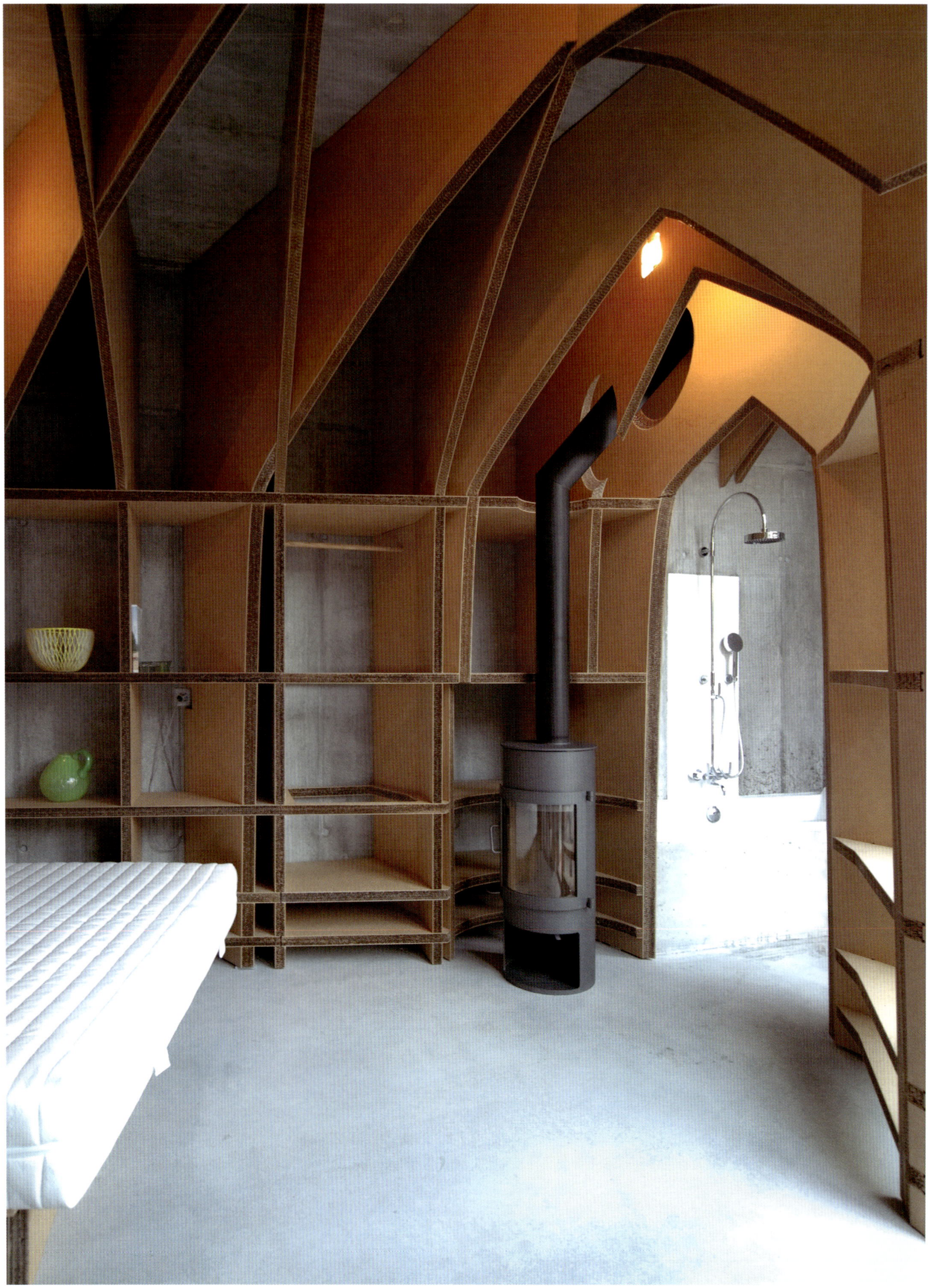

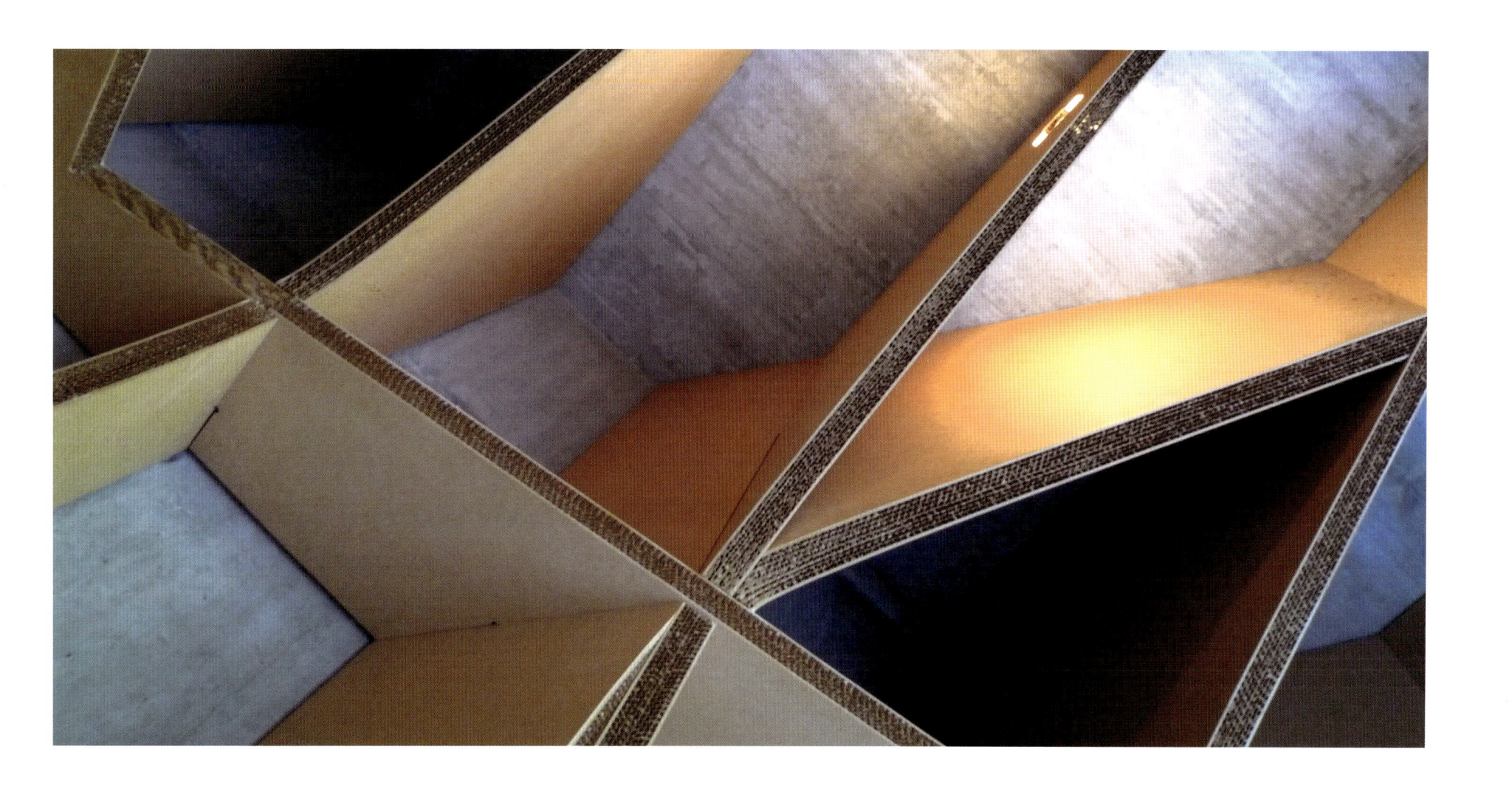

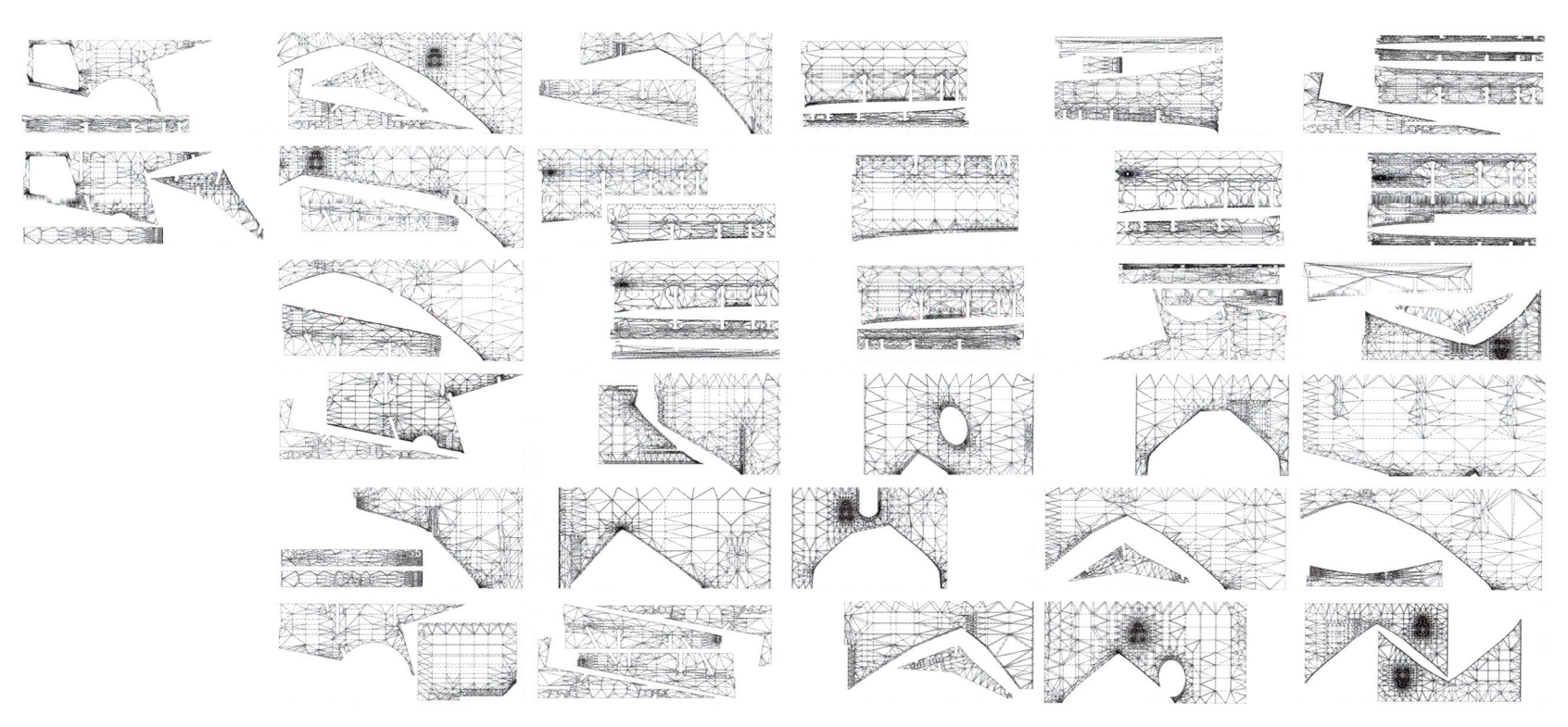

Fold-out of the cardboard structure / Aufklappseite der Kartonstrukur
Dépliant de la structure en carton / Vouwblad van de kartonnen structuur
Pieghevole della struttura in cartone / Desplegable de la estructura de cartón

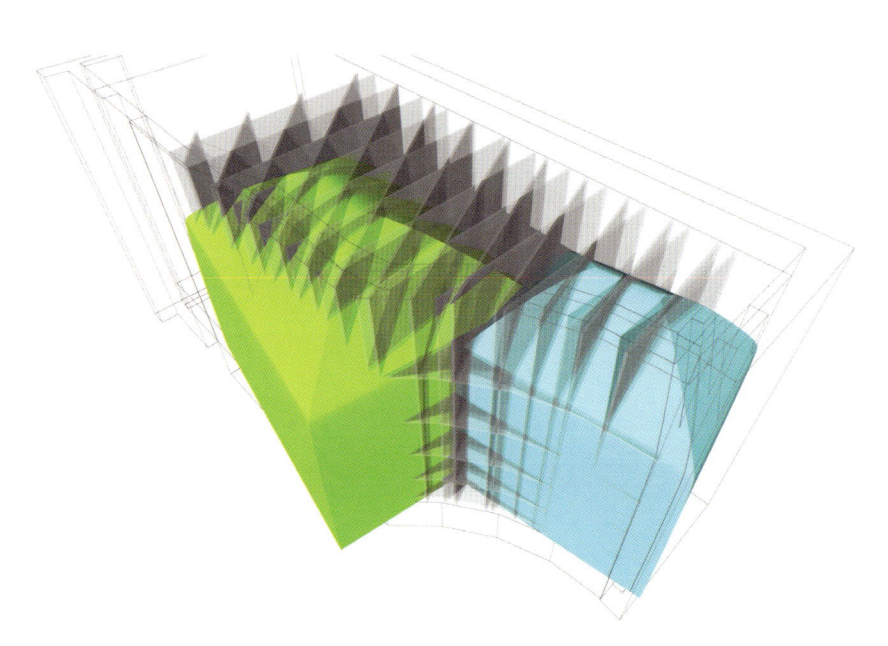

3-D representation / 3D - Darstellung
Représentation en 3D / 3D-representatie
Rappresentazione in 3D / Representación en 3D

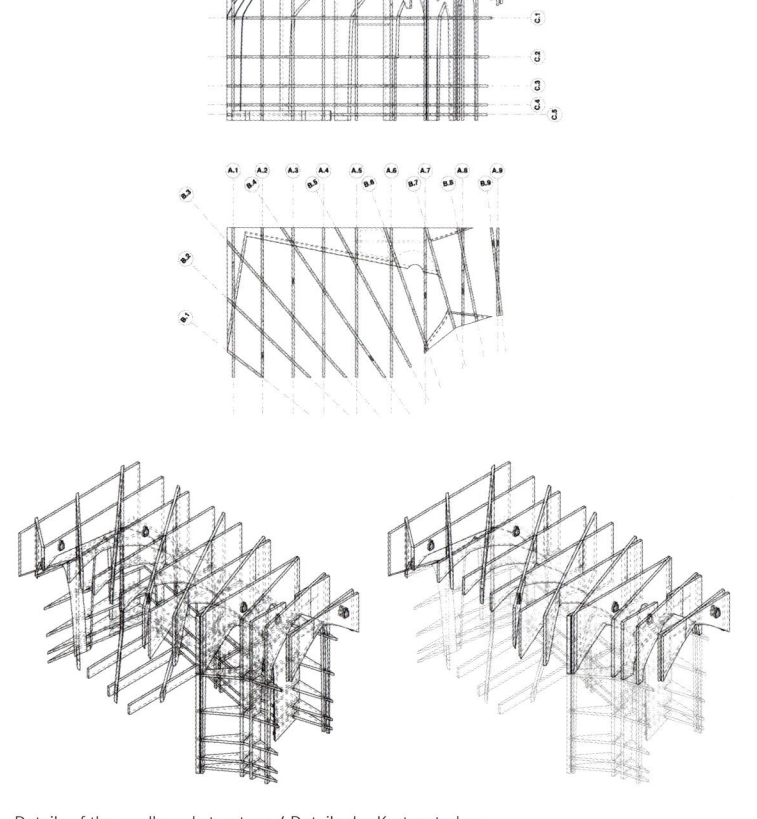

Details of the cardboard structure / Details der Kartonstrukur
Détail de la structure en carton / Details van de kartonnen structuur
Dettagli della struttura in cartone / Detalles de la estructura de cartón

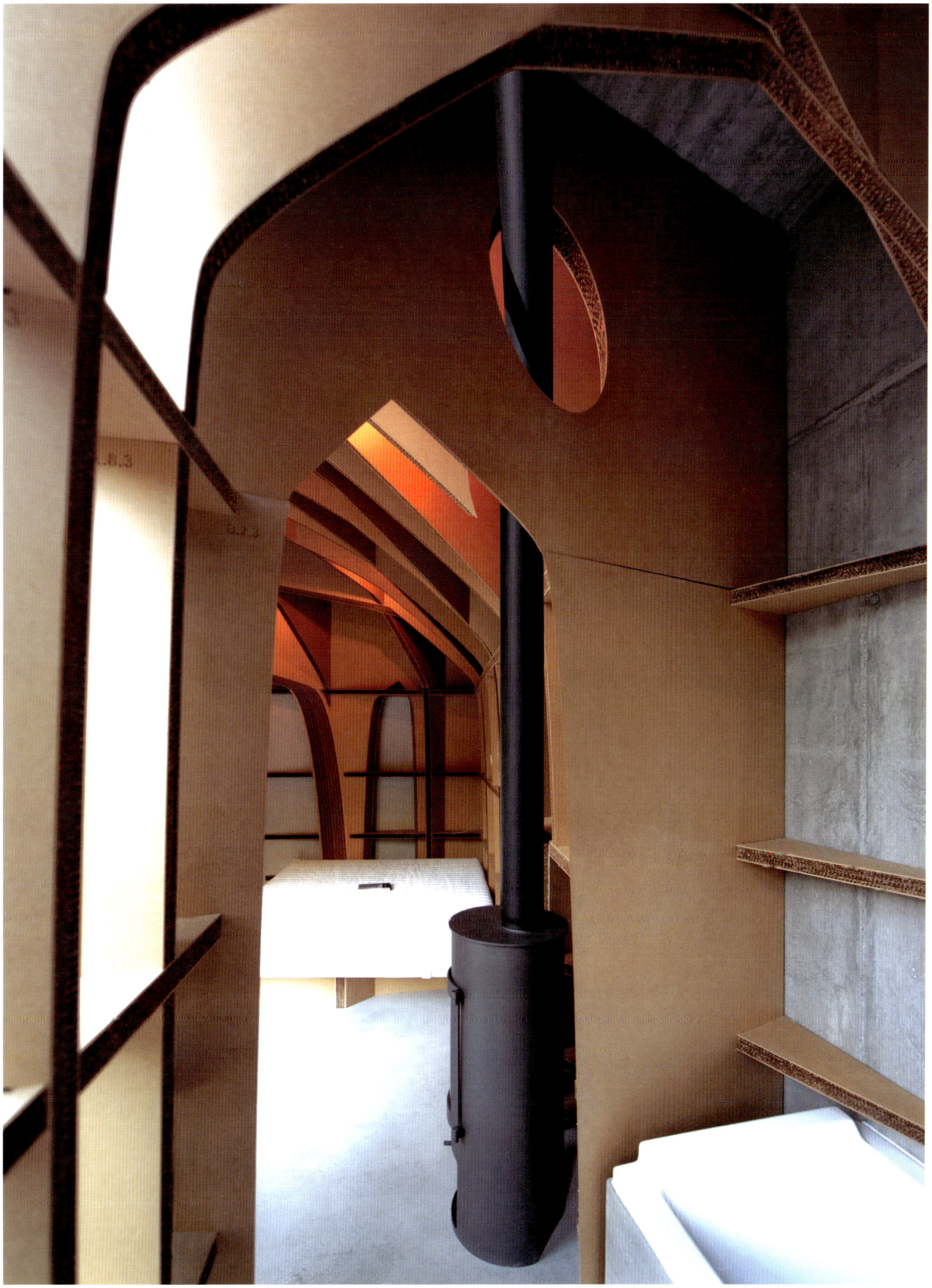

KVADRAT SHOWROOM

Ronan et Erwan Bouroullec
Stockholm, Sweden
© Paul Tahon, Ronan Bouroullec

Textile / Stoff / Textile / Textiel / Tessuto / Textil

The Bouroullec brothers took into account the characteristics of the textile company Kvadrat, a reference in the field of innovation and R & D, to design its stand. It is formed by a kind of acoustic insulation tiles which are used to construct the textile screens. This system allows the construction of spaces and openings as needed.

Les frères Bouroullec se sont inspirés de la spécificité de l'entreprise textile Kvadrat, référence dans le domaine de l'innovation, de la recherche et du développement, pour imaginer son stand. Il est constitué d'un assemblage de « tuiles » en toile, doublé d'un isolant phonique entrant dans la fabrication des cloisons textiles. Ce système permet de moduler les espaces et les ouvertures selon les besoins.

I fratelli Bouroullec hanno tenuto conto delle caratteristiche dell'azienda tessile Kvadrat, punto di riferimento nel campo dell'innovazione e delle attività di ricerca e sviluppo, per la realizzazione dello stand aziendale. Questo è costituito da una sorta di tegolato di tessuto con isolante acustico utilizzato per realizzare lastre di schermatura in tessuto. Si tratta di un sistema che consente di realizzare spazi e aperture secondo necessità.

Beim Entwurf des Messestands berücksichtigten die Brüder Bouroullec die Merkmale des Textilunternehmens Kvadrat, das auch in den Bereichen Forschung, Entwicklung und Innovation einen großen Namen hat. Der Stand besteht aus Textilpaneelen, die aus einer Art Stoffziegeln mit Schallisolierung gefertigt wurden. Dieses System ermöglicht die Schaffung von Räumen und Öffnungen je nach den individuellen Anforderungen.

De gebroeders Bouroullec hebben rekening gehouden met de eigenschappen van het textielbedrijf Kvadrat, een toonaangevende onderneming op het gebied van onderzoek en ontwerp en innovatie, voor het ontwerp van hun stand. Deze bestaat uit een soort stoffen tegels met geluidsisolatie waarmee textielen schermen werden gebouwd. Met dit systeem kunnen zonder verdere middelen ruimtes en openingen worden gecreëerd.

Los hermanos Bouroullec tuvieron en cuenta las características de la empresa textil Kvadrat, referente en el campo de la innovación y de I+D, para el diseño de su estand, formado por una especie de tejas de tela con aislante acústico con las que se construyen pantallas textiles. Este sistema permite construir espacios y aberturas según necesidades.

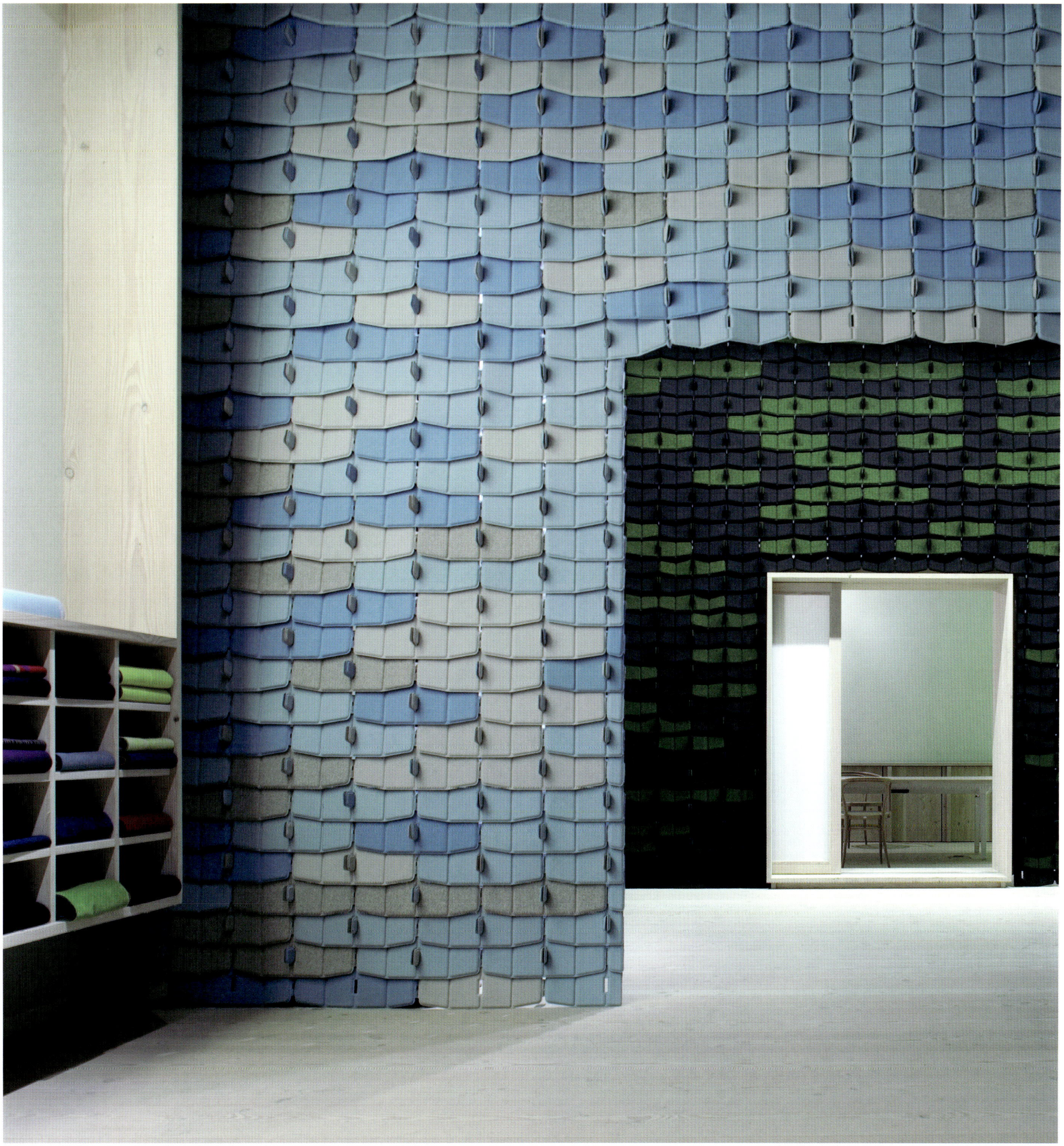

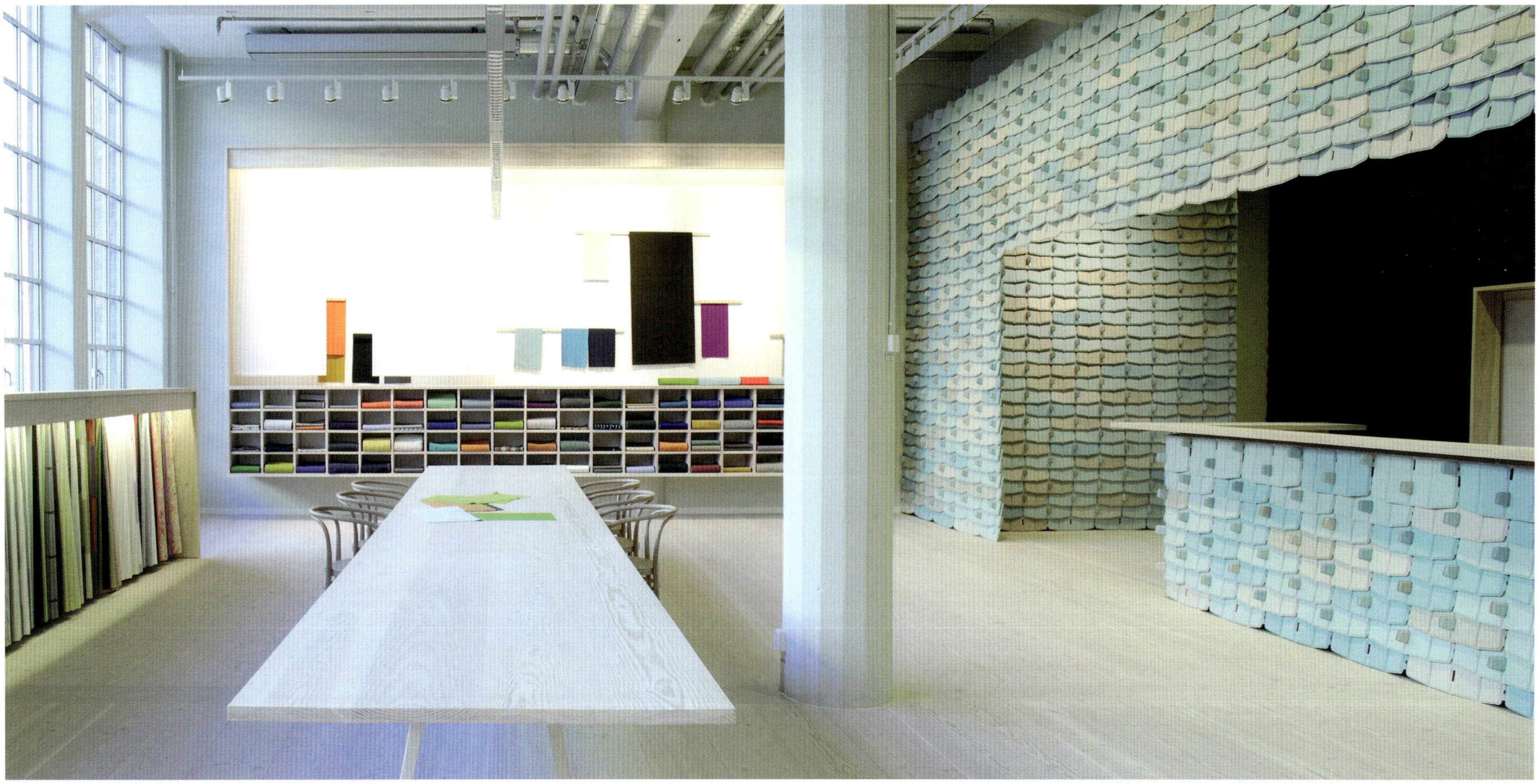

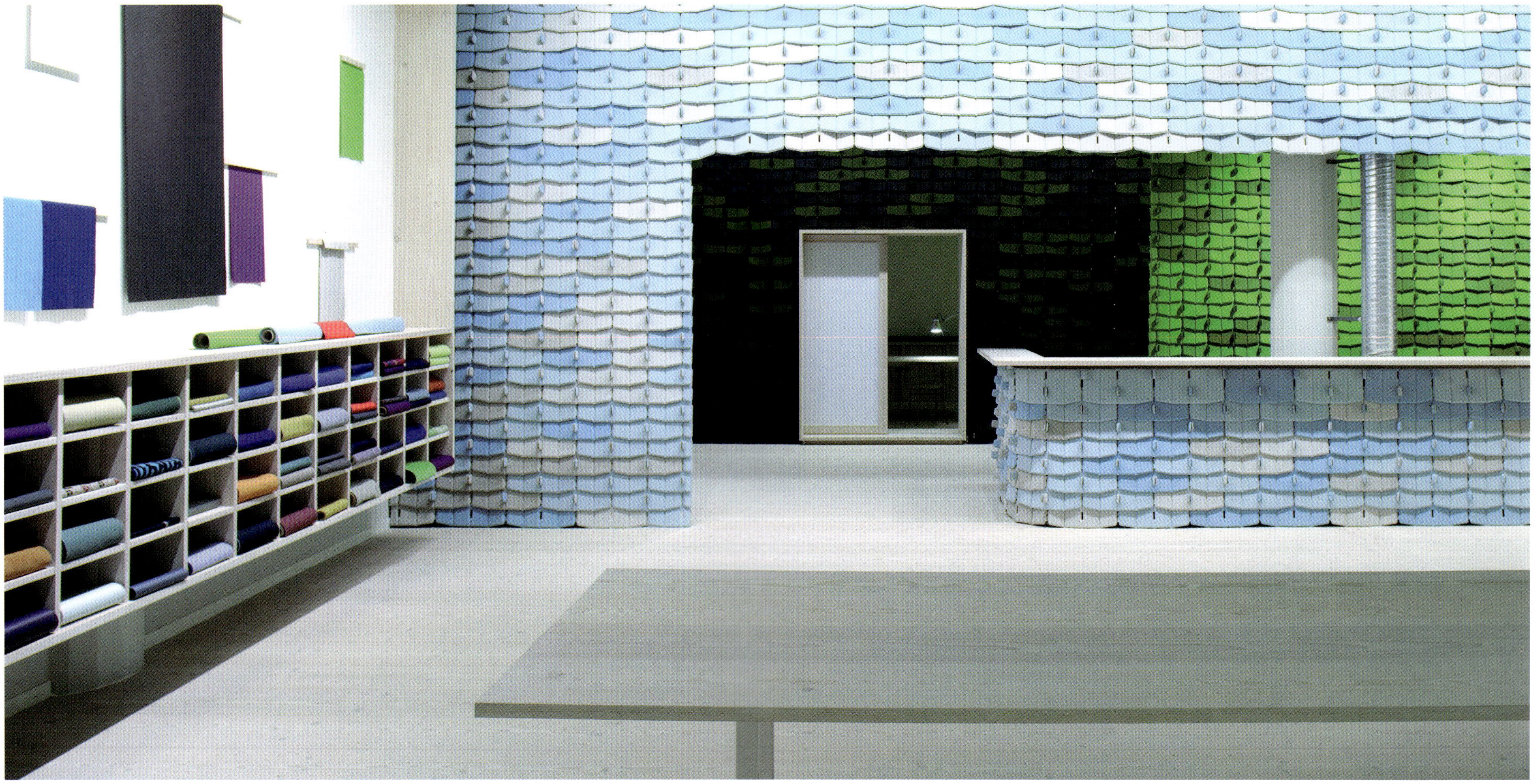

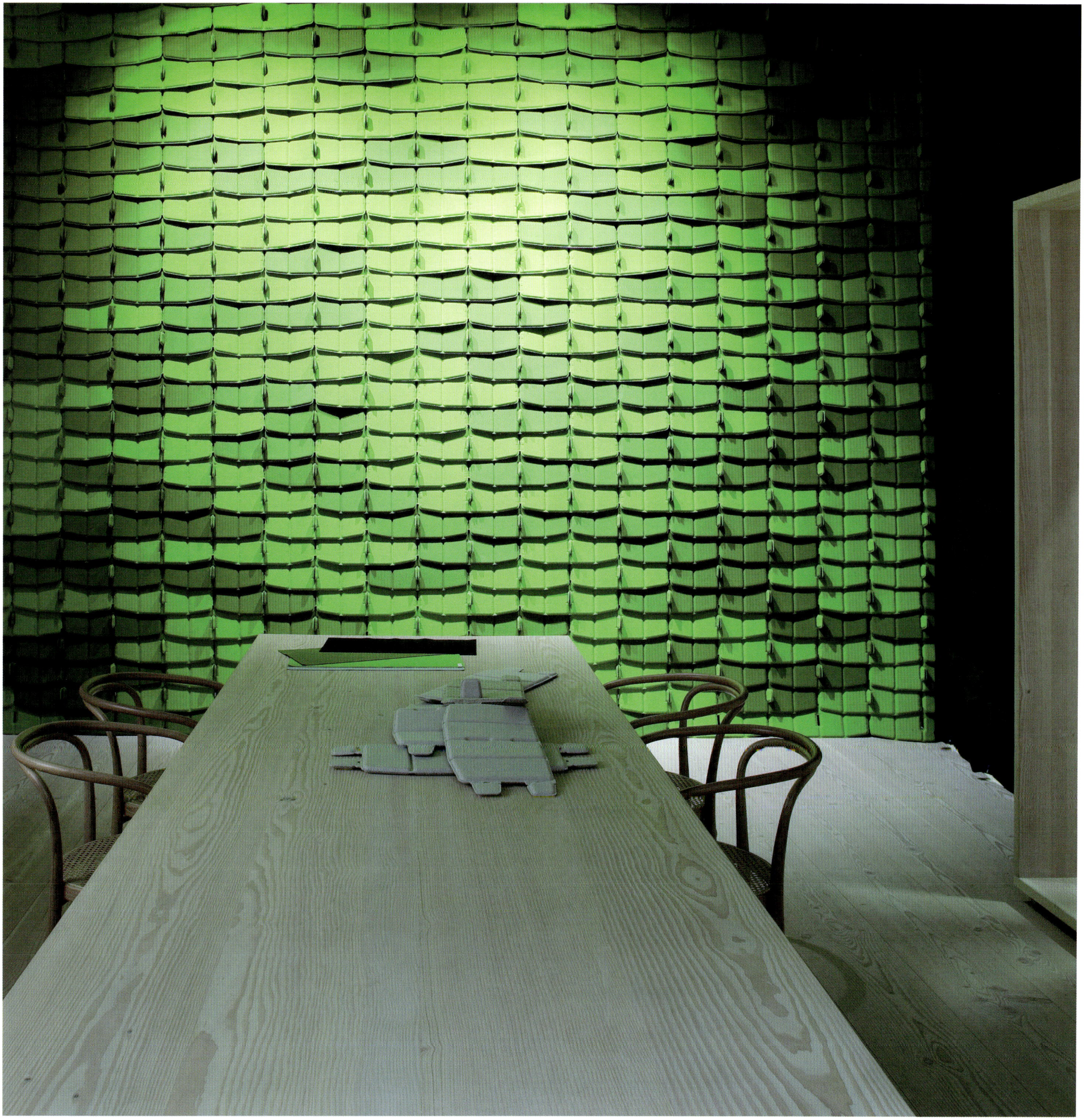

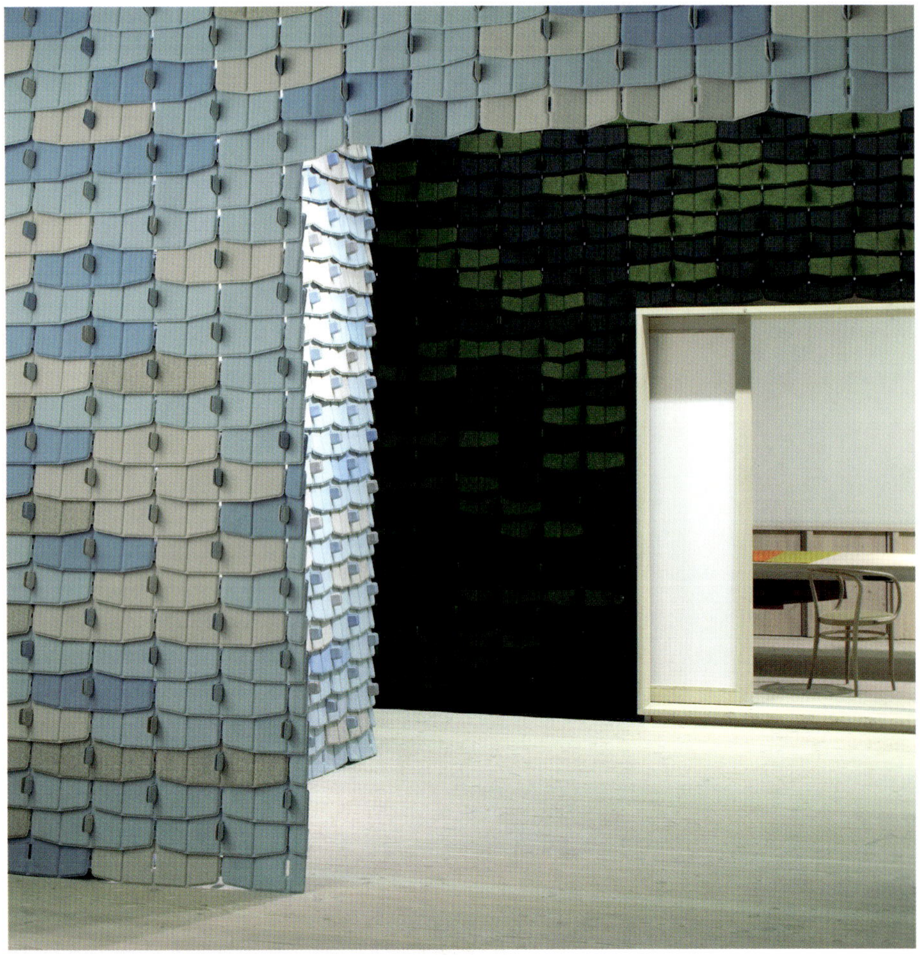
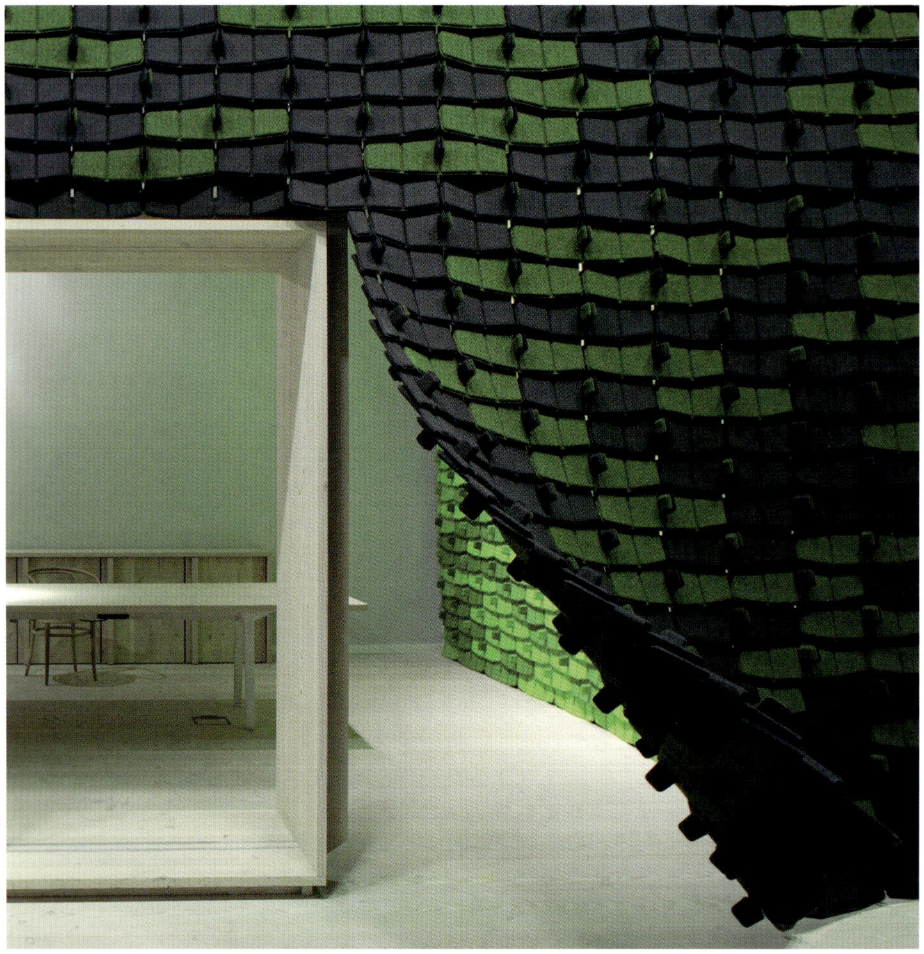
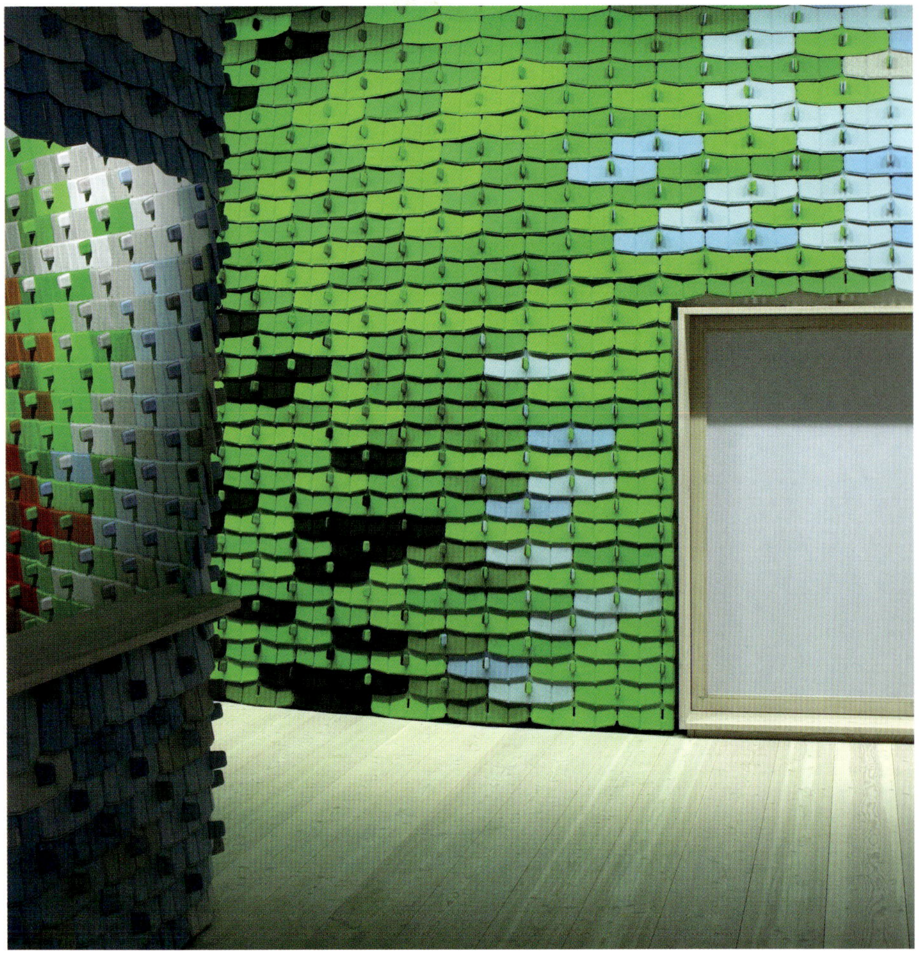
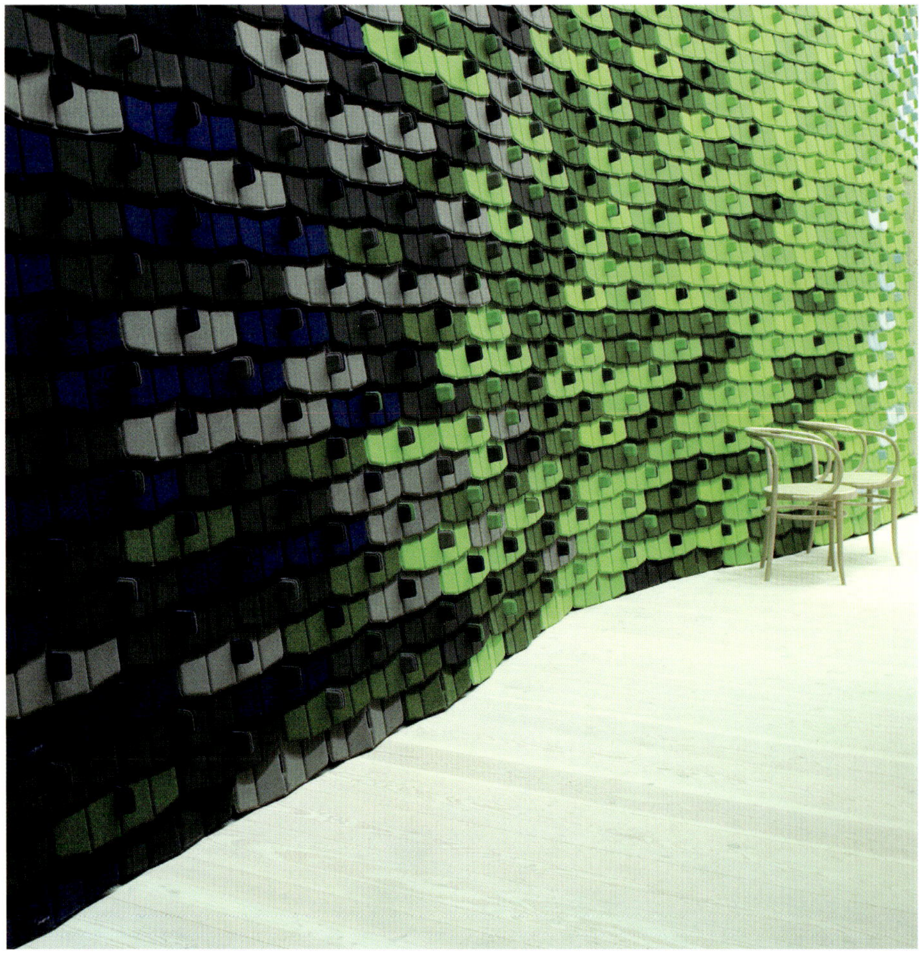

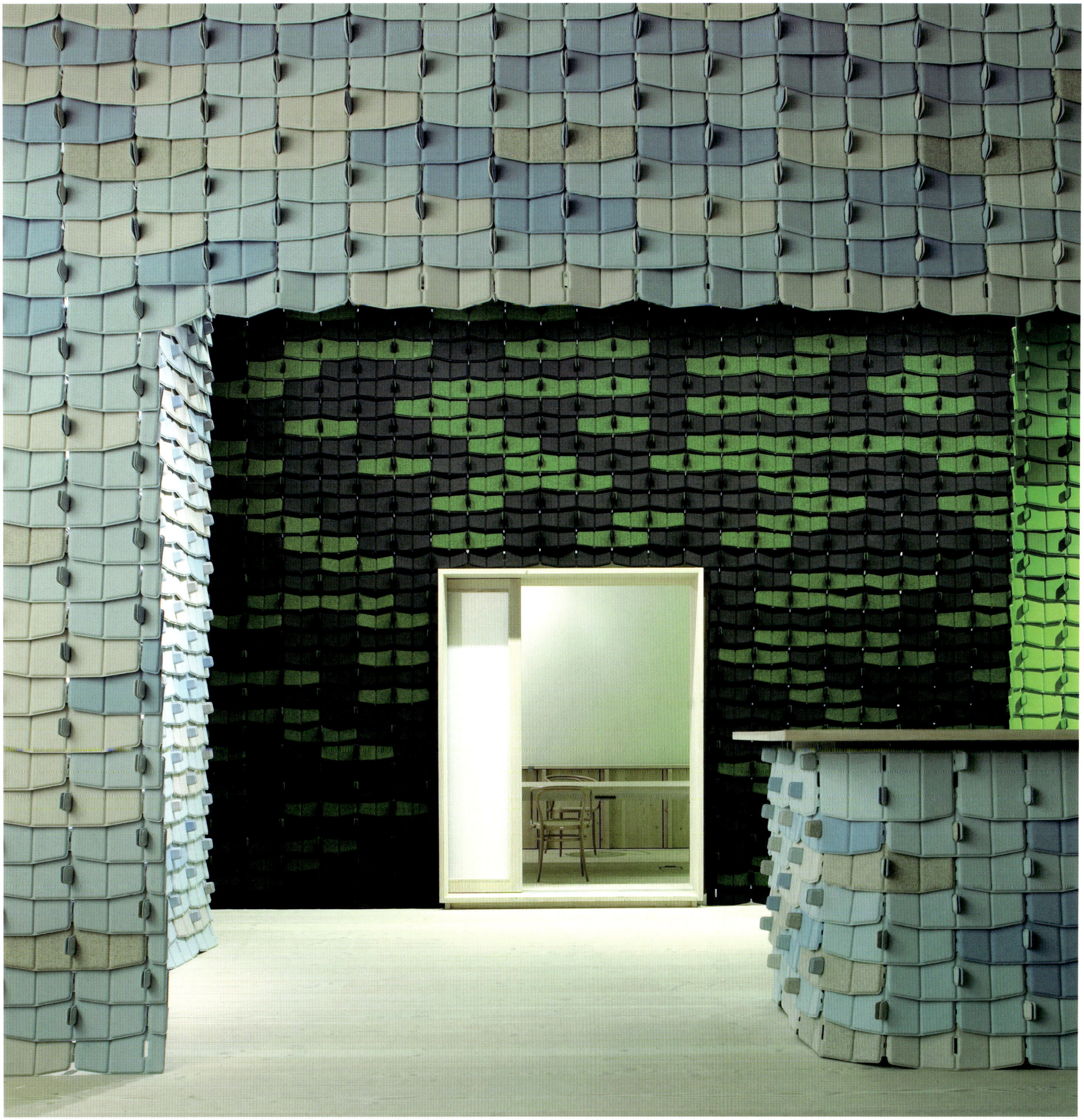

GERMANY PAVILION IN SHANGHAI EXPO 2010

Schmidhuber + Partner (architecture), Milla + Partner (exhibition), Nüssli GmbH (construction)
Shanghai, China
© Schmidhuber + Kaindl (architecture), Milla + Partner (exhibition), Andreas Keller (photographer)

Textile membrane / Textilmembran / Membrane textile
Textielmembraan / Membrana tessile / Membrana textil

The German pavilion, designed by the German Ministry of Economics and Technology and managed by Koelnmesse International, features a textile material façade. The transparent membrane of this building provides 80% sun protection and reduces the need for air-conditioning. At night, lighting makes the structure stand out.

Le pavillon allemand, financé par le ministère de l'Économie et de la Technologie allemand et réalisé par Koelnmesse International, s'impose par sa façade entièrement en textile. La membrane transparente qui habille la structure le protège du soleil et réduit les besoins de climatisation. De nuit, le tissu fournit l'éclairage.

Il padiglione tedesco, opera del Ministero dell'Economia e della Tecnologia tedesco e gestito da Koelnmesse International, si impone con la sua facciata in materiale tessile. La membrana trasparente di questo edificio fornisce una protezione dal sole pari all'80% riducendo le necessità di condizionamento. Di notte il tessuto potenzia l'illuminazione.

Der von Koelnmesse International verwaltete deutsche Pavillon, ein Werk des Bundesministeriums für Wirtschaft und Technologie, zeichnet sich durch seine Textilfassade aus. Die transparente Membran, die das Gebäude umhüllt, bietet einen 80-prozentigen Sonnenschutz und reduziert den Kühlungsbedarf.

Het Duitse paviljoen, werk van het Duitse Ministerie van Economie en Technologie en beheerd door Kölnmesse International, valt op vanwege zijn textielen gevel. Het doorzichtige membraan van dit gebouw verschaft 80% bescherming tegen de zon en vermindert de koelbehoefte. 's Avonds versterkt de stof de verlichting.

El pabellón alemán, obra del Ministerio de Economía y Tecnología alemán y gestionado por Koelnmesse International, destaca por una fachada de material textil. La membrana transparente de este edificio proporciona una protección frente al sol del 80% y reduce la necesidad de refrigeración. Por la noche, el tejido potencia la iluminación.

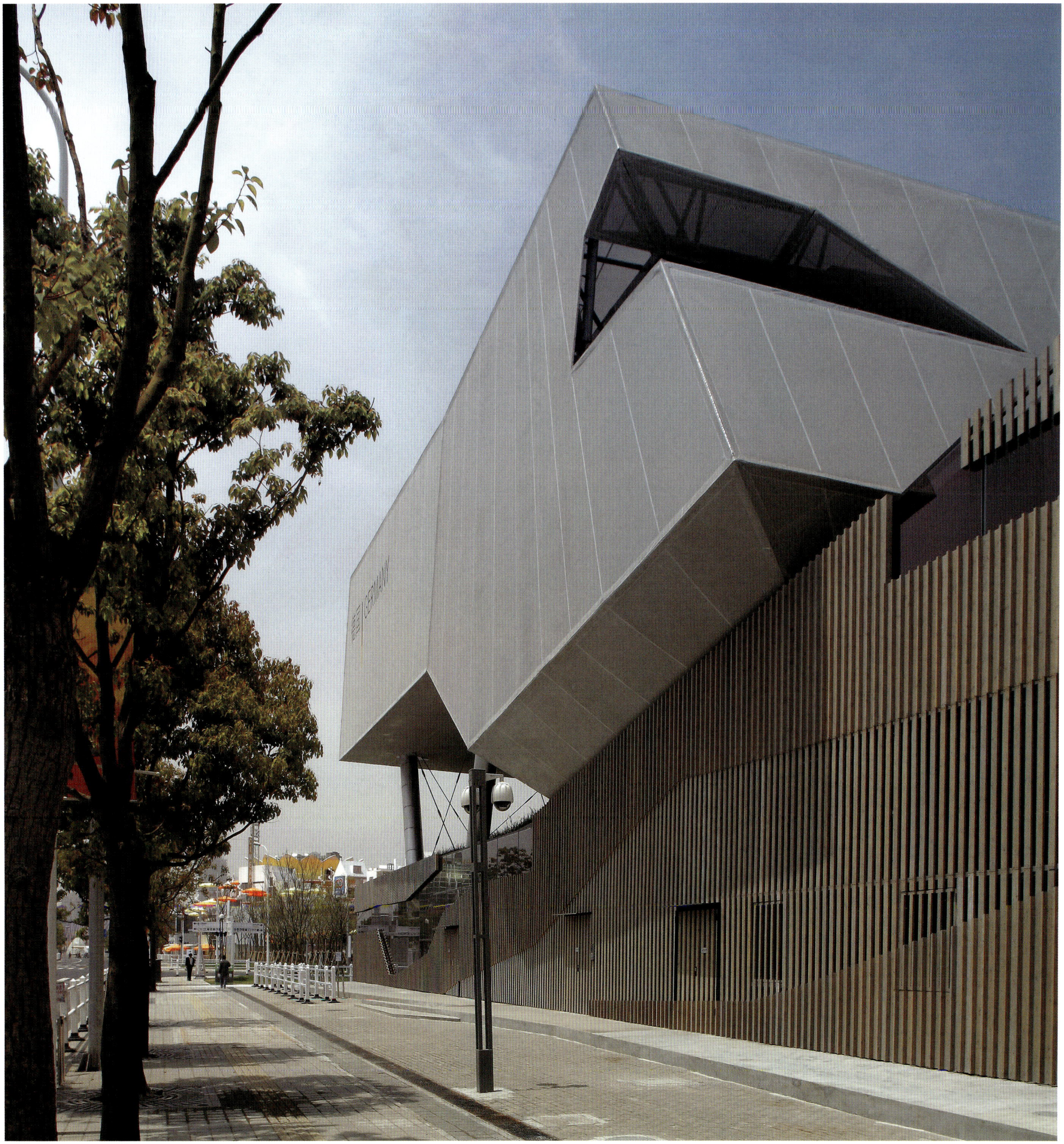

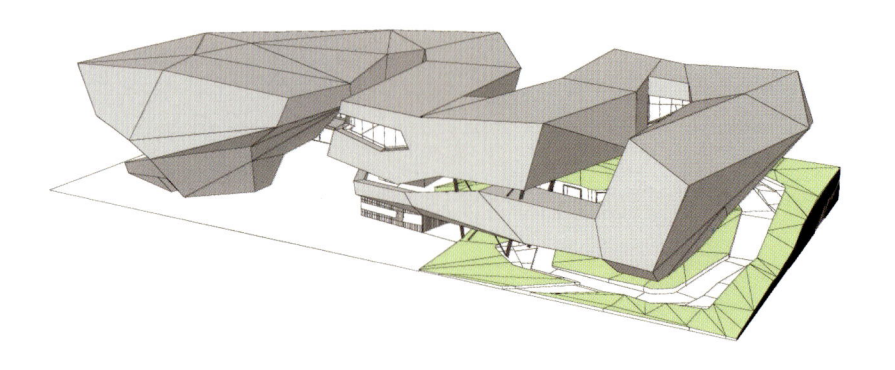

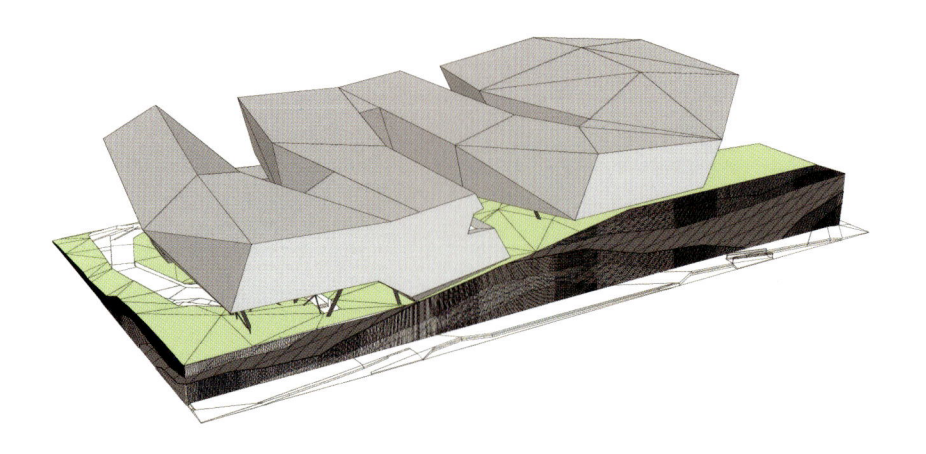

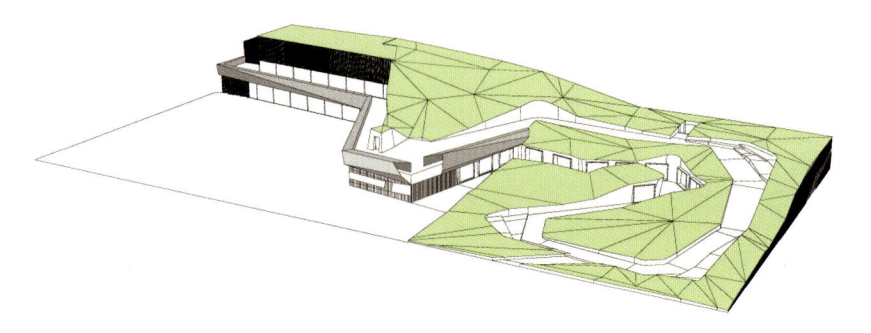

Axonometrics / Axonometrien
Axonométries / Axonometrieën
Assonometrie / Axonometrías

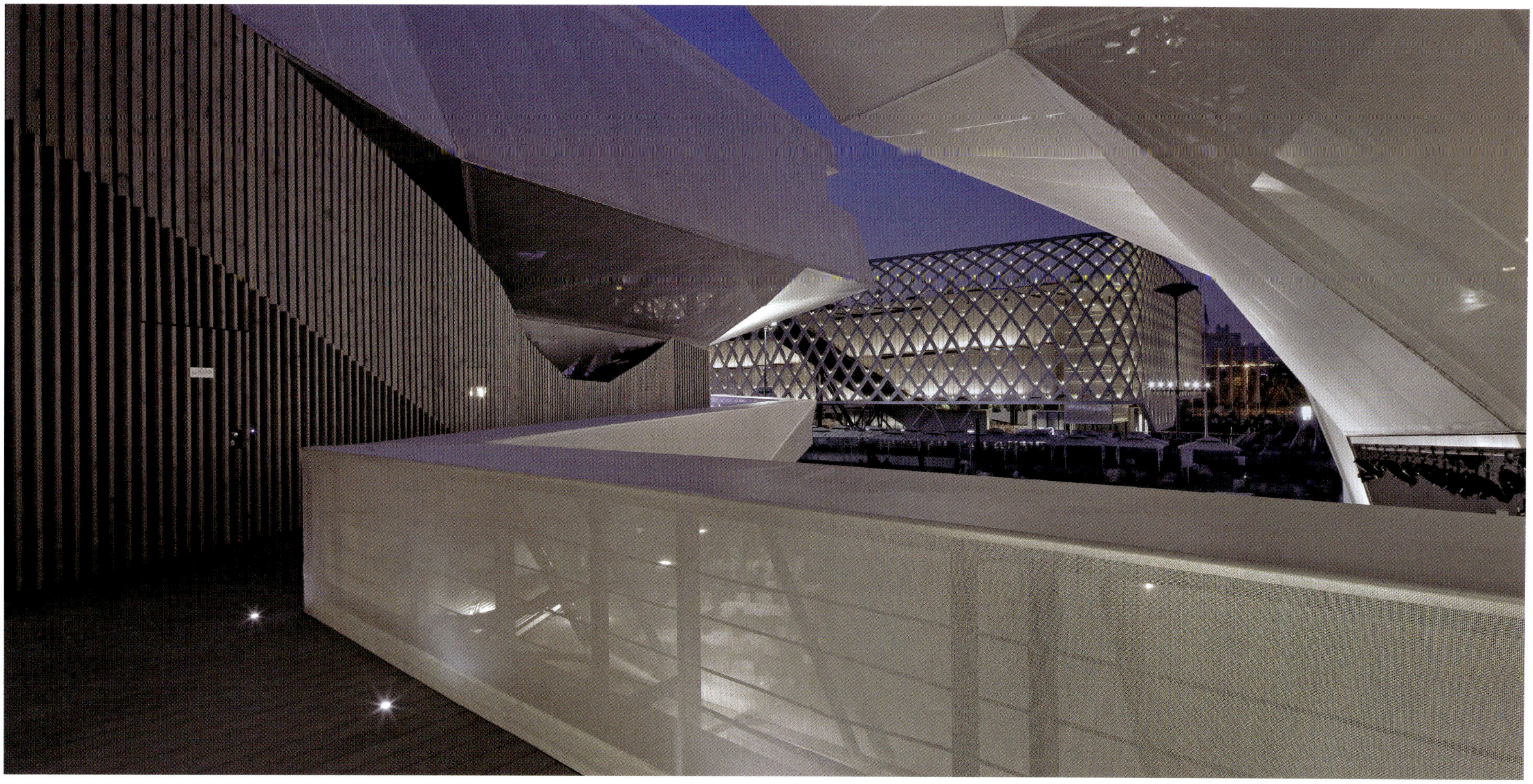

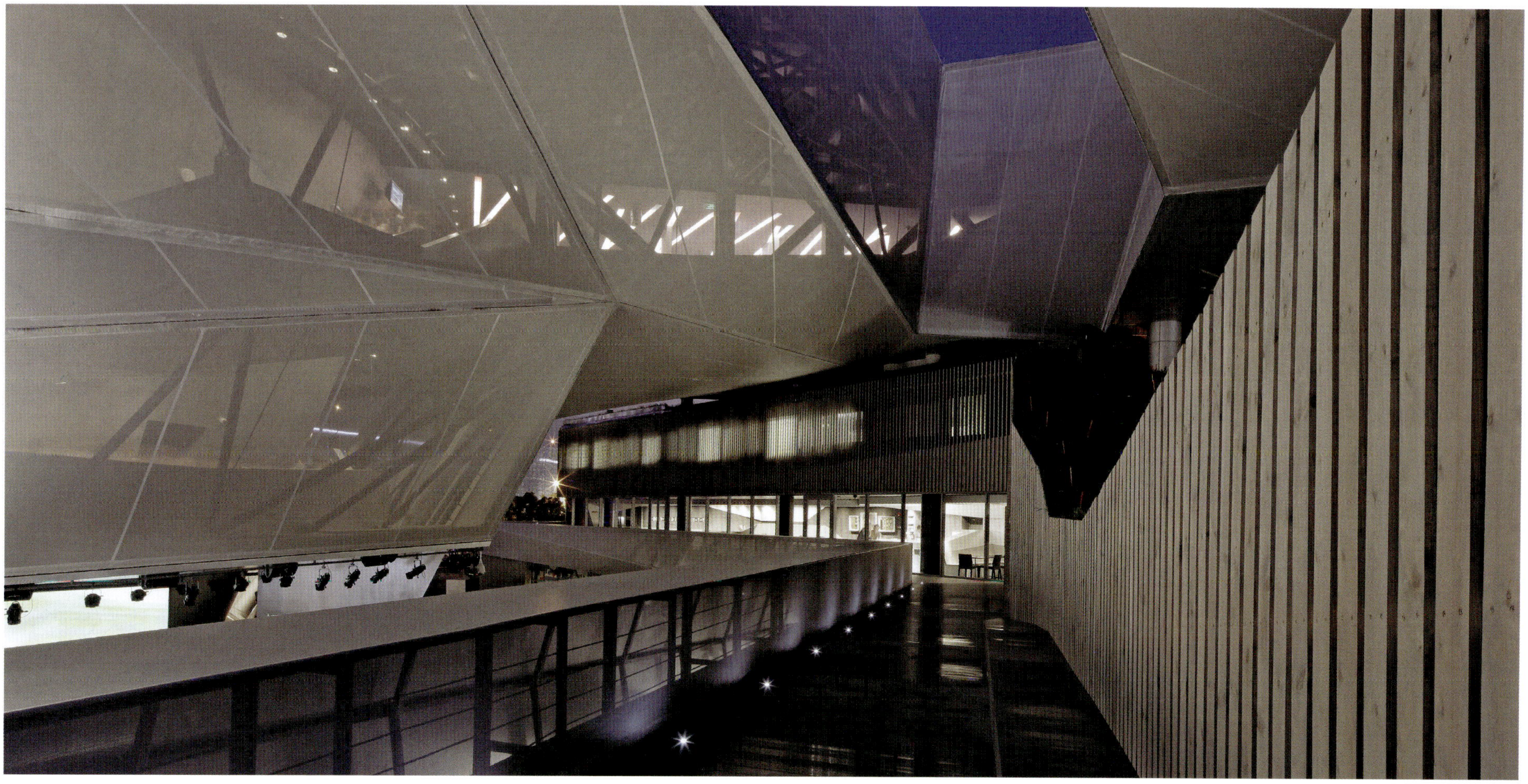

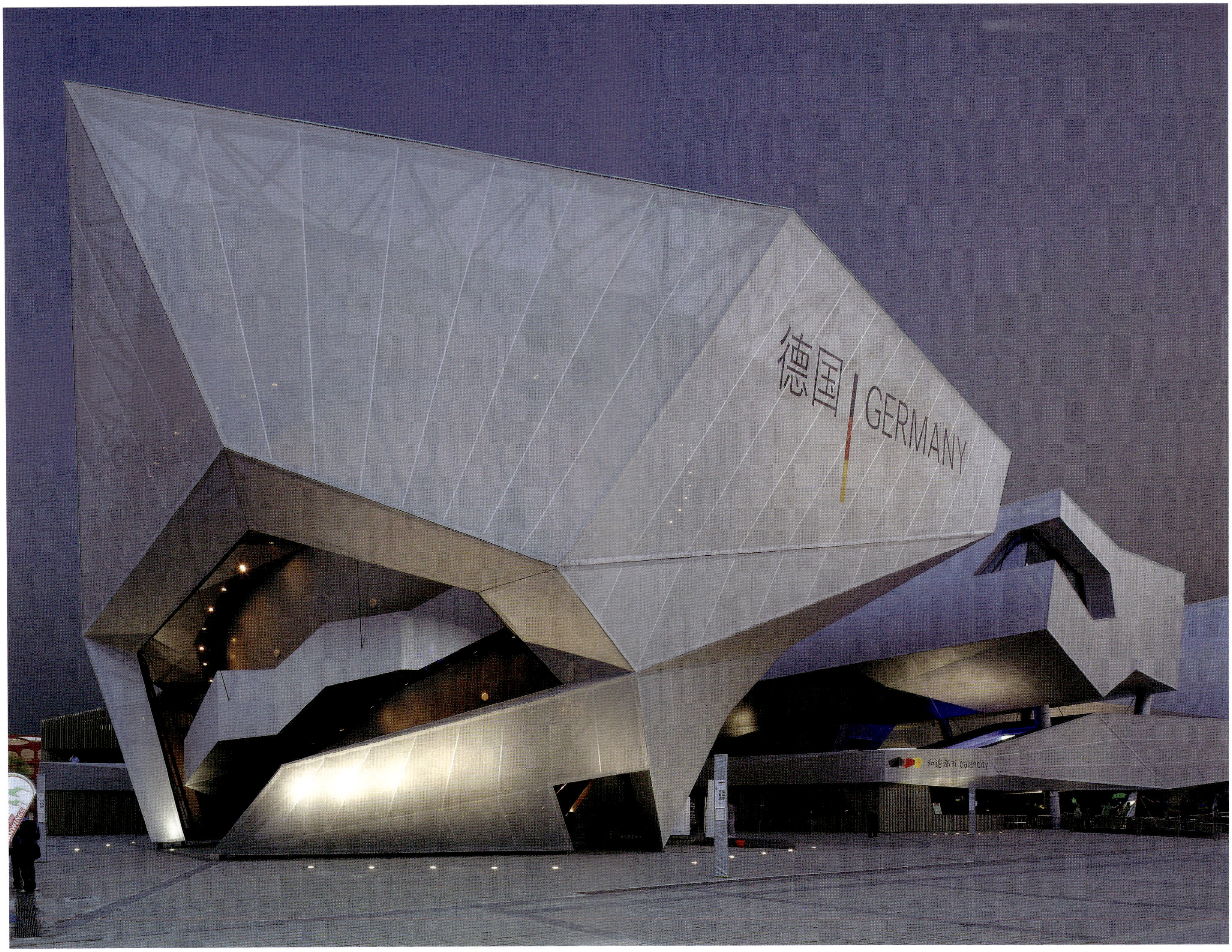
德国 GERMANY
和谐都市 balancity

出口
AUSGANG
EXIT

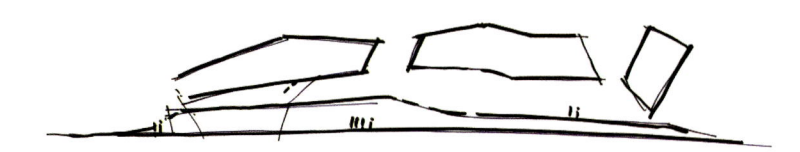

Sketch / Skizze
Esquisse / Schets
Schizzo / Boceto

Location plan / Umgebungsplan
Plan de situation / Omgenigsplattegrond
Planimetria di localizzazione / Plano de situación

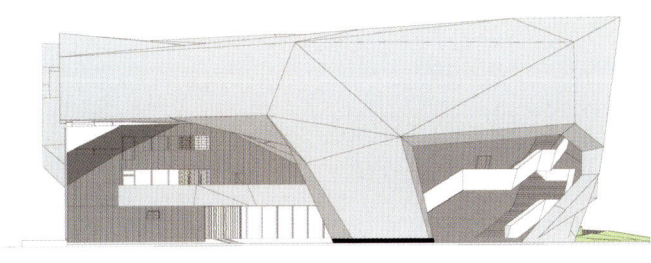

East elevation / Östlicher Aufriss
Élévation est / Verhoging oostzijde
Prospetto est / Alzado este

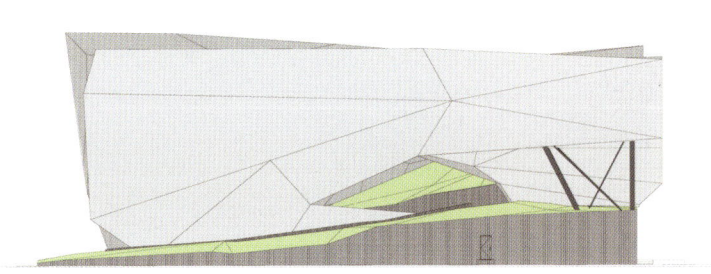

West elevation / Westlicher Aufriss
Élévation ouest / Verhoging westzijde
Prospetto ovest / Alzado oeste

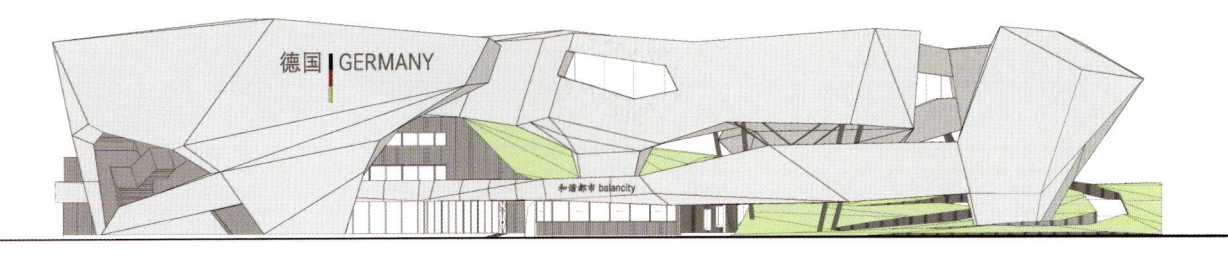

North elevation / Nördlicher Aufriss
Élévation nord / Verhoging noordzijde
Prospetto nord / Alzado norte

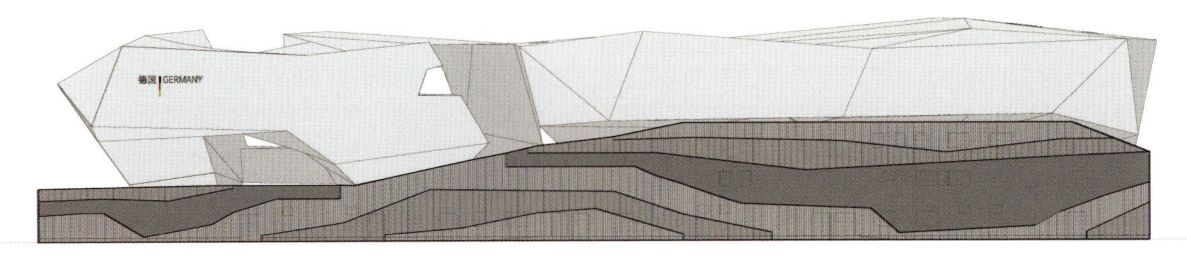

South elevation / Südlicher Aufriss
Élévation sud / Verhoging zuidzijde
Prospetto sud / Alzado sur

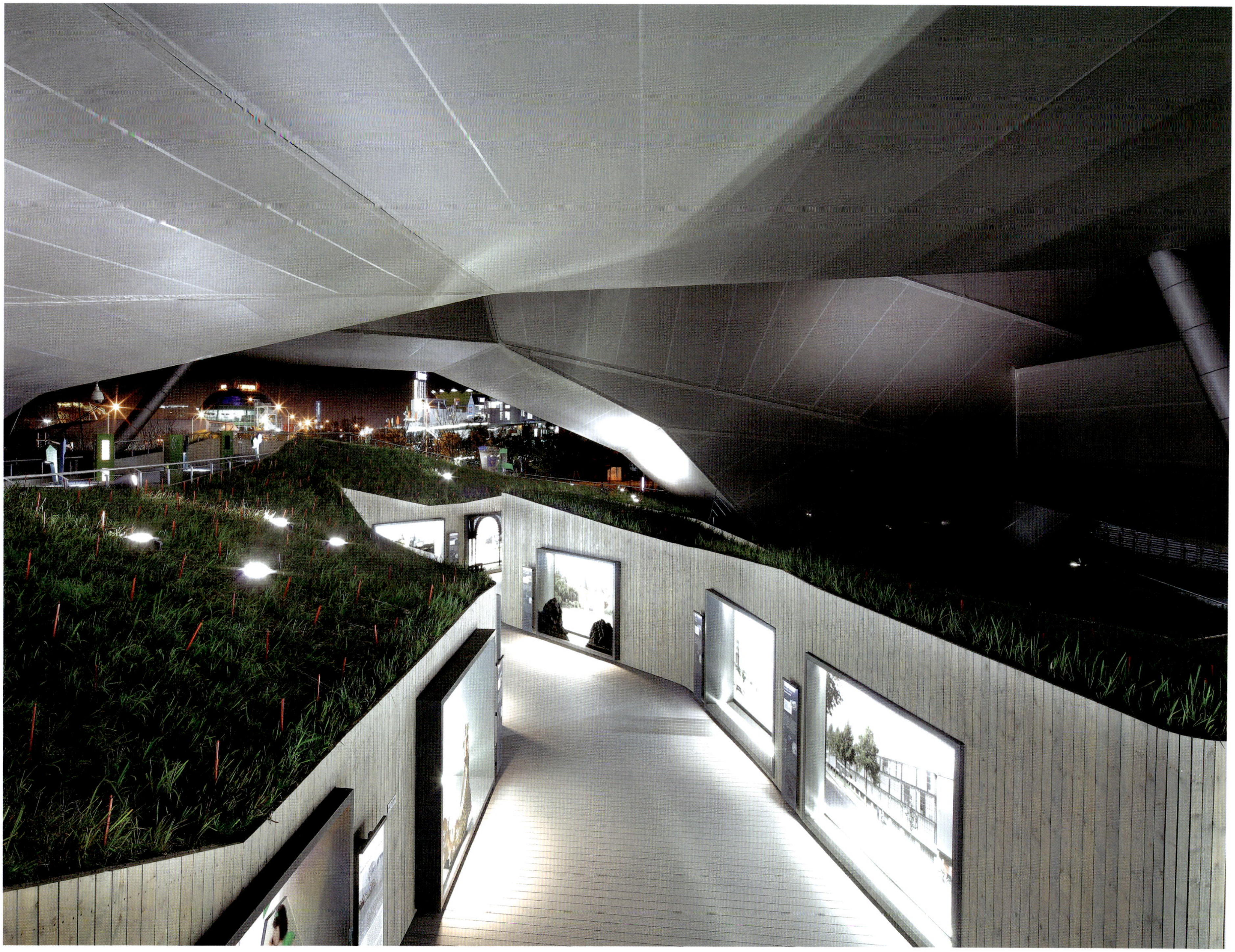

584

德国 | GERMANY

UBOOT.COM

Hackenbroich Architekten
Dusseldorf, Germany
© Hackenbroich Architekten

Textile / Stoff / Textile / Textiel / Tessuto / Textil

The stand for this Internet services company was designed to create a business environment without forgetting to represent innovation and social networks. For this 1,280 textile strips of different lengths were hung from the ceiling. This material is lightweight and its immateriality tries to evoke the Internet, an almost intangible technology.

Le stand de ce fournisseur de services Internet a été conçu pour évoquer l'atmosphère des milieux d'affaires tout en mettant l'accent sur l'innovation technologique et les réseaux sociaux. C'est la fonction des 1 280 languettes de textiles de différentes longueurs suspendues au plafond. Par sa légèreté presque arachnéenne, ce matériau symbolise Internet et sa toile immatérielle.

Lo stand di questa società di servizi Internet è stato progettato per creare un ambiente professionale senza dimenticare di rappresentare l'innovazione e le reti sociali. A tal fine sono state appese al soffitto 1280 strisce di tessuto di diverse lunghezze. Si tratta di un materiale leggero, la cui immaterialità intende evocare il mondo di Internet, una tecnologia praticamente intangibile.

Der Stand dieses Unternehmens für Internet-Dienstleistungen wurde entworfen, um eine Business-Atmosphäre zu schaffen, ohne dabei die Darstellung von Innovation und sozialen Netzwerken zu vergessen. Es wurden 1280 Stoffstreifen unterschiedlicher Länge an der Decke aufgehängt, die aufgrund ihres leichten Materials das Internet – eine kaum greifbare Technologie – repräsentieren sollen.

De *stand* van dit internetdienstenbedrijf werd ontworpen met als doel een zakelijke sfeer te creëren en eveneens innovatie en sociale netwerken te vertegenwoordigen. Daarvoor werden aan het plafond 1.280 stoffen stroken van verschillende lengtes neergehangen. Dit materiaal is licht en met de onstoffelijkheid ervan wil het Internet, een nagenoeg ongrijpbare technologie, voor de geest roepen.

El estand de esta empresa de servicios de Internet se diseñó para generar un ambiente de negocios pero sin olvidar representar la innovación y las redes sociales. Para ello se colgaron del techo 1.280 tiras textiles de diferentes longitudes. Este material es ligero y con su inmaterialidad quiere evocar Internet, una tecnología casi intangible.

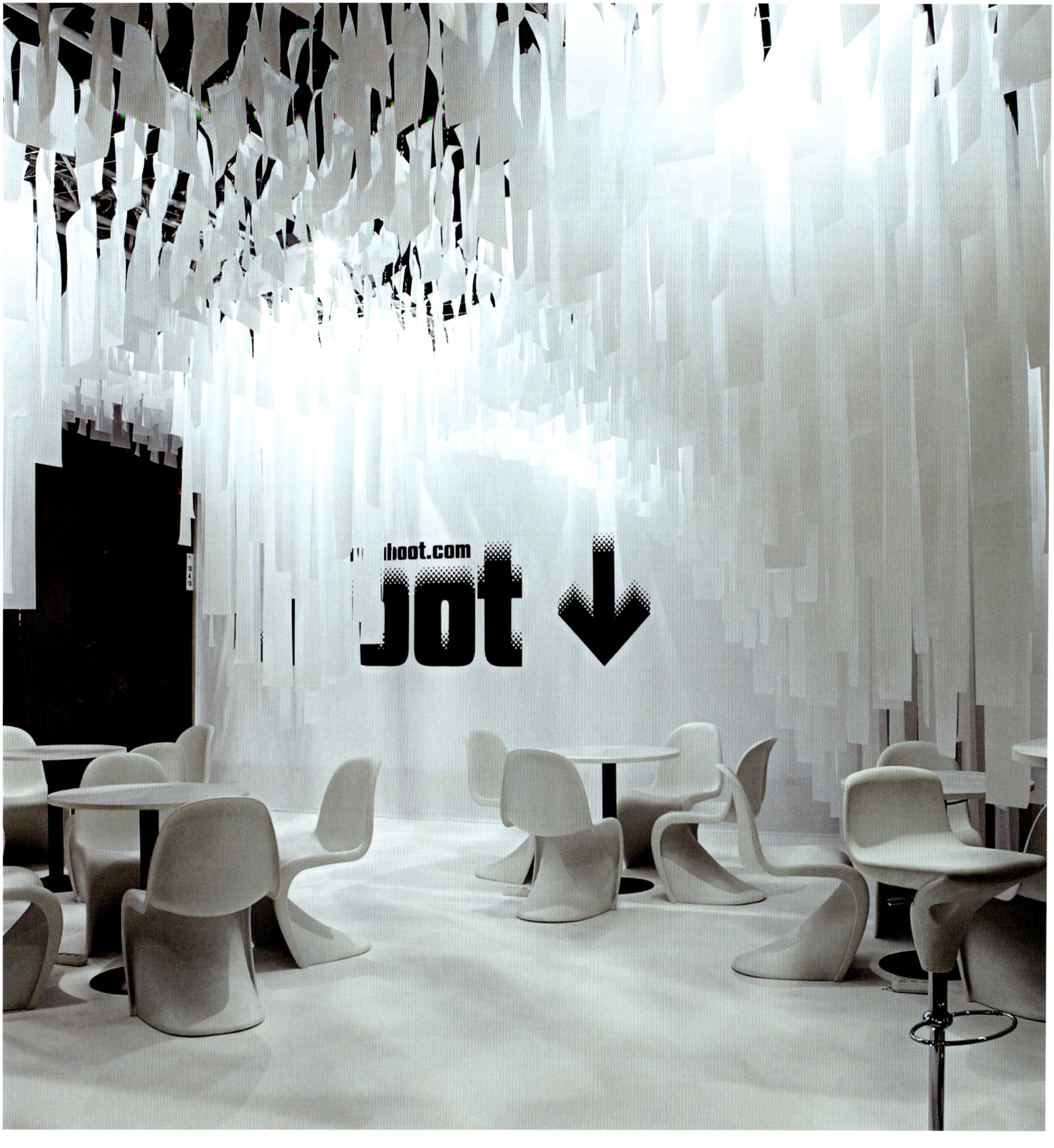

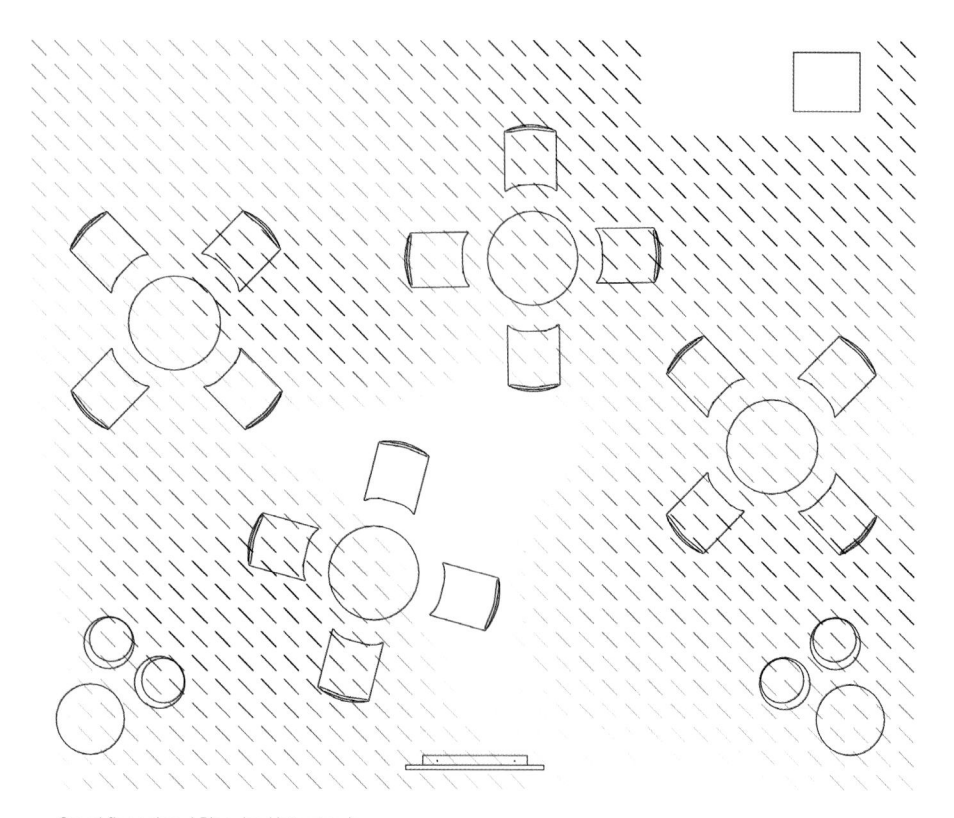

Stand floor plan / Plan des Unterstands
Plan des stands / Stand Vorm van de stand
Pianta dello stand / Planta del estand

Diagram / Diagramm
Schéma / Diagram
Diagramma / Diagrama

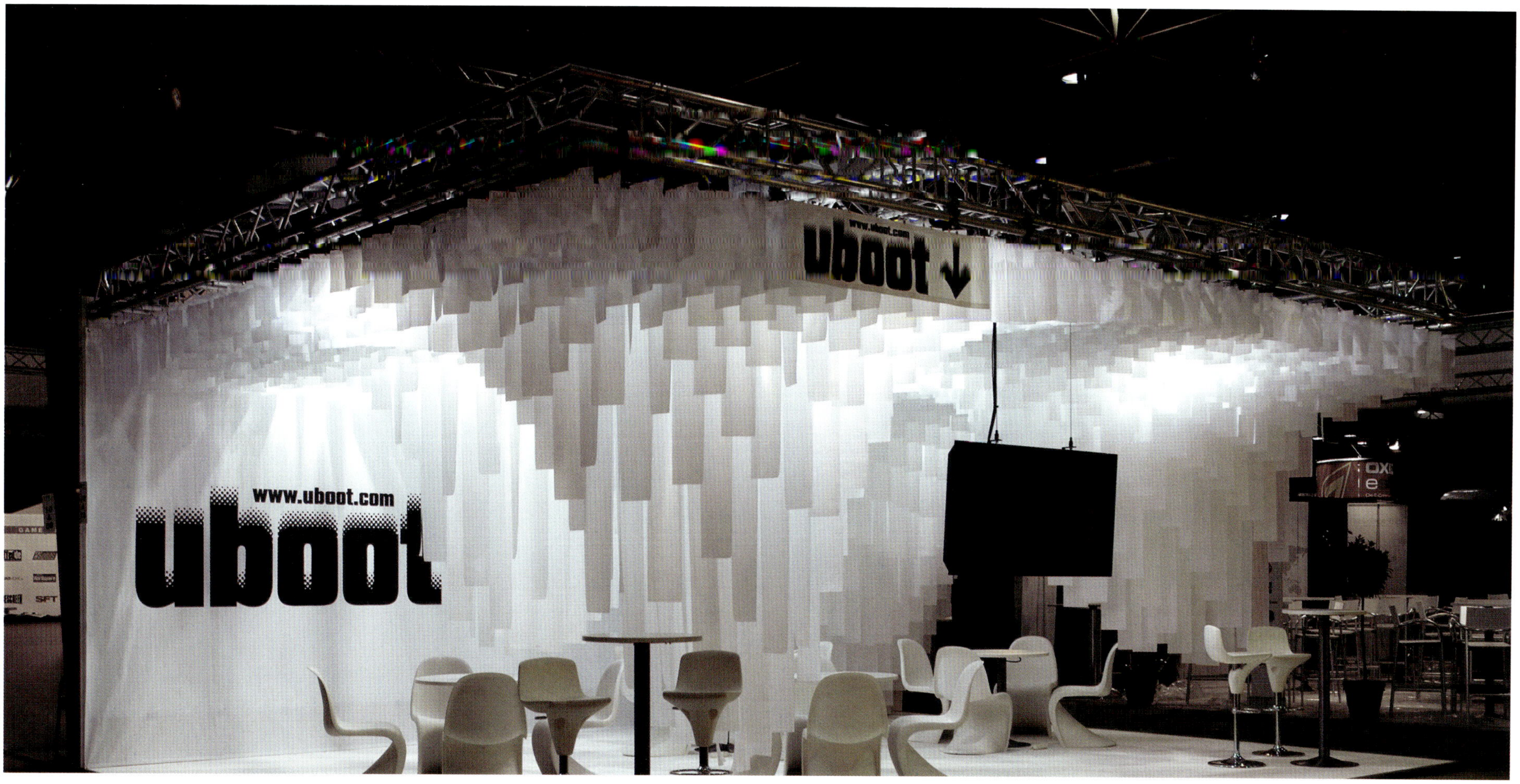
www.uboot.com
uboot
www.uboot.com
uboot

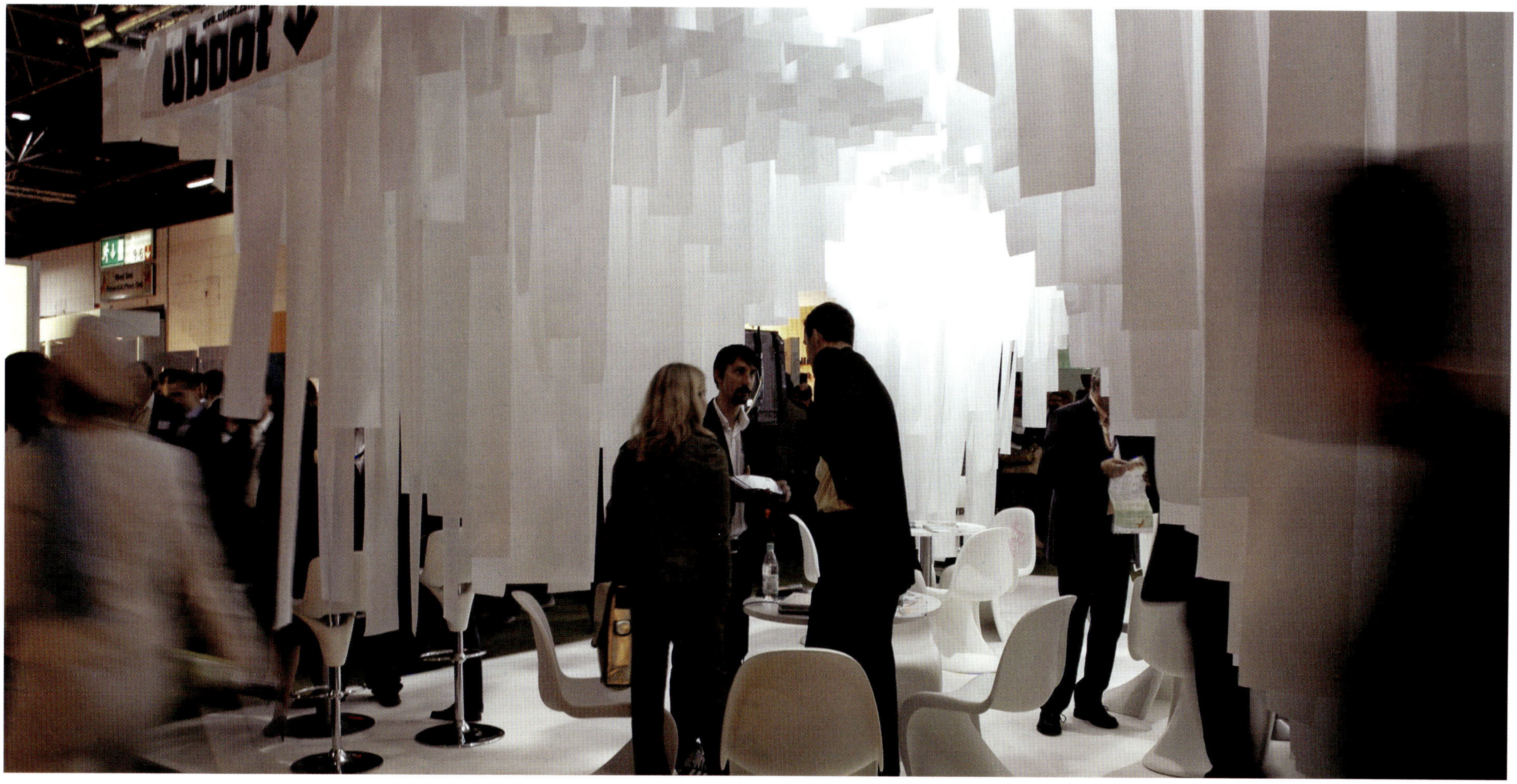
uboot

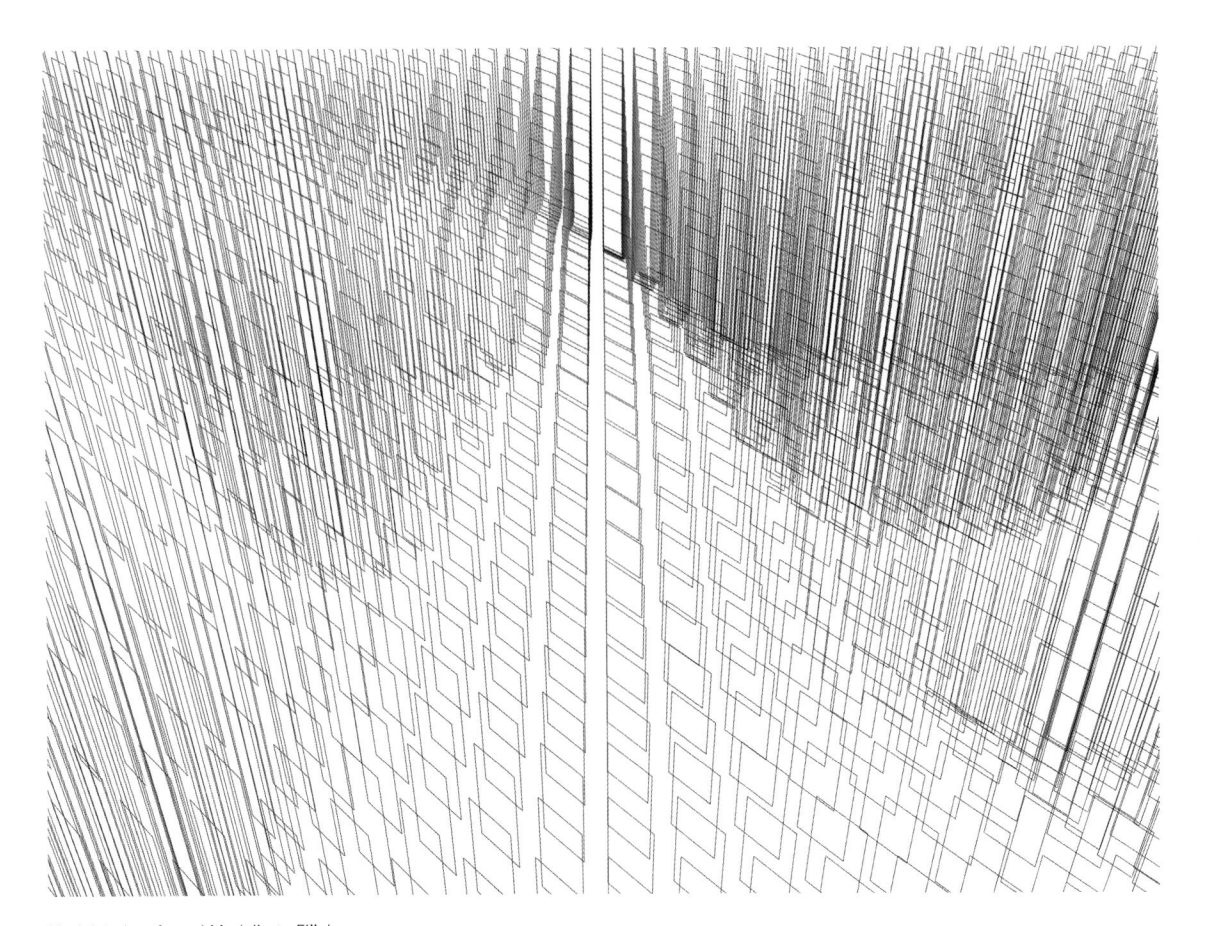

Modulated surface / Modulierte Fläche
Surface modulée / Gemoduleerd oppervlak
Superficie modulata / Superficie modulada

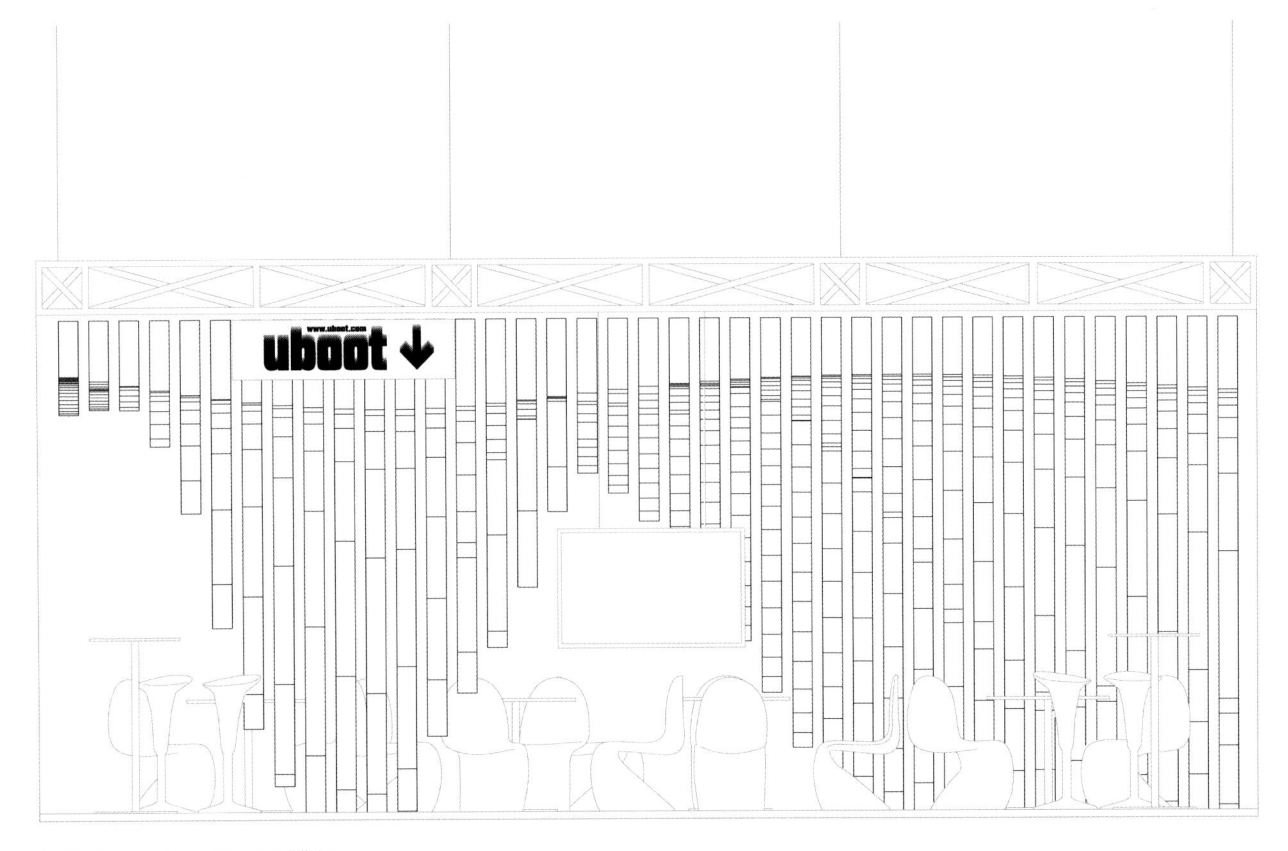

Modulated surface / Modulierte Fläche
Surface modulée / Gemoduleerd oppervlak
Superficie modulata / Superficie modulada

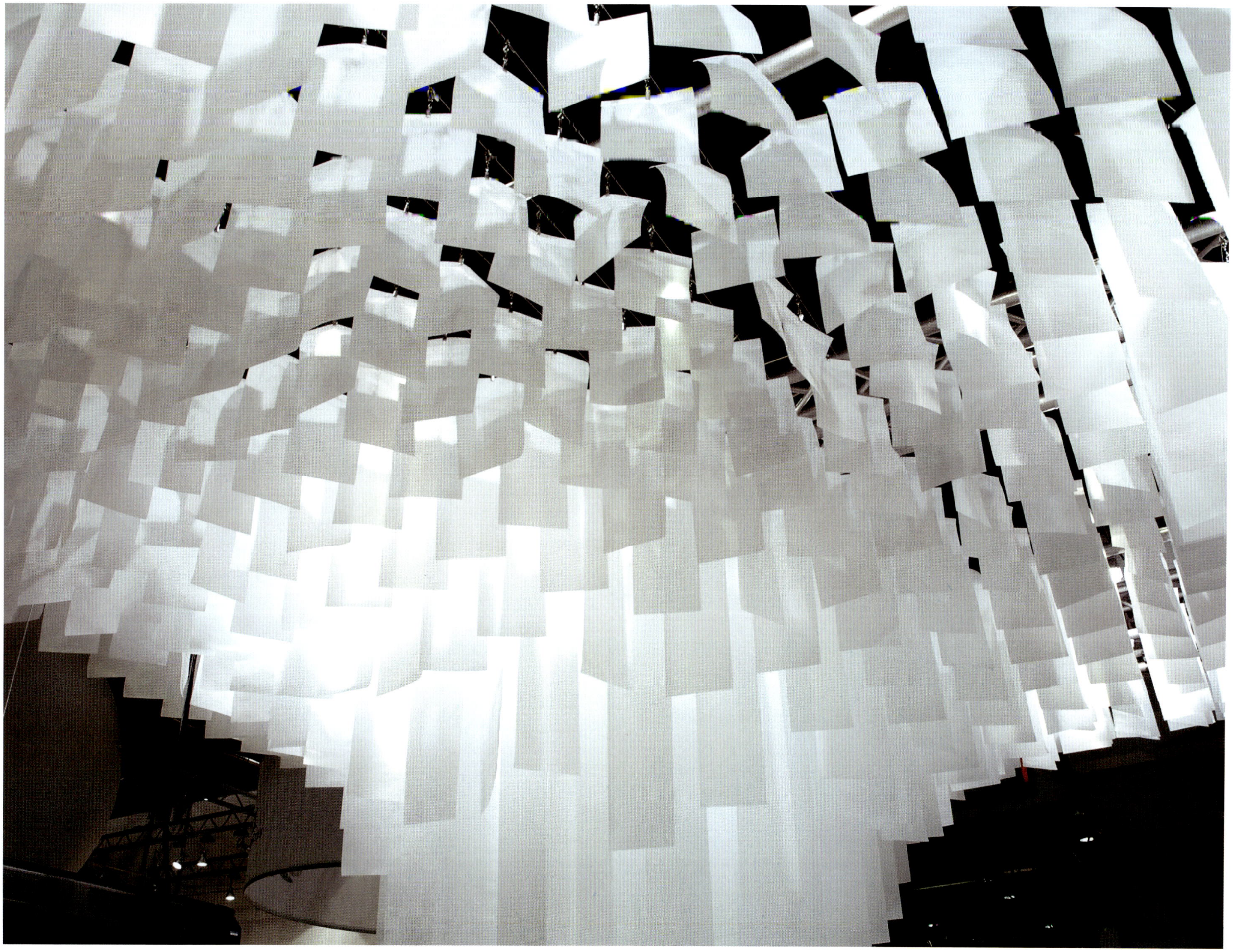

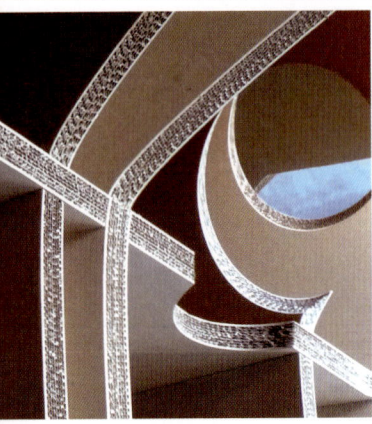

MISCELLANEOUS

It is not only the design and shape that is important in architecture. The characteristics of the materials used are essential to define a building. That is, the perception of the architecture and a specific project is based on, among other things, the choice of one material or another.

Technology applied to construction materials allows for innovation and the creation of materials that a century or even decades ago seemed impossible. Improvements in physical and chemical properties achieve stronger, more flexible and more energy efficient materials.

This chapter features some materials difficult to classify, materials included in this book that from the outset may seem at anecdotal or strange. However, new materials and the use of non-standard materials in architecture can be significant, and so we should deal with them in a healthy reflection exercise.

TEXTILE

The use of textile materials in lightweight structures is as old as the history of nomadic people. However, these materials are being used increasingly in the permanent architecture, beginning with their application in façades and walls. The development of the textile industry with the advent of the industrial revolution helped create fabric surfaces that were used as circus tents or other portable structures. Technology and industry have helped develop many textile products, both of natural and synthetic origin, which are part of the so-called textile or tensile architecture, a generic term that includes architecture that uses tensioned materials, whether they are textile membranes, sheets, wire mesh, etc. The materials used to manufacture these membranes have changed a lot and now there are a wide variety of high-tech fabrics. They reflect over 75% of incident solar energy, and are therefore effective as roofs in tropical and arid areas.

Textile structures that provide a wide variety of large and spatially interesting enclosures require minimal rigid structural supports and provide good levels of natural light. Other advantages are the speed of construction and installation. When designing a textile structure three structural factors must be taken into consideration: the shape, which will be reviewed depending on the type of building, pre-stressing levels that influence the rigidity of the membrane and influence the resistance, and the deformity of the surface, which may be caused due to meteorological elements. The characteristics of textile material must be considered, such as the degree of transparency, impermeability or resistance to chemical agents. Membranes can even use air chambers to provide increased thermal protection.

CARDBOARD

Cardboard is a material made of several layers of superimposed virgin fiber or recycled paper. Cardboard is thicker, harder and stronger than paper. A different finish called stucco may be applied to the top layer that is quite eye-catching.

Thickness and volume are important characteristics in the manufacture of cardboard, as they determine the loads that it can support. Cardboard can be composed of two or more layers to improve the quality, even with intermediate corrugated layers. Its use in construction is no longer so unusual: architects such as Shigeru Ban have developed projects with cardboard as a material. Its lightweight makes construction easy, and it has been used mostly in exhibition stands, art installations and temporary constructions. It is cheap and easily replaceable, and can be easily protected against water and fire.

Cardboard allows a multitude of shapes and finishes. Cardboard tubes, which can be manufactured in varying lengths, widths and diameters, can be used as pillars and beams. The applied coatings will protect the material from rain or moisture, and studies conducted on resistance, tensile and compression certifies the safety of the construction.

RECYCLED MATERIALS

Technology and research on the chemical composition of the materials manages to create ecological materials from recycling. Many building products available today are manufactured from recycled materials: organic asphalt roof tiles with recycled paper, wood fiber tiles, insulating materials, composite panels, etc. The possibilities are endless and it may result in unique recycled construction materials developed specifically for a building. The growing demand for building materials requires an awareness of reuse and recycling, especially if we want to adopt sustainable and ecological criteria. It makes sense to use materials that still can be used instead of destroying them. The use of waste materials can reduce construction costs and maximize the efficiency of resources. Many construction materials can be recycled -glass, aluminum, steel, bricks and plaster, and they can be combined with others to form new materials with unique properties.

Cardboard / Karton
Carton / Karton
Cartone / Cartón

VERSCHIEDENE MATERIALIEN

Nicht nur das Design oder die Form sind in der Architektur wichtig. Die Eigenschaften der Baumaterialien sind auch grundlegend für die Bestimmung eines Gebäudes. Das heißt, die Wahrnehmung von Architektur und eines konkreten Gebäudes hängt neben weiteren Faktoren von der Wahl des einen oder anderen Materials ab.
Die für die Baumaterialien eingesetzte Technologie ermöglicht Innovation und die Herstellung von Materialien, die vor einem Jahrhundert oder sogar noch vor ein paar Jahrzehnten unmöglich erschienen. Durch die Verbesserungen der physikalischen und chemischen Eigenschaften erhält man widerstandsfähigere, flexiblere oder energieeffizientere Materialien.
Dieses Kapitel zeigt einige Materialien, die schwer zu klassifizieren sind, Materialien, deren Aufnahme in dieses Buch zunächst nebensächlich oder seltsam erscheinen mag. Die neuen Materialien und der Einsatz von ungewöhnlichen Materialien in der Architektur können jedoch bedeutsam werden, weshalb deren Behandlung durchaus nachdenkenswert ist.

TEXTIL

Der Einsatz von textilen Materialalien bei Leichtbauten ist so alt wie die Geschichte der Nomadenvölker. Gleichwohl werden diese Materialien immer öfter in der Architektur verwendet, angefangen von ihrem Einsatz für Fassaden und Verkleidungen. Die Entwicklung der Textilindustrie führte seit der industriellen Revolution dazu, dass man Stoffe herstellen konnte, die für Zirkuszelte und andere mobile Aufbauten verwendet wurden. Die Technologie und die Industrie ermöglichten es, unzählige Textilprodukte natürlich wie synthetischen Ursprungs zu entwickeln, die Teil der sogenannten textilen Architektur oder Leichtbauarchitektur, ein Überbegriff, der die Architektur, die Spannmaterialien, z.B. Textilmembranen, Folien, Maschendraht, usw., umfasst. Die Materialien, die für die Herstellung dieser Membranen benutzt werden, haben sich sehr geändert, und man kann hochtechnologische Gewebe finden.

Die Materialien, die zur Konfektion der Membranen verwendet werden reflektieren mehr als 75% der einfallenden Sonnenenergie energía solar, weshalb sie als Dächer in tropischen und trockenen Zonen effektiv sind.
Die textilen Strukturen, die großflächige Verkleidungen von großer Vielfalt und räumlichem Interesse bieten, erfordern ein Minimum an festen Trägerelementen und sorgen für ein hohes Niveau von natürlichem Lichteinfall. Weitere Vorteile stellen die schnelle Herstellung und Installation dar.
Für die Planung eines textilen Bauwerks sind drei strukturelle Faktoren zu beachten: Die Wahl der Oberflächenform, die in Funktion mit dem Gebäudetyp untersucht werden muss, das Vorspannungsniveau, das die Straffheit der Membran anzeigt und in ihre Festigkeit beeinflusst und die Deformation der Oberfläche, die von den Wetterverhältnissen verursacht werden kann. Es ist notwendig, die Eigenschaften des Textilmaterials, wie den Grad der Transparenz, die Wasserfestigkeit oder die Festigkeit gegenüber chemischen Stoffen in Betracht zu ziehen. Man kann auch Membranen mit Luftkammern für einen besseren Wärmeschutz verwenden.

KARTON

Karton ist ein Material, das aus mehreren übereinanderliegenden Schichten von Papier aus Ursprungsfasern oder wiederverarbeitetem Papier besteht. Karton ist dicker, härter und fester als Papier. Die oberste Schicht kann eine unterschiedliche, Stuck genannte, Endbearbeitung erhalten, die ihr ein attraktives Aussehen verleiht.
Dicke und Volumen sind wichtige Aspekte bei der Bearbeitung des Kartons, da sie dessen Belastungsfähigkeit bestimmen. Der Karton kann zur Qualitätsverbesserung aus zwei oder mehr Schichten bestehen, einschließlich von gewellten Zwischenschichten. Seine Verwendung beim der Bauen ist nicht mehr so verwunderlich: Architekten wie Shigeru Ban entwickelten Projekte mit Karton als Baumaterial. Seine Leichtigkeit bewirkt, dass die Konstruktion vereinfacht wird, weshalb man sie vor allem für Ausstellungs-stands, Kunst-Installationen und zeitlich begrenzten Bauten verwendete. Er ist billig und leicht ersetzbar und kann einfach gegen Wasser und Feuer geschützt werden.
Karton ermöglicht eine Vielzahl von Formen und Ausführungen. Kartonrohren, die in verschiedenen Längen, Dicken und Durchmessern hergestellt werden können, kann man wie Pfeiler und Balken einsetzen. Die Beschichtungen, die aufgetragen werden, schützen das Material vor Regen oder Feuchtigkeit, und durch Studien über Festigkeit, Zug und Kompression, die durchgeführt werden, kann die Sicherheit der Konstruktion bescheinigt werden.

WIEDERVERARBEITETE MATERIALIEN

Die Technologie und die Forschung über die chemische Zusammensetzung der Materialien ermöglichen die Herstellung von ökologischen Materialien durch Recycling. Viele Arten von Baumaterial, die gegenwärtig verfügbar sind, werden aus recyceltem Material hergestellt: Dachziegel aus organischem Asphalt mit wiederverarbeitetem Papier, Dachziegel aus Holzfasern, Isoliermaterial, zusammengesetzte Paneele, usw. Die Möglichkeiten sind vielfältig, und es können sich einzigartige Baumaterialien ergeben, die speziell für ein Gebäude entwickelt wurden.
Die wachsende Nachfrage nach Baumaterialien zwingt zum Bewusstsein für Wiederverwendung und Wiederverarbeitung, vor allem, wenn man Kriterien der Nachhaltigkeit und Ökologie umsetzen will. Dann ist es sinnvoll, Materialien einzusetzen, die noch nützlich sind, statt sie zu zerstören. Der Gebrauch von Abfallmaterial kann die Baukosten reduzieren und die Effizienz der Ressourcen optimieren. Viele Baumaterialien können recycelt werden – Glas, Aluminium, Stahl, Ziegel und Gips – und sie können mit anderen kombiniert werden, um neue Materialien mit besonderen Eigenschaften zu bilden.

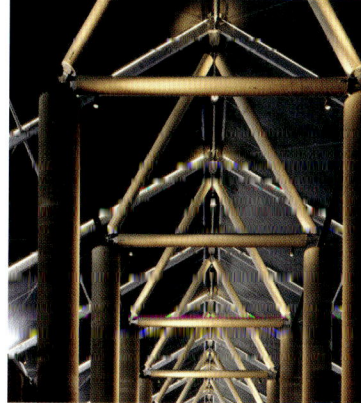

Cardboard / Karton
Carton / Karton
Cartone / Cartón

Recycled materials
Wiederverarbeitete Materialien
Matériaux recyclés
Kringloopmaterialen
Materiali riciclati
Materiales reciclados

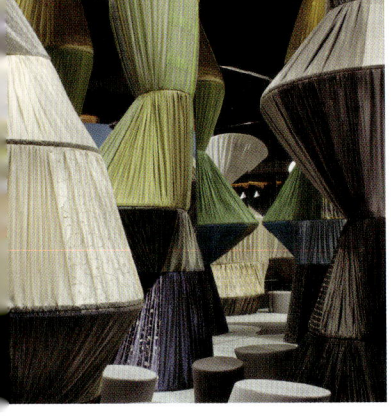

LES INCLASSABLES

Le dessin, les plans ou la forme ne sont pas tout en architecture. Il ne faut pas négliger de faire entrer les caractéristiques des matériaux de construction dans l'identité d'un bâtiment. En clair, la perception de l'architecture et d'un édifice dépend, entre autres, du choix des matériaux.

La technologie appliquée aux matériaux de construction rend possible des innovations inenvisageables il y a un encore un siècle, voire même quelques décennies. Les améliorations des propriétés physiques et chimiques de certains matériaux permettent d'accroître leur résistance, leur flexibilité ou leur efficacité énergétique.

Ce chapitre réunit des matériaux difficiles à classer. S'ils peuvent apparaître marginaux ou anecdotiques, nous les avons inclus dans cet ouvrage car ces nouveaux matériaux ou leurs récentes applications en architecture ne seront pas sans conséquence. Commencer à explorer les possibilités nouvelles qu'ils ouvrent constitue un excellent exercice de réflexion.

TEXTILES

L'histoire de l'utilisation des textiles pour les constructions légères est aussi ancienne que celle des peuples nomades. Et de plus en plus, ils font leur entrée dans des constructions pérennes, notamment en façade et dans les revêtements. La révolution industrielle ayant permis la mise sur le marché de rouleaux de tissus toujours plus larges, certaines toiles ont trouvé des débouchés dans la construction des chapiteaux, d'abord de cirque et aujourd'hui destiné à la réalisation de multiples bâtiments légers et démontables. La technologie et l'industrie ont favorisé le développement d'innombrables textiles, autant naturels que synthétiques, qui rentrent dans ce que l'on appelle l'architecture textile. Il peut s'agir de matériaux intissés, de membranes textiles, feuilles, mailles de câbles, etc. Les matériaux entrant dans la composition de ces membranes ont énormément évolué, donnant naissance à des textiles de haute technologie.

Les matériaux employés dans la confection des membranes renvoient plus de 75 % de l'énergie solaire incidente, ce qui explique leur efficacité comme couvertures dans les zones tropicales et arides.

Les éléments textiles fournissent un vaste choix de fermetures de grandes dimensions. Ils sont particulièrement intéressants parce qu'ils peuvent se tendre sur une structure rigide minimaliste et laissent filtrer la lumière naturelle. Leurs autres avantages sont leur rapidité de fabrication et d'installation. Lorsque l'on envisage de recourir à une structure textile, il faut compter avec les effets de trois facteurs structurels : la forme de la surface, qui est à étudier en fonction du type de bâtiment ; les niveaux de prétension dont dépendent la rigidité de la membrane et sa résistance ; et les déformations auxquelles la surface peut être soumise par les caprices de la météo. Il convient également d'étudier les caractéristiques des textiles, leur plus ou moins grande transparence, leur imperméabilité et leur résistance aux agents chimiques. L'isolation thermique peut aussi être améliorée par le recours à des membranes incorporant des vides d'air.

CARTON

En fibres vierges ou recyclées, le carton est un matériau formé de plusieurs couches de papier superposées. Il est plus épais, plus dur et plus résistant que le papier. La couche supérieure peut être enduite d'une finition dans une autre matière, comme le stuc qui transcende l'apparence modeste du carton. Épaisseur et volume sont deux caractéristiques non négligeables du carton puisqu'elles vont déterminer sa résistance à la charge. Plus un carton est composé de couches multiples, lisses ou ondulées, meilleure est sa qualité. Aujourd'hui, son emploi dans la construction surprend beaucoup moins. Des architectes comme Shigeru Ban ont conçu des programmes faisant essentiellement appel à lui. Sa légèreté en faisant un matériau de mise en œuvre aisée, il est très utilisé dans la construction de stands pour les foires et les expositions, d'installations artistiques et de constructions éphémères. Peu onéreux, c'est un matériau facile à remplacer et à protéger des atteintes de l'eau et du feu.

Le carton rend possible une grande diversité de formes et accepte de multiples finitions. Les tubes de carton, de longueur, de diamètre et aux parois d'épaisseur variables, peuvent faire fonction de piliers ou voliges. Les revêtements choisis le protègent de la pluie ou de l'humidité. Les études en cours sur sa résistance à la traction et à la compression permettront de certifier qu'il répond aux normes de sécurité pour la construction.

MATÉRIAUX RECYCLÉS

La technologie et la recherche sur la composition chimique des matériaux ont permis la création de matériaux écologiques recyclés. De nombreux produits de construction aujourd'hui d'usage courant sont faits avec des matériaux recyclés : bâches d'asphalte biologique en papier recyclé, toiles de fibres de bois, matériaux isolants, panneaux composites, etc. Les possibilités sont multiples. Il existe également des matériaux de construction recyclés à usage unique spécialement conçus pour un bâtiment.

La progression de la demande de matériaux de construction recyclés s'explique par une prise de conscience des problèmes écologiques qui incitent à œuvrer pour un développement durable respectueux de l'environnement. C'est en ce sens que l'on préfère réutiliser les matériaux pouvant l'être plutôt que de les détruire. L'emploi de matériaux usagés peut réduire les coûts de construction et optimiser l'exploitation des ressources. De nombreux matériaux de construction sont recyclables : verre, aluminium, acier, brique et plâtre. Ils peuvent aussi être associés à d'autres pour former de nouveaux matériaux aux propriétés toujours plus intéressantes.

Textile / Textil / Textiles
Textiel / Tessuti / Textil

DIVERS

In de architectuur is niet alleen het ontwerp of de vorm belangrijk. De kenmerken van de bouwmaterialen zijn ook fundamenteel om een gebouw te omschrijven. De perceptie van de architectuur en van een concreet gebouw wordt immers bepaald door diverse andere factoren waaronder de keuze van het ene of het andere materiaal.
Dankzij de op de bouwmaterialen toegepaste technologieën kunnen materialen worden vernieuwd en gecreëerd die een eeuw of zelfs enkele decennia geleden onmogelijk leken. Door de verbeteringen van de fysieke en chemische eigenschappen worden sterkere, flexibelere of energie-efficientere materialen verkregen.
Dit hoofdstuk toont een aantal moeilijk te classificeren materialen. Het gaat om materialen waarvan de opname in dit boek aanvankelijk irrelevant of vreemd kan lijken. De nieuwe materialen en de toepassing in de architectuur van ongebruikelijke materialen kunnen echter belangrijk worden. Vandaar dat de behandeling ervan een gezonde overweging is.

TEXTIEL

Het gebruik van textiel in lichte constructies is net zo oud als de geschiedenis van de nomadenvolkeren. Dit materiaal wordt echter steeds meer in de permanente architectuur gebruikt, beginnend bij de toepassing in gevels en bekledingen. De ontwikkeling van de textielindustrie met de opkomst van de industriële revolutie heeft het mogelijk gemaakt om stoffen oppervlakken te creëren die werden gebruikt als circustenten of andere draagbare structuren. Dankzij de technologie en de industrie zijn talloze natuurlijke alsmede synthetische textielproducten ontwikkeld die deel uitmaken van de zogenaamde textielarchitectuur of tensile architecture, een algemene term voor de architectuur die gebruikt maakt van gespannen materialen, textiel membranen, zeilen, kabelnetten, etc. De voor de vervaardiging van deze membranen gebruikte materialen zijn erg veranderd en er zijn geavanceerde technologische weefsels te vinden.

De in de vervaardiging van de membranen gebruikte materialen weerkaatsen meer dan 75% van de invallende zonne-energie. Daarom zijn zij efficiënt als dak in tropische en droge gebieden. Textielstructuren die vele afsluitingen voor allerlei ruimten verstrekken, vergen minimale draagelementen van een vaste structuur en verstrekken goede natuurlijke lichtniveaus. Andere voordelen zijn de snelheid waarmee ze worden gefabriceerd en geïnstalleerd.
Bij het ontwerpen van een textielstructuur dient rekening te worden gehouden met drie structurele factoren: de keuze van de oppervlaktevorm, die op grond van het gebouwtype wordt bestudeerd; de voorspanniveaus, die van invloed op de stugheid van het membraan en op de weerstand daarvan zijn; en de misvormdheid van het oppervlak, die het gevolg kan zijn van meteorologische elementen. Het is noodzakelijk om de kenmerken van het textielmateriaal, zoals de doorzichtigheidsgraad of de bestendigheid tegen chemische agentia, in acht te nemen. Er kunnen zelfs membranen met luchtkamers worden gebruikt voor een hogere warmtebescherming.

KARTON

Karton is een materiaal bestaand uit verschillende bovenop elkaar gelegde lagen papier, op basis van pure vezel of kringlooppapier. Karton is dikker, harder en sterker dan papier. De bovenlaag kan een andere afwerking van pleister krijgen waardoor deze opvallender is.
Dikte en volume zijn betekenisvolle aspecten in de ontwikkeling van karton, aangezien zij bepalen welke belastingen het kan verdragen. Karton kan ter verbetering van de kwaliteit samengesteld zijn uit twee of meer lagen en zelfs geribde tussenlagen bevatten. Het gebruik ervan in de bouw is al niet zo vreemd meer: architecten zoals Shigeru Ban hebben projecten ontwikkeld met karton als materiaal. De lichtheid ervan maakt dat de opbouw eenvoudig is. Daarom wordt karton met name gebruikt voor stands van tentoonstellingen, kunstvoorzieningen en tijdelijke constructies. Karton is goedkoop en gemakkelijk te vervangen en kan eenvoudig tegen water en vuur worden beschermd.
Karton kan vele vormen en afwerkingen hebben. Kartonnen buizen, die in diverse lengtes, diktes en doorsneden worden gefabriceerd, kunnen gebruikt worden als zuilen of balken. De bekledingen die worden toegepast beschermen het materiaal tegen regen of vocht en de uitgevoerde onderzoeken naar de weerstand, trekkracht en compressie maken het mogelijk om de bouwveiligheid van het materiaal te certificeren.

KRINGLOOPMATERIALEN

Dankzij de technologie en het onderzoek over de chemische samenstelling worden met recycling milieuvriendelijke materialen gecreëerd. Veel bouwproducten die tegenwoordig beschikbaar zijn worden gemaakt van gerecyclede materialen: dakpannen van organisch asfalt met kringlooppapier, dakpannen van houtvezels, isolatiematerialen, samengestelde panelen, etc. Er zijn talloze mogelijkheden en er kunnen unieke gerecyclede bouwmaterialen ontstaan die speciaal voor een gebouw zijn ontwikkeld.
Door de groeiende vraag naar bouwmaterialen is milieubewustzijn en hergebruik nodig, met name als men duurzaamheids- en ecologische criteria wil aannemen. Dan heeft het zin om materialen te gebruiken die nog nuttig zijn in plaats van ze te vernielen. Het gebruik van afvalmaterialen kan de bouwkosten reduceren en de efficiëntie van de natuurlijke hulpmiddelen optimaliseren. Veel bouwmaterialen, zoals glas, aluminium, staal, bakstenen en gips, kunnen worden hergebruikt en gecombineerd met andere stoffen om nieuwe materialen met bijzondere eigenschappen te ontwikkelen.

Textile / Textil / Textiles
Textiel / Tessuti / Textil

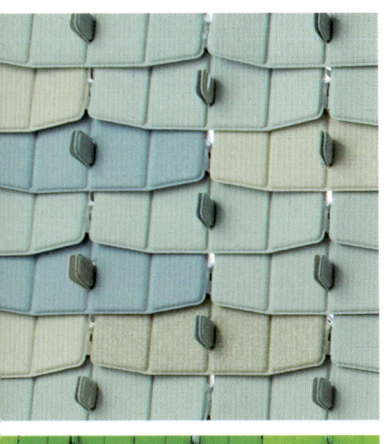

Textile / Textil / Textiles
Textiel / Tessuti / Textil

VARIE

In architettura non sono importanti solo la forma o le linee. Le caratteristiche dei materiali costruttivi sono ugualmente fondamentali per definire un edificio. In altri termini, la percezione dell'architettura e di un'opera in particolare è data, tra gli altri fattori, dalla scelta di un materiale piuttosto che un altro.

La tecnologia applicata ai materiali da costruzione consente di innovare e creare materiali che un secolo o anche solo qualche decennio fa sembravano impossibili. I miglioramenti delle caratteristiche fisico-chimiche portano alla nascita di materiali più resistenti, più flessibili o più energeticamente efficienti.

Il presente capitolo illustra alcuni materiali difficili da classificare, materiali la cui presenza in questo libro potrebbe sembrare a prima vista aneddotica o inconsueta. Tuttavia i nuovi materiali e le applicazioni in architettura di materiali non convenzionali possono acquisire una certa rilevanza, per cui parlarne rappresenta un sano esercizio di riflessione.

TESSUTI

L'uso di prodotti tessili nelle strutture «leggere» è antico come la storia dei popoli nomadi. Tuttavia questi materiali sono sempre più usati nell'architettura stanziale, a partire dalla loro applicazione su facciate e rivestimenti. Lo sviluppo dell'industria tessile in concomitanza con la rivoluzione industriale ha consentito di creare superfici in tessuto usate come tende da circo o altre strutture mobili. La tecnologia e l'industria hanno consentito di sviluppare innumerevoli prodotti tessili di origine sia naturale che sintetica, che costituiscono la cosiddetta architettura tessile o tensile, un termine generico che definisce l'architettura che impiega materiali come membrane tessili, lastre, maglie di cavi o fili, ecc. sistemati con sistemi di tensionamento. I materiali usati per fabbricare queste membrane sono cambiati radicalmente e oggi sono disponibili tessuti altamente tecnologici.

I materiali utilizzati per la produzione delle membrane riflettono oltre il 75% dell'energia solare incidente, risultando quindi particolarmente adatti per realizzare coperture nelle zone tropicali e aride.

Le strutture in tessuto usate come ampi elementi di chiusura, di grande varietà e interesse spaziale, richiedono una minima struttura rigida di supporto e garantiscono un buon livello di luce naturale. Altri vantaggi sono i tempi rapidi di produzione e installazione.

Nella progettazione di una struttura in tessuto occorre tenere conto di tre fattori strutturali: la scelta della forma superficiale, che sarà studiata in funzione del tipo di edificio; i livelli di pretensionamento che incidono sulla rigidità della membrana e sulla sua resistenza; l'eventuale deformità della superficie causata dagli agenti atmosferici. Occorre tenere conto delle caratteristiche del materiale tessile come il grado di trasparenza, l'impermeabilità o la resistenza agli agenti chimici. Si possono utilizzare persino membrane dotate di camere d'aria per garantire una maggiore protezione termica.

CARTONE

Il cartone è un materiale costituito da vari strati di carta sovrapposti, a base di fibra vergine o di carta riciclata. Il cartone è più spesso, duro e resistente della carta. Lo strato superiore può avere diverse finiture che lo rendono accattivante. Spessore e volume sono aspetti importanti nella lavorazione del cartone dato che determinano i carichi che il materiale è in grado di sopportare. Il cartone può essere composto da due o più strati per migliorarne la qualità, oltre che da strati intermedi corrugati.

Il suo uso in edilizia non è più così inconsueto: architetti come Shigeru Ban hanno sviluppato progetti che vedono l'impiego del cartone. La sua leggerezza dà vita a una struttura semplice; per questo una delle sue principali applicazioni è nella realizzazione di stand espositivi, installazioni artistiche e strutture temporanee. Costa poco, è facilmente sostituibile e può essere trattato per resistere all'acqua e agli incendi.

Il cartone consente di realizzare molteplici forme e finiture. I tubi di cartone, realizzabili in lunghezze, spessori e diametri variabili, possono essere usati come pilastri e travi. I rivestimenti applicati proteggeranno il materiale dalla pioggia o dall'umidità e gli studi di resistenza, trazione e compressione consentiranno di certificare la sicurezza della struttura.

MATERIALI RICICLATI

La tecnologia e la ricerca sulla composizione chimica dei materiali consentono di creare materiali ecologici ottenuti tramite il riciclaggio. Molti prodotti da costruzione attualmente disponibili sono realizzati partendo da materiali riciclati: mattonelle di asfalto naturale realizzate con carta riciclata, mattonelle in fibre di legno, materiali isolanti, pannelli compositi, ecc. Le possibilità sono molteplici, compresa quella di realizzare materiali costruttivi riciclati unici, sviluppati specificamente per un determinato edificio.

La crescente domanda di materiali costruttivi richiede una coscienza ambientale volta al riutilizzo e al riciclaggio, soprattutto se si desidera adottare criteri di sostenibilità ed ecologia. In questi casi ha senso optare per materiali ancora utili, invece di distruggerli. L'uso di materiali di scarto può ridurre il costo di un progetto e ottimizzare l'efficienza delle risorse. Molti materiali da costruzione possono essere riciclati - vetro, alluminio, acciaio, mattoni e gesso - e combinati con altri per dare vita a nuovi prodotti con proprietà particolari.

Textile / Textil / Textiles
Textiel / Tessuti / Textil

VARIOS

No sólo el diseño o la forma son importantes en arquitectura. Las características de los materiales de construcción también son básicas para definir un edificio. Es decir, la percepción de la arquitectura y de una obra concreta viene dada, entre otros factores, por la elección de uno u otro material.
La tecnología aplicada a los materiales de construcción permite innovar y crear materiales que hace un siglo o incluso unas décadas parecían imposibles. Las mejoras en las propiedades físicas y químicas consiguen materiales más resistentes, más flexibles o más eficientes energéticamente.
Este capítulo muestra algunos materiales difíciles de clasificar, materiales cuya inclusión en este libro puede parecer, de entrada, anecdótica o extraña. Sin embargo, los nuevos materiales y las aplicaciones en arquitectura de materiales no habituales pueden llegar a ser significativas, por lo que tratarlos es un sano ejercicio de reflexión.

TEXTIL

El empleo de materiales textiles en construcciones ligeras es tan antiguo como la historia de los pueblos nómadas. No obstante, estos materiales se están utilizando cada vez más en la arquitectura permanente, comenzando por su aplicación en fachadas y revestimientos. El desarrollo de la industria textil con la llegada de la revolución industrial permitió crear superficies de tela que se utilizaron como carpas de circos u otras estructuras portátiles. La tecnología y la industria han permitido desarrollar innumerables productos textiles, de origen tanto natural como sintético, que forman parte de la llamada «arquitectura textil» o «tensil», un término genérico que engloba la arquitectura que emplea materiales tensados, sean membranas textiles, láminas, mallas de cables, etc. Los materiales que se usan para fabricar estas membranas han cambiado mucho y se pueden encontrar tejidos altamente tecnológicos.

Los materiales utilizados en la confección de las membranas reflejan más del 75% de la energía solar incidente, por lo que son eficaces como cubiertas en zonas tropicales y áridas. Las estructuras textiles que proporcionan amplios cerramientos de gran variedad e interés espacial requieren mínimos elementos de soporte de estructura rígida y proporcionan buenos niveles de luz natural. Otras ventajas son la rapidez de fabricación e instalación.
A la hora de proyectar una estructura textil hay que tener en cuenta tres factores estructurales: la elección de la forma superficial, que se estudiará en función del tipo de edificio; los niveles de pretensado, que inciden en la rigidez de la membrana e influyen en su resistencia; y la deformidad de la superficie, que puede ser a causa de los elementos meteorológicos. Es necesario considerar las características del material textil, como el grado de transparencia, la impermeabilidad o la resistencia a agentes químicos. Incluso se pueden utilizar membranas con cámaras de aire para aportar una mayor protección térmica.

CARTÓN

El cartón es un material formado por varias capas de papel superpuestas, a base de fibra virgen o de papel reciclado. El cartón es más grueso, duro y resistente que el papel. La capa superior puede recibir un acabado diferente, llamado «estuco» que le confiere vistosidad.
Grosor y volumen son aspectos significativos en la elaboración del cartón, dado que determinan las cargas que puede soportar. El cartón está puede estar compuesto por dos o más capas para mejorar la calidad, incluso con capas intermedias corrugadas. Su uso en la construcción ya no es tan extraño: arquitectos como Shigeru Ban han desarrollado proyectos con el cartón como material. Su ligereza hace que la construcción resulte sencilla, por lo que se ha usado sobre todo en estands de exposiciones, instalaciones artísticas y construcciones temporales. Es barato y fácilmente reemplazable, y puede protegerse fácilmente contra el agua y el fuego.
El cartón permite multitud de formas y acabados. Los tubos de cartón, que pueden fabricarse en longitudes, grosores y diámetros variados, pueden emplearse como pilares y vigas. Los revestimientos que se apliquen protegerán el material de la lluvia o la humedad, y los estudios sobre resistencia, tracción y compresión que se realicen permitirán certificar la seguridad de la construcción.

MATERIALES RECICLADOS

La tecnología y la investigación sobre la composición química de los materiales consiguen crear materiales ecológicos a partir del reciclaje. Muchos productos de construcción disponibles en la actualidad se manufacturan a partir de materiales reciclados: tejas de asfalto orgánico con papel reciclado, tejas de fibras de maderas, materiales aislantes, paneles compuestos, etc. Las posibilidades son múltiples y puede darse el caso de materiales de construcción reciclados únicos, desarrollados específicamente para un edificio.
La creciente demanda de materiales de construcción precisa de una conciencia de reutilización y reciclaje, sobre todo si se quieren adoptar criterios de sostenibilidad y ecología. Es entonces cuando tiene sentido emplear materiales que todavía son útiles en vez de destruirlos. El uso de materiales de desecho puede reducir el coste de la construcción y optimizar la eficiencia de los recursos. Muchos materiales de construcción pueden ser reciclados –vidrio, aluminio, acero, ladrillos y yeso– y pueden ser combinados con otros para formar nuevos materiales con propiedades peculiares.

Textile / Textil / Textiles
Textiel / Tessuti / Textil

ACKNOWLEDGMENTS / REMERCIEMENTS

ASCER
www.spaintiles.info

Aga Khan Foundation
www.akdn.org

Formica Group
www.formica.es

KME Group
www.kme.com

DIRECTORY / RÉPERTOIRE

24H>architecture
Rotterdam, The Netherlands
www.24h.eu

ADAMA Building & Architecture
Tel Aviv, Israel
(no webpage)

Ad hoc msl
Murcia, Spain
www.adhocmsl.com

Anna Heringer
Linz, Austria
www.anna-heringer.com

Arturo Franco
Madrid, Spain
www.arturofranco.es

Atelier Deshaus
Shanghai, China
www.deshaus.com

AZL Architects
Nanjing, China
ww.azlarchitects.com

b720 Fermín Vázquez Arquitectos
Barcelona, Spain
www.b720.com

Boora Architects
Portland, OR, USA
www.boora.com

Burger Landschaftsarchitekten
Munich, Germany
www.burgerlandschaftsarchitekten.de

Camenzind Evolution
Zurich, Switzerland
www.camenzindevolution.com

Carl-Viggo Holmebakk
Oslo, Norway
holmebakk.cvh@getmail.no

Crepain Binst Architecture
Antwerp, Belgium
www.crepainbinst.be

CUAC
Granada, Spain
www.cuac.eu

David Chipperfield Architects
London, United Kingdom
www.davidchipperfield.co.uk

Diego Castellanos
Madrid, Spain
www.diegocastellanos.es

Dorte Mandrup Architects
København, Denmark
www.dortemandrup.dk

Elie Mouyal
www.eliemouyal.com

EQUIP Xavier Claramunt
Barcelona, Spain
www.equip.com.es

Felipe Assadi
Santiago de Chile, Chile
www.felipeassadi.com

FOA – Foreign Office Architects
London, United Kingdom
www.f-o-a.net

form,art
Graz, Austria
www.formart.cc

Francisco Mangado
Pamplona, Spain
www.fmangado.com

GAZ Arquitectos
Bilbao, Spain
www.gazarquitectos.com

GH3
Toronto, Canada
www.gh3.ca

Gray Organschi Architecture
New Haven, CT, USA
www.grayorganschi.com

Gregotti Associati International
Milan, Italy
www.gregottiassociati.it

Hackenbroich Architekten
Berlin, Germany
www.hackenbroich.com

Helen & Hard
Stavanger, Norway
www.hha.no

Jeroen van Mechelen, Studio JVM
Amsterdam, The Netherlands
www.studiojvm.nl

Jesús Jáuregui (artist)
Bilbao, Spain
www.traficart.com

JKMM Architects
Helsinki, Finland
www.jkmm.fi

Kendle Design Collaborative
Scottsdale, Arizona, USA
www.kendledesign.com

Kengo Kuma & Associates
Tokyo, Japan
www.kkaa.co.jp

Lagranja
Barcelona, Spain
www.lagranjadesign.com

Laurent Séchaud/Swiss Agency for Development and Cooperation (SDC)
Bern, Switzerland
www.sdc.admin.ch

Marc Koehler Architects
Amsterdam, The Netherlands
www.marckoehler.nl

Martin Rauch, Boltshauser Architekten
Zurich, Switzerland
www.boltshauser.info

Miralles Tagliabue EMBT
Barcelona, Spain
www.mirallestagliabue.com

MOPET Architecten
Amsterdam, The Netherlands
www.mopet.nl

Nieto Sobejano Arquitectos
Madrid, Spain
www.nietosobejano.com

Nio Architecten
Rotterdam, The Netherlands
www.nio.nl

Obie G. Bowman
Healdsburg, CA, USA
www.obiebowman.com

ON-A Arquitectura
Barcelona, Spain
WWW.ON-A.ES

Pascal Arquitectos
Mexico DF, Mexico
www.pascalarquitectos.com

Pezo Von Ellrichshausen Architects
Concepción, Chile
www.pezo.cl

PT Bambu
Bali, Indonesia
www.ibuku.com, www.greenschool.org

Resolution: 4 Architecture
New York, NY, USA
http://re4a.com

Robles Arquitectos
San José, Costa Rica
www.roblesarq.com

Ronan et Erwan Bouroullec
Paris, France
www.bouroullec.com

Rush Wright Associates
Melbourne, Australia
www.rushwright.com

Schmidhuber + Partner
Munich, Germany
www.schmidhuber.de

SMC Alsop
London, United Kingdom
www.smcalsop.com

Solinas Verd Arquitectos
Seville, Spain
www.svarquitectos.com

Studio Mumbai Architects
Mumbai, India
www.studiomumbai.com

Taller de Arquitectura Mauricio Rocha
Mexico DF, Mexico
www.tallerdearquitectura.com.mx

Turnbull Griffin Haesloop
San Francisco, CA, USA
www.tgharchitects.com

Vier Arquitectos
A Coruña, Spain
www.vier.es

Vo Trong Nghia
Ho Chi Minh City, Vietnam
www.votrongnghia.com

Ziegert | Roswag | Seiler Architekten Ingenieure
Berlin, Germany
www.zrs-berlin.de